ドイツの学校法制と学校法学

結城　忠

ドイツの学校法制と学校法学

学術選書
202
教育法

信山社

は じ め に

プロイセン・ドイツの公教育法制は，宗教改革期の学校法令に端を発し，その後，18世紀初等から19世紀にかけての強制就学令や国家の学校監督法令などの制定によって本格的に生成・発展し，そして19世紀後半に基本的な構造がほぼ確立を見るに至ったのであるが，それは，後発の立憲君主制国家の国家的・権力的教育法制として，絶対主義的色彩を濃厚に帯びていた。具体的には，そこにおける公教育法制は以下のような特徴的メルクマールによって刻印されていた。

① 学校教育は「国の事務」として国家の監督に服すると憲法上規定され，国家の学校監督概念が法的意味での監督概念をはるかに超えて，「国家に独占的に帰属する学校に対する行政上の規定権」と拡大解釈され，国家は学校制度に対して独占的に包括的規律権ないし支配権を有した〈「国家の学校教育独占」(staatliches Schulmonopol)〉。

② 教育事務の配分については，「内的学校事項」と「外的学校事項」の事務区分が有り，国家の学校監督概念によって「国家による内的学校事項の統括および管理」が憲法上根拠づけられた。学校教育の目的・内容などの内的学校事項は国家が独占的にこれを掌握し，財政負担を伴う外的学校事項は，教員人事を除いて，国家機関としての地方公共団体に機関委任事務として強制委任された〈学校財政における地方公共団体負担の原則〉。

③ 学校教育は国家の権力作用そのものと見なされ，公立学校は刑務所と同じく，「権力および懲治を行う営造物」〈公権力的・倫理的営造物〉として位置づけられた。

くわえて，公立学校教員の勤務関係と生徒の学校関係は特別に強められた権力が働く「公法上の特別権力関係」(öffentlich-rechtliches besonderes Gewaltverhältnis) と解された。こうして，このような特別権力関係においては，「法律の留保の原則」は排除され，特別権力主体（学校監督庁・学校当局）は特別権力服従者（教員・生徒）対して「法律から自由な包括的支配権」(gesetzesfreies umfassendes Herrschaftsrecht) を有するとされ，教員や生徒の基本権は広範かつ強度の制約に服した。しかも特別権力関係内部における決定や処分などの権力行為は，特別権力関係内部規律行為として，これに対しては行政裁判上の救

v

はじめに

済は及ばないとされた。

④ 公立学校は法制上「国の営造物」と規定され，その法的性格は「権利能力を有さない，非独立的営造物」（nichtrechtsfähige, unselbständige öffenliche Anstalt）として位置づけられて，教育行政・学校組織権限関係上，学校監督庁の包括的な支配権に服するとされた。このような学校監督庁の包括的支配権は国家の学校監督概念の拡大解釈と「法律から自由な教育行政領域」を認容する公法上の特別権力関係論によって強く支援されていた。

⑤ ドイツ３月革命の所産として 1848 年に制定を見たプロイセン憲法は「プロイセンの少年は十分な公の教育施設によって，一般的な国民教育をうける権利（Recht auf allgemeine Volksbildung）を保障される」と規定して，世界の憲法史上初めて「主体的公権としての教育をうける権利」を保障した（18 条１項）。そして，これに対応して，地方公共団体には国民学校に係る経費の負担義務を，また親には「子どもに一般的な国民教育をうけさせる義務」をそれぞれ課し，さらに国民学校における授業料の無償性も確認し，こうして子どもの「教育をうける権利」を中核にして公教育制度を構想していた。しかしこの憲法条項は法律によって具体化されることはなく，改正プロイセン憲法（1850年）によって消滅した。以後，学校教育が国民の基本的人権の観点から捉えられることはなく，警察国家的・権力的な「強制就学」（Schulzwang）という観念が義務教育制度を強固に支配した。

⑥ 教育課程行政は著しく中央集権的・権力的に組織され，学校教育内容は政治的性格を強く帯び，細部にわたるまで国家による権力的な統制に服した〈国家によるインドクトリネーションとしての学校教育〉。一方で，国家と宗教の厳格な分離＝「国家の非宗教性」は求めず，国家と教会との協同を容認する「ドイツ型政教分離の原則」の下にあって，「公教育の宗教的中立性の原則」は存在せず，こうして，公立学校においても宗派的宗教教育が正課として実施され，また公立の宗派学校も正規の学校として設置された。

⑦ 「国家の学校教育独占」の法体制の下，学校教育，とくに義務教育は原則として国家がこれを行い，それが不可能な場合に限り，例外的に私学における教育が認容されるとの原則が支配した〈「教育の自由」「私学の自由」の原則的否認・公立学校の私学に対する制度的優位の原則〉。私学は学校監督庁の認可により学校教育権を特に賦与された特許事業に他ならなかった。

⑧ 憲法・国法学の支配的見解および判例によれば，憲法の人権条項は原則として子ども（未成年者）には適用されないと解され，また公法上の学校特別

はじめに

権力関係論と民法上の「親の権力（elterliche Gewalt）＝子どもに対する人的支配権としての親権」（ドイツ民法 1627 条）によって，子どもの公法上・民法上の法的地位が強く規定され，宗教教育に関する自己決定権＝「宗教上の成熟」（満 14 歳）は別として，子どもは絶対的な学校権力と親の教育権力の包括的支配に服する「無権利客体」として，「憲法から自由な，法治主義原理の及びえない範域」に追いやられていた。

⑨　ワイマール憲法は「親の自然権的教育権」を憲法上の基本権として規定したが（120 条），宗教教育の領域においてはともかく〈親の宗教教育権の保障〉，学校教育それ自体に関しては，親は権利主体ないしは積極的な責任主体として学校法制上位置づけられてはいなかった。学校教育は親を疎外する形で権力的に運営され，子どもと同様，親もまた「法から自由な学校権力」（rechtsfreie Schulgewalt）の前に無権利客体でしかなかった。「学校の権利は親の権利を破棄する」（Schulrecht bricht Elternrecht）とのプロイセンに伝統的な法諺がこのことを端的に物語っているところである。

　なお 1918 年の 11 月革命によってドイツの絶対主義的立憲君主制は崩壊したが，ワイマール憲法下においてもなお上述したような国家的・権力的公教育法制は，部分的には修正を見たものの，トータルな構造としては，その法的実体は変わることなく存続したのであった。

　第 2 次世界大戦後，ドイツにおいては基本法の制定（1949 年 5 月）によって憲法体制の転換が図られたが，基本法がワイマール憲法（1919 年）の「国家の学校監督」条項を法文上そのまま継受したこともあって（7 条 1 項），教育行政・学校法域にあっては，プロイセン・ドイツの伝統的な学校法制・理論が払拭されることはなく根強く存続した。まさに O. マイヤーのいう「憲法は変われど，行政法は変わらず」（Verfassungsrecht vergeht, Verwaltungsrecht besteht）という法制現実が戦後も続いたのであった。

　このような状況下にあって，1950 年代前半から 1960 年代後半にかけて，H. ヘッケル，H. ベッカー，E. シュタインに代表されるリベラルな指導的学校法学者は，ドイツにおける教育行政と学校法制の有りようを，人間の尊厳の尊重（基本法 1 条 1 項），自由主義原理（同 21 条 2 項），民主制原理（同 20 条 2 項），法治国家原理（同 20 条 3 項），社会国家原理（同 20 条 1 項）といった基本法上の普遍基本法原理，および子どもの「自己の人格を自由に発達させる権利」（同 2 条 1 項），「親の自然的教育権」（同 6 条 2 項），「私学の自由」「教育の自

vii

由」（同7条4項）などの憲法上の基本権との係留・緊張において検証し，それを踏まえた制度構造を形成することに多大な理論的努力を払うことになる。それは，端的には，「憲法の規範力・内容を実現しようとする現実的意思」＝「憲法への意思」（Wille zur Verfassung・K. ヘッセ）の教育行政・学校法域における現実化に向けた努力であったと評される。

こうした努力は，19世紀中葉以降における「教育の自律性」（Autonomie der Erziehung）や「協同的自治」（genossenschaftliche Selbstverwaltung）の思想や理論などを背景とし，またより直接には1960年代末の「教育制度・学校の民主化」要求運動を契機として，1970年代前半から後半にかけて学校法制上に結実を見るに至る。すなわち，この時期，各州において学校法制改革が断行され，また連邦憲法裁判所や連邦行政裁判所の数々の画期的な判例とも相俟って，上記のような基本法の価値原理と組織原理は実定学校法制上に努めて現実化された。ティピカルには，たとえば，下記のような法現実を挙げることができる。

① 憲法学の通説および連邦憲法裁判所の判例によって，基本法の人権条項は原則として子どもや学校にも直接適用されると解されるに至り，子どもの基本権主体性と学校におけるその妥当性が確認され，生徒は学校法制上，権利主体・責任主体として構成的に組み込まれて，「学校における生徒の法的地位」が学校法制上に確立を見た〈「憲法から自由な学校」の否定・「学校と生徒・親との相互的な法律関係としての学校教育関係」〉。

② 憲法上の法治国家原理と民主制原理の教育行政や学校への直接適用により〈「教育行政における法律の留保の原則」・「学校における民主主義の制度的現実化」〉，教育行政機関の学校に対する包括的支配権やいわゆる公法上の学校特別権力関係論は否定されて，教育における国民主権と学校における生徒・親の基本権保障が格段と強化された。

③ 「教員の教育上の自由」（pädagogische Freiheit des Lehrers）の法理が各州の学校法制上明記された。そして支配的な学校法学説によれば，この法理は教員に対して固有責任にもとづく教育活動の形成を保障するものであり，教員の公務員法上の地位を補充し修正する原則と解された。こうして，学校監督庁の教員に対する専門監督権は縮減され，また学習指導要領は法的には「枠組的指針」として性格規定され，さらに校長は教員の教育活動に関しては原則として職務命令権を有さないとされた。

併せて，「学校の教育上の自治」（pädagogische Selbstverwaltung der Schule）の法理も学校法制上明示的に保障され，学校管理・運営上の基幹原理とされる

はじめに

に至った。この結果，国家の学校監督権は大幅に縮減されて，学校は教育課程・教員人事・学校予算の面で一定範囲において自律的な権限を享有するに至り，組織・権限関係上，伝統的な学校営造物理論は大幅な修正を余儀なくされた。

④　ザールラント州の「学校共同決定法」（1975 年）やノルトライン・ウエストファーレン州の「学校参加法」（1977 年）などの改革立法の名称が端的に示しているように，教員会議，学校会議，父母協議会，生徒代表制組織などの各種会議権や教育行政・学校経営への参加権が総体としてそうとう強化・補強された。

なかでも教員・親・生徒の三者代表によって構成される学校会議（Schulkonferenz）が，1969 年にブレーメン州で初めて法制化され，1970 年代前半に各州の学校法制上に確立を見て，「学校の自律性」の基幹主体として位置づけられるに至ったという法現実は，特記に値する。また既存の父母協議会や生徒代表制を通しての親・生徒の公教育運営への参加も，その法的内実において格段と強化され，親や生徒は授業計画の作成など教育課程の領域においても参加権を保障されることとなり，しかも親の場合は州により，共同決定的参加という強度の参加権が保障されるところとなった〈「官治・集権・統制型」から「自治・分権・参加型」の教育行政・学校法制へ・「参加民主主義の教育行政・学校法域における制度的現実化」〉。

⑤　憲法学の通説および判例上，憲法上の基本権である「一般的人格権」（基本法 2 条 1 項）にはその重要な内容として，「情報に関する自己決定権」が当然に含まれていると解されるに至ったことと相俟って，学校教育における生徒および親の「知る権利」（Informationsrecht）が憲法上の基本権として各州の学校法によって明記され，学校における個人情報の保護法制と開示法制および公共的教育情報の公開法制が本格的に整備された〈学校法制上の基底的権利としての生徒・親の「知る権利」の保障〉。

⑥　学説・判例上，基本法が保障している「私学の自由」（Privatschulfreiheit・7 条 4 項）は主体的公権としての基本権であり，また「直接的に妥当する法」として国家公権力を拘束すると解されるに至った。かくして，私学に対する学校監督は「法監督」＝「合法性のコントロール」だけに限定され，教育内容や教育活動に対する「専門監督」は原則的に廃棄されて，「私学における教育の自由」が法制上，確立された。また連邦行政裁判所と連邦憲法裁判所の判例によって，「憲法上の制度としての私学制度」の保障から，私学の公費助

ix

はじめに

成請求権ないし国の私学に対する保護・促進義務が導出されるに至り，私学助成は憲法上の制度として確立を見た。

⑦　学校事故に固有な補償法として，1971 年に学校事故災害保険法が制定された。これは世界で最初の学校災害補償保険法で，この無過失保障の法制によって，伝統的な過失責任主義に伴う欠陥は立法的に克服された〈社会国家原理の学校法域における現実化〉。……等々。

以上，詰まるところ，1970 年代以降におけるドイツの学校法制の基本的な性格と構造的な特性は，これを直截に言えば，「自由で民主的な社会的法治国家における学校法制」と端的に表現することができよう。そして，こうした一連のメルクマールは，1990 年代前半の学校法制改革によってさらに確たるものとされたのであった。

とはいえ，改めて書くまでもなく，教育は不断の試行錯誤ないし永遠に未完の改革課題に属している。

事実，ドイツにおいても 1990 年代後半以降，とりわけ 2001 年のいわゆる「ピザ・ショック」を直接的な契機として，「学校制度における質保証」というテーゼが教育政策上の最重要課題として浮上し，従来の教育政策や教育行政・学校教育の有りようが厳しく検証されることになる。具体的には，2004 年に常設文部大臣会議によって教育スタンダードが導入され，また 2006 年には基本法が改正されて教育評価条項が憲法上創設された (91b 条 2 項)。こうして，たとえば，上述した「学校の教育上の自治」や「教員の教育上の自由」の法理など，ひろく「教育の自律性」に係わる法域においては，その法的内実に関してある種の変質を迫られているという状況にある。

今後，ドイツの学校法制がどのような展開を見せるか予断を許さないが，ドイツにおいては今後も，生徒を「自律的で成熟した責任ある市民」・「自由で民主的な主権主体」へ育成するという，学校教育の目的を基軸に据え〈学校教育の目的としての「自律への教育」・「自由と民主主義への教育」・「成熟した責任ある市民への教育」・「主権主体への教育」・「寛容への教育」〉，基本的人権の尊重・自由主義・民主主義・法治主義・社会国家原理といった普遍基本法原理を踏まえた学校法制を追求し，構築するという基本的な構えは，些かも揺らぐことはないように私には思われる。

本書は，ドイツの学校法制に関する私のこれまでの研究成果を体系的に整理し，Ⅹ部構成にして纏めたものである。「ドイツの学校法制と学校法学」とい

う書名はいかにもおこがましいが，ただドイツにおいて歴史的にも，今日においても重要な学校法制上の課題とされてきた争論的なテーマは概ね取り上げることができたのではないか，と考えている。本書に所収した論稿には，質量の両面においてかなりのアンバランスが見られており，また若干の重複と不統一も残している。読者のご寛恕を願いたいと思う。

　最後に，出版事情が厳しい折，本書を学術選書として位置づけ，その出版を快く引き受けてくださった信山社の袖山貴社長に深甚なる謝意を表したい。また本書が成るについては稲葉文子氏に大変お世話になった。ここに記してお礼を申し述べたいと思う。

　　2019 年 8 月 23 日

　　　　　　　　　　　　　　　　　　　　　　　　結 城　忠

目　次

はじめに（v）

第 I 部　国家の教育主権と教育課程法制

第1章　教育主権と国家の学校監督権……………………………………5

第1節　ワイマール憲法下までの法制状況………………………………5

1　国家の学校監督権の法定（5）

2　国家の学校監督権の確立（6）

3　内的学校事項の統括権としての国家の学校監督権（12）

第2節　ドイツ基本法下における法的構造………………………………14

1　伝統的学校法制・理論の継受（14）

1－1　国家の学校監督法制とその解釈（14）

1－2　学校営造物理論と学校特別権力関係論（17）

2　学校監督概念の再構成（19）

2－1　H.ベッカーの「管理された学校」批判（19）

2－2　憲法体制の転換と国家の学校監督権（22）

2－3　H.ヘッケルによる学校監督概念の法学的整理（24）

3　基本法7条1項と国家の教育権能（27）

3－1　二義的な上位概念としての国家の学校監督（27）

3－2　学校監督権（狭義）の種別（29）

第3節　国家の教育主権と教育目的・内容の確定………………………31

1　国家の教育主権（31）

2　国家の教育主権と公教育の目的・内容（33）

3　州憲法による教育目的の法定（35）

4　常設文部大臣会議の教育目的に関する決議（37）

第2章　教育法制における国と地方の権限配分…………………………39

第1節　州の文化主権と連邦制改革………………………………………39

1　州の文化主権（39）

2　基本法改正（1969年）による連邦の教育権能の拡大（40）

3　連邦制改革（2006年）── 州の文化主権の復活（42）

4　連邦制改革と教員法制（46）

xiii

第2節　連邦段階の教育行政の構造……………………………47
　　1　連邦教育研究省（47）
　　2　各州文部大臣常設会議（48）
第3節　学校監督行政の組織構造………………………………50
第4節　地方自治体の学校行政…………………………………53
　　1　学校行政の主体（53）
　　2　地方自治体の学校行政権と州の学校監督権（54）
　　3　地方自治体の学校行政機関（57）
第5節　学校財政における州と地方自治体の負担関係…………58
　　1　教員の身分と人事高権（58）
　　2　学校財政の負担区分と負担主体（58）
　　3　地方自治体に対する州の財政補助義務（59）

第3章　教科書検定制度と教科書の採択法制…………………61
第1節　教科書づくり……………………………………………61
　　1　州の教育主権と教科書制度（61）
　　2　教科書の編集・発行（61）
　　2－1　教科書市場における自由競争（61）
　　2－2　ゲオルク・エッカート国際教科書研究所とドイツ・
　　　　　ポーランド教科書合同委員会（62）
第2節　教科書検定制度…………………………………………63
　　1　教科書検定の法制史（63）
　　1－1　絶対君主制下の法制状況（63）
　　1－2　19世紀における法制状況（64）
　　1－3　ワイマール憲法下の法制状況（67）
　　1－4　ナチス政権下の法制状況（68）
　　1－5　第2次大戦後1950年代までの法制状況（69）
　　2　現行の教科書検定法制（70）
　　2－1　常設文部大臣会議の「教科書の認可に関する準則」
　　　　　（1972年）（70）
　　2－2　ドイツ教育審議会の勧告（1973年）と教科書の検定・
　　　　　採択制度（72）
　　2－3　ドイツ法律家協会の「州学校法案」（1981年）と教科書

xiv

の検定・採択制度（72）

　　　2 - 4　教科書検定に関する各州の現行法制（73）

第3節　教科書検定制度違憲訴訟に関する連邦行政裁判所決定……………74

　　1　事実の概要（74）

　　2　原告（教科書著作者・発行者）の主張（75）

　　3　被告（ヘッセン州文部大臣）の反論（76）

　　4　下級審の判断（76）

　　5　連邦行政裁判所の決定主文（77）

第4節　教科書検定制度をめぐる重要争点………………………………77

　　1　教科書検定制度の法的根拠（77）

　　2　教科書検定と検閲の禁止（80）

　　3　教科書検定と意見表明の自由および出版の自由（83）

　　4　教科書検定行政と「法律の留保の原則」（86）

　　5　教科書検定における文部大臣の裁量権（88）

第5節　教科書検定と教育の中立性に関する連邦行政裁判所判決…………90

第6節　教科書の検定手続………………………………………………92

　　1　検定に服する教材（92）

　　2　検定の効力期間と認可取消権（93）

　　3　教科書調査官・教科書調査委員会（93）

　　4　教科書検定基準（95）

　　5　検定不合格の場合の理由説明（96）

第7節　教科書検定過程への親と生徒の参加……………………………96

第8節　教科書の採択法制………………………………………………98

　　1　「学校の自治・教育上の固有責任」・「教員の教育上の自由」の
　　　法的保障（98）

　　2　「学校の自治・教育上の固有責任」事項としての教科書採択（100）

第4章　国旗・国歌法制の構造………………………………………103

第1節　国旗の歴史と法制………………………………………………103

　　1　国旗の法制史（103）

　　2　現行法制と国民の権利・義務（104）

　　　2 - 1　現行の国旗法制（104）

　　　2 - 2　国旗を掲揚する権利（105）

xv

2－3　国旗を掲揚する義務（105）

第2節　国歌の歴史と法制……………………………………………… 107

1　国歌の法制史（107）

2　現行の国歌法制（108）

第3節　学校教育における国旗・国歌の取扱い………………………… 108

第Ⅱ部　国家・宗教・学校をめぐる法制

第1章　ドイツ型政教分離の原則……………………………………… 113

第1節　「宗教の自由」保障…………………………………………… 113

第2節　国家教会法の基本原則………………………………………… 114

第3節　憲法上の原則としての「寛容な学校の原則」……………… 115

第2章　公立学校の宗教的性格と学校形態…………………………… 117

第1節　政教分離の原則とキリスト教的公立学校制度……………… 117

第2節　公立学校の学校形態…………………………………………… 119

1　共同学校（Gemeinschaftsschule）（119）

1－1　キリスト教的共同学校(christliche Geminschaftsschule)（119）

1－2　無宗派共同学校（bekenntnisfreie Geminschaftsschule）（121）

1－3　キリスト教的特性のない共同学校（Geminschaftsschule
ohne christliche Bezüge）（122）

2　宗派学校（Bekenntnisschule・Konfessionsschule）（122）

3　世界観学校（Weltanschauungsschule）（125）

第3章　公立学校における宗教教育法制……………………………… 127

第1節　基本法の宗教教育条項………………………………………… 127

1　正課としての宗教教育（127）

2　宗教教育の宗派的拘束性（128）

第2節　宗教教育をめぐる生徒・親の権利…………………………… 131

1　宗教教育をうける権利（131）

2　親の宗教教育権と宗教教育への参加決定権（131）

第3節　宗教担当教員の法的地位と権利……………………………… 134

1　宗教担当教員の法的地位（134）

xvi

2　宗教担当教員の権利（135）

第4章　正課としてのイスラム教の宗教教育………………………137
　第1節　基本法の宗教教育条項とイスラム教の宗教教育…………137
　　　1　基本法7条3項にいう宗教（137）
　　　2　基本法7条3項にいう宗教団体（138）
　第2節　現行のイスラム教の宗教教育法制…………………………141
　第3節　ベルリンにおける特別な法制状況…………………………144
　第4節　宗教的少数者に対する宗教教育……………………………146

第5章　倫理教育とLERをめぐる法的問題…………………………148
　第1節　倫理教育をめぐる法的問題…………………………………148
　　　1　倫理教育法制（148）
　　　2　倫理教育の合憲性（150）
　　　3　親の教育権と倫理科の設置要求（152）
　　　4　倫理教育と「法律の留保の原則」（153）
　　　5　ベルリンにおける特別な法制状況（154）
　第2節　ブランデンブルク州のLERをめぐる争い…………………156
　　　1　ブレーメン条項と旧東ドイツ諸州（156）
　　　2　ブランデンブルク州におけるLERの創設と法的問題（157）

第6章　「宗教の自由」と学校法制上の争点…………………………160
　第1節　イスラム教徒の女子生徒と男女共修の水泳の授業………160
　第2節　公立学校におけるスカーフ等の着用………………………164
　　　1　イスラム教徒の女子生徒の場合（164）
　　　2　イスラム教徒の女性教員の場合（168）
　　　2－1　バイエルン州における法制状況（170）
　　　2－2　ヘッセン州における法制状況（171）
　　　2－3　バーデン・ビュルテンベルク州における法制状況（172）
　　　3　試補教員の場合（173）
　第3節　教室の中の十字架……………………………………………174
　　　1　連邦憲法裁判所の「十字架判決」（1995年）（174）
　　　2　バイエルン州における学校法制改革とその後の「十字架判決」（178）

xvii

3　十字架の取付けと教員の消極的信仰の自由（180）

　第4節　学校におけるお祈り……………………………………………181

　　1　キリスト教的共同学校でのお祈りへの参加強制（181）

　　2　公立学校でのイスラムの礼拝（185）

第Ⅲ部　教育をうける権利と公教育制度

第1章　義務教育の法制史 ── 就学義務制と教育義務制………………191

　第1節　義務教育制度の生成 ── キリスト教の宣布…………………191

　第2節　プロイセン一般ラント法と教育義務制………………………193

　第3節　ドイツ3月革命期の憲法と教育義務制………………………194

　第4節　ワイマール憲法と就学義務制…………………………………195

　第5節　ドイツ基本法と就学義務制……………………………………197

第2章　教育をうける権利の法的構造……………………………………199

　第1節　ドイツにおける教育をうける権利の憲法史…………………199

　　1　初期立憲主義と教育をうける権利（199）

　　2　ドイツ3月革命期の憲法と教育をうける権利（200）

　　　2－1　3月革命期の教育運動と教育をうける権利（201）

　　　2－2　労働者会議の教育関係決議（201）

　　　2－3　プロイセン憲法教育条項の成立過程（202）

　　3　プロイセン憲法と教育をうける権利（205）

　　4　フランクフルト憲法と教育をうける権利（208）

　　5　改正プロイセン憲法と教育をうける権利（210）

　　6　ビスマルク憲法と人権条項（211）

　　7　ワイマール憲法と教育をうける権利（212）

　　　7－1　ワイマール憲法の教育条項（212）

　　　7－2　ワイマールの学校妥協（214）

　　　7－3　教育条項の構造と教育をうける権利（215）

　　　7－4　ライヒ少年福祉法と教育をうける権利（217）

　第2節　現行学校法制と教育をうける権利………………………………218

　　1　占領期法制と教育をうける権利（218）

　　2　ドイツ基本法と教育をうける権利（220）

3　旧東ドイツ憲法と教育をうける権利（224）

　　4　各州憲法による教育をうける権利の保障（226）

第3節　ヨーロッパ法・国際条約と教育をうける権利……………………… 227

　　1　ヨーロッパ法と教育をうける権利（227）

　　　1－1　ヨーロッパ人権条約と教育をうける権利（227）

　　　1－2　ヨーロッパ社会憲章（229）

　　　1－3　ヨーロッパ共同体における教育の自由に関する決議（229）

　　　1－4　基本的権利と基本的な自由に関する宣言（230）

　　　1－5　EU基本権憲章と教育をうける権利（231）

　　2　国際条約と教育をうける権利（232）

　　　2－1　世界人権宣言と教育をうける権利（232）

　　　2－2　子どもの権利宣言と教育をうける権利（233）

　　　2－3　教育制度における差別禁止条約と教育をうける権利（233）

　　　2－4　経済的，社会的および文化的権利に関する国際規約と教育
　　　　　　をうける権利（235）

　　　2－5　子どもの権利条約と教育をうける権利（237）

　　　2－6　障害者の権利に関する条約と教育をうける権利（240）

第4節　教育をうける権利の法的性質と内容……………………………… 240

　　1　教育をうける権利の法的性質（240）

　　　1－1　法的権利としての教育をうける権利（240）

　　　1－2　複合的人権としての教育をうける権利（244）

　　　1－3　学習の自由権としての教育をうける権利（245）

　　　1－4　国家の目的規定と教育をうける権利（246）

　　2　教育をうける権利の法的内容（247）

　　　2－1　多義的な教育基本権としての教育をうける権利（247）

　　　2－2　教育をうける権利の保護法益と法的内容（247）

第5節　教育をうける権利と授業料・教材の無償性………………………… 253

　　1　社会国家原理と教育をうける権利（253）

　　2　憲法上の原則としての授業料の無償性（255）

　　　2－1　憲法による授業料無償性の保障（255）

　　　2－2　授業料無償性の範囲（256）

　　　2－3　私立学校における授業料（258）

第6節　教育の機会均等と総合制学校の制度化……………………………… 259

1　総合制学校の制度化と今日における概況（259）

　　　2　統合型総合制学校をめぐる違憲訴訟（262）

　第7節　子どもの権利の憲法条項化の試み……………………………263

　　　1　ドイツ統一と憲法改正（263）

　　　2　子どもの権利の憲法上の保障要求（265）

　　　3　SPD の子どもの権利の憲法条項化案（268）

　　　4　SPD の憲法改正法案提出理由（270）

　　　5　CDU/CSU/FDP 連立政権の憲法改正法案反対理由（271）

第3章　移民背景をもつ子どもの教育をうける権利と学校法制………273

　第1節　移民背景をもつ子どもの教育現実……………………………273

　第2節　常設文部大臣会議の外国人教育政策…………………………275

　第3節　各州における外国人教育政策…………………………………286

　　　1　いわゆるベルリン・モデル（287）

　　　1－1　制度の概要（287）

　　　1－2　ベルリン・モデルに対する評価（289）

　　　2　いわゆるバイエルン・モデル（290）

　　　2－1　制度の概要（290）

　　　2－2　バイエルン・モデルに対する評価（292）

　第4節　外国人の子どもの学校法制上の地位…………………………293

　　　1　「何人にも保障される権利」としての教育をうける権利（293）

　　　2　外国人の子どもと就学義務（295）

　　　3　外国人の子どもの教育と「法律の留保の原則」（297）

　第5節　近年における移民背景をもつ子ども関係の重要政策………297

　　　1　移民背景をもつ生徒の学力問題（297）

　　　2　ドイツ語能力確認検査とドイツ語促進コースの創設（299）

　　　3　終日学校の拡充政策（303）

　　　3－1　「半日学校」から「終日学校」へ（303）

　　　3－2　終日学校と移民背景をもつ子ども（304）

　　　3－3　終日学校の形態と設置要件（305）

　　　4　終日学校をめぐる法的問題（306）

　　　4－1　終日学校の導入と「法律の留保の原則」（306）

　　　4－2　「全員参加義務づけ型」終日学校の合憲性（307）

第Ⅳ部　障害児教育法制の構造転換

第1章　障害児教育の法制史……………………………………………311

第1節　特殊学校制度の生成……………………………………………311

第2節　ワイマール憲法下における特殊学校制度……………………313

 1　統一学校制度と特殊学校（313）

 2　特殊学校の任務と法的地位（315）

 3　特殊学校への指定手続（316）

第3節　ナチス政権の障害児政策………………………………………317

 1　優生思想と障害児政策（317）

 2　プロイセン特殊学校規程とライヒ就学義務法（319）

 3　障害児に対する安楽死処分と特殊学校（321）

第2章　戦後の学校法制改革と障害児教育……………………………322

第1節　1950年代までの法制状況………………………………………322

 1　特殊学校への指定制度（323）

 2　特殊学校の法的地位と機能（324）

第2節　1960年代における法制状況……………………………………325

第3節　1970年代以降の法制状況………………………………………327

 1　KMKの勧告（327）

 2　ドイツ教育審議会の勧告（329）

 3　1970年代の判例動向（330）

第3章　現行法制下における障害児教育の法的構造…………………335

第1節　「特別な教育上の促進」概念の新展開………………………335

第2節　障害児教育と憲法上の規準……………………………………337

 1　基本法の改正（1994年）と障害児教育（337）

 2　障害者に対する差別禁止条項と連邦憲法裁判所判決(1997年)（338）

第3節　障害者の権利に関する条約と障害児教育……………………340

 1　包容教育をうける権利（340）

 2　包容教育制度と促進学校の設置（342）

 3　条約の法的効力（342）

第4節　現行の各州学校法制と包容教育………………………………344

1　学校法上の原則としての包容教育の優位（344）

　　　2　特別な教育上の促進をうける権利（345）

　　　3　親の一般学校選択権とその要件（347）

　　　4　包容教育の現実（351）

　第5節　障害児と就学義務……………………………………………………352

　　　1　就学義務法制の弾力的運用（352）

　　　1－1　就学義務の始期と就学義務の猶予（352）

　　　1－2　就学義務の延長（353）

　　　2　職業学校への就学義務（354）

　　　3　その他の法的問題（355）

　　　3－1　促進学校から一般学校への転校（355）

　　　3－2　寄宿舎や家庭養護施設での宿泊教育（355）

　　　3－3　促進学校への指定と「法律の留保の原則」（355）

　　　3－4　促進学校への指定と行政裁判上の審査（356）

　　　3－5　障害児の家庭で学校教育をうける権利（356）

第Ⅴ部　学校経営法制と教員法制の原理

第1章　「学校の自律性」の法的構造………………………………………361

　第1節　ワイマール憲法下までの法制状況…………………………………364

　　　1　国家の学校監督権と学校管理論（364）

　　　2　教員会議権の法制化過程（366）

　　　3　ハンブルク州の「学校の自治に関する法律」の法的構造（368）

　第2節　ドイツ基本法の制定と「学校の自治」……………………………370

　　　1　伝統的学校法制・理論の継受（370）

　　　2　「教員の教育上の自由」・「学校の教育自治」の法制化（371）

　　　3　国家の学校監督概念の再構成（373）

　第3節　ドイツ教育審議会の「学校の自治」・「学校参加」強化勧告と

　　　　　1970年代の学校法制改革………………………………………………374

　　　1　ドイツ教育審議会の「学校の自治」・「学校参加」強化勧告（374）

　　　1－1　基本的テーゼ──「自律化」（Autonomisierung）と

　　　　　　「参加」（Paritizipation）（375）

　　　1－2　基本的テーゼの根拠（375）

xxii

　　　　　　1－3　教育行政・学校組織構造法上の原則 —— 下部への権限
　　　　　　　　　分散による学校の実質的自治の保障（376）
　　　2　1970年代の学校法制改革（378）
　　　　　2－1　専門監督の縮減と「学校の自律性」（378）
　　　　　2－2　教育課程の編成と「学校の自律性」（379）
　　　　　2－3　教員参加と校長権限の強化（379）
　　　　　2－4　親の学校教育参加の拡大・強化（380）
　　　　　2－5　授業の計画・形成と生徒参加（381）
第4節　現行学校法制と「学校の自律性」………………………………382
　　　1　学校の法的地位・性格と「学校の自律性」（382）
　　　2　各州学校法による「学校の自律性」の保障（386）
　　　3　「学校の自律性」と学校プログラム（388）
　　　4　「学校の自律性」の法的内容（390）
　　　　　4－1　学校の教育上の自律性と学校監督庁の専門監督（390）
　　　　　4－2　学校の財務運営上の自律性（395）
　　　　　4－3　学校の人事上の自律性（401）
　　　5　「学校の自律性」と校長権限の強化（405）
　　　6　「学校の自律性」と教員の教育上の自由（407）
第5節　「学校の自律性」の基幹主体としての学校会議………………408
　　　1　学校会議の創設と拡充（408）
　　　2　学校会議の構成（410）
　　　3　教員・生徒・親の三者同数代表制学校会議の合憲性（411）
　　　4　学校会議の役割と権限（414）
第6節　基本法と「学校の自律性」………………………………………417
　　　1　国家の学校監督権と「学校の自律性」（417）
　　　2　憲法上の民主制原理と学校会議の決定権（418）
　　　3　「学校フォーラム」の合憲性に関するバイエルン州憲法裁判所
　　　　　判決（420）
　　　　　3－1　事実の概要と判旨（421）
　　　　　3－2　判決に対する学説の評価（422）
第7節　「学校の自律性」と教育の質保証………………………………424
　　　1　学校制度における質保証政策の展開（424）
　　　　　1－1　KMKによる教育スタンダードの導入（424）

xxiii

1－2　基本法の改正による「教育評価条項」の創設（427）

　　2　教育の質保証と学校評価（428）

　　　2－1　「学校の自律性」と学校評価（428）

　　　2－2　学校の内部評価（429）

　　　2－3　学校の外部評価（430）

　　　2－4　「目標・成果協定」と教育の質保証（432）

第2章　学校経営法制と校長の法的地位 ………………………………… 435

　第1節　ワイマール憲法下までの学校経営法制と校長職 ……………… 436

　　1　独任制学校経営と校長職（436）

　　2　合議制学校経営と校長職（437）

　　3　ナチス政権下における校長職（438）

　第2節　ドイツ基本法下における学校経営法制と校長職 ……………… 439

　　1　合議制法制と独任制法制の重畳・相対化（439）

　　2　ドイツ教育審議会の勧告と校長職（440）

　　3　1970年代の学校法制改革と校長職（441）

　　4　1990年代以降の「学校の自律性」論議と校長職（442）

　第3節　現行法制下における校長職の法的構造 ………………………… 444

　　1　校長職の法的地位・性格（444）

　　　1－1　校長の設置（444）

　　　1－2　校長の身分・性格・待遇（445）

　　　1－3　校長の資格要件（446）

　　　1－4　校長の授業担当（447）

　　2　校長の職務内容と権限（448）

　　3　校長と教員の法的関係（449）

　　　3－1　上司としての校長（449）

　　　3－2　校長の職務命令権と「教員の教育上の自由」（450）

　　　3－3　校長の授業査察権（451）

　　　3－4　校長の教員評価権（451）

　　4　校長の選任手続 —— 教員・親・生徒の参加（452）

　　5　校長の試用任用法制（455）

第3章　「教員の教育上の自由」の法的構造 …………………………… 456

第1節　ドイツ基本法の制定と「学校の教育自治」・「教員の教育上
　　　　の自由」……………………………………………………………456
　　1　伝統的学校法制・行政法理論の継受（456）
　　2　「教員の教育上の自由」・「学校の教育自治」の法制化（457）
　　3　学校監督概念の再構成（460）
第2節　「教員の教育上の自由」に関する各州の現行学校法規定…………461
第3節　現行法制下における「教員の教育上の自由」の憲法・学校法
　　　　学的構成……………………………………………………………463
　　1　権利としての「教員の教育上の自由」（463）
　　2　H.ヘッケルの「教員の教育上の自由」に関する法理論（465）
　　3　H.U.エファース，I.v.ミュンヒ，E.W.フースの所説（467）
　　4　「教員の教育上の自由」と「学問・教授の自由」（469）
　　5　教員の「教育上の自由」と生徒の「自己の人格を自由に発達させ
　　　　る権利」（471）
　　6　教員の「教育上の自由」と「表現の自由」・「良心の自由」（472）
　　7　M.シュトックの「教員の教育上の自由」の法的構成（473）
　　8　「教員の教育上の自由」に関する学校法学の通説的見解（474）
第4節　「教員の教育上の自由」に関する判例の動向………………………476
　　1　「教員の教育上の自由」の法的性質（476）
　　2　「教員の教育上の自由」と学習指導要領の法的拘束力（477）
　　3　「教員の教育上の自由」と学習監督権（477）
　　4　「教員の教育上の自由」と校長の職務権限（477）
　　5　「教員の教育上の自由」と教科書の使用（478）
　　6　「教員の教育上の自由」と成績評価（478）
第5節　「教員の教育上の自由」をめぐる個別問題…………………………479
　　1　学校監督庁の専門監督権と「教員の教育上の自由」（479）
　　2　校長の職務命令権と「教員の教育上の自由」（482）
　　3　「教員の教育上の自由」と学習指導要領の法的拘束力（483）

第4章　教員の「政治的意見表明の自由」と教育の政治的中立性……487
第1節　教員の法的地位………………………………………………………487
　　1　憲法上の法的基盤（487）
　　2　連邦制改革（2006年）と公務員法制（488）

3　職業公務員としての教員（489）

　　　4　公法上の勤務関係・忠誠関係としての教員の勤務関係（490）

　第2節　教員の学校法制上の義務………………………………………491

　　　1　憲法忠誠義務（491）

　　　2　中立性保持義務（493）

　　　3　政治活動における中庸・抑制義務（494）

　　　4　勤務給付義務（494）

　　　5　服 従 義 務（494）

　　　6　尊敬と信頼に値する行為をなす義務（495）

　第3節　教員の学校法制上の権利………………………………………496

　　　1　教員の憲法上の基本権（496）

　　　2　「団結の自由」と公務員によるストライキの禁止（497）

　　　3　公法上の特別権力関係論と教員の基本権（498）

　第4節　教員の「政治的意見表明の自由」と「教育上の自由」…………500

　　　1　教員の「政治的意見表明の自由」（500）

　　　2　教員の「教育上の自由」（502）

　第5節　教員の校内活動と政治的中庸・抑制義務………………………504

　　　1　「寛容な学校」の原則（504）

　　　2　授業と政治的中立性（505）

　　　3　校内における政治的ビラの配布・バッジの着用（508）

　　　4　教員の職場における「政治的意見表明の自由」（510）

　第6節　教員の校外における「政治的意見表明の自由」とその限界……510

　　　1　デモンストレーションの自由（510）

　　　2　新聞広告・投書・ビラなどでの政治的意見表明（511）

　　　3　政党への加入の自由（512）

　　　4　議会選挙への立候補・議員としての職務行使の自由（513）

第5章　教員の体罰権と体罰禁止法制……………………………………514

　第1節　慣習法上の権利としての教員の体罰権…………………………514

　第2節　違法性阻却事由としての体罰の教育的価値……………………516

　第3節　教員体罰規制法制………………………………………………517

　第4節　教員体罰禁止法制………………………………………………519

第6章　教員の評価法制‥‥‥‥‥‥‥‥‥‥‥‥‥‥‥‥‥‥‥‥ 521

第1節　憲法上の原則としての「公務における業績主義の原則」‥‥‥ 521

第2節　州の教育主権と教員の人事行政‥‥‥‥‥‥‥‥‥‥‥‥‥ 521

　　　1　州の文化高権（521）

　　　2　教員の身分と人事高権（522）

第3節　教員評価制度の趣旨と法的仕組み‥‥‥‥‥‥‥‥‥‥‥‥ 522

　　　1　勤務監督権の一環としての教員評価（522）

　　　2　教員評価制度の趣旨（523）

　　　3　教員評価の種類（523）

　　　4　教員の評価権者（524）

　　　5　教員評価の方式・形態（525）

　　　6　教員評価の指標・対象（525）

第4節　教員評価の手続法制‥‥‥‥‥‥‥‥‥‥‥‥‥‥‥‥‥‥ 525

第5節　教員評価に対する行政裁判上の救済‥‥‥‥‥‥‥‥‥‥‥ 526

第Ⅵ部　学校における生徒の法的地位と学校参加法制

第1章　公法上の学校特別権力関係論と「学校の法化」‥‥‥‥‥‥ 531

第1節　公法上の特別権力関係論‥‥‥‥‥‥‥‥‥‥‥‥‥‥‥‥ 531

第2節　学校営造物理論と学校特別権力関係論‥‥‥‥‥‥‥‥‥‥ 532

第3節　公法上の学校特別権力関係論の克服‥‥‥‥‥‥‥‥‥‥‥ 535

　　　1　基本法の民主的法治国家の原理と公法上の特別権力関係論（535）

　　　2　H.ヘッケルによる学校特別権力関係論批判（536）

　　　3　連邦憲法裁判所の特別権力関係論否定判決（538）

第4節　「法律の留保の原則」と連邦憲法裁判所の「本質性理論」‥‥ 539

　　　1　連邦憲法裁判所の「本質性理論」（539）

　　　2　「本質性理論」と学校法における法律の留保（542）

第2章　学校における生徒の法的地位‥‥‥‥‥‥‥‥‥‥‥‥‥‥ 545

第1節　憲法上の基本権の主体としての生徒‥‥‥‥‥‥‥‥‥‥‥ 545

第2節　常設文部大臣会議の「学校における生徒の地位」に関する
　　　　決議（1973年）‥‥‥‥‥‥‥‥‥‥‥‥‥‥‥‥‥‥‥‥ 548

第3節　法律関係としての学校関係 —— 学校における生徒の権利と義務‥‥ 551

xxvii

第3章　学校における生徒の政治的基本権と政治活動……………554

第1節　生徒の政治的基本権……………………………………554

第2節　生徒の意見表明の自由…………………………………556

1　一般的原則（556）

2　生徒の意見表明の自由に対する制約（558）

3　校外における生徒の意見表明の自由（560）

4　生徒の意見表明の自由に対する規制と「法律の留保の原則」（561）

5　生徒の意見表明の自由と政治活動 —— 政治的意見表明の自由（562）

第3節　生徒新聞の編集・発行…………………………………565

1　経　　緯（565）

2　生徒の「意見表明の自由」・「プレスの自由」と生徒新聞（566）

3　生徒新聞に対する学校の規制権と「検閲の禁止」（569）

4　生徒新聞と政治的テーマ（571）

5　生徒新聞に対する規制と「法律の留保の原則」（572）

6　生徒新聞への州プレス法の適用（572）

第4節　校内におけるビラの配布………………………………572

第5節　生徒のデモンストレーションの権利…………………573

第6節　生徒による政治的な団体の結成………………………576

1　「結社の自由」と生徒団体（576）

2　学校における政治的生徒団体の結成（577）

第7節　生徒によるストライキ・授業ボイコット……………580

第4章　生徒の学校参加の法的構造………………………………584

第1節　ワイマール憲法下までの法制状況……………………584

1　生徒自治・生徒の学校参加と改革教育学（584）

1－1　ケルシェンシュタイナーの生徒自治論（585）

1－2　フォエルスターの生徒自治論（586）

2　生徒の学校参加の法制史（587）

2－1　ジューフェルンの教育法案と生徒参加（587）

2－2　ドイツ11月革命と生徒の学校参加（588）

2－3　ナチス政権による生徒の学校参加制度の解体（594）

第2節　ドイツ基本法下における法制状況……………………596

1　生徒の学校参加制度の復活（596）

2　1960年代末～1970年代前半の生徒の学校参加に関する改革案（597）
　　　2－1　常設文部大臣会議の「生徒の共同責任」に関する決議
　　　　　　（1968年）（598）
　　　2－2　常設文部大臣会議の「学校における生徒の地位」に関
　　　　　　する決議（1973年）（600）
　　　2－3　ドイツ教育審議会の「学校の自律性」「学校参加」強化
　　　　　　勧告（1973年）と生徒参加（601）
　　3　1970年代の学校法制改革と生徒参加（603）
　　　3－1　学校組織構造の法制改革（603）
　　　3－2　カリキュラム編成における学校の自律性と生徒参加（604）
　　　3－3　授業の計画や形成への生徒参加の保障（604）
　　4　ドイツ統一と州憲法による生徒の学校参加権の保障（605）
　　5　1990年代以降の「学校の自律性」の強化と生徒参加（606）
　　6　成人年齢の引き下げと生徒参加（607）
第3節　現行法制下における法制状況……………………………………608
　　1　生徒代表制の法的地位・性格（608）
　　2　生徒代表制の役割と権限（610）
　　　2－1　生徒の利益代表（610）
　　　2－2　生徒代表制自らが設定する役割や活動（611）
　　　2－3　生徒代表制と政治的役割（611）
　　3　生徒の学校参加の態様 —— 生徒の学校参加権の種類（613）
　　4　生徒代表制の組織（617）
　　　4－1　生徒代表組織の種類（617）
　　　4－2　生徒代表と選挙人の関係（619）
　　　4－3　調整・助言教員の配置（620）
　　5　学校会議への生徒代表の参加（620）
　　6　教員会議への生徒代表の参加（621）
　　7　州と地方自治体の教育行政機関への生徒代表の参加（622）

第5章　少年法制の概要と特徴……………………………………624
第1節　少年法制の理念・性格と刑事責任年齢……………………624
　　1　福祉型モデルと司法型モデル（624）
　　2　ヨーロッパ諸国における少年の刑事責任年齢の概況（625）

xxix

第2節　少年援助法と少年刑法……………………………………627

第3節　少年刑法の指導理念と性格………………………………627

第4節　少年刑法の適用対象………………………………………628

第5節　少年の犯罪行為に対する法的効果………………………629

第6節　少年犯罪に対する厳罰化をめぐる論議…………………630

第Ⅶ部　学校におけるデータの保護法制と開示法制

第1章　学力保証政策とデータ保護の学校法制……………………635

第1節　情報に関する自己決定権の憲法上の保障………………635

第2節　個人データ保護法制とその構造…………………………637

第3節　データ保護の学校法制……………………………………639

 1　学校法による規律（639）

 2　教育行政機関・学校による生徒・親に関するデータの収集（640）

  2−1　一 般 原 則（640）

  2−2　特にセンシブルな個人データの収集（641）

  2−3　生徒を対象とした学術上の調査研究（642）

  2−4　教 育 統 計（642）

  2−5　学 力 調 査（642）

 3　生徒に関するデータの第三者（機関）への提供（644）

 4　生徒・親の権利（646）

第4節　学力調査と情報に関する自己決定権……………………647

 1　ピザ・ショックと学校の質保証政策（647）

 2　学力調査の在り方 ── 生徒・親の情報に関する自己決定権に
よる制約（651）

第2章　教育個人情報の開示法制……………………………………654

第1節　学校教育における「生徒の知る権利」…………………654

 1　憲法上の基本権としての「生徒の知る権利」（654）

 2　各州学校法による「生徒の知る権利」の保障（655）

第2節　学校教育における「親の知る権利」……………………657

 1　憲法上の基本権としての「親の知る権利」（657）

 2　「親の知る権利」の対象・範囲（659）

3　「親の知る権利」の種類（660）

　第3節　教育個人情報の原則開示と開示の限界………………………………661

　　　1　開示の対象となる教育個人情報（661）

　　　2　開示の限界（663）

第Ⅷ部　学校の教育措置・決定に対する行政裁判上の救済と学校事故補償法制

第1章　学校の教育措置・決定に対する行政裁判上の救済……………667

　第1節　ワイマール憲法下における法制状況…………………………………667

　第2節　ドイツ基本法下における法制状況……………………………………670

　　　1　特別権力関係論の法治主義的修正 —— 法律関係としての特別
　　　　　権力関係（670）

　　　2　学校の教育措置・決定に対する行政裁判上の権利保護の範囲・
　　　　　限界（672）

　　　　2−1　公法上の特別権力関係論支配下における法制状況（672）

　　　　2−2　公法上の特別権力関係論否定後の法制状況（682）

　　　3　学校の教育措置・決定に対する行政裁判上の権利保護の強度（685）

　　　　3−1　自由裁量としての学校の教育措置・決定（685）

　　　　3−2　高度に人格的な専門的判断と判定活動領域 —— 連邦行政
　　　　　　　裁判所の確定判例（686）

　　　　3−3　連邦憲法裁判所の新判例（1991年）（688）

第2章　学校事故補償法制の構造………………………………………………692

　第1節　国家責任（職務責任）の法制史………………………………………694

　　　1　官吏の個人責任と国家無責任の法制（694）

　　　2　官吏の過失責任と国家の代位責任法制（695）

　　　　2−1　国家責任の法定（695）

　　　　2−2　憲法上の制度としての国家責任（697）

　　　　2−3　ワイマール憲法131条の拡大解釈（698）

　　　　2−4　ドイツ基本法と国家賠償責任（699）

　第2節　ドイツ国家責任法（職務責任法）の基本構造………………………700

　第3節　職務責任法制と学校事故の被害者救済………………………………702

xxxi

1　職務責任法理の学校事故への適用（702）

2　学校事故における職務責任の構成要件（703）

2－1　学校における官吏（704）

2－2　「公権力の行使」と学校教育（705）

2－3　教員の職務上の義務（監督義務）違反（706）

第4節　学校事故に対する無過失責任法制……………………………710

1　特別犠牲補償制度と学校事故（710）

1－1　「特別犠牲補償」の法理（710）

1－2　特別犠牲補償の法理の学校事故への適用（712）

2　公法上の学校危険責任論（713）

3　新国家責任法の制定と失効（715）

3－1　制定の経緯（715）

3－2　新国家責任法の主要な内容（716）

3－3　連邦憲法裁判所の無効判決（718）

3－4　今日における法制状況（718）

第5節　学校災害保険法の制定とその法的構造……………………………720

1　学校事故保険の法制史（720）

2　学校災害保険法の制定（721）

3　本法の趣旨・性格と適用範囲（722）

4　保険者と補償内容（725）

第6節　学校事故の防止法制と安全教育……………………………726

1　学校事故の防止法制（726）

1－1　学校設置者の条件整備義務（726）

1－2　学校・教員の安全保持義務（726）

2　学校における安全教育（728）

第IX部　親の教育権と学校教育・教育行政

第1章　親の教育権の法的構造 ……………………………733

第1節　親権の変遷史……………………………733

1　古代ローマ法における親権（733）

2　中世ドイツ法における親権（734）

3　ドイツ普通法における親権（734）

4　プロイセン一般ラント法における親権（735）

　　5　ドイツ民法典における親権（736）

　　6　男女同権法制定以前の法制状況と親権（736）

　　7　男女同権法の制定と親権（737）

　　8　親の配慮権に関する新規制法における親権（737）

第2節　親の教育権の法的性質と属性……………………………………739

　　1　自然権としての親の教育権（739）

　　　1－1　親の教育権の自然権性（739）

　　　1－2　親の自然権的教育権の法的性質（740）

　　　1－3　親の自然権的教育権の法的効果（744）

　　2　憲法上の基本権としての親の教育権（746）

　　3　特殊な包括的基本権としての親の教育権（749）

　　　3－1　親の個人的な教育の自由権（750）

　　　3－2　子どもの利益に向けられた承役的基本権（751）

　　　3－3　子どもの教育についての包括的な教育基本権（753）

　　　3－4　社会国家的および社会的な基本権（754）

　　　3－5　親集団としての集団的基本権（755）

　　　3－6　公教育運営への参加基本権（757）

第3節　親の教育権と国家の学校教育権……………………………………758

　　1　親の教育権と国家の学校教育権の等位テーゼ（758）

　　2　親の教育権と国家の学校教育権の一般的関係に関する理論（760）

第4節　性教育をめぐる親の教育権と国家の学校教育権

　　　　──連邦憲法裁判所決定（1977年）………………………………762

　　1　事件の概要（762）

　　2　下級審の判断（763）

　　3　決　定　要　旨（764）

　　4　学説の評価（765）

　　5　学校における性教育と「法律の留保の原則」（767）

第5節　親の教育権と子どもの人格的自律権………………………………769

　　1　子どもと基本的人権（769）

　　　1－1　子どもの人権主体性（769）

　　　1－2　子どもの人権へのアプローチ（770）

　　2　憲法の人権保障規定と親子関係（774）

xxxiii

3　「縮減・弱化する親の権利 —— 伸張・強化する子どもの権利」
　　　の原則（776）
　　　3－1　親の教育権の権原と子どもの人格的自律権（776）
　　　3－2　親の「子どもの自律性の尊重義務」と子どもの意見
　　　　　　表明権（778）
　　4　いわゆる「意思能力のある未成年者の法理」と子どもの自己
　　　決定権（778）

第2章　親の学校教育・教育行政への参加法制……………………………781
　第1節　親の学校教育参加の法制史……………………………………781
　　1　「協同的自治」の思想と父母協議会（781）
　　　1－1　プロイセン州の父母協議会（782）
　　　1－2　ハンブルク州の父母協議会（783）
　　2　ナチス政権による親の学校参加制度の解体（785）
　第2節　ドイツ基本法下における法制状況………………………………786
　　1　親の学校教育参加権の憲法による保障（786）
　　2　親の学校教育への参加権と基本法の親権条項（788）
　　3　親の学校教育参加の態様 —— 親の学校教育参加権の種類（790）
　　4　親の学校教育参加の組織（792）
　　　4－1　父母協議会（792）
　　　4－2　学　校　会　議（794）
　　　4－3　教員会議への親の参加（795）
　　　4－4　地方自治体の教育行政機関への親の参加（796）
　　5　親の学校教育参加の範囲と限界（796）

第Ⅹ部　「私学の自由」と私学に対する公費助成法制

第1章　「私学の自由」の法的構造 ………………………………………801
　第1節　ワイマール憲法下までの法制状況……………………………801
　　1　プロイセン一般ラント法と私学（801）
　　2　19世紀私学法制と「私学の自由」（803）
　　3　プロイセン憲法と「私学の自由」（805）
　　4　ワイマール憲法と「私学の自由」（808）

xxxiv

5　ナチス政権による私学制度の解体（812）

　第2節　ドイツ基本法の制定と「私学の自由」……………………………813

　　　1　基本法制定議会と私学条項──「私学の自由」の憲法上の保障（813）

　　　2　「私学の自由」の法的性質と私学の制度的保障（815）

　　　3　「私学の自由」の主体── 私学の設置主体（817）

　第3節　現行法制下における「私学の自由」の法的構造…………………818

　　　1　私学の設置認可と私学の自由（818）

　　　1－1　私学の設置認可（818）

　　　1－2　私立学校と公立学校の等価性の原則（819）

　　　2　「私学の自由」の法的内容（820）

　　　2－1　私学を設置する権利（820）

　　　2－2　私学における教育の自由（821）

　　　2－3　私学における組織編制の自由（823）

　　　2－4　教員を選択する自由（824）

　　　2－5　生徒を選択する自由（825）

　　　2－6　「私学の自由」のその他の法益（826）

　　　3　外国人の「私学を設置する自由」（826）

　　　4　私学に対する国家の学校監督（827）

第2章　私学に対する公費助成の法的構造………………………………829

　第1節　ワイマール憲法下までの法制状況…………………………………829

　　　1　私学助成の法制史（829）

　　　2　ワイマール憲法と私学助成（830）

　第2節　ドイツ基本法下における法制状況…………………………………831

　　　1　基本法の制定と私学法制の転換（831）

　　　2　基本法制定議会と私学助成（832）

　　　3　1950年代までの各州における法制状況── 州憲法による「私学
　　　　　助成請求権」の保障（833）

　　　4　1950年代〜1960年代の学説状況── 私学助成請求権の法理論（836）

　第3節　連邦行政裁判所と連邦憲法裁判所の「私学助成判決」…………841

　　　1　1960年代後半以降の連邦行政裁判所「私学助成判決」── 私学
　　　　　助成請求権の承認（841）

　　　2　連邦憲法裁判所「私学助成判決」（1987年）── 私学に対する国

の保護義務の確認（843）

第 4 節　現行私学助成法制の概要……………………………………………846

　　　1　私学助成の法的根拠 —— 私学助成請求権の州憲法による保障（847）

　　　2　私学助成請求権をもつ私学の種類（848）

　　　3　私学助成の要件としての私学法上の公益性（848）

　　　4　私学助成の要件としての税法上の公益性（848）

　　　5　助成対象費目（849）

　　　6　助成額の割合（849）

　　　7　助　成　方　式（850）

　　　8　待　ち　期　間（850）

　　　9　当該州の子ども条項（851）

　　　10　私学助成における信頼関係保護の原則（851）

初 出 一 覧（853）

事 項 索 引（855）

人 名 索 引（866）

凡　　例

本書で使用しているドイツ語の略記の正式名称・表記は下記の通りである。

a.a.O.	am angegebenen Ort
AöR	Archiv des öffentlichen Rechts
Art.	Artikel
Aufl.	Auflage
BA	Bayern
BB	Brandenburg
Bd.	Band
BE	Berlin
Beschl.	Beschluß
BesG	Besoldungsgesetz
betr.	betreffend
BGB	Bürgerliches Gesetzbuch
BGH	Bundesgerichtshof
BLK	Bund-Länder-Kommision für Bildungsplanung
BRK	UN－Behindertenrechtskonvention
BSG	Bundessozialgericht
BVerfG	Bundesverfassungsgericht
BVerfGE	Entscheidungen des Bundesverfassungsgerichts
BVerwG	Bundesverwaltungsgericht
BVerwGE	Entscheidungen des Bundesverwaltungsgerichts
BW	Baden-Würtemberg
CDU	Christlich-Demokratische Union
CSU	Christlich-Soziale Union
ders., dies.	derselbe, dieselbe
DIPF	Deutsches Institut für Internationale Pädagogische Forschung
DJT	Deuter Juristentag
DKP	Deutsche Kommunistische Partei
DÖV	Die Öffentliche Verwaltung
DP	Deutsche Partei
DVBl	Deutsches Verwaltungsblatt
EGMR	Europäischer Gerichtshof für Menschenrechte
EMRK	Europäische Konvention zum Schutz der Menschenrechte und Grundfreiheiten
Ent.	Entscheidung
Erl.	Erlaß
EU	European Union 〈Europäische Union〉

xxxvii

EuGRZ	Europäische Grundrechte-Zeitschrift
FamRZ	Zeitschrift für das gesamte Familienrecht
FDP	Freie Demokratische Partei
ff.	folgende
GG	Grundgesetz für die Bundesrepublik Deutschland
HB	(Hansestadt) Bremen
HdbStR	Handbuch des Staatsrechts der Bundesrepublik Deutschland, hrsg. von J. Isensee und P. Kirchhof, bislang 9 Bde., Heidelberg 1987 ff.
HE	Hessen
HH	(Hansestadt) Hamburg
Hrsg.	Herausgeber
JZ	Juristenzeitung
KMK	Die ständige Konferenz der Kultusminister der Länder
KMK-BeschlS.	Sammlung der Beschlüsse der Ständigen Konferenz der Kultusminister der Länder in der Bundesrepublik Deutschland.
KPD	Kommunistische Partei Deutschlands
LER	Lebensgestaltung-Ethik-Religinoskunde
LG	Landgericht
LSG	Landessozialgericht
MV	Mecklenburg-Vorpommern
NJW	Neue Juristische Wochenschrift
NS	Niedersachsen
NSLB	Nationalsozialistischer Lehrerverband
NVwZ	Neue Zeitschrift für Verwaltungsrecht
NW	Nordrhein-Westfalen
OLG	Oberlandesgericht
OVG	Oberverwaltungsgericht
PädF	Pädagogische Führung
RdErl.	Runderlaß
RdJ	Recht der Jugend
RdJB	Recht der Jugend und des Bildungswesens
Rdnr.	Randnummer
RKEG	Gesetz über die religiöse Kindererziehung
RM	Reichsmark
RP	Rheinland-Pfalz
RWS	Recht und Wirtschaft der Schule
S.	Seite
SA	Sachsen-Anhalt
SchuR	SchulRecht
SED	Sozialistische Einheitspartei Deutschlands
SH	Schleswig-Holstein

xxxviii

SL	Saarland
sm	Schulmanagement
SN	Sachsen
SPE	Sammlung schul- und prüfungsrechtlicher Entscheidungen
StGH	Staatsgerichtshof
TH	Thüringen
u.a.	und andere
Urt.	Urteil
VBL	Verwaltungsblatt
VerArch	Verwaltungsarchiv
Verf.	Verfassung
VerfGH	Verfassungsgerichtshof
VG	Verwaltungsgericht
VO	Verordnung
VR	Verwaltungsrundschau
VVDStRL	Veröffentlichungen der Vereinigung der Deutschen Staatsrechtslehrer
ZBR	Zeitschrift für Beamtenrecht
ZBV	Zeitschrift für Bildungsverwaltung
ZfPäd	Zeitschrift für Pädagogik

ドイツの学校法制と学校法学

第Ⅰ部

国家の教育主権と教育課程法制

第1章　教育主権と国家の学校監督権

第1節　ワイマール憲法下までの法制状況

1　国家の学校監督権の法定

　1794 年に制定されたプロイセン一般ラント法〈Allgemeines Landrecht für die Preußischen Staaten v. 5. Febr. 1794〉は「学校および大学は国の施設（Veranstaltungen des Staats）であって……」（1条）と規定し，ドイツの学校法制史上初めて，学校を国の施設として位置づけた〈国の施設としての学校・Schule als Staatsanstalt[(1)]〉。

　これをうけて同法は学校の設置と学校教育課程に関する国家の認可権（2条・3条）を規定したうえで，国家の学校監督権について，こう書いた。

　「すべての公立学校および公教育施設は国家の監督（Aufsicht des Staats）の下に置かれ，常時，国家の監査と査察を受けなければならない。」（9条）。

　さらに同法は「公立学校と宗教」の関係についても，つぎのような定めを置いた。

　「何人も宗派の違いの故をもって，公立学校への入学を拒まれてはならない」（10条）。「国法にもとづき，公立学校において教えられる宗教とは別の宗教を教えられるべき子どもは，当該学校の宗教の授業への出席を強制されることはない」（11条）。

　ここに法制（学校法原理）上は，いわゆる「学校制度の国家化」（Verstaatlichung des Schulwesens）が確立されたのであり[(2)]，それまで歴史的に長い間，「教会の付属物」（annexum der Kirche）という性格を濃厚に帯びてきた学校は[(3)]，教会権力から国家権力の手に移管され，「国家の施設」として位置づけられて，その監督下に置かれることとなったのである。「プロイセン一般ラント法以降，国家は学校の主人（Herr der Schule）と見なされてきた[(4)]」と捉え

---

(1)　L.Clausnitzer, Geschichte des Preußischen Unterrichtsgesetzes, 1891, S.36.

(2)　A.Eisenhuth, Die Entwicklung der Schulgewalt und ihre Stellung im Verwaltungsrecht in Deutschland, 1931, S.15.

(3)　C.F.Koch, Allgemeines Landrecht für die Preußischen Staaten, 1886, S.691.

(4)　L.Clausnitzer, a.a.O.,S.266.

第Ⅰ部　第1章　教育主権と国家の学校監督権

られる所以である。

　とはいえ，上記にいわゆる「国家の学校監督」は，その法概念においても，また制度実態においてもきわめて曖昧かつ不徹底なものであった。

　実際，同法においては，下級学校に対する直接的な監督権はなお依然として地区裁判所と説教師の掌中にあったし（12条・25条・49条），また「国の施設としての学校（大学）」とはいっても，「国の官吏」（Staatsbeamte）としての身分を賦与されたのは大学と上級学校の教員だけであった（65条・73条[5]）。

　ちなみに，この点，A.アイゼンフートも「プロイセン一般ラント法1条は構成的な効力をもつものではなく，宣言的な効力（deklarativ wirksam）を有するにすぎない」と指摘しているところである[6]。

2　国家の学校監督権の確立

　いうところの「国家の学校監督」法制は19世紀に入って本格的に整備されることになる。憲法の学校条項による規律も含めて，この法域において，下掲のような基幹的な立法がなされたのである。

　◎プロイセン王国政府の業務執行に関する命令18条（1817年）——「宗務・学校委員会」（Die Kirchen-und Schulkommission）は，それ自体特別な官庁ではなく，政庁第1課に統合された，その一部をなす機関であり，……下記について権限を有する。

　　d）すべての公立および私立の学校と教育施設に対する指揮と監督，

　　e）すべての初等学校制度の監督と管理……[7]」。

　◎プロイセン憲法20条（1848年）——「公立の国民学校（Die öffentlichen Volksschule）およびその他のすべての教育・教授施設は，独立の，国家によって定められた官庁の監督の下におかれる[8]」。

　◎ドイツ国民の基本権に関する法律23条（1848年）——「教授・教育制度

---

(5)　L.v.Rönne, Das Unterrichtswesen des Preußischen Staates, Bd.I, 1855, S.222.
　　　一般ラント法は「学校教員の任命権は原則として裁判所にある」（22条）と規定していた。しかし現実には，民衆学校教員の人事権をめぐって，国家と教会との間でその後も長い間争いが続き，1846年，教員の推挙権を国家に，許諾権を司教に帰属させるという形で一応の決着が図られた（L.v.Rönne, ditto）。

(6)　A.Eisenhuth, a.a.O.,S.15.

(7)　Instruktion zur Geschäftsführung der Regierungen in den Königlich＝Preußischen Staaten v.23.10.1817, In:W.Landé, Preußisches Schulrecht, Bd.I, 1933, S.124.

(8)　Die oktroyierte Verfassung v.5.12.1848, In: L.Clausnitzer, a.a.O.,S.162.

第1節　ワイマール憲法下までの法制状況

は国家の上級監督（Oberaufsicht）の下におかれ，宗教教育を除いて，聖職者による監督は廃止される[9]」。

◎改正プロイセン憲法 23 条 1 項（1850 年）――「すべての公教授・教育施設および私教授・教育施設（Alle öffentlichen und Privat ＝ Unterrichts ＝ und Erziehungsanstalten）は，国家によって定められた官庁の監督の下におかれる[10]」。

◎学校監督法 1 条（1872 年）――「あらゆる公教授・教育施設ならびに私教授・教育施設に対する監督は，国家に帰属する。かかる監督を任せられた官庁および官吏は，国家の委託をうけて（im Auftrag des Staates）それを行うものである[11]」。

　これらの憲法条項および学校監督法令については，その学校法制史上の意義に鑑み，ここで若干のコメントをしておかなくてはならない。

　①　先に見たとおり，プロイセン一般ラント法においては，国家の学校監督権は「公立学校および公教育施設」だけに対するものであった（9 条）。これに対して，1817 年の命令は，私立を含むすべての学校と教育施設に対する国家の監督権を規定しており，しかも，そこにいう学校監督には，狭義の監督だけでなく，「指揮」（Direktion）および「管理」（Verwaltung）が包摂されている。

　G. アンシュッツも指摘している通り，この命令は「政庁に異常なほど広範な権能を授権したもの[12]」であり，かくして，後年，展開されることになる「国家の学校監督権の拡大解釈」に実定法上の根拠を与えることにもなる（後述）。またこの命令は教育行政の運用レベルではその後，ワイマール憲法下に至るもなお効力をもち続けたという点でも，ドイツの学校監督法制史上，重要な位置を占めるものである。

　②　ドイツ 3 月革命の所産として 1848 年に制定されたプロイセン憲法は，

---

(9)　Gesetz betreffend die Grundrechte des　Deutschen Volkes v.28.12.1848, In: L.v. Rönne, a.a.O.,S.31.

(10)　Die revidierte Verfassung v.31.1.1850, In: L.Clausnitzer, a.a.O.,S.166.

(11)　Gesetz betreffend die Beaufsichtigung des Unterrichts－und Erziehungswesens v.11. 3.1872, In: W.Landé, a.a.O.,S.146.

(12)　G.Anschütz, Die Verfassungs ＝ Urkunde für den Preußischen Staat（以下，Verfassungs ＝ Urkunde と略称）,1912,S.406.

　　なお宗務・学校委員会の法的地位や権限について，詳しくは参照:W.Landé, Probleme der Preußischen Schulverwaltung, In: A. Grimme (Hrsg.), Wesen und Wege der Schulreform 1930, S.275–S.276.

第Ⅰ部　第1章　教育主権と国家の学校監督権

国家の学校監督権について前掲のように規定したが，その一方でベルギー憲法17条（1831年）の流れを汲んで「教育の自由」の保障条項を擁し（19条），くわえて一国の憲法としては世界で最初に「普通国民教育をうける権利（Recht auf allgemeine Volksbildung）を保障した。

　けれども，この「教育をうける権利」保障条項は，法律によって具体化されることはなく，1850年の改正憲法によって消滅した，という歴史がある。

　③　プロイセン憲法の学校監督条項（20条）について，制定当時，官報でつぎのような註釈が加えられていることは，注目されてよい。

　「学校に対する上級監督権がいかなる制約もなしに，国家に帰属している。……教授・教育制度に対する上級監督権は，憲法においては明らかに国家の基本的な権利（Grundrecht des Staates）として保障されているのである。……学校監督の純然たる国家性（reine Staatlichkeit）はプロイセンにおいては既に法に適ったものとなっている[13]」。

　④　ドイツ国民の基本権に関する法律は，翌1849年3月27日のドイツ帝国憲法〈いわゆるフランクフルト憲法〉にほぼそのまま汲収されたが（学校監督条項はまったく同文・同憲法153条），「結局は全ドイツに亘る3月革命の失敗によって宙にまよい，実施されないままに終わった[14]」という運命を辿っている。

　⑤　改正プロイセン憲法23条は，1872年の学校監督法の制定によって「現実に妥当する法」（aktuell geltendes Recht）としての効力をもつに至り，かくしてここにおいて，国家による学校監督という法原則は憲法自体を直接の法的根拠とする憲法上の具体的な制度となった。

　ただ，いうところの国家の学校監督権の内容，範囲，対象および強制手段などについては，憲法はもとより，学校監督法においても何ら語られてはいない。それは，「学校監督法は憲法23条1項の完備した施行法ではなく，この法律の制定期の教会の政策動向に鑑みて，早急に制定されなければならなかった，いうなれば緊急法（Notgesetz）であった[15]」ということによる。先に1817年の命令18条は「教育行政の運用レベルではその後，ワイマール憲法下に至るもなお効力をもち続けた」と書いた所以である[16]。

---

(13)　G.Anschütz, Verfassungs＝Urkunde, S.401.

(14)　梅根悟「近代国家と民衆教育」誠文堂新光社，1967年，255頁。

(15)　G.Anschütz, Verfassungs＝Urkunde, S.406.

第1節　ワイマール憲法下までの法制状況

　さて，国家による学校監督という法制上の概念は，先に掲記した憲法の学校監督条項や学校監督法令，およびこれらをめぐる学説や判例，さらには実際の行政運用などによって次第に明確化され，それに対応する形で，学校監督制度も法制上整備されていくのであるが，その過程においては，当時の国法学の泰斗 G. アンシュッツが決定的に重要な役割を果たした。

　すなわち，アンシュッツは 1910 年に発表した論文「プロイセンにおける学校監督と民衆学校教員の法的地位」において，この問題について本格的に論究し，国家の学校監督権をつぎのように法構成した[17]。

　「学校監督という表現は，国家に独占的に帰属する学校に対する行政上の規定権（das dem Staate über die Schule ausschließlich zustehende administrative Bestimmungsrecht）を意味する用語としては，まったくもって適切ではない。この規定権は決して単一の権力ではなく，一部は真に監督上の（aufsichtlicher），一部は統轄的な（leitender），さらに他の一部は直接的な管理機能（unmittelbar verwaltender Funktionen）といった，さまざまな機能の総体なのである。つまり，それは情報提供・規制・指導的な措置を実施したり，個別的ないし一般的な禁止命令を発するなどの諸権限を包含している。このように広範な規定権の法的基盤を形成しているのは……今日においてもなお 1817 年 10 月 23 日の政庁命令 18 条である。

　かくして“学校監督”にはとくに次のような個々の権能が包含されている：①私教授制度に対する監督，②公立学校の外的事項の管理が市町村（Gemeinde）に委託されている場合，これに対する監督，③すべての下級および上級の公立学校の内的事項の管理。

　固有の，厳格な意味での監督という概念は上記①と②の活動についてだけ妥当する。これに対して③の権能はその把持者である国家の観点から見れば，……その固有の行政の統轄と管理に他ならない」。

---

(16)　この点，L.v.Rönne も「プロイセン憲法の学校監督条項はそれまでの法制状況を追認したものにすぎない」と述べている（ders. Das Staatsrecht der Preußischen Monarchie, 1916, S.270.）。

　　参考までに，国民議会憲法制定委員会の憲法草案（24 条）はこう書いていた。「公立の国民学校およびその他のすべての教授施設は，独立した官庁の監督に服し，教会によるいかなる監督からも自由である（von jeder kirchlichen Aufsicht frei）」（In:L.v.Rönne, ditto, S.268）。

(17)　G.Anschütz, Die Schulaufsicht und die rechtliche Stellung der Volksschullehrer in Preußen, In: Festgabe der Berliner juristischen Fakultät für Otto Gierke, 1910, S.231-232.

9

第 I 部　第 1 章　教育主権と国家の学校監督権

　ちなみに，アンシュッツのこのような理論構成は，従来，プロイセンにおいては，先に触れた一般ラント法や 1808 年と 1817 年の政庁命令によって，「学校は国家の監督だけではなく，指揮と管理にも服せしめられてきた。学校に関して，および学校に対して国家に帰属する権能の総体は，プロイセンの行政実務（Verwaltungspraxis）における語法では，従来，学校監督と称されてきた」という法現実を踏まえてのことであった[18]。

　上記のようなアンシュッツの見解は 1910 年代の学説[19]や判例[20]によって強く支持されるところとなり，そしてそれはワイマール憲法〈Die Verfassung des Deutschen Reichs vom 11. August 1919〉144 条 =「すべての学校制度は国家の監督に服する」の解釈としてほぼそのまま援用されたのである。アンシュッツの手になるワイマール憲法の名高い註解書には，こう書かれている[21]。

　「ここに学校監督とは国家に独占的に帰属する学校に対する行政上の規定権をいう。この規定権は単一の，同質的な権力（einheitliche, homogene Gewalt）ではない。それは，一部は狭義の監督的（＝規制的），一部は統轄的，一部は直接的な管理（執行）権能など，各種の権能の総体である。

---

(18)　G.Anschütz, Verfassungs = Urkunde, S.414.
　　　ちなみに，プロイセン一般ラント法は「共同学校の監督と指揮」を国家の権限と規定し（12 条以下），1808 年の政庁業務規定も「すべての学校の指揮と監督は政庁の職務に属する」（3 条）と書いていた（In:v.Bremen, Das Schulunterhaltungsgesetz, 1908, S.112）。また 1817 年の政庁命令が学校（制度）の監督，指揮，管理を政庁の権限としていたことは，既述したところである。

(19)　たとえば，L.v.Rönne は改正プロイセン憲法の学校監督条項をこう解している。「憲法は学校および教育制度全体に対する監督権を，独占的かついかなる制約もくわえることなく（ausschließlich und ohne alle Einschränkung），国家に認容している」（ders., Das Staatsrecht der Preußischen Monarchie, 1916, S.267）。

(20)　W.Landé も，アンシュッツのこれに関する基本的な論述は上級裁判例（ライヒ裁判所の 1912 年 11 月 5 日の判決，高等行政裁判所の 1914 年 1 月 9 日の判決など）において無条件に踏襲された，と指摘している（ders., Preußisches Schulrecht, 1933,S.23）。
　　　このうち，ライヒ裁判所 1914 年 1 月 9 日の判決は，こう判じている。「プロイセン一般ラント法にいう国の施設という表徴から，学校に対する教会の権能は否定され，学校に対する国家の独占的な支配権（die alleinige Herrschaft des Staates über die Schule）が導かれることになる」（zit. aus Haltenhoff, Reichsverfassung, Schulaufsicht und Gemeinden, In: Preußisches Verwaltungsblatt（41），1920, S.419）

(21)　G.Anschütz, Die Verfassung des Deutschen Reichs vom 11. August 1919, 14 Aufl. 1933, S.672.

第1節　ワイマール憲法下までの法制状況

この場合，国家の学校行政と学校監督との間に対立は生じない。学校監督は学校行政，すなわち内的学校行政（innere Schulverwaltung）の一部をなすものだからである」。

ワイマール憲法下の学説・判例は，たとえば，国法学の双璧としてアンシュッツと並び称されたF.ギーゼが「学校監督は独占的に国家に帰属する（教会や市町村には属さない）すべての学校に対する規定権である。それはアンシュッツの考証によれば……[22]」と述べているように，まず例外なく，上述のようなアンシュッツの見解に倣った[23]。かくしてここに国家の学校監督権は，ラント法上の概念と効力の域を超えて，ライヒ（Reich・ドイツ帝国）の法制度上に，しかも憲法上直接的な法的効力をもつ法原則として確立を見るに至るのである[24]。そして「国家が独占的に学校監督権を有するということについては，ワイマール時代においてはもはや争いはなかった[25]」のである。

敷衍して言えば，ワイマール憲法の学校監督条項は第1次的には学校に対する教会の支配権を排し，国家の支配権＝学校制度の世俗化原則を憲法上確認したもので，そこにいう国家の学校監督権は教会に対する防禦機能（Abwehrwirkung）を担うものであった。しかし同時にそれは国家内部関係においては，既述したとおり，「国家に独占的に帰属する学校に対する行政上の規定権」と観念され，法的意味での監督概念をはるかに超えて，「学校に対する国家の全的かつ唯一の直接的規定権力，組織権力，勤務監督権力の総体[26]」として構成されたということである。

---

(22)　F.Giese, Verfassung des Deutschen Reiches vom 11. August 1919, 1926, S.375.

(23)　たとえば，F.Poetzsch＝Heffter, Handkommentar der Reichsverfassung vom 11. August 1919, 1928, S.461. P.Westhoff（Hrsg.）, Verfassungsrecht der Deutschen Schule, 1932, S.94-S.95. L.Gebhard, Die Verfassung des Deutschen Reichs vom 11. August 1919, 1931, S.523 など。

(24)　ドイツにおいて教会の学校監督権が事実上，全面的に排除されたのは1918年のことである（H.Heckel/P.Seipp, Schulrechtskunde, 5Aufl. 1976, S.157）。

(25)　W.Landé, Die Schule in der Reichsverfassung, 1929, S.62.
　　　この点，J.Mausbach も，「カトリック教会法に規定された教会の学校に関する権利は，ワイマール時代においては主張されることはなかった」と述べている（ders., Kulturfragen in der Deutschen Verfassung, 1920, S.96）。

(26)　W.Landé, Die staatsrechtlichen Grundlagen des deutschen Unterrichtswesens, In: G. Anschütz/R.Thoma（Hrsg.）, Handbuch des Deutschen Staatsrechts, Bd. 2. 1932, S.703. ders., Preußisches Schulrecht, S.23.

11

第 I 部　第 1 章　教育主権と国家の学校監督権

3　内的学校事項の統轄権としての国家の学校監督権

　ところで，ドイツの学校法制においては，すでに垣間見たように，学校事項について「内的学校事項」(innere Schulangelegenheit) と「外的学校事項」(äußere Schulangelegenheit) の区別があった[27]。ここに内的事項とは学校内部での生活，教育活動，教育目的，教授要綱，教育方法，就学，学校懲戒などに係わる事項をいい，外的事項とは学校の設置や維持，施設・設備，学校財産などを指した[28]。この区分はドイツ学校法制史上，1808 年の「シュタイン都市条例」〈Die Steinsche Städteordnung vom 26. Dez. 1808〉にまで遡る。

　すなわち，同条例は市政の各分野ごとに委員会の設置を義務づけ (175 条)，学校事項 (Schulsachen) の管理も委員会によるものとした。そして学校事項を内的事項と外的事項とに区分し，前者の管理権は特別法の定めるところに留保し，後者については市参事会員を長とし市民代表を含む委員会の権限とした (179 条[29])。

　その後，1811 年の学校委員会のための命令〈Instruktion für die Schuldeputationen v. 26. Juni 1811〉によって内的事項の管理権は国家の権限——正確にはその委任をうけた学校委員会の権限——と明記され[30]，それ以来，ドイツにおいては「この外的事項と内的事項の区分は，公教育制度の領域における国と市町村との間の権限配分の基盤をなしてきた[31]」という歴史がある。

　そして，この区分と係わって決定的に重要なのは，上述した学校監督概念によって「国家による内的学校事項の統轄および管理」が憲法上根拠づけられたということである〈いわゆる「国家の学校独占」・Staatliches Schulmonopol〉。

　かくして，内的事項は国家がこれを全面的に掌握し，市町村が学校監督に与

---

(27)　これは，ドグマ上は，教会法における interna と externa の区分（参照：プロイセン一般ラント法 2 部 14 章 157 条）に倣ったものだとされる (G.Anschütz, Verfassungs ＝ Urkunde S.455)。

(28)　v.Bremen, a.a.O.,S.111.

(29)　H.Preuß, Das Recht der städtischen Schulverwaltung in Preußen,1905,S.19.
　　　　W.Landé, Preußisches Schulrecht, 1933, S.149.

(30)　M.Haltehoff, a.a.O.,S.420.

(31)　G.Anschütz, Verfassungs ＝ Urkunde S.412.
　　　なお，いうところの内的・外的学校事項区分論が学説・判例上に定着を見るのは，20 世紀に入ってからのことである (E.Loening, Die Unterhaltung der öffentlichen Volksschu- len und die Schulverbände in Preußen, In: Jahrbuch des öffentlichen Rechts der Gegenwart, 1909, S.81.

第1節　ワイマール憲法下までの法制状況

かる場合，それは国家機関として学校監督権の行使を委任されたにすぎなかった〈国家の委任事項・Staatliche Auftragsangelegenheit〉。

この点，アンシュッツが直截につぎのように述べているのが象徴的である。

「外的事項の管理は市町村に，内的事項の管理は国家に属するという配分原則に，……国家事項としての教育行政のもっとも重要で本質的な特徴が表われている。

内的事項の領域における独占的な権限は国家をして学校の主人たらしめるものである。外的学校行政の主体である市町村が，学校のために建物を建てる。しかし，建物の中の主人は国家である（Gemeinde baut…… der Schule das Haus, Herr im Hause aber ist der Staat[32]）」。

なお以上と関連して，学校財政の面における国と市町村との負担関係について，一言触れておかなくてはならない。

ドイツ（プロイセン）において，学校法制史上，市町村による学校の設置・維持義務を明記したのは，1736 年のプリンシピア・レグラティバ（principia regulativa）が最初であるが，その後，一般ラント法（29 条・138 条）などによる規律を経て，1848 年のプロイセン憲法において，こう書かれた（22 条）。

「公立の国民学校の設置，維持，拡充のための費用は市町村がこれを支弁するものとする。ただし，市町村が支弁できないことが明らかな場合には，国が補助的にこれを支弁するものとする」。

学校財政における「市町村負担の原則」（Gemeindeprinzip）の憲法上の確認である。

この原則は，国に教員の人件費の定額負担を義務づけた，1888 年の国民学校の負担の軽減に関する法律によって補強され，そして 1906 年，「公立の国民学校の維持に関する法律」〈Gesetz betr. die Unterhaltung der öffentlichen Volksschulen v. 28. Juni 1906〉の制定により，具体的な制度として確立を見たのであった[33]。同法 1 条は，つぎのように規定した。

「公立の国民学校の設置と維持は，この法律の特別な定め，とくにそこに規定された国の費用分担を留保して，市町村と独立の領主地区の義務である[34]」。

---

(32)　G.Anschütz, ditto.

(33)　L.Clausnitzer u.a. (Hrsg), Handwörterbuch des Volksschulwesens, 1920, S.404-S.405.

(34)　K.v.Rohrscheidt, Volksschulunterhaltungsgesetz, 1925, S.1.

13

第Ⅰ部　第1章　教育主権と国家の学校監督権

第2節　ドイツ基本法下における法的構造

1　伝統的学校法制・理論の継受

1－1　国家の学校監督法制とその解釈

1949年5月に制定されたドイツ連邦共和国基本法〈Grundgesetz für die Bundesrepublik Deutschland vom 23. Mai 1949:以下，基本法と略称〉は，その7条1項で「すべての学校制度は国家の監督に服する」と規定したが[35]，これはワイマール憲法144条1項と同文であり，また基本法と前後して生まれた各州の憲法も概ねこのような伝統的法条を継受した。

たとえば，ノルトライン・ウエストファーレン州憲法（1950年）は「すべての学校制度は州（Land）の監督に服する」（8条3項）と書き，またヘッセン州憲法（1946年）は，より直截に「学校制度は国家の事項（Sache des Staates）である」（56条1項）との定めを置いた[36][37]。

ちなみに，基本法制憲議会においては，「学校監督概念については全く問題

---

(35)　基本法の学校条項はこの第7条だけである。ワイマール憲法が7ヵ条（143条－149条）を擁していたのと大きく異なっている。H. Heckel によれば，これは基本権条項の集約・統合による削減に対応するものだとされる（ders., Grundgesetz und Schule, In: DÖV 1950, S.1）。実際，ワイマール憲法においては基本権条項は57ヵ条にも及んでいたのに対して，基本法にあっては19ヵ条に圧縮されている。

(36)　その他に，バイエルン州憲法（1946年）130条，ブレーメン州憲法（1947年）28条，ラインラント・プファルツ州憲法（1947年）27条3項，ザールラント州憲法（1947年）27条2項などが，国家（州）による学校監督についてほぼ同じように規定している。

(37)　Erwin Stein によれば，ヘッセン州憲法のこの条項は基本法7条1項と法条は異なるが，法内容においては同一であるとされる（In: G. Zinn / E.Stein, Die Verfassung des Landes Hessen, 1954, Art.56 Anm.2）。

　　これに対して，基本法の権威あるコンメンタールはこう述べている（T.Maunz/G.Dürig/R.Herzog, Grundgesetz-Kommentar,2011, Art.7,Rdnr.18）。

　　「憲法において，国家の監督については言及されず，国家の事項としての学校制度と表示されている場合は（ヘッセン州憲法56条がそうであるが），法状況は異なると言えよう。国家の事項という概念は，国家の監督とは全く異なる。広範な概念なのである。国家の事項という概念にあっては，学校に対する国家の高権もしくは支配（staatliche Hoheitsgewalt oder Herrschaft des Staaates über die Schule）が含意されている」。

　　また M.Stock も同様の解釈から，ヘッセン州憲法56条1項は「学校監督関係の法化（Verrechtlichung des Aufsichtsverhältnisses）を排除するものであり，容認できない」との見解を示している（ders., Pädagogische Freiheit und Politischer Auftrag der Schule, 1971,S.26）。

第2節　ドイツ基本法下における法的構造

にされることはなかった。その内容はすべての草案および論議において自明視されていた。ただ親の権利と学校の宗教的・世界観的性格が審議の対象となったにすぎない」とされる[38]。

　かくして，何ら検証されることもなく，基本法施行後の通説や判例も国家の学校監督概念に関する伝統的な解釈を維持した。

　たとえば，基本法に関する初期の代表的なコンメンタールは，この点について，大要，以下のように説いている。

　「基本法7条1項は学校教育制度の統一性を保障し，分裂の危険を防止することを旨としている。基本法上に確立し保障されている国家の学校監督は制度的保障（Einrichtungsgarantie）である。

　基本法7条1項は唯一の学校の主人としての国家（Staat　als dem alleingen Schulherrn）に対して，国家が長年に亘って有してきたすべての学校制度に対する支配権を容認したものである。そこにいう国家の学校監督は，すべての学校制度に対する，国家の形成的，管理的，制御的および統制的な規律活動（gestaltende, verwaltende, steuernde und kontrollierende Ordnungstätigkeit）に他ならない。

　基本法はワイマール憲法の学校条項の文言をそのまま継受したのであるから，従来の法および慣行的な行政実例において発展してきた，学校監督の内容と範囲に関する法規は今後も継続して有効である[39]」。

　また刊行当時（1967年）としては珍しく書名に「国家の学校監督」という用語ではなく，「国家の教育責務」（Staatlicher Erziehungsauftrag）というタームを用いて著された学校法制書においても，いうところの国家の学校監督に関してはこう記されている。

　「基本法7条1項に基づく学校制度に対する国家の学校監督には，学校制度のコントロールと指揮監督のための包括的な国家的手段が留保されている，ということが確認されなくてはならない[40]」。

---

(38)　F.Hennecke, Staat und Unterricht,1972, S.108.

(39)　H.v.Mangoldt ／ F.Klein, Das Bonner Grundgesetz, Bd.I, 1957, S.281-S.282. なお初版はMangoldt の単著で，1953 年に公刊されている。

(40)　A.F.v.Campenhausen, Erziehungsauftrag　und　staatliche Schulträgerschaft, 1967, S.23.
　　なお，この時期における同旨の学説は枚挙に暇がないが，さしあたり，H.Hochstetter, Schule und Schulträger, Schulaufsicht und Schulverwaltung, In:RWS（1960），S.40. F.Giese ／ E.Schunk, Grundgesetz für die Bundesrepublik Deutschland, 1965, S.30 など。

第Ⅰ部　第1章　教育主権と国家の学校監督権

　一方，判例も，たとえば，コブレンツ高等行政裁判所（1954年）が「学校の組織権力および国家の学校監督について，……慣習法上に発達してきた法規は，1945年以降も，新憲法の学校条項の基礎をなしている[41]」と判示したのを始め，連邦行政裁判所も一貫して伝統的な見解を踏襲した。公立学校の組織編制をめぐって地方公共団体の自治権と国家の学校監督権の関係が争われた事件で，連邦行政裁判所は，1950年代後半から1960年代前半にかけての同裁判所の先行判例を引きながら[42]，下記のように判じている[43]。

　「当行政裁判所の判例によれば，基本法7条1項にいう国家の学校監督という概念は，…その歴史的発展に鑑み，学校制度の組織，計画，管理運営および監督に関する国家の支配権の総体（Gesamtheit der staatlichen Herrschaftsbefugnisse zur Organisation, Planung, Leitung und Beaufsichtigung des Schulwesens）を包摂する。

　したがって，学校法域においては，国家の支配権が優位し，地方公共団体の自治権はそれに対しては後景に退かなければならない」。

　なお，以上と関連して，ここで以下について一言触れておかなくてはならない。

　後に章を改めて論及するところであるが，ドイツにおいては19世紀後半以降，「公法上の特別権力関係論」なる公法理論が学説上展開され，教育行政・学校法域では，公立学校教員の勤務関係と学校営造物利用関係（児童・生徒の在学関係）が，この特別権力関係に当たると解された[44]。

　その結果，かかる特別権力関係には「法律の留保の原則」は妥当せず，特別権力主体たる学校監督庁（学校当局）は各個の場合に法律の根拠を要することなく，行政規則でもって学校関係法規を定立したり，権力服従者に命令・強制できるとされてきた。公法上の特別権力関係論による，こうした「法律から自由な学校行政領域」（gesetzesfreie Raum der Schulverwaltung）の認容が，上述のような学校監督概念の拡大解釈を強く支援していたことは，E-W.フースの指摘するところである[45]。

---

(41)　OVG Koblenz, Urt. v. 10.7.1954, In: DVBl（1955），S.503.

(42)　Beschl. v. 28. 12. 1957, In:DÖV（1958），S.468, Urt. v. 31, 1, 1964, In:RWS（1964），S.146. など。

(43)　BVerwG, Urt. v. 11. 3. 1966, In: RWS（1967），S.48.

(44)　詳しくは参照：室井力「特別権力関係論」勁草書房，1968年，239頁以下。

(45)　E-W.Fuß, Verwaltung und Schule, In: DÖV（1964），S.809.

第2節　ドイツ基本法下における法的構造

1－2　学校営造物理論と学校特別権力関係論

ところで，すでに言及したように，プロイセン一般ラント法（1794年）はドイツ学校法制史上初めて，学校を「国家の施設（Veranstaltungen）」として位置づけたのであるが，関連して警察などの「営造物（Anstalt）」についての条項も擁していた（第2編17章10条）。そこにいう Veranstaltungen や Anstalt は，同法においては未だおよそ技術的確定的概念としての営造物ではなかったが[46]，その後これらの概念をめぐる法解釈や法理論として打ち出されたのがいわゆる営造物理論である。

この理論は本格的には19世紀末から20世紀前半にかけて，ドイツ行政法学の始祖・O.マイヤーによって展開されたものである[47]。マイヤーは当時の各種行政分野における営造物関係が権力関係であるという点では共通しているとの認識のもとに，いうところの営造物を「公行政主体により公の目的に継続的に供用される人的手段および物的施設の総合体」と定義し[48]，その法理を構築した。そしてマイヤーの理論はワイマール憲法下の学説や判例によっても基本的に承認され，こうしてドイツ行政法学の伝統的理論となったのである。

この理論は当然ながら学校にも援用された。ちなみに，この点，W.ランデは端的にこう書いている[49]。

「公立学校は，公の営造物に関し特別な法規を発展させてきた，行政法学説の意味においては，公法上の営造物（Anstalt des öffentlichen Rechts）である。……学校が固有の法人格を有すると否とに拘らず，学校と学校設置者との関係ならびに学校とその利用者の関係については，……営造物法（Anstaltsrecht）が妥当する」。

かくして，いうところの学校営造物理論は，下記のような基本構造をもつこ

---

(46)　H.Jecht によれば，「プロイセン一般ラント法12章1項の目的は学校・大学法の領域において国家の権能を拘束的に確定することにあった。したがって，そこにおいては特定の組織形態（Organisationsform）はまったく考慮されてはいなかった」とされる（ders. Die Öffentliche Anstalt, 1963, S.12）。

　　また H.J.Wolff も，プロイセン一般ラント法にいう Veranstaltungen や Anstalt には，法律用語としては，特別な意味はなかったとしている（ders. Verwaltungsrecht Ⅱ, 1962, S.255）。

(47)　O.Mayer がこの問題について初めて言及したのは，Deutsches Verwaltungsrecht Bd. 2, 1896, S.318 においてである（zit. aus H. Jecht, a.a.O., S.12）。

(48)　O.Mayer, Deutsches Verwaltungsrecht, Bd.2, 3Aufl. 1924, S.268.

(49)　W.Landé, Preußisches Schulrecht, 1933, S.14.

17

第Ⅰ部　第1章　教育主権と国家の学校監督権

ととなった。

①　営造物理論が説くところによれば，営造物は権利能力の存否，つまりは営造物主体に対する法的独立性を基準として，「全的に権利能力を有する営造物（vollrechtsfähige öffentliche Anstalt）」，「部分的に権利能力を有する（teil-rechtsfähige）営造物」，それに「権利能力を有さない（nichtrechtsfähige）営造物」の3類型に区分されるが[50]，学校は，上級学校を除いて——プロイセン一般ラント法54条以来，ギムナジウムなどの中等教育諸学校は「社団としての外的権利を享有するとされ，「権利能力を有する営造物」として位置づけられてきた[51]——，後者として位置づけられた。

すなわち，学校は権利能力のない非独立的な営造物として，教育行政・学校組織権限関係上，学校監督庁の包括的な規律権ないし支配権に服するとされた。

敷衍して書けば，「学校は公行政の一部分をなしており，非独立的な営造物（unselbständige öffentliche Anstalt）である。学校は法人格を有してはおらず，それ自体，国家行政の一部に止まっているからである」とされたのであった[52]。

②　先に垣間見た通り，営造物理論は公法上の特別権力関係論と強く結合して展開され，学校営造物の利用関係は，特別に強められ，高められた「営造物権力としての学校権力（Schulgewalt als Anstaltsgewalt）が働く「公法上の特別権力関係」だと解された[53]。U.K.プロイスの表現を借用すれば，「学校特別権力関係の行政上の容器である，権利能力なき公法上の営造物としての学校」という法的位置づけである[54]。

また学校は軍隊営造物や刑務所と同じく「権力および懲治を行う営造物」〈公権力的営造物・倫理的営造物〉であり，そこにおける教育活動は国家の権力作用そのものと見なされた。

すなわち，「公の営造物の作用は公の行政の発動」であって，「公立学校は官

---

(50)　H.J.Wolff, Verwaltungsrecht Ⅱ, 1962, S.258-S.260.

(51)　W.Landé, a.a.O.,S.92. W.Kühn, Schulrecht in Preußen, 1926, S.8.

(52)　A.Eisenhuth, a.a.O., S.68.

(53)　さしあたり，S.Lang, Das Schulverhältnis als Anstaltsverhältnis, 1969, S. 29. V. Weinfurtner, Das Anstaltsverhältnis im Schulrecht, In:RWS (1961),S.377ff.など。
　　ちなみに，A.Podlech は「学校は特別権力関係が表出する典型的な組織である」と論結している（ders., Das Grundrecht der Gewissensfreiheit und die besonderen Gewaltver-hältnisse, 1969, S.48）。

(54)　U.K.Preuß, Demokratie und Autonomie, In:RdJB (1993), S.163.

第 2 節　ドイツ基本法下における法的構造

庁（Behörde）であり，……公権力を行使する」。学校における「教育活動は公
権力の行使（Ausübung öffentlicher Gewalt）」に他ならず，それどころか「学校
のすべての活動およびその機関としての校長と教員のあらゆる活動」がそうで
ある。

　かくして「学校の活動は刑法 113 条の意味における公務執行であり，教員に
対する抵抗は国家権力に対する抵抗である」。「学校の命令に対する不服従は刑
法 110 条によって有罪である[55]」とされた。

　さて，以上のような伝統的学校営造物理論・法制といわゆる学校特別権力関
係論は，基本法施行後においても，基本的には維持・継承されることになる。

　すなわち，まず学校の法的地位・性格については，たとえば，ノルトライ
ン・ウエストファーレン州学校法（1958 年）6 条やバイエルン州教育制度法
（1960 年）5 条など，すべての州学校法が学校を従前どおり「権利能力を有さ
ない営造物」として位置づけた。そして，これらの条項の解釈においても，
「学校は非独立的営造物，すなわち，行政主体の掌中にあって，特別の目的に
継続的に供用される人的・物的手段の総合体である[56]」というような捉え方
のもと，伝統的学校営造物理論が依然として圧倒的な多数説を占めた。

　また，たとえば，H. ヘッケル著「学校法学」初版（1957 年）の 39 章 A が
「特別権力関係としての学校権力」と銘打って，「学校の特別権力関係」（Das
besondere Gewaltverhältnis der Schule）について解説しているところからも窺え
るように[57]，公法上の学校特別権力関係論もなお根強く支配的であった。

　さらに公法上の勤務関係に立つ教員には，公法上の特別権力関係論と相俟っ
て，伝統的な官吏法理が厳格に適用されたのであった。

2　学校監督概念の再構成

2 - 1　H. ベッカーの「管理された学校」批判

　以上のような実定法制や法解釈によって，学校は学校監督庁の強い緊縛下に
置かれ，こうしていわゆる「管理された学校」（Die verwaltete Schule）と呼称
されるような学校状況が現出した。

　この「管理された学校」というタームは H. ベッカーの創造に掛かるもので

---

(55)　W.Landé, a.a.O.,S.13-S.15.

(56)　H. A. Berkenhoff, Schulaufsicht und Kommunalaufsicht in Nordrhein Westfalen, In:
　　　DVBl（1959）, S.118.

(57)　H.Heckel/P.Seipp, Schulrechtskunde, 1957, S.272.

19

第Ⅰ部 第1章 教育主権と国家の学校監督権

あるが，ベッカーは1954年に雑誌『Merkur』に同名の論文を寄稿し，そこに
おいて当時の学校現実をこのように表徴し，「教育の論理」に依拠しながら，
そうした現実を厳しく指弾したのであった[58]。ベッカーはその後も一貫して
この問題を教育行政・学校法制上の最重要課題の一つとして位置づけ，これに
関して数多くの論稿を著しているが，同時にドイツ教育審議会（Deutscher Bil-
dungsrat）の委員を務め，この面での政策形成や法制改革に直接かかわるなど
の活動も続けたのであった。

そこで，ここでは，1954年の上記論文だけでなく，その後の著書や論文も
含めて[59]，いうところの「管理された学校」についてのベッカーの論述のう
ち，本書の射程内において，その中核部分を摘記すると，以下のようである。

①　ドイツの学校は教育行政のヒエラルキーのなかで，地区警察や税務局な
どと同程度に最下級行政機関化している。校長は税務局の事務長以下の「決定
の自由」しかもたず，教員は学校監督庁の規則や命令によって「授業形成の自
由」を剥奪され，単なる行政執行吏に堕している。

このような「管理された学校」における教育によって，大勢順応的で画一的，
想像力が乏しく統制され易い人間が育成されている。今やドイツの学校は「調
教施設」（Abrichteanstalt）と化している，といっても決して過言ではない[60]。
文化領域としての学校の特殊性が考慮されることなく，一般化を旨とする行政
活動の諸原則が学校に強要されていることの結果なのである。

しかし“自由な人間は自由な学校（freie Schule）からだけ誕生しうる”とい
うことを銘記すべきである[61]。

---

(58)　H.Becker, Die verwaltete Schule, In: Merkur（1954), S.1155ff. 後に収載，In: ders,
　　Quantität und Qualität－Grundfragen der Bildungspolitik, 1968,S.147ff.
　　　なお，ベッカーの80歳の誕生日に寄せて，季刊誌『Recht der Jugend und des Bil-
　　dungswesens』（1993, Heft2）が，"Die verwaltete Schule－wiedergelesen－neu gelesen"
　　とのタイトルで，ベッカーの論文を再録するとともに，この問題について特集を組んでい
　　る。
(59)　ただ，1954年の論文以外は，もっぱら H.P.Füssel/I.Richter, Schule und Verwaltung－
　　Kritik und Reform, In:RdJB（1993), S.148ff.の記述によった。
(60)　H.Becker, Erziehung－Wozu, In: A.W. Theodor, Erziehung zur Mündigkeit－Vor-
　　träge und Gespräche mit Hellmut Becker, 1959－1970, S.133.
(61)　H.Becker, Weiterbildung, Aufklärung-Praxis-Theorie, 1956-1974,1975,S.128
　　　関連して，今日，ドイツにおいては私立学校（Privatschule）は別名「自由な学校」
　　（Freie Schule）と呼称されているが，それは，ベッカーの命名に由るものだという（I.
　　Richter, a.a.O.,S.151）。

②　たしかに学校は国家の学校監督に服している。しかし監督という概念は法学上，一定の自律性を有している領域に対しての，きわめて慎重な規制を意味するに止まる。学校監督は決して個別的な学校教育活動の形成や学校に対する命令を意味するものではない。教育行政の最下級機関としての学校という位置づけは，学校監督の法学的な意味を忘却したものである。

基本法7条1項の学校監督条項は学校制度の一定程度の自律性を含意している。学校は「国家の監督に服する」と規定しているのであり，「国家の事項」とは書いていない。法的には，両者の間には大きな違いがある。しかし遺憾ながら，教育行政の実際の運用においてはこの区別がまったくと言ってよいほど理解されていない。

③　かつて E. シュプランガーはこう指摘した。「教育の意義は自律的（autonom）なことにある，ということがより明確に確認されるにつれて，国家権力の把持者による一方的な見解の圧力から教育を守る自治の形態を，大学段階だけではなく，あらゆる段階の学校が次第に具備していくことになるであろう[62]」。

ドイツにおいては，こうした「教育の自律性」（Autonomie der Erziehung）の要求がくり返しなされてきた。官憲的な行政国家の模写としての学校を克服するために，「学校の自治」（Selbstverwaltung der Schule）が段階的に拡大されなければならない。「外部からの管理」（Fremdverwaltung）よりも「自治」が優れているのは，あらゆる事情を考慮し，現場に即して，より適切な決定を行うことが可能だからである[63]。

同時に教員に対しては「教育上の自由」（Pädagogische Freiheit）が保障されなければならない。それは「自律的な学校」（autonome Schule）の基盤をなすものである。

④　学校の固有責任を可能な限り強化し，自己コントロールとして構成できるまでに高めることが必要である[64]。

ほんらい学校監督は，例外的なケースを除き，学校に対する支援や助言を専らとすべきなのである。旧来の「侵害行政としての教育行政」から，教育をう

---

(62)　E. Spranger, Die wissenschaftlichen Grundlagen der Schulverfassungslehre und Schulpolitik, 1927（Neu Druck 1963）, S.53.

(63)　H.Becker, Widersprüche aushalten──Aufgaben der Bildung in unserer Zeit, 1992, S. 163.

(64)　H.Becker／A.Kluge, Kulturpolitik und Aufgabenkontrolle, 1961, S.230.

第Ⅰ部　第1章　教育主権と国家の学校監督権

ける権利の具体化に任ずる配慮行政（Sorgeverwaltung）に，教育行政の原理を転換させなくてはならない[65]。

2－2　憲法体制の転換と国家の学校監督権

学校制度の領域において，国家に無制限な組織権力や全的かつ唯一の規定権力を帰属せしめる伝統的な国家の学校監督概念は，H.ヘッケルやH.アベナリウスも指摘している通り[66]，「絶対主義国家における行政庁の全能」（Allmacht der Behörden im absoluten Staat）の観念と強く結合しており，したがって，それは自由で民主的な社会的法治国家を標榜する基本法体制下においては，否定ないし修正される必然性を伴っていた。

表現を代えると，「基本法7条1項は，150年以上に亘って発展し保障されてきた，国家の学校監督権の形成と連続しているのであろうか。この間に憲法基盤の本質的な転換がなされたのではなかったのか[67]」，もしくは「基本法はワイマール憲法とその精神的・世界観的背景を異にしている。基本法は決してワイマール憲法の直線的な発展ではない[68]」という観点からの，伝統的な国家の学校監督概念の検証とその再構成が不可避であった。

すなわち，第1に，基本法20条3項が謳う「法治国家ないし法治主義の原則」からの要請がある。国家の学校監督権に関する伝統的な拡大解釈は，基本法7条1項にいう国家（Staat）を執行権（Vollziehende Gewalt），つまりは政府ならびに行政機関と同義に解してきた[69]。しかしそこにいう国家は権力分立の民主的な法治国家なのである。教育行政領域にも憲法上の法治主義原則は当

---

(65)　ders., Bildungsforschung und Bildungsplanung, 1971, S.276.

　　なお，参考までに，ワイマール期，1920年代に「教育の自由化」（Liberalisierung des Unterrichts）政策を推進した，プロイセンの文部大臣 C.H.Becker は，H.Becker の父親である。

(66)　H.Heckel, Schulverwaltung, In:H. Peters, Handbuch der kommunalen Wissenschaft und Praxis, Bd. 2, 1957, S.131.

　　H.Avenarius/H. Heckel, Schulrechtskunde, 2000, S.233.

(67)　W. Perschel, Staatliche Schulaufsicht und kommunale Selbstverwaltung nach dem Grundgesetz, In:RWS（1962), S. 105. ders., Die Lehrfreiheit des Lehrers, In:DÖV（1970), S. 38-S.39.

(68)　H.Stephany, Staatliche Schulhoheit und Kommunale Selbstverwaltung, 1964, S.28.

(69)　H.Heckel, Schulrecht und Schulpolitik, 1967, S.54, S.57.

　　R. Wimmer, Sind die deutschen Unterrichtsverwaltungen rechtsstaatlich?, In: DVBl（1966), S.851.

第2節　ドイツ基本法下における法的構造

然に妥当するから，従前のような「法律から自由な」（gesetzesfreie）学校監督庁の一般的な規則制定権や学校に対する包括的な支配権・規律権は，もはや認容される余地はない。

　第2に，基本法は国家の教育独占・学校独占を排して，「地方自治体の自治権」（Recht der kommunalen　Selbstverwaltung・28条2項），「私学の自由」（Privatschulfreiheit・7条4項）ならびに「親の教育権」（Elterliches Erziehungsrecht・6条2項）を憲法上保障し，また同時に未成年者に対しても「自己の人格を自由に発達させる権利」（2条1項）や「信仰および良心の自由」（4条1項）をはじめ，各種の基本権が妥当することを予定している〈基本権の主体（Grundrechtsträger）としての児童・生徒の法的地位〉。しかもこの場合，基本法は，ワイマール憲法とは異なり，学校教育については基本権の章においてこれを規定している，という事実も重要である[70]。

　さらには，「教育の自律性」確保要求の歴史的蓄積を背景に，1950年代後半から1960年代を通して，「教員の教育上の自由」や「学校の教育自治」の法理が，学校管理・運営上の重要な制度原理の一つとして，各州の学校法上に法的確立を見たことによって，いうところの国家の学校監督権はこれらの諸権利や自由との法的緊張において「第三者の固有の権利によって制約された権力」たらざるをえないこととなる[71]。

　ちなみに，この点を，たとえば，親の教育権との関係について見れば，以下のような法的構成をとることになる。戦後期ドイツにおける親の教育権研究の権威，E.シュタインの所説に代表させよう。こう述べている。

「（親と国家は同権的な教育主体として競合しており，かくして・筆者），国家の学校監督権は単なる一般的な上級監督権ないし次世代に対する社会福祉の一形態としての国家の援助として捉えられる[72]」。

　「（親の教育権の憲法上の保障規定は・筆者），国家の教育独占ないし教育優位

---

(70)　W.Geiger, Staat und Schule im Verfassungsrecht, 1959, S.103.

(71)　H. Stephany, ditto. なお，この点，T. Maunz/G. Dürig, Grundgesetz-Kommentar, Stand 2004, Art.7, Rdnr.16-21 も，大要，こう述べている。
　　「基本法7条1項にいう監督は，学校制度が全体として国家の影響領域に編入される」ことを容認するものである。しかしその際「国家による形成の自由」（staatliche Gestaltungsfreiheit）は他者の権利によって限界づけられ，また同時に法治国家の要請（Rechtsstaatserfordernisse）が考慮されなければならない。

(72)　Erwin Stein, Die rechtsphilosophischen und positivrechtlichen Grundlagen des Elternrechts, In:E.Stein/W.joest/H.Dombois, Elternrecht, 1958, S.31.

23

権（Erziehungsmonopol und Erziehungsprimat des Staates）に対する保護条項として設けられた。憲法によれば，国家にはただ限定的な教育課題だけしか属しておらず，国家の教育主権は従前のような無制限な組織権力ないしは学校における国家の全的かつ唯一の規定権力ではないということが，基本法から一義的に導かれる[73]」。

「国家と親との関係，ないしは基本法6条2項と7条1項との関係でいえば，国家の教育主権という制度はもはや旧来のプロイセン・ドイツ的な伝統の意味においてはこれを解することはできない[74]」。

くわえて国家は，公教育運営上，憲法所定の教育目的を尊重しなければならない，という憲法上の義務も負っている[75]。

かくして，伝統的な学校監督概念は，その歴史的特殊性はいちおう考慮されながらも，ドイツ基本法制に即して再構築されることになるのである[76]。

2-3　H.ヘッケルによる学校監督概念の法学的整理

上記の過程において，学校法学上，決定的に重要な役割を果たしたのは，ドイツにおける「学校法学」の始祖であり，泰斗でもあった，H.ヘッケルである。

ヘッケルがこの問題について初めて本格的に論及したのは，1952年の論文「学校監督の範囲と限界」においてであるが[77]，そこにおいて披瀝された見解は5年後の1957年に刊行された「学校法学」（Schulrechtskunde・初版[78]）に一応の集約を見ることになる。

ヘッケルはその後も「ドイツの学校の基本規程」（1958年），「親の権利と学

---

(73)　ders., a.a.O.,S.38.

(74)　ders., a.a.O.,S.39.

(75)　C.Starck, Organisation des öffentlichen Schulwesens, In:NJW（1976），S.1376.

(76)　ちなみに，H.ヘッケルによれば，学校領域において国家に全的かつ唯一の規定権力を認めることは，「私学の自由」や「地方自治団体の自治権」だけではなく，親，生徒，教員の法的地位をも侵害するものである（ders., Schulrecht und Schulpolitik, 1967, S.53. ders. Schulrechtskunde, 5Aufl, 1976, S.158.）。

(77)　H.Heckel,Umfang und Grenzen der Schulaufsicht, In:DÖV（1952），S.617ff.
　　なおヘッケルは1950年の論文においてはなお国家の学校監督権に関する伝統的な解釈を継承して，こう書いていた（ders., Grundgesetz und Schule, In:DÖV（1950），S.3）。
　　「国家の学校監督は学校に対する国家の規定権，つまり内的事項の統轄と管理を包摂している。換言すれば，それは，学校は国家の事項である（Schule ist Staatssache）ということを意味する」。

第2節　ドイツ基本法下における法的構造

校法」(1961 年),「法治国家における学校」(1965 年),「学校の自由と学校監督」(1965 年),「戦後におけるドイツの私学」(1970 年) などのモノグラフィーを始め[79], 多くの論稿において, とくに「学校の教育自治」・「教員の教育上の自由」,「親の教育権」や「私学の自由」, さらには「教育行政・学校法域における法治主義原則」などとの関係で, 国家の学校監督権ないし教育主権に関する法理論を展開し, 深化させた。そしてヘッケルの理論は当時の学説をリードし, 判例によっても基本的に承認されるところとなったのであるが, それに止まらず, 1960 年代半ばから 1970 年代の前半にかけてドイツ各州で敢行された学校法制改革にも多大な影響を与えたのであった。

　そこで, ここでは, 理論的にはなお若干の課題を残してはいるものの, 国家の学校監督権論ないし教育主権論において学説史上エポックをなした,「学校法学」(初版・1957 年) におけるこれに関する論述の概要を押さえておきたいと思う。端的に概括すれば, 下記のようである[80]。

　権力分立に関する旧来の学説においては, 国家の監督活動は最広義の意味での行政という上位概念に属する。国の行政庁は同時に監督庁でもあり, またその逆でもある。

　しかし監督と行政とは原理的にその性質が異なる。他者の行動に対するコントロールとしての監督は, 他者の行為を前提とする。これに対して行政という概念は自己活動なのである。この区別は法的に重要である。

---

(78)　この書物は, これまでに 8 版を重ねてきており, ドイツにおける学校法学の権威書, 不朽の名著だと評されよう。初版 (1957 年), 2 版 (1960 年), 3 版 (1965 年), 4 版 (1967 年) 及び 5 版 (1976 年) までは H.ヘッケルと P.ザイプとの共著で (とはいってもザイプは少年法域だけ執筆), 6 版 (1986 年) と 7 版 (2000 年) は H.アベナリウスとの共著である。2010 年に公刊された 8 版は H.アベナリウスと H.-P.フュッセルの共著で, 書名も「学校法学」(Schulrechtskunde) から「学校法」(Schulrecht) に変更され, 大幅な補訂が加えられているが, 全体として, H.ヘッケルの理論的立場が一貫して貫かれていると言ってよい (ヘッケルは 1991 年に他界)。なお, アベナリウスは「ドイツ国際教育研究所」(Deutsches Institut für Internationale Pädagogische Forschung) におけるヘッケルの後任である。

(79)　H.Heckel, Eine Grundordnung der deutschen Schule, 1958. ders., Elternrecht und Schulrecht, In: Freie Bildung und Erziehung (1961), S. 359ff. ders., Die Schule im Rechtsstaat, In:RWS (1965), S.201ff. ders., Schulfreiheit und Schulaufsicht, In:ZBR (1965), S. 121ff. ders., Die deutschen Privatschulen nach dem Kriege, In: Freie Bildung und Erziehung (1970), S.212ff.

(80)　H.Heckel/P.Seipp, Schulrechtskunde, 1957, S.91-S.93.

25

第Ⅰ部　第1章　教育主権と国家の学校監督権

　学校監督という概念は，学校法の独立化動向の中で，19世紀以降，固有の法概念へと発展し，それはすべての学校制度に対する，国家の包括的な規定権力を伴う監督と同視された。けれども，従来，学校監督と一括されてきた国家活動には，つぎのような種別が認められる。

　①　学校監督は，第1次的には学校の教育活動に対する「専門監督」（Fachaufsicht）をその内容としている。それは，学校監督官による学校活動に対しての教育上の保護ないし支援として現実化される。学校監督官の任務は，一般的な規範や命令が遵守されるように，また教育活動が専門的・方法的に整序され，改善されるように監督することにある。この専門監督こそが学校監督の固有で本質的な核をなしている。

　②　教員に対する「勤務監督」（Dienstaufsicht）も学校監督に属する。この権能は国家行政の組織構造から当然に帰結されるものである。ただこの場合，教員に対する勤務監督権の行使と，教員の勤務主体の行政課題である，人事事項の管理とは混同されてはならない。

　③　学校設置者の学校行政活動に対する「法監督」（Rechtsaufsicht）の行使も学校監督に含まれる。外的学校事項の管理は学校設置者の自治事項に属するから，地方自治体もしくは私学設置者の活動に関しては，学校監督は合法性（Rechtmäßigkeit）についてだけであって，合目的性（Zweckmäßigkeit）にまで及んではならない。

　法監督として，それは決して地方自治体の学校行政に直接介入してはならない。同様のことが，より強化された程度において，私学設置者の法的に保障された自由領域＝「私学の自由」に妥当する。

　④　基本法7条1項にいう学校監督の構成要素として，慣習法に基づいての，中央段階での学校制度の規律，形成および組織化という国家的権能が包含されている。たとえば，学校の設置認可基準の定立，拘束力ある教授要綱の作成，年間授業時数の確定，学校休暇規程の制定などが，その例である。これらの国家活動はもはや固有の意味での監督ではなく，最上級段階の行政（Verwaltung auf höchster Stufe）と言えるものである。国家のかかる一般的規律権を認めるのでなければ，学校は無秩序に陥ってしまう。

　このように，学校および学校設置者に対する国家の様々な任務や活動の集合概念としての学校監督には，真の監督権（上記①—③）の他に，これとは異質な国家権能（④），すなわち，国家による学校制度の一般的規律，支援および監督に関する権能が包摂されている

3 基本法7条1項と国家の教育権能

3－1 二義的な上位概念としての国家の学校監督

すでに引いたように，基本法7条1項は「すべての学校制度は国家の監督に服する」と規定しているが，この条項は，T.マウンツやH.アベナリウスも指摘している通り，学校制度を国家の影響領域（Einflußbereich）に編入することを旨としている。基本法7条1項の第一義的な立法趣旨は「学校制度が遠心的な諸勢力によって分裂させられることのないように，また学校制度の統一性がそれぞれの州において確保されるようにこれを保障する」ことにある[81]，と言い換えてもよい。

詰まるところ，基本法は「すべての学校が，その設置主体の如何に拘らず，国家の影響領域と形成権に編入される」との基本原則に立脚しているということである[82]。

ところで，一般行政法の分野においては，「国家の監督」とは，通常，「特定の国家機関による，他の行政主体に対するコントロール」（法学的・技術的意味での監督）を意味するが[83]，上記条項にいわゆる「国家の学校監督」については，先に見たH.ヘッケルによる概念整理からも知られるように，監督概念は学説・判例上，法技術的な意味のそれを超えて，かなり広義に解されてきている。

たとえば，連邦行政裁判所は1960年代から一貫して，「（基本法7条1項にいう国家の学校監督は・筆者），学校制度の組織，計画，指揮および監督に関する国家的権能の総体（Gesamtheit der staatlichen Befugnisse zur Organisation, Planung, Leitung und Beaufsichtigung des Schulwesens）を含む」と判示してきているし[84]，連邦憲法裁判所も同じ立場から，下記のような判断を示している[85]。

---

(81)　H.Avenarius/H.-P.Füssel, Schulrecht, 8Aufl. 2010, S.181.

(82)　T.Maunz／G.Dürig（Hrsg.）, Grundgesetz－Kommentar, Stand 2004, Art.7 Rn.17, S. Art.7-17.

(83)　T.Maunz/G.Dürig（Hrsg.）, a.a.O., Art7. Rn.16, S.Art.7-7.
　　この点，たとえば，地方自治体法にいう監督の法形態は，つぎの2種とされている。一つは法監督で，法令違反の存否に関する合法性のコントロール（Rechtmäßigkeitskontrolle）を旨とし，他は，正当性・合目的性の観点からの客観性のコントロール（Sachlichkeitskontrolle），つまり専門監督である（ditto）。

(84)　たとえば，BVerwG. Urt. V.31, 1, 1964, In:RWS（1964）, S.146. BVerwG. Urt.v.15, 11, 1974, In:NJW（1975）, S.1182. BVerwG. Beschl. v. 29, 5, 1981 In:NJW（1982）, S.250.

第Ⅰ部　第1章　教育主権と国家の学校監督権

「基本法7条1項の意味における学校監督は、学校制度の計画および組織に関する国家の諸権能を包摂するもので、それは、すべての青少年に対して、その能力に応じて、今日の社会生活に対応した教育の可能性を提供する、学校制度を保障することを目的としている」。

また学説、しかも伝統的な国家の学校監督概念を厳しく批判する所説にあっても、たとえば、H-U.エファースによっても、国家の学校監督とは「学校制度の規律、計画、組織および指揮に関する権限、教員に対する監督ならびに教育課程や教育目的の内容を確定する権利を含む、学校に対する国家の規定権の総体（Inbegriff des staatlichen Bestimmungsrecht über die Schule）」と捉えられている[86]。

それどころかより積極的に、現在ドイツにおける基本権論の第一人者B.ピィエロートによれば、基本法7条1項は基本法のなかにあって特殊な性格をもつ権限・組織規範なのであり、国家は同条によって、上記のような権能を有するだけではなく、「かかる権能を担う原則的義務」を課せられている、と解されるに至っている[87]。

いずれにしても、基本法7条1項にいう国家の学校監督権についての上述のような広義の解釈は、後に言及するように、近時、有力な異説が見られてはいるものの[88]、支配的な学説はこれを基本的に支持し[89]、また判例上はすでに確定判例になっている、と言って差し支えないであろう。

---

(85)　BVerfG, Urt. v.6.12.1972, In:NJW（1973）, S.134, BVerfG, Beschl. v.21, 12, 1977, BVerfGE 47, 46（71）. BVerfG, Beschl. v.26, 2, 1980 In:NJW（1980）, S.2403.

　　なお近時の判例では、たとえば、バイエルン州憲法裁判所の1994年の決定（Bay VerfGH, Ent. v.17, 11, 1994）が同じような見解をとっている（In:DVBl 1995, S.419）。

(86)　H-U.Evers, Die Befugnisse des Staates zur Festlegung von Erziehungszielen in der pluralistischen Gesellschaft, 1979, S.55.

(87)　B.Pieroth, Erziehungsauftrag und Erziehungsmaßstab der Schule im freiheitlichen Verfassungsstaat, In:DVBl（1994）, S.951.

(88)　有力な批判的学説としては、とくに下記が挙げられる。

　　F. R. Jach, Schulvielfalt als Verfassungsgebot, 1991, S. 23ff. E. Bärmeier, Über die Legitimität staatlichen Handelns unter dem Grundgesetz der Bundesrepublik Deutschland, 1992, S.150ff.

(89)　さしあたり、J.Rux/N.Niehues, Schulrecht, , 2013, S.217. H.Avenarius/H.-P.Füssel, a.a. O., S. 182. T. Oppermann, Schule und berufliche Ausbildung, In: J. Isensee/P. Kirchhof, Handbuch des Staatsrechts der Bundesrepublick Deutschland VI, 1989, S.335–S.336 I.v. Münch/P.Kunig（Hrsg.）, Grundgesetz－Kommentar, 2000, S.541 など。

28

第 2 節　ドイツ基本法下における法的構造

このように，今日の支配的な学説および確定判例によれば，基本法 7 条 1 項
にいわゆる国家の学校監督には，法技術的な監督概念をはるかに超えて，各種
の異質な国家的教育権能が包摂されているのであるが，それは，かつて H.
ヘッケルが一応の理論的整序をしたように[90]，内容的には大きくつぎのよう
な二様の権能に大別される。

一つは，内的・外的学校事項に対する法的に固有な意味での監督（狭義の学
校監督）で，この権限は学校監督庁がこれを行使する。

二つは，学校制度に関する国家の一般的形成権・規律権で，「教育主権」
(Schulhoheit) と称されるものである。この権能は法制度上，直接には，議会
ないし政府によって担われる。

基本法 7 条 1 項が定める「国家の学校監督」は，上記にいわゆる教育主権と
狭義の学校監督を包蔵する，二義的で上位の法制度概念であるということが重
要である[91]。

3 - 2　学校監督権（狭義）の種別

現行法制上も，たとえば，ブランデンブルク州学校法 (1996 年) が「学校監
督の範囲」と題して (130 条)，「学校監督は，①学校における教育活動につい
ての専門監督，②教員その他の教育職員に対する勤務監督，③学校の管理運営
や維持に関する法監督を包含する」と書いているように，法的に固有な意味で
の学校監督は，その法形態として，「専門監督」，「勤務監督」，それに「法監
督」の 3 種類に区別される。

この種別については，先に H. ヘッケルによる学校監督概念の整理として既
に見たところであるが，その後の理論的な発展や蓄積を踏まえて，現行法制下
におけるそれぞれの基本的な法的内容を今日の通説によって整理しておくと，
下記のようである[92]。

---

(90)　「学校法学」（初版・1957 年）においては，ヘッケルは未だ「教育主権」なる憲法上
　　の制度概念をよく理解してはいなかった。当時，彼は学校制度に関する国家の一般的規律
　　権を「慣習法にもとづく最上級段階の行政」と捉えていたのである。先にヘッケルによる
　　学校監督概念の法学的整理が「理論的にはなお課題を残している」と書いた所以である。
(91)　同旨:T.Maunz, Gestaltungsfreiheit des Lehrers und Schulaufsicht des Staates, In: H.
　　Maurer（Hrsg.), Das akzeptierte Grundgesetz, 1990, S.276.　E-W.Fuß, Verwaltung und
　　Schule, In:VVDStRL, Heft 23 (1966), S. 213.
(92)　さしあたり，H.Avenarius/H.Heckel, a.a. O.,S.251～S.254　T.Böhm, Grundriß des
　　Schulrechts in Deutschland, 1995, S.56ff.など。

第Ⅰ部　第1章　教育主権と国家の学校監督権

［1］専門監督

　学校監督の第一義的な内容をなしているもので，それは原則として，学校の教育活動についての合法性のコントロールだけではなく，合目的性に関する規制にも及ぶ。

　専門監督は学校監督官（Schulaufsichtsbeamte）による学校の教育活動に対する援助や促進ないし監督として現実化する。具体的には，法規や行政規則が遵守されているか，教育活動が専門的・方法的な要件に対応しているか，等についての監督をさす。そして，かかる目的を達成するために，学校監督庁は校長や教員に対して職務命令を発することができるとされる。

　一方，学校監督庁の専門監督権は「学校の教育自治」ないしは「学校の自律性」，「教員会議権」，「教員の教育上の自由」などと法的緊張関係に立ち，これらの法理によって制約を受けることになる。

［2］教員に対する勤務監督

　教員に対する勤務監督は，当該教員の身分により二様に区別される。まず州の公務員である教員――ドイツでは大半の教員が州公務員である――の場合は，勤務監督権は一般的な公の勤務法（Das allgemeine öffentliche Dienstrecht）に基づく。したがって，それには当然に，教員の義務履行に対する人事法上の監督として，懲戒権の行使も含まれる。

　一方，教員が市町村の公務員である場合には，勤務監督は当該教員の専門的・人的適格性を監視し，秩序ある教育運営のために必要な命令を発することに限定される。ここにおいては，勤務監督と職務監督が重畳し両者は峻別できない。

　なお，以上と関連して，学校の組織およびその成員に対する監督――組織監督（Organaufsicht）と称される――も広義の勤務監督に属する。校長・学校経営組織および教員会議などに対する監督がそれである。これに対し，父母協議会や生徒代表制に対する教育行政庁の監督権限は合法性のコントロールだけに限局されている。

［3］学校設置者（市町村）に対する法監督

　既述したように，いわゆる「外的学校事項」は地方自治体の自治事項に属している。そこで，これに関しては，固有の地方自治体監督（Kommunalaufsicht）と同じく，国家の学校監督は合法性についてのコントロールだけで，合目的性についての規制にまでは及びえない。つまり，この場合，国家の学校監督は法監督として，原則として，地方自治（基本法28条2項）に直接的な介入

30

をしてはならないことになっている。たとえば，学校監督庁の裁量を地方自治体のそれに代置してはならない。

　ただ内的事項（専門監督）と外的事項（法監督）の区別は流動的であるから，前者と係わる限り，学校監督庁は地方自治体に対し，法監督権を超えて命令権をもつ——いわゆる特別監督（sog. Sonderaufsicht）——。個々の学校の外的事項の管理は，設置者たる地方自治体の行政監督（Verwaltungsaufsicht）に服している。

　［4］私立学校に対する法監督

　国家の学校監督権は，私立学校に対しては，上述した［3］の地方自治体に対する監督の場合よりも，その範囲と強度において，さらに制約を受けることになる。基本法7条4項は私立学校の存在を制度的に保障するとともに，「私学の自由」（Privatschulfreiheit）を憲法上の基本権として位置づけているからである。

第3節　国家の教育主権と教育目的・内容の確定

1　国家の教育主権

　すでに垣間見たように，教育主権とは国家，法制度上は議会ないし政府によって担われる，学校制度の組織，計画，指揮にかかわる一般的形成権および規律権（allgemeines Gestaltungs -und Normierungsrecht）をいう〈国家の教育主権・Staatliche Schulhoheit[93]〉。

　換言すれば，第一義的には，ひろく「学校関係を法律によって規律する国家の権能」とも言うことができる[94]。

　かかる権能は議会制民主主義の憲法秩序を基礎とし，既述した通り，直接には基本法7条1項によって根拠づけられているものである。いうところの教育主権が別名「国家に負託された教育責務」（Der staatliche Erziehungsauftrag）と観念され，それは「機能十分な公学校制度を維持する国家の義務[95]」と把握される所以である。

---

(93)　H.Heckel/P.Seipp, Schulrechtskunde, 5Aufl. 1976, S.159　E.Stein/M.Roell, Handbuch des Schulrechts, 1992, S.31.

(94)　L.Dietze/K.Hess/H.G.Noack, Rechtslexikon für Schüler, Lehrer, Eltern, 1975, S. 253.

(95)　M.Bothe, Erziehungsauftrag und Erziehungsmaßstab der Schule im freiheitlichen Verfassungsstaat, In:VVDStRL Heft 54（1995）, S.17.

第Ⅰ部　第1章　教育主権と国家の学校監督権

　具体的には，通説・判例上，たとえば，下記のような事柄が教育主権上の決定事項に属するとされる[96]。

　すなわち，中央段階での教育に関する組織計画と組織の形成，つまりは，総体としての学校制度の構造や設置主体の確定，学校教育の基本的な目的や内容の決定，ナショナル・レベルでの成績評価基準の確定，学校の組織構造，教員の法的地位，就学義務，学校関係などに関する規律，教科書の検定，年間授業時数の確定，学校の施設・設備の最低基準の法定などがそれである[97]。

　なお上記にいわゆる「国家の教育主権」ないしは「国家に負託された教育責務」という法的構成に対しては，今日，それ自体を根元的に批判する有力な学説が見られている。価値多元主義社会（pluralistische Gesellschaft）における相対立し，競合する価値観の多様化という現実にあって，果たして国家がなおも学校教育に対して一般的な形成権ないし規律権を有しえるのか，という観点からのアンチテーゼである[98]。

　たとえば，市民社会と学校教育の組織構造に関する本格的な研究で知られるF.R.ヤーハは，つぎのように述べて伝統的な国家的学校制度を批判している[99]。

　「親と教員が共通の基本的な認識にもとづいて，社会全体に妥当する教育目的の範囲内において，固有の責任で教育上の学校プログラムを設定することが可能な，市民によって形成された学校（bürgerlich verfaßte Schule）だけが，価値多元主義社会における価値と機能性を志向する教育の要請に応えることができる」。

　しかし，こうした見解は学校法学界においてはあくまで少数説に止まってい

----

(96)　さしあたり，H.Avenarius/H.Heckel, a.a. O.,S.235. T.Oppermann, a.a.O.,S.336. H.Heckel/P.Seipp, a.a.O.,S.159　N.Niehues/J.Rux, a.a. O.,S.181.　T.Maunz/M.Dürig（Hrsg.), a.a.O., Art. Rn.21 など。

(97)　ちなみに，この点，連邦憲法裁判所の判旨にもこうある。
　　「学校の組織編制や教育システムの構造の確定，学習課程の内容的・方法的プログラムや学習目的の確定，さらには学習目的が生徒によって達成されたかどうか，それはどの程度達成されたか，等に関する決定は，国家の形成領域（staatliche Gestaltungsbereich）に属している」（BVerfGE 59, 360（377), zit. aus Avenarius/H.Heckel, a.a.O.,S.235.

(98)　ちなみに，ドイツ国家法教員協会は1994年の第54回大会テーマを「自由な立憲国家における学校の教育責務と教育の規準」（Erziehungsauftrag und Erziehungsmaßstab der Schule im freiheitlichen Verfassungsstaat）と設定し，この問題を本格的に取り上げている（In: VVDSTRL 54（1995), S.7ff.)。

(99)　F.R.Jach, Schulverfassung und Bürgergesellschaft in Europa, 1999,S.18.

る，というのが現状である。

2 国家の教育主権と公教育の目的・内容

ところで，先に言及した教育主権＝学校制度に関する国家の一般的形成権・規律権に学校教育の目的や内容（いわゆる内的学校事項）の決定権が含まれるか否かについて，「教員の教育上の自由」（Die pädagogishe Freiheit des Lehrers）や「学校の教育自治」（Die pädagogische Selbstverwaltung der Schule），さらには「親の教育権」の法的評価とかかわって，かつて学説上，厳しい見解の対立が見られた。

否定論の旗頭・E.シュタインは基本法2条1項が保障する子どもの「自己の人格を自由に発達させる権利」（Recht auf freie Entfaltung seiner Persönlichkeit）に依拠して，こう論結する[100]。

「この基本権はあらゆる国家領域に浸透し，その自由な構造を保障する。それは学校教育のイデオロギー的中立性と価値多元性を要請するものであり，その保証人は国家ではなくて学校自治である。それゆえ，学校教育の内容的形成に係わるすべての決定は学校の自治事項でなければならない。学校教育の目的や内容を規定している現行の教授要綱は基本法2条1項に抵触し，違憲である」。

シュタインのかかる見解は，「すべての青少年の文化財を文部省が良しとする選択と傾向性において伝達されることは，教育の自由にとって甚だ危険である[101]」との認識に基づいている。

こうした論旨をさらに徹底させたものとして，「国・学校設置主体はただ教育行政・財政上の諸条件の整備だけを任とすべきで，しかもその運用も学校の自治機関の決定に委ねられるべきである[102]」とする見解も見られている。

しかし圧倒的多数説は国家の公教育目的・内容決定権を肯定し[103]，また判例においても肯定説がすでに確定判例となっていると言ってよい[104]。それに

---

(100) Ekkehart Stein, Das Recht des Kindes auf Selbstentfaltung in der Schule,1967,S. 57～58.

(101) ditto,S.45.

(102) L.Dietze/K.Hess/G.Noack,a.a.O.,S.290.

(103) H.Avenarius/H.P.Füssel, a.a.O.,S.182. T.Oppermann,a.a.O.,S.641. J.Rux/N.Niehues,a.a. O.,S.224,など枚挙に暇がない。

(104) たとえば，BVerwG. Beschl.v. 13. 3. 1973,In:SPE. I. AII,53.a　BVerwG. Beschl. v. 9. 4.1975,In:DVBl（1975）,S.428.

第Ⅰ部　第1章　教育主権と国家の学校監督権

現行法制上も，たとえば，ヘッセン州やブランデングルク州など12州（旧西ドイツ＝7州，旧東ドイツ全州）では州憲法でもって教育目的を規定しているのである[105]。

肯定説を1972年12月6日の著名な連邦憲法裁判所「促進段階判決」（Förderstufenurteil）に代表させよう。こう判じている[106]。

「基本法7条1項の学校監督は，すべての青少年に，その能力に応じて，今日の社会生活に対応した教育の可能性を保障することを任とする学校制度の，計画と組織に関する国家の権限を包含している。この国家的形成領域には，単に学校の組織的編制だけでなく，陶冶過程や教育内容の確定も当然含まれる」。

肯定説の論拠は多岐に亘っているが，そのケルンを集約すると次のようになろう。

基本法7条1項の目的は，自由民主主義的根本秩序という基本法の原理のうえに学校制度の統一性を保持することにある。そのためには単なる組織上の措置だけでなく，学校制度の内容的規律も当然に要請される。かかる内的規律権は国家の存立に不可欠である。基本的な市民的価値を共有する国民の育成は自由民主主義国家存立のための基本的要請であり，また現代産業国家は国民が一定程度の教育水準にあることを不可欠の前提としているからである。それに国民の「教育をうける権利」は学校制度が教育内容的にも，外的・組織的にも，最低限の統一ある秩序を維持している場合にだけ保障されうる。

他方，国民の世界観的・政治的分裂に際して，個別利害を考慮しながら学校制度の形成を保障できるのは国家だけである。基本法の民主的解釈によれば，議会の指揮・統制任務をグループによる直接的意思決定によって代替することは許されない。教育目的・教育内容決定権なくして，議会はどうしてその教育政策上の制御機能を遂行することができるのか。また議会のこうした権能を排することは，議会制民主主義の憲法秩序そのものを否認することになる[107]。

---

(105)　教育目的を規定している州憲法は下記の通りである。

　BW州憲法11条，BA州憲法128条，HB州憲法26条，HE州憲法56条，NW州憲法7条，RP州憲法27条，SL州憲法26条，BB州憲法28条，MV州憲法101条，SN州憲法101条，SA州憲法27条，TH州憲法22条。

　なお教育目的を学校法で規定しているのはBE，HH，NS，SHの4州である。

(106)　BVerfG. Urt.v. 6.12. 1972 ,In:NJW（1973）,S.134.

3　州憲法による教育目的の法定

上述のように，今日，いうところの国家の教育主権には学校教育の目的や基本的内容の決定権が包摂されているということについては，学説・判例上，大方の合意が成立しているのであるが〈教育目的・内容の決定における国民主権の確保〉，現行学校法制もこれに符合する形で学校教育の目的を法定するところとなっている〈教育目的法定主義〉。

しかも，既述した通り，ヘッセン州やブランデンブルク州など12州では州憲法でもって教育目的を規定しており，ベルリンやハンブルクなど残る4州は学校法で定めているという法状況にある。

教育目的に関する規定内容はそれぞれの州の政治的，宗教的ないし文化的な背景や州憲法が制定された時期などによって各様であるが，旧西ドイツ諸州（以下：旧州）の憲法と旧東ドイツ諸州（以下：新州）のそれを比較すると，下記のようなかなり重要な違いが見られている[108]。

①　ほとんどの新州憲法が「自律的な思考」と「自由な人格」の育成を教育目的として強調しているが，旧州にあってはこのような価値を教育目的として設定しているのはブレーメン州だけとなっている。

②　多くの旧州憲法においては最高の教育目的として「神に対する畏敬」が規定されているが，このような教育目的規定を擁している新州憲法はまったく見られない。

③　ほとんどの旧州憲法が「自由で民主的な志向への教育」（Erziehung zu freiheitlich-demokratischer Gesinnung）を教育目的として掲げているのに対して，新州ではザクセン，ブランデンブルク，テューリンゲンの3州に止まっている。

④　ほとんどの旧州憲法が「民族と郷土ないし祖国への愛」を教育目的として規定しているが，新州にあってはザクセン州憲法が「郷土への愛」を規定しているにすぎない。

---

(107)　H.Avenarius/H.Heckel,a.a.O.,S.234～S.235. H.Heckel,Schulrecht und Schulpolitik,S.56～57. ders,Schulrechtskunde,5Aufl.S.159. H.Stephany,Staatliche Schulhoheit und kommunale Selbstverwaltung,1964,S.29～30. A.F.v.Campenhausen,,a.a.O.,S.23. J.Rux/ N.Niehues,a.a.O.,S.224～S.226. T.Oppermann,a.a.O.,S.641.など。

(108)　J.D.Kühne,Neue Länder-neue Erziehungsziele?,In:RdJB（1994),S.39ff.

B. Pieroth, Erziehungsauftrag und Erziehungsmaßstab der Schule im freiheitlichen Verfassungsstaat, In:DVBl（1994),S.949ff.　M.Bothe, a.a.O., S.17ff.

A. Dittmann, Erziehungsauftrag und Erziehungsmaßstab der Schule im freiheitlichen Verfassungsstaat, In:VVDStRL Heft 54（1995), S.60ff.

第 I 部　第 1 章　教育主権と国家の学校監督権

　ちなみに，教育目的に関する現行法制をより具体的にヘッセン州について見ると，以下のような構造になっている。

　ドイツ基本法制定前の 1946 年に制定を見たヘッセン州憲法は，6 カ条の教育条項を擁しているが（55 条～59 条，61 条），56 条 4 項で「教育の目的」について理念的にこう謳っている。「教育の目的は，青少年を道徳的な人格に形成し，職業上の能力と政治的な責任に向けて準備し，畏敬と隣人愛，尊敬と寛容，実直と誠実さによって民族と人類に自律的に責任をもって貢献できるようにすることにある」。

　これをうけて同州学校法（1992 年）2 条 1 項が「学校に委託された教育責務」（Bildungs-und Erziehungsauftrag der Schule）と題して，「ヘッセン州の学校はヘッセン州憲法が規定する，人道主義的でキリスト教的な伝統を基盤とする共通の教育責務を履行するものとする。学校は生徒が社会においてその人格を発展できるように貢献しなければならない」と書いている。そしてつづく同条 2 項で「学校は基本法とヘッセン州憲法の価値秩序を承認したうえで，生徒に下記のような能力を獲得させなくてはならない」として，たとえば，生徒が自ら基本権を担えるようにすること，国民としての責任を履行できるようにすることなど，大きく 8 項目を挙げ，これらについて具体的に規定するところとなっている。

　ところで，上記のような州憲法・学校法上の教育目的条項はどのような法的性質を有するのか。

　これについて，学校法学の支配的見解はこれらの条項は単なるプログラム規定ではなく，「直接に妥当する法」（unmittelbar geltendes Recht）であり，学校や教員に対して法的拘束力をもつと解している。したがって，教員が職務遂行上これらの教育目的条項に違反すれば，職務上の義務違反として当然に懲戒罰の対象となるとされる[109]。

　これに対して，教育目的を定めた条項は法規ではなく，授業における教員の道徳的な支えであると見る学説や[110]，生徒に対する憲法上の期待（Verfassungserwartungen）の表明だと解する見解も見られているが[111]，いずれも少数説に止まっている。

---

(109)　H.Avenarius/H.P.Füssel,a.a.O.,S.112.　　B.Pieroth,a.a.O.,S.954.
　　　　M.Bothe, a.a.O.,S.25.

(110)　G.Roellecke, Erziehungsziele und der Auftrag der Staatsschule, In: W. Zeidler/T. Maunz/G.Roellecke（Hrsg.）,Festschrift für H.J.Faller,1984,S.199.

第3節　国家の教育主権と教育目的・内容の確定

　なお基本法は教育目的を直接明記してはいないが,「人間の尊厳の保護」(1
条1項),「自己の人格を自由に発達させる権利」(2条1項),「信仰・良心・世
界観告白の自由」(4条1項),「親の教育権」(6条2項) など学校教育の内容
的形成に際して規準となる条項を擁している。また基本法による寛容の要請も
あり, こうして学校は自由と価値多元性の意味で「開かれた学校」(offene
Schule) でなくてはならず, 特定の世界観, 学説, 政党の政策プログラムなど
にもとづいて生徒を教化することは違憲として許されないということが帰結さ
れる[112]。別言すると, 生徒は憲法上「寛容な学校を求める基本権」(Grun-
drecht auf eine tolerante Schule) を有しているということである[113]。

4　常設文部大臣会議の教育目的に関する決議

　1973年5月, 常設文部大臣会議 (KMK) は「学校における生徒の地位」
(Zur Stellung des Schülers in der Schule) と銘打った決議をした[114]。この決議は,
伝統的に国家の学校監督権の拡大解釈といわゆる公法上の特別権力関係論の学
校への援用 (学校特別権力関係論) によって, 学校法制上, 長い間, 無権利客
体 (rechtlose Objekt) として位置づけられてきた生徒を, 学校においても基本
的人権の主体として認め, 生徒に対して知る権利や意見表明の自由など各種の
基本的人権保障を確認するなど, ドイツの生徒法制史上エポックをなすもので
あるが, 次のような内容から構成されている。①学校の任務, ②学校関係と行
政の法律適合性, ③就学義務と授業への出席義務, ④個々の生徒の権利, ⑤生
徒代表制の権利, ⑥生徒の意見表明の自由, ⑦生徒新聞, ⑧生徒の授業拒否,
⑨いわゆる生徒のストライキ, がそれである。

　以下, 学校の役割や教育目的に言及している①「学校の任務」(Aufgabe der
Schule) を概括すると, つぎのようである。

　学校は生徒を下記の目的に向かって教育する任務を負っている。その際, 学
校におけるすべての教育上ないし法的な決定は学校の任務によって正当化され

---

(111)　J. Isensee, Grundrechtsvoraussetzungen und Verfassungserwartungen an die
　　　　Grundrechtsausübung, In:J.Isensee/P.Kirchhof, Handbuch des Staatsrechts der Bundesre-
　　　　publick Deutschland V, 2000,S.444.

(112)　H.Avenarius/H.P.Füssel,a.a.O.,S.110.

(113)　T.Oppermann, a.a.O.,S.346.

(114)　KMK, Zur Stellung des Schülers in der Schule, Beschluß v. 25. 5. 1973, Bes-
　　　　chluß-Sammlung Nr.824.

第Ⅰ部　第1章　教育主権と国家の学校監督権

るものでなければならない。学校は社会制度の一部であり，基本法および各州の憲法，学校法にその根拠をもつ。学校の教育責務は基本法の諸規範を志向するものでなければならず，とくにつぎの3点は重要である。子どもの教育をうける権利の保障を旨として，可能な限りの諸条件を創出すること，子どもの教育に関する親の正当な利益を尊重すること，そして生徒が将来政治的かつ社会的な生活においてその有する基本権を行使できるように，基本権行使能力を獲得しつつある生徒（grundrechtsmündig werdenden Schüler）に対して，学校においてもその年齢と成熟度に応じて，生徒が自ら基本権を行使することを可能にしなければならないということである。

　学校の教育目的については各州の憲法や学校法で各様に規定されているが，下記の点については広範な合意が成立していると言える。すなわち，学校は，

① 　知識，技能，能力を伝達すること，
② 　自律的な批判的判断力，自己の責任にもとづく行動および創造的な活動に向けた能力を育成すること，
③ 　自由と民主主義に向けて教育すること，
④ 　寛容，他者の尊厳に対する尊重と自分とは異なる信念の尊重に向けて教育すること，
⑤ 　国際協調の精神における平和的な志向を覚醒すること，
⑥ 　倫理規範や文化的，宗教的な価値を理解させること，
⑦ 　社会的行為や政治的な責任への準備を喚起すること，
⑧ 　社会において権利と義務を担えるような能力を育成すること，
⑨ 　労働界の諸条件について指導すること，という学校の任務についてである。

　なお常設文部大臣会議は1949年に創設された，すべての州の文部大臣によって構成される機関で，そこには「満場一致の原則」が妥当している。その決議や勧告は州の法律によって法認されると拘束力ある州法となるのであるが[115]，このような連邦レベルの機関によって上記のような決議がなされた意義には大きいものがあると言える。

――――――――――

(115)　J. Schulz-Hardt, Die Ständige Konferenz der Kultusminister der Länder in der Bundesrepublik Deutschland (KMK), In:H.Krüger u.a. (Hrsg.), Handbuch des Wissenschaftsrechts, Bd.2, 1996, S.1656.

第2章　教育法制における国と地方の権限配分

第1節　州の文化主権と連邦制改革

1　州の文化主権

ドイツは16の州（Land）からなる連邦国家であるが，基本法によれば，この連邦制度は民主制原理，社会国家原理，法治国家原理などとともに，この国の重要な構造的メルクマールをなす（20条1項）。こうして，国家的権能の行使および国家的任務の遂行は，基本法に別段の定めがない限り，各州の事項とされている（基本法30条）。

とはいっても，実際には外交事務など重要事項の多くが基本法によって連邦の権限とされており（70条～75条），州の権限事項はそれほど多くはない。そのなかにあって，伝統的に各州に留保されてきたのが，文化政策や文化行政の領域，したがってまた教育制度の領域における統括権である。

すなわち，学校外の職業教育に関することなど若干の例外を除いて，教育についての権能は連邦にはなく，教育主権（とくに学校法域での立法権と教育行政権）は各州に属している[1]。これを州の「文化主権」（Kulturhoheit）または「文化自治」（Kulturautonomie）ないしは「文化連邦主義」（Kulturföderalismus）という[2]。この原則は，ドイツにおいては17世紀中葉以来の伝統をもつもので[3]，ナチス独裁政権下にあっても，もちろん大幅な制約を受けたけれども，全的に破壊されることはなかった[4]。「連邦主義はドイツの宿命である」と捉えられ[5]，また州の文化主権は「各州の固有の国家性の中核」（Kernstück der Eigenstaatlichkeit der Länder）をなすもの（連邦憲法裁判所判決）と把握されてきている所以である[6]。

---

(1)　かくして職業学校制度と在外学校に関する若干の例外を除いて，連邦の学校法は存在しない（T.Oppermann, Schule und berufliche Ausbildung, In: J.Isensee ／ P.Kirchhof〈Hrsg.〉, Handbuch des Staatsrechts Bd.6,1989, S.341）。

(2)　この他に，「学校主権」（Schulhoheit）や「学校連邦主義」（Schulföderalismus）という表現も見られている。ただ近年，このような概念の妥当性について批判がある（M.E. Geis, Die Kulturhoheit der Länder, In:DÖV〈1992〉, S.522ff.）。

(3)　州の文化主権の歴史については，参照:M. E.Geis, a.a.O., S.522-S.524。

第Ⅰ部　第2章　教育法制における国と地方の権限配分

　もとより，ドイツが連邦国家である以上，上記にいわゆる州の文化主権も無制限に保障されているわけではなく，下記のような制約に服している。

　すなわち，憲法上，「連邦法は州法を破る」（Bundesrecht bricht Landesrecht）との原則が存するから（31条），各州の文化主権は基本法の学校条項に拘束されることになる。基本法7条は国家の学校監督権，公立学校における宗教教育，私学の自由，私立小学校の設置などについての定めを置いているが，これらの条項は各州の立法者を拘束し，また各州の学校法の解釈に際して尊重されなくてはならない。

　同じことが基本法の他の条項についても妥当するが，その場合，基本法が保障している各種の基本権もさることながら，基本法28条1項の「州の憲法的秩序は，この基本法の意味における共和制的，民主的および社会的法治国家に適合しなければならない」との規定は格別に重要な意味をもつ。各州の学校法制は，各州における憲法秩序の一環をなすものとして，共和制的・民主的・社会的・法治国家的に形成されなければならないとの要請である。

　なお，上述したところの例外として，1949年1月1日以前に制定された州法については，基本法141条により，基本法7条3項（公立学校における宗教教育条項）に対する優位が認められている〈いわゆるブレーメン条項・sog. Bremer Klausel〉。

2　基本法改正（1969年）による連邦の教育権能の拡大

　もっとも，いうところの文化連邦主義は，1960年代末にかなりの変容を遂げた。すなわち，1969年に基本法が改正され[7]，伝統的な州の教育主権が縮減し，連邦の教育権能が拡大・強化されたのである[8]。

---

(4)　H.Heckel, Einfühling in das Erziehungs–und Schulrecht, 1977, S.11.
　　なお，C．フュールによれば，ドイツ連邦共和国の建国（1949年）に際して「州の文化主権の原則」が継承された理由は，大きく，以下の2点にある。①若干の州は，ボン基本法の制定以前に既に独自の教育（法）制度を擁していた。②ナチス時代の中央集権的・権力的教育行政に対する歴史的反省（C.Führ, Schulen und Hochschlen in der Bundesrepublik Deutschland, 1989, S.30）。

(5)　E.Benda u.a. (Hrsg.), Probleme des Föderalismus, 1985, S.15.

(6)　BVerfGE 6, 309, zit. aus A. Leschinsky u. a. (Hrsg.), Das Bildungswesen in der Bundesrepublik Deutschland, 2003, S.159.

(7)　21. Gesetz zur Änderung des Grundgesetzes v.12.5. 1969. 22. Änderungsgesetz v.12. 5. 1969.

第1節　州の文化主権と連邦制改革

　具体的には，教育の領域において，連邦はそれまで学校外の職業教育と学術研究の助成に関する競合的立法権＝「連邦が立法権を行使すれば，州は当該事項に関しては立法権を有さない」を有していたにすぎなかったのであるが（基本法74条11号・13号），上記基本法の改正により，連邦の競合的立法権と大綱的立法権＝「連邦は大綱的な規律権限をもち，州はその具体化に関し権限を有し義務を負う」が拡大されるとともに，新たに連邦と州の共同任務（Gemeinschaftsaufgabe）に関する規定が創設されたことによって，大きく以下の3領域の下記の事項が連邦の権限下に置かれることとなった。

〈1〉競合的立法
　①　学校外の職業教育と職業的継続教育（基本法74条11号・12号）－職業教育法や職業教育助成法により，連邦はこれに関する基本的事項について規律。
　②　生徒・職業訓練生・学生に対する奨学金（基本法74条13号）－連邦は連邦教育助成法〈Bundesausbildungsförderungsgesetz・1971年〉を制定し，奨学金経費の65％を負担。
　③　学術研究の助成（基本法74条13号）－1976年に大学卒業者助成法を制定。
　④　教員や大学教官を含む公務員の給与（基本法74a条）－初等・中等学校の教員や大学教官は原則として州の公務員であるが，連邦給与法を適用。

〈2〉大綱的立法
　大学制度の一般的原則（基本法75条）－連邦は大学大綱法〈Hochschulrahmengesetz・1976年制定〉により，大学に関する基本的事項について規律。

〈3〉連邦と州の共同任務
　①　大学病院を含む大学の拡充および新設に際しての各州への協力（基本法91a条）－大学建設助成法〈Hochschulbauförderungsgesetz・1969年〉の制定により，大学病院を含む大学の拡充および新設に際して，それに要する経費の

---

(8)　A.Dittmann, Das Bildungswesen im föderalistischen Kompetenzgefüge－eine kritische Bestandsaufnahme, In: RdJB（1978）, S.168ff. P.Glotz／K.Faber, Richtlinien und Grenzen des Grundgesetzes für das Bildungswesen, In: E. Benda u. a.（Hrsg.）, Handbuch des Verfassungsrechts（2）, 1995, S.1393ff. F.Schaumann, Zusammenarbeit von Bund und Ländern in der Bildungs－und Wissenschaftspolitik, In:RdJB（1995）, S.245ff.

41

第Ⅰ部　第2章　教育法制における国と地方の権限配分

半額を連邦が負担。

②　教育計画および特定の地域を超えた意義をもつ学術研究の振興に際しての各州との協力（基本法 91b 条）—1970 年，連邦と各州は行政協定を締結し，共同任務として教育計画を策定するために，「教育計画のための連邦・各州委員会」（Bund-Länder-Kommission für Bildungsplanung・以下，BLK と略称）を設置した。

3　連邦制改革（2006 年）── 州の文化主権の復活

ところで，上述したような教育領域における連邦と州の権限配分は，基本法上，必ずしも既定の事柄ではなく，1970 年代後半以降，さまざまな「連邦制改革」論議が見られた。

たとえば，1978 年，連邦教育学術省（当時）は「連邦制の教育システムの構造的な諸問題に関する連邦政府報告」を公にし，そこにおいて，連邦全体における統一的な生活関係の確保を旨として，基本法を改正し，新たに以下について連邦の立法権が認められるべきであると主張した。就学義務の期間，教育制度の各段階への入学要件，成績評価と卒業の認定，職業教育の内容，教員養成などについてである[9]。

しかしこうした連邦権限の拡大に対しては，常設文部大臣会議，各州首相，それに連邦参議院が一斉に反対を表明し，また学説も批判的見解が圧倒的で[10]，かくして同報告書は「欠陥報告書」（Mängelbericht）と酷評され，現実化することはなかった。

また連邦議会と連邦参議院の「合同憲法委員会」（1992 年設置）の審議においても，この問題は中心的なテーマの一つとなった。そして同委員会の勧告をうけて基本法の関連条項が改正されたのであるが，ただ連邦と州の権限関係の基本に係わる修正はなく，教育領域における連邦の立法権行使要件が明確化され，厳格化されるに止った。

さらに 2003 年 10 月に連邦議会と連邦参議院の共同で「連邦国家秩序の現代化のための委員会」が設置され，同委員会において，教育領域も含めて，連邦

---

(9)　BMBW (Hrsg.), Bericht der Bundesregierung über die strukturellen Probleme des föderativen Bildungssystems v. 22. 12. 1978, In: RdJB (1978), S.223ff に要旨が登載。

(10)　さしあたり，I.Richter, Alternativen zur kompetenzverschiebung im Bildungsföderalismus, In: DÖV (1979), S.185ff. K.Kloepfer, Die Verfassungsmängel des "Mängelberichts", In: ZRP (1978), S.121ff など。

第1節　州の文化主権と連邦制改革

と州との新たな権限配分の在り方について多角的かつ総合的に審議されたのであるが，連邦と州の権限関係の画定について見解が分かれ，結局，最終的な合意は成立しなかった。

　ちなみに，この問題について，現在ドイツにおける学校法学の権威，H.アベナリウスは「学校法学」（第7版・2000年）で直截にこう述べていた。「常設文部大臣会議による協定によって，各州の固有の権利を不確実にすることなく，教育制度の必要な統一性が確保できるのであれば，教育制度における現行の連邦と州との間の任務分担を変更する必要はない[11]」。

　このようにドイツにおいては，連邦制改革（Föderalismusreform）は長年の懸案であったが，2005年11月のキリスト教民主同盟（CDU）・キリスト教社会同盟（CSU）と社会民主党（SPD）による大連立政権の成立という政治状況を背景に，2006年7月，連邦参議院において連邦制改革法案が可決され，2006年9月1日をもって発効した[12]。それは，基本法の条文25ヵ条の修正ないし追加を伴うという基本法史上これまでに例を見ない最大規模の法制度改革（憲法改正）であった。

　ドイツにおいては，立法の領域においても，また財政面でも，連邦と州の権能が複雑に錯綜しているために，「連邦と州の権限を画定し直し，立法・財政における両者のそれぞれの役割と責任を明確にするというのが，今回の連邦制改革全体の趣旨であった[13]」。2003年10月の連邦議会と連邦参議院による合同の連邦制改革委員会設置に関する決議によれば，同委員会の任務は「連邦と各州の行為能力と決定能力を改善し，それぞれの政治的な責任を明確化し，さらに課題達成の合目的性と効果を高めるための提言」を策定することにあるとされている[14]。

　2006年の連邦制改革は教育領域における連邦と各州の権限関係においても，

---

(11)　H.Avenarius / H.Heckel,Schulrechtskunde,2000, S.24.

(12)　参照：F.Wollenschläger, Die Föderalismusreform:Genese,Grundlinien und Auswirkungen auf die Bereiche Bildung und Wissenschaft,In:RdJB（2007）,S.8ff. 高谷亜由子「ドイツ連邦制度改革における教育行政の再編」，『フォーラム・ドイツの教育』（2006年12月）配布資料。

(13)　服部高宏「ドイツ連邦制改革」，日本ドイツ学会『ドイツ研究』第42号（2008年），信山社109頁。

(14)　U. Mager, Die Neuordnung der Kompetenzen im Bereich von Bildung und Forschung-Eine kritische Analyse der Debatte in der Föderalismuskommission, In: RdJB（2005）,S.312.

43

第Ⅰ部　第2章　教育法制における国と地方の権限配分

下記の通り，極めて大きな変革をもたらすこととなった。教育は州の専管事項であり，連邦は国民国家としての統一的な責任が不可避な場合にかぎり，協同権を有するにすぎないとされるに至ったのである。いわゆる「協同的文化連邦主義」（kooperative Kuturföderalismus）の原則的廃棄である[15]。

　第1に，先に言及した1969年の基本法改正以降，連邦は立法類型として，①連邦に専属的な立法権，②競合的立法権，③大綱的立法権を有してきたのであるが，2006年の基本法改正によって大綱的立法というカテゴリーが廃棄された。

　この結果，連邦は1976年に大学大綱法を制定し，大学の任務，学修と教授，大学の構成員・組織と管理運営など，大学に関する基本事項について規律してきたのであるが，大学大綱法は失効し，高等教育行政は再び各州の専管領域となった。ただ高等教育の入学許可と修了についてだけは，連邦の競合的立法権が維持された（基本法74条1項）。

　第2に，連邦と州の共同任務としての「教育計画」について規定していた条項＝「連邦と州は，協定に基づき，特定の地域を超えて意義を有する教育計画に際し，……協力することができる」が削除されたことにより，州の文化主権が原則として全面的に復活することとなった。上記にいう「教育計画」というタームは就学前教育から高等教育，さらには生涯学習や成人教育までを含む広義な概念なのであった[16]。

　かくして，連邦と州が共同任務としての教育計画を策定するために，1970年に設置された「教育計画のための連邦・各州委員会」（BLK）は廃止された。この委員会は1973年に「教育総合計画」を策定したのを皮切りに，これまでこの面で各種の勧告を出し，また，たとえば，総合制学校の導入や障害児教育における統合教育の推進など，その設置以来，300を超える実験プログラムを助成してきたという実績をもつ。同委員会の廃止に伴い，終日制学校プログラムやエリート大学促進プログラムなど，近時進行していた各種の助成プログラムは憲法上の根拠を失うこととなった[17]。

　ちなみに，この委員会はかつて次のような評価を受けていたのであった。

---

(15)　K-A.Schwarz,Die Finanzierung von Bildung und Erziehung in der bundesstaatlichen Ordnung,In:RdJB（2008),S.286.

(16)　M.Sachs（Hrsg.),Grundgesetz-Kommentar,2007,S.1847.

(17)　F.Hufen,Die Einflussnahme des Bundes auf die Schul-und Hochschulpolitik durch direkte und indirekte Finanzzuweisungen,In:RdJB（2005),S.334.

第1節　州の文化主権と連邦制改革

「教育総合計画の策定という，BLK にほんらい委ねられた任務は，1982 年以降，全的には実現しなかったけれども，BLK の活動の多様な成果と学校・大学・研究政策の領域における諸勧告は，連邦と各州にとってその方向性を示すものであった。……BLK の活動は，連邦と各州の教育政策にとって不可欠である[18]」。

　第3に，上述のように，教育計画への連邦の関与権は削除されたのであるが，これに代わって，新たに基本法上，下記のように規定された[19]。

　「連邦と各州は，協定に基づき，教育制度の機能（Leistungsfähigkeit des Bildungswesens）を国際的な比較において検証するために，またこれに関して報告し勧告するに際して，協力することができる」（91b 条 2 項）。

　この条項は，直接明記してはいないが，条文全体のコンテクストから，ドイツの教育制度の機能を検証するための教育評価（Bildungsevaluation）に関する権能を連邦と州の協同権として憲法上保障したものと解されており[20]，その趣旨は，連邦議会によれば，以下のように説明されている[21]。

　「ドイツの教育制度の国際的な等価性（Gleichwertigkeit）と競争力を確保するために，財政・制度構造に関するデータを含む，基本的な情報を連邦と各州の協同によって創造することにある」。

　この結果，たとえば，PISA（生徒の学習到達度国際調査）や TIMSS（国際数学・理科教育調査）のような国際比較学力調査への参加に際して，連邦がこれに関与することが憲法上許されることとなった〈連邦と各州の共同課題としての国際学力調査〉。

　しかし，学力保証政策の一環として常設文部大臣会議が 2003 年に導入を決議した「教育スタンダード」（Bildungsstandards）に関しては，一般的な学校教育事項と同じく，これに関する権限はあくまで各州に属しており，したがって，連邦が本条を根拠に「ナショナル教育スタンダード」を定立することは認められないと解されている[22]。

---

(18)　C.Führ,Deutsches Bildungswesen seit 1945,1997,S.47.

(19)　この条項は，連邦政府と各州首相との間で締結された「基本法 91b 条 2 項（教育制度の機能の国際的な比較における検証）に基づく連邦と各州の協同に関する行政協定」（2007 年 5 月 21 日）により，2007 年 1 月 1 日に遡及して施行された。

(20)　A.Guckelberger,Bildungsevaluation als neue Gemeinschaftsaufgabe gemäß Art.91b Abs.2 GG,In:RdJB（2008）,S273-274.

(21)　H.Hofmann/A.Hopfauf（Hrsg.）,Kommentar zum Grundgesetz,2008,S.1835.

(22)　M.Sachs（Hrsg.）,a.a.O.,S.1847.

なお，これまで述べたことと係わって付言すると，「PISA の結果に表れた教育の質の低下は，ドイツの連邦制のいびつな財政構造に大きな原因があった」との指摘は重要である。

というのは，既述した文化連邦主義により，各州は教育に関する統括権を有するとともに，財政上の負担義務を負っているのであるが，州は固有の課税権を有しておらず，州の歳入と歳出に関してはそれぞれの領域や事項に即して連邦法によって規律されるところとなっている。このため州が歳出の削減を行おうとする場合，教育のような州に管轄権がある領域がまずその対象になる，という財政構造があるからである。

実際，1980 年から 2003 年までについて見ると，「州の予算に占める社会保障費が 25％増えたのに対し，学校教育費が 22％，大学関係費が 17％，学術研究関係費が 30％，それぞれ削減された」という現実が見られている[23]。

4　連邦制改革と教員法制

2006 年の連邦制改革によって，教員（公立学校の教員は原則として州の公務員）法制の領域においても州の立法権が大幅に拡大・強化され，連邦権限はかなり縮減された。従来，連邦は連邦公務員の法律関係については独占的な立法権を有してきており（基本法 73 条 8 号），これにもとづいて，たとえば，連邦公務員法〈Bundesbeamtengesetz・2009 年〉が制定されている[24]。くわえて，従前においては連邦は基本法 75 条 1 項にもとづいて，州や地方自治体の公務員の法律関係についても大綱法を制定する権限を有していた。そしてこの権能にもとづいて公務員法大綱法〈Beamtenrechtsrahmengesetz・1985 年〉が制定され，各州における公務員法制の基本的な枠組みを拘束したのであった。さらに基本法 74a 条 1 項は公務員の俸給と年金などの援護に関して，連邦に対しこれを連邦レベルで統一的に規律する権限を与えていた。こうして，連邦俸給法〈Bundesbesoldungsgesetz・1986 年〉や公務員援護法〈Beamtenversorgungsgesetz・1987 年〉が制定され，この結果，たとえば，公立学校教員の俸給も各州を通しての統一的な規律に服していた。

しかし既述したように 2006 年の連邦制改革によって，連邦の大綱法制定権

---

(23)　服部高宏，前出，118 頁。

(24)　連邦公務員法について詳しくは参照：U.Battis, Bundesbeamtengesetz‐Kommentar, 4Aufl. 2009.

は廃棄され，また連邦の競合的立法権を規定した基本法 74a 条も削除された。ただ公立学校教員を含む州公務員の身分上の権利・義務の規律は基本法 74 条 1 項 27 号によって連邦権限とされており，かくしてこれに関しては連邦法である公務員身分法〈Beamtenstatusgesetz・2008 年〉の規律するところとなっている[25]。この法律の制定によって，上記の公務員法大綱法は廃止された。

なお公務員身分法は公務員の身分関係事項のうち経歴，俸給，年金に関しては規律対象から除外しており，これらの事項については州が専管的な権限を有するところとなっている。こうして現行法制上，たとえば，公立学校教員の俸給は各州それぞれの判断で決定できることになっている[26]。

第 2 節　連邦段階の教育行政の構造

1　連邦教育研究省

前述のように，連邦は教育の領域において一定の権能をもっているが，それを所掌しているのが連邦教育研究省（Bundesministerium für Bildung und Forschung）である。同省は 1998 年，それまでの連邦教育・学術・研究・技術省を改称，改組して発足した[27]。既述したように，その権限事項はきわめて限られており，学校制度の領域においては，なんら直接的な権限や監督権を有してはいない[28]。国家レベルの中央教育行政機関とはいっても，その性格や権限は，ナチス時代にドイツで初めて設置された帝国学術・教育・国民教育省とは大きく異なっている。

ちなみに，上記帝国学術・教育・国民教育省は 1934 年 5 月，プロイセン学術・芸術・国民教育省を基に，それが改組・拡充されて設けられたもので，その統轄権は学校・大学・研究領域のあらゆる事項に及び，したがってまた学校監督庁たる各州の文部大臣・教育行政機関，首相や地方長官もその緊縛下に置かれていた[29]。

---

(25)　公務員身分法について詳しくは参照：A.Reich, Beamtenstatusgesetz‐Kommentar, 2 Aufl.2012.

(26)　H.Avenarius/H.P.Füssel,Schulrecht, 8 Aufl.2010,S.605〜S.606.

(27)　連邦教育・学術・研究・技術省は，既述した連邦と州の共同任務を担うために 1969 年に創設された連邦教育学術省と，連邦研究技術省が 1994 年に統合されたものである（C.Führ, Deutsches Bildungswesen　seit 1945, 1997, S.41）。

(28)　H.Heckel / P.Seipp, Schulrechtskunde, 5 Aufl. 1976, S.171.

第Ⅰ部　第2章　教育法制における国と地方の権限配分

2　各州文部大臣常設会議

　既述したような文化連邦主義をとるドイツにあって，各州の教育政策を調整し国民国家としての共通性を確保するための機関として，1949年10月以来，各州文部大臣の自由な協同機関として，「各州文部大臣常設会議」（Die ständige Konferenz der Kultusminister der Länder:以下，常設文部大臣会議ないしKMKと略称）が設置されている。

　この常設文部大臣会議は，1948年6月にシュトゥッツガルト・ホーヘンハイムで開催されたドイツ教育大臣会議において，その創設が決定されたものであるが，ただその際の同会議のメンバーは，旧西ドイツの教育大臣だけであった[30]。それから42年，ドイツ統一から2ヵ月後の1990年12月，ベルリンで開催された常設文部大臣会議第251総会において，旧東ドイツの新5州文部大臣が同会議への加盟を表明し，かくして，1949年の設立以来，ここに初めてドイツのすべての州からなる常設文部大臣会議が誕生した，という歴史がある[31]。

　常設文部大臣会議は，直接には1949年12月に制定された同会議規則に基づく機関であるが，連邦憲法裁判所の判例によれば，それは，憲法上に根拠をもつ制度だと解されている。①ドイツ連邦共和国においては，各州も「国家たる性格」（Staatsqualität）を有し，そして基本法の憲法秩序によれば，教育・学術・文化に関する管轄権はこの国家たる属性の中核的要素に属している，②他方で各州は連邦国家全体に対して共同責任を負っており，この連邦としての全体責任から各州の協同権と協同義務が導かれ，そして各州はかかる責任をとりわけ文部大臣会議を通して果たしている，という理由による[32]。

　常設文部大臣会議の任務は，上記の同会議規則によれば，「特定の地域の枠を超えた意義をもつ文化政策事項について，共通の見解と意思の形成をはかり，

---

(29)　W.Benz / H.Graml / H.Weiß（Hrsg.），Enzyklopädie des Nationalsozialismus, 1998, S. 686.

(30)　1948年2月にもたれた第1回の同会議には，後に旧東ドイツとなったブランデンブルク，メックレンブルク，ザクセン，ザクセン・アンハルト，チューリンゲンの各州教育大臣も参加していた。しかし以後，参加しなかったためである（A.Leschinsky u.a.（Hrsg.），Das Bildungswesen in der Bundesrepublik Deutschland, 2003, S.161）。

(31)　C.Führ, a.a.O., S.39.

(32)　J.Schulz-Hardt, Die Ständige Konferenz der Kultusminister der Länder in der Bundesrepublik Deutschland（KMK），In:H.Krüger u.a.（Hrsg.），Handbuch des Wissenschaftsrechts, Bd.2, 1996, S.1656.

第2節　連邦段階の教育行政の構造

また共通の関心事を代表する目的」で審議することにある[33]。ここで「特定の地域の枠を超えた意義をもつ文化政策事項」とは，表現を代えると，各州の文化主権に属している事柄のうちで「州を超えて意義をもつもの」ということである。

　この常設文部大臣会議には行政庁的権能はないが，教育政策上の諸問題について，決議や勧告を行い，協定を締結することができる。ただそのためには，すべての州の合意が前提である。このいわゆる「満場一致の原則」に対しては，決定手続が遅延する，少数支配に連なる危険性がある，などの批判が見られている。

　しかし連邦憲法裁判所の見解によれば，この原則は，各州の国家性と憲法上の同等な地位を前提に，「他の州による多数決支配から個々の州の文化主権を保護するもの」であり，したがって，それは基本法が要請する手続だと解されている[34]。敷衍すると，「連邦国家としての全体責任，教育や文化の基本についての原則的合意の必要性および妥協への強制が，州の文化主権の範囲において，この特別な決定手続を機能させることになる」ということである[35]。

　こうしてなされた決議や勧告は，州の法令によって法認されると，拘束力ある州法となる。そうでなければ，法的にはあくまで単なる勧告（Empfehlung）でしかない。教育・文化領域における本質的な事項に関する最終的な決定権は各州の議会に留保されなければならないからである〈連邦憲法裁判所の判例にいわゆる「本質性理論」（Wesentlichkeitstheorie）〉。

　ところで，今日のドイツの教育制度の基本的な枠組みは，この常設文部大臣会議による各種の勧告・決議・協定に依拠している，ということが重要である[36]。その代表的な例としては，下記が挙げられよう。

　学校制度の領域における統一化に関する協定〈いわゆるデュッセンドルフ協定・1955 年，同名の新協定＝いわゆるハンブルク協定・1964 年〉，基礎学校における教育活動に関する勧告（1970 年），基幹学校に関する勧告（1969 年），障害児学校制度に関する決議（1972 年），総合制学校修了資格の相互承認協定

---

(33)　KMK, Handbuch für die Kultusministerkonferenz, 1981, S.25.

(34)　BVerfGE 1, 299（315）, zit. aus J.Schulz-Hardt, a.a.O., S.1659.

(35)　J.Schulz-Hardt, dito

(36)　ちなみに，これまでになされた文部大臣会議の決議・勧告・協定は 1000 を超えており，その内容は教育・文化の全域に及び，実に広範かつ多岐にわたっている。参照：Luchterhand Verlag（Hrsg.）,KMK-Beschluß-Sammulung（1）-（5）, 2005.

第Ⅰ部　第2章　教育法制における国と地方の権限配分

(1982年)，ギムナジウムの上級段階の改革に関する協定（1972年・新協定＝
1987年），専門大学制度の領域における統一化に関する協定（1968年），などが
それである。

　ちなみに，上記デュッセルドルフ協定およびハンブルク協定によっては，学
年の始期と終期，就学義務の開始年齢と期間，学校の休暇，学校種の名称，中
等教育学校の形態，試験の相互承認，卒業資格などを統一することに関して合
意の成立を見ている。

　また近年における傾向としてはドイツの統一とヨーロッパの統合に係わる決
議等が目立っている。旧東ドイツのアビトゥアの承認に関する決議（1990年），
学士の承認に関するヨーロッパ共同体の指針のドイツへの適用に関する決議
（1990年）などが，その例である[37]。

　常設文部大臣会議は大きく総会，議長，専門委員会および事務局で構成され
ている。総会は16の州の文部大臣から成り，通常，2ヵ月に1度開催され，
先に触れたような決議や勧告を行う。専門委員会は総会での決議等を準備する
機関で，その任務により，学校委員会，大学・研究委員会，文化委員会，映画
委員会，継続教育委員会，ヨーロッパおよび国際関係委員会，スポーツ委員会，
在外教育委員会および学修と試験に関する調整委員会の9委員会が設置されて
いる。このうち前三者の専門委員会にはそれぞれ複数の小委員会が置かれてい
る。なお各州は総会と専門委員会において各1票の議決権を擁している。

第3節　学校監督行政の組織構造

　各州における学校監督行政の組織構造は，州の規模，歴史的な発展，さらに
は学校の種類によっても異なる。従前においては大半の州で3段階制が採られ
ていたが，今日では，多くの州が2段階制を敷いている。すなわち，最上級学
校監督官庁としての文部省と下級学校監督庁としての学務局という組織構造で
ある。

　ただバーデン・ビュルテンベルク，バイエルンおよびノルトライン・ウェス
トファーレンの3州においては依然として3段階制が採られており，またハン

---

(37)　1991年2月，常設文部大臣会議は歴史的な地であるストゥッツガルト・ホーヘンハ
　　イムで「統一ドイツにおける教育・学術・文化政策に関する覚書」を採択している。そこ
　　においては，統一後のドイツにおける教育・学術・文化・スポーツ面での共生とヨーロッ
　　パ全体との関係が特に強調されている（C.Führ,a.a.O., S.39-S.40）。

50

ブルク州とブレーメン州（いずれも都市国家）にあっては，学校監督は文部省
の専管するところとなっており，下級学校監督庁は置かれていない。

　文部省の所掌事務や権限はきわめて広範多岐に及んでいる。たとえば，2016
年7月現在のヘッセン州文部省の内部組織・所掌事務の概要を示すと，以下の
ようになっている[38]。

　文部大臣のもとに事務次官と大臣官房（計5課）が置かれ，内部組織は4部
で構成されている。各部の所掌事務は次のようである。

- ・第Z部——人事代表，人事計画，人事開発，立法，学校法，一般的な法的
  事項，文化事項，学校専門的な教会事項，倫理教育，政治教育，
  組織，現職教育，IT教育行政など（6課構成）。
- ・第1部——学校制度の質の改善，学力の比較研究，学校形態を超えた教育
  の課題，教員アカデミーに対する監督，個々人の促進，才能教
  育，全日制学校，学校改善，一般学校および特別学校における
  特別な教育的促進，学校スポーツ，文化教育，メディア教育な
  ど（5課構成）。
- ・第2部——教育財政，教育統計，学校監督，地方の学校拡充，州学務局に
  対する勤務監督，教育統計，情報システム，学校心理，学校設
  置者，人口戦略など（6課構成）。
- ・第3部——基礎学校，促進学校，基幹学校，実科学校，総合制学校，ギム
  ナジウム，インクルージョン，私立学校，職業学校，専門学校，
  中間段階学校，生涯学習，継続学習，国際的な教育事項，外国
  の学校制度，ヨーロッパ学校，EUの促進プログラムなど（10
  課構成）。

　下級学校監督庁としての学務局（Schulamt）は郡ないし市段階の行政機関で
あるが，その行政組織法上の性格や構成は州によって一様ではない。たとえば，
バイエルンやブランデンブルクなど5州では州視学官と当該地方自治体の行政
公務員によって構成されているが〈いわゆる混合行政機関・Mischbe-
hörde[39]〉，ヘッセンやザクセン・アンハルトなど6州のそれは純然たる州の

---

(38)　http://www.kultusministerium.hessen.de

(39)　ワイマール憲法144条は「国は，市町村を学校監督に参加させることができる」と明
　　記していたが，この点について，基本法は何ら語るところがない。しかし，通説によれば，
　　基本法下においても市町村がかかる可能性を有していることは自明視されている。さしあ
　　たり，E.Stein / M.Roell, Handbuch des Schulrechts, 1992, S.32.

第Ⅰ部　第2章　教育法制における国と地方の権限配分

行政機関として位置づけられている。

　また学務局の所管にかかる学校の種類も，ベルリンやチューリンゲンなど10州においては，当該区域に存在するすべての学校種がその所管に属しているが，ノルトライン・ウェストファーレン州では基礎学校，基幹学校，障害児学校に限られており，さらにバイエルン州にあっては学務局は国民学校に対してだけ学校監督権を有しているにすぎない。

　学務局は郡や市の一般行政からは独立した機関であり，その成員は同等の権限を有し，合議制によって運営される。ただ教育行政責任は州の公務員である州視学官に帰す仕組みになっている。

　なお郡学務局にあっては州視学官と郡長との間に権限配分が見られ，内的学校事項は前者の，外的学校事項は後者の，そしていわゆる「混合事項」（gemischte Angelegenheiten）は両者共同の権限事項とされている。こうして，郡学務局は学校の教育活動に対する専門監督権だけでなく，校長を通しての学校設置者に対する法監督権をも有している。

　学校監督の実際の任には学校監督官（Schulaufsichtsbeamte）が当たる[40]。学校監督官の資格要件制度はワイマール憲法144条―「学校監督は，本務として勤務し専門家として養成された官吏がこれを行う」―以来のもので，今日でも，バーデン・ビュルテンベルク州とノルトライン・ウェストファーレン州の2州では州憲法で，ザールラント州などでは学校法上規定されている。

　この点について，たとえば，ザールラント州学校規律法（1996年）は「専門的な学校監督官」と題して，こう書いている（53条1項）。「専門監督は本務として勤務する公務員によって行われる。専門監督官は専門的に養成され，かつ学校での勤務経験があるものでなければならない」。

　なお付言すると，ドイツの教育行政現実においては，いわゆる「内的学校事項」は教育関係者・教育学士（Pädagoge）が，「外的学校事項」は法律家・法学士（Jurist）がそれぞれ所掌するという「分業」と「協同」が不文律化しているのであるが[41]，上級職行政公務員については，教育に関する特別な資格要件は求められていない。

　ところで，学校監督行政の組織構造において3段階制をとっている州におい

（40）　学校監督の特別な任務，とくに学校に対する専門監督のために，多くの州において，学校監督官にくわえて，専門的なカウンセラーが配置されているのが実態である（H. Avenarius / H.Heckel, Schulrechtskunde, 2000, S.256）。

（41）　参照：持田栄一「福祉国家の教育像」国土社，1967年，167頁。

52

ては，中級監督庁の権限は，第1次的所管としては，中等段階Ⅱの学校に対する監督にあり，また第2次的所管として，下級学校監督庁ならびにその監督下に置かれている学校を監督することにある。

　中級監督庁の行政組織法上の位置づけについては，大きく，二様の形態が見られている。すなわち，バイエルン州とノルトライン・ウェストファーレン州においては，中級監督庁は一般行政に編入されており，県知事などの一般行政機関が同時に教育行政機関をなしているのに対して，バーデン・ビュルテンベルク州は一般行政から独立した特別な行政機関としての上級学務局を擁している。

第4節　地方自治体の学校行政

1　学校行政の主体

　学校行政，つまり学校の設置・維持主体とは，具体的には，①学校の設置・変更・廃止などの学校の組織上の措置について権限をもち，②学校の施設・設備や教材・教具などの物件費を支弁するとともに，学校の行政・事務職員を配置し，③学校の経常的管理に対して責任を負い，④これらに関する費用を負担するものをいう。一言でいえば，いわゆる外的学校事項を管理し，学校の物件費（および行政・事務職員の給与）を負担する主体を指す。この学校の設置・維持主体という概念が，ドイツに伝統的な学校教育事項の内的・外的事項の区分〈学校監督（Schulaufsicht）と学校行政（Schulverwaltung）との区別〉に対応していることは，既に述べたところから知られよう。

　学校の設置・維持主体は，通常，地方自治体である。地方自治体は憲法上，「地方自治権（kommunale Selbstverwaltungsrecht）」を保障されているが（基本法28条2項），その一環として，学校の設置・維持権を有している。ただこの権能の配分に際しては州の立法者にきわめて広範な裁量権が認容されており，こうして，地方自治権の中核領域を侵害しない範囲内で，国（州）もまた学校の設置・維持主体たりうる（州立学校）。とはいっても，州立学校は特定の専門学校や実験学校など，広域的な意味をもつ学校に限られているのが実態である。

　学校設置主体の行政単位は当該自治体の行財政能力の如何に掛っており，初等領域と中等領域Ⅰでは，基礎学校，基幹学校，実科学校の場合は多くの州で，郡に属さない市（Kreisfreie Stadt）ないし市町村（Gemeinde），もしくは市町村

第Ⅰ部　第2章　教育法制における国と地方の権限配分

連合（Gemeindeverband）となっている。またその他の学校種にあっては，郡に属する市（Kreisangehörige Stadt），市町村，目的団体（Zweckverband），郡に属さない市，郡（Kreis）など様々であるが，たとえば，ノルトライン・ウェストファーレン州においては，その設置について「需要」がある場合は，市町村は実科学校，ギムナジウムないし総合制学校を設置する義務を負うと法定されている[42]。

　一方，中等領域Ⅱの学校については，その設置主体は市町村よりも上位の団体もしくは目的団体とされている。

　なお若干の州では設置主体が州でも地方自治体でもない公立学校が見られている。ノルトライン・ウェストファーレン州とシュレスビッヒ・ホルシュタイン州の会議所学校（Kammerschule）やヘッセン州の広域的意味をもつ障害児学校などが，その例である。前者の設置主体は手工業会議所，商工会議所，農業会議所などの会議所であり，後者のそれは州福祉組合である。

2　地方自治体の学校行政権と州の学校監督権

　地方自治体の権限とされている学校の設置・維持は一般に，それに係る決定が当該自治体の判断に委ねられている「任意的自治事項」ではなく，法律によってその履行が義務づけられている「義務的自治事項」（pflichtige Selbstangelegenheit）に属している。

　地方自治体の権限とされているそれ以外の学校行政事務は，その大半が任意的自治事項で，たとえば，法的義務の存しない上級学校の設置と維持，付加的な教育の提供，学校スポーツの振興，学校給食の実施などが，これに当たる。その他に，特定の事柄についてだけではあるが，いわゆる「州からの委任事項」（sog. Auftragsangelegenheit）が存している。これについては，地方自治体は州の指揮・監督をうけてかかる事務を遂行することとなる。

　ところで，学校の設置者たる自治体はその任務の遂行に当たり，一般的な自

---

(42)　学校設置権をめぐっては，行政団体間で少なからぬ権限紛争が発生しているようである。一例を引くと，ザールラント州では1991年，ギムナジウム，アーベント・ギムナジウムおよびコレーグの学校設置権が州から市町村組合に移管されたのであるが，この設置について，郡が財政負担を理由に憲法異議の訴えを提起した。

　この事案について，ザールラント州憲法裁判所（1994年1月10日判決）は，学校設置権の市町村ないし市町村組合への移管は地方自治を拡大するものだとして，訴えを棄却している（H.Lang, Die Entwicklung des Schulrechts im Saarland von 1985 bis 1996, In:RdJB〈1996〉, S.387）。

54

治団体監督にくわえて，州の学校監督にも服している。「市町村の自治権は，基本法7条において保障されている国家の学校監督権によって制限される。ただし自治権の核はこれによって侵害されてはならない」と，連邦行政裁判所（1964年1月31日判決）も判じているところである[43]。この点は，いわゆる外的事項の管理に関しては，自治団体法（Kommunalrecht）の定めるところにより，市町村は原則として無制約な権限を有しているのと大きく異なっている。市町村の設置にかかる学校が公教育制度に属しているということが，その根拠とされる。そしてこの場合，州が学校行政領域における地方自治体の形成権を各種の制御措置によって相当程度コントロールしうる余地があり，近年，この点は「学校行政における地方自治の空洞化の危険性」として争論化しているところである[44]。

　学校設置者はまた，学校の設置や組織編制に関する州の基準に従って，学校制度を形成し組織する義務を負っている。しかもこの場合，当該学校の設置について「公の需要（öffentliche Bedürfnisse）」が存在していることが前提となる。そこで，各個の場合に，いうところの「公の需要」が認められるか否かが問題となるが，この点について，たとえば，ノルトライン・ウェストファーレン州で親が居住する自治体に対して総合制学校の設置を求めて提訴したケースで，ミュンスター高等行政裁判所（1991年6月7日判決）は下記のような判断を示している[45]。

　「既存の学校形態の中から，学校の種類を選択する親の権利を保障するために，ある学校種の学校が設置されなければならない場合には，学校行政法第10条2項にいう学校の設置のための"需要"が存在していることになる。希望する形態の学校が適当な通学距離の範囲内に存在しない場合，もしくはかかる範囲内にあるこの種の形態の学校がすべて既に生徒の受け容れが不可能になっている場合，さらには……希望する学校の設置に必要とされる最低生徒数に達している場合には，かかる必要性が認められる」。

　つぎに地方自治体は，学校の設置・組織変更・廃止に関しては，バイエルン州を例外として，学校監督庁（Schulaufsichtbehörde）の認可をうけることが求められている。この点，たとえば，ザクセン州学校法にも次のような規定が見

---

(43)　BVerwG, Urt.v.31.1.1964, In:SPE 3. Folge（2007），S.694-1.

(44)　こうした傾向に対する批判として，さしあたり，I.Richter, Gestaltungsspielräume der Kommunalen Schulträger beim Shulangebot, In:DÖV（1992），S.144ff.

(45)　OVG Münster, Urt.v.7.6.1991, In:SPE 3. Folge（2007），S.228-3.

第Ⅰ部　第2章　教育法制における国と地方の権限配分

えている。「公立学校の設置についての学校設置者の決定は，最上級学校監督庁の同意を必要とする」（24条1項）。学校監督庁のこの認可権は，連邦憲法裁判所や連邦行政裁判所の判例によっても，基本法7条1項＝国家の学校監督権により憲法上根拠づけられていると解されている，「学校制度の中央段階での規律および組織に関する国家の権能」──すべての若い人に，その能力に応じて，今日の社会生活に即した教育を保障する，学校制度を整備するという目的をもつ──に基づく，と説明されている[46]。

　さらに学校設置者は，当該地方自治体の学校拡充計画の策定にあたり，策定権は有するものの，州の計画を尊重しなければならない。それどころか，ヘッセン州とノルトライン・ウェストファーレン州では，その際に学校監督庁による認可が義務づけられている。くわえて，学校の設置に際して，学校設置者が州の学校設置・建設基準に拘束されることは，勿論である。

　なお，学校設置者の学校行政（権）に対する上記以外の主要な法的制約としては，以下のようなものがある。

①　学区制が敷かれていない場合は，居所に関係なく，学校設置者は希望する児童・生徒の入学を認めなくてはならない。収容定員を超過した場合だけ入学を拒否できる（連邦行政裁判所の確定判例）

②　学校設置者は学校制度の編成・学級規模・学習指導要領・休暇規程・進級規程・試験規程などの，学校監督庁が定める学校専門事項に関する規程に拘束される[47]。

③　学校設置者が学校に名前をつける際には学校監督庁の認可が必要である。特定の場合，学校監督庁はそれを拒否することができる。

④　教材・教具の無償制の実施にあたって，学校設置者は文部省の検定をうけた教科書だけ使用できる。ただ教科書の採択は個々の学校の教育自治権に属する。

⑤　長距離通学に対する交通費補助や生徒の運送について，地方自治体は州法の定めるところによらなければならない。

――――――――――――
(46)　しかし一方で，学校の設置・維持が当該地方自治体の財政負担能力を超える場合でも，当該地方自治体には州にその引受けを請求する権限はない，とするのが判例である（たとえば，VGH, Bayern, Urt.v. 6. 8. 1984, In:Bay VBl〈1985〉, S.146)。

(47)　ノルトライン・ウェストファーレン州憲法裁判所の判決（1994年）によれば，学校監督庁が学級規模に関する規程を定めることは，その調整権に属する事柄であって，地方自治体の自治権を侵害するものではないとされる（H.Avenarius / H.Heckel, a.a.O., S.163)。

第4節　地方自治体の学校行政

3　地方自治体の学校行政機関

学校設置者の法律上の代表・行政管理機関が，原則として当該地方自治体の学校行政機関をなしている。学校設置者の違いにより，市町村議会，行政委員会，学務委員会，学務評議会，市長，郡長，組合長など，その種類は各様である。

学校行政の経常的実務は，その任を委託された当該地方自治体の職員が担当する。ただ規模の大きい自治体には市視学官（Stadtschulrat）や上級視学官などの学校行政の専門職員が配置されている。

ここで注目に値するのは，多くの州で，親・教員・生徒代表の自治体学校行政への参加が制度的に保障されていることである。

たとえば，バーデン・ビュルテンベルク州では「すべての重要な学校事項（alle wichtige Schulangelegenheit）」について聴聞権をもつ学校評議会（Schulbeirat）が設置されているが，そのメンバーは各学校種の校長・教員・親・生徒の代表，それに宗教団体の代表となっている。

またブランデンブルク州には，州学務局および郡長とならぶ郡レベルの教育行政機関として，郡学校評議会（Kreisschulbeirat）が置かれており，たとえば，学校拡充計画，学校の設置・廃止などの重要事項について聴聞権を有しているのであるが，教員代表とともに，親代表や生徒代表もその委員に含まれている。

ラインラント・プファルツ州など4州では地方自治体行政法により学校設置者委員会（Schulträgerausschuß）が制度化され，それには親代表と教員代表の参加が法認されており，ヘッセン州とニーダーザクセン州においては，これらに加えて，生徒代表の参加も認められている。

さらにシュレスビッヒ・ホルシュタイン州には学校設置者の諮問機関として学校振興協議会（Schulpflegeschaft）があり，その構成は学校設置者の定めるところであるが，親・教員・生徒代表は必ず含まれなくてはならないとされている[48]。

なお，ドイツにおいては学校法制上，親や生徒の公教育運営へのフォーマルな参加制度が整備されており，それらの参加組織は地方自治体の学校行政過程にも影響をもちえているが，それは親や生徒に固有な代表制度であって，ここにいう学校行政機関には含まれない。

---

(48)　R.Pfautsch / U.Lorentzen, Grundriß des Schulrechts und der Schulverwaltung in Shuleswig-Holstein, 1997, S.58.

第Ⅰ部　第2章　教育法制における国と地方の権限配分

第5節　学校財政における州と地方自治体の負担関係

1　教員の身分と人事高権

　学校教員の身分は州の公務員（Landesbeamte）と地方自治体のそれに別れるが，大部分の教員は前者に属している。地方自治体が設置する学校の教員の場合でも，そうである。州立学校であれ，地方自治体立学校であれ，州公務員としての身分をもつ教員の「勤務主体」（Dienstherr）は州であり，かかる教員の任免・昇進など勤務法上の措置についての権限・人事行政権は州に帰属している。ただ地方自治体立の学校教員の場合，設置者である地方自治体には，校長や教員の選任過程への各種の参加権が認められている。州による重大な人事政策上の措置・決定に先立って，地方自治体は法律または行政上の慣行により，聴聞される権利を保障されているのが，その例である。しかし，地方自治体の人事行政参加権は教員の法的地位に触れる事項には及びえない。「人事高権」（Personalhoheit）はあくまで州の専管するところだからである。

　一方，バイエルン州とブレーメン州においては，学校の設置主体と教員の勤務主体とは同一であり，したがって，これらの州では，地方自治体立学校の教員は例外なく当該地方自治体の公務員であり，州立学校の教員にあってはその身分は州公務員となっている[49]。前者の「勤務上の上司」（Dienstvorgesetzter）は州の自治体組織構造法の定めるところであるが，ただこのような地方自治体の公務員である教員についても，州の学校監督権・内的学校事項に関する州の責任が留保されている。こうして州の監督庁は，地方自治体に所属する教員についても，①専門性や教育者としての適格性に関する審査権をもち，②教員定数・生徒数に対する教員数の割合・週当たりの授業時間数などを決定することができ，さらには監督庁が定める教員服務規程や会議規程なども，学校設置者と当該教員を拘束する仕組みになっている。

2　学校財政の負担区分と負担主体

　学校教員の給与や諸手当等の人件費（Personalkosten）は，その勤務主体の負担するところとなっている。ドイツにおいては大部分の教員が州の公務員であり，したがってその勤務主体が州であることは，すでに言及した通りである

---

(49)　D.Falckenberg, Grundriß des Schulrechts in Bayern, 1995, S.115.

第5節　学校財政における州と地方自治体の負担関係

〈人件費州負担の原則〉。例外的に地方自治体が教員の勤務主体である場合が見られるが（バイエルン州とブレーメン州），この場合は，当該自治体が教員の人件費を負担することとなる。

　一方，学校の事務職員，管理・警備員，清掃員等の学校職員（非教授職員）の人件費は，雇傭者である当該自治体の負担とされている。これらの職員に係る費用は，学校法制上，物件費として観念されているのが通例である。

　学校カウンセラー，教育助手，児童福祉員，教育相談員のような，教員でも学校行政・事務職員でもない職種の人件費の負担主体は，州によって異なる。たとえば，ニーダーザクセン州やザクセン・アンハルト州では州がこれを負担しているが，ノルトライン・ウェストファーレン州では学校設置者（市町村）の負担するところとなっている。

　学校の物件費（Sachkosten）については，設置者である地方自治体にその負担義務が課されている〈物件費設置者負担の原則〉。学校の建設や増改築，教材（教科書）・教具の無償制，長距離通学に対する交通費補助ないし生徒の運送，学校の施設・設備，経常的管理・運営に係る費用などがこれに属する。

　このうち，地方自治体の学校財政支出に占める割合が高いのは，前三者に係る経費で，自治体財政の逼迫と相俟って，今日，ドイツに伝統的な「小規模で，居住地に近い学校」が閉鎖されて，「規模の大きい，居住地から離れた中心地の学校」に統合されるという傾向が目立ちつつある，という教育現実がその背景にある[50]。

3　地方自治体に対する州の財政補助義務

　ところで，基本法は各種の税収入について，連邦・州・市町村間の配分を定めているが（106条以下），市町村の税源は土地税や営業税など限られており，そこで，多くの州が憲法でもって，州の市町村等に対する財政上の補助義務を規定している。たとえば，ブランデンブルク州憲法98条2項は，下記のように書いている[51]。「州は財政調整（Finanzausgleich）によって，市町村および市町村組合がその任務を遂行できるように配慮するものとする。財政調整の範囲内で，市町村と市町村組合には，州の税収入が相応に配分されなくてはなら

（50）　H.Avenarius/H.Heckel, a.a.O.,S.168.
（51）　これに関する各州の憲法条項と規範構造については，参照:D.Czybulka, Rechtsprobleme des Schulfinanzierungsrechts, 1993,S.16-S.19.

59

第Ⅰ部　第2章　教育法制における国と地方の権限配分

ない」。そしてこのような憲法条項をうけて，各社会制度ごとに州の市町村等に対する財政補助が制度化されているのであるが，学校財政の領域においては，多くの州において，現行法制上，以下のような仕組みが存している。

①　教材（教科書）・教具の無償制（Lehr- und Lernmittelfreiheit）の実施と長距離通学に対する交通費補助・生徒の運搬に係る費用については，一定の条件下で，州が市町村を補助している。

なおヘッセン州では，この域を超えて，学校財政を「内的学校行政費」と「外的学校行政費」とに区分して，前者を州の，後者を地方自治体の負担とし，そして教材・教具の無償制にかかわる費用は，これを前者にカテゴライズして州の負担としている。

②　学校の建設や増改築に際しては，財政調整，特別補助，無償貸付などの方法で，財政能力の弱い地方自治体に対して，州による補助が行われている。

第3章　教科書検定制度と教科書の採択法制

第1節　教科書づくり

1　州の教育主権と教科書制度

　ドイツは16の州からなる連邦国家であるが，教育主権ないし文化高権は伝統的に各州に留保されている。これに基づいて，各州はそれぞれ文部省をもち，独自の教育政策を展開している。したがって，教科書制度の法制構造や運用実態も州によって異なるわけであるが，現行法制下では，その基本構造にさほどの差異は見られない。

2　教科書の編集・発行

2-1　教科書市場における自由競争

　教科書の編集・発行は，出版社・教科書著作者の「表現の自由・出版の自由」（基本法5条1項），教科書著作者の「学問・研究の自由」（同5条3項）や「知的所有権」（同14条1項），さらには出版社の「職業の自由」（同12条1項）といった一連の基本権の憲法上の保障もあって，原則として，民間の教科書市場における自由競争に委ねられている。

　かつてバイエルン州だけは事情を異にし，州立の機関が独占的に教科書を編集し発行していたが，今日ではこの機関も民営化され，他州と同じく市場原理が支配するところとなっている。

　教科書出版社の数は1970年代以降，ドイツ全体で70社〜80社台を推移している。ちなみに，たとえば，ヘッセン州について見ると，いささか以前の数字ではあるが，1997/1998版の教科書カタログに登載されている出版社（他州の出版社ももちろん参入可能）は53社を数えている[1]。

　ただ教科書市場においては寡占化傾向がかなり進んでおり，現実には，大手の5大出版社が大半のシェアを掌握しているという[2]。この結果，教科書の内容的多様性が失われつつあるとの批判も聞かれる。

---

(1)　Amtsblatt des Hessischen Kultusministeriums, 1997, S. 103-104.

(2)　Institut für Bildungsmedien, Zur Situation des Schulbuchmarktes, 1998, S. 8.

第Ⅰ部 第3章 教科書検定制度と教科書の採択法制

2-2 ゲオルク・エッカート国際教科書研究所とドイツ・ポーランド教科書合同委員会

ところでドイツにおいては，教科書，とりわけ歴史（地理）教科書のもつ政治的意味・国民教育や国際関係における重要性等に鑑み，その在り方について専門的に研究し，勧告を行う二つの重要な機関が存在している。

一つは，「教科書研究のメッカ」として世界的に名高いゲオルク・エッカート国際教科書研究所（Georg-Eckert-Institut für internationale Schulbuchforschung）である。この研究所は1951年，ナショナリズムから解放された歴史教科書をつくる目的で，歴史学者のゲオルク・エッカートによって創設された（ドイツ中部のブラウンシュヴァイクにある）。1975年にニーダーザクセン州立になり，今日では他州からも財政支援をうけて，その名称の通り，国際的な規模とレベルでの本格的な教科書研究を進めている。研究の成果は「勧告」（Empfehlung）として公にされ，各州の文部省や出版社にも送られるが，もとより強制力はない。「勧告」に対する各州文部省の対応は，その政治的立場によって分かれ，バイエルン州などキリスト教民主同盟（CDU）・キリスト教社会同盟（CSU）が統治する州は概してネガティヴな反応を示している状況にある。

もう一つは，教科書づくりに当って，国際的な対話を制度的に確保するための機関として設置されている「ドイツ・ポーランド教科書合同委員会」（Die Gemeinsame Deutsch-Polnische Schulbuchkommission）である。

1972年に両国のユネスコ委員会の支援で発足し，第1回委員会はポーランドユネスコ委員会の招待でワルシャワで開催された。歴史的にドイツが侵略をくり返してきたポーランドと共同で，歴史と地理の教科書を継続的に見直し，双方の基本的合意のうえに教科書の内容の客観性を確保し，もって現在および将来にわたって，両国間の平和的で信頼に満ちた友好関係を維持・促進することに資する，というのがこの合同委員会の目ざすところである。委員会は両国の歴史家，地理学者，教科書研究者および教科書発行者によって構成されている[3]。

1976年に委員会が出した「ドイツおよびポーランドにおける歴史と地理の教科書に関する勧告」は26項目からなり[4]，そこでは，たとえば，ナチスが

---

(3) Deutsche UNESCO-Kommission, 14 Empfehlungen zur Behandlung der deutsch-polnischen Beziehungen in den Schulbüchern der Volksrepublik Polen und der Bundesrepublik Deutschland, 1972, S. 3 -4.

ポーランドを侵略し，ユダヤ系を含む500万人を殺害したという事実を，ドイツの歴史教科書に明記すべきこと等が勧告された。この1976年勧告はドイツとポーランドの共通の歴史認識づくりに大きく貢献し，その後，今日に至るも両国の歴史と地理の教科書に強く反映されているとされる。

第2節　教科書検定制度

1　教科書検定の法制史

1 - 1　絶対君主制下の法制状況

プロイセン・ドイツにおける義務教育制度は1717年の強制就学令によって創設され，1763年の一般地方学事通則〈General-Landschulreglement v. 12. Aug. 1763〉によって法制上ほぼ確立を見るに至ったのであるが，ドイツにおいてこのような制度が創設された主旨は，端的に言えば，「キリスト教信仰のため，全民衆にそれを植えつける」ことにあった[5]。そこにおいては一貫して一面的な課程主義が採られ，「キリスト教の基本の習得」が必須とされていた。しかも，それは原則として有償の罰則付き強制教育であった。

こうして，当然のことながら，教科書は国家権力（政治権力）による強い統制に服したのであるが，プロイセンにおいてそれを法制上初めて明記したのは上記の一般地方学事通則であった。次のように規定して教科書の国定制ないし検定制を敷いたのであった（20条[6]）。

「従来，地方においては説教師が自分の好みで教科書（Unterrichts-Buecher）を選定し，あるいは自分で作って印刷させてきたために種々の教科書，とくに教義問答書……が氾濫するに至り，そのために児童はとくに親が住所を変更した場合には学習上甚だしい混乱を蒙ってきた。

それゆえ朕は，今後すべての地方において……農村学校および教義問答教授においては，朕の宗務局（Consistoriis）によって指定された，もしくは認可された教科書以外のものを使用することを禁ずる」。

その後，1787年にはすべての学校種のすべての学校事項を所管する教育行

---

(4)　この勧告については下記に詳しい。W. Jacobmeyer, Die deutsch-polnischen Beziehungen zur Verständigung auf dem Gebiet der historischen und geographischen Unterrichtswerke, In: Internationale Schulbuchforschung, 1979, S. 23ff.

(5)　梅根悟「世界教育史」新評論，1967年，184頁。

(6)　L.Froese/W.Krawietz, Deutsche Schulgesetzgebung,1968,S.117.

第Ⅰ部　第3章　教科書検定制度と教科書の採択法制

政機関として高等学務委員会（Ober=Schul=Kollegium）が，国王の直属機関として設置され，教育制度に対する国の権能が一段と拡大・強化されたのであるが，その権能には当然に教科書の選定・検定権が含まれていた[7]。

　7年後の1794年に制定されたプロイセン一般ラント法は「学校および大学は国の施設であって……」と規定し（1条），ドイツの学校法制史上初めて，学校を国の施設として位置づけた。これを受けて同法は学校の設置と学校教育課程に関する国家の認可権（2条・3条）および学校に対する国家の監督権を法定し（9条），法制上，学校制度の世俗化・国家化（Verweltlichung und Ver-staatlichung des Schulwesens）と「国家の学校教育独占」（Staatliches Schulmono-pol）を確立した。ここにおいて教科書を含む学校教育内容の決定権は法制上，国家がこれを独占的に掌握するところとなった[8]。

1－2　19世紀における法制状況

　イエナ敗戦後，1808年のシュタイン・ハルデンベルク改革によって，上記の高等学務委員会は廃止され，内務省の一部局として文化・公教育局（De-partment des Kultus und öffentlichem Unterrichts）が設置されたのであるが，その局長に任命されたのは自由主義的な政治思想で知られるK.W.v.フンボルトであった。フンボルトは1792年に「国家の活動の限界を明らかにする試み」という論策を発表し[9]，そこにおいて「国家によって統制され，指揮される教育としての公教育」を激しく排撃したのであるが，しかし彼が文化・公教育長官に在任中，このような思想的方向性をもった教育行政改革は実施されることはなかった。

　ただ1809年にJ.W.ジューフェルンが策定した都市学校委員会に関する計画について，つぎのような見解を表明している[10]。「学校を高める真の手段は良い校長を選任し，彼に広範な自由を認めることである。教科書の選定の問題もこの文脈に位置する。教科書の選定，教授方法や懲戒方法の決定は，……校長に委ねられるべきものである」。

　ナポレオンからの解放戦争（1813年～1814年）後，上からの民主化政策の一環として，1817年に中央教育行政機関として宗務・教育・医務省（Ministeri-

---

(7)　J.Hambrink, Schulverwaltung und Bildungspolitik, 1979,S.110.

(8)　L.Clausnitzer, Geschichte des Preußischen Unterrichtsgesetzes,1891,S.33～S.38.

(9)　Karl Wilhelm von Humbolt, Ideen zu einem Versuch, die Gränzen der Wirksamkeit des Staates zu bestimmen,1792.

第2節　教科書検定制度

um der Geistlichen,Unterrichts -und Medizinal-Angelegenheit) が設置され，その下に地方学校委員会（Provinzialschulkollegium）が創設された。そして両者の権限配分として内的学校事項は地方学校委員会の所管とされ，したがって，教科書検定権も同委員会の権限とされたのであるが，しかしその行使に際しては宗務・教育・医務省の事前の認可が必要とされた[11]。

その後1837年には，ブランデンブルクやシュレジエンなどで検定を経ない教科書が使用されていたため，アルテンシュタイン大臣は訓令を発し，教科書に対する規制をより強化した[12]。

ドイツ3月革命の所産として1848年に制定を見たプロイセン憲法は，一国の憲法としては世界で初めて「教育をうける権利」を保障するとともに，ドイツの憲法史上初めて「教育の自由」（Freiheit der Erziehung）を国民の憲法上の基本権として明記した。「　教育を行い，また教育施設を設けることは各人の自由である」（19条）との条項がそれである。しかし，この条項は法律によって具体化されることはなかった。

同年にはドイツ教員組合（Deutscher Lehrerverein）が設立され，以後，ドイツの教育界において大きな影響力をもつことになるのであるが[13]，ドイツ教員組合はこの時期，教科書制度と係わって，つぎのような要求運動を展開した。行政官僚による学校支配を排し，専門家による民主的な合議制的学校監督組織を創設し，この組織に教科書行政を委ねること，教科書の選定は各学校の教員会議の権限とすること，がそれである。しかし，こうした要求は法制上に結実するには至らなかった[14]。

1870年代に入ると，1870年に制定されたハンブルク学校法が「教科書の選

（10）　W.Müller, Schulbuchzulassung – Zur Geschichte und Problematik staatlicher Bevormundung von Unterricht und Erziehung,1977,S.61.

　　なおフンボルトの影響の有無はともかく，1816年につぎのように規定したギムナジウムと都市学校の教育組織に関する訓令（Instruktion über die Unterrichts-Verfassung der Gymnasien und Stadtschulen v. 12. Janu. 1816）が出されている。「ギムナジウムの教科書の選定は校長が，その他の学校に関しては学校委員会と校長が共同でこれを行う」（zit. aus W.Müller,a.a.O.,S.63.）。

（11）　Dienstinstruktion für die Konsistorien v. 23. 10.1817, 6条・7条，zit.aus J.Hambrink, S.114.

（12）　Reskript v. 24. Apr. 1837,zit.aus W.Müller,a.a.O.,S.65.

（13）　R.Rissmann, Geschichte des Deutschen Lehrervereins,1908,S.43ff.

（14）　W.Müller,a.a.O.,S.73.

65

第Ⅰ部　第3章　教科書検定制度と教科書の採択法制

定は教員に委ねられる。首席教員は他の教員と相談して必要事項を決定しなければならない。ただし上級学校監督庁の許可を受けなくてはならない」と規定したが[15]，しかし1872年の学校監督法〈Schulaufsichtsgesetz v. 11. März 1872〉によって国家の学校監督権は一段と強化された。この法律は教会権力を排しての，学校に対する国家の一元的な包括的支配権を改めて確認したものであるが，この法律を受けて，1874年から1902年にかけて教科書行政の法域で8度にわたって訓令が発出され[16]，これらの訓令によって文部省の独占的な教科書検定権限の維持・拡大強化が図られたのであった。

　ちなみに，1897年，文部大臣ボッセは教科書のもつ意味について下院で次のように言明している[17]。「教科書問題（Lesebuchfrage）はわが国民学校制度のもっとも重要な問題の一つである。国民学校の教科書は教育の精髄なのである。国民教育の源泉としての教科書は学校教育においてはもとより，学校外教育においても中心的な意味をもつ」。

　このように，文部大臣の教科書検定権は具体的な法制度としては19世紀後半から19世紀末までにはほぼ確立し，そしてそれは専ら行政内部規則である訓令にもとづいていたのであるが，1913年，J.テウスはその著「ドイツ学校立法の概要」においてこのような法制現実を厳しく指弾し，教科書の検定や採択に係わる事項は「法律」によって規律すべきであるとの見解を示している。そして彼はその立法化に際してはつぎのような原則が尊重されなくてはならないと述べていることは[18]，刮目に値しよう。

　すなわち，教科書はすべて学校設置者の負担で作成すべきこと，教科書の編集と発行は教科書著作者と出版社の事項であること，国は自ら教科書出版社を設立してはならないこと，申請教科書の審査機関として，権威ある大学教員や学校教員から構成される独立した委員会を設置し，この委員会に教科書の審査を委ねること，申請を却下した場合，教科書著作者・出版社に対してその理由を説明すべきこと，審査に合格した教科書の中から，どの教科書を学校で使用するかは教員ないし教員会議の自由に委ねるべきこと，などである。

---

(15)　J.Tews, Grundzüge der deutschen Schulgesetzgebung,1913,S.77.

(16)　Verordnung v. 11. Dez. 1874, v. 5. Mai 1876, v. 8.Okt. 1879, v.24. Aug. 1893, v. 6. Mai 1895, v. 11. Feb. 1896, v. 18.Juli 1899, v. 28. Feb. 1902 がそれである（W.Müller,a.a.O.,S.104.）。

(17)　W.Müller,a.a.O.,S.104.

(18)　J.Tews, a.a.O.,S.78.

第 2 節　教科書検定制度

1 - 3　ワイマール憲法下の法制状況

　ドイツ 11 月革命の所産として 1919 年 8 月に制定を見たワイマール憲法
〈Die Verfassung des Deutschen Reichs v. 11. Aug. 1919〉は「すべての学校制
度は国家の監督に服する」（144 条）と規定して，国家の学校監督権を憲法上明
記した。そしてそこにいう国家の学校監督権は「国家に独占的に帰属する学校
に対する行政上の規定権」と観念され，具体的には内的学校事項に対する国家
の統括権として位置づけられた[19]。こうした法制状況下にあっては，当然の
ことながら，国家による教科書検定制度は引き続き維持された。

　ワイマール期においては改革教育学（Reformpädagogik）を中核的な担い手
とする「教育の自律性」（Autonomie der Erziehung）を志向する運動が展開さ
れ，それによって，たとえば，「学校の自治」や親の公教育運営への参加制度
など各種の学校教育改革がもたらされたのであるが，しかしそれは旧来の教科
書行政を変革するまでには至らなかったのである。この間の事情について，
W. ミュラーはつぎのように総括している[20]。

　「国の営造物としての学校の創設以来の教科書に関する国家の独占的な決定
は，ワイマール共和国の学校改革期においても依然として維持された。学校の
組織構造の民主化，教員養成の改革，教授要綱による授業の改革にも拘わらず，
新たな学校の主人は引き続き教科書の選定を掌中に収めた。教員も，親も，生
徒もそれに関する決定に関与することはなかった[21]。1920 年代の学校改革運
動を担った改革教育学の斬新な教育学的・教授方法上の理念もこうした状況を
変革することはできなかった」。

　ワイマール憲法下における教科書検定法制を概観すると，下記のようである。

　ワイマール憲法が施行された直後の 1919 年 9 月，プロイセン文部大臣 K.
ヘーニッシュが教科書から皇帝とその家族の写真を除去するように命じた訓令
を発したのを皮切りに，1923 年 5 月の文部大臣訓令では教科書の政治的粛清
を旨として，「今日の政治的，経済的な状況に照応しない教科書はすべて排除
される」とされた。

　4 ヵ月後の 1923 年 9 月には男女上級学校における教科書の導入に関する命

（19）　G.Anschütz, Die Verfassung des Deutschen Reichs vom 11. August 1919, 1933,S.672.
（20）　W.Müller,a.a.O.,S.182.
（21）　ちなみに，1927 年 7 月 29 日付けの父母協議会の権限に関する訓令も，教科書の導入
　　　に関して父母協議会にはいかなる権限も存しない旨を明記していた（W.Müller,a.a.O.,S.
　　　359）。

67

第Ⅰ部　第3章　教科書検定制度と教科書の採択法制

令が発出され，こう規定された[22]。「上級学校においては文部大臣の認可を受けた教科書だけを使用することができる。公式に認可を受けた教科書とは異なる見解は要求されても，推奨されてもならない」。そしてこの命令は翌1924年2月からは中間学校にも適用された。

　1924年から25年にかけては教科書の統一性を計るということを名目として，1924年2月の文部大臣訓令などにより，文部大臣の教科書検定権はいっそう強化され，検定手続は厳格化された。そして1925年7月の文部大臣訓令によって，一つの地域で2種類以上の教科書を発行することは禁止されるに至った[23]。

　ただ1926年2月の文部大臣訓令によって，文部大臣の教科書検定権が国民学校用教科書に関しては地方学校委員会に再度委譲され，教科書行政における分権化が図られたという事実は注目に値しよう。この訓令はその後ナチスが政権を掌握するまで効力を有したのであるが，そこにはこう書かれていた[24]。「1.国民学校用教科書の認可申請はすべて，所管の地方当局に対してなされるものとする。2.地方当局はこの申請について原則として独自の判断で決定する。3.宗教教育の教科書については文部大臣が決定する」。

　しかし教科書検定権の地方学校委員会への委譲は，文部大臣が期待したようには機能しなかったようで，1928年5月，文部大臣はつぎのような訓令を発するところとなっている[25]。「学校においては革命のかなり前に出版された教科書が依然として使用されている。その内容は政治的に大いに問題があるものである。私は，今後，このような教科書をすべて残らず学校から排除することを，地方学校委員会に対して改めて義務づける」。

1-4　ナチス政権下の法制状況

　1933年1月に成立したナチス政権下においては極度の中央集権的・権力的な教育行政体制が確立され，教科書も全面的に国家（ナチス党）の権力支配の下に置かれ，青少年にナチスのイデオロギーを注入するための道具と化した。

---

(22)　Ordnung für die Einführung von Lehrbüchern an den höheren Lehranstalten für die männliche und für die weibliche Jugend v. 15. Sept.1923, zit.aus W.Kühn,Schulrecht in Preußen,1926,S.225.

(23)　W.Müller,a.a.O.,S.180～S.181.

(24)　ditto. S.181.

(25)　ditto. S.174.

第 2 節　教科書検定制度

　すなわち，1934 年 1 月に制定された帝国の新たな秩序のための法律〈Gesetz zur Neuordnung des Reichs v. 30. Jan.1934〉によって，伝統的に各州に留保されてきた教育主権が剥奪された。また同年 3 月にはドイツの教育史上初めてナショナル・レベルの中央教育行政機関として帝国文部省が設置された[26]。こうして，従来，各州の文部大臣が有していた教科書検定権は帝国文部大臣がこれを独占的に掌握するところとなった。また同年同月には新たな教科書の作成に関する指針〈Richtlinien zur Schaffung neuer Lesebücher v.17. März 1934〉が出され，教科書，とくに歴史，地理，生物の教科書はナチスのイデオロギーに沿って作成することが強く求められた。そしてそのために国家社会主義教員連盟のメンバーが大勢を占める 22 の国の教科書作成委員会が設けられ，教科書の作成に当たった。これらの委員会が作成した教科書の中から，中央教育研究所が選定して帝国文部大臣に提案し，これを受けて帝国文部大臣が最終的に決定するという仕組みであった。教科書は民間の出版社によって刊行されたが，著作者は帝国文部省であった〈教科書の国定制〉。

　併せて 1937 年 7 月にはナチス文献保護のためのナチス党審査委員会の下にドイツ学校教育文献部局が置かれ，こうして教科書制度はナチス党とナチス国家による全面的な監視・検閲体制に組み込まれたのであった。くわえて，1941年 8 月の文部大臣訓令はすべての学校種の，教科書はもとより，あらゆる教材や教員用ハンドブックについて当局への届出義務を課し，かくして，教科書の法域においてもナチスによる絶対的支配が貫徹したのであった[27]。

1 - 5　第 2 次大戦後 1950 年代までの法制状況

　第 2 次大戦後，連合国はナチス時代の教科書を排除するために，教科書について連合国統制委員会による検定制を敷いた。その後，1946 年のバイエルン州憲法とヘッセン州憲法を皮切りに，1940 年代後半から 1950 年代前半にかけて各州で州憲法が制定され，これを受けて基本的な学校法も制定され，教育行政・学校制度も次第に整備されるに至った[28]。

---

(26)　D.Langewiesche/H.E.Tenorth（Hrsg.）,Handbuch der deutschen Bildungsgeschichte, Bd.5,1918-1945,1989,S.191.

(27)　W.Müller,a.a.O.,S.187〜195. H.Pöttgen, Schulbuchgenehmigung in rechtlicher Sicht, RWS（1964）,S.216. K.J. Siegfried, Zur politischen Funktion des Schulbuchs im Faschismus, In:Demokratische Erziehung（1979）,S.44ff.

(28)　H.Heckel, Schulrechtskunde,1 Aufl.1957,S.347ff.

第Ⅰ部　第3章　教科書検定制度と教科書の採択法制

　こうした状況下で連合国は，基本法制定直前の1949年5月の占領条令〈Be-satzungsstatut v. 12. Mai 1949〉によって，教科書検定権を各州の文部大臣に移管した。こうして，たとえば，ノルトライン・ウエストファーレン州においては1950年の文部大臣回章〈RdErl. des Kultusministers v. 20. April 1950〉によって文部大臣による教科書検定制度が法制化され，実際に審査を担当する教科書委員会（Schulbuchausschuß）の設置や審査手続などが規定された。ドイツでは1950年代から1960年代前半にかけては各州で授業料無償制ないし教材・教具の無償制に係わる法律が制定されたが，これらの法律においては教科書検定制に関する規定はなく，その規律はもっぱら文部大臣訓令や文部大臣回章などの行政内部規則によってなされたのであった[29]。

　以上，ドイツにおける教科書検定の法制史を概観したのであるが，著名な憲法学者 I.v. ミュンヒがドイツの教科書検定制度を以下のように概括しているのが興味深い。

　「ドイツにおける教科書検定制度は長い伝統を有している。この制度は18世紀に始まり，絶対君主制国家，ドイツ帝国，ワイマール共和国，ナチス国家を経て，第2次大戦後も生き続けている。'われわれは何時も常にそうしてきた'（Das haben wir schon immer so gemacht）という行政上の格言があるが，このことはとりわけ教科書検定制度に当てはまる。

　しかしいうところの慣習法（Gewohnheitsrecht）は慣習上の不法（Gewohn-heitsunrecht）でもありうるのである[30]」。

2　現行の教科書検定法制

2-1　常設文部大臣会議の「教科書の認可に関する準則」（1972年）

　既に触れたように，常設文部大臣会議（KMK）は1949年に設置されたのであるが，2年後の1951年に「教科書の審査と認可」（Prüfung und Genehmi-gung von Schulbüchern）と題する決議をしている。第2次大戦後の各州におけ

---

(29)　H.Pöttgen,a.a.O.,S.216ff. W.Müller,a.a.O.,S.197.

(30)　I.v. Münch, Das Schulbuchzulassungs-und Prüfungsverfahren als Zensur,In:Blick-punkt Schulbuch,1969,S.40.

　　　なおドイツの教科書検定制度を歴史的に検証した M. ザウエルによれば，19世紀前半までのプロイセンの教科書政策は，バイエルンやオーストリアとは異なり，質の悪い教科書の排除を専らとする「消極的コントロール」（Negativkontrolle）にその基本的な特徴があったとされる（M.Sauer, Zur Geschichte von Schulbuchzulassung und 一einführung,In: Gechichte in Wissenschat und Unterricht,1998,144ff）.

70

第2節　教科書検定制度

る教科書検定行政は当面この決議を基準法制として運用されたのであるが，その内容は下記のようであった[31]。

「教科書の学校への導入に当たっては所管する文部省の認可が必要とされる。ただ教科書の学校への導入に関する認可は，教育方法上および教育学上の要件を考慮して行われなくてはならない。その際，国家の政治的かつ倫理的見地（staatlich-politischen und ethischen Gesichtspunkte）もまた考慮されなくてはならない」。

この決議は各州文部省の教科書検定権を確認し，くわえて若干の原則的な検定基準について合意しただけのものであったが，その後 KMK は 1972 年に「教科書の認可に関する準則」〈Richtlinien für die Genehmigung von Schulbüchern〉を決議し，ここではより踏み込んで 10 項目について各州文部大臣による合意がなされ，その限りでこの決議は各州における現行の検定法制を拘束するところとなっている（ただしハンブルク州を除く）。1972 年決議の基本的内容を摘記すると，下記のようである[32]。

1．学校においては所管する文部省によってその使用が認可された教科書だけを使用することができる。

2．教科書はその内容が，（a）憲法上の一般的原則ないし法規に抵触していない場合，（b）学習指導要領が定める要件に内容的にも，教授法上かつ方法的にも対応している場合には認可されるものとする。

3．出版社は認可申請に当たって教科書の価格を表示し，見本本 4 冊を提出しなければならない。

4．内容が変更された新版の教科書に対しては認可義務を課すことは可能である。

5．認可申請に関する審査期間は原則として 3 ヵ月〜 6 ヵ月とする。

6．認可は認可の取消しを留保して与えられる。とくに当該教科書が専門的，教育学的ないし教授学的な研究上の認識にもはや対応しえていないと見られる場合には，検定合格処分を取消すことができる。

---

(31)　KMK-Beschluß,Prüfung und Genehmigung von Schulbüchern v.19.1.1951. zit. aus G. Stein,Schulbuchzulassung-kritisch betrachtet, In:S.Jenkner/G.Steim（Hrsg.）,Zur Legitimationsproblematik bildungspolitischer Entscheidungen,1976,S.159.

(32)　KMK-Beschluß,Richtlinien für die Genehmigung von Schulbüchern v.29.6.1972. KMK-Beschluß-Sammlung 490. この決議については以下が詳しい。J.Hambrink, a.a.O., S. 117ff.

71

第Ⅰ部　第3章　教科書検定制度と教科書の採択法制

7．認可手続のために料金を徴収することができる。

8．検定不合格の場合はその理由が説明されなくてはならない。出版社からの要求があれば，検定不合格処分の基礎をなした教科書調査判定書（Gutachten）の全部または一部を教科書調査官の氏名を伏せて公表するものとする。

9．教科書の採択手続については，この決議では触れない。

10. 1951年の当会議の決議は，この決議によって廃棄される。

2－2　ドイツ教育審議会の勧告（1973年）と教科書の検定・採択制度

上記KMKの決議がなされた翌1973年，ドイツ教育審議会は「教育制度における組織および管理運営の改革」と題する勧告を行ったが，そこにおいて教科書の検定制度と採択制度について次のように述べている[33]。

「教科書の著作者と出版社のために，学習指導要領においては教育内容や教育方法に関する記載と共に，教科書作成に際して志向すべき基準を提示しなければならない。中央集権化された教科書検定手続においては，申請教科書が憲法や法規を遵守しているか，学習指導要領に対応しているかを審査するものとする。この手続を実施するのは第1次的には文部省の役割である。また検定合格決定の各州間での相互承認に関する協定を締結すべきである。

教科書検定の手続に実務家と研究者が，疑義が生じた場合における判定者として，あるいは教科書調査委員会のメンバーとして定期的に参加すべきである。

検定に合格した教科書の採択と購入に関する決定は自律的な学校（verselbständigte Schule）の権限に属する。この場合，学校における決定に係わるものには十分な情報と評価が提供されなければならない。したがって，独立した教育研究所が当該図書について判定的な勧告（gutachtliche Empfehlungen）を行うことが求められる」。

2－3　ドイツ法律家協会の「州学校法案」（1981年）と教科書の検定・採択制度

ドイツ法律家協会は1981年，「法治国家における学校」（Schule im Re-

---

(33)　Deutscher Bildungsrat, Empfehlungen der Bildungskommission, Zur Reform von Organisation und Verwaltung im Bildungswesen Teil 1, Verstärkte Selbständigkeit der Schule und Partizipation der Lehrer,Schüler und Eltern, 1973,A37.

第 2 節　教科書検定制度

chtsstaat) と銘打って州学校法のモデル法案を提示し[34]，そしてこのモデル法案はその後の各州における学校法制改革に少なからぬ影響を与えたのであるが，そこには教科書の検定・採択制度に関し，つぎのような条項が含まれていた。

13 条＝「教科書は事前に文部大臣によって認可された場合においてだけ，学校に導入することができる。教科書は学習指導要領に本質的に対応し，法規に抵触していない場合に認可される。……」。

14 条＝「検定に合格した教科書の学校への導入については，教科会議（Fach-konferenz）が決定する。教科会議の教員が 3 人未満の場合には，近隣の学校の教科会議と共同でこれに関して決定する。……」。

2 - 4　教科書検定に関する各州の現行法制

既述したように，ドイツにおける教科書検定制度は 18 世紀中葉にまで遡るが，このような制度的伝統を受けて，今日においても，ドイツ各州においては上述した常設文部大臣会議の決議を踏まえたうえで，教科書に関する検定制度が敷かれている。1990 年 10 月，東西ドイツが統一されて統一ドイツが誕生したが，旧東ドイツであった 5 州においても同様である。すなわち，現行制度上，教科書として学校で使用できるのはその州の文部大臣の認可（Genehmigung）ないし許可（Zulassung）をうけたものに限られる。

この点を明記して，たとえば，ヘッセン州学校法（1992 年）は「教科書の許可」（Zulassung von Schulbüchern）と題して，こう書いている。

「教科書は事前に許可をうけた場合に限り，学校で使用することができるものとする。許可に関しては，文部大臣が……これを決定する」（10 条 2 項）。

そして，この法律条項をうけて同州では教科書およびデジタル教材の許可に関する規程（2013 年）が法規命令の法形式で制定されており[35]，そこにおいて教科書の定義，検定の対象となる教材，許可の申請手続，検定手続，検定基準，教科書カタログ，宗教の教科書に関する特例等について具体的に規定されるところとなっている。

また旧東ドイツに属していた統一ドイツの新州，ザクセン州学校法（1991年）にも「文部大臣は，法規命令により，教材・教具の使用を許可しかつ許可

---

(34)　Deutscher Juristentag, Schule im Rechtsstaat, Bd1, Entwurf für ein Landesschulgesetz,1981

(35)　Verordnung über die Zulassung von Schulbüchern und digitalen Lehrwerken v. 21. April 2013

第Ⅰ部　第3章　教科書検定制度と教科書の採択法制

手続を定めることができる」(60条1項)との規定が見えている。

第3節　教科書検定制度違憲訴訟に関する連邦行政裁判所決定

　ドイツにおいては，教科書制度や教科書の内容をめぐってこれまでに様々な訴訟事件が起きており，その数は，1973年以降に限っても11件に達している。比較的近年の裁判例を2例引くと，たとえば，1982年には，新学習指導要領の制定と旧学習指導要領にもとづく検定合格処分の効力との関係が争われたケースで，連邦行政裁判所は「新学習指導要領の制定によって学習内容が従前と変更された場合，行政手続法49条2項に基づいて，旧学習指導要領にもとづく検定合格処分を取り消すことができる」との判断を示している[36]。

　また1998年には，ナチスによるユダヤ人虐殺に関する教科書の記述内容が争われた事件で，シュレスビッヒ・ホルシュタイン州高等行政裁判所はこう判じている[37]。「第3帝国においてユダヤ人虐殺に積極的に関与したドイツ人が，教科書でナチスの豚（Nazischweine）と表現されても，これに対して異議を申し立てることはできない」。

　しかし教科書検定制度自体の合憲性を真正面から争った裁判は，以下に言及する本件だけである。その概要は，下記のようである。

1　事実の概要

　ヘッセン州のS出版社は，1966年4月，自社刊行で原告の著作にかかる歴史の教科用図書「時代と人間」(Zeiten und Menschen)の第1巻と第2巻について，教科書としての許可（Zulassung）を求めた。しかしヘッセン州文部大臣は，その内容が著しく偏っているとの理由で，同年10月，この申請を却下した。

　これに対してS出版社は上記決定に抗議しこれについて審査請求をするとともに（1967年2月），同年6月にはその後出版された第3巻と第4巻を加えた全4巻について再度の許可申請を行った。

　しかしヘッセン州文部大臣はこの申請についても却下決定を下した（1967年8月）。第1巻および第2巻に関して教科書調査官（Fachgutachter）が指摘した問題点がその後もなんら考慮されていないから，1966年10月の決定を変更

---

(36)　BVerwG,Beschl. v.16.7.1982,In:SPE 702,Nr3.

(37)　OVG S-H, Urt. v.24.4.1998,In:SPE 702,Nr9.

74

第3節　教科書検定制度違憲訴訟に関する連邦行政裁判所決定

する理由はなく、したがってまた第3巻と第4巻を含めて新規に審査する必要
はない、というのがその理由であった。こうした2度に及ぶ申請却下決定に対
し、「時代と人間」の著作者は異議申立てを行うと同時に、現行の教科書検定
制度は違憲であり、ヘッセン州文部大臣の上記検定不合格処分も違法であると
して、その取消しを求めて1967年10月、ヴィースバーデン行政裁判所に提訴
した。

　なおその後、S出版社と被告文部大臣との間で「時代と人間」全4巻を新し
い手続によって再審査するとの合意が成立し、そこでこれに基づいて再審査が
行われたが、ヘッセン州文部大臣は二人の教科書調査官の見解を採用して再び
申請を却下したのであった（1968年3月）。

2　原告（教科書著作者・発行者）の主張

　教科書検定制度は「官憲国家の遺物」（Relikt eines Obrigkeitsstaates）であり
基本法の理念・価値体系・基本原則と相容れない。具体的には、それは先ず
「検閲の禁止」に抵触する。基本法が禁止する実質的な検閲（materielle Zen-
sur）に該当するからである。この実質的な検閲という概念はパミア事件に関
する連邦行政裁判所判決〈1966年1月28日〉によって既に承認されていると
ころである。検定制度はまた教科書著作者とS出版社の「表現の自由」、「出版
の自由」、「学問・研究の自由」、「教員の教育上の自由」、子どもの「自己の人
格を自由に発達させる権利」、「親の教育権」などの基本権をも侵害する。

　さらに検定手続は法律上の根拠を欠いている。それは決して慣習法からは導
かれえない。なぜならこの場合、相対立する基本権が優位するからである。仮
に教科書に対するコントロールが許容されるとしても、文部大臣の決定は「瑕
疵ある裁量」として無効である。文部大臣には教科書の選定に際し「判定活動
領域」（Beurteilungsspielraum）の余地は存しないからである。映画など芸術作
品の審査に際して妥当することが、教科書の審査についてはより強く妥当する。
映画の判定に際して通説的な芸術的見解は決して基準たりえない。同様に、
ヘッセン州文部官僚制の支配的イデオロギーも教科書認可の基準たりえないの
である。

　くわえて現行の教科書調査官制度は明らかに一方的なイデオロギー装置に
なっており、教育の中立性原則に違背している。しかも教科書調査官は教育学
的・心理学的知識に欠けており、歴史教科書の基本的役割も理解していない。
ヘッセン州文部大臣がこのような教科書調査官の見解を無批判に採用したこと

75

第 I 部 第 3 章 教科書検定制度と教科書の採択法制

は驚くべきことである。

以上により，①文部大臣の上記検定不合格処分を取り消し，当該書籍をヘッセン州の教材・教具の無償制の対象となる教科書目録に登載すること，および②検定不合格処分の基礎となった見解を提示した教科書調査官の氏名を公表することを要求する。

3 被告（ヘッセン州文部大臣）の反論

以上のような原告側の主張・要求に対して，被告・ヘッセン州文部大臣は大要，以下のように反論した。

① 原告は情報開示請求によって既に教科書調査官の氏名を把握しており，上記②の請求には法的正当性がない。

② 原告は当該図書の出版を S 出版社に委託したのだから原告適格を欠く。すなわち，検定不合格処分は S 出版社に対してなされたものであり，それによって原告は単に間接的に経済的不利益を被っただけで，いかなる権利も侵害されてはいない。

③ 現行の教科書検定制度は下記に述べるところにより憲法違反ではない。

まず教科書検定の法的根拠は 1970 年に制定された授業料と教材・教具の無償制に関する法律 3 条 2 項である。それによれば，学校においていかなる教材を使用するかの決定は文部大臣の権限に属している。また文部大臣は基本法 7 条 1 項，ヘッセン州憲法 56 条 1 項およびヘッセン州学校行政法 49 条が定めるところにより学校監督権を有しており，この権利にもとづいて学校教育の目的や内容，授業で使用される教材・教具を決定することができる。また基本法 5 条 1 項が禁止する検閲は本件の場合語りうる余地はない。

文部大臣がヘッセン州憲法 56 条 1 項および教授要綱にもとづいて，様々な教授法的・方法的見地から，もっとも適切だと考えられる教育上のコンセプトを決定し，それに基づいて教科書の認可を行うことは学校監督上の裁量の範囲内にある。

複数の，相互に独立した教科書調査官が本件書籍は教科書として不適格であるとの結論に達した。これを踏まえ文部大臣がさらに慎重な審査を行ったうえで不合格処分の決定をしたのであるから，本件には裁量権の濫用は存しない。

4 下級審の判断

第 1 審のヴィースバーデン行政裁判所および第 2 審のカッセル高等行政裁判

所ともに原告の主張を斥けた。ちなみに，控訴審（1971 年）の決定主文だけを掲記すると，つぎのようである[38]。

「教科書検定手続は憲法に違背するものではない。教科書検定手続は，教科書が憲法上の一般原則や法規に抵触していない場合に限り，学校における使用を許可される，ということを保障するものである。学校においてどのような教科書が使用されるかを決定する国家の権能は，基本法 7 条 1 項およびヘッセン州憲法 56 条 1 項に基づいている」。

5　連邦行政裁判所の決定主文

1973 年 3 月 13 日，連邦行政裁判所は後に言及する教科書検定制度の法的根拠を説き，重要争点のそれぞれについて検討したうえで，以下のような決定主文を言い渡して，原告の訴えを却下した。

①　基本法 7 条 1 項に基づく国の学校監督の範囲内で，各州は学校における授業用教科書を選定する権能を有する

②　ヘッセン州の教科書検定に関する州法規定は，基本法 5 条 1 項によって保障された教科書発行者の基本権に不当に介入するものではない。

第 4 節　教科書検定制度をめぐる重要争点

1　教科書検定制度の法的根拠

先に触れたように，本件原告側の主張によれば，教科書検定制度は「官憲国家の遺物」であり，基本法の理念・価値体系・基本原則と相容れず，法律上の根拠も欠いているとされる。

しかし判例・通説によれば，教科書検定は教育主権作用の一環をなすもので，ドイツ基本法 7 条 1 項＝「全ての学校制度は国家の監督に服する」に根拠をもつとされる。

ちなみに，ここで「教育主権（学校高権）」（Schulhoheit）とは学校制度に関する国家の一般的形成権・規律権をいい，具体的には，学校制度の基本構造，学校の種類や編制，学校教育の目的や基本的内容，就学義務や学校関係，教員の法的地位などの確定がこの権能に属すると解されている[39]。

---

(38)　VGH Kassel, Entsch. v. 8. 6. 1971, In: RdJB（1974), S. 408.

(39)　さしあたり，H.Avenarius/H.P.Füssel,Schulrecht,8Aufl.2010,S.182.

第Ⅰ部　第3章　教科書検定制度と教科書の採択法制

　ただ上記にいわゆる教育主権に学校教育の目的や内容（いわゆる内的学校事項）の決定権が含まれるか否かについては，「教員の教育上の自由」や「学校の教育自治」，「教育の自由」，子どもの「自己の人格を自由に発達させる権利」，さらには「親の教育権」などの法的評価と係わって，かつて学説上，厳しい見解の対立が見られた。

　否定論の旗頭・E.シュタインは基本法2条1項が保障する「自己の人格を自由に発達させる権利」（Recht auf freie Entfaltung seiner Persönlichkeit）に依拠して，こう論結する[40]。

　「この基本権はあらゆる国家領域に浸透し，その自由な構造を保障する。それは学校教育のイデオロギー的中立性と価値多元性を要請するものであり，その保証人は国家ではなくて学校自治（schulische Selbstverwaltung）である。それゆえ，学校教育の内容的形成に係わるすべての決定は学校の自治事項でなければならない。学校教育の目的や内容を規定している現行の教授要綱は基本法2条1項に抵触し，違憲である」。

　シュタインのかかる見解は，「すべての青少年の文化財を文部省がよしとする選択と傾向性において伝達されることは，教育の自由（Freiheit der Bildung）にとって甚だ危険である[41]」との認識に基づいている。

　こうした論旨をさらに徹底させたものとして，「国・学校設置主体はただ財政的諸条件の整備だけを任とすべきで，しかもその運用も学校の自治機関の決定に委ねられるべきである[42]」とする見解も見られている。

　しかし圧倒的多数説は国家の公教育内容決定権を肯定し[43]，また判例においても肯定説がすでに確定判例となっていると言ってよい[44]。それに現行法制上も，たとえば，ヘッセン州やブランデングルク州など12州（旧西ドイツ＝7州，旧東ドイツ全州）では憲法でもって教育目的を設定しているのである[45]。

---

(40)　Ekkehart Stein, Das Recht des Kindes auf Selbstentfaltung in der Schule, 1967,S. 57～S.58.

(41)　ditto,S.45.

(42)　L.Dietze/K.Hess/H.G.Noack, Rechtslexikon für Schüler,Lehrer,Eltern,1975,S.290.

(43)　H.Avenarius/H.P.Füssel, a.a.O.,S.182. T.Oppermann, Schule und berufliche Ausbildung, In:J.Isensee/P.Kirchhof, Handbuch des Staatsrechts der Bundesrepublick Deutschland VI, 1989,S.336. J.Rux/N.Niehues,Schulrecht,2013,S.224. J.Staupe, Schulrecht von A－Z, 2001,S.208.など枚挙に暇がない。

(44)　たとえば，BVerwG. Beschl.v. 13, 3. 1973,In:SPE.Ⅰ AII,53a. BVerwG. Beschl. v. 9,4. 1975,In:DVBl（1975）,S.428.

78

第 4 節　教科書検定制度をめぐる重要争点

　肯定説を 1972 年 12 月 6 日の著名な連邦憲法裁判所「促進段階判決」（För-derstufenurteil）に代表させよう。こう判じている[46]。

　「基本法 7 条 1 項の学校監督は，すべての青少年に，その能力に応じて，今日の社会生活に対応した教育の可能性を保障することを任とする学校制度の，計画と組織に関する国家の権限を包含している。この国家的形成領域には，単に学校の組織的編成だけでなく，陶冶過程や教育内容の確定も当然含まれる」。

　肯定説の論拠は多様であるが，そのケルンを集約すると次のようになろう。

　基本法 7 条 1 項の目的は，自由民主主義的根本秩序という基本法の原理のうえに学校制度の統一性を保持することにある。そのためには単なる組織上の措置だけでなく，学校制度の内容的規律も当然に要請される。このような内的規律権は国家の存立に不可欠である。基本的な市民的価値を共有する国民の育成は自由民主国家存立のための基本的要請であり，また現代産業国家は国民が一定程度の教育水準にあることを不可欠の前提としているからである。それに国民の教育をうける権利は学校制度が教育内容的にも，外的・組織的にも，最低限の統一ある秩序を維持している場合にだけ保障されうる。

　他方，国民の世界観的・政治的分裂に際して，個別利害を考慮しながら学校制度の形成を保障できるのは国家だけである。基本法の民主的解釈によれば，議会の指揮・統制任務をグループによる直接的意思決定によって代替することは許されない。教育目的・教育内容決定権なくして，議会はどうしてその教育政策上の統制機能を遂行することができるのか。また議会のこうした権能を排することは，議会制民主主義の憲法秩序そのものを否認することになる[47]。

　以上を踏まえたうえで，教科書検定制度の根拠について見ると，本件連邦行政裁判所決定は，より直接かつ具体的にこう判じている[48]。

　「国の学校監督概念は学校制度の組織，計画，統轄および監視に関する国家

---

(45)　参照：H.U.Evers, Die Befugnis des Staates zur Festlegung von Erziehungszielen in der pluralistischen Gesellschaft,1979,S.37. J.D.Kühne, Neue Länder-neue Erziehungsziele?, In:RdJB（1994）,S.39ff.

(46)　BVerfG. Urt.v. 6.12. 1972 ,In:NJW（1973）,S.134.

(47)　H.Avenarius/H.Heckel,Schulrechtskunde,2000,S.234～S.235. H.Heckel,Schulrecht und Schulpolitik,1967,S.56～57. ders.,Schulrechtskunde,5Aufl.S.159. H.Stephny,Staatliche Schulhoheit und kommunale Selbstverwaltung,1964,S.29～S.30. A.F.v.Campenhausen, Erziehungsauftrag und staatliche Schulträgerschaft,1967.S.23.

　　　J.Rux/ N.Niehues,a.a.,O.S.224～S.226. T.Oppermann,a.a.O.S.336.など。

(48)　BVerwG. Beschl. v.13.3.1973,In:SPE, Neue Folge, I A VII, S. 53.

79

第Ⅰ部　第3章　教科書検定制度と教科書の採択法制

的権限の総体である。…教育目的の確定や教材の決定は基本法7条1項の範囲内における国家の形成領域に属する。この権能は，教育目的によって設定された要件を充足する教科書だけが授業において使用されているかどうかに関する監督を必然的に包含している。それ故，いかなる教科書が公立学校の授業用に許可されるか否かの決定は，基本法7条1項により国家に帰属する任務で，これは教育主権の主体としての国家が長年その権能としてきたところである」。

　また，同じくこの点，学校法学の通説的見解も端的につぎのように述べている。

　「学習指導要領および教育スタンダードと並んで，教科書は授業を行うための重要な手段である。教育内容に関する国家的なコントロールが民間の出版社によって空洞化されないようにするために，教科書の文部大臣による許可が必要である[49]」。

　「学校教育の内容はどのような教科書および教材が選択され，使用されるかによって強くかつ本質的に規定される。それ故，公立学校教育に対する国家の責任は当然に教科書の使用にも及ぶ[50]」。

2　教科書検定と検閲の禁止

　基本法5条1項3文は，ワイマール憲法118条2項1文を受けて，「検閲は行わない」と規定している。この規定は無条件かつ絶対的な禁止規定であり，いわゆる一般的法律による制約（基本法5条2項）にも服さない[51]。連邦憲法裁判所のいわゆる「シュピーゲル判決」（Spiegel-Urteil v.5.8.1966）が説くところによれば，「自由な，公権力によって統制されない，検閲に服さないプレスは自由国家の本質的要素なのである[52]」。

　それでは果たして教科書に対する検定制度は基本法の上記規定が禁止する検閲に当たらないのか。基本法はいうところの検閲について概念規定していないが，通説および下級審の判例によれば，基本法5条1項3文にいう検閲とは，ワイマール憲法下における解釈と同じく[53]，「事前検閲ないしは予防的検閲（Vor-oder Präventivzensur），すなわち，ある精神的な作品の制作もしくは流布

---

(49)　H.Avenarius/H.P.Füssel,a.a.O.,S.113.

(50)　N. Niehues/J.Rux, Schul- und Prüfungsrecht, Bd1,Schulrecht 2006, S. 199.

(51)　M.Löffler, Das Zensurverbot der Verfassung, NJW（1969）,S.2227.

(52)　BVerfG,Urt.v.5.8.1966,BVerfGE 20,162. zit.aus M.Löffler,a.a.O.,S.2229.

(53)　G.Anschütz, Die Verfassung des Deutschen Reichs vom 11. August 1919, 1933,S.57.

を，行政官庁が事前にその内容を審査し，許可することに係らしめること」と解されている（形式的検閲概念・formeller Zensurbegriff[54]）。このような形式的検閲概念を採れば，教科書の許可に関する州法上の手続は基本法5条1項3文が禁止する検閲には該当しない。仮に公立学校における授業用の教科書として不許可とされても，出版社は当該検定不合格図書を一般図書としては出版することができるのであり，こうして教科書検定制は当該図書の出版・流布の一般的禁止の可能性＝出版・流布の許可制を帰結するものではないからである。

本件連邦行政裁判所の決定もこの立場に立ち，以下のように判じて，教科書検定の検閲該当性を主張する原告側の訴えを斥けている。

「教科書検定は基本法5条1項3文が規定する検閲の禁止（Zensurverbot）に抵触しない。連邦憲法裁判所の判例も述べているように〈1972年4月25日判決・BVerfGE33,71ff.〉，基本法5条1項3文の意味する検閲とはもっぱら事前検閲ないしは予防的検閲，すなわち，ある精神的作品の制作もしくは流布を，行政官庁が事前にその内容を審査し，許可することに係らしめるものとして理解されるべきだからである（形式的検閲概念）。教科書の許可に関する州法上の手続はこのような措置には該当しない。ヘッセン州の公立学校において授業用の教科書として不許可とされても，それは出版社が当該図書を公にすることまで禁止するものではないからである」。

しかし一方で，なるほど教科書検定は形式的な意味での検閲には当たらないが，しかしそれは実質的に検閲効果をもち，実質的な意味での検閲（Zensur im materiellen Sinne）に該当し（実質的検閲概念・materieller Zensurbegriff），したがって，「教科書検定手続は明白に憲法違反とは断定できないものの，憲法上きわめて疑義のある制度である」とする有力な憲法学説が見られている[55]。それによれば，「なるほど文部大臣によって検定不合格とされた教科書は法

---

(54) さしあたり，BVerfG, Urt. v.25.4.1972,BVerfGE 33,71ff. H. v. Mangoldt/F. Klein/C. Starck（Hrsg.),Kommentar zum Grundgesetz,2005,S.576.

H. Jarass/B. Pieroth, Grundgesetz für die Bundesrepublik Deutschland-Kommentar, 2007,S.196.

(55) I.v.Münch,a.a.O.,S.39. 同旨：M.Löffler,a.a.O.,S.2228. E.Stein/R.Monika, Handbuch des Schulrechts,1992,S.307. K.Alberts, Zur Frage der Verfassungsmäßigkeit des Schulbuchzulassungsverfahrens in der Bundesrepublik,In:Blickpunkt Schulbuch,1970,S.35ff. なおこの論文は，特別権力関係論批判で知られる著名な行政法学者・C.H.Ule が1969年の冬学期，シュペヤー行政学大学で「教科書検閲（Schulbuchzensur）の問題性」と題して行った講演を，K.Alberts が纏めたものである。

第Ⅰ部　第3章　教科書検定制度と教科書の採択法制

的・理論的には一般図書として出版することが可能である。しかし現実かつ事実上はその可能性はほとんど閉ざされたも同然であり，教科書検定は実質的な意味での検閲に他ならない」とされる。

　問題は，いうところの実質的検閲概念が基本法5条1項3文の検閲の禁止に含まれるかどうかであるが，従来，通説・判例はこれを否定してきた。実質的検閲概念はあまりにも広義で不明確である，といのがその理由である。

　しかし，I.v.ミュンヒによれば，このような理由は実質的検閲概念を一般的に否定する根拠にはならないとされる。公法の分野においては広義で不明確な法規定や法概念が存するのであり，それゆえに，これらの規定や概念は一般条項（Generalklausel）として規定されざるをえない。たとえば，基本法2条1項が規定する「自己の人格を自由に発達させる権利」もその例であるが，法文上，この権利の内容は曖昧であり，一義的に明確ではない。それを具体的かつ精確に確定していくのが学説や判例の役割である。

　このような立場からミュンヒはいうところの実質的検閲概念が憲法上保護されているかどうかを問い，「通常の解釈方法を採れば，基本法5条1項3文の法条は実質的検閲概念を必然的に要求してはいないが，それを排除してもいない。しかし論理的・体系的連関からすれば，すなわち，見解の流布を実現するという同条の目的は実質的検閲概念の意味での解釈を正当化する」と論結している。「教科書検定の場合は，国家は形式的検閲手続を行うことなく，出版物の流布を決定的に妨げることができる可能性を有しているということこそが重要なのである」。

　一方，行政裁判所の判例を見ると下級審は検閲概念を形式的に解してきているが，連邦行政裁判所は1966年，パミル事件に関する判決において画期的な判断を示している。この事件は記録フィルム「パミル」の制作者が，自己の作品について映画審査局によって娯楽税法上の特権の賦与を拒否されたことは，基本法5条1項3文が禁止する検閲に当たるとして提訴したものであるが，連邦行政裁判所は大要，以下のように判じて原告の主張を認めたのであった[56]。

　「娯楽税法の制定によって，ドキュメンタリー映画ないし文化的な映画はそれに対して特権が与えられず，したがってそれゆえに税法上の優遇措置を得られない場合には，市場の状況の一定の変動を無視したとしても，事実上，映画

――――――――――

(56)　BVerwG,Urt. v. 28. 1.1966, zit. aus I.v.Münch/P.Kunig（Hrsg.）, Grundgesetz-Kommentar, 2012,S.483.

第 4 節　教科書検定制度をめぐる重要争点

の上映は経済的にかなり困難なものとなる。この点に，検閲の禁止条項に対する抵触が認められる」。

　この判決は実質的な検閲という概念を明示的に用いてはいないが，実質的検閲概念の立場に立っていることは明白だとされている[57]。

　なお敷衍して書くと，上述した教科書検定制度違憲訴訟における控訴審判決（カッセル高等行政裁判所・1971 年）は，仮に実質的検閲概念の立場に立ったとしても，教科書検定は検閲の禁止に抵触しないとの判断を示している[58]。教科書の検定は教授法上の要請に応えているか，教育上有益であるかに関する教育上の決定（pädagogische Entscheidung）なのであり，この権限は基本法 7 条 1 項を根拠とする教育主権にもとづくものだからであるという。

3　教科書検定と意見表明の自由および出版の自由

　教科書検定制度は教科書発行者・著作者の「意見表明の自由」（基本法 5 条 1 項），「出版の自由」（同前），「職業活動の自由」（12 条 1 項），子どもの「自己の人格を自由に発達させる権利」（2 条 1 項），「親の教育権」（6 条 2 項），さらには教員の「教授の自由」（5 条 3 項）などの各種の憲法上の基本権を侵害し違憲であるとする学説が見られているが[59]，従来，とりわけ「出版の自由」侵害の存否がもっとも激しく争われてきている。

　基本法 5 条 1 項は「自由な意見表明とそれを流布する権利」および「出版の自由」を国民の基本的人権として保障している。連邦憲法裁判所によれば，「出版の自由」は民主的法治国家にとってはその基底に位置する基本権であり，他のすべての自由権の実質的な保障機能をもつ特別な基本権である[60]。この

---

(57)　I.v.Münch,a.a.O.,S.36.

(58)　Hess. VGH Kassel, Entsch. v. 8. 6. 1971, In: RdJB（1974）, S. 408.

(59)　I. v. Münch, a. a. O., S. 33ff. C. H. Ule, Zur Frage des Verfassungsmäßigkeit des Schulbuchzulassungsverfahrens in der Bundesrepublik, In: ditto, 1970, S. 30ff. B. O. Bryde, Anforderungen an ein rechtsstaatliches Schulbuchgenehmigungsverfahren, 1983, S. 60ff. E. Stein / M. Roell, a.a.O., S. 307ff. G.Stein, Verrechtlichung von Schulbuchgenehmigung und －auswahl: Sicherung pädagogischer Freiheit vor Ort?, In: RdJB（1982）, S. 238ff. F. Hennecke, Schulbücher－Objekt des Ärgers und der Staatsverwaltung, In: RdJB（1984）, S. 461ff. E. G. Mahrenholz, Legibus solutus?, Über einen Rest von Absolutismus im Schulwesen, In: RdJB（1980）, S.92ff. D.B.Herz, Von der Schulbuchgenehmigung zur Kontrolle des Unterrichts, In: RdJB（1980）, S.74ff.

(60)　M.Löffler/R.Ricker, Handbuch des Presserechts, 1978, S.29

第Ⅰ部　第3章　教科書検定制度と教科書の採択法制

基本権は「意見表明の自由」を超えて，報告や意見の創造から流布に至るまでの個人の主体的公権と出版の制度的自律を保障することを法益としている[61]。

　教科書の作成と流布が基本法5条1項にいう「出版の自由」保障の対象になるということについては，学説・判例上，ほとんど異論は見られないが，そうであれば教科書検定手続は教科書著作者・発行者のこの自由を侵害して違憲であるということになりはしないか。この問題は，結局のところ，いうところの「流布」（Verbreitung）の解釈如何に係っているが，この点について，たとえば，本件控訴審のカッセル高等行政裁判所判決は下記のように述べて，「出版の自由」に対する侵害を否定している[62]。

　「教科書検定手続は原告の当該図書を流布する権利を侵害するものではない。当該図書をヘッセン州の学校用教科書としては採用しないとの文部大臣の決定は，当該図書を出版・販売する原告の権利を侵害してはいない。確かに文部大臣によって学校用教科書としての採用は拒否されたが，このことは原告が当該図書を書店で販売することを妨げるものではないからである。文部大臣の検定不合格処分は教材・教具無償法の定めるところにより，国費によって当該図書を購入しないということであり，原告の流布権に対する介入には当たらない」。

　このような見解に対して指導的な憲法学者・I.v.ミュンヒは，大要，つぎのように述べてこれを厳しく批判している[63]。

　「出版物を流布する自由が当該図書を流通過程に載せる事実上の可能性と同義であるなら，教科書検定手続は出版の自由を侵害してはいない。検定手続は当該図書の流布を禁止するものではないからである。しかし『流布する自由』（Verbreitungsfreiheit）を『流布の国家による統制と妨害からの自由』と解するなら，検定手続は批判を受けることになる。

　検定不合格となり，学校での使用が禁止されることは，当該図書の最も重要かつ効果的な流布が剥奪されることを意味する。出版の自由の意義は単に出版物を流布できるという点にあるのではない。この自由は出版物を国家的見解による統制なしに，また国家による読み手の選定なしに流布できる権利を包含しているのである。検定却下はまさにこのような国家的統制と選定に該当する。検定不合格とされた教科書は流布に関する限り死んだも同然なのである。

---

(61)　Ekkehart Stein, Staatsrecht,3.Aufl.1973,S.136.

(62)　VGH Kassel, Entsch. v. 8. 6. 1971, In: RdJB（1974），S. 408.

(63)　I.v.Münch, a.a.O.,S.34～S.35. ほぼ同旨：B. O. Bryde, a.a.O.,S.16～S.20.

第4節 教科書検定制度をめぐる重要争点

　出版の自由は単に出版物の流布を保護するだけではなく，出版物の内容に対する介入からの自由を保障するものである。連邦憲法裁判所の判決にも『出版物を直接的ないし間接的に国家の側から規制ないし方向づけることは出版の自由の憲法上の保障に抵触する』〈BVerfGE,12,260〉とある。このことはとりわけ出版物の内容に対する国家的介入が強制力を伴っている場合には許されないということを意味する。教科書検定手続は出版物の内容に対する国家の介入の典型例である。

　詰まるところ，教科書検定手続は教科書の流布を妨げ，しかもその内容にも介入しており，出版の自由の基本権を侵害するものである」。

　「出版の自由」という個別基本権に絞っての，「出版の自由の対象としての教科書」という観点からのアプローチを採れば，ミュンヒの上述のような見解は首肯されるが，問題は，基本法7条1項に根拠をもつ「国家の教育主権」（Staatliche Schulhoheit）との関係はどうなるかということである。すでに言及したように，いうところの教育主権の対象には通説・判例上，学校教育の目的や基本的内容の確定が含まれており，教科書検定手続は教育主権作用の一環として制度化されていると解されているからである。

　本件連邦行政裁判所の判決はこの点を踏まえての判断を示しており，下記のような判旨は，国家の教育主権と学校法域における国民の基本権との関係に関する従来の憲法裁判例と軌を一にするところとなっている。こう判じている(64)。

　「自由に意見を流布する基本権（基本法5条1項1文）および出版の自由（基本法5条1項2文）も州法にもとづく教科書許可手続によって侵害されてはいない。この場合，その使用目的からすれば，一般的な流布を目的としない教科書が果たして出版の自由保障の保護対象となるかどうか，なるとした場合，それはどの程度にまで及びうるかについては，ここでは保留しておこう。

　基本法7条1項との関係を考慮すると，出版の自由という基本権は教科書発行者に対して，国家による事前の審査および認可を受けることなく，教科書に書かれた見解を公立学校の授業において流布する権利を保障するものではない。出版の自由もまた基本法5条2項にいう一般的な法秩序の下に置かれているのである。出版の自由が憲法もしくは一般的法律によって保護されている他の権

────────────

(64)　M.Löffler/R.Ricker, a.a.O.,S.323 に「著作権は教育の利益において（im Interesse der Bildung und Erziehung）制約を受ける」とあるのも，基本的には同旨と読める。

第Ⅰ部　第3章　教科書検定制度と教科書の採択法制

利と衝突する場合には，出版の自由を行使することによって具体的な場合に，より高位の保護に値する利益（schutzwürdige Interessen von höherem Rang）が侵害されてしまうという利益衡量がなされる場合には，出版の自由は後退しなければならない〈連邦憲法裁判所 1970 年 4 月 28 日判決，NJW.1970,S.1498〉。

　互いに衝突する利益の衡量に当たって，本件においては基本法 7 条 1 項によって保障された国家の教育権（Staatliches Erziehungsrecht）－この権能はすべての若い市民にその能力に応じて，今日の社会生活に見合った教育の可能性を保障すべきもので〈連邦憲法裁判所 1969 年 6 月 24 日判決，BVerfGE26, 236〉，基本法 6 条 2 項が保障する親の教育権だけではなく，公立学校制度の宗派的形成に関しては基本法 4 条 1 項にもとづく信仰・良心・信仰告白の自由をも制限するものと解されているのであるが〈参考：連邦行政裁判所・1972 年 4 月 21 日決定〉－に優位が認められなければならない。憲法で保護されたこの共同社会の価値の前に，出版の自由の保障を根拠に自らが発行する教科書を国による審査と許可をうけることなく，公立学校の授業用に流布せんとする原告の要求は後退せざるをえない。教科書の著作者と発行者が有する，公立学校における使用を目的とした教材の内容を自由に形成し流布する権利は，基本法 7 条 1 項が規定する国家の教育主権によって憲法上の制約を受けることになる」。

4　教科書検定行政と「法律の留保の原則」

　宗教教育の教科書については，たとえば，ノルトライン・ウエストファーレン州憲法（1950 年）が「宗教教育のための学習指導要領および教科書は，教会ないしは宗教団体の同意を得て決定される」（14 条 2 項）と書いているように，州憲法で規定している例も見られている[65]。

　しかし一般教科の教科書についてはこのような州憲法上の規定は存せず，教科書の検定や採択に係わる規律も存していない。こうした法状況を背景として，また行政の内部・外部二分論＝「行政内部関係としての学校教育関係」や公法上の学校特別権力関係論にも支援されて，従来，ドイツの多くの州においては，教科書検定行政の基本的実質は行政組織の内部的な規範である行政規則（Verwaltungsvorschrift）で規定されてきた。それどころか，たとえば，ラインラン

---

(65)　宗教教育の教科書に関する州憲法によるその他の規定例としては，たとえば，RP 州憲法 34 条，SL 州憲法 29 条など。

第4節　教科書検定制度をめぐる重要争点

ト・プファルツ州の教科書準則がその例であるが[66]，単に回章（Rundschreiben）で言及しているにすぎない州も見られた。ドイツ法律家協会が州学校法のモデル案を提示した 1981 年の時点で，教科書検定制度の基本的構造を法律によって規定していたのは，当時の西ドイツ 11 州のうちヘッセン州とシュレスビッヒ・ホルシュタイン州の 2 州だけであった[67]。

　しかしこうした法制状況に対しては，当然のことながら，基本法が謳う法治国家原理，したがってまた「学校法制おける法律の留保の原則」に違背するとの厳しい批判が浴びせられたことは蓋し当然であろう[68]。こうした理論的立場からは，つぎのように主張された。

　「教科書検定は教科書著作者と出版社の「プレスの自由・表現の自由」（基本法 5 条 1 項)，出版社の「職業の自由」（同 12 条 1 項)，教科書著作者の「知的所有権」（同 14 条 1 項)，子どもの「自己の人格を自由に発達させる権利」（同 2 条 1 項)，「親の自然的教育権」（同 6 条 2 項）などの憲法上の基本権や「教員の教育上の自由」にかなり程度に触れ，しかも教科書は授業の内容的形成に継続的に直接かつ強度の影響を与えるものであり，したがって，教科書検定制度についてはその基本は法律によって確定することが基本法の要請するころである」。

　このような批判を受けて，また連邦憲法裁判所の理論的創造に係る「本質性理論」（Wesentlichkeitstheorie）が学説・判例によって広く受容されるに至ったこととも相俟って，1980 年代半ば以降，各州においてこの法域が急ピッチで整備され，こうして今日ではすべての州で教科書検定の基本構造は法律で規定されるところとなっている。これに関する規定例を引けば，バーデン・ビュルテンベルク州学校法 35a 条，ザールラント州学校規律法 17a 条，ザクセン・アンハルト州学校法 10a 条などがその例である[69]。

---

(66)　Rheinland-Pfalz: Rundschreiben v. 4.12.1975（Schulbuchrichtlinien）
(67)　Deutscher Juristentag,a.a.O.,S.175.
　　なお H.J.Birk によれば，1980 年 8 月の時点において教科書検定手続きについて法律によって規定していた州は皆無であったという（ders. Schulbuchzulassung－Rechtsfragender Praxis,In:H.J.Birk/A.Dittmann/M.Erhardt（Hrsg.),Kulturverwaltungsrecht im Wandel,1981,S.57.).
(68)　たとえば，J. Staupe, Parlamentsvorbehalt und Delegationsbefugnis, 1986, S. 361-362. B.O.Bryde,a.a.O.,S.10ff. T,Böhm, Grundriß des Schulrechts in Deutschland,1995 S.47. J.Rux/N.Niehues,a.a.O.,S.237. H.J.Birk, a.a.O.,50ff.
(69)　詳しくは参照：H.Avenarius/H.P.Füssel,a.a.O.,S.37.

87

第Ⅰ部　第3章　教科書検定制度と教科書の採択法制

ただ指導的な学校法学者・W.ビンマーは「学校制度における法律の留保半世紀」というモノグラフィーにおいて，つぎのように述べて，現行の教科書検定法制は法治国家におけるそれとしてはなお不十分であるとの認識を示している[70]。

「教科書の許可は生徒や親だけでなく，基本法12条1項の観点から，教科書著作者や出版社にとっても本質的なもの（wesentlich）である。しかしこれに関する現行の法規定は，その全範囲においてはなお，教科書調査官への個人的な依存を可能な限り最小化することには成功していない」。

5　教科書検定における文部大臣の裁量権

文部大臣による教科書検定不合格処分は認可申請者に対する行政行為（Verwaltungsakt）としての法的性質を有する。この点については学説・判例上に争いはない。ここで行政行為とは学校監督機関が公法の分野における個々の問題を決定するための高権的措置・決定であって，外部に対して法的効力を生ずることを目的とするものをいう（行政手続法35条）。この「行政行為としての教科書検定」は教科書著作者や出版社の権利領域に触れる法的行為として当然に行政裁判所による権利保護の対象となる。

ただこの場合，教科書の検定に当たって文部大臣にいかなる範囲でどの程度の裁量権が認められるか，その如何によって行政裁判上の権利保護の強度が異なることになる。

有力な学校法学説によると，文部大臣による教科書検定は「専門的・教育的・学問的な価値判断」（fachlich pädagogisch-wissenschaftliche Werturteil）を伴う行為であり，したがって，審査に際しては判定活動領域（Beurteilungsspielraum）が当然に認容されているとされる[71]。このような見解に立てば，教科書検定は一般的な法原則および手続規程を遵守しているか，事実誤認はないか，裁量権の行使に当たって他事考慮をしていないかどうか，に関してだけ行政裁判上のコントロールに服することになる[72]。

本件においては，原告側の「教科書の審査・選定に際して文部大臣に判定活動領域の余地はなく，不合格処分の決定は瑕疵ある裁量として無効である」と

---

(70)　R. Wimmer, Ein halbes Jahrhundert Gesetzesvorbehalt im Schulwesen, In: RdJB (1997),S.17～S.18.

(71)　H.Avenarius/H.P.Füssel,a.a.O.,S.114.

(72)　H.Pöttgen,a.a.O.,S.218.

第4節　教科書検定制度をめぐる重要争点

の主張に対して[73]，連邦行政裁判所は以下のように述べてこれを斥けている。

「1970年1月12日の行政命令3条1項によれば，学校で使用する教科書の採用は，その教科書が方法上と教授上の諸原則に照らし，また教材の選択と配列に照らして，教育上の諸要請を充足しない場合には拒否される。このような目標設定と要請に対しては，連邦法の観点からは何ら異議が生じないことは基本法7条1項が定める国家の学校監督という概念から自明であろう。そしてこの場合，教授法上および教育上の諸要請を判断するに際しては，国家に広範な裁量活動領域（ein weiter Ermessensspielraum）が認められなければならない〈連邦憲法裁判所1972年12月6日判決，NJW.1973,S.135〉。

1970年1月12日の行政命令3条1項を適用するに際して，教科書が方法上および教授上の原則，教材の選定と配列について教育上の諸要件を充足しているかに関して，文部大臣に判定活動領域を認めた控訴裁判所の見解は上告手続によって争うことはできない。教育学的・学問的評価に関する判例において認められている，かかる判定活動領域が存在するか，存在するとした場合，それはどの程度においてか，という問題は第一次的には適用される州法によって判断されることになる。このような判定活動領域を認めることは，裁判所が行政庁の決定をその全範囲においては審査できないという結果を伴うことになるが，このことは基本法19条4項の権利保護の保障に反するものではない。

控訴裁判所は州法の解釈に際して，問題となっている教科書の適否の判断は教育学的・学問的評価，したがってそれ故に裁判上全面的な審査には服さない評価を含んでいる，ということから出発している。教育学的・学問的評価に関する裁判上の審査が認められている範囲内において，控訴裁判所は原告が求めた教科書の許可を拒否したのである」。

しかし以上のような学説や判例の支配的な見解に対しては，気鋭の行政法学者・B.O.ブリーデによる有力な批判が見られている。ブリーデは1983年，ドイツ出版社連盟の委託を受けて「教科書検定手続に対する法治国家的な諸要請」と題する鑑定書を公にしているが[74]，そこにおいて彼は当時の教科書検定の運用現実を基本法が謳う法治主義原理と基本権保障の観点から厳しく指弾し，いうところの文部大臣の判定活動領域に関しても，大要，下記のように述

---

(73)　J.ハムブリンクによれば，文部大臣の裁量権行使によって特に改革教育学の立場に立つ教科書の不合格処分をうける割合が高くなっているという（J.Hambrink, a.a.O.,S.26）。

(74)　B.O.Bryde, Anforderungen an ein rechtsstaatliches Schubuchgenehmigungsverfahren,Gutachten Erstattet im Auftrag des Verbandes der Schulbuchverlage,1983.

第Ⅰ部　第3章　教科書検定制度と教科書の採択法制

べてこれを強く批判している[75]。

「教科書検定手続を憲法上の原則に即して規律するという観点からは，当事者の権利の確保にとっては，教科書検定に際して抽象的な基準を具体的な決定に転換するに当たって，文部大臣がどのような裁量権をもつかが決定的に重要である。判例は教科書検定に際して文部大臣に判定活動領域を認容しているが，このような裁量権を文部大臣に与えることは検定手続に関する憲法上の要請を空洞化する恐れがある。

判定活動領域という法的表象は教員による生徒の成績評価や試験法域に特有なものであり，それとは法的に異質な教科書検定にこの概念を無批判に援用することはできない。つまり，従来，生徒の成績評価や試験法域において，判例・学説上，教員や試験官に判定活動領域が認容されてきたのは，それが「専門的・教育的・学問的な価値判断」であり，「高度に人格的な専門的判断」(höchstpersönliches Fachurteil)，「高度に人格的で不代替的な行為」(höchstpersönliche, unvertretbare Leistung) だからである。そしてそれ故にこのような行為に対しては裁判上のコントロールが制限されてきたのである。

しかし文部大臣・教科書調査官による教科書検定はこのような行為ではなく，反復不可能な，状況に拘束された，高度に人格的な行為でもない。

文部大臣に『裁判所から自由な判定活動領域』を認容する解釈は基本法との関係においても疑義がある。相当性の原則を厳格に踏まえて認可条件を確定し，しかも教科書出版社の認可請求権と教員の十分な教科書採択権を保障している検定手続だけが基本法上の要件を充足することになる。認可条件の存否の確定に際して文部大臣に広範な裁量領域を与えることはこうした要請に反するし，基本法19条4項にもとづく権利保護の要請とも相容れない」。

第5節　教科書検定と教育の中立性に関する連邦行政裁判所判決

すでに言及したように，ドイツにおいては通説・判例上，国家は教育主権作用の一環として，学校教育の目的や基本的な内容を決定する権能を有しており，したがって，教科書について検定制を敷くことは憲法上許容されると解されているのであるが，ただこの場合，「教育における国家の中立性と寛容の原則 (Grundsatz staatlicher Neutralität und Toleranz in der Erziehung) からの要請との

---

(75)　ditto,S.40ff.

第 5 節　教科書検定と教育の中立性に関する連邦行政裁判所判決

関係はどうなるのか。この問題をめぐっては 1980 年代に争訟事件が相次ぎ，判例も蓄積されているが[76]，なかでも以下に言及する 1988 年の連邦行政裁判所の判決が重要である。

　この事件は，ギムナジウム 8 学年の女子生徒とその親が，文部大臣が学校における使用を認可し，教員会議が採択を決定したドイツ語の教科書は解放教育学（Emanzipatorische Pädagogik）の立場に立っており，女子生徒の人格権と親の教育権を侵害するとして，教員会議の採択決定の取消しを求めて提訴したものであるが，連邦行政裁判所は以下のように判じて原告の訴えを斥けている[77]。

　「教育行政機関は授業用教科書の許可の決定に際して，教育における国家の中立性と寛容という憲法上の原則を尊重しなければならない。この原則は教化的な教科書（indoktrinierende Schulbücher）の使用を排除する。教授法的・教育的なコンセプトについて教育政策上，争論的な教育観（本件の場合は解放教育学）が認められるということは，教育における国家の中立性と寛容の要請を侵害したことにはならない」。

　そして判決理由においてより具体的に下記のように述べている。

　「教科書の選定と使用を決定する教育行政機関の権限は，その連邦法上の根拠を基本法 7 条 1 項に有している。学校の組織編制に加えて，学校教育の目的や教育課程の内容的な確定も国家の形成領域に属している。ここから，教育目的を達成するために授業の題材，方法，手段を決定する国家の学校監督権が導かれる。それゆえ，教育行政機関はその独自の教授法的・教育的判断に基づいて，いかなる図書が教科書として授業で使用されるかを決定することができる。

　教育行政機関には申請図書が教授法的・教育的な要件を充足しているかを判断するために，基本法によって広範な裁量領域が認容されている。しかし教育行政機関に帰属しているこの教授法上・教育上の裁量は，教育における国家の中立性と寛容の要請によって制約される。

　教育における国家の中立性と寛容の要請は，一方における基本法 7 条 1 項にもとづく「国家の教育責務」（Erziehungsauftrag des Staates）と，他方における基本法 2 条 1 項にもとづく生徒の「自己の人格を自由に発達させる権利」および基本法 6 条 2 項が保障する「親の教育権」とを調整することを旨としている。

---

(76)　たとえば，VG Hannover, Urt. v. 12. 7. 1979. BW VGH,Urt.v. 24. 4. 1980. OVG NRW, Urt. v. 31.7.1981 など。

(77)　BVerwG, Urt.v.3. 5. 1988,In:RdJB（1988）,S.465. 参照：T,Böhm, a.a.O., S.7.

第Ⅰ部　第3章　教科書検定制度と教科書の採択法制

国家は学校において親の教育権を尊重し，教育問題における世界観の多様性に対してオープンでなくてはならない。学校の教育活動は生徒の人格の発達に大きな影響を与えるものであるから，それは特定の世界観的，イデオロギー的，政治的な方向性をもつものであってはならない。しかしこのことは教科書に極端な，アウトサイダー的な少数派の見解が記載されることまで排除するものではない。決定的なのは，授業や教科書が生徒を政治的，イデオロギー的ないしは世界観的に教化する手段として利用されてはならないということである」。

上記のような連邦行政裁判所の判決に対する学説の評価であるが，F.R.ヤーハは基本的には判旨を支持しながらも，「世界観的に中立な国家においては，見解の多様性に対する寛容は基本的にはただ構造的な学校の多様性（strukturelle Schulvielfalt）によってだけこれを実現することができる」との見解を示している[78]。

しかし一方で指導的な学校法学者・H.アベナリウスは「連邦行政裁判所は個々の教科書の内容について均衡性と内的多様性を要求することを明らかに放棄している」と批判しており[79]，またI.リヒターも「判旨においては教科書検定に際して均衡性という基準が欠落している」と評するところとなっている[80]。

なお原告は上記連邦行政裁判所の判決に対して，連邦憲法裁判所に憲法異議の訴えを提起したが，連邦憲法裁判所はこれを斥けている[81]。「学校教育における中立性の要請は，企図された影響が特定の政治的，イデオロギー的ないし世界観的な方向性をもって行われた場合に侵害されたことになるが，本件の場合は，そこまでには至っていない」と認定されたのであった。

第6節　教科書の検定手続

1　検定に服する教材

認可義務を負う教材の範囲は州によってかなり異なる。まず通常，狭義の意味における教科書は検定を受けなければならないとされているが，教科書概念

---

(78)　F.R.Jach, Die Bedeutung des Neutralitäts-und Toleranzgebotes bei der Entscheidung über die Zulassung eines Schulbuchs zum Unterrichtsgebrauch,In:RdJB（1989）,S.211.

(79)　H.Avenarius/H.Heckel,a.a.O.,S.67.

(80)　I.Richter, Anmerkung zu BVerwG v.3.5.1988,In:DÖV（1989）,S.315.

(81)　BVerfG, Beschl. v. 9. 2.1989,In: SPE 702,Nr.7.

の曖昧さと相俟って，その範囲は必ずしも明確ではない。

たとえば，ベルリンでは職業学校の専門実践的書籍には認可義務は課されておらず，またシュレスビッヒ・ホルシュタイン州の特定学校種・特定教科の教科書についても同様である。

しかし他方でヘッセン州では長期にわたって使用される補助教材も教科書と捉えられて認可を必要とし，またニーダーザクセン州やラインラント・プファルツ州においては教科書を補充するテープの類にも認可が求められている。

なお，改訂版も一般的には改めて検定に服することになっている。

2　検定の効力期間と認可取消権

教科書検定に合格した場合，その有効期間は州によって各様である。原則として３年に限定している州もあれば（シュレスビッヒ・ホルシュタイン州など），５年としている州もあり（ベルリンなど），さらには期限を付していない州も見られている（ニーダーザクセン州など）。

関連して，ほとんどの州で，検定権者に事情変更等を理由としての認可の取消権が留保されている。

3　教科書調査官・教科書調査委員会

検定手続を大雑把にいえば，文部大臣から委嘱をうけた教科書調査官（Gutachter）ないしは教科書調査委員会（名称は教科書委員会，教科書専門会議，教科書調査官会議など州により各様）が，一定の基準によって教科書の内容を審査し，これに基づいて文部大臣が合否を決するという仕組みになっている。

教科書調査官は文部大臣によって任命され，文部大臣を身分上・職務上の上司とする公務員である。資格要件はあまり明確ではなく，たとえば，ニーダーザクセン州では，教授経験を有し当該教科について優れた見識を有すること，とされているに止まる。またハンブルク州やノルトライン・ウエストファーレン州などでは教科書の執筆者でないことが要件とされている。ヘッセン州にあっては大抵は教員の中から任命されるが，校長や視学官が任命されることもある。

教科書調査官の任期は，たとえば，ラインラント・プファルツ州では３年とされている。調査官の数は各教科につき通常２〜３人で，氏名はノルトライン・ウエストファーレン州とラインラント・プファルツ州を例外として公表されない[82]。

第Ⅰ部 第3章 教科書検定制度と教科書の採択法制

しかしこの教科書調査官の匿名性（Anonymität der Gutachter）に対しては，法治国家原理との関係で厳しい批判が見られている。批判的な見解を A．ビトロックに代表させると，概略，つぎのように述べている[83]。

「法治国家においては公行政は匿名で行使されてはならないという原則は，あらゆる行政手続に妥当する。行政が国民に対して匿名の権力として立ち現れるのは官憲国家のメルクマールである。教科書検定手続の場合，行政公務員の人間性はその手続にとって決定的に重要であるから，申請者はその氏名を知る正当な権利を有する。当該公務員に職務義務違反があったかどうかは関係ない。法治国家原理（基本法28条1項）および人間の尊厳の不可侵（基本法1条1項）がこの権利を根拠づける。国民を国家権力の単なる客体と見下してはならない。教科書検定手続にまつわる前民主的な残滓を除去しなくてはならない。教科書調査官の氏名を公表すると，様々な圧力を受け，職務遂行上の独立性が危うくなるとの見方がある。そうではなく教科書調査官が自己の名において専門的な判定結果を公表することによって，その質と自らの職務上の独立性が保障されることになる」。

教科書調査委員会を設置している州も少なくない。たとえば，ベルリンやブレーメンでは教員その他の教育専門家によって構成される委員会が，各教科ごとに設けられている。委員は文部大臣が任命する。

ノルトライン・ウェストファーレン州においては，社会科・政治科など政治問題化し易い教科についてだけ，18人以内の委員で構成される州教科書委員会（Landesschulbuchkommission）が設置されている。

ちなみに，この委員会については「教科書検定手続における決定過程の公開性と客観性という要請に関して，ノルトライン・ウエストファーレン州は教科書委員会の設置によってとりわけ大きな進歩を遂げた」との評価が見えている[84]。

---

(82) ハムブリンクによると，ノルトライン・ウエストファーレン州では教科書著作者と教科書調査官との対話を可能にするために，教科書調査官の匿名性は廃止されたという。「これによって，教科書検定手続は従来の選抜的性格を変質させ，協同的な要素をもつに至った」と評している（J.Hambrink, a.a.O., 1979,S.166.）。

(83) A.Wittrock, Rechtsprobleme des Schulbuchgenehmigungsverfahrens, in: H.Schallenberger/G.Stein（Hrsg.）, Das Schulbuch zwischen staatlichem Zugriff und gesellschaftlichen Forderungen,1978,S.52～S.53.

　なおミュンヒも「教科書調査官の匿名性は国家の決定過程の民主的な理解に抵触する」としている（I.v.Münch,a.a.O.,S.41）。

第6節　教科書の検定手続

　なお，バーデン・ビュルテンベルク州やシュレスビッヒ・ホルシュタイン州
のように教員の現職教育機関に教科書の審査を委託している州も見られている。
　文部大臣は教科書検定権の行使にあたって，教科書調査官ないしは教科書調
査委員会による審査の結果には原則として拘束されないが，ブレーメンなど事
実上拘束力に近い効果を認めている州もある[85]。

4　教科書検定基準

　教科書検定に際しての基準ないし要件は概ね各州に共通しており，通常，以
下の6点が挙げられている。
　すなわち，①教科書の内容が憲法上の一般原則や法規に抵触していないか，
②学習指導要領（Lehrplan/Rahmenrichtlinien）の基準に対応しているか，③学
問的および教授法的ないし教育方法上の要請を満たしているか，④性や宗教な
いしは人種による差別を助長するものではないか，⑤記述内容に客観的な誤
り・事実誤認はないか，⑥価格が妥当か，がそれである。
　これらについて審査が行われ，要件をすべて充足していれば合格ということ
になる。
　敷衍すると，たとえば，上記②の要件については，有力な学説によれば，
「教材が学習指導要領に対応しなければならないということは，学習指導要領
との内容面での同一性を求めるものではない。学習指導要領の範囲内に止まり，
そこに所定の大まかな学習目標を追求するということである」とされてい
る[86]。
　なお先に「教科書検定行政と法律の留保」と題して言及したように，今日に
おいては，通説・判例上，基本法が謳う法治国家原理の要請するところにより，
教科書検定制度の基本的構造は行政規則ではなく，法律によって規律されなけ
ればならないとされている。こうして教科書検定基準についても各州の「学校
法律」（Schulgesetz）がこれに関する定めを置いており[87]，たとえば，ヘッセ
ン州学校法は「教科書の許可」（10条）と題して，教科書の定義と文部大臣の

---

(84)　D.B.Herz, a.a.O.,S.82.
(85)　以上につき参照：A.Baer, Schulbuchgenehmigung und －zulassung in den Bundes-
ländern der Bundesrepulik Deutschland, 1988,S.5ff.. W.Müller, a.a.O.,S.411ff. B.O.Bryde,a.a.
O.,S.46～S.47. T. Böhm, a.a.O.,S.47ff. J.Hambrink, a.a.O.,S.134ff.
(86)　N. Niehues/J.Rux, a.a.O., S. 200.
(87)　詳しくは参照：H.Avenarius/H.P.Füssel,a.a.O.,S.104.

95

第Ⅰ部　第3章　教科書検定制度と教科書の採択法制

教科書検定権を規定し，これを受けて認可要件に関し下記のように規定すると
ころとなっている（10条2項）。

「教科書は次の要件を満たしている場合に許可される。

① 憲法上の一般原則および法規に抵触しておらず，

② 学習指導要領と一致しかつその範囲と内容において，当該教科および
学校形態に相応する程度を超えず，

③ 教育方法上および教授法上の原則に則り，教育上の諸要請を充足し，
事実に関する記述において重大な誤りがなく，そして特に性，宗教な
いし人種による差別を助長するものではなく，

④ 経済的な予算執行を考慮したうえで，その導入が正当と認められる場
合」。

5　検定不合格の場合の理由説明

検定結果は文書でもって出版社に通知されるが，検定不合格の場合，程度の
差はあるが，ほとんどの州で文部大臣に理由説明が義務づけられている。ヘッ
セン州においてもっとも詳しいとされる。すなわち，同州では文部省の内部資
料とされている教科書調査官の判定書の全部または一部を出版社に提示する義
務を文部大臣に課している。

なおこの文脈において，教科書検定行政への法治主義的要請から，検定行政
の可視化を旨として，申請者の教科書調査官による「専門的判定書を閲読する
権利」（Anspruch auf Einsicht in die Gutachten）を法律上明記すべきであるとす
る有力な見解が見られている[88]。

第7節　教科書検定過程への親と生徒の参加

ドイツにおいては「親の教育権」（Das elterliche Erziehungsrecht）が自然権
的基本権として憲法によって保障されており（基本法6条2項），またヘッセン
州やブランデンブルク州など7州では州憲法で親の教育行政や学校教育運営へ
の参加権を保障しているのであるが，このような親の公教育運営への参加の一
環として，教科書検定過程への親（父母協議会）の参加を認めている州が見ら
れている。

たとえば，ヘッセン州においては，州憲法が「教育権者は教育制度の形成に

---

(88)　A.Wittrock,a.a.O.,S.54.

第7節　教科書検定過程への親と生徒の参加

参加する権利を有する」（56条6項）と書いて，親の学校教育への参加権を憲法上の基本権として確認し，これを受けて州学校法が親（父母協議会）に対して様々な学校事項について，共同決定権を含む各種の参加権を法認しており，その一つとして「教材・教具の選定に関すること」を挙げている。

　すなわち，同州学校法は文部大臣が各種の措置を講じるに際して州父母協議会（Landeselternbeirat）の同意を得なければならない事項として，教材・教具の選定に関する一般的な準則（allgemeine Richtlinien für die Auswahl von Lernmitteln）の定立を挙げている（118条1項3号）。この条項は上記準則の定立に当たって州父母協議会に共同決定権を保障したものであり―州父母評議会の同意がなければ文部大臣による決定はできないということ―，ここにいう教材・教具には教科書も当然に含まれている。

　事実，先に触れたように，同州では学校法が規定する教科書条項（10条2項）を具体化するために，教科書およびデジタル教材の許可に関する規程（2013年）が制定されているが，その冒頭にこう記されている。

　「この規程はヘッセン州学校法10条5項にもとづき，……同法118条にもとづく州父母協議会の参加および同法124条4項にもとづく州生徒評議会（Landesschülerrat）の参加のもとで制定された」。

　またバーデン・ビュルテンベルク州でも教科書検定過程への州父母協議会の参加が法認されるところとなっている。同州学校法はこう明記している。

　「州父母協議会は，教育制度の一般的な問題，とくに学習指導要領の制定や教科書検定の実施に際して，文部大臣に助言する」（60条1項）。

　そして同法のコンメンタールによれば，ここにいう州父母評議会の助言は教科書検定基準や検定手続の在り方など，検定制度の根幹にかかわる事柄にまで及ぶとされている[89]。

　一方，ドイツにおいては上述したような親の公教育運営への参加制度と並んで，いわゆる「生徒の学校参加」（Schulmitwirkung der Schüler）もすべての州で法制度化されており，生徒代表制（Schülervertretung）は教育行政・学校管理運営上のフォーマルな制度として位置づけられている状況にある。いうところの生徒の学校参加の範囲や強度は州により，また学校事項により一様ではないが，たとえば，ヘッセン州においては，州生徒評議会は教科書をメインとする教材・教具の選定に関する一般的な準則の定立に際して，文部大臣から聴聞

(89)　H. Hochstetter / E. Muser, Schulgesetz für Baden-Württemberg,21 Aufl. 2005, S. 129.

第Ⅰ部　第3章　教科書検定制度と教科書の採択法制

される権利（Anhörungsrecht）を保障されるところとなっている（学校法124条4項3号）。

この点，既述したように，同州の教科書およびデジタル教材の許可に関する規程は，同規程が州生徒評議会の参加のもとで制定されたことをその冒頭で明記しているところである。

第8節　教科書の採択法制

1　「学校の自治・教育上の固有責任」・「教員の教育上の自由」の法的保障

ドイツにおいては，教員の教育上の自由と教員会議権，親の教育行政・学校教育運営への参加権，さらには生徒の学校参加権の法的保障と相俟って，「学校の自治・教育上の固有責任」（Selbstverwaltung・Pädagogische Eigenverantwortung der Schule）ないし「学校の自律性」（Schulautonomie）が実定法上に確立されており[90]，それは現行法制上，教育行政や学校の管理運営における基幹的な制度原理の一つをなしている。

この法理は，19世紀中葉以降における「教育の自律性」（Autonomie der Erziehung）確保を旨とする思想や理論，とりわけF.W.デルプフェルトによって唱導された「自由な学校共同体」（freie Schulgemeinde）構想や[91]，教育学はもとより国法学・行政学や自然法学における「協同的自治」（genossenschaftliche Selbstverwaltung）の理論などを背景として[92]かつて1910年代後半からナチス政権によって廃棄・解体されるまでドイツ各州で法制化を見ていたもので

---

(90)　いうところの「学校の教育自治」ないし「学校の自律性」の各州における現行の法制状況について，詳しくは参照：H.Avenarius/T.Kimmig/M.Rürup, Die rechtlichen Regelungen der Länder in der Bundesrepublik Deutschland zur erweiterten Selbständigkeit der Schule,2003,S.11ff.

(91)　F.W.Dörpfeld, Das Fundamentstück einer gerechten,gesunden,freien und friedlichen Schulverfassung,1892, In:K.Kloss, Lehrer,Eltern,Schulgemeide-Der Gedanke der genossenschaftlichen Selbstverwaltung im Schulwesen,1949,S.108.

(92)　たとえば，19世紀ドイツにおける行政学の泰斗・L.v.Stein は大著,Die Verwaltungslehre,Fünfter Teil, Das Bildungswesen, 1868, で教育行政における市町村の自治にくわえて，教員による学校自治の理論を提示しているし,憲法・行政学者・R.Gneist もその著「国民学校の自治」（Die Selbstverwaltung der Volksschule,1869）において，市町村学校委員会のもとでの学校自治の制度を構想している。以上については，K..Kloss,a.a.O.,S.35-S.44.

第8節 教科書の採択法制

あるが，ドイツ（ボン）基本法下，とりわけ 1960 年代に「教育制度の民主化」要求運動の成果として学校法制上に復活したという歴史をもっている。

そしてドイツ教育審議会の学校自治強化勧告（1973 年[93]）やノルトライン・ウェストファーレン州「教育の未来──未来の学校」委員会報告書（1995 年[94]）などが契機となって，1970 年代前半と 1990 年代の半ば以降かなりドラスティックな学校法制改革が断行され，その結果，この法理はいっそうの拡大・深化をみせ，今日に至っている[95]。

上述のように，現行学校法制上，「学校の自治・教育上の固有責任」の法理はすべての州で明文でもって保障されているのであるが，これに関する規定例を引くと，たとえば，ヘッセン州学校法（1997 年）は「自治の原則」（Grundsätze der Selbstverwaltung）および「教育上の固有責任（Pädagogische Eigenverantwortung）と学校プログラム」と銘打って，それぞれ次のように規定している。

「国家の責任と法規および行政規則の範囲内で，学校は，授業および学校生活の計画と実施，教育活動ならびに学校の固有事項の管理において，自律を保障される」（127a 条 1 項）。

「授業，学校生活および教育活動を自律的に計画し，実施する学校の権限は，法規・行政規則や学校監督庁の命令によって不必要ないしは不当に縮減されてはならない」（127b 条 1 項）。

またブレーメン州においては学校法（2005 年）が「学校の自律性」（Eigenständigkeit der Schule）と題して，「各学校は自律的な教育上の単位であり，この法律とブレーメン州学校行政法の基準にもとづき，，自らが経営管理する」（9 条 1 項）と規定し，くわえて学校行政法（2005 年）も「学校の自由な活動領域」とのタイトルで下記のような定めを置くところとなっている。

「学校は法律，法規命令，行政規則および教育行政機関の決定の範囲において，その内部的事項を自ら規律する」（22 条 1 項）。

「文部省は法律により学校制度の領域において法規命令を発する権限を授権されている場合，教育制度における等価性および生徒の機会均等の促進と確保のために必要な場合に限り，学校の自律性に制約をくわえることができる」

---

(93) Deutscher Bildungsrat, a.a.O.,1973

(94) Bildungskommission NRW, Zukunft der Bildung─Schule der Zukunft,1995

(95) 詳しくは参照：拙稿「ドイツにおける学校の自律性（Schulautonomie）の法的構造（1）」，『白鷗大学論集』第 29 巻第 2 号，2012 年 3 月，pp.189～215.

第Ⅰ部　第3章　教科書検定制度と教科書の採択法制

（22条2項）。

　ところで，いうところの「学校の自治・教育上の固有責任」の法的内容は，具体的には，各州の学校法によって学校会議，教員会議，父母協議会，生徒代表制などの組織権限として，あるいは校長の単独権限として法定されている。

　なかでも，1970年代以降各州において法制化された学校会議（Schulkonferenz）の権限が相当に強いものとなっている。学校会議は学校における教員・親・生徒の同権的な責任機関で，これら三者の代表によって構成されており―三者の構成比は州によって一様ではないが，三者同数代表制が16州のうち10州を占めもっとも多くなっている―，現行法制上，校長，教員会議とならぶ学校の重要な管理運営機関・意思決定機関として設置されているという状況にある。それどころか，ハンブルク州やブレーメン州のように学校会議を学校の最高審議・議決機関として位置づけている州も見られている。

　ちなみに，ハンブルク州においては学校会議は「学校自治の最高の審議・議決機関（das oberste Beratungs- und Beschlußgremium der schulischen Selbstverwaltung）」と明記され（学校法52条1項），「学校のあらゆる重要事項について審議し決定する」（同条2項）とされている。

2　「学校の自治・教育上の固有責任」事項としての教科書採択

　先に引いたヘッセン州学校法が「学校は…教育活動において自律を保障される」と書いているところからも知られるように，ドイツにおいては，教科書の採択（Einführung）は「学校の自治・教育上の固有責任」に属する事柄として，各学校の固有の権限とされている。

　ただ学校における教科書採択権の帰属主体には，州によって差異が見られている。すなわち，シュレスビッヒ・ホルシュタイン州のように学校会議の権限としている（学校法92条1項）州もあれば，ハンブルク州のように教員会議（Lehrerkonferenz）の専権事項としている（学校法9条2項）州も存する。

　ここで注目に値するのは，教科書採択が学校会議の権限とされている州においては，親や生徒もまた教科書の採択過程に「権利として直接参加」しているということである―ヘッセン州のように，学校父母協議会に教科書採択に関する聴聞権を法認している州も存している―。ちなみに，シュレスビッヒ・ホルシュタイン州の場合，学校会議は教員代表，親代表，生徒代表の三者同数代表制で構成されることになっている（学校法91条2項）。

　同じ文脈において，ラインラント・プファルツ州では，教員・親・生徒の三

100

者同数代表からなる教科書委員会（Schulbuchausschuß）が学区単位で特別に
設置されており，教科書の採択はこの委員会の所掌するところとなっている
（学校法 40 条 3 項）。

　ただこのような教員代表，親代表，生徒代表の三者同数代表制の学校会議や
学区教科書委員会に教科書採択権を帰属させることに対しては，「教員の教育
上の自由」尊重の立場からの厳しい批判が見られている[96]。

　なお採択主体が同じく教員会議の場合でも，各種教員会議間の権限配分によ
り，採択権が教科会議（Fachkonferenz）に属している場合と，教員全体会議
（Gesamtkonferenz）の権限とされている場合とに分かれている。

　ちなみに，この問題について，ドイツ法律家協会が 1981 年に提示した「州
学校法案」は，教科書の採択に関する原則の確定を教員全体会議の権限とし，
この原則を踏まえたうえでの具体的な採択決定権を教科会議の権限と定めてい
る[97]。

　ところで，先に垣間見たように，ドイツにおいては 1960 年代以降，「教員の
教育上の自由」（Die pädagogische Freiheit des Lehrers）もまた法的保障をうけ，
今日ではすべての州の学校法において明示的に保障されており，支配的学説に
よれば，この法理は「教員に対して固有責任にもとづく教育活動の形成領域を
保障するもの」であり，「教員の公務員法上の地位を補充し修正する原則」と
解されている[98]。

　それでは，教科書の採択や使用をめぐって，教員のこの自由と教員会議ない
し学校会議との権限関係はどうなるのか。

　これについては，学校法学の通説および判例ともに，会議決定の方が優位し，
したがって，教員は教科書の採択に関する教員会議ないし学校会議の決定を遵
守する義務を負うと解している[99]。

　判例を一例引くと，ニーダーザクセン州のギムナジウムの化学教員が，その
有する「教育上の自由」を根拠に，教科会議が採択を決定した教科書の使用を
拒否した件で，連邦行政裁判所はつぎのような判断を示している[100]。

---

(96)　B.O.Bryde, a.a.O.,S.36.

(97)　Deutscher Juristentag, a.a.O.,80 条・81 条。

(98)　H.Avenarius/H.P.Füssel,a.a.O.,S.663.

(99)　J.Rux/N.Niehues,a.a.O.,S.236. M.Stock, Pädagogische Freiheit und Schulbuchregle-
　　　ment, In: RdJB（1992），S.241ff など。

(100)　BVerwG, Beschl. v. 28. 1. 1994, In: SPE, Neue Folge, 480 Nr. 14.

第Ⅰ部　第3章　教科書検定制度と教科書の採択法制

「教員は，その教育上の固有責任を妨げられることなく，教科会議の提議により，教員全体会議の決定によって採択された特定の教科書を，授業において使用する義務を負う」。

　なおドイツにおいては一般に教科書は州の財産とされており，各州の憲法や学校法の定めるところにより，教科書の無償貸与制（Lernmittelfreiheit）が採られている。そこで教科書の採択は，現実には各学校に委ねられた予算とその配分に関する学校会議ないしは教員全体会議の決定の範囲内で，上述したところにより行われることになる。

第4章　国旗・国歌法制の構造

第1節　国旗の歴史と法制

1　国旗の法制史

　ドイツの国旗は黒・赤・金の3色旗である。黒は人権に対する抑圧への抵抗，赤は自由への憧れ，金は真理と理想の追求を意味するという。

　この旗は，1815年に設立されたイエナ大学「学生組合」（Burschenschaft）の旗に由来するといわれる[1]。一般化する契機となったのは，同学生組合が提唱し，1817年にワルトブルクでもたれた君候に対する全国学生抗議集会において，この旗が使用されたことによる。その後，1832年のハンバッハにおける学生・市民集会でも「自由主義的なナショナリズム」のシンボルとして用いられ，さらに1848年にフランクフルトで開催された「3月革命」憲法制定国民議会は，この3色旗のもとに招集された[2]。

　こうして，この旗は「自由で，統一されたドイツ国家の理念」を象徴するものとされるに至り[3]，1919年のワイマール憲法によって，憲法上，正式に国旗とし明記された。「帝国の色（Reichsfarben）は黒・赤・金色とする。商船旗は……黒・白・赤色とする」（第3条）との条項がそれである——なお，1867年にプロイセン主導で成立した北ドイツ連邦は黒・白・赤の3色を連邦の色と定め，また1871年のドイツ帝国憲法（いわゆるビスマルク憲法）も，これを継受して，「海軍旗および商船旗は黒・白・赤色とする」（第55条）との規定をもっていた。そこでワイマール憲法制定議会において，保守政党から国旗条項の草案に対して強い異議が唱えられ，政治的な妥協の産物として，上掲のワイマール憲法第3条が成立を見たという経緯がある[4]——。

---

(1)　M. Sachs（Hrsg.），Grundgesetz－ Kommentar,2007, S.892.

(2)　なお，参考までに，ドイツ3月革命の所産である1848年のプロイセン憲法は「学問の自由」（17条）および「教育の自由」（19条）の保障にくわえて，一国の憲法としては世界で初めて「教育をうける権利」（18条）を憲法条保障したことで教育法制史上に不滅の地位を築いている（L.Clausnitzer, Geschichte des Preußischen Unterrichtsgesetzes, 1891, S.162）。

(3)　L. Giese, Die Verfassung des Deutschen Reiches, 1931, S.44.

103

第 I 部　第 4 章　国旗・国歌法制の構造

しかし，ナチスが国家権力を奪取した 1933 年，時の大統領ヒンデンブルクが国旗はビスマルク帝国の色と同色の黒・白・赤色が望ましいと言明したことも伏線となって，1935 年，それと同色のナチスの党旗ハーケン・クロイツ（Hakenkreuz・鉤十字）によってその地位を追われることになる。そして，第 2 次世界大戦後，1949 年の西ドイツ国家の成立とともに，黒・赤・金の 3 色旗はボン基本法によって国旗として復活した（第 22 条），という歴史をもっている[5]。

2　現行法制と国民の権利・義務

2－1　現行の国旗法制

1990 年 10 月，ドイツは国民的な宿願であった東西ドイツの再統一を成し遂げたが，旧西ドイツ基本法が，統一に伴う若干の修正を施したうえで，ほぼそのまま統一ドイツの憲法とされたこともあって，国旗条項も旧西ドイツ基本法のそれが同文のまま引き継がれた。

すなわち，ドイツ統一後の現行憲法も，ワイマール憲法の流れを汲んで，「連邦国旗は黒・赤・金色とする（Die Bundesflage ist　schwarz-rot-gold）」（第 22 条）との条項を擁している。

この条項が外に対しては国際法上の意味をもち，国内的には統合規定（Integrationsvorschrift）としての位置を占めていることは，改めて書くまでもない。

なお，上記の憲法条項は大統領令によって具体化されており，1950 年 6 月 7 日付の「ドイツ国旗に関する命令[6]」が，国旗の大きさや 3 色の割合などについての具体的な定めを置いている。

ただ，この点については，法治主義原則の観点からの批判がある。このような立場からは，憲法の国旗条項は，事柄の性質上，大統領令ではなく，法律によって具体化されなくてはならないとされる[7]。

ちなみに，ニーダーザクセン州においてだけは，ドイツ基本法 22 条を承け

---

(4)　G. Anschütz, Die Verfassung des Deutschen Reichs vom 11. August 1919, 14Aufl., 1933, S.48-49.

(5)　H. Pleticha, Bundesfarben und Bundeswappen, In: Deutschland Porträt einer Nation 2, S.208-209.

(6)　Die Flaggenanordnug vom 7.6.1950.

(7)　A. Hamann / H. Lenz, Das Grundgesetz für die Bundesrepublik Deutschland (Kommentar), 1970, S.370.

第1節　国旗の歴史と法制

て，州憲法（1951 年制定）が「ニーダーザクセンは……州の紋章のある黒・赤・金色の旗を使用する。詳細は法律でこれを定める」（1 条 3 項）と書いており，そこで特別法として，「紋章，旗および印章に関する法律」（1952 年）が制定されている[8]。

2 - 2　国旗を掲揚する権利

憲法学の支配的見解が説くところによれば，各人は基本法 22 条により，国民的共属・悲しみ・喜び等の表徴として，「国旗を掲揚する権利」（Flaggenführungsrecht）を有しているとされる。この権利は，連邦や州およびその機関などの政府機構だけではなく，公法上の団体や施設，さらには私人にも保障されていると解されている。ここにいう私人には外国人も含まれる，とするのが通説である[9]。

ただこの権利は，経済的な目的など，他の目的のために国旗を使用することまで正当化するものではない。それどころか，かかる国旗の目的外使用は，商標法〈Warenzeichengesetz vom 2.1.1968〉により，法禁さるところとなっている（4 条）。

2 - 3　国旗を掲揚する義務

一般に連邦や州の政府機関や公の施設，さらには公法上の団体や施設については，「国旗を掲揚する義務」（Flagenführungspflicht）があるとされている。この義務は，連邦の機関の場合は基本法 22 条から直接に導かれると解されており，また州の機関にあっては州法によって根拠づけられている。たとえば，ヘッセン州の「公の施設における国旗掲揚に関する法律」（1950 年）は，こう規定している[10]。

「内務大臣は，州の全体ないし 1 部にとって政治的に一般的な意味をもつ特別な契機に基づいて，州の公の施設に対して，ならびに州の監督に服するかぎりにおいて，ヘッセン州の公法上の社団，施設および財団に対しても，旗の掲揚を命じることができる」（1 条）。「州の行政機関には……連邦旗と州旗が掲揚されるものとする」（2 条）。

---

(8)　Gesetz über Wappen, Flaggen ung Siegel vom 13.10.1952.

(9)　さしあたり，T. Maunz / G. Dürig（Hrsg.），Grundgesetz- Kommentar, Bd.3,2011, Art. 22, Rdnr.22.

(10)　Gesetz über das Beflaggen öffentlicher Gebäude vom 16.5.1950.

第Ⅰ部　第4章　国旗・国歌法制の構造

そして，これを受けて，内務大臣布告「公の施設における旗の掲揚」（1993年）により，国旗を掲揚すべき日として，つぎの 10 日が指定されている。メーデー，ヨーロッパの日，基本法公布日，1953 年 6 月 17 日の記念日，ドイツ人による抵抗運動の記念日，故郷の日，ドイツ統一の日，ヘッセン州憲法の施行記念日，普通選挙の日（ヨーロッパ議会・連邦議会・州議会・自治体選挙），がそれである[11]。

つぎに，わが国のコンテクストにおいては重要な意味をもつ論点として，一般国民（私人）は国旗掲揚義務を負うかであるが，これについて憲法学の通説は，大要，つぎのように解している[12]。

国民（私人）の国旗掲揚義務について定めた「法律」（Gesetz）が存しない場合は，国民にはそのような義務はない。法治主義の原則により，国民に対してはただ「法律」に基づいてのみ義務を課すことができるからである。

法律上，国民の国旗掲揚義務を設定することは可能である。ただしそれは，「信仰・良心の自由」および「宗教・世界観の告白の自由」（基本法 4 条 1 項）ないし「自由に見解を表明する権利」（基本法 5 条 1 項）に十分な配慮を払い，これらの基本権を侵害しない範囲および程度においてである――この前提として，国旗に関する規律は法規たる性質をもつ（もたなくてはならない）ということがある――。それが国民の一般的な行動の自由を制限するからではなく，国家のシンボルの創造は，国家権力が由来する，国家の成員としての「市民たる地位・領域」（Sphäre des Bürgers）に触れるものだからであるとされる[13]。

ちなみに，現行法制上，私人の国旗掲揚が義務づけられているのは，基本法の妥当範囲に住所をもち，ドイツ国籍を有するものの所有にかかる船舶の航行についてだけで（1951 年 2 月 8 日の旗国法〈Flaggenrechtsgesetz〉1 条 1 項[14]），それ以外の法域においてはこのような義務はいっさい法定されてはいない[15]。

なお付言すると，教会に対しては，いかなる場合においても，また法律に基

---

(11)　F. Köller / H. Knudsen, Schulrecht-Hessen 2, 1997, 2.4.1.

(12)　H. v. Mangoldt / F. Klein/C.Starck（Hrsg.），Kommentar zum Grundgesetz Bd.2. 2010, S.384. T. Maunz / G. Dürig（Hrsg.），a.a.O., Art.22, Rdnr.23. H.Hofmann/A.Hopfauf（Hrsg.），Kommentar zum Grundgesetz, 2008, S. 731. H. D. Jaras/B. Pieroth, Grundgesetz für die Bundesrepublik Deutschland,2007,S.537.

(13)　I. v. Münch/P.Kunig（Hrsg.），Grundgesetz-Kommentar, Bd.2, 2001, S.115.

(14)　Gesetz über das flaggenrecht der Seeschiffe und die flaggenführung der Binnen-schiffe vom 8.2.1951.

(15)　I. v. Münch/P.Kunig（Hrsg.），a.a.O., S.116.

づくものであっても，国旗掲揚義務を課すことはできない，とするのが現行憲法体制の建前である。

第2節　国歌の歴史と法制

1　国歌の法制史

　1870年の普仏戦争では，「ラインの守り」がプロイセン・ドイツ側の国歌とされていたという。北ドイツ連邦を基にビスマルクによるドイツ帝国が成立したのは1871年であるが，それからおよそ20年後，1890年代に入って，「世界に冠たるドイツ」の邦訳で知られる「ドイツの歌」が，ハイドンがオーストリア皇帝に捧げた「皇帝賛歌」の曲に合わせて愛唱されるようになった。ナショナリズムを高揚させる歌として，当初は，もっぱら軍隊や保守派の間で歌われたとされる。

　この「ドイツの歌」は，1841年，詩人でブレスラウ大学の教授であったホフマン・フォン・ファラースレーベン（Hoffmann von Fallersleben）が作詞したものである。1番の歌詞「世界のあらゆることに優るドイツ」（Deutschland-Deutschland über alles）の意味するところについては，歴史的に，二様の解釈がなされてきている。

　一つは，「（領邦国家に分断している）ドイツの統一は世界のすべてに優る重要事」との解釈で，国民国家としてのドイツ統一を願う素朴な愛国主義者や民主主義者の捉え方である。二つは，いわゆる拡張主義や国粋主義の立場からの解釈で，「世界のすべてに君臨するドイツ」（世界に冠たるドイツ）を意味するとされる。

　この歌は，ワイマール革命後の1922年，ヒンデンブルク大統領による命令によって（大統領令），正式に国歌として認められた。社会民主党政権が軍隊や保守派の愛唱歌を国歌として支持したのは，革命の過激化を恐れて軍部と結託した結果だといわれている。

　1933年から1945年までのナチス独裁時代は，先に言及した1番の歌詞は，国家主義・拡張主義を鼓吹する手段として政治的に余すところなく利用された。

　第2次大戦後，連合国管理委員会は，この国歌をナチスのイデオロギーを支えたものとして禁止した。しかし，1952年，ホイス大統領はアデナウアー首相の要請に応え，その返書において[16]，国家的な行事に際しては，3番の歌詞「祖国ドイツのための統一と権利と自由！」（Einigkeit und Recht und Freiheit

第Ⅰ部　第4章　国旗・国歌法制の構造

für das deutsche Vaterland）を国歌として歌うことを承認し，かくして「ドイツの歌」の3番だけが国歌として復活した。

　ドイツ再統一後の1991年，ワイツゼッカー大統領は改めて「ドイツの歌」の3番を国歌として確認し，依然として国歌をめぐる議論はあるものの，今日に至っている[17]。

2　現行の国歌法制

　国旗の場合と異なり，国歌については，ドイツ基本法にも，法律上もなんらの定めもない。既述した通り，「ドイツの歌」の歌詞3番の国歌としての確認・指定は，大統領と首相との間の往復書簡においてなされた。それは，大統領令という法形式をとってはおらず，また連邦官報で告示されることもなかったので，いかなる意味においても法規性を欠く，とするのが憲法学の一般的な理解である[18]。

　かくして国歌にかかわる大統領の決定は，行政機関に対しては政治的な拘束力をもつが，一般国民に対する法的拘束力はない，と解釈されている[19]。

　なお，集会において，あるいは文書の普及によって，連邦ないし州の旗・色・紋章・歌を公然と侮辱した者は，3年以内の自由刑ないしは罰金刑に処せられることになっている（刑法90a条）。

　敷衍して記すと，これまでのところ，基本法22条の国旗条項ないしは国歌に関する大統領決定をめぐっては，法的争訟は1件もなく，したがって，この法域における判例は存在していないとされる。

第3節　学校教育における国旗・国歌の取扱い

　学校教育において，国旗や国歌をどのように扱うべきかについて，ドイツの現行学校法制はなんら語るところがない。国旗・国歌をめぐって学校現場でコンフリクトが起きることも殆どないようで，学校法学書や教育行政・学校経営

---

(16)　Schreiben vom 2.5.1952. なお大統領と首相との往復書簡は，H. Lechner / K. Hülshoff, Parlament und Regierung, 1958, S.270ff に収載されている。

(17)　以上，参照：H. D. Kiemle, Ausdruck der Volksseele, In:〈Zeit 1990.Nr.1〉，雪山伸一「国歌への批判深まるドイツ」〈朝日新聞・1994年10月21日付け〉。

(18)　さしあたり，R. Wassermann（Hrsg.），Kommentar zum Grundgesetz für die Bundesrepublik Deutschland, Bd.1, 1989, S.1597.

(19)　T. Maunz / G. Dürig（Hrsg.），a.a.O., Art.22, Rdnr.32.

108

第3節　学校教育における国旗・国歌の取扱い

書の類にも，これに関する記述はまったく見当たらない。そこで以下に，ドイ
ツ人の友人や知り合いの学生たちから聞いた話とドイツ滞在中の学校訪問等に
よる私自身の見聞から，その実際の一端を紹介しておこう。

　①　ドイツでも，州や学校種によって一様ではないが，通常，入学式や卒業
式は行われている。しかしその際，国旗を掲揚したり，国歌を斉唱することは
先ずない。

　②　大統領府や首相官邸など連邦政府の主要な建物には，平常の日でも，国
旗が掲げられている。しかし学校では，国家的祝祭日でも，そのような光景は
見られない。

　③　社会科で学習するドイツ基本法のテキストに国歌が収載されているが，
通常，授業で習うことはない。ただヘッセン州がその例であるが，州によって
は，6学年から7学年にかけて，社会・音楽・国語の授業で国歌について教え
ているところもある。

　④　かつて，ヘッセン州においては，キリスト教民主同盟政権によって「学
校教育における国歌の義務化」が企図されたが，教員組合が強く反発し，実現
しなかったという事実がある。

　⑤　国旗・国歌ではないが，ベルリンのクルト・シューマッハ基礎学校の校
長室には，ワイツゼッカー大統領（当時）の写真が掲げられていた。校長の話
によれば，各学校はそうしなければならないとのことであった。

109

第Ⅱ部

国家・宗教・学校をめぐる法制

第1章　ドイツ型政教分離の原則

第1節　「宗教の自由」保障

　基本法4条は「信仰および良心の自由，ならびに宗教および世界観の告白の自由は不可侵である」（1項）と規定し，つづいて「妨げられることなく宗教活動を行なうことが保障される」（2項）と書いて，「宗教の自由」（Religionsfreiheit）を国民の基本権として保障している。憲法学の通説によれば[1]，「信仰の自由」（Glaubensfreiheit）は各人に対して特定の信仰をもつ権利，もしくはもたない権利を保障するもので，宗教の自由の内的側面を形成するのに対して，「宗教・世界観告白の自由」（Bekenntnisfreiheit）は自己の宗教・世界観上の信念を外部に表明する権利，もしくは表明することを拒否し沈黙する権利を保障するものである。また妨げられることなく宗教活動を行なう権利の中核に位置するのは「礼拝の自由」（Kultusfreiheit）で，この自由は宗教・世界観告白の自由を刻印する権利である。

　ここにいう「宗教の自由」は留保なしに憲法上保障されている権利であり，したがって，法律によってこの権利を制限することは許されない。この権利に対する制約は基本法それ自体によってだけ生じるのであり，とくに憲法上の原則である「寛容の要請」にもとづく制約が重要である。

　ところで，「宗教の自由」の保障は自由な精神生活のための不可欠かつ基本的な前提をなすもので，これに対する国家の介入を禁止する効果をもつ。こうして，基本法4条は同時に国家教会法（Staatskirchenrecht）の根本的規範として，国家の宗教的・世界観的中立性を根拠づける，ということが重要である[2]。

　指導的な国家教会法学者・A.ホラーバッハの文章を借用すると，「一般に基本権は法秩序全体に対して客観的な意味原理をなしているが，宗教の自由の場合はその度合いがとりわけ強い。国家の世俗性と中立性の原則および宗派同権の原則は宗教の自由にその根源的な基盤を有している。国家は宗教，信条，世界観に関して非同一化の要請に服し，他方では宗教の自由の効果から積極的かつ開かれた中立性を旨とする中立な国家であることが求められる。国家が宗

---

(1)　さしあたり，I.v.Münch/P.Kunig（Hrsg.），Grundgesetz-Kommentar, 2012, S.339, S.344.

(2)　H.Avenarius, Recht von A‐Z, 1990, S.395.

第Ⅱ部　第1章　ドイツ型政教分離の原則

の自由を保障する場合，国家はそれ故にすべての宗派を原則として平等に取り扱わなくてはならない。つまり，宗派同権の原則を遵守しなくてはならない。詰まるところ，宗教の自由を踏まえた秩序は寛容の要請によって刻印される」ということである[3]。

第2節　国家教会法の基本原則

　1919年に制定されたワイマール憲法は，国家と教会ないし宗教団体との関係について5ヵ条にわたって規定しているが（136条〜139条，141条），これらの国家と宗教との関係に関する条項は，基本法140条により，基本法の構成部分として今日でも妥当している。

　ワイマール憲法137条1項は「国の教会は存在しない」と書いているが，この条項は特定の教会ないし宗派を「国の教会」（Staatskirche）ないし「国の宗教」（Staatsreligion）に高めることを禁止すると同時に〈宗教国家・宗派国家の否定〉，従来，領主による教会支配としてほとんどのプロテスタント教会に対して存在した，教会に対する国家の監督を排除するものでもある。くわえて，ワイマール憲法137条3項は「各宗教団体は……その事務を独立して処理し管理する」と規定して，教会ないし宗教団体に対してその固有事項に関する自己決定権を保障しており，こうして，上述した「宗教の自由」保障の効果と相俟って，基本法は国家と宗教の分離の原則＝政教分離の原則を採用しているということが帰結される。国家と教会ないし宗教団体は原理的に相互に分離した存在であり，それぞれ固有の領域においては独立しているということの憲法による確認である。

　ただここにいう政教分離の形態は，「国家の非宗教性（ライシテ）の原則」を憲法上の原則として確立しているフランスとは大きく異なり[4]，「国家と教会の組織上の分離」（organisatorische Trennung von Staat und Kirche）を意味しているにすぎない。宗教的に中立な国家は教会の公的な活動を拒否し，これと

---

(3)　A. Hollerbach, Grundlagen des Staatskirchenrechts, J. Isensee/P. Kirchhof（Hrsg.），Handbuch des Staatsrechts der Bundesrepublik Deutschland,Bd6,1989, S.532.

(4)　フランスにおいては，1789年の人権宣言による「宗教の自由」保障をうけて，1905年に政教分離法が制定され，この法律によって「国家の非宗教性（ライシテ）の原則」が確立を見たのであるが，現行憲法（1958年）も次のように書いて，この原則を憲法上確認している。「フランスは，不可分にして非宗教的な民主的かつ社会的共和国である」（2条）。

は一切係わらないという意味での，国家と宗教の厳格な分離ではない。

それどころか，国家は公の領域においてもまた，教会と同一化することなく〈国家と教会の非同一化の原則・Grundsatz der Nichtidentifikation〉，また特定の教会や宗教団体を優遇することなく〈宗派同権の原則・Grundsatz der Parität〉，教会の活動を支援し促進するところとなっている〈国家と教会との協同[5]〉。その度合いは，他の生活領域に比較して，学校教育の領域においてより強くなっている。公立学校において正課としての宗教教育が実施されているのが（後述），その典型例である。

なお国家と教会との関係に関する詳細は，カトリック教会との政教条約（Konkordat）およびプロテスタント教会との教会条約（Kirchenvertrag）において定められている。

ところでドイツにおいては教会は伝統的に公法上の社団（Körperschaft des öffentlichen Rechts）として位置づけられてきているが（ワイマール憲法137条5項），このことは教会が他の公法上の社団と同じく国家行政に編入され，国家の監督に服することを意味しない。それどころか教会はこの法的地位にもとづいて国家と競合する各種の公法上の権限を有するところとなっている。法定立権，裁判権，懲戒権，課税権などがその例である。

以上のように，ドイツにおける国家と教会ないし宗教団体との関係は歴史的に独特の構造を擁しており，そこにドイツ国家教会法の特徴を見ることができる〈ドイツ型政教分離の原則〉。

第3節　憲法上の原則としての「寛容な学校の原則」

国家の宗教的・世界観的中立性の原則は学校教育の領域においても当然に妥当する。しかしこの原則は，既述したところから知られるように，国家と宗教との厳格な分離，つまり，公立学校教育から一切の宗教的・世界観的な要素を排除することを求めるものではない。したがって，たとえば，公立のキリスト教的共同学校がその例であるが（後述），公立学校教育がキリスト教を基盤として行われても，憲法違反とはならないと解されることになる。

憲法学・学校法学の有力な見解によれば，国家の宗教的・世界観的中立性の原則は開放的かつ宗派横断的に，すべての宗派のために「信仰の自由」を均等

――――――――――
(5)　H. Avenarius/H. P. Füssel, Schulrecht, 8 Aufl. 2010, S. 114～S. 115. H. Avenarius, Die Rechtsordnung der Bundesrepublik Deutschland, 1995, S. 30～S. 31. A. Hollerbach, a.a.O., S. 533.

第Ⅱ部　第1章　ドイツ型政教分離の原則

に促進することを国家に義務づける憲法上の原則だと捉えられている[6]。国家は特定の宗教や世界観に与してその影響力を行使してはならず，様々な宗教的価値や内容に対してオープンでなければならないということであり，こうして，この原則は「寛容な学校の原則」（Grundsatz der tolerante Schule）を憲法上の学校法原則として導くということになる〈憲法上の原則としての「寛容な学校の原則」〉。

　この「寛容な学校」の憲法上の原則は，これを基本権の視点から捉えると，「人格を自由に発達させる権利」（基本法2条1項），「信仰・良心・世界観告白の自由」（同4条1項・2項），「表現の自由」（同5条1項）および「親の自然的教育権」（同6条2項）・「親の宗教教育権」（同7条2項）からの要請である，ということが重要である。価値決定的な根本規範としての基本権からの法的効果であるが[7]，詰まるところ，子どもや親は「寛容な学校を求める基本権」（Grundrecht auf tolerante Schule）を憲法上享有しており[8]，そこでこの基本権に対応して，公立学校は「寛容な学校」であることが憲法上求められているということである。学校は自由と価値の多元性の面で「開かれた学校」（offene Schule）であることが憲法上求められている，と言い換えてもよい。

　なお付言すると，後述する「公立学校における十字架判決」（1995年）がその例であるが，連邦憲法裁判所は1990年代半ば以降，国家の宗教的・世界観的中立性の原則を国家と宗教をより厳しく分離する方向で解釈する傾向が見られている。K.レンネルトの定式化によれば，「教化および伝道の禁止」を求める原則から「宗教的抑制の要請」原則へ，宗教を「尊重する，開かれた中立性」（respektierende offene Neutralität）原則から，宗教を「分離する中立性」（distanzierende Neutralität）原則への解釈変更である[9]。ドイツ社会の脱キリスト教化およびキリスト教以外の宗教，とりわけイスラム教のドイツ社会への浸透がその背景にあるとされる[10]。

---

(6)　T.Maunz/G.Dürig（Hrsg.），Grundgesetz-Kommentar, 2011, Art.7, S.17.
　　H.Avenarius/H.P.Füssel, a.a.O.,S.115.

(7)　M.Bothe, Erziehungsauftrag und Erziehungsmaßstab der Schule im freiheitlichen Verfassungsstaat, In: VVDStRL（54），1995,S.29.

(8)　T.Oppermann, Zum Grundrecht auf eine tolerante Schule, In:RdJB（1977），S.44.

(9)　K.Rennert, Entwicklung in der Rechtsprechung zum Schulrecht, In: DVBl（2001），S.510.

(10)　H.Avenarius/H.P.Füssel, a.a.O.,S.115.

第2章　公立学校の宗教的性格と学校形態

第1節　政教分離の原則とキリスト教的公立学校制度

　既述したように，ドイツにおける政教分離の原則は，フランスにおける「国家の非宗教性（ライシテ）の原則」とは異なり，国家と宗教との厳格な分離を求めるものではなく，国家と教会ないし宗教団体との機能的な協同を容認するものである。

　またドイツにおいては「教育主権」ないし「文化主権」は伝統的に各州に属しているが（参照：第1部第2章），連邦憲法裁判所の判例および憲法・学校法学の支配的見解によれば，基本法7条1項は民主的な州の立法者に対して，積極的ないし消極的な宗教の自由や国家教会法上の諸義務を考慮したうえで，公立学校の宗教的・世界観的性格を決定する権限を委ねていると解されている[1]。

　こうして，たとえば，ラインラント・プファルツ州憲法が「公立の基礎学校，基幹学校および特別学校はキリスト教的共同学校（christliche Gemeinschaftsschulen）である」（29条）と規定し，またザールラント州憲法も「公立の基礎学校，基幹学校，特別学校，職業学校，実科学校およびギムナジウムは共同学校である。これらの学校において生徒はその所属宗派に関係なく……キリスト教の教育・文化価値を基盤として（auf der Grundlage christlicher Bildungs-und Kulturwerte）教育される」（27条3項）と書いていることからも知られるように[2]，ドイツの公立学校制度は，州により，また学校種によって，その宗教性の度合いには濃淡があるが，基本的にはキリスト教的な学校（christliche Schule）であるという属性を有している。

　ただドイツにおけるこのようなキリスト教的公立学校制度が，果たして憲法上の原則である政教分離の原則ないし国家の宗教的・世界観的中立性の原則に適合するかどうかについては，とくに1970年代に少なからぬ法的争訟が発生

---

(1)　T.Maunz/G.Dürig (Hrsg.), Grundgesetz-Kommentar, Bd.2,2011, Art.7, S.18.

(2)　またバーデン・ビュルテンベルク州憲法も「公立の国民学校（基礎・基幹学校）はキリスト教的共同学校の形態を有する」（15条1項）と規定しており，バイエルン州憲法135条も同旨である。さらにヘッセン州においては，学校法上，学校は「ヒューマニズムとキリスト教の伝統にもとづく教育責務」を遂行する義務があると明記されている（2項1項）。

第Ⅱ部　第2章　公立学校の宗教的性格と学校形態

している。この問題について連邦憲法裁判所は一貫して合憲論の立場を採ってきているのであるが，その要点を摘記すると下記のようである。

①　州の立法者は公立学校制度の形成に際してキリスト教関係の事柄を導入することを禁止されてはいない。しかしそれは生徒の「信仰・良心の自由」に影響を与えるものであるから，強制的な要素は最低限でなくてはならない。公立学校は決して「伝道学校」（missionarische Schule）であってはならないし，またキリスト教の信仰内容の拘束性を生徒に要求してはならない[3]。

②　キリスト教的公立学校は他の宗教・世界観や価値に対して開かれていなくてはならない。また様々な宗教団体の平等な取扱いの原則を尊重しなくてはならない。かかる学校の教育目的は，宗教教育を除いて，キリスト教宗派的（christlich konfessionell）に定められてはならない[4]。

③　宗教教育以外の世俗の教科でキリスト教を肯定することは，第一義的には，西洋において歴史的に形成されてきた「刻印する文化的・教育的な要因」（prägende Kultur-und Bildungsfaktor）を承認することであり，キリスト教の信仰と直接関係するものではない。そこにおいてはキリスト教にもとづく絶対的な要求はなされておらず，基本法4条1項・2項を踏まえての，世界観的・宗教的領域における自律的な人格形成のための営みが問題とされているのである[5]。

④　あらゆる宗教的・世界観的な見解との客観的な論議の余地を残しているキリスト教的公立学校は，親や生徒に憲法上許されないような「信仰・良心の衝突」をもたらしはしない。また親による教育に際しても，親が宗教的・世界観的な事柄に関して，その子を自分が正しいと考える信仰に向けて教育する余地を十分に残している[6]。

⑤　多くの州憲法や学校法が規定している学校のキリスト教性（Christlich-keit）も，西洋の伝統における文化的な淵源に照らし，許容される。それは宗教や世界観に関する問題での国家の中立性の要請に抵触するものではない。キリスト教的公立学校は西洋の文化的脈絡の表出なのであり，キリスト教への同化を迫るものではないからである[7]。

---

(3)　BVerfGE, 41,29（51），zit. aus G.Robbers, Religion in der öffentlichen Schule, In:RdJB（2003),S.13.

(4)　BVerfGE, 93,1（17），zit. aus G.Robbers,ebd.

(5)　BVerfGE, 41,65（83），zit. aus G.Robbers,ebd.

(6)　BVerfGE, 93,1（23），zit. aus G.Robbers,ebd.

⑥　公立学校においてキリスト教関係の事柄を一切排除することは，学校の教育責務に反する。各州の憲法や学校法が規定している「神に対する畏敬への教育」（Erziehung zur Ehrfurcht vor Gott）という教育目的は，ある特定の宗教的信仰にもとづく教育と理解されてはならない。それは超越的なものに対する尊敬，自己の限界の認識および国家的・社会的な存在の有限性に係わる教育と捉えられる。もとよりその際，常に「寛容の要請の原則」が尊重されなくてはならない。この原則は学校に対しては生徒を寛容に向けて教育すること，また生徒に対しては自己のアイデンティティーと自らの信念を形成する可能性を留保したうえで，寛容であることを義務づけることになる[8]。

⑦　世界観的・宗教的強制を可能な限り排除し，すべての宗教・世界観との客観的な論議の余地を提供し，寛容の要請を尊重する学校形態は，宗教教育を拒否する親と子どもにとっても，また宗派に拘束された宗教教育を望む親と子どもにとっても，その「宗教の自由」に適合する[9]。

第2節　公立学校の学校形態

既述したように，基本法7条1項により，各州は公立学校の宗教的・世界観的性格を決定する権利を有しているのであるが，これにもとづいて現行制度上，各州における公立学校の学校形態としては，大きく，下記のような3種類が見られている[10]。

1　共同学校（Gemeinschaftsschule）
すべての生徒に共通の，教員や生徒の宗派や世界観によって分離されない学校である。従前は Simultanschule と呼称された。この共同学校は，キリスト教との関係により，下記の3種に区分される。

1-1　キリスト教的共同学校（christliche Gemeinschaftsschule）
キリスト教を一般的な基盤とし，これにもとづいて教育を行う学校である。

---

(7)　BVerfGE, 41,29（57），zit. aus G.Robbers,ebd.

(8)　BVerfGE, 93,1（22），zit. aus G.Robbers,ebd.

(9)　BVerfGE, 41,29, zit. aus T.Maunz/G.Dürig（Hrsg.），a.a.O., Art.7, S.18.

(10)　H.Avenarius/H.Heckel,Schulrechtskunde, 7 Aufl.2000, S.102ff.
　　H.Avenarius/H.P.Füssel,Schulrecht, 8 Aufl.2010, S.128ff.
　　L.Dietze/K.Hess/H.G.Noack, Rechtslexikon für Schüler,Lehrer,Eltern,1975, S.113. S.320.

第Ⅱ部　第2章　公立学校の宗教的性格と学校形態

そこにおいてはキリスト教各宗派に拘束された宗教教育が，それぞれの宗派の生徒に対し当該宗教団体の教義に則って，正課として実施される。バーデン・ビュルテンベルク，バイエルン，ヘッセン，ニーダーザクセン，ノルトライン・ウエストファーレン，ラインラント・プファルツ，ザールランド，シュレスヴィヒ・ホルシュタインの8州でこの種の公立学校が見られている。

　ちなみに，たとえば，バーデン・ビュルテンベルク州憲法は「公立の国民学校（基礎・基幹学校）は……キリスト教的共同学校の形態を有する」（15条1項）と規定して，公立のキリスト教的共同学校の存在を憲法上確認するところとなっている[11]。

　ところで，この公立のキリスト教的共同学校をめぐっては，1970年代にバーデン・ビュルテンベルク，バイエルン，ノルトライン・ウエストファーレンの3州においてその合憲性が激しく争われ，法的争訟化したという歴史がある。連邦憲法裁判所はいずれのケースについても公立のキリスト教的共同学校の合憲性を認めたのであるが，バーデン・ビュルテンベルク州のケースについては，大要，つぎのような判断を示している[12]。

　「基本法7条1項は民主的な州の立法者に対して，基本法4条が保障する基本権を考慮したうえで，公立学校の宗教的・世界観的性格を決定することを委ねている。基本法4条が保障する基本権には，子どもに対して親が正しいと考える宗教的ないし世界観的教育を行う親の教育権が包含されている。

　学校制度において不可避な，宗派から自由な教育を望む生徒の『消極的信仰の自由』（negative Glaubensfreiheit）と，自己の宗教の精神における教育を求める生徒の『積極的信仰の自由』（positive Glaubensfreiheit）との間の緊張関係を，憲法上保護された各種の法益を考慮して『整合の原則』（Prinzip der Konkordanz）に即して解決するのは州の立法者に課せられた任務である。

　世界観的・宗教的な面での強制を可能な限り排除し，すべての世界観的・宗教的見解との客観的な論議の余地を提供し，そして寛容の要請を尊重する学校形態は，宗教的な教育を拒否する親や生徒に対し，憲法上許されないような『信仰・良心の衝突』をもたらすものではない。それゆえ，バーデン・ビュルテンベルク州憲法15条1項にいうバーデン地方に伝統的なキリスト教的共同

---

(11)　バイエルン州憲法135条，ラインラント・プファルツ州憲法29条も同様の規定である。

(12)　BVerfG, Urt. v. 17. 12. 1975, In:SPE 276 Nr.6.

120

学校は，学校形態として，基本法に適合する」。

またバイエルン州のケースについても同様の観点から，連邦憲法裁判所は下記のように判じている[13]。

「バイエルン州憲法135条および同州国民学校法7条1項は，様々な宗派や世界観の生徒が混在するクラスの授業を，キリスト教の特定宗派の信仰内容に拘束するものではない。

これらのキリスト教的共同学校に関する規定は，考えを異にする人の宗教的・世界観的な感情を尊重したうえで，キリスト教によって刻印されてはいるが，西洋の文化圏の共通財産となっている価値や規範を踏まえての教育に関するものと理解される。

共同学校の中に，自由意思を基盤として，同一宗派の生徒から成るクラスを設置することは，それによって他の生徒が不利益を受けるのでなければ，基本法に適合する」。

なお付言すると，バイエルン州においては，「神への畏敬」を学校教育の最高の目的の一つと規定しているバイエルン州憲法131条2項および教育制度法1条1項は，「信仰・良心の自由」（同州憲法107条1項）と「寛容の原則」（同136条1項）に抵触し，違憲であるとする憲法異議の訴えが提起されたが，バイエルン州憲法裁判所は1988年，これを斥けている。「神への畏敬はバイエルン州憲法の価値秩序（Werteordnung）に属している」というのがその重要な理由とされた[14]。

1－2　無宗派共同学校（bekenntnisfreie Gemeinschaftsschule）

別名，世俗学校（weltliche Schule）と称されていることからも知られるように，あらゆる宗教的・世界観的色彩を排除した学校である。したがって，そこにおいては基本法7条3項が規定する正課としての宗教教育も行われない。現

---

(13)　BVerfG, Urt. v. 17. 12. 1975, In:SPE 276 Nr.7.

　　ちなみに，連邦憲法裁判所はノルトライン・ウエストファーレン州のケースについては，こう述べている（BVerfG, Urt. v. 17. 12. 1975, In:SPE 276 Nr.8.）。

　　「ノルトライン・ウエストファーレン州憲法12条にもとづく共同学校は，学校形態として，基本法に適合する。共同学校は宗派に拘束された宗教教育を望む親や生徒に対して，憲法上許容されないような『信仰・良心の衝突』をもたらすものではない。このような共同学校を宗派学校と併存して，もしくはそれに代えて設置することは，基本法6条2項（親の教育権）および基本法4条1項（信仰・良心の自由）に適合する」。

(14)　BayVerfGH, Urt. v.2. 5. 1988, In:RdJB（1989），S.341ff.

第Ⅱ部　第2章　公立学校の宗教的性格と学校形態

行制度上，ベルリン，ブレーメン，シュレスビッヒ・ホルシュタインの3州において存在しているが，この学校形態はあくまで例外的なものである。正課としての宗教教育は憲法上の制度であり，したがって，いわゆるブレーメン条項が適用され，基本法7条3項が適用されないベルリンとブレーメンはともかく，それ以外の州においては無宗派共同学校を通常学校とすることによって，憲法上の制度としての宗教教育制度を空洞化することは許されないからである。

1－3　キリスト教的特性のない共同学校（Gemeinschaftsschule ohne christliche Bezüge）

基本法7条3項にもとづく正課としての宗教教育が行われる点で，上記の無宗派共同学校とは異なっている。州憲法や州学校法が別段の規定をしていない限り，その州の公立学校はこの種類に属する。

2　宗派学校（Bekenntnisschule・Konfessionsschule）

宗教教育だけでなく，すべての授業や教育活動が特定の宗派の精神において行われる学校である〈実質的意味での宗派学校〉。形式的意味では，教員と生徒がともに同一の宗派に属している学校をいう。しかし，他の宗派の生徒が在籍しても，また他宗派の教員による授業が行われても，宗派学校としての性格に変更をもたらすものではない。

ちなみに，異宗派の生徒に宗派学校への入学請求権があるかどうかが争われたケースで，ミュンスター高等行政裁判所はつぎのような見解を示している[15]。

「親の教育権（基本法6条2項）にもとづいて，親はその子を他の信仰の宗派学校に就学させることができる。子どもは宗派が異なるという理由で，その宗派学校への就学を拒否されてはならない」。

また関連して，連邦行政裁判所の下記のような判例も見られている[16]。

「ノルトライン・ウエストファーレン州の学校法によれば，通学が可能な距

---

(15)　OVG Münster, Urt. v. 31. 8. 1978, In:NJW（1979）, S.942.

(16)　BVerwG, Urt. v. 22. 10. 1981, In:SPE 172 Nr.12.
　　　なお関連して，「トルコ人生徒をカトリックの宗派学校の中に設置された準備学級（ドイツ語が不十分な外国人生徒のための学級・筆者）へ指定する措置に対して，親は権利保護を求めることができる」とした判例も存している〈VG Gelsenkirchen Beschl. v. 14. 9. 1981, In: SPE 172 Nr.11〉。

離に共同学校が存在し，そしてその学校でプロテスタントの宗教教育をうける
ことが可能である場合には，プロテスタントの子どもはカトリックの宗派学校
への入学請求権をもたないとされているが，この規定は基本法に違反しない」。

現行制度上，公立の宗派学校が存在しているのはノルトライン・ウエスト
ファーレン州とニーダーザクセン州の２州だけである。

すなわち，ノルトライン・ウエストファーレン州においては州憲法が「基礎
学校および基幹学校」と題して，「基礎学校は共同学校，宗派学校ないしは世
界観学校である」(12条３項)，「基幹学校は職権をもって共同学校として設置
される。ただ教育権者の申請にもとづき……宗派学校ないし世界観学校として
も設置される」(同条４項) と規定している。

そしてこの条項をうけて，学校法 (2005年) が「基礎学校と基幹学校の世界
観による編制」と銘打って，より具体的に次のような定めを置いている。

「基礎学校は共同学校，宗派学校ないしは世界観学校である。基幹学校は通
常，共同学校である」(26条１項)。

「親の申請にもとづき，……基礎学校は共同学校，宗派学校ないしは世界観
学校として設置される」(12条１項)。

「基幹学校は職権をもって共同学校として設置される。ただ親の申請にもと
づき……宗派学校ないし世界観学校としても設置される」(28条１項)。

そして宗派学校における教育について「宗派学校においてはカトリックある
いはプロテスタントの信仰をもつ子ども，あるいは他の宗教団体の子どもは，
それぞれ当該宗派の教義に則って教育される」と規定して (26条３項)，宗派
学校の本質的な属性を確認している。

またニーダーザクセン州においては，基礎学校についてだけ「教育権者の申
請にもとづき，同一宗派の生徒のために公立の基礎学校が設置される」とされ
ている (学校法129条１項)。

ところで，基本法７条５項は同一市町村に公立の国民学校が存在しない場合
には，教育権者の申請にもとづき，宗派学校としての私立の国民学校の設置を
保障している。こうして，今日，多くの州において私立の宗派国民学校が存在
しているが，バーデン・ビュルテンベルク，バイエルン，ニーダーザクセンの
３州においては，代替学校 (Ersatzschule) として認可された私立の宗派国民
学校に対しては，人件費や物件費など州による公費助成がなされるところと
なっている[17]。

なお私立の宗派学校の設立や教育運営をめぐってはこれまでに少なからぬ争

123

第Ⅱ部　第2章　公立学校の宗教的性格と学校形態

訟事件が起きているが，この法域においては，1992年の連邦行政裁判所の判決はとりわけ重要である。この事件は，ハンブルク州の自由なキリスト教宗派学校協会が宗派学校としての私立の基礎学校の設置認可を求めたところ，その宗派に特有な教育目的が基本法7条4項の要請＝「公立学校と私立学校の教育目的の等価性」に反し，対応する公立学校のそれに劣位しているという理由で却下されたというケースであるが，連邦行政裁判所は宗派学校の基本的な性格と係わって次のような判断を示している[18]。

①　基本法7条5項にいう宗派国民学校（Bekenntnisvolksschule）とはプロテスタント，カトリックおよびユダヤ教の学校だけではなく，基本法4条1項が保障する「信仰の自由・信仰告白の自由」と係わって，あらゆる宗派の学校をいう[19]。ただこの場合，学校および教育活動全体を刻印する，親・生徒・教員の宗派の同一性が前提となる。

②　宗派学校もまた基本法7条4項にもとづいて，とりわけその教育目的が対応する公立学校のそれに劣位しない場合には，私立の代替学校としての設置認可請求権を有する。

③　公立学校について規定された教育目的は宗派学校を含む私立の代替学校に対しても拘束力をもつ，と規定しているハンブルク州私立学校法（1990年）は，基本法7条4項・5項によって保障されている「私学の自由」（Privatschulfreiheit）を侵害するものではない。これらの教育目的は本質的には基本法それ自体から，とくに基本法1条1項・2項から直接導かれるものだからである。

④　宗派学校もまた教育目的として，異なる信念に対する忍耐という意味での最低限の寛容および個々の生徒の判断力の尊重と促進が要求される。ただそれは，学校教育の終了時に特定の信仰内容への明白な信仰告白および特定の価値への拘束に至ってはならないという意味での中立性や開放性ではない。この範囲内において，宗派学校には自らの宗派のための諸活動が許される。

⑤　宗派学校における授業が上記の要件を充足しない場合は，国は学校監督という手段でこれに介入することができるし，介入しなければならない[20]。

---

(17)　E.Stein/R.Monika, Handbuch des Schulrechts,1992, S.144.

(18)　BVerwG, Urt. v. 19. 2. 1992, In:RdJB（1993）, S.352〜S.353.

(19)　実際，「イスラムの宗派学校としての私立の基礎学校は，基本法7条5項により，教育権者の申請があれば認可されうる」とした判例がある〈VG Stuttgart, Urt. v. 11.7.2003, In: SPE 169 Nr.1.〉。

124

第2節　公立学校の学校形態

3　世界観学校（Weltanschauungsschule）

　特定の世界観が主観的に拘束力をもつ思想体系として，学校およびすべての教育活動を教育方法だけではなく，教育内容においても刻印する私立学校である。通常，当該世界観の生徒が就学しているが，他の信仰をもつ生徒もまた入学することが可能だとされている。世界観学校の設置認可は基本的には宗派学校の場合と同じ要件に服している。世界観学校はドイツの学校制度にあっては例外的な存在で，現行制度上はノルトライン・ウエストファーレン州においてだけ存在している[21]。

　すなわち，同州においては，先に触れたように，州憲法で宗派学校または世界観学校としての基礎学校ないし基幹学校の設置が容認されており（12条3項・4項），学校法もこれを具体的に確認している。さらに学校規律法（1952年）が「基礎学校は共同学校，宗派学校もしくは世界観学校である」（17条1項）と書いて，世界観学校としての基礎学校の設置を認めており，つづいて「当該校生徒の教育権者の3分の2以上の申請があれば，基礎学校は共同学校，宗派学校もしくは世界観学校に変更される」（同条3項）と規定して，学校形態の変更を教育権者の意思に係らしめている。

　また基幹学校については「基幹学校は職権をもって共同学校として設置される」（18条1項）としながらも，ただ「教育権者の申請にもとづき，基幹学校は宗派学校もしくは世界観学校としても設置される」（同条2項）として，教育権者の意思により，世界観学校としての基幹学校の設置が認められるところとなっている。

　そしてこれらの規定をうけて，世界観学校における教育について，下記のような定めを置いている。

　「世界観学校においては，子どもは当該世界観の教義に則って教育される」（21条1項）。

　「世界観学校においては，州憲法14条にいう宗教教育は行われない。世界観学校が特別は世界観教育（Weltanschauungsunterricht）を行う場合には，学校監督庁による認可が必要である」（同条2項）。

　上述のように，現行制度上，世界観学校の設置はノルトライン・ウエスト

---

(20)　この事案については下記に詳しい：K.H.Ladeur, Genehmigung privater Konfessions-schulen, In:RdJB（1993）, S.282ff.

(21)　H.Avenarius/H.Heckel, a.a.O., S.103.
　　　L.Dietze/K.Hess/H.G.Noack, a.a.O., S.320.

第Ⅱ部　第2章　公立学校の宗教的性格と学校形態

ファーレン州だけで法認されているのであるが，バイエルン州にいてもその設置申請がなされ，却下されるという事件が発生している。

　1989年，バイエルン州ミュンヘン市の登録済み社団が教育学者・フーブバルトの教育コンセプトを基に，世界観学校としての私立の多宗派基礎学校（multikonfessionelle Grundschule）の設置を求めた件で，連邦行政裁判所は第1審と控訴審の判断を支持し，主要には下記のように述べて，設置申請を却下している[22]。

　①　基本法7条5項の意味での世界観学校とは，ある特定の世界観が学校およびその教育活動全体を刻印する学校だけをいう。

　②　その際，基本法4条1項の意味での世界観は，世界の意味とこの世界における人間の生の問題に係わり，そしてその意味に対応した価値判断へと導く，主観的に拘束力をもった思想体系が前提とされる。

　③　学校の思想体系全体が様々な教科の教育活動に対して，ただ教育方法だけではなく教育内容面においても基盤をなし，そして親・生徒・教員が共通の当該世界観的信念をもとうとしている場合，その学校は特定の世界観によって刻印されているということができる。そしてそれは世界観共同体の組織によっても保障されなければならない。

　④　世界観学校は基本法7条3項にいう無宗派学校の下位概念であり，その逆ではない。世界観学校ではない無宗派学校は私立の国民学校としては認可をうけることはできない。

---

[22]　BVerwG, Urt. v. 19. 2. 1992,In:RdJB（1993），S.346.

第3章　公立学校における宗教教育法制

第1節　基本法の宗教教育条項

1　正課としての宗教教育

　基本法7条3項によれば、「宗教教育は公立学校においては、無宗派学校を除いて、正課である。宗教教育は、国家の監督権を妨げることなく、宗教団体の教義と一致して行われる。」とされている。

　憲法学の支配的見解によれば、この条項は公立学校における独立した教科としての宗教教育の制度的保障（institutionelle Garantie）を規定したものと解されている[1]。こうして、公立学校における宗教教育は無宗派学校を除いて、憲法上の制度として存在しているのであり、したがって、たとえば、各州が学校法を改正して正課としての宗教教育を廃止したり、あるいはすべての公立学校を無宗派学校化することによってこの制度を空洞化することは、憲法上認められないということになる[2]。

　問題は上記条項から宗教団体の宗教教育を行う主体的公権が導かれるか、あるいはまた生徒や親の宗教教育の実施を求める基本権が根拠づけられるかであるが、これについては、学説・判例上、争いがある。その如何によっては、後述するように、公立学校における宗教教育の有りようはイスラム教のそれも含めて大きく異なることになる。

　宗教教育は公立学校における正課（ordentliches Lehrfach）であるから、それは公立学校教育を構成する教科目として当然に国家の学校監督に服する（基本法7条1項）。つまり、公立学校における宗教教育は法制度上は「国家による教育の催し」（staatliche Lehrveranstaltung）に属しているということであり、こうして、たとえば、宗教教育に係る人件費と物件費は国家がこれを負担する義務を負っている[3]。

　また「正課としての宗教教育」という制度上の位置づけから、宗教教育もま

---

(1)　さしあたり、M.Sachs（Hrsg.）, Grundgesetz-Kommentar,2007, S.401.

(2)　T.Maunz/G.Dürig（Hrsg.）, Grundgesetz-Kommentar, 2011. Art. 7,S.50.

(3)　H.Avenarius/H.P.Füssel,Schulrecht, 8 Aufl.2010,S.118.

第Ⅱ部　第3章　公立学校における宗教教育法制

た成績評価の対象とされ，したがって，その成績の如何は他の教科と同じく進級の可否に影響を及ぼすことになる。

2　宗教教育の宗派的拘束性

　基本法7条3項が明記しているように，いうところの宗教教育は「当該宗教団体の教義と一致して行われる」こととされているが，このことは別言すると，宗教教育は「宗派的な明確性と拘束性をもって（in konfessioneller Positivität und Gebundenheit)」実施されるということであり〈宗教教育の宗派的拘束性[4]〉，その対象・内容は当該宗教団体の信仰内容＝教義（Glaubenssätze）についてである。詰まるところ，基本法7条3項にいう宗教教育は宗教上の教説の超宗派的な比較考察ではなく，当該宗教団体の教義を現存の真理として教育することをその任務としているということに他ならない。この点，道徳教育，倫理教育，宗教学，宗教史ないし聖書史などと大きく異なる。

　なお上記にいう「当該宗教団体の教義と一致して行われる」という，いわゆる「一致条項」（Übereinstimmungsklausel）から，宗教教育の学習指導要領の作成や教科書の採択に際しての参加権，宗教教育の授業への訪問権，宗教担当教員の選任や任用に際しての参加権など，宗教教育に係わっての教会ないし宗教団体の各種の参加権が導かれることになる[5]。

　ちなみに，宗教教育の学習指導要領について敷衍して書くと，これに関する国家（文部省）と教会との権限関係は現行法制上，州により，つぎの2種が見られている。①教会が学習指導要領を作成してこれを告示する権限を有し，文部省はただその内容の合憲性について確認する権限をもつに過ぎない制度，②教会の作成に係る学習指導要領を，文部省がその内容を確認・修正して告示する制度。いずれにしても宗教教育の学習指導要領については，その内容に関して教会の同意があることが基本的な前提とされている[6]。

　ところで，宗教教育の宗派的拘束性という問題をめぐっては，今日，深刻な状況が起きている。というのは，近年，宗教教育に参加しない生徒が増加しており，それに伴って宗教教育を他宗派の生徒にも開放するという傾向が見られている。そして実際，少なからぬ生徒が学問・教育上の質の違いを考慮したう

---

(4)　G.Anschütz, Die Verfassung des Deutschen Reichs vom 11. August 1919, 1933,S.691.

(5)　H.Avenarius/H.P.Füssel,a.a.O.,S.118. T.Maunz/G.Dürig（Hrsg.), a.a.O.,Art.7,S.49.

(6)　J.Staupe, Schulrecht von A－Z,2001,S.203.

えで，他宗派の宗教教育をうけているという現実がある。そこで問題となるのが，宗教教育は当該宗派の教義と一致して行われるといういわゆる「一致条項」（基本法7条3項）から，「生徒の宗派的均質性の原則」（Prinzip einer konfessionellen Schülerhomogenität）が導かれるか，換言すれば，生徒は自分が所属する宗派の宗教教育だけにしか参加できないのかということである。宗教教育は本来，宗派に拘束されて実施されるものであるから，宗派性から自由な宗教教育はそもそも基本法7条3項によっては保護されえないのではないかという問題でもある。

　この問題について連邦憲法裁判所は直截につぎのような見解を示している[7]。

　「宗教教育の目的と内容に関する宗教団体の自己決定権が，他宗派の生徒が参加することによって揺らぎを見せている。参加者の構成は授業の形成に直接影響を及ぼすからである。基本法7条3項により，他宗派の生徒の参加を許可するかどうかの決定権は当該宗教団体に属している。こうして宗教団体は宗教教育に際して他宗派の生徒の受け入れを強制されるものでもない」。

　またこの点について，学校法学辞典にも下記のような記述が見えている[8]。

　「宗教教育は宗派に分かれて実施されるから，宗教教育をうける権利はただ自分の宗派のそれについてだけ存在する。他宗派の生徒の参加については，基本法7条3項2文により当該宗教団体に決定権がある。国家はこの決定を尊重しなければならない。宗教団体は上記決定に当たって，生徒の宗派的均質性を考慮することができる。ただそれは憲法上規定された宗教教育の本質的なメルクマールではない。

　無宗派の生徒が，必修科目である倫理教育に代えて，ある宗教団体の正課としての宗教教育に参加しようとした場合，そして担当教員ないし当該宗教団体がこれに同意した場合，その参加は国家によって拒否されてはならない。同様のことがカトリック教徒の生徒のプロテスタントの宗教教育への参加についても妥当する。ただ当該宗教団体は他宗派ないしは無宗派の生徒の宗教教育への参加を容認する義務を負うものではない」。

　敷衍して書くと，今日，とくに旧東ドイツ諸州では無宗派の生徒（konfessionslose Schüler）が宗教教育に参加してもよいかという問題が現実的な意味をもっているが[9]，この場合においても当該宗教団体の同意が必要だと解されて

---

(7)　BVerfGE 74, 244（253ff.），zit. aus H.Avenarius/H.P.Füssel, a.a.O., S.119.

(8)　J.Staupe, a.a.O.,S.205.

第Ⅱ部　第3章　公立学校における宗教教育法制

いる[10]。

　実際，現行学校法制もこの点について，たとえば，テューリンゲン州学校法はつぎのように明記するに至っている（46条3項）。「どの教会や宗教団体にも所属していない生徒は，親の要望にもとづいて，当該の教会ないし宗教団体の同意がある場合には，その宗教教育に参加することができる。……

　生徒が満14歳に達した場合には，これに関しては，親に代わり，生徒自身が決定するものとする[11]。」

　上述のように，宗教教育の宗派的拘束性という国家教会法上の伝統的原則は今日，大きな試練に直面しているのであるが，このような状況下にあって，学校法学の権威・H.アベナリウスはこの問題について大要，次のよう述べている[12]。

　「ドイツ社会，とくに旧東ドイツ諸州において加速している脱キリスト教化（Entchristlichung）という時代状況にあって，宗教教育の宗派的拘束性に固執することはもはや時代に合ったものとは言えない。宗教教育を全キリスト教的精神によって刻印された宗派共同の授業として実施する必要があるように思える。たしかに従来の宗派に拘束された宗教教育から宗派を超えた宗教教育（überkonfessionelle Religionsunterricht）への転換は宗教団体の教義と関係する。しかし既にワイマール憲法下の学校法制書も指摘しているように[13]，教会が特定の場合，宗教教育を全キリスト教的な基盤の上に，双方の教会の一致した教義にもとづいて全面的あるいは部分的に実施することは禁止されてはいない。ただそのためには宗教担当教員の話し合いや関係教会の実践上の忍耐によるだけでは不十分である。これに関する教会の公式な同意と，超宗派的な宗教教育は当該教会の教義と一致するということの，州政府に対する公式な説明が必要とされよう」。

---

(9)　S.Muckel/R.Tillmann ‚Lebensgestaltung-Ethik-Religionskunde statt Religionsunterricht?, In:RdJB（1996）,S.367.

(10)　さしあたり，H.Avenarius/H.P.Füssel,a.a.O.,S.119.

(11)　バイエルン州国民学校規程15条3項，ラインラント・プファルツ州学校規程38条2項も同様の規定をしている。なおプロテスタントの宗教教育は通常すべての生徒に開かれているという（H.Avenarius/H.P.Füssel,a.a.O.,S.119）。

(12)　H.Avenarius/H.P.Füssel,a.a.O.,S.119～S.120.

(13)　W.Landé，Die Schule in der Reichsverfassung,1929,S.201.

第2節 宗教教育をめぐる生徒・親の権利

1 宗教教育をうける権利

現行法制上，公立学校における宗教教育は必修科目（Pflichtfach）として位置づけられており，したがって，生徒は原則として宗教教育に出席する義務を，親は子どもを宗教教育に出席させる義務をそれぞれ負っている〈必修科目としての宗教教育〉。

ここで重要なのは，生徒は憲法上の基本権として「宗教教育をうける権利」（Anspruch auf Religionsunterricht）を享有しており，また親はその有する「宗教教育権」（konfessionelles Elternrecht・基本法6条2項・4条1項・7条3項）にもとづいて，後述のように，子どもの宗教教育への参加について決定権を有しているということである。基本法は明記してはいないが，「教育をうける権利」が基本法上の基本権に属しているということは今日，学説・判例上自明視されているが[14]，上記生徒の「宗教教育をうける権利」は，有力な学校法学説が説くところによれば，教育をうける権利とは別建てで基本法上保障されている基本権であり，その根拠条項は基本法4条1項と7条3項に求められる[15]。

生徒のこの権利はキリスト教だけではなく，すべての宗教について妥当する。したがって，たとえば，イスラム教徒の生徒にイスラムの宗教教育を受けさせないことは，違憲として許されないということになる[16]。

2 親の宗教教育権と宗教教育への参加決定権

上述のように，公立学校における宗教教育は必修科目ではあるが，基本法7条2項によれば，「教育権者はその子の宗教教育への参加について決定する権

---

(14) さしあたり，L.R.Reuter, Das Recht auf Bildung in der deutschen Bildungsgeschichte seit 1945, In: F.R.Jach/S.Jenkner（Hrsg.）, 50Jahre Grundgesetz und Schulverfassung,2000, S.21.

(15) I.Richter, Kommentierung zu Art. 7,In:R.Wassermann（Hrsg.）, Kommentar zum Grundgesetz für die Bundesrepublik Deutschland Bd1, S.706.

(16) G.Eiselt, Islamischer Religionsunterricht an öffentlichen Schulen in der Bundesrepublik Deutschland, In:DÖV（1981）,S.205. 関連して，アイゼルトは公立の宗派学校を容認しているニーダーザクセン州とノルトライン・ウエストファーレン州においては，イスラムの宗派学校と私立学校も当然に認められなくてはならないと述べている（ebd.）。

第Ⅱ部　第3章　公立学校における宗教教育法制

利を有する。」とされている。その詳細については，1921年に制定された子ど
もの宗教教育に関する法律〈Gesetz über die religiöse Kindererziehung v. 15.
7. 1921・以下，RKEG〉が定めているが，この法律は基本法125条により，今
日でも連邦法として効力をもっている。

　すなわち，同法によれば（2条・5条），公立学校での宗教教育への参加やそ
の宗派についての決定に関し，子どもが，① 10歳未満の場合は，これに関す
る決定権は親にある〈親の単独決定権〉，② 10歳以上12歳未満の間で，宗派
を変更する場合には，親は子どもの意見を聴かなければならない〈子どもに対
する聴聞権の保障〉，③ 12歳以上14歳未満にあっては，親は子どもの意思に
反して従前とは異なる宗教教育を指定してはならない〈子どもに対する拒否権
の保障〉，④ 14歳以降は，親の意思に反してでも，子ども自身が単独で決定で
きる〈子どもに対する自己決定権の保障〉－これを「宗教上の成熟」（Reli-
gionsmündigkeit）と称する－こととされている[17]。

　このように現行法制上，子どもは満14歳に達すると学校での宗教教育への
参加やその宗派について自己決定権を有するとされているのであるが，ただバ
イエルンとザールラントの2州においては例外的に，子どもの「宗教上の成
熟」年齢は州憲法によって満18歳と法定されている[18]。

　ちなみに，ザールラント州憲法はこう規定している（29条2項）。「親はその
子の宗教教育への参加を拒否することができる。……子どもが満18歳に達し
た後は，この拒否決定は子ども自身がこれをすることができる」。

　ただ上記2州のように州憲法によってRKEGとは異なる「宗教上の成熟」
年齢を規定することができるかについては，学説上，見解が分かれている。

　一説は，基本法7条2項が保障する親の基本権はRKEGに引きつけて解釈
されなくてはならない。同法は満14歳でもって「宗教上の成熟」年齢として
いるのであり，したがって，それとは異なる州憲法の条項は基本法31条＝「連
邦法は州法を破棄する」によって排除されると述べる[19]。

---

(17)　詳しくは，参照，T. Kipp, Die religiöse Kindererziehung nach Reichsrecht, in,
　　　Festgabe der Berliner Juristischen Fakultät für Wilhelm Kahl, 1923, S.3ff. W.Raack/R.
　　　Doffing/M.Raack, Recht der religiösen Kindererziehung, 2003, S.220ff.
(18)　BA州憲法137条1項，BA州教育制度法46条4項，SL州憲法29条2項，SL州学
　　　校規律法14条1項。
(19)　R.Schmoeckel, Der Religionsunterricht. Die rechtliche Geltung nach Grundgesetz und
　　　Landesgesetzgebung,1964, S.108.

第2節　宗教教育をめぐる生徒・親の権利

　他説は，州憲法の当該条項は基本法 125 条 2 号によって連邦法としての効力を有しており，したがって，その限りにおいて，RKEG の規定内容に修正を加えることができると説いている[20]。

　ところで，連邦行政裁判所も判じているように[21]，未成年者の「宗教上の成熟」は直ちに宗教の領域における親の教育権＝親の宗教教育権の消滅を意味するものではない。基本法 6 条 2 項に根拠をもつ親の教育権は，RKEG による上記のような制約にも拘わらず，子どもの宗教上の事柄と係わって，親の子どもを支援する権利や親の名前で行政裁判を提起する権利などを含んでいる，ということに留意を要する。

　なお学校における宗教教育への参加・不参加の意思表示は通常，親が校長に対して書面で行うことになっているが，バーデン・ビュルテンベルク州にあっては「宗教上の成熟」に達した満 14 歳以上の生徒は，生徒自身が個人として校長に直接意思表示をすることとされている（同州学校法 100 条 2 項）。この場合，親も同席することが可能である。

　参加・不参加の意思表示は，たとえば，バーデン・ビュルテンベルク州学校法 100 条 3 項が「宗教教育への不参加の意思表示は学年始めにおいてだけ認められる。」と明記しているように，ほとんどの州で学年始めだけに限られている。しかしこのような規定は違憲の疑いが濃いとする有力な学校法学説が見られている[22]。「『信仰・良心の自由』の卓越した意義に照らし，仮に一時的ではあっても宗教教育への参加強制があってはならない」というのがその理由である。

　また宗教教育への不参加の意思表示に当たって，親や生徒は学校に対しその理由を説明する必要はない。兵役拒否の基本権（基本法 4 条 3 項）の場合とは異なり，基本法 7 条 2 項の親の宗教教育への参加決定権については，その行使について特段の要件が付されていないからである－兵役拒否の場合は「その良心に反して」が要件とされている－。こうして校長が親や生徒に対し不参加理

---

(20)　T.Maunz/G.Dürig（Hrsg.），a.a.O.，Art. 7，Rn.84，S.56.

(21)　BVerwGE 68，16（18ff.），zit. aus H.Avenarius/H.P.Füssel,a.a.O.，S.402.

(22)　H.Avenarius/H.P.Füssel,a.a.O.，S.402.
　　一方で不参加の意思表示を学年始めだけに限定することは原則として認められると解する学説もある。「学校や学校監督庁は宗教教育を求める生徒の宗派やその生徒数を踏まえて，宗教教育の提供を準備しなければならないからである」とされる（J.Rux/N.Niehues，Schulrecht，5 Aufl.,2013，S.84.）。

133

第Ⅱ部　第3章　公立学校における宗教教育法制

由を尋ねることは違憲であり，許されないと解されている[23]。

第3節　宗教担当教員の法的地位と権利

1　宗教担当教員の法的地位

　現行制度上，宗教教育を担当している教員の身分・法的地位は，大きく，①州の教員養成機関で所定の課程を修了し，宗教教育の免許状を有している者で，州と公務員・被用者関係に立っている者〈州の公務員・被用者〉，②州と教会とのいわゆる宗教担当教員派遣協定（sog. Gestellungsverträge）にもとづいて，学校での宗教教育を教会から委託され，学校に派遣された者（聖職者，修道会の所属員，教会による養成教員など）に区分される。

　このうち②の教員は州ではなく，教会と任用関係に立っている〈教会の被用者〉。したがって，その給与は教会から支給されるが，州が教会に対してその相当額を補償する仕組みになっている[24]。既述したように，公立学校における宗教教育は「国家による教育の催し」に属しているからである。

　ちなみに，この点について，たとえば，ラインラント・プファルツ州学校法はつぎのように規定している（74条2項）。「教会および宗教団体は宗教教育のために教員を任用することができる。……州は所轄文部省と教会ないし宗教団体との協定で定める基準により，これに係わる費用を補償するものとする。」。

　宗教教育は当該宗教団体の教義と一致して行われることになっているから（基本法7条3項），教会ないし宗教団体は宗教担当教員の教授資格を認定する権限を保障されている。この宗教教育の教授資格をカトリック教会では「missio canonica」と称し，プロテスタント教会では「vacatio」と称している[25]。もとよりこの教授資格が教会によって剥奪された場合は，学校において宗教教育を担当することはできない。詳細は州法，政教条約，教会条約で規定されている。

　ただこの法域における教会の関与権は宗教教育が当該宗教団体の教義と一致して行われることを確保するためだけに限定されている。したがって，それ以外の事柄については，宗教担当教員の勤務主体（Dienstherr）である州は他の

---

(23)　ebd.

(24)　L.Dietze/K.Hess/H.G.Noack, Rechtslexikon für Schüler,Lehrer,Eltern,1975,S.214.
　　　E.Stein/R.Monika, Handbuch des Schulrechts,1992,S.275.

(25)　T.Maunz/G.Dürig（Hrsg.）, Grundgesetz-Kommentar, 2011, Art. 7,Rn.85, S.57.

134

第3節　宗教担当教員の法的地位と権利

公務員・被用者の場合と同様，教会や宗教団体からの干渉や介入を排除することができる。こうして教会と当該宗教担当教員との間でなされた合意は州との関係では拘束力をもたない[26]。

　宗教担当教員もまた州の学校監督権に服し，教員として学校監督庁の命令に拘束される。

2　宗教担当教員の権利

　宗教担当教員は，その勤務法上の地位と関係なく，学校において他の教員と同様の権利を有し義務を負っている。したがって，たとえば，教員会議に表決権をもって出席することができる。教員組織には属さない聖職者であっても同様である。「正課としての宗教教育」という制度的位置づけからの当然の帰結だと解されている[27]

　基本法7条3項3文が明記しているように，「いかなる教員も，その意思に反して宗教の授業を行うことを義務づけられてはならない。」。この条項は教員の「消極的宗教の自由」（negative Religionsfreiheit）を具体化したもので，教員に対しその意思に反する宗教教育の担当を拒否する権利を保障したものである。こうして，勤務上の上司の勤務法上の命令権および学校設置者の組織上の編制権はこの権利によって制約をうけることになる。

　学校監督庁や校長は宗教教育の担当を拒否した教員にその理由を質してはならない。この場合，高度に人格的な決定（höchstpersönliche Entscheidung）が問題となっているからである。また学校監督庁や校長が宗教教育の担当を拒否した教員を不利益扱いすることは，基本法条3項3項および33条3項に抵触し違憲となる[28]。

　宗教担当教員は各学年期の終了ごとに，宗教教育を引き続き担当するか，拒否するかを決定することができる。拒否決定をした場合，その教員が終身公務員ないし終身被用者である場合には，公務員法上の一般原則に則り，他の教科の担当教員として任用されなくてはならない。

　宗教担当教員派遣協定にもとづいて学校へ派遣された教員の場合がそうであるが，宗教の授業担当が学校における唯一の義務である教員の場合は，他教科

---

(26)　E.Stein/R.Monika,ebd.

(27)　H.Avenarius/H.P.Füssel,a.a.O., S.117.

(28)　I.v.Münch/P.Kunig（Hrsg.), Grundgesetz-Kommentar, 2012, Art. 7 Rn.87, S.673.

135

第Ⅱ部　第3章　公立学校における宗教教育法制

の担当や配置換えが不可能な場合，学校監督庁は再雇用を拒否することができる。

　教員が学期期間中など，学校にとって不都合な時期に宗教教育の担当を拒否した場合，学校監督庁は代替要員が確保できるまでの間，当該教員に授業の継続を義務づけることができる[29]。

　なお上記宗教教育の担当拒否条項は，宗教教育とは異なり，宗派に拘束されない倫理教育（Ethikunterricht）に類推適用されてはならないとされている[30]。また教員は現行法制上，「学校におけるお祈り」のような宗教的な学校行事への参加を強制されない建前になっているが，それは上記基本法7条3項3文によってではなく，基本法4条1項の「信仰・良心の自由」にもとづいている[31]，ということに留意を要する。

　一方，基本法7条3項3文が保障する教員の基本権は，いわゆる基本的人権の第三者効力（Drittwirkung der Grundrechte）の法理にもとづき，私立学校の教員にも適用される。公立学校教員と同じく，私学教員も自己の意思に反する宗教教育の担当は，基本法7条3項3文に依拠して，これを拒否することができるということである。

　但し，私立の宗派学校（konfessionelle Privatschule）に対しては学説・判例上，基本法7条3項3文の適用はないと解されている[32]。

---

(29)　H.v.Mangoldt/F.Klein/C.Starck（Hrsg.),Kommentar zum Grundgesetz,2005,Rn.162,S.779.

(30)　I.v.Münch/P.Kunig（Hrsg.), ditto.

(31)　H.Jarass/B.Pieroth,Grundgesetz für die Bundesrepublik Deutschland-Kommentar, 2007, Art. 7, Rn.15, S.254.

(32)　さしあたり，I.v.Münch/P.Kunig（Hrsg.),ebd.

第4章　正課としてのイスラム教の宗教教育

第1節　基本法の宗教教育条項とイスラム教の宗教教育

先に言及した基本法の宗教教育条項は，果たしてイスラムの宗教団体にも適用されるのか。換言すると，イスラムの宗教団体は基本法7条3項に依拠して，キリスト教教会と同じく，公立学校における正課としてイスラム教の宗教教育を行うことができるのか。この問題についての論点は具体的には多岐に亘るが，さしあたり，下記の2点を確認しておく必要がある。

1　基本法7条3項にいう宗教

基本法7条3項の立憲者意思によれば，そこにいう宗教教育の「宗教」としてはカトリック，プロテスタントおよびユダヤ教が想定されていたとされる[1]。しかしそれは基本法制定時のドイツにおける国民の宗派的構成を背景としてのことであって，宗教教育の実施・協同主体をこれら3宗派に限定するという意味とは解されない。ワイマール憲法137条7項＝「一つの世界観を共同で振興することを任務とする結社は，これを宗教団体と同等に取り扱う。」は基本法の構成部分として今日でもなお妥当していること（基本法140条），および「宗教団体の同権の原則」（Grundsatz der Parität der Religionsgemeinschaften）と「機会均等原則」・「平等な取扱いの原則」からの要請により，「公立学校においてイスラムの団体が宗教教育を行うことができるということは原則として排除できない」とするのが，今日の憲法学・学校法学の支配的な見解である[2]。

敷衍して書くと，「基本法7条3項はブレーメンとベルリンを除いて，キリスト教だけではなく，すべての宗教，とくにイスラム教にも適用される。イスラムの団体は基本法の意味における宗教団体として認められ，公立学校における宗教教育に関してキリスト教教会と同様の権利を有し，義務を負うことができる」とされている[3]。

---

(1)　I.Cavdar, Islamischer Religionsunterricht an deutschen Schulen, In:RdJB（1993）,S.267.

(2)　さしあたり，G.Eiselt, Islamischer Religionsunterricht an öffentlichen Schulen in der Bundesrepublik Deutschland, In:DÖV（1981）,S.206.

第Ⅱ部　第4章　正課としてのイスラム教の宗教教育

2　基本法7条3項にいう宗教団体

先に引いたように，基本法7条3項は「宗教教育は…宗教団体の教義と一致して行われる。」と規定している。そこで問題となるのが，果たしてイスラムの宗教団体はここにいう「宗教団体」(Religionsgemeinschaft)，つまり，「宗教教育における国家のパートナーとしての宗教団体」に該当するかということである。H.アベナリウスも指摘しているように[4]，「これはきわめて難しい問題である。というのは，権威的な拘束力をもって，宗教教育で教えられるべき内容を決定する機関を承認することは，イスラム教の自己理解と相容れない」からである。敷衍すると，「イスラムはキリスト教教会に匹敵するような組織構造を擁していない。その本質上，制度化(Institutionalisierung)を回避している。そこでイスラムの内部においては，教義や信仰方針が相互に一致しない多様な宗派が混在している[5]」という現実が見られているからである。

要するに，基本法7条3項にもとづいて，イスラムの宗教団体が公立学校において宗教教育を実施しようとした場合，「ドイツにはイスラムの権威ある，信仰の問題で一般的に承認された国家のパートナーが，権限あるドイツの部局としては存在していないという困難がある[6]」。

それはともかく，イスラムの宗教団体はとくに1990年代以降，公立学校におけるイスラム教の宗教教育の実施を求めて，これを認めない州の教育行政当局と激しく対立してきた。その模様をこの問題で先鞭をつけたノルトライン・ウエストファーレン州のケースについて概述すると，次のようである。

1993年6月，ムスリム中央評議会(Zentralrat der Muslime)が公立学校でのイスラム教の宗教教育の実施を求めて，州文部省に認可申請した。この評議会は登記済社団で，下部組織として19の団体を擁し，その定款は自らを「ドイツにおけるイスラム組織の最高組織」と規定し，また「ムスリムと関係するすべての事項に関する執行機関」と規定していた。

また1996年1月にはイスラム評議会(Islamrat)が同様の認可申請を文部省

---

(3)　K.H.Hage, Verfassngsrechtliche Aspekte der Integration von Ausländern im Schulwesen, In:RdJB (1982),S.34. ただハーゲによると，「イスラム教学校(Koranschule)の現実はとくに性別による分離，政治的教化，反ユダヤ主義などの点で，イスラム教の宗教教育を公立学校で行うにはなお多くの問題があることを示している」とされる (ebd.)。

(4)　H.アベナリウス著・結城忠監訳「ドイツの学校と教育法制」教育開発研究所，2004年，48頁。

(5)　J.Rux/N.Niehues,Schulrecht, 5 Aufl.,2013,S.88.

(6)　E.Stein/R.Monika, Handbuch des Schulrechts,1992,S.278.

138

第 1 節　基本法の宗教教育条項とイスラム教の宗教教育

に提出した。この評議会も登記済社団で，傘下に 31 の下部団体を擁し，定款によれば「ドイツにおけるイスラムの宗教団体」と規定され，その任務として「公立学校における正課としてのイスラム教の宗教教育の実施」を掲げていた。

　1998 年 3 月と 7 月に文部省はこれら 2 団体からの上記申請を却下した。これらの団体はいずれもドイツにおけるムスリムの一部を代表しているにすぎず，憲法上求められている信仰共同体（Glaubensgemeinschaft）としての教義を決定するための宗教的権威を有していない，というのがその主たる理由であった。

　この決定を不服として上記 2 団体は 1998 年 12 月に行政訴訟を起こしたのであるが，1 審のデュッセルドルフ行政裁判所（2001 年 11 月判決）と控訴審のミュンスター高等行政裁判所（2003 年 12 月判決）はいずれも文部省の主張を認め，原告の訴えを却下した。

　ちなみに，デュッセルドルフ行政裁判所は下記のように判じたのであった[7]。

　「基本法 7 条 3 項によれば，公立学校における宗教教育は無宗派学校を除いて正課とされている。このことから，公立学校に宗教教育を導入するためにはその組織的な前提が充足されなくてはならない。とりわけそのための教員，教育内容および学習指導要領が必要であるということが導かれる。しかしノルトライン・ウエストファーレン州においては，公立学校でイスラム教の宗教教育を実施するためのこれらの前提が満たされていない」。

　上記のような 1 審判決とこれを支持した控訴審判決を不服として，原告の 2 団体は連邦行政裁判所に上告したのであるが，連邦行政裁判所は 2005 年，大要，下記のように判じてこの法域において画期的な判断を示し，審理をミュンスター高等行政裁判所に差し戻したのであった[8]。

　「基本法 7 条 3 項 1 文および 2 文によって，宗教団体にはその信仰内容に即した宗教教育を公立学校に導入するように求める国家に対する請求権（Rechtsanspruch gegen den Staat auf Einführung eines Religionsunterrichts）が認められる。

　多層構造の団体〈上部組織〉もまた宗教団体たりうる。

　上部組織は，その任務が構成団体共通の利益の外部的な代表もしくは構成団

---

(7)　VG Düsseldorf　Urt. v. 2. 11. 2001, In:SPE 652 Nr.25.

(8)　BVerwG, Urt. v. 23. 2. 2005, In:SPE 652 Nr.33.
　　なおこの判決の本格的な評釈としては下記がある。S.Mückel, Islamischer Religionsunterricht‐zum Urteil des Bundesverwaltungsgerichts vom 23, Februar 2005, In:RdJB (2005),S.513ff.

139

第Ⅱ部　第4章　正課としてのイスラム教の宗教教育

体の諸活動の調整に限定される場合は，宗教団体の一部とは見られない。上部組織のレベルにおいてもまた宗教団体のアイデンティティーにとって本質的な任務が担われることが必要である。

　上部組織は，構成団体によって刻印された宗教的任務を遂行しないか，あるいは部分的にしか遂行しない場合は，宗教団体とは言えない。

　宗教団体は，その将来の活動が基本法79条3項に規定された憲法上の基本的な諸原則，国家の保護に委ねられた第三者の基本権および基本法の自由な宗教法・国教会法の基本的な諸原則を侵害しない，ということを保証することができない場合には，国家によって実施される宗教教育のパートナーとしては不適格である」。

　このように，公立学校におけるイスラム教の宗教教育の実施をめぐって，連邦行政裁判所が以下の点を確認したことは憲法・学校法制上，きわめて重要である。

　①　基本法7条3項から，公立学校において宗教教育を行う宗教団体の主体的公権（subjektives öffentliches Recht）＝国家に対する請求権が導かれる。

　②　上部組織もまた宗教団体のアイデンティティーにとって本質的な任務を担っている場合は，宗教団体と見なされる。

　③　宗教団体が宗教教育における国家のパートナーとして認定されるためには，当該団体が基本法が定める憲法上の諸原則＝基本法の価値秩序，第三者の基本的人権および基本法にもとづく自由な宗教法・国教会法の基本的諸原則を尊重し，これを遵守することが必要である。

　なお，この判決に先立って，1998年にベルリン高等行政裁判所がドイツで初めてイスラムの宗教団体に対して，公立学校において，イスラム教の宗教教育を実施する権利を認容しているが，これは同州に独特の法制度＝ブレーメン条項の適用にもとづいていることは，後述するところである。

　なお付言すると，上記連邦行政裁判所判決の4か月後の2005年6月にゲッティンゲン大学で開催されたワークショップ「イスラムの宗教団体とイスラム教の宗教教育－問題と展望」において，この分野の権威・C.ランゲンフェルトが上記判決を評価したうえで，次のように述べていることは注目される[9]。

　「重要な問題はイスラムの側に基本法7条3項の意味での，国家との組織化された対話のパートナーが存在しないことである。しかし宗教的に中立な国家に対して教義や宗教教育の内容に関する客観的な情報を提供するために，このような宗教団体が存在しなければならない。たとえ，組織化はなじまないとい

140

うイスラムの自己理解によって，そのことが困難だとしてもである。宗教団体としての承認を受けるために，モスク諸団体を纏め，上部団体によって代表できるような組織にしなくてはならない。

一方でイスラムの宗教教育の内容に関しては憲法上の限界があるということも重要である。とくにイスラム社会における女性の地位，イスラムの刑法，それに『宗教の自由』の保障を欠いていることとの関係で特別な困難が生じている。ただ近年，イスラム教の宗教教育を実施できるチャンスが拡大しており，憲法に関する臆病を捨て，この機会を果敢に捉えなくてはならない。憲法に関する臆病は基本法の企図するところを，最終的には逆にしてしまうことになるであろう」。

第2節　現行のイスラム教の宗教教育法制

後述するように，ドイツにおいてはバーデン・ビュルテンベルク州やバイエルン州など6州では，当該宗派に属する最低生徒数を要件として，宗教的少数者に対する宗教教育が制度化されており，その一環として，ユダヤ教とギリシャ正教については，公立学校における正課として宗教教育が実施されてきている[10]。

けれどもイスラム教の宗教教育が教育政策上のテーマとされるに至ったのは，1984年に常設文部大臣会議（以下・KMK）が「ドイツ連邦共和国におけるムスリムの生徒に対する宗教教育の可能性」と題する決議・報告書を公にして以降のことである[11]。KMKは同決議・報告書において，これに係わる現状と諸問題を分析したうえで，公立学校におけるイスラム教の宗教教育のモデルとして次の3類型を提示したのであった[12]。

① 宗教学的教育（religionskundlicher Unterricht）－イスラムの宗教団体の

---

(9)　F. Ehm/K. Walter, Bericht über den Workshop:Islamische Religionsgemeinschaften und islamischer Religionsunterricht-Probleme und Perspektiven: am 2. Juni 2005 an der Universität Göttingen,In:RdJB（2005）,S.522.

　　なおこのワークショップの模様は下記に収載されている。

　　C.Langenfeld/V.Lipp/I.Schneider, Islamische Religionsgemeinschaften und islamischer Religionsunterricht-Probleme und Perspektiven,2005.

(10)　S.Schmahl, Die Beschulung von Kindern und Jugendlichen mit Migrationshinter-grund:Eine Bestandsaufnahme des geltendes Rechts,In:RdJB（2004）,S.35.

(11)　KMK Beschluß und Bericht, Möglichkeiten religiöser Erziehung muslimischer Schüler in der Bundesrepublik Deutschland,1984.

第Ⅱ部　第4章　正課としてのイスラム教の宗教教育

関与なしに，各州の教育行政当局の責任において実施し，その内容はイスラム教についての単なる知識の伝達に限られ，非イスラムの宗教も対象とするというものである。

②　イスラムの宗教的指導（islamische religiöse Unterweisung）—宗派的な性格をもたない宗派横断的な宗教教育であること，イスラムの宗教団体は学習指導要領の制定や宗教教育の実施に公式には関与しない，という点で次の正課としての宗教教育と異なる。

③　正課としての宗教教育（islamischer Religionsunterricht）—公立学校における正課として，その実施・責任主体は国家であるが，イスラムの宗教団体の同意にもとづいて実施され，その内容は宗派的性格をもつというものである。公立学校における正課であるから，授業はドイツ語で行われることになる。

この KMK の決議・報告書を受けて，1986 年にノルトライン・ウエストファーレン州がドイツで初めて「イスラムの宗教的指導」を導入したのを嚆矢として，1980 年代後半以降，公立学校でイスラム教の宗教教育（広義）を実施する州が増加したのであるが，今日におけるその概況を見ると次のようである。

現行法制上，基本法 7 条 3 項が適用される，公立学校における正課としてのイスラム教の宗教教育を導入しているのは，ドイツ 16 州のうちでイスラム教徒の割合がもっとも高いノルトライン・ウエストファーレン州だけである。先に言及したように，同州では公立学校でのイスラム教の宗教教育の実施を求めるイスラムの団体と州教育行政当局との間の長期にわたる法的係争を経て，2011 年 12 月に「イスラム教の宗教教育の正課としての導入についての経過措置」が学校法上に法定され[13]，2013 年 12 月からイスラム教の宗教教育が公立学校でフォーマルに実施されるところとなっている。その過程においては2005 年の連邦行政裁判所の判決が決定的に重要な役割を果たしたことは，既述したところである[14]。

またバイエルン，ハンブルク，ニーダーザクセン，ラインラント・プファル

---

(12)　H.P.Füssel, Islamischer Religionsunterricht an deutschen Schulen,In:RdJB（1985),S. 76.

(13)　2010 年に刊行された上記「学校法」において，アベナリウスはこのいわゆる経過措置モデル（Übergangsmodelle）についてこう書いている。「現存のイスラムの諸団体が国家の協同的パートナーとして考慮されない限り，経過措置的な解決を模索するのが次善の策であろう。そこにおいては国家は仲保者としての任務を担わなくてはならない。このような経過措置的モデルは，多くのイスラム教の生徒に対して宗教教育がまったく行われないよりも，基本法の規定により近いということに鑑みて，憲法上認容されよう」(S.122.)。

142

第2節　現行のイスラム教の宗教教育法制

ツなどの各州では「イスラムの宗教的指導」が実施されているが〈バイエルン州では正課として〉，これは母国語教育の補習授業の一環として行われている「宗教学」の一種であって，基本法7条3項にいう「宗教教育」ではない。この宗教的指導は宗派横断的な性格のもので，授業内容は通常，トルコの宗教教育・倫理教育の学習指導要領に依拠し，トルコで宗教教育の教授資格を取得したトルコ人教員によってトルコ語で行われている[15]。

　ちなみに，ノルトライン・ウエストファーレン州では1999年以来，モデル実験として「ドイツ語による独立した教科としてのイスラム教育」が行われてきたが，先に触れた2005年の連邦行政裁判所の判決を直接の契機として，「ドイツ語によるイスラム学」と改称され，さらにその後「ドイツ語によるイスラム教の宗教教育」へと発展し，そしてこうした経緯を経て，上述のように，イスラム教の宗教教育が基本法7条3項にいう「正課としての宗教教育」として公立学校に導入されたという歴史がある[16]。

　なお近年，ほとんどの州でイスラム教の宗教教育を正課として公立学校に導入するための諸条件を創出する努力が重ねられているが[17]，その重要な条件の一つとして当該科目を担当できる有資格教員の養成という問題がある。上記「イスラムの宗教的指導」を担当している教員の多くは正規の宗教教育のための資格を有していない，という現実があるからである。

　こうした状況下で学術審議会（Wissenschaftsrat）は2010年，「ドイツの大学における神学と宗教関係科学の更なる発展のための勧告」において，主要には以下の2点を提言するところとなっている[18]。

　①　州立大学の2〜3ヵ所に広範な自律性をもつイスラム研究のための組織を設置し，そこにおいてはとりわけイスラム教の宗教教育のための教員を養成する。

---

(14)　同州における正課としてのイスラム教の宗教教育の導入の経緯と現状について，詳しくは参照：濱谷佳奈「新たな次元に入った現代ドイツの公立学校における宗教教育」，カトリック教育学会編『カトリック教育研究』（第31号），2014年，45頁以下。

(15)　S. Schmahl, a. a. O., S. 35.　C. Langenfeld, Integration und kulturelle Identität zugewanderter Minderheiten. Eine Herausforderung für das deutsche Schulwesen, In: AöR123 (1998), S.382..

(16)　濱谷佳奈，前出，49頁。

(17)　たとえば，バイエルン，バーデン・ビュルテンベルク，ニーダーザクセン，ラインラント・プファルツの4州においては，イスラム教の宗教教育を導入するための実験学校が設置されているという（H.Avenarius/H.P.Füssel,a.a.O.,S.122.）。

143

第Ⅱ部　第4章　正課としてのイスラム教の宗教教育

②　宗教的に中立な国家は神学の学習内容や宗教担当教員の養成には単独には責任を負えないから，神学の学修課程の設置，変更，廃止および学術的なスタッフの任命に際しては，神学について専門性を擁する評議会が関与すべきである。

評議会の構成に際しては，ムスリムの自己理解，組織形態の多様性，神学の専門性などの要件を考慮すべきである。

いずれにしても，近い将来，上述したような「各州の努力が結実した場合，イスラム教の宗教教育に対してもまた，基本法7条1項にもとづく国家の責任が妥当することになる。国家はイスラム教の宗教教育が学校の教育目的，とりわけ寛容の原則に反しないように配慮しなければならない」ということである[19]。

第3節　ベルリンにおける特別な法制状況

既に触れたように，基本法7条3項1文は，基本法141条により，1949年1月1日の時点で州法が別段の規律をしていた州には適用されない。これをブレーメン条項（Bremer Klausel）と称し，ブレーメンとベルリンがこの条項の適用を受けている。そこでこの2州においては，他州とは異なり，公立学校における宗教教育は国家と教会の共同事項ではなく，教会ないし宗教団体の事項（Sache der Kirche und Religionsgemeinschaften）とされている[20]。ちなみに，この点について，ベルリン州学校法（2004年）も「宗教教育ないし世界観教育」

---

(18)　Wissenschaftsrat, Empfehlungen zur Weiterentwicklung von Theologien und religionsbezogenen Wissenschaften an deutschen Hochschulen v. 29. 1. 2010, zit. aus H. Avenarius/H.P.Füssel,a.a.O.,S.121.

　　なおこの勧告は州レベルで直ちに政策化されたようで，2013年に刊行された学校法学書には次のような記述が見えている。「イスラム教の宗教教育を実施するための最大の阻害要因は，十分に要請された宗教教育の教員が不足していることである。しかし近年，対策が講じられ，若干の大学にそのための学修課程が設置され，そして最初の卒業生が学校での勤務に就いている状況にある」（J.Rux/N.Niehues,a.a.O.,S.90）。

(19)　H.Avenarius/H.P.Füssel,a.a.O.,S.122.

　　なおドイツ・イスラム会議（Die Deutsche Islam Konferenz）も2008年3月，基本法に適合的なイスラム教の宗教教育の制度構築を旨として，「イスラム教の宗教教育の憲法上の枠組的な諸要件」と銘打った決議を採択している（H.de. Wall, Verfassungsrechtliche Rahmenbedingungen eines islamischen Religionsunterrichts, In:RdJB (2010), S.107ff）。ドイツ・イスラム会議について，詳しくは参照：C.R.Grothe, Die Deutsche Islam Konferenz, In:RdJB (2010),S. 9 ff.

第3節　ベルリンにおける特別な法制状況

と題してつぎのように書いている（13条1項）。

「宗教教育ないし世界観教育は宗教団体ないし世界観団体の事項である。ただ宗教教育の主体としては，法に対する忠誠と当該団体の持続性を保証し，その努力と活動は一つの宗教的信仰の包括的な奨励を旨とし，当該構成員をこの信仰に義務づけ，構成員がそれによって拘束される団体だけが考慮される。」。

ところで，先に言及したノルトライン・ウエストファーレン州とは法制状況が異なるが，ベルリンにおいてもイスラムの宗教団体が，より正確にはその上部団体が公立学校における宗教教育の主体たりうるかをめぐって法的争訟が起きている。

原告は1980年に社団として登録されたベルリン・イスラム連盟で，下部組織として9のモスク団体と16の協賛団体を擁していた。前者は宗教目的の団体であるが，後者は女性の自立促進やスポーツ活動の実施など社会的・文化的な目的を追求するもので，しかもその成員はイスラム教徒に限定されてはいなかった。また1987年の時点でベルリンには約14万人のムスリムが居住していたが，上記イスラム連盟傘下の成員は約5万人であった。

1987年，ベルリン・イスラム連盟は公立学校におけるイスラムの宗教教育の実施許可をベルリン州文部省に申請したが，同省は1994年3月，これを却下した。上記連盟は成員間の宗教的合意を欠き，等質的な信仰共同体ではないから，ベルリン州学校法23条の意味における宗教団体には当たらない，というのがその理由であった。

この決定を不服として上記連盟はベルリン行政裁判所に提訴したが，1997年12月，同裁判所は文部省の主張を認めてこれを却下した。しかし控訴審のベルリン高等行政裁判所および上告審の連邦行政裁判所はともに原告勝訴の判決を言い渡したのであった[21]。それぞれの判旨を掲記すると下記のようであるが，いずれの判決も基本法7条3項が適用されず，学校法制上，宗教教育は宗教団体の事項であると規定されているベルリンにおいては，宗教団体という

---

(20)　1947年に制定されたブレーメン州憲法は「一般陶冶の公立学校においては，宗派に拘束されない，一般的なキリスト教に基礎を置いた聖書の歴史（Biblische Geschichte）が教えられるものとする。」と規定しているが（32条1項），ここにいう聖書の歴史教育は基本法7条3項にいう宗教教育ではない（R.Poschner, Religions-oder Religionskundeunterricht?, In:RdJB（2006）,S.460）。

(21)　R.Tillmanns, Islamischer Religionsunterricht in Berlin, In:RdJB（1999）,S.471ff.
　　　H.Avenarius/H.P.Füssel,a.a.O.,S.122.

145

第Ⅱ部　第4章　正課としてのイスラム教の宗教教育

概念は広義に解してよいとの立場に立っているということが重要である。

①　ベルリン高等行政裁判所判決（1998年[22]）

「宗教団体という概念は宗教上の結合体が当該宗教―ここではイスラム教―の内部において一定の信仰方針を厳格に信奉することを意味し，他の団体と違いがあることまで求めてはいない。

基本法141条のいわゆるブレーメン条項にもとづいて，ベルリン州学校法23条により，文部省が公立学校における正課外での宗教教育の実施を許可するに際しては，「国家の世界観的中立性の原則および平等な取扱いの原則」（Grundsätze der weltanschaulichen Neutralität des Staates und der Gleichbehandlung）が妥当する。

宗教団体はその代表者が教育に関する学校法上の諸原則や憲法上の基盤を尊重していないという事実が認められる場合に限り，宗教教育を行うことから排除されうる」。

なおベルリンにおいては従前は，宗教団体による宗教教育の実施について文部省による内容的審査はなかったが，2004年に学校法が改正されて次のように規定されるに至っている。「宗教団体は宗教教育が一般教育に妥当している規定に則って行われるように責任を負う。宗教団体は宗教教育が一般教育について定められている教育的および専門的な規準に適っているということを認識できる，枠組み的な教授計画（Rahmenlehrpläne）を所管する行政当局に提出するものとする。」（13条3項）。

②　連邦行政裁判所判決（2000年[23]）

「基本法141条のブレーメン条項はベルリンに適用される。基本法141条が適用される州において，その州の法律が宗教教育を行うことは宗教団体の事項であると規定している場合は，宗教団体という概念の解釈は基本法7条3項2文ないし基本法140条によって与えられるのではない。州法上の宗教団体という概念を広義に解釈しても連邦憲法に抵触するものではない」。

第4節　宗教的少数者に対する宗教教育

ところで，上記基本法7条3項にいう宗教教育の実施は当該宗派に属する最低生徒数の存在を要件とすることができると解されている[24]。こうした解釈

---

(22)　OVG Berlin Urt. v. 4. 11. 1998, In:SPE 652 Nr.21.

(23)　BVerwG Urt. v 23. 2. 2000, In:SPE 652 Nr.23.

第4節　宗教的少数者に対する宗教教育

はほんらい宗教的少数者（Religiöse Minderheit）に対する宗教教育の機会確保を旨とするものであるが，現行学校法制もバーデン・ビュルテンベルク州やバイエルン州など6州でこれを明文で確認するところとなっている。たとえば，ザールラント州学校規律法は，「宗教的少数者」と題して，こう規定している。

「公立学校において，学年で，宗教的少数者の生徒が少なくとも5人に達した場合は，これらの生徒に対して宗教の授業が行われるものとする。」（15条1項）。

「5人未満の宗教的少数者の生徒のために宗教教育が行われる場合には，学校設置者は教室を無償で提供しなければならない。」（同条2項）。

なお最低生徒数は州によって違いがあり，たとえば，ノルトライン・ウエストファーレン州とニーダーザクセン州では学校全体で12人であるが，バーデン・ビュルテンベルク州とヘッセン州では8人となっている。

このコンテクストにおいて重要な問題は，当該宗派の生徒数が学校法所定の最低生徒数に達した場合，生徒や親，さらには宗教団体も憲法上，公立学校において当該宗派の宗教教育の実施を求める請求権をもつに至るのか，そしてそれはイスラム教の宗教教育にも妥当するかということである。これを肯定する学説が見られているが[25]，従来，この問題は学校法学の考察対象とされてきておらず，現段階ではなおペンディングの課題に属していると言える。

---

(24)　H.Avenarius/H.P.Füssel,a.a.O.,S.117.

(25)　I.Cavdar, a.a.O.,S.271.

147

第5章　倫理教育とLERをめぐる法的問題

第1節　倫理教育をめぐる法的問題

1　倫理教育法制

　既述したように，ドイツにおいては公立学校における宗教教育は正課として位置づけられているが（基本法7条3項），しかし同時に「教育権者はその子の宗教教育への参加について決定する権利を有する」（基本法7条2項）とされており，宗教教育への参加は親（満14歳以降は子ども）の任意に委ねられている〈宗教教育への参加に関する任意性の原則〉。

　こうした法制下にあって，1970年代に入り複合的な価値多元主義社会の更なる進展と相俟って，青少年の宗教離れ・教会離れが顕著となり，宗教教育に参加しない生徒が急増した。ドイツにおいては伝統的に「主として宗教教授が道徳教育をになってきた事情から，この現象は道徳教育上，危機的なものととらえられた」。そして「その結果，世俗的，哲学的，倫理学的基盤に立つ道徳教育教科が新設」されることになる[1]。

　宗教教育に参加しない生徒に対するこの種の代替教科への参加義務づけを最初に規定したのは，1971年のシュレスビッヒ・ホルシュタイン州の文部省訓令である。こう規定された[2]。「宗教教育に参加しない生徒は，それに代わって，他の教科，すなわち哲学の基礎の授業を受けなくてはならない」。

　そして1973年にはバイエルン州が一般学校規程（政令）を改正して，宗教教育との選択必修科目として倫理教育（Ethikunterricht）を創設し，これについて本格的な定めを置いたのを機に，その後これに倣う州が続き，こうして1970年代末までには，旧西ドイツの11州のうち6州が，宗教教育に参加しない生徒に対して，倫理教育など必修科目としての代替教科への出席を義務づける法制度を擁するに至ったのであった[3]。

---

(1)　天野正治・結城忠・別府昭郎（編著）「ドイツの教育」東信堂，1998年，163～164頁（執筆・福田弘氏）。

(2)　zit.aus H.Heckel/H.Avenarius, Schulrechtskunde, 6 Aufl. 1986,S.45.

(3)　代替教科の名称は倫理科，倫理教育，実用的哲学，哲学，子どもと学ぶ哲学，価値と規範など，州によって各様である。

第1節　倫理教育をめぐる法的問題

　1990 年のドイツ統一後は旧東ドイツの 4 州がこれに加わり，こうして現行法制上，たとえば，ヘッセン州やザクセン州など 10 州において選択必修科目（verbindliches alternatives Unterrichtsfach）としての倫理教育が学校法制上に法定されるところとなっている。しかもそのうちの 5 州では州憲法でもってこれを明記している状況にある[4]。

　規定例を引くと，たとえば，バイエルン州憲法は「宗教教育に参加しない生徒のために，一般的に承認された道徳の諸原則についての授業が行われるものとする」（137 条 2 項）と書いているし，また旧東ドイツのザクセン州憲法もつぎのように規定している（105 条 1 項）。「倫理教育および宗教教育は，宗派学校と無宗派学校を除いて，学校における正課である。子どもが宗教的成熟に達するまでは，子どもがこれらの教科のいずれで教育をうけるかは，教育権者がこれを決定する」。

　そしてこうした憲法条項をうけて，バイエルン州では教育制度法が，またザクセン州では学校法がそれぞれより具体的に下記のように規定するところとなっている。

◎バイエルン州教育制度法 47 条

　　1 項＝「倫理教育は宗教教育に参加しない生徒にとっては必修科目（Pflichtfach）である」。

　　2 項＝「倫理教育は価値洞察的な判断と行動へ向けての生徒の教育（Erziehung zu werteinsichtigem Urteilen und Handeln）に資するものとする。その内容は州憲法および基本法に規定されている道徳上の諸原則を志向するものとする。一方で倫理教育は宗派や世界観の多様性を考慮しなければならない」。

◎ザクセン州学校法 19 条

　　1 項＝「宗教教育に参加しない生徒は倫理科の授業に出席するものとする」。

　　2 項＝「倫理科においては，生徒に対して宗教学的な知識，社会的な価値観念や規範の理解ならびに哲学的ないし宗教的な問題への入門が教えられるものとする」。

　　同 20 条＝「子どもが宗教教育に参加するか，もしくは倫理教育に参加する

（4）　州憲法で倫理教育について規定しているのは次の通りである。BA 州憲法 137 条 2 項，RP 州憲法 35 条 2 項，SN 州憲法 105 条 1 項，SA 州憲法 27 条 3 項，TH 州憲法 25 条 1 項。

第Ⅱ部　第5章　倫理教育とLERをめぐる法的問題

かは親が決定する。満14歳以降は，この権利は生徒に帰属する」。

2　倫理教育の合憲性

　上述のように，倫理教育は現行法制上，各州において必修科目として位置づけられ，実施されているのであるが，しかし宗教教育に参加しない生徒に対して，その代替として倫理教育への出席を義務づけることが，果たして憲法上許されるのか。この問題をめぐっては，学説上，これまで繰り返し活発な論議を呼び，また数多くの争訟事件が発生するところとなっている。

　学説では，たとえば，学校法学の権威・H.ヘッケルは1986年に公刊した「学校法学」（第6版）において，親・生徒の「信仰・良心の自由」を重視して次のように述べている[5]。

　「幾つかの州が宗教教育に参加しない生徒に対して，義務的な代替教科としての倫理教育を法制化している。しかし倫理教育は世界観的な要素を排除することができないから，これらの規定には問題がある。宗教教育については，基本法7条2項にもとづいて親・子どもはそれへの参加を自由に決定することができ，それによって自らの「信仰・良心の自由」を行使することができる。しかし倫理教育についてはかかる決定権が認められてはいないからである」。

　これに対して，権威ある基本法のコンメンタールは「基本法7条1項は国家の包括的な教育責務を規定したものある。この条項は国家に対して倫理科のような新たな教科を導入する権限を与えるものである。」としたうえで，以下のように述べて，倫理教育違憲説を批判している[6]。

　「基本法7条3項による宗教教育の保障は教会の利益を図っての，国家と教会の分離原則に関する例外規定である。したがって，宗教教育に代えて，その代替として倫理教育への出席を義務づけることは違憲だとする見解は，国家の包括的な教育責務を看過し，政教分離原則の意味を誤解するものである」。

　一方，これに関する判例も割れており，たとえば，1998年のハノーバー行政裁判所の呈示決定（Vorlagebeschluß）は「宗教教育の代替として『価値と規範』（Werte und Normen）の授業への出席を義務づけているニーダーザクセン州学校法は違憲である」との判断を示しているが[7]，他方でマンハイム上級行

---

(5)　H.Heckel/H.Avenarius, ebd.　同旨：J.Rux/N.Niehues,Schulrecht, 5 Aufl.,2013,S.85.

(6)　T.Maunz/G.Dürig（Hrsg.）, Grundgesetz-Kommentar, 2011, Art. 7,Rn.78, S.53.　同旨：
　　G. Werner, Ethik als Ersatzfach, In:NVwZ（1998）,S.816.

(7)　VG Hannover, Vorlagebeshluß, In:DVBl（1998）,S.405.

150

政裁判所は下記のように判じて，代替必修科目としての倫理教育の合憲性を認定するところとなっている[8]。

「宗教教育に参加しない生徒のために，倫理科（Fach Ethik）を正課として制度化しているバーデン・ビュルテンベルク州学校法 100a 条は基本法 3 条 1 項，3 条 3 項，4 条 1 項，6 条 2 項ならびに 7 条 2 項に抵触するものではない。文部省令によるギムナジウム 12 学年と 13 学年への倫理科の導入およびこれに関する学習指導要領は合憲かつ合法である」。

この問題は，詰まるところ，①宗教教育に参加しない生徒に対して倫理教育への出席を義務づけることは，先に触れた「任意性の原則」（Freiwilligkeits-grundsatz）に適っているか，②宗教教育に参加しないことによって発生する義務づけは，基本法 3 条 3 項が規定する信仰や宗教的世界観にもとづく差別の禁止に抵触しないか，ということに帰着する[9]。

以上のような倫理教育の合憲性をめぐる問題は 1998 年，連邦行政裁判所の判決によって決着がつけられることになる。上記バーデン・ビュルテンベルク州学校法の違憲性が問われたケースで，連邦行政裁判所はマンハイム上級行政裁判所の判断を支持し，同法の合憲性を全面的に認定したのである。判旨は多岐にわたっているが，その要点を摘記すると，下記のようである[10]。

①　基本法 7 条 1 項は国家の包括的な教育責務を規定したものある。この条項は国家に対して倫理科のような新たな教科を導入する権限を与える。

②　倫理科は世界観的・宗教的に中立でなければならない。しかしこのことはキリスト教によって刻印された文化的・教育的な価値を相応に考慮すること，ないし人々の共生にとって本質的かつ不可欠な基本的価値（Grundwerte）を教えることを排除するものではない。

③　宗教教育に参加しない生徒に対して倫理科を排他的に義務的な教科として導入することができる。ただその場合，倫理科は正課として宗教教育と等価の教科（gleichwertigesFach）として形成されなければならない。このことは「責任ある，価値を意識した行動への教育」（Erziehung zu verantwortungs-und

---

（8）　VGH Mannheim, Urt. v. 1. 7. 1997, In:SPE,249, Nr.4.

（9）　H.Avenarius/H.P.Füssel,Schulrecht, 8 Aufl.2010, S.124.

（10）　BVerwG,Urt.v. 17. 6. 1998,In:SPE 249, Nr.6.
　　　なおこの判決に関する評釈としては下記が詳しい：M.E.Geis, Ethikunterricht für Konfessionslose, Anmerkungen zum Urteil des Bundesverwaltungsgerichts vom 17. Juni 1998, In:RdJB（1999）,S.116ff.

第Ⅱ部　第5章　倫理教育とLERをめぐる法的問題

wertbewußtem Verhalten）のような，宗教教育に匹敵する目的が追求されること，および倫理科は宗教教育と同じく倫理的な最低基準を教え，教育的な手段によってそれを強化することを目指すということが前提となる。これらの前提が充足されるのであれば，宗教教育に参加する生徒に対して倫理科の授業への出席を免除することは，生徒の平等な取扱いの原則に反することにはならない。

④　倫理科と宗教教育の等価性は事実上の形成においても確保されなくてはならない。生徒は双方の科目への機会均等を考慮して，所定の成績を達成しなければならない。倫理科も宗教教育も正課として学問的諸要請を満たさなければならない。

なおこの連邦行政裁判所の判決に対しては憲法異議の訴えが提起されたが，連邦憲法裁判所は1999年これを棄却し，こうして宗教教育の代替としての倫理教育の合憲性をめぐる争いは最終的な結末を迎えたのであった[11]。

3　親の教育権と倫理科の設置要求

いうところの倫理科をめぐっては，上述したような国家による必修化とは文脈を異にして，親が「親の教育権」に依拠して倫理科の導入を求めるという争訟事件も起きている。

すなわち，バーデン・ビュルテンベルク州においては州学校法が「宗教教育に参加しない生徒のために，正課として倫理科が設置される」（100a条）と規定しているのであるが，倫理科はギムナジウムの場合は7学年から，また基幹学校と実科学校にあっては8学年から設置されており，基礎学校では置かれていない。

そこで基礎学校に二人の息子（2学年と4学年）が就学している無宗派の親が，二人の子どもは宗派的な宗教教育には参加しておらず，また基礎学校には倫理科も置かれていないから，国はその中核的な教育責務である「道徳的・倫理的な教育」（moralisch-ethische Erziehung）を欠落させているとして，基礎学校にも倫理科を設置するように求めて提訴した。

この件について，1審のフライブルク行政裁判所は「バーデン・ビュルテンベルク州においては法律上も，州憲法上も，基礎学校への倫理科の導入を求める親の請求権は認められてはいない。とりわけ州学校法からも，また基本法3条からもかかる請求権は導かれるものではない」と述べて，親の訴えを斥け

---

(11)　BVerfG, Beschl. v. 18. 2. 1999, zit. aus H.Avenarius/H.P.Füssel,a.a.O., S.125.

152

第1節　倫理教育をめぐる法的問題

た[12]。また控訴審のマンハイム上級行政裁判所も，下記のように判じて，原審の判断を支持したのであった[13]。

「親は倫理科を基礎学校の教科として導入するように求める権利を有してはいない。かかる権利は基本法からも，またバーデン・ビュルテンベルク州憲法からも，さらには人権と基本的自由の保護に関するヨーロッパ人権条約からも導かれない。国がその教育責務を履行するために，倫理科を導入する必要があるかどうかの判断は，国の形成的裁量に属している」。

4　倫理教育と「法律の留保の原則」

上述したところから知られるように，宗教教育の代替教科として倫理教育を導入し，生徒に対してそれへの出席を義務づけることは，生徒と親の「宗教の自由」（基本法4条1項・2項），「生徒の人格権」（基本法2条1項），「親の教育権」（基本法6条2項）などの基本権と国家の教育権能（基本法7条1項）との特別な緊張をもたらす。したがって，倫理教育を必修科目として導入するためには，文部省令や学習指導要領などの行政規則ではなく，「学校法律」（Schulgesetz）によることが必要であり，倫理教育の目的や基本的な内容も法律上規定されなくてはならない[14]。連邦憲法裁判所の判旨にもあるように，「法治国家・民主制原理が，立法者に，学校制度における本質的な決定は立法者自らがなし，教育行政機関に委任してはならないことを義務づける」のであり，「（学校教育のように）基本権が重要な意味をもつ領域にあっては，'本質的'（wesentlich）とは，一般に基本権の実現にとって本質的ということを意味する」からである[15]。

この点，各州の現行学校法制もかかる要請を基本的には充足していると見てよく，バイエルン州の教育制度法とザクセン州の学校法のこれに関する規定例は先に引いたところである。

関連して，親は学校における倫理教育の有りようについて，憲法上の基本権として「知る権利」を有しているということも重要である。著名な学校法学者・I.リヒターも指摘しているように[16]，基本法6条2項が明記している「親

---

(12)　VG Freiburg, Urt. v. 21. 9. 2011, In:SPE 249 Nr.11.

(13)　VGH Mannheim, Urt. v. 23. 1. 2013, In:SPE 249 Nr.12.

(14)　H.Avenarius/H.P.Füssel,a.a.O.,S.125.

(15)　BVerfG, Beschl. v. 21. 12. 1977, In:Schwabe（Hrsg.）,Entscheidungen des Bundesverfassungsgerichts, 1994,S.187～S.188.

153

第Ⅱ部　第5章　倫理教育とLERをめぐる法的問題

の自然的教育権」にはその「基礎をなす権利」(Basisrecht) として親の「知る権利」が包含されており，そしてその対象は「親の教育権の行使にとって重要な意味をもつ，ないしは本質的なすべての事実」に及ぶと解せられるからである[17]。倫理教育のような，すぐれて価値や宗教・世界観に係わる教科は当然に「親の知る権利」の対象に含まれていると見られるのである。

　ちなみに，この点について，たとえば，ベルリン州学校法は「学校は教育権者に対して倫理教育の目的，内容および形態について適時に適当な方法で情報を提供しなければならない」(12条6項) と明記しているし，フライブルク行政裁判所 (1995年) も次のように判じている[18]。

　「親は倫理教育について，適時に包括的な情報を請求する権利 (Anspruch auf rechtszeitige und umfassende Informationen) を有する」。

5　ベルリンにおける特別な法制状況

　すでに言及したように，基本法141条により，ベルリンはいわゆるブレーメン条項の適用をうけており，基本法7条3項の宗教教育条項は同州には適用されない。そこでベルリンにおいては現行法制上，倫理教育は宗教教育の代替教科ではなく，オリジナルな必修科目として位置づけられている。すなわち，同州にあっては2006/07学期から「倫理科は，公立学校の7学年から10学年までは，すべての生徒に対する正課である」と法定されている (学校法12条6項)。つまり倫理科は出席拒否の可能性の存しない必修科目 (Pflichtfach ohne Abmeldemöglichkeit) とされているのであるが，しかしその一方で，任意参加の宗教教育・世界観教育が倫理科と併置されているという法制状況にある (学校法13条)。

　そこで問題となるのは，宗教教育に参加している生徒は倫理科への出席を免除されるかであるが，これについて同州学校法は何ら語るところがない。2006年7月，この問題を問う事件が実際に発生している。

　原告はプロテスタント教徒の親と公立学校7学年の娘であるが，2007年7月，親がベルリンの教育行政当局に宗教教育への参加を理由に，娘の倫理科への出席義務を免除するように申請した。直接には「信仰・良心の自由」(基本

---

(16)　I.Richter, Bildungsverfassungsrecht, 1973, S.47.

(17)　N.Niehues, Schul-und Prüfungsrecht,Bd.1.Schulrecht,2000, S.89.

(18)　VG, Freiburg, Urt. v. 8. 3. 1995, In:SPE 249 Nr.1.

第1節 倫理教育をめぐる法的問題

法4条2項）および「親の教育権」（基本法6条2項）を根拠とし，また同州学校法46条5項＝「生徒は重大な事由がある場合には，申請により，授業もしくは学校行事への出席を免除される」にも依拠してのことであった。

　しかしベルリン当局はこの申請を却下した。そこで原告はこれを不服として，ベルリン当局に娘の倫理科への出席免除を義務づけることを求める義務付け訴訟をベルリン行政裁判所に提起したのであるが，同裁判所はこれを斥けた。控訴審のベルリン・ブランデンブルク高等行政裁判所も，下記のように述べて，原審の判断を支持した[19]。

　「法律によって倫理科を導入し実施することは，この教科が宗派的・世界観的に中立に提供されない場合には，基本法4条1項・2項が保障する「宗教の自由」を侵害することになる。

　生徒に対して倫理科の授業への出席を義務づけることは，生徒が宗教教育の授業に参加するのを困難にするものではない。州の立法者は，学校において宗派中立的な教科（倫理科・筆者）と宗派に拘束された教科（宗教教育・筆者）を常時，選択肢として提供する義務を負ってはいない。基本法141条にもとづいて，宗教教育に関しベルリンに妥当している法的特殊性を考慮すると，選択権にもとづいて，生徒に進級にとって意味をもち正課でもある倫理科の履修を免除することは可能であろう。しかしそれでは一般的な就学義務と相容れない」。

　この判決を不服として，原告は憲法裁判所に憲法異議の訴えを提起したのであるが，同裁判所は2007年，これを斥けた。判決は端的にこう述べている[20]。

　「州の立法者は現実の所与と国民の宗教的な志向を考慮したうえで，社会的な統合と寛容を旨として，生徒に対し共通の価値基盤（gemeinsame Wertebasis）を教えるために，拒否できる可能性の存しない倫理科をすべての生徒に対して義務的に導入することができる。

　ベルリン州学校法は宗教的な生徒に対して，その内容が自分の信念に反する授業への出席を強制するものではない。したがって，必修教科としての倫理科は宗教的な生徒にとっても，基本法4条1項・2項および基本法6条2項に鑑みて，相当性の要請（Gebot der Verhältnismäßigkeit）に抵触するものではない。現行の倫理科と併置しての宗教教育の提供は，宗教的な生徒にとって教育目的を達成するための適切かつ寛大な措置だと見られるからである」。

---

(19)　OVG Berlin-Brandenburg, Beschl. v. 23. 11. 2006. In:SPE 249 Nr.9.

(20)　BVerfG, Beschl. v. 15. 3. 2007, In:SPE 249 Nr.10.

第Ⅱ部　第5章　倫理教育とLERをめぐる法的問題

　一方，この問題に関する学説の見解であるが，支配的な憲法学・学校法学説は上述した判例を概ね支持している状況にある。通説的な見解を権威ある基本法コンメンタールに代表させよう。こう述べている[21]。

　「正課である宗教教育と併置して，倫理科を必修科目として導入することができる。それによって発生する，宗教教育をうける生徒の追加的な授業負担は，国家の教育責務によって正当化される不平等な取扱いである。宗教教育と倫理科は異種の教科であるから，生徒にとって二重負担には当たらない。倫理科はまた宗教教育に参加しない生徒に対して排他的に義務づけて設置してもよい。その場合は，正課として，宗教教育と等価の教科として形成されなければならない」。

　なお付言すると，ベルリンにおいては宗教教育を倫理科との選択必修科目として位置づけるという試みがあったが，2009年4月，住民投票によって否決され実現には至らなかった[22]。

第2節　ブランデンブルク州のLERをめぐる争い

1　ブレーメン条項と旧東ドイツ諸州

　既に言及したように，基本法7条3項1文は，基本法141条により，1949年1月1日の時点で州法が別段の規律をしていた州には適用されない。これをブレーメン条項と称し，現行法制上，ブレーメンとベルリンの2州がこの条項の適用を受けている。

　ところが1990年10月のドイツ統一後，果たして旧東ドイツ諸州にもブレーメン条項の適用があるか否かという問題が浮上し，これに関する見解は割れている状況にある[23]。ただこの問題はブランデンブルク州についてだけ現実的な意味をもつ。というのは，その他の4州においては，基本法7条3項に相当する内容を既に州憲法ないし州学校法で規定するところとなっているからであ

---

(21)　T.Maunz/G.Dürig (Hrsg.), ebd. 同旨：K.Engelbrecht, Verfassungsrechtliche Fragen der Einführung von Ethikunterricht in den öffentlichen Schulen des Landes Berlin,In:RdJB (2006),S.376.

(22)　H.Avenarius/H.P.Füssel,a.a.O.,S.126.

(23)　肯定説としては，さしあたり，H. Wißmann, Art. 141GG als Brandenburger Klausel?, In:RdJB (1996), S.368ff. 否定説としては，さしあたり，S.Muckel/R.Tillmann, a.a.O.,S. 360ff.

る。

　規定例を引くと，たとえば，ザクセン・アンハルト州憲法は「倫理教育および宗教教育は，宗派学校と無宗派学校を除いて，学校における正課である。宗教教育は国家の監督権を妨げることなく，宗教団体の教義と一致して行われる」（27条3項）と規定しているし，またザクセン州憲法は「倫理教育，宗教教育」と題して，より詳しく下記のような定めを置いている（105条）。

　　「1項－倫理教育および宗教教育は，宗派学校と無宗派学校を除いて，学校
　　　における正課である。子どもが宗教的成熟に達するまで，これらの教科
　　　のうちどの教科で教育をうけるかは，教育権者がこれを決定する。
　　2項－宗教教育は，国家の一般的な監督権を妨げることなく，教会および
　　　宗教団体の教義に則って行われる。教員は宗教教育を担当するために教
　　　会ないし宗教団体による代理権の委任が必要である。教会ないし宗教団
　　　体は国の監督庁の同意を得て，宗教教育の実施を監督する権利を有する。
　　3項－いかなる教員も，その意思に反して，宗教教育を行うことを義務づ
　　　けられてはならない」。

2　ブランデンブルク州におけるLERの創設と法的問題

　一方，ブランデンブルク州は他の4州とは異なり，従来の宗教教育に代えて，新たな教科「生活形成－倫理－宗教科」（Lebensgestaltung-Ethik-Religionskunde〈以下，LER〉）を正課として創設した。

　同州学校法によれば，LERの目的は民主的で価値多元主義的な社会において，生徒が自らの生活を自律的な判断により責任をもって形成できるように支援することにある。そこでこの教科においては，価値を志向した生活形成のための基盤，哲学的倫理の伝統，倫理的な判断力形成に関する諸原則，宗教や世界観などに関する知識が教えられるものとされている（11条2項）。

　ただLERは，宗教教育とは異なり，宗派から自由に，宗教的・世界観的に中立に教えられなくてはならない（11条3項）。重要な理由がある場合には，生徒は州学務局の許可を得て，LERの授業への出席を免除される（141条）。

　一方で，宗教教育の実施は教会と宗教団体の権利と責任に委ねられる。すなわち，教会および宗教団体は学校において，その宗派の教義に即して，自らが委託した宗教担当教員によって宗教教育を実施する権利を保障されている（9条2項）。宗教教育に参加するためには親が文書でもって届け出ることが必要とされ，満14歳以降は生徒自身がそうすることが求められている。

第Ⅱ部　第5章　倫理教育と LER をめぐる法的問題

　ブランデンブルク州が LER と宗教教育について以上のような同州に独特な規律を設けたのは，いわゆるブレーメン条項は同州にも適用されるとの前提に立ってのことである。たしかにブランデンブルク州は1949年1月1日の時点で基本法7条3項の規定内容とは異なる別様の法制を擁していた。1947年に制定された当時のマルク・ブランデンブルク州憲法は，つぎのように規定していたのである（66条[24]）。

　「1項－学校において宗教教育を行う宗教団体の権利は保障される。宗教教育は教会によって選任された教員によって行われる。何人も宗教教育を行うことを強制され，もしくは妨げられてはならない。

　　2項－宗教教育への参加については，教育権者がこれを決定する」。

　ここにおいては宗教教育は正課として位置づけられておらず，また宗教団体に宗教教育を行う権利が保障されるなど，その規定内容は基本法7条3項と大きく異なるものとなっていることが知られる。

　ただ当時のソビエト占領地域の各州は，その後におけるドイツ民主共和国の社会主義的中央集権国家への発展およびそれに伴っての州制度の破棄によって，事実上も法的にも消滅した。というのは，1968年4月に制定を見たドイツ民主共和国の社会主義憲法は，建国直後に制定された1949年憲法が採用していた連邦制を廃棄し，民主集中制の原則を確立した。この原則は国家を形成する自律的な行政組織としての州の存在を否定するものに他ならないのである[25]。

　したがって，1990年7月の旧東ドイツにおける州導入法によって新たに導入され，その後ドイツ統一条約（同年8月）にもとづいてドイツ連邦共和国の州となった現在のブランデンブルク州が，1949年の初めにソビエト占領地域に存在したマルク・ブランデンブルク州と同一のものであるかどうかは疑わしいということになる。両者の同一性を前提とした場合にだけ，基本法141条の例外規定＝ブレーメン条項はブランデンブルク州に適用され，同州には基本法7条3項の宗教教育条項は適用されないことになるのである[26]。

　ブランデンブルク州における教科・LER に関する学校法規定の合憲性をめぐっては，CDU/CSU の連邦議会議員から規範統制訴訟が提起され，またカトリックとプロテスタント双方の親や生徒から憲法異議の訴えが提起された。し

---

(24)　Verfassung für die Mark Brandenburg v. 6. 1. 1947, zit. aus H.Avenarius/H.Heckel, Schulrechtskunde, 7 Aufl.2000,S.71.

(25)　この間の経緯について，詳しくは参照：S.Muckel/R.Tillmann,a.a.O.,S.361ff.

(26)　H.Avenarius/H.Heckel,a.a.O.,S.71.

158

かし連邦憲法裁判所はこの争論的な問題について判決を下すことは差し控え，それに代えて 2001 年 6 月，訴訟当事者に対して「協調的了解」(einvernehmliche Verständigung) を求める和解提案をした。それは，詰まるところ，宗教教育へ出席すれば LER の授業への出席義務は免除されるというものであった。この和解提案をうけて，ブランデンブルク州は学校法を改正し，下記のような条文を挿入したのであった（11 条 3 項 4 文・5 文）。

「親が学校に対して，子どもは教科・LER に代えて宗教教育をうけるということを意思表示し，そして宗教教育をうけていることを証明すれば，子どもは教科・LER の授業への出席義務を免除される。生徒が満 14 歳に達した場合，親の意思表示に代えて，生徒自身がこれを行う」。

こうして長年に亘る教科・LER の合憲性をめぐる争いは終結を見たのであった[27]。

---

(27)　H.Avenarius/H.P.Füssel,a.a.O.,S.127.

第6章 「宗教の自由」と学校法制上の争点

第1節 イスラム教徒の女子生徒と男女共修の水泳の授業

　現行学校法制上，生徒は教育主権にもとづく義務として授業およびその他の学校教育活動に出席する義務を負っている。しかし，たとえば，ノルトライン・ウエストファーレン州学校法が「校長は親の申請にもとづき，重要な事由がある場合には，個々の授業ないしは学校の教育活動への生徒の参加を免除することができる」(43条3項) と規定しているように，生徒は「重要な事由」が存するなど特定の例外的な場合には，各教科の授業への出席を免除される仕組みになっている。こうして，たとえば，生徒は健康状態が悪い場合には当然のことながらスポーツの授業への出席義務の免除を求めることができる。そしてこれに関する決定は，免除期間の長短により，各教員，校長，教育行政機関にそれぞれ委ねられている。

　問題は何がそこにいわゆる「重要な事由」(wichtige Grund) として出席免除事由に当たるかである[1]。

　このコンテクストにおいて，イスラム教徒の女子生徒は，水泳の授業が男女共修の形態で実施される場合は，宗教的な理由にもとづいて，その授業への出席を拒否することができるか，換言すると，当該授業からの出席免除請求権 (Anspruch auf Befreiung vom koedukativen Sportunterricht) をもつかをめぐって，1970年代以降，少なからぬ争訟事件が起きている。

　これについて，先ず判例の動向を見ると，宗教的な理由は就学義務の免除事由には該当しないとして，かかる請求権を否定した下級判例も見られているが[2]，連邦行政裁判所は1993年，12歳のトルコ人女子生徒が上記出席免除を求めて提訴したケースで，下記のように判じて，「宗教の自由」に関する基本権 (基本法4条1項・2項) の保障するところにより，イスラム教徒の女子生徒にはこのような権利が認められるとの見解を示したのであった[3]。

---

(1)　たとえば，ギムナジウム11学年の生徒が，化学の授業はAbiturに際しても，自分の将来にとっても必要ではないとして出席免除を求めたケースで，ベルリン行政裁判所は「重要な事由」には当たらないとしてこれを却下している〈VG Berlin Urt. v. 14. 2. 1997, In:SPE 883, Nr2〉。

(2)　たとえば，OVG Münster, Urt. v. 15. 11. 1991,In:RdJB (1992),S.409.

160

第1節　イスラム教徒の女子生徒と男女共修の水泳の授業

「国家がその教育責務にもとづいて（基本法7条1項），一般的な就学義務の
範囲内において実施する男女共修のスポーツの授業が，イスラム教を信仰する
12才の女子生徒にとって，彼女に対して拘束力をもつコーランの服装規程に
鑑みて，『良心の衝突』（Gewissenskonflikt）をもたらす場合は，スポーツの授
業が男女別に行われないかぎり，その女子生徒は，基本法4条1項および2項
に依拠して，スポーツの授業への出席免除請求権を有する」。

　しかし連邦行政裁判所はそれから20年後の2013年，連邦憲法裁判所の理論
的創造に係る「現実的な整合の原則」（Grundsatz praktischer Konkordanz[4]）を
この法域にも適用し，上記1993年の判例を大きく変更することになる。

　すなわち，ギムナジウム第5学年のイスラム教徒の女子生徒の親が，イスラ
ムの服装規程の命ずるところにより，ヘッセン州学校法63条3項（特別な事
由にもとづく授業免除）を根拠に，家族全員の名において男女共修の水泳の授
業への出席免除を求めたケースで，連邦行政裁判所は上記「現実的な整合の原
則」に依拠して，女子生徒の当該水泳授業への出席免除はこれを認めず，全身
を覆う水着・いわゆる Burkini を着用しての出席を義務づけたのであった。一
方における生徒・親の「宗教の自由」保障の確保と，他方における国家の教育
責務，とりわけ価値多元主義社会における国民の統合という，憲法上の相対す
る二つの要請を整合するというアプローチである。判旨の要点を摘記すると，
以下のようである[5]。

　①　基本法4条1項によって保障された「信仰の自由・信仰および世界観告
白の自由」は，信仰をもつかどうかの内的な自由だけではなく，自己の信仰を

---

(3)　BVerwG Urt. v. 25. 8. 1993, mit Anmerkung von H.P.Füssel, In:RdJB（1994),S.292.

(4)　BVerfG Beschl. v.16. 5. 1995, BVerfGE 93, 1（21).

(5)　BVerwG Urt. v. 11. 9. 2013, In:SPE 882 Nr.18.

　　なお連邦行政裁判所のこの見解は2009年のミュンスター高等行政裁判所の判旨を概ね
　踏襲したものである。そこでは，こう述べられている〈OVG Münster Beschl. v. 20. 5.
　2009,In:SPE 882 Nr.14〉。

　　「学校はもとより，親や子どもにとっても，一方における基本法7条1項のもとづく国
　家の教育責務と，他方における基本法6条2項，基本法4条1項・2項にもとづく親の宗
　教教育権が，個々の具体的な場合に，両者によって容認されうる措置によって，それぞれ
　に配慮した均衡に至らなかった場合においてだけ，ノルトライン・ウエストファーレン州
　学校法43条3項にいう授業が免除される重要な事由が存在することになる〈現実的整合
　の原則〉。

　　基礎学校年齢のイスラム教徒の少女にとっては，イスラムの服装規程に従って水着を着
　用することが，原則としてここにいう意味での容認されうる措置と目される」。

161

第Ⅱ部　第6章　「宗教の自由」と学校法制上の争点

社会において表明し，流布する自由も包含している。そしてこの自由には，個人がその全行動を信仰の教えにもとづいて律し，日々，その宗教的信念に従って行動する権利もまた含まれている〈BVerfG Beschl. v. 19. 10. 1971, BVerfGE 32,98（106）・確定判例〉。

②　しかし「信仰の自由」は無留保に保障されるものではなく，憲法レベルでは，基本法7条1項に根拠をもつ学校制度における国家の規定権によって制約を受ける〈BVerfG Beschl. v. 21. 7.2009,NJW 2009,S.3151・確定判例〉。基本法7条1項は包括的な国家の教育責務（Staatliche Bildungs-und Erziehungsauftrag）を規定したものであり，この条項は国家に対して，学校制度の計画・組織・制御ならびに内容的・教授方法的形成に関する権限を保障したものである。そしてこの権限には授業内容の決定権だけではなく，男女共修か，別修かのような授業方式の決定権も含まれる。

③　「信仰の自由」と学校制度における国家の規定権は等位し（gleichrangig），相互規制関係に立つ〈BVerfG Urt. v. 14. 7.1998 ,BVerfGE 93,1（21）・確定判例[6]〉。したがって，両者は「現実的な整合の原則」に則り，それぞれが実効性をもちうるように衡量されなくてはならない。このことは，二つの憲法上の地位の相互的な相対化をもたらす。こうして学校は生徒の宗教的な行為要請を全的には無視できない一方，生徒はただ例外的な場合においてだけ，宗教的な要請にもとづいて授業の免除を請求できる。

④　学校はすべての若い市民に教育の可能性を保障し，彼らが自己決定にもとづいて社会生活へ参加できるようにするための礎石を与えることを任としている。同時に学校は多元主義と個人主義によって刻印された社会において，社会全体に対する責任意識をもった市民を育成し，社会にとって不可欠な統合機能（Integrationsfunktion）を果たさなくてはならない。生徒の「信仰の自由」は，このような学校領域における国家に固有な権限によって相対化される。

⑤　男性に対して自己の身体を広範囲に覆わなくてはならないという，原告女子生徒にとって拘束力をもつ宗教上の行為要請は，当該女子生徒がいわゆるBurkiniを着用して水泳の授業に参加するのであれば，侵害されることにはならない。これによって，「現実的な整合の原則」に即しての相対する憲法上の

---

(6)　関連して親の教育権と国家の学校教育権の等位テーゼについて，詳しくは参照：拙稿「ドイツにおける親の教育権の法的構造」，『白鷗大学論集』第29巻第1・2合併号，2015年，159頁以下。

第1節　イスラム教徒の女子生徒と男女共修の水泳の授業

地位の均衡のとれた，それぞれに配慮した秩序づけが可能となる。

　一方，この問題についての学説の状況を見ると，大きく，二様の見解が見られている。

　一つは，イスラム教徒の女子生徒の「信仰の自由」を重視して，男女共修の水泳の授業については，当該生徒に出席免除請求権が当然に認められるとする立場である。J.ルクスとN.ニーフエスの共著「学校法（第5版）」（2013年）はこの点について，大要，次のように述べている[7]。

　「たしかにスポーツや水泳の授業に規則的に参加することは生徒の肉体的・社会的な発達に資するものではある。しかし授業免除の申請がなされた場合には寛大な対応がなされなくてはならない。この授業への出席は学校教育課程の修了にとって決定的な意味をもつものではないからである。学校はイスラム教徒の女子生徒が水泳の授業に参加できるように，たとえば，授業を男女別に分けるなど，あらゆる可能性を尽くした場合にだけ，就学義務の履行を強制できる。それが不可能な場合は，当該女子生徒はイスラム教徒として拘束力ある服装規程に抵触すると考える場合，信仰の求めるところにより，かかる授業への出席を免除されなくてはならない。この場合，全身を覆う水着・Burkini も救済手段とはならない」。

　一方，指導的な学校法学者・H.アベナリウスは，H.ヘッケルとの共著「学校法学」の第7版（2000年）では，この点に関する上記1993年の連邦行政裁判所判決を全面的に支持していたが[8]，2010年に刊行された同書の第8版においては，見解を変更し，イスラム教徒の女子生徒・親の「宗教の自由」と国家の教育責務の衡量に際して，連邦行政裁判所の上記2013年判決と同じく，学校がもつ統合機能をより重視するところとなっている。それを端的に概括すると，下記のようである[9]。

　「スポーツの授業を免除することは，生徒が健康と人格の発展にとって重要な能力を獲得する機会を逸しさせるだけではなく，価値多元社会における学校の統合機能を軽視するものである。価値多元社会における国家の統合機能は国家に独自の教育責務で[10]，連邦憲法裁判所もこの責務を非常に重視しているところである[11]。男女共修のスポーツ・水泳の授業は学校による青少年の統

---

(7)　J.Rux/N.Niehues,Schulrecht, 5 Aufl.,2013, S.95.

(8)　H.Avenarius/H.Heckel,Schulrechtskunde, 7 Aufl.2000, S.454～455.

(9)　H.Avenarius/H.P.Füssel,Schulrecht, 8 Aufl.2010, S.354～S.355.

163

第Ⅱ部　第6章　「宗教の自由」と学校法制上の争点

合に大きく貢献し，考えを異にする人や異性と一緒にスポーツや社会的な基本
的能力の習得を可能にするものである。

　したがって，一方における基本法7条1項にもとづく国家の教育責務と，他
方における基本法4条1項が保障する生徒の「信仰の自由」および基本法6条
2項にもとづく「親の宗教教育権」との間のコンフリクトを，学校はもとより，
親と子どもも具体的なケースにおいて，容認できる措置によって，双方に配慮
した均衡が導かれない場合においてだけ，イスラム教徒の女子生徒のスポーツ
の授業からの免除事由が発生することになる」。

　なお参考までに，スイスにおいても同じような裁判が起きているが，連邦裁
判所（1993年）は上記ドイツの連邦行政裁判所1993年判決と同旨の判断を示
すところとなっている[12]。

第2節　公立学校におけるスカーフ等の着用

　イスラム教徒の女性は，その信仰により，公立学校においてもスカーフや
ベール（チャドル）などの宗教的表徴を着用することが可能かについて，見解
が分かれているが，これについては女子生徒の場合と女性教員の場合に区別し
てアプローチする必要がある。学校における両者の法的地位は大きく異なるか
らである。

1　イスラム教徒の女子生徒の場合
　学校法学の支配的見解によれば[13]，イスラム教徒の女子生徒が公立学校に

---

(10)　E.W.ベッケンフェルデも，次世代に対して個々人の発達のための教育に加えて，社
　　会的・政治的な共同体生活のために基本的に求められる事柄を教育することは，価値多元社
　　会における国家の重要な課題だとしている（E.W.Bökenförde, Elternrecht-Recht des Kin-
　　des-Recht des Staates, In:Essener Gespräche zum Thema Staat und Kirche.Bd 14,1980,S.84）。

(11)　　親が3人の娘を宗教的な理由で地域にある総合制学校に就学させず，家庭で教育し，
　　ヘッセン州学校法に所定の就学義務違反で罰金刑に処せられた事件で，連邦憲法裁判所も
　　学校教育のもつ統合機能を重視して，親の訴えを斥けている（BVerfG Beschl. v. 31. 5.
　　2006, In:SPE 738 Nr.5）。

(12)　Schweizerisches Bundesgericht Urt. v.18. 6. 1993, In:RdJB（1994), S.289.

(13)　たとえば，H.Avenarius/H.P.Füssel,a.a.O., S.136. E.G.Mahrenholz, Darf die Schulver-
　　waltung　einer Schülerin das Tragen eines Schleiers in der Schule verbieten ?, In:RdJB
　　（1998),S.291. S.Schmahl, Die Beschulung von Kindern und Jugendlichen mit Migration-
　　shintergrund:Eine Bestandsaufnahme des geltendes Rechts,In:RdJB（2004),S.32.

164

第2節　公立学校におけるスカーフ等の着用

おいてスカーフやイスラムの伝統的なベール（チャドル）を着用することは，憲法上の基本権として，認められると解されている。こうした行為はまさに基本法4条1項・2項によって保障された「宗教の自由」，とくに「妨げられることなく宗教的活動を行なう自由」（基本法4条2項）の保護法益に属しているからだとされる。

　ちなみに，この点と係わって，連邦憲法裁判所の確定判例が説くところによれば，基本法4条が保障する「信仰・良心の自由」は「人間の尊厳」（基本法1条1項）と密接な関係にあり，それどころかその特別な刻印なのであり，したがって，この権利は「なくてはならない基本権」（nicht verwirkbares Grundrecht）として，その重要性のゆえに広義に解されなければならないとされているところである[14]。

　敷衍して書けば，基本法4条が保障する「宗教の自由」には信仰するかしないか，自己の信仰を表明するか，沈黙するかの内的自由だけではなく，個々人がその全生活をその信仰の教義に則って整序し，それに従って行動する権利が含まれている。したがって，イスラム教徒の女子生徒がイスラムの服装規程の命じるところにより，学校においてスカーフやベールを着用することは基本法4条によって当然に保障されており，学校がこれを禁止することは基本法4条違反として憲法上許されないということである。「イスラムの服装規程の解釈は信者に委ねられており，国家は宗教的中立性の原則の要請にもとづき，これについて解釈や評価を行うことは禁止されている[15]」ということに他ならない。

　くわえて，イスラム教徒の親も当然ながら「宗教の自由」を享有しており，併せて「親の自然的教育権」を憲法上の基本権として保障されているから（基本法6条2項），子どもが「宗教上の成熟」（Religionsmündigkeit）に達していない場合は[16]，その有する宗教教育権の具体的行使として，子どもにスカーフ等を着用させて就学させる権利を有しているということも重要である[17]。

　なお，ドイツに居住しているイスラム教徒のうちスカーフやベールを着用し

---

(14)　BVerfGE 24,236（246），35,366（376）．同旨：I.v.Münch/P.Kunig（Hrsg.），Grundgesetz-Kommentar, 2012.S.330.

(15)　E.G.Mahrenholz,a.a.O.S.292.

(16)　1921年に制定された子どもの宗教教育に関する法律〈Gesetz über die religiöse Kindererziehung v. 15. Juli 1921〉は子どもの宗教上の成熟年齢を満14歳と法定している。

(17)　E.G.Mahrenholz,a.a.O.S.293. H.Avenarius/H.P.Füssel,a.a.O..S.136.

165

第Ⅱ部　第6章　「宗教の自由」と学校法制上の争点

ている女性は少数派であるという現実は，ここでの問題と無関係であることは言うまでもない[18]。

　ところで，連邦憲法裁判所の見解によれば，基本法4条が保障する「宗教の自由」は無留保（vorbehaltlos）で保障された基本権であり，したがって，この基本権に対しては基本法の他の条項にもとづいて制約が生じる場合に限り，これに介入することが許されると解されている[19]。

　そこで具体的には先ずイスラム教徒の女子生徒がスカーフ等を着用することによって，他の生徒の「消極的宗教の自由」（negative Religionsfreiheit・基本法4条1項）が侵害されるかが問題となるが，学校法学の支配的見解はこれを一致して否定している。その理由は大要，こう説明される[20]。

　イスラム教徒の女子生徒の行為は他者に対する強制的契機を一切含んでおらず，また他の生徒は，連邦憲法裁判所が違憲と判じた「教室の中の十字架」（Kruzifix im Klassenzimmer）の場合とは異なり[21]，「ベールの下で」（unter dem Schleier）日々の学習を強いられるわけでもない。つまり，学校によってイスラム教への同一化を求められてはいない。世界観を異にする生徒と同じ学校・教室で一緒に学習しているというだけで，イスラム教徒の女子生徒によるスカーフやベールの着用は，十字架のついたネックレスの着用に比せられる程度のものに過ぎない。

　こうして非イスラム教徒の生徒はいうところの「消極的宗教の自由」に依拠して，イスラム教徒の女子生徒のスカーフ等の宗教的表徴の着用禁止を学校に求めることはできない，と解するのが学校法学の通説である[22]。

　ただイスラム教徒の女子生徒がベール等を着用して学校で布教活動をすることは「宗教の自由」保障によってはカバーされえない。学校は宗教的中立性の

---

(18)　J.Rux/N.Niehues,a.a.O.,2013,S.171.

(19)　BVerfGE 44,37（49ff.）,zit.aus H.Avenarius/H.P.Füssel,a.a.O., S.136.

(20)　さしあたり，E.G.Mahrenholz,a.a.O.S.298.

(21)　BVerfG Bechl. v. 16.5. 1995, BVerfGE 93,1.=JZ（1995）,S.942.
　　連邦憲法裁判所は「すべての教室に十字架を取り付けるものとする」と定めたバイエルン州国民学校規程は，子どもの「消極的宗教の自由」を侵害し違憲であるとの判断を示している。この判決については，下記に詳しい：M.E.Geis, Geheime Offenbarung oder Offenbarungseid?-Anmerkungen zum Kruzifix-Beschluß des Bundesverfassungsgerichts, In:RdJB（1995）,S.373ff. M.Heckel, Das Kreuz im öffentlichen Raum. Zum Kruzifix-Beschluss des Bundesverfassungsgerichts,In:DVBl（1996）,S.453ff.

(22)　H.Avenarius/H.P.Füssel,a.a.O., S.136.　E.G.Mahrenholz,a.a.O.S.292.

第2節　公立学校におけるスカーフ等の着用

確保を旨として，これを禁止することができるとされている。

　また国家は教育主権にもとづいて憲法上，教育責務を賦課されているが（基本法7条1項），イスラム教徒の女子生徒の「宗教の自由」はこの国家的権能によっても当然に制約を受ける。たとえば，各州の憲法や学校法が定めている「学校の教育目的」はイスラム教徒の女子生徒も当然に拘束する。当該生徒は「宗教の自由」に依拠してこれを拒否することはできない。

　またチャドルを威圧的に着用することで生徒間に激しい衝突が起こり，それによって「学校の平和」（Schulfrieden）が危険に曝された場合は，学校は自らの教育責任に鑑みて，チャドルの着用を禁止することができる。

　なおイスラム教徒の女子生徒がベール等を着用することによって，クラスでアウトサイダー的な存在になったとしても，学校はその着用を禁止することはできない。ただ着用していることを理由に，当該生徒が他の生徒から攻撃を受けるような場合には，並行学級にクラス替えするなど，学校は然るべき措置を講じなくてならない。

　有力な学校法学説が説くところによれば，「いずれにしても，学校はその教育責務を遂行するに当たって，『寛容の原則』を尊重し，イスラム教徒の女子生徒が学校においてもまたその宗教的信念を表明できる可能性を保障しなくてはならない。フランスにおける経験が示しているように，スカーフの着用を厳格に禁止することは，寛容や説得活動による場合よりも，むしろ一般的には学校の平和を脅かし，それによって，国家の教育責務を後々まで阻害してしまうことになろう」とされている[23]。

　なお，E. G. マーレンホルツも指摘しているように[24]，これまでのところ，この問題に関する判例はまったく存在していない。実際，定評ある学校・試験法判例集「Sammlung schul-und prüfungsrechtlicher Entscheidungen（SPE）」にはこの法域の判例が8件収載されているが，すべて後述のイスラム教徒の女性教員に係わるもので，女子生徒に関する判例は見られない。

　参考までに，上記引用でも触れられているフランスにおいては，2004年9月に宗教シンボル禁止法が施行されて，イスラム教徒の女性が公立学校においてスカーフなどを着用することは厳禁されるところとなっている[25]。

---

(23)　H.Avenarius/H.P.Füssel,a.a.O., S.137.

(24)　E.G.Mahrenholz,a.a.O.,S.292.

(25)　「スカーフ貫き退学40人－仏の宗教シンボル禁止法」〈朝日新聞・2005年1月12日付け〉。

167

第Ⅱ部　第6章　「宗教の自由」と学校法制上の争点

2　イスラム教徒の女性教員の場合

上述のように，イスラム教徒の女子生徒が公立学校においてスカーフやベールなどの宗教的表徴を着用することは「宗教の自由」保障（基本法4条1項・2項）によって保護される，とするのが学校法学の通説であるが，イスラム教徒の女性教員（試補教員を含む）の同様な行為については，一方における当該教員の「積極的信仰の自由」と，他方における国家の宗教的・世界観的中立義務，生徒の「消極的信仰の自由」および「親の宗教教育権」との間の対立・緊張があり，その可否に関しては学説・判例上，長い間争いがあった[26]。そして，たとえば，2000年にシュトゥッツガルト行政裁判所が「教員がイスラム教徒であるがゆえに授業中にスカーフを着用することは，国家の宗教的中立義務および教員としての勤務義務に違反する」と判じているように[27]，近年の学説・判例は概して否定説に傾斜していたのであるが，2003年の連邦憲法裁判所の判決[28]によってこの問題は基本的な決着が図れることになる。

イスラム教徒の女性試補教員がスカーフを着用して授業をしたために，教員としての適格性を欠くとして正式任用を拒否された事件で，連邦憲法裁判所は大要，下記のような判断を示したのであった。

①　イスラム教徒の女性教員に対するスカーフの着用禁止は「すべてのドイツ人は，その適性・資格および専門的な能力に応じて，等しくすべての公職に就くことができる」と規定している，基本法33条2項との関係でその合憲性が審査されなくてはならない。勤務主体による試補教員の適格性に関する評価には，当該試補教員が目指している職において課せられている公務員法上の義務を履行できるかどうか，に関する予見的な評価も含まれる。ただこの義務は法律によって明確に規定されていなければならず，またそれは試補教員の基本権によって画された限界を尊重するものでなければならない。

②　宗教上の服装規程に従うことによって，自らの宗教団体への帰属を学校や授業において明白にしてはならないという，公務員として教員に課せられた

---

(26)　詳しくは参照：C.Langenfeld, Die Diskussion um das Kopftuch verkurzt das Problem der Integration, In: RdJB（2004）, S.4. dies, Darf eine Kopftuch tragen?, In: RdJB（2000）, S. 303ff. S. Mann, Das Kopftuch der muslimischen Lehrerin als Eignungsmangel im Beamtenrecht, 2004.

(27)　VG Stuttgart, Urt. v. 24. 3. 2000, In: SPE 371 Nr.1.

(28)　BVerfG Urt. v. 24. 9.2003, In: NJW（2003）, S.311ff. この判決の評釈として，さし当り参照：M.Morlok, Der Gesetzgeber ist am Zug: Zum Kopftuchurteil des Bundesverfassungs-gerichts, In: RdJB（2003）, S.281ff.

義務は，基本法4条1項・2項によって保障された「信仰の自由」に介入するものである。「信仰の自由」は無留保に保障された基本権であり，したがって，この自由に対する制約はただ憲法自体からだけ生じるのであり，かつ十分に規定された法律上の根拠を必要とする。また基本法33条3項は公職への就任は宗教上の信仰とは無関係であり，何人もある信条または世界観に属するか属さないかによって，不利益を受けてはならないと規定している。この条項は，基本法4条1項・2項によって保護された「信仰の自由」と相容れない理由によって，公職への就任を認めないことを禁止するものである。しかしこのことは公職従事者や公職候補者の「信仰の自由」に介入するような職務上の義務を，その公務のために設定することを排除するものではない。ただこの場合は，無留保に保障されている「信仰の自由」に対する制約を根拠づける，厳格な正当化事由がなくてはならない。またその際，様々な信仰の厳格な平等取扱いの要請が尊重されなければならない。

③　一方における教員の「積極的信仰の自由」（positive Glaubensfreiheit）と，他方における国家の世界観的・宗教的中立義務，「親の宗教教育権」および生徒の「消極的信仰の自由」との間の不可避的な緊張関係をいかに解決すべきかについて，立法者に留保された決定に際して，立法者はキリスト教との関係が一切禁止されるわけではない。しかし学校はキリスト教以外の他の宗教的な価値に対してもオープンでなくてはならない。各州はこれについて法律で規定する場合，学校の伝統，住民の宗派的構成さらには住民への宗教的な定着を考慮することができる。

④　立法者がスカーフの着用に一般的な「学校の平和」に対する抽象的な危険を認める限り，この危険を排除するために，立法者は公務員に対し相応の勤務上の義務を課すことによって，自ら法律上の根拠を創造しなければならない。その際，より開放的な解決を選択するか，あるいはより厳格なそれを選択するかは，ひろく立法者の裁量に委ねられている。かかる規律によって，教員に対してその一般的な公務員法上の義務の具体化として，教員の行動や振舞いについてもまた，それが特定の信仰との関係が明白である限り，これに規制を加えることができる。その限りにおいて，「信仰の自由」に対する法律による制約が考えられる。教員候補者がかかる行為規則に従わないことが明白に見通せる場合，基本法33条2項の意味でのその職に必要な適格性を欠く者として，学校監督庁はその正規任用を拒否することができる。

上記のような連邦憲法裁判所の判決を受けて，2000年代前半にバーデン・

第Ⅱ部　第6章　「宗教の自由」と学校法制上の争点

ビュルテンベルク，バイエルン，ベルリン，ブレーメン，ヘッセン，ニーダー
ザクセン，ノルトライン・ウエストファーレン，それにザールラントの8州で
学校法が改正され，この問題について基本的な事項が学校法上に明記されるこ
とになる[29]。このうちバイエルン，ヘッセン，バーデン・ビュルテンベルク
の3州について，その法制状況を具体的に見ると下記のようである。これらの
3州においては上記改正条項の規定内容とその解釈をめぐって争訟事件が発生
し，裁判所の判断が示されるところとなっている。

2－1　バイエルン州における法制状況

　バイエルン州では2005年に教育制度法が改正され，次のような条項が追加
された（59条2項）。

　「教員は本法1条・2条で規定された教育責務および学習指導要領を尊重し
なければならない。教員は憲法上の基本的価値（verfassungsrechtliche Grund-
werte）を誠実に伝えなくてはならない。宗教的・世界観的信念を表わす外部
的なシンボルや衣服を着用することが，生徒や親にとって憲法の基本的価値お
よびキリスト教的・西欧的な教育・文化価値（christlich-abendländische Bil-
dungs-und Kulturwerte）を含む憲法上の教育目的と相容れない態度の表明と受
け取られる限り，教員は授業においてこれを着用してはならない」。

　この条項をめぐっては違憲確認を求めて規範統制訴訟が提起され，2007年，
バイエルン州憲法裁判所は大要，以下のように判じてこれを斥けている[30]。

　「立法者は学校監督（バイエルン州憲法130条1項）の範囲内において，公立
学校の教員が授業中に宗教的・世界観的な信念を表わす外部的なシンボルや衣
服を着用することをどの程度まで禁止できるかについて，基本的な規律をする
ことができる。バイエルン州教育制度法59条2項は規範精確性の要請を満た
している。キリスト教的・西欧的な教育・文化価値という概念は，具体的信仰
内容を離れた，バイエルン州憲法に規定された価値の世界（Wertewelt）を意
味している。

　教員に対して授業中における外部的なシンボルや衣服の着用を禁止すること
は，バイエルン州憲法107条1項・2項で保障された教員の「信仰の自由」・
「宗教の自由」に介入するものではある。ただ教員のこの自由には生徒と親の

---

(29)　H.Avenarius/H.P.Füssel,a.a.O.,S.133.

(30)　Bay. VerfGH Ent. v.15. 1.2007,In:SPE 371 Nr.6

基本権（バイエルン州憲法 107 条 1 項，126 条 1 項）および国家の教育責務がこれに対峙している。

立法者はこの緊張関係の解決に当たって，教員が外部的なシンボルや衣服を着用することによって，憲法で規定された基本的価値と教育目的を誠実に伝えるという任務が阻害されるという前提に立っている。この衡量の結果は国家の中立性要請の見地からも憲法上，疑義はない。

くわえて，バイエルン州教育制度法 59 条 2 項はキリスト教の，他の宗教に対する許容されないような優越性をもたらすものでもない」。

2 – 2　ヘッセン州における法制状況

ヘッセン州においては 2005 年に学校法が改正され，「教員の法的地位」に関する規律の一環として，下記のような条項が追加された（86 条 3 項）。

「本法 3 条 1 項[31]が定める原則を保障するために，教員は学校および授業において政治的，宗教的，世界観的中立性を保持しなければならない。とくに教員は職務遂行における中立性を損なうような，あるいは学校における政治的，宗教的，世界観的な平和を脅かすと客観的に認められるような衣服，シンボルその他の記章を着用ないし使用してはならない。

上記 1 文ないし 2 文にいう要件が存在するかどうかの決定に当たっては，ヘッセン州のキリスト教的かつ人道主義的に刻印された西欧的伝統が相応に考慮されるものとする」。

この条文をめぐって提起された規範統制訴訟において，2008 年，ヘッセン州憲法裁判所は大要，下記のように述べて，上記条項は合憲であるとの判断を示している。ただ判決は裁判官 11 人のうち，合憲 6，違憲 5 の僅差であった[32]。

「ヘッセン州学校法 86 条 3 項はヘッセン州憲法に適合している。この条項は信仰の自由，自由な宗教活動，公職に等しく就任する権利，男女平等の取扱い要請を侵害するものではない。またこの条項は憲法上認められないキリスト教への特権賦与を含んではいない。ヘッセン州のキリスト教的かつ人道主義的に刻印された伝統は憲法全体に反映されているからである。このことは，学校や

---

(31)　ヘッセン州学校法 3 条 1 項はこう規定している。「学校は宗教・世界観・信仰および良心の自由ならびに子どもの教育についての親の憲法上の権利を尊重し，かつ意見を異にする者の感情と信念に考慮を払うものとする」。

(32)　H.Avenarius/H.P.Füssel, a.a.O., S.134.

第Ⅱ部　第6章　「宗教の自由」と学校法制上の争点

教育の領域においては，とりわけ憲法56条4項が隣人愛（Nächstenliebe）に
言及していることに表れている」。

2-3　バーデン・ビュルテンベルク州における法制状況

バーデン・ビュルテンベルク州では2004年に学校法が改正されて，次のよ
うな条項が追加された（38条2項）。

「公立学校の教員は学校において，生徒や親に対する州の中立性を損なうよ
うな，あるいは政治的，宗教的ないし世界観的な学校の平和（politische,reli-
giöse oder weltanschauliche Schulfrieden）を危くするような，いかなる政治的,
宗教的，世界観的ないしは類似の外部的な表徴を着用してはならない。とくに
教員が生徒や親に対して人間の尊厳，基本法3条が定める人間の平等，自由権
的基本権ないし自由で民主的な基本秩序に反しているような印象を与える行動
をすることは許されない。

バーデン・ビュルテンベルク州憲法12条1項，15条1項および16条1項
にもとづいて教育責務を担うこと，そしてその際にキリスト教的で西欧的な教
育・文化価値ないしその伝統が表出することは，1文にいう行動要請に抵触す
るものではない」。

この条項をめぐっては規範統制訴訟が提起されたのであるが，連邦行政裁判
所は控訴審のマンハイム上級行政裁判所の判決（2008年[33]）を支持して，以下
のように述べている[34]。

「バーデン・ビュルテンベルク州学校法38条2項はより上位の法，とくに基
本法に適合している。またこの条項は連邦憲法裁判所によって画された範囲内
に止まっている。キリスト教に対する優遇は同条には認められない。'キリス
ト教的'という概念は宗教の起源とは関係のない，信仰内容から離れた，基本
法の基盤を形成しているキリスト教的で西欧的な伝統に由来する価値の世界を

---

(33)　VGH Mannheim Urt. v. 14. 3. 2008, In:SPE 371 Nr.8.
　　　同裁判所は「学校法38条2項は学校における宗教的な動機にもとづく衣服の着用を,
　信仰の内容や本人の性別とは無関係に禁止しており，キリスト教を不当に優遇してはいな
　い」と判じている。
(34)　zit. aus H.Avenarius/H.P.Füssel, a.a.O., S.135.
　　　なおノルトライン・ウエストファーレン州学校法57条4項もほぼ同じ法文であるが,
　これに対しては有力な違憲説が見られている。参照：C. Walter/A.U.Sternberg, Verfas-
　sungswidrigkeit des nordrhein-westfälischen Kopftuchverbots für Lehrerinnen, In:DÖV
　(2008),S.488ff.

172

表徴するものなのである」。

ところで，上述したように，2003年の連邦憲法裁判所の判決を受けて，これまでに8州で学校法が改正され，公立学校教員に対する学校における宗教的表徴着用の禁止に関する根拠規定が創設されたのであるが，指導的な学校法学者・H.アベナリウスが以下のように述べて[35]，現行法制を厳しく批判していることは注目される。

「E.W.ベッケンフェールデが既に数年前に提唱した『開かれた，そして宗派を横断する中立性』（offene und übergreifende Neutralität）という意味において[36]，スカーフをめぐる争いを規律している州がまったく見られないのは驚くべきことである。この概念は学校において進展しつつある宗教的多様性を受容し，相互の寛容を身につける手段として有用であり，また生徒の統合を達成することに寄与する解決策なのである」。

3 試補教員の場合

たとえば，ヘッセン州学校法が「試補勤務にある教員については，公の利益に反しない限り，申請により，所轄行政庁は（正規の教員の場合・筆者）・・・とは異なり，個々の場合に衣服，シンボルその他の記章の使用を許可することができる」（86条3項）と書いているように[37]，試補教員の場合は，この問題について正規の教員とは異なる取扱いを受けるところとなっている。その理由は，試補勤務は事実上国家の独占に服しているから，教職希望者の「教育訓練施設を選択する自由」（基本法12条1項）がより強く考慮されなければならないからだと説明されている[38]。

ちなみに，この点に関して，ブレーメン州のイスラム教徒の女性試補教員が授業でスカーフを着用したために正規任用を拒否された事件で，2008年，連邦行政裁判所は控訴審のブレーメン高等行政裁判所の判断[39]を覆して，次のように述べている[40]。

---

(35)　H.Avenarius/H.P.Füssel, a.a.O., S.135.

(36)　E.W.Böckenförde, Kopftuchstreit auf dem richtigen Wege?, In:NJW（2001）,S.723.

(37)　下記の州学校法も同旨である。BW州学校法38条4項，BA州教育制度法59条2項，NS州学校法51条4項，NW州学校法57条6項。

(38)　H.Avenarius/H.P.Füssel, a.a.O., S.137.

(39)　ブレーメン高等行政裁判所はこう判じている（OVG Bremen, Beschl. v. 26. 8. 2005,In: SPE 371,Nr.5.）。「試補教員が授業でイスラムのスカーフを着用した場合には，公務員法上の適格性を欠くと見なされる。このことはすべての教科について妥当する」。

第Ⅱ部　第6章　「宗教の自由」と学校法制上の争点

「宗教的，世界観的な事柄に関して，試補教員に正規の教員と同じような行為義務を課すことは，職業選択の自由の重要性に鑑みて均衡を欠く。学校の平和に対する抽象的な危険が存在するという理由で，教員養成への途が拒否されてはならない。学校行政庁が学校の平和に対する具体的な危険を認定し，しかも基本法12条1項が保障する基本権を軽微に制約するにすぎない，他のいかなる措置も存在しない場合に限り，正規教員に対すると同様の行為義務を課すことが認められる」。

なおブレーメン州学校法はこの問題について試補教員に関する特例は規定しておらず，一般的にこう書いている（59b条4項）。

「公立学校は宗教的および世界観的な中立性を保持しなければならない。学校における教員の行動はこの義務に沿うものでなければならない。教員は各教科において，すべての生徒の宗教的，世界観的な感情および信仰や世界観の問題について，その子どもに自らの信念を伝える教育権者の権利を考慮しなければならない。教員のこの義務は自らの信仰の表明の種類と方法にも及ぶ。

教員の外見もまた学校において生徒や教育権者の宗教的，世界観的な感情を阻害し，または宗教的，世界観的中立性を侵害することによって，学校の平和を危険にするような緊張を学校にもたらすものであってはならない」。

第3節　教室の中の十字架

1　連邦憲法裁判所の「十字架判決」（1995年）

1983年に制定されたバイエルン州国民学校規程は次のように規定していた。

「学校は子どもの宗教教育に際して教育権者を支援するものとする。学校でのお祈り（Schulgebet），学校での礼拝（Schulgottesdienst），学校での沈思（Schulandacht）はこのような支援の実行可能な場である。

すべての教室に十字架が取りつけられるものとする。教員および生徒はすべての人の宗教的感情を尊重する義務を負う」（13条1項）。

この条項はバイエルン州憲法135条＝「公立の国民学校は就学義務のあるすべての子どものための共同学校である。そこにおいては，生徒はキリスト教宗派の教義に則って教育をうける」に依拠して制定されたものであった。

R.シュタイナーの理論的創造に係る人智学（Anthropologie）を信奉する親が，

_____

(40)　BVerwG Urt. v. 26. 6. 2008, In:SPE 371 Nr.7.

174

第3節　教室の中の十字架

公立の国民学校のすべての教室への十字架の取付けを義務づけた上記国民学校
規程は，その「信仰・良心の自由」（基本法4条1項）を侵害し違憲であるとし
て提訴した。

　この件について，第1審のレーゲンスブルク行政裁判所（1991年3月1日判
決）は「十字架は教育の対象として取り付けられているのではない。異議申立
人が有する消極的な信仰の自由は，他の人の積極的信仰の自由に絶対的に優位
するものではない」と述べて，原告の訴えを斥けた。控訴審のバイエルン上級
行政裁判所（1991年6月3日判決）も次のように判じて原告側の主張を排した。
「信仰の自由の保障は絶対的なものではない。十字架の取付けはこれに体現さ
れた観念や信仰心との一致を求めているのではなく，また積極的な行動を求め
ているのでもないから，信仰の自由に対する不当な侵害には当たらない」。

　そこで原告はこれを不服として連邦憲法裁判所に憲法異議の訴え（Verfas-
sungsbeschwerde）を提起したのであった。

　1995年，連邦憲法裁判所は十字架のもつ意味とその効果を強調し，非キリ
スト教徒の「消極的信仰の自由」の保護を旨として，別言すれば，国家と教会
との分離原則をきわめて厳格に解して，「宗派学校ではない公立学校の教室に
十字架ないし磔刑像を取り付けることは，基本法4条1項に抵触する。した
がって，バイエルン州の国民学校規程13条1項は違憲であり無効である」と
の見解を示し，原告の訴えを認めたのであった。その要旨を摘記すると，下記
のようである[41]。

　①　州の立法者は，基本法7条1項にもとづいて公立の義務教育学校を編制
するに際しては，「寛容の要請」（Toleranzgebot）を考慮したうえで，関係当事
者の「消極的信仰の自由」と「積極的信仰の自由」との間の不可避な緊張関係
を解決しなければならない。

　②　州の立法者は，たとえ教育権者が宗教的な教育を望まない場合であって

---

(41)　BVerfG Beschl. v. 16. 5. 1995, In:JZ（1995),S.942.
　　　参照：石村修「公立学校における磔刑像（十字架)」，ドイツ憲法判例研究会編「ドイツ
　　　の最新憲法判例」信山社，1999，98頁以下。
　　　なお公立学校の教室への十字架の取付けをめぐる争いに関しては，ヨーロッパ人権裁判
　　　所の判例も見られている。イタリアで起きたケースについて，ヨーロッパ人権裁判所は
　　　「公立学校の教室に磔刑像を取り付けることは生徒の宗教の自由（ヨーロッパ人権条約9
　　　条）および親の教育権（ヨーロッパ人権条約第1議定書2条）を侵害し認められない」と
　　　の見解を示している〈Europäische Gerichtshof für Menschenrechte, Ent. v. 3. 11. 2009, In:
　　　DÖV（2010),S.144.〉。

第Ⅱ部　第6章　「宗教の自由」と学校法制上の争点

も，公立の国民学校の編制に際してキリスト教に関係する事柄（christliche Bezüge）を導入することを全的に禁止されるものではない。しかしその場合，強制的な要素は必要不可欠かつ最小限度に止められなくてはならない。

③　バイエルン州憲法135条が定めるキリスト教的共同学校は「刻印された文化的・教育的要素」（prägende Kultur-und Bildungsfaktor）としてのキリスト教を認めているだけで，特定の信仰と関係するものではない。

④　公立学校に十字架を取り付けることは，学校に許容された宗教・世界観との関係の限界を超えるものである。十字架はキリスト教の特別な信仰上のシンボルであり，西洋の文化的伝統の一般的な徴表ではない。十字架はキリスト教徒にとっては崇拝と信仰心の対象となるが，非キリスト教徒ないし無神論者にとっては特定の信仰の表現となる。十字架はキリスト教信仰の本質をなすものであり，基本法4条1項の権利を行使するすべての者がこれを信仰しているわけではない。

一般的な就学義務により，生徒は授業の間，国家によって不可避的にこのシンボルと向かい合い，十字架の下で（unter dem Kreuz）学ぶことを強制されることになる。その及ぼす効果の面で，他の場所に設置された十字架とは継続性と程度において大きく異なる。

⑤　キリスト教徒の親と生徒の「積極的信仰の自由」は教室への十字架の取付けを正当化するものではない。「積極的信仰の自由」は宗教を信仰する者すべてに保障されている。「信仰の自由」の基本権こそ少数者を保護しようとするものであるから，この自由に係わる紛争は多数決原理によって解決すべきものではない。

⑥　意見を異にする者の感情を完全に抑圧し，キリスト教徒の生徒が宗教教育や礼拝だけでなく，通常の授業においてもそのシンボルの下で学ぶようにすることは，「現実的整合の原則」にも反することになる。

⑦　以上により，キリスト教の宗派学校ならともかく，公立の義務教育学校に十字架を取り付けることは，基本法4条1項に反し違憲である。

以上がバイエルン州で起きた公立の義務教育学校（キリスト教的共同学校）への十字架取付け事件に関する連邦憲法裁判所判決の要旨であるが，この判決に対しては有力な憲法・学校法学説から厳しい批判が浴びせられた。批判の内容は多岐に亘っているが，それを端的に概括すると下記のようである[42]。

①　宗教的に中立な国家においては，裁判所は十字架の意味に関する解釈権を有してはいない。その神学的な意味内容を決定する権限は，自己決定権を保

176

第3節　教室の中の十字架

障された（基本法140条・ワイマール憲法137条3項）教会だけに留保されている。宗派学校ではない公立の義務教育学校においては，十字架は単なる文化的・教育的な要素であるにすぎない。それはキリスト教によって刻印された西洋の文化の表徴であり，その価値と規範を学校において象徴的に体現するのに資するものである。

　②　判決はドイツにおける連邦制原理を看過している。各州は文化主権にもとづいて基本法上，公立学校の宗教的・世界観的編制に際して広範な自律性を有している。国民学校の通常の形態として宗派学校を導入することができるのであれば（基本法7条5項），各州がキリスト教的共同学校において宗教に関係したものを使用することは禁止されてはいない。

　③　連邦憲法裁判所は教室において単に十字架と向かい合うだけでも「信仰の自由」に対する重要な侵害だと見なしている。しかし十字架それ自体はいかなる強制力も有してはいない。生徒が十字架の意味を理解できる場合にだけ，そしてその限りにおいてだけ，十字架は生徒に対して間接的な影響力をもつことになる。この場合は，十字架を取り付ける目的とそれによる生徒の基本権侵害の強度が問題とされなくてはならない。州は十字架を取り付けることによって信仰を異にする者にキリスト教を布教することを目的としてはいないし，また教室に十字架が取り付けられることによって，異教徒の「信仰の自由」が重大な侵害をうけるわけでもない。「十字架の下での学びの強制」という連邦憲法裁判所の捉え方はいかにも大げさである。十字架を取り付けることによって信仰を異にする者の感情が全的に抑圧されると捉えるのは客観的に妥当ではない。同裁判所によれば，「信仰の自由」は十字架のアピール性による心的な影響までも保護するものとされている。

　④　バーデン・ビュルテンベルク州のキリスト教的共同学校の合憲性を認めた連邦憲法裁判所の判決（1975年）との整合性が問われなくてはならない。この判決において連邦憲法裁判所は，キリスト教的共同学校がキリスト教を一般的な基盤とする学校であっても，そこにおいてすべての宗教的・世界観的見解

---

(42)　たとえば，T.Maunz/G.Dürig（Hrsg.），Grundgesetz-Kommentar, 2011. Art.7. S.245ff.
　　　M.Sachs（Hrsg.），Grundgesetz-Kommentar,2007,S.244ff.
　　　M. E. Geis, Geheime Offenbarung oder Offenbarungseid? Anmerkungen zum Kruzifix-Beschluss des Bundesverfassungsgerichts, In;RdJB（1995），S.373ff.
　　　G.Robbers, Religion in der öffentlichen Schulen, In:RdJB（2003），S.15ff.
　　　H.Avenarius/H.P.Füssel,a.a.O.,S.129ff.

第Ⅱ部　第6章　「宗教の自由」と学校法制上の争点

との客観的な論議の余地が提供されているのであれば，基本法4条1項が保障する「信仰・良心の自由」を侵害することにはならないとの見解を示している。

　そうであるなら，単に十字架を教室に取り付けることも，その目的や十字架の強制力の有無や影響力の程度に照らし，当然に基本法4条1項に適合しているとの結論が導かれる。また非キリスト教徒の「消極的信仰の自由」は異議申立て権を保障することにより，これを手続的に実効化することが可能である。

　⑤　「学校におけるお祈り」を容認した連邦憲法裁判所の判決（1979年）との整合性にも問題がある。本件の場合，教室で十字架と向かい合ってはいるが，十字架の意味についての議論を強制されるわけではない。これに対して，学校におけるお祈りの場合は，生徒はそれに参加するかどうかの決断を求められる。教室における同調圧力の中にあって不参加の決断をすることは，教室に十字架が取り付けてあるよりも生徒にはより負担となる。

　⑥　以上，詰まるところ，連邦憲法裁判所は国家と教会との分離原則について，これを厳格に解釈する立場に立っている。そこにはドイツの憲法伝統よりも，アメリカやフランスのそれのように「国家の非宗教性」（Laizismus）の憲法思想が色濃く反映されている。しかし基本法はこのような立場を採っておらず，国家と教会との友好的な協同を旨としている。

2　バイエルン州における学校法制改革とその後の「十字架判決」

　上記連邦憲法裁判所の判決をうけて，1995年12月，バイエルン州においては学校法制改革が行われた。連邦憲法裁判所によって違憲とされたバイエルン国民学校規程（法規命令）13条1項に代わり，バイエルン州教育制度法が改正されて，下記のような条項が追加された（7条3項）。

　「バイエルン州の歴史的・文化的な特性を考慮して，すべての教室に十字架を取り付けるものとする。そこには憲法上規定された，キリスト教的で西洋的な価値を基盤とする最高の教育目的（die obersten Bildungsziele）を，信仰の自由の保護の下で実現するという意思が表出している。

　十字架の取り付けが真摯な信仰ないし世界観上の理由から，教育権者によって異議申し立てをうけた場合，校長は平和的な合意の形成に努めなくてはならない。合意が成立しなかった場合，校長は学校行政庁にその旨を報告した後，異議申立人の信仰の自由を尊重し，かつクラスのすべての当事者の宗教的・世界観的信念を適切に考量する措置を講じなくてはならない。その際，多数者の意思が可能な限り考慮されなくてはならない」。

第3節　教室の中の十字架

この条文は親に異議申立て権を認め，また関係当事者の「消極的信仰の自由」と「積極的信仰の自由」との間の緊張をいわゆる「現実的な整合の原則」に沿って調整することを目指しており，先に触れた連邦憲法裁判所判決に対する批判論を基本的には踏まえていると言えよう。

ただこの規定の合憲性についても親と州議会議員から民衆訴訟が提起されたのであるが，バイエルン州憲法裁判所は1997年，下記のように判じてこれを斥けている[43]。

「バイエルン州の立法者が教育制度法7条3項において，国民学校のすべての教室に十字架を取り付けると規定することは，教会や宗教団体に対する国家の中立性原則によっても，また国教会の禁止条項（バイエルン州憲法142条1項）によっても妨げられるものではない。州の立法者は同時に州に対して異議を申し立てられるケースについて，紛争を解決するための規定を設けているからである。立法者はこの紛争解決条項によって，バイエルン州憲法107条1項が保障する信仰の自由の，対峙する基本権たる地位（widerstreitende Grundrechtsposition）を考慮した適切な考量を行っている」。

このバイエルン州憲法裁判所の判断はその後，連邦憲法裁判所（1997年10月27日決定）と連邦行政裁判所（1999年4月21日判決[44]）によっても支持された。上記バイエルン州憲法裁判所の判決に対して提起された憲法異議の訴えに対して，連邦憲法裁判所は「1997年8月1日のバイエルン州憲法裁判所の判決は憲法に抵触するものではない」と判じたのであった[45]。

なおノルトライン・ウエストファーレン州においても同様の事件が発生しているが，ミュンスター上級行政裁判所（1993年9月15日判決）は教室への十字架の取付けを条件付きで容認している[46]。こう述べている。

「ノルトライン・ウエストファーレン州のキリスト教的共同学校の教室に，学校設置者は十字架を取り付けることができる。但し学校は非キリスト教徒の宗教的・世界観的な信念に対してもまた客観的な論議の余地を提供しなければ

---

(43)　VerfGH　Bay. Urt. v. 1. 8. 1997, In:SPE　373　Nr.2.
　　　なおバイエルン州憲法裁判所はこの判決に先立って1991年，「公立学校に十字架を取り付けることは，基本法7条1項およびバイエルン州憲法130条1項に基づく国家の形成権の範囲内にある」との見解を示している（VerfGH Bay. Beschl. v. 3. 6. 1991,In:SPE 373 Nr. 5.）。

(44)　BVerwG, Ent. v. 21. 4. 1999,In:NJW（1999）,S.3063.

(45)　BVerfG, Beschl. v. 27. 10. 1997, In:SPE 373 Nr.3.

(46)　OVG Münster, Beschl. v. 15. 9. 1993, In:SPE 373 Nr.6.

第Ⅱ部　第6章　「宗教の自由」と学校法制上の争点

ならない」。

3　十字架の取付けと教員の消極的信仰の自由

　これまで言及したのは，公立学校の教室への十字架の取付けが生徒や親の「消極的信仰の自由」を侵害しないかが問われたケースであるが，バイエルン州では教員の側からも同じような裁判が起こされている。この事件は 2000 年，同州の国民学校教員がその「信仰・良心の自由」に依拠して，自分が授業を行う教室から十字架を撤去するよう求めて提訴したものであるが，バイエルン州憲法裁判所は大要，下記のように述べて，原告教員の訴えを認めるところとなっている[47]。

　①　公立の国民学校で公務員関係（Beamtenverhältnis）に在る教員に対してもまた，基本法 4 条 1 項で保障された「信仰・良心の自由」の基本権に依拠して，自分が授業を行う教室に十字架が取り付けられないように要求することは妨げられない。

　②　ただ教員の基本権は基本法 33 条 5 項にもとづく公務員制度の伝統的諸原則と，そこから導かれる公務員の勤務主体に対する公務員法上の服従・忠誠義務（Gehorsams-und Loyalitätspflicht）によって，またその結果として，基本法 7 条 1 項によって国家の編制意思に委ねられ，それによって刻印された学校制度の組織形態を承認し，そこに自らを位置づける義務によって相応の制約をうける。

　③　基本法 4 条によって無留保で各人に保障された基本権と，基本法 33 条 5 項によって憲法上に確立を見ている公務員制度の伝統的諸原則との間の緊張は，「現実的な整合の原則」に従って解決されなくてはならない。

　④　バイエルン州教育制度法 7 条 3 項の生成史と同法の目的に鑑みると，「現実的な整合の原則」は公務員法上の類似の争いにも適用される。ただ法益考量に際しては，教員は教育権者と比較して弱い地位に立っている。教員は個人としては基本権の主体（Grundrechtsträger）であるが，同時に法律上規定された十字架を無視することができない職務主体（Amtsträger）でもあるからである。

　このようなケースにおいて，教員は公務員として十字架の取付けに関する法律（教育制度法 7 条 3 項）の目的を承認すること，および教員が主観的に感じ

----

(47)　Bay. VGH Urt. v. 21. 12. 2001, In:SPE 373 Nr.8.

ている十字架がもつキリスト教の布教効果を受忍するように求める「寛容の要請」を考慮しても，十字架の撤去を求める教員の要求の方が優位する。

このように，バイエルン州憲法裁判所は従来の判例を変更して[48]，公務員制度の伝統的諸原則の規律下に置かれている公立学校教員についても，その有する「信仰・良心の自由」に依拠して教室からの十字架の撤去要求権を肯認したのであるが，上述した連邦憲法裁判所の「十字架判決」の場合と同様，この判決に対しても有力な憲法・学校法学説からの厳しい批判が見られている。批判論を現在ドイツの定評ある基本法コンメンタールに代表させよう。こう述べている[49]。

「教室における十字架問題は新たな局面を迎えている。公立学校の教員は十字架の下で教えることを拒否できるか。この場合，そもそも基本法4条が保障する基本権への侵害があるのかどうかが疑わしい。教員の基本権に対する侵害事由として，基本法35条5項にもとづく公務員法上の忠誠義務が考慮されなくてはならない。この義務は教員が公務担当者として負っているものである。教員は公法の領域に位置しており，それ故に，基本権に対する強化された制約を受忍しなくてはならない」。

第4節　学校におけるお祈り

1　キリスト教的共同学校でのお祈りへの参加強制

ドイツにおいては，公立のキリスト教的共同学校におけるお祈り（Schulgebet）の実施およびそれへの参加強制の可否に関して，長い間，激論があった。

この問題について初めての司法判断を示したのは，1965年のヘッセン州憲法裁判所の判決である。この事件は，同州フランクフルト市の国民学校に子どもが就学していた親が，学校で毎日，授業の前後に行われていた「学校でのお祈り」の中止を求めて提訴したものであるが，同憲法裁判所は，下記のように述べて親の訴えを認めた[50]。

「①　ヘッセン州の公立学校で慣行となっている学校でのお祈りは，その宗

---

(48)　ちなみに，バイエルン州憲法裁判所は1996年に「職業学校教員は自分が授業をしている教室から，十字架を撤去するように求める権利は有さない」との判断を示している（VerfGH Bay. Beschl. v. 26. 11. 1996, In:SPE 373 Nr.7.)。

(49)　M.Sachs（Hrsg.), a.a.O.,S.248.

(50)　Staatsgerichtshof des Landes Hessen, Urt. v. 27. 10. 1965, In:RdJ/RWS（1965), S.319.

第Ⅱ部　第6章　「宗教の自由」と学校法制上の争点

派的中立性にも拘らず，ヘッセン州憲法48条2項により，何人もそれへの参加を強制されてはならないとされている，宗教的な行為に当たる。

②　基本法4条1項ならびにヘッセン州憲法9条で規定されている「信仰の自由および信仰告白の自由の基本権」（Grundrecht der Glaubens － und Bekenntnisfreiheit）は，各人がその宗教的ないし世界観的な信念を表明することを拒否し，これについて「沈黙する権利」〈いわゆる消極的信仰告白の自由〉を包含している。

③　したがって，良心上の理由から，それへの参加を望まない生徒が所属しているクラスにおいて，学校でのお祈りを行うことは認められない。お祈りが行われている間，その生徒がクラスに止まれば，ヘッセン州憲法48条2項によって保障されている権利が侵害されることになるからであり，またクラスから退去すれば，信仰告白の自由の基本権を侵害されて，その生徒は自己の宗教的ないし世界観的な信念の表明を強制されたことになるからである[51]」。

その後，この判旨は，ノルトライン・ウェストファーレン州のミュンスター高等行政裁判所判決（1972年）によっても支持されることになる。そこでは，こう判示された[52]。

「ノルトライン・ウェストファーレン州のキリスト教的共同学校において，生徒ないしその親の1人でもこれに異議を唱える者がいる場合には，宗教的行為としての，宗派を超えた共通の学校での祈りを行うことは認められない」。

けれども，このような裁判所の見解に対しては，支配的な学説から厳しい批判がくわえられることになる[53]。それは，詰まるところ，上記のような判旨

---

(51)　なお，いうところの「消極的宗教・世界観上の自由」（die negative Religions-und Weltanschauungsfreiheit）は通常，信念を持たない自由，それを告白しない自由，もしくはそれを行使しない自由を意味している（M. Sachs, Verfassungsrecht II, 2003, S.261）。

(52)　OVG Münster, Urt. v. 28. 4. 1972, In: SPE（3Folge）718, S.2.

(53)　さしあたり，E-W. Böckenförde, Religionsfreiheit und öffentliches Schulgebet, In: DÖV（1966），S.30ff.　W. Hamel, Die Bekenntnisfreiheit in der Schule, In:NJW（1966），S. 18ff. A. F. v. Campenhausen, Erziehungsauftrag und staatliche Schulträgerschaft, 1967, S. 207ff など。

　　なお，少数説ながら，ヘッセン州憲法裁判所の見解を支持する学説も見られた。しかしそれは，消極的な信仰告白の自由を根拠とするものではなく，国家の中立性保持義務（Neutralitätspflicht）から，憲法上，国家には宗教的な活動を行う権限は認められない，とするものであった（v. Zezschwitz, Staatliche Neutralitätspflicht und Schulgebet, In:JZ（1966），S.337ff. 同旨:E. Fischer, Die Entscheidung über Schulgebet und Religionsunterricht, In:Vorgange 4（1965），S.457ff.

は「多数の生徒の積極的な宗教行為の自由（positive religiöse Betätigungsfrei-heit）を，ただ1人の生徒ないしその親の消極的な宗教行為の自由に劣位させるもの[54]」，つまりは「消極的信仰告白の自由を，積極的信仰告白の自由の犠牲において，憲法上許容できない方法で特権化するもの[55]」という批判であった。

この問題は，B.ピィエロートも指摘しているように，非宗教的な親・子どもの基本権と教育主権との衝突，ならびに非宗教的な親・子どもの基本権と宗教的な親・子どもの基本権の衝突という，憲法上保護された法益間の「2重の衝突」（doppelte Kollision）を含んでいる[56]。

かくして，有力な学説が説くところによれば，「学校制度においては避けることのできない，消極的宗教の自由と積極的宗教の自由の緊張関係は，憲法上保障されたさまざまな法益の"現実的な整合の原則"に従って解決されなくてはならない。つまり，競合する法益の比較衡量は，様々な見解を考慮したうえで，すべての人に求めることができる妥協（für alle zumutbaren Kompromiß）によってなされなければならない」ということになる[57]。

表現を代えると，「信仰告白の自由は，基本権の価値体系の一部を構成するものとして，寛容の要請のもとに置かれている。したがって，消極的信仰告白の自由と積極的なそれとの間で緊張関係が生じる場合は常に，寛容の要請を考慮して，法益調整がなされなければならない。この要請は少数派に対してだけではなく，多数派に対してもまた妥当する」ということである[58]。

このような学説の動向と軌を一にして，判例もその後大きな転換を見せることになる。

---

(54) C. Starck (Hrsg.), Das Bonner Grundgesetz, Bd. 1, 1999, S.510.

(55) E-W. Böckenförde, Vorläufige Bilanz im Streit um das Schulgebet, In:DÖV (1974), S. 253.

(56) B. Pieroth/B. Schlink, Grundrechte Staatsrecht II, 1995, S. 149.

(57) I.v. Münch/P. Kunig (Hrsg), Grundgesetz － Kommentar, Bd.1, 1992, S.513.

(58) C. H. Kurz, Grundrechte in der Schule, 1998, S. 175-S. 176. 同旨: A. Bleckmann, Staatsrecht II － Die Grundrechte, 1997, S.763.
  この点について，H. D.Jarass/B. Pieroth, Grundgesetz für die Bundesrepublik Deutschland,2007, S.155.は，「衝突する憲法上の権利」（kollidierendes Verfassungsrecht）と表現し，「他者の信仰の自由および人間の尊厳から，憲法上，寛容の要請が導かれる。かくして，学校でのお祈りの場合がその例であるが，積極的信仰の自由は消極的信仰の自由を制約できるし，逆もまたそうである。いずれの自由も全般的な優位を主張することはできない」と書いている。同旨：B.Pieroth/B.Schlink, Grundrechte Staatsrecht Ⅱ, 2010,S.77.

第Ⅱ部　第6章　「宗教の自由」と学校法制上の争点

　すなわち，先に引いたノルトライン・ウェストファーレン州での事件に関し，連邦行政裁判所は 1973 年，下記のように判示して，原告（親・子ども）側の訴えを斥けた[59]。

　「①　一般的な就学義務は，ノルトライン・ウェストファーレン州のキリスト教的共同学校において授業時間中に行われている，学校での祈りへの参加強制を根拠づけるものではない。

　②　州が非宗派的な共同学校において，学校での祈りを実施することは，基本法，特に国家の世界観的・宗教的中立性の要請によって，妨げられるものではない。

　③　お祈りをしたくない生徒（Bet-unwillige Schüler）が，期待しうる方法で（in zumutbarer Weise），学校での祈りを回避できる可能性が存していれば，たとえ生徒ないし教育権者から異議が唱えられたとしても，学校での祈りを実施することは，基本法 4 条 1 項が保障する基本権を侵害することにはならず，認容される。

　この場合，消極的信仰告白の自由は，異議を唱えた生徒ないし教育権者に対して，他の生徒が学校での祈りを行うことを妨げる権利まで保障するものではない」。

　また 1979 年には，今度は連邦憲法裁判所が以下のような判断を示して，同じく，公立のキリスト教的共同学校でのお祈りの実施は生徒の信仰の自由を侵害し違憲だとする原告の主張を排した[60]。

　「①　州がキリスト教的共同学校において，……任意の，宗派を超えた学校での祈り（freiwilliges, überkonfessionelles Schulgebet）を実施するかどうかは，基本法 7 条 1 項によって保障されている教育主権の範囲内で，州の裁量に委ねられている。

　②　キリスト教的共同学校でのお祈りは，生徒ないし親がその実施につき異議を唱えることができる場合に限り，憲法上，原則として認められる。生徒・親の消極的信仰告白の自由の基本権は，お祈りへの参加について，彼等が自由に，かついかなる威圧もうけることなく（frei und ohne Zwänge）決定できる場合には，侵害されたことにはならない。

　③　生徒が個々の事情に応じて，期待しうる方法で参加を拒否することがで

---

(59)　BVerwG Urt. v. 30. 11. 1973, In:SPE（3Folge），718, S.2.

(60)　BVerfG Beschl. v. 16. 10. 1979, In:SPE（3Folge），718, S.2–S.3.

第4節　学校におけるお祈り

きるのであれば，寛容の要請の尊重に際して，通常，前提とされている任意性（Freiwilligkeit）は原則として保障されていると言える」。

　連邦憲法裁判所のこのような見解は，学説によっても広く支持されるところとなり，かくして，この判例に関するE.W.ベッケンフェールデの註釈論文のタイトルに「学校でのお祈り論争の終焉」（Zum Ende des Schulgebetsstreit）とあるように[61]，この問題は学説・判例上，最終的な結着を見て[62]，今日に至っている。

2　公立学校でのイスラムの礼拝

　イスラム教徒の生徒は，当該宗派の信仰規則の命じるところにより，公立学校においても授業時間外にイスラムの礼拝を行うことができるか，を問うた争訟事件が発生している。

　2007年11月，ベルリンの公立ギムナジウムで16歳のイスラム教徒の生徒が一日一回，休憩時間中に学校の中で7人の生徒と一緒に10分間，イスラムの午後の礼拝を行いたいと校長に申し出たが，拒否されるという事件が発生した。国家の中立性原則からの要請により，公立学校においては生徒の政治的ないし宗教的な行為は許されない，というのがその理由であった。

　この件について，ベルリン行政裁判所は原告生徒の主張を認めたが[63]，控訴審のベルリン・ブランデンブルク高等行政裁判所は，下記のように判じて，一審判決を破棄し学校の決定を支持した[64]。

　「学校において礼拝をすることは宗教の自由の保護領域に含まれる。しかしこの自由は他の信仰の生徒や無信仰の生徒の信仰の自由，親の教育権，国家の教育責務および国家の世界観的・宗教的中立性保持義務によって制約を受ける。

---

(61)　E.W. Böckenförde, Zum Ende des Schulgebetsstreit － Stellungnahme zum Beschluß vom 16. 10. 1979, In:DÖV（1980）, S.323ff.

(62)　この点について，ドイツにおける学校法学の権威H.アベナリウスは，端的にこう書いている。

　「たとえ道徳上のプレッシャーからであっても，生徒はお祈りへの参加を，教員はお祈りを取り行うことを決して強制されてはならない」（H. Avenarius/H. Heckel, Schulrechtskunde, 7 Aufl. 2000, S.75）。「すべての生徒に学校での礼拝，学校での沈思，もしくは学校でのお祈りへの参加を義務づける学校の命令は認められない。それは信仰・良心の自由の基本権および親の教育権を侵害するものだからである」（a.a.O., S.531）。

(63)　VG Berlin Urt. v. 29. 9. 2009, In:DVBl（2010）,S.132.

(64)　OVG Berlin-Brandenburg, Urt. v. 27. 5. 2010,In:SPE 718 Nr.8.

第Ⅱ部　第6章　「宗教の自由」と学校法制上の争点

学校での生徒多数による宗教的行為が学校の平和を乱すようなコンフリクトの可能性を孕んでいる場合は，学校における礼拝は必然的にかかるコンフリクトを防止するための学校の措置を伴うことになる」。

この判決を不服として原告生徒は連邦行政裁判所に上告したのであるが，同裁判所は2011年11月，下記のように述べて，控訴審判決を破棄し，原告生徒側の主張を認めたのであった[65]。

「生徒は，その行為が具体的に学校の平和を妨げる場合には，就学中，授業時間外に他の生徒と一緒に儀式上の礼拝をする権利を有してはいない。宗教的な動機にもとづく生徒の行為が，学校における宗教的なコンフリクトを惹起するか，もしくは先鋭化させた場合には，学校の平和が侵害されたことになる。

他の生徒と教員の消極的信仰の自由は，教育行政当局に対して，彼らが異質な信仰の表明，宗教的な儀式行為および宗教的シンボルと遭遇することを一切回避するように義務づけるものではない。また国家の宗教的中立性の憲法上の要請も，あらゆる宗教的な関係（jegliche religiöse Bezügen）から自由な学校を要求するものではない。

生徒は原則として，その行為が自らが属する宗派の信仰規則にもとづくものである場合には，学校において授業時間外に，個人としてだけでなく集団としても礼拝をする権利を有する。礼拝をするための特別な部屋を設けるかどうかは，学校の組織上の可能性次第である」。

一方，学説においても，この問題については肯定説が支配的な見解を占めている状況にあるが，それを指導的な学校法学者・H.アベナリウスの所説に代表させると，以下のようである[66]。

「基本法4条1項・2項が保障する宗教の自由の基本権（Grundrecht der Religionsfreiheit）は信仰する，信仰しないの内的な自由だけではなく，信仰を告白する外的な自由にまで及ぶ。これにはとりわけ礼拝も含まれる。

イスラム教の厳格な信者にとっては礼拝する時間も重要な意味をもっており，したがって，学校外においてだけ礼拝するように要求することはできない。もとより，それは授業時間外に行われなくてはならない。こうした礼拝によって学校運営が許容できないほど妨げられることはない。

生徒の礼拝に対する願望と国家の中立性保持義務は具体的な局面において対

---

(65)　BVerwG, Urt. v. 30. 11. 2011, In:SPE 718 Nr.10.

(66)　H.Avenarius/H.P.Füssel,a.a.O.,S.137～S.138.

第4節　学校におけるお祈り

立するものではない。この義務は国家に対して第一義的にその活動に際して抑
制を要求するものである。ただ国家のこの義務は個々人の宗教活動を原則的に
優先させるものではなく，また他宗派の信者や無信仰者の消極的信仰の自由を
保護するものでもない」。

第III部

教育をうける権利と公教育制度

第1章 義務教育の法制史 ── 就学義務制と教育義務制

第1節 義務教育制度の生成 ── キリスト教の宣布

　義務教育とは「教育を受けること，ないしは受けさせることが，国民に対し国家・公権力によって権力的に強制されている教育」，すなわち「強制就学」（Schulzwang）ないし「強制教育」（Unterrichtszwang）をいうが，この意味での義務教育制度の法制度化は17世紀ドイツの領邦国家に始まる。

　ドイツにおいては，すでに16世紀中葉，ブランデンブルクの教会令〈Kirchenordnung im Kurfürstentum Brandenburg v. 1540〉によって「キリスト教とよき治安の維持のために（zur Erhaltung christlicher Religion und guter Polizei），子どもを学校に入れて教育すること」が求められていたのであるが，「強制就学」の原理をドイツ学校法制史上最初に明記したのは，1619年のワイマール学校規程〈Weimarische Schulordnung v. 1619〉であった。この学校規程は法形式上，教会法から独立した最初の学校法で，学校監督や教育課程などについて規定するとともに，親に対して，子どもを6歳から12歳まで学校に行かせるよう罰則付きで強制するものであった[1]。

　つづいて世界で最初の本格的な義務教育令である，1642年のゴータ学校法〈Schulmethodus Ernsts der Frommen von Gotha v. 1642〉において，下記のように規定されることになる。「子どもはいずれの土地においても，男女を問わず，すべて例外なく1年を通じて学校に就学しなければならない」（2章49条）。「親は5歳以上12歳以下の子どもで，まだ文字の読めないものを，すべて就学させなければならない。この義務を怠り，あるいは忠実に履行しないものは，何人たるを問わず処罰される」（13章361条）。

　そして18世紀に入り，とくに絶対主義国家プロイセンにおいて，義務教育制度はより本格的に拡充・整備されることになる。すなわち，プロイセンでは

---

[1]　以下に引く法令も含めて，引用した法令（原文）は下記による。

　　　L.Clausnitzer, Geschichte des preußischen Unterrichtsgesetzes,1891,S.6〜S.26.

　　　L.Froese/W.Krawietz, Deutsche Schulgesetzgebung, 1968, S.21〜S.27.

　　　E.Spranger, Zur Geschichte der deutschen Volksschule,1949,S.18〜S.23.

　　　梅根悟「近代国家と民衆教育」誠文堂新光社，1967年，55頁以下。

　　　梅根悟「世界教育史」新評論，1967年，179頁以下。

第Ⅲ部　第1章　義務教育の法制史

1713 年，プロイセン福音改革派学校規程が制定され，つぎのように書いた。

　「監督僧は親に対し，その子を就学適齢期に達すると入学させ，説教師（Prediger）の承諾なしには退学させないように警告する義務を負う。説教師は退学の条件として，子どもがキリスト教の必須事項を理解しているか，また十分に読め，どうにか書けるかどうかを見定めなければならない」（3 条）。

　つづいて 1717 年にはプロイセン学校法制史上に著名な強制就学令〈Generaledikt betreffend die Schulpflicht v. 28. Sept. 1717〉が発布され，つぎのように規定して，有償の強制就学の原理を明記した。「学校が存在する地域では，親は子ども一人につき毎週 2 ドライエルの授業料を支払い，冬季は毎日，夏季は週に 1 回ないし 2 回子どもを登校させなければならない。これに違反せる親は罰せられるものとする」。

　さらに 1734 年に制定された東プロイセン農村学校令も，こう書いている。「十分に読むことができない者およびキリスト教の基本事項を十分に教えられていない者は，堅信礼（Konfirmation）に出席することはできない」（1 条），「子どもはキリスト教の基本および必要な読みを習得するために，5 歳あるいは 6 歳から，年少児は夏季に，年長児は冬季に就学させられなければならない。説教師によってこれに関する証明書が交付されるまで，就学は継続されなければならない」（2 条）。

　その後，1736 年のプリンキピア・レグラティバ〈Principia regulative v. 1736〉，1754 年のミンデン学校令＝「親はその子を男女を問わず，遅くとも 5 歳または 6 歳以後，学校に就学させなければならない。そして 13 歳または 14 歳まで秩序正しく就学を継続させ，子どもがキリスト教の主要事項を習得し，よく読めるようになるまで学校に在籍させなければならない」（1 条）—などを経て，プロイセンの義務教育制度は 1763 年の一般地方学事通則〈General-Landschulreglement v. 12. Aug. 1763〉によって法制上ほぼ確立を見るに至ったのであるが[2]，上述したところから知られるように，ドイツにおいてかかる制度が創設された主旨は，端的に言えば，「キリスト教信仰のため，全民衆にそれを植えつける」ことにあった[3]。そこにおいては一貫して一面的な課

（2）　一般地方学事通則における就学義務関係条項の骨子は次の通りである。①学齢期間＝学校への就学義務期間を 5 歳～13 歳・14 歳と明記した，②徹底した課程主義（キリスト教の基本の習得）を採り，義務教育修了証書交付制度を導入した，③強制就学を確保するために官憲による行政強制手続きを導入した（L.Clausnitzer,a.a.O.,S.16ff）。

（3）　梅根悟「世界教育史」，184 頁。

192

程主義が採られ，「キリスト教の基本の習得」が必須とされていたのである。しかもそれは原則として有償の罰則つき強制教育であった。「義務教育というものは，まずこのようなものとして近代史のうえにあらわれてきた。それは明らかに上からの思想統制，思想統一のための工作であった[4]」という歴史的事実を，ここで押さえておく必要があろう〈「教育をうける権利」の思想なき，キリスト教イデオロギーの「教化」（Indoktrination）としての有償・強制の義務教育〉。

第2節　プロイセン一般ラント法と教育義務制

　義務教育における「義務」には，歴史的にも，今日においても，「教育義務」（Unterrichtspflicht）と「就学義務」（Schul〈besuchs〉pflicht）の種別が認められる。両者の差異は，法的性質に基づくものではなく，「義務づけの内容」の違いによる。

　すなわち，「教育義務」は学齢期の子どもの教育を，教育の場を特定することなく，親権者等の保護者に義務づけることを内容としている。この義務には「教育をする義務」ないし「教育をうけさせる義務」が含まれる。保護者がかかる義務を自ら履行しない（できない・望まない）場合に限り，義務教育学校への就学義務が発生することになる。

　これに対して，「就学義務」は特定の教育機関・施設への就学を義務づけるもので，子どもに対する「教育」それ自体は直接的な義務の対象とはしていない。義務の内容は親権者等の「子どもを就学させる義務」と子どもの「就学する義務」である。「就学に代わる私教育・家庭教育」（家庭義務教育）は否認されているか，もしくは特定の場合にだけ許容されうる副次的なもので，それは，法的には，第1次的に存在する就学義務の免除たる性格をもつ[5]。

　以上を押さえたうえで，ドイツの義務教育法制を見ると，上述のように，18世紀後半までは「就学義務制」を建前としてきた〈学校へ就学させる義務としての就学義務〉。しかし1794年に公布・施行されたプロイセン一般ラント法〈Allgemeines Landrecht für die Preußischen Staaten v. 5. Feb. 1794〉はこの制度原理を転換して，「教育義務制」を導入した。

　この法律は各種の法域を包摂する大法典で，規定内容も，たとえば，「信仰

---

(4)　同上，186頁。

(5)　参照：W.Landé,Preußisches Schulrecht,1933,S.216～S.217.

193

第Ⅲ部　第1章　義務教育の法制史

の自由」や「拷問の禁止」などの基本的人権の保障規定や近代的な契約条項を
擁するなど，ドイツ法制史上に一大エポックを画した法律であるが，学校法域
においても画期的な条項をもっていた[6]。

　すなわち，同法は第2部12章「下級および上級学校」でまず「学校および
大学は国の施設（Veranstaltungen des Staats）であって……」（1条）と規定し，
ドイツの学校法制史上初めて，学校を国の施設として位置づけた。これをうけ
て同法は学校の設置と学校教育課程に関する国家の認可権（2条・3条）およ
び学校に対する国家の監督権（9条）を法定し，法制（学校法原理）上，「学校
制度の世俗化・国家化」（Verweltlichung und Verstaatlichung des Schulwesens）
と「国家の学校教育独占」（Staatliches　Schulmonopol）を確立したのであるが，
しかしその一方で下記のように規定して，「親の家庭教育の自由・私教育の自
由」および「就学に代えて，子どもの教育を家庭で行う親の自由」（家庭義務
教育）を法認したのであった[7]。

　・「親がその子の教育を家庭において行うのは自由である」（7条）。
　・「家庭において教育をすることを職業とする者は，その資質に関して当局
　　から証明をうけ，証明書を下付してもらわなければならない」（8条）。
　・「自宅においてその子のために必要な教育をすることができない者，また
　　はそれを望まない者は，その子が満5歳に達したる以後就学させる義務
　　を負う」（43条）。

　なお上記にいわゆる「学校に代わる私教育の自由」（家庭義務教育）制度はき
わめて厳格に運用されたようで，かかる制度を担保するために，1825年に次
のような閣令〈Kabinettsorder v.14. Mai 1825〉が発出されている[8]。「自宅に
おいて子どもに必要な教育を行っていることを証明できない親もしくは法定代
理人は，5歳に達した子どもを就学させるよう，強制手段ないし刑罰によって
強制される」。

第3節　ドイツ3月革命期の憲法と教育義務制

　ドイツ3月革命の所産として1848年に生まれたプロイセン憲法〈oktroyierte
Verfassung v. 5. Dez. 1848〉は，一国の憲法としては世界で初めて「教育をう

---

(6)　L.Froese/W.Krawietz，a.a.O.,S.127ff.　W.Landé,a.a.O.,S.63ff.

(7)　H.Mohrmann, Das Erziehungsrecht der Eltern und des Staates, 1934,S.38.

(8)　W.Kühn,Schulrecht in Preußen,1926,S.45.

194

ける権利」を保障したのであるが（18条1項），くわえて，「教育の自由」
（Freiheit der Erziehung）条項も擁していた（19条）。「教育を行い，また教育施
設を設けることは各人の自由である」との条項がそれである。

そしてこれらの規定をうけて，「親および後見人はその子または被後見人に
一般的な国民教育（allgemeine Volksbildung）を受けさせる義務を負（う）」（18
条2項）と定めて，義務教育の制度原理として，上述のプロイセン一般ラント
法以来の「親の教育義務制」を維持した。

同じく1848年，ドイツ憲法制定国民会議はドイツ帝国憲法の制定に先立っ
て，ドイツ国民の基本権に関する法律〈Gesetz betr. die Grundrechte des
deutschen Volkes v. 27. Dez. 1848〉を制定したのであるが，この法律において
は「教育をうける権利」の保障条項は姿を消したものの，「教育の自由」は明
示的に保障され（24条1項），また「親の家庭教育の自由」＝「家庭教育はいか
なる制限にも服さない」も明記された（24条2項）。併せて「親またはその代
理人はその子または被扶養者に，下級国民学校の課程として定められている教
育を受けさせないでおいてはならない」（25条2項）と規定されて，ここでも
1848年のプロイセン憲法と同様の親の教育義務制が維持された。

なお上記法律の教育条項は翌1849年に制定を見るに至ったドイツ帝国憲法
〈いわゆるフランクフルト憲法〉の教育条項としてほぼそのまま吸収され（152
条〜158条），こうして，同憲法も引き続き義務教育制度の制度原理として，就
学義務制ではなく，教育義務制を建前とした。

ドイツ3月革命が僅か8か月で幕を閉じた後，1850年に制定された改正プロイ
セン憲法〈Preußische Verfassungsurkunde v. 31. Jan. 1850〉も「教育の自由」（22
条）と「親の教育義務」（21条2項）をともに明記し，こうして1848年のプロイセ
ン憲法や1849年のドイツ帝国憲法と同じく，教育義務制を採用したのであった[9]。

第4節　ワイマール憲法と就学義務制

1918年の11月革命の所産として制定を見たワイマール憲法〈Reichsverfas-
sung v. 11. Aug. 1919〉は，就学義務について，つぎのように規定した（145
条）。「就学は一般的な義務である（Es besteht allgemeine Schulpflicht）。その履
行は原則として少なくとも8年の修業年限を有する国民学校と，これにつづく

---

(9)　L. Clausnitzer, a.a.O., S.162〜S.167.

第Ⅲ部　第1章　義務教育の法制史

18歳までの上級学校への就学によって履行される」。

　ワイマール憲法の名高い注釈家・G.アンシュッツによれば，この条文は公立の国民学校および上級学校などの「学校へ就学させる義務」（Schulbesuchspflicht）を規定したものである。一般的な就学義務は従前においては，親に対して子どもを国民学校へ就学させることを義務づけたものではなく，子どもに公立の国民学校の水準の教育を受けさせないことがないよう親に強制したものであった。1850年のプロイセン憲法がその典型例であるが，そこにいう就学義務は私立学校への就学や個々の家庭における教育によっても履行できる義務であった。つまり，それは「学校への就学強制」（Schulzwang）ではなく，「教育の強制」（Unterrichtszwang）であった。こうして，「学校へ就学させる義務」を規定したところに本条の本質的な新しさがある，とされている[10]。

　なおH.イーレンフェルトによれば，今日的な意味における「学校への就学義務」としての一般的就学義務を明記したのは1911年のプロイセンの盲・聾唖児童の入学に関する法律〈Gesetz betr.die Beschulung blinder und taubstummer Kinder v. 7. Aug. 1911〉だとされている[11]。

　しかしワイマール憲法のこの条項は法律によって直ちに具体化されたわけではなく，1920年のライヒ基礎学校法〈Reichsgesetz betr. die Grundschulen und Aufhebung der Vorschulen v. 28. Apr. 1920〉は「特別の場合に例外的に，所轄庁の許可を得て」という条件付きではあるが，なお依然として「基礎学校への就学に代わる私教育」を認容していた（4条）。ワイマール憲法の制定以後，「国民学校への就学義務」が法律レベルで最初に明記されたのは1927年のプロイセンの就学義務法〈Gesetz über die Schulpflicht in Preußen v. 15. Dez. 1927〉においてであり，こう規定された（1条）。

　「プロイセンにおける就学義務は，すべての国民およびプロイセンに継続的に滞在しているライヒ国民の子どもに対して発生する。この義務は，ドイツの国民学校への就学によって履行される」。

　ただ同法においても，「子どもが少なくとも国民学校の授業に匹敵する私教育（Privatunterricht）を受けている場合」には，それは就学義務の免除事由に該当するとされたのであった（4条[12]）。

---

(10)　G.Anschütz, Die Verfassung des Deutschen Reichs vom 11. August 1919, 1933,S.674.
　　　G.Anschütz, Die Verfassungs=Urkunde für den Preußischen Staat,1912,S.383ff.

(11)　H.Ihlenfeld, Pflicht und Recht zum Besuch öffentlicher Schulen nach deutschem Bundes-und Landesrecht,1971, S.94.

このような法制状況はプロイセンだけではなく，すべてのラントで存在した
のであるが，こうした例外規定をいっさい排除して徹底した「学校への就学義
務」をライヒ全域に権力的に貫徹したのは，ナチス政権下の1938年に成立し
たライヒ就学義務法〈Reichsschulpflichtgesetz v. 6. Juli 1938〉においてであっ
た。関係条項を訳出すると，下記のようである[13]。

・「ドイツ帝国においては，就学は一般的な義務である。それは，国家社会
主義の精神において（im Geiste des Nationalsozialismus）ドイツの青少年を教育
することを保障するものである」（1条1項）。

・「就学義務はドイツ帝国の学校に就学することによって履行される」（1条
2項）。

・「国民学校ないし職業学校への就学義務を履行しない青少年は，学校へ強
制的に連行される。その際，警察に援助を求めることができる」（12条）。

第5節　ドイツ基本法と就学義務制

第2次大戦後，ドイツ基本法施行（1949年5月）後も上記のライヒ就学義務法
（ナチス関係条項は削除）は各州において引き続き効力を有したのであるが，その
後，上記ライヒ法を踏まえて，すべての州で就学義務法ないし就学義務関係条項
を含む学校法が制定されるに至った。また基本的な教育事項について各州間の
統一を求めるデュッセルドルフ協定〈Düsseldorfer Abkommen・1955年〉やハ
ンブルク協定〈Hamburger Abkommen・1964年〉からの要請もあり，これら各
州法の規定内容にはほとんど差異は見られず，こうしてすべての州の就学義務
法ないし学校法で就学義務制＝「学校への就学義務」が確認的に規定された[14]。
そして，今日においては，たとえば，バイエルン州憲法129条1項が「すべての子
どもは国民学校および職業学校へ就学する義務を負う」と明記しているように，
すべての州憲法が「学校への就学義務」の原則を法定するところとなっている。

なお付言すると，ドイツの権威ある学校法学の概説書・H.ヘッケル/H.ア

---

(12)　R,Hempel, Schulpflicht und Schulzwang nach deutschem Reichs-und Landesrecht,
1932, S.71.

(13)　L.Froese/W.Krawietz, a.a.O.,S.224～S.225.

(14)　W. Perschel, Schulpflicht, In: M. Baethge/K. Nevermann（Hrsg.）, Enzyklopädie Erzie-
hungswissenschaht Bd.5. Organisation,Recht und Ökonomie des Bildungswesens,1984,S.
592.

第Ⅲ部　第1章　義務教育の法制史

ベナリウス共著「学校法学」（第6版）に「ドイツにおいては 1919 年にワイマール憲法が制定されるまでは単なる教育義務（Unterrichtspflicht, Bildungspflicht）が採られていた。必要な最低限の知識が，たとえば，家庭における私教育によって与えられない場合にだけ，学校への就学義務が存在した」との記述が見えているが[15]，上述したところにより，これは明らかに誤りであろう。

---

(15)　H.Heckel/H.Avenarius, Schulrechtskunde, 6 Aufl.1986,S.311.
　　　H.Avenarius/H.Heckel,Schulrechtskunde, 7 Aufl.2000,S.450.

第2章　教育をうける権利の法的構造

第1節　ドイツにおける教育をうける権利の憲法史

1　初期立憲主義と教育をうける権利

　教育をうけることが教会や篤志家などによるチャリティーではなく，国家・社会によって保障されるべき人間固有の権利だとする思想を，憲法史上，最初に表明したのはフランス革命期の諸憲法（草案）である。たとえば，1793年のジロンド憲法は「初等教育はすべての者の需要であり，社会はすべての構成員に対し，平等にこれを引き受けるものである」（23条）と謳っていたし，また同じ年の山岳党憲法も概ね同じような条項を擁していた（22条）。

　ここで重要な事実を指摘しておかなくてはならない。

　上記ジロンド憲法の草案を作成した憲法委員会においてM.J.コンドルセが主導的な役割を果たしたのであるが[(1)]，コンドルセの公教育制度論の基幹原則＝「国家は学校網の整備と無償教育によって，すべての国民に受教育の機会を保障する。しかし国民に対して受教育を強制することはない」（公営・無償・非義務の原則）は，実はすでに中世末期のドイツの諸都市で生まれていた思想と教育現実を理論化したものであったという事実である。「ドイツの諸都市では14，5世紀の間に……市政府は市民に受教育の機会を保障する，しかし強制はしないという形での公教育制度が生まれていた」，「コンドルセ（の公教育制度論・筆者）はいわばこの事実を理論化したものであった[(2)]」というのである。教育をうける権利の思想とそれを保障する公教育制度の源流は他ならぬドイツであった，という歴史的事実は重要であろう。

　ところで，従来，ドイツにおける自由民主主義的な憲法の伝統は1848年の3月革命期の憲法に始まるとされてきた。しかしフランス革命（1789年）はドイツにも大きな影響を与えたのであり，その影響を受けて，ドイツにおいてもすでに18世紀末に初期立憲主義（Frühkonstitutionalismus）の時代が始まっていた。こうして，たとえば，1797年に制定を見たケルン市憲法〈Die Konsti-

---

(1)　高木八尺・末延三次・宮沢俊義編「人権宣言集」岩波書店，1968年，134頁。
(2)　梅根悟「近代国家と民衆教育」誠文堂新光社，1967年，248頁。

199

第Ⅲ部　第2章　教育をうける権利の法的構造

tution für die Stadt Köln v. 1797〉は教育に関して次のような条項を擁していたのであった。「自らが好む教育施設に子どもを就学させる，すべての市民の権利」の保障条項（173条），「市の学校設置・維持義務と経費の負担義務」に関する条項（174条），がそれである。

　その後19世紀に入って制定された，1819年のビュルテンベルク侯国憲法（29条）および1831年のザクセン侯国憲法（28条）とヘッセン選帝侯国憲法（27条）も教育に関する基本権のカタログを含んでいた。前二者は「職業選択の自由」との関係において「自分の適性に合った職業訓練をうける権利」を保障し，また後者はその域を超えて，公教育機関への一般的な入学機会の保障を規定していたのであった。くわえて，ビュルテンベルク侯国憲法（84条）とヘッセン選帝侯国憲法（137条）は下級学校と上級学校の設置・維持に関する国の配慮義務についても規定していたのであった[3]。

　ちなみに，こうした憲法動向とも対応して，この時期，G.W.F.ヘーゲルはその著「法哲学」（1821年）において，親に対して養育と教育を求める子どもの権利について言及しているし，またG.シュトルーブは1847年に刊行された「国家事典」において，「生きる権利」（Recht auf Leben），「教育をうける権利」（Recht auf Bildung），「自由に発達する権利」（Recht auf freie Entwicklung）という三つの基本的な権利を取り上げ，これらの権利は永遠かつ不可譲の人間の権利に属すると説いている[4]。

2　ドイツ3月革命期の憲法と教育をうける権利

　1848年2月に勃発したフランス2月革命の影響を強く受けて，同年3月に起きたドイツ3月革命（Märzrevolution）は僅か8ヵ月余りの短命に終わったのであるが，しかし3月革命期に生まれた憲法は，「教育をうける権利」という観点から捉えると，世界の憲法史上に大きなエポックを画するものであった。

　ドイツ3月革命の所産として1848年12月に制定を見たプロイセン憲法は，

---

(3)　H. Dippel, Die Anfänge des Konstitutionalismus in Deutschland, 1991, S. 9, zit. aus S. Jenkner, Das Recht auf Bildung und die Freiheit der Erziehung in der deutschen Verfassungs-und Bildungsgechichte bis zum Gegenwart, In:F.R.Jach/S.Jenkner（Hrsg.）, 50 Jahre Grundgesetz und Schulverfassung, 2000, S.1ff.

(4)　W. Perschel, Recht auf Bildung, In: M. Baethge/K. Nevermann（Hrsg.）, Enzyklopädie Erziehungswissenschaft Bd. 5. Organisation, Recht und Ökonomie des Bildungswesens 1984, S.550.

第1節　ドイツにおける教育をうける権利の憲法史

「教育をうける権利」を憲法上の基本的人権として，一国の憲法としては世界で最初に明記したのであるが―わが国においては，学説上，1936年のソビエト憲法121条が最初であるとの考証が通説化しているが[5]，これは誤りである―それまでに至る主要な経緯を辿ると，概ね下記のようである[6]。

2-1　3月革命期の教育運動と教育をうける権利

1848年8月に開催されたプロイセン国民学校教員会議は，革命政府に対して，「学校の地位」など9領域百数十項目にわたる要求を掲げたのであるが，その中に「教育をうける権利」と関係して，つぎのような注目すべき項目が含まれていた[7]。

・「国家は（国民の）需要に応ずる数の公立学校（öffentliche Schule）を設置する義務を負うべきである」（ブランデンブルク）。

・「すべての戸主はその子どもを公立学校または認可をうけた私立学校に就学させるか，あるいは国民のすべての階層に必要とされる教育を子どもに受けさせなければならない」（ウエストファーレン，ザクセン）。

・「国家はプロイセンのすべての子どもに対して，一般的な人間教育・市民教育・国民教育（allgemeine Menschen = Bürger = und National = Bildung）に必要な教育を保障すること」（ブランデンブルク）。

ここでは，国家の子どもに対するミニマムな教育保障とそのための学校設置義務および親の就学義務ないし教育義務が要求されている。「教育をうける権利」という文言は見られないが，実質的にはその実現を求めるものとなっている。

2-2　労働者会議の教育関係決議

ドイツ最初の労働組合といわれる労働者友愛会（Arbeiterverbrüderung）を結成したS.ボルンが中心となって，1848年8月に公にした「労働者会議の決

---

(5)　たとえば，堀尾輝久「現代教育の思想と構造」岩波書店，2002年，248頁。兼子仁「教育法（新版）」有斐閣，1978年，89頁など。

(6)　参照：梅根悟，前出書，222頁以下。

(7)　L.Clausnitzer, Geschichte des Preußischen Unterrichtsgesetzes,1891,S.139～S.140.
　　なおこの書物は1969年，私が修士論文作成時に梅根先生から直接拝借し，コピーさせて頂いたものである。本書がなかったら私の修士論文はよほど貧弱なものとなっていたであろう。歴史的に貴重な専門書を見も知らぬ一介の院生に快く貸してくださった梅根先生のご厚意に，ここに記して改めて深甚の謝意を表したいと思う。

第Ⅲ部　第2章　教育をうける権利の法的構造

議」には，「教育をうける権利」と係わって，つぎのような教育関係の決議が含まれていた[8]。

- 「国民学校の授業は身分の別なく，すべて無償とすること」。
- 「公共団体は貧困な家庭の子どもに対して，教育に必要な図書および学用品を無償で給付する義務を負うものとすること」。
- 「就学は満5歳以後，遅くとも満8歳以前に始まり，満14歳をもって終了するものとすること」。
- 「いかなる児童も満14歳以前においては，児童の規則的で完全な就学を妨げるような労働に使ってはならない。とくに児童を工場や行商で使うことは，満14歳以前においては全面的に禁止すること」。
- 「子どもの（家庭）教育は原則として親の責任に属することである。しかしやむを得ない事情のため，親が子に対する責任を遂行できない場合は，公共団体がその責任を負うものとする」。

　この決議は8年間の連続したフルタイムの義務教育とそれを確保するための児童の就労禁止，義務教育学校における授業料の無償性と貧困家庭の子どもに対する教材・教具の無償性，親の家庭教育責任とこれに対する公共団体の支援義務を要求している。従来，ドイツの義務教育制度は課程主義をとり，パートタイム就学と児童の就労を容認してきた。子どもの就学機会の確保という観点から，その転換を迫っているところにこの決議の意義が認められる。

2-3　プロイセン憲法教育条項の成立過程

2-3-1　国民議会憲法起草委員会の教育条項案

　革命政府の首班に任命されたカンプハウゼンは1848年5月，初めて招集されたプロイセン国民議会に憲法草案を提出したのであるが，それには教育条項は1ヵ条含まれていただけであった。「教育の自由（Freiheit des Unterrichts）は，法律で規定された制限をうける以外には制限されない」（13条）との条項がそれである。

　これに対して，国民議会ではより積極的に教育について規定すべきであるとの意見が出された。そして「学校は無償の教育を行う国家施設として設置されなければならない」という条項を加えるという修正動議が出されたが，文部大臣シュベーリンが学校は公共団体から切り離すべきではないと強く反対した。

---

(8)　梅根悟，前出書，239頁以下。

第1節　ドイツにおける教育をうける権利の憲法史

こうした状況下で国民議会では，議会自身が憲法草案を作成すべきであるという意見が大勢を占めるに至り，議会に憲法起草委員会が設置された。こうして作成された憲法起草委員会の憲法草案は，下記のような4ヵ条の教育条項を擁していた[9]。

22条「教育をし，教育施設を設置することは各人の自由である。……

親または後見人は，その子または被後見人に初等教育をうけさせる義務を負う。

どこでその子に教育を受けさせるかを決定する親ないし後見人の権利は，決して制限してはならない」。

23条「公立の国民学校（öffentliche Volksschule）を設置し，維持し，拡充するための経費は公共団体（Gemeinde）の負担とする。ただし例外的な場合には，公共団体連合ないし国家がこれを負担する。

公立の国民学校における授業料は無償とする」。

24条「公立の国民学校およびその他のすべての公立の教育施設は固有の官庁の監督に服し，教会によるあらゆる監督から自由である」。

25条「上記の条項にもとづいて，単独の教育法律によってすべての公教育制度を規律するものとする」。

この憲法草案はまず「教育の自由」の原則を確認している。しかも上記カンプハウゼン草案では「法律の範囲内での教育の自由」という位置づけであったが，ここでは「法律の留保」は付されていない。これをうける形で親の教育の種類の選択権ないし学校選択権を保障する一方で，親の子どもに初等教育をうけさせる義務を法定している。そして，親のこの義務は「学校に代わる私教育」〈家庭義務教育〉によっても履行することができるとの立場に立っている〈義務教育の制度類型としては親の教育義務制〉。

つづいて国民学校の設置等に係る公共団体の経費負担義務を定め，また義務教育における授業料無償の原則を確認しているが，しかし公共団体の国民学校設置義務は明記されてはいない。つまり，子どもの教育に対する国・公共団体の義務という視点は欠落している。また学校に対する教会の監督権は排除しているが，親の宗教教育権や学校における宗教教育については何ら語るところない。

---

(9)　L.Clausnitzer,a.a.O.,S.154～S.155.

第Ⅲ部　第2章　教育をうける権利の法的構造

2-3-2　教育関係議員団の教育条項案

ところで，プロイセン国民議会には20数名の教育関係の議員がいたが（議員数395），上記の憲法草案は議会の多数派のみならず，教育関係議員も満足させるものではなかった。そこで21名の教育関係議員に著名なF.A.W.ディーステルベークとカップも加わり，下記のような憲法の教育条項案を議会に提出した[10]。

1　「学校は国家の施設（Staatsanstalt）であり，教会から独立した施設である」。

2　「国家はプロイセンのすべての子どもに対して，一般的な人間教育，市民教育および国民教育に必要な教育を保障するものとする」。

3　「この教育は，国民学校のすべての段階で無償とする。無産者はすべての中等教育施設においても，法律の定める要件により，無償の教育をうけることができる」。

4　「授業はすべての宗派に共通して行われる。一般的な宗教教育は学校で行われるが，宗派的宗教教育は排除される」。

5　「各人は，法律が定める資格要件を満たしている場合には，教育を行い，教育施設を設置することができる」。

6　「国家は例外なくすべての教育施設を監督する」。

7　「上記諸条項の施行については，教育法律でこれを定める」。

この教育関係議員団によるの教育条項案は，プロイセン一般ラント法（1794年）以来の「学校制度の世俗化・国家化の原則」（Verweltlichung und Verstaatlichung des Schulwesens）を基軸に据えたうえで，国家に対して子どもの人間教育・市民教育・国民教育の保障義務を課していることは法原理上重要である。同じ趣旨の要求は，上述した通り，1848年5月のプロイセン国民学校教員会議での要求項目に掲げられていたのであり，この条項案はそれをそのまま採用したということになる。ただその一方で，国・公共団体の学校の設置・維持・経費負担義務は明記されておらず，また子どもの教育機会を確保し保障するための親の就学義務ないし教育義務に関する規定も設けられていない。

なおこの教育条項案は「教育の自由」を承認しておきながら，学校を「国家の施設」として位置づけ，私学の存在を原則として否定している。これは法原理的に矛盾していよう。

---

(10)　ditto, S.155～S.156.

2-3-3　国民議会中央部会の教育条項案

　議会内におけるこのような動きと並行して，国民議会中央部会は上述した憲法起草委員会案の修正作業を進めていたのであるが，最終的に下記のような教育条項案をまとめて，1848年10月，国民議会に提出した[11]。

22条「学問とその教授は自由である。

　　　プロイセンの少年は十分な公の教育施設によって，一般的な人間教育および市民教育をうける権利（Recht auf allgemeine Menschen = und Bürgerbildung）を保障される。

　　　教育を行い，また教育施設を設けることは各人の自由である。

　　　親および後見人はその子または被後見人に，一般的な国民教育に必要な教育をうけさせる義務を負う。またこの点に関しては，教育法律が定める諸規定に従わなくてはならない」。

23条「公立の国民学校は，その他のすべての公の教育施設と同じく，固有の，国家によって指定された官庁の監督に服する。

　　　国民学校の外的事項の管理および教員の選任は，公共団体の権限に属する。

　　　宗教教育については，当該宗教団体がこれを配慮し監督する」。

24条「公立の国民学校の設置，維持および拡充に要する経費は公共団体が負担し，それが不可能であることが証明された場合には，国家が負担する。……公立の国民学校における授業料は無償とする」。

25条「すべての教育制度を規律するために，特別の教育法律を制定する。

　　　国家は国民学校の教員に一定の，十分な給与を保障する」。

　この国民議会中央部会の教育条項案は「教育をうける権利」の保障法制史上画期的なものであるが，その意義については次に取り上げる1848年憲法の解説で併せて言及するので，ここでは立ち入らない。

3　プロイセン憲法と教育をうける権利

　1848年11月5日，プロイセン国民議会が納税拒否の決議をしたのが直接の引き金となって，国王フリードリッヒ・ウィルヘルム4世は議会を軍隊で包囲し，国民議会に解散を命じた。こうしてドイツ3月革命はピリオドを打つことになったのであるが，同年12月5日，プロイセン政府は国王を説得し議会の

---

(11)　ditto, S.156～S.157.

第Ⅲ部　第2章　教育をうける権利の法的構造

議決を経ることなく憲法を公布した。いわゆる欽定憲法（oktroyierte Verfassung）である。

　この憲法は7ヵ条の教育条項を擁しているが，それは上述した国民議会中央部会案に若干の修正を施しただけのものであった。教育条項は下記の通りである(12)。

17条「学問とその教授は自由である」。

18条「プロイセンの少年は十分な公の教育施設によって，一般的な国民教育をうける権利を保障される（Der preußischen Jugend wird durch genügende öffentlichen Anstalten das Recht auf allgemeine Volksbildung gewährleistet）。

　　　親および後見人はその子または被後見人に，一般的な国民教育に必要な教育を受けさせる義務を負う。またこの点に関しては，教育法律が定める諸規定に従わなくてはならない」。

19条「教育を行い，また教育施設を設けることは各人の自由である。但しそれをなそうとする者は，その道徳的，学問的および技術的な事項に関して，所管の国家機関にそれを証明しなければならない」。

20条「公立の国民学校は，その他のすべての公の教育施設と同じく，固有の，国家によって指定された官庁の監督に服する。

　　　公立学校の教員は国家公務員（Staatsdiener）としての権利を有する。

21条「国民学校の外的事項（äußere Angelegenheiten）の管理および教員の選任は公共団体の権限に属する。但し，教員に選任する者についてはその道徳的および技術的は資質について，所管の国家機関に事前にそれを証明しておかなければならない。

　　　国民学校における宗教教育は，当該宗教団体がこれを配慮し実施する」。

22条「公立の国民学校の設置，維持および拡充に要する経費は公共団体が負担し，それが不可能であることが証明された場合には，国家が負担する。……公立の国民学校における授業料は無償とする」。

23条「すべての教育制度を規律するために，特別の教育法律を制定する。

　　　国家は国民学校の教員に一定の，十分な給与を保障する」。

　上掲18条1項が「プロイセンの少年は十分な公の教育施設によって，一般

――――――――――――

(12)　ditto,S.162～S.163.

206

第1節　ドイツにおける教育をうける権利の憲法史

的な国民教育をうける権利を保障される」と書いて，子どもに対して憲法上の
基本権として「教育をうける権利」を保障していることは，憲法史上，特筆に
値する。この条項は上記中央部会案の22条2項をほぼそのまま採用したもの
である。憲法起草委員会案にはこのような条項はなく，また教育関係議員団の
教育条項案は国家に対して子どもの人間教育・市民教育・国民教育の保障義務
を課してはいるが，しかしそれはあくまで子どもの教育に対する国家の配慮義
務を定めたものであった。

　これに対して，先に引いた国民議会中央部会案22条2項およびそれを憲法
成文化した上掲18条1項は，その域を超えて，「主体的公権」（subjektives öf-
fentliches Recht）としての「教育をうける権利」を，しかも後者は一国の憲法
としては世界で初めて保障したところに憲法史上画期的な意義がある。ちなみ
に，ここで「主体的公権」とは「国家その他の行政権の主体に対し，裁判上，
行為または不作為を請求しうる個人に属する権利（公権）」をいう[13]。

　そして，これに対応して，公共団体には国民学校に係る経費の負担義務を，
また親・後見人には「子どもに一般的な国民教育をうけさせる義務」をそれぞ
れ課し，さらに国民学校における授業料の無償性も確認し，こうして子どもの
「教育をうける権利」を中核にして公教育法制を構想しているのである。くわ
えて，子どもの学習・教育条件と係わって，国家に国民学校の教員に対し「十
分な給与を保障する義務」を課していることも注目されよう。

　ここで「主体的公権としての教育をうける権利」の憲法上の保障という法的
位置づけについて言及しておかなくてはならない。

　上述のように，1848年のプロイセン憲法18条1項は世界の憲法史上初めて
「主体的公権としての教育をうける権利」を保障したのであるが，しかしこの
条項は1850年の改正プロイセン憲法では姿を消すことになる。「少年の教育に
ついては，公立学校によって十分に配慮されるものとする」（21条）と改訂さ
れたのである。

　この点と係わって，G.アンシュッツは両者の間には法的に本質的な差異は
ないと述べているが[14]，しかしA.アイゼンフートも指摘しているように[15]，
こうした法的把握は明らかに誤りであろう。すでに書いたように，1848年の

---

(13)　山田晟「ドイツ法律用語辞典」大学書林，1993年，610頁。

(14)　G.Anschütz, Die Verfassungs＝Urkunde für den Preußischen Staat,1912,S.379.

(15)　A.Eisenhuth, Die Entwicklung der Schulgewalt und ihre Stellung im Verwaltungs-
recht in Deutschland,1931,S.42.

第Ⅲ部　第2章　教育をうける権利の法的構造

プロイセン憲法は「主体的公権としての教育をうける権利」を憲法上保障したものであり[16]，したがって，国民は積極的な権利主体として国家に対して公立学校への入学請求権（Anspruch）をもつことになるが，1850年の改正憲法は少年の教育に対する国家の配慮義務（Sorgepflicht）という，いわば国家の政治的義務を規定したに止まるからである。両者の間には法的には決定的な差異が存しているのである。

　なお付言すると，「教育をうける権利」が一国の憲法上にふたたび復活を見るのは，上記プロイセン憲法から実に88年後，1936年のソビエト憲法においてである。「ソ同盟の市民は教育をうける権利を有する」（121条）との条項がそれである。

4　フランクフルト憲法と教育をうける権利

　上述した3月革命の影響もあって，この時期，ドイツにおいては統一国家の創建をめざす機運がふたたび高まり，そのための憲法を制定するために1848年5月，ドイツ憲法制定国民議会（deutsche verfassungsgebende Nationalversammlung）がフランクフルトで開催された。この国民議会は憲法の制定に先立ち，まずドイツ国民の基本権について審議し確定して，それを同年12月27日の「ドイツ国民の基本権に関する法律」〈Gesetz betreffend die Grundrechte des deutschen Volkes〉として公布した。この法律には下記のような教育条項が含まれていた[17]。

22条「学問とその教授は自由である」。

23条「教育制度は国家の上級監督に服する。宗教教育を除いて，聖職者による監督は廃止される」。

24条「教育施設を設置し，経営すること及びそこにおいて教育を行うことは，すべてのドイツ人にとって自由である。但し，それをなそうとする者は，所管の国家機関にその資質を証明しなければならない。
　　　家庭教育はいかなる制限にも服さない」。

25条「ドイツの少年の教育は，公立学校によってあまねく十分に配慮されるものとする（Für die Bildung der Deutschen Jugend soll durch öffentliche

---

(16)　G.Jellinek, System der subjektiven öffentlichen Rechte,1892,S.110, zit. aus A.Eisenhuth,a.a.O.,S.42.

(17)　L.Clausnitzer,a.a.O.,S.163～S.164.

第1節　ドイツにおける教育をうける権利の憲法史

Schulen überall genügend gesorgt werden）。

　　　親ないしその代理人はその子または被保護者に，下級国民学校の課程と
　　　して規定されている教育を受けさせずにおいてはならない」。

26 条「公立学校の教員は国家公務員としての権利を有する。

　　　国は，法律で規定された公共団体の関与のもとで，教員試験合格者の中
　　　から国民学校の教員を選任する」。

27 条「国民学校および下級職業学校における教育については，授業料は支払
　　　われない。

　　　無産者（Unbemittelten）に対しては，すべての公の教育施設において，
　　　無償の授業が保障されるものとする」。

28 条「職業を選択し，かつそのための教育訓練を自分が希望する方法と場所
　　　で受けることは，各人の自由である」。

　これらの教育条項は 1849 年 3 月 28 日のドイツ帝国憲法〈Verfassung des
Deutschen Reichs・いわゆるフランクフルト憲法〉にほぼそのまま吸収される
ことになる（152 条～158 条）。この憲法は国民主権の立場から，国民の基本権
について本格的に規定したドイツ最初の憲法として，その後の憲法にも大きな
影響を与えるのであるが，しかし 3 月革命の失敗によって宙に迷い，結局，施
行されるには至らなかった。

　上掲の教育条項と 1848 年のプロイセン憲法のそれとを「教育をうける権利」
という観点から比較すると，そこには決定的な差異が見られている。既述した
通り，後者は「主体的公権としての教育をうける権利」を国民の基本権として
憲法上保障したものであるが，ドイツ国民の基本権に関する法律，したがって
またフランクフルト憲法においてはかかる人権保障条項は見られず，少年の教
育に対する国家の配慮義務が規定されているに過ぎない。そこで，これに対応
する形で，公共団体（国）の公立学校の設置・維持・経費の負担義務に関する
条項も消滅している。

　ただ授業料の無償性を国民学校だけではなく，下級職業学校にまで拡大し，
また無産者にはすべての公教育施設における授業料の無償性を導入しているこ
と，親の子どもに対する教育義務とともに「家庭教育の自由」を明記している
こと，さらには「職業選択の自由」と係わって，「教育訓練を受ける自由」を
保障していることなどは積極的な評価をうけることになる。

209

第Ⅲ部　第2章　教育をうける権利の法的構造

5　改正プロイセン憲法と教育をうける権利

先に言及した1848年のプロイセン憲法は，革命勢力が主導する反政府的な議会において制定されたものであった。そこで政府はこの不本意な憲法を改正するために，1849年5月，下院議員選挙に関する政令を発出して，間接選挙制の下でのいわゆる三級選挙法を導入した。第1次選挙に際して有権者を納税額によって三級に区分し，各級からそれぞれ第2次選挙人の3分の1を選出するという方法である。そして1849年7月，この選挙法にもとづいて選挙が実施され，効を奏して，親政府派議員が議会の大多数を占めるに至ったのであるが，この議会で制定されたのが1850年1月31日公布の改正プロイセン憲法である。

改正憲法は第2編で「プロイセン人の権利」と題してかなり詳細な規定を置いているが（3条〜42条），その多くに「法律の留保」が付されているのが特徴的である。この改正プロイセン憲法は1918年の11月革命によって失効するまで効力を有したのであるが，第2編「プロイセン人の権利」において，教育について下記のように規定していた[18]。

20条「学問とその教授は自由である」。

21条「少年の教育については，公立学校によって十分に配慮されるものとする（Für die Bildung der Jugend soll durch öffentlichen Schulen genügend gesorgt werden）。

　　　親ないしその代理人はその子または被保護者に，公立の国民学校の課程として規定されている教育を受けさせずにおいてはならない」。

22条「教育施設を設置し，経営すること及びそこにおいて教育を行うことは，すべてのドイツ人にとって自由である。但し，それをなそうとする者は，所管の国家機関にその道徳的，学問的および技術的能力を証明しなければならない」。

23条「すべての公立および私立の教育施設（Alle öffentlichen und Privat-Unterrichts-und Erziehungsanstalten）は国家によって指定された官庁の監督に服する。

　　　公立学校の教員は国家公務員としての権利を有し，義務を負う」。

24条「公立の国民学校の設置に際しては，宗派的な関係が可能な限り考慮されるものとする。

---

(18)　ditto, S.166.

国民学校における宗教教育については，当該宗教団体がこれを指揮する。
国民学校の外的事項の管理は公共団体の権限に属する。

国は，法律で規定された公共団体の関与のもとで，有資格者の中から公
立の国民学校の教員を任用する」。

25 条「公立の国民学校の設置，維持および拡充に要する経費は公共団体が負
担し，それが不可能であることが証明された場合には，補充的に国家が
これを負担する。……

国は国民学校の教員に対して，一定の，地方の事情に応じた給与を保障
する。

公立の国民学校における授業料は無償とする」。

26 条「すべての教育制度を規律するために，特別の法律を制定する」。

　上掲の改正プロイセン憲法の教育条項と 1848 年の旧憲法のそれとを比較す
ると，もっとも特徴的なのは，旧憲法にあった「主体的公権としての教育をう
ける権利」の保障条項（18 条 1 項）が消滅しているということである。改正憲
法は「少年の教育については，公立学校によって十分に配慮されるものとす
る」（21 条 1 項）と書いて，少年の教育に対する国家の政治的な配慮義務を規
定するに止まっている。両者の間には法的に本質的な差異があることは，既に
言及したところである。

　なお教育をうける権利の現実化という面で重要な意味をもつ「授業料の無償
性」に関して，議会における審議過程で国民学校の有償性を復活し，ただ貧困
者だけを無償とするという授業料の一部無償性が提案された。しかしこれは否
決されて，旧憲法におけると同様，国民学校授業料の全面的無償性が維持され
た（25 条 3 項）という経緯がある[19]。

6　ビスマルク憲法と人権条項

　1871 年 1 月，プロイセンを盟主とするドイツ帝国（いわゆる第二帝政）が成
立し，同年 4 月，ビスマルク憲法〈正式にはドイツ帝国憲法：Verfassung des
Deutschen Reichs vom 20. April 1871〉が公布された。この憲法は 1867 年の北
ドイツ連邦憲法に若干の修正を加えたもので，78ヵ条からなっていたが，基本
的人権の保障条項は擁していなかった。ただ，これは同憲法が基本権を認めな
いという趣旨ではなく，これについては各ラントの憲法の規律するところに委

---

(19)　梅根悟，前出書，267 頁。

211

第Ⅲ部　第2章　教育をうける権利の法的構造

ねるとの立場を採ったからである。これには，ビスマルク憲法の制定時には既に，既述したプロイセン憲法をはじめ，連邦国家・ドイツ帝国を構成するほとんどのラントが権利章典を含む憲法典を有していた，という事情もあった[20]。

7　ワイマール憲法と教育をうける権利

7－1　ワイマール憲法の教育条項

　1918年の11月革命の所産として1919年8月に制定を見たワイマール憲法（正式には：ドイツ帝国憲法〈Die Verfassung des Deutschen Reichs vom 11. August 1919〉）は全文181ヵ条からなる大法典で，第1編「ライヒの構造と任務」，第2編「ドイツ人の基本権と基本的義務」および第3編「経過規定および最終規定」から構成されている。学校教育の領域については第2編の第4章が「教育および学校」（Bildung und Schule）と題して，142条から150条までの9ヵ条に亘ってかなり詳細に規定しているが，そのうち「教育をうける権利」と係わって重要だと見られる条項と条文だけを摘記すると，下記のようである[21]。

　142条「芸術，学問およびその教授は自由である。国はこれを保護し，その奨励に関与する」。

　143条1項「少年の教育については，公の施設によって配慮されるものとする（Für die Bildung der Jugend ist durch öffentliche Anstalten zu sorgen）。それらの施設の設置に際しては，ライヒ，州および公共団体が協力する」。

　　　　3項「公立学校の教員は国家公務員としての権利を有し，義務を負う」。

　144条1項「すべての学校制度は国の監督に服する。国は公共団体をそれに参与させることができる。……」。

　145条1項「就学は一般的な義務である。その義務の履行は，原則として少なくとも8学年を有する国民学校とそれに続く満18歳までの継続学校（Fortbildungsschule）においてなされる。国民学校および継続学校における授業と教材は，これを無償とする」。

　146条1項「公立学校制度は有機的に構成されなければならない。すべての

---

(20)　高田敏・初宿正典（編訳）「ドイツ憲法典」信山社，2001年，6頁。清宮四郎「ドイツ憲法の発展と特質」日本評論新社，1953年，81頁。

(21)　G.Anschütz, Die Verfassung des Deutschen Reichs vom 11. August 1919, 1933, S. 658ff.

第1節 ドイツにおける教育をうける権利の憲法史

者に共通の基礎学校（Grundschule）の上に，中級および上級学校制度が構築される。その構築に当たっては，生業の多様性に対応すべきであり，また子どもが一定の学校に入学するに際しては，その資質と性向を標準とすべきであって，親の経済的および社会的地位，または宗教上の信仰を標準としてはならない」。

2項「公共団体において，秩序ある学校経営が第1項の意味においても損なわれない限り，教育権者の申請により，その信仰または世界観の国民学校が設置されなければならない。教育権者の意思は可能な限り考慮されなくてはならない」。

3項「資力の乏しい者（Minderbemittelter）の中級および上級学校への進学のために，ライヒ，ラントおよび公共団体によって公的資金が用意されなくてはならない。とくに中級および上級学校で教育訓練（Ausbildung）を受けるに相応しいとみられる子どもの親に対しては，教育訓練が修了するまで教育補助金が給付されなければならない」。

147条1項「公立学校の代替としての私立学校は国の認可を必要とし，かつ州法の規律に服する。認可は，私立学校がその教育目的および施設設備ならびにその教員の学問的教養において公立学校に劣らず，かつ親の資産状態によって生徒の選別（Sonderung）が助長されない場合に，与えられなければならない。認可は，教員の経済的および法的地位が十分に保障されていない場合には，拒否されなければならない」。

148条1項「すべての学校においては，ドイツの国民性と国際協調の精神において，道徳的な教養，公民としての態度，個人的および職業的有能さを身につけさせるように努めなければならない」。

2項「公立学校における教育に際しては，考えを異にする者（Andersdenkender）の感情が損なわれないように考慮されなければならない」。

3項「公民科（Staatsbürgerkunde）および労作教育（Arbeitsunterricht）は学校の教科である。すべての生徒は，就学義務の終了に際して憲法の写しを受けとる」。

149条1項「宗教教育は，無宗派（世俗的）学校〈bekenntnisfreie（weltliche）Schule〉を除いて，学校の正規の教科である。……宗教教

213

育は国の監督を妨げることなく，当該宗教団体の教義に則って行われる」。

　　2項「宗教教育の実施および教会関係の仕事の遂行は，教員の意思表示に任される。宗教教育および教会の祭典や行事への参加は，子どもの宗教教育について決定しなければならない者の意思表示に委ねられる」。

　上掲のような学校教育条項に加えて，ワイマール憲法は同じく第2編「ドイツ人の基本権と基本的義務」の第2章「共同生活」に親の自然的教育権の保障条項を擁していた。「子を教育して肉体的，精神的および社会的に有能にすることは，親の最高の義務であり，かつ自然的な権利（oberste Pflicht und natürliches Recht der Eltern）であって，その実行については国家社会がこれを監督する」（120条）との規定がそれである。この親権条項は憲法史上初めて親の教育権を憲法上の基本権として明示的に保障したものであるが，上掲の学校教育条項と強く対応し密接不可分の関係に立っている教育条項である，ということが重要である。

7-2　ワイマールの学校妥協

　ところで，ワイマール憲法は社会民主党の主導の下，「憲法の父」と呼ばれ民主党員でもあったH.プロイスによってその草案が起草されたのであるが，1919年1月20日に公表された当初の草案には教育条項として，下記のような1ヵ条が含まれていただけであった。「教育は，すべてのドイツ人がその能力に応じて平等に受けられるものとする」（20条）との規定がそれである[22]。

　これに対して，憲法制定国民議会において，連立与党のうち社会民主党と民主党は民主的・社会主義的な学校政策の原則に立脚して，下記のような事項についても憲法でもって規定すべきことを強く要求した。教育の公的提供，就学義務，教育活動・教育内容，学校監督，私学に対する「必要性の審査」（Bedürfnisprüfung），統一学校（Einheitsschule），公民科，授業料および教材・教具の無償性，教育訓練の促進，選択科目としての宗教教育などについてである。

　しかし連立与党の第2党であった中央党は私学に対する必要性の審査を削除すること，宗教教育を正規の教科とすること，共同学校，宗派学校，世界観学校の正当性は親意思に係らしめること，さらには「私学の自由」を憲法上保障

---

(22)　W.Landé, Die Schule in der Reichsverfassung,1929,S.28.

第1節　ドイツにおける教育をうける権利の憲法史

することを求め，そして社会民主党の側がこれを容認して，ここに第1回のいわゆるワイマールの学校妥協（Der Erste Weimarer Schulkompromiß）が成立したのであった〈1919年7月15日〉。

ところが，その後上記三つの学校形態の位置づけに関する合意について社会民主党内部で批判が起こり，これを受けて，三つの学校形態を同列に位置づけるのではなく，共同学校を優位させ，宗派学校と世界観学校も存続を認めるということで合意が成立した。これがいわゆる第2回のワイマール学校妥協である〈1919年7月30日〉。

しかしその後も連立政権第1党の社会民主党は社会主義的，民主的な学校政策の更なる拡充を求めて，就学義務期間の延長，教育の機会均等の保障，授業料の無償性と教育補助金制度の創設，共通の基礎学校の導入[23]と予備学校の廃止などを要求し，中央党がこれに応じて，ここに第3回の学校妥協が成立することになる。ただ社会民主党の中核的な学校改革プログラムであった，統一学校制度の創設と基礎学校の就学期間の延長は実現を見るには至らなかった。

ちなみに，ワイマール憲法は1919年7月31日の憲法制定国民議会で社会民主党，中央党，民主党の連立与党3党の賛成多数で可決成立した（8月14日公布）。国民党，民族党，それに社会民主党から分離独立した独立社会民主党は反対票を投じたのであった[24]。

7-3　教育条項の構造と教育をうける権利

さて上述したところを踏まえて，前掲ワイマール憲法の教育条項をいうところの「教育をうける権利」に視座をおいてその法的構造を捉えると，下記のように整理できよう。

①　143条1項は「少年の教育については，公の施設によって配慮されるものとする」と規定しているが，これは1849年のフランクフルト憲法155条1項および1850年の改正プロイセン憲法21条1項とほぼ同文である。つまり，本条はこれらの憲法と同じく，少年の教育に対する国家の政治的な配慮義務を規定したものであって，1848年のプロイセン憲法におけるような「主体的公

---

(23)　ドイツにおいて共通の基礎学校制度が確立したのは1920年のライヒ基礎学校法〈Reichsgrundschulgesetz v. 28. April 1920〉によってである（W.Landé, a.a.O. ,S.208）。

(24)　以上については：W.Landé,a.a.O.,S.27ff. S.41ff.　P.Westhoff, Verfassungsrecht der Deutschen Schule,1932. S. 8 ～S.45. I.Richter, Bildungsverfassungsrecht, 1973,S.289～S.293. 池田浩士「ワイマール憲法とヒトラー」岩波書店，2015年，25頁～29頁。

第Ⅲ部　第2章　教育をうける権利の法的構造

権としての教育をうける権利」を保障したものではない。

　ワイマール憲法の名高い注釈家・G.アンシュッツによれば，本条は，少年に
対して可能な限り十分な教育を行うという文化政策上の目的は，第1次的には，
公立学校によって達成されなければならないとの原則を定めたものである〈公
立学校の私学に対する優位の原則〉。そこで国はドイツのすべての子どもが就
学することができ，所定の必要な最低限度の教育，すなわち，国民学校教育
（Volksschulbildung）を受けることができるように，公立学校制度を整備する
義務を負っているとされる[25]。

　つぎに同項2文は公立学校の設置に際しては「ライヒ，州および公共団体が
協力する」と書いて，ドイツ学校法制史上初めて，ライヒに公立学校設置に際
しての協力義務を課している。従来，ドイツにおいては学校教育は州（ラン
ト）の専管事項とされ〈州の文化高権・Kulturhoheit der Länder〉，ライヒは
教育領域においていかなる権限も有してこなかったから，この規定は学校教育
の条件整備による教育機会の保障という観点からは重要である。

　②　以上と係わって，143条1項の法的性質が問題となるが，これについて
当時の憲法学説はまず例外なくこの条項を「プログラム規定」（Programmvors-
chrift）だと解した。つまり，本条は国に対して単に政治的・道義的な義務を
課したに止まり，したがって，何人も本条からいかなる権利も導出することは
できず，また本条を根拠として裁判で争うこともできないとされたのであった。

　③　143条1項は「教育をうける権利」について直接には触れていないが，
憲法制定国民議会においてはこの権利の存在が取り上げられ，ラインレンダー
議員が「すべての子どもは肉体的，精神的および道徳的な教育をうける権利
（Recht auf körperliche, geistige und sittliche Bildung）」を有することを憲法上明
記すべきであるとの提案を行った。

　けれどもこの提案は，就学義務および公立学校の授業料の無償性について憲
法で規定することが既に決定していたところから，退けられたとされる[26]。
A.アイゼンフートはこの提案を「教育制度を学習の自由（Lernfreiheit）とい
う基本権から捉えたもの」として高く評価しているが[27]，これに呼応する形
で，ワイマール憲法の注釈書にも143条のコンメンタールとして，つぎのよう

---

(25)　G.Anschütz, a.a.O., S.667.

(26)　A.Eisenhuth, a.a.O., S.43.

(27)　ditto

216

な記述が見えているのは刮目に値しよう。「本条は教育をうける人権（Recht des Menschen auf Bildung）を保障したものである。この権利は個人の自由を求める人権と同じく，人間としての権利（Menschheitsrecht）に他ならない[28]」。

7－4　ライヒ少年福祉法と教育をうける権利

上述のように，ワイマール憲法は「教育をうける権利」について直接には触れていないが，この権利の存在はワイマール憲法下，1922 年に制定を見たライヒ少年福祉法〈Reichsgesetz für Jugendwohlfahrt v. 9. Juli 1922〉によって法律レベルで確認されることになる。同法は，1900 年のプロイセン法を皮切りに[29]，20 世紀に入って各州で独自に形成されてきた少年福祉ないし少年援助に関する法制をライヒレベルで統一的に整序して規定したものであるが，その冒頭で次のように書いたのであった[30]。

「すべてのドイツの子どもは肉体的，精神的および社会的に有能になるための教育をうける権利（Recht auf Erziehung zur leiblichen, seelischen und gesellschaftlichen Tüchtigkeit）を有する。……子どもの教育への権利（Anspruch des Kindes auf Erziehung）が家族によって充たされない場合は……公の少年援助が行われる」（1 条）。

しかしこの条項はこれを具体化するための規定を欠いていたために，当時の学説や判例によれば，ここにいわゆる教育をうける権利は訴権を伴う主体的公権ではなく，単なるプログラム規定だと解されたのであった[31]。

なお関連して付言すると，本法の制定に先立ち，1920 年にライヒ基礎学校法〈Reichsgrundschulgesetz v. 28. Apr. 1920〉が，また 1921 年には子どもの宗教教育に関する法律〈Gesetz betr. religiöse Kindererziehung v. 15. Juli

---

(28)　F.P.Heffter, Handkommentar der Reichsverfassung vom 11. August 1919, 1928,S.460.

(29)　1900 年に制定されたプロイセンの少年の補導に関する法律（Gesetz für die Fürsorgeerziehung Minderjähriger v. 2. Juli 1900）がドイツにおける少年福祉法域での最初の立法である。その後，1910 年にはハンブルクで，また 1919 年にはビュルテンベルクでそれぞれ少年保護所（Jugendamt）に関する法律が制定されている（W.Schellhorn〈Hrsg.〉, Sozialgesetzbuch Achtes Buch Kinder-und Jugendhilfe, 2000,S.4）。

(30)　L.Froese/W.Krawietz, Deutsche Schulgesetzgebung,1968,S.219.
　　　なおこの法律に関して詳しくは参照：J.Münder, Das Jugendwohlfahrtsgesetz von 1922 －in Kraft getreten－1953,In:RdJB（1990）,S.43ff.

(31)　Deutscher Juristentag, Schule im Rechtsstaat, Bd I，Entwurf für ein Landesschulgesetz,1981,S.126. H.Riedel, Jugendwohlfahrtsgesetz, 1965,S,72ff.

217

第Ⅲ部　第2章　教育をうける権利の法的構造

1921〉がそれぞれ制定を見ていることは重要である。前者は社会階層や宗派に
関係なく，すべての子どもに4年間の共通教育を行う基礎学校の創設を定めた
ものであり[32]，また後者は学校における宗教教育に関し，それへの出席の有
無や宗派の選択について，14歳以上の子どもに対して自己決定権を保障し，
「宗教上の成熟」（Religionsmündigkeit）を確認したものである[33]。

第2節　現行学校法制と教育をうける権利

1　占領期法制と教育をうける権利

　1945年5月8日，ドイツは無条件降伏してナチス国家は崩壊し，以後ドイ
ツはイギリス，フランス，アメリカ，ソ連の4ヵ国の分割統治の下におかれた。
1945年8月2日に成立したポツダム協定は今後におけるドイツの教育につい
て，こう書いた。「ドイツの教育制度はナチス的ないし軍国主義的な教説から
全面的に解放され，そこにおいて民主的な理念が発展できるように監視されな
くてはならない[34]」。非ナチス化，非軍国化，分権化および民主化がポツダム
協定で示された連合国側のドイツ教育改革の指導理念であった。

　これをうけて，連合国管理委員会は1947年6月25日付け指令54号「ドイ
ツの教育制度の民主化のための基本的指針」〈Grundlegende Richtlinien für die
Demoktatisierung des deutschen Bildungswesens〉を発令したのであるが，
そこには下記のような事項が盛られていた。教育機会の平等，授業料の無償性，
教材・教具の無償性，扶養手当制度，12年間の就学義務制，総合学校制，民
主主義への教育，教育内容・教授要綱・教科書改革，学校教育・教育行政への
参加制度，大学における教員養成，私立学校の容認などである[35]。

　しかしこの時点においては，既に西側占領地域の各州はそれぞれ独自の教育
政策を進めつつあった。それは，端的に言えば，占領教育政策に抗してドイツ
の伝統的な教育制度を復活させるという方向においてであった。1948年の各

---

(32)　W.Landé, a.a.O.,S.208.

(33)　詳しくは参照：T.Kipp, Die religiöse Kindererziehung nach Reichsrecht, In:Festgabe
der Berliner Juristischen Fakultät für Wilhelm Kahl, 1923, S.3ff.

(34)　Potsdamer Abkommen v. 2. Aug. 1945, zit aus L.R.Reuter, Das Recht auf Bildung in
der deutschen Bildungsgeschichte seit 1945, In: F.R.Jach/S.Jenkner（Hrsg.）, 50 Jahre
Grundgesetz und Schulverfassung,2000,S.17.

(35)　L.R.Reuter, ditto. ders, Die westlichen Besatzungszone 1945－1949, In:C.Führ/C.L.
Furck（Hrsg.）, Handbuch der deutschen Bildungsgeschichte Bd.6,1998,S.35.

218

第2節　現行学校法制と教育をうける権利

州文部大臣による「シュトゥッツガルト決議」は，まさに伝統的な教育制度への回帰を確認したものであった[36]。

ただヘッセン州においては1948年，初代文部大臣のE.シュタイン（CDU）が上記の連合国管理委員会の指令を踏まえた学校法案を提案したのであるが，連立与党であった社会民主党（SPD）がこれに反対し，同法案は廃案に追い込まれたという事実がある。その理由としては，占領国間で十分な合意が成立していなかったこと，連邦制が再導入されたこと，州議会に強い権限が与えられたこと，ドイツの改革勢力の力量が不足していたことなどが挙げられている[37]。

なお，この時期，西側占領地域では1946年12月のヘッセン州憲法を皮切りに，州憲法を制定する州が相次ぎ，教育をうける権利が憲法上の基本権として保障されるに至った。たとえば，1947年10月に制定を見たブレーメン州憲法は「教育をうける権利」と題して，次のように規定したのであった（27条）。「各人は，その能力に応じて，教育をうける平等な権利（das gleiche Recht auf Bildung）を有する」。

一方，ソ連占領地域では1946年，形式上は各州の発議により「ドイツの学校の民主化のための法律」〈Gesetz zur Demokratisierung der deutschen Schule v. 31. Mai 1946〉が制定された。この法律はワイマール期の統一学校構想，ポツダム協定，ソ連軍政部命令40号などを踏まえ，ドイツ社会主義統一党（SED）の関与の下で制定されたもので，民主的な統一学校，男女共学，教育をうける平等な権利，教育の機会均等，教育内容・教授要綱・教科書の民主化，教員の非ナチス化，私立学校の禁止などについて規定したのであった。この法律の主旨は教育制度の社会主義化の基盤を形成することにあり，その後，1959年の「ドイツ民主共和国における学校制度の社会主義的な発展に関する法律」〈Gesetz über die sozialistische Entwicklung des Schulwesens in der Deutschen Demokratischen Republik v. Dez. 1959〉や1965年の「統一的な社会主義的教育制度に関する法律」〈Gesetz über das einheitliche sozialistische Bildungssystem v. 25. Feb. 1965〉によって，いうところの教育制度の社会主

---

(36)　西ドイツにおける教育改革について，詳しくは参照：拙著「教育法制の理論―日本と西ドイツ」教育家庭新聞社，1988年，359頁以下。

(37)　S.Jenkner, Das Recht auf Bildung und die Freiheit der Erziehung in der deutschen Verfassungs-und Bildungsgechichte bis zum Gegenwart, In:F.R.Jach/S.Jenkner（Hrsg.）, a.a.O.,S.16.

第Ⅲ部　第2章　教育をうける権利の法的構造

義化が確立することになる。

　以上からも窺えるように，西ドイツと東ドイツが建国される 1949 年以前に
すでに両ドイツの政治的・社会的メルクマールが概ね確立していた。前者にお
ける複数政党制，連邦制，自由民主主義，社会的な価値多元主義，そして後者
における一党支配，イデオロギー的指導，SED による権力支配，中央集権，
社会的な単一性がそれである[38]。

2　ドイツ基本法と教育をうける権利

　1949 年 5 月 24 日に制定を見たドイツ基本法は，教育に関して，親の自然的
教育権と教育義務（6 条 2 項），国家の学校監督（7 条 1 項），宗教教育（7 条 2
項・3 項）および私立学校（7 条 4 項）についての条項は擁しているが，いう
ところの「教育をうける権利」については明文上，何ら語るところがない。果
たして，ドイツ基本法はこの権利を保障していないのか[39]。

　これについて，まず判例を見ると，連邦憲法裁判所はこれまでのところ明確
な見解を示していないが，連邦行政裁判所は基本法 2 条 1 項が保障する「自己
の人格を自由に発達させる権利」（Recht auf freie Entfaltung seiner Persönlich-
keit）から，給付請求権を伴う教育をうける権利が憲法上の基本権として導か
れる，との判断を示している。ただ連邦行政裁判所によれば，この基本権はあ
くまでミニマム・スタンダードの教育の保障を法益とするもので，したがって，
この基本権から，たとえば，実科学校においてギムナジウムに匹敵する授業内
容の提供を請求する権利や現行以外の特定の外国語の授業の創設を求める権利

---

(38)　L.R.Reuter, a.a.O.,S.18.

(39)　ドイツにおいては，1960 年代半ばから 70 年代半ばにかけて教育改革論議が活発に展
　　開されたのであるが，それと併行してこの時期，教育における機会均等の保障というコン
　　テクストにおいて，教育をうける権利が現実的なテーマとなり本格的な論議を呼んだ。L.
　　R.ロイターの手になる「機会均等な教育をうける権利」という書名（L.R.Reuter, Das
　　Recht auf chancengleiche Bildung,1975）がこの間の事情を端的に物語っているといえよ
　　う。
　　　こうした文脈において R. ダーレンドルフはその著「教育は市民の権利」（R.Dahren-
　　dorf, Bildung ist Bürgerrecht,1965,S.23）で，下記のような教育をうける権利の憲法条項案
　　を提示している。
　　「①　すべての人は，その市民としての権利と義務を効果的に行使できるように，集約的
　　　　な基礎教育をうける権利（Recht auf eine intensive Grundausbildung）を有する。
　　　②　すべての人は，その能力に応じて，更なる教育をうける権利を有する。
　　　③　これらの権利が行使されうるように配慮するのは，国家機関の義務である。」。

第2節　現行学校法制と教育をうける権利

などは導かれないとされている[40]。

つぎに憲法・学校法学説にあっては，これに関して諸説が混在しているが，連邦行政裁判所と同じく，「自己の人格を自由に発達させる権利」から教育をうける権利を導出しているのがE.シュタインである。シュタインはこれについて大要，つぎのように説いている[41]。いうところの「自己の人格を自由に発達させる権利」は学校教育の領域においても当然に妥当し，そこにおける内容的な根本規範（inhaltliche Grundsatznorm）をなす。この権利はその本質的な内容として発達権（Entfaltungsrecht）と自律権（Autonomierecht）を包含している。前者は各人が自己の人格を発達させる可能性を法的に保護するものであり，後者は自己の人格をどのように発達させるかについて，各人が自律的に決定できる可能性を憲法上の保護のもとに置くものである。

こうして国家（学校）は子どもに対してその資質・能力の可能な限りの発達を保障する義務を負い，しかもその際，子どもの自律権を考慮してこれに努めなくてはならない。この一般原則から，大きくつぎの三様の権利が帰結される。すなわち，現存の教育機関に入学する権利，必要とされる教育機関の設置を求める権利，自由な教育を求める権利（Recht auf freie Bildung）がそれである。そして後者の「自由な教育を求める権利」は学校教育内容に対する一面的な国家支配を排し，学校教育のイデオロギー的中立性と価値多元性を要請することになる。この権利はまた学校制度の在り方も規定し，子どもが自己の性向に応じて発達できる可能性，つまり子どもの「個別的な発達を求める権利」（Recht auf individuelle Entfaltung）を保障する学校制度だけが基本法に適合する。

敷衍すると，シュタインによれば，教育制度は自律性の程度の如何により，理念型として大きく，「全的に自律的な教育制度」（vollautonome Unterrichts-system），「半自律的な（halbautonome）教育制度」および「他律的な（hetero-nome）教育制度」の3類型に区分されるが，後者の他律的なシステムは基本法2条1項と19条2項に抵触し違憲だとされており，現行のドイツの教育制度は基本型としてはこの類型に属しているとされている[42]。

つぎに教育をうける権利の基本法上の根拠を基本法12条1項＝「すべてのド

---

(40)　BVerwG Beschl. v. 2. 7. 1979,DÖV（1979）,S.911. BVerwG Urt.v. 18. 12. 1981, zit. aus J. Rux/N.Niehues,Schulrecht, 5 Aufl.,2013,S.54.

(41)　Ekkehart Stein, Das Recht des Kindes auf Selbstentfaltung in der Schule, 1967,S.20.S. 32～38.S.63.　同旨： K.D.Heymann/E.Stein, Das Recht auf　Bildung,In:AöR（1972）,S. 209～S.214.

221

第Ⅲ部　第2章　教育をうける権利の法的構造

イツ人は，職業，職場および教育訓練施設を自由に選択する権利を有する」に求める学説も見られている。上記にいう「教育訓練施設」（Ausbildungsstätte）は本来，職業教育関係の学校や施設および高等教育機関を指しているのであるが，それに止まらず，ギムナジウムなどの一般陶冶の中等教育学校，さらには基礎学校もこれに含まれるとする見解である[43]。

　以上のような教育をうける権利保障の基本法上の根拠を個別基本権に求める見解に対して，L.R.ロイターは教育と係わる子どもと親の基本権および憲法上の原則を統一的に把握し，その体系的な法解釈から社会権的基本権としての教育をうける権利を導出している[44]。

　すなわち，ロイターの解釈によれば，学校教育に対する国の責務を定めた基本法7条1項，子どもの利益を旨として，親に対して学校教育運営への関与権を保障している基本法6条2項，公立の教育訓練施設への入学を保障した基本法12条1項，各人に自己の人格を自由に発達させる権利を保障した基本法2条1項，教育における機会均等を担保する社会国家原理を定めた基本法20条1項，および法律の前の平等・男女同権・差別的取扱いの禁止を規定した基本法3条がそれである。

　一方，学校法学の権威・H.アベナリウスはこの問題について，基本権を保障した条項が社会国家的な要請と結合して，個々人に対して国家給付請求権

---

(42)　ここで「全的に自律的な教育制度」とは，たとえば，モンテッソーリ学校におけるように，生徒自身が自己の発達の方向性を広範に決定することができ，教材も生徒が自由に選択して教育財を習得し，教員の役割は生徒を個人的に支援するに止まる，とされるようなシステムをいう。また「半自律的な教育制度」とは，教育の目的は「全的に自律的な教育制度」と同じく個々の生徒の発達を可能なかぎり保障することにあるが，教育方法としては学級での一斉授業方式が採られ，個々の生徒に対する配慮はさほどなされない制度をいい，さらに「他律的な教育制度」とは個々の生徒の発達上の要請に即してではなく，国が教育目的や内容を一律に決定し，その基準にもとづいて生徒が教育されるシステムをいうとされる（E.Stein, a.a.O.,S.51.）。

(43)　P.Glotz/K.Faber,Richtlinien und Grenzen des Grundgesetzes für das Bildungswesen, In:E.Benda/W.Maihofer/H.J.Vogel（Hrsg.）, Handbuch des Verfassungsrechts（2）,1995,S.1375.

(44)　L.R.Reuter, Das Recht auf Bildung in der deutschen Bildungsgeschichte seit 1945, In:F.R.Jach/S.Jenkner（Hrsg.）,a.a.O.,S.21.同旨：H.v.Mangoldt/F.Klein/C.Starck（Hrsg.）,Kommentar zum Grundgesetz,2005,S.751
　　　F.Klein/F.Fabricius, Das Recht auf Bildung und seine Verwirklichung im Ballungsraum, 1969, S.15～S.24.

第2節　現行学校法制と教育をうける権利

（Ansprüche auf staatliche Leistungen），いわゆる分有権（sog. Teilhaberecht）を許容するかどうか[45]，肯定の場合，そこから教育をうける主体的権利が導かれるかどうかに関しては争いがあるとしたうえで，概要，次のように述べている[46]。

「いうところの分有権は派生的分有権（derivatives Teilhaberecht）と始源的分有権（originäres Teilhaberecht）に区別される。こうして，公の教育施設が既に存在している場合には，当該自由権（自己の人格を自由に発達させる権利・教育訓練施設を選択する自由）は平等原則（基本法3条1項）および社会国家原理（基本法20条1項）と結合し，そこから現存する教育機関への平等な分有権という意味での教育をうける権利が導かれる。

これに対して，特定の教育機関の利用を国家に義務づける効果をもつ始源的分有権は，ごく例外的に，憲法上の要請に明白に違反する場合においてだけ存在しうる。ミニマムな教育をうける権利（Minimumgrundrecht auf Bildung）を憲法上導き出そうとする試みは[47]，これまでのところ，浸透してはいない。なるほど国家は機能十分で社会的な正義に叶った教育制度を配慮すべき憲法上の義務を負っている。しかしどのような方法で，またいかなる手段によって国

(45)　Teilhaberecht という概念は学説・判例上，必ずしも一義的に明確ではないが，H.アベナリウスはこの権利を以下のように把握している（H.Avenarius, Die Rechtsordnung der Bundesrepublik Deutschland,1995, S.26.なお概ね同旨：D.Murswiek, Grundrechte als Teilhaberechte, soziale Grundrechte, In: J.Isensee/P.Kirchhof（Hrsg.），Handbuch des Staatsrechts der Bundesrepublik Deutschland,Bd5 1992,S.245,S.252）。

　　「基本権は第1次的には国家に対する各人の防禦権であるが，そこにはあらゆる国家活動が拘束される客観法上の基本的決定が具現化されている。たとえば，基本法2条2項が保障している『生命への権利』と『身体を害されない権利』は，生命を危険にし身体を脅かす国家措置に対する各人の防禦権だけでなく，生命を保護するという国家の客観法上の義務（objektiv-rechtliche Verpflichtung）も導く。

　　基本法は州憲法とは異なり，たとえば，労働の権利や居住の権利のような社会的基本権を擁してはいない。しかし社会国家原理の要請するころにより，立法者は基本権の行使を可能にする社会的な条件を創出する義務を負っている。現代国家が社会の安定と市民の文化的促進に努めれば努めるほど，国家による給付への分有（Teilhabe）を基本権として保障することによって，国家に対する自由権の保障が補充されなくてはならない。

　　ただこのような分有権（Teilhaberecht）は各人が社会に対して理性的に要求できる限度において認められる。この権利は国家に対する訴権を伴う給付請求権を保障するものではない。社会国家原理を具体的にどのような基本権保障行為に転換するかは，立法者の政治的な形成の自由に委ねられている」。

(46)　H.Avenarius/H.P.Füssel,Schulrecht, 8 Aufl.2010,S.31.

223

第Ⅲ部　第2章　教育をうける権利の法的構造

家がこの義務を履行するかは，第一次的には，国家の機関，とくに立法者によって決定されるべき事柄である。国家のこの義務から直ちに裁判上追及しうる教育上の請求権が導かれるわけではない。連邦憲法裁判所も判じているように〈BVerfGE 33,303（332ff.)〉，公益を犠牲にしての無制限な請求権思想は社会国家の思想と相容れない。かくして，教育をうける権利は一般的かつ平等な教育機会を求める権利としてだけ語られうるのであり，個々人の具体的な主体的権利は直接にはただ，立法者がその憲法上の義務を履行するために制定する法律によって発生することになる」。

3　旧東ドイツ憲法と教育をうける権利

ソ連占領地域においては，1946年12月20日のテューリンゲン州憲法を皮切りに，1947年2月28日のザクセン州憲法に至るまで各州で州憲法の制定が相次いだ。ただこれらの州憲法はすべてドイツ社会主義統一党が提示した憲法草案に依拠して制定されたために，規定内容は概ね似通ったものであった[48]。教育の機会均等，学校教育運営への親の参加，教育の無償性，英才教育，人道主義，民主主義，宗教的寛容などが教育条項で規定され，私学に関する条項はなく，教育をうける権利については，テューリンゲン州憲法（69条）とブランデンブルク州憲法（58条）だけがこれを明記した[49]。

既述したように，旧西ドイツにおいては1949年5月24日に基本法が施行されたのであるが，これよりやや遅れて，旧東ドイツでも1949年10月7日にドイツ民主共和国憲法が制定された。この憲法はワイマール憲法を継受して，たとえば，親の自然的教育権を規定するなど，社会主義的色彩はなお比較的希薄で，その教育条項は先に触れた1946年の「ドイツの学校の民主化のための法律」の基本的な内容を再規定したものであった。したがって，そこには当然に教育をうける権利の保障条項も含まれていた。「すべての市民は教育をうける平等な権利を有する」（35条）との条項がそれである。ただこの権利を現実化するための法制措置は講じられることはなかった。

---

(47)　I.Richter, Kommentierung zu Art. 7 GG,In: R.Wassermann（Hrsg.), Kommentar zum Grundgesetz für die Bundesrepublik Deutschlannd,1989,S.699. H.P.Füssel, Chancengleichheit‐oder:Das überforderte Bildungswesen?,In: I.Sylvester u.a.（Hrsg.）Bilding‐Recht‐Chancen,2009,S.41.

(48)　H.Fenske, Deutsche Verfassungsgeschichte,1991,S.84.

(49)　L.R.Reuter,a.a.O.,S.25.

第2節　現行学校法制と教育をうける権利

　その後，東ドイツでは1968年4月6日に新憲法が制定された。この憲法は社会主義的性格が濃厚で，これによって，ドイツ社会主義統一党の一党独裁が確立され，「ドイツの分断の克服と，民主主義と社会主義を基礎とする統一にまで至る二つのドイツ国家の漸進的接近とを目指すという当初の目的は放棄」された[50]。この社会主義憲法は1974年10月7日に大幅に改正されたのであるが，改正憲法の教育条項は先に垣間見た1965年の「統一的な社会主義的教育制度に関する法律」を集約し，それを憲法条項化したものであった[51]。こうして，同憲法は「ドイツ民主共和国の市民は，何人も教育をうける平等な権利を有する。教育機関はすべての市民に対して開かれている。統一的な社会主義的教育制度は，すべての市民に不断の社会主義的な教育および継続教育を保障する」（25条1項）と規定し[52]，併せて初等教育から高等教育に至るまでの授業料の無償性を憲法上明記した（26条2項・3項）。

　ただ上記にいう「教育をうける平等な権利」は，ドイツ社会主義統一党の見解によれば，もはや市民の基本権としての自己決定権ではなく，あくまで「社会主義的な教育をうける権利」（Das sozialistische Grundrecht auf Bildung），つまり，社会主義的な教育をうけて社会主義的な人格を形成する基本的な権利・義務〈社会主義的人格権・sozialistische Persönlichkeitsrechte〉として位置づけられたのであった[53]。ちなみに，この点と係わって，同憲法のコンメンタールもこう書いている[54]。「ただ高度の教育をうけ，自然と社会を見通すことができ，しかも社会主義に忠実な人間だけが，発達した社会主義社会を形成することができる」。

---

(50)　初宿正典・辻村みよ子（編）「新解説・世界憲法集」三省堂，2006年，145頁。

(51)　1978年に東ドイツ国立出版社から出版された「教育をうける人間の権利」と銘打った書物は，大きく，①社会主義における教育をうける権利，②資本主義における教育をうける権利のための闘い，③教育をうける権利をめぐる国際的な論争，について記述している（M.Nast, Das Recht des Menschen auf Bildung, 1978）。

(52)　なお改正前の1968年憲法は「教育の保障」と題して，次のように書いていた（17条2項）。「ドイツ民主主義共和国は，統一的な社会主義的教育制度によって，すべての市民に対し，不断に高まる社会的必要に対応した高度の教育を保障する。この教育は，社会主義社会を形成し，社会主義的民主主義の発展に創造的に協力する能力を市民に与えるものである」。

(53)　L.R.Reuter,a.a.O.,S.25.

(54)　K.Sorgenicht（Hrsg.）, Verfassung der Deutschen Demokratischen Republik:Dokumente und Kommentar,1969,S.85, zit. aus L.R.Reuter,a.a.O.,S.26.

225

第Ⅲ部　第2章　教育をうける権利の法的構造

4　各州憲法による教育をうける権利の保障

すでに触れたように，第2次大戦後の占領下ドイツにおいては，西側占領地域ではドイツ基本法の制定に先立って，1946年12月1日のヘッセン州憲法を皮切りに，バイエルン州憲法（1946年12月2日），ラインランド・プファルツ州憲法（1947年5月），ブレーメン州憲法（1947年10月），ザールランド州憲法（1947年12月）と州憲法が相次いで制定され，これらの州憲法はすべて教育をうける権利を憲法上の基本権として保障した。たとえば，バイエルン州憲法は「教育・訓練：英才教育」と題して（128条），次のように規定した。

「1項—バイエルン州のすべての住民は，その能力と内面的な使命感に応じて，教育・訓練をうける権利（Anspruch darauf,・・Ausbildung zu erhalten）を有する。

2項—才能のある者は，必要な場合には公費によって，学校および大学への就学が可能とされる」。

またソ連占領地域においても，1946年12月20日のテューリンゲン州憲法を嚆矢として，1947年2月（ザクセン州憲法）までには5州すべてで州憲法が制定され，このうちテューリンゲン州憲法とブランデンブルク州憲法は教育をうける権利を憲法上明記した。

こうして基本法が制定される前の占領下において，西側占領地域とソ連占領地域を併せてすでに10州で憲法が制定され，そして多くの州憲法が教育をうける権利の保障条項を擁していたのであった。

基本法施行後も1949年12月のシュレスヴィヒ・ホルシュタイン州憲法に始まり，ノルトライン・ウエストファーレン州憲法（1950年6月），ベルリン州憲法（1950年9月），ニーダーザクセン州暫定憲法（1951年4月），ハンブルク州憲法（1952年6月）と続き，そして1953年11月にバーデン・ビュルテンベルク州憲法の制定を見て，ここに旧西ドイツのすべての州で州憲法が制定されたのであった。

ソ連占領地域ではその後，既述したように，1949年10月にドイツ民主共和国憲法が制定され，また1968年4月には新憲法が制定されるなど，東西両ドイツはそれぞれ別の道を歩んだのであるが，1990年10月，ドイツは再統一され，ドイツ連邦共和国に新たに加わった旧東ドイツ地域の5州においては1992年から翌93年にかけて州憲法が制定された〈ザクセン州憲法＝1992年5月，ザクセン・アンハルト州憲法＝1992年7月，ブランデンブルク州憲法＝1992年8月，メクレンブルク・フォアポンメルン州憲法＝1993年5月，

226

第3節 ヨーロッパ法・国際条約と教育をうける権利

テューリンゲン州憲法 = 1993 年 10 月〉。

　以上が第2次大戦後のドイツにおける各州憲法史の概要であるが，現行の各
州憲法は，ハンブルク州憲法を唯一の例外として[55]，すべて教育をうける権
利を憲法上の基本権として保障しているという法状況にある。ちなみに，現行
の州憲法における教育をうける権利の保障条項を摘記すると，下記の通りであ
る[56]。

　バーデン・ビュルテンベルク州憲法 11 条 1 項，バイエルン州憲法 128 条 1
項，ベルリン州憲法 20 条 1 項，ブランデンブルク州憲法 29 条 1 項，ブレーメ
ン州憲法 27 条 1 項，ヘッセン州憲法 59 条 1 項，メクレンブルク・フォアポン
メルン州憲法 8 条，ニーダーザクセン州憲法 4 条 1 項[57]，ノルトライン・ウ
エストファーレン州憲法 8 条 1 項，ラインランド・プファルツ州憲法 31 条，
ザールラント州憲法 27 条 6 項，ザクセン州憲法 29 条 2 項，ザクセン・アンハ
ルト州憲法 25 条 1 項，シュレスヴィヒ・ホルシュタイン州憲法 8 条 2 項，
テューリンゲン州憲法 20 条。

　なお上記のような各州憲法によって保障された教育をうける権利は，基本法
142 条（州憲法の基本権保障の効力）により，基本権としての効力を保持し，か
くして基本法によって保障されている基本権と同じく，「直接に適用される法」
として，立法権，執行権および裁判権を拘束することになる。

第3節　ヨーロッパ法・国際条約と教育をうける権利

1　ヨーロッパ法と教育をうける権利

1-1　ヨーロッパ人権条約と教育をうける権利

　1950 年 11 月 4 日，ヨーロッパ議会は「人権と基本的自由の保護のための
ヨーロッパ条約」〈Europäische Konvention zum Schutz der Menschenrechte
und Grundfreiheiten （EMRK）〉を採択したが，ドイツはこの条約を 1952 年

---

(55)　ハンブルク州では学校法（1997 年）が「学校教育をうける権利」（Recht auf schuli-
　　sche Bildung）と題して（1 条），これについて具体的な定めを置いている。

(56)　各州の憲法条項は下記によった。Beck－Texte im dtv, Verfassungen der deutschen
　　Bundesländer, 5 Aufl.1995.

(57)　1951 年に制定されたニーダーザクセン州暫定憲法（Vorläufige Niedersächsische
　　Verfassung v. 13. 4. 1951）は教育条項をもたなかった。現行の憲法は 1993 年 5 月に制定
　　されたものである（D. Galas/W. Habermalz/F. Schmidt, Niedersächsisches Schulge-
　　setz1995,S. 3.）。

第Ⅲ部 第2章 教育をうける権利の法的構造

12月5日に批准し，1953年9月3日から国内発効している。この条約自体は教育をうける権利を明記してはいないが，「思想・良心・宗教の自由」（9条1項）や「差別の禁止」条項（14条）を擁しており，ドイツの学校法制にとっても重要な意味をもっている。

ヨーロッパ人権条約の採択から1年余り後の1952年3月20日に採択された，「ヨーロッパ人権条約第1付属議定書」〈Erstes Zusatzprotokoll der EMRK〉は「何人も教育をうける権利を妨げられてはならない」（2条）と書いて，教育をうける権利を条約上明示的に保障した。1957年2月13日，ドイツはこの議定書を批准し，同日，議定書は国内発効した[58]。

これに伴い，ヨーロッパ人権条約とその議定書はドイツにおいて連邦法と同等のランクの国内法＝「直接に適用される法」（unmittelbar anwendbares Recht）として妥当しており，各人はそこに盛られた権利や自由を侵害された場合は，ヨーロッパ人権裁判所に提訴できることになっている。

くわえて，この条約と議定書はドイツにおける法の適用，とくに基本法の基本権や法治国家原理に関する規定の解釈に際して，解釈基準として尊重されなくてはならないとされている[59]。

ただ上述したところからも知られるように，ヨーロッパ人権条約・議定書はドイツの現行法制によって既に保障されている教育における権利や自由のレベルを超えるものではない。こうして，議定書で保障されている教育をうける権利から，たとえば，特定の学校システムの創設を求める権利は導かれないと解されている[60]。また上記条約14条（差別の禁止）と議定書2条（教育をうける権利）の整合的解釈から，公立学校が外国人や少数派の生徒をその母国語使用を理由として学校から排除することは許されないが，しかしこれらの生徒が上記の条項に依拠して，公立学校で母国語による授業の実施を求めることも認められないと解されている[61]。

ちなみに，この点と係わって，ヨーロッパ人権裁判所（1968年7月23日判

---

(58) 今日ではヨーロッパ議会加盟47カ国のうち44カ国が議定書を批准している。ただそのうち12カ国は議定書2条について解釈宣言を付している（C.Mahler/N.Weiß, Der Einfluss der internationalen Menschenrechtsverträge auf die deutsche Bildungsrechtsordnung, In:RdJB（2007),S.436)。

(59) H.Avenarius/H.P.Füssel,a.a.O.,S.51～S.52.

(60) R.Poscher/J.Rux/T.Langer, Das Recht auf Bildung, 2009,S.68.

(61) C.Langenfeld, Das Recht auf Bildung in der Europäischen Menschenrechtskonvention,In:RdJB（2007),S.423. R.Poscher/J.Rux/T.Langer, a.a.O.,S.71.

第3節　ヨーロッパ法・国際条約と教育をうける権利

決）も，ベルギーの少数派住民がその言語による授業の実施を求めた事件で，議定書2条が保障する教育をうける権利から，現存する教育機関への入学請求権は導かれるが，少数派住民の言語による授業の請求権は導かれないとの判断を示すところとなっている[62]。

1-2　ヨーロッパ社会憲章

1961年10月18日に採択された「ヨーロッパ社会憲章」〈Europäische Sozialcharta〉は，「労働の権利」や「家庭の保護」などを明記するとともに，「職業上の教育・訓練をうける権利」（10条）と題して，次のように謳っている[63]。

「職業上の教育・訓練をうける権利（Recht auf berufliche Ausbildung）の効果的な行使を保障するために，締約国は以下の義務を負う。

（1）障害者を含むすべての人の専門的かつ職業上の教育・訓練を，必要とされる限り，保障ないし促進すること。……」。

ここでは通常の「学校教育をうける権利」とは別建てで，「職業上の教育・訓練をうける権利」を独立の権利として明記し，その保障を各締約国に義務づけている。この権利の主体は「障害者を含むすべての人」とされており，したがって，外国人も当然に含まれていることに留意を要する。

なおドイツはこの憲章を1965年2月26日に批准している。

1-3　ヨーロッパ共同体における教育の自由に関する決議

ヨーロッパ議会は1984年，「ヨーロッパ共同体において次のような諸原則を承認することを要求する」として，「ヨーロッパ共同体における教育の自由に関する決議」〈Entschließung zur Freiheit der Erziehung in der Europäischen Gemeinschaft v. 14. 3. 1984〉をしている。教育をうける権利の観点からその主要な内容を摘記すると，下記のようである[64]。

①　すべての少年は，性，人種，哲学的ないし宗教的信念，国籍，社会的ないし経済的な生活状態によって差別を受けることなく，教育をうける権利

---

(62)　Europäischer Gerichtshof für Menschenrechte, sog. Belgischen Sprachenfall, EuGRZ, 1975,S.298.　詳しくは参照：C.Langenfeld, a.a.O.,S.422ff.

(63)　S.Jenkner（Hrsg.）, Internationale Erklärungen und Übereinkommen zum Recht auf Bildung und zur Freiheit der Erziehung, 1992,S.28.

(64)　S.Jenkner（Hrsg.）,a.a.O.,S.31.

229

第Ⅲ部　第2章　教育をうける権利の法的構造

を有する。

② 　自己の能力や才能を発達させる子どもの権利は，この教育をうける権利
に包含される。

③ 　公費助成を受けている学校への入学に際しては，親の経済的な地位や子
どもの社会的，人種的由来ではなく，子ども本人の能力と性向が基準とさ
れなければならない。

④ 　教育は，人格の全面的な発達と人権および基本的自由の尊重の強化を目
指さなくてはならない。

⑤ 　教育の自由は保障される。この自由には学校を設置し，教育を行う権利
が含まれる。

⑥ 　教育の自由権から本質かつ必然的に，この権利の現実の行使を財政上可
能にする加盟国の義務，ならびに私学がその任務を遂行し，義務を履行す
るために必要な公的助成を，公立学校が享受しているのと同じ条件で保障
する加盟国の義務が導かれる。

もとより，この決議は宣言的な性格をもつにすぎず，その現実化は各国の教
育政策上の決定に委ねられているのであるが，ただ EU 市民の民主的政治意思
を表明する唯一の機関であるヨーロッパ議会がかかる決議をした意義は大き
く[65]，実際，それは各国の教育政策に重要な影響を与えているとされている。

1－4　基本的権利と基本的な自由に関する宣言

上記「教育の自由」に関する決議から5年後の1989年，ヨーロッパ議会は
「基本的権利と基本的な自由に関する宣言」〈Erklärung der Grundrechte und
Grundfreiheiten v. 12. 4. 1989〉を採択したが，この宣言は教育をうける権利と
親の教育権を併記して，こう述べている[66]。

「何人も，その能力に応じて，教育および教育訓練をうける権利を有する。
自己の宗教的，世界観的信念にもとづいて子どもを教育する，親の権利は保障
される」（16条）。

---

(65) 　ヨーロッパ議会の構成・機能・権限などについて，詳しくは参照：岡村堯「ヨーロッ
パ法」三省堂，2001年，121頁以下。

(66) 　S.Jenkner（Hrsg.），a.a.O.,S.34.

第3節　ヨーロッパ法・国際条約と教育をうける権利

1−5　EU 基本権憲章と教育をうける権利

2009 年 12 月 1 日にリスボン条約が発効したことに伴い，「EU 基本権憲章」〈Charta der Grundrechte der Europäischen Union〉もまた発効する運びとなった。EU 基本権憲章は 2000 年 12 月 7 日，ニースでの加盟国首脳会議で合意されたもので（ニース条約），EU 憲法条約の第Ⅱ部として，2004 年 12 月 16 日に EU の官報で告示され，2006 年 11 月までには発効する運びになっていた。けれども 2005 年 5 月にフランスが，6 月にはオランダが EU 憲法条約を否決したため，ヨーロッパ理事会は同年 6 月に「よく考えるための休憩」（Denk-pause）を宣言することを余儀なくされた。

その後，上記憲法条約を修正したリスボン条約（2007 年 12 月 13 日）も，2008 年 6 月，アイルランドが国民投票でこれを否決したが，その後若干の曲折を経て，上述のように 2009 年 12 月に漸く発効したという経緯がある[67]。

この基本権憲章は第 1 章「人間の尊厳」（1 条〜5 条），第 2 章「自由」（6 条〜19 条），第 3 章「平等」（20 条〜26 条），第 4 章「連帯」（27 条〜38 条），第 5 章「市民の権利」（39 条〜46 条），第 6 章「裁判上の権利」（47 条〜50 条）および第 7 章「憲章の解釈と適用に関する一般規定」（51 条〜54 条）の，7 章 54 ヵ条からなる本格的な人権憲章であるが，教育については第 2 章の「自由」の章で，「教育をうける権利」と銘打って下記のように書いている。

第 14 条（教育をうける権利：EU 憲法条約第Ⅱ部 74 条）

　　1 項＝「何人も，教育をうける権利および職業上の教育・訓練と継続教育をうける権利を有する」。

　　2 項＝「この権利は，無償で義務教育学校の授業に参加する可能性を包含する」。

　　3 項＝「教育施設を設置する自由は，民主的な諸原則ならびに自己の宗教的・世界観的および教育的信念に従ってその子を教育する親の権利の尊重のもとに，その行使について規定している各国の法律により尊重されるものとする」。

この EU 基本権憲章は EU 条約や EU 労働条約と同様の法的地位に立つもので（EU 条約 6 条 1 項），かくして，いうところの教育をうける権利は EU 法に

---

(67)　J.Meyer（Hrsg.），Charta der Grundrechte der Europäischen Union,2006,S.5ff.

　　D.Ehlers（Hrsg.），Europäische Grundrechte und Grundfreiheiten,2005,S.391.

　　J.Caspar, Die EU-Charta der Grundrechte und das Bildungsrecht,In:RdJB（2001），S.165. R. Poscher/J.Rux/T.Langer,a.a.O.,S.78.

第Ⅲ部　第2章　教育をうける権利の法的構造

よって法的拘束力をもつ具体的権利として位置づけられたということになる。

　ドイツは EU 加盟国として国家主権の一部を EU に委譲しており（基本法 23
条1項），そこでこの限りにおいて，EU 条約などの条約や EU の法設定行為は
原則としてドイツ法に優位する建前となっている[68]。こうしてドイツの法律
が EU 法に一致しているかどうかについて，疑義がある場合は，ドイツの裁判
所はヨーロッパ裁判所の先決的判断を求めなければならないこととされている
（EU 労働条約 267 条）。

　ただ，H.アベナリウスも指摘している通り，上記 14 条の教育をうける権利
の保障条項は，その保護法益と強度において，ドイツ各州の憲法や学校法で既
に保障されている教育をうける権利，私学の自由，親の教育権の域を超えるも
のではないと解されている[69]。

2　国際条約と教育をうける権利

2－1　世界人権宣言と教育をうける権利

　1948 年 12 月 30 日に国連総会で採択された「世界人権宣言」〈Allgemeine
Erklärung der Menschenrechte〉は，前文と 30ヵ条から成り，各種の基本的
人権を列挙し確認しているが，26 条で「教育への権利」（the right to education）
と題して，次のように謳っている。

　　1 項＝「何人も，教育への権利を有する。教育は，少なくとも初等ないし基
　　　　礎的な段階においては，無償でなければならない。初等教育は義務的で
　　　　なければならない。専門技術教育および職業教育は一般に利用できるも
　　　　のでなければならず，また高等教育は，能力に応じ，すべての者に等し
　　　　く開放されていなければならない」。

　　2 項＝「教育は，人格の全面的な発達ならびに人権と基本的自由の尊重の強
　　　　化を目的としなければならない。……」。

　　3 項＝「親は，その子に与えられる教育の種類を選択する優先的権利を有す
　　　　る」。

　ただこの人権宣言は，前文が「すべての人民とすべての国民とが達成すべき
共通の理想」と書いていることからも知られるように，あくまでも国連として

---

(68)　H.Avenarius/H.P.Füssel, a.a.O.,S.42.

(69)　ditto. S.47.

　　　なお，この点，カスパールによれば，14 条 1 項は「分有権・平等権・自由権としての
　　　教育をうける権利」を保障したものと捉えられている（J.Caspar,a.a.O.,S.166～S.167.）。

232

第3節　ヨーロッパ法・国際条約と教育をうける権利

の理念的な「宣言」（Deklaration）であるから，国際法上，加盟国に対して法的拘束力をもつものではない。かくして，ドイツは上記26条によって教育政策・教育立法上，いかなる法的義務も負うものではないと解されている[70]。

2 – 2　子どもの権利宣言と教育をうける権利

1959年11月20日に国連総会において採択された「子どもの権利宣言」〈Erklärung über die Rechte des Kindes〉は，前文と10ヵ条から構成され，子どもの権利の保護（2条）や虐待・搾取・売買・有害労働等からの保護（9条）などについて定めているが，教育をうける権利については次のような条項を擁している。

　7条＝「子どもは，教育をうける権利を有する。その教育は少なくとも初等段階においては，無償かつ義務的でなければならない。子どもは，その一般的な教養を高め，機会均等の原則にもとづいて，その能力，判断力ならびに道徳的ないし社会的責任感を発達させ，社会の有用な一員となりうるような教育を与えられなければならない。

　　子どもの教育および指導について責任を有する者は，子どもの最善の利益をその指導理念としなければならない。その責任は第一義的には親にある。……」。

この子どもの権利宣言も，世界人権宣言と同じく，国連としての理念的な宣言であり，したがって，国際条約上の権利や義務を設定するものではない。しかしこの権利宣言はいわゆる「穏やかな法」（soft law）として，国連総会で後に採択される子どもの権利条約の起点をなしていると捉えられている[71]。

2 – 3　教育制度における差別禁止条約と教育をうける権利

1960年12月14日，ユネスコ総会は「教育制度における差別を禁止する条約」〈Konvention gegen Diskriminierung im Bildungswesen〉を採択した。この条約は先に触れた世界人権宣言を踏まえて制定されたもので，教育制度の領域における差別の禁止を主旨としているが，しかしその域を超えて，各種の教育上の権利を保障するところとなっている。世界人権宣言や子どもの権利宣言

---

(70)　R.Poscher/J.Rux/T.Langer,a.a.O.,S.17.

(71)　ditto. S.19. H.Stefek, Das Recht auf Bildung in der Europäischen Gemeinschaft,2006,S. 49.

233

第Ⅲ部　第2章　教育をうける権利の法的構造

とは異なり，国際法として法的拘束力をもつ条約という法形式を採っていることが，さしあたり重要である。

　この条約は前文と19ヵ条から成っており，教育については3条・4条・5条の3ヵ条で規定されているが，規定内容は「差別の禁止」だけに止まらず，各種の教育上の権利の保障にも及んでいる。各条の要点を摘記すると，下記のようである[72]。

　まず3条は次のことを確認している。

・教育における差別を生じさせるあらゆる法令と行政上の慣行を廃絶すること。

・教育機関への生徒の入学に際して差別が行われないように，立法上の措置を講じること。

・授業料の免除その他生徒に対する支援に際しては，成績ないし必要性にもとづいて公平に取り扱うこと。

・生徒が特定の集団に属するという理由で，当局の教育機関への支援に不平等な取り扱いがあってはならないこと。

・外国人に対しても自国民と同一の教育機会を保障すること。

　つづく4条では締約国に対して以下のような立法政策上の義務を課している。

・初等教育を義務・無償とし，すべての者が中等教育にアクセスでき，能力により，高等教育を受けられるようにすること。

・すべての公立学校の同じ学年にあっては，同一の教育水準と教育の質を保障すること。

・初等教育を受けていない者もしくは修了していない者に対して，それに続く教育を援助し強化すること。

・差別のない教員養成を保障すること。

　そしてこれらの規定をうけて，5条においては教育の目的，親の教育権，民族的少数者の教育上の権利などについて次のように規定し，締約国にその実現義務を課している。

・教育は，人格の全面的な発達と人権および基本的自由の尊重の強化を目指し，すべての国民や人種間の理解と寛容を助長するものでなければならないこと。

（72）　S.Jenkner（Hrsg.）, a.a.O.,S.19ff. R.Poscher/J.Rux/T.Langer, Das Recht auf Bildung, 2009,S.19ff.

第3節　ヨーロッパ法・国際条約と教育をうける権利

・親は，その子のために公立学校以外の教育機関を選択する自由を有し，またその信念に従って，その子の宗教・道徳教育を行う権利を有する。いかなる人も，その信念と相容れない宗教教育をうけることを強制されることはないこと。

・民族的少数者に属するものに対して，一定の条件下で，固有の教育活動を展開し，自分の言語を使用し，自国語を教える権利を保障すること。

ドイツは上記条約を 1968 年 7 月 17 日に批准し，同年 10 月 17 日から国内発効を見ているのであるが，条約のドイツ国内における効力について，学校法学の通説は次のように解している[73]。

すなわち，条約が締約国の義務を明確に規定し，法律による更なる具体化が必要ではない場合には，条約は直接に適用され，裁判規範ともなる。それは個々の条文に即して個別的に確定される。

これに対して，締約国に努力義務を課しているに過ぎない条項は直接には適用されず，その具体化は各国の立法上の裁量に委ねられている。

2 - 4　経済的，社会的および文化的権利に関する国際規約と教育をうける権利

国連は 1966 年 12 月 19 日，国際条約という法形式で，「経済的，社会的および文化的権利に関する国際規約」〈Internationaler Pakt über wirtschaftliche, soziale und kulturelle Rechte〉を採択した。この規約は前文と 5 部 31 ヵ条から成っているが，別名「社会権規約」と称されていることからも知られるように，たとえば，労働基本権（8 条）や社会保障についての権利（9 条）など，社会的基本権の保障を数多く含んでいる。教育関係については，13 条で「教育への権利」と題して，まず理念的にこう謳っている（1 項）。

「この規約の締約国は，教育についてのすべての者の権利を認める。締約国は，教育が人格の形成および人格の尊厳についての意識の十分な発達を志向し，また人権および基本的自由の尊重を強化すべきことに同意する。さらに締約国は，教育がすべての者に対し，自由な社会に効果的に参加すること，諸国民の間および人種的，種族的または宗教的集団の間の理解，寛容および友好を促進すること，ならびに平和の維持のための国際連合の活動を助長することを可能にすべきことに同意する」。

---

(73)　R.Poscher/J.Rux/T.Langer, a.a.O., S.32. H.Avenarius/H.P.Füssel,a.a.O.,S.32.

第Ⅲ部　第2章　教育をうける権利の法的構造

そして，いうところの「教育への権利」を実現するために，批准国の国際条約上の義務として，具体的に下記のような定めを置いている（2項）。

①　初等教育は義務とし，すべての者に無償とすること。

②　種々の形態の中等教育は，無償教育の漸進的な導入などにより，すべての者に対して機会が与えられること。

③　高等教育は無償教育の漸進的な導入などにより，能力に応じて，すべての者に対して均等に機会が与えられること。

④　初等教育を受けることができなかった者のために，基礎教育を奨励・強化すべきこと。

⑤　親の学校選択の自由を尊重すること。

⑥　親の子に対する宗教教育および道徳教育を尊重すること。

⑦　個人および団体の教育機関の設置・運営の自由を認めること。

今日，この社会権規約は 158 カ国によって批准されているが，ドイツは 1973 年 12 月 17 日にこれを批准し，1976 年 1 月 3 日から国内発効を見ているところである[74]。この規約は国際条約としてドイツの法秩序において拘束力をもって妥当しており，その法的効力は連邦法のそれと同じランクに位置している。ただ規約上の権利や義務の具体的な法的形成は各国の立法者に委ねられており，かくしてドイツにおいては，上記 13 条 2 項は訴権を伴う具体的な権利を根拠づけるものではないと解されている[75]。

ちなみに，この点と関連して，連邦行政裁判所の下記のような判例が見られている。

この事件は，ノルトライン・ウエストファーレン州のA大学（被告）が同州の大学授業料法 2 条にもとづいて，1 ゼメスターにつき 500Euro を徴収していたが，同大学の学生B（原告）が同法は上記社会権規約 13 条 2 項に違反し無効であるとして，すでに支払った授業料の返還を求めて提訴したというものである。この件について連邦行政裁判所は 2009 年，次のように判じて，原告の主張を斥けている[76]。

「大学の授業料の徴収は経済的，社会的および文化的権利に関する国際規約に違反するものではない。この国際条約上の規定は国内法としての直接的な適

---

(74)　R.Poscher/J.Rux/T.Langer,a.a.O.,S.34.

(75)　H.Avenarius/H.P.Füssel, a.a.O.,S.53.

(76)　BVerwG, Urt. v. 29. 4. 2009, In:SPE 719 Nr.16.

用を目的としてはいない。この規定は，州の大学授業料を徴収する権利を奪うためには，法治国家的な観点から必要とされる規定としての精確性を欠いている」。

2−5　子どもの権利条約と教育をうける権利

1989 年 11 月 20 日，国連は「子どもの権利に関する条約」〈Übereinkommen über die Rechte des Kindes〉を採択した。

この条約は，歴史的にも，今日においても，貧困，飢餓，病気，虐待，放置，搾取，無権利，無教育等，さまざまな面で劣悪で困難な状況に置かれてきている子どもについて，人間としての尊厳と基本的人権を確認し，また子どもを特別に保護することを目的として制定されたものである。

条約は，前文と第 1 部（1 条〜41 条），第 2 部（42 条〜45 条），第 3 部（46 条〜54 条）から成っている。前文では，国際連合憲章，世界人権宣言，子どもの権利宣言および国際人権規約（社会権規約・自由権規約）を受けて，この条約の基本理念を確認し宣言している。つづく第 1 部は，この条約の実質的な内容をなす部分で，子どもの権利保障にかかわる一般原則を定めるとともに，子どもの各種の市民的権利や手続法上の権利を個別かつ具体的に保障している。第 2 部は条約の広報義務や子どもの権利委員会の設置など，この条約の実効性を確保するための方途について規定し，そして第 3 部は署名，批准などこの条約の手続きに関する定めを置いている。

教育については，第 1 部の 28 条が「教育への権利」と題して，まず「締約国は，教育についての子どもの権利を認めるものとし，この権利を漸進的にかつ機会の平等を基礎として達成するために」，下記のような措置を講じる義務を負う旨を宣言している（1 項）。

① 初等教育を義務とし，すべての者に対して無償とすること。

② 種々の形態の中等教育の発展を奨励し，すべての子どもに対し，それを利用する機会が与えられるように，たとえば，無償教育の導入や財政的な援助の提供など適当な措置をとること。

③ すべての者に対して，その能力に応じ，高等教育をうける機会が与えられるものとすること。

④ すべての子どもに対して，教育や職業に関する情報および指導を利用する機会が与えられるものとすること。

⑤ 定期的な登校を確保し，また中途退学率を減少させるための措置をとる

第Ⅲ部　第2章　教育をうける権利の法的構造

こと。

つづいて締約国は「学校の規律が子どもの人間の尊厳に適合する方法で……運用されることを確保」するための措置をとるものとし（2項），さらに締約国は「全世界における無知および非識字の廃絶に寄与」するものとしたうえで，「教育に関する事項についての国際協力を促進」するものとしている（3項）。

以上を受けて，つづく29条では「教育の目的」について，締約国は「子どもの教育が次のことを指向すべきことに同意する」としている（1項）。

①　子どもの人格・才能・精神的および身体的な能力を可能な限り発達させること。

②　人権および基本的自由の尊重を育成すること。

③　子どもの親・文化的同一性・言語・価値観・居住国および出身国の価値観などに対する尊重を育成すること。

④　すべての人民の間の理解，平和，寛容，両性の平等および友好の精神に従い，自由な社会における責任ある生活のために子どもを準備させること。

⑤　自然環境の尊重を育成すること。

くわえて，上記28条および29条の規定は「個人および団体が教育機関を設置し管理する自由」を妨げるものではないと宣明するところとなっている（29条2項）。

ドイツは子どもの権利条約を1992年2月17日に批准し，この条約は同年4月5日からドイツ国内で発効しているのであるが，ただドイツ政府は批准に際して以下の2点について解釈宣言を付した。一つは，この条約はドイツ国内において直接的には適用されないということであり，二つは，ドイツは外国人とドイツ人を別様に取り扱うことを，この条約によって妨げられないということである[77]。

しかしその後，ドイツ政府は2010年5月3日に上記留保を撤回し，今日に至っている。

なお，この条約はドイツにおいては直接的な裁判規範とは捉えられておらず，したがって，上述した社会権規約と同様，上記教育をうける権利の保障条項を直接の根拠として提訴することはできず，そのためには国による具体化立法が必要であると解されている[78]。

---

(77)　G.Dorsch, Die Konvention der Vereinten Nationen über die Rechte des Kindes, 1994, S.305ff. R.Poscher/J.Rux/T.Langer,a.a.O.,S.49.

第3節　ヨーロッパ法・国際条約と教育をうける権利

　ところで，上述したようにドイツが子どもの権利条約を批准したのは1992年2月であるが，それから実に14年が経過した2006年3月，常設文部大臣会議（KMK）は漸く「子どもの権利条約の国内における具体化のための宣言」〈Erklärung zur Umsetzung des Übereinommens der Vereinten Nationen über die Rechte des Kindes〉を決議し，この条約に対する同会議としての見解を公式に表明した[79]。このKMKの決議は9項目から成っているが，その骨子を摘記すると下記のようである[80]。

① 　KMKは子どもの権利条約およびそこにおいて確認されている子どもの教育をうける権利を高く評価する。

② 　KMKは子どもの主体的な地位と全面的な発達が，すべての学校段階と学校種において尊重され，子どもの能力の多様性を促進する措置および社会的分断を回避する措置が強化されることを支持する。

③ 　KMKは子どもの保護と配慮および参加を求める権利を，年齢に応じて考慮することは，学校文化にとって本質的であるということを支持する。

④ 　KMKは子どもの教育および促進をうける権利を適切な措置を講じることによって保障し，さらに改善することに努める。その際，とくに障害をもつ生徒および移民背景をもつ生徒のそれが考慮されなくてはならない。

⑤ 　教育上の不利益を除去するための子どもの早期の促進は，KMKの基本的な関心事である。この点と係わって，2004年5月に法務大臣会議と共同で行った勧告「幼児教育施設における早期教育のための各州共通の枠組み」は重要である。

⑥ 　KMKは今後，この領域と関係する勧告を行うに際しては，子どもの権利条約が掲げている諸原則を特に重視する。

⑦ 　人間の不可譲の権利および人間の尊厳，寛容，自由，自己決定，暴力に対する保護といった基本的な価値を教えることは，学校の任務であり，そのために特別な教科を設ける必要があることを確認する。KMKの決議「学校における人権教育の推進のための勧告」〈KMK Beschl. v.14. 12.

---

(78)　H.Avenarius/H.P.Füssel, a.a.O.,S.54.

(79)　KMK Beschl. v. 3. 3. 2006, Erklärung zur Umsetzung des Übereinkommens der Vereinten Nationen über die Rechte des Kindes, KMK-Beschl. Samlung Nr.37.

(80)　この決議について，詳しくは参照：L.Krappmann, Die Erkläring der Kultusminister-konferenz der Länder zur Umsetzung des Übereinkommens der Vereinten Nationen über die Rechte des Kindes, In:RdJB（2007）,S.406ff.

第Ⅲ部　第2章　教育をうける権利の法的構造

2000〉を併せて参照されたい。

⑧　各州の文部大臣はヨーロッパ議会が作成し，ドイツ人権研究所と連邦政治教育中央研究所によって翻訳された人権教育ハンドブックを各学校が活用するように努める。

⑨　各州の文部大臣はドイツ人権教育研究所の作成に係る人権教育の教育スタンダードを，各学校に配布する。

KMK の決議は各州の法律によって法認されると，拘束力ある州法になるわけで，ここに至って漸く子どもの権利条約は直接ドイツの法秩序の一部を形成する運びとなったのであった。

実際，ドイツ政府は条約の批准に際して付した，「子どもの権利条約はドイツ国内において直接的には適用されない」との解釈宣言を，上述したように，2010 年 5 月 3 日に撤回するところとなっている。

2-6　障害者の権利に関する条約と教育をうける権利

2006 年 12 月 13 日，国連は「障害者の権利に関する条約」〈Übereinkommen über die Rechte von Menschen mit Behinderungen〉を採択した（2008 年 5 月発効）。ドイツはこの条約を 2009 年 2 月 24 日に批准し，同年 3 月 26 日から国内発効を見ている。

この条約は障害者の「包容教育をうける権利」（Recht auf inclusive Bildung）を保障しており（24 条 1 項），ドイツの学校法制にとっても格別に重要な意味をもつものであるが，ドイツの障害児教育法制の諸問題については第Ⅳ部で「障害児教育法制の構造転換」と題して論及するので，ここでは立ち入らない。

第 4 節　教育をうける権利の法的性質と内容

1　教育をうける権利の法的性質

1-1　法的権利としての教育をうける権利

よく知られているように，ワイマール憲法は世界の憲法史上初めて「生存権」の保障規定＝「経済生活の秩序は，すべての人に，人たるに値する生存（menschenwürdiges Dasein）を保障することを目指す……ものでなければならない」（151 条）を擁し，また「労働力の保護」（157 条）や「労働の権利」（163 条）などの社会権的基本権を保障するなど，憲法史上画期的なものであった。

しかし，既に触れたように，当時の憲法学説はまず例外なく，これらの社会

第4節　教育をうける権利の法的性質と内容

権条項を単なる「プログラム規定」（Programmvorschrift）だと解した[81]。つまり，これらの条項は国に対して単に政治的・道義的な責務を課したに止まり，したがって，何人もこれらの条項からいかなる具体的な権利も導出することはできず，またこれらの条項を根拠として裁判で争うこともできないとされたのであった。こうしてワイマール憲法143条1項＝「少年の教育については，公の施設によって配慮されるものとする」も，当然のことながら，主体的公権としての教育をうける権利を保障したものではなく，同じくプログラム規定だと見なされたのであった。

　ワイマール憲法の社会権についてのこうした解釈（プログラム規定説）はその後，基本法下の学説・判例によっても大勢としては踏襲されたが，しかし州憲法の解釈や運用に際しては学説・判例上，州によって大きな違いが見られることになる。既述したように，現行法制上，ハンブルクを除くすべての州憲法が「教育をうける権利」を明記しているのであるが，とくにラインラント・プファルツ州憲法（1947年），バイエルン州憲法（1946年），ブレーメン州憲法（1947年）など基本法以前に制定された州憲法の当該条項の解釈においては，なお依然としてプログラム規定説が根強く支配的であった[82]。

　たとえば，バイエルン州憲法裁判所は同州憲法128条1項＝「バイエルン州のすべての住民は，その能力と内面的な使命感に応じて，教育訓練をうける権利を有する」は単なるプログラム規定にすぎないと見ているし[83]，また同州憲法のコンメンタールも同様の見解を採っている[84]。

　一方，ヘッセン州憲法裁判所は「教育をうける権利」を保障している同州憲法59条2項は単なるプログラム規定ではなく，「直接に妥当する法」（unmittelbar geltendes Recht）だと解しているし[85]，またバーデン・ビュルテンベル

（81）　さしあたり，G.Anschütz, Die Verfassung des Deutschen Reichs vom 11. August 1919, 1933,S.700.

（82）　I.Richter, Bildungsverfassungsrecht, 1973, S.186.

（83）　Bay. VerfGH, VGH NF Ⅱ,S.99, zit. aus J.Staupe, Schulrecht von A－Z,2001,S.192.

（84）　Nawiasky/Leusser, Die Verfassung des Freistaates Bayern, Anm.zu Art.128, zit.aus I. Richter,a.a.O.,S.196.

（85）　He. StGH Urt. v. 27. 5. 1949, zit. aus Deutscher Juristentag, Schule im Rechtsstaat, Bd 1,Entwurf für ein Landesschulgesetz,1981,S.128.
　　　ただその一方で，ヘッセン州憲法のコンメンタールによれば，59条2項の教育をうける権利の保障規定から直ちに，州に対する生徒運送費の負担請求権は導かれないとされている（K.Hinkel, Verfassung des Landes Hessen-Kommentar,1999,S.150）。

241

第Ⅲ部　第2章　教育をうける権利の法的構造

ク州のフライブルク行政裁判所も同州憲法 11 条 1 項＝「すべての若い人は，家柄や経済的な地位に関係なく，その能力に応じて，教育および教育訓練をうける権利を有する」から，障害児の「家庭において教育をうける権利」（Anspruch auf Hausunterricht）を具体的権利として導いている[86]。さらにバーデン・ビュルテンベルク州憲法の権威ある注釈書にも，大要，下記のような記述が見えている[87]。

「バーデン・ビュルテンベルク州憲法 11 条 1 項は社会的基本権（soziales Grundrecht）を保障したものである。基本法は社会的基本権を明記しておらず，したがって，分有権としての個々の権利の解釈については争いがあるが，ただ州の憲法が社会的基本権を保障することは認められる。

上記州憲法の条項は主体的権利を保障したものであり，客観的な法秩序の構成要素をなしている。こうして，この権利にもとづいて特定の国家行為を要求することができるが，ただこの権利が直接的な訴権を伴う請求権を根拠づけるかどうかに関しては争いがある。それはともかく，基本法上の平等原則と社会国家原理から「平等な分有を求める請求権」（Anspruch auf gleiche Teilhabe）が発生する。ただそれは始源的分有権ではなく，あくまで派生的分有権であるから，州憲法 11 条 1 項が保障する教育をうける権利は訴訟の可能性を伴わない基本権（Grundrecht ohne Klagemöglichkeit）だということになる」。

このように，各州憲法の教育をうける権利の保障条項の法的性質をめぐっては，基本法施行後も見解が分かれてきているが，しかし今日においては，以下の点については，学説・判例上に基本的な合意が成立しているとされる[88]。

すなわち，各州憲法の教育をうける権利の保障条項はプログラム規定ではなく，州にその具体化を求める主体的かつ，それゆえに司法上の権利（subjektive und damit justitiable Rechte）を保障したものである。こうして各州は各人の教育をうける権利を法律によって実現する義務を負っている。ただその際，州には一定範囲の裁量権が認められる。州がその限界を超えた場合もしくは立法を怠っている場合は，この規定を根拠として，州に請求できる具体的権利が発生する。

ちなみに，この点と係わって，現行学校法制も，たとえば，ヘッセン州学校

---

(86)　VG Freiburg Urt. v. 14.12.1973,In: SPE Ⅱ A Ⅱ,S.101.

(87)　P.Feuchte（Hrsg.）, Verfassung des Landes Baden-Würtemberg, 1987,S.144〜S.146.

(88)　J.Rux/N.Niehues,Schulrecht, 5 Aufl.,2013,S.54. J.Staupe, a.a.O.,S.192. B.Pieroth/U. Schürmann, Rechte und Pflichten des Schülers, In:VR（1981）,S.374.

法が「学校教育をうける権利」と題して次のように規定しているのも（1条1項），その法的構成において，上述の学説・判例状況と基本的には符合しているところである[89]。

「すべての若い人は教育をうける権利を有する。この権利は，この法律の基準にもとづいて設置され，維持される学校制度によって保障される。この学校教育をうける権利から，その要件と内容がこの法律において，もしくはこの法律にもとづいて規定されている場合には，個々の請求権が発生する」。

ところで，この問題について，指導的な憲法・学校法学者・I.リヒターが社会権のもつ機能に注目して，つぎのように説いていることは[90]，ことさら注目に値する。

「基本法1条3項によれば，基本法が保障する基本権は直接に適用される法である。しかし判例は従来，たとえば，基本法6条4項（母性保護条項）から具体的な給付請求権を導いてはいないし，同様に基本法12条1項が保障する基本権からも，具体的な請求権の意味での教育訓練をうける権利を帰結してはいない。

たしかに社会的基本権は具体的な請求権の意味での直接に適用される法ではありえない。しかし社会的基本権は連邦憲法裁判所のいう価値決定的な根本規範（wertentscheidende Grundsatznormen）として，つぎの四つの機能をもっているということを看過してはならない。①立法者を憲法上拘束する憲法上の委任（Verfassungsauftrag）としての機能，②裁量決定や不確定法概念の解釈に際して，行政と司法を憲法上拘束する解釈規定（Auslegungsvorschriften）としての機能，③公的に責任を負うべき活動領域を民間化することを，憲法が排除しているという意味での後退防止としての機能，および④国家給付を求める主体的公権としての機能，がそれである。かくして，いうところの社会的基本権はプログラム規定説がいうような綱領的なものではなく，権力分立の原則によって制約は受けるものの，現実に効力をもつものである」。

なお，以上の脈絡において，教育をうける権利は学校教育法令の立法とその適用および解釈を実質的に規定する，という現実的な効果をもつと解されていることも[91]，重要であろう。

---

(89) ハンブルク州学校法1条もほぼ同文である。

(90) I.Richter/B.Schlink, Grundrechte auf Bildung - Grundrechte auf ausbildung, In:RdJB (1980),S.206～S.207.

第Ⅲ部　第2章　教育をうける権利の法的構造

1-2　複合的人権としての教育をうける権利

上述したところからも知られるように，いうところの教育をうける権利は，第一義的には，社会権的基本権に属しており，国家に対してその現実化を義務づけ，国家が不作為の場合は，具体的な給付請求権を根拠づける権利であると解されている。教育をうけることなしには，何人も，基本法1条1項がその尊重と保護を国家権力の責務だと規定している「人間の尊厳」は，これを確保することはできないし，それどころか「生命への権利」（基本法2条2項）も危うくなるからである。

別言すると，教育をうける権利の第一次的な内容をなすのは「均等な教育機会を保障される権利」（Recht auf chancengleiche Bildung）だということであり，そこでこの権利に対応して，国家は合理的な教育制度を敷き，学校を設置するなど，各種の教育・学習条件を整備する義務を負うことになるとされる[92]。

くわえて，既述したように，教育をうける権利は経済的性格の強い一般の社会権とは異なり，本質的には「自己の人格を自由に発達させる権利」だとすれば，それは当然に「教育の自由」を前提とし，「自由な教育を求める権利」（Recht auf freie Bildung）を包含していると解されることになる〈自由権としての教育をうける権利〉。

この結果，国が教育制度を編制し，学校教育を運用するに際しては，各人の「教育の自由」が充足されるように配慮が要請されることになる。具体的には，教育をうける権利の保障効果として，学校教育に対する一面的な国家支配の排除，教育における価値多元主義と寛容の要請，インドクトリネーションの禁止，学校制度の分化と教育の多様性などが帰結され[93]，「学校制度は，そこにおい

---

(91)　J.Staupe, a.a.O.,S.192.

　　　なおこの点と係わって付言すると，1992年，「教育制度における自由のためのヨーロッパフォーラム」（Europäisches Forum für Freiheit im Bildungswesen）も，次のような勧告をしている。「人々はただ自由と責任において共生している場合にだけ，民主的な法治国家を形成することができる。教育をうける権利は放棄することができない人権である。この権利はすべての教育法の起点なのである」〈Empfehlung v. 22. 11. 1992,in S.Jenkner (Hrsg.), Das Recht auf Bildung und die Freiheit der Erziehung in Europäischen Verfassungen,1994,S.82.〉。

(92)　L.R.Reuter, Das Recht auf chancengleiche Bildung 1975,S.36ff.

(93)　E. Stein, Das Recht des Kindes auf Selbstentfaltung in der Schule, 1967, S.32〜S.38. L.R.Reuter, Das Recht auf Bildung in der deutschen Bildungsgeschichte seit 1945, In: F.R.Jach/S.Jenkner（Hrsg.), 50 Jahre Grundgesetz und Schulverfassung,2000,S. 37. I.Richter, Recht im Bildungssystem, 2006,S.65.

244

第4節　教育をうける権利の法的性質と内容

て多様な能力や関心が展開できるように形成されることを求める国家に対する請求権[94]」ないし子どもの「個別的な発達を求める権利」（Recht auf individuelle Entfaltung[95]）が導かれることになるとされる。

詰まるところ，「自由民主主義国家においては，教育をうける権利の具体化に際しては，自由と平等の原則が尊重されなくてはならない。つまり，教育をうける権利は教育の自由と教育の機会均等の請求権を内包する基本的人権」であるということであり[96]，かくして，この権利は社会権と自由権の両側面をもつ，複合的性格の現代的人権と把握されているところである。

1-3　学習の自由権としての教育をうける権利

以上を踏まえたうえで，いうところの教育をうける権利は，より本質的には，すべての子どもの学習による人間的な成長発達・人格の自由な発展を保障する文化的次元の人権であり，経済的性格の強い一般の社会権とは著しくその性質を異にしている，と捉えられていることは重要である。

すなわち，既述したように，有力な憲法・学校法学説および連邦行政裁判所の判例は教育をうける権利の基本法上の根拠を，「自己の人格を自由に発達させる権利」を保障している基本法2条1項に求めているのであるが，権威ある基本法コンメンタールによれば，この条項は併せて「学習の自由権」（Recht der Lernfreiheit）を保障するものでもある[97]。E.シュタインも説いている通り（既述），「自己の人格を自由に発達させる権利」はその本質的な内容として，「発達権」と「自律権」を包含しているが，これらの権利は当然に学習の自由権をその前提として措定しているからである〈学習による発達権と自律権の確保・保障〉[98]。

こうして基本法2条1項は各人の発達権と自律権および学習の自由権を内包する，教育をうける権利を憲法上の基本権として保障したものと解されること

---

(94)　N.Niehues,Schulrecht,2000,S.167.
　　　ちなみに，この点，I.リヒターも教育をうける権利の保障効果として，「国家は分化した学校制度を創出し，子どもの個人としての発達が促進されるようにしなければならない」ということが帰結されると述べている（I.Richter, Recht im Bildungssystem, 2006,S.65.）。

(95)　K.D.Heymann/E.Stein, Das Recht auf　Bildung,In:AöR（1972）,S.221.

(96)　E.Stein/R.Monika, Handbuch des Schulrechts,1992,S.271.

(97)　H. v. Mangoldt/F. Klein/C. Starck（Hrsg.）, Kommentar　zum　Grundgesetz, 2005, S.751～S.752.

第Ⅲ部　第2章　教育をうける権利の法的構造

になるが，ここで重要なのは，この権利は，その法的効果として「自由な教育を求める権利」を呼び起こすと解されていることである。この「自由な教育を求める権利」の内容・効果については上述したところである。

　なお付言すると，ドイツにおいては，「学習の自由」という概念は伝統的に大学法域において語られてきた。この自由は「学問の自由」（基本法5条3項）から導かれるものではなく，大学慣習法上の自由だと解され，その根拠は基本法12条1項（職業選択の自由）に求められてきている[99]。したがって，「学習の自由」とはいっても上述した「学習の自由権」とは，その法的実質が大きく異なることに留意を要する。

1－4　国家の目的規定と教育をうける権利

　基本法は，ワイマール憲法とは異なり，国家ではなく，人間の尊厳の確保と基本権の保障を憲法テキストの第1条で規定している。こう謳っている。「人間の尊厳は不可侵である。これを尊重し，かつ保護することは，すべての国家権力の責務である」（1項）。「それゆえに，ドイツ国民は，世界のすべての人間共同体，平和および正義の基盤として，不可侵にして譲り渡すことのできない人権を信奉する」（2項）。

　教育をうける権利を上記条項との関係で捉えると，L.R.ロイターも指摘しているところであるが[100]，各州の憲法が明記している教育をうける権利の保障はドイツ連邦共和国の国家目的の一つをなしている，ということが帰結される。

　基本法にいう「国家の目的規定」（Staatszielbestimmungen）は，国家秩序の基盤を形成するもので，現在および将来の国家活動の任務と方向性を拘束力を

---

(98)　E.Stein, a.a.O.,S.38ff.

　　　ders. Staatsrecht,14.Aufl.1993,S.251～S.252.

　　　この点と係わって，シュタインは次のように述べている。「発達権と自律権としての人格の自由な発達権の二重の性質から，学校は生徒の資質の最大限の発達を可能にするだけではなく，生徒の自律権も考慮しなくてはならない。学校制度を編制するうえでの様々な可能性のうち，生徒にその個性に応じた発達を可能にするような制度だけが基本法に適合する」（ders. Das Recht des Kindes, S.38.）。

　　　「学校は生徒の人格の自由な発達のために存在している。それゆえ，学校はそれを妨げてはならない」（ditto.）。

(99)　I.Richter, Bildungsverfassungsrecht, 1973,S.213.

　　　W.Thieme, Deutsches Hochschulrecht,1986,S.646.

(100)　L.R.Reuter, Das Recht auf Bildung, 2000, S.35.

第4節　教育をうける権利の法的性質と内容

もって定めた憲法規範をいう。社会国家原理（20条1項），男女同権の事実上の貫徹（3条2項），自然的生活基盤の保護（20a条），EUの発展に対するドイツの貢献，それに各州憲法が保障している教育をうける権利や労働の権利などがこれに属するとされている。こうして立法者は立法に際して当然に国家の目的規定に拘束され，裁判所と行政機関は法律の解釈に当たりこれを考慮しなければならないことになる[101]。

なお基本法は社会権的基本権の保障条項を擁していないが，国家の目的規定から社会権が導かれると解する学説も見られている[102]。

2　教育をうける権利の法的内容

2-1　多義的な教育基本権としての教育をうける権利

先に述べたように，ドイツにおいては学説・判例上，教育をうける権利は各人の人間としての生存と成長・発達さらには人格の自由な発展や人格的自律にかかわる教育基本権（Bildungsgrundrecht）であり，しかも旧来の基本的人権の類型によっては把握できない，社会権としての性格と自由権としてのそれを併せもつ複合的人権として捉えられている。

くわえて，権利主体も各様であり，さらには対象となる教育・学習領域も学校教育だけに止まらず，社会教育や生涯学習の領域も包摂するから[103]，いうところの教育をうける権利の対象や内容はきわめて広範かつ多面的なものとなる。教育をうける権利は個別基本権ではあるが，包括的人権にも似て，基底的で多義的な教育基本権たることを本質的属性としている，ということである。

2-2　教育をうける権利の保護法益と法的内容

教育をうける権利には上述のような特質が認められるのであるが，この権利による保護領域ないし法益は，指導的な教育法学者I.リヒターによれば[104]，大きく，以下のような四つの基幹的な権利領域に区分することができるとされる。

---

(101)　H.Avenarius, Die Rechtsordnung der Bundesrepublik Deutschland,1995,S.25.

(102)　K.Hesse, Grundzüge des Verfassungsrechts der Bundesrepublik Deutschland, 20. Aufl,1995,S.91.

(103)　実際，I.リヒターはその著「継続教育の法」において，継続教育をうける権利（Das Recht auf Weiterbildung）について詳しく論及している（I.Richter, Recht der Weiterbildung,1993,S.17ff.）。

第Ⅲ部　第2章　教育をうける権利の法的構造

① ミニマムな教育保障を求める基本権（Minimumgrundrecht）

人が生存を維持し，かつ人間としての尊厳を確保して生きて行くために必須不可欠な知識や資質・能力を備えられるよう，これを求めることができる権利のことである。この権利は社会国家原理と直結した基本法1条1項およびヨーロッパ人権条約2条を根拠とする権利で，国家に向けられた給付請求権である。

この点と係わって，2000年のPISAでドイツの生徒の約10％は最下級のコンピテンシー段階にも達していなかったが，リヒターによれば，これらの生徒はこのミニマムな教育保障を求める基本権を侵害されたことになるとされる[105]。

② 発達権（Entfaltungsrecht）

各人の人間的な成長・発達や人格の自由な発展を保障し，人格的自律権へと連なる権利である。国家の学校教育権能との関係においては，学校教育（制度）は，そこにおいて各人の多様な能力や関心が発展できるように形成され，運営されるように求めることができる権利を含んでいる[106]。表現を代えると，この権利は国に対して自由で寛容かつ価値多元的な学校制度の編制を義務づけるということである。

この権利はまた基本法が保障する宗教的ないし政治的な基本権と係わって，「信仰・良心の自由」，「表現の自由」，「出版の自由」，「集会・結社の自由」といった一連の精神的自由権を，生徒に対して学校においても，ないし学校教育と係わって，その保障を呼び起こすものでもある。

そしてこの場合，これらの生徒の権利を単に「学校の教育目的」を根拠として制限することは許されないとされる。これらの権利を制限するためには法律上の根拠を必要とし，しかも生徒の自由権と学校教育上の必要との慎重な利益衡量が求められることになるとされる。

なお今日的な具体例として，リヒターによれば，たとえば，母国語を使用すること，ないしドイツ語を習得することは人格の発展に属する事柄であるから，移民背景をもつ生徒が学校においてその双方を保障されない場合は，この権利を侵害されたことになるとされる[107]。

---

(104) I.Richter, Kommentierung zu Art. 7,In:R.Wassermann（Hrsg.）, Kommentar zum Grundgesetz für die Bundesrepublik Deutschland Bd1, 1989,S.699～S.701. ders., Grundrechte auf Bildung-Grundrechte auf Ausbildung,In:RdJB（1980）,S.209.

(105) ders., Recht im Bildungssystem, 2006, S.64.

(106) 同旨：E.Stein,a.a.O., S.38.

第4節　教育をうける権利の法的性質と内容

③　教育へのアクセス権（Zugangsrecht）

　教育の機会均等の原則によって法原理的に担保されているもので，すべての段階の，あらゆる教育機関へアクセスする権利と，そこにおいて各人に適合的な教育をうける権利を保障するものである。

　この教育へのアクセス権は，たとえば，能力，成績，収容定員などの主体的ないし客観的な理由によって制限されるが，ただこの場合，当該の制約が各人の発達権を十分に考慮したものであるかどうかに関しては，裁判上のコントロールに服することになるとされる。伝統的な営造物理論によれば，学校や大学などの公の営造物への入学に関する決定は営造物主体の裁量に属し，ただ裁量に瑕疵がある場合にだけ，裁判上の審査に服するとされたが，教育をうける権利の保障効果から，こうした見解はもはや採ることはできないとされる。

　また，たとえば，バーデン・ビュルテンベルク州憲法（11条1項）やバイエルン州憲法（128条1項）がその例であるが，教育をうける権利の保障と係わって「能力（Begabung）ないし素質（Fähigkeiten）」をその条件として付している州憲法が少なくないが，このような条文は宗教・人種・門地・経済的地位などを入学基準とすることを排除するだけではなく，各人の教育をうける権利の行使を現実に可能にするために，国家に対して授業料の無償性や奨学金制度の拡充などの財政上の措置を講じることを義務づけるものである。

　国家は補償措置として障害者を特別に促進する義務を負っているが，同じように才能豊かな生徒を特別に促進することができる。

　このような憲法条項は「機会均等の原則」（Prinzip der Chancengleichheit）を原理的に表明したものであり，価値多元主義的で社会的な民主国家においては，国家は教育，職業や所得をめぐる競争に際して，すべての志望者に等しく機会を保障する義務を負っているということに他ならない。

④　公教育運営への参加権（Partizipationsrecht）

　生徒を学校による単なる「教育の客体」としてではなく，自律（自立）と社会的責任に向けての「学習の主体」として措定し，その論理的帰結として，公教育運営へのいわゆる「生徒参加」（Schülermitbestimmung）を根拠づける手段的権利である[108]。民主的な法治国家における学校教育は〈民主主義への教

（107）　I.Richter, Recht im Bildungssystem, 2006, S.64.

（108）　K.D.Heymann / E.Stein, Das Recht auf Bildung, in:Archiv des Öffentlichen Rechts185（1972）, S.231.

第Ⅲ部 第2章 教育をうける権利の法的構造

育・成熟した責任ある市民への教育〉，参加型モデルによって構築され運営されることを要請する，公教育の組織法原理がこれに対応している[109]。

　ただ生徒の参加権を各州の学校組織構造法（Schulverfassungsrecht）によってどのように具体化すべきかについては，基本法は確定してはいないとされる。

　このように，いうところの教育をうける権利はさまざまなアスペクトと広がりをもつ多義的な権利である。したがって，その内容を個別的かつ網羅的に列挙することは不可能であるが，以下に，これまでドイツにおいて教育をうける権利との関係で裁判上争われた権利や事柄のうち，ティピカルなそれを領域別に摘記すると，下記のようである。

◎学校における生徒の基礎的権利
　　①生徒の知る権利
　　②中立な学校教育を要求する権利
　　③寛容な学校を求める権利
◎能力に応じて教育をうける権利
　　①公立の基礎学校へ早期に就学する権利
　　②補習をうける権利
　　③授業組織の分化を求める権利
　　④飛び級で進級する権利
　　⑤英才教育をうける権利
◎教育の種類の選択権
　　①学校に代えて，家庭において普通教育をうける権利
　　②中等段階Ⅰへの進学に際しての学校選択権
◎障害児教育
　　①障害児学校に代えて，家庭で教育をうける権利
　　②障害児の特別な教育上の促進をうける権利
　　③障害児の普通学校と障害児学校（促進学校）の選択権
　　④障害児の普通学校で統合教育をうける権利
　　⑤障害児学校への指定
　　⑥障害児学校の設置要求
　　⑦障害児の就学期間の延長
◎就学義務・入学請求

(109)　同旨：F.R.Jach, Schulverfassung und Grundgesetz,In:RdJB（1990),S.300.

第4節　教育をうける権利の法的性質と内容

①就学義務の免除

②就学義務の期間

③入学制限

④移民背景をもつ子どもの教育をうける権利

⑤男子ギムナジウムへの女子生徒の入学請求

⑥特定の学校種への入学請求

⑦私立学校から公立学校への転校

◎教育課程

①教育課程の選択権

②学習指導要領の法的性質

③短縮されない授業をうける権利

④授業の免除

⑤特定の教科の開設を求める権利

◎教育上の措置・決定

①原級留置決定

②基幹学校への指定

③アビトゥア試験の手続・評点

④成績評価

⑤学校行事への参加禁止

⑥成績表への記載内容（社会的態度）

⑦基礎学校低学年での点数評価の導入

◎学校懲戒

①退学処分

②退学の威嚇処分

③他校への転校処分

④並行学級への指定

⑤授業からの排除

⑥学校行事への不参加処分

⑦居残り処分

⑧戒告処分

◎教育行政上の措置・決定

①基礎学校の閉鎖

②学校統廃合

第Ⅲ部　第2章　教育をうける権利の法的構造

　　　③就学校指定制・学区
　　　④学校実験
　　　⑤宗派学校の設置認可
　　　⑥総合制学校の新設
　　　⑦学校週5日制の導入
　　　⑧終日学校の導入
　　　⑨促進段階の導入
　　　⑩ギムナジウムの存続
　　　⑪ギムナジウム上級段階の改革
　　　⑫ギムナジウムの総合制学校への改組
◎教育財政上の措置・決定
　　　①予備学年の授業料
　　　②寄宿学校の宿泊費負担
　　　③外国人生徒に対する授業料の無償性
　　　④教材の無償性を要求する権利
　　　⑤教材の無償性の範囲
　　　⑥生徒の交通費・スクールバス料金の無償化を求める権利
◎学校の不法行為責任
　　　①学校事故に対する補償請求
　　　②体罰に対する損害賠償請求
◎宗教教育・倫理教育
　　　①倫理教育への参加義務
　　　②倫理教育の免除
　　　③基礎学校への倫理教育の導入
　　　④公立学校におけるイスラム教の宗教教育
　　　⑤宗教教育の成績評価
　　　⑥宗教教育の代替科目としての哲学科
　　　⑦異宗派の生徒の宗教教育への参加
　　　⑧ブランデンブルク州のLERの合憲性
　　　⑨生徒の宗教の自由
　　　⑩宗教的少数者の権利
◎私学教育
　　　①私学教育をうける権利

②私学における授業料の無償要求
③私学に対する公費助成請求権の保障

第5節　教育をうける権利と授業料・教材の無償性

1　社会国家原理と教育をうける権利

　基本法はドイツは社会的法治国家であると謳っているが（基本法20条2項・28条1項），そこにいう社会国家原理（Sozialstaatsprinzip）と教育をうける権利との関係は，学説・判例上どのように捉えられているのか。指導的な学校法学者・H.アベナリウスの所説に代表させて，その骨子を摘記すると凡そ下記のようである[110]。

　①　法治国家原理および民主制原理とは異なり，社会国家原理はドイツの憲法史上確たる伝統を擁してはいない。したがって，この概念の具体的な意味内容については議論があるが，ただ今日，社会国家原理が法的な拘束性を伴わない単なるプログラム規定以上のものであるということについては，学説・判例上に見解の一致を見ている。

　②　社会国家原理にもとづいて，国家はすべての人が教育をうけることができるように，その支援システムを整備する憲法上の義務を負っている。国家による財政支援の措置は，生徒がその有する教育をうける権利を現実に行使できるようにするものでなくてはならない。つまり，連邦憲法裁判所の判決にもあるように[111]，国家はすべての若い市民がその能力に応じて，今日の社会生活に即応した可能性を開くことができるような学校制度を保障しなければならない。

　③　しかし社会国家原理は，学校教育は一切の費用を伴ってはならないということを要請するものではない。生徒の教育をうける権利および親の教育権もまた，生徒・親に対して一定の財政支援を求める権利を保障するものではない。これらの権利は，各人が理性的に社会に対して要求することができるという意味での，「可能性の留保」（Vorbehalt des Möglichen）に服する。社会全体の犠牲による無制限な要求は社会国家思想とは相容れない。基本法の社会国家に関

---

(110)　H.Avenarius/H.P.Füssel,Schulrecht, 8 Aufl.2010, S.32,S.504. H.Avenarius, Die Rechtsordnung der Bundesrepublik Deutschland,1995, S.22〜S.23.

　　　同旨：B.Pieroth/B.Schlink, Grundrechte Staatsrecht Ⅱ, 2010,S.25ff.

(111)　BVerfGE 26,228（238）.

第Ⅲ部　第2章　教育をうける権利の法的構造

する客観法上の価値決定（objektiv-rechtliche Wertentscheidung）からは，個人の直接的な具体的請求権は導かれない。

④　国家は機能十分で，かつ「社会的正義に適った教育制度」（sozial gerechtes Bildungswesen）を整備するなどして，各人の教育をうける権利を実現する憲法上の義務を負っている。ただこの義務を国家がいかなる手段により，どのような方法で履行するかは，第一次的には，国家機関，とりわけ立法者によって決定される。つまり，国家はこれに関し立法上，形成の自由を有している。

⑤　しかし国家のこの形成の自由は，人たるに値する生存を確保するために必要な物質的な手段を欠くような，人間としての最低限度の存在の保障が問題となる場合には，もはや存在する余地はない。そして就学義務年齢段階の子どもの教育に必要な財政支出はまさにこの保障に属する。

なお上記③と⑤に係わって敷衍して書くと，教育をうける権利から直ちに国家に対する具体的な給付請求権が導かれるかどうかについて，教育をうける権利の基幹的中核部分＝「ミニマムな教育保障を求める基本権」は憲法上，具体的権利性を有していると解する有力な学説が見られている[112]。

また上述したところと関わって，バーデン・ビュルテンベルク州憲法における教育をうける権利保障の法的構成とこれに関する憲法学説は注目される。

すなわち，同憲法は「すべて青少年は，……その能力に応じて，教育および教育訓練をうける権利を有する」（11条1項）と書いて，教育をうける権利が憲法上の基本権であることを確認したうえで，つづく同条2項で，「公の学校制度は，この原理にもとづいて形成されるものとする」と規定して，いうところの教育をうける権利は公教育制度形成の指導原理（Leitprinzip）をなしている旨を宣明している[113]。そして，これらの条項をうけて，「国，地方自治体は必要な財政上の措置，とりわけ教育補助金制度を整備しなければならない」（同条3項）との定めを置いているのである〈国・自治体の憲法上の義務としての財政上の措置義務〉。

かくして同憲法の権威あるコンメンタールによれば，上記教育をうける権利

---

(112)　I.Richter, Kommentierung zu Art. 7,In:R.Wassermann（Hrsg.）, Kommentar zum Grundgesetz für die Bundesrepublik Deutschland Bd1, 1989,S.699.
　　　H.P.Füssel, Chancengleichheit－oder:Das überforderte Bildungswesen?, In:I.Sylvester u. a.（Hrsg.）, Bildung－Recht－Chancen,2009,S.41.
(113)　R.Poscher/J.Rux/T.Langer,a.a.O.,S.108.

第5節　教育をうける権利と授業料・教材の無償性

の保障条項は単なるプログラム規定ではなく，「憲法の客観法秩序および価値秩序の構成要素」（Bestandteil der objektiven Rechts-und Werteordnung der Verfassung）を成しているのであり，したがって，同条から「直接的な拘束力をもつ憲法上の要請」（unmittelbar bindendes Verfasssungsgebot）が導かれる，と解されているのである[114]。

つまり，同条はいわゆる「可能性の留保」によって制約されうるような立法者への委任ないしは伝来的分有権ではなく，「真正の給付請求権」を根拠づけると解されているのであり，そしてこうした解釈は，同州の憲法裁判所によっても支持されるところとなっている[115]。

2　憲法上の原則としての授業料の無償性

2-1　憲法による授業料無償性の保障

先に触れたように，1848年のプロイセン憲法は世界の憲法史上初めて「教育をうける権利」を保障したのであるが（18条），これを受けて「公立の国民学校における授業は無償とする」（22条）との規定を擁していた〈憲法上の原則としての授業料の無償性〉。以来，この原則は1849年のフランクフルト憲法（27条），1850年の改正プロイセン憲法（25条）と継受され[116]，1919年のワイマール憲法も授業料の無償性について次のように規定した（145条）。「国民学校および継続学校においては，授業と教材は無償とする」。

この条項によって「憲法上の原則としての授業料の無償性」はライヒを構成するすべての州に及ぶことになったのであるが，しかしワイマール憲法の名高い注釈書によれば，この授業料無償性条項は「単なるプログラム規定であって，具体的な効力をもつ法ではない」（nur Programm, nicht aktuelles Recht）と解されたのであった[117]。

---

(114)　K.Braun, Kommentar zur Verfassung des Lanndes Baden-Württemberg,1984,S.57. P.Feuchte（Hrsg.）,a.a.O.,S.146-S.147.

(115)　さしあたり，Staatsgerichtshof Baden-Württemberg,Urt.v.2.8.1969,In:R.Poscher /J. Rux/T.Langer, a.a.O. ,S.108.

(116)　ただ改正プロイセン憲法の授業料無償条項が法律によって具体化され，プロイセンにおいて国民学校の授業料が撤廃されたのは，1888年の国民学校負担金の軽減に関する法律〈Gesetz betreffend die Erleichterung der Volksschullasten v. 14. Juni 1888〉によってである（4条）。なお上級学校についてはその後も，公立上級学校の授業料に関する法律（1930年）により「公立の上級学校への就学については授業料が徴収されなければならない」（1条）とされた（W.Landé,Preußisches Schulrecht,1933,S.30, S.358,S.818）。

第Ⅲ部　第2章　教育をうける権利の法的構造

　上述のような憲法伝統を受けて，現行法制下においても，たとえば，バーデン・ビュルテンベルク州憲法 14 条 2 項，ヘッセン州憲法 59 条 1 項，ザクセン州憲法 102 条 4 項など 9 州の州憲法が授業料の無償性を憲法上明記している[118]。

　ちなみに，ヘッセン州憲法はこれについて次のように書いている。「すべての公立の基礎学校，中間学校，上級学校および大学においては，授業は無償である」。

　そこで，いうところの授業料無償性の法的性質が問題となるが，これについて，ヘッセン州憲法裁判所が下記のような見解を示しているのは重要である[119]。

　「ヘッセン州憲法 59 条 1 項が規定している授業料の無償性は社会的基本権（soziales Grundrecht）である。ただこの基本権は分有権として，各人が社会に対して理性的に請求できるという意味での可能性の留保に服している」。

　いずれにしても，授業料の無償性を憲法上保障している州においては，各人の「無償授業の請求権」（Rechtsanspruch auf unentgeltlichen Unterricht）が憲法上の権利として導かれ，また授業料の無償性を廃止ないし制限する場合には，州憲法の改正が必要とされることになる[120]。

2 - 2　授業料無償性の範囲

　ところで，公立学校における授業料の無償性，ドイツ語で正確には「学校費の無償」（Schulgeldfreiheit）とは，法的には公の営造物である公立学校の使用について，その対価としての使用料は徴収されないということを意味するが[121]，現実には多くの州で無償の対象範囲は「授業料の無償」（Unterrichtsgeldfreiheit）だけに限定されている。

　したがって，「学校費の無償」とはいっても，この原則は授業外の学校行事や遠足・観劇などへの参加費を免除するものではない[122]。給食費についても

---

(117)　G.Anschütz, a.a.O.,S.676.

(118)　本文で記した 3 州の他に，授業料の無償性を州憲法で明記しているのは下記のようである。BA 州憲法 129 条 2 項，BB 州憲法 30 条 5 項，HB 州憲法 31 条 2 項，NW 州憲法 9 条 1 項，SA 州憲法 26 条 4 項，TH 州憲法 24 条 3 項。

(119)　He. Staatsgerichtshof Urt. v. 1. 12. 1977,In:RdJB（1977）,S.225.

(120)　J.Staupe, a.a.O.,S.227.

(121)　H.Avenarius/H.P.Füssel, a.a.O.,S.505.

(122)　VG Stuttgart Urt. v. 21. 4. 1982,In: SPE 770 Nr.6.

256

第5節　教育をうける権利と授業料・教材の無償性

同様である。さらに近年増加傾向にある終日学校における学童保育にも，この原則は適用されない。ちなみに，この点，ラインラント・プファルツ州学校法もこう規定するところとなっている（68条）。「公立学校においては，授業料およびその他の対価は徴収されない。終日学校における授業外の学童保育（außerunterrichtliche Betreuung）については，親の収入と子どもの数を考慮して，社会的に適当な額の手数料を徴収することができる」。

上記の学童保育と類似の制度として，旧東ドイツの諸州においては基礎学校の児童のために保育施設（Hort）が学校に併設されているが，これについても親に保育費の支払い義務が課されている[123]。

さらに予備学年（Vorklassen）ないし学校幼稚園（Schulkindergarten）への就園（就学）に係る費用についても同様で，たとえば，リューネブルク高等行政裁判所（1999年）はこう判じている[124]。

「ニーダーザクセン州においては基礎学校の予備学年には学校法は適用されない。予備学年の地域的に不均衡な設置のゆえに，予備学年の児童と幼稚園児との不平等な取扱いを避けるために，予備学年への就学に関し手数料を徴収することは認められる。その額は一般的な幼稚園費との比較で決定されなくてはならない」。

なおブランデンブルク，ブレーメン，ハンブルク，ニーダーザクセンの4州においては，授業料の無償性はその州に居所をもつ生徒だけに限定されている。規定例を引くと，たとえば，ブランデンブルク州学校法は「その住居ないし通常の滞在地がブランデンブルク州外にある生徒は，適当な額の授業料を支払う義務を負う」（114条2項）と規定している。

ただブランデンブルク州とベルリン州との2州間協定がその例であるが[125]，他の州と相互承認協定を締結している場合には，州外の生徒に対しても授業料の無償性の原則が適用されることになっている。

授業料の無償性原則が適用される学校種は，州によって一様ではない。すべての公立学校を対象としている州もあれば（ブランデンブルク州やブレーメン州など），国民学校と職業学校だけに限定している州も見られている（バイエルン

---

(123)　たとえば，BB 州の Kindertagesstättengesetz（2007年）1条や SA 州の Kinderförderungsgesetz（2003年）3条など

(124)　OVG Lüneburg Urt. v. 21. 7. 1999, In:SPE 720 Nr.8.

(125)　Abkommen über die Gegenseitigkeit beim Besuch von Schulen in öffentlicher Trägerschaft zwischen dem Land Brandenburg und dem Land Berlin v. 29. 8. 2005.

第Ⅲ部　第2章　教育をうける権利の法的構造

州とノルトライン・ウエストファーレン州）。ヘッセン州では学校だけではなく，
大学も無償対象として憲法上明記されている（59条1項）。

2-3　私立学校における授業料

ところで，私立学校における授業料の徴収についてはどのように捉えられて
いるのか。生徒が私立学校に入学し在学する関係は，生徒・親と私学設置者と
の契約にもとづいている。この契約の内容は各私学の学則等によって一様では
ないが，私立学校は生徒に所定の教育サービスを提供し，生徒・親はその対価
として授業料その他を納付する義務を負うことを，その基本的な内容としてい
る〈民法上の契約としての学校契約（Schulvertrag）ないし教育契約（Unter-
richtsvertrag）[126]〉。

このような私学在学関係の法的性質に照らし，学校法学の通説は「州が一般
の需要に応じて，十分に分化した学校制度を整備している場合は，生徒・親は
社会国家原理や教育をうける権利ないし親の教育権に依拠して，私学における
授業料の無償を求めることはできない」との見解を採っている[127]。

また判例にあっても同様で，たとえば，下記のようなバイエルン州憲法裁判
所の判決（1983年）が見られている[128]。「子どもの教育に際して親を支援すべ
しとの国の憲法上の義務は，国に対して私学の授業料の無償を求める親の請求
権を根拠づける，と解釈することはできない」。

ただここで刮目すべき法制現実を指摘しておかなくてはならない。というの
は，ノルトライン・ウエストファーレン州は独特な私学法制を擁しており，同
州では憲法上，私立学校についても授業料だけでなく，教材も無償と明記され
ているのである。

敷衍すると，同州憲法はまず「すべての子どもは，教育をうける権利を有す
る」（8条1項）ことを確認したうえで，「認可された私立学校は，対応する公
立学校と同様の権利を有する。認可された私立学校は，その任務を遂行し義務
を履行するために，必要な公費助成をうける権利を有する」（同条4項）と書
いて，「公立学校と私立学校の同権の原則」を確認し，併せて私学に対し公費
助成請求権を憲法上の権利として保障している[129]。そしてこのコンテクスト

---

(126)　H.G. Wienands, Der private Unterrichtsvertrag,1996,S.2.

(127)　さしあたり，H.Avenarius/H.P.Füssel,a.a.O.,S.505.

(128)　VerfGH Bay. Urt. v. 3. 3. 1983, In:SPE 720 Nr.5

において「授業料と教材の無償」と題して（9条），次のように規定している
のである。

「1項　国民学校および職業学校における授業は無償である。

　2項　国が公立学校に対して授業料の無償性を保障するかぎり，……私立
　　　　学校もまた国の負担において，授業料の徴収を放棄する権利を有する。
　　　　国が教材・教具の無償性を保障する限り，教材・教具は公立学校に対
　　　　すると同じく，私立学校に対しても供与される。」。

　詰まるところ，ノルトライン・ウエストファーレン州においては「公立学校
と私立学校の教育費平等の原則」が憲法上の原則として確立されており，した
がって，この原則から当然に私立学校における授業料と教材・教具の無償性が
導かれるということである。

　ちなみに，この点，同州憲法のコンメンタールも「私立学校授業料の無償
性」（Privatschulgeldfreiheit）と題して，次のように述べているところであ
る[130]。「（ノルトライン・ウエストファーレン州憲法）9条2項は，私立学校の利
益を旨としての，公立学校と私立学校の平等な取扱いを規定したものである」。

　なおこの憲法条項は学校財政法（1970年）と代替学校財政法（1961年）に
よって具体化され，今日に至っている[131]。

第6節　教育の機会均等と総合制学校の制度化

1　総合制学校の制度化と今日における概況

　ドイツにおいては1960年代の半ば以降，中等教育改革が教育政策上の大き
な争点の一つとなったが，その中心をなしたのが「総合制学校」（Gesamt-
schule）の制度化である。

　総合制学校とは従来の三分岐制の学校制度（基幹学校・実科学校・ギムナジウ
ム）を統合したもので，伝統的な三分岐制に対する制度的批判として生まれた。

---

(129)　ドイツにおいては現行法制上，9州で私学に対して公費助成請求権が憲法上の権利
　　　として保障されており，しかもこの権利は連邦行政裁判所（1966年）と連邦憲法裁判所
　　　（1987年）の判決によっても確認され，連邦レベルで判例法上の権利として確立を見るに
　　　至っている（詳しくは参照：拙著「憲法と私学教育－私学の自由と私学助成」協同出版，
　　　2014年，241頁以下）。

(130)　R.Grawert, Verfassung für das Land Nordrhein-Westfalen,1998, S.60.

(131)　Schulfinanzierungsgesetz v. 17. 4. 1970 および Ersatzschulfinanzierungsgesetz v.
　　　27. 6. 1961.

第Ⅲ部　第2章　教育をうける権利の法的構造

その制度的指導理念は，一言でいえば，「教育における機会均等の実現」＝「均等な教育機会を保障される権利の保障」である[132]。具体的には，①すべての者に共通な学問的基礎教育を確保し，一般的な教育水準を高めること，②教育課程における選択と到達度を多様化し，能力や性向に応じて生徒の発達を促進すること，③進路に関する決定を中等段階Ⅰの終わりまで遅らせ，早期選抜の弊害を除去すること，が目的とされた。伝統的な三分岐制学校制度は，社会階層の低い層・農村部の青少年・女性に不利に機能してきた[133]，という歴史的反省にもとづいている。総合制学校が当初，「進歩的教育のメッカ」と言われた所以である。

　ところで，1969年に成立したSPD・FDPの連立政権は総合制学校の制度化を教育政策上の最重要課題の一つとした。これに対してCDU/CSUは原則として三分岐制を支持する立場に立ち，総合制学校は取り敢えず実験学校として導入するよう主張した。

　他方，ドイツ教育審議会は1969年1月，勧告「総合制学校に関する学校実験の実施」において，少なくとも40校の総合制学校を実験校として設置するよう勧告した。同年11月，常設文部大臣会議はこの勧告を受け入れ，こうして各州文部省は総合制学校について学校実験・研究を行う義務を負うこととなった。そして1971年以降，連邦政府はこれに対して財政上の援助措置を講じるに至る[134]。

　総合制学校が創設されて半世紀近くが経過した。この間，総合制学校をめぐっては，たとえば，1982年5月には常設文部大臣会議が「統合型総合制学校の修了資格の相互承認に関する枠組み協定」を締結し，また1993年12月には「中等領域Ⅰにおける学校種と教育課程に関する協定」を締結するなど，様々な施策が打ち出され，試行錯誤が重ねられてきた。

　しかし総合制学校[135]，とくに「統合型総合制学校」（integrierte Gesamtschule）をめぐっては今日においてもなお論議が絶えず，それどころか，その合憲性を問う違憲訴訟が親・生徒から提起され，またこの制度の導入をめぐって州レベルで住民投票が実施されるという事態も発生している。くわえて，近年における中等教育改革とも相俟って，総合制学校の制度的位置づけは州によ

---

(132)　L.R.Reuter, Das Recht auf chancengleiche Bildung 1975.
(133)　ditto. S.54ff.
(134)　C.Führ, Deutsches Bildungswesen seit 1945, 1997,S.140ff.

り，各様の様相を呈しているのであるが，今日における状況を端的に概括すると，下記のようである[136]。

①　総合制学校に関する政策には州によってかなり大きな違いが見られている。伝統的に CDU/CSU の影響力が強いバイエルン州，バーデン・ビュルテンベルク州および旧東ドイツのザクセン州においては，学校法制上，総合制学校は正規の学校（Regelschule）として位置づけられてはいない。またテューリンゲン州では特別の必要がある場合にだけ，例外的に設置することが可能だとされている。

②　総合制学校が正規の学校として法定されている州においても，その制度上の位置づけは他の中等教育学校との関係で州により一様ではなく，下記の4グループに分かれている。〈a〉伝統的な三分岐制学校にプラスして，総合制学校が設置されている州（ニーダーザクセン州など）。〈b〉総合制学校とギムナジウムの二分岐制を採っている州（ブレーメン州など）。〈c〉総合制学校，ギムナジウム，多課程制学校（基幹学校と実科学校を統合した学校）の三分岐制を採っている州（ブランデンブルク州など）。〈d〉総合制学校，伝統的な三分岐制学校，それに多課程制学校の五分岐制を採っている州（ヘッセン州）。

③　2005/2006 年度における総合制学校の総数は 717 校で，その第 7 学年に在籍する生徒数の全 7 学年生に占める割合は 8.2% となっている。ただ州によってかなりの差が見られ，ノルトライン・ウエストファーレン州（217 校）やヘッセン州（86 校）など伝統的に SPD の地盤が強い州と新州のブランデンブルク州（174 校）に集中している。

（135）　いうところの総合制学校には現行制度上，協同型総合制学校（kooperative Gesamt-schule）と統合型総合制学校の種別が認められる。前者は学校としては単一の組織体をなしているが，その内部に基幹学校支系，実科学校支系，ギムナジウム支系の三つの支系（Zweig）を擁し，これらの支系はそれぞれかなり広範な自律性を有しているというものである。

　　一方，統合型総合制学校は伝統的な三分岐制学校を一つの学校に統合したもので，授業は全員共通の核グループ（Kerngruppe）と成績・能力・性向に応じて編制されるコースグループ（Kursgruppe）で行われるというものである。名称は州によって一様ではなく，ベルリンでは Integrierte Sekundarschule，ブレーメンでは Oberschule，ハンブルクでは Stadtteilschule，シュレスビッヒ・ホルシュタインでは Gemeischaftsschule と呼ばれている（H.Avenarius/H.P.Füssel,a.a.O., S.68〜S.69,S.337）。

（136）　A.Leschinsky u.a.（Hrsg.）, Das Bildungswesen in der Bundesrepublik Deutschland, 2008,S.437ff. C.Führ,a.a.O.,S.136ff. H.Avenarius/H.P.Füssel,a.a.O.,S.68ff., E.Stein/R.Monika, a.a.O.,S.191.

第Ⅲ部　第2章　教育をうける権利の法的構造

④　総合制学校が導入されて凡そ10年後の1980年代初めに実施された，ヘッセン州における社会階層と進学機会に関するマックスプランク教育研究所の調査によると[137]，次のような結果が見えている。すなわち，同州においては，社会階層と進学機会との関係は総合制学校では伝統的な三分岐制に比してかなり弱まり，また総合制学校が制度化されたことによって，進学機会に関する地域・男女間格差も大幅に緩和されたとされている。

2　統合型総合制学校をめぐる違憲訴訟

多分岐制学校制度の補完としてではなく，独占的な性格をもつ学校種（Schulart mit Monopolcharakter）として統合型総合制学校を導入することが可能か，表現を代えると，分岐制学校制度を撤廃して，単線型の普通中等学校を導入することができるかどうかをめぐって，1980年代にノルトライン・ウエストファーレン州とザールラント州でその合憲性を問う規範統制訴訟が起きている。

この問題について，ノルトライン・ウエストファーレン州憲法裁判所（1983年）とザールラント州憲法裁判所（1987年）はいずれも，基幹学校は憲法上，制度的保障（institutionelle Garantie）を受けているということを主要な根拠として，独占的な性格をもつ統合型総合制学校を導入することは違憲であるとの判断を示している[138]。このうち，ノルトライン・ウエストファーレン州憲法裁判所の判旨を摘記すると下記のようである[139]。

①　ノルトライン・ウエストファーレン州憲法8条2項は独立した教育課程としての基幹学校の制度的な保障を含んでいる。

---

(137)　Arbeitsgruppe am Max-Planck-Institut für Bildungsforschung (Hrsg.), Das Bildungswesen in der Bundesrepublik Deutschland,1984,S.199.

(138)　VGH Nordrhein-Westfalen Urt. v. 23. 12. 1983, In:RdJB（1984），S.245. VGH Saarland, Urt. v. 14. 7. 1987,In:RdJB（1988）S.349.
　　なおザールラント州では上記判決を受けて1996年に憲法27条3項が，下記のように改正された。「公学校制度は基礎学校，障害児学校，拡大実科学校，総合制学校，ギムナジウムおよび職業学校から構成される」。

(139)　ノルトライン・ウエストファーレン州におけるこの問題について，詳しくは参照：H. Avenarius, Ersetzung des gegliederten Schulwesens in Nordrhein-Westfalen durch eine Gemeinschaftsschule?-Zu den rechtlichen Grenze der Einführung einer Allgemeinen Sekundarschule,in:H.P.Füssel/G.F.Schuppert（Hrsg.）, Bildung im Diskurs, Ingo Richter zum 70. Geburtstag, 2008,S.193ff.

262

② 立法者は基幹学校と他の学校形態の学校を統合することができる。しかしその場合，基幹学校はその学校の支系を形成するものでなくてはならない。

③ 州憲法8条1項が保障する親の教育権は，ある学校の設置に関する必要性の判断に際して，親意思を確認できる公式な手続を要求する。

④ 正規の学校としての総合制学校を統合型総合制学校として組織するか，あるいは協同型として組織するかのような学校組織に関する基本的な問題は，「議会への留保」（Parlamentvorbehalt）に属する。

　一方，学説においてもこの問題は長年論議を呼んできたが，今日の指導的な学説によれば基本的にはつぎのように解されている[140]。

　「統合型総合制学校が憲法上認容されるためには，生徒の関心・能力・性向に応じて，教授システムの分化が図られなくてはならない。それによって親はその教育権を行使し，子どもの教育に対する責任を果たせることになる。国によって一方的に確定された教育目的を擁する，唯一の義務制の学校形態は，親の教育権を保障している基本法6条2項と相容れない。中等教育段階Ⅰの組織編制に関する国家の形成の自由は，伝統的な学校種の州憲法によるその存立保障によって制約される」。

第7節　子どもの権利の憲法条項化の試み

1　ドイツ統一と憲法改正

　1990年10月3日，第2次世界大戦敗北以来の戦勝国による分割統治とその後の国家分断の45年に及ぶ歴史に終止符を打って，ドイツは国家的統一を回復した。一連のソ連・東欧改革の結果としての統一ドイツの誕生であった。「ベルリンの壁」開放（1989年11月9日）から僅か11ヵ月。おそらく誰もが予想しえなかった歴史的エポックだといえよう。ドイツ人の住む地にドイツの統一国家が成立するのは，1871年のドイツ帝国以来，2度目のことである。「再統一」（Wiedervereinigung）といわれる所以である。統一の形態として，当初は「二つの独立した国家のゆるやかな連合体」が構想されていたが，結局は，ボン基本法23条＝「この基本法は……ドイツの他の領域については，その加盟後効力を生ずるものとする」に基づいて，東ドイツが西ドイツに編入されると

---

(140)　H.Avenarius/H.P.Füssel, a.a.O.,S.337.

第Ⅲ部　第2章　教育をうける権利の法的構造

いう方式がとられた。統一の実態は，端的にいえば，西ドイツによる東ドイツ
の吸収合併であったといってよい。州制度導入法（1990年7月22日・東ドイツ
人民議会制定）により，東ドイツはメクレンブルク・フォアポンメルン，ブラ
ンデンブルク，ザクセン，ザクセン・アンハルトおよびテューリンゲンの5州
に区画され，こうして統一ドイツは旧西ドイツの11州を加えた16州からなる
連邦国家として発足した。西ドイツの正式名称であった，「ドイツ連邦共和国」
（Die Bundesrepublik Deutschland）がそのまま新生ドイツの国名となり，ボン基
本法が，統一実現への手順を定めた条項を削除しただけで，そのまま統一ドイ
ツの憲法となった。国旗・国歌ともに西ドイツのそれが継承され，首都にはベ
ルリンが復活した。

　さて，上記のような手続によって統一が実現し，ボン基本法が統一ドイツの
憲法となったわけであるが，憲法（Verfassung）ではなく，基本法（Grundge-
setz）というタームを使用していることからも知られるように，それは，本来，
東西ドイツ統一までの暫定法として制定されたものであった。

　実際，ボン基本法は前文において「ドイツ国民は，過渡期について国家生活
に新秩序をあたえるために，その憲法制定権力に基づき，このドイツ連邦共和
国基本法を決定した」と明記しているし，また第146条も「この基本法は，ド
イツ国民が自由な決定で決定した憲法が施行される日に，その効力を失う」と
記している。

　果たせる哉，ドイツ統一の過程において東ドイツでは新憲法の制定要求が高
まり，そこでこれに応える形で，「ドイツ統一条約」（1990年8月31日）は，
統一後2年以内に，統一に関連して生じた問題について基本法の改正ないしは
補充をなすべきことを規定することとなる（5条）。

　1991年11月，連邦議会は基本法の見直しのために「合同憲法委員会」（Die
Gemeinsame Verfassungskommission）を設置することを決定し，1992年1月に
同委員会が正式に発足した。この委員会は連邦議会と連邦参議院の代表各32
名，計64名の委員で構成され，連邦議会選出委員は連邦議会における勢力比
に応じて配分され，政党別内訳はキリスト教民主同盟（CDU）／キリスト教社
会同盟（CSU）15名，社会民主党（SPD）11名，自由民主党（FDP）4名，連
合90（Bundnis 90）／緑の党（Die Grünen）1名，民主社会主義党（PDS）1名
であった。統一条約5条によって委員会に付託された課題を中心に審議・検討
を重ね，1993年11月に最終報告書を公にした[141]。委員会はそこにおいて
23ヵ条に及ぶ基本法の改正を勧告したのであるが，連邦議会と連邦参議院はこ

264

れをほぼ原案どおり受け容れ，かくして 1994 年 10 月，基本法の改正を議決した。主要な改正点は，EU 関連や連邦の政治組織の権限・手続に関する事柄のほかに，男女同権実現のための国の努力義務が明記されたこと（第 3 条第 2 項），障害者の保護条項が創設され（同条第 3 項），また環境保護に関する規定が国家目標として新たに盛り込まれたこと（第 20a 条），さらには教育に関する連邦と州の立法権の配分に関して手直しが加えられたこと（第 75 条），などであった。

2　子どもの権利の憲法上の保障要求

ただ，ここで特記しておかなくてはならないことがある。それは，上記の憲法改正のプロセスにおいて，「子どもの権利」（Kinderrecht）をそれ自体として憲法テクストでもって保障すべきだとする，「子どもの権利の憲法条項化」が青少年大臣会議や連邦議会子ども委員会[142]，さらには東ドイツ新憲法円卓会議，青少年援助連盟，連邦労働者福祉協会などによって強く唱導され，そして実際にその法案が SPD によって合同憲法委員会および連邦議会に提出され，審議されたという事実である。この憲法改正案は，最終的には成案を得るには至らなかったけれども―合同憲法委員会の採決（1993 年 6 月 17 日）で過半を制したが，3 分の 2 以上の法定多数には達しなかった（賛成票 24，反対票 20，棄権 2）。また連邦議会でも法定多数は獲得できず否決された（1993 年 12 月 1 日）―，この事実は，子どもの権利の歴史において，同時にまた世界の憲法史上まさしく一つのエポックをなし，格別に重要な意味をもつと言ってよいであろう。

そこで以下に，SPD の手になる基本法 6 条（家族条項）の改正案＝子どもの

（141）　Deutscher Bundestag（12. Wahlperiode），Bericht der Gemeinsamen Verfass-ungskommission gemäß Beschluß des Deutschen Bundestages und Beschluß des Bundesrates v.5.11.1993. Drucksache12/6000　（以下，Bundestag, Drucksache と略称），

（142）　子どもの権利の憲法条項化案に至るプロセスにおいて，「連邦議会子ども委員会」（Die Bundestags Kinderkommission）の果たした役割は大きい。

　この委員会は，1988 年 5 月に設置され，以下のようなことを課題とした。子ども・少年保護，子どもに対する暴力の追放，メディアからの子どもの保護，子どもポルノー，少年援助法の改正，子どもに快適な社会の創造，子どもを志向した環境政策，外国人・庇護権者・移住者の子ども，保育施設・消費対象としての子ども。そして子どもの権利，とりわけ「発達への権利」（Recht auf Entfaltung und Entwicklung）と「暴力から自由な教育への権利」（Recht auf gewaltfreie Erziehung）を憲法典で明記することを強く求めたのであった〈W. Schmidt, Die Bundestags Kinderkommission－Lobby für Kinder im Parlament,In:RdJB（1993）,S.462～S.464〉。

第Ⅲ部　第2章　教育をうける権利の法的構造

権利の憲法条項化案を訳出し，併せて SPD の法案提出理由とこれに反対する CDU/CSU・FDP の連立政権側の見解を端的に要約し，参考に供したいと思う。

　なお，このコンテクストとかかわって，ここで次の3点を指摘しておきたいと思う。

　第1は，子どもにとって最重要な基本的人権の一つである「教育をうける権利」ないし「教育への権利」を，一国の憲法として世界で最初に明記したのは，ドイツ3月革命の所産として制定を見た 1848 年のプロイセン欽定憲法（Die oktroyierte Verfassung vom 5.Dez.1848）であった，という憲法史実である。こう謳っていた。「プロイセンの少年は十分な公の施設によって一般的な国民教育をうける権利（Das Recht auf allgemeine Vo- lksbildung）を保障される。親および後見人は，その子または被後見人に，一般的な国民教育のために必要な教育を受けさせる義務を負う。」（第 18 条[143]）。

　第2に，とくに 1970 年代の半ば以降，ドイツにおける「子どもの権利」法制－したがってまた学校における生徒の法的地位や権利も－の発展や拡充・強化には目を見張るものがあり，憲法条項化が企図された後掲のような「子どもの権利」は，現行法制上，法律レベルでは既に概ね確認されているということである。

　たとえば，ライヒ少年福祉法（1922 年[143]）に代わって制定された「子ども・少年援助法」〈Kinder-Jugendhilfegesetz・1990 年〉は，子どもの発達や教育への権利に関し，高らかにこう宣明している。「すべての若い人々は，自らの発達の促進を求める権利（Recht auf Förderung seiner Entwicklung）および自己責任的で社会的に有為な人格への教育をうける権利（Recht auf Erziehung zu einer eigenverantwortlichen und gemeinschaftsfähigen Persönlichkeit）を有する」（第1条）。

　また家族法の領域においても，旧西ドイツ新監護法（1979 年）が旧来の「親

---

(143)　L. Clausnitzer, Geschichte des Preußischen Unterrichtsgesetzes,1891,S.162.
　　　この「教育をうける権利」の保障条項は，1850 年のプロイセン憲法では姿を消すが，ワイマール憲法（1919 年）の少年保護条項をうけて制定されたライヒ少年福祉法〈Reichsgesetz für Jugendwohlfahrt v.9.Juli 1922〉において法律レベルで復活した。同法第1条は「ドイツの子どもはすべて肉体的，精神的および社会的に有為となるための教育をうける権利（Recht auf Erziehung zur leiblichen, seelischen und gesellschaftlichen Tüchtigkeit）を有する」と書いた。

266

第 7 節　子どもの権利の憲法条項化の試み

権・親の権力」(Elterliche Gewalt) というタームを廃棄して，「親の配慮権」
(Elterliches Sorgerecht) なる概念のもとに親の子に対する権利・義務を再構成
し[144]，これに伴い民法上，親の単独決定権が制約されて，親には，自律的で
自己責任的な行為への，子どもの成長し増大しつつある能力と欲求を尊重する
義務，さらには子どもとの相談・合意への努力義務が明文上課されるに至って
いる（民法 1626 条 2 項[145]）。

　さらに学校法域でも，文部大臣会議の二つの決議：「生徒の共同管理」(1968
年) と「学校における生徒の地位」(1973 年)，ドイツ教育審議会の勧告「教育
制度における組織と管理の改革－学校の自律性の強化と教員，生徒，親の参加
－」(1973 年) などをうけて，各州で学校法制改革が敢行され，学校における
生徒の法的地位は格段と強化された。現行法制上，生徒は基礎的な権利として
の，自己に関係する基本的な事柄について「知る権利」(Informationsrecht) を
はじめ，たとえば，学校における自由な意見の表明権，校長に対する異議申し
立て権などの自由権や積極的な権利，教育内容の決定への参加までをも含む学
校教育運営への参加権などの能動的権利，さらには学校懲戒など生徒にとって
重要な決定に際しての聴聞権に代表される手続上の権利，等々の諸権利や自由
を享有するに至っている[146]。

　第 3 は，子どもの権利条約に対するドイツのスタンスに関してである。周知
のように，条約は 1989 年 11 月に国連総会で採択されたのであるが，ドイツが
条約を批准したのは 2 年有余経過した 1992 年 3 月のことである。114 番目の
批准国であった。しかもドイツは批准に際して 18 条などとくに親子法域の事
柄について－たとえば，未成年者の法定代理など－解釈宣言を付した。

　けれども，それは手続上，連邦と州・連邦与党と野党間での意見の集約に時

───────────

(144)　家族法学の通説は，いうところの「親の監護権」の本質的属性をつぎのように捉え
　　ている。「親の子に対する自然的な関係と愛情の流出で行為の枠であるが，しかしそれは
　　義務に拘束された権利 (pflichtgebundenes Recht) であり，子どもの促進ならびに自律
　　的な人格および社会の有為な成員への発達を旨として行使されなければならないものであ
　　る。」(G.Beitzke, Familienrecht, 25 Aufl.1988, S.259)。

　　また G. Fieseler / R. Herborth, Recht der Familie und Jugendhilfe,1994,によれば，端的
　　に「親の監護は，子どもの福祉のために行使されるべき，義務に拘束された他者の利益を
　　はかる権利 (pflichtgebundenes, fremdnütziges Recht) である」とされている (S. 27)。

(145)　この点については，さしあたり参照：J. Bauer / H. J. Schimke / W. Dohmel , Recht
　　und Familie, 1995, S.216～S. 220.　J. Munder, Beratung,Betreuung,Erziehung und Recht,
　　1991, S.27～S.35。

267

第Ⅲ部　第2章　教育をうける権利の法的構造

間がかかったことと，子どもの人権と親の教育権・教育責任との法的バランス
を考慮してのことであって，ドイツがこの面でネガティブでないことは，先に
垣間見た現行の法制状況からも容易に知られよう[147]。それどころか，権利条
約に盛られている主要な権利のカタログは，ドイツにおいては既に実定法化を
見ていると言ってよい。

　なお，基本法6条の改正論議においては，子どもの権利の憲法条項化のほか
に，家族以外の「継続的な生活共同体」にも基本法6条1項の保護を拡大すべ
きか，家庭における義務の履行と職業活動との調和をいかにして可能にするか，
そしてこれと関連して家庭における教育・監護給付に憲法上特別な承認を与え
るべきか，という点も俎上にのぼり，これらについてもSPDは基本法の改正
案を提出したが，いずれも否決されたということを，ここで付記しておこ
う[148]。

3　SPDの子どもの権利の憲法条項化案

　連邦議会子ども委員会，青少年大臣会議，連邦参議院憲法改正委員会等での
審議や提案を踏まえて，1993年4月22日と27日，SPDが合同憲法委員会に
提出した基本法第6条の改正案は，下掲のようであった[149]。

　◎第6条

---

(146)　参考までに，ノルトライン・ウエストファーレン州学校規程＜ Allgemeine Sc hu-
lordnung v. 8. Nov.1978）は，「学校関係は子どもの教育への憲法上の請求権，学校におけ
る子どもの教育に参加する教育権者の権利および子どもの発達と協同を促進する学校の義
務によって規定される」（3条1項）としたうえで，「生徒はとりわけ以下のような権利を
もつ」として，下記のような権利リストを列挙している（3条3項）。

　　　授業および学校行事に参加する権利，授業内容の選択に参加する権利，自分に関係する
基本的な事柄について知る権利，自己の成績状態に関して知る権利，進路の問題で助言を
うける権利，学校において自己の見解を自由に表明する権利，生徒新聞を発行する権利，
権利を侵害されたと思う場合には校長に異議を申し立てる権利，生徒事項に関してその調
停を教員協議会に求める権利，秩序措置の発動の前に聴聞される権利，生徒証明書を保持
する権利，学校教育運営への参加権。詳しくは参照：H. Pöttgen / W. Jehkul/ W.Esser,
Allgemeine Schulordnung (Kommenter), 14 Aufl. 1993, S. 21ff.

(147)　子どもの権利条約のドイツ法制へのインパクトについては，参照：M. Coester / K.
P.Hansen,Das UN Übereinkommen über die Rechte des Kindes und das KJHG :Impulsezur
Kindeswohlverwirklichung, in: C. Steindorff (Hrsg.), Vom Kindeswohl zu den Kindes-
rechten,1994,S. 21ff.　石川稔・森田明編「児童の権利条約」，一粒社，1995年，477〜490
頁。

268

第7節　子どもの権利の憲法条項化の試み

第4項（全文新規）＝「子どもは，自らの基本権を保持しその発展を求める権利（Recht auf Wahrung und Entfaltung ihrer Grundrechte）および自己決定能力と責任能力をもつ人格への発達権（Recht auf Entwicklung zu selbstbestimmungs-und verantwortungsfähigen Persönlichkeiten）を有する」。

第5項（下線部分が新規）＝「子どもの監護および教育は，親の自然的な権利であり，かつ何よりもまず親に課せられている義務である。その実行に対しては，国家共同社会がこれを監視する。自律的で責任ある行動への，子どもの成長しつつある能力は考慮される。子どもは暴力から自由に（gewaltfrei）教育される」。

第6項（下線部分が新規）＝「国家共同社会は子どもに適した生活関係（Kind gerechte Lebensverhältnisse）に対して配慮する。国家共同社会は，子どもの肉体的および精神的な発達のために均等な条件を創造し，また子どもの家庭的，経済的ないしは社会的な状態にもとづく不利益を除去しなければならない。子どもの福祉に反する子ども労働は禁止される。子どもは，教育権者がその責任を果たさない場合，または子どもがその他の理由で放任されるおそれのある場合に，ただ法律の根拠にもとづいてのみ，教育権者の意思に反して家族から引き離すことが許される」。

---

(148)　SPD が合同憲法委員会において提出した基本法 6 条 1 項から 3 項までの改正案は，次の通りである。（Bundestag,Drucksache, S.55）
　　第 6 条第 1 項　婚姻および家族は，国家秩序の特別の保護をうける。この保護は，その他の継続的な生活共同体をも包含する。
　　　第 2 項　女性は妊娠および出産に際して，社会の保護ならびに配慮を求める権利を有する。
　　　第 3 項　親密な共同体において子どもを教育する者あるいは援助を必要とする者を監護する者は，国によって支援される。国は女性と男性に対して同じように，彼等の家庭における義務の履行と職業活動及び公の生活への参加とを調和できる可能性を促進する。
(149)　Bundestag, Drucksache, S. 56.
　　なお，L.M.Peschel-Gutzeit,Die Aufnahme von Kinderrechten in das Grundgesetz, In: RdJB（1994),S.491ff にも合同憲法委員会における審議の概要や SPD の憲法改正案等が収録されている。

第Ⅲ部　第2章　教育をうける権利の法的構造

4　SPDの憲法改正法案提出理由

上記のようなSPDによる「子どもの権利の憲法条項化」に関する法案提出理由の要点を摘記すれば，つぎの通りである[150]。

①　基本法は子どもの権利，とくに社会の他のグループに対する子どもの法的地位について何ら語るところがない。ただ第6条だけが子どもに言及しているが，しかしそれは単なる規律対象としてであり，固有の権利主体としてではない。子どもが基本権の享有主体であることは自明であり，そのことを憲法において積極的に明記すべきである。

②　「自律的で責任ある行動への，子どもの成長しつつある能力は考慮される」との法案を創設することによって，親の教育権は「子どもの利益における権利」(Recht im Interesse des Kindes) であり，子どもを教導する必要性が少なくなるにつれて，また子どもの判断力が増すにつれて，そのもつ意味は縮減する，ということがより明確になる。この法理は既に判例上に確立しており，また民法1626条2項が法定しているところでもあるが，憲法の条文でこれを明記すべきである。

③　現行の基本法6条2項（親の教育権条項）からは，子どもの促進および教育を求める固有の基本権は導かれないが，しかし親は教育権の行使に当たって子どもの基本権，なかでも人格権によって制約される。親は何が「子どもの福祉」(Kindeswohl) に叶うかを決定するに当たり，子どもの基本権上の地位に係留されて，子ども自身による基本権の自己責任的な保持を尊重しなければならないのである。

④　子どもを暴力から自由に教育するという要請は，暴力の追放に多大な貢献をする。これにより，子どもに対する暴力の問題への一般的な関心がより強く喚起される。

⑤　子どもに適した生活関係の確保およびすべての子どもに対する均等な発達機会の保障ということに関しては，国の責務は一段と強化されなくてはならない。現行のように，基本法6条2項および3項が定める条件下においてのみ，国家共同社会が監視人として親の教育権に介入してもよいとし，一方で親が教育責任をどのように遂行するか，その決定をもっぱら親に委ねるというのでは，もはや不十分である。

⑥　子どもの福祉に反する子ども労働を禁止する必要がある。われわれの社

---

(150)　Bundestag, Drucksache,S.59.

会においては，利欲的なモティーフによる，子どもの福祉を無視した子ども労働が要求されているという，深刻な徴候が認められるからである。

5　CDU/CSU/FDP 連立政権の憲法改正法案反対理由

CDU・CSU と FDP の連立政権側は子どもの特別な権利を憲法で明記する必要性を認めなかったわけであるが，その主たる理由は以下のようである[151][152]。

①　自明のことではあるが，子どもが基本権の主体であることは基本法も認めており，現行法制上，「子どもの保護」（Kinderschutz）も憲法レベルで既に整備されている。こうした状況下にあって，子どもの基本権主体性を改めて付加的に憲法に明記することは，ほとんど意味をなさない。

②　憲法上保障されている親の教育権は，いわゆる「承役的基本権」（dienendes Grundrecht）として，子どものために，また子どもの利益において行使されるべきものである。ここにおいては子どもの福祉が決定的なのであり，親はその権利の行使に当たって，子どもが自己責任的な人格に発達するよう当然に奉仕しなくてはならない。提案されているように，子どもの人格の発展を期して国の義務を強化することは，むしろ親の教育権に消極的な効果をもたらすことになる。国による外的な統制によって，親の教育権が空洞化される恐れなしとしない。

③　すでに子どもも基本法 2 条 2 項によって「身体を害されない権利」を享有しており，改めて「暴力から自由な教育」（gewaltfreie Erziehung）という命題を規定したとしても，子どもの虐待に関し変わるところはあるまい。

④　特別な地位にある各グループをそれぞれ別途に基本法で規定することは，憲法上，誤りである。こうした特別な規定がなければ，一般的な基本権はこれらの個別グループには妥当しないかのような誤解を招くことになるからである。

⑤　現実社会において困難，障害，不利益や権利侵害をうけている国民の各

---

(151)　Bundestag, Drucksache,S.60.

(152)　ドイツにおいては，その後も子どもの権利の憲法条項化法案が繰り返し連邦議会に提出されてきているが，成立を見るに至っていない。第 13 期連邦議会（1994 年 10 月～1998 年 10 月）から第 17 期連邦議会（2009 年 10 月～2012 年 1 月現在）までの議会における審議経過について，詳しくは参照：荒川麻里「ドイツにおける『子どもの権利憲法条項化案』棄却の論理」，筑波大学教育制度研究室「教育制度研究紀要」第 7 号，2012 年，95 頁以下。

第Ⅲ部　第2章　教育をうける権利の法的構造

グループを個別に基本法で取り上げるのも有意味ではない。それでもって社会問題が解決されたとの誤った印象を与えることになる。変革されなければならないのは社会意識であり，それは憲法改正のみによっては到底なしえるところではない。

第3章　移民背景をもつ子どもの教育をうける権利と学校法制

第1節　移民背景をもつ子どもの教育現実

　ドイツは1956年にイタリアから最初の移民労働者（Arbeitsmigranten）を受け入れたのを皮切りに，1973年の外国人労働者募集の全面的停止に至るまで，南欧，東欧，中東諸国，アフリカなどから数多くの外国人労働者を受け入れてきた。当時，彼らは「客人労働者」（Gastarbeiter）としてドイツに迎えられたのであり，一定期間の経過後には再び本国に帰国するものと想定されていた〈いわゆる「ローテーション原則」（Rotationsprinzip）〉。そこには「ドイツは移民国家（Einwanderungsland）ではない」というテーゼが厳然として存していた。そこで従来，生徒に関する行政統計もドイツ国籍をもつか否かを基準として，「ドイツ人生徒」と「外国人生徒」というカテゴリーで捉えられてきた。

　しかし現実には，多くの外国人労働者とその家族がその後も長期に亘ってドイツに留まり，こうして，いわゆる「ローテーション原則」は非現実的であるということが明らかとなった。また上記のような統計手法は生徒本人や親の移住経験を考慮しておらず，したがって，教育政策上ないし教育実践上の課題に適切かつ有効に対応することが困難である，との認識が広く浸透することとなった。

　こうして2005年に実施されたマイクロセンサス（Mikrozensus）から[1]，国籍だけではなく，本人や親のドイツ内外での出生地などを含めた「移民背景をもつ住民」（Bevölkerung mit Migrationshintergrund）という概念で把握されるに至った。

　それによると，ドイツに居住する移民背景をもつ住民はおよそ1,530万人で，これは全人口の18.6％に当たる。つまり全人口の5人に一人が移民背景をもつ住民だということになる。この数字は従来，「外国人」という範疇で把握されてきた数の約2倍で，その国籍別の内訳はドイツ国籍が800万人，外国国籍が730万人となっている。移民背景をもつ住民を年齢層別に見ると，教育政策の主要な対象となる25歳以下の年齢層は約600万人で，同年齢層の27.2％，

（1）　マイクロセンサスとは，全世帯を対象とする国勢調査（Volkszählung）とは異なり，全人口の1％相当の世帯を無作為抽出して実施する調査をいう。

第Ⅲ部　第3章　移民背景をもつ子どもの教育をうける権利と学校法制

3人に一人を占めているという状況にある[2]。近年,「ドイツは現実には移民国家である」と捉える見解が見られている所以である[3]。

ところで,上記に言う「移民背景をもつ住民」にはどのような種別があるのか。L.R.ロイターによれば,下記のような六つのカテゴリーに区別できるとされる[4]。

①　かつてガストアルバイターと称された外国人労働者とその家族。たとえば,韓国との補充協定にもとづく看護師などの特殊技能労働者もこれに含まれる。

②　かつての経済相互援助協議会に加盟していた州の出身者で,旧東ドイツ地域に留まっている旧東ドイツ契約労働者（DDR-Vertragsarbeiter）とその家族。

③　東欧諸国やトルコとの政府間協定にもとづく請負契約労働者とその家族。

④　東欧,とくにポーランド,ルーマニア,ロシアなどからのドイツ系強制移住者（deutschstämmige Aussiedler）。

⑤　アフリカ,中東,バルカン半島,東欧などからの政治的亡命者・庇護権者や難民。

⑥　かつてのソ連からのユダヤ人避難民。

そして以上のコンテクストにおいて無視できないのは,既に各方面からしばしば指摘されているところであるが[5],移民背景をもつ家庭はドイツにおいて社会的・経済的地位が相対的に低く,その子どもの多くはドイツ語が不十分で,学校における成績も下位に位置しているという現実が見られていることである。

---

(2)　H. Avenarius u. a., Bildungsbericht für Deutschland, 2006, S.139ff. H. Avenarius/H.P. Füssel,Schulrecht, 8 Aufl.2010,S.104～S.105. P.Stanat, Heranwachsende mit Migrationshintergrund im deutschen Bildungswesen,In: A.Leschinsky u.a. (Hrsg.),Das Bildungswesen in der Bundesrepublik Deutschland,2008,S.696.

　　なお2000年に国籍法が改正され,親が8年以上ドイツに居住している外国人の子どもは,出生時にドイツ国籍を取得できるとされるに至った。

　　くわえて,2018年12月には新移民法案が閣議決定された。新法はEU域外からの業種を問わない移民受入れを目的とするもので,入国手続きや就労手続きも簡単になる見通しで,今後,外国人労働者の大幅な増加が見込まれている〈「朝日新聞」2019年1月7日付け〉。

(3)　P.Stanat, a.a.O.,S.685.

(4)　L.R.Reuter, Schulrechtliche und schulpraktische Fragen der schulische Betreuung von Kindern und Jugendlichen nichtdeutscher Erstsprache,In:RdJB（1999）,S.28～S.29.

(5)　たとえば,S.Schmahl, Die Beschulung von Kindern und Jugendlichen mit Migrationshintergrund:Eine Bestandsaufnahme des geltendes Rechts,In:RdJB（2004）,S.24.

また移民背景をもつ生徒の中等段階Iにおける学校種別の在籍率を見ると，基幹学校と統合型総合制学校では80％以上を占めているのに対して，ギムナジウムでは50％以下であり，こうして移民背景をもつ生徒の大学への進学率は相対的に低くなっている〈大学での学修開始者（Studienanfängerquote）の割合・ドイツ人＝32.5％，外国人＝5.3％（2000年）〉。逆に予備学年や学校幼稚園，さらには促進学校（障害児学校）への指定率がドイツ人に比べて高いという現実もある。さらに約5分の1の基幹学校は生徒の問題行動など，教育上深刻な問題を抱えており，移民背景をもつ生徒が多数を占めていることもあって，基幹学校は彼らとドイツ社会との遮断を強化しているとの指摘もある。

しかもこのような基幹学校にあって，移民背景をもつ生徒の二人に一人は基幹学校修了資格（Hauptschulabschluß）を得るまでには至っていないというのが現実である[6]。

第2節　常設文部大臣会議の外国人教育政策

伝統的に文化連邦主義（Kulturföderalismus）をとるドイツにあっては，各州の教育政策を調整し国民国家としての共通性を確保するための機関として，1949年10月以来，「各州文部大臣常設会議」〈以下，KMKと略〉が設置されているが，このKMKは外国人教育の領域においても，これまで各種の勧告や決議をしてきている。そして今日のドイツにおける外国人教育法制の基本的な枠組みは，これらの勧告や決議に依拠しているということが重要である。

そこで，以下に，外国人ないし移民背景をもつ生徒の教育に関するKMKの勧告・決議のうち，その主要なものについて，年代順にその概要を見るとともに，若干のコメントを加えていくこととしたい。

〈1〉　異民族グループのための学校の設置に関する決議（1950年[7]）
これは，ドイツに滞在している外国人に対して，その子どもの民族教育のた

---

(6)　以上については，C.Kristen, Migranten im deutschen Schulsystem:Zu den Ursachen ethnischer Unterschiede, In:RdJB（2004）,S.12. W.Böttcher/K.Klemm/T.Rauschenbach, Bildung und Soziales in Zahlen,2001,S.273ff. H.Avenarius u.a.,a.a.O.,S.151ff. A.Leschinsky u. a.（Hrsg.）,a.a.O.,S.686,S.701.

(7)　Errichtung von Schulen für fremde Volksgruppen, Beschluß der KMK v. 27/28. 10. 1950, In: KMK Beschluß-Sammlung, Nr. 896.

第Ⅲ部　第3章　移民背景をもつ子どもの教育をうける権利と学校法制

めに自分達で独自の学校を設置したり，こうした学校が既に存在している場合にはその存続を保障しようとしたもので，つぎの3点が骨子をなしている。

①　異民族のグループの子どものために，母国語で授業を行う特別な学校ないし学級が存在する地域においては，生徒数がそれを正当化する限り，これらの学校・学級の存続は認められる。ただし，ドイツの学校監督庁の監督権に服する。

②　生徒数が少なくてこのような学校が設置不可能な場合には，異民族グループの子どもは居住地域の公立学校に入学するものとする。しかしその際，彼等は同国人の教員から母国語による補習授業をうけることができる。

③　異民族グループの子どものために私立学校を設置することは，基本法7条4項によって保障される。

〈2〉　外国人の就学義務に関する決議（1952年[8]）

この決議は，外国人（無国籍）の子どもにもドイツ人と同様の就学義務を法律上確定することを求めたものである。こう述べている。

「困難と不均衡な法律関係を回避するために，1938年のライヒ就学義務法および1945年以降の就学義務に関する州法の原則に則り，一般的就学義務（allgemeine Schulpflicht）を適切な法規により，無国籍の外国人にも拡大するように勧告する」。

しかしKMKのこうした勧告にも拘らず，外国人の子どもに対して就学義務を導入したのは8州だけで，その他の州においては，就学するかどうかは外国人自身の任意に委ねられた。その結果，1965／66年学期に義務教育学校に就学した外国人生徒は2万5000人だけであった[9]。

〈3〉　外国人の子どものための教育に関する決議（1964年[10]）

1960年代の前半，旧西ドイツには多数の外国人労働者とその家族が流入しつつあった。そこで，母国語による教育に配慮しながらも，すべての外国人の

---

(8)　Schulpflicht der Ausländer, Beschluß der KMK v. 18. 1.1952, In:KMK Beschluß-Sammlung, Nr. 895.

(9)　旧西ドイツにおいて，外国人生徒に関する統計がとられ始めたのは，この年，1965/66学期からのことである（KMK, Schulbesuch ausländischer Schüler in der BRD, 1979, S.1）。

(10)　Unterricht für Kinder von Ausländern, Beschluß der KMK v. 14/15.5.1964, In: KMK Beschluß-Sammlung Nr. 899.

子どもをできるだけ速やかにドイツの学校制度に順応させ，編入しようとしたのが，この決議の主旨である。

　すなわち，まず「各州の教育行政機関は，適切な措置を講じることによって，外国人の子どものドイツの学校への入学を可能にし，またそれを容易にする義務を負う」と謳い，これをうけて，具体的には，以下のようなことを求めている。

　①　外国人の子どもの就学義務について法律上の規定が存在しない州においては，行政規則によって，彼等をドイツの公立学校に入学させるよう規律すべきである。

　②　外国人の子どものドイツの学校への順応を容易にするためには，彼等に対して補習をして，ドイツ語の基礎を教えなくてはならない。可能であれば，彼等が普通クラスの授業に参加出来るようになるまで，特別な学級・予備学級（Vorklasse）で教育されるべきである。

　③　母国語による外国人の子どもの教育には格別な意味がある。そこで，この教育は同国人の教員によってなされ，これについてはドイツにある同国領事館が責任を負うものとすべきである。ドイツの教育行政機関は，教室を無償で貸与するなどして，かかる教育を援助しなくてはならない。

　上記③から窺えるように，この勧告はなお，外国人は一定期間後には再び本国に帰国するであろうという，いわゆる「ローテーション原則」に立脚していると言える。

　なお KMK は 1969 年 2 月 9 日，外国人生徒の普通クラスへの編入を容易にするために，生徒数が 15 人から 25 人の「移行学級」（Übergangsklasse）を設置するように勧告している。

　〈4〉　外国人労働者の子どものための教育に関する決議（1971 年[11]）

　KMK の決議は，州の法令によって法認されると，拘束力ある州法となる。そうでなければ，法的にはあくまで単なる勧告でしかない。この結果，外国人の子どもの教育に対する対応にも，州によってかなりの差異が生じることになり，実際，この問題について殆ど無関心な州も見られた。そこで，この決議は，

---

(11)　Unterricht für Kinder ausländischer Arbeitnehmer, Beschluß der KMK v. 3. 12.1971. In: P. Kischkewitz/L. R. Reuter, Bildungspolitik zweiter Klasse? - Ausländerkinder im Schulsystem der Bundesrepublik Deutschland, 1980, S.210-S.216.

第Ⅲ部　第3章　移民背景をもつ子どもの教育をうける権利と学校法制

外国人の子どもの教育に関する各州の従来の法制を調整し，整備・発展させて，外国人の子どもにもドイツにおいて教育の機会均等等を保障することを目ざしたものである。

　ちなみに，1970年の時点で，ドイツにおける外国人生徒はおよそ15万9000人を数えていたが，このうちの9割は基礎・基幹学校と特殊学校（Sonderschule）に在学していたという現実があった。

　この決議は法的基盤，ドイツの学校への受入れ，授業の組織・内容およびドイツの学校への編入に際しての援助，成績表，教員および母国語による授業の6点について言及しているが，それぞれの要旨は以下のようである。

　① 　法的基盤

　外国人の子どもも，ドイツの就学義務法にもとづいて，ドイツの学校で就学義務を履行しなくてはならない。民族学級（nationale Klasse）の設立を要求する法的基盤は存在しない。学校監督はドイツの教育行政機関の権限に属する。ただ母国語による教育に対する監督権は，州の固有責任において，送り出し国の代表に委任することができる。生徒福祉および親の学校教育参加については，ドイツ人の場合と同様の法令が外国人にも適用される。

　② 　ドイツの学校への受入れ

　ドイツ語に支障のない外国人の子どもは普通学級（Regelklasse）に受け入れられる。しかしその割合はクラスの20％を超えてはならない。ドイツ語が不十分で普通学級の授業についていけない外国人生徒は，準備学級（Vorbereitungsklasse）で教育をうける。準備学級はドイツの学校の一部をなす。

　③ 　授業の組織・内容およびドイツの学校への編入に際しての援助

　準備学級は，外国人の子どもがドイツの学校関係に速やかに順応できるようにすることを任務とする。1学級の標準規模は15人で，24人を超えてはならない。非自然科学・非語学の教科はドイツ人生徒と一緒に授業を受けることができる。またこれらの教科はドイツ人教員と外国人教員が共同で教えてもよい。準備学級への就学は通常1年間である。

　外国人生徒の普通学級への編入を容易にするために，ドイツ語の補習授業や宿題の援助がなされるべきである。またドイツ語集中講座を設けることも可能である。外国人生徒の特別な事情を考慮した，彼等のための教材が開発されなくてはならない。

　④ 　成績表

　普通学級に在籍する外国人生徒は，ドイツ人と同じ成績表をうけとる。準備

278

第2節　常設文部大臣会議の外国人教育政策

学級の生徒もまた成績表をうけとる。

　⑤　教員

　ドイツ人教員の現職教育においては，外国人生徒の問題を取り扱わなくては
ならない。教員養成の第1段階においても特別な措置が必要である。外国人教
員は，州法により，広義の公務員関係に立つ。彼等はその際，ドイツ語力を証
明しなければならない。

　⑥　母国語教育

　外国人生徒は母国語教育をうける可能性を保障されるべきである。その任務
は，彼等が母国の言語や文化と関連をもてるようにすることにある。母国語教
育は，通常，同国人の教員によって行われるものとする。この授業は，必修の
外国語教育に代えることができる。

〈5〉　外国人労働者の子どものための教育に関する新協定（1976年・1979
　　　年[12][13]）

　1973年11月，KMK は上記の1971年勧告を再検討するための委員会を設置
した。連邦政府の外国人政策が大きく転換し，外国人労働者の募集停止が決定
（1973年）されたのが，その最大の理由である。しかも両者は同じ年の，同じ
月になされており，ここでは，教育政策と経済政策がパラレルになっているの
が特徴的である。

　この決議は，端的にいえば，同時に二重の戦略を追求している。外国人生徒
がドイツ語を習得し，ドイツの学校の卒業資格を得られるようにすることと
〈ドイツ社会への編入〉，母国語の知識を拡大することである〈外国人の文化的
アイデンティティーの保持[14]〉。

　なお，この KMK の決議は，その後，今日に至るまでのドイツにおける外国
人教育政策を強く規定し，方向づけてきているので，以下，勧告事項に即して
やや詳しくその内容を見ておきたいと思う。

----

(12)　Neufassung der Vereinbarung, Unterricht für Kinder ausländischer Arbeitnehmer,
　　　Beschluß der KMK v.8.4.1976, In: KMK Beschluß-Sammlung, Nr.899.1.

(13)　1976年の KMK 決議は，1979年10月26日の「実科学校とギムナジウムにおける外
　　　国人のためのドイツ語教育に関する協定」によって修正・補充された（S.Schmahl，Die
　　　Beschulung von Kindern und Jugendlichen mit Migrationshintergrund:Eine Bestandsauf-
　　　nahme des geltendes Rechts,In:RdJB（2004）,S.24.）。

(14)　C. Langenfeld, Integration und Kulturelle Identität zugewanderter Minderheiten,
　　　2001,S.40.

第Ⅲ部　第3章　移民背景をもつ子どもの教育をうける権利と学校法制

① 法的根拠

a）就学義務　　就学義務に関する法律は外国人の子どもにも適用される。外国人生徒はドイツ人の生徒と同様の権利を有し，義務を負う。

b）生徒福祉　　学校災害保険，教材・教具の無償，職業相談，教育援助その他の生徒福祉に関する法律は，ドイツ人の生徒と同じように，外国人生徒にも適用される。

c）親の学校教育参加　　学校制度の形成に際しての教育権者の参加に関する法令は，外国人の教育権者にもドイツ人の場合と同様に適用される。

d）学校監督　　学校監督権はドイツの学校監督庁に属する。母国語教育に対する監督については，各州に決定権がある。

② ドイツ学校への受入れ

就学義務年齢にあり，かつドイツの学校の授業に言語上支障なくついていける外国人の子どもは，普通学級に受け入れられる。その場合，外国人生徒の割合は原則として20％を超えてはならない。それを上回る場合は，外国人生徒のための特別学級（besondere Klasse für ausländische Schüler）を設置することができる。ただそこにおける授業もドイツの学習指導要領に依るものとする。

他方，ドイツ語が不十分で普通学級の授業についていけない外国人生徒のために，準備学級，ドイツ語と母国語の併用学級，集中コース，促進時間など，特別な教育上の制度が設けられるべきである。ドイツ語と関係のない教科は，外国人生徒はドイツ人生徒と一緒に授業をうけるものとする。

学校監督庁は教員の配置や教材・教具に関して，外国人生徒に特別な配慮をしなくてはならない。

③ 授業の組織と内容。ドイツの学校への編入に際しての援助

a）準備学級　　準備学級の授業は外国人生徒のドイツの学校への順応を容易にし，早めることを課題とする。したがって，重点はドイツ語教育にある。原則として，生徒15人で編制し，24人を超える場合はクラスを分割すべきである。そこにおける授業はドイツの学習指導要領による。同じ母国語の生徒だけで編制される準備学級においては，授業は生徒の母国語で，同国人教員によって行うことができる。準備学級への就学は2年間継続できる。ここでドイツ語を十分習得した生徒は普通学級に編入される。

b）母国語とドイツ語の併用学級　　外国人労働者の集住地域に住んでいる同じ母国語の外国人生徒は，特別の学習指導要領に基づき，母国語の学

級で授業を受けることができる。ここでは，ドイツ語は外国語として教えられる。このような学級は，生徒が 25 人以上いれば編制できる。母国語による授業とドイツ語によるそれの割合および普通学級への編入の条件は，各州がその固有の権限で決定するものとする。

c ）ドイツ語集中コース　　生徒数が少ない場合には，準備学級や母国語・ドイツ語併用学級に代えて，外国語としてのドイツ語集中コースを設けてもよい。

d ）ドイツ語促進授業　　ドイツ語が十分ではないが普通学級に在籍している外国人生徒には，ドイツ語の促進授業がなされるものとする。

e ）その他の援助　　外国人生徒の学校や社会における編入を促進するために，宿題の援助，就学前措置などが考慮される必要がある。

f ）教材・教具　　州の教育行政機関と外国人のための教材・教具開発研究所との協同が継続されなくてはならない。

④　上級学校への編入に際しての援助

外国人生徒には，その能力に応じて進学できるように，上級学校においてもまた特別な援助がなされなければならない。必要に応じて，彼等に対しドイツ語の促進授業が行われるべきである。組織的・人的な条件が許せば，母国語教育を第 2 外国語として実施することができる。

⑤　特殊学校への指定

外国人生徒の特殊学校への指定については，ドイツ人生徒の場合と同様の法令が適用される。ドイツ語の知識が不足しているということは，特殊学校指定の理由とされてはならない。誤った決定を避けるために，特殊学校への指定に先立って，10 週間，当該生徒の授業が観察されなくてはならない。

⑥　職業学校

予備教育をうけていないため，あるいはドイツ語の知識が不足しているために，職業教育・訓練ないし労働関係に立っていない職業学校就学年齢の外国人の子どもは，特別学級で教育がうけられるように措置すべきである。授業の重点はドイツ語であるが，当該職業領域の専門用語も考慮されなくてはならない。同じ国籍の生徒だけでクラス編制が可能であれば，同国人教員によって母国語で教えてもよい。単にドイツ語の知識が不足しているだけの外国人の子どもに対しては，ドイツ語の集中コースが設けられるものとする。

⑦　母国語の補習授業

普通学級ないし準備学級において母国語による授業をうけていない外国人生

281

徒は，母国語の補習授業（muttersprachlicher Ergänzungunterricht）をうける機
会をもつべきである。これには，本国の歴史や地誌に関する教科も含まれる。
ただ生徒の過重負担とならないよう，週5時間を超えてはならない。

⑧　成績表

外国人生徒もドイツ人生徒と同じ成績表をうけとる。母国語による授業につ
いては，母国語による評価が含まれてよい。成績評価にあたっては，言葉に起
因する学習上の障害を考慮すべきである。ドイツ語の落第点は，最初の2年間
においては，原級留置の理由とされてはならない。成績表には母国語の翻訳を
添付されたい。

⑨　教員

ドイツ人教員の養成に際しては，外国人生徒に対する授業という課題が考慮
されるべきである。とりわけ現職教育がこの任務を引き受けなくてはならない。
外国の学校に勤務したことのある教員の経験が活用されるべきである。

ドイツで教育活動に従事する外国人教員は，本国で教員養成を終了し，しか
も教授経験を有していなくてはならない。外国人教員は広義の被用者関係
（Angestelltenverhältnis）に立つ。外国人教員はその任務に応じて，ドイツ語の
知識を習得する義務を負う。そのために，彼等にはドイツ語のコースが用意さ
れるものとする。外国人教員の人事権はドイツの行政機関にある。

⑩　州の教育行政機関と送り出し国との協同

KMK は送り出し国とともに，外国人労働者の子どもを教育上促進すること
には特別な意味がある，との見解に立つ。そこで，以下のことを送り出し国に
要望するように推奨する。

a）有能な教員がドイツの学校で一定期間勤務できるようにすること。

b）就学義務や規則的な就学の意味について，教育権者に基本的な情報が提
供されるよう配慮すること。

c）ドイツの公立学校での外国人生徒の成績は本国でも承認されること。

d）本国での摩擦の少ない編入を保障するために，帰国する生徒のために特
別措置を講じること。

〈6〉　KMK 報告書「移住」（2002 年[15]）

上記 1976 年・1979 年の KMK 決議は基本的にはいわゆる「ローテーション

---

(15)　KMK: Der Bericht;Zuwanderung;,KMK- Beschl. v. 24. 5. 2002.

原則」に立脚していたのであるが，外国人労働者の多くは当時想定されたようには帰国せず，引き続きドイツに滞在し続けた。このような状況下にあって，2000年5月に上記決議は廃棄され，これに代わって2002年に公にされたのが，この報告書である。この報告書は，ドイツへの移住者に対する教育は，その法的地位を基準としてではなく，学習の必要性に応じて提供されるべきであるとの観点から，外国人生徒のドイツの学校への入学のための措置と東欧諸国などからのドイツ系強制移住者のそれとの調整を促したものである[16]。

〈7〉 共同声明：チャンスとしての統合－共により公平な機会を求めて（2007年[17]）

上記6までのKMK決議や報告書とは異なり，この決議はKMKと「移民背景をもつ人々の組織」という民間団体との共同声明としてなされたものである。この共同声明の主旨は基本的にはいわゆる「統合原則」に立脚して，移民背景をもつ子どもだけでなく，その親も含めて，ドイツ社会にいかに公平に統合するか，ということにある。移民背景をもつ親も直接の対象としている点に特徴がある。Ⅰ前文，Ⅱ国民的な統合計画，Ⅲ社会的空間における親と教育施設の積極的な協同，Ⅳ展望の4部から構成されているが，そのうちⅡとⅢの要旨を摘記すると，それぞれ下記のようである。

Ⅱ 国民的な統合計画

各州は自らの義務として下記に同意する。

① 教育は達成されるべき統合のための最も重要な手段である。すべての若い世代の人に対して，「一般教育および職業教育をうける権利」（Recht auf allgemeine und berufliche Bildung）を保障し，人格の自由な発達を促進し，そして社会生活および職業生活に向けて青少年を準備することは，国の教育責務の核心領域に属している。この憲法上の国の教育責務は，移民背景をもつ生徒に対してもまた履行されなければならない。

② 保育施設（Kindertageseinrichtungen）の教育責務は幼児の基本的な能力の育成とその強化にあるが，そのうち言語教育は保育施設のもっとも重要な教育責務に属する。言語教育はできるだけ早期にかつ規則的に開始され，体系的

---

(16)　S.Schmahl, a.a.O.,S.25.

(17)　Integration als Chance-gemeinsam für mehr Chancengerechtigkeit.
　　Gemeinsame Erklärung der KMK und der Organisation von Menschen mit Migrationshintergrund, KMK Beschl. v. 13. 12. 2007, KMK AL 146-35.

第Ⅲ部　第3章　移民背景をもつ子どもの教育をうける権利と学校法制

に構築されなければならない。保育施設における早期の言語の促進のために，各州は質的・量的にニーズに見合った保育を整備する。言語教育というテーマは保育施設という概念自体に含まれる。

③　保育施設と基礎学校に共通の教育計画を策定する必要がある。保育施設における促進の可能性と基礎学校への入学に際しての期待との一致が，近年，かなり達成されつつある。基礎学校入学前のドイツ語能力確認検査手続きが近年すべての州で導入された。ただ移民背景をもつ子どもが多く就園している施設に対しては，ドイツ語能力の促進のために追加の補償措置が必要である。またこれらの措置の成果を検証し，州間で情報交換する必要がある。

④　ドイツ語能力の促進措置を現実化するためには，教育者の有資格化が不可欠である。各州はそのための措置を講じ，その結果について定期的に情報交換する必要がある。

⑤　授業用語・コミュニケーション用語としてのドイツ語は格別に重要な意味をもつ。ドイツ語が不十分な子どもを，彼らが等しく授業に参加できるように促進する必要がある。これはすべての教員，すべての教科の役割である。各州はすべての学校形態と学校段階でドイツ語促進措置を実施する。と同時に各州は，今後5年間ですべての教員がドイツ語教育の責務を果たせるように，これに関する現職研修を実施する義務を負う。

⑥　各州はドイツ語の習得と並んで，すべての青少年の多言語の意義を承認する。これには移民背景をもつ青少年の母国語も含まれる。「学校生活における多言語の原則」(Prinzip der Mehrsprachigkeit im Schulalltag) を保障するために，各州は適切な措置を講じなくてはならない。

⑦　終日学校はより多くの学習・教育時間を可能にする。終日学校においては特に社会的に恵まれない家庭や教育に疎遠な家庭の子どもが，言語，文化，社会面での欠損を回復する大きな機会が存している。各州は連邦政府から財政支援を受けた終日学校プログラムを2009年まで継続し，終日学校の割合を増やすものとする。

⑧　子どものより良い促進のためには，保育施設と基礎学校との協同が必要である。どの州においても原級留置者，退学者，修了資格をもたない卒業生の数が多過ぎる。とくに移民背景をもつ青少年，なかでも男子についてその傾向が強くなっている。各州は今後5年以内に原級留置者や退学者数を大幅に減らし，とくに移民背景をもつ生徒のそれを生徒全体の平均と同じ程度にするという目標を追求する。そのために，各州は学校と目標協定 (Zielvereinbarung) を

284

締結するものとする。

⑨　学校制度の透過性を積極的に進めることは，各州の共通課題である。ここでもまた移民背景をもつ生徒の学校種間の移行が，全生徒のそれの平均と同程度になるように努めなくてはならない。

⑩　保育施設，学校，大学は統合がもっとも効果的に行われる場所である。ただそのためには各種の条件整備，時間，努力が必要とされる。移民背景をもつ生徒の割合が高い学校の場合は，特にそうである。このような学校に対しては生徒/教員比の改善，教員の加配，社会福祉教育の専門職員による教員に対する支援などの措置が必要である。

⑪　移民背景をもつ生徒の割合が高い学校では，特別な資格や能力をもつ教員が必要とされる。異文化に跨る能力（interkulturelle Kompetenzen）をもつ教員や移民背景をもつ教員の割合を高める必要がある。異文化に跨る能力を獲得するためのモデルは，教員養成の新しいスタンダードですでに規定されており，各州はそれを現実化することが求められる。

⑫　移民背景をもつ青少年は，二元制の職業教育訓練への移行に際して大きな困難に直面している。職業学校においては，専門用語・職業用語の教育に特別な配慮がなされなくてはならない。この面における従来の措置を検証するとともに，教員の有資格化を進める必要がある。

⑬　移民背景をもつ生徒の割合が高い職業学校に対しては，統合活動を遂行するための支援が必要である。このような職業学校に対しては生徒／教員比の改善，移民背景をもつ教員の増員，社会福祉教育職員による教員に対する支援の強化など，特別な措置を講じる必要がある。言語上の促進措置は職業学校においても必要であり，青少年に対する多言語の促進は職業上の教育訓練の段階では特別な意味をもつ。

⑭　各州は，学校における統合活動に際しての親の支援を高く評価する。とくに自らの移民体験を語る親の活動を強化する必要がある。

Ⅲ　社会的空間における親と教育施設の積極的協同

①　国民的な統合計画の実現のためには，親と教育施設の協同が非常に重要である。学校がこのプロセスを形成する責任を負う。

②　ドイツ語を習得することは，移民背景をもつ人々の社会的統合と社会参加のための不可欠の条件である。それは青少年だけではなく，親についても妥当する。各州の文部大臣は移民背景をもつ親のためにドイツ語学習の機会を拡大することに尽力する。より望ましい社会的統合を進めるために，また親の学

校生活への参加をより拡充するために，親のためのドイツ語学習コースの設置を支援する。

③　文部大臣は移民背景をもつ子どもの教育の可能性について，親に対する情報提供を強化する。各州は移民背景をもつ親の学校教育参加の機会と可能性について，親に対して等しく情報を提供しなくてはならない。

④　文部大臣は親と教育協定（Erziehungsvereinbarungen）を締結するものとする。そこにおいて，学校と親は共同の教育活動と達成すべき成績の目標について約定し，学校における教育活動は両者の共同責任であることを確認する。

⑤　文部大臣は学校における授業や授業外の領域において，異文化間学習を従来よりも強化するものとする。移民背景をもつ親の学校生活への強化された参加も，これに含まれる。学習目的としての異文化に亘る能力の育成が，各州の学習指導要領に明記されなくてはならない。

⑥　文部大臣はすべての学校，とくに移民背景をもつ生徒の割合が高い学校に対して，異文化を考慮した特別な学校プロフィールを作成し，その目的と内容を学校プログラムないしは学校内カリキュラム（schulinterne Curricula）で定めるよう推奨する。この文脈においては，移民の言語も正規の教科として特別な役割を果たすことができる。

⑦　就学義務制度は価値多元主義社会において，移民背景をもつ生徒のための統合教育ないし異文化間教育（integrative und interkulturelle Bildung）のために必須である。移民背景をもつ親に対して，子どもに就学義務を遵守させるよう，積極的な啓発活動を行わなくてはならない。

第3節　各州における外国人教育政策

上述したようなKMKの一連の勧告をうけて，また1973年に実施された連邦・各州委員会の「外国人の子どもの促進とドイツの教育制度への編入のためのモデル実験」などを踏まえて，今日，すべての州が外国人労働者の子どもの教育について，政策上の措置を講じ，また制度的な対応にも努めている。

ただドイツにおいては，すでに触れたように，教育は伝統的に各州に留保されていること，KMKの決議には法的拘束力がないこと，くわえて，外国人教育に関する上掲のKMK決議は一定の概念に基づく方向性は示さず，各州に大幅な自由形成領域を委ねていること，等が相俟って，外国人の子どもの教育の有りようや現実形態には，州によってかなりの違いが見られている。

第 3 節　各州における外国人教育政策

　各州における外国人教育政策（Ausländerbildungspolitik）の原理ないしその
方向性は，大きく，二つの流れに区分できる。いわゆる「ベルリン・モデル」
（sog. Berliner Modell）と「バイエルン・モデル」（sog. Bayerische Modell）がそ
れである。前者は，外国人の子どもをドイツの普通学級において早期に教育し
ようとするもので，いわゆる「統合原則」（Integrationsprinzip）に立脚してい
る。一方，後者は，外国人の子どもとドイツ人は原則として分離して教育しよ
うとするもので，いわゆる「ローテーション原則」（Rotationsprinzip）に依拠
している。その他の州はこの両者の間にあるが，現状においては，どちらかと
言えば，「ベルリン・モデル」に傾斜している州の方が多くなっている。以下
では，代表的なモデルとなっているベルリンとバイエルンの２州だけに絞って，
そこにおける外国人生徒の教育の制度現実を概観していくこととしたい[18]。

1　いわゆるベルリン・モデル
1 − 1　制度の概要
　ベルリンにおける外国人の子どもの教育については，ベルリン州学校法
（1980 年）15 条および 35 条をうけて，「外国人の子どものための教育に関する
施行規則」（1984 年）がかなり詳細な定めを置いている。その概要を摘記する
と，つぎのようである[19]。

　①　ベルリン・モデルの目的は，外国人の子どもをドイツの学校制度に統合
することにある。そこで外国人の子どもはドイツ人と同様の就学義務を負い，
原則として，ドイツ人生徒と一緒に普通学級（Regelklasse）で教育をうける。
この「共通の授業」が，外国人の子どもが十分な学校教育をうけるための，ま
た卒業資格を得るための，さらには職業教育・訓練に入るための決定的かつ不
可欠の前提である。

　②　ドイツ語の知識が不足しているために普通学級の授業についていけない
外国人の子どものために，基礎学校においては，準備学級，集中コース，促進
授業ないし予備学級が設置され，また基幹学校にあっては初級グループと上達

---

(18)　ベルリンとバイエルンにおける今日の状況については，下記に詳しい。U.Neumann,
　　　Länderbericht: Bayern, In: I. Gogolin/U. Neumann/L. R. Reuter（Hrsg.）, Schulbildung
　　　für Kinder aus Minderheiten in Deutschland 1989–1999, 2001, S. 29ff. I. Gogolin,
　　　Länderbericht: Berlin, In: ditto, S.53ff.

(19)　P.Kischkewitz/L.R.Reuter, a.a.O.S. 107–S.111. H.Avenarius／H.Heckel, Schulrecht-
　　　skunde, 2000, S.94.

第Ⅲ部　第3章　移民背景をもつ子どもの教育をうける権利と学校法制

グループが形成される。

③　準備学級の目的は，外国人の子どものドイツの学校への順応を容易にし，ドイツ語の習得を早めることにある。基礎学校だけに設置され，生徒数は15人以下に限定される。生徒の年齢とドイツ語力に応じて編制され，就学期間は半年から2年で，普通学級への編入が可能かどうかの判定はドイツ語教員が行う。

④　集中コースは，入学の時点でドイツ語による授業との関係がもてない児童10人ごとに設置される。週10時間で，半年間行われる。これにより，準備学級の負担が軽減されることが期待される。

⑤　促進授業はドイツ語および一般教科における学力不足を補うためのものであり，小グループで実施される。外国人教員はこの授業を最高週10時間，母国語で行うことができる。

⑥　外国人生徒のドイツの学校への早期の統合を達成するために，基礎学校への就学の前に，予備学級への受け入れが強化されなくてはならない。その際，外国人教員と外国人の子どもだけのグループを編制してもよい。

⑦　初級グループの目的は，ドイツ語が不十分な外国人の子どもを新しい生活関係に適応させることにある。期間は半年で，週10時間ドイツ語の授業を行い，生徒数は20人以下に限られる。他教科の一部は，外国人教員が母国語で授業をしても差し支えない。

⑧　上達グループは，初級グループを終えてもなお普通学級へ転入するにはドイツ語が不十分な生徒のために設置されるもので，期間は半年，生徒数は20人以下を原則とする。このグループを2回繰り返すことは可能である。

⑨　普通学級における外国人生徒の割合は，第1学年と第7学年では30％，その他の学年にあっては50％を超えてはならない。学校間の配分措置によっても特定の学校に外国人が集中するのを避けられない場合は，基礎・基幹・職業学校においては，外国人のための特別学級・外国人普通学級（Ausländer-Regelklasse）を設置することができる。ただし，かかる学級においても授業はドイツの学習指導要領により，ドイツ語で行われるものとする。

⑩　母国語および本国の地誌に関する補習授業は，ただ自由意思に基づき，しかも国家の学校監督権の範囲外で，送り出し国代表の責任において行われる〈いわゆる領事館教育（sog. Konsulatunterricht）〉。市当局はこれに対し校舎を無料で貸与し，助成金を出すことができる。

⑪　週10時間を超えて外国人学級で教えているドイツ人教員は，現職研修

第3節　各州における外国人教育政策

をするために，担当授業時数を週2時間軽減される。

1－2　ベルリン・モデルに対する評価

　以上が，いわゆるベルリン・モデルの概要であるが，この制度のポイントは，端的には，次の点にあると言えよう。

「学校における統合，すなわち，ドイツ人生徒と外国人生徒の同じクラスでの共通の授業が原則として目的とされなければならない。ドイツ語による授業によってだけでは，生活関係への速やかな編入は保障されえないからである。この共通の，同権的な就学は通常の普通学級においてだけ達成されうる。外国人の子どもが年少であればあるほど，またドイツ人生徒とのコンタクトが密であればあるほど，彼等の成果は大きいものとなる[20]」。

　既述したように，このようなベルリン・モデルが今日のドイツにおける外国人教育政策の主流を占めているのであるが，こうした「統合政策」（Integrationspolitik）に対しては，主要には，以下のような批判がくわえられている。

　①　ベルリンの外国人教育政策は，外国人の子どものドイツの学校制度への速やかな編入を企図している。しかしそれは，ドイツ側からの一方的な統合であり，「同化政策」（Assimilierungspolitik）と変わらない。そこではドイツ語が支配し，外国人の子どもの母国語および文化的な固有性に対しては殆ど考慮が払われていない。外国の文化を第2級のもの（zweitrangig）と見なしているとさえ言える[21]。その結果，外国人の子どもはアイデンティティー喪失の危険に曝されている。

　②　短期間にドイツ語をマスターしたものだけが，普通学級に転入できる可能性，したがってまた学校卒業資格や職業上の資格を得る機会をもつ。そうでない外国人の子どもはこれらの資格も取れず，社会の低層に追いやられることになる。

　③　ドイツ人と外国人との一緒の授業は，ドイツ人が阻害されない限りにおいて行われる。その結果，ドイツ人生徒は外国人生徒の文化的特性とかかわる機会をほとんどもちえていない。

---

(20)　E.Jancke, Zur Schulsituation der Kinder ausländischer Arbeitnehmer in Berlin, In: Neue Unterrichtspraxis（1976）, S.326.

(21)　たとえば，上級学校において，相当数の外国人生徒がいても，当該校に適任の教員がいる場合に限り，母国語が外国語として教授される。教育行政当局には教員を配置する義務は存しない。

289

第Ⅲ部　第3章　移民背景をもつ子どもの教育をうける権利と学校法制

④　ベルリン・モデルは外国人の親や子どもに対して教育上のオールタナティブを認めず，就学義務により，普通学級での困難な学習・思考言語としてのドイツ語・全的な統合（Vollintegration）を強制するものだから，基本法2条1項（自己の人格を自由に発達させる権利），3条3項（差別的取扱いの禁止）および6条2項（親の教育権）に反し，違憲である。国家は外国人による母国語教育を放棄させてはならない義務を負っている。したがって，多数の外国人が希望すれば，母国語で教育するクラスが設置されなければならない。補習授業として，しかも学校外で行われている現行の母国語教育は，ドイツ国内における外国人の統合には効果的であろうが，将来，彼等が本国に帰国した際の統合には不十分である[22]。

2　いわゆるバイエルン・モデル

2-1　制度の概要

1972年4月，バイエルン州文部省は「外国人労働者の子どものための教育」〈Unterricht für Kinder ausländischer Arbeitnehmer, Erl. v. 10. Apr. 1972〉という規則を制定し，これにより，普通学級における外国人生徒の割合が20%を超える場合には，同一国籍の外国人生徒で編制されるいわゆる「民族学級」（nationale Klasse）を設置できるとした。

これをうけて，同年11月，バイエルン州教育計画委員会は外国人の子どもの教育についてのいわゆるバイエルン・モデル構想を公にした。それは，「従

---

[22]　G. Schwerdtfeger, Welche rechtlichen Vorkehrungen empfehlen sich, um die Rechtsstellung von Ausländern in der Bundesrepublik Deutschland angemessen zu gestalten, 1980, S.99。S.Fartmann-Bischoff, Probleme ausländischer Schüler im deutschen Bildungssystem, In: RdJB（1986）, S.301. H.v.Mangolt/F.Klein/C.Starck, Kommentar zum Grundgesetz, Bd.1,2005, S.474.

しかし，こうした見解に対しては有力な批判がある。たとえば，指導的な学校法学者H.アベナリウスによれば，教育制度の組織・編成権は国家に属しており，したがって，外国人の子どもをドイツの学習文化（Lernkultur）に拘束するか，それとも彼等の言語や文化的伝統に即して教育するかは，国家の裁量に属するとされる（H.Avenarius/H.Heckel, a.a. O S.96）。

なおこのベルリン・モデルは2005年に施行された移民法〈Zuwanderungsgesetz v.30. Juli 2004〉によって連邦レベルで法制度化された。すなわち，同法は定住を希望する外国人に対して「統合コース」（Integrationskurse）の受講を義務づけ，そこにおいてドイツ語600時間，ドイツの歴史・文化・法秩序などを60時間受講しなければならないとしたのである。

290

第3節　各州における外国人教育政策

来の統合という概念は，外国人の子どもの不利益を除去するものとなっていない。連邦政府の公式な外国人政策と送り出し国の利益を強く指向した教育政策上の措置が要請される」としたうえで，外国人の子どもの教育目的を端的にこう謳ったのであった。

「外国人の子どもの学校教育目的は，彼等が将来どの国で生活するか判らないという不安定要因に際して，彼等に対して可能な限り最高の就学を可能にし，かつそれによって，ドイツ人の子どもに保障されているのと同じような教育機会を保障することにある」。

「授業の本質的な部分においては母国語が用いられ，それにより，外国人の子どもが母国語で教育内容を習得した場合だけ，また第2言語であるドイツ語が併行した体系的授業で十分に習得された場合だけ，……外国人の子どもの統合は有意義となる[23]」。

この提言の趣旨に沿って，1973年にモデル実験が開始され，1977年には，「母国語学級」（muttersprachliche Klasse）は同州で425学級を数えることになる。

ところで，オープンモデルとも称されるいわゆるバイエルン・モデルは，1976年に「外国人労働者の子どものための教育に関する規程」〈Unterrict für Kinder ausländischer Arbeitnehmer〉によって正式に制度化され，今日では，教育制度法36条3項と89条2項をうけて，国民学校規程や実科学校規程などそれぞれの学校種に関する規程によって個別に規定されている。この制度の基本を摘記すると，以下のようである[24]。

①　ドイツ語に支障がない外国人の子どもは，親が母国語学級への入学を申請しないかぎり，普通学級に受け入れられる。外国人生徒が15人以上に達した場合は，彼等は週8時間の母国語による授業をうけることができる。

②　ドイツ語の授業について行けないか，もしくは親が母国語による教育を望む場合には，外国人の子どもは母国語学級で教育をうける。但し，このような学級を設置するためには，同一国籍の生徒が25人以上いなくてはならない。このクラスにおいては少なくとも授業の3分の2は，特別な学習指導要領と時間表により，母国語で行われる。ドイツ語は外国語として教えられる。学年段

---

(23)　G. Mahler, Zweitsprache Deutsch, Die Schulbildung der Kinder ausländischer Arbeitnehmer, 1976, S.133- S.134.

(24)　P.Kischkewitz/L.R.Reuter, a.a.O.S.102-S.104。H.Avenarius/H.Heckel, a.a.O.S.95。

第Ⅲ部　第3章　移民背景をもつ子どもの教育をうける権利と学校法制

階が高くなるにつれてドイツ語の割合が増え，母国語のそれは減少する。ドイツ語の知識が十分になった外国人生徒は，親の申請に基づき，普通学級に転入することができる。

③　生徒数が少ないために母国語学級を設置することが不可能な場合には，「移行学級」（Übergangsklasse）が設置される。外国人生徒はここで外国語としてのドイツ語の授業を週10時間うける。その他の教科は一部はドイツ語で，一部は母国語で行われる。移行学級の担任教員が十分だと判断した場合は，当該生徒は普通学級に編入される。

④　母国語学級にも移行学級にも属することができず，ドイツ人の普通学級にいる外国人生徒は，10時間のドイツ語集中コース（Intensivkurse in deutscher Sprache）をうけるものとする。ただそのためには生徒数が12人以上でなくてはならない。この授業に参加する場合は，普通学級の授業を免除される。

⑤　移行学級ないしドイツ語集中コースで学んでもなおドイツ語が不十分な生徒のために，週2時間から4時間のドイツ語の促進授業（Förderstunden）を設けることができる。

⑥　普通学級に所属している外国人生徒のために，週に5時間，母国語教育が行われる。この際，外国人生徒の授業時数は軽減されないが，授業時間表の作成に際してそれを考慮しなくてはならない。

⑦　上級学級に進学した外国人生徒に対する援助として，特別な「導入学級」（Eingangsklasse）を設置することができる。

2-2　バイエルン・モデルに対する評価

バイエルン・モデルは，制度理念としては，外国人の文化や言語を尊重し，それを踏まえてドイツにおける外国人の子どもの教育機会を確保し，さらには外国人の親の教育権にも可能な範囲で応えようとするものであるが，その現実に対しては，大要，つぎのような批判が見られている[25]。それはすべて母国語学級の評価にかかわるものだと言ってよい。

①　バイエルン州の外国人教育政策の重点は母国語学級を設置することに置かれており，これにより「統合原則」は放棄され，外国人の子どもの「分離の制度化」（Institutionalisierung der Segregation）が学校でもまた行われている。母国語学級から普通学級への転入の条件は非常に厳しく，したがって，それは

---

(25)　P.Kischkewitz/L.R.Reuter, a.a.O.S.105-S.106.

「孤立化政策」（Isolierungspolitik）と言えなくもない。母国語学級では外国人生徒とドイツ人生徒の共通の授業はない。外国人生徒にとってドイツ人とのコミュニケーションはなく，ドイツ語を習得する機会と動機づけに欠ける。同様にドイツ人生徒もまた母国語学級によって外国人から遠ざけられている。いわゆる統合政策は，現実には，一方的な同化政策となっている。

②　母国語学級では正式な修了資格が得られないために，この学級に在籍する生徒は上級学校に進学したり，職業上の教育・訓練をうける途を閉ざされることとなっている。母国語学級は袋小路の観を呈している。

③　バイエルン・モデルの出発点は，子どもの将来についての親の決定権の保障にある。しかし現実には，彼等がおかれている不安定な法的地位や政治的状況のために，多くの親にとって，この権利は存在しないに等しい状態となっている。彼等は滞留の延長が拒否されることを常に念頭においておかなくてはならない。こうして事実上，帰国に備えて子どもを母国語学級に就学させざるをえなくなっている。しかし子どもの方は将来もドイツに留まる可能性もあり，その際には親の決定は子どもの教育・就職上，ネガティブな効果を伴うことになる。要するに，親の教育権は「分離・ローテーション政策」を隠蔽する機能を果たしている。

第4節　外国人の子どもの学校法制上の地位

1　「何人にも保障される権利」としての教育をうける権利

ドイツ基本法は各種の基本権について，「何人にも保障される権利」（Jedermannsrechte・何人も条項）と「ドイツ人の権利」（Deutschenrechte・ドイツ人条項）を区別し，前者としては，「自己の人格を自由に発達させる権利」（2条1項），「生命への権利」・「身体を害されない権利」・「人身の自由」（2条2項），「法の下の平等」・「男女同権」・「差別的取扱いの禁止」（3条），それに「陳情権」（17条）を明記しているに過ぎない[26]。

しかしドイツに居住する外国人もまた，ドイツ人と同じく，「教育をうける権利」を生存権的基本権として享有している，ということについては，疑いの余地は存しない。既に言及したように，1957年2月からドイツ国内で発効を見ているヨーロッパ人権条約第1付属議定書は「何人も教育をうける権利を妨

---

(26)　B.Pieroth/B.Schlink, Grundrechte Staatsrecht Ⅱ, 2010,S.33.

第Ⅲ部　第3章　移民背景をもつ子どもの教育をうける権利と学校法制

げられてはならない」（2条）と書いているし，また2009年12月に発効した
EU基本権条約も同様の規定を擁しているところである（14条）。

　くわえて，州憲法のレベルでは，基本法とは異なり，ブレーメン州憲法や
テューリンゲン州憲法など，10州の憲法が「教育をうける権利」を明示的に
保障しているのであるが，そのすべてが「何人にも保障される権利」として，
この権利を明記しているのである。

　ちなみに，ブレーメン州憲法は「何人も（Jeder），その能力に応じて，均等
な教育をうける権利を有する」（27条）と書いているし，またテューリンゲン
州憲法には「すべて人は（Jeder Mensch）教育をうける権利を有する」（20条）
とある。

　そして，このような州憲法の「教育をうける権利」の保障条項をうけて，各
州の学校法はより具体的に踏み込んだ規定をするところとなっている。その範
例として，ヘッセン州学校法を引いておこう。「学校教育をうける権利」と銘
打って（1条），こう書いている。「すべて若い人は（Jeder junge Mensch）教育
をうける権利を有する。……」（1項）。「学校への受け入れに当たって，性，
障害，出生国（Herkunftsland），宗派もしくは親の経済的ないし社会的地位が
これを決定することがあってはならない」（2項）。

　そしてこの外国人が有する「教育をうける権利」の内容・法益として，大き
く，教育へのアクセス権，ミニマムな教育保障を求める権利，発達権および公
教育運営への参加権が包含されているということは，ドイツ人の場合と何ら変
わるところがないと解するのが，学校法学の通説である[27]。

　こうして，たとえば，ドイツの学校法制において重要な位置を占めている
「生徒の学校参加」の法域においても，外国人生徒もまた学校参加権を学校法
制上の権利として当然に享有している，ということが導かれることになる。

　なお，上述したところと係わって，下記の2点を付記しておかなくてはなら
ない。

　一つは，基本法の見直しのために連邦議会によって設置された「合同憲法委
員会」（1992年1月設置）が1993年11月，23ヵ条に及ぶ基本法の改正を連邦
議会と連邦参議院に勧告し，そしてそのほとんどは可決されたのであるが，し

---

(27)　さしあたり，L.R.Reuter, Schulrechtliche und schulpraktische Fragen der schulischen
　　　Betreuung von Kindern und Jugendlichen nichtdeutscher Erstsprache,In:RdJB（1999),S.
　　　30.

かし人種的少数者の権利保障条項は承認されるには至らなかったという事実である[28]。

　二つは，こうして基本法は人種的少数者ないし外国人の権利について何ら語るところがないのであるが，しかし州憲法レベルでは，これに関して下記のような条項が見られているという法制現実がある。すなわち，メックレンブルク・フォアポンメルン州憲法は「ドイツ国籍を有する，人種的ないし国民的少数者の市民の文化的独自性は，州の特別の保護の下に置かれる」(18条)と規定しており，さらにザクセン州憲法はその域を超えて，外国人についても，こう規定しているのである（5条)。「州は，合法的にこの州に滞在している外国人少数派の利益（Interesse ausländische Minderheiten）を尊重するものとする」。

2　外国人の子どもと就学義務

　ワイマール憲法は「就学は一般的な義務である。……」(145条)と規定していたが，基本法にはこれに相当する条項は見当たらない。しかし，州憲法レベルでは，たとえば，ノルトライン・ウエストファーレン州憲法が「就学は一般的な義務である。この義務は原則として国民学校ないし職業学校において履行される」(8条2項)と規定しているように，9州の州憲法がこれについての条項を擁している。そしてこれを受けて，現行学校法制上，すべての州の学校法が就学義務を明記しているのであるが，1979年のKMK勧告にも「就学義務に関する法律は，すべての州において，外国人の子どもや青年にも適用される」とあるように，この義務はドイツ国籍の有無とは関係ないとされている。こうして，外国人や無国籍者（Staatenlose）も就学義務に服しており，そして通説・判例によれば，その存否は，本国における法状況とは無関係だと解されている[29]。

　ただ，この場合，就学義務に関する現行学校法制上の規律が州によって一様ではない，という現実が見られている。

　すなわち，バイエルン州やザクセン州においては，その州に「住所」(Wohnsitz）を有し，「日常的に滞在」(gewöhnliche Aufenthalt）している子どもに対してだけ就学義務が明文上課されており（バイエルン州教育制度法35条，ザクセン州学校法26条)，この結果，庇護申請者や難民は就学義務の対象とは

---

(28)　L.R.Reuter,a.a.O.,S.27.

(29)　J.Rux/N.Niehues,Schulrecht, 5 Aufl.,2013,S.60.

第Ⅲ部　第3章　移民背景をもつ子どもの教育をうける権利と学校法制

ならないと解されているのに対して[30]，ベルリン州やブランデンブルク州では，これらの子どもに対しても原則として就学義務は及ぶとされている（ベルリン州学校法15条，ブランデンブルク州学校法36条）。

　またドイツに不法に滞在している子ども（statuslose Kinder）の就学義務に関しても[31]，州によって法的対応が異なっている。すなわち，ブレーメン，ザクセン・アンハルトおよびシュレスヴィヒ・ホルシュタインの3州においては，たとえば，ブレーメン州学校法が「就学義務に関する規定はブレーメン州に住所……をもつすべての者に適用される」（52条）と規定しているのであるが，しかしここでいう「住所」とは事実上の住所ではなく，住民届け出法（Melderecht）の意味でのそれをいう[32]。もとより，不法滞在者はその住所を行政機関へ届け出ておらず，こうして，これらの3州においては不法滞在者には就学義務は課されていない。

　一方，その他の州にあっては，その州に住所をもつか，日常的に滞在している者は，不法滞在者も含めて，就学義務年齢段階であれば，すべて就学義務を負うとされている。

　なお敷衍すると，ドイツにおいては，学説・判例上，就学義務は国民の基本的義務（Grundpflicht）に属しており，いうところの基本的義務は憲法自らが明記ないし価値決定した場合にだけ存するとされている。そこで，外国人の就学義務についてもまた憲法上の根拠が必要である，との批判が見られている[33]。

---

(30)　さしあたり，VGH Bayern, In:DÖV（1997），S.77.

(31)　今日，ドイツに滞在している就学義務年齢段階の不法滞在者はおよそ3万人に達していると推定されている〈Sachverständigenrat deutscher Stiftungen für Integration und Migranten, Der Schulzwang irregulärer Zuwnderer,2010,S.7. zit. aus H.Avenarius/H.P. Füssel,a.a.O.,S.348.〉。

(32)　F.Hanschmann,Unsichtbare Kinder-Der zynische Ausschluss nicht dokumentierter Kinder und Jugendlicher vom staatlichen Schulwesen, In:RdJB（2010），S.88.

(33)　A.Fartmann- Bischoff, a.a.O.S.302.しかし，H.ホフマンによれば，就学義務は基本法7条の1項と5項に根拠をもつ制度だと捉えられている（H.Hofmann, Grundpflichten und Grundrechte, In: J.Isensee/P.Kirchhof（Hrsg.）, Handbuch des Staatsrechts, Bd.5, 1992, S.333）。同旨:J.Isensee, Die verdrängten Grundpflichten des Bürgers, In: DÖV 1982, S.617.

3 外国人の子どもの教育と「法律の留保の原則」

「外国人法」（Ausländergesetz・1965 年制定，1991 年大幅改正）の法的構造に対応して，現行法制上，外国人の子どもの教育は多くの州において法律によってではなく，行政規則で規律されている。この法域において，その基本を法律で規定しているのは，先に言及したベルリン州とバイエルン州を除くと，ヘッセン（学校法 3 条・8 条）とハンブルク（学校法 3 条）の 2 州だけである。それ以外の 12 州においては，文部省が定める行政規則が「外国人学校法」（Ausländer-Schulrecht）の主要な法源をなしている。

しかし外国人生徒の教育についても，ドイツ人の場合と同じく，民主主義原理および法治国家原理に基づいて，「法律の留保の原則」（Vorbehalt des Gesetzes）が当然に妥当しなくてはならない，との批判がある。外国人教育政策上の基本的な決定は，その州の社会的・政治的将来にとって重要な意味をもつと同時に，外国人の子どもの基本権や親の教育権，さらにはドイツ人生徒の基本権とも深く係わるものであり，したがって，これについては，少なくともその基本的な事項に関しては立法者自らが法律でもって確定しなければならない，というのである[34]。

第 5 節　近年における移民背景をもつ子ども関係の重要政策

1 移民背景をもつ生徒の学力問題

すでに言及したように，2000 年に実施された OECD の「生徒の学習到達度調査」＝PISA の結果は，ドイツにとってきわめて深刻かつ衝撃的なものであった。調査に参加した 32 ヵ国のなかで，ドイツは読解力，数学，理科のすべてが下位 3 分の 1 グループに位置し〈読解力＝21 位，数学＝20 位，理科＝20 位〉，いずれにおいても調査参加国の平均を下回る成績であった[35]。

このような成績順位もさることながら，ドイツは，OECD が義務教育終了時における学力の最低基準として設定しているレベル 2 未満（得点＝420 点以下）の，「危険な生徒」（Risikoschüler）の割合が OECD の平均を上回ったこと

---

(34)　E.Stein/M.Roell, Handbuch des Schulrechts, 1992, S.126.S.97. L.R.Reuter, Gesetzesvorbehalt und Migration: Anforderungen an schulrechtliche Standards　für zugewanderte Kinder und Jugendiche, In:RdJB（2003）, S.23ff.

(35)　P.Daschner/U.Vieluf, PISA im pädagogischen Verwendungszusammenhang, In:RdJB（2003）,S.212.

第Ⅲ部　第3章　移民背景をもつ子どもの教育をうける権利と学校法制

〈ドイツ＝22.6%，OECD 平均＝18.5%〉，そして，その多くを移民背景をも
つ生徒が占めていたことは，とりわけ深刻に受け止められた[36]。

　ちなみに，この点について，カナダと比較すると，カナダの場合，移民背景
を「もつ生徒」と「もたない生徒」との間に統計上，有意な差は認められな
かったのに対して，ドイツにあっては，移民背景を「もつ生徒」の成績は「も
たない生徒」のそれに比して，明らかに不振であった。

　このような傾向は PISA・2003 年の数学でより顕著となる。すなわち，上記
レベル 2 未満の「危険な生徒」の割合について見ると，カナダの場合，本人が
カナダで生まれた「移民背景をもつ生徒」（移民第 2 世代）は 7.3%で，「もた
ない生徒」（9.3%）よりも少なく，また移民第 1 世代の親（11.6%）よりも少
なくなっている。一方，ドイツの場合は，移民第 2 世代の二人に一人
（46.8%）が「危険な生徒」に属しており，その割合は「移民背景をもたない
生徒」（13.0%）の 3.6 倍にも達しており，しかも移民第 1 世代の親（38.8%）
よりも多くなっている。ドイツで生まれ，ドイツで義務教育を受けた子どもの
方が親よりも成績が悪くなっているのである。

　また成績上位層のレベル 5 とレベル 6 （607 得点以上）について見ると，カ
ナダの場合，移民背景をもつ生徒の 5 人に 1 人（22.9%）がこのグループに属
しており，「移民背景をもたない生徒」（21.7%）よりもその割合が高くなって
いる。また移民第 1 世代の親（22.0%）を上回っている。

　これに対して，ドイツにあっては，「危険な生徒」の場合とは逆に，「移民背
景をもつ生徒」で成績上位層に属しているのは僅かに 4.8%で，「もたない生
徒」のそれ（19.4%）を大きく下回っている。また親の世代（5.6%）と比べて
も少なくなっている[37]。

　以上のような結果は，「移民背景をもつ生徒」については，従来，「ローテー
ション原則」に立ち，彼らの学校教育について本格的には対応してこなかった
「移民政策」（Einwanderungspolitik）の帰結だと捉えられ，こうして，移民背
景をもつ生徒の学力をいかに向上させるかが，以後，ドイツにおける教育政策

---

(36)　参照：布川あゆみ「ドイツにおける貧困・格差と学力をめぐる問題」，「フォーラム・
　　ドイツの教育」（2017 年 7 月 29 日）配布資料。

(37)　P.Stanat,a.a.O.,S.712〜S.715. Arbeitsgruppe Internationale Vergleichsstudie（Hrsg.），
　　Schulleistungen und Steuerung des Schulsystems im Bundesstaat. Kanada und
　　Deutschland im Vergleich,2007, S.188ff. zit. aus H.Avenarius／H.P.Füssel,Schulrecht, 8 Aufl.
　　2010,S.106.

298

第5節　近年における移民背景をもつ子ども関係の重要政策

上の最重要課題の一つとして位置づけられることになったのである[38]。

2　ドイツ語能力確認検査とドイツ語促進コースの創設

　基本法7条1項に根拠をもつ「国家の教育責務」には次世代の統合に配慮し，社会的な連帯感を醸成し促進する国家の義務が含まれている[39]。上述のように，2000年と2003年のPISAの結果によって，移民背景を「もつ生徒」の学力は「もたない生徒」と比較して全般的にかなり劣っており，そしてその学力差は「読解力」の領域で著しく大きくなっていることが実証されたのであるが，それは多分に，当該生徒のドイツ語能力と強く連動していることは判然としていよう。

　こうして国の教育行政機関や学校は，基本法7条1項の要請するところにより，ドイツ語が不十分な子ども，とくに移民背景をもつ子どもに対して，たとえば，保育施設におけるドイツ語の早期促進などの措置を講じる義務を負うことになる。国家は学校において「分断社会」（Parallelgesellschaft）が生じ拡大しないように，これを防止する憲法上の義務を負っている，と言い換えてもよい。

　こうして現行法制上，すべての州がドイツ語を母国語としない子どもの社会的な統合を旨として，基礎学校への就学前の段階で「ドイツ語能力確認検査」（Sprachstandsfeststellung）を導入し，ドイツ語が不十分と判定された子どものために「ドイツ語促進コース」（Sprachförderkurse）を設置するところとなっている[40]。そしてこうした制度について，バイエルン州やニーダーザクセン州など11州においては，国家的プログラムとして，幼稚園や保育施設に関する法令ではなく，州の学校法で規定され，そしていずれについても，これを受けることが法律上義務づけられている。ドイツ語能力確認検査は通常，子どもが基礎学校に入学する1年前に実施され〈ノルトライン・ウエストファーレン州では2年前〉，その対象は原則としてドイツ人も含むすべての子どもである[41]。

---

(38)　H.Avenarius/H.P.Füssel, ditto.

(39)　ditto.

(40)　詳しくは参照：C.Kreuzer, Sprachförderung für Kinder und Jugendliche mit Migrationshintergrund,In:RdJB（2004）,S.69ff.

(41)　バイエルン州においてはドイツ語を母国語としない子どもに対してだけ，ドイツ語能力確認検査を受けることが義務づけられている（教育制度法37a条）。

第Ⅲ部　第3章　移民背景をもつ子どもの教育をうける権利と学校法制

　ちなみに，この法域における規定例を引くと，たとえば，ノルトライン・ウエストファーレン州学校法は「就学前の助言と促進，ドイツ語能力確認検査」と題して，下掲のような定めを置いている。

◎36条1項＝「学校設置者は保育施設長および基礎学校長と共同で，2年後に子どもが入学する親を情報提供懇談会に招待し，就学前における促進の可能性について，親に助言するものとする」。

　同条2項＝「学務局は入学の2年前に，子どもの言語の発達が年齢相応か，子どもがドイツ語を十分に使いこなすことができるかを確認するものとする。

　　子どもがそのような状態にはなく，また保育施設においてもドイツ語を促進されていない場合は，学務局はその子どもに対して就学前ドイツ語促進コースへの出席を義務づけるものとする」。

　同条3項＝「基礎学校への入学届け出に際して，学校は子どもが授業に参加するために，ドイツ語を十分に使いこなすことができるかどうかを確認するものとする。学校は必要とされるドイツ語の知識がない子どもに対しては，保育施設でドイツ語の促進を受けていない場合は，就学前ドイツ語促進コースへの出席を義務づけなくてはならない」。

　このように現行法制上，各州は就学前の保育領域においても一定の規律権を有しているのであるが，果たして，基本法7条1項＝「すべての学校制度は国家の監督に服する」から，このような州の規律権が導かれるのか。また上述したようなドイツ語能力確認検査やドイツ語促進コースへの州学校法による参加義務づけは，憲法上の基本権である「親の教育権」（基本法6条2項）を侵害することになりはしないのか。

　この問題に関する通説的な学校法学説をH.アベナリウスに代表させよう。大要，下記のように述べている[42]。

　「上記のような措置は，それが学校制度に対する州の責任ないし固有の教育権能の流出である場合に限り，正当化される。次世代の教育と彼らの社会への統合が州の任務に属するのであれば，州の権能は就学前の保育の領域にも当然に及ぶ。ドイツ語能力確認検査とドイツ語促進コースは，子どもが就学のための成熟（Schulreife）を獲得するための重要な前提をなしている。これらの措置によって，子どもは学校で早い時期に挫折したり，落第することを回避できる。

---

(42)　H.Avenarius/H.P.Füssel,a.a.O.,S.358〜S.360.

第5節　近年における移民背景をもつ子ども関係の重要政策

またこれらの措置は，各州が基本法7条1項にもとづいて導入することができる就学義務制度と密接な関係にある。州が就学義務の始期を1年ないし2年早めることは憲法上，禁止されてはいない。

これに対して，州が幼稚園児に対してドイツ語能力確認検査やドイツ語促進コースを導入することはできない。基本法74条1項7号によって，幼稚園法域の規律については連邦に競合的立法権が帰属しており，連邦はその立法権を社会法典第Ⅷ篇（Sozialgesetzbuch Achtes Buch・1990年）の制定によって行使した。この社会法典は権利主張の任意性，とくに幼稚園就園の任意性から出発している。上記措置への参加強制はこの原則に抵触する。かくして，州がすべての子どもに対して一般的な幼稚園就園義務（Kindergartenbesuchspflicht）を導入することは，基本法6条2項によって保障された親の教育権を侵害し，違憲である[43]」。

ところで，既述したように，ドイツにおいてはドイツに居住する外国人の子どもにも就学義務が課されているのであるが，そしてこの義務は授業への出席義務だけではなく，教育課程上の各種の学校行事にも及ぶとされているのであるが，ここでのコンテクストにおいて重要なのは，就学義務制にもとづく外国人の「統合政策」（Integrationspolitik）は決して「同化政策」（Assimilierungspolitik）であってはならないと捉えられていることである。

こうして，国家は学校教育において移民背景をもつ子どもの人種的，文化的ならびに言語的なアイデンティティーを尊重し，これを促進する義務を負うところとなっている。現行学校法制もこの点を確認して，たとえば，ノルトライン・ウエストファーレン州学校法は次のように明記している（2条10項）。「学校はドイツ語を母国語としない子どもに対して，ドイツ語習得のための特別な教育を提供することによって，彼らの統合を促進する。その際，学校はこれらの生徒の人種的，文化的および言語的なアイデンティティー（母国語）を尊重し，これを促進するものとする。

これらの生徒は他の生徒と一緒に教育をうけ，同じような修了資格へ導かれなくてはならない」。

---

(43)　この点と関連して，社会法典第Ⅷ篇の権威ある注釈書もこう記している。「少年援助（Jugendhilfe）に関する連邦の立法権は基本法74条1項1号にいう公的扶助（öffentliche Fürsorge）の概念から生じる。この概念は狭義の意味での少年保護（Jugendfürsorge）だけではなく，少年育成（Jugendpflege）も包摂している」（W.Schellhorn〈Hrsg.〉, Sozialgesetzbuch Achtes Buch Kinder-und Jugendhilfe,2000,S.6.）。

第Ⅲ部　第3章　移民背景をもつ子どもの教育をうける権利と学校法制

またハンブルク州学校法にも，下記のような類似の規定が見えている（3条3項）。「第1言語がドイツ語ではない子どもや青年は，その人種的，文化的アイデンティティーを尊重したうえで，彼らが二つの言語能力（Zweisprachigkeit）を発展させることができ，かつ授業や学校生活に積極的に参加できるように促進されるものとする」。

なお，上述したところと係わって，移民背景をもつ子どもに対する母国語教育の機会保障について，付言しておく必要がある。

1976年のKMK勧告が「普通学級ないし準備学級において母国語による授業をうけていない外国人生徒は，母国語の補習授業（muttersprachlicher Ergänzungsunterricht）を受ける機会をもつべきである」と述べていたように，ドイツに居住する移民背景をもつ子どもにとっては，母国語の習得は彼らの人格の形成とアイデンティティーの保持に格別に重要な意味をもつ[44]。そこで今日，ドイツにおいてはすべての州で，移民背景をもつ子どもに対して母国語の補習授業が実施されるところとなっている。この授業への参加は原則として任意であるが，ヘッセン州においてだけは義務制が採られている[45]。母国語の補習授業は原則として，その州の学校に勤務している同じ出身国の教員が担当しているが，バーデン・ビュルテンベルク州やベルリン州では本国の学習指導要領にもとづいて領事館の責任で実施されている。この補習授業に対して各州は財政支援をしているが，監督権は有していない[46]。

一方，各州は憲法上このような補習授業を実施する義務を負っているかどうかであるが，このような義務は存しないと解するのが学校法学の通説である[47]。ただこの場合，移民背景をもつ子どもの「自己の人格を自由に発達させる権利」（基本法2条1項）と親の教育権の尊重要請から，子どもの言語上のアイデンティティーを尊重する国家の義務が導かれることになる。

---

(44) K.Jampert, Die Bedeutung der Erstsprache für Zuwandererkinder,In:RdJB（2004）,S. 63.

(45) Verordnung über die Teilnahme ausländischer Schüler am muttersprachlichen Unterricht in allgemeinbildende Schulen v. 10. Mai 1983・5条

(46) S.Schmahl, Die Beschulung von Kindern und Jugendlichen mit Migrationshintergrund:Eine Bestandsaufnahme des geltendes Rechts,In:RdJB（2004）,S.S.29.

(47) ditto.

第5節　近年における移民背景をもつ子ども関係の重要政策

3　終日学校の拡充政策

3-1　「半日学校」から「終日学校」へ

ドイツの学校は，イギリス，フランス，スカンジナビア諸国などにおけるのとは異なり，伝統的に「半日学校」（Halbtagsschule）ないし「午前中学校」（Vormittagsschule）である[48]。学校種や学年段階によって異なるが，通常，授業は午前8時に始まり，14時頃までには終了する。学校給食はない。この半日学校制度は，親（家庭）は学校と共に子どもの教育を同等に担うべきもの，という観念から出発している。ただそこでは父親だけが就業し，母親（祖父母）は家庭に在って育児に当たるという伝統的な家族が前提とされていた。

しかし第2次大戦後，就学義務年齢段階の子どもがいる家庭でも就労する母親が目立ち始め，その割合は1960年代から1970年代を通して増え続け，1990年代初頭には60％に達し，そして2000年には旧西ドイツ地域で70％，旧東ドイツ地域では80％を超えるに至り，こうして，伝統的な家庭像はすでに崩れているという現実が見られている[49]。

このような時代状況を背景として，基礎学校，基幹学校，総合制学校，促進学校などで，正規の授業だけではなく，授業終了後，たとえば，宿題の手助け，同好会活動，PCの指導など，子どもに対して授業外の指導・支援活動を行う「終日学校」（Ganztagsschule）が2000年代に入って，とくにいわゆる「ピザ・ショック」以降かなりの勢いで増加し，学校制度上，その存在感を強めている。とくに基礎学校において，その傾向が強くなっている。

ここにおいては，伝統的な家庭像の崩壊も然ることながら，連邦政府の終日学校拡充政策が決定的に重要な役割を果たした。

連邦政府は2003年12月，終日学校の設置を推進するために，各州と「教育と保育の未来のための投資プログラムに関する行政協定」（終日学校プログラム）を締結した[50]。それによると，PISA・2000年の悲惨な結果に対するリ・アクションとして，連邦政府は2008年までにドイツ全国で10,000校の終日学校を建設するために，州に対して総額40億ユーロの財政支援を行うとされた。

---

(48)　とは言っても，ドイツで学校が半日学校化されたのは20世紀に入ってからのことである。家庭教育に対する信頼の醸成と教員組合からの要求などが，その背景にあったとされる〈A.Leschinsky u.a. (Hrsg.),a.a.O.,S.103.〉。

(49)　A.Leschinsky u.a. (Hrsg.),a.a.O.,S.101～S.102.

(50)　Verwaltungsvereinbarung über ein Investitionsprogramm Zukunft Bildung und Betreuung v. 5. 12. 2003.

303

第Ⅲ部　第3章　移民背景をもつ子どもの教育をうける権利と学校法制

それは「ドイツの教育史上もっとも大規模な学校整備計画」であったと言ってよい[51]。この「終日学校プログラム」は2006年9月の連邦制改革の前の政策であったから，連邦は基本法104a条4項にもとづいて，特別な意味をもつ州の投資に対して財政支援を行うことが可能であったのである。

　上記「終日学校プログラム」にもとづいて，その後，終日学校は急ピッチで設置・拡充され，こうして2014年の時点で，基礎学校における終日学校化の割合はドイツ全体で53.3％，つまり，基礎学校の2校に1校は終日学校という状況にまで至った。ただ終日学校化の割合には州によってかなりの差が見られ，メックレンブルク・フォアポンメルン州では2.8％ときわめて低いが，その一方でテューリンゲン州ではすべて（100％）の基礎学校が終日学校であり，またベルリン，ハンブルク，ノルトライン・ウエストファーレン，ザールランド，それにザクセンの5州では終日学校化率は9割を超えているという状況にある[52]。

3-2　終日学校と移民背景をもつ子ども

　いうところの終日学校の制度的主旨は一般に，授業以外でも子ども達の学習や人格の形成・発達を支援し，それによって家庭教育を補充することにあると説明される[53]。なかでも，今日，終日学校に期待されているのは一般的には，いわゆる「ピザ・ショック」をうけて，ドイツの子ども達の学力を全般的に向上させ保証することであるが，とりわけ成績の悪い子どもや移民背景をもつ子どもにとって，終日学校はきわめて重要な意味をもつに至っている。PISAによっても実証されたように，移民背景を「もつ生徒」の学力は「もたない生徒」よりも全般的に，しかもかなり劣っているという現実が見られているからである。「終日学校の喫緊の課題は，移民背景をもつ子どもの学校における成績を他の生徒と平準化するための諸条件を創出することによって，彼らの統合を推し進めることにある」と説かれる所以である[54]。

---

(51)　P. M. Jung, Die aktuelle Entwicklung der Ganztagsschule in Deutschland, In: RdJB（2006）,S.29.

(52)　布川あゆみ，前出資料。

(53)　H. Avenarius／H.P. Füssel,a.a.O.,S.84.

(54)　W. Edelstein, Zur Förderung der individuellen und sozialen Entwicklung in Ganztagsschulen,In:RdJB（2006）,S.6.

304

3－3　終日学校の形態と設置要件

ところで，KMK は終日学校を次のように概念規定している[55]。「初等領域ないし中等段階 I に属し，少なくとも週に 3 回，最低 7 時間の教育・保育活動を行い，終日学校活動の日には昼食を提供する。終日学校活動は校長の責任と監督下において組織され，校長と密接に協力して実施される学校」。

現行学校法制上，終日学校の組織形態としては下記の 3 類型が見られている[56]。①「全員参加義務づけ型」（Voll gebundene Form）－当該校の生徒全員に対して，少なくとも週 3 回，最低 7 時間行われる終日学校活動への参加を義務づける学校である。②「一部参加義務づけ型」（Teilweise gebundene Form）－当該校の一部の学年やクラスの生徒に対して，上記のような終日学校活動への参加を義務づける学校である。③「参加自由形」（Offene Form）－生徒は時間割にもとづく授業には出席する義務を負うが，それ以外の追加の活動への参加は任意である。親が追加活動への参加を決定した場合，子どもは 1 年間（たとえば，ラインラント・プファルツ州学校法 14 条 1 項）もしくは半年間（たとえば，ハンブルク州学校法 13 条 3 項），それを継続しなくてはならないとする学校である。

終日学校の設置要件については，各州の学校法で規定されている。初等段階と中等段階 I においては，学校法令に所定の人的，物的および空間的な要件を充足していれば，学校設置者はその学校を終日学校として設置することができる。終日学校としての設置に関する決定は，各州法の定めるところにより，学校設置者が学校監督庁の同意を得て行う場合と，学校設置者ないしは学校会議の申請をうけて，学校監督庁がこれを行う場合の 2 種類がある。たとえば，ハンブルク州は後者の例で，同州学校法はこう書いている（13 条 2 項）。「初等段階と中等段階 I の学校は，人的，物的および空間的な要件を充足していれば，学校会議の申請により，これを終日学校として設置することができる。これに関する決定は，所轄学校監督庁がこれを行う」。

終日学校として設置できる学校の種類は州によって一様ではない。ブランデンブルク州やノルトライン・ウエストファーレン州など 4 州ではすべての学校種について認められているが，ハンブルク州やヘッセン州など 5 州においては

---

(55)　Sekretariat KMK, Allgemeinbildende Schulen in Ganztagsform in den Ländern in der Bundesrepublik Deutschland,2008,S.4.

(56)　H.Avenarius/H.P.Füssel,a.a.O.,S.85.

一般陶冶学校についてだけであり，またザクセン州にあっては中等段階Ⅰの一般陶冶学校だけに限られている[57]。

4　終日学校をめぐる法的問題

4-1　終日学校の導入と「法律の留保の原則」

既存の半日学校を廃止して新たに終日学校を導入することは，一方における国家の教育主権（基本法7条1項）と，他方における親の教育権（基本法6条2項）および子どもの「自己の人格を自由に発達させる権利」（基本法2条1項）との法的緊張をもたらすことになる。したがって，これについては，終日学校の組織形態の如何と関係なく，法律による明文上の根拠が必要とされる。ちなみに，この点について，たとえば，ザールラント州憲法裁判所（1987年）も下記のように判じている[58]。

「終日学校の導入は，それが基本権に対して重要な意味をもつがゆえに，議会によってなされるべき本質的な決定（wesentliche Entscheidung）である。それは終日学校の内容，組織および活動時間の形成に対して十分な根拠を与えるものでなくてはならない」。

現行学校法制もこうした要請をうけて，規律の範囲や強度には違いがあるが，たとえば，ニーダーザクセン州学校法23条やザクセン州学校法16a条など，13州の学校法が終日学校についての定めを置いている。ブランデンブルク州の初等段階の終日学校に関する規定例だけを引いておくと，下記のようである（学校法18条1項・2項）。

◎18条1項＝「初等段階の学校設置者は学校外の保育主体と，学校と保育所（Hort）との協働についての取り決めを行うものとする。この取り決めは学校の時間割の範囲を超えて，親にとって頼りになる保育を含むものとする。この保育への参加は任意である」。

◎18条2項＝「終日学校の活動は授業と授業外の保育を結合させるものである。授業と保育はそれぞれ午前と午後に割り振られる。授業外の保育は……労作の時間，趣味のグループ，自由時間活動などを含むことができる」。

---

(57)　H.Avenarius/H.P.Füssel,a.a.O.,S.86.

(58)　VerfGH Saarl. Urt. v. 14. 7. 1987, In:SPE 280 Nr.16.

4－2 「全員参加義務づけ型」終日学校の合憲性

　国家は「全員参加義務づけ型」の終日学校を設置し，子どもに対して，それ
への就学を法律によって義務づけることが憲法上許されるか。これについては，
「全員参加義務づけ型」の終日学校は親の教育権と子どもの「自己の人格を自
由に発達させる権利」を侵害し，違憲であるとする学説も見られているが[59]，
学校法学の支配的見解はこれを肯定している。それによると，現行法制上規定
されているような義務制終日学校〈週３日，７時間の教育・保育〉であれば，
親にはなお十分な家庭教育の時間が留保されているのであり，親の教育権を侵
害することにはならないとされる[60]。それどころか，この問題の法的評価に
当たっては，義務制終日学校は若い世代の社会的統合，とくに教育に疎遠な家
庭（bildungsferne Familie）の子どもの社会化に大きく貢献することができる，
ということをこそ考慮すべきであるとされている[61]。

　一方，判例を見ても，たとえば，ベルリン行政裁判所（1976年）は下記のよ
うに述べて，義務制終日学校の合憲性を確認している[62]。「義務制終日学校は
親の教育権ないし生徒の基本権を侵害するものではない。学校監督庁はその規
律権の範囲内で終日学校について規律することができる」。

　なお関連して，基礎学校における教育活動の時間（子どもの学校滞在時間）
を通常，１日５時間30分と規定しているザクセン・アンハルト州学校法（４
条２項）は，親の教育権と子どもの基本権を侵害し違憲であるとして，その合
憲性が争われた規範統制訴訟で，連邦憲法裁判所はこれを斥けているという事
実を，ここで付記しておこう[63]。

---

(59)　S.Schmahl, Die Ganztagsschule im Spannungsfeld von elterlichem Erziehungsrecht,
　　staatlichem Bildungsauftrag und Kindeswohl, In:DÖV（2006）,S.885.

(60)　A.Guckelberger,Ganztagsschule und elterliches Erziehungsrecht,In:RdJB（2006）,S.
　　11ff.
　　　なお，義務制終日学校における子どもの学校滞在時間（子どもを拘束できる時間）に関
　　する規律は州によって様々で，「通常，６時間」（ベルリン州学校法20条６項），「少なく
　　とも５時間」（ヘッセン州学校法15a条１項），「９時間を超えてはならない」（ハンブルク
　　州学校法13条４項）と具体的に明記している州もあれば，「（親にとって）時間的に頼り
　　になる保育」（zeitlich verlässliche Betreuung）と抽象的に規定している州も見られてい
　　る（メックレンブルク・フォアポンメルン州学校法39条１項）。

(61)　H.Avenarius/H.P.Füssel,a.a.O.,S.86.

(62)　VG Berl. Urt. v. 30. 9. 1976,In:SPE 270 Nr.1.

(63)　BVerfG, In:DVBl（2002）,S.97, zit. aus H.Avenarius/H.P.Hüssel, a.a.O.,S.65.

第Ⅳ部

障害児教育法制の構造転換

第1章　障害児教育の法制史

第1節　特殊学校制度の生成

　ドイツにおける障害児教育の法制史は18世紀末から19世紀初頭にまで遡る。すなわち，1778年，ドイツにおける最初の障害児教育施設として，聾唖者養護施設がザクセン侯国ライプツィッヒで設置されたのを嚆矢として[1]，1806年にはベルリンで盲学校が設立され，さらに1838年にはビュルテンベルクで精神薄弱児の救護施設の設置を見るに至っている。

　19世紀前半，たとえば，聾唖の子ども達は一般学校（Regelschule）にも就学していたが，もっぱら財政上の理由で，聾唖教育は私立の施設に委ねられ，こうしてこの時期私立の聾唖教育施設がかなりの増加を見たのであった。そしてこうした状況下にあって，ブランデンブルクでは1863年，聾唖教育のための教員養成施設が創設されるに至っている。

　このような前史を経て，1860年代半ば以降，工業都市を中心に「特殊学校」（Hilfsschule）の設置が進み，ここに制度としての特殊学校が生成を見るに至る。「特殊学校制度の父」と呼ばれたM.シュテッツナーの「特殊学校の設立文書」（1864年）が，このプロセスにおいて大きな影響を与えたとされる[2]。

　特殊学校は1859年にハレで設置されたのが最初であるが[3]，この学校は次のような障害児を対象とした。①教育可能（bildungsfähig）ではあるが，精神障害のために国民学校の授業について行けない子ども，②身体に障害があるために，国民学校の授業について行けない子ども，③常に病気がちで，規則的に学校に行くことができない子ども，がそれである。

　20世紀に入ると特殊学校制度は急激な拡張期を迎えることになる。1893年にはドイツ全土で32都市に110学級（生徒数・2,290人）が存在していたにすぎなかったが，1914年には1,850学級（生徒数・約43,000人）を数えた。プロイセンについて見れば，特殊学校児童の全国民学校児童に占める割合は，1905

---

(1)　Verordnung zu dem Kurfürstlich Sächsischen Institut für Stumme in Leipzig v. Mai 1778.

(2)　M.Stötzner, Grundungsurkunde der Hilfsschule,1864, zit. aus H.P.Füssel, Elternrecht und Sonderschule, 1987,S.25.

(3)　H.Heckel, Die Städte und ihre Schulen,1959, S.40.

第Ⅳ部　第1章　障害児教育の法制史

年は1％であったが，1914年には2％に倍増した。その背景としては，この時期ドイツは農業国から工業国への移行期にあり，障害児を一般学校の教育活動にとって阻害要因と見る傾向が増幅したということがあった[4]。

1905年に制定されたプロイセンの特殊学校設置準則は，以下のように書いて，特殊学校の教育目的を初めて明記した[5]。「子どもを善に導くこと，彼らの心情を活発にすること，子どもをよき道徳とよき秩序に慣れさせること，これらが特殊学校の主要な任務でなければならない。しかしまたこれらの教育と並んで，障害児に生計能力を獲得させるための準備教育が施されなくてはならない。しがって，特殊学校においてはとくに手仕事，工作，庭造り，花の栽培などによって，目と手を十分に訓練しなければならない」。

ところで，特殊学校制度が成立し，特殊学校が独自の教育責務を担うに至ったことは，一般の国民学校との関係で次のような法的問題を引き起こすこととなった。まず特殊学校の設置・維持に係る費用はどこが負担するのかという問題である。プロイセンにおいては一般ラント法（1794年）以来，公共団体（Gemeinde）が国民学校の設置・維持義務を負ってきたのであるが，特殊学校は国民学校ではないという理由で，ある公共団体が特殊学校の設置・維持に係る費用の負担を拒否するという事件が発生した。この件について，プロイセン高等行政裁判所（1904年）は次のように判じて，原告・公共団体の側の主張を斥けている[6]。

「才能が乏しい子ども達のための特殊学校（Hilfsschulen für schwachbegabte Kinder）が，公立学校として設置された限り，一般の国民学校と同様の原則に従って維持されなければならない」。

また障害児の親がその子の就学義務を特殊学校ではなく，国民学校で履行することを求めて提訴するという事件も発生した。これについて，ベルリン上級地方裁判所（1906年）は次のように述べて，親の訴えを却下している[7]。「組織上は分離されてはいるが，特殊学校は国民学校の一部をなしている。した

---

(4)　H.P.Füssel,a.a.O.,S.26.

(5)　Richtlinien für die Einrichtung von Hilfsschulen in Preußen, 1905. なおブレーメンでは，これに先立って1901年に特殊学校のための教則（Lehrplan für die Hilfsschulen für schwachbefähigte Kinder）が制定されている（H.P.Füssel,a.a.O.,S.28.）。

(6)　Preußische OVG Urt. v, 20. 9. 1904, In:L.Frege/W.Elsner（Hrsg.）,Entscheidungen des Preußischen Oberverwaltungsgerichts, 1956,S.157.

(7)　Kammergericht, Urt. v. 25. 1. 1906, zit. aus　H.P.Füssel,a.a.O.,S.29.

がって，親が国民学校のどの部分で就学義務を履行するかの決定は学校行政庁
に委ねられているのであり，これに関して親に選択権はない」。

ちなみに，この点について，プロイセン文部省は1905年，特殊学校への強
制就学に関する文部大臣訓令を発出して，「親が子どもを特殊学校へ就学させ
ることを拒否することは，民法1666条が規定する親権の濫用に該当し，後見
裁判所に訴追されるべきである」との見解を示していたところである[8]。

なお，ヘッセンやビュルテンベルクなど若干のラントにおいては，例外的に
学校行政庁は親の同意が有る場合にだけ障害児を特殊学校に指定することがで
き，同意が得られない場合は国民学校への就学を認めなければならない，との
制度が採られていた[9]。障害児を一般の国民学校に就学させるか，特殊学校に
就学させるかの決定権を親に与えていたのであった。

第2節　ワイマール憲法下における特殊学校制度

1　統一学校制度と特殊学校

ワイマール憲法は公立学校の制度構成について，こう規定した（146条1項）。
「公立学校制度は系統的に構成されなければならない。すべての者に共通な
基礎学校の上に（auf einer für alle gemeinsamen Grundschule），中等学校および
上級学校の制度を設ける。これらの制度を構成するに当たっては職業の多様性
を基準とし，特定の学校への子どもの入学に際しては，親の経済的および社会
的な地位ないしは宗教上の信条ではなく，その子どもの素質および性向を基準
とする」。

この条項は，当時の国法学説の通説によれば，単なるプログラム規定ではな
く，各州とその行政機関を直接に拘束するものであり〈直接的に妥当する法〉，
したがって，この条項に違反するラント法や行政行為は違憲として無効と解さ
れた[10]。

こうして，基礎学校は「すべての者に共通な学校」として，ワイマール憲法
145条にもとづいて就学義務を負っているすべての子ども達のための，した

---

(8)　Ministerieller Erlaß über Schulzwang für Hilfsschulen v. 2. 3. 1905, zit. aus H.P.Füssel,
　　a.a.O.,S.29.

(9)　Hessisches Schulgesetz v. 1874. Würtembergisches Volksschulgesetz v. 1910, zit. aus
　　H.P.Füssel,a.a.O.,S.30.

(10)　W.Landé, Die Schule in der Reichsverfassung,1929, S.79.

第Ⅳ部　第1章　障害児教育の法制史

がってまた，障害児にとっても「社会的な意味における統一学校」（Einheits-schule im sozialen Sinne）であることが憲法上求められることとなった〈「学校制度における社会的同権の原則」の妥当[11]〉。

ところが，上記憲法条項を受けて 1920 年に制定されたライヒ基礎学校法〈Reichsgrundschulgesetz v. 28. April 1920〉は，基礎学校の性格や任務について，次のように書いたのであった（1条[12]）。「……基礎学校段階は国民学校の一部としてその本質的な任務を全面的に担い，同時に中等学校ないしは上級学校へ直接入学するための十分な準備教育を保障するものとする。ただし，この規定は特殊学校（学級）には適用されない」（下線・筆者）。

ここにおいては，基礎学校は国民学校の一部であり，したがって，国民教育機関としての任務を担うと同時に，中等学校および上級学校への準備教育機関であることが明記され，そしてこの点と係わって，その後 1923 年の訓令によって「特定の子ども達の上級学校への入学準備を目的として，基礎学校の内部で生徒を分化してはならない」と確認的に規定されたのであるが[13]，しかし上記ライヒ基礎学校法 1 条は特殊学校には適用されないとされているのである。同法の立法者意思によれば，特殊学校はワイマール憲法 146 条 1 項が目指した統一学校制度には含まれないと解されたのであった。

上述のように，ワイマール期においては，基礎学校は統一学校の基礎部分として位置づけられたのであるが，しかし同時に基礎学校は成績の良い子ども達の中等学校および上級学校への進学準備機関として，いわゆる「成績主義的な学校」（Leistungsschule）であることが法制上求められた。かくしてこの時期，障害児は成績主義の圧力のもと次第に基礎学校から排除され，特殊学校への指定率が大幅に上昇した。

事実，1900 年の時点では特殊学校はドイツ全土で 90 都市（生徒数・約 8000人）に存在していたにすぎなかったが，ワイマール憲法下の 1927 年には 600都市で設置され，生徒数は約 68,000 人に達していた[14]。ワイマール期は「特殊学校制度の開花期」（Blütezeit des Hilfsschulwesens）と称されるが[15]，それは主要には，上述したような基礎学校の成績主義的な学校への傾斜がもたらし

---

(11)　G.Anschütz, Die Verfassung des Deutschen Reichs vom 11. August 1919, 1933,S.679.

(12)　L.Froese/W.Krawietz, Deutsche Schulgesetzgebung,1968,S.196.

(13)　Richtlinien v. 28. 4. 1923, zit. aus C.Führ, Zur Schulpolitik der Weimarer Republik, 1970,S.282.

(14)　H.Heckel, a.a.O.,S.42.

第2節　ワイマール憲法下における特殊学校制度

た現実に他ならなかった。

2　特殊学校の任務と法的地位

　ところで，ワイマール憲法下においても，特殊学校は従前と同じく国民学校
の一部として位置づけられ，したがって，その限りにおいて，特殊学校は本来
ワイマール憲法の学校条項が掲げた統一学校制度に含まれる筈であった。しか
し，既述したように，ライヒ基礎学校法1条は特殊学校には適用されないとさ
れ，こうして，特殊学校の役割や法的位置づけに関する規律は各ラントに委ね
られたのであった[16]。

　この結果，ほとんどのラントにおいては，学校組織法上，特殊学校は国民学
校の一部として位置づけられたが，ベルリンとテューリンゲンにおいてだけは
例外的に独立した学校施設として位置づけられた。ちなみに，ベルリンの特殊
学校における教育に関する規程（1924年）は，この点について，次のように規
定している[17]。

　「特殊学校は，一般の学校においては促進することができない，もしくは十
分に促進することができない，教育可能な精神薄弱児のための独立した公立学
校施設（selbständige öffentliche Schuleinrichtung）である」。

　特殊学校の主要な任務としては，19世紀前半からの「善への教育」，「よき
道徳とよき秩序への教育」，「生計能力を獲得させるための準備教育」などに加
えて，ワイマール憲法下においては，たとえば，アンハルト特殊学校制度規程
（1922年）が明記しているところであるが[18]，新たに「人間社会の有用な成員
への教育」（Erziehung zu nützlichen Gliedern der menschlichen Gemeinschaft）が

---

(15)　W.ホフマンは1920年から1932年をドイツにおける養護教育学の全盛期（Hoch-
　　　blüte der Heilpädagogik）と評している（W.Hofmann,Hilfsschule,in:G.Lesemann（Hrsg.）,
　　　Beiträge zur Geschichte und Entwicklung des deutschen Sonderschulwesens,1966,S.91,zit.
　　　aus H.P.Füssel,a.a.O.,S.35.）。

(16)　ドイツ特殊学校連盟（Verband der Hilfsschulen Deutschland）はライヒ基礎学校法
　　　に準じ，単独法としてライヒ特殊学校法の制定を強く要求したが，実現することはなかっ
　　　た（H.P.Füssel,a.a.O.,S.96）。

(17)　Bestimmungen über den Unterricht in den Berliner Sonderschulen v. 9. Feb. 1924,zit.
　　　aus H.P.Füssel,a.a.O.,S.38.　なおテューリンゲン文部省の「国民教育のための訓令」（1923
　　　年）も「特殊学校は一般の学校から独立した，独自の校長が任命される学校」と規定して
　　　いる（H.P.Füssel,ditto.）。

(18)　Ordnung des Hilfsschulwesens im Freistaate Anhalt v. 28. Sept.1922,zit. aus H.P.
　　　Füssel,a.a.O.,S.39.

315

第Ⅳ部　第1章　障害児教育の法制史

付加された。これはワイマール憲法が「すべての学校において，ドイツの民族性と国際協調の精神において，道徳的教養，公民たるにふさわしい志操（Staatsbürgerliche Gesinnung），人格的および職業的能力の獲得が目指されるものとする。……公民教育（Staatsbürgerkunde）は……は学校の教科とする」（148条）と規定したことに対応するものである。

3　特殊学校への指定手続

ワイマール憲法は「子を教育して，肉体的，精神的および社会的に有能にすることは，親の至高の義務かつ自然的権利であ（る）」（120条）と書いて，いわゆる「親の教育権」を自然権的基本権として世界の憲法史上初めて保障したのであるが，親のこの権利は，特殊学校教育の領域においても一定範囲・程度において現実化された。

すなわち，特殊学校への指定手続において，アンハルトでは現行の指定手続について親に知る権利（Informationsrecht）が保障され[18]，またハンブルクでは最終的な指定決定の前に，親に対して聴聞権（Anhörungsrecht）が認められた[19]。さらにオルデンブルクでは指定決定に対する異議申し立て権（Einspruchsrecht）が親に法認され，そしてザクセンとビュルテンベルクにあっては，これらの域を超えて，親に対して審査手続自体への参加権が保障されたのであった[20]。

ただ予てから，親と学校行政庁との間で争いの絶えない障害児の特殊学校への指定については[21]，通説および判例はまず例外なく，これに関する決定権は学校行政庁の専権に属し，親に一般の国民学校か特殊学校かを選択する権利はないと解した。たとえば，1926年に刊行されたプロイセンの学校法制概説書には，次のような記述が見えている[22]。「学校行政庁は，一般の国民学校への入学条件を満たしていない子どもは，親の意思に反しても，これを特殊学校

---

(19)　Rundschreiben der Oberschulbehörde Hamburg v. 4. Mai 1922, zit. aus H.P.Füssel, ditto.

(20)　Sächsische Verordnung v. 21. März 1924 zur Überweisung an die Hilfsschulen, Richtlinien für die Hilfsschulen in Württemberg v. 15. Mai 1930, zit. aus H.P.Füssel, ditto.

(21)　障害児の親はとりわけ特殊学校が一般に「低能学校」（Dummenschule）と蔑称されていたから，自分の子どもが特殊学校に指定されることに対して強い抵抗感をもっていたとされる（H.P.Füssel, a.a.O., S.38.）。

(22)　W.Kühn, Schulrecht in Preußen, 1926, S.61. 同旨：W.Landé, Preußisches Schulrecht, 1933, S.225. 判例では，さしあたり，Kammergericht Urt. v. 22. 2. 1927.

316

へ指定する権限を有する」。

　そしてこうした見解の背景には，1904年にプロイセン高等行政裁判所が明言したような特殊学校観が存していたのであった。こう判じている[23]。「精神的に劣等な子ども（geistig minderwertigen Kinder）は，一般の国民学校から分離されたクラスにおいてだけ教育されうる。なぜなら，彼らはそこにおいての方がよりよく促進されうるからである。彼らが一般の国民学校の授業に出ることは，授業の効率を低下させてしまう」。

　学校行政庁の特殊学校への指定決定は，多くのラントにおいて，特殊学校への指定の必要性（Hilfsschulbedürftigkeit）の有無を審査する審査委員会の結果を参考にして行われた。そしてこの審査委員会には通常，学校医も含まれていた。

第3節　ナチス政権の障害児政策

1　優生思想と障害児政策

　ナチスが国家権力を奪取したのは1933年1月であるが，半年後の1933年7月，ナチス政権は「遺伝性疾患をもった次世代を防止するための法律」〈Gesetz zur Verhütung erbkranken Nachwuchses v. 14. Juli 1933・いわゆる優生保護法〉を制定した。この法律はいわゆる優生思想（Gedanken der Eugenik）に立脚したもので，その1条でこう書いた。「医学の経験が示すところによれば，遺伝性疾患の者は，その子どももまたほぼ間違いなく重度の身体障害ないしは精神障害を患っており，外科手術によって不妊・断種（sterilisieren）することができる」。

　そして同法の公式なコンメンタールはこの条項を特殊学校に引きつけて，こう記している[24]。「特殊学校の生徒はごく僅かな例外を除いて，程度の差はあるが愚鈍と見られ，その大多数は遺伝性の精神疾患にかかっており，したがって，この法律の規定に服する」。

　2年後の1935年10月には「婚姻健康法」〈Ehegesundheitsgesetz v. 18. Okt. 1935〉が制定され，上記優生保護法の不妊・断種規定は一段と強化され

---

(23)　G. Marwege, Berücksichigung von Behinderungen in der Schule und in Schulprüfungen-Eine Rechtssprechungübersicht, In:RdJB（2009),S.229.

(24)　zit. aus H.P.Füssel, a.a.O.,S.47.

317

第Ⅳ部　第1章　障害児教育の法制史

た。

　また同じく 1935 年，ライヒ文部大臣は特殊学校への子どもの指定に関する訓令を発出して，次のように命じた[25]。「この訓令にもとづいて特殊学校への就学義務が認定された子どもは，残らず特殊学校へ指定されなければならない。親には特殊学校の長所を説明し，納得させなくてはならない。……優生保護に関するわが国家の努力は特殊学校の設置とその積極的な協力を無条件に必要とする。優生保護法の規定に鑑みて，特殊学校への就学が必要とされる子ども（hilfsschulbedürftige Kinder）が国民学校に留まることは，無条件に回避しなくてはならない」。

　上記のような法制下にあって，特殊学校はその重要な役割として，在校生だけでなく，かつて在籍した生徒も含めて，障害児に関する個人データを作成し，これに関する意見書を付して優生裁判所（Erbgesundheitsgericht）に提出することが義務づけられた。それどころか，特殊学校は障害児の親に対して不妊・断種の必要性を強く説いたのであった。

　こうして，1934 年から 1936 年までの 3 年間だけでも 16 万 8,989 人が不妊・断種手術に追い込まれ，そしてナチス政権が崩壊した 1945 年までには，その数は 20 万人〜35 万人にも達したと報告されている。犠牲者の大部分は特殊学校の在校生とかつての在籍者であったとされる[26]。

　ところで，1929 年に始まった世界恐慌の只中にあって，1930 年代初頭のドイツは深刻な経済不況に陥り，この時期，財政緊縮政策により，特殊学校の閉鎖が相次いだ。「劣等人種（Untermensch）ないし無価値な生命の養育施設としての特殊学校」に対する財政支出は「不要な支出」だとして攻撃に晒されたのである。こうして，たとえば，ベルリンにおいては 1934 年 4 月，特殊学校 60 校のうち 8 校が閉鎖に追い込まれた。

　ちなみに，1934 年の時点で，ドイツには精神障害者が 16 万 7000 人，聾唖者・盲人が 8,300 人，身体障害者が 2 万 600 人おり，それぞれに 1 人平均で年，766 RM，615 RM，600 RM の公費が支出されていた。その総額は当時の平均的な住宅建設費（当時，ドイツは深刻な住宅不足の状態にあった）の約 1000 戸分に当たるとされた[27]。

　以上からは，ナチスの障害児政策ないし特殊学校政策はいわゆる優生思想に

---

(25)　zit. aus H.P.Füssel, a.a.O.,S.49.

(26)　H.P.Füssel, a.a.O.,S.48.

318

立脚し，国家財政的な観点も加わって，強権的に遂行されたということが知られる。

　なお，ここで重要な歴史的事実を指摘しておかなくてはならない。

　それは，いうところの優生思想はナチス政権下の産物ではなく，すでに1920年代当初からとりわけ特殊学校関係者の間で活発に議論され，そして1920年代末の段階では広く支持されていたという事実である。たとえば，刑法学者のK.ビンディンクは1920年に執筆した論文で「生きる価値のない生命の絶滅と不治の精神障害者の殺害の必要性」を説いていたし，またドイツ精神障害者教育協会の会長であったE.メルツァーは1925年に同旨の論文を発表し，つづいて1928年には特殊学校教員連盟の機関誌に「国民経済の負担としての白痴」という論文を寄稿している。

　また1930年前後からは優生学や不妊・断種の問題が特殊学校教員向けの雑誌でしばしば取り上げられ，特殊学校教員連盟もこの問題に積極的に係わることになる。こうして1933年，特殊学校教員連盟の議長であったG.レーゼマンはその機関誌で「今後，特殊学校はそのすべての活動を優生学的観点から実施しなければならない」と述べるまでに至っている[28]。

　ここで，この時期の特殊学校教員連盟について付言しておくと，1933年4月の職業官吏制度再建法の制定を機にドイツでは教員に対する統制が著しく強化され，同年6月の国家社会主義教員連盟（Nationalsozialistischer Lehrerverbund・NSLB）の第3回全国大会を直接の契機として，プロイセン教員組合が解散に追い込まれるなど，教員組合のNSLBへの吸収・統合が進み，教員組合・教育運動は壊滅的な打撃をうけた[29]。こうして特殊学校教員連盟も1933年12月，同じ運命を辿ったのであった[30]。

2　プロイセン特殊学校規程とライヒ就学義務法

　ナチス政権の成立以降，ドイツ経済は次第に回復に転じ，いわゆる「平時に

---

(27)　K.I.Flessau, Schule der Diktatur-Lehrpläne und Schulbücher des Nationalsozialismus, 1979,S.200. この点と関連して，ライヒ内務大臣フリックはこう述べている。「労働者は1日平均で2.5RM，被用者は3.6RM，下級公務員は4RMだけで生活しているのに対し，精神障害者のために1日4RM，犯罪者には3.5RM，身体障害者と聾唖者には5RM〜6RMの公費が使われている」（K.I.Flessau,a.a.O.,S.270.）。

(28)　H.P.Füssel, a.a.O.,S.45〜S.47.

(29)　W.Feiten, Der Nationalsozialistische Lehrerbund,1981,S.60ff.

(30)　H.P.Füssel, a.a.O.,S.45.

第Ⅳ部　第1章　障害児教育の法制史

おける戦時経済政策」によって，1938年頃には建設業や鉄鋼業を中心に労働力不足という状況になっていた。こうして，良質な労働力確保のための基礎的な準備教育が国民学校により一層期待されることになり，国民学校は教育水準の維持・向上を求められた。この結果，特殊学校には従前にも増して国民学校の「負担の軽減という任務」（Entlastungsaufgabe）が期待されることになり，特殊学校への指定率はかなりの増加を見ることになる。その傾向は工業都市においてより強く，たとえば，ハレでは7％（1936年），マグデブルグでは4.46％に達した。

　実際，1938年に制定された「プロイセンの特殊学校に関する一般規程」〈Allgemeine Anordnung über die Hilfsschulen in Preußen v. April 1938〉は特殊学校の任務について，端的に次のように書いていたのであった[31]。

　「国民学校がその活動を，健全なドイツの少年たちの教育に妨げられることなく注力できるように，特殊学校は国民学校の負担を軽減するものとする。特殊学校は障害児を長期にわたって計画的に観察することによって，国家が優生保護上の措置を実施するに当たり，効果的な手助けを提供するものとする」。

　「教育不能な子どものための，いわゆる掃き溜め学級（sog. Sammelklassen für bildungsunfähige Kinder）は認められない」。

　「特殊学校へ2年間通っても重要な教育領域（たとえば，工作授業がこれに属する）において目立った進歩が認められない障害児は，教育不能として，公立の養護施設か私的な養護に委ねられるものとする」。

　H.P.フュッセルも指摘しているところであるが[32]，上記プロイセンの一般規程が国民学校と特殊学校のそれぞれについて，負担の軽減を図るように命じていることは重要である。特殊学校への指定率を高めることによる国民学校の負担軽減と，教育不能な障害児を外部へ排除することによる特殊学校自体の負担軽減である。

　上述のようなプロイセンの特殊学校に関する一般規程の趣旨・内容は，同規程の発布から3ヵ月後に制定を見たライヒ就学義務法〈Reichsschulpflichtgesetz v. 6. Juli 1938〉に基本的に継受され，ドイツ全体に妥当することになる[33]。

　すなわち，同法はまず「ドイツ帝国においては，就学は一般的な義務である。

---

(31)　H.P.Füssel, a.a.O.,S.51.

(32)　H.P.Füssel, a.a.O.,S.52.

(33)　L.Froese/W.Krawietz,　Deutsche Schulgesetzgebung,1968,S.224ff.

それは，国家社会主義の精神におけるドイツの少年の教育を確保するものである」（1条1項）と書いて，就学義務がドイツ人にとって一般的な基本的義務であることを確認したうえで，「精神障害児および身体障害児の就学義務」と題して（6条），次のように規定した。「精神的な薄弱もしくは身体的な欠陥のゆえに，国民学校の通常の教育課程について行くことができない子どもは，彼等に相応な特殊学校もしくは特別教育（特殊学校，精神障害者，盲人，聾唖者のための学校など）への就学義務を負う」（同条1項）。

そしてこれを受けて，「個々の場合に，このような就学義務が存在するかどうか，子どもはどの特殊学校に就学しなければならないか，どの特別教育に出席しなければならないかについては，学校監督庁がこれを決定する」（同条2項）と規定し，障害児を特殊学校・特別教育へ指定する権限は，学校監督権の行使として，学校監督庁にあることを明記している。

そして以上の規定を受けて，「就学義務の免除」（Befreiung von der Schulpflicht）と銘打って，「教育不能な青少年は就学義務を免除される」（11条）と規定し，「教育不能」（Bildungsunfähigkeit）と判定された障害児については，特殊学校・特別教育への就学義務も免除されたのであった。「就学義務の免除」という名による，障害児の義務制公教育制度の埒外への全面的排除である。

3　障害児に対する安楽死処分と特殊学校

上述したように，ナチス政権は優勢思想に立ち多くの障害者に対して不妊・断種手術を強行し，そして特殊学校およびその関係者はこれに積極的に加担したのであるが，1939年から本格的に始まったいわゆる安楽死処分（Euthanasiemaßnahme）には，特殊学校は直接には関与しなかった。1939年に発出されたライヒ就学義務法施行命令〈Verordnung zur Durchführung des Reichsschulpflichtgesetzes v. 7. März 1939〉は，学校医の鑑定意見を受けての障害児の教育不能に関する決定を，特殊学校ではなく，学校監督庁の権限と定めたからである。こうして学校監督庁によって教育不能と判定された障害児は強制収容所に送られ，そこにおいて「子どもの活動」ないしは「T4活動」といった偽装名称で「虐殺プログラム」（Tötungsprogramme）が実行されたのであった[34]。

---

(34)　M.Höck, Grundzüge der Entwicklung des Hilfsschulwesens im nationalsozialistischen Staat, 1980,S.120,zit. aus H.P.Füssel, a.a.O.,S.54.

第2章　戦後の学校法制改革と障害児教育

第1節　1950年代までの法制状況

　1945年8月に成立したポツダム協定を受けて，戦後，連合国はドイツ国民の再教育（Re-Education・Umerziehung）とドイツの教育制度の民主化に着手した。そして同じ1945年8月にはベルリンで戦後最初の学校法が制定されるなど，この時期から学校は次第に再開されたのであるが，特殊学校はやや遅れて1947年から再開された。戦後，ドイツにおいてはドラスティックな教育改革は行われず，基本的にはワイマール時代の教育制度への回帰という形で，戦後のドイツ教育は出発した[1]。障害児教育の分野においても，そうであった〈戦前法制との法的継続性〉。

　すなわち，先に言及したプロイセンの特殊学校に関する一般規程（1938年）とライヒ就学義務法（1938年）は，基本法123条1項＝「連邦議会集会前の法は，この基本法と抵触しない限り，効力を継続する」により，戦後も各州で州法として適用された[2]。前者はシュレスヴィヒ・ホルシュタイン州では1961年の時点でも効力をもっていたし，後者はザールラント州にあっては，1966年の同州就学義務法の制定によって失効するまで効力をもち続けたのであった。

　戦後ドイツにおける障害児教育法域での最初の立法は，1946年のバイエルン州の「特殊学校への子どもの受け入れのための規程」〈Bestimmung für die Aufnahme von Kindern in die Hilfsschulen v. 15. Feb. 1946〉であるが，この規程はドイツの教育法制史上初めて「障害児の教育をうける権利」を明記したという点で画期的なものであった。こう書いたのである[3]。「精神遅滞児もまた，その身体的，精神的，心的な能力の範囲内において，教育および職業上の教育訓練をうける権利（Recht auf Erziehung, Unterricht und Berufsausbildung）を有する」。

　その後，基本法が制定された1949年には，たとえば，ヘッセン州で特殊学

---

(1)　戦後におけるドイツの教育改革については，参照：拙著「教育法制の理論－日本と西ドイツ」教育家庭新聞社，1988年，359頁以下。

(2)　H. Ihlenfeld, Pflicht und Recht zum Besuch öffentlicher Schulen nach deutschem Bundes-und Landesrecht,1971,S.5.

(3)　zit. aus H.P.Füssel, Elternrecht und Sonderschule, 1987,S.57.

第1節　1950年代までの法制状況

校の設置に関する規程が、またノルトライン・ウエストファーレン州では特殊
学校規程が制定されるなど、障害児教育法制は次第に整備され、そして1950
年代後半までには、すべての州で特殊学校に関する法律ないしは行政規則が制
定されるまでに至ったのであった。ただこの時期までの特殊学校ないし障害児
教育に関する規律は、従前のそれと基本的には変わるところがなかった。その
模様を具体的に見ると、以下のようであった。

1　特殊学校への指定制度

　1955年に単独法として制定されたバーデン・ビュルテンベルク州の特殊学
校法〈Hilfsschulgesetz v. 27. Juni 1955〉がその例であるが、特殊学校への指
定の必要性の審査に際しては、従前と同じく、国民学校における成績不良、通
常は2教科の原級留置が前提とされた。審査は通常、国民学校教員と特殊学校
教員で構成される委員会で行われた。ブレーメンでは1957年以降、学校制度
法により、教育権者が希望する場合は学校医の鑑定書が必要とされたが、こう
した制度は例外であった。

　特殊学校への指定手続において、ヘッセン州を除くすべての州で、教育権者
にはただ知る権利と聴聞権が認められただけであった。ヘッセン州では例外的
に、1954年の文部省訓令で教育権者は審査自体に関与できるとされた。いず
れにしても、特殊学校への指定に関する決定はすべての州において、審査委員
会の審査結果を参考にした上ではあるが、学校監督庁の専権に属するとされた
のであった[4]。

　ところで、上記のような学校監督庁による特殊学校への指定決定をめぐって
は、1950年代、親・子どもの側から多くの行政裁判が提起されたが、そのす
べてが原告（親・子ども）側の敗訴に終わっている。以下に代表的な判例を二
つ引いておこう。

　①　ミュンスター高等行政裁判所判決（1958年[5]）
　「1.　精神薄弱あるいは肉体的な欠陥のゆえに、国民学校の一般的な教育
　　課程について行くことができない子どもに対して、特殊学校への就学を義
　　務づけている州法は基本法に抵触しない。

---

(4)　H.P.Füssel, a.a.O.,S.58.
(5)　OVG Münster, Urt. v. 24. 4. 1958, in, H. Hochstetter/P. Seipp/E. Muser, Schü-
　　ler-Richter-Lehrer,1963,S.39.

323

第Ⅳ部　第2章　戦後の学校法制改革と障害児教育

　　2．（国民学校から特殊学校への）転校に伴う子どもの負担，とくに通学距
　　離が許容できる範囲内の場合は，学校行政庁は子どもを国民学校から特殊
　　学校へ指定しなければならない。
　　3．　特殊学校において子どもが十分な教育をうけられる可能性があると
　　思う親は，子どもの特殊学校への指定請求権（Anspruch auf Überweisung
　　des Kindes in die Sonderschule）を有する」。

② 　連邦行政裁判所判決（1958年[6]）

「1．　国民学校への就学義務を負っている子どもは，一定の条件下で，そ
　　の就学義務を特殊学校で履行しなければならないと規定しているライヒ就
　　学義務法6条（州法として今日でも妥当）は，学校に対する国家の組織権力
　　（staatliche Organisationsgewalt über die Schule）の流出であり，親の教育権
　　に優位する。かくして，同法6条は基本法6条2項（親の教育権）にも，
　　また基本法2条1項（自己の人格を自由に発達させる権利）にも抵触しない。
　　2．　国民学校において成績不良の子どもが近隣の特殊学校に指定された
　　としても，そのことによって子どもの尊厳（基本法1条1項）も，平等原
　　則（基本法3条1項）も侵害されたことにはならない」。

2　特殊学校の法的地位と機能

　1950年代にあっても，特殊学校（学級）はほとんどの州で従前と同じく，学
校組織法上，国民学校の一部として位置づけられた。たとえば，1955年に制
定されたバーデン・ビュルテンベルク州の特殊学校法は，この点について，次
のように規定している（1条）。「能力障害のゆえに，国民学校の教育課程につ
いて行けない就学義務年齢段階の子どものために，国民学校の範囲内で，単純
化された教育目的の授業を実施する」。

　こうして，各州文部省はいうところの「国民学校の範囲内」で学習障害者の
ために特別な分化措置を講じることになる。たとえば，ラインラント・プファ
ルツ州では「促進学級」（Förderklasse）が設置され，ベルリンでは「学校幼稚
園」（Schulkindergarten）と「観察クラス」（Beobachtungsklasse）が，またブ
レーメンでは「教育学級」（Erziehungsklasse）などの設置を見た。

　ただ一方で，特殊学校を国民学校から学校組織法上分離し，独立した学校形
態として制度化しようとする動きも見られた。たとえば，学校設置者の連合体

---

(6)　BVerwG Urt. v. 29. 12. 1958, ,in, H.Hochstetter/P.Seipp/E.Muser,a.a.O., S.45.

第2節　1960年代における法制状況

であるドイツ都市会議は1955年，特殊学校の重要性に鑑みて，特殊学校を一般の国民学校と並ぶ独立した学校とすることを決議しているし，また特殊学校教員連盟は1950年代当初から連邦レベルでの統一的な特殊学校法の制定を要求していた[7]。

1950年代においても，国民学校における原級留置率の高さは深刻な教育問題であった。たとえば，ビーレフェルトでは1953/54年学期，原級留置の割合は国民学校生徒の3分の1にも達していた。こうした状況下で特殊学校による国民学校の負担軽減が改めて強調され，この時期，特殊学校への指定率は全国民学校生徒の2〜4％に達した。1938年におけるそれは1.2％であったから，10数年で2〜3.5倍の増加を見たことになる[8]。

1959年には，戦後ドイツにおける最初の教育審議会である「ドイツ教育制度委員会」(Deutscher Ausschuß für das Erziehungs-und Bildungswesen) の「公立普通学校制度の再構成と統一のための大綱計画」なる勧告が出された。この勧告は，端的に言えば，学校制度における選抜の原則を強調したもので，この原則は当然に特殊学校にも援用され，こうして特殊学校もまた「成績主義的な学校」であることを求めるものであった。

第2節　1960年代における法制状況

1960年2月，常設文部大臣会議（以下・KMKと略称）は障害児教育の領域においては初めて「特殊学校制度の規律に関する意見書」と題する勧告を決議した[9]。この勧告はまず冒頭でナチス時代を回顧して，次のように述べている。

「ドイツ国民は病気や障害によって差別された人々に対して，歴史的な罪を償わなくてはならない。彼らはあまり価値がないと見なされたり，取り扱われてはならない。ドイツ国民は，一般学校では成果を挙げることができないすべての青少年に対して，有意義な人生への道を準備するという任務を改めて厳粛に引き受けなければならない」。

そしてこれを受けて，特殊学校制度に引きつけてこう述べている。

「国民学校の教育課程について行くことができず，かつ他の生徒の学習をかなりの程度阻害する生徒は，その特性に応じて，特殊学校で促進することがで

---

(7)　H.P.Füssel, a.a.O.,S.60.
(8)　zit. aus H.P.Füssel, a.a.O.,S.59〜S.60.
(9)　KMK, Gutachten zur Ordnung des Sonderschulwesens,KMK Beschl. v. 11/12. 2. 1960, KMK Beschl.Sammlung 75, zit. aus C.Führ, Deutsches Bildungswesen seit 1945,1997, S.183.

第Ⅳ部　第2章　戦後の学校法制改革と障害児教育

きるから，特殊学校へ就学させることが必要である」。

　「必要な特殊学校を設置し，従来よりも改善された教室や教材・教具を整備
し，今日の養護教育上の要請を満たした教員を養成し，そして特殊学校の生徒
には，それぞれ相応の職業上の教育訓練を実施することが求められる」。

　この勧告を受けて，特殊学校制度は各州において量的にはかなりの拡大を見
たのであるが，制度の運用面では1950年代までと然したる違いはなかった。

　すなわち，特殊学校への指定に関する決定権は従前どおり，学校監督庁の単
独権限とされた。特殊学校への指定の必要性の有無に関する審査の過程におい
て，親の権利は通常，知る権利だけに限定され，親は審査の過程から原則とし
て除外された。ただヘッセン州の就学義務法（1965年）がその例であるが[10]，
学校監督庁の特殊学校への指定決定の前に，親に対して態度表明をする機会を
与えなければならない，と定める学校法令も見られた。

　学校監督庁による特殊学校への指定の決定に対しては，これに異を唱える親
の側から夥しい数の取消訴訟が提起され，当該決定が行政裁判上「取り消しう
べき行政行為」（anfechtbarer Verwaltungsakt）であることは認定されたものの
〈1958年12月29日の連邦行政裁判所の決定以来の確定判例〉，ただ当該決定
は，①事実誤認に基づいていないか，②一般的に妥当している評価原則を遵守
しているか，③他事考慮をしていないか，についてだけ裁判上のコントロール
に服しただけであった。

　特殊学校への指定の必要性の有無に関する審査は，たとえば，バイエルン州
文部省命令（1966年）も明記していたように[11]，国民学校における成績不良
（2教科の原級留置）を要件として開始された。ただその際，特殊学校への指定
が必要な子どもの概念規定が従前の「国民学校の教育課程について行くことが
できない子ども」（Nicht-Folgen-Können）」から，「国民学校においては促進さ
れえない子ども，もしくは十分には促進されえない子ども」（Nicht-oder Nicht
-Ausreichend－Gefördert-Werden）に変更された。

　くわえて，1962年のヘッセン州「特殊学校への指定手続のための手続規程」
以来，従来の特殊学校（Hilfsschule）に代えて，学習障害児学校（Schule für
Lernbehinderte）という名称が用いられた[12]。そしてこの用語は後述の
KMK1972年勧告でも用いられ，以後，法制上に定着を見ることになる。

---

(10)　Hessisches Schulpflichtsgesetz v. 1. Dez. 1965.　6条.

(11)　Bayerische Verordnung v. 14. 12. 1966.

第3節　1970年代以降の法制状況

1960年代における特殊学校の量的拡大に伴って，特殊学校制度内部での分化も進展した。たとえば，1928年から1933年までのベルリンにおける経験を踏まえて，各州で教育困難校（Erziehungsschwierigenschule）ないし教育困難学級が設置された[13]。この特殊学校は，一定期間後に生徒を再び国民学校に復帰させることを目的とするもので，1972年の常設文部大臣会議の勧告にある行動障害児のための学校は，この教育困難校に由来するものである。また精神障害児のための固有の学校として精神障害児学校（Schule für geistig Behinderte）が設置された。この学校は，学習障害児学校での授業について行くことができなくなった子どもを対象とした。

以上のような特殊学校制度の分化による新しい種類の特殊学校の創設は，学習障害児学校の成績主義的な傾向をより強めたのであった[14]。

第3節　1970年代以降の法制状況

1　KMK の勧告

1970年代はドイツにおける障害児教育の歴史にとって大きなエポックを画した時期であった。その契機をなしたのは，1970年の KMK の勧告「基礎学校における教育活動に関する勧告」で，この勧告において教育政策上初めて，障害児と非障害児との「共同教育における特別な教育上の促進」（Sonderpädagogische Förderung im gemeinsamen Unterricht）という基本理念が打ち出された。下記のように宣明したのである[15]。

「特別な教育上の促進が必要な子ども（Kinder mit sonderpädagogischem För-

---

(12)　ただ1964年10月に各州首相によって締結された「学校制度の領域における統一化に関する協定」（いわゆるハンブルク協定・Hamburger Abkommen）はすべての種類の障害児学校を包含する概念として「Sonderschule」という用語を使用している。

(13)　H.Heckel,a.a.O.,S.47. なお名称は州によって，促進学級（バイエルン），観察学級（ベルリン），教育学級（ブレーメン），共同生活が困難な生徒のための学級（ニーダーザクセン）など各様であった。この点と関連して，H.ヘッケルはこう書いている。「共同生活が困難な子どものための特殊学校（Sonderschulen für gemeinschaftsschwierige Kinder）は新しい時代の産物である。その必要性は，国民学校においてはその行動によって秩序ある授業を不可能にする子どもが絶えないという事実に基づいている（H.Heckel,ditto.）。

(14)　H.P.Füssel, a. a.O.,S.61〜S.64.

(15)　KMK Empfehlung zur Arbeit in der Grundschule, Beschl. v. 2. 7. 1970,Beschl.Nr.130.2.

327

第Ⅳ部　第2章　戦後の学校法制改革と障害児教育

derbedarf）は，必要とされる特別な教育上の支援および空間的な諸条件が基礎学校において保障される場合には，基礎学校に就学することができる。基礎学校と特殊学校は障害児と非障害児が共通の経験をすることができるように配慮するものとする。

　必要とされる諸条件には，外的な枠組み条件の他に，特別な教育上の促進に関して資格をもった教員，教授過程の計画・実施・コントロールの個別化された形態ならびに関係教職員の一致した協同がこれに含まれる。……」。

　2年後の1972年にはKMKは「特殊学校制度の規律に関する勧告」を決議し，そこにおいて，特殊学校の任務は障害児の教育をうける権利を実現することにあるとして，次のように述べたのであった[16]。

　「特殊学校は障害者の能力と特性に応じて，その教育をうける権利を実現するものとする。特殊学校には，発達上ないしは学習上の障害のために，一般学校においては促進されえない，もしくは十分には促進されえない青少年が受け入れられる。生活上の支援（Lebenshilfe）が特殊学校の基本原則である」。

　つづいてこの勧告は特殊学校のより一層の制度的分化を促して，障害の種類により，下記のような10種類の特殊学校の制度形態を提言したのであった。盲学校，聾学校，精神障害児学校，身体障害児学校，病弱児学校（家庭での教育を含む），学習障害児学校，難聴児学校，視覚障害児学校，言語障害児学校，行動障害児学校がそれである。

　ちなみに，これら10種類の特殊学校について，その後KMKは1977年11月の「学習障害児学校と行動障害児学校に関する勧告」を皮切りに，1970年代末から1983年までに，そのそれぞれについて個別勧告を決議しているところである[17]。

　なおKMKは1975年，障害者の職業教育に関して初めて，「障害者の職業教育と障害者のための州を超えた職業学校の設置に関する勧告」を決議している[18]。この勧告は，つぎに言及するドイツ教育審議会の勧告（1973年）を踏まえて，職業教育の領域における障害者と非障害者との共同教育の原則を打ち出

---

(16)　KMK Empfehlung zur Ordnung des Sonderschulwesens, Beschl. v. 16. 3. 1972, Beschl.
　　-Sammlung 301.
　　　なおこの1972年勧告は義務教育段階の子どものうち，特殊学校へ指定する必要のある子どもの割合を特殊学校の種類別に推計している。それによると，学習障害児学校が4％，行動障害児学校が1％，精神障害児学校が0.6％，その他7種類の特殊学校の総計が1％となっている（zit. aus H.P.Füssel, a. a.O.,S.65.）。

328

第3節　1970年代以降の法制状況

したもので，勧告前文で次のように謳っている。

「障害のある青少年の教育は……職業学校においては非障害者と一緒に（gemeinsam）行われるものとする。その際，学習の効果を確保するために，教育訓練期間の最初から，障害者に対しては相応の促進措置が講じられなくてはならない。

しかし職業学校における特別な促進措置によっても有効な職業教育が保障されないような，その学習が深刻，全般的かつ長期間にわたって侵害されている障害のある青少年に対しては，障害の種類に応じた，職業教育のための特別な施設が必要である」。

2　ドイツ教育審議会の勧告

ドイツ教育審議会（Deutscher Bildungsrat）は1973年10月，「障害のある青少年および障害によって脅かされている青少年の教育上の促進に関する勧告」を決議したが，この勧告は以後のドイツにおける障害児教育政策の有りように決定的な影響を与えるものであった。従来，ドイツにおいては，「障害児は特別な教育上の措置を受けることができる特殊学校においてこそ，もっとも良く支援され，発達することができる」との見解が根強く支配的であったが，ドイツ教育審議会はこうした通説的な見解を厳しく指弾して，こう述べたのである[19]。

「（ドイツ教育審議会の）当教育委員会はこのような見解に与しない。当委員会はこの勧告において，障害のある青少年および障害によって脅かされている

---

(17)　学習障害児学校に関する勧告（1977年11月・Beschl.Nr.311），行動障害児学校に関する勧告（1977年11月・Beschl.Nr.311），言語障害児学校に関する勧告（1978年11月・Beschl.Nr.312），精神障害児学校に関する勧告（1979年2月・Beschl.Nr.313），視覚障害児学校に関する勧告（1979年3月・Beschl.Nr.309），盲学校に関する勧告（1979年6月・Beschl.Nr.309），聾学校に関する勧告（1980年5月・Beschl.Nr.314.1），難聴児学校に関する勧告（1981年1月・Beschl.Nr.314），病弱児学校に関する勧告（1982年5月・Beschl.Nr.308），身体障害児学校に関する勧告（1983年9月・Beschl.Nr.315）。

(18)　KMK Empfehlung zur beruflichen Bildung Behinderter und zur Errichtung länderübergreifender beruflicher Schulen für Behinderte, Beschl v.6. 2. 1975 Beschl. Nr. 303.

(19)　Deutscher Bildunsrat,Empfehlung zur pädagogischen Förderung behinderter und von Behinderung bedrohter Kinder und Jugendlicher , Beschl. der Bildungskommision v. 12/13 10. 1973,zit. aus H.P.Füssel/R.Kretschmann, Gemeinsamer Unterricht für behinderte und nichtbehinderte Kinder,1993,S.14.

第Ⅳ部　第2章　戦後の学校法制改革と障害児教育

青少年を教育上促進するための新たな概念を提示する。それは障害者と非障害者との可能な限り広範な共同教育（weitmögliche gemeinsame Unterrichtung von Behinderten und Nichtbehinderten）を企図するもので，非障害者との共同教育が意義があるようには思われない障害者にとっても，非障害者との社会的なコンタクトを可能にするものである。これによって当委員会は，これまで支配的であった障害者の学校による分離（schulische Isolation）に対して，学校による統合（schulische Integration）を対峙させる」。

「この新しい概念の根拠はとりわけ，障害者を社会に統合することはすべての民主主義国家にとって喫緊の課題であるということに求められる。当委員会の見解によれば，この課題は学校制度における選抜・分離傾向が克服され，教育と学習の共通性が障害者と非障害者にとって前面に出てくる場合に，解決に近づくことになる。なぜなら，学校による障害者の分離は成人生活における障害者と非障害者との分裂の危険性をもたらすからである」。

マックス・プランク教育研究所の研究グループも述べているように[20]，上記ドイツ教育審議会の勧告は，学校制度における障害者の分離を回避することによって，将来，障害者の社会へのより良い統合を達成することができる，との確信に根ざしている。そしてこの統合への志向は，とりわけ一般学校における個別化とそこにおける授業の分化を進めることによって，さらには特別な教育上の促進施設と一般学校との制度的結合という目的をもつ，協同学校センター（kooperative Schulzentren）を設置することによって達成されるというのである。

なおこの勧告を受けて，1970年代半ばから1980年代にかけて，障害者と非障害者との共同教育を実現するために各州において多くの学校実験が実施されたのであった。

3　1970年代の判例動向

先に触れたように，1970年代はドイツにおける障害児教育にとって教育政策上，理念的・思想的にエポックを画する時期であったが，それに呼応する形で，この法域における判例も従来のそれとは異なる展開を見せることになる。以下に，代表的な5判例を掲記しておこう。

---

(20)　A.Leschinsky u.a. (Hrsg.), Das Bildungswesen in der Bundesrepublik Deutschland, 2008, S.513.

第3節　1970年代以降の法制状況

〈1〉　障害児と就学義務の免除－リューネブルク高等行政裁判所判決（1970年[21]）

　身体に障害のある基礎学校の児童が車椅子を使用して地区の基礎学校に支障なく就学していた。しかし当該児童は第5学年から，他の子ども達と同様，隣の地区の学校に就学するためにスクールバスを利用しなければならなくなった。学校行政庁は，車椅子ではスクールバス通学はできないという理由で，その児童の一般学校への就学義務を免除し，特殊学校への就学を指定した。

　この件について，リューネブルク高等行政裁判所は，当該児童は通常の学習能力を有しており，特殊学校への就学を義務づける学校行政庁の決定は，基本法2条1項が保障する「自己の人格を自由に発達させる権利」および基本法6条2項が保障する「親の自然的教育権」を侵害し，違憲・違法だとした。

〈2〉　識字障害児の特殊学校への指定－ハノーバー行政裁判所判決（1972年[22]）

〈事実〉

　精神的および肉体的な未熟のために1年間就学を猶予された子どもが，翌年の入学後，成績も悪かった。そして学級担任の鑑定意見と特殊学校委員会の検査により，相当程度の知能遅れ（Intelligenzrückstand）と判定され，特殊学校へ指定された。この措置に対して親は学校行政庁に異議を申し立てたが認められなかったため，行政裁判所に提訴した。

　裁判において原告・親は次のように主張した。子どもは発達遅進児（Spätentwickler）であり，実際，子どもの成績は入学当初よりもかなり良くなっている。特殊学校への指定は子どもにとって決定的な措置であり，最終的な手段としてだけ認められるもので，本件の場合，その必要性はない。

　これに対して，学校行政庁は次のように反論した。当該児童はただ特殊学校においてだけ十分に促進されることができる。目下の成績の改善は親による集中的な手助けによるもので，子どもの知識は著しく少なく，自らの考えで課題を解決することができない。家庭における強度の成績圧力によって，子どもは

（21）　OVG Lüneburg Urt. v. 16. 6. 1970, in, G. Marwege, Berücksichigung von Behinderungen in der Schule und in Schulprüfungen-Eine Rechtssprechungübersicht, In:RdJB（2009）,S.230.

（22）　VG Hannover Urt. v. 10. 2. 1972, in, O.Wenger, Schulrechtliche Entscheidungen, 1977, S.47～S.48.

第Ⅳ部　第2章　戦後の学校法制改革と障害児教育

心的なダメージを受けており，今後，成績が再び悪くなることが危惧される。そうなった場合，他の生徒はかなり阻害されることになる。

〈判旨〉

「養護教育上の鑑定意見によれば，子どもの知能は平均だとされている。ただ正書法テストでは頻繁に倒置と母音脱漏が見られ，これは識字障害者（Legastheniker）に典型的なものである。当該児童は，条件さえ満たされれば，国民学校の授業に出席し十分な成果を挙げることができる。難読で正書法を知らない子ども（lese-rechtschreibschwache Kinder）のために，特別な授業への定期的な出席が保障されなければならない。この条件が充足されれば，その子どもは国民学校で授業をうけることができる。このような特別授業はこの生徒にとってはまさに適切な促進措置なのであり，したがって，特殊学校への指定は必要ではない。

特殊学校への指定という子どもの人生に対する重大な介入は，相当性の原則により，それによる教育上の効用がそれに伴う経費負担と合理的な関係にある場合にだけ正当化される。

仮に特別授業を行うことができない場合でも，その児童を国民学校に在籍させておく方が弊害は少ないと見るべきである」。

〈3〉　障害児に対する自宅での授業－フライブルク行政裁判所判決（1973年[23]）

〈事実〉

両脚の痙性麻痺のために基礎学校に就学することができず，またカールスルーエにある身体障害児のための寄宿制特殊学校（Heimsonderschule für Körperbehinderte）にも定員超過を理由に受け入れを拒否された子どもが，自宅で週6時間，学校教員による正規の教育をうけていた。親・子どもがより適切な教育を求めて，家庭での授業時間を週12時間に増やすように州文部省に要求したが，文部省は財政的な理由でこれを拒否した。また公務員たる教員は副業としては週6時間までしか授業をしてはならない，との法制上の制約もあった。

これに対して親・子どもは，家庭における授業にも，公立学校における授業と同じような基準にもとづいて財源が確保されるべきだとして，文部省決定の取消を求めて行政裁判所に提訴した。

───────────────

(23)　VG Freiburg Urt. v. 14. 12. 1973, In: O.Wenger, a.a.O., S.49～S.50.

第3節　1970年代以降の法制状況

〈判旨〉

「上記文部省の決定は取り消しうべき行政行為として，行政裁判所による審査の対象となる。原告は家庭での無償授業の給付請求権（Anspruch auf Erteilung eines unentgeltlichen Hausunterricht）を有する。この権利は，すべての若い人は教育をうける権利を有すると規定している，州憲法から導かれる個人的な請求権である。被告・州文部省は財源不足を理由に，憲法上規定されている給付を拒否することはできない。州の予算は常に憲法上の要請にもとづいて策定されなければならず，逆に憲法解釈がその都度の財政状況に左右されてはならない。

本件においては，そこから直接的，主体的かつ公法上の請求権が導かれる，憲法規範の現実化が問題となっている。本件の場合，定員超過のために寄宿制特殊学校への受け入れが不可能なのであるから，州文部省は子どもの家庭での授業によって正規の学校教育を保障する義務（Beschulungspflicht）を負う。

家庭での授業の長さに関しては，通常，1時間の個人授業はクラスでの2～3時間の授業の効果に相当すると見られる。従来の6時間の授業では他の子ども達が学校で受けている授業の効果には及ばず，平等原則に抵触する。週28時間のクラスでの授業の代替として，週12時間の無償の個別授業を請求することは正当である」。

〈4〉　特殊学校への指定決定の継続的効果—ミュンスター高等行政裁判所判決（1975年[24]）

「特殊学校への指定は，その法形成的効力が指定決定の時点を超えて継続する，継続的効果を伴う行政行為（Verwaltungsakt mit Dauerwirkung）である。したがって，指定決定の行政裁判上の審査に際しては，一定の条件下で特殊学校の生徒を一般学校へ復帰させている学校行政の実務に対応して，当該生徒の指定決定後の発達も考慮されなくてはならない」。

〈5〉　特殊学校への指定要件—リューネブルク高等行政裁判所判決（1975年[25]）

「基礎学校2学年の児童が3回落第したとしても（従来は2回落第すると特殊

---

(24)　OVG Münster Urt. v. 13. 6. 1975,In:SPE 800 Nr.6.

(25)　OVG Lüneburg Urt. v. 5. 9. 1975, In:SPE 800 Nr8.

第Ⅳ部　第2章　戦後の学校法制改革と障害児教育

学校に指定された・筆者），そのことは直ちに当該児童の学習障害児特殊学校への指定を正当化するものではない。本件にあっては当該児童のIQは106であり，専門家の鑑定意見も当該児童は基礎学校で必要とされる精神的・身体的条件を充足している，との結論に達しているからである」。

第3章　現行法制下における障害児教育の法的構造

第1節　「特別な教育上の促進」概念の新展開

　ドイツ統一後の1990年代初頭においては，障害児の教育は制度上なお専ら特殊学校の任務とされていた。各州の学校法によれば，そこにいう特殊学校は精神的な障害，身体的な欠陥，行動障害などのために，一般学校においては十分に促進されえない子ども達のための教育機関として制度上位置づけられていた。これらの学校は現行法制上は多くの州で「促進学校」（Förderschule）と称されているが[1]，障害児の促進上のニーズに即して，各種の促進学校に種別化されているところである。学習障害児学校，行動障害児学校，言語障害児学校，精神障害児学校，視覚障害児学校，盲学校，聾学校，難聴児学校，病弱児学校，身体障害児学校などがそれである。

　ちなみに，この点に関する現行学校法制上の規定例を引けば，たとえば，ベルリン学校法は従来の「特殊学校」（Sonderschule）という用語に代えて，「特別な教育促進上の重点学校」（Schulen mit sonderpädagogischem Förderschwerpunkt）と題して，次のように書いている（38条1項）。

　「特別な教育促進上の重点学校（特殊学校）は特別な教育上の促進が必要な生徒のための基礎学校，中等段階Iおよび中等段階IIの学校である。これらの学校は，視覚，聴覚，身体的および運動的な発達，学習，言語および精神的発達といった，特別な教育上の促進の重点に従って組織化される」。

　促進学校は法制度上，固有の学校種を形成しているが，その教育目的は基本的には一般学校のそれと異なるところはない。この点，たとえば，バーデン・ビュルテンベルク州学校法は「特殊学校は，特別な教育上の促進が必要な障害児が，一般学校において受けることができない教育および教育訓練に尽力するものとする」（15条1項）と規定しているし，またメックレンブルク・フォアポンメルン州学校法も，こう明記しているところである（36条2項）。

---

(1)　法制上，「促進学校」以外の名称としては，ベルリンでは「特別な教育促進上の重点学校」，ブレーメンとシュレスヴィヒ・ホルシュタイン州では「促進センター」（Förderzentren）と呼ばれている。「特殊学校」という名称を依然として使用しているのはバーデン・ビュルテンベルク州とハンブルク州だけである（H.Avenarius/H.P.Füssel,Schulrecht, 8 Aufl.2010,S.76）。

335

第Ⅳ部　第3章　現行法制下における障害児教育の法的構造

「促進学校においては……上級一般学校の修了資格を獲得することができる」。

敷衍して書くと，障害児にも，その才能に応じて超地域的な障害児教育施設で実科学校修了資格や大学入学資格を獲得する可能性が開かれている。たとえば，フランクフルトにある難聴児学校・Schule am Sommerhoffpark では実科学校修了資格を得ることができるし，またマールブルクにあるドイツで唯一の障害児のためのギムナジウム・Carl-Strehl-Schule では大学入学資格を獲得できることになっている。

さらに若干の州においては障害児のために職業学校，特別な職業教育クラス，職業専門学校なども設置されている[2]。

一方，既に触れたところであるが，1970 年の KMK 勧告「基礎学校における教育活動に関する勧告」は「共同教育における特別な教育上の促進」という基本理念を打ち出し，また 1973 年のドイツ教育審議会の勧告「障害のある青少年および障害によって脅かされている青少年の教育上の促進に関する勧告」は「障害者と非障害者との可能な限り広範な共同教育」の実施を強く求めた。

こうした流れを受けて，KMK は 1994 年「ドイツ連邦共和国の学校における特別な教育上の促進に関する勧告」を議決し[3]，従来，特殊学校制度と深く結合してきた「特殊学校への指定の必要性」(Sonderschulbedürftigkeit) という概念を廃棄し，これに代えて，「特別な教育上の促進の必要性」(Sonderpädagogische Förderbedarf) とい概念を障害児教育の基幹概念として定礎し，これによってドイツにおける障害児教育の構造転換を強く促したのであった。それは，端的に言えば，障害児教育の有りようを「制度関係的な観点」(institutionenbezogene Sichtweise) からではなく，「個人関係的に個別化する観点」(personenbezogene, individualisierende Sichtweise) から見直し，それに見合った構造を構築することを強く求めたものであった。上記勧告は前文でまずこう謳っている。

「特別な教育上の促進の必要性の充足は，特殊学校と結合したものではない。一般学校においてもまた，さらには職業学校においてもそれを充足することが求められる。障害のある若い人の教育は，共通の課題として，原則としてすべての学校がこれに努めなければならない（下線・筆者）。その際，特別教育学は

---

(2)　H.Avenarius/H.P.Füssel,a.a.O.,S.77.

(3)　KMK Empfehlung zur sonderpädagogischen Förderung in den Schulen der Bundesrepublik Deutschland, Beschl. v. 6. 5. 1994, Beschl. Sammlung Nr.301.

336

一般教育学の必要な補充ないし重点化と理解されなくてはならない」。

　そしてこれを受けて，「特別な教育上の促進の目的と任務」と題して，下記のように述べるところとなっている。

　「特別な教育上の促進は，障害のある，ないしは障害によって脅かされている青少年の，各人それぞれの可能性に応じた学校教育をうける権利を実現することを目的とする。それは，個々人を支援することによって，これらの青少年が学校や職業への統合，社会参加ならびに自立した生活形成を，可能な限り高い程度に達成できるように支援するものである」。

　以上のような KMK の提言は，後述するように，同じ年の 1994 年 10 月に基本法 3 条 3 項が改正されて，障害者に対する差別禁止条項が新設されたこととも相俟って，1990 年代末から 2000 年代前半にかけての各州における学校法制改革において実定法化を見ることになる。これについては，後に改めて取り上げるので，ここではこれ以上立ち入らない。

第 2 節　障害児教育と憲法上の規準

1　基本法の改正（1994 年）と障害児教育

　1994 年 10 月，基本法 3 条 3 項が改正されて，第 2 文として「何人も，その障害を理由として不利益を受けてはならない」との法条が追加された。同項 1 文が「何人も，……を理由として，不利益を受け，または優遇されてはならない」と規定しているのに対し，追加された 2 文では障害者に対する「不利益を与えることの禁止」（Benachteiligungsverbot）だけが明記されていることから知られるように，この新しい規定は法や社会における障害者の地位を強化することを旨とするものである。

　権威ある基本法のコンメンタールによれば[4]，この規定はあらゆる公権力を直接的に拘束する主体的基本権（subjektives Grundrecht）を根拠づけるもので，かくしてこの規定から，一般的な社会国家原理を障害者の利益を旨として特別化し，障害者を特別に保護する国家の義務が導かれると解されている。表現を代えると，この規定は「障害者に対する不利益の負荷を厳格に禁止することに

---

(4)　H.v.Mangoldt/F.Klein/C.Starck（Hrsg.),Kommentar zum Grundgesetz,2005,S.432.
　　同旨：H.Jarass/B.Pieroth,Grundgesetz für die Bundesrepublik Deutschland-Kommentar, 2007,S.142.

第Ⅳ部　第3章　現行法制下における障害児教育の法的構造

よって，社会国家原理にもとづいて国家が障害者に対して負っている促進義務と社会への統合義務を具体化し強化しようとするもの」に他ならない[5]。

　もとより，この規定は特別な教育上の支援を必要とする生徒の教育に対して重要な意味をもつが，それでは具体的に，たとえば，障害児の促進学校への指定に際してどのような法的効果をもつことになるのか。とりわけ国家はこの規定により，いかなる範囲でどの程度まで，障害者と非障害者との共同教育を実施する義務を負うことになるのか。この問題については，ここでは差し当たり，上記基本法のコンメンタールの見解だけを記すだけに止める。こう書いている[6]。

　「この問題は生徒の能力・適性に掛かっている。したがって，生徒を特殊学校に指定することが直ちに基本法が禁止する不利益の負荷に当たる，というものではない。国家は基本法7条1項に基づく教育責務と3条3項2文にもとづく障害者に対する不利益負荷の禁止を，障害児の教育において実現する義務を負っている。こうして障害児の特殊学校への指定に際しては，一般学校における本人の学習能力と他の生徒の負担が考慮されなくてはならない。

　特殊学校への指定手続においては，親に聴聞権を保障し，関係教員による報告書と勧告が必要である。これらを前提としたうえで，学校行政庁は当該校の物的，組織的な諸条件を考慮して，特殊学校への指定に関して決定することができる」。

2　障害者に対する差別禁止条項と連邦憲法裁判所判決（1997年）

　上述した基本法3条3項2文の障害者に対する差別禁止条項は，義務教育段階における障害者と非障害者との共同教育の実施を求めるものであるかどうか，を問うた裁判が実際にニーダーザクセン州で起きている。事件の概要は下記のようである。

　ニーダーザクセン州ゲッティンゲン市に住む身体障害児とその親が，子どもが4年間の基礎学校を修了した後，特殊学校ではなく，統合型総合制学校の統合クラス（Integrationsklasse）で教育をうけることを希望し，その旨を学校行政庁に申請した。しかし学校行政庁は1995年12月，この申請を却下し，障害

---

(5)　H.Dreier (Hrsg.), Grundgesetz-Kommentar, 2004, S.478. 同旨：
　　M.Sachs, Das Grundrecht der Behinderten aus Art.3 Abs.3 Satz2 GG, In:RdJB (1996),S. 165.
(6)　H.v.Mangoldt/F.Klein/C.Starck (Hrsg.),a.a.O., S.433.

第2節　障害児教育と憲法上の規準

児の特殊学校への指定を直ちに執行する決定をした。これに対して親・子ども
は行政裁判規則 80 条 5 項にもとづいて，当該決定の執行延期を求めてゲッ
ティンゲン行政裁判所に提訴した。同裁判所は原告の主張を認めたが（1996 年
2 月），控訴審のリューネブルク高等行政裁判所はこれを棄却した（1996 年 5
月）。そこで原告は，控訴審の決定は障害者に対する差別を禁止した基本法 3
条 3 項 2 文に違反し，違憲であるとして，憲法裁判所に憲法異議の訴えを提起
した。

　なお原告は基本法 3 条 3 項 2 文を根拠として憲法異議の訴えを提起したので
あるが，ニーダーザクセン州学校法（1993 年）も「統合」（Integration）と銘
打って，次のような条項を擁しているところである（4 条）。「特別な教育上の
促進を必要とする生徒は，それが生徒の個人的な促進要請に対応し，また組織
的，人的かつ物的な諸条件が許す限り，すべての学校において，他の生徒と一
緒に教育をうけるものとする」。

　この件について，連邦憲法裁判所は 1997 年，原告の訴えを斥けたのである
が，判決の骨子を摘記すると以下のようである[7]。

　①　国家は障害児の教育について特別な責任を負っている。この国家の責任
は，障害児が有している「自己の人格を可能な限り発達させる権利」（基本法
2 条 1 項）および基本法 7 条 1 項が規定する「国家の教育責務」と等位する，
「親の教育権」（基本法 6 条 2 項）から生じるだけではなく，とりわけ基本法 3
条 3 項 2 文が定める障害者に対する差別の禁止規定から発生する。

　②　国家は基本法 3 条 3 項 2 文にもとづいて，障害児のために学校施設を整
備するだけでなく，障害児に対して客観的に適切な教育（sachgerechte Erzie-
hung）および教育訓練を保障しなければならない。

　③　今日の教育学的な認識に従えば，障害者と非障害者の共同教育（ge-
meinsame Erziehung und Unterrichtung）の可能性を一般的に排除することは憲
法上正当化されえない。

　④　国家は能力に適合した学校制度を整備する任務を負っているが，ただそ
れは国家が財政的および組織的に可能な範囲内においてだけに限られる。こう
して立法者はその決定に際して，他の社会的に重要な事柄もまた考慮しなけれ

---

(7)　BVerfG, Beschl. v. 8. Okt. 1997, In: RdJB（1997）,S.431ff.
　　なおこの判決の評釈として，さしあたり参照：H.P.Füssel, Integrative Beschulung（ist
　　die）verstärkt realisierungswürdige Alternative zur Sonderschule. Anmerkungen zum
　　Beschluß des Bundesverfassungsgerichts vom 8. Oktober 1997,In: RdJB（1998）,S.250ff.

339

ばならず，国家が必要だと判断した場合，限られた公的資金をかかる他の重要な事柄に投入することができる。

　⑤　したがって，立法者が目的が同じ，ないしは目的を異にする統合教育（zielgleiche wie die zieldifferente integrative Beshulung）の実現を，組織的，人的，物的諸条件のゆえに「可能性の留保」の下に置き，分岐制学校制度における独自の学校形態として特殊学校（促進学校）の存続を決定したとしても，それに関して憲法上異議を唱えることはできない。立法者の評価上の裁量，事実上の実現可能性および財政上の可能性の留保は，統合概念の解釈に関しても妥当する。こうして立法者は統合教育のすべての形態―すなわち，目的が同じ統合教育，目的を異にする統合教育および両者が結合した教育方法―を準備する義務は負わない。立法者はその決定の自由の範囲内において，教育上の理由はもとより，組織的，人的，財政的理由から，その実現が困難だと見られる統合形態を導入することを排除することができる。ただそのための条件として，統合教育の残された可能性が障害児の利益を十分に考慮したものであることが必要である。

　以上が障害者と非障害者の共同教育に関する連邦憲法裁判所判決の骨子であるが，後に言及するところからも知られるように，この判決は，以後のドイツにおける特別な教育上の促進に関する組織と手続の形成面で大きな影響を与えることになる。

第3節　障害者の権利に関する条約と障害児教育

1　包容教育をうける権利

　「障害者の権利に関する条約」〈Übereinkommen über die Rechte von Menschen mit Behinderungen v. 13. Dez. 2006. = UN-Behindertenrechtskonvention・BRK と略称〉は 2006 年 12 月に国連総会で採択され，その選択議定書とともに 2008 年 5 月に発効した。ドイツはこの条約を 2009 年 2 月 24 日に批准し，同年 3 月 26 日から国内発効を見ているところである。この条約はすべての障害者に対してすべての人権と基本的自由を完全かつ平等に保障し，障害者の固有の尊厳の尊重を促進することを目的としている（1 条）。前文と 50 ヵ条から成る本格的な人権条約であるが，障害児教育の法域にとっては，とりわけ次の条項が重要である。「教育」と銘打って，こう規定しているのである（24 条 1 項）。

第3節　障害者の権利に関する条約と障害児教育

「締約国は，教育についての障害者の権利を認める。締約国は，この権利を差別なしに，かつ機会の均等を基礎として実現するため，障害者を包容するあらゆる段階の教育制度（inklusives Bildungssystem auf allen Ebenen）および生涯学習を確保する[8]」。

上記にいう「包容」（Inklusion）という概念は，この条約を貫く基幹概念であるが，この概念は障害者に対して過大な要求を課すことになる「同一目的の統合教育」（zielgleiche integrative Erziehung）の域を超えて，障害者に対し，その学習能力に応じた学習成果を求める「学習目的を異にする授業」（lernzieldifferente Unterricht）を前提とするものである[9]。

この点，先に取り上げた連邦憲法裁判所の特殊学校に関する判決（1997 年）は，どのような統合教育の形態を導入するかは各州の立法者の裁量に委ねられていると判示しているが，これに対しては国際人権法研究者から，次のような根本的な批判がくわえられている[10]。

「BRK 24 条が保障している包容教育をうける人権（Menschenrecht auf inclusive Bildung）は，連邦憲法裁判所の判決時には未だ知られていなかった基本権であり，新しい規準を定立するものである。連邦憲法裁判所の判決にあるような，教育的，組織的，人的，財政的な諸条件を一般的に留保した，差別から自由な教育をうける権利は，ドイツにおける BRK の発効以降，もはやこれを維持することはできない。BRK は，ドイツの法秩序においてはこれまで殆ど知られていない差別概念を含んでいる。

BRK 5 条はあらゆる形態の差別を禁止し，締約国に対し適切な予防措置を講じる義務を課している。障害者が有する適切な予防措置を請求する権利という個人的権利は，明らかに BRK が保障する包容教育をうける権利（24 条 1 項）に包含されており，したがって，この権利は学校法域においても当然に妥当する。適切な予防措置を請求する権利は反差別法の構成要素として，ドイツ法の

---

(8)　ドイツ政府の公式訳では障害者を「包容する教育制度」に integratives Bildungssystem という用語が当てられている。しかしこの翻訳は国際法上効力を有する英語版の inclusive education system に対応していない。したがって，ドイツ語版で使用されている integratives Bildungssystem という概念は，inklusives Bildungssystem という意味で理解されなくてはならないとされる（R.Poscher/J.Rux/T.Langer, Von der Integration zur Inklusion,2008,S.22）。

(9)　H.Avenarius/H.P.Füssel,a.a.O.,S.79.

(10)　T. Degener, Die UN-Behindertenrechtskonvention als Inklusionsmotor, In: RdJB (2009),S.218.

341

第Ⅳ部　第3章　現行法制下における障害児教育の法的構造

さらなる発展を求めるものである。……

　基本法3条3項2文の障害者に対する差別禁止条項を国際法を踏まえて解釈すると，連邦憲法裁判所の特殊学校に関する判決を超えて，BRKが規定している新しい差別概念を考慮しなければならないことになる」。

2　包容教育制度と促進学校の設置

　既述したように，ドイツにおいては学校法制上，障害児のための独立した教育機関として促進学校ないし特殊学校が設置されているが，この制度は条約24条1項が規定する「包容教育制度」と相容れず，同条項に違反することになりはしないのか。これについて，国際法学・学校法学の支配的な見解は，条約24条1項は締約国に対して促進学校ないし特殊学校の全面的な廃止を義務づけるものではないと解している[11]。これに関する学校法学の通説をH.アベナリウスの所説に代表させよう。次のように述べている[12]。

　「条約7条2項によれば，障害児に係わるあらゆる措置に際しては，子どもの福祉（Kindeswohl）の観点が優先的に考慮されなくてはならないとされている。このことから具体的な場合，条約の規定にもとづいて，障害児をむしろ促進学校へ指定することが求められることもありうる。さらに包容教育の現実化に際しては，子どもの権利条約3条1項により，非障害者の福祉もまた考慮されなければならないということもある」。

3　条約の法的効力

　条約の上記教育関係条項は，条約全体と同じく，ドイツ国内においては連邦法と同等の法的ランクで適用される。また選択議定書は個人ないし団体の異議申立て手続を規定しており，こうしてこの条約は，個人ないし団体に締約国による侵害に対して防禦措置をとることを認めた，社会的・文化的権利に関する初めての国際法上の条約であるということが重要である。

　各州にはいわゆる文化高権にもとづいて学校領域における立法権と行政権が帰属しているから，各州は学校制度に係わる条約の規定を州法によって具体化する義務を負っている。換言すれば，各州は条約24条1項に見合うように学校法を改正する義務を負っているということである。その際，条約4条2項に

───────────

(11)　さしあたり，R.Poscher/J.Rux/T.Langer,a.a.O.,S.28.

(12)　H.Avenarius/H.P.Füssel, a.a.O.,S.79～S.80.

第3節 障害者の権利に関する条約と障害児教育

留意する必要がある。それによれば，締約国は「経済的，社会的および文化的権利に関しては，これらの権利の完全な実現を漸進的に達成するため，自国における利用可能な手段を最大限に用いることにより，また必要な場合には国際協力の枠内で，措置をとることを約束する」とされている。

改めて書くまでもなく，条約24条に係わる締約国の義務は文化的権利に係わるものであるから，こうして各州は包容教育のシステムを漸進的に実現していく義務を負っていることになる。ただその際，各州には広範な裁量権が留保されていると解するのが通説である[13]。

ところで，この条約はドイツ国内において直接的に適用される法規範かどうか，表現を代えると，この条約はドイツ国内において裁判規範たりうるかについては，学説の見解は割れている状況にある。

これについて，有力な国際人権法学者は次のように説いている[14]。

「BRK 24条が保障する包容教育をうける権利は，教育領域における障害者の差別禁止を含むかぎり，直接的な効力をもつ。たとえ実現されるべき権利が経済的，社会的ないし文化的権利であったとしても，国際法上の差別禁止は直接的な効力をもつ。障害者のこの権利に対応して，ドイツの学校行政機関と裁判所は障害者が包容教育をうけることができるようにする義務を負っている。その際，どの程度の予算が必要とされるかは個々のケースに即して決定されるべき事柄である」。

また新進気鋭の学校法学者・J.ルクスも選択議定書の内容に注目して，同じく直接効力説を採っている。こう述べる[15]。「選択議定書が各人の異議申立て手続を規定していることからも知られるように，この条約は単なるプログラム規定でもなければ，また締約国の客観法上の義務，したがって，ドイツの法体系においては裁判上争うことができない締約国の義務を設定するものでもない。この条約は当事者の裁判上実現しうる主体的請求権（subjektive Rechtsansprüche）を根拠づける」。

これに対して，有力な学校法学者・H.アベナリウスは次のように述べて，条約の直接適用説を否定している[16]。「制度的な変更を伴う包容教育の導入義

---

(13) さしあたり，R.Poscher/J.Rux/T.Langer,a.a.O.,S.37.

(14) T.Degener,a.a.O.,S.217.

(15) J.Rux, Kein Handlungsbedarf oder Anlass eine bildungspolitische Revolution?－Zur innerstaatlichen Umsetzung der Behindertenrechtskonvention der Vereinten Nationen,In: RdJB（2009）,S.220.

343

第Ⅳ部　第3章　現行法制下における障害児教育の法的構造

務という性格は，この国際法上の規定の直接適用にはなじまない。したがって，この条約自体に依拠して，障害児・親はドイツの裁判所に提訴することはできない」。

また判例においても，たとえば，カッセル上級行政裁判所は「BRK 4条2項により，経済的，社会的，文化的権利は本来，財政上の留保（Finanzierungsvorbehalt）の下に置かれる」と判じて，包容教育をうける権利の保障条項の裁判規範性を否定している[17]。

なお上述したところと係わって付言すれば，包容教育システムの導入を教育課程によって分化した学校制度とどのように整合させるかという問題について，従来，法的な観点からはほとんど検討されていないという課題が残されている。ここでは，大きく二つの原則が緊張関係に立つことになる。一つは，条約が強調している原則で，教育領域においてもまた障害者を完全かつ効果的な社会参加と完全かつ効果的な社会への包容に向けて教育するというものである。他は，生徒の多様な能力や適性に応じて分化した教育制度を形成するために，上級学校への入学は最終的には生徒の能力や適性に掛からしめるという原則である[18]。

第4節　現行の各州学校法制と包容教育

上述したように，ドイツ各州の立法者は障害者の権利に関する条約24条1項を州学校法によって具体化する国際法上の義務を負っているのであるが，それでは果たして現行の各州学校法はこの要請に応えているのか。以下，この法域における重要な事項について，その法制現実を具体的に見ていくこととしたい。

1　学校法上の原則としての包容教育の優位

既述した通り，条約24条1項は包容教育をうける権利を保障し，包容教育制度を教育制度の基本的な組織原則としているのであるが，これを踏まえて，すべての州の学校法が障害者を一般学校の授業に統合することを可能にする法

---

(16)　H.Avenarius/H.P.Füssel, a.a.O.,S.80.

(17)　VGH Kassel, In:DÖV（2010),S.325.

(18)　H.Avenarius/H.P.Füssel, a.a.O.,S.80.

344

第 4 節　現行の各州学校法制と包容教育

規定を擁している。そして，程度の差はあるが，ほとんどの州学校法が障害者
と非障害者との共同教育ないし統合教育を制度上原理的に優位させている。し
かも過半を超える州学校法が包容教育の意味での共同教育を「学習目的を異に
する授業」（lernzieldifferente Unterricht）として実施する可能性を法認してい
る[19]。

　ちなみに，この点に関するティピカルな規定例を引くと，たとえば，ベルリ
ン州学校法は下記のような構造を擁している。

　すなわち，同法は第 5 部「特別な教育上の促進」で「原則」と題して（36
条）まずこう謳っている。「特別な教育上の支援がなければ，……一般学校の
授業において，十分には促進されえない……生徒は，特別な教育上の促進を必
要とする。彼らは学校教育および看護の範囲内で，以下の規定にもとづいて，
特別な促進をうける権利（Anspruch auf besondere Förderung）を有する」（36
条 1 項）。

　そしてこれを受けて，こう明記している（36 条 2 項）。「特別な教育上の促進
は一般学校もしくは特別な教育促進上の重点学校（促進学校・筆者）で行われ
る。……特別な教育上の促進は，特別な教育上の促進を必要としない生徒との
共同教育の形態で，一般学校において優先的に行われるものとする」。さらに
その上で「共同教育」の条項で（37 条），「一般学校における共同教育におい
ては，同じ目的に向けた，もしくは目的を異にする授業を行うことができる。同
一目的の共同教育に際しては，生徒は一般学校に妥当している学習指導要領と
法規定にもとづいて教育をうけるものとする」と書いて，一般学校における同
一目的の共同教育とは別に，障害者の利益を旨として，共同教育の形態におけ
る「目的を異にする授業」＝包容教育の実施を保障するところとなっている。

2　特別な教育上の促進をうける権利

　上記ベルリン州学校法の他に，ヘッセン，ブランデンブルク，ブレーメンな
どの学校法が，各種の障害を抱えた青少年に対して「特別な教育上の促進をう
ける権利」（Recht auf sonderpädagogische Förderung）を明示的に保障している。
たとえば，ブランデンブルク州学校法は下記のように規定している（29 条 1

---

(19)　この点，H.アベナリウスがその著「学校法」（2010 年）の第 3 章 6 節「特別な教育上
　の促進を必要とする生徒のための学校」の副題を「分離から包容へ」（Von der Separa-
　tion zu Inklusion）としているのが象徴的である（H.Avenarius/H.P.Füssel,a.a.O.,S.76.）。

345

第Ⅳ部　第3章　現行法制下における障害児教育の法的構造

項)。「様々な理由で学習障害，行動障害，発達障害をもち，学校において個人的に特別な教育上の支援を必要とする生徒は，特別な教育上の促進をうける権利を有する。この促進の目的は，彼らにその能力，成績ないし性向に応じて，社会において相応の地位を保障することにある」。

またヘッセン州学校法も「身体的，社会的，情緒的および認知的な発達を保障するために，学校において特別な教育上の支援を必要とする青少年は，特別な教育上の促進をうける権利を有する」と規定したうえで（49条1項），この権利の効果について，次のように書いている（同条2項）。

「様々な形態の促進学校ないし一般学校および職業学校は，当該校において適切な人的，空間的，物的な条件が備わっているか，もしくはそれを創造できる場合には，この権利から発生する特別な教育上の促進の必要を充足するものとする。

特別な教育上の促進は，それぞれの生徒に対して，個々人の促進計画にもとづいて行われるものとする」。

またこの権利を学校法上明記していない州にあっては，これらの青少年に対して特別な教育上の促進を配慮しなければならない，学校行政機関ないし学校の客観法上の義務（objektiv-rechtliche Pflicht）が発生すると解するのが，学校法学の支配的見解である[20]。

ちなみに，現行学校法制もこの点を確認して，たとえば，ノルトライン・ウエストファーレン州学校法は「特別な教育上の促進」と題して，こう述べている（19条1項）。「身体的，心的ないし精神的障害のゆえに，または学習能力の相当程度の障害のゆえに，一般学校の授業に出席できない生徒は，その個人的な必要に応じて，教育上特別に促進されるものとする」。

ところで，上記の特別な教育上の促進をうける権利から具体的にどのような法的効果が導かれるかであるが，これに関しては，さしあたり，下掲のような判例が重要であろう。

①　マンハイム上級行政裁判所判決（1996年[21]）

「バーデン・ビュルテンベルク州の現行法によれば，障害児とその親は基礎学校において非障害者との共同教育（統合教育）を可能にするための，法律上ないし憲法上の特別な教育上の措置要求権（Anspruch auf sonderpädagogische

---

(20)　H.Avenarius/H.P.Füssel,a.a.O.,S.368.

(21)　VGH Mannheim, Urt. v. 3. 9. 1996,In: SPE 333 Nr.1.

Maßnahme）を有してはいない。彼らにとって共同教育が可能であるかどうか
は，州の立法者の単独決定権に服している」。

　② バイエルン上級行政裁判所判決（1996年[22]）

「一般学校で特別な教育上の促進措置を受けても，成果を伴って授業をうけ
ることができる見込みのない生徒は，バイエルン州の学校法によれば，一般学
校への入学請求権を有さない。障害児のために目的を異にする授業を行う統合
学級の設置を求める請求権も，バイエルン州の学校法からは導かれない。バイ
エルン州の規定は基本法3条3項2文と適合し，障害者に対する違法な差別に
は当たらない」。

　③ カッセル上級行政裁判所判決（2004年[23]）

「ヘッセン州法によれば，障害児はヘッセン州ないし学校設置者に対して，
いわゆる統合教育のための援助者（Integrationshelfer・就学を可能にするための
授業同伴者・筆者）の配置ないしその費用負担を請求する権利を有するもので
はない」。

3　親の一般学校選択権とその要件

　就学義務年齢に達した障害児が入学するに際しては，現行法制上，学校ない
し親の申請により，特別な教育上の促進の必要があるかどうか，それを確認す
るための公式な手続が実施されることになっている。この手続においては，当
該障害児にとってどの学習場所（一般学校か，促進学校か）で就学義務を履行す
るのが適切か，その場合，どのような追加支援が必要とされるか等について，
特別な教育上の促進に関する専門的鑑定にもとづいて勧告が行われる。このプ
ロセスにおいてはほとんどの州で，親に聴聞権ないし助言を求める権利が保障
されるところとなっている。

　上記の手続において，当該障害児が特別な教育上の促進を必要とすると認定
された場合，当該障害児の促進学校ないし一般学校への指定に際して，親は影
響力を行使できるか，肯定の場合，それはいかなる範囲でどの程度にまで及び
うるかは，各州学校法の規定内容の如何に係っている。

　現行法制上，ベルリン，ブレーメン，ハンブルク，ヘッセンおよびメックレ
ンブルク・フォアポンメルンの5州においては，親は障害児を一般学校に就学

（22）　VGH Bay. Urt. v. 11. 12. 1996, In: SPE 333 Nr.3.
（23）　VGH Kassel Beschl. v. 10. 11. 2004, In:SPE 333 Nr.11.

第Ⅳ部　第3章　現行法制下における障害児教育の法的構造

させるか，あるいは促進学校に就学させるかの優先的な選択権を保障されており〈親に対する一般学校選択権の保障＝障害児に対する一般学校就学権の保障〉，学校行政機関の障害児を促進学校に指定する権限はあくまで副次的な教育行政権限に止まっている。表現を代えると，ドイツ16州のうち上記5州においては，障害者が一般学校で非障害者と共同教育（統合教育）をうけることができる可能性がより高くなっているということである。既述した通り，障害者の権利に関する条約24条1項は障害児に対して一般学校で包容教育をうける権利を保障しているが，上記5州においては，親は子どもに代位して，この権利を行使できるとの解釈である。

　ただこの親の学校種の選択権，より現実的に言えば，親の一般学校選択権＝障害児の一般学校へ就学する権利は，現行法制上すべての州で一定の要件に服している。その内容は州によって一様ではないが，通常，障害児が就学を希望する一般学校に障害児のために特別な教育上の促進を行うための人的，物的，組織的な諸条件が備わっているか，教育財政上それが可能であるか，が要件とされている。

　またブレーメンとベルリンの2州を除き，共同教育実施の可否は「収容力の可能性の留保」（Vorbehalt der kapazitären Möglichkeit）という要件にも服している。こうしてこれら2州においては，当該学校法の規定から，共同教育の収容力を拡充する州の客観法上の義務が，しかも裁判上争うことが可能な義務として導かれることになるが[24]，それ以外の州にあってはこうした義務は存していない。

　障害児の一般学校への就学に関して，親にもっとも広範な権利が認められているのはベルリン州である。同州にあっては，親がその有する選択権にもとづいて一般学校を選択した場合，校長は当該校の人的，物的および組織上の不備を理由として，親の申請を拒否することができるとされてはいる。しかしその場合，学校監督庁は親と学校関係者から構成される委員会を設置し，その勧告を踏まえ，しかも所轄学校行政庁の同意を得て，これについて最終的に決定できる仕組みになっている（同州学校法36条4項・37条3項）。

　なお親に対して一般学校選択権ないしは障害児に一般学校への就学権を保障している上記5州のうち，ハンブルク州とメックレンブルク・フォアポンメルン州のこれに関する学校法規定を摘記すると，次のようである[25]。

──────────

(24)　J.Rux, a.a.O.,S.225.

348

第4節　現行の各州学校法制と包容教育

◎ハンブルク州学校法（1997年）

　12条1項＝「特別な教育上の促進を必要とする青少年は，一般学校に就学する権利（Recht, allgemeine Schulen zu besuchen）を有する。彼らは一般学校で特別な教育上の促進を必要としない青少年と一緒に教育をうけ，特別に促進される。彼らの促進は，個々の場合に教育上必要な場合には，一時的に分離された学習グループで行うことができる」。

　42条3項＝「配慮権者（Sorgeberechtigten・教育権者と同義・筆者）は，子どもが基礎学校修了後にどの学校形態に就学するかを，子どもの成績に応じて開かれた可能性の範囲内で，また学校組織上の所与の条件の範囲内において……決定する」。

◎メックレンブルク・フォアポンメルン州学校法（2006年）

　34条5項＝「教育権者はその子どもが一般学校に就学するか，もしくは促進学校に就学するかに関して決定する。希望する一般学校に必要とされる特別な教育上の措置のための物的ないし人的な諸条件が存在しない場合，あるいは一般的な教育上の諸条件にもとづいて，当該生徒が一般学校で適切に促進されうるかどうかについて重大な疑義が存する場合は，所轄学校監督庁は教育権者の決定に対して異議を唱えなければならない。教育権者が自らの決定を譲らない場合は，所轄学校監督庁が最終的にこれを決定する」。

　上記5州を除く他の11州においては，学校法制上，障害者の一般学校において共同教育・統合教育をうける権利の明示的な保障はなく，したがってまた親に対しても子どもを一般学校に就学させるか，促進学校に就学させるかの優先的な選択権も保障されていない。一般学校における障害児に対する特別な教育上の促進実施の可否，ないし共同教育・統合教育の導入の可否とその範囲・程度は，もっぱら当該校の物的，人的，組織的な諸条件と教育財政上の可能性の存否に係っており，そしてこれに関する最終的な決定は教育行政機関の裁量に属するところとなっている[26]。

　ただその際，障害児が一般学校においては促進されえないか，あるいは十分には促進されえない場合にだけ，学校や教育行政機関は障害児を促進学校に指定することができる，との原則が依然として存していることは重要である。ち

---

(25)　下記2州以外の当該学校法条項は次の通りである。BE州学校法36条4項・37条3項，HB州学校法22条1項，HE州学校法54条3項。

349

第Ⅳ部　第3章　現行法制下における障害児教育の法的構造

なみに，この点を確認して，マグデブルク高等行政裁判所（1999年）もこう判じている[27]。

「たとえ促進学校において一般学校のすべての修了資格を獲得できるとしても，促進学校に関する一般的規律から，その障害のゆえに，他の学校形態においては特別な支援を受けても十分に促進されえない子どもについてだけ，促進学校への就学が認められるということが帰結される」。

このような観点から，とくにバイエルン州においては学校ないし州学務局の促進学校への指定に関する裁量権は狭く限定されている。すなわち，同州教育制度法は「特別な教育上の促進は可能な範囲内において，すべての学校の任務である。その際，学校は特別な教育上の支援職員による支援をうける」と確認したうえで（2条1項），促進学校への指定要件について，次のように規定しているのである（41条1項）。

「特別な教育上の促進を必要とする就学義務年齢段階の子どもで，一般学校における共通教育に積極的（aktiv）に参加できない者，もしくは特別な教育上の支援職員による支援を受けても，その特別な教育上の促進の必要が一般学校においては充足されないか，もしくは十分には充足されえない者は，彼らに適した促進学校に就学しなければならない」。

なおこの規定をめぐっては，ダウン症の子どもとその親からこれを違憲とする憲法訴訟が提起されたが，バイエルン州憲法裁判所（2006年）は下記のように判じて，これを斥けている[28]。

「特別な教育上の促進が必要な，一般学校への就学を希望する生徒は，共同教育に積極的に参加できる能力がなくてはならない，と規定しているバイエルン州教育制度法41条1項は，基本法3条3項2文によって禁止されている障

---

(26)　規定例を引くと，たとえば，ザクセン・アンハルト州学校法は「特別な教育上の促進を必要とする生徒とその必要のない生徒は，特別な教育上の促進を必要とする生徒の親が申請し，そのための人的，物的および組織的な可能性が存在する場合，もしくは予算上それが可能であり，しかも共同教育が当該個人の促進上の必要に対応する場合は，共同で教育されるものとする」（1条3a項）と規定しているし，またブランデンブルク州学校法も「基礎学校および上級一般学校は，適切な人的，空間的および物的な条件が存在する場合，もしくは所定の予算で可能な場合には，特別な教育上の促進を必要としない生徒との共同教育によって，特別な教育上の促進を充足するものとする」（29条2項）と書いている。

(27)　OVG Magdeburg, Urt. v. 1. 10. 1999, In:SPE 333 Nr. 10.

(28)　VGH Bay. Beschl. v. 2. 11. 2006, In:SPE 333 Nr.14.

第 4 節　現行の各州学校法制と包容教育

害者に対する不利益の負荷には当たらない」。

4　包容教育の現実

　既述したように，障害者の権利に関する条約 24 条 1 項を受けて，ドイツ各州の学校法は，バーデン・ビュルテンベルク州を除いて[(29)]，学校教育における障害者と非障害者との共同教育ないし統合教育の原理的優位を謳っているのであるが，しかしドイツにおける学校教育現実は，これら各州の学校法制の理念とはかなり乖離した様相を呈するところとなっている。

　すなわち，KMK の資料によれば[(30)]，2008 年度，ドイツ全体で特別な教育上の促進を必要とすると認定された生徒は 48 万 4346 人で，第 1 学年〜第 10学年に在籍する全生徒に占めるその割合は 5.8％であった。そしてこのうちの84.3％（40 万 8085 人）は一般学校ではなく，促進学校ないしは特殊学校に就学していた。一般学校への就学率＝共同教育の割合は 15.7％でしかなかった。しかもその割合は州によって大きな差があり，もっとも高いブレーメン州では45％に達したが，最低のニーダーザクセン州では 5 ％にすぎなかった。

　このことは，共同教育に関する学校法制上の理念的・原則的規定はともかく，その現実の運用においては，とりわけ特別な教育上の促進の必要性の存否の確認と促進学校への指定に関する手続法制とその運用は，州によってかなりの違いがあることを示すものである[(31)]。

　なお上述のようなドイツの障害児教育の現実については，「80％を超える障害児が一般学校のシステムから排除されているという，ドイツにおける極端に高い排除率は，ドイツの教育制度が障害者を差別している明白な証拠である」との厳しい批判も見られている[(32)]。

　ちなみに，この点と関連して，ヨーロッパ人権裁判所も 2007 年，チェコ共和国に居住する少数民族ロマに関する事件で，ロマの子どもの特殊学校への就学率が異常に高いのは，ヨーロッパ人権条約 14 条および同付属議定書 2 条が保障する「差別から自由な教育をうける権利」（Recht auf diskriminierungsfreie

---

(29)　バーデン・ビュルテンベルク州においては，障害児は学校実験の範囲内においてだけ
　　一般学校での統合教育に参加することができ，しかもそれは基礎学校段階だけに限られて
　　いる（J.Rux,a.a.O.,S.221.）。

(30)　KMK Dokumentation Nr.185 v. April 2008, zit. aus J.Rux,a.a.O., S.220.

(31)　H.Avenarius/H.P.Füssel,a.a.O.,S.83.

(32)　T.Degener, a.a.O.,S.218.

第Ⅳ部　第3章　現行法制下における障害児教育の法的構造

Bildung）を侵害するとの判断を示しているところである[33]。

第5節　障害児と就学義務

1　就学義務法制の弾力的運用

1－1　就学義務の始期と就学義務の猶予

　たとえば，ヘッセン州学校法が「特別な教育上の促進を必要とする青少年は，その全日制就学義務（Vollzeitschulpflicht）を一般学校もしくは特殊学校への就学によって履行する」（61条1項）と規定しているように，現行学校法制上，障害児もまた就学義務を負っている。この義務は一般学校ないしは促進学校（特殊学校）へ就学することによって履行される。就学義務はハンブルク協定（1964年）にもとづいて通常満6歳に始まり，12年間継続するが（3年間の職業学校就学義務を含む），障害児の場合も原則として同様である。

　ただ身体的，精神的ないし社会的な行動能力が十分に発達しておらず，したがって，基礎学校あるいは促進学校の授業について行ける見込みのない子どもは，シュレスヴィヒ・ホルシュタイン州を例外として，就学義務年齢に達しても就学を猶予される。ちなみに，この点について，ハンブルク州学校法は次のように書いている（38条2項）。

　「所轄行政庁は，満6歳に達した子どもをその精神的，心的な発達状態を考慮して，教育権者もしくは学校の申請により，1年間，就学を猶予することができる。就学を猶予された子どもは予備学年が受け入れる。例外的な場合，所轄行政庁はそれに代えて，彼らが保育施設に通うことを許可することができる」。

　就学を猶予された子どもは，上記ハンブルク州学校法にもあるように，学校幼稚園もしくはその他の促進施設（予備学年や保育施設など）への就園が原則として義務づけられている。

---

(33)　D.H.& Others v. the Czech Republik Decision of Nov. 2007, zit. aus T. Degner,a.a.O.,S. 219.

　　なおヨーロッパ社会権委員会も近年，フランスとブルガリアの二つのケースに関する決定で，障害者に対する包容教育の機会が乏しいのはヨーロッパ社会憲章17条2項（差別から自由な教育をうける権利）に違反するとの判断を示している（Autism Europe v. France, Decision of 4. Nov. 2003, Mental Disability Advocacy Center v. Bulgaria Decision of 13. Okt. 2008, zit. aus T. Degner,ditto.）。

352

第5節　障害児と就学義務

就学を猶予された期間は就学義務の履行期間には加算されない。就学猶予については，ほとんどの州で学校医や学校心理士の鑑定書を踏まえて，校長が決定する仕組みになっている。就学猶予期間の経過後，子どもが基礎学校あるいは促進学校の授業に出席できる状態にあるかどうか疑わしい場合は，公式の手続きにおいて特別な教育上の促進が必要かどうかが確定される。

なお付言すると，近年，ドイツにおいては就学猶予者が少なくないようで，KMK は 1997 年「入学に関する勧告」を決議し，各州に対し就学猶予制度を適切に運用し，就学猶予率を低くするよう促すところとなっている[34]。

一方，就学猶予制度が存在しないシュレスヴィヒ・ホルシュタイン州では次のような制度が採られている。すなわち，各学校は 2 年間の弾力的な入学段階（Schuleingangsphase）を導入することができる。子どもたちはこの入学段階を，その能力に応じて，1 年から 3 年で修了することとされており，したがって，基礎学校の 1 学年から飛び級で 3 学年に進級することができる一方で，入学段階終了時にその学習・発達目標が達成されていない子どもは，さらに 1 年間，入学段階に在籍することを義務づけられている（同州学校法 41 条 2 項[35]）。

1－2　就学義務の延長

特定の障害者のグループ，とくに盲人，視覚障害者，聴覚障害者の場合は，多くの州で就学義務は通常より 1 年から 2 年，延長されている。たとえば，ヘッセン州学校法によれば，「盲学校，視覚障害者学校，聴覚障害者学校では基礎学校の第 5 学年を設置することができる。設置については，学校会議が学校父母協議会の見解を聴聞した後，学校監督庁と学校設置者の同意を得て，これを決定する」（53 条 6 項）とされている。

また聴覚障害者ないし視覚障害者のために早期の教育上の促進制度（pädagogische Frühförderung）を採用している州も見られている。たとえば，ノルトライン・ウエストファーレン州学校法はこう規定している（19 条 5 項）。「聴覚障害もしくは視覚障害のある子どもは，親の申請にもとづき，早期の教育上の促進をうけることができる。これには，家庭での早期教育および促進学校の一部としての促進学校幼稚園（Förderschulkindergarten），特別幼稚園（Sonderkindergarten）ないし促進学校による教育的支援のある一般幼稚園における促

---

(34)　KMK, Empfehlung zum Schulanfang, Beschl. v. 24. 10. 1997, Beschl. Samml. Nr.825.

(35)　H.Avenarius/H.P.Füssel,a.a.O.,S.358.

第Ⅳ部　第3章　現行法制下における障害児教育の法的構造

進が含まれる。早期の教育上の促進については，親の申請をうけ，下級保健庁の医学鑑定書を受けて，学校監督庁が決定する」。

さらに同じくノルトライン・ウエストファーレン州にあっては，精神障害のある生徒に対しては就学義務を大幅に延長して，満25歳の学期まで促進学校に就学する権利を保障している（同州学校法19条4項）。

他方，障害児が実科学校修了資格などの修了資格を獲得することが見込まれる場合は，就学義務を2年ないし3年延長できる可能性も法定されている。たとえば，ヘッセン州学校法には下記のような規定が見えている（61条2項）。「州学務局は特別な教育上の促進を必要とする生徒の就学義務を，当該生徒がそれによって修了資格を獲得することが見込まれる場合は，親に対する聴聞の後，2年間延長することができる。親からの申請があれば，さらに1年間延長することも可能である。学校はこれらの生徒に対して，その就学義務の終了後，申請があれば，さらに2年間通学することを許可することができる」。

2　職業学校への就学義務

全日制就学義務を終了した障害児には現行法制上，職業学校へ就学する義務（通常3年間のパートタイム就学義務・Teilzeitschulpflicht）が課せられている。そして障害児が職業学校における特別な教育上の促進によっても十分に促進されえない場合は，その障害の種類に応じて，促進職業学校（Förderberufsschule）または職業学校内の促進学級に就学する義務を負うとされている。そしてこの場合，既に触れたように，KMK が職業学校における授業も原則として障害者と非障害者との共同教育の形態で実施されるべきである，と勧告していることは重要である[3]。

職業学校においては，障害児に対しても原則として正規の職業資格を獲得できる職業教育・訓練の機会が与えられなくてはならず，それが困難な場合は，障害児に固有な職業教育・訓練が行われなくてはならないとされている。これもまた困難な場合は，当該障害者の可能性と能力に応じて，自立のための職業活動あるいは障害者用の工作場における各種の仕事が用意されなくてはならない仕組みになっている（社会法典Ⅸ部39条）。

くわえて，ベルリン州学校法も明記しているように（36条7項），障害者が入職するための準備として，障害に特化した職業相談を実施することが必要とされている。

354

第5節 障害児と就学義務

3 その他の法的問題

3-1 促進学校から一般学校への転校

ドイツの三分岐制学校制度は1970年代以降，いわゆる透過性（Durchlässig-keit）の確保を重要な課題としてきたが，現行法制上，同様なことが促進学校と一般学校の関係についても妥当している。こうして，たとえば，バイエルン州教育制度法も明記しているところであるが（41条8項），「国民学校ないし職業学校の授業について行くことが期待できる促進学校の生徒は，国民学校ないし職業学校へ指定される」こととなっている。

3-2 寄宿舎や家庭養護施設での宿泊教育

促進学校への就学義務を履行するために必要な場合には，学校監督庁は親の同意を得て，障害児を寄宿舎（Heim）ないしは家庭養護施設（Familienpflege）に宿泊させることができる。これらの行為は当該障害児の自由を剥奪するものであるから，いかなる場合でも家庭裁判所の許可が必要とされている（民法1631b条）。親が同意を拒否した場合，民法1666条により，家庭裁判所が決定することとされている。ちなみに，この点について，バーデン・ビュルテンベルク州学校法は「特殊学校就学義務の履行」と題して（84条3項），次のように書いている。「特殊学校への就学義務の履行のために必要な場合には，教育権者の同意を得て，特殊学校就学義務者（Sonderschulpflichtige）を寄宿舎または家庭養護施設に宿泊させることができる。その決定は，学校監督庁が地区青少年援助局の同意を得て行う。教育権者が同意を拒否した場合は，民法1666条にもとづき，後見裁判所がこれを決定する」。

3-3 促進学校への指定と「法律の留保の原則」

障害児本人ないしその親の意思に反しての促進学校への指定は，障害児の「自己の人格を自由に発達させる権利」（基本法2条1項）および「親の教育権」（基本法6条2項）に触れる措置であるから，当然に「法律の留保の原則」に服することになるが，この点については，次のようなカッセル上級行政裁判所の判例（1988年）が見えている[36]。

「生徒を直ちに特殊学校へ指定できるという公益は，ヘッセン州の現行法制によれば，当該生徒を排除することがその学校の秩序ある授業を維持するため

---

(36)　VGH Kassel Beschl. v. 30. 9. 1988,In: SPE 800 Nr.14.

第Ⅳ部　第3章　現行法制下における障害児教育の法的構造

に不可欠である場合にだけ認められる。

　ヘッセン州就学義務法6条が障害児に対して規定している，その障害に応じて特殊学校に就学する義務は，法律の留保の充足という憲法上の要請を満たしているかどうか，きわめて疑わしい」。

3-4　促進学校への指定と行政裁判上の審査

　学校行政庁による促進学校への指定決定は1950年代後半以降，行政裁判上取り消しすべき行政行為と解されてきているが，行政裁判所による審査には，その強度において限界があるとされている。この点について，マンハイム上級行政裁判所（1985年）は下記のように述べている[37]。

　「生徒に対して特殊学校への就学を義務づける学校行政庁の決定に際しては，それに先行する手続として，特殊学校の校長と教員による教育的・心理的な検査が必要とされる。

　教育的・心理的な検査およびこれにもとづく特殊学校への就学の指定決定は，ただ以下の点に関してだけ行政裁判上の審査に服する。

　すなわち，①関連した手続法上の規定が遵守されているか，②当該決定の基礎をなした事実，とくに行動障害それ自体と学校内部におけるその影響に関して十分に調査されているか，③必要とされる特別な教育上の促進の実施に際して，たとえば，『相当性の原則』のような，一般的な法原則が遵守されているか，④当該決定が事項外的考量にもとづいていないか，どうかに関してである」。

3-5　障害児の家庭で学校教育をうける権利

　たとえば，ブランデンブルク州がその例であるが，障害の種類や程度によって，促進学校に通うことができない障害児は家庭で正規の学校教育をうける権利を有するとされており[38]，また長期間加療のため入院中の生徒は病院内で正規の学校教育をうけることができるとされている。同州学校法はこう明記している（36条3項）。「学校の授業に出席できない障害のある就学義務者および

---

(37)　VGH Mannheim Urt. 4. 6. 1985,In: SPE 800 Nr.12.

(38)　障害児の家庭で正規の学校教育をうける権利は，1973年のフライブルク行政裁判所判決によって確認され，それ以降，判例法上の権利として確立していたものである。障害児のこの権利について，詳しくは参照：第Ⅳ部第2章第3節の3。

病人は，家庭ないし病院で教育をうける権利（Anspruch auf Hausunterricht oder Unterricht im Krankenhaus）を有する」。

第Ⅴ部

学校経営法制と教員法制の原理

第1章 「学校の自律性」の法的構造

　今日，ドイツにおいては，「教員の教育上の自由」（Pädagogische Freiheit des Lehrers）や「教員会議権」（Lehrerkonferenzrecht），親や生徒の「教育行政・学校教育運営への参加権」（Schulmitwirkungsrecht）の法的保障と相俟って，「学校の自治」（Selbstverwaltung der Schule）は実定法上に確立されており[1]，それは現行教育行政・学校法制における基幹的な制度原理の一つをなしている。

　この法理は，19世紀中葉以降における「教育の自律性」（Autonomie der Erziehung）確保を旨とする思想や理論，とりわけF. W. デルプフェルトによって唱導された「自由な学校共同体（freie Schulgemeinde）」構想や[2]，教育学はもとより国法学・行政学や自然法学における「協同的自治」（genossenschaftliche Selbstverwaltung）の理論などを背景として[3]，かつて1910年代後半からナチス政権によって廃棄・解体されるまでドイツ各州で法制化を見ていたものであるが，ボン基本法下，1960年代末に「教育制度の民主化」要求運動の成果として学校法制上に復活したという歴史をもっている。

　そして1970年代前半，ドイツ教育審議会の学校自治・学校参加の強化勧告をうけて各州で大規模な学校法制改革が断行され，また1990年代半ばには「半自律的な学校」（halbautonome Schule）の創造を促すノルトライン・ウエストファーレン州の教育審議会報告書「教育の未来—未来の学校」が公刊されたこともあって[4]，ブレーメン，ヘッセン，ハンブルクの3州を皮切りに各州で

---

(1)　いうところの「学校の自治」は，たとえば，ヘッセン州学校法127a条やハンブルク州学校法50条などがその例であるが，現行学校法上，すべての州で明示的な保障をうけている。ただそのターミノロジーはSelbstständigkeit, Eigenständigkeit, Selbstverwaltung, Selbstverantwortung, Eigenverantwortung, など州学校法によって各様である。

(2)　F.W.Dörpfeldは下記のモノグラフィーにおいて，もっぱら親の権利を基軸に据え，学校を自由な共同体として創造することを構想したのであった。ders, Die Freie Schulgemeinde und ihre Anstalten auf dem Boden einer freien Kirche im freien Staate, 1863.

　　ders, Das Fundamentstück einer gerechten, gesunden, freien und friedlichen Schulverfassung, 1892, In: K. Kloss, Lehrer, Eltern, Schulgemeide-Der Gedanke der genossenschaftlichen Selbstverwaltung im Schulwesen, 1949, S.108.

　　なおドイツにおけるデルプフェルトの学校組織構造論に関する本格的研究としては，さしあたり，以下が挙げられる。W. auf der Haar, Dörpfelds Theorie der Schulverfassug, 1917. E.Schmidt, F.W.Dörpfelds Schulverfassung in ihrer Bedeutung für die Gegenwart, 1920.

361

第Ⅴ部　第1章　「学校の自律性」の法的構造

再び学校の自律性強化を旨とした学校法制改革が行われ，この結果，「学校の自治」ないし「学校の自律性」（Schulautonomie）の法理はいっそうの拡大・深化を見せて，今日に至っているという状況にある。

しかもこの間，いうところの「学校の自律性」をめぐっては，「学校会議」（Schulkonferenz：通常，教員・親・生徒の三者同数代表で構成）による学校の意思決定という法的仕組みに関し，憲法上の民主制原理ないし法治国家原理との関係で，その合憲性が争われるという憲法裁判まで発生するまでに至っている[5]。

一方，いわゆる「公法上の特別権力関係論」（öffentlich-rechtliches besonderes Gewaltverhältnis）は1972年，連邦憲法裁判所によって最終的に「死刑判決」を言い渡されたものの[6]，現行教育行政組織法上，学校はすべての州で依然として「非独立的・権利能力を有さない公の施設」（unselbständige, nichtrechtsfähige öffentliche Anstalt）として位置づけられており，行政法学の通説的見解によれば，このような「公の施設」については「自治」ないし「自律性」は語られる余地はない。

また1980年代半ば以降のいわゆる New Public Management を標榜するグローバルな政策潮流の中で，ドイツにおいても1990年代後半以降，とりわけ2001年のいわゆる「ピザ・ショック」を直接的な契機として[7]，「学校制度における質保証」（Qualitätssicherung im Schulwesen）というテーゼが教育政策上

---

(3)　たとえば，19世紀ドイツにおける行政学の泰斗・L.v.Stein は大著，Die Verwaltungslehre, Fünfter Teil, Das Bildungswesen, 1868, で教育行政における市町村の自治にくわえて，教員による学校自治の理論を提示しているし，憲法・行政学者・R.Gneist もその著「国民学校の自治」（Die Selbstverwaltung der Volksschule, 1869）において，市町村学校委員会のもとでの学校自治の制度を構想している。また自然法学者 H.Ahrens も，Naturrecht, 1839, でこう説いている。「大学の自治を範として，国民学校や上級学校においても教員による全的な自治が保障されなければならない。国家は教育の理念や内容・方法を決定してはならない。国家の役割は一般的な学校組織構造を規定することと，一定範囲の学校監督に限局されなくてはならない」。さらに1860代に刊行された教育学辞典（K.v.Stoy, Enzyklopädie der Pädagogik, 1861, S.262）にも，次のような記述が見えている。「学校は国家や教会ではなく，ただ家庭と市町村にこそ基盤を置くべきものである」。以上については，K.Kloss, a.a.O., S.35-S.44.

(4)　Bildungskommission NRW, Zukunft der Bildung—Schule der Zukunft, 1995.

(5)　近年の憲法裁判例について，詳しくは参照：P.Unruh, Schulautonomie und Demokratieprinzip—im Lichte der neueren Rechtsprechung des Bundesverfassungsgerichts, In: RdJB（2003），S.466ff.

(6)　BVerfG, Ent. v. 14. 3. 1972, In:JZ（1972），S.357.

362

の最重要課題の一つとして浮上し，従来の教育政策や教育行政・学校教育の有りようが厳しく検証されることになる。

　具体的には，2003年に各州文部大臣常設会議（KMK）が「教育スタンダード」（Bildungsstandards）の導入を決議し（導入は2004年），また2006年にはドイツ基本法が改正されて，「教育評価」（Bildungsevaluation）が憲法上（91b条2項），連邦と州の共同課題として位置づけられるに至った[8]。こうしてこの時期，ほとんどの州において学校に対する「外部評価」が法制度化され，くわえて，学校査察制度も創設された。さらには学校における意思決定や「学校プログラム」（Schulprogramm）の質の確保を旨として，多くの州で学校法制上，学校監督庁と学校間ないし校長と学校内部組織との間で「目標・成果協定」（Ziel-und Leistungsvereinbarungen）の締結が義務づけられるところとなり[9]，こうして従来の「協同的学校自治」はその内実においてかなりの法的変質を迫られることになる。敷衍すると，今日，いうところの「学校の自治」ないし「学校の自律性」は上述したような一連の学校教育における質保証制度と法的緊張関係に立っているのであり，そこで，その法的内実は1990年代半ばまでのそれとは実質をやや異にしており，くわえて現行学校法制上，その法的内容は必ずしも既定ではないという法制状況が見られているということである[10]。

　以下では，ドイツにおける「国家の学校監督」と「学校の自治」に関わる法制度（論）の歴史的な発展の推移を把捉したうえで，いうところの「学校の自律性」について，現行法制下におけるその法的構造を多角的な観点から明らか

---

(7)　2000年に実施されたOECDの「生徒の学習到達度調査」（Programme for International Student Assessment・略称＝PISA）において，調査に参加した32カ国のなかで（15歳の生徒を対象），ドイツは読解力，数学および理科のすべてが下位3分の1グループに位置し，いずれにおいてもOECD加盟国の平均を下回る成績であった。この結果をうけて，たとえば，2002年に「ドイツ教育の悲惨－ピザとその結果」（K.Adam, Die deutsche Bildungsmisere－PISA und die Folgen）と銘打った書物が刊行されているのが，当時の状況をよく物語っている。

(8)　詳しくは参照：拙稿「ドイツにおける学力保証政策とデータ保護の学校法制（3）（4）」，『教職研修』，2009年3月号，教育開発研究所，126頁以下。2009年4月号，138頁以下。

(9)　さしあたり，D.Thym, Zielvereinbarungen im Schulrecht zwischen informeller Verwaltungspraxis und rechtlicher Steuerung, In:RdJB（2009), S.279ff.

(10)　H. Avenarius/H. -P. Füssel, Schulrecht, 8 Aufl., 2010, S. 277ff. N. Niehues/J. Rux, Schul-und Prüfungsrecht, Bd.1, Schulrecht, 2006, S.223ff.

第Ⅴ部　第1章　「学校の自律性」の法的構造

にしていきたいと思う。

第1節　ワイマール憲法下までの法制状況

1　国家の学校監督権と学校管理論

　1794年のプロイセン一般ラント法は学校を「国の営造物」（Veranstaltungen des Staats）として位置づけたうえで（第Ⅱ部12章1条），公立・私立学校制度に対する国家の監督権を法定し（4条・9条），法制上，「国家の学校独占」（Staatliches Schulmonopol）を確立した。

　国家の学校監督権の法的内容は19世紀の諸立法，とりわけ改正プロイセン憲法23条（1850年）や学校監督法1条（1872年）をめぐる学説・判例・行政実例等を経て，ワイマール憲法144条＝「すべての学校制度は国家の監督に服する」の解釈として法的定着を見た。

　すなわち，当時の国法学・憲法学の支配的見解によれば，ワイマール憲法144条は第1次的には学校に対する教会の支配権を排し，国家の支配権＝「学校制度の世俗化原則」を憲法上確認したもので，そこにいう国家の学校監督権は教会権力に対する防禦機能（Abwehrwirkung）を担うものであった。しかし同時にそれは，国家内部関係においては「国家に独占的に帰属する学校に対する行政上の規定権」（das dem Staate ausschließlich zustehende administrative Bestimmungsrecht über die Schule）と観念され[11]，法的意味での監督概念をはるかに超えて，「学校に対する国家の全的・唯一の直接的規定権力，組織権力，指揮権力，勤務監督権力の総体[12]」として構成されたのであった。

　しかもこの場合，決定的に重要なことは，「シュタイン都市条例」（Steinsche Städtordnung v. 26. Dez. 1808）以来の学校事項の内的・外的事項区分論の伝統をうけて，この学校監督概念によって「国家による内的学校事項の統轄および管理」（Leitung und Verwaltung der inneren Schulangelegenheiten）[11]，が憲法上根拠づけられたことである。その結果，内的学校事項は国家がこれを全面的に掌握し，地方公共団体は国家機関として学校監督権の行使を委任されたにすぎなかった。〈委任事項・Auftragsangelegenheit〉。

---

(11)　G.Anschütz, Die Verfassung des deutschen Reichs, 14 Aufl. 1933, S.672.

(12)　W.Landé, Die staatsrechtlichen Grundlagen des deutschen Unterrichtswesens, In: Handbuch des deutschen Staatsrechts, Bd.2, 1932.S.703. ders. Preußisches Schulrecht, 1933, S.23.

第1節　ワイマール憲法下までの法制状況

またドイツにあっては，19世紀後半以降，教員の勤務関係および学校営造物利用関係（生徒の在学関係）は「公法上の特別権力関係」とされ，かかる特別権力関係には「法律の留保の原則」（Prinzip des Gesetzesvorbehalts）は妥当せず，特別権力主体たる学校監督庁は各個の場合に法律の根拠を要することなく一般的学校規程を定立し，権力服従者（校長・教員・児童生徒）に命令・強制できるとされてきた[13]。公法上の特別権力関係論によるこうした「法律から自由な学校行政領域」（gesetzesfreie Raum der Schulverwaltung）の認容が，上述のごとき学校監督概念の拡大解釈を強く支援していたことは，E-W. フースの指摘するところである[14]。

他方，プロイセン一般ラント法は学校（上述）や警察（17章10条）などの「営造物」についての規定を設けた。そこにいう Veranstaltungen や Anstalt は制定当時およそ技術的・確定的概念としての営造物ではなかったが[15]，その後これらの解釈として打ち出されたのがいわゆる営造物理論である。

この理論は19世紀後半，O. マイヤーによって構築され，それはワイマール憲法下の学説によっても基本的に承認され，ドイツ行政法学の伝統的理論となった。そしてそれによれば，営造物は営造物主体に対する法的独立性を基準として，「全的に権利能力を有する営造物」（vollrechtsfähige öffentliche Anstalt），「部分的に権利能力を有する営造物」（teilrechtsfähige öffentliche Anstalt），「権利能力を有さない営造物」（nichtrechtsfähige öffentliche Anstalt）に区分され，学校はこの後者として位置づけられたのであった[16]。

すなわち，学校は「権利能力を有さない営造物」として，学校組織・権限関係上，学校監督庁の包括的支配権に服するとされたのである。

以上，ワイマール憲法下までの国家の学校監督権および学校管理論の基本について概述したのであるが，このような法制・理論的状況下にあっては，法的には，「学校の教育自治」や「学校の自律的権限」は語りえない筈である。しかし，以下に見るように，ドイツ各州においては1910年代後半からナチス政権が成立するまで「学校の自治」ないし「教員会議権」が学校法制上確立され，

---

(13)　詳しくは参照：拙稿「西ドイツにおける学校管理と特別権力関係論」，日本教育学会編『教育学研究』第39巻第1号所収。

(14)　E-W. Fuß, Verwaltung und Schule, In: DÖV（1964），S.809.

(15)　H. Jecht, Die öffentliche Anstalt, 1963, S.11〜12.

(16)　A. Eisenhuth, Die Entwicklung der Schulgewalt und ihre Stellung im Verwaltungsrecht in Deutschland, 1932, S.68. H.J. Wolff, Verwaltungsrecht Ⅱ, 1962. S.258〜S.260.

365

第Ⅴ部　第1章　「学校の自律性」の法的構造

学校組織・権限関係上，学校は相対的にかなり程度の自律性を享有していたのであり，このことは特記に値すると言わなくてはならない。

2　教員会議権の法制化過程

第1次大戦以前においては，学校管理形態として，「独任的ないし権威的学校管理」（direktoriale oder autoritäre Schulleitung）なる法制度が一般的であった。これは，①校長は教員の職務上の上司（Dienstvorgesetzter）として，教員に対して包括的支配権を有し，②教員会議は設置されていないか，設置されていても校長の単なる諮問機関ないし伝達機関でしかなく，③校長自身もその直近学校監督庁たる郡視学の直接的な指揮監督権下にある，という法制度である[17]。

たとえば，ハンブルク州の国民学校教員規程（1872年）は「校長は教員の直近上司である。教員は教育活動や学校懲戒に関する校長の命令を厳守しなければならない」と明記していたし，またプロイセンの校長服務規程（1909年）によれば，校長は教員に対して職務上・服務上の指揮命令権をもつと同時に，「学校のすべての教育事項および教員の職務内外の行動を郡視学に報告しなければならない」とされていた[18]。

このような独任的な学校管理体制に対して，ドイツ教員組合は「教員集団による学校自治のための闘争」（Der Kampf um die schulische Selbstverwaltung durch Lehrkörper）を強力に推進した。同組合はすでに1848年の3月革命当時，「教職の自由」（Freiheit der Lehrerberuf）を強く要求していたが，その後も，学校管理を校長の単独権限から教員集団の合議制的権限（kollegiale Befugnis）とすること，教員会議権を学校法制上明示的に保障すること，校長は「同輩中の首席」（primus inter pares）とし，その実質的任命権を教員集団に留保すること，等を要求して根強い運動を展開したのであった[19]。

たとえば，H.ウォルガストはその講演「学校における官僚主義」（1887年）で，教員と芸術家とのアナロジーから，「教員が活動する諸条件は多様だから，個々の学校には自由が保障されなければならない。教員集団が学校事項を決定

---

(17)　K.Nevermann, Der Schulleiter, 1982, S.168ff. A.Dumke, Die Schulleitung, In: Handbuch für Lehrer, 1960, S. 270. W. Seufert, Die Lehrerkonferenz, eine neue Form der Schulleitung, In: Blätter für Lehrerbildung（1968), S.184.

(18)　Schulbehörde Hamburg（Hrsg.), Selbstverwaltung der Schule in der Demokratie, 1948, S.12.

(19)　R.Rissmann, Geschichte des Deutschen Lehrervereins, 1908, S.39〜S.40.

第1節　ワイマール憲法下までの法制状況

すべきである」と主張し，またドイツ教員組合エルバーフェルダー決議〈El-berfelder Beschlüssen・1908年〉では次のように謳われた。

「教員会議はすべての成員が同等な共同責任を負う自治組織である。校長は教員の職務上の上司ではなく，同輩中の首席であり，名誉職である。学校監督庁は，教員集団がその成員から自由な秘密投票で選出した者を校長に任命すべきである」。

さらに同教組1910年大会では「学校監督と学校管理」がテーマとされ，ハンブルク教員団により「学校自治の主体としての教員会議権の確立」が提案されたのであった[20]。

さて，以上のような19世紀中葉以降における教員組合の要求運動は，一般的な民主化思潮や統一学校構想などを背景として，1910年代から1920年代前半にかけて学校法制上に結実することになる。

まず1910年代の前半には各州で教員会議は必置機関とされ，その権限もかなりの拡大を見た。教員には教員会議での議案提出権や議決権が保障され，校長は教員会議の決定に対してはただ限定的拒否権（beschränktes Vetorecht）を有するにすぎないという制度が生成した。つづいて1919年にはプロイセンとバイエルンで「自治としての合議制学校管理」（kollegiale Schulleitung als Selbst-verwaltung）が法的保障をうけたのを始めとして，1923年までにブレーメン，テューリンゲン，ザクセン，ハンブルクの諸州でかかる法制度が確立したのであった。また上記以外の州においても「父母協議会と教員会議の参加の下での専門家による学校管理」を行うことが校長の義務とされ，こうして，すべての州で教員会議権が確立ないし大幅に拡大・強化されたのであった[21]。

そこで以下では，ハンブルク州の「学校の自治に関する法律」〈Gesetz über die Selbstverwaltung der Schulen v. 12. April 1920〉を範例として，そこにいわゆる「学校の自治」が果たして如何なる法的内容のものであったかを検討したいと思う。

---

(20)　Schulbehörde Hamburg（Hrsg.）, a.a.O., S.13.
　　なおハンブルク教員団は1918年にヘルシンキで開催された国際教育会議で「教員の解放なしには，子どもの解放はありえない」（Es gibt keine Befreiung des Kindes ohne Befreiung der Lehrerschaft）とのテーゼを宣明したのであった（K.Kloss, a.a.O., S.44）
(21)　G.Bäumer, Deutsche Schulpolitik, 1928, S.40〜S.41.

367

第Ⅴ部　第1章　「学校の自律性」の法的構造

3　ハンブルク州の「学校の自治に関する法律」の法的構造

この法律は総則，教員会議，父母協議会（Elternrat），校長，学校評議会（Schulbeirat）および特則の6章47ヵ条から成っているが，学校組織権限関係の基本構造は以下のようである。

まず第1条で「各学校の直接的管理（unmittelbare Verwaltung einer jeden Schule）は教員会議と父母協議会によって行われる」と宣明し，学校自治の主体が教員会議と父母協議会であることを確認している。ただ「父母協議会は，その決定の実施に当たって，教員会議の同意を得なければならない」（13条）とされ，また「教員会議の決定は，校長およびすべての成員を拘束する」（4条）とされており，したがって，教員会議が学校内部管理の最高議決機関である。そこでいうところの「学校の自治権」の具体的内容は教員会議権の内容如何ということになるが，これには大別して次の2種の権限が含まれている。教育実践上の権限と教員人事上の権限がそれである。

すなわち，教員会議はまず「学校における教授・教育活動の実施に必要な措置を決定する権限を有する」（2条1項）。この場合，「法規定および上級学校行政庁の命令の範囲内で」（同条同項）との制約があるものの，教員会議権は学校監督庁の包括的・無制限な支配に服しているわけではない。学校監督庁は教員会議の決定を，それが「現行法令に抵触している場合，もしくは学校の利益（Schulinteresse）を著しく損なうと考えられる場合に限り，これを取り消す権限を有する」（39条）にすぎない。「学校の利益」という不確定法概念の解釈如何によっては行政介入の余地が存するとはいえ，学校監督権の発動に具体的な規制が加えられていることは重要である。

つぎに教員人事上の権限を見ると，教員会議は「教員の採用や転任に際して父母協議会や関係者の意見を聞いたうえで，これについて学校監督庁に提議することができる」（2条2項）とされている。特筆すべきは，この場合，「特段の疑義がない限り，学校監督庁はそれを承認しなければならない」（同条同項）とされており，教員人事の実質的権限は教員会議に留保されているということである。さらに校長や教頭の選出も教員会議の権限事項とされており（父母協議会の代表も参加・19条），こうして，教員人事権が「学校の自治」・教員会議権の重要な内実をなしていたことが知られる。

父母協議会は「学校と家庭との協同により，青少年の肉体的・精神的・道徳的福祉を増進すること」（5条）を目的とする教育権者〈ドイツでは「教育権者」（Erziehungsberechtigter）といえば親を指す・筆者〉の組織で，学校生活

368

に関連するすべての問題の審議・決定権を有する。また，その代表は適時，学校経営を視察することができ，これに対応して校長には学校状況についての報告義務が課されている（13条1項）。

校長の職務は「法規定，学校監督庁の命令および教員会議と父母協議会の決定に従って学校を経営する」（18条）ことにある。ただ教員会議や父母協議会の決定が現行法に抵触すると思われる場合，もしくはそれを責任をもって実施できないと考える場合には，校長は学校監督庁に異議申立てをすることができるとされる（同条2項）。校長職は名誉職（Ehrenamt）であり，教員と職務上，上司・下僚の関係にはない（23条）。

なお学校評議会〈親代表100名・教員代表100名の計200名で構成〉は学校制度に関するすべての問題について学校行政庁への提議権を有するとされ，また学校行政庁は法令立案過程でその意見を聴取しなければならないとして，教育立法・教育行政過程の民主化がはかられている（28条〜33条）。

以上がハンブルク州の「学校の自治に関する法律」の基本構造であるが，ここにおいては，学校はかなり広範な自律的権限を保障されていたことが知られよう。W.ランデはこの法律は「学校管理の合議制的組織を規定したにすぎず，『学校の自治』と表示したのは不当だ」と断じているが[22]，上述したところからすれば，それこそいささか不当だと言わなくてはならない。

なお，この法律はナチス政権が成立した1933年に廃止され，学校は再び学校監督庁の包括的支配と校長の独任的管理の下におかれた。

すなわち，極度の中央集権的教育行政体制の確立と相俟って〈1934年5月ライヒ文部省設置〉，「議会制民主主義に立脚する教員集団の合議・決議権はこれを全廃する」と明言され，「指導者原理」（Führerprinzip）に則って「学校の指導者」（Führer der Schule）として位置づけられた校長が学校内部管理の全権を掌握した。こうして，いうところの学校自治法制は根底から破壊せしめられたのであった[23]。

---

(22)　W.Landé, Die Schule in der　Reichsverfassung, 1929, S.62.

(23)　A.Dumke, a.a.O., S.272. K.Nevermann, a.a.O., S.209ff.

第Ⅴ部　第1章　「学校の自律性」の法的構造

第2節　ドイツ基本法の制定と「学校の自治」

1　伝統的学校法制・理論の継受

ドイツ基本法7条1項は「すべての学校制度は国家の監督に服する」と定め
たが，これはワイマール憲法144条と同文であり，また基本法と前後して生ま
れた諸州憲法も概ねこのような伝統的法条を継受した。その結果，当然である
かのように，ドイツ基本法施行後の判例や通説も国家の学校監督概念に関する
伝統的解釈を維持した。

たとえば，基本法制定当時の代表的な註釈書は，ワイマール憲法との法条の
一致を根拠として，大要，次のように述べる。

「基本法7条1項は学校制度の統一性を確保するための制度的保障で，『学校
の唯一の主人』（alleiniger Schulherr）としての国家にすべての学校制度に対す
る支配権を容認したものである。そこにいう国家の学校監督とは，かつてG.
アンシュッツが規定したごとく，「国家に独占的に帰属する学校に対する行政
上の規定権」に他ならない。国家の学校監督の内容と範囲に関する従来の法お
よび行政実例は，今後も継続して有効である[24]」。

また判例ではコブレンツ高等行政裁判所判決（1954年7月10日判決）をはじ
め，連邦行政裁判所も一貫して「国家の学校監督とは学校制度の組織・計画・
統轄・監督に関する国家的支配権の総体である」との見解を示した[25]。

他方，伝統的な学校管理法制・理論も基本的に継承された。すなわち，すべ
ての州の学校法が学校を従前どおり「権利能力を有さない非独立的営造物」と
して位置づけ，これらの条項の解釈においても伝統的な学校営造物理論が依然
として通説的地位を占めた。またいわゆる公法上の学校特別権力関係論もなお
根強く支配的であったし，さらに公法上の勤務関係に立つ教員には官吏法理が
厳格に適用されたのであった。

以上のような学校法制とその解釈理論により，学校は学校監督庁の包括的な
支配権・強い緊縛下に置かれ，こうしていわゆる「管理された学校」（die ver-
waltete Schule）が現出した。この状況をH.ベッカーは，学校は教育行政のヒ

---

(24)　H.v.Mangoldt/F.Klein, Das Bonner Grundgesetz, 1957, S.281-282.

(25)　H.Hering, Die Rechtssprehung des Bundesverwaltungsgerichts zum Schulrecht, In:
　　DÖV（1968），S.98.

370

第2節　ドイツ基本法の制定と「学校の自治」

エラルキーのなかで地区警察や税務局などと同程度に最下級行政機関化しており，校長は税務吏員以下の「決定の自由」しかもたず，教員は「授業形成の自由」を剥奪され単なる行政執行吏に堕していると表徴し[26]，また H.ルンプフは「教員を疲労困憊させる教育行政の恐怖」とさえ表現した[27]。

2　教員の教育上の自由・学校の教育自治の法制化

　このような法制的・理論的状況下にあって，教育機関としての学校の特性や教員の職務活動の特殊性を根拠として，伝統的な学校監督概念や学校営造物理論および教員の官吏法上の地位の修正を指向して主張されたのが，いわゆる「教員の教育上の自由」および「学校の教育自治」（Die pädagogische Selbstverwaltung der Schule）の法理である。この法理を構築しその立法化を強力に唱導したのは，ドイツ学校法学の権威 H.ヘッケルであった。

　ヘッケルはまず1956年の論文「学校法の今日的状況と将来の課題」において，「今日の学校政策の特徴を簡潔に表現する言葉の一つは，自律的な教育施設としてではなく，第1次的に最下級行政機関として把握されている学校たる『管理された学校』である。教育とはなじまない官僚主義の危険が学校を外部からだけではなく，内部からも脅かしている」と指弾し，この現状を打開する方途として，次の点を提言した。

　すなわち，学校監督に対する学校・教員の法的地位を明確化すること，および教育権者の参加によって「学校の民主化」をはかることがそれである。そして特に前者について「学校には一定程度の真の自治（ein bestimmtes Maß echter Selbstverwaltung）を，教員には明確に規定された教授・教育の自由を，教員会議には必要な権限と責任を保障するのが将来の学校立法の課題である」と力説したのであった[28]。

　1957年以降も主著「学校法学」（Schulrechtskunde, 1 Aufl.・1957年）をはじめこれに関する多くの論稿を著し，下記のように主張すると同時に，著書「ドイツの学校の基本規程」（1958年）において，この法理の立法案を具体的に提示したのであった[29]。

---

(26)　H.Becker, Die verwaltete Schule, In:Merkur（1954），S.1155ff.
　　　ders., Quantität und Qualität−Grundfragen der Bildungspolitik, 1968, S.147ff.

(27)　H.Rumpf, Die Missere der höheren Schule, 1966, S.27.

(28)　H.Heckel, Heutiger Stand und künftige Aufgaben des Schulrechts, In:DÖV（1956），S. 589.

第Ⅴ部　第1章　「学校の自律性」の法的構造

「教員は自分自身が自由である場合にだけ，自由への教育（Erziehung zur Freiheit）を行うことができる。したがって，学校法は学校教育の本質と意義にそくした教育上の自由を保障しなければならない[30]」。

「学校における教育活動は教員会議，校長，教員が責任をもって行い，教育行政当局は緊急の必要がある場合にだけ，それらの教育上の自由を制限しうるとの法律上の明記が必要である[31]」。

「学校は親と教員によって協同で自主的に管理され（genossenschaftlich selbst verwaltet），かつその諸条件は自由な運用に委ねられるべきである[32]」。

またF.ペーゲラーも，学校は教育に内在する教育専門的独自性にもとづいて運営されるべきであると述べ，「管理された学校」（verwaltete Schule）から「教育的な学校」（pädagogische Schule）への変革の必要性を強く説いた[33]。

さて以上のような提言は，1920年代における「学校の自治」獲得の歴史的成果を背景としつつ，1950代後半から法制化を見ることになる。

すなわち，1956年，ハンブルク州学校行政法が「学校における自治は教員会議と校長によって担われる」（1条2項）と明記したのを嚆矢として，1960年代末までに7つの州学校法が「教員の教育上の自由」ないし「学校の教育自治」を保障するまで至ったのである。このうち法構成的にもっとも整備され，かつその後の各州における学校法制改革に多大な影響を与えたヘッセン州学校行政法（1961年）は「学校の教育上の自己責任」（Pädagogische Eigenverantwortung der Schule）と銘打って，次のように書いた[34]。

「学校監督庁の権限および学校設置主体の行政上の権限を妨げることなく，学校は法規定の範囲内で，その教育事項を教員会議と校長によって自ら規律す

---

(29)　ders., Eine Grundordnung der deutschen Schule, 1958, S.49ff.

(30)　ders., Schulrechtskunde, 1 Aufl.1957, S.168..

(31)　ders., Pädagogische Freiheit und Gehorsamspflicht des Lehrers, In:ZBR（1957），S.221.

(32)　ders., Gegenwartsprobleme des Schulrechts und der Schulverwaltung, In: DVBl.（1957），S.484.

(33)　F.Päggeler, Der pädagogische Fortschritt und die verwaltete Schule, 1960, S.11.

(34)　これは，ヘッケルが「ドイツの学校の基本規程」で提示した立法案をほぼそのまま採用したものである。当時，ヘッケルはヘッセン州文部省に奉職していた。この法律について詳しくは参照：H.Heckel, Das neue Schulverwaltungsgesetz in Hessen, In:RWS（1961），S.289ff.　M.Stock, Pädagogische Freiheit und Politischer Auftrag der Schule, 1971, S.25ff.　なおヘッケルによれば，このヘッセン州学校行政法は上記ハンブルク州法の影響を強く受けて制定されたものである（ders.a.a.O.S.291）。

る」（45条1項）。

「教員は法律，学校監督庁の命令および教員会議の決定の範囲内で，その固有責任において（in eigener Verantwortung）教授し教育を行う。教員の教育上の自由は，ただ必要な場合に限り制限されうる」（52条2項）。

なお，これらの法理に関する学校法律上の明示的保障を欠く州においても，教授・教材規程等で教員の教育上の形成権を保障しており，したがって，上記法理は当然のものとして承認されているとされた[35]。

3 国家の学校監督概念の再構成

国家に全学校制度に対する無制限な規定権力を帰属せしめる伝統的な学校監督概念は，「絶対主義国家の全権」（Allmacht des absoluten Staates）の思想と強く結合しており，したがって，それは自由で民主的な社会的法治国家を標榜するドイツ基本法下においては，否定ないし修正される必然性を伴っていた。

すなわち，第1に，「教育行政における法治主義の原則」（20条3項）が確立されたことによって，法律から自由な学校監督庁の一般的規範定立権はもはや認容される余地はない。

第2に，基本法は国家の学校教育独占を排して「教育における地方自治」（28条2項），「私立学校の自由」（7条4項），「親の教育権」（6条2項）および子どもの「自己の人格を自由に発達させる権利」（2条1項）を保障し，さらには上述のように「教員の教育上の自由」と「学校の教育自治」も法的確立を見たことによって，国家の学校監督権もこれらの諸自由・諸権限との法的緊張で「制約された権力」（begrenzte Gewalt）たらざるをえない。

こうして伝統的な国家の学校監督概念は，その歴史的な特殊性は考慮されながらも，基本法制に即して再構成されることになる。それをヘッケルの所論に代表させて端的に概括すると，以下のようである[36]。

「基本法7条1項は学校が国家の影響領域に編入されるという原則から出発しており，そこにいう国家の学校監督とは学校に関する国家の権利・義務の包摂概念である。それは内容的には，二つの権能に大別される。

一つは，学校制度に関する国家の一般的形成権・規律権（allgemeine Gestaltungs-und Normierungsrecht）で，これがいわゆる「教育主権」（Schulhoheit）

---

(35)　H.Heckel, Schulrecht und Schulpolitik, 1967, S.195.

(36)　ders., Schulrechtskunde, 5 Aufl.1976, S.158ff. usw.

第Ⅴ部　第1章　「学校の自律性」の法的構造

と称されるものである。具体的には，中央段階での教育制度に関する組織計画，教育目的や基本的な教育内容の確定，学校の組織編制や教員の資格・法的地位，就学義務，学校設置基準等の確定などである。これらは国家の主権作用の一環として，国民代表議会ないし政府の権能に属する。

　二つは，法的に固有な意味での監督で，これは教育活動に対する「専門監督」（Fachaufsicht），教員に対する「勤務監督」（Dienstaufsicht），および国家以外の学校設置主体の学校行政活動に対する「法監督」（Rechtsaufsicht）からなる。これらの監督権は，法律の定めるところにより，教育行政機関がこれを行使する。そして以上のような国家的諸権能の法的実質や具体的内容および強度は，上述の諸教育主体・学習主体の権利や自由との法的緊張において，個別かつ具体的に確定されなければならない」。

第3節　ドイツ教育審議会の「学校の自治」・「学校参加」強化勧告と1970年代の学校法制改革

1　ドイツ教育審議会の「学校の自治」・「学校参加」強化勧告

　ドイツ教育審議会（Deutscher Bildungsrat）は1970年に「教育制度のための構造計画」，1973年に「教育制度における組織および管理の改革－強化された学校の自律性（Verstärkte Selbständigkeit der Schule）と教員，生徒および親の参加－」，また1974年には「実践的なカリキュラム開発の促進」なる勧告を行った[37]。これらの勧告は1970年代前半からの各州における学校法制改革の重要な契機をなしたものであり，その果たした役割は高く評価されよう。以下に，本稿の射程内の勧告内容について，その基本的テーゼと学校組織構造法上の原則を端的に概括しておこう[38]。

---

(37)　Deutscher Bildungsrat, Strukturplan für das Bildungswesen, 1970, S.253ff. ders. Zur Reform von Organisation und Verwaltung im Bildungswesen--Teil Ⅰ, Verstärkte Selbststständigkeit der Schule und Partizipation der Lehrer, Schüler und Eltern, 1973.S, A-21, usw. ders., Zur Förderung praxisnaher Curriculum-Entwicklung, 1974.
　なお先に触れた H.ベッカーはドイツ教育審議会の中心的なメンバーで，当時，マックス・プランク教育研究所（ベルリン）の所長の任にあった。

第3節　ドイツ教育審議会の「学校の自治」・「学校参加」強化勧告と1970年代の学校法制改革

1−1　基本的テーゼ ── 「自律化」（Autonomisierung）と「参加」（Partizipation）

「強化された学校の自律性」と「参加」は不可分な関係にある。前者は，国による枠組の範囲内で個々の学校に決定権を委譲することを意味するが，その目的は，教育制度における集権と分権，統一性と多様性という問題を，議会制民主主義に係留された学校に実質的な決定権を保障することによって，解決しようとするところにある。

「参加」とは，学校の審議・決定過程への教員・親・生徒の制度化された関与をいう。この概念は，学校におけるコンフリクトの調整と合意形成に資するコミュニケーション・決定過程を創出することによって，権限と当事者性，正当性と利益代表，責任と決定という問題を解決することを目指している。

固有責任の委譲と参加は組織改革の不可欠な構成要素である。「強化された自律性を伴わない参加」は，学校内部の複雑で形式的かつ無権限な意思形成をもたらすにすぎない。「参加を伴わない強化された自律性」は，学校の内部構造を管理的な命令関係に転化させてしまう。強化された自律性と参加が構造的に連関して始めて，新たな学校像に見合う活動形態と意思決定構造が創造される。その際，参加の重点は学校の中心的な任務，つまり，学習過程の組織に係わる領域に置かれなければならない。

1−2　基本的テーゼの根拠

〈1〉学校のような複雑な社会制度は中央によって集権的に管理運営することはできない。常に変化する学校の現実に即応するためには，学校は自らが弾力的かつ状況適合的（situationsgerecht）に活動し，決定できる状態に置かれなくてはならない。

〈2〉学校の重要な任務は学習過程の組織化にある。教員と生徒との間の教育活動や相互作用の形態が変革された場合にだけ，改革を語ることができる。文部省による伝統的な官治に代えて，専門的な計画上の権威が必要であり，

---

(38)　K.Nevermann, Reform der Schulverfassung, In:RdJB（1975），S.200ff. ders., Grundzüge des Schulverfassungsrechts, In:ders./I.Richter,（Hrsg.），Rechte der Lehrer, Rechte der Schüler, Rechte der Eltern, 1977, S.173ff.. I.Richter, Schule, Schulverfassung und Demokratie, In:RdJB（1987），S.254ff. M.Stock, Schulverfassungsreform-Demokratisierung der Schule?, In:ZfPäd.（1973），S.1001ff.　E.Stein/M.Roell, Handbuch des Schulrechts, 1992, S.58ff.

第V部　第1章　「学校の自律性」の法的構造

教員は教育行政に対して第1次的な当事者たる地位に立たなくてはならない。

〈3〉学習過程は外部から統御されてはならない。学習は教育者と学習者それぞれの努力，学習目的との個人的な一体化，内的な動機づけを要請する。

〈4〉議会による意思形成は必然的に一般化されざるをえず，社会の部分領域からの各種の要求を反映することには限界がある。議会制民主主義の限界を参加民主主義（partizipatorische Demokratie）によって補充することが，教育制度においてはとりわけ重要である。自己決定のような民主的な教育目的は，他律的な組織形態によっては本質的に実現することはできない。

1-3　教育行政・学校組織構造法上の原則 —— 下部への権限分散による学校の実質的自治の保障

下部への権限分散（Konpetenzverlagerungen nach unten）によって，その固有責任領域における学校の実質的自治を保障すべきである。

すなわち，教育制度の質・統一・調和を確保するための中央段階での計画および法規定の範囲内で，学校がその事項を自律的かつ自己責任的に（autonom und selbstverantwortlich）決定できるようにしなければならない。国家の学校監督権は大幅に縮減され，その任務は枠組規程の維持に限局されるべきであろう。しかも枠組規程の範囲内では，学校監督庁と学校とは協同関係（Kooperationsverhältnis）にあるべきで，したがって，国家の学校監督権は本質的には指導助言権であることが要請される。

他方，学校ないしその機関に教育政策立案・決定過程への参加権を制度的に保障する必要がある。

〈1〉専門監督の縮減による「保障された自律性」

当事者に実質的な活動・決定領域が保障されなければ，参加型モデルは無意味かつ無目的なものとなる。したがって，国の教育行政と学校との関係，すなわち，個々の学校の自律性の程度が決定的に重要となる。今日の学校監督庁の包括的な命令権が，枠組規程（Rahmenrichtlinien）の制定とそのコントロール，つまりは法監督に縮減されて始めて，「保障された学校の自律性」が語られうることになる。

第3節　ドイツ教育審議会の「学校の自治」・「学校参加」強化勧告と1970年代の学校法制改革

〈2〉カリキュラム編成における学校の自律性

　学校の日常は会議活動ではなく，教育活動とその計画・実施である。教育活動の目標・内容・方法および成果のコントロールが学校の内部で自ら決定することができて始めて，学校の自律性が語られうることになる。プラグマティックなカリキュラム開発と伝統的な教授計画の枠組規定への縮減が必要である。

〈3〉教員参加と校長権限の強化

　「社会化された教育施設」としての学校における自律的な意思決定過程は，基本的には専門家である教員によって担われなければならない。学校会議における教員・親・生徒三者同数代表（Drittelparität）の要求に与することはできない。この要求は，企業における労使共同決定制と経済民主主義に関する論議を曲解したものである。学校における人的グループは客観的利益を代表するものではなく，様々な要求を擁し多様な世界観に依拠している。学校会議の構成においては，教員に安定多数が保障されなくてはならない。

　校長は学校監督庁や学校設置者との関係において，および学校内部の意思形成において，影響力を行使し責任を負いうる地位に立たなければならない。こうして校長には組織・財務・人事上の課題を自ら解決できるように，教育行政職員としての資質も求められることになる。併せて校長の学校管理運営上の権限が強化される必要がある。

〈4〉学校との広範なコンタクトとしての親の参加

　親の参加を拡大し強化する必要がある。親の協力があってこそ，学校はその任務をよりよく遂行できるからである。このため親と学校との協同を制度化する必要があるが，それは第1次的には，学校ないし州段階での組織化された親の代表制の問題ではない。親と教員との緊密なコンタクトを，広範な基盤の上に構築することこそが重要である。

〈5〉授業に関わっての生徒参加

　生徒の参加はマージナルな援助機能に限定されてはならず，学校の中心的な任務である学習過程の組織にまで及ばなくてはならない。その制度形態としては，授業計画フォーラム（Unterrichtsplanungsforum），授業批判（Unterrichtskritik），選択教科・学校行事・部活動の創設計画に際しての生徒へ

第Ⅴ部　第1章　「学校の自律性」の法的構造

の留保などが挙げられる。

2　1970 年代の学校法制改革

　上述のようなドイツ教育審議会の勧告を直接の契機として，1973 年のハンブルク州における学校組織構造法〈Schulverfassungsgesetz〉の制定を皮切りに，1970 年代，旧西ドイツ各州ではかなり大幅な学校組織構造法制改革が敢行された。

　その結果，たとえば，上記ハンブルクとベルリン（1974 年）の学校組織構造法，ザールラント州の学校共同決定法〈Schulmitbestimmungsgesetz・1975 年〉やノルトライン・ウエストファーレン州の学校参加法〈Schulmitwirkungsgesetz・1977 年〉などの改革立法の名称が端的に示しているように，国の学校監督権との関係で学校の自律的権限が拡大・強化されるとともに，教員会議・学校会議・父母協議会・生徒代表制組織などの各種会議権や教育行政・学校経営への参加権は総体としてはそうとう強化・補強された。

　法制改革後，この時期の学校法制状況を上述したドイツ教育審議会の勧告内容に即して概括すると，以下のようである[38]。

2 - 1　専門監督の縮減と「学校の自律性」

　たとえば，上記ハンブルク州学校組織構造法は改めて「学校は教員，親，生徒の協同によって条件づけられた，特別な自律性を擁する社会制度である」と確認したうえで，「学校の自治」を法定し（1 条），またラインラント・プファルツ州学校法（1974 年）は「学校の自治」（Schulische Selbstverwaltung）と題して，こう明記した（18 条）。「学校は，この法律の基準に従って，自らその事項を計画し，決定し，実施する権利を有し義務を負う」。

　さらにニーダーザクセン州学校法（1974 年）は「専門監督の制限」と銘打って，以下のように書いた（101 条）。「学校監督庁は，専門監督の範囲内で，学校における教育上の評価および決定を，ただ次の場合に限り，取り消しないしは変更することができる。すなわち，①法律ないしは行政規則に抵触している場合，②不当な前提もしくは事項外的考量から出発している場合，③一般的に承認された教育上の原則あるいは評価基準に抵触している場合，がそれである」。

378

第3節　ドイツ教育審議会の「学校の自治」・「学校参加」強化勧告と1970年代の学校法制改革

2－2　教育課程の編成と「学校の自律性」

たとえば，ザールラント州学校共同決定法（66条）やニーダーザクセン州学校法（100条）がその例であるが，ほとんどの州学校法で学習指導要領の枠組規程性（Rahmencharakter）が確認され，明記された。

くわえて，教育課程編成過程への教員・親・生徒の各種の参加権が法認された。学校における教育課程編成に際しての親や生徒に対する聴聞権の保障（ハンブルク学校組織構造法47条など），州段階での州父母協議会（Landeselternbeirat）や州生徒代表制（Landesshülervertretung）に対する聴聞権や提議権の保障（バーデン・ビュルテンベルク州学校法〈1976年・60条〉など），さらには州父母協議会に対する共同決定権の保障（ラインラント・プファルツ州学校法37条）などが，その規定例である。

2－3　教員参加と校長権限の強化

教員・親・生徒代表からなる学校会議の構成比に関し[39]，ドイツ教育審議会の勧告とは異なり，ベルリン，ハンブルク，ラインラント・プファルツおよびバイエルンの4州においては三者同数代表制が採用され（ベルリン州学校組織構造法51条など），またニーダーザクセン州では教員と生徒の二者同数代表制（Halbparität）が採られるに至った（ニーダーザクセン州学校法27条）。

しかし学校会議の権限は概ね控え目で，学校規程の制定，学校内のコンフリクトの調整，教育行政機関に対する若干の聴聞権の保障などに限定され，学校の意思決定においては教員が中核的な担い手であるべきだとする，いわゆる「教員による学校」像（Lehrerschule）が，学校組織・権限関係上，原理的に維持された。ただハンブルク州においては三者同数代表制学校会議の校長任用過程への参加権が明記された（組織構造法9条）。

つぎに校長と教員会議の権限関係については，大きく二様の規律モデルが見られるに至った。一つは，学校経営権は原則として教員会議に属し，学校法に

---

(39)　ドイツの学校法制史上，いうところの学校会議について最初に規定したのは，1960年代末の学生・生徒による「教育の民主化」要求を背景に制定されたブレーメン州の協同委員会に関する命令〈Erlaß über Gemeinsame Ausschüsse v. 10. 9. 1969〉である。ここにいう協同委員会は「学校の自治」を担うべく教員全体会議，父母協議会，生徒代表制にくわえて，これらの組織の機能的な統合機関として構想されたもので，教員・親・生徒代表の三者同数代表制を採っていた。ただこの場合，教員全体会議は3分の2の多数決によって，協同委員会の決定を廃棄できるとされていた（L.R.Reuter, Partizipation als Prinzip demokratischer Schulverfassung, In:Aus Politik und Zeitgeschichte, 1975, S.21）。

第Ⅴ部　第1章　「学校の自律性」の法的構造

よって特別に授権された場合に限り，校長もこの面での権限を有するという法制度であり，他は，その逆の権限関係法制である。

前者の範例としては，ニーダーザクセン州が挙げられる。すなわち，同州学校法によれば「教員全体会議はすべての本質的な事項（alle wesentlichen Angelegenheiten）について決定権を有する」とされ，しかもその権限事項は，たとえば，重要な教育問題や教育計画の策定など，25項目にも及んでいる（23条）。学校経営上のほとんどすべての重要事項が網羅されていると言ってよい。

これに対して校長は，教員全体会議を準備し，その議長を務め，会議の決定を実施するにすぎない（30条）。ノルトライン・ウエストファーレン，ヘッセン，ブレーメンなどの諸州もこのモデルに近い。

他方，後者の規定例の典型はバイエルン州であり，そこでは「校長は秩序ある学校経営と教育活動に対して，および教員と共同で生徒の教育に対して責任を負う」（一般学校規程42条2項）と法定されている。学校経営権は基本的に校長の単独権限に属するとされているのである。

かくして，教員会議は会議権は享有するものの，校長との関係では，その議決は単に勧告の意味しかもたない（45条2項）。バーデン・ビュルテンベルク州やハンブルク州もこのモデルの流れに位置している。

2-4　親の学校教育参加の拡大・強化

1972年，ドイツ連邦憲法裁判所の「促進段階判決」〈Förderstufenurteil v. 6. 12. 1972〉において，「子どもの人格の形成を目的とする親と学校の共通の教育課題は両教育主体の意義ある協同（sinnvolles Zusammenwirken）を要請する。すでに教育的な理由から，教員はその教育活動を親の中核的な観念や見解を無視しては，ないしそれに反しては行うことはできない」と判示されたこととも相俟って[40]，ほとんどの州で学校教育における親の参加権が拡大・強化された。

とくにベルリンとザールラントの2州においてその傾向がより強く，両州では，たとえば，授業の計画と形成および成績評価基準についての教員の親に対する報告義務（Informationspflicht）が明記され，また親に対して授業参観権（Recht auf Unterrichtsbesuch）が保障された。さらには親は授業計画の作成に参加する権利を有するとされ，授業計画に関し，親に提案し発言する機会が与

---

(40)　BVerfG. Urt. v. 6. 12. 1972, In:RdJB（1973）, S.175ff.

380

第3節　ドイツ教育審議会の「学校の自治」・「学校参加」強化勧告と1970年代の学校法制改革

えられなければならないとも法定された（ベルリン州学校組織構造法40条1項，ザールラント州学校共同決定法36条など）。

　ニーダーザクセン州とバーデン・ビュルテンベルク州においても，学校法制上，授業の計画・内容・形成に関する教員の親に対する説明義務が明記された（ニーダーザクセン州学校法77条，バーデン・ビュルテンベルク州学校法56条）。

　くわえて，すべての州学校法が「親の夕べ」（Elternabend）を制度化するとともに，学校父母協議会の各種の学校経営参加権を法認した（ハンブルク州学校組織構造法29条など）。さらにバイエルン州を除くすべての州で，州レベルでの親の教育行政参加＝州父母協議会が法制化を見るに至った。ただその権限は，ヘッセン州を例外として，概ね聴聞権と知る権利に限定されていた。

　ちなみに，ヘッセン州では1958年以来，教育権者の参加および州父母協議会に関する法律」〈Gesetz über Mitbestimmung der Erziehungsberechtigten und des Landeselternbeirats v. 13. Nov. 1958〉の定めるところにより，学校教育目標に関する一般的な規程の定立など5領域については，州父母協議会に共同決定権（Mitentscheidungsrecht）が保障されるところとなっている。

2－5　授業の計画・形成と生徒参加

　ドイツ教育審議会が勧告した授業に関わっての上記三様の生徒参加制度を，全的に採用した州は存しなかったものの，ベルリンとザールラントの2州においては，この領域における生徒の知る権利と提案権を確認して，学校法制上，つぎのように明記された。

　「生徒は，その年齢に応じて，授業計画について教員から説明をうけ，また現行規定の範囲内で授業や学校行事の形成に参加することができる。教材の選択，授業における重点や個々のテーマの設定，特別な授業形態の採用などに関しては，生徒にこれについて提案したり発言する機会が与えられなければならない。

　生徒の提案が考慮されない場合は，その理由が説明されなくてはならない」（ベルリン州学校組織構造法26条，同旨・ザールラント州学校共同決定法21条）。

　くわえて，ベルリン州学校組織構造法は「授業におけるコースの設定やクラブ活動（Arbeits-und Interessengemeinschaft）の創設に当たっては，関係生徒は事前に聴聞をうけ，学校の教育計画や組織的な可能性を留保して，その提案は努めて考慮されなければならない」（27条）と規定するに至った。

　またニーダーザクセン州でも学校法上，下記のような条項が新設された。

第Ⅴ部　第1章　「学校の自律性」の法的構造

「授業の計画・内容・形成については，クラスの生徒に説明されなくてはならない。生徒協議会（Schülerrat）は，学校の組織や成績評価に関する基本的な決定がなされる前に，校長ないしは教員会議による聴聞を要求することができる」（同州学校法61条3項）。

「校長および教員は，生徒協議会や個々の生徒に対して，必要な情報を提供しなければならない」（同条4項）。

第4節　現行学校法制と「学校の自律性」

1　学校の法的地位・性格と「学校の自律性」

1990年代以降，学校の拡大・強化された自主的決定権ないし固有責任は講学上，しばしば「学校の自律性」（Schulautonomie）という基本的な標語で表徴されている。「学校の自律性」と銘打った教育行政・学校経営関係の書物や論文は枚挙に暇がない[41]。

しかし「学校の自律性」という概念は法学的には妥当ではない。「自律性」（Autonomie）とは行政法学上「許容された自治の範囲内において，自らの事項を法規範（定款）を制定することによって自ら規律できる，公法上の法人（juristische Personen des öffentlichen Rechts）に法律上授権された権限」を意味するからである[42]。

この点，基本法5条3項＝「芸術および学問，研究および教授は自由である」によって憲法上，制度的な保障をうけている「大学の自律性」（Hochschulautonomie）とは法的実質を大きく異にしている。現行法制上，国（州）立大学は公法上の団体・公法人であり，同時に自治権を享有する州の施設として位置づけられているが，その有する自治権・自律権には，法規範の制定権や基本的な秩序維持権だけではなく，研究や教育と直接係わるあらゆる管理運営上の措置を，その機関によって，「その固有責任において命令から自由に」（eigenverantwortlich weisungsfrei）決定する権限が含まれているからである。敷衍すると，いうところの「大学の自律性」には，その憲法上の保障内容として，「法規範制定上の自律性」（Satzungsautonomie）に加えて，「管理運営上の自律性」

---

(41)　さしあたり，P. Daschner/H. G. Rolff/T. Stryck（Hrsg.），Schulautonomie – Chancen und Grenzen, 1995.

(42)　H. Avenarius, Recht von A – Z, 1990, S. 66.

382

第4節　現行学校法制と「学校の自律性」

（Verwaltungsautonomie）も包含されているということである[43]。

　法的な意味での「学校の自律性」について語りうるためには，その基本的な要件として，学校が法制上，固有の権利能力を有し，くわえて，学校に対する国家の学校監督は「法監督」だけに限局される必要がある[44]。しかし基本法7条1項の定めるところにより，学校は国家の監督，なかでも学校監督庁による「専門監督」に服しており，専門監督から自由な学校の自己決定権は現行法制上認容されてはいない。「学校の自律性」や「学校の自治」という概念に代えて，「学校の自己形成」（schulische Selbstgestaltung）という概念が法的概念として提案される所以である[45]。

　公立学校の法的地位・性格については，たとえば，バーデン・ビュルテンベルク州学校法が「公立学校は権利能力を有さない公の施設（営造物）である。公立学校は公法上の法律関係（学校関係）の範囲内で，その任務を遂行する」と規定しているように（23条1項），現行法制上すべての州において，公立学校は従前どおり，州または地方自治体の「非独立的・権利能力を有さない公の施設（営造物）」（unselbständige, nichtrechtsfähige öffentliche Anstalten）として位置づけられている〈州・地方自治体の非独立的・権利能力を有さない公の施設（営造物）としての学校[46]〉。そして行政法学の通説的見解によれば，このような「公の施設（営造物）」については本来「自治」ないし「自律性」は語られる余地はない[47]。

　こうして，現行の各州学校法も「Shulautonomie」という用語ではなく，「schulische Selbstverwaltung」（学校の自治），「Eigenständigkeit」（独自性），「Selbständigkeit」（自主性），「Eigenverantwortung」（固有責任），「Selbstverantwortung」（自己責任）などのタームを使用しているところである。いうところの「学校の自律性」という概念は，実定法上の法学的概念ではなく，19

---

(43)　F.L.Knemeyer, Hochschulautonomie/Hochschulselbstverwaltung, in, C.Flämig u.a. (Hrsg.), Handbuch des Wissenschfts Bd.1, 1996, S. 247ff.

(44)　J.Rux/N.Niehues, Schulrecht, 5 Aufl., 2013, S.262～S.265.

(45)　F.Hufen, Verfassungsrechtliche Möglichkeiten und Grenzen schulischer Selbstgestaltung, in, F.R.Jach/S.Jenkner（Hrsg.), Autonomie der staatlichen Schule und freies Schulwesen, 1998, S.64.

(46)　ただハンブルクとシュレスヴィヒ・ホルシュタインの2州においては，職業学校についてだけは定款ないし公法上の契約により，公法上の権利能力を有する施設として設置できることになっている（ハンブルク州学校法85a条など）。

(47)　H.U.Erichsen/W.Martens（Hrsg.), Allgemeines Verwaltungsrecht, 1988, S.648.

第Ⅴ部 第1章 「学校の自律性」の法的構造

世紀中葉以降における「教育の自律性」確保を旨とした思想や理論に連なる，すぐれて教育学（教育思想）的な概念であるということを，ここで確認しておく必要があろう。

ところで，このような伝統的な学校の法的位置づけに対しては，とりわけ1990年代半ば以降における「学校の自律性」強化動向の中で，これを批判し，学校にも一定の範囲内で法律上の権利能力を付与し，学校を法的にも自律的な教育施設として位置づけるべきであるとする有力な見解が見られることになる。

その代表が，1995年に公表されたノルトライン・ウエストファーレン州の教育審議会報告書『教育の未来－未来の学校』である。同報告書は学校を現行法制におけるような非独立的・権利能力のない営造物ではなく，一定の範囲において，相当程度拡大された形成権を有する「部分的に自律的な学校」(teilautonome Schule）として法的に位置づける必要があると提言したのであるが，その要点をここでの論点に引きつけて摘記すると，下記のようである[48]。

① 指導的理念は，学校は国家による枠組規定の範囲内で明確に拡大された形成権を有する，「部分的に自律的な学校」でなくてならないということである。

② 学校は「部分的に自律的な学校」として，以下の領域において拡大された形成権を保障されなくてはならない。（ a ）教育の目的・内容，（ b ）学校の組織編制，（ c ）教員人事，（ d ）学校財務，（ e ）教育計画・評価・報告，（ f ）学校経営，（ g ）学校参加，（ h ）学校評議会。

③ 個々の学校は一つの活動単位として承認され，促進されるべきであり，その権利・責任領域は法的に保障されなくてはならない。とくに教育の領域においては広範な形成の自由（Gestaltungsfreiheit）が保障されるべきである。

④ 「教育上の自由」(pädagogische Freiheit）は活動単位としての学校にもまた当然に妥当すべきものである。ただこの自由は，学校に組織・人事・財務上

---

(48) Bildungskommision Nordrhein-Westfalen, Zukunft der Bildung－Schule der Zukunft, 1995, S.159. S.161～S.170.
　　なお KMK の学校法部会も 1996 年に「公立学校の広範な自律性に関する法律問題」と題する中間報告を公にし，学校の自律性を相応に強化する必要があると説いたが，しかしそれは学校の主体的な法的自律性の強化を促したものではなく，あくまで国家の客観法上の自律性尊重義務の文脈で言及したものであった（KMK, Unterausschuss Schulrecht, Rechtsfragen zur größeren Selbständigkeit der öffentlichen Schulen v. 24. 9. 1996, zit.aus K.Hanßen, Modelle denkbarer Rechtsformen für Schulen－Schule als Verein, in:ZBV (2004), S.101.

第4節　現行学校法制と「学校の自律性」

の決定権限が委任された場合にだけ実効を伴うことになる。

　一方，学説においても，上記教育審議会の提言に呼応するかのように，「教員の教育上の自由」に関する本格的な学校法学的研究で知られるM.シュトックは，教員会議によって担われる教員の教育上の自由の総体としての「学校の自由」（Schulfreiheit）は職務法的側面と組織法的側面を有し，この両面が相俟って伝統的な学校営造物理論を修正し，学校を「部分的に権利能力を有する公の営造物」（teilrechtsfähige öffentliche Anstalt）たらしめる，との解釈見解を提示するところとなっている[49]。

　また指導的な学校法学者I.リヒターも，1970年代初頭以降すべての州で学校法制上確立している「参加型の学校組織構造」（partizpatorische Schulverfassung）は，学校組織・権限関係上，伝統的な学校営造物理論を修正し，学校を法的な意味での自律的な公法上の団体へと発展させる可能性を擁しているとの認識を示している[50]。

　そしてここで刮目に値するのは，上記のような見解は同じくドイツ法系のオーストリアにおいては，既に現行法制上に現実化を見ているという事実である。

　すなわち，オーストリアにあっては公立学校は学校組織法（1996年）によって「部分的な権利能力」（Teilrechtsfähigkeit）を付与されており，こうして学校は，下記の事項を自己の名前で遂行する権限を保障されるところとなっている[51]。（ a ）無償の法律行為によって，財産と権利を取得すること，（ b ）学校の教育責務の範囲内において，独自の教育活動を展開すること，（ c ）学校の任務を遂行するための必要な人材を確保するために，労働契約を締結すること，

---

(49)　M.Stock, Auf dem Weg zur :teilautonomen:Schule?, Bemerkungen zur Reformdiskussion in Nordrhein － Westfalen, In:RdJB（1997）, S.372ff.

　　　ders. Auf dem mühsamen Weg zur: Selbständigen Schule:－ein Modellversuch in Nordrhein-Westfalen im Zeichen der PISA-Debatte, ,In:RdJB（2002）, S.468ff.

(50)　I.Richter, Schule, Schulverfassung und Demokratie, In, RdJB（1987）, S.255.

　　　なお2004年3月25日に「権利能力と国家による監督の間の未来の学校」をテーマに開催されたドイツ教育行政学会において，4人の提案者は今後における学校の法的形態として，それぞれ下記のような形態を提示している。公法上の権利能力を有する営造物としての学校，公法上の財団としての学校，有限会社としての学校，社団としての学校，がそれである。詳しくは参照：J.Lund, Die Schule der Zukunft zwischen Rechtsfähigkeit und Staatlicher Aufsicht, In, RdJB（2004）, S.263ff.

(51)　K.Hanßen, a.a.O., S.108～S.109.

385

第Ⅴ部　第1章　「学校の自律性」の法的構造

（d）学校が取得した財産と権利を，学校の任務遂行のために自らの判断で活用し行使すること，がそれである。

　なお付言すると，オランダにおいても1985年の基礎学校法などにおいて「学校の教育上の自律性と自己責任の原則」が明記され，これに対応する形で学校法制上，学校は権利能力を有し，固有の法人格（eigene Rechtspersönlichkeit）をもつとされるに至っている[52]。

2　各州学校法による「学校の自律性」の保障

　既述したように，ドイツにおいては1973年のドイツ教育審議会の勧告をうけて，1970年代，旧西ドイツ各州ではかなり大幅な学校組織構造法制改革が敢行され，その結果，国家の学校監督権との関係で学校の自律的権限は拡大・強化されるとともに，学校会議，教員会議，父母協議会，生徒代表制組織などの各種会議権や教育行政・学校経営への参加権は総体としてはそうとう強化・補強された。

　その後，1990年代に入って，ブレーメン，ハンブルクおよびヘッセンの3州に端を発したいわゆる「学校の自律性」をめぐる問題が学校法政策上の重要なテーマとして浮上した。既述した通り，「Schulautonomie」というターム自体は法学上の概念としては妥当性を欠くが，要するに，いうところの自律性論の目ざすところは「個々の学校の責任の拡大ないし自主性の強化」（Erweiterung der Verantwortung bzw. Veratärkung der Selbständigkeit der Einzelschule）という点にあった[53]。

　具体的には，旧来の国家の学校監督権や学校設置者の教育行政権限を縮減し，とくに教育課程編成と教育活動，教職員人事および学校財務の面において，個々の学校の権限と責任をよりいっそう強化する必要がある，と唱えられた[54]。

　そして，こうした学校の自律性論に呼応するかのように，1990年代半ばから後半にかけて，ブランデンブルク，ブレーメン，ハンブルク，ヘッセンなど8州で「学校の自律性の強化」を旨とした学校法制改革が行われ，2000年代

（52）　F.R.Jach, Abschied von der verwalteten Schule, 2002, S.121.

（53）　H.Döbert, Schulen in erweiter Verantwortung – Projekte und Modellversuche in Berlin und Brandenburg, In:RdJB（1997）, S.406.

（54）　さしあたり，K.J.Tillmann, Autonomie für die Schule und ihre Lehrer, In:RdJB（1997）, S.331.

第4節　現行学校法制と「学校の自律性」

初頭にはその他の州もこれに倣った。こうして，今日においては，バイエルン州を除くすべての州で，いわゆる「学校の自律性」は学校法上に明記されるところとなっている[55]。規定例を引くと，たとえば，ハンブルク州学校法は「学校の自治」(Schulische Selbstverwaltung) と銘打って，次のように規定している（50条）。

「教育責務の実現に際して，個々の学校は，この法律によって保障された教育活動および学校生活の自律的形成の可能性を積極的に活用するものとする」（1項）。

「学校は，国家の責任の範囲内において，教育活動およびその内的事項の組織を自律的に計画し，実施する」（2項）。

またヘッセン州学校法は「自治の諸原則」(Grundsätze der Selbstverwaltung) と題して（127a条），まず原理的にこう謳っている。「学校は，国家の責任および法規と行政規則の範囲内において，授業および学校生活の計画と実施，教育およびその固有事項の管理運営において自律的である」（1項）。そして，これをうけて学校の法的性格との関係で次のような定めを置いている。「公立学校は権利能力を有さない公の営造物である。しかし公立学校は一般的ないし個別的な授権にもとづいて，および処分を委ねられた資金の範囲内で……法律行為を行うことができる」（2項）。

さらに次条では「教育上の固有責任」(Pädagogische Eigenverantwortung) の表題で「授業，学校生活および教育活動を自律的に計画し，実施する学校の権限は（127a条 Abs.1），法規や行政規則および学校監督庁の命令によって不必要かつ不適切に狭められてはならない」と規定して（127b条），学校立法機関や学校監督庁に対して学校の自律性尊重義務を課すところとなっている。

なおバイエルン州においては現行法制上，学校の自律性を明記した法令は存在しないが，2002/2003年度以降，文部省は自律的な学校の効果を検証するために，学校種を超えた学校実験として，「MODUS21 − 責任の中の学校」〈モデル事業学校・Modell Unternehmen Schule〉を設置し，今日に至っている[56]。

---

(55)　現行法制上，いわゆる「学校の自律性」を明記している各州の学校法条項は下記の通りである。BE 州学校法 7 条 2 項，BB 州学校法 7 条 1 項，BW 州学校法 23 条 2 項，HB 州学校行政法 22 条 1 項，HH 州学校法 50 条，HE 州学校法 127a 条，MV 州学校法 39a 条，NS 州学校法 32 条 1 項，NW 州学校法 3 条 1 項，RP 州学校法 23 条 1 項，SL 州学校規律法 17 条 2 項，SN 州学校法 1 条 3 項，SA 州学校法 24 条 1 項，SH 州学校法 3 条 1 項，TH 州学校監督法 3 条 2 項。

第Ⅴ部　第1章　「学校の自律性」の法的構造

この実験校にはとくに教育活動，教職員人事および学校内外のパートナーとの協同などの領域で自らの判断で各種の試行を行う権限が認容されており，また学習目標が達成され，生徒が他の学校の生徒と同じ修了資格を獲得できることを保証する限り，学校規程から自由な教育活動を展開することが認められている（バイエルン州教育制度法82条5項）。

3　「学校の自律性」と学校プログラム

　上述のように，今日，ほとんどの州学校法がいわゆる「学校の自律性」を明示的に保障しているのであるが，このコンテクストにおいて格別に重要なのは，1990年代半ば以降の学校法制改革によって，各学校は憲法・学校法上規定された「学校の教育責務」をどのように履行するかについて，学校会議が決定するところにより，それぞれ独自の「学校プログラム」（Schulprogramm）を策定しなければならない，とされるに至っていることである[57]。ちなみに，この点について，たとえば，ベルリン州学校法は次のように書いている（8条1項）。

　「各学校は，学校プログラムを策定するものとする。各学校は学校プログラムにおいて，当該校の教育責務およびそれを実現するための諸原則をいかに遂行するかについて，提示するものとする。その際，各学校は生徒の特別な諸条件や学校の特別なメルクマール，学校周辺の地域状況を適切な方法で，内容的にも教授組織上も考慮しなくてはならない。学校プログラムはどのような目的と指導理念で，教育活動の計画と学校の実践を規定するかについての情報を提供し，かつ学校勤務者の諸活動を調整するものでなくてはならない」。

　問題は，どのような事柄を学校プログラムで定めなければならないかであるが，これについては各州の学校法が具体的に規定しており，州によって然したる違いは見られない。

　たとえば，上記ベルリン州学校法は各学校が学校プログラムで規定しなけれ

---

(56)　H. Avenarius/T. Kimmig/M. Rürup, Die rechtlichen Regelungen der Länder in der Bundesrepublik Deutschland zur erweiterten Selbständigkeit der Schule, 2003, S.18～S.19.

(57)　たとえば，下記の学校法が各学校の学校プログラム策定義務を明記している。BE州学校法8条，BB州学校法7条2項，HB州学校法9条1項，HH州学校法51条，HE州学校法127b条2項，MV州学校法39a条2項，NS州学校法32条2項，NW州学校法3条2項，RP州学校法23条2項，SN州学校法1条3項，SA州学校法24条1項，SH州3条1項。

388

第4節　現行学校法制と「学校の自律性」

ばならない必須事項として，下記の9事項を挙げている（8条2項）。①当該
校の特別な教育目標，重点および授業，教育活動，教育相談，生徒指導の組織
形態，②学習指導要領の当該校に独自な教育活動上の概念への具体化，③教育
上の重点と特別な組織形態の授業計画による現実化，④学校の教育活動の質を
評価し，設定された目標に近づくための評価基準，⑤子どもの教育に対する共
同の責任に関しての，教育権者との協同の目的と特別な形態，⑥学校外の協同
パートナーとの協同の目的，内容，枠組条件，⑦教員と学校協力者との協同形
態，⑧教員の現職研修および組織改善と人事改善のために必要な措置，⑨特別
な教育上の重点のための予算の確保および学校予算による諸活動，がそれであ
る。

　学校プログラムは発効すると，当該校における直接的な関係当事者（校長・
教員・親・生徒）や学校組織に対してはもとより，学校監督庁に対しても拘束
力をもつ。こうして，学校監督庁は学校・校長や教員に対し，学校プログラム
とは異なる命令を発することはできない〈学校の自律的内部規範としての学校
プログラム[58]〉。

　学校プログラムの策定は各学校の法律上の義務に属しているが，ハンブルク
やベルリンなど若干の州にあっては，その策定について学校監督庁の認可が必
要とされている。とは言っても，このような学校プログラムの認可制を採る州
にあっても，学校監督庁が認可を拒否できるのは，当該学校プログラムが，①
法規や行政規則に抵触している場合，②学校の教育責務と相容れない場合，③
学校における教育活動や生徒指導の等価性が保障されえないと見られる場合，
とくに教育課程上求められているスタンダードが確保できないと見られる場合，
に限定されるところとなっている（ベルリン州学校法8条4項など[59]）。

　なお敷衍すると，上述したような学校プログラム法制はドイツの伝統的な学
校法制の構造転換をもたらすものとして，学校法学説によって概ね高い評価を
受けているという事実は重要である。学校法学の権威・H.アベナリウスが

---

(58)　H.Avenarius/H.P.Füssel, a.a.O., S.261.
　　　なおH.アベナリウスは学校プログラムを「各学校の基本法」（Grundgesetz der jewaili-
　　　gen Schule）として位置づけている（H.Avenarius, Schulische Selbstverwaltung-Grenzen
　　　und Möglichkeiten, In:RdJB（1994），S.266.）。
(59)　学校プログラムの目的・機能・課題などについて，詳しくは参照：S.Volkholz, Schul-
　　　programm‐Motor von Schulentwicklung, Chance zur Professionalisierung?, In: RdJB
　　　（2000），S.235ff.

389

第Ⅴ部　第1章　「学校の自律性」の法的構造

1990年代半ば以降に生成を見た学校プログラム法制の意義について，次のように概括しているのは注目されてよい[60]。

「学校プログラムの策定が学校の義務課題とされるに至った。これはドイツにおいてはまったく新たな法制度である。これによって立法者はほぼ200年に亘ってドイツの学校政策，学校行政，学校法制を刻印してきたイデオロギーから最終的に決別したのである。国家が，国家だけが憲法上保障された学校監督権により，学校に対して支配権をもつというイデオロギーである。判例・学説によって長い間支持されてきたこのような見解は，ヒエラルキー的でそれ自体閉鎖的な国家による学校制度を前提としたもので，そこにおいては，最終的には文部省がすべての事項について決定権を有するとされたのであった。

しかし立法者は，生徒や学校，さらには地域の特別な諸条件やメルクマールを考慮した学校プログラムの策定を各学校に義務づけることによって，学校は決して一様ではなく，各様でありうるとの基本的な見解を採っている。立法者は学校の多様性（Vielfalt der Schulen）を積極的に評価し，各学校が多彩な学校景観の中にあって独自の色彩を放つことを期待しているのである」。

4　「学校の自律性」の法的内容
4-1　学校の教育上の自律性と学校監督庁の専門監督
4-1-1　学校監督庁の専門監督

基本法7条1項は「すべての学校制度は国家の監督に服する」と規定しているが，ここにいう「国家の監督」には，その法的内容として，①学校・教員に対する専門監督（Fachaufsicht），②教員その他の教育職員に対する勤務監督（Dienstaufsicht），③学校設置者に対する法監督（Rechtsaufsicht）が包含されている（既述）。このうち，国家の学校監督の第一義的な内容をなしてきているのは，歴史的にも今日においても，学校・教員に対する専門監督である。

専門監督の実際の任に当たるのは学校監督官（Schulaufsichtsbeamte）で，その本務は学校における教育活動の質を確保し促進することにある。具体的には，学校における教育活動に際して，法規や行政規則が遵守されているか，学校の教育活動が専門内容的かつ教授法上の要請に対応しているか等に関して，これ

---

(60)　H.Avenarius/T.Kimmig/M.Rürup, a.a.O., S.90.
　　またF.R.ヤーハも学校の自律性と多様性の確保という観点から，新たな学校プログラム法制を積極的に評価している（F.R.Jach, a.a.O., S.87～S.88.）。

第4節　現行学校法制と「学校の自律性」

を確認し保持することにある。そしてこの目的を達成するために，学校監督庁（学校監督官）は校長や教員に対して職務上の命令を発することができる。

4-1-2　学校監督庁の役割変容

ところで，1990年代半ば以降から2000年代前半にかけての，学校制度における新たな制御政策の実施および学校プログラムや教育スタンダードの制度的導入は，学校監督庁の役割に根本的な変容をもたらした。いわゆる「学校の自律性」の強化・拡大に伴って，学校監督庁の学校に対する規制・介入権は縮減・弱化し，学校監督庁と学校の関係は従来の行政官庁的なヒエラルキーから，指導助言的で協同的な（beratende und kooperativ）関係へと大きく変質した。その背景としては，次のような「学校法上の条理」が広く認識され，確認されるに至ったことが挙げられる[61]。

まず学校教育は本来「教育上の自律」（pädagogische Eigengesetzlichkeit）の下に置かれるべきもので，学校監督庁は学校・教員に対して，他分野の行政庁と同じような規律権は有しえないという教育条理である〈学校教育の特殊性〉。ついで教員に対して具体的な教育状況に即し自己の責任において決定し活動できる自由，つまり「教員の教育上の自由」が法的に保障されて初めて，学校はその教育責務を責任をもって遂行できるという教育条理である〈教員の職務活動の特殊性〉。

現行学校法制も上記のような学校監督観に立ち，学校監督庁の学校・教員に対する規制・介入権を具体的に制限し，併せて学校監督庁に対して，学校の拡大・強化された自律性の尊重義務を課すところとなっている。

たとえば，ニーダーザクセン州学校法は「専門監督」と題して，「専門監督は学校の固有責任（Eigenverantwortlichkeit der Schule）が侵害されないように行使されなくてはならない」（121条1項）と明記しているし，またベルリン州学校法は学校監督庁の学校に対する介入権行使の要件を限定列挙して，次のように定めている（106条3項）。「学校監督庁はその専門監督の範囲内で，教育活動の合法的で専門的に妥当な，もしくは秩序ある遂行のために必要な場合に限り，とりわけ学校監督庁の命令に対する違反ないし教育活動の質において重大な欠陥が認められる場合に限り，個々の学校の教育に介入することができる」。

---

(61)　H.Avenarius/H.P.Füssel, a.a.O., S.184.

第Ⅴ部　第1章　「学校の自律性」の法的構造

　さらにノルトライン・ウエストファーレン州学校法は学校監督の役割変化を
具体的に確認したうえで，学校監督庁に対して，個々の学校の固有責任と校長
の指導責任の尊重義務を課している。こう書いている（86条3項）。「学校監督
は学校の教育活動の質の改善と確保を・・保障するものとする。学校監督はそ
のために学校と教員養成ゼミナールの改善を，とくに組織に対する指導助言と
学校評価措置の促進手続によって，また自らの評価によって支援するものとす
る。学校監督は人事上の改善を促進し，教員養成と現職研修の諸措置を実施す
るものとする。但しその際，学校監督は個々の学校と教員養成ゼミナールの固
有責任および校長とゼミナール責任者の指導責任を尊重しなければならない」。

　4－1－3　学校監督庁による専門監督の範囲と限界
　上述のように，各州の現行学校法制は「学校の自律性」を明記し，学校監督
庁に対してその尊重義務を課しているのであるが，それでは具体的に学校監督
庁はその有する専門監督権にもとづいて，学校の教育活動や教育上の措置・決
定にいかなる範囲で，どの程度まで介入することができるのか。
　この問題について，1981年にドイツ法律家協会が提示した「州学校法案」
は，下記のように書いて[62]，学校監督庁の専門監督権を「合法性のコント
ロール」（Rechtmäßigkeitskontrolle）だけに限定していた（73条）。「国の学校
行政は学校における教育を保障するものとする。この任務を遂行するために，
学校行政庁は校長および教員に対して命令を発することができる。ただし学校
行政庁は教員が法規に抵触した場合に限り，学校の教育活動に介入することが
できる」。
　また学説においても当時，たとえば，K.ネーバーマンは「専門監督が枠組
規程の保持，つまり法監督に限局されるなら，その時に初めて法的に保障され
た学校の自律性が語られうる」と述べ[63]，またM.シュトックも「教員・学校
の自由は単なる事実上の自由ではなく，法的に重要なものであるから，学校管
理・維持事項についてだけでなく，教育事項に対する監督も法監督だけに限定
される」との見解を採っていた[64]。
　そして，このような学校監督庁の専門監督＝合法性の審査・統制と解する見

(62)　Deutscher Juristentag, Schule im Rechtsstaat, Bd Ⅰ, Entwurf für ein Landesschulge-
　　setz, 1981, S.102.
(63)　K.Nevermann, Reform der Schulverfassung, In:RdJB（1975）, S.207.
(64)　M.Stock, Pädagogische Freiheit und Politische Auftrag der Schule, 1971, S.24.

392

第4節　現行学校法制と「学校の自律性」

解は，今日においても一部の学説によって支持されてはいる[65]。

　しかし，このような見解に対しては，H.ヘッケルやH.アヴナリウスに代表される学校法学の支配的学説からの厳しい批判が見られている。批判論の骨子を摘記すると次のようになろう。

　①　上記のような見解は，学校監督権と行政裁判権の本質・機能的差異を無視している。法的審査を任とする司法権とは異なり，学校監督権は学校の教育活動の合法性についてだけでなく，合目的性（Zweckmäßigkeit）の審査・統制をも当然に含んでいる。その根拠は学校監督官（専門監督官）の教育的専門性，および教育行政の命令拘束性と議会に対する責任に求められる[66]。

　②　学校・教員の教育上の自律性は，法規や学校監督上の規程・命令の範囲内で容認されている相対的なものである。学校は法的な意味でのアウトノミーを享有してはいない。生徒や親の権利を保護するために，法監督を超えて，専門監督上の諸権限が確保されなくてはならない。国民の権利を犠牲にしての「学校・教員の教育上の自律性」は法治国家においてはとうてい認容されえない[67]。

　③　だがしかし，「学校・教員の教育上の自律性」の法的効果として，専門監督上の命令は努めて抑制的なものでなくてはならない。また学校監督庁は学校の瑕疵ある決定を取り消し，再度，学校に決定を求めることができるだけである。学校監督庁自らが学校に代わって決定することはできない[68]。

　以上が批判論の要点であるが，ここで重要なのは，1980年代半ば以降から2000年代前半までの各州における一連の学校法制改革において，上記ドイツ法律家協会が提示した学校監督庁の専門監督＝合法性の審査・統制と解する見解を採用した州はまったく存在しなかったという事実である。

　この法域の現行学校法制を見ると，その規定内容は州によって一様ではないが，学校監督庁の専門監督権を明文上制限しているのは，ブレーメン，ヘッセン，ニーダーザクセンおよびメクレンブルク・フォアポンメルンの4州だけである[69]。これらの州においては，学校監督庁の専門監督が「合法性のコント

---

(65)　たとえば，J.Müller, Schulische Eigenverantwortung und Staatliche Aufsicht, 2006, S. 68ff.

(66)　G.Eiselt, Ein höchst gefährlicher Vorschlag: Schulaufsicht als reine Rechtsaufsicht, In:RdJB（1981），S.169.

(67)　H.Heckel, Schulfreiheit und Schulaufsicht, In:ZBR（1965），S.131.

(68)　E.Stein/R.Monika, Handbuch des Schulrechts, 1992, S.33.

第Ⅴ部　第1章　「学校の自律性」の法的構造

ロール」だけではなく，「合目的性の審査・統制」にも当然に及ぶことを前提
としたうえで，ただその強度は「学校・教員の教育上の自律性」との緊張で制
約され，「学校監督庁は専門監督の範囲内で，学校の教育上の評価や決定を，
ただ下記の場合に限り，廃棄ないし変更することができる」（ニーダーザクセン
州学校法 121 条 2 項）とされているのである。すなわち，学校の教育上の評価
や決定が，（ a ）法規ないし行政規則に抵触している場合，（ b ）不当な前提か
ら出発している場合，（ c ）事項外的考量（sachfremde Erwägungen）にもとづ
く場合，（ d ）一般的に承認された教育上の諸原則や評価基準ないしは平等な
取扱い原則に反する場合，がそれである。

　これら 4 州の学校法条項は，1959 年の連邦行政裁判所の判決以来[70]，学校
の教育上の措置・決定に対する行政裁判上の審査の限界として，行政判例上に
発展し確立を見るに至っている法原則と何ら変わるところがない。上記 4 州の
学校法立法者意思によれば，学校監督庁の専門監督権の限界と行政裁判所の審
査権のそれは，その強度において同一だとされているのである。

　これに対して，ハンブルク，ラインラント・プファルツ，ザクセン，ザクセ
ン・アンハルト，シュレスヴィヒ・ホルシュタインの 5 州においては，たとえ
ば，ラインラント・プファルツ州学校法 96 条がその例であるが，学校監督庁
の学校に対する専門監督は学校法上，何ら制約されてはいない。これらの州の
学校法にあっては学校制度は国家の監督に服すること，国家の学校監督にはそ
の重要な内容として，学校の教育活動に対する専門監督が含まれていること，
などが確認的に規定されているだけで，学校に対する専門監督の範囲と強度に
ついては一切法定されていない。

　ただハンブルク州においては，学校法が「州立学校に対する学校監督は，と
くに校長との間の目標ないし成果協定の締結とその規律によって実施される」
と規定して（85 条），学校に対する専門監督の範囲や強度の如何は，学校監督
庁と校長との間で締結される「目標ないし成果協定」に委ねられている。

---

(69)　当該条項は次の通りである。HB 州学校行政法 12 条 3 項，HE 州学校法 93 条 3 項，
　　NS 州学校法 121 条 2 項，MV 州学校法 95 条 4 項。

(70)　BVerwG, Urt. v. 24. 4. 1959. In: H. Hochstetter/P. Seipp/E. Muser, Schüler-Richter-
　　Lehrer, 1963, S.55～S.56.

第4節　現行学校法制と「学校の自律性」

4-2　学校の財務運営上の自律性

4-2-1　分権的な財政責任の原則と学校財務の自律性

ドイツにおいては1969年に制定された予算原則法（Haushaltsgrundsätzege-setz）によって（6a条），行政庁は単位組織に対して予算の執行権限を委任することにより，単位組織が独自の判断でその予算を管理し運用する権限を与えることができるとされている[71]。この「分権的な財政責任」（dezentrale Ressourcenverantwortung）の原則を背景として，1990年代半ば以降における「学校の自律性」の拡大・強化動向の中で，各州の学校法は学校に対して「学校財務運営上の自律性」を保障することになる。学校の教育上の自律性は学校財務運営上の自律性によって担保されて初めて現実化されうる，との認識からである。

こうして，今日においては，すべての州の学校法が学校設置者に対して，所定の学校予算を各学校独自の運用に委ねること，換言すると，各学校に財務運営上の自律性を保障することを明文上義務づけるところとなっている[72]。しかもそれがほとんどの州で「できる規定」（Kann-Vorschrift）ではなく，「すべき規定」（Soll-Vorschrift）で規定されているという法制状況にある。

たとえば，ヘッセン州学校法は「自治の原則」の条項で（127a条），学校の自律性と法律行為能力を確認したうえで（1項・2項），つぎのように規定している（3項）。

「学校設置者は学校に対して，学校の独自予算として経常的な管理運営費および学習条件を改善するための資金を委ね，学校設置者が定める基準により，その使用に関する決定権を学校に認めるものとする。……ただそのためには，学校は予算の遵守と資金の管理運用に関する常時の検査を保障した，適切な手続を擁していなくてはならない。……学校予算については，教員全体会議の提案にもとづいて，学校会議がこれを決定する」。

---

(71)　基本法109条1項は「連邦および州は，予算の運営において独立し，相互に依存しない」と規定しているが，連邦と州に共通する原則を規定した予算原則法の制定によって，連邦と各州の予算制度は広範に統一されるところとなっている（H.Avenarius, Die Rechtsordnung der Bundesrepublik Deutschland, 1995, S.55.）。

(72)　各州学校法の当該条項は下記のようである。BW州学校法48条2項，BE州学校法7条3項・4項・5項，BB州学校法7条4項・5項，HB州学校行政法21条，HE州学校法127a条3項，MV州学校法112条，NS州学校法111条，NW州学校法95条，RP州学校法23条4項，SN州学校法23条2項，SA州学校法24条2項，SH州学校法33条4項。

395

第Ⅴ部　第1章　「学校の自律性」の法的構造

またブランデンブルク州学校法にも，下記のような規定が見えている（7条）。

「学校設置者は，少なくとも教材・教具費および経常的な管理運営費の範囲内で，学校に対して物件費の使用に関する決定権を認めるものとする。くわえて，学校設置者は学校が学校施設・設備の維持に資する資金を含む物件費を，自ら管理運用できるようにすることができる」（4項）。

「州学務局は学校に対して，人件費の使用に関する決定権を認めるものとする。くわえて，学校が人件費を自ら管理運用できるようにすることができる。その際，学校間の均等が保障されなくてはならない」（5項）。

上記の規定例からも知られるように，学校が独自の判断で使用できるのは，経常的な管理運営のための必要経費，学校の施設・設備費，教育・学習条件の改善のための費用，学校外の団体との協同のための費用などである。

ただブランデンブルク（上掲）やノルトライン・ウエストファーレンなど4州においては，物件費だけではなく，人件費についても，その使用に関する決定権が各学校に認容されているという事実は重要である。またブレーメン州学校行政法は「市当局は学校に対して，予算の配分基準にもとづいて，各学校がその任務を遂行するために必要な予算を配分するものとする」（4条3項）と規定して，市当局に各学校の任務遂行を財政的に担保する包括的義務を課していることは注目される。

ほとんどの州で学校予算の執行は費目別に厳格には規定されておらず〈学校予算の一括配分〉，各学校は教育上の独自性を出すために，学校予算を重点的に使用することができるとされている。事務費を削減して，クラス旅行の経費を補助するが如くである。

学校予算については原則として単年度制が採られているが，ベルリンとブランデンブルク州では，予算執行の経済性を確保するために，学校に対し未執行予算を次年度に繰り越す権利を認めている。年度末の無用な予算執行＝いわゆる「12月の過熱」（Dezemberfieber）を回避するためである。

学校予算の決定に関する校内手続については，たとえば，ノルトライン・ウエストファーレン州学校法が「校長は各年度の学校予算案を策定し，学校に配分された資金を管理運用する。学校予算に関する決定は，学校会議がこれを行う」（59条9項）と書いているように，学校の年度予算案は校長が策定し，（教員全体会議における審議を経て），学校会議が決定するという仕組みが一般的である[73]。

396

第4節　現行学校法制と「学校の自律性」

　なお，学校の財務運営上の自律性の強化の一環として，ほとんどの州学校法が学校に対し配分された予算の範囲内で，契約の締結などの法律行為を行う権限を委任している。ただこの場合，学校はあくまで「権利能力を有さない公の施設（営造物）」であるから，当該法律行為は学校設置者の名義でなされ，その法律効果は学校設置者に帰属することになる。関連して，学校財務運営上の負担を軽減するために，多くの州で学校は独自の振替口座を開設することが可能とされている[74]。

4－2－2　学校におけるスポンサリング
4－2－2－1　スポンサリング制度の概要

　地方自治体の公教育財政が逼迫する中で，学校の財務運営上の自律性の強化動向と相俟って，今日，ドイツにおいては，民間企業など第三者から資金の提供を受け，これを自己資金として教育上活用する公立学校が増えている。企業による学校へのスポンサリングである。

　いうところのスポンサリングについては，連邦財務省は1998年に通達を発出し，そこでこう定義している。「スポンサリングとは，主に金銭ないし金銭的価値のある利益がスポーツ，文化，教会，学術，社会，エコロジーその他同様の意義をもつ社会政策的領域の私人，グループ，諸組織の支援のために，企業によって提供されることであり，通常，そこには広告や広報活動といった企業自身の目標が随伴するものである[75]」。

　このような意味でのスポンサリングはドイツにおいては従来，学校法域では認められていなかったのであるが，上記連邦財務省の通達を直接の契機として，1990年代末から2000年代後半にかけて，すべての州で学校法制上－法律による州もあれば，行政規則や回章による州もある－，明文でもって認容されるところとなっている[76]。

---

(73)　H.Avenarius/H.P.Füssel, a.a.O., S.262.
　　なお学校財務の自律性と教育効果をめぐる問題について，詳しくは参照：M.Weiß, Mehr Effizienz im Schulbereich dezentraler Ressourcenverantwortung und Wettbewerbssteuerung?, In:RdJB（1999），S.413ff.

(74)　H.Avenarius/H.P.Füssel, a.a.O., S.215.

(75)　前原健二「ドイツにおける『学校プログラム』政策の進展と『機会均等』原則の今日的意義」（科研費報告書），2006年，92頁から引用。

(76)　ドイツにおいて公立学校でのスポンサリングを最初に認めたのは，ベルリンの1998年4月17日付け回章である（H.Avenarius/H.P.Füssel, a.a.O., S.244.）。

第Ⅴ部　第1章　「学校の自律性」の法的構造

たとえば，ノルトライン・ウエストファーレン州学校法はまず「学校への寄付・寄贈」について総則的に，「学校はその任務の遂行に際して，学校設置者に代わり，第三者による物件ないし資金の寄付による援助をうけることができる。学校設置者は個々の学校が不当に優遇されたり，不利益を受けることがないように保障するものとする。」（98条1項）と規定したうえで，「スポンサリング・広告」と題して，次のように書いている（99条1項）。

「学校はその任務を遂行するために，学校設置者に代わり，第三者による寄付を受領し，その給付について適当な方法で広告を表示（スポンサリング）してもよい。ただしそれは，広告の表示が学校の教育責務と一致し，しかも広告の効果が学校にとっての有用性に明らかに劣位する場合に限られる。これに関する決定は，校長が学校会議および学校設置者の同意を得てこれを行う」。

学校と資金提供企業との間のスポンサー契約（Sponsoringvertrag）は民法上の契約で，「権利能力を有さない公の施設（営造物）」としての学校には契約締結能力はなく，当該契約は学校設置者の名義で締結される。学校がスポンサリングによって獲得した資金や物件は，学校には帰属せず，学校設置者の公共財産に属する。学校設置者はそれを学校独自の財務運営に委ね，さらに獲得した資金のために学校口座の開設を認めることができるという仕組みである。

4-2-2-2　学校におけるスポンサリングの憲法・学校法上の限界

このように，今日，ドイツにおいては学校におけるスポンサリングは学校法制上一般化しているのであるが，しかしこの制度をめぐっては憲法・学校法制上，自ずから限界があるということを確認しておく必要がある。

まず第1に，根本的かつ基本的な限界として，「学校の公共性」に起因する限界がある。H.アベナリウスも書いているように，「学校は公行政の一部をなしており，したがって，公益（öffentliche Interesse），つまりは公共の福祉（Gemeinwohl）に奉仕することを義務づけられている。学校が私的ないし商業目的のための道具と化すことはこの原則と根本的に相容れない」ということである[77]。

こうして，たとえば，学校がスポンサー企業に学校教育の内容に影響を与えるような便宜を図ることは当然に禁止される。スポンサー企業や団体が作成した資料を副教材として授業で使用するが如きがこれに当たる。

(77)　H.Avenarius/H.P.Füssel, a.a.O., S.245.

第4節　現行学校法制と「学校の自律性」

　第2に，上記第1とも関係するが，「学校教育の政治的・宗教的・世界観的中立性の原則」からの要請として，学校におけるスポンサリングはこれらの中立性を脅かすようなものであってはならないということが導かれる。こうして，たとえば，生徒代表制（公式な学校組織）が編集・発行する生徒新聞に特定の政党の宣伝となるような広告を掲載することは認められない。

　第3として，スポンサリングは，教育主権作用の一環として憲法・学校法制上に規定された「学校の教育責務」（Erziehungsauftrag der Schule）と矛盾・対立するものであってはならず，それどころかより積極的に，当該スポンサリングが学校の教育責務の遂行に資するものであることが求められる。学校内におけるタバコやアルコールの広告の掲出が禁止されるのは前者の例であり，企業が生徒のスポーツ競技会を金銭面で後援したり，現行の学校災害保険法によってはカバーされない事故のために追加の保険を提供する，などが後者の例に属する[78]。

　敷衍すると，たとえば，学校はそのプロジェクトのための資金を営利企業から獲得し，独自の予算として活用することができるが，しかしそれは，先に引いたノルトライン・ウエストファーレン州学校法が明記しているように，「広告の表示が学校の教育責務と一致し，しかも広告の効果が学校にとっての有用性に明らかに劣位する場合に限られる」ということである。こうして，学校はスポンサーから提供された資金を学校の基本的施設・設備や経常的な管理運営のために使用してはならないとされている。

　なお，上述したところと関連して，下記のような連邦通常裁判所の判例（2005年）が見られている。ある実科学校から生徒に販売するアルバム写真の作成を依頼された学校写真業者が，その反対給付として，PCをその学校に無償で提供したケースで，連邦通常裁判所は次のように判じて，学校へのPC提供は法的には問題はないとの見解を示している[79]。

　「学校写真業者が作成したアルバム写真を，親や生徒に販売する行為を学校が仲介してくれた場合には，学校にPCを提供するとの業者のオファーは，原則として，学校，生徒，親の決定に対する不当な影響力には当たらない」。

　しかし，この判決に対しては有力な学校法学説からの批判がある。こう述べている[80]。「本件の場合，主要な問題は学校の教育責務との関係が認められな

---

(78)　J.Rux/N.Niehues, Schulrecht, 5 Aufl., 2013. S.326.

(79)　BGH Urt. v. 20. 10. 2005, SPE 880 Nr.1.

第Ⅴ部　第1章　「学校の自律性」の法的構造

いうということにある。生徒証明書用の写真撮影ならともかく、本件にあっては思い出用のクラス写真の撮影に過ぎないからである。学校が仲介の反対給付として受領する金銭ないしは物件の給付は、場合によっては、刑法331条が禁止する不当な利益に当たり、刑法上有責となる」。

　第4。基本法3条は憲法上の基本原則として「平等原則」を確立しており、また基本法2条1項から導かれる「教育をうける権利」には、その第一義的な内容として、「均等な教育機会を保障される権利」(Recht auf chancengleiche Bildung) が含まれている[81]。こうして、いうところのスポンサリングは教育・学習条件上、学校間に格差をもたらすものであってはならないという法理が憲法上帰結される。

　しかし一方で学校の財務運営上の自律性を強化しながら、他方で各学校がスポンサリングによって自己資金を調達することを認めないのは矛盾していよう。学校の自律性の強化は学校間に「差異」ないし「格差」を必然的にもたらすことになる。実際、この問題に関する実証研究によれば、学校への資金提供は州により、また学校種により、かなりの差があることが明らかにされている[82]。

　そこで提供された資金を共通のプール制とし、それを各学校に均等に配分するという提案が見られているが、これは非現実的だと評されている。拠出者は地域に存在する学校総体ではなく、特定の学校を援助することを欲しているからだとされる[83]。

　この問題については、上記ノルトライン・ウエストファーレン州学校法が書いているように、「学校設置者は個々の学校が不当に優遇されたり、不利益を受けることがないように保障するものとする。」との一般原則が存していることは確認されているが、スポンサリングにもとづくどの程度の学校間格差が憲法上認められないかは、各個のケースに即して、個別・具体的に判断する他ないと解されている[84]。

---

(80)　J.Rux/N.Niehues, a.a.O., S.327.

(81)　L.R.Reuter, Das Recht auf chancengleiche Bildung 1975.

(82)　C. Schmidt/H. Weishaupt/M. Weiß, Einzelschulische Bedingungen dezentraler Ressourcenverantwortung, In:RdJB (2003), S.105ff.

(83)　H.Avenarius/H.P.Füssel, a.a.O., S.245.

(84)　H.Avenarius, Sponsoring in der Schule. Einige verfassungsrechtliche Anmerkungen, in, W.Erbguth u.a. (Hrsg.), Rechtstheorie und Rechtsdogmatik im Austausch, 1999, S.211.

第4節　現行学校法制と「学校の自律性」

4－3　学校の人事上の自律性

4－3－1　校長の選任過程への学校の参加

既述したような1990年代半ば以降における「学校の自律性」強化の法政策動向の中にあって，各学校は独自のプロフィールをもつことを求められることになるが，それは，詰まるところ，各学校が校長や教員の人事の面でその意向をどの程度反映させることができるか，に掛かっているといえよう。校長人事については特にそうである。こうして，H.アベナリウスも指摘しているように，「自己責任を認められ，独自のプロフィールを擁さなくてはならない学校は，校長の選任に際しても，これについて発言できる可能性をもたなくてはならない」ということが帰結される[85]。

そこで各州の現行学校法制も，校長の選任を「学校の自治」に委ねたワイマール期以来の学校伝統をうけて，個々の学校に対して，校長の選任過程への参加権を保障するところとなっている。しかもこの場合，従来からの教員代表（教員会議）の参加に加えて，とくに1970年代以降は親・生徒代表の参加も法認されるに至っているという状況にある。

校長の選任過程への教員・親・生徒代表の参加は，制度的には多くの州で「学校会議」（Schulkonferenz）―学校における教員・親・生徒の同権的な責任機関で，これら三者の代表で構成されており，現行法制上，校長，教員会議とならぶ学校の重要な管理運営機関・意思決定機関として位置づけられている・詳しくは後述―を通して現実化されているのであるが，校長選任のための特別な機関である「校長選任委員会」（Schulleiterwahlausschuß）や「校長推挙委員会」（Findungsausschuß）への教員・親・生徒代表の参加を認めている州も存している。前者はシュレスヴィヒ・ホルシュタイン州で設置されており，後者を設置しているのはハンブルク，ヘッセン，ブレーメンの3州である。

校長の選任過程への「参加」といっても，そこにいう参加権の種類や強度については，州によってかなりの差異が見られている。校長の選任手続のプロセスで，学校会議や教員会議などの参加機関に単に「報告をうける権利」（Informationsrecht）ないしは「聴聞権」（Anhörungsrecht）を認めているにすぎない州もあれば〈メクレンブルク・フォアポンメルン州やザクセン州など5州〉，校長候補者につき「発議権」（Anregungsrecht）や「推挙権」（Vorschlagsrecht）を法認している州もある〈ブランデンブルク州やニーダーザクセン州など4

---

(85)　H.Avenarius/H.P.Füssel, a.a.O., S.149.

第Ⅴ部 第1章 「学校の自律性」の法的構造

州〉。また監督庁による決定に対して「異議申立て権」（Einspruchsrecht）や
「拒否権」（Vetorecht）を保障している州も存しており〈ノルトライン・ウエ
ストファーレン州〉，さらにはこれらの域を超えて，監督庁が推薦する候補者
の中からではあるが，校長の「選任・指名権」（Auswahl-und Benennungs-
recht）まで認めている州も見られている〈ベルリンなど3州[86]〉。

　制度現実に即して具体的に述べると，たとえば，学校会議に校長選任過程へ
の参加が認められているベルリンにおいては，校長の選任手続は概要，次のよ
うになっている（同州学校法72条）。すなわち，学校監督庁は校長を3週間の
締切り期限付きで公募し，応募者の中から適任だと見られる二人を，校長候補
者として当該校の学校会議に推薦する。これを受けて，学校会議は1ヵ月以内
に二人の候補者に面接をし，面接後1週間以内に議決権者の3分の2以上の多
数決でもって最終候補者一人を決定し，任命権者である学校監督庁に報告する。
学校会議が所定の期限内に，もしくは必要とされる多数決で決定できない場合
は，学校会議に代わり，学校監督庁が校長を決定し任命するという仕組みであ
る。

　また校長選任のために「校長推挙委員会」を設置しているヘッセン州におい
ては，概要，以下のような手続きが採られている。

　校長は学校監督庁により公募されるが，応募者があった場合，当該校に校長
推挙委員会が設置される。校長推挙委員会は学校監督庁の代表1名と学校会議
の代表4名で構成され，前者が委員長を務める。後者の内訳は教員代表2名と
親代表・生徒代表各1名（7学年以降，6学年以前は親代表2名）となっている。
校長推挙委員会は公募締切り後6週間以内に，書類選考に加えて応募者に面談
を行い，委員会出席者の単純多数決で3名の校長候補者を順位をつけて決定し，
学校監督庁に推挙する。表決が同数の場合は委員長が決定する。ただ委員会の
決定は学校監督庁を拘束するものではなく，学校監督庁はこれを考慮する義務
を負うに止まる。学校監督庁は学校設置者の意向を聞いたうえで，校長候補者
一人を確定し，まず試用校長として任命する。正式な校長としての任命は学校
会議の見解の聴聞後になされるが，3ヶ月以内に学校会議の了解が得られない
場合は，学校監督庁が最終的に決定する（学校法89条）。

　さらにシュレスビッチ・ホルシュタイン州においては，校長選任のための特
別な機関として「校長選任委員会」が設置されているが，この委員会に文部大

────────────

(86)　ditto, S.150, S.262.

402

第4節　現行学校法制と「学校の自律性」

臣から推薦のあった候補者（4名以上）のなかから最終候補者を指名する権限が保障されている。校長選任委員会は，初等段階および中等段階Iでは学校設置者代表10名，学校側代表10名（教員代表と親代表各5名）によって構成され，中等段階IIにあっては，学校設置者代表10名，学校側代表10名は同じであるが，後者の内訳は教員代表5名，親代表3名で，新たに生徒代表2名が加わっている（学校法88条・89条）。

ところで，上述のように，校長選任委員会，学校会議ないしは教員会議などに校長の選任・指名権といった強度の権限が保障されている場合，この権限と学校監督庁の校長任命権との関係はどうなるのか。

これについて，学校法学の通説や判例は，学校監督庁には最低限，不適格だと見られる候補者の任命を拒否する権限が留保されていなければならず，したがって，学校監督庁の任務を単に形式的な任命行為（formale Ernennungsakt）だけに限定することは，憲法上，認められないとの立場に立つ。その理由を，有力な学校法学説はこう説明している。

「校長の選任に際して国（学校監督庁）以外の機関——たとえば，学校設置者，学校会議，教員会議，校長選任委員会など——の参加には，代議制民主主義の原則（基本法20条2項・28条1項）からの限界がある。議会に対して責任を負っている政府は，その責務を現実に履行するための，手段と可能性を自らのものとなしえて初めて，これを遂行することができる。……このことはとりわけ校長の選任にも妥当する。校長なしでは，国家は基本法7条1項に所定の学校制度に対する責任を履行することができないからである[87]」。

また判例においても，たとえば，ベルリン高等行政裁判所はこの点に関し，下記のような判断を示している[88]。

「教員全体会議の校長指名権は，任命権を有する行政庁の，校長人事に対する憲法上の責任を侵害するものであってはならない。それ故，当該行政庁は教員全体会議が推挙した候補者を形式的に任命することに限定されるものではなく，教員全体会議による候補者の推挙が通常はかなりの重みをもつけれども，自らの責任で選任決定をしなくてはならない」。

---

(87)　H. Avenarius/H. Heckel, Schulrechtskunde, 7 Aufl. 2000, S. 121. 同旨: R. Pfautsch/U. Lorentzen, Grundriß des Schulrechts und der Schulverwaltung in Schleswig-Holstein, 1997, S. 44.

(88)　OVG Berlin, Beschl. v. 12.10.1978, In:SPE 3. Folge, 2007, 728, S. 3.

403

第V部　第1章　「学校の自律性」の法的構造

4－3－2　教員の選任過程への学校の参加

一方，教員の選任過程への各学校の参加であるが，これについては多くの州で，各学校がその教育上の独自性に見合う教員を確保することができるように，当該校の教員募集・採用手続に直接参加できることとされている。そして，これに対応する形で，各学校は期限付き労働契約を締結する権限を付与されるところとなっている[89]。

ちなみに，この点について，H.アベナリウスは次のように述べている[90]。

「もとより学校は権利能力を有さない公の施設として，人事高権（Personalhoheit）を有してはいない。したがって，各学校には当該校の教育に見合う教員の配置を請求する権利はない。しかし教員の配置に際して，各学校の人事上の要望は適切に考慮されなくてはならない。ただその場合，学校行政庁は特定の学校が優遇されたり，あるいは不利益を受けることがないように配慮する義務を負う。学校行政庁は一方において個々の学校の人事上の特別なニーズを考慮すると同時に，他方において，それぞれの学校への教員の適正配置という原則を考慮しなければならない。この範囲内において，学校行政庁は学校に対して，当該校の教育上のプロフィールが必要とする教員を採用する権限を認容することができる」。

なお現行学校法制も，以上の点について，たとへば，ヘッセン州学校法とベルリン州学校法はそれぞれ下記のように規定している。（7条3項）。

◎ヘッセン州学校法（127b条6項）＝「学校は自らの学校プログラムを考慮した，教員の公募に関する人事に参加する」。

◎ベルリン州学校法（7条3項）＝「当該校に関係する教員およびその他の学校職員の公募と選任は，各学校によって行われる。ただしその際，勤務官庁による枠組が遵守されなくてはならない。教員およびその他の学校職員の配置換えは，当該校の同意を得て勤務官庁がこれを行う。各学校は教育を確保するために，また教育上の課題やその他の課題を遂行するために，期限付きの契約を締結することができる。そのために勤務官庁は学校に対して，申請に応じ，目標・成果協定の範囲内で，承認された教育上のニーズのための資金を委ねるものとする」。

---

(89)　H.Avenarius/H.P.Füssel, a.a.O., S.262.

(90)　H. Avenarius, Schulische Selbstverwaltung－Grenzen und Möglichkeiten, In: RdJB (1994), S.267.

第4節　現行学校法制と「学校の自律性」

5　「学校の自律性」と校長権限の強化

　既述したように，ドイツにおいては1990年代以降，「学校の自律性」に関する論議が活発に展開されてきているのであるが，学校法制上重要なのは，そこにいわゆる学校の自律性を強化するためには，もしくはそれを確保し，担保するためには，校長の地位と権限もまた強化されなくてはならない，とされていることである。H.アベナリウスによれば，「強い校長が学校の自律性を強化する[91]」。

　この点，1990年代半ば以降のドイツにおける学校の自律性論議と学校法政策に少なからぬ影響を与えた，ノルトライン・ウェストファーレン州の教育審議会報告書『教育の未来－未来の学校』にも，つぎのような提言が見えている[92]。

　「学校はそうとう程度拡大された形成権を有する『部分的に自律的な学校』（Teilautonome Schule）であることが求められる。従来，学校監督庁と学校設置者に留保されてきた決定権が学校に大幅に委譲される必要がある。

　『部分的に自律的な学校』は，教育活動を展開するための諸条件を効果的に整備するために，とくに人事と学校予算の領域で拡大された権限をもつ，校長を擁さなくてはならない。校長の裁量権が拡大され，責任ある上司として，その地位が強化されるべきである。その場合，とくに以下の事柄が校長の任務・責任領域に属することになる。

　学校の教育・組織上の展開計画および学校プログラムと学校に固有な指導要領の策定，学校参加組織や学校評議会における審議のための準備，学校の内部評価の実施とその報告責任，学校独自の人事上の権限と教員に対する勤務・職務監督権，教職員の選任および学校設置者による任用のための推挙，学校の財務管理領域における決定，学校予算と定員計画の策定」（要約）。

　そして，上述のような学校の自律性論議に呼応するかのように，1990年代半ばから後半にかけて，ブランデンブルク，ブレーメン，ハンブルク，ヘッセンなど8州で「学校の自律性の強化」を旨とした学校法制改革が行われた。そしてそれによって，学校法制上，「学校会議」を中核的な担い手とする各学校の自律的な権限や責任は総体としてそうとう程度拡大・強化を見たのであるが，

（91）　H.Avenarius/H.Heckel, Schulrechtskunde, 7 Aufl.2000, S.118.この点，詳しくは参照：
　　　　H.Avenarius, a.a.O., S.268ff.

（92）　Bildungskommission Nordrhein-Westfalen, Zukunft der Bildung —— Schule der
　　　　Zukunft, 1995, S.64-65, S.159-160.S.162-165.

405

第Ⅴ部　第1章　「学校の自律性」の法的構造

校長の法的地位や権限についても同様であった。

　そこで具体的に，現行学校法制上，校長の職務権限法制がどのような構造を擁するに至っているかについて，ヘッセン州を例にその法制状況を見ると，下記のようである。

　まず州学校法（1997年）が「校長」と題して（88条），第1項でこう規定する。「校長は，学校がその教育責務を達成すべく責任を負う。校長は，現行の法規と行政規則および学校会議と教員会議の決定に従って，学校を経営する。……校長は，学校の自治が要請する場合には，身分上の上司（Dienstvorgesetzter）としての任務を遂行する。」。

　これをうけて同法は，校長の職務と責任を大きく教育活動や教員にかかわる面と就学義務や学校の管理運営に係わる面とに二分し，それぞれについて，その内容を個別的に列記している（88条2項・3項）。前者として規定されているのは，つぎの8事項である。①学校プログラムの展開と現実化，②教員全体会議が定立した原則に基づいての時間割や監督計画の作成と学級編制，③教育活動の実態の把握と教員への助言，④教員間の協同に対する配慮，⑤教員養成・研修の促進，⑥生徒・親代表の活動に対する支援，⑦地域への学校開放の促進，⑧他の機関（青少年保護・援助施設など）との協同。

　また後者としては，①生徒の入学と卒業，②就学義務の履行に対する配慮，③学校の秩序維持，④社会に対する学校の代表，⑤学校予算年次計画の定立，⑥州ないし学校設置者の法律行為の代理，の6事項が挙げられている。

　つづいて，同法は校長と教員との法的関係について「校長は管理運営の範囲内において……教員および社会福祉教育職員に対して職務上の命令を発する権限を有する（weisungsbefugt）」（88条4項）と明記し，さらに「校長は，任務を遂行するために必要な場合には，教員の授業を査察することができる」と規定して，校長が授業査察権を有することを確認している。くわえて，校長は教員の教育活動が法規や学校プログラムに所定の教育上の原則，学校会議や教員会議などの会議決定に違反していると見られる場合は，これに介入することができると法定するところとなっている（同条同項）。

　上述したところからは，学校法制改革後の「強化された校長の法的地位と職務権限」として，大きく，下記のようなメルクマールを摘出することができよう。

　①　憲法・学校法上，各学校に付託された教育責務の履行について，校長の全般的・包括的な責任が強調されている。かくして校長の権限と責任はその範

406

第4節　現行学校法制と「学校の自律性」

囲が拡大されただけでなく，その強度も強化されるところとなっている。

②　ドイツにおいては従来から，校長は教員の「職務上の上司」として位置づけられてきているが，法制改革後，これに加えて校長は，教員の「身分上の上司」としての任務も委ねられるに至っている。こうして校長は，たとえば，当該校の教員の人事や懲戒などの身分に係わる事項に関しても一定範囲の権限をもつこととなった。くわえて，教員養成や教員の現職研修に関する権限と責任も確認されるに至った。

③　1970年代以降，ドイツではすべての州で学校法制上，「教員の教育上の自由」が法的権利として保障されてきており，そこで教員のこの権利との法的緊張で，校長は教員の教育活動に介入できるか，教員に対して職務上の命令権をもつか，が学説・判例上，激しく争われてきた。本法をはじめ法制改革後の各州学校法は，教員の職務上の上司としての校長の地位を強化し，校長が教員に対して職務上の命令権をもつとともに，授業査察権ももつことを確認している。

6　「学校の自律性」と教員の教育上の自由

既に言及したように，現行法制上，各学校は憲法・学校法上規定された「学校の教育責務」をどのように履行するかについて，それぞれ独自のプロフィールを擁した「学校プログラム」を策定することを義務づけられており，そしてそれは有力な学校法学説によれば，「各学校の基本法」（Grundgesetz der jeweiligen Schule）として[93]，当該校における直接的な関係当事者（校長・教員・親・生徒）や学校組織に対してはもとより，学校監督庁に対しても拘束力をもつと解されている。

こうして現行学校法制上，個々の教員に法的な権利として保障されている「教員の教育上の自由」も学校プログラムによって当然に規制され，制約されることになるが，教員がその有する教育上の自由に依拠して，当該校の学校プログラムに同意しなかった場合はどうなるのか。この場合は，学校全体としての教育上の固有責任の個々の教員の教育上の自由に対する原理的優位性を前提としたうえで，教員の適正配置に関する人事行政の問題として捉えられることになる。この点に関する学校法学の通説をH.アベナリウスに代表させよう。

---

[93]　H. Avenarius, Schulische Selbstverwaltung-Grenzen und Möglichkeiten, In: RdJB（1994), S.266.

第Ⅴ部　第1章　「学校の自律性」の法的構造

概要，こう述べている[94]。

「特定の教育上のプロフィールを擁する学校は，教員がそのプロフィールに適合することを求める。教員はその学校の教育上のコンセプトを肯定する場合にだけ，当該校の教育に積極的に係わることができる。したがって，学校と個々の教員とのコンフリクトを回避するために，学校行政庁は教員の配置に当たって，学校の人事上の要望を可能な限り考慮しなければならない」。

第5節　「学校の自律性」の基幹主体としての学校会議

1　学校会議の創設と拡充

ドイツにおいていうところの「学校会議」（Schulkonferenz）を最初に導入したのはブレーメン州で，1960年代末の学生・生徒による「大学・学校の民主化」要求を背景に，1969年に制定された共同委員会に関する訓令〈Erlaß über Gemeinsame Ausschüsse v. 10. 9.1969〉によってである。ここにいう共同委員会は「学校の自治」を担うべく既存の教員全体会議，父母協議会および生徒代表制にくわえて，これらの組織の機能的な統合機関として構想されたもので，教員代表，親代表，生徒代表の三者同数によって構成されていた。ただこの場合，教員全体会議は3分の2の多数決によって，共同委員会の決定を廃棄できるとされていたが，その基本的な制度理念は学校におけるすべての当事者の「同等・同権的参加」（Paritätische Partizipation）の確保・保障にあった[95]。

1970年代に入って学校会議は次第に拡がりを見せていくのであるが，その契機をなしたのは先に触れた1973年のドイツ教育審議会の勧告「教育制度における組織および管理運営の改革」であった。この勧告は別名「学校の自律性

---

(94)　H.Avenarius/H.P.Füssel, a.a.O., S.665～S.666.

　　なおこの点について，N.ニーフエスも「教員が当該校のプロフィールにそぐわない場合，学校監督庁はその教員を他の学校に配置換えしなければならない」と述べている（J. Rux/N.Niehues, Schulrecht, 5 Aufl., 2013, S.264）。

　　一方，J.ミュラーは基本法7条1項に依拠して，個々の教員の教育上の自由と学校の教育上の固有責任はともに客観法上の保障に止まらず，主体的権利であると捉えたうえで，しかし両者が衝突した場合は，「現実的な整合」（praktischer Konkordanz）により，後者の前者に対する優位性が導かれるとしている（J.Müller, Schulische Eigenverantwortung und staatliche Aufsicht, 2006, S.186）。

(95)　L.R.Reuter, Partizipation als Prinzip demokratischer Schulverfassung, In:Aus Politik und Zeitgeschichte, 1975, S.21.

408

第5節 「学校の自律性」の基幹主体としての学校会議

と学校参加の強化」勧告と称せられるもので，そのコンテクストにおいて学校会議の性格や位置づけについて，大要，つぎのように提言したのであった[96]。「学校会議は学校における意思決定の中枢であるべきである。機能的な組織であるために，学校規模にもよるが，原則として，それは15人から25人のメンバーで構成される必要がある。代議制の会議として，学校会議には生徒と親の代表がそれぞれ3人～5人含まれなくてはならない。

学校会議においては専任教員が意思決定の中核的な担い手でなくてはならない。学校の中枢的な決定機関として，教員・親・生徒の三者同数代表制（Drittelparität）は認められない」。

ドイツ教育審議会の上記勧告を受けて，1970年代前半に「学校の自律性」と「学校参加」の拡大・強化を旨とする学校法制改革が各州で行われたのであるが（既述），1973年のハンブルク州を皮切りに，この法制改革によって学校会議を創設する州が相次ぎ，こうして，H.ヘッケル著「学校法学」第5版が刊行された1976年の時点では，旧西ドイツ11州のうち，ブレーメン，バーデン・ビュルテンベルク，バイエルン，ベルリン，ハンブルク，ラインラント・プファルツおよびザールラントの7州において学校会議が法制度化を見るに至っていた[97]。

また1981年にドイツ法律家協会が公刊し，その後の各州における学校法制改革に多大な影響を与えた「州学校法案」も，「学校会議」と題して条文を起こし，学校会議の組織目的や権限について「学校会議は学校における教員，親，生徒の協同に資するものとする。学校会議は学校のすべての重要事項（alle wichtige Angelegenheiten der Schule）について審議し，また意見の対立を調整するものとする。学校会議はまた他の会議に勧告を行うことができる」（78条1項）と規定したうえで，学校会議の権限と構成についてかなり詳細な定めを置いたのであった[98]。

その後，1990年のドイツ統一を経て，旧東ドイツ地域の5州では1992年か

---

(96) Deutscher Bildungsrat, a.a.O., S, A116～A118.

(97) H.Heckel, Schulrechtskunde, 5 Aufl.1976, S.75～S.76. A.J.Müller, Konferenz und Schuleitung, In:RdJB（1977），S.13ff.

　　なおヘッケルはこの時点で学校会議の現状と展望について次のように述べている。「新しい制度としての学校会議は未だ最終的な形成を見てはいない。とくに教員全体会議との権限関係が一義的に明確でない。しかし将来的には，校長および教員全体会議と並ぶ第3の力（Dritte Kraft）として承認されることになろう。それは学校内の人的グループの共同体をより強く代表することができるからである」（H.Heckel, a.a.O., S.77.）。

第Ⅴ部　第1章　「学校の自律性」の法的構造

ら93年にかけて，旧西ドイツの学校法制をモデルとしてドラスティックな学校法制改革が行われた。また旧西ドイツ諸州においても，1990年代半ばから後半にかけて「学校の自律性の強化」を旨とした法制改革が行われたのであるが，こうしたドイツ各州における一連の学校改革立法によって，いうところの学校会議は学校組織構造法上に中核的な地位を獲得するに至るのである。とりわけ学校会議が学校プログラムの策定権限をもつに至ったことは，学校組織権限関係上，その地位を一段と強化するものであった。

　こうして，現行法制下においては，学校会議は校長，教員全体会議と並ぶ学校の重要な管理運営機関・意思決定機関として―生徒の観点から捉えると学校経営への参加・共同決定機関として―，ザクセン・アンハルト州を除くすべての州において設置されているという状況にある[99]。ただ名称は州によって一様ではなく，バイエルン州では「学校フォーラム」(Schulforum)，ニーダーザクセン州では「学校理事会」(Schulvorstand)，ラインラント・プファルツ州では「学校委員会」(Schulausschuß) とそれぞれ称されている。

2　学校会議の構成

　学校会議は教員・親・生徒の同権的な共同責任機関としてこれら三者の代表によって構成されているが，三者の構成比は州によって一様ではなく，現行法制上，以下の3類型に分かれている[100]。

① 教員代表が「親代表＋生徒代表」よりも多い州（2州）―バーデン・ヴュルテンベルク州，ヘッセン州。

② 教員代表と「親代表＋生徒代表」が同数の州（Halbparität・3州）―ブレーメン州，ニーダーザクセン州，ノルトライン・ウエストファーレン州。

③ 教員代表，親代表，生徒代表の三者の代表が同数の州（Drittelparität・10州）―バイエルン州，ベルリン州，ブランデンブルク州，ハンブルク州，メクレンブルク・フォアポンメルン州，ラインラント・プファルツ州，

---

(98)　Deutscher Juristentag, Schule im Rechtsstaat, Bd Ⅰ, Entwurf für ein Landesschulgesetz, 1981, S.105〜S.106.

(99)　現行法制上，学校会議が設置されていないザクセン・アンハルト州では，親代表と生徒代表がともに議決権を擁して教員全体会議に参加できる仕組みが法制化されている。
　　　このような制度は1970年代，ニーダーザクセン州とシュレスビッヒ・ホルシュタイン州でも採られていた。

(100)　H.Avenarius/H.P.Füssel, a.a.O., S.157.

410

第5節 「学校の自律性」の基幹主体としての学校会議

　　ザールラント州，ザクセン州，シュレスビッヒ・ホルシュタイン州，
　　テューリンゲン州。

　既述したように，ドイツ教育審議会の1973年勧告は，学校の中枢的な決定
機関である学校会議が教員・親・生徒の三者同数代表制を採ることに強く反対
し，またドイツ法律家協会の「州学校法案」も議長としての校長，教員代表5
名，生徒と親の代表各3名の構成案を提示していたのであるが（79条），上記
③にあるように，現行法制下においては教員・親・生徒の三者同数代表制が，
学校会議が設置されている15州中の10州を占めるに至っている。
ここでは学校会議の嚆矢となった前記ブレーメン州の共同委員会が三者同数代
表制を採用していたことを想起しよう。

　三者同数代表制学校会議の例を具体的にハンブルク州について見ると，同州
の学校会議は議長を務める校長の他に，教員代表，親代表，生徒代表が生徒数
300人以下の学校では各3人，301～800人未満の学校では各4人，800人以上
の場合は各5人で構成され，それぞれ教員会議，父母協議会，生徒代表制を母
体として選出されることになっている（同州学校法55条）。そしてこの場合，
生徒代表については7学年以上でなければならないとの条件が付されている。

　なお校長は学校会議の議長を務めるが，その構成員としての位置づけは教員
グループに含める州もあれば（バイエルン州など），発言権は有するが議長の任
だけに止める州（ザクセン州など）も見られている。メクレンブルク・フォア
ポンメルン州では学校会議のメンバーに学校設置者の代表1人が含まれている
が，これは例外に属する。

3　教員・生徒・親の三者同数代表制学校会議の合憲性

　ところで，上述したように，現行法制上，10州において学校会議の三者同
数代表制が採られているのであるが，しかしこの制度をめぐってはその合憲性
について学説・判例上，見解の対立が見られている。

　憲法上の争点は，果たして三者同数代表制の学校会議に基本法20条1項が
要請する民主的正当性があるのか，という点にある。

　この問題の検討に当たっては，シュレスビッヒ・ホルシュタイン州の共同決
定法の合憲性に関する1995年の連邦憲法裁判所の判決〈BVerfG, Urt. v. 24. 5.
1995〉が重要な意味をもつ。同判決は上記共同決定法が定める職員代表機関の
共同決定権の合憲性審査に当たり，「職務委任」（Amtsauftrag）という概念を
基軸に据えて，かかる共同決定に際しては「最終決定権は議会に対して責任を

411

第Ⅴ部　第1章　「学校の自律性」の法的構造

負う行政主体に留保されなくてはならない」との判断を示したのであった[101]。

この判決は学校会議を直接対象としたものではないが，そこにいう「職務委任」の解釈如何によって，別言すると，当該決定に対する公共規制の存否・範囲・強度の如何によって，三者同数代表制学校会議の憲法上の評価は分かれることになる。学校法学の支配的見解および判例は合憲説の立場に立っている。たとえば，学校自治研究で知られるF.フーフェンはこの問題について，以下のように述べている[102]。

「三者同数代表制学校会議の権限について，憲法上の疑義は存しない。基本法20条1項にもとづいての憲法上の評価に際して重要なのは，グループの参加の下で成立した決定が，国家による責任のヒエラルヒーに組み込まれた決定主体の最終的な決定権（Durchgriffsrecht）を留保しているかどうかということにある。

学校会議による決定については，教育行政機関や校長の命令権や異議申し立て権が保障されており，この要件は充たされている。学校会議に対する規制的権限を総合的に捉えると，学校会議の民主的正当性は総体としては確保されていると言える」。

判例では，ヘッセン州学校法が定める学校会議の合憲性が争われた規範統制訴訟事件で，ヘッセン州憲法裁判所〈Hess. StGH, Urt. v. 4. 10. 1995〉は下記のように判じて，学校会議の民主的正当性を肯定し，これを合憲としている[103]。

「学校会議は教員，親，生徒が協同する学校自治の機関（Organ der schulischen Selbstverwaltung）である。しかしそれは本件申立人が主張する見解とは異なり，国の行政から分離した，議会に対して責任を負わない，独立した委員会ではない。学校会議は学校の機関として，他のすべての行政機関と同じく，

---

(101)　M. E. Geis, Möglichkeiten und Grenzen schulischer Partizipationsregelungen am Beispiel der sogenannten Schulkonferenz, In:F.R.Jach/S.Jenkner（Hrsg.), Autonomie der staatlichen Schule und freies Schulwesen, Festschrift zum 65.Geburtstsg von J.P.Vogel, 1998, S.43.

(102)　W. Rickert, Zur Verfassungsmäßigkeit der Befugnisse von drittel-paritätisch besetzten Schulkonferenz, In:RdJB（1997), S.392. フーフェンのこの見解は，後述のガイスの場合と同じく，ハンブルク州学校法案に対する鑑定として示されたものである。なお指導的な学校法学者・H.アベナリウスも同じ鑑定で「学校会議の決定権に関するハンブルク州学校法の規定は，民主制原理および基本法7条1項にもとづく学校制度に対する国の責任の原則と一致する」との見解を披瀝している（ditto.)。

(103)　M.E.Geis, a.a.O., S.45.

412

第5節 「学校の自律性」の基幹主体としての学校会議

ヘッセン州学校法92条2項にもとづく国の専門監督に服している。専門監督上の措置による介入とともに，学校会議の決定に対する校長の異議申立て権も保障されている。つまり，教育的に疑義の有る学校会議の決定に対しては，いつでも介入できることになっている」。

また翌1996年のニーダーザクセン州学校会議の合憲性に関するニーダーザクセン州憲法裁判所判決〈Niedersäch. StGH, Urt. v.8. 5. 1996〉も，下記のように述べて，ヘッセン州憲法裁判所と同じ結論を導いている[104]。
「国と勤務関係にない機関の成員は，個人としては民主的に正当化されてはいない。しかし，このことは次のことによって補償される。絶えず民主的な正当性の拘束の中に位置している，校長の異議申し立て権と学校監督庁の専門監督権が学校会議に対して存在していることによってである。これらの権限は学校会議のすべての活動領域に影響を及ぼすことができるのであり，このことは民主的正当性の確保として十分である。重要なのは，国の活動の民主的正当性の形態ではなく，その効果である」。

以上，三者同数代表制学校会議の代表的な合憲説について見たのであるが，こうした所説に対して少数説に止まってはいるが，有力な違憲説が見られている。たとえば，M.E.ガイスは，三者同数代表制学校会議を規定する法案段階のハンブルク州学校法の合憲性に関する鑑定において，大要，つぎのように述べている[105]。

「学校プログラムの策定に関する学校会議の決定権は十分に民主的に正当化されてはおらず，憲法違反である。連邦憲法裁判所が展開した公の勤務における職員の共同決定に関するモデルは，学校会議の決定内容とその仕組みにも援用されうる。そこにいう職務委任は，学校領域においては，基本法7条1項にもとづく国家に委託された教育責務と同一視される。学校会議の場合，真の民主的正当性は教員代表についてだけ存在する。教員は公務員として人的な民主的正当性を有しているからである。コンフリクトが生じた場合において，上級の学校監督庁が最終的な決定権を有しているということは，学校会議の決定機関性を排除するものではない」。

またT.ベームはいわゆる集団的大学（Gruppenuniversität）における教授・助手・学生の三者同数代表制度の合憲性に関する連邦憲法裁判所のいわゆる

---

(104)　ditto.
(105)　W.Rickert, a.a.O., S.392.

第V部 第1章 「学校の自律性」の法的構造

「大学判決」〈Hochschulurteil v. 29. 5. 1973〉を踏まえ，主要には教員の法的地位と教職の専門職性を根拠として，三者同数代表制の学校会議はもとより，生徒代表と親代表とで教員代表を上回る学校会議を厳しく批判して，つぎのような見解を示している[106]。

「三者同数代表制の学校会議に教育活動に関する重要な決定を委ねようとするのであれば，集団的大学における代表構成について連邦憲法裁判所が示した限界を尊重しなければならない。それによれば，各グループの代表の比重は資格，職分，責任，所属期間に係っているとされる－ちなみに，連邦憲法裁判所は上記判決において，研究と教授に関する学術上重要な問題および教授の招聘については，これに関する決定機関において教授グループに絶対多数が留保されなくてはならないと判示したのであった・筆者注[107]－。

教員はその教育的・専門的な資質や能力，学校との長期にわたる関係，教育責務の遂行に対する責任において，親や生徒とは本質的な違いがある。それゆえ，教育活動に係わるすべての決定に際して，三者同数代表制を超えて，教員が決定的な比重を占めなくてはならない。いうところの三者同数代表制は，その権限が広範に勧告権に限定され，教員を法的に拘束しない決定だけを専らとする学校会議についてだけ妥当しうる余地があろう」。

4 学校会議の役割と権限

学校会議の法的性質・権限・学校組織権限関係上の位置づけは州によってかなり異なっている。たとえば，バイエルン州やラインラント・プファルツ州のように，調整・意見表明・聴聞・勧告権をもつにすぎないとしている州もあれば，ブレーメン州，ハンブルク州，シュレスビッヒ・ホルシュタイン州のように，学校の最高審議・決定機関として位置づけている州も見られている。

ちなみに，ハンブルク州学校法（52条）は下記のように明記している。

「① 学校会議は学校自治の最高審議・決定機関（das oberste Beratungs-und Beschlußgremium der schulischen Selbstverwaltung）である。学校会議は生徒，親，教員……の協同を促進するものとする。

② 学校会議は，学校のすべての重要事項について審議し，この法律の定

---

(106) T. Böhm, Grundriß des Schulrechts in Deutschland, 1995, 100.

(107) H.Peisert/G.Framheim, Das Hochschulsystem in der Bundesrepublik Deutschland, 1980, S.28.

414

第5節 「学校の自律性」の基幹主体としての学校会議

める基準に従い，それらについて決定する」。

そしてこれを受けて同州においては，議決手続に若干の違いはあるが，下記の事項が学校会議の決定権限事項と法定されるところとなっている（同法53条）。学校プログラムの策定，学校教育活動の評価，統合学級の設置，実験校や特別な学校経営形態の導入，終日学校の導入，学校名の決定，校則の制定，課外活動の原則，授業やその他の学校活動への親の参加に関する原則，クラス旅行や学校の特別な行事に関する原則，学校内における生徒の団体の活動に関する原則，学校の目的外使用に関する原則，生徒や親が行う集金の実施，校長候補者に対する支援，がそれである。

学校会議の決定権限がもっとも広範な領域に及んでいるのはシュレスビッヒ・ホルシュタイン州で，同州学校法によれば「学校会議は……学校の最高決定機関である。校長は学校会議の決定を実施するものとする」（91条1項）とされ，その決定権事項として学校における教育活動の原則の定立，学校プログラムの策定，教科書の採択と教材・教具の選定の原則の定立など，きわめて重要な学校事項が28項目に亘って具体的に列挙されている（92条1項）。

このように，学校会議の権限はきわめて広範かつ強力なのであるが，そこでこれに対しては，校長に異議申し立ての権利・義務が法定されるところとなっている。すなわち，ブレーメン州学校行政法も明記しているように（40条1項，2項），校長は学校会議の決定が法令に抵触していると見られる場合，ないし学校会議の決定を責任をもって実施できないと考える場合には，学校会議に異議を申し立てなければならない。学校会議が次回の会議でもその決定を維持した場合には，校長は遅滞なく所轄学校行政当局の最終的な決定を求めなくてはならないとされている。この場合，校長の異議申し立ては学校会議決定の効力発生延期の効果をもつ。

なお学校会議の法的性質と係わって付言すると，学校組織上の措置に際して学校会議の参加権を確保するために，行政裁判上の当事者能力を認めている判例が見られている[108]。

ところで，既に言及したように，ドイツにおいてはとくに1990年代半ば以降，いわゆる「学校の自律性」が一段と拡大・強化されたのであるが，その一環として，各学校はそれぞれ学校プログラムを策定する権利を有し，義務を負

---

(108) VG Bremen (1989), OVG Berlin (1990), VG Frankfurt (1999), zit.aus H.Avenarius/H.P.Füssel, a.a.O., S.158.

第Ⅴ部　第1章　「学校の自律性」の法的構造

うこととなった。各学校はそこにおいて，教育活動の目標・重点・組織形態な
どそれぞれの学校のプロフィルを確定し，提示しなければならないのであるが，
この学校プログラムの策定が多くの州で学校会議の権限とされたことによ
り[109]，学校会議は学校組織権限関係上，ますます重要な位置を占めるに至っ
た。

　そしてこのコンテクストにおいて，今日，重要な法的課題になっているのは，
憲法上の諸原則との緊張において，果たして学校会議はいわゆる「学校の自律
性」に依拠して，学校プログラムでいかなる学校教育事項をどの程度まで規定
できるか，という問題である。

　これについて，指導的な学校法学者・H.アベナリウスは先ず原理的にいう
ところの「学校の自律性」は，学校教育に対する国家の責任（基本法7条1項）
を空洞化するほどに広範なものであってはならないと述べる。

　具体的には，国家は公立学校教育の宗教的・世界観的中立性を確保しなけれ
ばならず（基本法4条1項），子どもの教育における機会均等の請求権（基本法
4条1項）の保障にも任じなければならない。また学校会議の法的地位や権限
行使は民主制原理（基本法20条1項，2項）と一致しなければならず，かくし
て，学校会議の権限法域での最終的な決定権は議会に対して責任を負う行政主
体に留保されなければならないという。そしてそれを担保するために，学校プ
ログラムの策定を学校監督庁の認可に係らしめるか，あるいは学校監督庁に専
門監督の範囲内で学校プログラムへの介入権を容認する必要がある，と説くの
である[110]。

　以上，学校会議の権限について見たのであるが，たとえば，生徒に対する懲
戒処分事件がその例であるが，学校において重大なコンフリクトが発生した場
合，学校会議の役割としてその調整機能を担っていることも重要である。この
役割は学校会議を母体として別途設置された「調停委員会」〈Vermittlung-
sausschuß：通常，教員・生徒・親代表同数で構成・筆者〉が担当しているが，

（109）　たとえば，BB州学校法91条2項，HB州学校行政法33条2項，HH州学校法53
　　　条1項，HE州学校法129条など。
（110）　H.Avenarius/H.P.Füssel, a.a.O., S.129～S.130. なお現行法制上，学校プログラムの
　　　策定を学校監督庁の認可事項としているのはベルリン，ブレーメン，ヘッセン，メクレン
　　　ブルク・フォアポンメルンの4州だけである。学校プログラムについて，詳しくは参照：
　　　S.Volkholz, Schulprogramm－Motor von Schulentwicklung, Chance zur Professionalisier-
　　　ung?, In:RdJB（2000），S.235ff.

416

第 6 節　基本法と「学校の自律性」

調停委員会の活動は「学校の平和」を維持し，また行政裁判にまで至るケース
を少なくするのに大いに資していると評されている[111]。

第 6 節　基本法と「学校の自律性」

1　国家の学校監督権と「学校の自律性」

　基本法 7 条 1 項は「すべての学校制度は国家の監督に服する」と規定してい
る。既に触れたように，連邦行政裁判所および連邦憲法裁判所はそこにいう
「国家の学校監督」を一般行政法の意味における監督概念をはるかに超えて，
「学校制度の組織，計画，管理運営および監督に関する国家的権能の総体」と
捉えており[112]，そしてこうした見解は既に確定判例になっているのであるが，
しかしこれらの判例は，学校制度における国家と始源的教育権者である親との
間の権利・義務関係に係わるものであって〈国家の学校教育権と親の自然的教
育権の緊張〉，国家の学校監督権と個々の学校との関係に関するものではない。
表現を代えると，これらの判例は文部省，下級学校監督庁および学校という教
育行政のヒエラルキーないし教育行政内部関係において，基本法 7 条 1 項から
導かれる国家的権能が個々の場合にどの機関によって担われるか，に関するも
のではない。

　一方，連邦行政裁判所や連邦憲法裁判所の見解とは異なり，国家の学校監督
概念を狭義に解したとしても，学校は決して国家の責任領域の外に位置するこ
とはできない。基本法 7 条 1 項は国家に学校監督権を付与しているだけでなく，
かかる権能を担うことを義務づけているからだとされる[113]。

　こうして，指導的な学校法学説によれば，いうところの「学校の自律性」は
国家の下記のような権能ないし責務を妨げるものであってはならないと捉えら
れることになる[114]。

　①　国家が「機能十分で社会的な正義に適った学校制度」（leistungsfähiges
und sozial gerechtes Schulwesen）を実現し維持すること。

　②　基本法が定める社会国家原理（基本法 20 条 1 項，28 条 1 項）および「自

---

(111)　H.Avenarius/H.P.Füssel, a.a.O., S.159.

(112)　BVerfGE 59, 360 (377), BVerwGE 47, 201 (204).

(113)　M.Bothe, Erziehungsauftrag und Erziehungsmaßstab der Schule im freiheitlichen
　　　Verfassungsstaat, VVDStRL (Heft 54), 1995, S.17.

(114)　H.Avenarius/H.P.Füssel, a.a.O., S.264～S.265.

417

第Ⅴ部　第1章　「学校の自律性」の法的構造

己の人格を自由に発達させる権利」（基本法2条1項）と平等原則（基本法3条1項）から導かれる子どもの「均等な教育機会を請求する権利」から生じる義務を履行すること。

③　基本法4条1項にもとづく生徒および親の「信仰・良心の自由」を保障するために，公立学校制度の宗教的・世界観的中立性を確保すること，ならびに学校から党派的な教育内容や政治活動を排除し，学校の政治的中立性を確保すること。

2　憲法上の民主制原理と学校会議の決定権

以上のことを前提としたうえで，検討を要するのは，学校制度における重要事項に関する決定権を個々の学校に委ねることは，基本法が謳っている民主制原理（基本法20条1項，28条1項）に適合するか，ということである。具体的には，既述したように，現行法制上，学校会議は学校の重要な管理運営機関・意思決定機関として位置づけられ，学校法域において各種の重要な権限を有しているのであるが，果たして，このような学校会議の法的位置づけは基本法上の民主制原理と整合するかという問題である。

この問題について，学説・判例上，見解は多岐に亘っているが，学校法学の泰斗・H.アベナリウスは概要，次のような見解を示している[115]。

「連邦憲法裁判所の創造に係る『本質性理論』も説いているように[116]，基本法にいう民主制原理は立法者に対して，学校領域における本質的な決定（wesentliche Entscheidungen im Schulbereich）は立法者自らがこれをなし，教育行政機関に委任してはならないということを義務づける。とすれば，かかる決定

---

(115)　H. Avenarius, Schulische Selbstverwaltung－Grenzen und Möglichkeiten, In:RdJB (1994), S.263ff. .Avenarius/H.Heckel, Schulrechtskunde, 7 Aufl.2000.S.114ff.
　　　H.Avenarius, Schulische Selbstverwaltung und Demokratieprinzip, In:H.Eichel/K.P.Möller (Hrsg.), 50Jahre Verfassung des Landes Hessen Eine Festschrift, 1997, 178ff. H. Avenarius/H.P.Füssel, a.a.O., S.264ff.

(116)　連邦憲法裁判所は，たとえば，1977年の判決においてこう判じている〈BVerfG. Urt. v. 22. 6. 1977, BVerfGE45, S.417ff.〉。
　　　「学校教育が国家や国民に対してもつ重要な意味に鑑み，このように重要な生活領域に対しては『法律の留保の原則』が推し及ぼされなくてはならない。基本法に言う法治国家原理と民主制原理が立法者に対して，学校制度における本質的ないし基本的な決定は立法者自らがなし，教育行政に委任してはならないことを義務づける。……基本権が重要な意味をもつ領域においては，本質的とは一般に基本権の実現にとって本質的ということを意味する」。

第6節　基本法と「学校の自律性」

を学校の自治機関（学校会議）に委ねることはより認められないということになる。

くわえて，この原理は文部大臣に対し，学校制度において生じる事柄について議会に対して責任を負うことを求める。とすれば，文部大臣は学校の決定に影響を及ぼし，それについて責任を負える立場にいなくてはならない。

学校は法律上に所定の任務を遂行するに当たって国家権力を行使する。連邦憲法裁判所も判じているように，『委託された職務』の遂行における重要な決定に際しては，これに関する最終的な決定権は議会に対して責任を負う行政主体に留保されなければならない[117]。

教育行政のヒエラルキーにおいて最下級機関として学校が編入されている，直接的な国家行政に関しては，連邦憲法裁判所の見解によれば，憲法上必要とされる民主的正当性（demokratische Legitimation）は，国民と国家的任務を委託された組織ないし職務遂行者との間の『不断の正当性の連鎖』（ununterbrochene Legitimationskette）を要請するとされている。職務担当者の任用が国民に帰す場合には，国家権力の行使は民主的な正当性をもつ〈人事上の正当性・personelle Legitimation〉。そして職務担当者が政府の委託を受けて，もしくは政府の指示に従って行動するのであれば，政府は国民および議会に対して当該事項に関する責任を負える立場に立つことができる〈事項・内容に関する正当性・sachlich-inhaltliche Legitimation[118]〉。

他方，学校が中央集権的に統制され，それぞれの地域の特別な事情を考慮した教育活動を展開できる可能性を認められなければ，今日の状況下において，学校はその教育責務を十分に遂行することはできない。そこで教員は公務員として原則として命令に拘束されるが，教員個人の固有責任において教育活動を展開できる「教育上の自由」が現行学校法制上，すべての州で保障されるとこ

---

(117)　BVerfG Beschl. v. 24. 5. 1995, BVerfGE 93, 37（70）。この連邦憲法裁判所の決定は職員協議会の共同決定権に関するものであるが，通説によれば，国家行政組織法の法域においても重要な意味をもつとされている（W.Höfling, Demokratiewidrige Schulautonomie?, In:RdJB（1997），S.363ff.）。

(118)　E.W.ベッケンフェールデは民主的正当性の形態を，①機能的および制度的な民主的正当性（funktionelle und institutionelle demokratische Legitimation），②組織的・人的な民主的正当性（organisatorisch-personelle demokratische Legitimation），③事項的・内容的な民主的正当性（sachlich-inhaltliche demokratische Legitimation）の3類型に区別して，この問題を論じている（E.W.Böckenförde, Demokratie als Verfassunsprinzip, in: HdbStR Bd.1,1995, S.896～S.901.）。

419

第Ⅴ部　第1章　「学校の自律性」の法的構造

ろとなっている。

　教員の場合と同じく，学校もまた各個の場合に，それぞれの状況に即した教育上の決定を行うという責務を負っている。この学校の具体的な状況への近接性にもとづいて，また教員は学校の日常的な事情に通暁しているということも加わって，学校に対して，憲法上規定された教育責務を自らの判断で，どのように遂行するかの可能性が保障されなければならない。しかし，その際，固有責任を擁する学校もまた，教育行政機関の法的・専門的な最終責任のもとに置かれる，ということが考慮されなくてはならない。

　いずれにしても，現行学校法制は憲法上の民主制原理によって画された限界を踏まえて『学校の自律性』を法制度化していると評される。①いうところの『学校の自律性』はただ法規および行政規則の範囲内においてだけ存在しうるとされていること，②校長の選任に際して，学校監督庁に人事上の民主的正当性を留保したうえで，校長の権限を強化していること，③学校の教育上の自律性は原則として学校監督庁の専門監督に服する，と法定されているからである」。

　以上が憲法上の民主制原理と学校の自律性との関係に関するアベナリウスの所説の概要であるが，ここで注目されるのは，教員・親・生徒の三者同数代表制学校会議についてのアベナリウスの見解が「学校法学（第7版）」（2000年）と「学校法（第8版）」（2010年）とでは変わっていることである。すなわち，前著では「重要な教育上の決定が，教員会議ないし校長の拒否権もなく，また学校監督庁の取消権もなく，三者同数代表制の学校会議でなされる場合には，憲法上の民主制原理に照らして疑義がある」と述べていたが[119]，後著ではこの部分の記述は削除されているのである。

3　「学校フォーラム」の合憲性に関するバイエルン州憲法裁判所判決

　先に言及したように，教員・親・生徒の三者同数代表制の学校会議について，ヘッセン州憲法裁判所（1995年）とニーダーザクセン州憲法裁判所（1996年）はいずれもかかる学校会議は憲法上の民主制原理に抵触するものではなく，合憲であるとの判断を示している。これに対して，学校会議と類似の学校内部組織である「学校フォーラム」（Schuforum）の法的性格・地位について，バイエルン州憲法裁判所判決（1994年）はこれら二つの判決とは大きく異なる判断を

----

(119)　H.Avenarius/H.Heckel, a.a.O., S.114.

第6節　基本法と「学校の自律性」

示すところとなっている[120]。

3－1　事実の概要と判旨

バイエルン州では教育制度法（2000年）を改正するための国民投票が発議されたが，バイエルン州憲法裁判所は，提案されている教育制度法の改正案は国民投票を実施するための法律上の要件を欠くとして，国民投票の実施を許可しなかった〈国民投票による法改正の否認〉。改正法案における国民投票の対象は，主要には，つぎの4点であった。①「学校の自治」の担い手としての学校フォーラムの創設（47条），②生徒新聞に関する規定の改正（41条），③地域学校（Regionale Schule）制度の導入（6a条），④学級規模に関する規定の改正（28条），がそれである。バイエルン州憲法裁判所はこれら4点の改正条項案のすべてを違憲であると判じたのであるが，ここでのテーマに引きつけて，上記①についてだけ事実の概要と判旨を概括すると，以下のようである。

改正教育制度法案47条は「学校の自治機関としての学校フォーラム」を創設するために，次のような条項を擁していた。「各学校は，法律および命令の範囲内で，それぞれの学校事項をその固有責任において規律する。学校自治の原則は校長，親，教員および生徒による協調的な学校形成の基盤をなすものとする」。これを受けて同条は，学校フォーラムの重要な権限として，学校組織上の基本的な問題についての決定，各学校独自の重点を擁した教育上のプロフィール（pädagogische Profil）の策定，現行の授業時間割とは異なる，学校独自の特別な重点を設定した授業時間割の作成，の3点を規定していた。

つづいて学校フォーラムは校長・教員代表5名，親代表3名，生徒代表3名（ただし基礎学校と障害児学校には不適用）で構成され，その議長は校長が努め，議決は3分の2の多数決で決すると規定されていた。

バイエルン州憲法裁判所は主要には下記のように判じて，上記のような内容の改正法案47条は違憲であるとの判断を示したのであった。

すなわち，改正法案47条はバイエルン州憲法130条＝「すべての学校・教育制度は国家の監督に服する」にもとづく国家の学校監督権に抵触する。ここにいう国家の学校監督とは，民主制原理と法治国家原理および平等原則が妥当している憲法体制下においては，学校制度における本質的な決定はバイエルン州当局自らがこれをなし，学校の自治機関に委ねてはならない，ということを意味

---

(120)　Bay. VerfGH　Ent. v.17. 11. 1994, In:DVBl（1995），S.419ff.

421

第Ⅴ部　第1章　「学校の自律性」の法的構造

する。止むを得ない場合に限り，一定の範囲内で，州は法律により，これを教育行政機関に委託することは許される。

　しかし各学校の学校フォーラムが拘束力をもって，学校組織に係わる基本的な問題，学校の教育上のプロフィール，現行の授業時間割とは異なる，学校独自のそれを決定することは，上述したところと相容れない。また学校によって様々な教育上のプロフィールや授業時間割が策定されることは，生徒の「均等な教育をうける権利」を侵害し，教育における宗教的・世界観的・政治的中立性の要請とも抵触する。

3-2　判決に対する学説の評価

　上記のようなバイエルン州憲法裁判所の判決に対しては，学校法学の支配的見解から厳しい批判が浴びせられることになる。批判の対象は主要には，判決が他州の学校法制現実に無知であるということ，民主制原理と法治国家原理に関する今日の憲法学の通説を踏まえていないという2点にあった。批判説を「学校法における法律の留保」に関する研究で知られるR.ビンマーに代表させよう。概要，下記のように述べている[121]。

　①　判決は，1992年に制定されたヘッセン州学校法（128条以下）が上記法案47条と規定内容が多くの点で類似していながら，憲法上，何ら疑義はないとされている事実を知らないようである。ヘッセン州の学校会議は，たとえば，各学校が独自の教育上のプロフィールを発展させることができるように，現行の授業時間割とは異なる学校独自のそれを策定することができ，また教科を学習領域に統合することも決定できるとされている。学校会議の決定が法的拘束力をもつとされているのも，バイエルン州の学校フォーラムと同様である。

　②　今日における憲法学の確定的見解によれば[122]，民主制原理と法治国家原理・議会留保の原則は，立法者が行政の単位組織（Verwaltungseinheiten）に対して部分的に「命令からの自由」を保障し，当該単位組織を自律化（ver-selbständigen）させることを妨げるものではない。当該単位組織に外部の自然人やグループが参加している場合でも同様である。このことは，バイエルン州憲法130条にいう国家の学校監督権の下においても妥当する。

---

(121)　R.Wimmer, Die Volksbegehren zur Novellierung des Bayerischen Gesetzes über das Erziehungs-und Unterrichtswesen, In:RdJB（1995）, S.341～S.343.

(122)　W.Loschelder, Weisungshierarchie und persönliche Verantwortung, In: HdbStR Bd. 3, 1996, S.551ff.

第6節 基本法と「学校の自律性」

③ 立法者は憲法上帰属する権限領域を，法的に自律的な分権的サブシステムに委任することができるように，学校に対してもまた自己決定権ないし自治権を付与することができる。ただ学校の自治組織に連邦憲法裁判所の本質性理論にいう本質的な決定を委ねる場合には，立法者はこの委任について自らが決定し，委任内容をできるだけ精確に規定しなければならない。そうでなければ，立法者は憲法判例・行政判例上に確立を見ている「議会留保の原則」（Prinzip des Parlamentsvorbehalts）ないし法律の留保の原則に反することになる。

④ 立法者による規律は，自律的な行政単位が合法的に，とくに基本権と適合的（grundrechtskonform）に活動すること，および学校監督庁の法監督に服することを保障するものでなければならない。ここにいう基本権には平等原則，宗教の自由，学校の党派政治からの自由が含まれる。バイエルン州憲法裁判所の見解とは異なり，学校フォーラムに関する法規定はこれらすべて要件を充足している。

⑤ 学校フォーラムの構成員として親代表や生徒代表などの非公務員が含まれているが，彼らは法制上の公式な制度である父母協議会ないし生徒代表制によって選出されているのであり，その民主的正当性について，憲法上の疑義は生じない。

⑥ 改正法案における学校フォーラムに関する規律は，その基本的な事項については十分に「法律の留保の原則」に服しており，憲法上の民主制原理と法治国家原理との関係でバイエルン州憲法裁判所が指摘しているような問題は生じない。

⑦ 改正法案が生徒の教育の機会均等を脅かすような「不平等な学校」（ungleiche Schule）をもたらす危険性はないと見てよい。各学校による教育上のプロフィールの策定は同じ学校種では同一形式によるものとされており，それは私立の代替学校に対して基本法上求められている（基本法7条3項），「等価性」（Gleichwertigkeit）に相当するものだからである。こうして，学校フォーラムに関する規定は平等原則に反するものではないが，同じことが宗教的ないし政治的中立性の原則や寛容の原則との関係においても妥当する。

423

第Ⅴ部　第1章　「学校の自律性」の法的構造

第7節　「学校の自律性」と教育の質保証

1　学校制度における質保証政策の展開

1－1　KMK による教育スタンダードの導入

　すでに触れたように，2000 年に実施された OECD の「生徒の学習到達度国際調査」（PISA）の結果は，ドイツにとってはきわめて深刻かつ衝撃的なものであった。調査に参加した 32 ヵ国のなかで，ドイツは読解力，数学および理科のすべてが下位 3 分の 1 グループに位置し，いずれにおいても OECD 加盟国の平均を下回る成績であった[123]。

　この調査結果をうけて，ドイツにおいては，従来の教育政策と学校教育の有りようが厳しく検証され，いうなればパラダイムの転換を余儀なくされることになる。それは，端的には，「教育スタンダード」（Bildungsstandards）を基軸に据えた「学校制度における質の保証政策」への転換と捉えられる[124]。

　すなわち，常設文部大臣会議（KMK）は 2003 年 12 月，第 10 学年（中等教育段階）修了時におけるドイツ語，数学および第 1 外国語の連邦レベルでの教育スタンダードの導入を決議した。続いて，2004 年 10 月には第 4 学年（初等段階）と第 9 学年（基幹学校）修了時での教育スタンダードの導入を決議した。前者はドイツ語と算数，後者にあっては前記第 10 学年と同じ教科においてである。また 2004 年 12 月には，上記第 10 学年修了時におけるスタンダードの設定に生物，化学および物理の 3 教科を加えることを決議し[125]，さらに 2007 年 10 月にはギムナジウム上級段階のドイツ語，数学および第 1 外国語についても教育スタンダードの導入を決議した。

　併せて KMK は 2004 年に「教育制度における質改善研究所」（Institut für Qualitätsentwicklung im Bildungswesen）をベルリンのフンボルト大学に設置し，この研究所が上記に言う教育スタンダードを開発し検証する任務を担うところとなっている。

　上記のような一連の KMK の決議は，学校における教育活動の質を保証し発

---

(123)　P. Daschner/U. Vieluf, PISA im pädagogischen Verwendungszusammenhang, In: RdJB（2003），S.212.

(124)　H. Avenarius, Bildungsstandards auf dem rechtlichen Prüfstand, In:RdJB（2005），S. 423.

(125)　KMK-Beschuluß-Sammlung.Nr.103.Nr.131.Nr.132.

第7節 「学校の自律性」と教育の質保証

展させるためには，その重要かつ不可欠の手段として，教育スタンダードを導入することが必要である，とする支配的な学説や調査研究報告書をうけてのことであった[126]。

いうところの教育スタンダードは生徒が一定の学年段階までにどのようなコンピテンシー（Kompetenzen・能力）を獲得しなければならないかを定めたもので，各教科の中核領域に限定して，期待される学習成果を提示している。それは学校教育全体のスペクトルを測定するものではなく，検証可能で，かつ教科に関係した能力を測定することを旨としている。教育スタンダードは教員に対しては，教員が自らの教育活動を計画・分析・検証するに際してこれを支援し，生徒に対しては期待される学習成果に関して指向性を与え，くわえて，これに準拠した学校の内部・外部評価によって，体系的な学校改善を可能にすることを目的としている[127]。KMK は学習目的が精確性を欠き，したがってまた学習成果の検証が不十分な従来の制御手続に代えて，教育スタンダードを導入することにより，学校教育における質の改善と保証の面で，パラダイムの転換を企図したのであった。

詰まるところ，「学校法制上の制度としての教育スタンダード」の導入は，学校における教育活動の質を改善し保証するための，包括的な教育改革の一部をなすものであった[128]。

ところで，上記 KMK の決議は法的にはあくまで単なる「勧告」（Empfehlung）でしかなく，州の法令によって法認されて始めて，拘束力をもつ州法となるのであるが[129][130]，2004 年以降，KMK の上記決議は各州において学校法制上に具体化を見ることとなる。

---

(126) たとえば，R.Bessoth, Bildungsstandards:Chance für eine umfassende Bidungsreform, In:Pädagogische Führung (2004), S.155. H.Avenarius u.a., Bildungsbericht für Deutschland-Erste Befunde, 2003, S.108ff.

(127) この点については，参照：Konzeption der KMK zur Nutzung der Bildungsstandards für die Unterrichtsentwicklung, KMK-Beschl. v.10.12.2009. Beschl.Samml. Nr.29.

(128) H.Avenarius/H.P.Füssel, a.a.O., S.272.

(129) 当初，多くの州が文部省の行政規則によって教育スタンダードを導入したが，教育スタンダードは生徒の職業生活や人生におけるチャンスに相当な影響を与えるものであるから，その導入は，「法律の留保の原則」により，州学校法に依らなければならない，とするのが学校法学の支配的見解である（さしあたり，H.Avenarius/H.P.Füssel, ditto.）。

(130) KMK の法的位置や組織構造について詳しくは参照：拙稿「ドイツにおける教育行政の組織と構造（1）」，季刊『教育法』142 号（2004 年 9 月），エイデル研究所，51 頁以下。

第Ⅴ部　第1章　「学校の自律性」の法的構造

たとえば，ヘッセン州においては，ヘッセン州の「学校における質の保証のための第3次法律」によって，ヘッセン州学校法が改正され（2004年11月），この法域において，主要には，下記のような定めがなされるに至った。

①　学校は授業において，教育目的から導かれる生徒のコンピテンシーの育成を任とするものである。これについて，より詳しくは，スタンダードによって規定される。その際，それぞれの学校が独自の教育上のコンセプトや特別な目標・重点を設定できるように，各学校には自律的な決定領域が保障されなくてはならない。

スタンダードは学校の内部評価および外部評価に際して，その基盤をなすものである（4条1項）。

②　授業は学習指導要領にもとづいて行われるが，学習指導要領はスタンダード所定の目的が達成されることを保障するものでなくてはならない。教員には，スタンダードが定める目的を自らの責任で達成する自由が保障されるものとする（4a条1項）。

③　学校は内部評価によって定期的に，学校プログラムの具体化と学校の教育活動の質を検証しなければならない（127b条3項）。

④　個々の学校の評価および学校相互の比較のための外部評価は，スタンダードに準拠しての授業の質の改善と学校の組織改善を目的とするものであり，そこで各学校は学校監督庁が定めるこうした手続に参加する義務を負う。

これには，とりわけ州内と州を超えての，さらには国際的な学力の比較調査が含まれる。匿名化された評価結果はこれを公表することができる。学校の外部評価が第三者機関に委託される場合は，学校監督庁が専門監督の一環として，その手続に関与することが保障されなくてはならない（98条2項）。

⑤　学校の質的改善を支援し，また学校制度の更なる改善のための措置について，文部省に助言・提言することを任とする「学校の質改善研究所」（Institut für Qualitätsentwicklung）を設置するものとする（99b条）。研究所の組織と任務については，法規命令でこれを定める。

またベルリン州においても，先に触れたKMKの決議をうけて，2004年1月に学校法が改正され，新たに以下のような規定が盛り込まれるところとなった。

①　学校の教育責務は学習指導要領にもとづいて達成される。学習指導要領は学習の基本原則および修得すべき一般的・専門的コンピテンシーについて規定するものとする（10条1項）。またそれは教科や学習領域の指導理念とスタ

ンダードおよび必修の教育内容についても定めるものとする。

② 学習指導要領は拘束力をもつ成績スタンダード（Leistungsstandards）と成績評価原則および学校種を超えた最低スタンダード（Mindeststandards[131]）を保障するための基盤である（10条4項）。

③ 学校の教育責務がクラス，学年および学校でどのように履行されているか，その程度・態様・方法は，評価措置によって検証されなくてはならない。

このような措置としては，とりわけ学校の内部評価と外部評価，学校間および学校種を超えた比較ならびに州による学力調査が挙げられる（6条1項）。

各学校の外部評価はとりわけ，当該校に妥当しているスタンダードの保障に資すべきものである（9条3項）。

④ スタンダードは，各学校が独自の学校プログラムを積極的に策定できるようなものでなければならず，また生徒の多様な能力・成績・性向ならびに教員の教育上の固有責任に対応できるようなものでなければならない（10条2項）。

さらに旧東ドイツのザクセン州においても，2004年7月に学校法が改正されて，この法域で次のことが確認された（1条・40条2項・59a条）。

① 現行法制上，「学校の自律性」と「教員の教育上の自由」が保障されているが，これらの法理は学校の質の改善と保証を旨とするものである。その実現に向けて，学校と学校監督庁は共同でこれに対して責任を負う。

② 教育スタンダードは教員の教育活動の枠組条件をなすとともに，生徒の学力と教育活動の質を検証するための本質的な基準を成すものである。

1-2 基本法の改正による「教育評価条項」の創設

先に言及したように，ドイツにおいては2006年，長年の懸案であった連邦制改革（Föderalismusreform）が断行され，その結果，連邦の権能は大幅に縮減され，州の権能が大幅に拡大・強化された。

具体的には，1969年の基本法改正以降，連邦は立法類型として，①連邦に専属的な立法権，②競合的立法権，③大綱的立法権を有してきたのであるが，2006年の基本法改正によって大綱的立法というカテゴリーが廃棄され，大学

---

(131) ちなみに，KMK決議にいう教育スタンダードは「標準的スタンダード」（Regelstandards）であるのに対し，ベルリン州学校法が規定するそれは学校種を超えての「最低スタンダード」（Mindeststndards）であるという点において，その性質を異にしている（H.Avenarius, a.a.O., S.423）。

第Ⅴ部　第1章　「学校の自律性」の法的構造

大綱法（1976年制定）や公務員法大綱法（1985年制定）は廃止された。また連邦と州の共同任務としての教育計画について規定していた条項（基本法91b条）が削除され，「教育計画のための連邦・各州委員会」（BLK）は廃止され，州の文化主権が原則として全面的に復活した。そして新たに基本法上，次のように規定された。「連邦と各州は，協定に基づき，教育制度の機能（Leistungsfähigkeit des Bildungswesens）を国際的な比較において検証するために，またこれに関して報告し勧告するに際して，協力することができる」（91b条2項）。

　この条項は，直接明記してはいないが，条文全体のコンテクストから，ドイツの教育制度の機能を検証するための教育評価（Bildungsevaluation）に関する権能を連邦と州の協同権として憲法上保障したものと解されており[132]，その趣旨は，連邦議会によれば，以下のように説明されている[133]。

　「ドイツの教育制度の国際的な等価性（Gleichwertigkeit）と競争力を確保するために，財政・制度構造に関するデータを含む，基本的な情報を連邦と各州の協同によって創造することにある」。

　この結果，たとえば，PISA や TIMSS（国際数学・理科教育調査）のような国際比較学力調査への参加に際して，連邦がこれに関与することが憲法上許されることとなった〈連邦と各州の共同課題としての教育評価・国際学力調査〉。

　しかし，上述した「教育スタンダード」に関しては，一般的な学校教育事項と同じく，これに関する権限はあくまで各州に属しており，したがって，連邦が本条を根拠に「ナショナル教育スタンダード」を定立することは認められないと解されている[134]。

2　教育の質保証と学校評価

2-1　「学校の自律性」と学校評価

　すでに詳しく言及したように，今日，すべての州学校法がいわゆる「学校の自律性」を明示的に保障しているのであるが，H.アベナリウスの指摘を俟つまでもなく[135]，学校に対する自律性保障によって，学校における教育活動の質が劣化し，生徒の「教育をうける権利」ないし「自己の人格を自由に発達さ

---

(132)　A.Guckelberger, Bildungsevaluation als neue Gemeinschaftsaufgabe gemäß Art.91b Abs.2 GG, In:RdJB（2008）, S273-274.

(133)　H.Hofmann/A.Hopfauf（Hrsg.）, Kommentar zum Grundgesetz, 2008, S.1835.

(134)　M.Sachs（Hrsg.）, Grundgesetz-Kommentar, 2007, S.1847.

(135)　H.Avenarius/H.P.Füssel, a.a.O., S.270.

第7節　「学校の自律性」と教育の質保証

せる権利」（基本法2条1項）が阻害されるようなことがあってはならない。そこで，このような学校の自律性保障法制下にあっては，その保障を実質的に担保するために，各学校および学校監督庁は学校における教育活動を絶えず検証し，その質の改善に努めなくてはならない，より強度の法的義務を負うことになる。

　実際，現行学校法制も学校に対する自律性保障と学校における教育活動の質保証をセットで規定しているところである。たとえば，ノルトライン・ウエストファーレン州学校法は「学校の自律性，固有責任，教育の質改善と質保証」と題して（3条），先ず第1項でこう規定する。「学校は，法規定と行政規則の範囲内で，授業，教育活動および学校生活を自らの責任において（in eigener Verantwortung）形成する。学校はその内的事項を自律的に（selbständig）管理運営し，組織化する。学校監督庁は，自律性と固有責任を擁する学校に助言し支援する義務を負う」。

　そしてこれを受けて，つづく第2項で下記のように書いて，学校に対して学校プログラムの策定義務とそれに準拠しての教育活動の検証義務を課している。「学校はその教育責務を踏まえて，教育活動の特別な目標，重点および組織形態を学校プログラムで定め，それを定期的に補充・更新するものとする。学校は学校プログラムにもとづいて，定期的に教育活動の成果を検証し，必要な場合には，具体的な改善措置を立案し，……実施するものとする」。

　またベルリン州学校法も学校に対する自律性保障を確認する一方で（9条1項），各学校に教育の質に関するスタンダード（Qualitätsstandards）の策定を義務づけ，学校の内部評価によってそれを保証するように求めている（9条2項）。こう書いている。「各学校は学校における教育活動の成果を保証し，授業と学校生活の質を組織的に更に改善することが求められる。そのために各学校は，所定の自由領域の範囲内で，授業と学校生活のために必要な質に関するスタンダードを策定するものとする。各学校は学校内部評価と学校を超えた助言によって，スタンダードと比較対象性を保証しなければならない」。

2－2　学校の内部評価

　学校における教育の質保証は先ずもって直接，教育の衝に当たっている各学校の責務に属している。こうして現行学校法制上，たとえば，先に引いたヘッセン州学校法やノルトライン・ウエストファーレン州学校法の規定例にも見られるように，各学校は自ら学校プログラムを策定し，そこにおいて教育活動の

429

第Ⅴ部　第1章　「学校の自律性」の法的構造

目標や重点，教授組織の形態，学校生活にとって重要な規則などを定め，そしてこれら学校プログラムに所定の事項が現実にどの程度達成されているかについて，定期的に検証しなければならないとされている〈各学校の学校プログラムの策定義務とそれに準拠した学校内部評価義務〉。

「学校の内部評価」（Schulinterne Evaluation）は各学校（校長）の学校法制上の義務であり，原則として，当該校に所属する教職員によって実施されるが，必要な場合，校長は「学校の質改善研究所」など第三者に助言を求めることができる。学校の内部評価の結果について，校長は「評価報告書」（Evaluationsbericht）を作成し，学校会議と学校監督庁に提出しなければならないとされている。

ちなみに，以上について，ベルリン州学校法は下記のように規定している（9条2項）。

「内部評価は各学校の義務であり，その学校に所属する者によって行われる。内部評価の概念，実施，評価に際して，学校は第三者を活用することができる。内部評価の領域と対象を画するため，各学校は評価基準と質のメルクマールを開発し，使用するものとする。

学校会議は，教員全体会議の提案にもとづいて，学校に対する評価プログラム（Evaluationsprogramm）を決定するものとする。内部評価に関する責任は校長にある。学校は学校会議と学校監督庁に対して，評価報告書を文書で提出するものとする」。

2-3　学校の外部評価

学校法学の支配的見解によれば，基本法7条1項が定める「国家の教育責務」（Bildungsauftrag des Staates）には，学校における教育活動の質を体系的に検証すべき国家の義務が当然に含まれているとされる[136]。それは，上述した学校内部評価とは別に，「外部からの視点」によって学校の長所や短所を明らかにする可能性を開くものである。こうして現行法制上，ほとんどすべての州学校法が定期的に実施されるべき「学校の外部評価」（externe Evaluation der Schule）についての条項を擁するところとなっている。これに関する規定例を

（136）　H.Avenarius/H.P.Füssel, a.a.O., S.274.
　　なお学校評価の具体的現実については参照：坂野慎二「統一ドイツ教育の多様性と質保証」東信堂, 217年, 117頁以下。

第7節　「学校の自律性」と教育の質保証

引くと，たとえば，ベルリン州学校法は下記のように書いている（9条3項）。

「学校に対して外部評価を行うことは，学校監督庁の義務である。学校の外部評価は学校に適用されている教育スタンダードを保証し，学校プログラムの改定を支援し，教育活動，学校組織および学校生活の状態や質に関する情報を提供し，もって学校における教育活動の等価性と透過性の確保に資すべきものである」。

またヘッセン州学校法には次のような規定が見えている（98条2項）。「学校監督庁による教育活動の質の改善と学校の組織改善を目的とした，各学校および学校相互の比較のための調査，とりわけ州内および州を超えた，さらには国際比較のための外部評価手続きに，各学校は参加する義務を負う。外部評価の結果は匿名でこれを公表することができる」。

上記ヘッセン州学校法にもあるように，学校は学校監督庁が実施する外部評価手続に参加しなくてはならない。学校に対する外部評価は，州憲法や各州の学校法が規定している教育目的や教育目標，教育スタンダード，学習指導要領，学校プログラム，さらには教育研究の成果から導かれ，一般的に承認された評価原則などを基準として実施される。

外部評価は通常，学校に対する質問紙，学校の改善状況に関するデータが記載された書類の分析，それに学校評価グループの学校査察などによって行われる。外部評価の結果は外部評価報告書として学校に報告される。具体的には，まず校長に報告書案が提示され，校長はこれについて自らの見解を表明することができる。これを踏まえて，学校監督庁は最終報告書を作成して校長に交付し，校長はそれを学校会議や教員会議などの学校内部組織に報告する，という手続を採ることとされている。

外部評価の結果は，学校監督庁がそれぞれの所管単位で集約する。学校監督庁は外部評価の結果を匿名で公表することができるが，しかし，学校をランキングすることは許されないとされている。

外部評価報告書に特定の人物，たとえば，校長個人に関する批判的記述が含まれている場合，かかる記述が勤務主体の公務員法上の配慮義務＝「勤務主体が正当な理由もなく，公務員の職務遂行を対外的に批判することの禁止」に違反するかどうかの問題が生じることになるが，これについては，各個のケースに即して判定する他ない。一方，州の行政部局が公務員の個人情報を第三者に提供することは，当該公務員の「情報に関する自己決定権」（Recht auf informationelle Selbstbestimmung）を侵害して違憲・違法だと解するのが，学校法学の

431

第Ⅴ部　第1章　「学校の自律性」の法的構造

通説的見解である[137]。

　現行法制上，学校に対する外部評価の実施機関としては大きく二様の類型が見られている。

　一つは，外部評価を文部省の権限と法定している州で，たとえば，ベルリン，ブレーメン，ザクセンなどの州がこれに属している。ただこれらの州にあっては文部省自らが学校評価を行うのではなく，その下級機関である「学校の質改善研究所」の提言を基に，教育関係者，教育行政関係者，教育関係以外の専門家などで構成される評価委員会を設置し，この委員会に評価権限を委任しているのが一般的である。ちなみに，この点について，たとえば，ブレーメン州学校行政法はこう規定している（13条）。

　「文部省から委託された外部評価委員は，公立学校の教育活動を定期的に検証する任務を有する。その際，外部評価委員は自らの活動，経験および知見を各学校と文部省に報告しなくてはならない」（1項）。「外部評価委員は協定の定めるところにより，校長の許可を得て，学校のすべての活動や資料にアクセスすることができ，教職員に対して情報請求権（Anspruch auf Information）を有する」（2項）。

　他の類型は，学校監督庁のヒエラルキーから分離・独立した学校査察庁（Schulinspektion）を設置し，この機関に外部評価権限を帰属させている州である。ハンブルク，ニーダーザクセン，ノルトライン・ウエストファーレンなどの各州がこのような仕組みを採っている。

　たとえば，ハンブルク州学校法は学校査察庁の法的地位と権限について，下記のように規定するところとなっている（85条3項）。

　「学校査察庁は州立学校の教育過程の質を検証し，その結果を各学校と学校監督庁に報告するものとする。学校査察官は各学校の質を評価するに際して，命令に拘束されない。各学校の教育活動の成果は，学校査察官によって，学校を超えて，かつ比較的に検証されるものとする」。

2-4　「目標・成果協定」と教育の質保証
　今日，ドイツにおいてもまた公行政の領域にあってはいわゆる「新しい公行

---

(137)　さしあたり，E.Sellmann, Schulinspektion und Persönlichkeitsrecht. Zur rechtlichen Zulässigkeit der Veröffentlichung von personenbezogenen Aussage in Inspektionsberichten, In:SchuR（2008）, S.74.

政経営論」（New Public Management）が大きな影響力をもち，その有りようを強く規定するという状況が見られている。この理論モデルによれば，従来支配的であった公行政のインプットに対する統制ではなく，その成果達成の如何に向けられたアウトプットの制御が重視されることになる。従来，下級行政機関は行政のヒエラルキーに編入され，その自律性については殆ど語られる余地はなかったが，現行制度下においては，個々の行政単位に職務遂行上，一定程度の自律性が容認されるに至っている，という法制状況の変化がこれに対応している。

　こうして今日，学校についても，ほとんどすべての州学校法が「学校の自律性」を明記する一方で，学校における教育活動の質保証を旨として，上述した学校評価にくわえて，各学校の学校プログラムの現実化に際し，「目標・成果協定ないし協同協定」（Ziel-, Leistungs-oder Kooperationsvereinbarung）の締結を義務づけるところとなっている。

　この点，たとえば，ハンブルク州学校法が「州立学校に対する学校監督は，学校監督庁と校長による目標・成果協定の締結とそのコントロールによって行われる」（85条1項）と書き，またヘッセン州学校法が「学校プログラムは州学務局と学校との間の，教育の質改善と組織改善に関する目標・成果協定の基盤をなす」（127b条5項）と規定している通りである。

　なお，いうところの目標・成果協定には，締約主体により，学校監督庁と学校間で締結される協定と，校長と教員ないし学校の内部組織との間で締結される協定の2種類がある。

　ところで，目標・成果協定の法的性質については行政法学上，なおペンディングであり，一義的に明確ではないとされる[138]。協定が締約当事者間で合意された，達成されるべき成果の具体的な表明である以上，それは成績評価基準の一部を形成するが，しかし公法上の行政契約（öffentlich-rechtliche Verwaltungsvertrag）ではないと解するのが行政法学の通説である[139]。しかしこのことは目標・成果協定の法的効果を否定するものでなく，協定内容の如何により，その遵守・不遵守が法的効果を伴うケースもあり得るとされる。学校監督庁と学校との間のポストや予算の配分に関する協定，校長と教員との間の勤務評定

(138)　D.Thym, Zielvereinbarungen im Schulrecht zwischen informeller Verwaltungspraxis und rechtlicher Steuerung, In:RdJB（2009），S.279ff.
(139)　H.Avenarius/H.P.Füssel, a.a.O., S.275.

第Ⅴ部　第1章　「学校の自律性」の法的構造

や昇進に関する協定などが，その例である。

　なお締約当事者間の合意にもとづく協定という性格上，目標・成果協定は学校監督庁の一方的な命令であってはならないと解されている[140]。

（140）　ditto.

第2章　学校経営法制と校長の法的地位

「教育における規制緩和」ないし「教育の市場化・民間化」政策の一環として，2000年1月，学校教育法施行規則が改正されて〈同年4月施行〉，校長の資格要件が緩和され，民間人を校長に登用することが可能となった。そしてすでに実際，2000年度の東京都を皮切りに，その後現在までに年々増加し（2002年＝21名，2006年＝89名），2018年4月現在，全国で116名の民間人校長－教員免許をもたず「教育に関する職」に就いた経験がない者－が誕生するに至っている[1]。いうところの民間人校長をめぐっては，その評価は分かれているようであるが，上記のような政策動向と相俟って，今後，こうした傾向はさらに強まるものと予想される。

この民間人校長とその「思想」においてもっとも対極に位置しているのは，おそらくドイツの校長職であろう。一例を引けば，ドイツにおいては，校長は同時にその学校の教員でもあり，したがって，学校の種類を問わず，またどんなに大規模な学校であっても，一定時数の授業を担当することが職務上義務づけられているのである。1990年代以降，いわゆる「学校の自律性（Schulautonomie）の強化」という政策動向の中で，校長の権限強化が企図されるなど，その地位や役割にある種の変容が見られてはいるが，しかしドイツに伝統的な「教育校長」は基本的には今日に至るもなお根強く生き続けている。

ところで，ドイツにおける学校経営法制は，歴史的には，「独任制学校経営」（direktoriale Schulleitung）法制から「合議制学校経営」（kollegiale Schulleitung）法制へと推移・発展してきた[2]。そして現行法制は，こうした歴史的伝統のうえに世界にあまり類例を見ない独自の法的構造をなしている。一言でいえば，「教育の専門性」の確保要請との緊張において，「学校における民主主義」の現実化・活性化を制度的に保障せんとする学校経営法制だといえよう。この結果，校長職法制もきわめてユニークなものとなっている。

以下，校長職・学校経営法制史を概観したうえで，現在ドイツにおける校長職の法的構造を多角的に見ていくこととしたい[3]。

---

(1)　文部科学省「教育委員会月報」第一法規，2019年3月号，53頁。なお2018年4月現在，民間人副校長は118名となっている（54頁）。

(2)　H.Heckel/P.Seipp, Schulrechtskunde, 1 Aufl. 1957, S.104

第Ⅴ部　第2章　学校経営法制と校長の法的地位

第1節　ワイマール憲法下までの学校経営法制と校長職

1　独任制学校経営と校長職

　第1次世界大戦以前においては「独任制ないし権威的学校経営」法制が支配的であった。それは，概ね次のような構造をもっていた。

　①　学校監督庁によって任命された校長が，教員の「職務上の上司」として，教員に対して包括的支配権を有した。したがって，たとえば，校長が授業を査察し，教員の教育活動について職務命令を発することは当然に許容され，その不遵守は懲戒事由たる「職務上の不服従」を構成した。

　②　教員会議は設置されていないか，設置されていても教員服務規程を設置根拠とする校長の単なる諮問・伝達機関でしかなかった。

　③　児童・生徒（親）は無権利客体として営造物権力＝学校権力（Shulgewalt）の一方的規律下に置かれ，こうして，学校経営権は第1次的には校長の単独権限に属した。

　④　しかし，校長自身もその直近学校監督庁たる郡視学の直接的な指揮監督に服していた[4]。

　ちなみに，当時の主要な立法例を掲記すると下記のようである。

　◎ハンブルク 1872 年法－「校長は教員の直近上司（der nächste Vorgesetzter）である。教員は教育活動・学校懲戒に関する校長の命令を厳守しなければならない」。「教員会議の決定は校長を拘束しない。それを実施するか否かは校長の権限に属する」。「教員は校長の許可を得て，しかも校長が同席する場所に限り，生徒の親と対話することができる」。

　◎ザクセン・ローブルク 1905 年法－「校長は教員の直近上司である。……校長は教員がその職務上の義務を履行しているかどうかを，あらゆる点について監視しなければならない」。

　◎ザクセン・マイニンゲン 1908 年法－「学校の直接的監督，授業の監視，懲戒……は校長の義務である[5]」。

---

(3)　校長職名は歴史的に変化しており，また州や学校種によっても異なる。Schulleiter, Erster Lehrer, Oberlehrer, Hauptlehrer, Rektor, Schulrektor, Direktor, Studiendirektor, Oberstudiendirektor などがあるが，ここでは原則としてこれらを区別しない。

(4)　K.Nevermann, Der Schulleiter, 1982, S.162～S.174. W.Seufert, Die Lehrerkonferenz In: Blätter für Lehrerbildung,1968,S.184

第1節　ワイマール憲法下までの学校経営法制と校長職

2　合議制学校経営と校長職

このような独任制学校経営に対して，ドイツ教員組合は「学校の自治」ない
し合議制学校経営を要求して根強い運動を展開した。学校経営を校長の単独権
限から教員集団の合議制的権限とすること，教員会議（Lehrerkonferenz）の自
律的権限を法認すること，校長を教員の上司ではなく「同輩中の首席」（Er-
ster unter Gleichen）として位置づけ，しかもその実質的任命権を教員集団に留
保すること，教員は「職務上の自律」を保障されること，等がその具体的な要
求内容であった[6]。

こうした教員組合の要求運動は，一般的な民主化思潮や自由主義的教育思想，
とりわけ「学校共同体」（Schulgemeinde）構想を背景として，1910年代から
1920年代前半にかけて法制上に結実した。

まず1910年代の前半には各州で教員会議は必置機関とされ，その権限もか
なりの拡大を見た。教員には教員会議での議案提出権や議決権が保障され，校
長は教員会議の決定に対してただ限定的拒否権を有するにすぎないという制度
が生成した。つづいて1919年にはプロイセンとバイエルンで「自治としての
合議制学校経営」（Kollegiale Schulleitung als Selbstverwaltung）が法的保障を受
けたのを始めとして，1923年までにブレーメン他4州でもかかる法制度が確
立したのであった[7]。またその他の州においても父母協議会と教員会議の学校
経営参加権が保障され，こうして，すべての州で伝統的な独任制学校経営法制
は大きく崩れたのであった。

たとえば，プロイセンにおいては学校法制上こう明記された。「校長はもは
や教員の上司ではない。校長は教員会議の議長を務める同輩中の首席にすぎな
い。校長および教員は，学校活動の内的統一性の基盤は合議制的協同によって
のみ形成できる，ということを銘記すべきである」（1923年10月30日付け文部
省令）。「校長は，教員会議の議決によるか，もしくは上級行政庁の特別な委任
に基づく場合においてだけ，教員に対して教育方法上の命令を発する権限をも
つ」（1919年9月20日付け文部省令[8][9]）。

---

(5)　J. Tews, Grundzüge der deutschen Schulgesetzgebung, 1913, S.117～S.119. Schulbe-
　　hörde der Hansestadt Hamburg（Hrsg.）, Selbstverwaltung der Schule in der Demokratie,
　　1952, S.12

(6)　R. Bölling, Volksschullehrer und Politik, 1978, S.234.

(7)　G. Bäumer, Deutsche Schulpolitik, 1928,　S.40～S.41. A. Dumke, Die Schulleitung, 1960,
　　S.271.

437

第Ⅴ部　第2章　学校経営法制と校長の法的地位

またハンブルクでは著名な「学校の自治に関する法律」〈Gesetz über die Selbstverwaltung der Schule v. 12. Apr. 1920〉が，「各学校の直接的管理 (unmittelbare Verwaltung jeder Schule) は教員会議と父母協議会によって行なわれる」（第1条）と謳ったうえで，校長の法的性格や職務について，大要，つぎのように規定した。

校長の職務は「法規定，上級学校行政庁の命令および教員会議と父母協議会の決定に従って学校を経営する」（18条）ことにある。ただ校長は教員会議や父母協議会の決定が法規定ないし上級学校行政庁の命令に抵触するか，もしくはそれを責任をもって実施しえないと考える場合には，異議を申し立てなければならない（25条2項）。校長は教員会議の議長を務めるが（25条1項），「教員会議の決定は校長……を拘束する」（4条）。校長は教員会議の成員と父母代表とによって3年間の任期で選出される（19条1項・24条）。校長職は名誉職 (Ehrenamt) あり，その身分は教員と同一である。したがって，校長と教員とは上司・下僚の関係にはない（23条[10]）。

3　ナチス政権下における校長職

1933年1月のナチス政権の成立により，上述のような合議制学校経営法制は根底から破壊され，学校は再び学校監督庁の包括的統制と校長の独任的管理の下に置かれ，強度の独任制学校経営法制が復活することになる。

すなわち，極度の中央集権的教育行政体制の確立と相俟って〈1934年5月・第三帝国文部省設置〉，「議会制民主主義に立脚する教員集団の合議制決定権はこれを全廃する」と明言された。また職業官吏制度再建法（1933年4月）の制定を機に教員に対する統制が著しく強化され，同年6月にはプロイセン教員組合が解散に追い込まれるなど，教員組合・教育運動は壊滅的な打撃をうけた。ワイマール革命期の所産である参加民主主義は原理的に否定され，労使共同決

---

(8)　Preußischer Lehrerverein (Hrsg.), Schulaufsicht, Schulleitung und Konrektorat an Volks-und Mittelschulen,1927, S.271.

(9)　ちなみに，プロイセンの「合議制学校経営に関する命令」〈Erlaß zur kollegialen Schulleitung v. 20. 9.1919〉の序文は，高らかにこう謳っている。「この命令は時代の精神に対応している。すべての公の生活領域において，自治を拡大することによって，これまで抑圧されてきた諸々の力を解放し，共同の活動への関心を高め，共同責任の感情と共同意識を覚醒し，個々人の経験を従来よりもより多く全体のために活用するという時代の精神である」（W.Kühn, Schulrecht in Preußen, 1926, S.190）。

(10)　Schulbehörde der Hansestadt Hamburg (Hrsg.), a.a.O., S.70～S.76.

定制を始めとする各種の参加制度は解体された。くわえて，いわゆる「指導者原理」（Führerprinzip）が学校にも援用され，「学校の指導者」（Führer der Schule）として位置づけられた校長が，学校経営の全権を掌握した[11]。1934年4月3日の「国民学校および中間学校に関する改正規程」は，こう書いている[12]。

「①　校長は…学校経営の外的・内的秩序に関し学校監督庁に対して責任を負う。とくに監督庁の命令が遵守されているか，学校の教育活動がナチスの国家思想の精神に基づいて行なわれているか，に対して責任を負う。

②　校長は教員の職務上の上司である。教員は校長の職務命令に忠実に従わなければならない。

③　学校経営のあらゆる事柄は，校長の単独決定権に属する。

④　校長は必要だと思う場合には教員（従来は教員会議・筆者）を招集する。

⑤　校長は，授業査察によって，教員の教育活動が職務命令に即して行なわれているかどうかを，確認しなければならない……」。

第2節　ドイツ基本法下における学校経営法制と校長職

1　合議制法制と独任制法制の重畳・相対化

第2次大戦後，ドイツ（ボン）基本法（1949年）および各州憲法をうけて，旧西ドイツ各州では学校法制改革が実施されたが，ベルリンを例外として[13]，学校経営法域においては概ね独任制的構造が維持された。

しかし1954年以降，こうした学校経営法制・「管理された学校」（Die verwaltete Schule）に対して鋭い批判が起こる（H.ベッカー[14]）。そして，これと表裏して，H.ヘッケル等によって「教員の教育上の自由」（Pädagogische Freiheit des Lehrers）・「学校の教育上の固有責任」（Pädagogische Eigenverantwor-

---

(11)　W.Seufert, a.a.O., S.168.

(12)　K.Nevermann, a.a.O., S.217.

(13)　ベルリンにおいては1952年の学校法によって「学校経営および学校行政は合議制的な基盤にもとづいて（auf kollegialer Grundlage）行なわれる」（16条）ことが確認されている（C.A.Werner, Das Schulgesetz für Berlin, 1954, S.121）。

(14)　H.Becker, Die verwaltete Schule（1954）In:ders, Quantität und Qualität－Grundfragen der Bildungspolitik, 1968, S.147ff.

第Ⅴ部　第2章　学校経営法制と校長の法的地位

tung der Schule) の法制化運動が推進され[15]，その結果，これらの法理は 1950
年代後半から 1960 年代を通じて法的確立を見たのであった。

　すなわち，1956 年のハンブルク州学校行政法が「学校における自治は教員
会議と校長によって担われる」（1 条 2 項）と明記したのを最初として，1960
年代末までに 7 州の学校法が上記法理を明記するまでに至った。

　他方，以上のような学校法制改革と併行して，ハンブルク，ブレーメン，
ヘッセンの 3 州においてはすべての学校種で，ニーダーザクセン州では国民学
校と実科学校において合議制学校経営が復活した。またバイエルン州を除くそ
の他の州においても教員会議の議決権が大幅に拡大・強化され，伝統的な独任
制形態は「強力な会議権を擁する独任制学校経営」へと大きく修正された[16]。
くわえて，「親の公教育運営への参加制度」と「生徒の学校参加制度」もすべ
ての州でいっそうの拡充を見た。

　こうして，1960 年代を通じて，「独任制学校経営と合議制学校経営との原理
的な区別は今日ではもはや有効ではない。校長の固有責任の強度には程度差が
あるが，すべての成員が学校における教育活動に対する責任を分有するという
原則が，常にまた何処においても妥当する[17]」という法制状況となった。

2　ドイツ教育審議会の勧告と校長職

　ドイツ教育審議会（Deutscher Bildungsrat）は 1970 年勧告「教育制度のため
の構造計画」の具体化として，1973 年に「教育制度における組織および管理
運営の改革－強化された学校の自律性と教員，生徒，親の参加」なる勧告を
行った。その主要なモティーフは，副題が示しているように，学校の自律性の
強化と教員・生徒・親の参加拡大にあった。以下に，校長職に係わる勧告内容
を端的に要約しておこう。

　「学校の経営形態の決定は，国家的に確定された選択的モデルの範囲内で，
自律した学校の権限とされるべきである。学校経営形態としては，大きく，

---

(15)　ヘッケルがこの問題を本格的に論じたのは，1956 年の論文「学校法の今日的状況と
　　将来の課題」（Heutiger Stand und künftige Aufgaben des Schulrechts In: DÖV 1956, S.
　　585ff）が最初である。その後も主著「学校法学」をはじめ，これに関する多くの論稿を
　　著し，またこの法理の立法案を具体的に提示した。

(16)　H.Heckel/P.Seipp, a.a.O., 4 Aufl. 1969, S.138-141. T.Oppermann, Kulturverwaltungs-
　　recht, 1969, S.197-198.

(17)　H.Heckel/P.Seipp, a.a.O., 5 Aufl. 1976, S.70

『個人による学校経営』と『チームによる学校経営』が考えられる。両者の決定的な差異は，学校経営が最終的に個人の権限・責任に帰するか，集団のそれに帰するかにある。いずれの形態を採るかは学校の種類・段階・規模の如何によるが，大規模校では後者を採用することが望ましい。

　会議の負担を軽減するために，校長の権限を強化しなくてはならない。下記の事項が校長の一般的な権限に属するであろう。学校の対外的代表，学校設置者や学校監督庁との接触，学校会議の準備とその決定の実施，学校内部組織の違法な決定に対する異議申立て，学年・教科会議の調整，時間割の作成，授業の委託と代行，人事上の問題，学校財務および一般的な管理運営課題，などがそれである。

　校長の任用に際しては，学校ならびに学校監督庁に対する責任という校長の二重責任が考慮されなければならない。学校だけによる選出も，学校監督庁の一方的な任命も望ましくない。校長任用手続には学校および学校監督庁の双方が参加すべきである。ただ，国の人事高権（staatliche Personalhoheit）は依然として留保される[18]」。

3　1970年代の学校法制改革と校長職

　上述のようなドイツ教育審議会の勧告を直接の契機として，1973年（ハンブルク州）から1979年（バイエルン州とブレーメン州）にかけて，旧西ドイツ各州ではかなり大幅な学校組織・構造法制改革が敢行された[19]。

　その結果，たとえば，ザールラント州の「学校共同決定法」〈Schulmitbestimmungsgesetz・1974年〉やノルトライン・ウェストファーレン州の「学校参加法」〈Schulmitwirkungsgesetz・1977年〉などの改革立法の名称が端的に示しているように，教員会議・学校会議・父母協議会・生徒代表組織などの各種会議権や教育行政・学校経営への参加権は総体としてはそうとう強化された。しかし同時に，多くの州において校長の地位・権限も相対的にはかなりの強化を見ることとなった。このうち，「校長と教員会議の権限関係」についてだけ

---

(18)　Deutscher Bilduungsrat, Zur Reform von Organisation und Verwaltung im Bildungswesen. Teil I. Verstärkte Selbständigkeit der Schule und Partizipation der Lehrer, Schüler und Eltern, 1973, S.31-S.32. A.112-116.

(19)　K.Nevermann, a.a.O., S.239〜S.240. ders., Grundüge des Schulverfassungsrechts, In: ders./I.Richter（Hrsg.）, Rechte der Lehrer, Rechte der Schüler, Rechte der Eltern, 1977, S. 173ff.

第Ⅴ部　第2章　学校経営法制と校長の法的地位

敷衍して言及すると，これに関しては大きく二様の規律モデルが見られている。

一つは，学校経営権は原則として教員会議に属し，学校法によって特別に援権された場合に限り，そしてその限りにおいてだけ校長もこの面での権限を有する，という法制度であり，他は，その逆の権限関係法制である。

前者の範例としては，ニーダーザクセン州が挙げられる。すなわち，同州学校法によれば，「教員全体会議はすべての本質的な事項（alle wesentlichen Angelegenheiten）について決定権を有する」のであり，しかもその権限事項は，たとえば，重要な教育事項や教育計画の策定など，25項目にも及んでいる（23条）。学校経営上のほとんどすべての重要事項が網羅されていると言ってよい。

これに対して校長は，教員全体会議を準備し，その議長を務め，会議の決定を実施するにすぎない（30条）。この関係は端的に「教員会議が決定し，校長が執行する」（Die Lehrerkonferenz beschließt, der Schulleiter vollzieht）と定式化できよう[20]。ノルトライン・ウェストファーレン，ヘッセン，ブレーメンなどの諸州もこのモデルに近い。

他方，後者の規定例の典型はバイエルン州であり，そこでは，「校長は秩序ある学校経営と教育活動に対して，および教員と共同で生徒の教育に対して責任を負う」（一般学校規程42条2項）と法定されている。学校経営権は基本的に校長の単独権限に属するとされているのである。

かくして，教員会議は会議権は享有するものの，校長との関係では，その議決は単に「勧告」（Empfehlung）の意味しかもたない（45条2項）。バーデン・ビュルテンベルク州やハンブルク州がこのモデルの流れに位置している。

4　1990年代以降の「学校の自律性」論議と校長職

ドイツにおいては1990年代に入って，ブレーメン，ハンブルクおよびヘッセンの3州に端を発したいわゆる「学校の自律性」（Schulautonomie）をめぐる問題が学校法政策上の重要なテーマとなった。既述したように，「Schulautonomie」というターム自体は，多くの学校法学者が批判している通り[21]，法学上の概念としては適切ではないが，要するに，いうところの自律性論の目ざすところは「個々の学校の責任の拡大ないし自律性の強化」（Erweiterung der Ve-

---

(20)　H.Amberg/W.Schiedermair, Bayerisches Schulrecht, 1974, S.496.

(21)　さしあたり，H.Avenarius/H.Heckel, Schulrechtskunde, 7 Aufl, 2000, S.113.

442

rantwortung bzw. Verstärkung der Selbständigkeit der Einzelschule）という点にある[22]。

　具体的には，旧来の国家の学校監督権や学校設置者の行政権限を縮減し，とくに教育課程の編成と教育活動，教職員人事および学校財務の面において，学校の権限と責任をよりいっそう強化する必要がある，と唱えられる[23]。

　ここで重要なのは，そこにいわゆる学校の自律性を強化するためには，もしくはそれを確保し，担保するためには，校長の地位と権限もまた強化されなくてはならない，とされていることである。H.アベナリウスによれば，「強い校長が学校の自律性を強化する[24]」。

　この点，1990年代半ば以降のドイツにおける学校の自律性論議と学校法政策に少なからぬ影響を与えた，ノルトライン・ウェストファーレン州の教育審議会報告書『教育の未来－未来の学校』（1995年）にも，つぎのような提言が見えている[25]〈要約〉。

　「学校はそうとう程度拡大された形成権を有する『部分的に自律的な学校』（teilautonome Schule）であることが求められる。従来，学校監督庁と学校設置者に留保されてきた決定権が学校に大幅に委譲される必要がある。

　『部分的に自律的な学校』は，教育活動を展開するための諸条件を効果的に整備するために，とくに人事と学校財務の領域で拡大された権限をもつ，校長を擁さなくてはならない。校長の裁量権が拡大され，責任ある上司として，その地位が強化されるべきである。その場合，とくに以下の事柄が校長の任務・責任領域に属することになる。

　学校の教育・組織上の展開計画および学校プログラムと学校に固有な指導要領の策定，学校参加組織や学校評議会における審議のための準備，学校の内部評価の実施とその報告責任，学校独自の人事上の権限と教員に対する勤務・職務監督権，教職員の選任および学校設置者による任用のための推挙，学校の財務管理領域における決定，学校予算と定員計画の策定」。

---

(22)　H. Döbert, Schulen in erweiter Verantwortung－Projekte und Modelversuche in Berlin und Brandenburg, In:RdJB (1997), S.406.

(23)　さしあたり，参照:K.J.Tillmann, Autonomie für die Schule und ihre Lehrer, In: RdJB (1997), S.331.

(24)　H. Avenarius/H.Heckel, a.a.O., 7 Aufl, S.118.この点，詳しくは参照: H. Avenarius, Schulische Selbstverwaltung－Grenzen und Möglichkeiten, In:RdJB（1994), S.268ff.

(25)　Bildungskommission Nordrhein-Westfalen, Zukunft der Bildung－Schule der Zukunft,1995,S.64～S.65,S.159～S.160.S.162～S.165.

第Ⅴ部　第2章　学校経営法制と校長の法的地位

ところで，上述のような学校の自律性論議に呼応するかのように，1990年代半ばから後半にかけて，ブランデンブルク，ブレーメン，ハンブルク，ヘッセンなど8州で「学校の自律性の強化」を旨とした法制改革が行われた。そしてそれによって，たとえば，各学校が独自に学校プログラム（Schulprogramm）を策定するようになったり，学校財務および人事行政の面で学校に一定範囲の自律的な権限が法認されるに至るなど，学校の組織構造法域においても新たな展開が見られてはいる[26]。

けれども，いうところの学校の自律性論が掲げる「広範な改革の目的と原則に関して，現実的な合意に達したところなど何処もない[27]」というのが現状であり，したがって，校長の法的地位についても，ヘッセン州やハンブルク州などで若干の手直しがなされたものの，学校の組織・権限関係の基本に触れるような制度改革は現在までのところ行なわれてはいない，という状況にある。

第3節　現行法制下における校長職の法的構造

1　校長職の法的地位・性格

1-1　校長の設置

たとえば，バーデン・ビュルテンベルク州学校法が「すべての学校に校長を置く。校長は同時にその学校の教員でもある」（39条1項）と規定しているように，校長は学校法制上すべての州で必置機関とされている。したがって，「学校に教員が1名しかいない場合は，その教員は同時に校長である」（ヘッセン州旧学校行政法46条）ということになる。

ちなみに，この点，1897年のプロイセンの省令は「6学級以上の規模の学校には校長が置かれるものとする」と書いて，校長の設置を学校規模の如何に委ねていた〈校長の任意設置〉。

なお参考までに，ドイツでは「教頭」（Stellvertretender Schulleiter）は任意設置とされており，教頭が置かれていない場合は——小規模の基礎学校・基幹学校でこのようなケースが見られる——，その学校の勤務年数のもっとも長い

---

(26)　H.Avenarius/H.Heckel, a.a.O., S.111～S.113.各州の法制状況について詳しくは参照:H. Avenarius/T.Kimmig/M.Rürup, Die rechtlichen Regelungen der Länder in der Bundesrepublik Deutschland zur erweiterten Selbständigkeit der Schule, 2003, S.11ff.

(27)　M.Stock, Auf dem Weg zur "teilautonome" Schule? Bemerkungen zur Reform—diskussion in Nordrhein—Westfalen, In: RdJB (1997), S.374-375.

第3節　現行法制下における校長職の法的構造

教員がその任を務めることになっている。

1-2　校長の身分・性格・待遇

　上記規定例にもあるように，ドイツでは「校長は同時にその学校の教員」であり，公務員法上，教員としての身分を有している（州の公務員）。

　つまり，校長は「教員の上司」ではあるが（後述），したがってまた，給与法上は一般教員よりも給与グループ（Besoldungsgruppe）が2段階ないし3段階上位にランクされてはいるが[28]，しかし身分法上は基本的には教員と同列なのである。

　これは「よい教員がよい校長である」というドイツの教育伝統に根ざしている。ちなみに，この点について，J.テウスは1913年に「校長の授業時数の軽減は必要最小限にとどめなくてはならない。校長が第一義的には教員として活動し，自ら常に学校の活動に直接関与できるようにするためである。校長はその学校の模範教員（Musterlehrer）でなくてはならない[29]」と書いている。先に指摘した通り，近年，とりわけ経営学的なアプローチによって，校長の職務・役割にはある種の変容が見られてはいるものの[30]，上述の伝統的校長像は基本的には今日に至るもなお根強く生き続けているといえよう。

　なお以上のことは，「学校経営は教育的性格のものであり，教育的観点から

---

(28)　ドイツでは公務員の給与は2006年の連邦制改革までは連邦給与法（Bundesbesoldungsgesetz v. 3. 12. 1998）によって連邦レベルで統一的に規定されていた。しかし2006年の連邦制改革によって，公務員の給与に関する決定は各州の専管的な権限に属するとされるに至った。

　ただ各州が連邦給与法とは別異の定めをしない限り，連邦給与法は各州に対して依然として適用されるとされている。現行法制上，州独自の給与法を擁しているのはテューリンゲン州だけで〈TH BesG v. 27. 3. 2009〉，こうして今日，それ以外の15州においては公務員の給与は連邦給与法によって規律されるところとなっている。

　ちなみに，同法によると，教員，校長ともに学校種によって（校長の場合は学校規模によっても）給与法上の位置づけが異なっている。すなわち，教員の場合，基礎学校と基幹学校では給与グループA12，実科学校，障害児学校，職業学校およびギムナジウムにあっては，A13と位置づけられている。

　一方，校長の場合は，基礎学校と基幹学校がA14，それ以外の学校種は規模によりA15ないしA16となっている（H. Avenarius/H. P. Füssel, Schulrecht, 2010, S. 614, S. 676. Behörde für Schule, Jugend und Berufsbildung, Schulrecht Hamburg, 2000, 7. 6. 1.）。

(29)　J. Tews, a. a. O., S. 121.

(30)　参照:E. Münch, Neue Führungsperspektiven in der Schulleitung, 1999, S. 118ff.

445

第Ⅴ部　第2章　学校経営法制と校長の法的地位

なされなければならない[31]」という認識と深く関連している。

この点，有力な学校経営学説も下記のように指摘しているところである。「立法者は校長という職務は管理運営の専門家（Verwaltungsfachmann）ではなく，教育者（Pädagogen）によって担われるということに価値を置いている。『校長は同時にその学校の教員である』という基本的なテーゼはもとより，校長の養成条件も，校長という職務が第一義的には教育的な活動である，ということを旨としている。かくして，行政法上の所定の要件を考慮しながらも，校長が行う諸々の決定は教育的な観点からなされなくてはならない[32]」。

1-3　校長の資格要件

かつてドイツの多くのラントでは，校長職に対しては特別な任用資格要件が要求されていた。たとえば，シュヴァルツブルク゠ゾンダースハウゼンの1912年5月31日法によれば，「校長職への任用は中間学校教員試験または校長試験もしくは教育試験の合格が前提条件である[33]」となっていた。

しかし，現行法制下においては概してこのような特別な法定資格要件は存しない。通常，当該学校種の教員免許状を有していれば足りる。「校長には当該学校種の教職資格を有し……学校経営関係業務に適格な者が任命される」（バーデン・ヴュルテンベルク州学校法39条2項）といった規定が一般的である。

もっとも，1990年代以降の学校改革立法によって，学校経営面での能力の実証を校長の任用要件として明記する州法が見られ始めている。

たとえば，ハンブルク州学校法は「校長の適格性」と題して，こう規定する（91条）。

「校長には，教職のための養成を超えて，学校経営のために必要な知識と能力を獲得した者だけが任用されるものとする。それはとりわけ指導力，集団を束ねる能力，コンフリクトを解決する能力，改革を進める気概，組織力，さらには学校内外の組織と協同し，また学校の任務を教育政策や社会政策の展開のコンテクストにおいて担う能力と姿勢のことである」。

---

(31)　H.Mahrenholz, Aufgaben eines Schulleiters als primus inter pares, In:Erziehungswissenschaft und Beruf, 1971, S.123.

(32)　H-J. Holtappels u. a., Die Schulleitung—Ein wertender Vergleich zwischen den Bundesländern, 1991, S.69.

(33)　J.Tews, a.a.O., S.119.

第3節　現行法制下における校長職の法的構造

1－4　校長の授業担当

上述の1－2と係わって，ドイツにおいては校長もまた一定時間数の授業を担当することが義務づけられている（シュレスビッヒ・ホルシュタイン州学校法82条2項など）。学校種や学校規模に関係なく，すべての州の，すべての学校においてそうである。この点は，まさしくドイツの校長職に特徴的なメルクマールだと言えよう。

もとより校長の担当授業時数は，教員のそれよりは軽減される。軽減時数は州により，また学校種によっても異なるが，当該校の児童・生徒数，もしくは学級数を根拠として算定されるのが一般的である。具体的には各州文部省令・規則による[34]。

たとえば，ヘッセン州においては，「教員の義務授業時数に関する規程」〈Verordnung über die Pflichtstunden der Lehrkräfte v. 25. Juni 2012 年〉の定めるところにより（4条），校長の週当りの担当授業時数は，学校種により，基礎学校が7時間，基幹学校と実科学校が8時間，ギムナジウムが12時間，総合制学校が13時間，促進学校の場合は障害の種類により，5時間（学習障害児学校）から11時間（視聴覚障害児学校）となっている。

ちなみに，同州における一般教員（50歳未満）の週担当授業時数は，基礎学校が29時間，基幹学校と実科学校が27時間，総合制学校とギムナジウムが26時間，それに促進学校が28時間とされている（同規程1条）。

このように校長が教員として授業を担当する場合は，当然のことながら，教員としての学校法制上の権利・義務が校長にも妥当することになる。学級父母協議会への出席義務（とくに基礎学校）や「教員の教育上の自由」の享有などが，その例である。

なお付言すれば，ドイツにおいても「校長会」（Schulleiterverband）が連邦レベルと各州で組織されているが，「校長の担当授業時数の削減ないし授業担当の廃止」は，校長会がその設立以来，一貫して強く要求してきているところである[35]。

なお各州の校長会は概ね1970年代に設立されたが〈たとえば，ヘッセン州の場合は1976年〉，これらの各州校長会が結集して1983年，「ドイツ校長会連

---

(34)　詳しくは参照:H.J.Holtappels u.a. a.a.O.,S.69 ff.

(35)　ヘッセン州校長会の設立の経緯と活動方針については，参照:A.Sigulla, Schulleiter in einem rechtsfähigen Verein, In: Schulmanagement 1981 H.5, S.23ff.

第Ⅴ部　第2章　学校経営法制と校長の法的地位

合」（Arbeitsgemeinschaft der Schulleiterverbände Deutschlands）が設立され，今日に至っている。

2　校長の職務内容と権限

　校長の任務や権限は各州の学校法で一般的に規定され，これをうけて校長服務規程（文部省令）がかなり詳細な定めをおいている。その具体的内容は州や学校種・学校段階によって各様であるが，現行法制下ではその基本的構造にさほどの差異はない。

　たとえば，ラインラント・プファルツ州学校法は校長の一般的任務をこう書いている。「校長は学校の教育活動の実施に対して責任を負う。校長は，学校設置者の権限を妨げないで，学校の日常的な管理運営業務を遂行し，かつ学校を対外的に代表する。校長は教員間の協同をはかり，親や学外の職業教育責任者と連携を促進し，学校の教育問題について助言する。校長はまた青少年・社会福祉局との連携を維持する。校長は，その任務の一部を教頭ないしその他の教員に委託することができる」（学校法21条1項）。

　またヘッセン州における校長の職務権限法制はつぎのような構造になっている。

　まず学校法88条が「校長」と題して，第1項でこう規定する。「校長は，学校がその教育責務（Bildungs-und Erziehungsauftrag）を達成すべく責任を負う。校長は現行の法規と行政規則および学校会議と教員会議の決定に従って，学校を経営する」。

　これをうけて同法は，校長の職務と責任を大きく教育活動に係わる面と学校の管理運営面とに2分し，同条第2項と第3項で，それぞれについてその内容を個別的に列記している。前者として規定されているのは，つぎの8事項である。①学校プログラムの展開と現実化，②教員全体会議が定立した原則に基づいての時間割や監督計画の作成と学級編制，③教育活動の実態の把握と教員への助言，④教員間の協同に対する配慮，⑤教員養成・教員研修の促進，⑥生徒・親代表の活動に対する支援，⑦地域への学校開放の促進，⑧他の機関（青少年保護・援助施設など）との協同。

　また後者としては，①生徒の入学と卒業，②就学義務の履行に対する配慮，③学校の秩序維持，④社会に対する学校の代表，⑤学校予算年次計画の策定，⑥州ないし学校設置者の法律行為の代理，の6事項が挙げられている。

　以上が法律レベルの規定であるが，これらをさらに具体化するために，文部

448

第3節　現行法制下における校長職の法的構造

省令で「教員・校長および社会福祉教育職員服務規程」（2011 年[36]）が制定されている。この服務規程は 28 ヵ条からなっているが，15 条から 24 条に亘って校長の職務権限と責任をそうとう具体的に定めている。

かくして，先に引いた規定例からも知られるように，一般に校長の職務内容には大きくつぎのような種別が認められる。①学校の教育活動や全教職員の統一的な協同に対する配慮，②秩序ある学校経営に対する配慮，③いわゆる外的学校事項の管理と運営，④学校の対外的代表，がそれである[37]。

3　校長と教員の法的関係
3－1　上司としての校長

現行法制上，公立学校は「権利能力を有さない公の施設（営造物）」（nichtrechtsfähige öffentliche Anstalt）として教育行政のヒエラルキーに，また教員は州の公務員（Beamte）として公務員法上のヒエラルキーにそれぞれ編入されている。したがって，学校ないし教員についても「上司」（Vorgesetzter）という概念が当然に妥当する。ここに「上司」とは，連邦公務員法によれば，「公務員に対して，その職務行為につき命令を発することができる者」（3条2項）のことをいう。

こうして校長は，たとえば，ノルトライン・ウェストファーレン州学校行政法が「校長は学校に勤務するすべての職員の上司である」（20条2項）と明記しているように，現行学校法制上，すべての州で「教員の直接の上司」として位置づけられている。つまり，校長は学校における教育上および管理運営上の全体責任の範囲内において，教員の職務行為に関して拘束力ある命令を発することができる[38]。

ちなみに，この点について現行学校法制も，たとえば，ザールラント州学校参加法は，こう明記している（16条5項）。「校長はその任務を遂行するに当たって…教員に対して命令をする権限をもつ（weisungsberechtigt）」。

ただ校長は学校法制上一般に，教員の上司ではあっても，「勤務上の上司」（Dienstvorgesetzter）ではない[39]。したがって，教員の公務員法上の地位・身分に触れる事柄や人事行政上の事項については権限をもたない。

---

(36)　Dienstordnung für Lehrkräfte, Schulleiterinnen und Schulleiter und sozialpädagogische Mitarbeiterinnen und Mitarbeiter v. 4. Nov. 2011.

(37)　H.Avenarius/H.Heckel,a.a.O., S.123〜S.124.

(38)　さしあたり，D.Margies/K.Roeser, Schulverwaltungsgesetz, 1995, S.203.

第Ⅴ部　第2章　学校経営法制と校長の法的地位

　しかし，例外的に校長を教員の勤務上の上司として法定している州も見られている。たとえば，バイエルン州においては，実科学校，職業学校およびギムナジウム（これらに対応する障害児学校も含む）の校長は，現行法制上，教員の勤務上の上司として位置づけられており，そこで教員に対して勤務監督権を行使すると規定されている（バイエルン州立学校教員服務規程24条[40]）。そして，ここにいう勤務監督権には，たとえば，教員に対して懲戒罰を科したり，兼業や休暇を承認したり，勤務評定を行うなどの権限も当然に包含されている。

　他方，ヘッセン州においても学校法制上，校長はほぼ同様に位置づけられているが，しかし同州の場合，「学校の自治がそれを要請する場合に限り」（学校法88条1項）との要件下で校長に勤務上司性が付与されているという事実は，注目に値しよう。まさしく上述した「学校の自律性の強化・拡大に伴う校長権限の強化」というコンテクストに位置しているのである。

3-2　校長の職務命令権と「教員の教育上の自由」

　このように，校長は教員に対して職務上の上司としての権限を有しているが，しかしそれがいかなる範囲で，どの程度にまで及びうるかとなると—とくに教員の教育活動に対する校長の指示・命令権の存否—，「教員の教育上の自由」との法的緊張が問われなければならないことになる。いうところの「教員の教育上の自由」は教員に対して教育活動上，固有責任にもとづく形成領域を保障する権利なのであり，そしてこの権限は今日，ドイツにおいては，すべての州ですでに実定法上に確立を見るに至っているからである。

　この問題は，「教員の教育上の自由」に係わる重要な事柄であるが，これに関する今日の通説・判例を端的に要約しておくと（同旨のことを学校法で明記している州もある），つぎのようになろうか。

　「校長は，いまだ養成途上にある教員に対しては，その教育活動に関し，教授・教育的観点から職務上，命令できる。しかし全的に養成を終えた教員

---

(39)　公立学校教員の勤務上の直近の上司は直接的な学校監督を行なう行政機関の長である。それは州や学校種によって異なるが，視学官，県知事，上級学務局長などとなっている。最上級の勤務上の上司は文部大臣である（H.Avenarius/H.Heckel,a.a.O., S.293）。

(40)　D. Falckenberg/W. Schiedermair/H. Amberg ,Bayeriches Gesetz über das Erziehhungs und Unterrichtswesen, 1983, S.207.ちなみに，この点，バイエルン州立学校教員服務規程（1984年）28条は，「勤務上の上司としての校長の任務」と題して，こう書いている。「校長は勤務上の上司として，その学校の公務員，被用者および労務者の人事事項に関して人事法上の決定権（personalrechtliche Entscheidungen）を有する」（28条1項）。

450

第3節　現行法制下における校長職の法的構造

（vollausgebildete Lehrer）の場合は，授業査察の権限はもつが，教員の教育活動に関しては，『教員の教育上の自由』の法的効果から，原則としてこれに介入することは許されず，ただ例外的な場合にだけ介入することができる[41]」。

3－3　校長の授業査察権

上記3－2と関連して，校長は果たして教員の「授業を査察する権利」（Unterrichtsbesuchsrecht）をもつか，ということも問題になるが，ここでは，通説・判例はこの権利を承認し[42]，また現行法制上も校長のこの権利（ないし義務）を明記している州が見られている（たとえば，シュレスビッヒ・ホルシュタイン州学校法82条2項），という事実だけを指摘するに止める。

3－4　校長の教員評価権

教員に対する勤務監督権の一環として，ドイツにおいてはすべての州で教員評価制度が導入されている。たとえば，ノルトライン・ウエストファーレン州では，州公務員法が下記のように規定して，公務員に対する勤務評価制度を法制化している。

「公務員の適性，能力，職務上の業績は遅くとも試用期間が経過する前に評価されるものとする。それはさらに定期的に，あるいは昇進に際しても評価されるものとし，勤務評価を実施する間隔は上級勤務官庁がこれを定める。

評価は総合評価とし，今後の職務上の配置に関する提案を含むものとする。評価は人事記録に記載される。公務員には，自己の評価が人事記録に記載される前に，その内容について開示され，かつ上司と話し合う機会が保障される」（104条）。

これをうけて同州では，「教員の勤務評価に関する規程」（1992年）が制定されており，そこにおいて評価の一般原則，評価権者，評価の基準と形態，評価の開示義務と取扱いなど，教員評価制度の具体的な仕組みが規定されている。

なおこの場合，教員評価は教員の人事計画の基礎をなすものであり，その目的ないし制度の趣旨は，端的に言えば，教員の適正配置を可能にし，教員に職能成長を促し，もって公教育制度の機能の維持・向上を期することにある，と

---

(41)　さしあたり，H.Avenarius/H.Heckel, a.a. O., S.120. J.Rux, Die pädagogische Freiheit des Lehrers, 2002, S.184.

(42)　T.Böhm, Grundriß des Schulrechts in Deutschland, 1995, S.77 など。

451

第Ⅴ部　第2章　学校経営法制と校長の法的地位

説明される。これには，生徒の「教育をうける権利」・「自己の人格を自由に発達させる権利」（基本法2条1項）が対応している[43]。

ところで，教員に対する勤務評定権は教員の「勤務上の上司」である所管学校監督庁官の権限に属し，そしてそれは通常，学校監督官に委任されているのであるが一校長には勤務評定の有力な資料となる教員の実績報告書（Leistungsbericht）を作成する義務が課されている一，バイエルン州のように，特定の学校種で校長を勤務上の上司として位置づけている州とは別に，教員評価を校長の権限としている州が見られている。

すなわち，ラインラント・プファルツ州では1974年以来，すべての学校種で評価権者は校長と法定されており，またバーデン・ビュルテンベルク州にあっては，校長にこの権限が委任されるところとなっている（学校法41条2項[44]）。

4　校長の選任手続－教員・親・生徒の参加

校長を誰が，どのような手続で選出し任命するかという問題は，ドイツにおいて歴史的にシビアな争点をなしてきた問題であるが，今日においても，学校の組織・構造法制上，依然として重要な課題の一つをなしている。

既に触れたように，第1次世界大戦後，ドイツ教員組合は合議制学校経営ならびに「学校の自治」確立要求の一環として，校長の選任を実質的に教員集団に留保するよう要求し，そしてそれは1920年代にハンブルク，ザクセン，ブレーメン，テューリンゲンなどの諸州において法制上に結実した。たとえば，ブレーメン州ではすべての学校種で校長選出権（Schulleiterwahlrecht）は教員集団の自治事項とされたし〈1923年5月30日公布・学校法〉，またザクセン州でも教員数5名以上の学校における校長の推挙権は教員集団に属した[45]。

現行学校法制は制度原理的に，こうしたワイマール期以来の学校伝統を継受するとともに，更なる「学校の民主化」＝学校関係当事者の参加の保障と拡大という観点から，それを一段と拡充した法制を擁していると言えよう。多くの州において，従来の校長選任過程への教員（会議）の参加にくわえて，親や生徒の参加も法認されるに至っているのである。

---

(43)　W.Hahn / J.Wenyelburger,Dienstrecht für Lehrer in Baden Württemberg,1996, S.226.

(44)　R.Bessoth, Lehrerberatung——Lehrerbeurteilung, 1994, S.79.なお参照：拙稿「ドイツの教員評価制度」『学校運営研究』2000年4月号，明治図書，48頁～49頁。

(45)　G.Bäumer, a.a.O., S.38～S.39

第3節 現行法制下における校長職の法的構造

　制度的には，それは主として「学校会議」を通して現実化されているのであるが，校長選任のための特別な機関である「校長選任委員会」や「校長推挙委員会」への親・生徒代表の参加を認めている州も存している。いわゆる「学校の自律性の強化・拡大」という近年の法政策動向とも相俟って，今日，ドイツにおいては，ひろく学校関係当事者の校長選任過程への参加は，バイエルン州やラインラント・プファルツ州などの例外は見られるものの[46]，大勢としては，学校法制上，すでに確立した制度原理になっていると言ってよいであろう。

　ちなみに，この点，学校法学の権威H.アベナリウスもこう述べている。

　「自己責任を認められ，独自のプロフィールを擁さなければならない学校は，校長の選任に際しても，これについて発言できる可能性をもたなくてはならない[47]」。

　ただ，上記にいわゆる「参加」の形態や参加権の強度については，州によってかなり差異が存している。校長の選任手続のプロセスで，学校会議や教員会議などの参加機関に単に「報告をうける権利」（Informationsrecht）ないしは「聴聞権」（Anhörungsrecht）を認めているにすぎない州もあれば〈メークレンブルク・フォアポンメルン州やザクセン州など5州〉，校長候補者につき「発議権」（Anregungsrecht）や「推挙権」（Vorschlagsr-echt）を法認している州もある〈ブランデンブルク州やニーダーザクセン州など4州〉。また学校監督庁による決定に対して「異議申立て権」（Einspruchsrecht）や「拒否権」（Vetor-echt）を保障している州も存しており〈ノルトライン・ウエストファーレン州〉，さらにはこれらの域を超えて，校長の「選任・指名権」（Auswahl-und Bennenungsrecht）まで認めている州も見られている〈ベルリンなど3州〉。

　制度現実に即して具体的に述べれば，たとえば，ベルリンにおいては，校長選任過程への親や生徒の参加制度はないが，学校監督庁が推挙した2名以上の候補者のなかから，学校会議が3分の2以上の多数決でもって校長の最終候補者を指名する，という仕組みをとっている〈校長指名権の保障〉。

　またザクセン州では，文部大臣による任命の前に，学校設置者と学校会議に

---

(46)　ちなみに，バイエルン州では，基礎学校と基幹学校の校長は県知事が，それ以外の校種については文部大臣が，「業績原理」（Leistungsprinzip）にもとづいて，それぞれ任命することになっており，その過程において学校設置者，教員，親，生徒の参加制度は存していない（H.J.Holtappels u.a., Die Schulleitung—Ein wertender Vergleich zwischen den Bundesländern, 1991, S.73）

(47)　H.Avenarius/H.Heckel. a.a.O., S.121.

第Ⅴ部　第2章　学校経営法制と校長の法的地位

聴聞権が認められているに止まるが（学校法41条2項），バーデン・ビュルテンベルク州（学校法40条3項）では，校長候補者を提案・発議する権利が学校会議に認容されるところとなっている。

　一方，校長選任のために「推挙委員会」（Findungsausschuß）を設置している州としては，ハンブルク，ヘッセン，ブレーメンなどの諸州があるが，このうちハンブルク州における校長選任手続は，概要，以下のようになっている。

　校長は学校監督庁により公募されるが，応募者があった場合，当該校に推挙委員会が設置される。この委員会は監督庁代表・他の行政機関代表・人事委員会代表・他校の校長代表各1名と，教員会議代表1名，それに学校会議によって選出された生徒代表（14歳以上）もしくは親代表1名の，計6名によって構成される。この委員会が応募者のなかから2名ないし3名の候補者を選定し，学校会議に推挙する。学校会議は教員会議の意見を聞いたうえで，秘密投票により，校長候補者を決する―ちなみに，ハンブルク州の場合，学校会議は校長と，学校規模により，教員・親・生徒代表各3名〜5名から成っている（学校法92条）―。

　そして，この学校会議による決定を踏まえて，学校監督庁は校長候補者を最終的に確定し，まず18ヵ月の任期で「試用校長」（vorläufige Schulleiter）として暫定的に任用する。そして試用期間経過後，学校会議と教員会議が異議を唱えなければ，学校監督庁により正式に任命されることになっている（学校法94条・95条[48]）。

　なお，シュレスビッヒ・ホルシュタイン州においては校長選任のための特別な機関として「校長選任委員会」（Schulleiterwahlausschuß）が設置されており，この委員会に文部大臣から推薦のあった候補者（4名以上）のなかから最終候補者を指名する権限が保障されている。校長選任委員会は，初等段階および中等段階Ⅰでは学校設置者代表10名，教員代表と親代表各5名によって構成され，中等段階Ⅱにあっては，親代表2名に代えて，生徒の代表が2名加わっている（学校法88条・89条）。

―――――――――――

(48)　参考までに，ヘッセン州の校長推挙委員会は学校監督庁の代表1名と学校会議代表4名からなる。後者の内訳は教員代表2名と親代表・生徒代表各1名（7学年以降，それ以前は親代表2名）となっている。この委員会が3名の候補者を順位をつけて学校監督庁に推挙し，監督庁は学校設置者および学校会議の意向を聞いたうえで任命する，という仕組みになっている（学校法89条）。

454

第3節　現行法制下における校長職の法的構造

5　校長の試用任用法制

　ドイツにおいては伝統的に校長は「終身職」として任用されてきた。しかし
1978年，ブレーメン州の教育行政法が「校長……は8年の任期で任用される」
（52条3項）と定めたところから，同州の職業学校長がこの規定の合憲性を問
うて提訴するという事件が発生した。

　この件について，連邦憲法裁判所は1985年，校長としての職務期間に期限
を設けることは，職務ごとの給与グループを定めている連邦給与法ならびに職
業公務員制度の伝統的原則（基本法33条5項）に抵触し，違法・違憲であると
の判断を示した[49]。

　この問題はその後も学説上，厳しい見解の対立を見たが[50]，しかし1997年，
「公務員法大綱法」（Beamtenrechtsrahmengesetz）が改正され，いわゆる試用
校長制を採るかどうかは各州の判断に委ねられることとなった。その後，2008
年に「公務員身分法」（Beamtenstatusgesetz）が制定され，これに伴って公務
員法大綱法は廃止されたが，上記法制度はそのまま維持された。

　かくして，今日ではハンブルク，ブレーメン，ヘッセン，ニーダーザクセン
などの諸州で試用校長法制が敷かれているのであるが，敷衍して言えば，この
制度はワイマール期にドイツ教員組合が強く要求したものであった。

　なお校長としての試用期間は通常2年で，1年に短縮することは可能である
が，2年を超えて延長することは認められないとされている[51]。

---

(49)　BVerfG, Beschl. v. 3.7.1985, In:RdJB（1986），S.249.　なお前審のブレーメン高等行政
　　裁判所（1982年5月18日決定）も同旨の見解を示している（In:RdJB 1983, S.80）。

(50)　さしあたり参照:L.R.Reuter, Die Übertragung der Schulleiterfunktion auf Zeit, In:ZBV
　　1986, S.18ff.

(51)　以上につき参照:H.Avenarius/H.Heckel, a.a.O., S.121〜122. J.Staupe, Schulrecht von A
　　−Z, 2001, S.231. H.J.Holtappels, u.a. a.a.O., S.75.

455

第3章 「教員の教育上の自由」の法的構造

第1節 ドイツ基本法の制定と「学校の教育自治」・「教員の教育上の自由」

1 伝統的学校法制・行政法理論の継受

ドイツ基本法7条1項は「すべての学校制度は国家の監督に服する」と定めたが，これはワイマール憲法144条と同文であり，また基本法と前後して生まれた諸州の憲法も概ねこのような伝統的法条を継受した。その結果，当然であるかのように，ドイツ基本法施行後の判例や通説も国家の学校監督概念に関する伝統的解釈を維持した。

たとえば，基本法制定当時の代表的な註釈書は，ワイマール憲法144条との法条の一致を根拠として，大要，次のように述べる。

「基本法7条1項は学校制度の統一性を確保するための制度的保障で，『学校の唯一の主人』（alleiniger Schulherr）としての国家にすべての学校制度に対する支配権を容認したものである。そこにいう国家の学校監督とは，かつて G. アンシュッツがワイマール憲法144条の解釈として観念したごとく[1]，『国家に独占的に帰属する学校に対する行政上の規定権』（das dem Staate ausschließlich zustehende administrative Bestimmungsrecht über die Schule）に他ならない。国家の学校監督の内容と範囲に関する従来の法および行政実例は，今後も継続して有効である[2]」。

また判例ではコブレンツ高等行政裁判所判決〈1954年7月10日判決〉をはじめ，連邦行政裁判所も一貫して「国家の学校監督とは学校制度の組織・計画・統轄・監督に関する国家的支配権の総体である」との見解を示した[3]。

他方，伝統的な教育行政法制・学校管理論も基本的に継承された。すなわち，すべての州の学校法が学校を従前どおり「権利能力を有さない非独立的営造

---

(1) G.Anschütz, Die Verfassung des deutschen Reichs vom 11. August 1919, 14 Aufl. 1933, S.672.

(2) H.v.Mangoldt/F.Klein, Das Bonner Grundgesetz, 1957, S.281-282.

(3) H.Hering, Die Rechtssprechung des Bundesverwaltungsgerichts zum Schulrecht, In: DÖV（1968），S.98.

第1節　ドイツ基本法の制定と「学校の教育自治」・「教員の教育上の自由」

物」（unselbständige, nichtrechtsfähige öffentliche Anstalt）として位置づけ，これらの条項の解釈においても，学校を教育行政の最末端機関とみなす伝統的な学校営造物理論が依然として通説的地位を占めた。またいわゆる公法上の特別権力関係論が教育行政・学校法域においてはなお根強く支配的であったし，さらに公法上の勤務関係・忠誠関係に立つ教員には旧来の官吏法理が厳格に適用されたのであった。

　以上のような伝統的な学校法制と行政法解釈理論により，学校および教員は学校監督庁の包括的な支配権と強い緊縛下に置かれ，こうしていわゆる「管理された学校」（Die verwaltete Schule）が現出した。この状況を H. ベッカーは「学校は教育行政のヒエラルキーのなかで地区警察や税務局などと同程度に最下級行政機関化しており，校長は税務吏員以下の決定の自由しかもたず，教員は『授業形成の自由』を剥奪され単なる行政執行吏に堕している」と表徴し[4]，また H. ルンプフは「教員を疲労困憊させる教育行政の恐怖」とさえ表現した[5]。

2　「教員の教育上の自由」・「学校の教育自治」の法制化

　このような法制的・理論的状況下にあって，教育機関としての学校の特性や教員の職務活動の特殊性を根拠として，旧来の学校特別権力関係論の克服，伝統的な学校監督概念や学校営造物理論および教員の官吏法上の地位の修正を指向して主張されたのが，いわゆる「教員の教育上の自由」（Die pädagogische Freiheit des Lehrers）および「学校の教育自治」（Die pädagogische Selbstverwaltung der Schule）の法理である。この法理を構築しその立法化を強力に唱導したのは，ドイツにおける学校法学の始祖であり，その後長年に亘って学校法学研究をリードした H. ヘッケルであった。

　ヘッケルはまず 1956 年の論文「学校法の今日的状況と将来の課題」において，「今日の学校政策の特徴を簡潔に表現する言葉の一つは，自律的な教育施設としてではなく，第 1 次的に最下級行政機関として把握されている学校たる『管理された学校』である。教育とはなじまない官僚主義の危険が学校を外部からだけではなく，内部からも脅かしている」と指弾し，この現状を打開する

---

(4)　H. Becker, Die verwaltete Schule, In: Merkur（1954），S.1155ff.〈Nachdruck in RdJB（1993），S.130ff.〉.

(5)　H. Rumpf, Die Misere der höheren Schule, 1966, S.27.

457

第Ⅴ部　第3章　「教員の教育上の自由」の法的構造

方途として次の点を提言した。

すなわち，学校監督に対する学校・教員の法的地位を明確化すること，および教育権者（親）の学校教育参加によって「学校の民主化」をはかることがそれである。そして特に前者について「学校には一定程度の真の自治を，教員には明確に規定された教授・教育の自由を，教員会議には必要な権限と責任を保障するのが将来の学校立法の課題である」と力説したのであった[6]。

翌1957年には不朽の名著「学校法学」（Schulrechtskunde, 1 Aufl.,1957）を刊行し[7]，併せて「教員の教育上の自由と服務義務」および「学校法および学校行政の今日的諸問題」という論文を著して，下記のように主張した。

「教員は自分自身が自由である場合にだけ，自由への教育（Erziehung zur Freiheit）を行うことができる。したがって，学校法は学校教育の本質と意義にそくした教育上の自由を保障しなければならない[8]」。

「学校における教育活動は教員会議，校長，教員が責任をもって行い，教育行政当局は緊急の必要がある場合にだけ，それらの教育上の自由を制限しうるとの法律上の明記が必要である[9]」。

「学校は親と教員によって協同で自主的に管理運営され（genossenschaftlich selbst verwaltet），かつその諸条件は自由に運用されるもので，公行政主体はもっぱら諸条件の整備に任ずべきである[10]」。

そして1958年にはこれに関する本格的なモノグラフィー「学校法の観点における教育上の自由」を公にし[11]，この教育法理の立法化のために必要な法

---

(6)　H.Heckel, Heutiger Stand und künftige Aufgaben des Schulrechts, In:DÖV（1956），S. 589.

(7)　「学校法学」（Schulrechtskunde）の初版は1957年に刊行されたのであるが，同書はその後版を重ね〈第2版＝1960年，第3版＝1965年，第4版＝1969年，第5版＝1976年〉，第6版（1986年）からはH.アベナリウスが共著者となり，そしてヘッケル没後に刊行された第7版（2000年）はアベナリウスによってかなりの補訂がくわえられた。2010年に出版された第8版はアベナリウスとフュッセルの共著となり，書名も「学校法」（Schulrecht）と変更されたが，同書においてもヘッケルの学校法学理論が一貫して通底しており，ドイツにおける学校法学の不朽の名著として今日に至っている。

(8)　H.Heckel, Schulrechtskunde, 1 Aufl.1957, S.168..

(9)　ders., Pädagogische Freiheit und Gehorsamspflicht des Lehrers, In:ZBR（1957），S.221.

(10)　ders., Gegenwartsprobleme des Schulrechts und der Schulverwaltung, In: DVBl. （1957），S.484.

(11)　H.Heckel, Die pädagogische Freiheit in der Sicht des Schulrechts, In:DIPF（Hrsg.），Pädagogische Forschung und Pädagogische Praxis, 1958, S.99ff.

第1節　ドイツ基本法の制定と「学校の教育自治」・「教員の教育上の自由」

的構成をはかり，そして著書「ドイツの学校の基本規程」において「教員の教育上の自由」と「学校の教育自治」について，下掲のような法文を具体的に提示したのであった[12]。

「教員は，法律，学校監督庁の命令ないし教員会議の決定に基づく制約が存しない限り，自己の責任において教授し，教育を行う。教員の教育上の自由は，ただ緊急の必要がある場合においてだけ，これを制約することができる」（17条）。

1960年代以降もヘッケルは一貫してこのテーマを重視して追究し，下記のような諸論稿において「教員の教育上の自由」と「学校の自由」（Schulfreiheit）の法理のいっそうの緻密化に努めるとともに，この法理の法制化の必要性を強く説いたのであった[13]。

「ドイツの学校法の発展にとっての行政判例の意義」（1963年），「教育上の自由と学校監督」（1963年），「学校の自由と学校監督」（1965年），「法的な拘束と教員の教育上の自由」（1966年），「学校の自由と学校監督庁の命令権」（1966年），などの論稿がそれである。

またF.ペーゲラーも教育学の観点から，「学校は教育に内在する教育専門的自律性にもとづいて運営されるべきである」と述べ，「管理された学校」（verwaltete Schule）から「教育的な学校」（pädagogische Schule）への変革の必要性を強く説いた[14]。

さて以上のような提言は，1920年代における「学校の自治」ないし「教職の自由」獲得の歴史的成果を背景としつつ，1950年代後半から1960年代後半にかけて各州において法制化を見ることになる。

すなわち，1956年，ハンブルク学校行政法が「学校における自治は教員会

---

(12)　ders., Eine Grundordnung der deutschen Schule, 1958, S.49ff.

(13)　H.Heckel, Die Bedeutung der Verwaltungsrechtsprechung für die Entwicklung des deutschen Schulrechts, In:DÖV（1963），S.442ff.

　　ders., Pädagogische Freiheit und Schulaufsicht, In:Hessische Lehrerzeitung（1963），S.171ff.

　　ders., Schulfreiheit und Schulaufsicht, In:ZBR（1965），S.129ff.

　　ders., Rechtliche Bindung und Pädagogische Freiheit des Lehrers, In:Deutsche Schule（1966）S.398ff.

　　ders., Schulfreiheit und Weisungsrecht der Schulaufsichtsbehörden, In:ZBR（1966），S.84ff.

(14)　F.Päggeler, Der pädagogische Fortschritt und die verwaltete Schule, 1960, S.11.

第Ⅴ部　第3章　「教員の教育上の自由」の法的構造

議と校長によって担われる」（1条2項）と明記したのを嚆矢として，1960年
代末までにノルトライン・ウエストファーレン（1958年），ヘッセン（1961年），
バーデン・ビュルテンベルク（1964年），ザールラント（1965年），バイエルン
（1966年）およびラインラント・プファルツ（同年）の7つの州学校法が「教員
の教育上の自由」ないし「学校の教育自治」を保障するまで至ったのである[15]。

　このうち当時，法構成的にもっとも整備され，かつその後の各州における学
校法制改革に多大な影響を与えたヘッセン州学校行政法（1961年）は「学校の
教育上の固有責任」（Pädagogische Eigenverantwortung der Schule）と銘打って，
次のように書いた[16]。

　「学校監督庁の権限および学校設置主体の行政上の権限を妨げることなく，
学校は法規定の範囲内で，その教育事項を教員会議と校長によって自ら
（selbst）規律する」（45条1項）。

　「教員は法律，学校監督庁の命令および教員会議の決定の範囲内で，その固
有責任において教授し，教育を行う。教員の教育上の自由はただ必要な場合に
限り，制限されうる」（52条2項）。

　なおこれらの法理に関する学校法律上の明示的保障を欠く州においても，教
授・教材規程等で教員の教育上の形成権を保障しており，したがって，上記法
理は当然のものとして承認されているとされた[17]。

3　学校監督概念の再構成

　国家に全学校制度に対する無制限な規制権力を帰属せしめる伝統的な学校監
督概念は「絶対主義国家の全権」（Allmacht des absoluten Staates）の思想と強
く結合しており，したがってそれは，自由で民主的な社会的法治国家を標榜す
るドイツ基本法下においては否定ないし修正される必然性を伴っていた。

　すなわち，第1に，「教育行政における法治主義の原則」（20条3項）が確立

---

(15)　これら7州の法制状況について詳しくは参照：M.Stock, Pädagogische Freiheit und
　　　politischer Auftrag der Schule, 1971, S.17ff.

(16)　これは，ヘッケルが「ドイツの学校の基本規程」で提示した立法案をほぼそのまま採
　　　用したものである。当時，ヘッケルはヘッセン州文部省に奉職していた。この法律につ
　　　いて詳しくは参照：H.Heckel, Das neue Schulverwaltungsgesetz in Hessen, In:RWS（1961），
　　　S.289ff.　M.Stock, a.a.O., S.17～S.34.　なおヘッケルによれば，このヘッセン州学校行政法
　　　は上記ハンブルク州学校行政法の影響を強く受けて制定されたものである（ders., a.a.O.,
　　　S.291)。

(17)　H.Heckel, Schulrecht und Schulpolitik, 1967, S.195.

されたことによって，「法律から自由な」（gesetzesfreie）学校監督庁の一般的な規範定立権はもはや認容される余地はない。

　第2に，基本法は国家の教育独占を排して「教育における地方自治」（28条2項），「私立学校の自由」（7条4項），「親の教育権」（6条2項）および子どもの「自己の人格を自由に発達させる権利」（2条1項）を保障し，さらには上述のように「教員の教育上の自由」と「学校の教育自治」も法的確立を見たことによって，国家の学校監督権もこれらの諸自由・諸権限との法的緊張で「制約された権力」（begrenzte Gewalt）たらざるをえない。

　こうして伝統的な国家の学校監督概念は，その歴史的な特殊性は考慮されながらも，ドイツ基本法制に即して再構成されることになる。それをヘッケルの所説に代表させて端的に概括すると，以下のようである[18]。

　基本法7条1項は学校が国家の影響領域に編入されるという原則から出発しており，そこにいう国家の学校監督とは学校に関する国家の権利・義務の包摂概念である。それは内容的には二つの権能に大別される。

　一つは，学校制度に関する国家の一般的形成権・規律権（allgemeine Gestaltungs-und Normierungsrecht）で，これがいわゆる「教育主権」（Schulhoheit）と称されるものである。具体的には，中央段階での教育制度に関する組織計画，教育目的や教育内容の基本の確定，学校の組織編制や教員の資格・法的地位，就学義務，学校設置基準等の確定などである。これらは国家の主権作用の一環として国民代表議会ないし政府の権能に属する。

　二つは，法的に固有な意味での監督で，これは教育活動に対する「専門監督」（Fachaufsicht），教員に対する「勤務監督」（Dienstaufsicht），および国以外の学校設置主体の学校行政活動に対する「法監督」（Rechtsaufsicht）からなる。これらの監督権は法律の定めるところにより教育行政機関がこれを行使する。そして以上のような国家的諸権能の実質や具体的内容および強度は，上述の諸教育主体・学習主体の権利や自由との法的緊張において，個別かつ具体的に確定されなければならない。

第2節　「教員の教育上の自由」に関する各州の現行学校法規定

　既述したように，ドイツにおいては，「教員の教育上の自由」の法理はすで

（18）　ders., Schulrechtskunde, 5 Aufl.1976, S.158ff. usw.

第Ⅴ部　第3章　「教員の教育上の自由」の法的構造

に 1960 年代末までに多くの州で法制化を見るに至ったのであるが，その後，1970 年代前半とドイツ統一後，1990 年代前半の 2 度に亘る各州における学校法制改革を経て，今日においては，この法理はすべての州で学校法上に明記されるところとなっている。

　ただひとくちに「教員の教育上の自由」と言っても，各州学校法におけるその概念規定やこれに関する法文およびターミノロジーは各様の様相を呈している。そこでそれらの規定を類型化し，各類型それぞれについて規定例を引いておくと，下記のようである[19]。

① 「教員の直接的な教育責任」(unmittelbare pädagogische Verantwortung)
　＝BW 州学校法 38 条 2 項，BA 州教育制度法 59 条 1 項，SN 州学校法 40
　条 2 項

　◎ BW 州学校法 38 条 2 項＝「教員は，基本法，バーデン・ビュルテンベルク州憲法および本法 1 条で規定された教育目的，教育計画および教員に適用されている法規や命令の範囲内において，生徒の教育に対して直接的な教育責任を負う」。

② 「教員は自由に，かつ固有の教育責任において」(frei und in eigener pädagogischer Verantwortung)＝RP 州学校法 20 条 1 項

　◎同条同項＝「教員は，学校に適用されている法規・行政規則，学校監督庁の命令および教員会議の決定の範囲内において，生徒に対する教育活動を自由に，かつ固有の教育責任において行う」。

③ 「教員の固有責任における教育」(in eigener Verantwortung)＝BE 州学校組織構造法 10 条 1 項，HH 州学校法 88 条 2 項，HB 州学校法 59 条 2 項，SL 州学校規程 28 条 1 項，NW 州学校法 57 条 1 項

　◎ HH 州学校法 88 条 2 項＝「教員は，本法 1 条から 3 条が規定する目的と原則，法規と行政規則，および 53 条に基づく学校会議の決定と 57 条 2 項に基づく教員会議の決定の範囲内で，その固有責任において，生徒を教育・助言・看護する」。

④ 「教員の固有の教育責任」(in eigener pädagogischer Verantwortung)＝SH 州学校法 83 条 1 項，TH 州学校法 34 条 2 項，NS 州学校法 50 条 1 項，

---

(19)　なお各州学校法の当該規定は原則として下記によった。H.Knudsen (Hrsg.), Schulrecht in Deutschland－Sammlung der Schulgesetze der Bundesrepublik Deutschland, 2007.

MV 州学校法 8 条 2 項

　◎ SH 州学校法 83 条 1 項＝「教員は固有の教育責任において教育活動を行
　　う。その際，教員は法規と行政規則，とりわけ学校の教育目的，学習指
　　導要領と教授計画，さらには校長および学校監督庁の指示に拘束され
　　る」。

⑤　「固有の教育上の自由と責任における教育」(in eigener　pädagogischer
　Freiheit und Verantwortung)＝SA 州学校法 30 条 1 項

　◎同条同項＝「教員は固有の教育上の自由と責任において教育活動を行う。
　　教員は法規と行政規則および会議の決定に拘束される」。

⑥　「教員の固有責任・教育上の自由」(in eigener Verantwortung・pädago-
　gischer Freiheit)＝HE 州学校法 86 条 2 項，BB 州学校法 67 条 2 項

　◎ HE 州学校法 86 条 2 項＝「教員は，本法 1 条から 3 条が定める原則と目
　　的，その他の法規と行政規則および会議の決定の範囲内で，固有責任に
　　おいて，生徒に対する教育・助言・看護を行う。教員の教育活動のため
　　に必要とされる教育上の自由は，法規と行政規則ないし会議の決定に
　　よって不必要ないし不当に（unnötig oder unzumutbar）狭められてはな
　　らない」。

第 3 節　現行法制下における「教員の教育上の自由」の憲法・学校法学的構成

1　権利としての「教員の教育上の自由」

　上掲のように，今日，ドイツにおいては「教員の教育上の自由」はすべての
州の学校法において明示的に保障され，有力な学校法学説によれば，この法理
は「教員に対して固有責任にもとづく教育活動の形成領域を保障するもの」で
あり，「教員の公務員法上の地位を補充し修正する原則」と解されている[20]。

　しかし一方で，たとえば，ザールラント学校規律法（1996 年）が「公立学校
は学校設置主体の権利能力を有さない公の施設である」（16 条 1 項）と規定し
ているのを始めとして，今日においてもすべての州の学校法が，依然として学
校を「非独立的・権利能力を有さない公の施設」と明記している。また教員も
公務員として基本法 33 条にいう公法上の勤務関係・忠誠関係に立ち，一般公

---

(20)　H.Avenarius/H.P.Füssel, Schulrecht, 8 Aufl.2010, S.663.

第Ⅴ部　第3章　「教員の教育上の自由」の法的構造

務員法の原則および学校監督庁の勤務監督と職務監督に服している。したがって，「教員の教育上の自由」が法制化されているとはいえ，この自由の法的位置づけ・性質・内容・権利としての強度等に関しては議論の分かれるところである。つまり，「非独立的営造物としての学校の教育的自治・自律性」，「公務員としての教員の教育上の自由」という伝統的解釈によれば相容れない構造が法制化されているからである。

　そこで実際，1960年代以降の「教員の教育上の自由」の保障法制下にあっても，この権利の法的権利性を否定する見解も存している。

　たとえば，元ノルトライン・ウエストファーレン州文部大臣のミカート教授は，1965年8月3日付のヘッケル宛書簡で下記のように述べている[21]。

　「教育上の自由ないし教育上の自律性（pädagogische Freiheit oder pädagogische Autonomie）という概念は教育学から援用されたものであって，憲法・行政法上の根拠を欠いている。……教員の公務員法上の特別な地位に関する法的基盤は存しない。……私の見解によれば，教員会議のような学校の内部機関に固有の権限を承認することはおよそ不可能である。それどころか私は，学校および教員はたとえその見解や確信に反する場合でも，その判断や決定を自ら変更することを強制されうるとの見解を採る」。

　またH.ペットゲンもヘッセン州学校行政法45条2項（当時）が「Die pädagogische Freiheit」というタームを使用しながら，この概念を定義していないことを指摘して，この法文はプログラム的宣言であり「法的な点においては不毛なものである」との見解を示しており[22]，さらにH.ハルニッシュフェーガーも「教員の個人的な教育の自由は法的な権利ではなく，単なる事実上の残余でしかない」と述べている[23]。

　しかしこのような「教員の教育上の自由」の法的権利性の否定説に対して，学校法学の支配的見解はこの自由を法概念，すなわち法的権利として位置づけている。ちなみに，この点，H.ビスマン著「法概念としての教育上の自由」（Pädagogische Freiheit als Rechtsbegriff・2002年）という書名が特徴的である[24]。そして通説によれば，この権利は「教育者としての特別な権利」であり，「学

---

(21)　Schreiben vom 3. 8. 1965, zit. aus H.Heckel, Schulrecht und Schulpolitik, 1967, S.208.

(22)　H. Pöttgen, Eingeschränktes Weisungsrecht der Schulaufsichtsbehörden?, In: ZBR (1966), S.49

(23)　H.Harnischfeger, Rechtsfragen der Gesamtschule, 1970, S.49.

(24)　H. Wißmann, Pädagogische Freiheit als Rechtsbegriff, 2002.

第3節　現行法制下における「教員の教育上の自由」の憲法・学校法学的構成

校における教育活動を教員の確信に従って正しいと思うように行う権利」と定義される[25]。

　ただこの権利が教員の「主体的公権」（subjektives öffentliches Recht）なのか，つまり，具体的な請求権や訴権を伴う権利であるか否かについては，学説上，厳しい見解の対立が見られている。これについては否定説が通説を占めているが，これを肯定する有力な学校法学説も見られている[26]。

　いずれにしても，今日，ドイツにおいてはいうところの「教員の教育上の自由」が法的権利であるということについては学説・判例上，大方の合意が成立しているのであるが，しかしその具体的な法律構成となると諸説が混在しており，各様の様相を呈するところとなっている。

　従来，これに関する学説は大きく二分している。一つは，教員の教育上の自由を公務員法上に位置づける立場であり，二つは，これを憲法上の基本権として構成する所論である。憲法・学校法学の通説は前者を採り，後者はさらにその根拠を「学問・教授の自由」（基本法5条3項）に求める説と，「自己の人格を自由に発達させる権利」（同法2条1項）に依拠する説とに分かれている。以下，その模様を具体的に見ていくこととしよう。

2　H.ヘッケルの「教員の教育上の自由」に関する法理論

　先に垣間見たように，「教員の教育上の自由」法理の唱導者・H.ヘッケルは1950年代から1960年代半ばにかけて，この問題について多数の論稿を著し，詳細に論究しているが，その理論的な骨子を摘記すればおよそ下記のようである[27]。

　①　学校は行政法上，確かに「権利能力を有さない非独立的営造物」として位置づけられているが，しかし学校を第一義的にその営造物性から把握するのは妥当ではない。「営造物としての学校」は，学校が本来そうであるもの，すなわち，教員によって担われ，生徒および教育権者なしには考えられない教育

---

(25)　H.Heckel, Pädagogische Freiheit und Gehorsamspflicht des Lehrers, In:ZBR（1957），S.218.

(26)　否定説としては，さしあたり，H.Avenarius/H.P.Füssel, a.a.O., S.664.

　　これに対して有力な肯定説としては，たとえば，M.Stock, Pädagogische Freiheit und politischer Auftrag der Schule, 1971, S.243ff. J.Rux, Die pädagogische Freiheit des Lehrers, 2002, S.139ff. T.Burmeister, Die pädagogische Freiheit-ein klagloses Recht?, In:RdJB（1989），S.415ff.が挙げられる。

第V部　第3章　「教員の教育上の自由」の法的構造

施設について，その法制度面だけを表徴しているに過ぎない。人的に把握された学校にあっては，教員は単なる学校監督上の従属的客体ではなく，個人として，また公務員として，さらには教員として固有の自由権および形成権（Gestaltungsrecht）の主体である。

②　しかし教員は職務遂行上，学校法に所定の教育目的，教材計画，教授要綱，学校の秩序維持のための規程，成績評価基準，進級規程などに拘束され，これらによる一般的規律の範囲内においてだけ，自由権を享有する。このような制約は，教育行政のヒエラルキーにおける教員の法的地位および学校制度に対する一般的規律権を包含する国家の学校監督権から生じるものである。

③　一般的には，教員は他の行政公務員と同様の公務員法上の規律に服するが，しかしその職務の特殊性・教育過程の本質・自由国家における教員への教育委託から，一般的服従義務および職務上の自由に関する公務員法上の地位の修正がもたらされるのであり，その特例が「権利としての教育上の自由」（pädagogische Freiheit als eines Recht）を基礎づけるのである。

④　教員は自らが自由に教育することができる場合においてだけ，生徒を民主的自由に向って教育することができる。それゆえに，教育行政庁による規律は，教員の教育的主導性を許容する「枠組規定」（Rahmenvorschrift）でなければならない。また教育行政当局は教員の教育上の自由を尊重し，教授・教育上の個々の問題の規律に際しては極力控え目でなければならず，かつ教員に対するその機能は原則として指導，助言，鼓舞に限定される。

⑤　学校監督上の一般的規律に対しては，教員の教育上の自由は劣位するこ

---

(27)　この問題に関するヘッケルの見解の骨子は下記の著書・論文から摘出した。

　　H.Heckel, Pädagogische Freiheit und Gehorsamspflicht des Lehrers, In:ZBR（1957), S. 218.

　　ders., Die pädagogische Freiheit in der Sicht des Schulrechts, In: DIPF（Hrsg.）Pädagogische Forschung und Pädagogische Praxis, 1958, S.99ff.

　　ders., Pädagogische Freiheit und Schulaufsicht, In:Hessische Lehrerzeitung（1963), S. 171ff.

　　ders., Schulfreiheit und Schulaufsicht, In:ZBR（1965), S.129ff.

　　ders., Rechtliche Bindung und Pädagogische Freiheit des Lehrers, In:Deutsche Schule（1966）S.398ff.

　　ders., Schulfreiheit und Weisungsrecht der Schulaufsichtsbehörden, In:ZBR（1966), S. 84ff.

　　ders., Schulrecht und Schulpolitik, 1967, S.193ff.

　　ders., Schulrechtskunde, 5 Aufl.1976, S.209ff.

第3節　現行法制下における「教員の教育上の自由」の憲法・学校法学的構成

とになるが，教員の教育活動に対する個別的な命令に対しては，重要な法的効果を有する。したがって，この権利の具体的な内容は，各個の場合に，学校監督庁の一般的規律権と教育上の自由を享有する教員の法的地位・権限とを比較衡量して決定する以外にない。

　⑥　教員の教育上の自由は「教育方法の自由」（Methodenfreiheit）と同義ではない。なぜなら，教員のこの自由は教育内容の選択権や決定権を含んでいる一方で，教員は学校監督官による教育方法上の命令を順守しなければならないからである。

　⑦　教員が享有する教育上の自由は，すべての教員において同質かつ同範囲ではない。たとえば，ギムナジウムの上級段階で教えている経験に富んだ教員は，若い試補教員よりもより広範で，より強度の自由な裁量・決定領域を有する。

　⑧　教員はそれに関して養成を受けていない科目，責任をもって担当することができない

と思う科目，特別な技能・技術を必要とする科目および良心的事由から担当できないと考える科目については，その担当を拒否することができる。

　⑨　教員は授業の実施，授業計画，特定の教材・教具の使用さらには教育方法などに関して，適法に成立した教員会議の決定に拘束される。また校長は当該校における教育上・管理運営上の総括責任者として，その範囲内で教員に対して職務上命令権を有する。ただし校長の命令権は原則として学校秩序の維持・調整に限定され，教員の教育活動に直接的に介入することは許されない。

　以上がH.ヘッケルにおける「教員の教育上の自由」法理に関する見解の骨子であるが，この所説はその後の学校法学説に大きな影響を与えた。これ以後の「教員の教育上の自由」法理に関する立論は，程度の差はあれ，ほとんどすべて何らかのかたちで上記ヘッケル論に依拠している，と言っても過言ではない。

3　H.U.エファース，I.v.ミュンヒ，E.W.フースの所説

　かつてE.シュプランガーは「教育の自律性」の根拠をその個人的本質に求め，「教育は必然的に個人的なものである。それは道徳的に自律した個人（sittlich selbständige Personen）によって行われ，道徳的に自律した個人の発達を固有の目的とする」と述べた[28]。H-U.エファースはこうした見解を踏まえて「教員の教育上の自由」を概要，次のように構成している[29]。

467

第Ⅴ部　第3章　「教員の教育上の自由」の法的構造

「教育過程は個人的かつ状況関係的なものであり，それ故に，そのケルンにおいては法規範や命令による画一化にはなじまない」。したがって，この「教育過程の自律性（Eigengesetzlichkeit des Bildungsvorganges）から教育内容と教育方法の決定に関する一定の自由が生じることになる」。

また「自律的な道徳的人間として自律的な道徳的人間を育成するという，自由国家における教員に対する教育委託は『学校経営の自由な形成』を要請する。つまり『自由な授業の形成』はすでに基本法の要請するところなのである」。このような根拠に基づく教員の教育上の自由は「教員の公務員法上の地位を補充する原理で，それは一般的な規律の範囲内で，教育上の主導性を展開する権限を教員に与えるものである」。

そして「この自由は教員を一般の行政公務員と同じく，ただ単に違法性や期待不可能性から保護するだけではなく，さらにそれ以上に，必要な場合には，教員がそれに基づいて行政裁判所に提訴しうる権利として構成される」。しかし「この権利は教員の基本的人権でも個人的な自由でもなく『学校目的および子どもの利益に向けられた自由』（auf den Schulzweck und damit auf das Interesse des Kindes bezogene Freiheit）」であるから[30]，「正当かつ適切に生徒の成績を評価すべしとの基本法の要請は，教員の教育上の自由に優先し，生徒の利益のために教員の裁量領域を制限することは許容される」。

Ⅰ.v.ミュンヒは1964年に発表したこの問題に関するモノグラフィー「教員の教育上の自由」において，この法理を実定学校法上の原理として承認したうえで，この権利の根拠・範囲・限界について詳細に論究しているが，それを端的に要約すれば，以下のようである。

「教員の教育上の自由は，教員がその特殊な任務を遂行するために公務員法に基づいて教員に帰属する権利であり，それは授業活動だけではなく，たとえば，成績評価など教員の専門的知識に基づいて行われるすべての学校措置や教育上の決定にまで及ぶ。しかし教員のこの自由はその性質上，当該校の教育計画や教材計画，学校監督庁の命令，校長の職務命令，教員会議の決定さらには行政裁判所の審査権などによっても制限されるものである[31]」。

---

(28)　E. Spranger, Die wissenschaftlichen Grundlagen der Schulverfassungslehre und Schulpolitik, 1963 (Neudruck), S.47.

(29)　H.U.Evers, Verwaltung und Schule, VVDStRL (1966), S.177〜S.183.
　　　ders., Verwaltung und Schule, In:DÖV (1964), S.808〜S.809.

(30)　ders.VVDStRL (1966), S.181.

第3節　現行法制下における「教員の教育上の自由」の憲法・学校法学的構成

またE.W.フースは先に触れたエファースと同じくドイツ国法学教員学会における報告において，「教員の教育上の自由」の法理を承認しながらも，しかし「それにも拘わらず，教員の勤務法上の法的地位は原則的には，他の命令に拘束された公務員（weisungsgebundene Beamte）と区別されるものではない」と結論している[32]。

4　「教員の教育上の自由」と「学問・教授の自由」

これまで見てきたような「教員の教育上の自由」の公務員法上の法的構成に関する通説的見解に対して，W.パーシェルは鋭くこれを批判し，基本法5条3項が保障する「学問・教授の自由」（Lehrfreiheit）に教員の教育上の自由の根拠を求めている[33]。

パーシェルによれば，通説的見解が説くように，「この自由が公務員法上の服従義務の範囲内で教育過程の自律性から生じる単なる事実上の活動領域（faktische Spielraum）でしかないなら，教員の公務員法上の法的地位の修正についてはほとんど語りえない」とされる。

なぜなら，このように把捉された「教育上の自由」は法的実質を伴わない空虚な美辞でしかなく，教員という地位に投影された僅かな反射権（Rechtsreflexe）として司法上の権利ではないからである。すべて公務員は『法律，一般的命令，訓令および個別的命令の範囲内で，自己の責任において職務を遂行する』（連邦公務員法37条）のであり，その意味では，このような教育上の自由は警察官の行為裁量（Handlungsermessen）と何ら変わるところはない」。

しかし「教員の教育上の自由」が「一般的・個別的命令によって残された事実上の残余の自由以上のものであるなら，すなわち，それが憲法上の基本権として不可侵の本質をもつものであれば，この自由の学校制度内部における自由な展開に対する桎梏は除去される」。

このような視座からパーシェルは，「学問・教授の自由」の憲法史を検証したうえで，基本法5条3項を条理解釈し，「基本法のこの条項は中等教育段階

---

(31)　I.v. Münch, Die pädagogische Freiheit des Lehrers, In:DVBl（1964），S.790ff.

(32)　E.W.Fuß, Verwaltung und Schule, VVDStRL（1966），S.223～S.227.

(33)　W.Perschel, Die Lehrfreiheit des Lehrers, In:DÖV（1970），S. 34～S.38.
ders., Freiheit, pädagogische, In: M.Baethge/K.Nevermann（Hrsg.），Enzyklopädie
Erziehungswissenschaft, Bd 5 － Organisation, Recht ond Ökonomie des
Bildungswesens, 1984, S.494～S.496.

第Ⅴ部　第3章　「教員の教育上の自由」の法的構造

以下の学校教員にも妥当する」と結論する。そして，このように解釈すること
は「法条に適合するだけでなく，自由と人間性の価値を確認し，それに見合う
教育目的を設定している国家および学校制度の任務にもとりわけ適うもの」と
論断する。

　ただ学校教員のこの自由は，「生徒の人格の自由な発達を旨とし，その前提
条件として保障されているものであるから，基本法1条（人間の尊厳）および
2条（一般的人格権）から導かれる制約に服し，その限りにおいて，大学教員
の『教授の自由』に比して，その基本権性では劣性とならざるをえない。だが
このことは，両者の『教授の自由』の質的相違を意味するだけで，学校教員の
『教授の自由』を排除する根拠とはならない。したがって，この自由に対する
第1次的な制約は教育科学の成果，教員の合議制的協同，および生徒の人格権
と親の教育権によってであり，学校監督権はあくまで真の意味での監督として，
副次的なものでなければならない」と論結する。

　またI.シュタッフも，ドイツ3月革命の所産である1848年のプロイセン憲
法の審議・制定過程からワイマール憲法成立までの憲法史を検証し，これらの
憲法の審議過程や草案においては憲法上の「学問・教授の自由」が学校教員を
も対象としていたことを実証し[34]，くわえて，現行基本法の構造的解釈から
「教員の教育上の自由」の根拠を基本法5条3項の「学問・教授の自由」に求
めている[35]。

　そしてこの権利は「教育内容をその真実の内容において教えることによって，
教育上の規準の客観化に資するものであり，学校監督庁の包括的支配権はこの
権利によって制限され，学校監督庁は教員の教育活動や教育上の評価・決定が
法規に違反する場合および普遍妥当的な教育上の評価原則を無視している場合
にだけ，これに介入できる」との見解を示している。

　このように，「教員の教育上の自由」の根拠を憲法上の「学問・教授の自由」
に求める論者として，その他に，E.ベック[36]，L.ディェツェ[37]，H.ワイ
ラー[38]，　G.ロエレッケ[39]などが挙げられる。

（34）　このような「学問・教授の自由」の歴史的なアプローチとしては，下記が本格的であ
　　　る。A.Laaser, Wissenschaftliche Lehrfreiheit in der Schule－Geschichte und　Bedeu-
　　　tungswandel eines Grundrechts, 1981.
（35）　I.Staff, Schulaufsicht und pädagogische Freiheit des Lehrers, In:DÖV（1969）, S.30ff.
（36）　E.Beck, Die Geltung der Lehrfreiheit des Art.5 Ⅲ GG für die Lehrer an Schulen, 1975.
（37）　L.Dietze, Von der Schulanstalt zur Lehrerschule, 1976.

470

第3節　現行法制下における「教員の教育上の自由」の憲法・学校法学的構成

　これに対して，憲法学・学校法学の通説的見解および判例は基本法5条3項が保障する
「学問・教授の自由」の学校教員への適用を排除している。通説・判例によれば，同条項にいうところの「教授」(Lehre) は自己の研究によって得られた知識や知見の伝達に限定されるのであり，したがって，それは専ら高等教育領域に限局されるものである[40]。大学教員の「教授の自由」と学校教員の「教育上の自由」はその法的根拠と法的性質を大きく異にするからだとされる。そしてこのような理論的立場からは，教員の教育上の自由の根拠を基本法5条3項に求める所説はすでに挫折したと評されている[41]。

5　教員の「教育上の自由」と生徒の「人格を自由に発達させる権利」

　しかし，H.U.エファースが指摘しているように，いうところの「教員の教育上の自由」はその本質において「学校目的および生徒の利益に向けられた自由」であることを考慮すると，上掲論者のように，この自由を憲法上の自由権的基本権である「学問・教授の自由」だけからストレートに導出する立論には，それなりの難点があると言わなくてはならない。この点を踏まえて，基本法2条1項が保障する生徒の「自己の人格を自由に発達させる基本権」(Grundrecht auf die freie Entfaltung seiner Persönlichkeit) から，教員のこの自由の憲法上の保障を帰結しているのが，E.シュタインである。

　シュタインによれば[42]，基本法2条1項の「自己の人格を自由に発達させ

---

(38)　H. Weiler, Wissenschaftsfreiheit des Lehrers im politischen Unterricht, 1979.

(39)　G.Roellecke, Wissenschaftsfreiheit als institutionelle Garantie?, In: JZ (1969), S.727ff.

(40)　M.Sachs (Hrsg.), Grundgesetz-Kommentar, 2007. Art.5, Rn.212.
　　　I.v. Münch/P.Kunig (Hrsg.), Grundgesetz-Kommentar, 2012. Art.5, Rn.103.
　　　H.v.Mangoldt/F.Klein/C.Starck (Hrsg.), Kommentar zum Grundgesetz, 2005, Art.5, Rn.375.
　　　H. Jarass/B. Pieroth, Grundgesetz für die Bundesrepublik Deutschland-Kommentar, 2007, Art.5, Rn.123.

(41)　J.Rux, Die pädagogische Freiheit des Lehrers, 2002, S.87ff.
　　　G. Eiselt, Schulaufsicht im Rechtsstaat, In: DÖV (1981), S. 825. F. Ossenbühl, Die pädagogische Freiheit und die Schulaufsicht, In:DVBl (1982), S.1160. E.Pieske, Gesetzesvorbehalt im schulrechtlichen Bereich unter besonderer Berücksichtigung der pädagogischen Freiheit, In: DVBl (1979), S. 331. I, Richter, Die gesetzliche Regelung des Lehrerstatus, In: RdJB (1979), S. 251. C. Starck, Staatliche Schulhoheit, pädagogische Freiheit und Elternrecht, In:DÖV (1979), S.273ff. H.Avenarius/H.P.Füssel, a.a.O., S.664.

471

第Ⅴ部　第3章　「教員の教育上の自由」の法的構造

る権利」はその内容として「自由な教育をうける権利」（Recht auf freie Erziehung）を包含しており，したがって当然のことながら，「学校の教育活動は生徒の人格の自由な発達を旨として行われなければならない」。「この基本権はあらゆる国家領域に浸透し，その自由な構造を要請するものであり，それ故，憲法上の教育目的を規定し，かつそれでもって基本法7条1項が規定する国家の学校監督権を制限し，学校制度形成の内容的な根本規範となる。またこの基本権は学習過程に対してだけではなく，教育・教授過程にも効果を及ぼすもの」である。

　この結果，「授業の内容的形成に係わるすべての決定は，必然的に学校の自治事項でなければならない」。そしてこのような場合においてだけ，「基本法2条1項の要請するところにより，具体的な教育状況において，もっとも強力に生徒の人格の自由な発達を可能にさせる教育内容や教育方法を，その判断で優先させることができる裁量領域が教員に許容されることとなる」とされる。

　この見解は，「教員の教育上の自由」の根拠とその限界を生徒の「自己の人格を自由に発達させる権利」から導いているわけで，その限りでは「教育条理」を踏まえた立論だと評されよう。

6　教員の「教育上の自由」と「表現の自由」・「良心の自由」

　いうところの「教員の教育上の自由」を「表現の自由」（基本法5条1項）ないし「良心の自由」（基本法4条1項）という憲法上の基本権から導くことができるかについては，判例・学説はほぼ一致してこれを否定する。たとえば，教員は「表現の自由」・「良心の自由」に依拠して教授計画から逸脱した授業を行うことができるか否か，が争われたケースで，ラインラント・プファルツ懲戒裁判所は次のように判じてこれを否定している[43]。

　「学校の教育目的を具体化するために策定される教授計画は……憲法上保障された表現の自由を制約する。教授計画から外れた授業は，良心の自由の基本権によっても保護されえない」，「教授計画から外れた授業は，なによりも先ず生徒の専門的に妥当な教育をうける権利を侵害する」。

　学校法学の通説もこれを支持し，たとえば，パーシェルはこの点についてこ

---

(42)　Ekkehart Stein, Das Recht des Kindes auf Selbstentfaltung in der Schule, 1967, S.8. S. 57～S.58. S.61

(43)　Disziplinarhof Rheinland-Pfalz, Urt. v. 15. 11. 1963., In:RWS（1965）.S.148.

う述べている[44]。「『教育上の自由としての教授の自由』（Lehrfreiheit als pädagogische Freiheit）は良心の自由保障からは導かれえない。それは特定の場合，個々の教員に一定の拒否権を与えるにすぎない。……生徒が享有する『自己の人格を自由に発達させる権利』および『良心の自由』から教員には自己の信念や見解の宣伝を差し控える義務が生じる。また教員の表現の自由は教材説明に不可欠なものではあるが，しかしこれ自体を個人的な表現の自由の範疇で把握することはできない」。

7　M. シュトックの「教員の教育上の自由」の法的構成

　M. シュトックは1971年にこのテーマに関する本格的な単著「教育上の自由と学校の政治的委託－解放的な学校組織構造の法的問題」を著し[45]，また1986年には「学校の教育責務に照準を当てた教員の教育上の自由」というモノグラフィーを公刊しているが[46]，そこにおいてシュトックはこれまでの緒論を批判的に検討・摂取し，学校の組織構造の有りように引きつけて，独自の「教員の教育上の自由」論を構築している。端的にその結論だけを摘記すれば，下記のようになろう。

　①　教員の「教育上の自由」はまず第1に生徒の「学習の自由」の前線防御として機能し，また同時に国家目的の実現にも資するものであるから，それは教員という職務と学校という組織に内在的な根拠をもつ。

　②　この権利は主体的公権であり，具体的な請求権や訴権を伴う権利である。したがって，教員はこの権利の侵害に対しては行政裁判所に提訴して争うことができる。

　③　この権利は主体的公権として「職務命令からの自由」（fachliche Weisungsfreiheit）を帰結する。したがって，学校監督庁の個別的な命令・訓令等はこの権利に対して法的拘束力をもたず，これを制限する場合には「法律」の形式を必要とする。

　④　教員会議によって担われる「教員の教育上の自由」の総体としての「学校の自由」（Schulfreiheit）は職務法的側面と組織法的側面を有し，この両面で

---

(44)　W.Perschel, a.a.O., S. 39.

(45)　M.Stock, Pädagogische Freiheit und politischer Auftrag der Schule－Rechtsfragen emanzipatorischer Schulverfassung, 1971

(46)　M. Stock, Die pädagogische Freiheit des Lehrers im Lichte des schulischen Bildungsauftrages, In:RdJB（1986）, S.212ff.

第Ⅴ部　第3章　「教員の教育上の自由」の法的構造

伝統的な学校営造物理論を修正し，学校を「部分的に権利能力を有する営造物」（teilrechtsfähige Anstalt）たらしめる。

　⑤　生徒に対する違法行為は教員の地位権と学校の組織権への侵害に転化し，教員および学校はこれに対してその違法性を主張することができる。つまり，「教員の教育上の自由」および「学校の自由」は対外的な法的自律として，これを生徒の側から捉えれば，制度的な権利保障体系として成立する。

8　「教員の教育上の自由」に関する学校法学の通説的見解

　以上，「教員の教育上の自由」の法的構成に関する学説の動向を見てきたのであるが，この権利の法的性質・強度，具体的な内容・効力・限界等をめぐっては諸説が混在しており，いまだペンディングな点が少なくないという状況にある。くわえて，1990年代後半から2000年代前半にかけての各州における学校法制改革によって，たとえば，学校監督の役割や機能が変容し，また教育スタンダード（Bildungsstandards）や学校プログラム（Schulprogramm）が導入されるなど，「教員の教育上の自由」をめぐる法制構造にも変化が見られている。

　そこで以下では，上述した学説動向を踏まえたうえで，「教員の教育上の自由」に関する今日における学校法学の通説的見解を，H.アベナリス・H.ヘッケル（共著）「学校法学」（Schulrechtskunde〈第7版〉2000年）とH.アベナリス・H.P.フュッセル（共著）「学校法」（Schulrecht〈第8版〉2010年）に代表させ，これに係わる記述を端的に概括・摘記しておくこととしたい[47]。この書物の初版はH.ヘッケルによって1957年に刊行されたのであるが，その後，半世紀を超えて版を重ね，現在ドイツにおけるもっとも権威ある指導的な学校法学書だからである。

　①　教員は他の公務員と同じく，職務上，命令に拘束される（weisungsgebunden）。しかし「教員の教育上の自由」は教員に対して，その固有責任において教育活動を行う活動領域を保障するものであり，教員の公務員法上の地位を修正し補充する法原則である。ただこの原則が現行法制上，基本法33条5項にいう「職業官吏制度の伝統的諸原則」をなすか否かは定かでない。

　②　「教員の教育上の自由」は，その根拠と正当化事由が教員としての教育

---

(47)　H.Avenarius/H.Heckel, Schulrechtskunde, 7 Aufl., 2000, S.341～S.346.
　　　H.Avenarius/H.P.Füssel, Schulrecht, 8 Aufl.2010, S.663～S.667.

第3節　現行法制下における「教員の教育上の自由」の憲法・学校法学的構成

上の責務に求められる，「義務に拘束された自由」（pflichtgebundene Freiheit）である。この自由は教員の個人的な自由ではなく，「学校目的および子どもの教育上の利益に向けられた自由」という特質をもつ。

③　この権利は個々の教員の主体的公権ではない。したがって，教員はこの権利に依拠して学校監督庁に対して請求権を行使したり，行政裁判所に提訴することはできない。

④　上記の特質と係わって，「教員の教育上の自由」は憲法上にも関係条項をもつことになる。第1次的には教員によって担われる，機能十分な学校を維持するという国の責務を定めた基本法7条1項，次いで教員によって促進されるべき生徒の「自己の人格を自由に発達させる権利」を規定した基本法2条1項がそれである。

⑤　「教員の教育上の自由」の根拠を「学問・教授の自由」（基本法5条3項）に求めることはできない。教員のこの自由は上述したような特性を有する権利として，教育主権＝学校制度に対する国家の全般的責任（基本法7条1項）に基づく法的規律に服するものだからである。こうして教員は憲法，法律およびその他の法規の尊重義務を負うに止まらず，学校監督庁の指針や命令，学習指導要領，教育スタンダードにも拘束される。

⑥　教員のこの自由の限界は学校制度の機能が損なわれるか，子どもの「教育上の利益」ないし「客観的かつ専門的に適切な教育をうける権利」が侵害されるかどうか，によって見定めていくこととなる。こうして，学校監督庁の教員に対する専門監督権は一定の範囲において当然に留保され，学校監督官の指示は教員を拘束する。

⑦　けれども，「教員の教育上の自由」保障は学校監督官の教員への対応は，原則として，助言・提案・指摘に止まることを要請する。学校監督庁は合法的で適正かつ秩序ある教育活動が危うい場合に限り，教員の教育活動に規制的に介入できる。この場合，「教員の教育上の自由」を侵害されたと思う教員は，直近の身分上の上司に異議を申し立てることができる。

⑧　この自由は「教育方法の自由」と同義ではない。なぜなら，この自由は教員の教育活動全体を対象法益とする一方で，ケースによっては，教員は教育方法に関する学校監督官の指示や命令にも従わなくてはならないからである。

⑨　教員は正当な手続きを経て成立した教科会議などの教員会議や学校会議（Schulkonferenz）＝「教員・親・生徒代表から構成される学校の重要な管理運営機関・意思決定機関。現行法制上，三者同数代表制学校会議が16州のうち10

475

第Ⅴ部　第3章　「教員の教育上の自由」の法的構造

州を占めもっとも多くなっている」の決定に拘束される。また学校会議の決定に係る学校プログラムについても同様である。

第4節　「教員の教育上の自由」に関する判例の動向

「教員の教育上の自由」に関する各州の現行学校法制と学説は上述したような状況にあるが，それでは行政裁判所はこの問題についてどのような判断を示してきているのか。定評のある教育判例集・「学校法および試験法に関する判例集」〈全4巻〉（SPE＝Sammlung schul－und prüfungsrechtlicher Entscheidungen　Drittr Folge）の2014年版には「教員の教育上の自由」と係わって19の判例が収載されているが，以下に見る通り，この問題に関する行政裁判所の見解にはきわめて厳しいものがあると評されよう。もとより各州の学校法制状況や争われたケースにもよるが，19の案件のうちで，教員の側が「教員の教育上の自由」を根拠に勝訴したのは2件に過ぎない。争点となった事項に即して，代表的な判例の判旨を記すと下記のようである[48]。

1 「教員の教育上の自由」の法的性質
① 　ミュンスター高等行政裁判所判決（1989年[49]）
「ノルトライン・ウエストファーレン州学校行政法14条2項が定める教員の教育上の固有責任は，学校監督庁に対する教員の訴権を伴う主体的な個人的公権（einklagbares subjektives öffentliches Individualrecht）を根拠づけるものではない」。
② 　マンハイム上級行政裁判所決定（1997年[50]）
「バーデン・ビュルテンベルク州学校法38条2項によって教員に保障されている教育上の自由は，学校監督庁に対する個々の教員の訴権を伴う主体的公権を創設するものではない」。

---

(48) 　J.ルクスは「教員の主体的権利としての教育上の自由」（Die pädagogische Freiheit als subjektives　Recht der Lehrer）という理論的立場から，教員の教育上の自由に係わる否定的な判例について批判的な考察を加え，これを厳しく指弾している（ders., a.a.O., S.120〜S.135.）。
(49) 　OVG Münster, Urt. v. 25. 8. 1989 〈SPE 480 Nr 12〉.
(50) 　VGH Mannheim, Beschl. v. 28. 10. 1997〈SPE 480 Nr.16〉.

2 「教員の教育上の自由」と学習指導要領の法的拘束力

① シュレスビッヒ高等行政裁判所決定（1991年[51]）

「立法者によって強調されている教員の教育上の固有責任は，教員の教育活動について，教員を学習指導要領の拘束から解除するものではない」。

3 「教員の教育上の自由」と学校監督権

① ベルリン行政裁判所判決（1985年[52]）

「学校監督庁の任務は法的規制だけに止まるものではない。それは教育上の専門的な規制（pädagogisch-fachliche Kontrolle），したがってまた合目的的な規制（Zweckmäßigkeitskontrolle）にも及ぶ。学校組織構造法10条が規定している教員の教育上の固有責任は，教員が行う成績評価について，学校監督庁のこれに対する修正的な介入を排除するものではない」。

② ベルリン行政裁判所判決（1987年[53]）

「教員の教育上の自由が勤務法上の命令拘束性の範囲内での，単なる職務機能の反映なのか，それとも教員に自律的な法的地位を認容するものなのか，については争いがある。ただ学校監督庁が教員に対し成績評価について一般的な指示をすることは，許容されない方法で，教員の教育上の自由領域に介入することにはならない」。

4 「教員の教育上の自由」と校長の職務権限

① デュッセルドルフ行政裁判所判決（1984年[54]）

「一般学校規程13条2項は個々の教員に対して，特定の教育手段を他者による影響から自由に自ら決定する権利，つまり，上司によって尊重されるべき固有の権利を保障するものではない。教員は非独立的な学校の一部として活動しているのであり，したがって，個々の教育上の措置や決定についても上司の命令に拘束される」。

② マンハイム上級行政裁判所決定（1988年[55]）

---

(51)　OVG Schleswig, Beschl. v. 30. 4. 1991〈SPE 480 Nr. 13〉.

(52)　VG Berlin, Urt. v. 20. 9. 1985〈SPE 480 Nr.10〉. 2審のOVG Berlin Beschl. v. 30. 1. 1987〈SPE 480 Nr.11〉もこれを支持。

(53)　VG Berlin, Urt.v. 17. 12. 1987〈SPE 480 Nr.1〉.

(54)　VG Düsseldorf, Urt. v. 7. 3. 1984〈SPE 480 Nr.2〉.

(55)　VGH Mannheim, Beschl. v 27. 1. 1988〈SPE 480 Nr.9〉.

第Ⅴ部　第3章　「教員の教育上の自由」の法的構造

「校長は成績評価について一般的に妥当している原則を保持するという，校
　長としての責任の範囲内において，教員に対して個々の場合にその成績評
　価について指示をすることができる。そして校長のこの指示が実施されな
　い場合には，教員の行った評価を他の評価によって代えることができる」。

5　「教員の教育上の自由」と教科書の使用
① 　リューネブルク高等行政裁判所判決（1992年[56]）

「ニーダーザクセン州学校法35条1項によれば，教員は自己の教育上の責
　任において教育活動を行うことができる。しかしこの規定は，当該校で採
　択された教科書を授業で使用すべしとの指示に対する防御権（Abwehr-
　recht gegen die Weisung）を，教員に与えるものではない」。

② 　連邦行政裁判所決定（1994年[57]）

「教科会議の提案にもとづき，教員全体会議で採択が決定された教科書を，
　教員に対して授業で使用することを義務づけることは，教員の教育上の固
　有責任を侵害するものではではない」。

6　「教員の教育上の自由」と成績評価
① 　コブレンツ高等行政裁判所決定（1972年[58]）

「成績評価に際して，その方法の選択については，教員に広範な裁量領域が
　認められなくてはならない。口述試験の方法が所定のものとは異なる場合
　でも，これに異議を唱えることはできない」。

② 　マンハイム上級行政裁判所判決（1975年[59]）

「機会均等の原則は口述試験に際して，すべての生徒について同じ頻度で同
　じ方法と様式で行われることを求めるものではない。もとより一定の限界
　は存するが，生徒に対する口述試験をどのように実施するかは教科教員の
　教育上の裁量に属する」。

---

(56)　OVG Lüneburg, Urt. v. 13. 10. 1992〈SPE 480 Nr.17〉.
(57)　BVerwG, Beschl. v. 28. 1. 1994〈SPE 480 Nr.14〉.
(58)　OVG Koblenz, Beschl. v. 15. 3. 1972〈SPE 480 Nr.4〉.
(59)　VGH Mannheim, Urt. v. 16. 10. 1975〈SPE 480 Nr.6〉.

第5節 「教員の教育上の自由」をめぐる個別問題

1 学校監督庁の専門監督権と「教員の教育上の自由」

　学校監督庁はその有する「専門監督権」（Fachaufsichtsbefugnis）にもとづいて，教員の教育活動や教育専門的な措置・決定にいかなる範囲で，どの程度まで介入できるか。この問題は，結局のところ，「教員の教育上の自由」を具体的にどのような法的性質・内容の権利として把握するかに掛かっている。1960年代以降，この問題は具体的には，学校・教員の教育専門的な措置・決定に対する司法審査権の限界が，学校監督庁の専門監督権にも妥当するか，否定の場合，学校監督庁は学校・教員の教育専門的な事項について，これに介入し変更させたり，学校・教員に代わって自ら決定できるか否かが，学説・判例上の争点をなしてきた。

　この問題について 1960 年代初頭，H.ラウターバッハは，「教員の教育上の自由」の法理と教育専門的な措置・決定の特殊性を根拠として，学校監督庁の専門監督権は行政裁判権と同様の限界に服するとの見解を示した[60]。すなわち，学校監督庁は学校・教員の教育専門的な措置・決定についてはただ，①事実誤認はないか，②事項外的考量（sachfremde Erwägung）によって導かれていないか，③普遍妥当的な評価原則を無視していないか，④現行法に抵触していないか，についてだけしか審査しえないとしたのであった。

　ちなみに，この見解は，学校による教育上の専門技術的な価値判断に関する司法審査の限界として，連邦行政裁判所が 1959 年に示した見解とまったく同一である[61]

　このような立論をさらに徹底させて，学校監督庁の学校・教員に対する専門監督権は「純然たる法監督」（reine Rechtsaufsicht）だけに限局される，とする学説が見られている。たとえば，K.ネーバーマンは「専門監督が枠組規定の保持，つまり法監督に限定されるなら，その時に初めて法的に保障された（学校の）自律性が語られうることになる」と述べ[62]，また M.シュトックも「教員・学校の自由が事実上のものではなく，法的に重要な意味をもつもの（re-

---

(60) H.Lauterbach, Bemerkungen zur Stellung der Klassenkonferenz im pädagogischen Bereich gegenüber der Schulaufsichtsbehörde, In:RWS（1961）, S.327.

(61) BVerwG, Urt. v. 24. 4. 1959, In: P.Seipp, Schüler-Richter-Lehrer, 1963, S.55～S.56.

(62) K.Nevermann, Reform der Schulverfassung, In:RdJB（1975）, S.207.

第Ⅴ部　第3章　「教員の教育上の自由」の法的構造

chtsrelevant）であるなら，学校の管理・維持の領域に止まらず，教育事項に対する専門監督権も法監督だけに限局されることになる」との立場をとっている[63]。

　今日においても，「教員の教育上の自由」の法的現実化という観点から，このような見解を支持する有力な学説が見られているが[64]，ここで重要なのは，1981年にドイツ法律家協会（Deutscher Juristentag）が公表した「法治国家における学校―州学校法案」がこの立場を採っていることである[65]。

　すなわち，同協会の学校法委員会の作成に係る上記法案は，「教員の法的地位」と題して「教員は……固有の責任において教育を行う。教員の教育活動のために必要な教育上の自由は，法規や会議の決定によって，不必要ないし不当に狭められてはならない」（66条2項）と書いて，「教員の教育上の自由」の法理を確認したうえで，この法理を現実かつ具体的に保障するための方途の一つとして，こう規定したのであった。「教育行政庁は，各個の場合に，ただ教員が法規に抵触している場合においてだけ，教員の教育活動に介入することが許される」（73条2項）。

　しかし，このような見解は少数説に止まり，憲法学・学校法学の通説や判例の採るところではない。この問題に関する通説の骨子を摘記すると，次のようになろう。

　①　上記のような所論は学校監督権と行政裁判権の本質・機能的差異を無視している。法的審査を任とする司法権と異なり，専門監督権は学校の教育活動や教育措置・決定の合法性（Rechtmäßigkeit）についてだけでなく，合目的性（Zweckmäßigkeit）に関する審査・統制をも当然に包含する。その根拠は，学

---

(63)　M.Stock, Pädagogische Freiheit und politischer Auftrag der Schule, 1971, S.24〜S.25.
　　　ders., Die pädagogische Freiheit des Lehrers im Lichte des schulischen Bildungsauftrages, In:RdJB（1986）, S.223.

(64)　J.Müller, Schulische Eigenverantwortung und staatliche Aufsicht, 2006, S.82〜S.83.
　　　dies., Abschaffung der Fachaufsicht im Schulbereich als Gebot der Zeit?, In: DVBl（2006）, S.878
　　　F.R.Jach, Abschied von der verwalteten Schule, 2002, S.84.
　　　J.P.Vogel, Verfassungsrechtliche Bemerkungen zur Verselbständigung der Schule, In: Zeitschrift für Pädagogik41（1995）, S.44.

(65)　Deutscher Juristentag, Schule im Rechtsstaat, Bd. I ―Entwurf für ein Landesschulgesetz, 1981, S.98. S.102.
　　　なおこのドイツ法律家協会の州学校法案については，RdJB（1981）Heft 3が特集号を組んで詳細な検討を行っている。

480

第 5 節 「教員の教育上の自由」をめぐる個別問題

校監督官の教育専門性および学校教育・教育行政の命令拘束性と議会に対する責任に求められる[66]。

② 「教員の教育上の自由」は法規や学校監督上の規程・命令の範囲内で容認されている相対的なものである。学校は決して法的な意味でのアウトノミーを享有してはいない。生徒や親の権利保護のために，学校監督庁には専門監督上の命令諸権限が留保されなければならない。国民の権利を犠牲としての「教育上の自由」の絶対化は法治国家においては認容されえない[67]。

③ だがしかし，「教員の教育上の自由」の法理の法的効果として，専門監督上の過度にわたる介入は禁止される。また学校監督庁は学校の瑕疵ある決定や措置を取り消し，再度，学校に決定を求めることができるだけである。学校に代わって学校監督庁自らが決定することはできない。これらの決定は「高度に人格的な専門的判断」（höchstpersönliches Fachurteil）を含むものだからである[68]。

以上が学校監督庁の学校・教員に対する専門監督権の範囲および強度に関する通説の要点であるが，ここで刮目に値するのは，ブレーメン，ヘッセン，ニーダーザクセンおよびメークレンブルク・ホアポンメルンの 4 州においては，上述したラウターバッハのいう学校・教員に対する専門監督の「法監督」への制限論＝学校・教員の教育上の措置・決定に対する，学校監督庁の専門監督権と行政裁判権の，その範囲・強度に関する等置論がすでに法制化を見ているということである[69]。

ちなみに，この点に関する規定例を引くと，たとえば，ニーダーザクセン州学校法（1998 年）は「専門監督は学校の固有責任を侵害しないように行使されなければならない」（121 条 1 項）との原則を確認したうえで，具体的に次のように規定している。

「教育行政庁は専門監督の範囲内において，教育上の評価や決定をただ下記の場合に限り取り消しないし変更することができる。すなわち，①法規ないし行

---

(66) G.Eiselt, Ein höchst gefährlicher Vorschlag: Schulaufsicht als reine Rechtsaufsicht, In:RdJB（1981），S.170～S.172.

(67) H.Heckel, Schulfreiheit und Schulaufsicht, In:ZBR（1965），S.131.u.a.

(68) F.Ossenbühl, Die pädagogische Freiheit und die Schulaufsicht, In:DVBl（1982），S.1163.

(69) 当該条項は下記の通りである。NS 州学校法 121 条 2 項（1998 年），HB 州学校行政法 12 条 3 項（2005 年），HE 州学校法 93 条 3 項（1997 年），MV 州学校法 95 条 4 項（2006 年）

第Ⅴ部　第3章　「教員の教育上の自由」の法的構造

政規則に抵触している場合，②不当な前提ないし事項外的考量から出発している場合，③一般的に承認された教育上の原則ないし評価基準に抵触している場合。」（同条2項）。

　この規定は，同法32条と50条1項がそれぞれ「学校の自律性」と「教員の教育上の自由」を優れて実質的に保障していることの法的帰結であるとされる。

　ただ一方で，ハンブルク，ラインラント・プファルツ，ザクセン，ザクセン・アンハルトおよびシュレスビッヒ・ホルシュタインの5州においては，教員の教育活動に対する学校監督庁の専門監督に関して具体的な制約規定は存しておらず，こうして，この法域における法制状況には州によりかなりの違いが見られている。

　なお敷衍すると，1980年代後半から1990年代前半にかけての各州の学校法制改革に際して，学校監督庁の学校・教員に対する専門監督は法監督だけに限定されるとする，上記ドイツ法律家協会の学校法案を採用した州はなく，今日に至るも見られていない[70]。

2　校長の職務命令権と「教員の教育上の自由」

　現行法制上，公立学校の教員は州の公務員（Beamte）として，公務員法上のヒエラルキーに編入されている。したがって，教員についても「上司」（Vorgesetzter）という法概念が当然に妥当する。こうして現行法制上，すべての州で校長は「教員の直接の上司」として位置づけられている。つまり，校長は学校における教育上および管理運営上の全体責任の範囲内において，教員の職務行為に関して，拘束力のある命令を発することができる[71]。

　ちなみに，この点について現行学校法制も，たとえば，ザールラント州学校参加法（2005年）は，こう明記している（16条5項）。「校長はその任務を遂行するに当たって，……教員に対して命令をする権限をもつ（weisungsberechtigt）」。

　このように，校長は教員に対して職務上の上司としての権限を有しているのであるが，しかしそれがいかなる範囲でどの程度まで及びうるかとなると—とくに教員の教育活動に対する校長の指示・命令権の存否・強度—，「教員の教育上の自由」との法的緊張が問われなければならないことになる。

---

(70)　H.Avenarius/H.P.Füssel, a.a.O., S.184.

(71)　さしあたり，D.Margies/K.Roeser, Schulverwaltungsgesetz, 1995, S.203.

482

第5節 「教員の教育上の自由」をめぐる個別問題

　この問題は「教員の教育上の自由」に係わる重要な事柄であるが，これに関する今日の通説的見解を端的に要約しておくと，次のようになろう[72]。

　「校長はいまだ養成途上にある教員に対しては，その教育活動に関し，教授・教育的観点から職務上，命令できる。しかし全的に養成を終えた教員（vollausgebildete Lehrer）の場合は，授業を査察する権限はもつが，教員の教育活動に関しては，『教員の教育上の自由』の法的効果から，原則としてこれに介入することは許されず，ただ例外的な場合にだけ介入することができる」。

　そして，ここでいう例外的な場合とは，次のようなケースをいうとされる。すなわち，教員の当該教育活動が法規や行政規則，学校監督庁の命令や学校の諸機関（教員会議や学校会議など）の決定に抵触している場合，教員の教育活動の質に欠陥が認められる場合，平等原則からの要請がある場合，それに生徒に対する評価に関して教員間で著しい差が存する場合，などがそれである。

　ちなみに，この点を確認して，ヘッセン州学校法（2005年）も次のように規定している（88条4項）。「校長は上司として……教員に対して命令権を有する。ただ校長は，法規や行政規則，本法93条3項が規定する専門監督に関する原則と規準，学校プログラムの拘束力ある教育上の原則ないし学校の諸会議の決定に抵触している場合に限り，教員の教育活動に介入し，指示をすることができる」。

　なお上記と関連して，校長は果たして教員の授業を査察する権利（Unterrichtsbesuchsrecht）をもつか，ということも問題になるが，ここでは，通説・判例はこの権利を承認し[73]，また現行法制上も校長のこの権利（ないし義務）を明記している州が多く見られている（たとえば，ザクセン学校法42条2項，ヘッセン州学校法88条4項など），という事実だけを指摘するに止める。

3　「教員の教育上の自由」と学習指導要領の法的拘束力

　宗教教育については別として[74]，基本法はもとより，各州の憲法にも「学習指導要領」（Lehrplan・Rahmenrichtlinie）に関する規定は存在していない。

---

(72)　さしあたり，H.Avenarius/H.P.Füssel, a.a.O., S.666.
　　　J.Rux, Die pädagogische Freiheit des Lehrers, 2002, S.184.
(73)　さしあたり，T.Böhm, Grundriß des Schulrechts in Deutschland, 1995, S.77.
(74)　宗教教育の学習指導要領については，3州の憲法が規定している。NW州憲法14条2項，RP州憲法34条，SL州憲法29条がそれである。これらの州憲法によれば，宗教教育の学習指導要領は教会ないし宗教団体の同意を得て制定されることとされている。

483

第Ⅴ部　第3章　「教員の教育上の自由」の法的構造

学校法でこれに関する規定を置いている州は見られているが，こうした学校法
上の規定の存否に拘わらず，学習指導要領の制定は伝統的に国家の学校監督権
に包摂されていると解され，そこで文部省は法律による明示的な授権がなくて
も当然に，学習指導要領を行政規則（verwaltungsvorschrift）で定めることが
でき，そしてそれは，判例・通説によれば[75]，教員の教育活動を拘束すると
されてきた。「法から自由な領域（rechtsfrei）」において，「行政権によって定
立された法」（administrativ gesetztes Recht）としての学習指導要領という位置
である[76]。

　たとえば，ラインラント・プファルツ州懲戒裁判所は，芸術の教員が授業時
間中に平和問題を取り扱った事件で，次のように判じている[77]。「国は学校監
督主体として憲法で規定された教育目的を実現するために，学校制度の計画・
統轄・規律・促進の義務を負っている。この教育目的は学習指導要領によって
具体的に達成されるものであるから，それは当然に教員の教育活動を拘束し，
これに対する違反は懲戒処分の対象となる」。

　しかし，旧来のこうした教育行政運用や解釈に対してはとりわけ1970年代
半ば以降，厳しい批判が加えられてきた。それは大きく二つに分けることがで
きる。

　一つは，学習指導要領の法的性質に関するもので，法律による授権のない
「行政規則としての学習指導要領」は基本法が要請する法治国家原理および民
主制原理とは相容れない。この面においても「法律の留保の原則」が当然に妥
当し，したがって，学習指導要領は法規命令（Rechtsverordnung）の法形式で
制定されなくてはならず，その限りにおいて法的拘束力が認められる，とする
立場である。学習指導要領は子どもの「自己の人格を自由に発達させる権利」
（基本法2条1項）や「親の教育権」（同6条2項）といった「基本権にとって重
要な意味をもつもの」（Grundrechtsrelevant）だからである[78]。

　この点は，先に触れたドイツ法律家協会の州学校法案が強く求めたところで
あるが（7条1項），この提案を受けるかたちで今日においては，たとえば，

---

(75)　今日における通説・判例としては，さしあたり，H.Avenarius/H.P.Füssel, a.a.O., S.
　　　664.
　　　　OVG Schleswig, Beschl. v. 30. 4. 1991〈SPE 480 Nr. 13〉.
(76)　G.Eiselt, Richtlinien für Unterricht und Erziehung im Schulwesen als admistrativ
　　　gesetztes Recht, In: DÖV（1980）, S.405.
(77)　Disziplinarhof Rheinland-Pfalz, Beschl. v.15. 11. 1963, In:RWS（1964）, S.147.

484

第5節 「教員の教育上の自由」をめぐる個別問題

ヘッセン州学校法（4a条3項），バイエルン州教育制度法（45条2項），バーデン・ビュルテンベルク州学校法（35a条5項）などがその例であるが，多くの州学校法がこの立場を採用するところとなっている。

二つは，「教員の教育上の自由」ないし「学校の自律性」を根拠とするもので，こうした立場からは当然のことながら教員・学校の決定権の拡大と，これに対応した教授要綱・学習指導要領の枠組規定性ないし最低基準性が強調される。それは端的に伝統的な「教授要綱」（Lehrplan）から「枠組的指針」（Rahmenrichtlinie）への転換要求だと捉えられる。「細部にわたる厳格な教授要綱」に対する批判は1950年代前半に展開された「管理された学校」批判以来のものであるが[79]，「教員の教育上の自由」ないし「学校の教育自治」が法制化を見るに至った後，とくに1970年代以降，これに対する批判は一段と加速した。こうして，この時期以降は「教員の教育上の自由」を踏まえた学習指導要領の有りようが追求され，そして今日においてはそれを法制化した立法例が見られるに至っている。ヘッセン州学校法とニーダーザクセン州学校法がその範例である。

ちなみに，ニーダーザクセン州学校法は「教育活動のための枠組的指針」（Rahmenrichtlinien für den Unterricht）と題して（122条1項），次のように規定している。

「教育活動は枠組的指針にもとづいて実施される。それは文部省によって策定され，個々の教科の一般的かつ専門的な目標と教授上の原則を含まなくてはならない。……またそれは拘束力ある教育内容と選択に委ねられる教育内容を適切な割合で定め，こうして教員が所定の目標をその固有の教育責任において達成し，同時に生徒の関心を考慮できるような状態に置かれるように規定するものとする」。

なお上述したところと基本的にはほぼ同じ趣旨から，生徒の「自己の人格を

---

(78) E.Stein/R.Monika, Handbuch des Schulrechts, 1992, S.61.S.195.

　　　H.U.Evers, Parlamentszuständigkeit zur inhaltlichen Gestaltung des Unterrichts, In:RdJB (1982), S.235. Deutscher Juristentag, a.a.O., S.165～165. K.Nevermann, Lehrplanrevision und Vergetzlichung, In:VerArch 1980, S.241ff.

　　　BVerwG, Urt. v. 17. 7. 1980, In:NJW（1981), S.1056.

(79) H.Becker, Quantität und Qualität-Grundfragen der Bildungspolitik, 1968, S.157.

　　　この点，F.ヘネッケも「細部にわたる教授要綱は学校の教育活動に対して侵害性（Eingriffscharakter）をもつ」と指弾している（F.Hennecke, Staat und Unterricht, 1972, S.157).

485

第Ⅴ部　第3章　「教員の教育上の自由」の法的構造

自由に発達させる権利」を根拠として教授要綱の枠組規定性を導く所説も見られている[80]。こう述べる。「学校制度に一定の統一性をもたせるという要請は，現行のような細部にわたる教授要綱を正当化するものではない。授業計画や教材配分に関する細部にわたる厳格な規程に代えて，簡明な指針（einfache Richtlinien）でもって良しとすべきである。そうすることによって始めて，具体的な教育状況において，教員に生徒の人格の自由な発達をもっとも強く可能にする，教育方法や教育専門的な価値を優先できる裁量領域が確保されることになるからである」。

(80)　Ekkehart Stein, a.a.O., S.61.

第4章 教員の「政治的意見表明の自由」と教育の政治的中立性

第1節 教員の法的地位

1 憲法上の法的基盤

ドイツにおける公立学校の教員の身分は州の公務員と地方自治体のそれに分かれるが，大部分の教員は前者に属している。州立学校の教員の場合はもとより，地方自治体立学校の教員の場合でもそうである。州および地方自治体の公務に関する法は，基本法70条1項により，原則として各州の立法権限に属している。したがって，教員法制の形成も原則として各州の権限に属しているのであるが，くわえて，教員法制は学校法制の一部をなしているから，「州の文化主権」(Kulturhoheit der Länder) の原則も働き，この法域に関しては一層そのことが妥当する。

こうして教員の法的地位は「州公務員法」(Landesbeamtengesetze) の定めるところによることになるが，ただこの場合，公務員法域における各州の立法権は基本法の公務員に係わる条項，とくに下記のような基本法33条2項～33条5項によって制約を受けることになる。

すなわち，基本法33条はすべてのドイツ人はその適性，資質および専門的能力に応じて，その信条や世界観に関係なく，等しく公職に就くことができると規定し（2項・3項），続いて「高権的権能の行使は，恒常的任務として，原則として，公法上の勤務関係および忠誠関係に立つ公務員に付託されるものとする」(4項) と定め，さらに「公務に関する法は，職業官吏制度の伝統的諸原則 (hergebrachter Grundsätze des Berufsbeamtentums) を考慮して規律し，継続的に発展させなければならない」(5項) と規定している。

憲法学および学校法学の支配的学説が説くところによれば[1]，上記基本法33条5項は「直接的に妥当する法」(unmittelbar geltendes Recht) であり，その内容として立法者に対する規律委任と職業官吏制度の制度的保障を含んでい

---

(1) さしあたり，T.Maunz/G.Dürig (Hrsg.), Grundgesetz-Kommentar, 2011, Art.33, S. 38～S.41.

H.Avenarius/H.P.Füssel, Schulrecht, 8 Aufl. 2010, S.604～S.605.

第Ⅴ部　第4章　教員の「政治的意見表明の自由」と教育の政治的中立性

るとされる。さらにこの条項は伝統的な諸原則が公務員個人の法的地位に係わる場合，公務員の「基本権同等の権利」（grundrechtsgleiches Recht）を根拠づけるものでもある。そして，たとえば，終身雇用制の原則，扶養原則，勤務主体の配慮義務，本業の原則，業績原則，公務員法上の忠誠義務さらにはストライキの禁止などの個々の伝統的原則は，これらの原則が公務員制度に対してもつその本質的な意味のゆえに，公務員法制の形成や運用に際して単に「考慮」されるだけでは足らず，「尊重」されなければならないとされている。

　詰まるところ，基本法33条5項は立法者に対して，公務に関する規律に際して，公務員制度に特徴的な根本思想ないしメルクマールとは異なる規律を禁止する条項に他ならないと解せられている。

2　連邦制改革（2006年）と公務員法制

　「連邦法は州法を破る」（Das Bundesrecht bricht das Landesrecht）の原則により，公務員法制に関する各州の規律権は，連邦の公務員法上の規定によって制約をうける。ただ2006年に行われた連邦制改革（Föderalismusreform）によって，この法域における州の立法権が大幅に拡大・強化され，連邦権限はかなり縮減された。

　すなわち，従来，連邦は連邦公務員の法律関係については独占的な立法権を有してきており（基本法73条8号），これにもとづいて，たとえば，「連邦公務員法」（Bundesbeamtengesetz・2009年）が制定されている。くわえて，従前においては連邦は基本法75条1項にもとづいて，州や地方自治体の公務員の法律関係についても大綱法を制定する権限を有していた。そしてこの権能にもとづいて「公務員法大綱法」（Beamtenrechtsrahmengesetz・1985年）が制定され，各州における公務員法制の基本的な枠組みを拘束したのであった。さらに基本法74a条1項は公務員の俸給と年金などの援護に関して，連邦に対しこれを連邦レベルで統一的に規律する権限を与えていた。こうして，「連邦俸給法」（Bundesbesoldungsgesetz・1986年）や「公務員援護法」（Beamtenversorgungsgesetz・1987年）が制定され，この結果，たとえば，公立学校教員の俸給も各州を通しての統一的な規律に服していた。

　しかし，既に言及したように，2006年の連邦制改革によって，連邦の大綱法制定権は廃棄され，また連邦の競合的立法権を規定した基本法74a条も削除された。ただ公立学校教員を含む州公務員の身分上の権利・義務に関する規律は基本法74条1項27号によって連邦権限とされており，かくして，これに関

第1節　教員の法的地位

しては連邦法である「公務員身分法」（Beamtenstatusgesetz・2008年）の規律するところとなっている。この法律の制定によって，上記の公務員法大綱法は廃止された。

　なお公務員身分法は公務員の身分関係事項のうち経歴，俸給，年金に関しては規律対象から除外しており，これらの事項については州が専管的な権限を有するところとなっている。こうして現行法制上，たとえば，公立学校教員の俸給は各州それぞれの判断で決定できることになっている[2]。

3　職業公務員としての教員

　1919年に制定を見たワイマール憲法は，1850年のプロイセン憲法23条2項＝「公立学校教員は国の使用人としての権利を有し義務を負う」を継受して[3]，「公立学校の教員は国の官吏（Staatsbeamte）としての権利を有し，義務を負う」（143条3項）と規定していた〈国の官吏としての公立学校教員〉。

　ドイツ基本法にはこれに相当する条項は見当たらない。しかし基本法下においても，公立学校の教員が国（州）の公務員（Beamte）としての身分を有さなければならない，ということについては，学説・判例上，ほとんど争いが存しない[4]。その憲法上の根拠は，先に引いた基本法33条4項に求められている。この条項は高権的権能（hoheitsrechtliche Befugnisse）の行使は，それが恒常的任務として行われる限り，職業公務員によって担われなければならない旨を規定したものであるが〈いわゆる機能留保（sog. Funktionsvorbehalt）〉，教員は試験の実施・成績評価・進級決定・懲戒権の行使などによって高権的権能を行使しており，したがって，当然に職業公務員であることが求められると解されている[5]。くわえて，教員はその教育活動によって国民の統合や国民的合意の形

---

(2)　H.Avenarius/H.P.Füssel, a.a.O., S.605〜S.606.

(3)　ドイツ3月革命の所産として制定を見た1848年のプロイセン憲法は「公立学校の教員は国の使用人（Staatsdiener）としての権利を有する」（20条2項）との条項を擁していた。1850年の改正プロイセン憲法では上記の「国の使用人としての権利」が「国の使用人としての権利と義務」に改正されたのであるが（23条2項），ワイマール憲法143条3項は「国の使用人」というタームに代えて「国の官吏」（Staatsbeamte）としただけで，1850年の改正プロイセン憲法をそのまま継受したのであった（二つのプロイセン憲法の当該条項については参照：L.Clausnitzer, Geschichte des Preußischen Unterrichtsgesetzes, 1891, S.162〜S.166）。

(4)　さしあたり，U.Battis/H.D.Schlenga, Die Verbeamtung der Lehrer, In:ZBR（1995）, S. 253. W.Thieme, Müssen Lehrer eigentlich Beamte sein?, In:RdJB（1980）, S.2.

489

第Ⅴ部　第4章　教員の「政治的意見表明の自由」と教育の政治的中立性

成といった，国家目的に資する社会公共的な課題の遂行を任としており，その
ためには公務員たる地位や官職の規範，特別な法による拘束と職に対する信頼
性が求められるからでもあるとされる。

　しかし一方で，近年，とくに旧東ドイツ諸州においては教員を公務員として
ではなく，被用者（Angestellte）として任用する傾向が強くなっている。ベル
リン，ブレーメン，シュレスビッヒ・ホルシュタインの旧西ドイツ3州でも
1990年代同様の状況が見られた。ドイツに伝統的な「官吏関係としての教員
の勤務関係」という法的位置づけの転換である。このような教員の「脱公務員
化」（Entbeamtung）の根拠としては，主要には，次の2点が挙げられている[6]。
①高権的権能の行使を専らとする警察，司法，租税行政などとは異なり，教員
の職務は国家の国民に対する配慮活動を担うものであること，②公務員として
の教員では，ドイツの学校制度は高度な教育的専門性をもつことができず，グ
ローバル化した世界での競争に対応できない。教員は原則として期限付き雇用
関係として任用し，公勤務の弾力化を図らなくてはならない，というのがそれ
である。

4　公法上の勤務関係・忠誠関係としての教員の勤務関係

　先に引いた通り，基本法33条4項は「高権的権能の行使は……公法上の勤
務関係および忠誠関係（öffentlich-rechtliches Dienst-und Treueverhältnis）に立
つ公務員に付託されるものとする」と規定して，公務員関係が「公法上の勤務
関係・忠誠関係」であることを憲法上確認しているのであるが，これを受けて
公務員身分法も改めてこう書いている。「公務員はその勤務主体に対して，公
法上の勤務関係および忠誠関係（公務員関係）に立つ」（3条[7]）。

　ここにいう「公法上の勤務関係・忠誠関係としての公務員関係」という法的
構成は，伝統的にドイツ官吏法制の特徴的メルクマールをなしてきており[8]，
この法的地位から公務員としての各種の特別な権利と義務が導出されることに
なる。

　現行法制上，公務員の権利・義務については公務員身分法が定めており，教

---

(5)　U.Battis/H.D.Schlenga, a.a.O., S.257.
(6)　さしあたり，Bildungskommission NRW, Zukunft der Bildung−Schule der Zukunft, 1995, S.333.
(7)　連邦公務員法4条も同文である。
(8)　詳しくは参照：室井　力「特別権力関係論」勁草書房，1968年，30頁以下。

490

員も州公務員ないし地方自治体の公務員としてその規律に服している。公務員身分法の立法趣旨は，基本法33条にもとづく職業官吏制度の構造原則を連邦レベルで統一的に規定することによって，この制度の機能を確保することにある。この法律は連邦法であるが，各州において「直接的かつ統一的に妥当する法」（unmittelbar und einheitlich geltendes Recht）であり，州の立法者による具体化は必要ではない。

第2節　教員の学校法制上の義務

上述のように，公立学校の教員は公法上の勤務関係・忠誠関係に立っているのであるが，こうした法的地位から導かれる各種の義務のうち，本章のテーマと係わってはとくに下記の義務が重要である。

1　憲法忠誠義務

憲法忠誠義務（Verfassungstreuepflicht）は公務員関係から生じる公務員のもっとも基本的な義務で，学説・判例上，この義務は基本法33条5項にいう「職業官吏制度の伝統的な諸原則」の一つと解されている。この義務は別名，政治的忠誠義務（politische Treuepflicht）とも称される。

この憲法忠誠義務について，公務員身分法はまず「公務員関係の要件」と題して「基本法が定める自由で民主的な基本秩序を常時擁護することを保証できる者だけが，公務員関係に任用されてもよい」（7条1項2号）と規定したうえで，「公務員の基本的義務（Grundpflichten）」と銘打って，次のように規定している。

「公務員は全国民に奉仕するものであって，一党派に奉仕するものではない。公務員はその任務を公平（unparteiisch）かつ公正に遂行し，その職務を一般の福祉のために遂行しなくてはならない。公務員はその全行為を通じて，基本法が定める自由で民主的な基本秩序を信奉することを示し，かつそれを擁護しなければならない」（33条1項）。

ちなみに，上記にいう「自由で民主的な基本秩序」（freiheitliche demokratische Grundordnung）とは，連邦憲法裁判所の見解によれば，下記のような諸原則をその基本原理として擁している国家体制をいうとされている[9]。すなわち，基本法が保障している基本的人権の尊重，国民主権，権力分立，国民代表機関に対する政府の責任，行政の法律適合性，司法権の独立，複数政党制，す

第Ⅴ部　第4章　教員の「政治的意見表明の自由」と教育の政治的中立性

べての政党の機会均等，教育をうける権利の保障および反対派の権利の保障，がそれである。

　また連邦憲法裁判所が説くところによれば[10]，いうところの憲法忠誠義務は公務員に対して，単に自由で民主的な基本秩序を肯定するだけではなく，国家や憲法に対するより積極的な責任を導く義務である。すなわち，公務員は憲法に敵対する活動を行ない，その基本秩序を破壊しまたは除去することを目的とする政党その他の団体を援助することを禁じられる。具体的には，かかる目的をもつ組織の支持，それへの加入，そこでの活動は禁止される。それどころか，公務員は上記基本秩序を侵害ないしは危険に陥れる活動に対しては，これを除去する措置を講じなくてはならない，とされている〈闘う民主主義の原則・Prinzip der streitbaren Demokratie[11]〉。

　上述したような公務員としての憲法忠誠義務に加えて，指導的な学校法学説が説くところによれば，教員の場合は憲法に対するより積極的な関係が求められているとされる〈加重された憲法忠誠義務〉。というのは，教員は教育主権の一環として憲法上規定された「国家の教育責務」（Erziehungsauftrag des Staates）という重要な課題の遂行をその職務として担うのであり，そのためには憲法の基本的な諸価値や諸決定を踏まえた教育目的をよく理解し，そのうえで生徒の教育に当たらなければならないからである。第Ⅴ部第3章で詳しく論及したように，現行法制上，教員には「教員の教育上の自由」が法的権利として保障されているが，この法制度は教員の憲法忠誠に対する特別に高度の信頼を前提としていると捉えられている[12]，ということは重要である。

　ところで，教員の憲法忠誠義務と係わって，1995年，ヨーロッパ人権裁判所が重要な判断を示している。この事件は，学生時代にドイツ共産党（DKP）に入党し，1979年にニーダーザクセン州で終身雇用の公務員として任用されたギムナジウムの教員が，共産党地区委員会での活動や州議会選挙への立候補などを理由として解雇され，ニーダーザクセン州行政裁判所もこの解雇処分を

----

(9)　BVerfG, Urt. v. 27. 10. 1952（社会主義ライヒ党違憲判決），BVerfG, Urt. v. 17. 8. 1956（ドイツ共産党違憲判決），zit.aus J.Hoffmann, Zur Meinungsfreiheit des Lehrers, In:RdJB（1984）, S.101.

(10)　BVerfG Beschl. v. 22. 5. 1975, BVerfGE 39, 334（348）. いわゆる Radikalen-Entscheidung, zit. aus H.Avenarius/H.P.Füssel, a.a.O., S.618.

(11)　S.Leppek, Beamtenrecht, 11 Aufl. 2011, S.118.

(12)　H.Avenarius/H.P.Füssel, a.a.O., S.619.

492

認容（1987年）したために，ヨーロッパ人権裁判所に提訴したというものである。

　この事件について同裁判所は，大要，下記のように述べて，ドイツは「自由な意見表明権」（10条）および「集会・結社の自由」（11条）を保障している，「人権と基本的自由の保護のためのヨーロッパ協定」〈Europäische Konvention zum Schutze der Menschenrechte und Grundfreiheiten v. 4. Nov. 1950〉に違反するとの判断を示したのであった[13]。

　「原告教員の政治活動は社会秩序の安全に対するいかなる危険も伴うものではなかった。
原告がその政治的な主義・主張によって生徒を教化したとの批判も聞かれない。
原告が学校外において憲法の基盤に反するような言動をしたという証拠もない。
それにドイツ共産党は連邦憲法裁判所によって違憲とされてもいない[14]。こうしたことを考慮すると，連邦政府が挙げている当該教員の解雇理由は，民主主義社会において公務員を解雇する理由としては著しく不十分である」。

2　中立性保持義務

　先に引いた公務員身分法も明記しているところであるが（33条1項），公務員は，職務上，不偏不党（Unparteilichkeit）と客観性（Sachlichkeit）を維持する義務を負っており，一党派や特定利益団体の利益を国民全体のそれに優先させたり，不公平かつ不公正な行動をすることを禁止されている。公務員は専門的公務員として不偏不党と客観性を維持することによってのみ，相対立する社会的諸勢力の間の利益調整をすることができるからである。

　公務員に課せられている中立性保持義務（Neutralitätspflicht）は二つの方向性を有している。一つは，公務員は勤務主体に対して，ないし行政内部において党派的な活動をしてならないという義務である。二つは，公務員は国民との関係において，特定の国民を優遇したり，他の国民を差別的に取り扱ってはならないという義務である。くわえて，公務員は偏見に囚われてはならず，考え

---

(13)　Europäische Gerichtshof für Menschenrechte, Urt. v. 26. 9. 1995, In:NJW（1996）, S. 375ff. この判決については，下記が詳しい：H.Rittstieg, Der Radikalenerlaß in europäischer Sicht, In:RdJB（1996）, S.492ff.

(14)　KPD（Kommunistische Partei Deutschlsnds）は1956年，自由で民主的な基本秩序を侵害・除去し，連邦共和国の存立を危くする政党だとして，連邦憲法裁判所によって違憲だとされ，解散を命じられた（BVerfG Urt. v. 17. 8. 1956, BVerfGE 5, 85）。一方，DKP（Deutsche Kommunistische Partei）は1968年に設立された政党で，KPDとは別の政党だとされる〈山田晟「ドイツ法律用語辞典」大学書林，1993年，148頁〉。

第Ⅴ部 第4章 教員の「政治的意見表明の自由」と教育の政治的中立性

を異にする人の利益もまた考慮して，その職務の遂行に当たらなくてならない〈職務遂行における寛容の義務〉。

上記にいう不偏不党と公平性の原則は公務員としての個人的義務だけに止まらず，法治国家における行政手続の本質的な構成要素をなしていると見られている。

なお上記公務員身分法の条文は行政活動は非政治的（unpolitisch）でなくてはならない，ということを含意するものではない。行政活動は国の政治目的の実現に資し，それを具体化するものだからである。

3 政治活動における中庸・抑制義務

公務員は勤務外においては「政治活動を行なう権利」（Recht zur politischen Betätigung）を享有している。この権利には，たとえば，合憲的な政党の党員になり，党員としてその党のための活動をするなど，各種の政治的権利が包含されている。しかし公務員は「政治活動をするに当たっては，その全体に対する地位とその官職の諸義務の顧慮から生ずる中庸と抑制を守らなければならない」（公務員身分法33条2項）。公行政の機能を確保し，また国民の公行政に対する信頼を獲得するためには，かかる政治的な中庸・抑制義務（Mäßigungs-und Zurückhaltungspflicht）が不可欠であるとの認識にもとづいている。

この問題については，後に教員に引きつけて詳しく言及するので，ここではこれ以上立ち入らない。

4 勤務給付義務

公務員身分法は「公務員は全力を挙げて，その職務に専念しなければならない。公務員は委託された任務を，利己を排して，最善の良心に従って遂行しなくてはならない」（34条1文）と書いて，公務員の勤務給付義務（Dienstleistungspflicht）を明記している。そして，学説・判例上，公務員のストライキ禁止の法律上の直接的な根拠はこの条項に求められているのであるが，この問題については，次節「教員の学校法制上の権利」において「団結の自由と公務員によるストライキの禁止」と題して言及するので，ここでは立ち入らない。

5 服従義務

教員は当然のことながら，日々の職務活動において現行法令を遵守しなければならない。教員はまた「その上司に助言し，かつ上司を支援しなければなら

494

ない」と同時に，「上司の職務命令を遂行し，かつ上司の一般的方針に従う義務を負っている」（公務員身分法35条）。ただこの場合，教員は学校法制上，すべての州において「教員の教育上の自由」を「教員としての特別の権利」として保障されており，したがって，公務員としての命令拘束性（Weisungsgebundenheit）とこの自由との法的緊張が問題となるが，この問題については先の第3章で既に言及したところである。

つぎに教員は「その勤務上の行為の法適合性（Rechtmäßigkeit）に対して，完全なる個人的責任を負う」（同法36条1項）。ただこの場合，教員に対して法的拘束力をもつのは合法的な法令や命令だけである。しかしこのことは，教員が自分自身の判断で当該命令を違法だと見て，その履行を拒否することを認めるものではないとされている。このような場合には，教員は当該命令の合法性に関する疑念を直ちに校長に伝え，にも拘らず校長が当該命令を撤回しない場合には，上級の上司である学校監督庁に異議を申し立てなければならない〈教員の異議申立て義務・Remonstrationspflicht〉。そして学校監督庁が当該命令の効力を認めた場合には，教員にはそれを履行する義務が発生するが，しかしこの場合は義務履行に伴っての教員個人の責任は免除されることになる。

なお教員に付託された行為が可罰的行為ないし反秩序的行為，もしくは人間の尊厳を侵害する行為の場合は，教員はその履行を拒否しなくてはならない（同法36条2項）。この場合は，命令に対する不服従が公務員としての義務だとされている[15]。

6　尊敬と信頼に値する行為をなす義務

教員は学校がその教育責務を履行できるように行動しなければならないと同時に，勤務の内外における教員の行為は「その職務が要求する尊敬と信頼にふさわしくなければならない」（同法34条2文）。この条文の目的は公務員に課せられた義務の適切な履行を確保することにある。

教員は勤務外においてもまた，その特別な地位と責任を自覚しなくてはならない。教育者として，教員には他の公務員よりも「高められた義務」が課せられていることを常に意識して，その威信が傷つけられないように注意しなければならない。教員の勤務外における品位を欠く行為は，その職務に対する尊敬

---

(15)　H.Avenarius/H.P.Füssel, a.a.O., S.693.　　S.Leppek, a.a.O., S.125〜S.126.
　　　A.Reich, Beamtenstatusgesetz, 2 Aufl.2012, S.13〜S.14.

第Ⅴ部　第4章　教員の「政治的意見表明の自由」と教育の政治的中立性

と信頼を著しく失墜させた場合にだけ，懲戒処分の対象とされる（同法47条1項2文）。

第3節　教員の学校法制上の権利

1　教員の憲法上の基本権

　改めて書くまでもなく，基本法の人権条項は原則として公務員にも適用される。こうして，公立学校教員もまた基本法が保障する各種の基本権を原則として享有している。しかしその行使に際しては，上述したような公務員関係の本質にもとづく各種の義務によって制約を受け，くわえて，国家の教育主権作用の一環としての「国家の教育責務」（基本法7条1項）の遂行上の要請によっても制約される。ただ基本法も明記しているように，「いかなる場合においても，基本権はその本質的内容を侵されない」（19条2項）とされている。

　それでは教員は憲法上どのような基本権を享有しているかであるが，これについて指導的な学校法学説は，教員にとって重要な基本権として，以下のような基本権を挙げている。

　①人格を自由に発達させる権利（基本法2条1項）とこの権利にもとづく一般的な行動の自由，②一般的な人格権とこの権利に包含される情報に関する自己決定権（同1条1項と関連した同2条1項），③男女の平等権（同3条2項），④公職に就任する権利（同33条2項），⑤信仰の自由・世界観告白の自由（同4条1項，2項），⑥表現の自由（同5条1項），⑦集会の自由（同8条1項），⑧結社の自由（同9条1項），⑨団結の自由（同9条3項），がそれである[16]。

　なお教員は現行学校法制上，「教員の教育上の自由」を享有しているが，その法的根拠を基本法5条3項が保障する「学問・研究・教授の自由」に求めて，「教員の教育上の自由」および「学問・研究・教授の自由」は教員の憲法上の基本権に属していると解する学説が見られている[17]。しかし憲法学・学校法学の通説および判例は，既述した通り，「教員の教育上の自由」を「学校目的および生徒の利益に向けられた自由」ないし「義務に拘束された自由」として，教員の学校法制上の職務権限として構成しており，この自由に基本権性を認めていない[18]。

---

(16)　H.Avenarius/H.P.Füssel, a.a.O., S.634ff.

(17)　さしあたり，W.Perschel, Die Lehrfreiheit des Lehrers, In:DÖV（1970），S.34～S.38.

496

2 「団結の自由」と公務員によるストライキの禁止

基本法9条は「結社の自由および団結の自由」と題して，つぎのように規定している。「すべてのドイツ人は，社団および団体を結成する権利を有する」（1項），「労働条件および経済条件を維持し，促進するために団体を結成する権利は，何人に対しても，そしてすべての職業に対して保障される」（3項）。

上記の「団結の自由」（Koalitionsfreiheit）保障条項は教員にも当然に適用される。こうして教員は，憲法上の基本権として教員組合や職業団体を組織する権利を有しており（公務員身分法52条1文），自らの利益代表をこれらの組合や団体に委ねることができる[19]。

この場合，公務員は組合活動のゆえに利益を受け，もしくは不利益を受けることがあってはならない（同法52条2文）。学校の事情が許せば，組合活動に従事する教員には勤務の免除が認められなくてはならない。また教員が勤務時間中に教員組合の宣伝紙を配布することは，学説・判例上，上記基本法9条3項によって保護されると解されている。

ただこの点について，従前，連邦憲法裁判所は公務員が勤務場所や勤務時間内において組合の宣伝活動を行なうことができるのは，原則として，職員協議会（Personalrat）の選挙前だけに限られるとの見解を示していた。しかしその後，連邦憲法裁判所は判例を変更し，このような行為に関し，期間による制限を撤廃したという経緯がある[20]。

ところで，連邦憲法裁判所の判例および支配的な憲法学説によれば，基本法9条3項が保障する「団結の自由」は，民間労働者の場合はその法益としてストライキ権を包含しているが，公務員にあってはこのような権利は含まれていないと解されている。公務員は「公法上の忠誠関係としての公務員関係」に位置しており，勤務拒否または労働放棄・ストライキなどの行為は，本来公務員としての忠誠義務と相容れないからだとされる。

---

(18)　さしあたり，H.Avenarius/H.P.Füssel, a.a.O., S.663～S.664.

(19)　今日，ドイツにおいては大部分の教員が教員組合に加入しており，教員組合としては学校段階や学校種などにより大きく次の3組織が存在している。「教育と学問の組合」（Gewerkschaft Erziehung und Wissenschaft〈GEW〉），「ドイツ教員団体」（Deutscher Lehrerverband〈DL〉），「陶冶と教育の団体」（Verband Bildung und Erziehung〈VBE〉）がそれである。GEWはドイツ労働組合連盟（Deutscher Gewerkschaftsbund）の傘下にあり，DLとVBEはドイツ公務員連盟（Deutscher Beamtenbund）の傘下に属している（H.Avenarius/H.P.Füssel, a.a.O., S.657.）。

(20)　ebd.

第Ⅴ部　第4章　教員の「政治的意見表明の自由」と教育の政治的中立性

　ちなみに，この点，ドイツ官吏法に関する本格的研究によれば，「基本法9条にいう結社の自由が官吏のストライキ権を含まないことは，ワイマール憲法下以来一致した見解であり，この点，（基本法制定・筆者）議会の審議においても一致していた」とされている[21]。

　こうして公務員の「ストライキの禁止」（Streikverbot）の原則は，公務員制度の伝統的な諸原則の一つをなしてきていると見られており，したがって，その現行法制上の法的根拠は基本法33条5項に求められる，とするのが判例・通説である[22]。また公務員身分法は「公務員は全力を挙げて，その職務に専念しなければならない。公務員は委託された任務を，利己を排して，最善の良心に従って遂行しなくてはならない」（34条1文）と規定しており，この条項から公務員のストライキの禁止の原則が導かれるとも解されている[23]。

　したがって，教員がストライキないしストライキ類似の行動（怠業スト・Bummelstreik など）への参加を呼びかけることは，公務員としての忠誠義務違反として，懲戒処分の対象となる。ちなみに，この点について，ハノバー行政裁判所とミュンスター行政裁判所はそれぞれ下記のように判じている[24]。

　「教員がデモへ参加するために一定時間，労働放棄をすることは，自由な意見表明の基本権ないし団結の自由によっては保護されない」。

　「教員が勤務上の上司の明確な命令に反して，授業をいっさい行わず，事務処理を専らとするいわゆる事務処理の日（sog. Verwaltungstag）を設定することは勤務義務違反である」。

3　公法上の特別権力関係論と教員の基本権

　ドイツにおいては19世紀後半以降，公立学校教員（官吏）の勤務関係は公法上の特別権力関係（öffentlich-rechtliches besonderes Gewaltverhältnis）と解されてきた。いうところの特別権力関係論は，ドイツ公法学に伝統的な行政の内

---

(21)　室井力，前出書，188頁。

(22)　H.Jarass/B.Pieroth, Grundgesetz für die Bundesrepublik Deutschland-Kommentar, 2007, S.631.

(23)　さしあたり，S.Leppek, a.a.O., S.122.

(24)　VG Hannover, Beschl. v. 22. 10. 1981, In:RdJB（1984），S.150.
　　　VG Münster, Beschl. v. 17. 5. 1995, In:SPE, 395- Nr.2
　　　なお J.シュタウペによれば，公務員である教員はストライキを禁止されているが，被用者関係にある教員（Lehrer im Angestelltenverhältnis）は，他のすべての労働者と同じく，ストライキ権を有するとされる（J.Staupe, Schulrecht von A－Z, 2001, S.260.）。

第3節　教員の学校法制上の権利

部・外部二分論を前提とするもので，立憲国家・法治国家的諸要請に対して，絶対主義的君主・行政部の命令権力を法治主義の範囲外に維持するために擬制された学説の産物である[25]。

　つまり，この理論は絶対主義的要請に応える法解釈論として，E.ホルストホフもいうように，「法治国家の間隙」(Lücke des Rechtsstaats)における「侵害行政としての高権行政」(Hoheitsverwaltung als Eingriffsverwaltung)と深く結合し，歴史的に，反法治主義的性格を強く担ってきた[26]。

　この理論を公立学校教員の勤務関係に引きつけて敷衍すると，つぎのような法的実益があった。すなわち，一般権力関係におけるのとは異なり，

　①　特別権力関係である公立学校教員の勤務関係には「法律の留保の原則」が妥当しない。つまり，特別権力主体である学校監督庁は特別権力（命令権・強制権・懲戒権）の具体的な発動・行使に際して，法律上の根拠がなくても，必要に応じて，行政内部規則により，特別権力服従者である教員の権利を制限したり，義務を課すことができる。

　②　学校監督庁は「特別に高められた権力主体」として，教員に対して包括的支配権を有する。特別権力関係である学校勤務関係においては，教員は原則として基本的人権を主張しえないか，これに対する広範なコントロールを受忍しなくてはならない。つまり，学校監督庁は教員の勤務関係設定目的を達成するために，必要な範囲と程度において，各個の場合に具体的な法律の根拠なしに，教員の基本的人権を制約することができる。

　ドイツにおいては，このような反民主主義的・反法治主義的な公法上の特別権力関係論がその後，ワイマール憲法下においてはもとより，ドイツ基本法施行後もかなり長い間，公立学校教員の法的地位や勤務関係を規律し，こうして従来，公立学校教員に対する基本権保障の有りようについては，学説・判例上，ほとんど本格的に語られることはなかった。

　しかし1960年代に入ると，基本法上の基本原則である基本権の尊重および民主制原則と法治主義原則（基本法28条1項）の観点から，いうところの公法上の特別権力関係論に対して有力な行政法学説や学校法学説から厳しい批判が浴びせられ，こうして1960年代後半の段階で学説上，この理論に対する否定論が優位に立つに至った。そして1970年代初頭，この法域は判例によって画

---

(25)　詳しくは参照：室井力，前出書，239頁以下。

(26)　E.Forsthoff, Lehrbuch des Verwaltungsrechts, 9 Aufl. 1966, S.123～S.124.

第Ⅴ部　第4章　教員の「政治的意見表明の自由」と教育の政治的中立性

期的な展開を見せることになる。

　すなわち1972年，連邦憲法裁判所は伝統的に公法上の特別権力関係とされてきた刑務所収容関係について，「囚人の基本的人権もまた法律によってのみ，もしくは法律に基づいてのみ（nur durch Gesetz oder aufgrund eines Gesetzes）制約されうる」と判示して，刑務所収容関係への「法律の留保の原則」の適用を認め，この理論に対して最終的に「死刑判決」を言い渡したのである[27]。

　そしてこの判決をうけて，1974年，今度は連邦行政裁判所が学校法域における特別権力関係論（学校特別権力関係論）を全面的に否定し[28]，今日に至っているという状況にある（詳しくは参照：第Ⅵ部第1章）。

　こうして，今日においては，公法上の勤務関係に立つ公立学校教員もまた基本法が保障している各種の基本権を原則として享有している，ということは学説・判例上，自明視されるに至っているところである。先に「教員の憲法上の基本権」と題して「改めて書くまでもなく，基本法の人権条項は原則として公務員にも適用される。こうして公立学校教員もまた基本法が保障する各種の基本権を原則として享有している」と書いた所以である。

第4節　教員の「政治的意見表明の自由」と「教育上の自由」

1　教員の「政治的意見表明の自由」

　基本法5条1項は「何人も言語，文書，図画によって自己の意見を自由に表明し，流布する権利……を有する」と規定して，「意見表明の自由」（Meinungsfreiheit）を保障している。連邦憲法裁判所によれば，この「自由な意見表明の基本権」は自由で民主的な立憲国家にとって必須不可欠であり，本質的に重要な意味をもつものである[29]。この条項は教員にも当然に適用され，こうして教員は学校外（勤務時間外）においてはもとより〈教員の市民的自由〉，学校内（勤務時間内）にあっても，「政治的意見表明の自由」（politische Meinungsfreiheit）を憲法上の基本権として原則的に享有しているということについては，今日，学説・判例上，異論は見られない。

　ただ教員の政治的意見表明の自由は，基本法5条2項が明記しているところ

---

(27)　BVerfG, Ent. v. 14. 3. 1972, In:JZ（1972），S.357.

(28)　BVerwG, Urt.v. 15. 11. 1974, In:SPE Ⅰ A Ⅰ，S.61d.

(29)　BVerfGE 7, 198（208），zit.aus H.Avenarius/H.P.Füssel, a.a.O., S.637.

500

第4節　教員の「政治的意見表明の自由」と「教育上の自由」

であるが，「一般法律の規定，少年保護のための法律の規定および個人の名誉
権によって制限される」。ここで「一般法律」（allgemeine Gesetz）とは意見表
明の自由それ自体もしくは特定の意見に向けられたものではなく，個人の意見
表明の自由権に優位する他の法益の保護に資する法規範をいう[30]。

　そこで具体的に教員の政治的意見表明の自由と係わって，現行法制上，どの
ような法律が上記にいう一般法律に当たるかであるが，学説・判例上，重要な
それとして大きく下記の法規定が挙げられている。①すべての州の学校法が擁
している「学校に委託された教育責務」（Erziehungsauftrag der Schule）ないし
学校教育の目的や目標に関する規定，②公務員の憲法忠誠義務や政治活動に際
しての中庸・抑制義務などを法定している公務員法，がそれである。ただこの
場合，意見表明の自由を制限する一般法律は，この基本権が自由民主主義に
とってもつ特別に重要な価値を考慮して解釈し運用されなければならない，と
されているところである。

　ちなみに，上記①に関する法規定を例示すると，たとえば，ハンブルク州学
校法は「学校に委託された教育責務」と題して下記のように規定しているが
（2条1項），いうところの教員の政治的意見表明の自由は，こうした規定に
よっても制約を受けるということである。

　「教育は基本法およびハンブルク州憲法の価値を実現するものである。学校
の役割は生徒を下記に向けて，その能力を育成し準備を強化することにある。
すなわち，

　　・尊重と寛容，正義と連帯および両性の同権の原則にもとづき，他者との関
　　　係を構築し，自己と他者に対する責任を引き受けること。
　　・民主的な社会の形成に参加し，文化の平和的な共生およびすべての人の平
　　　等と生活権を擁護すること。
　　・自己の身体的・精神的健康とともに，仲間のそれを維持するように努める
　　　こと。
　　・自然環境の保全に対して共同責任を引き受けること」。

こうして，たとえば，教員が学校においてナチスを賛美するような言動をす
ることは，自由で民主的な基本秩序という基本法の基本的価値とは相容れず，
「憲法に敵対的な行為」（verfassungsfeindliche Verhalten）として，政治的意見

---

(30)　M. Sachs（Hrsg.）, Grundgesetz-Kommentar, 2007, S. 319. J. Rux/N. Niehues, Schul-
　　recht, 5 Aufl., 2013, S.158.

第Ⅴ部　第4章　教員の「政治的意見表明の自由」と教育の政治的中立性

表明の自由権によってはカバーされえない。この場合は同時に，先に言及した公務員としての憲法忠誠義務にも明白に違反することにもなる。

またナチスの暴力支配下におけるユダヤ人大量虐殺を否定する見解表明〈いわゆる『アウシュヴィッツの嘘』(sog. Auschwitzlüge)〉も基本法5条1項によっては保護されない。明白に虚偽の事実を主張しており，そのことはユダヤ人の集団としての人格権を侵害するものだからである。こうして連邦行政裁判所によれば「教員が勤務の内外を問わずいわゆる『アウシュヴィッツの嘘』を表明した場合，その行為は公務員法上の重大な義務違反であり，それにもとづく教員の解雇は適法である」とされている[31]。

なお関連して付言すれば，ワイマール憲法は「表現の自由」の一般的保障規定（118条）とは別に，「すべての官吏に政治的意見表明の自由（Freiheit ihrer politischen Gesinnung）および結社の自由が保障される」（130条2項）と規定して，基本法とは異なり，官吏の政治的意見表明の自由を「官吏に対して特別に保障された高められた基本権[32]」として憲法上わざわざ明記していた。しかし官吏のこの自由については「なおも官吏の伝統的な特殊の法的地位＝特別権力関係がその制限根拠として持ち出され」，「（ワイマール・筆者）憲法130条およびそれの具体化である官吏の共和国保護義務法による官吏の忠誠義務に違反しない限りでのみ，官吏の政治的意見の自由が認められるものとされた」のであった[33]。

2　教員の「教育上の自由」

上記第3章で詳しく言及したように，「教員の教育上の自由」は現行法制上，すべての州の学校法において明示的に保障されており，また判例においても学校法制上の自明の法原則として確認されている。学校法学の指導的学説によれば，この法理は「教員に対して固有責任にもとづく教育活動の形成領域を保障するもの」であり，「教員の公務員法上の地位を補充し修正する原則」と解されている[34]。

---

(31)　BVerwG Urt. v. 28. 9. 1990, In:NJW (1991), S.997ff.　いわゆる「アウシュヴィッツの嘘」については下記に詳しい：M.E.Geis, Meinungsfreiheit und Verbot rechtsradikaler Äußerungen, In:RdJB (1994), S.218ff.

(32)　室井力，前出書，102頁。

(33)　室井力，前出書，103頁。G.Anschütz, Die Verfassung des Deutschen Reichs vom 11. August 1919, 1933, S.604～S.605.

第4節　教員の「政治的意見表明の自由」と「教育上の自由」

　ちなみに，この法理に関する学校法上の規定例を引けば，たとえば，ライン
ラント・プファルツ州学校法はつぎのように書いている（20条1項）。「教員は，
学校に適用されている法規・行政規則，学校監督庁の命令および教員会議の決
定の範囲内において，生徒に対する教育活動を自由に，かつ固有の教育責任
（frei und in eigener pädagogischer Verantwortung）において行う」。

　ただこの権利の法的性質・強度，具体的な内容・効力・限界等めぐっては学
説・判例上，諸説が混在している状況にある。そこで以下では，教員の教育上
の自由に関する通説的見解を権威ある指導的な学校法学書に代表させ，これに
係わる記述を端的に概括・摘記すると，下記のようである[35]。

　①　教員は他の公務員と同じく，職務上，命令に拘束される（weisungsge-
bunden）。しかし「教員の教育上の自由」は教員に対して，その固有責任にお
いて教育活動を行う活動領域を保障するものであり，教員の公務員法上の地位
を修正し補充する法原則である。ただこの原則が基本法33条5項にいう「職
業官吏制度の伝統的諸原則」をなすか否かは定かでない[36]。

　②　「教員の教育上の自由」は，その根拠と正当化事由が教員としての教育
上の責務に求められる，「義務に拘束された自由」（pflichtgebundene Freiheit）
である。この自由は教員の個人的な自由ではなく，「学校目的および生徒の教
育上の利益に向けられた自由」という特質をもつ。

　③　この権利は個々の教員の主体的公権（subjektives öffentliches Recht）で
はない。したがって，教員はこの権利に依拠して学校監督庁に対して請求権を
行使したり，行政裁判所に提訴することはできない。

　④　上記の特質と係わって，この自由は憲法上にも関係条項をもつことにな
る。第1次的には教員によって担われる，機能十分な学校を維持するという国
の責務を定めた基本法7条1項，次いで教員によって促進されるべき生徒の
「自己の人格を自由に発達させる権利」を規定した基本法2条1項がそれである。

　⑤　「教員の教育上の自由」の根拠を「学問・研究・教授の自由」（基本法5

---

(34)　H.Heckel/H.Avenarius, Schulrechtskunde, 6 Aufl.1986, S.234.
　　　H.Avenarius/H.Heckel, Schulrechtskunde, 7 Aufl.2000, S.341～S.346.
(35)　H.Avenarius/H.Heckel, a.a.O., S.341～S.346.
　　　H.Avenarius/H.P.Füssel, a.a.O., S.663～S.667.
(36)　指導的な学校法学者の一人であるI.リヒターは，いうところの教員の教育上の自由は
　　　すでに職業官吏制度の伝統的諸原則の一つをなしているという（I.Richter, Die gesetzliche
　　　Regelung des Lehrerstatus, In:RdJB〈1979〉, S.254.）。

第Ⅴ部　第4章　教員の「政治的意見表明の自由」と教育の政治的中立性

条3項）に求めることはできない。教員のこの自由は上述したような特性を有する権利として，教育主権＝学校制度に対する国家の全般的責任（基本法7条1項）に基づく法的規律に服するものだからである。こうして教員は憲法，法律およびその他の法規の尊重義務を負うに止まらず，学校監督庁の指針や命令，学習指導要領さらには教育スタンダードや学校プログラムにも拘束される。

⑥　教員のこの自由の限界は学校制度の機能が損なわれるか，生徒の「教育上の利益」ないし「客観的かつ専門的に適切な教育をうける権利」が侵害されるかどうか，によって見定めていくこととなる。こうして学校監督庁の教員に対する専門監督権は一定の範囲において当然に留保され，学校監督官の指示は教員を拘束する。

⑦　けれども，「教員の教育上の自由」保障は学校監督官の教員への対応は，原則として助言・提案・指摘に止まることを要請する。学校監督庁は合法的で適正かつ秩序ある教育活動が危うい場合に限り，教員の教育活動に規制的に介入できる。この場合，「教員の教育上の自由」を侵害されたと思う教員は直近の身分上の上司に異議を申し立てることができる。

⑧　この自由は「教育方法の自由」と同義ではない。なぜなら，この自由は教員の教育活動全体を対象法益とする一方で，ケースによっては，教員は教育方法に関する学校監督官の指示や命令にも従わなくてはならないからである。

⑨　教員は正当な手続きを経て成立した教科会議などの教員会議や学校会議の決定に拘束される。また学校会議の決定に係る学校プログラムについても同様である〈以上について詳しくは参照：第Ⅳ部第3章〉。

第5節　教員の校内活動と政治的中庸・抑制義務

1　「寛容な学校」の原則

基本法の下における学校については，「寛容な学校」（tolerante Schule）の原則が存しているということを，先ず確認しておかなくてはならない。すなわち，憲法学・学校法学の支配的見解によれば，国家は学校教育の目的・内容の確定に際して，基本法上に根拠をもつ「寛容の要請」（Gebot der Toleranz）の原則を考慮しなければならないとされている。この原則はとくに憲法上の基本権である「自己の人格を自由に発達させる権利」（基本法2条1項），「信仰・良心・世界観告白の自由」（同4条1項・2項），「親の自然的教育権」（同6条2項）と「親の宗教教育権」および「正課としての宗教教育」（同7条2項・3項）の制

504

度的保障からの要請であるとされる。「価値決定的な根本規範としての基本権」からの法的効果である，と言い換えてもよい[37]。

こうして学校は，自由と価値の多元性の面で「開かれた学校」(offene Schule) でなければならない。特定の世界観，教説ないし党派的なプログラムによって生徒を教化することは，上記原則に違背し，憲法違反となる[38]。

2　授業と政治的中立性

上述のように，教員は学校の内外（勤務時間の内外）において政治的意見表明の自由を憲法上の基本権として享有しており，また学校法制上，「教員としての特別な権利」として教員の教育上の自由を有している。こうして，たとえば，マンハイム上級行政裁判所の判旨にもあるように「国家の教育責務の政治的なアスペクトに触れる教科での教員の授業活動は，一方における教員の教育上の自由と，他方における授業の客観性・中立性・寛容ないし政治的抑制の保持などの，教員の公務員としての職務上の義務と特別な緊張関係に立つ」ことになる[39]。

果たして，教員は授業－「政治教育」(politischer Unterricht[40]) を含む－において政治的な事柄を取り扱う場合，上述したような教員の各種の義務との関係で，職務上，具体的にどのようなことが求められることになるのか。教員は政治的な事柄を扱う授業において，その有する政治的意見表明の自由ないし教育上の自由に依拠して，自己の見解を表明することができるのか。可能な場合，それはどのような態様においてなら認容されるのか。またこの場合，学校の役割・学校教育の目的や生徒の権利との関係はどうなるのか。

こうした問題は従来，学説・判例上に活発な論議を呼んできたところであるが，これに関する今日の支配的学説や判例を端的に概括し，その要点を摘記すると以下のようである。

①　まず確認しておかなくてはならないのは，ドイツにおいては学説・判例上，一般的に教員には授業において「政治的な禁欲」(politische Enthaltsam-

---

(37)　H.Avenarius/H.P.Füssel, a.a.O., S.31. M.Bothe, Erziehungsauftrag und Erziehungs-maßstab der Schule im freiheitlichen Verfassungsstaat, VVDStRL (54), 1995, S.29. A. Dittmann, Erziehungsauftrag und Erziehungsmaßstab der Schule im freiheitlichen Verfassungsstaat, VVDStRL (54), 1995, S.59.

(38)　H.Avenarius/H.P.Füssel, a.a.O., S.110.

(39)　VGH Mannheim Urt. v. 24. 5. 1984, In: SPE N.F. 514. Nr.5.

第Ⅴ部　第4章　教員の「政治的意見表明の自由」と教育の政治的中立性

keit）＝「授業と政治の隔絶」は求められてはいないということである[41]。それ
どころか，学校の重要な役割の一つとして，生徒を「政治的な成熟」（politi-
sche Mündigkeit）に向けて育成することがあるが〈政治的な成熟への教育〉，
そのためには政治教育においてだけではなく，すべての教科を貫く教授原則と
して，教員には広義の意味における「政治教育への義務」が存しており，とり
わけ精神科学的な諸教科においてはそうであると解されている[42]。

　②　教員が授業において政治的な事柄を取り扱う場合，教員は大きく学校法
制と公務員法制による制約をうける。まず教員の教育活動は各州の憲法や学校
法が定めている学校の任務や学校教育の目的を踏まえたものでなくてはならな
い。これらの条項は教員に対して法的拘束力をもち，違反した場合は懲戒処分
の対象となる。くわえて，教員は教育責務の遂行に際して，いうなれば「教員
という地位に内在する義務」（Lehrerstatus innewohnende Pflicht）として，寛容，
客観性，思慮深さを特別の程度に要求される[43]。教員は生徒に対してさしあ
たり「権威をもった模範的人物」として存在しており，その教育活動は生徒に
対して大きな影響力をもつからだとされる。

(40)　ドイツにおいては，たとえば，1960年のザールブリュッケン枠組協定〈Saarbrücker
Rahmenvereinbarung v. 29.9.1960〉によって，従来の地理，歴史，社会科を統合して新た
な教科「社会科」（Gemeinschaftskunde）が創設されるなど，政治教育ないし学校におけ
る政治的教育活動が重視されてきている。その目的は，これを一言でいえば，青少年を自
律的で成熟した責任ある市民に向けて育成することにある。
　いうところの政治教育は現行制度上，政治科や社会科など独立した教科として実施して
いる州もあれば，ドイツ語，歴史，地学，法学などの教科の中でこれを行なっている州も
見られている。たとえば，バーデン・ビュルテンベルク州では州憲法が「公民教育」
（Staatsbürgerliche Erziehung）と題して，「青少年は学校において自由で責任ある市民に
向けて教育され，かつ学校生活の形成に参加することができるものとする」（21条1項）
と書いたうえで，「すべての学校において社会科は正課（ordentliches Lehrfach）である」
（同条2項）と規定するところとなっている（参照：J.Rux/N.Niehues, Schulrecht, 5 Aufl.,
2013.S.232ff. H.Heckel, Schulrechtskunde, 4 Aufl.1969, S.49ff.）。
　ちなみに，同州における社会科の教科書（中等段階Ⅰ用）は「民主主義の今日」との表
題で，次のような内容構成となっている。第1章「社会的なグループでの共生」，第2章
「メディアの世界での生活」，第3章「家族と社会」，第4章「ドイツへの移民」，第5章
「子どもの権利」，第6章「青少年の法的地位と法秩序」，第7章「基本的人権」，第8章
「学校における参加」〈F.Müller/H.U.Wolf, Demokratie Heute Gemeinschftskunde Sekun-
darstufe 1, 2016〉。
(41)　E.Stein/R.Monika, Handbuch des Schulrechts, 1992, S.229.
(42)　E.Müller, Die Meinungsfreiheit des Lehrers im Unterricht, In:RdJB（1977），S.34.
(43)　H.Avenarius/H.P.Füssel, a.a.O., S.658.

第5節　教員の校内活動と政治的中庸・抑制義務

　教員はまた公務員として先に言及した憲法忠誠義務，中立性保持義務，政治的中庸・抑制義務などの公務員法上の義務によって制約を受け，その教育活動はこれらの義務の範囲内で行わなくてはならない。

　③　教員が授業において政治的な事柄を取り扱う場合，教員には均衡のとれた，かつ慎重な態度が求められる。学校法学の通説および判例によれば，教員は授業において自己の政治的見解を表明することができる[44]。

　ただその場合，教員は自己の政治的信念や見解だけを生徒に対して一方的に述べることは許されず〈教化の禁止・Indoktorinationverbot〉，これに関する様々な見解を冷静かつ客観的に提示しなくてはならない。意見を異にする生徒の感情にも配慮しなくてはならない。ただ教員は教室が政治論争の場と化すことがないように配慮しなくてはならない。教員はいかなる場合においても党派的な宣伝活動をしてはならない[45]。

　④　授業において政治的な事柄を取り上げる場合，教員に上述のような中庸・抑制や配慮が求められるのは，これに関して生徒が自らの批判的な判断力を形成し，自分自身の政治的見解や立場がもてるようにするためである。教員の教育上の自由や政治的意見表明の自由は生徒の「自己の人格を自由に発達させる権利」（基本法2条1項）および「親の自然的教育権」（同6条2項）によっても制約を受け，またいうところの教員の教育上の自由は教員の個人的自由ではなく「学校目的および生徒の利益に向けられた自由」（auf den Schulzweck und damit auf das Interesse des Kindes bezogene Freiheit）であるということが重要である[46]。

　ちなみに，以上の点と関連して，マンハイム上級行政裁判所も，大要，下記のように判じている[47]。

　「基本法5条1項によって保障された教員の意見表明の自由は，基本法33条5項が規定する公務員としての義務によって制約される。こうして教員には次のような義務が発生する。すなわち，授業において倫理的，世界観的ないし政

---

(44)　さしあたり，E.Stein/R.Monika, a.a.O., S.229. H.Avenarius/H.P.Füssel, a.a.O., S.659.

(45)　J.Hoffmann, a.a.O., S.103. T.Oppermann, Schule und berufliche Ausbildung, In:J. Isensee/P.Kirchhof（Hrsg.), Handbuch des Staatsrechts der Bundesrepublick Deutschland VI, 1989, S.331.

(46)　E. Stein, Das Recht des Kindes auf Selbstentfaltung in der Schule, 1967, S.49ff. H.U. Evers, Verwaltung und Schule, VVDStRL（1966), S.181.

(47)　VGH Mannheim Urt. v. 24. 5. 1984, In:SPE Neue Folge 514, Nr5.

第Ⅴ部　第4章　教員の「政治的意見表明の自由」と教育の政治的中立性

治的に争論的な事柄を取り扱う場合には，教員は抑制を保ち，自己の見解を宣
伝してはならず，様々な相異なる見解を客観的に提示し，生徒が自らの批判的
な判断力を形成し，自分自身の見解がもてるように努めなければならない」。

　ところで，上述したところと係わって，この法域における基本的な原則や重
要な事柄について，現行法制上，明文をもって確認している学校法も見られて
いる。その代表的な規定例を掲記すると，下記のようである。

◎ベルリン州学校法67条3項＝「教員は授業において自己の見解を表明する
　権利を有する。但し学校の教育責務の範囲内にいて，授業の対象として
　重要だと見られる他の見解もまた認められるように配慮しなくてはなら
　ない。生徒に対する一方的な影響力の行使（jede einseitige Einfluß）は，
　いかなる場合においても認められない」。

◎ノルトライン・ウエストファーレン州学校法57条4項＝「教員は学校にお
　いて生徒と親に対する州の中立性を，もしくは政治的，宗教的ないしは
　世界観的な学校の平和（politischen……Schulfrieden）を危くし妨げるよ
　うな，いかなる政治的，宗教的もしくは世界観的な……言動もしてはな
　らない。とくに教員は人間の尊厳，基本法3条にいう平等な権利，自由
　権的基本権ないしは自由で民主的な基本秩序に反対しているかのような
　印象を，生徒や親に与える振舞いをすることは許されない」。

◎ノルトライン・ウエストファーレン州一般学校規程35条3項＝「校長およ
　び教員はその任務を公平に遂行しなければならない。このことは教員が
　授業において自己の政治的な意見を表明することを禁止するものではな
　いが，しかし教員に対してすべての生徒の教員として，均衡のとれた説
　明と抑制に対する特別な義務を課すものである。

　　同条4項＝「授業においては，意見を異にする人（Andersdenkender）
　の感情を害するようなことはすべて避けなくてはならない」。

◎シュレスヴィヒ・ホルシュタイン州学校法4条＝「学校は教材を政治的に
　一面的に取り扱ってはならない。学校は党派的に中立（parteipolitisch
　neutral）な活動をしなくてはならない」。

3　校内における政治的なビラの配布・バッジの着用

　教員は校内において政治的な主張や教員組合の要求などを記したビラを配布
したり，バッジを着用することができるか。これについて，学校法学の通説や
判例は概ねこれを否定に解する傾向にある。その主要な根拠は，教員が公務員

508

として負っている政治的な中庸・抑制義務，教育の中立性保持義務，学校教育の目的や学校の任務からの要請および教職に内在する職務上の義務などに求められている。

校内における政治的なビラの配布について，有力な学校法学説は次のように述べて，これを違法視している[48]。「教員は教育者として社会的に争論化している問題については，一方的な態度表明を控えなくてはならない。教員が学校において政治的な内容のビラを配布することは認められない。学校が政治的な論争の闘争の場として利用されることになれば，学校はその教育責務の遂行を阻害されることになる」。

また判例においても，たとえば，教員が教員組合による抗議行動への参加を呼びかけるビラを校内で配布した件について，マンハイム上級行政裁判所はこう述べている[49]。

「公務員の政治活動を行なう権利に対する制約は，公務員の職務ないし職務上の地位との関係が強くなればなるほど，より強くなる。教員が生徒や親に抗議行動への参加を呼びかけるビラを，校内において生徒に配布することは，公務員法上の政治的中庸・抑制義務に抵触し認められない」。

ただこの場合，「校内ないし勤務時間内における」という要件は厳しく解されており，したがって，教員が始業前ないしは放課後，校門の前でビラを配布することは適法と見るのが判例の見解である。たとえば，マンハイム上級行政裁判所は「教員が放課後，校門の前で軍拡なしの平和を訴えるビラを高校生に配布しても，許容された政治活動の限界を超えるものではない」と述べているし[50]，またベルリン行政裁判所もこう判じている[51]。「教員が始業前に校門の所で，学校のスペース不足に抗議する市民団体のビラを配布することは違法とは言えない」。

つぎに校内における政治的なバッジの着用については，連邦裁判所レベルでの否定判例が見られている。すなわち，連邦行政裁判所は「教員が学校勤務の間に原子力反対のバッジ（Anti-Atomkraft Plakette）を着用することは，政治活動に際しての抑制の要請に違反する」との見解を採っているし[52]，また連

---

(48)　H.Avenarius/H.P.Füssel, a.a.O., S.659.

(49)　VGH Mannheim Beschl. v. 5. 11. 1986, In: SPE 418 Nr.13.

(50)　VGH Mannheim Beschl. v. 8. 7. 1986, In: SPE 418 Nr.12.

(51)　VG Berlin, Urt. v.30. 9.1981, In:NJW（1982），S.1113.

(52)　BVerwG, Urt. v. 25. 1. 1990, In: SPE 418 Nr.16

第Ⅴ部　第4章　教員の「政治的意見表明の自由」と教育の政治的中立性

邦労働裁判所もこの問題について次のように述べている[53]。「公の勤務関係に立つ被用者たる教員（Angestellte Lehrer）もまた，学校勤務中に原子力反対のバッジを着用してはならない。教員が争いのある問題について議論するのではなく，一方的な態度表明をすることは，教員のもつ権威に鑑み，生徒に対して大きな影響を与えることになるからである」。

　後者の判例は，J.シュタウペも注目しているように[54]，「教員が政治的なバッジを着用することは，生徒を自律的な思考・判断・行為に向けて，また政治的，社会的な責任主体に向けて育成するという学校の教育目的を妨げる」ということに，教員の政治的意見表明の自由に対する制約の根拠を求めている。

4　教員の職場における「政治的意見表明の自由」

　教員は職場（同僚・上司との関係）においては，教室での生徒との関係におけるよりは，より広範かつ強度の政治的意見表明の自由を有しているとされている。職場で同僚に対して，時事的な政治問題について，自らの批判的な意見を主張することも許される。ただ勤務時間内に政治色の濃厚なビラを同僚に配布することは，公務員としての政治的中庸・抑制義務に違反し，認められないとされている。

　一方，職場において労働組合のビラを配布したり，宣伝活動を行なうことは，基本法9条3項が保障する「団結の自由」によって保護される，と解するのが連邦憲法裁判所の判例である[55]。

第6節　教員の校外における「政治的意見表明の自由」とその限界

1　デモンストレーションの自由

　教員は勤務時間外においてはデモに参加する自由を享有している。この自由は学説・判例上，「集会の自由」（基本法8条1項）ないし「表現の自由」（同5条1項）の保護法益に当然に包含されていると解されている。ただこの場合にあっても，教員はデモの態様に関し，公務員として課せられている中庸・抑制義務を遵守しなくてはならないとされている。

---

(53)　BAG Urt. v. 2. 3. 1982, In:RdJB（1983），S.256

(54)　J.Staupe, a.a.O., S.175.

(55)　BVerfG, In:NJW（1970），S.1635, zit. aus J.Hoffmann, a.a.O., S.104.

第6節 教員の校外における「政治的意見表明の自由」とその限界

　これに対して，教員が勤務時間中に行われるデモに参加するために，勤務の免除ないし特別休暇を申請することは認められない。教育主権にもとづく学校教育活動の遂行は，デモへの参加による個人的な意見表明の自由権に優位するからである。こうして勤務時間中にデモに参加した場合は，法的には授業ボイコット（Unterrichtsboykott）との評価を受けることになり，懲戒処分の対象となる[56]。

　なおデモ行進の目的が公務員によって他の手段では担うことができない場合は，勤務免除ないし特別休暇の申請が認められるとの憲法学説が見られるが[57]，このような見解はあくまで少数説に止まっている。

2　新聞広告・投書・ビラなどでの政治的意見表明

　通説・判例によれば，教員は新聞紙上での意見広告や投書，ビラの配布などによって，対社会的に自らの政治的な意見を表明することができると解されている。このような場合は，教員が市民として享有している政治的意見表明の自由権が公務員としての義務拘束性に明らかに優位するからであるとされる。ただこの場合でも，教員は憲法忠誠義務や政治的な中庸・抑制義務を免れることはできない。そこでこれらの義務の範囲内で，教員は具体的にどのような意見表明行為を許されるかであるが，これについては，それぞれのケースに即して個別的に判定する他ない。

　たとえば，教員が新聞紙上の投書欄で，勤務上の上司である文部大臣の教育政策上の措置・決定を激しく攻撃しても，それが著しく失礼な表現でない限り，違法ではないと解する学説もあれば[58]，「教員が新聞広告で政治的な争点になっている問題について，自らの一方的な態度表明を掲載し，しかもそこにおいて自己の職務上の地位を強調することは，公務員法上の義務に違反する」とした判例もある[59]。

　ただ名宛人の人格を貶めるような政治的批判は，その名誉権を侵害するもの

---

(56)　T, Böhm, Grundriß des Schulrechts in Deutschland, 1995, S.23.
　　　J.Staupe, a.a.O., S.57.

(57)　R. Wassermann（Hrsg.）, Kommentar zum Grundgesetz für die Bundesrepublik Deutschlannd, 1989, S.748.

(58)　S.Sieweke, Die Beschränkung der politischen Äußerungsrechte der Beamten durch die Mäßigungs-und Zurückhaltungspflicht, In:ZBR（2010）, S.157.

(59)　VGH Mannheim Urt. v. 27. 4. 1988, SPE 418 Nr.17.

511

第Ⅴ部　第4章　教員の「政治的意見表明の自由」と教育の政治的中立性

として，憲法上保護された意見表明の自由の保護法益には含まれない（基本法5条2項）。教員が外国人やユダヤ人に対して侮辱的な表現を用いた場合も同様である。教員が投書やビラで扇動的な手段を用いることも，許容された政治活動の域を超えるものとして認められない。

　また教員が自分の見解だけを合法だと主張し，異なる意見をすべて違憲視することも，公務員としての政治的中庸・抑制義務に違反することになるとされる。自分と異なる政治的見解をもつ人の，知性や道徳性を全的に否定することも同様である[60]。

　さらに教員が新聞紙上での投書で「政治的な文脈において分裂菌，人民戦線，力自慢の男などの概念を使用することは，許容された意見表明の自由の限界を超える」と判じた判例も見えている[61]。

3　政党への加入の自由

　憲法上保障されている「団結の自由」（基本法9条1項）ないし「政党結成の自由」（同21条1項）に依拠して，教員は原則として特定の政党に加入し，そこでの活動に参加する権利を有している[62]。ただ教員は公務員として既述したような憲法忠誠義務を負っており，そこで基本法が謳う自由で民主的な基本秩序を破壊し，除去することを目的とする政党〈憲法に敵対的な政党〉については，通説・判例上，教員はこれを支持し，もしくはこれに加入し，そこにおいて活動することは許されないと解されている。

　ちなみに，この点，試補教員が「憲法に敵対的な目的」（verfassungsfeindliche Ziel）を追求する政党の党員であることを理由に，教職への任用申請を拒否されたケースで，連邦憲法裁判所も大要，つぎのように述べているところである[63]。

　「教職への任用申請者が憲法に敵対的な目的を追求する組織に所属している場合，かかる組織の成員であるということは，当該申請者がいかなる場合においても自由で民主的な基本秩序を擁護しようとするかどうか，疑念を抱かせる。そしてこの疑念は当該申請者による任用申請の拒否を正当化するものである」。

---

(60)　H.v.Mangoldt/F.Klein/C.Starck（Hrsg.），Kommentar zum Grundgesetz, 2005, S.606.
　　　H.Avenarius/H.P.Füssel, a.a.O., S.660.
(61)　VG Münster, Urt. v. 16.10. 2009, zit. aus H.Avenarius/H.P.Füssel, a.a.O., S.660.
(62)　H.Avenarius/H.P.Füssel, a.a.O., S.661.
(63)　BVerfGE 39, 344, zit. aus E.Stein/R.Monika, a.a.O., S.45～S.46.

第6節　教員の校外における「政治的意見表明の自由」とその限界

4　議会選挙への立候補・議員としての職務行使の自由

　基本法 48 条 2 項は「何人も議員としての職務を引き受け，かつこれを行使することを妨げられてはならない。このことを理由とする解約告知または免職は許されない」と規定している。この条項は教員にも適用され，こうして教員は連邦議会選挙などの議会選挙に立候補することができる。そして教員が議会選挙に立候補する場合，申請により，選挙準備のために選挙の 2 ヵ月前からは無給の休暇が保障されるところとなっている（同 48 条 1 項[64]）。

　教員が連邦議会議員に当選した場合，その任期中は原則として教員としての職務を遂行してはならない。公法上の勤務関係にもとづく教員としての権利および義務は，議員としての任期期間中，黙秘義務と贈与の受領禁止義務を例外として，すべて停止される。

　教員が州議会議員に当選した場合，当該教員は任期期間中，退職ないし休職扱いされるか，もしくは休暇の取得扱いとされる。ただ若干の州においては，議員に当選後も教員としての職務を引き続き遂行することが可能とされており，この場合は，議員活動のために休暇を取るという手続を踏むことになる。

　連邦議会議員と州議会議員については，議員としての活動が終了した後，当該教員は再び公務員関係に復帰することができる。その場合，職位と基本給は従前のそれと同様の扱いとなっている。

　市町村議会や郡議会などのような地方自治体の議会議員に当選した場合，当該教員は教員としての職務を遂行するとともに，教員身分を保有したまま議会に所属し，議員活動を行なうことができるとされている[65]。

---

(64)　連邦議会議員については「ドイツ連邦議会議員の法律関係に関する法律」〈Gesetz über die Rechtsverhältnisse der Mitglieder des Deutschen Bundestags v. 21. Feb. 1996〉がこれに関して具体的な定めを置いている。州議会議員については，たとえば，ザクセン・アンハルト州議会議員法（2002 年）など各州の州議会議員法が規定しているが，連邦議会議員法とほとんど類似の内容となっている。

(65)　H.Avenarius/H.P.Füssel, a.a.O., S.661〜S.662.
　なお U.バッティスはドイツにおける公務員の議会政治活動について，次のように述べている。「ドイツにおいては，イギリスなどとは異なり，公務員は伝統的に政治活動を行なう権利を有してきている。それゆえ，19 世紀を通して公務員はその代表を議会に常に過多に送り込んできた。……そしてこの間，公務員の政治活動の限界がどこにあるのかが常に争われてきた」（U.Battis, Bundesbeamtengesetz-Kommentar, 4 Aufl., 2009, S.394）。

513

第5章　教員の体罰権と体罰禁止法制

第1節　慣習法上の権利としての教員の体罰権

　1794年に制定されたプロイセン一般ラント法は「学校懲戒（Schulzucht）は子どもの健康を些かなりとも損なうような，虐待（Mißhandlung）にまで決して及んではならない」（50条）と規定した。つづいて「教員は，軽度な懲戒によっては子どもの身についている悪習が十分に矯正できないと考える場合は，その旨を当局に報告しなければならない」（51条）とし，また「当局は直ちに親または後見人を呼び，この件について更に調査し，目的に適った改善手段を講じなくてはならない」（52条）と書いた。

　そしてこれらの条項を受けて「しかしその際，学校における懲戒は，親の懲戒について定められている限界を超えてはならない」（53条）と法定して，学校・教員の懲戒権の限界を親の懲戒権のそれをもって画するとした[1]。

　ちなみに，同法は親の懲戒権について，「親は，子どもの教育のために，子どもの健康を害さない限り，あらゆる強制的な手段（Zwangsmittel）を使用することができる」（86条）と規定しており，法文からも知られるように，ここにいう「あらゆる強制的な手段」には，子どもに対する体罰が当然に含まれていたのであった[2]。

　上述のように，プロイセン一般ラント法は教員の体罰権（körperliche Züchtigungsrecht）を明文上法認してはいなかったのであるが，しかしこの権利の存在を自明視したうえで学校における懲戒について規定していたのであり，かく

---

(1)　L.Froese/W.Krawiez, Deusche Schulgesetzgebung, 1968, S.130-131.

(2)　敷衍して書くと，1896年に制定されたドイツ民法典（1900年施行）は以下のように書いて，親の子に対する体罰権を明記した（1631条2項）。「父はその有する教育権にもとづいて，子に対して適当な懲戒手段（angemessene Zuchtmittel）を行使することができる」。

　なお，このように，ドイツにおいて伝統的に認められてきた親の体罰権は，1979年の親の配慮権に関する新規制法による民法改正によって漸く廃棄され〈人を辱める教育措置（entwürdige Erziehungsmaßnahme）の禁止・民法1631条2項〉，今日に至っている（J. Bauer/H.J.Schimke/W.Dohmel, Recht und Familie, 1995, S.217；詳しくは参照，荒川麻里「ドイツにおける親の体罰禁止の法制化」，筑波大学教育制度研究室『教育制度研究紀要』（第3号），2002年，11頁以下）。

514

第1節 慣習法上の権利としての教員の体罰権

していうところの教員の体罰権はその後，ライヒ（ドイツ帝国）裁判所の判例によって慣習法上の権利＝教員による慣習法上の公権力の行使として確立されていくこととなる。そこにおいては，「体罰権は親にとっては自明の本質的属性をなしているが，親とともに，ないしは親に代わって（an Stelle der Eltern），教育権が帰属している教員にとっても同様である[3]」，ないし「教員は慣習法にもとづいて生徒に対する体罰権を有しているが，この権利は直接的には教員の教育の権利と義務から導かれる[4]」との解釈が採られたのであった。

そして，ここで重要なのは，判例によれば，教員の体罰権の行使はそれが学校目的の範囲内に止まるかぎり，教員の全面的な裁量に属しており，したがって，生徒が体罰によって傷害を受けたとしても，これについては裁判上争うことはできないと解されたことである。

このような慣習法上の教員の体罰権はワイマール憲法下（1919年施行）においてはもとより，第2次大戦後，ドイツ基本法下（1949年施行）にあっても判例によって長らく基本的に支持された。

たとえば，連邦通常裁判所（Bundesgerichtshof・民事・刑事事件に関する連邦の最高裁判所・以下BGH）は1957年の判決で「体罰は刑法223条が規定する傷害罪の構成要件を充足する。しかし国民学校教員は慣習法にもとづいて（kraft Gewohnheitsrecht），教育目的に照らし，児童に適度な体罰を加えることができる」と判じていたし[5]，それどころか1962年には，教員体罰の禁止を定めたノルトライン・ウエストファーレン州文部大臣布告と慣習法上の教員の体罰権との効力関係について，つぎのような見解を示して後者に軍配を上げたのであった[6]。

「1945年以降に教員の慣習法上の体罰権の廃棄を定めた文部大臣布告は，刑法上は拘束力を有さない。文部大臣布告は，慣習法上の体罰権を廃棄したことにはならない。今日に至るもなおそのような慣習法は形成されてはいないからである」。

---

(3) H.Jung, Das Züchtigungsrecht des Lehrers, 1977, S.14.

(4) H.Hochstetter/P.Seipp/E.Muser, Schüler-Richter-Lehrer, 1963, S.115.
なお19世紀末までのライヒ裁判所の学校体罰判例について，詳しくは参照：v. Stenglein, Das Reichsgericht und das Züchtigungsrecht der Lehrer, In: Der Gerichtssaal 42 (1889), S. 1 -S.34.

(5) BGH, Urt. v. 23.10.1957, In, H.Knudsen（Hrsg.）:SPE（2007），S.360-1.

(6) BGH, Urt.v.4.5.1962, In, H.Knudsen（Hrsg.）:SPE（2007），S.360-4.

515

第Ⅴ部　第5章　教員の体罰権と体罰禁止法制

　なお上記のような連邦通常裁判所の判旨は1970年代半ばに至ってもなお下級審によって踏襲された。たとえば，1974年のツバイブリュッケン上級地方裁判所判決でも，こう述べられている。

　「教員の生徒に対する体罰権は依然として存続している。というのは，従来の慣習法を変更するような統一的な見解は未だ形成されてはいないからである。……ラインラント・プファルツ州においては，教員の体罰権は官報で告示されたにすぎない1970年の文部大臣回章によっては，廃棄されるものではない[7]」。

第2節　違法性阻却事由としての体罰の教育的価値

　上述のように，ドイツにおいては教員の体罰権は慣習法上の権利として長年に亘って認められてきたのであるが，一方で教員体罰が刑法223条＝「故意に他人の身体を害し，もしくは健康に害を与えた者は，傷害行為（Körperverletzung）のゆえに，3年以下の自由刑または罰金に処せられる」－が定める傷害罪の構成要件を充足し，同条によって保護されている子どもの身体的法益（Körperinteresse）を侵害するものである，ということも広く認識されてきた。しかもこの場合，公務員によるそれについては刑罰がさらに加重されることになっている（刑法340条）。

　そこでいうところの教員体罰の違法性阻却事由〈刑法上，構成要件を充足し，違法と推定される行為について，例外的に違法性を否定する根拠となる事由[8]〉が問われなくてはならないが，この点について，1960年代までの刑法学の通説的見解は端的にこう解した[9]。

　「こどもに対する体罰は教育上有益（pädagogisch wertvoll）である。それは明らかに教育措置であり，かくして教員は体罰について不可罰請求権を有し，その違法性は否定されることになる」。

　しかし，このような見解に対しては，後述するように，1950年代半ば以降，学校法学の立場から厳しい批判が加えられることになる。

---

(7)　OLG Zweibrücken, Urt.v.10.3.1974, In:SPE（2007），S.360-5.

(8)　金子宏・新堂幸司・平井宜雄編「法律学小辞典」有斐閣，1994年，30頁。

(9)　D.Kienapfel, Körperliche Züchtigung und soziale Adäquanz im Strafrecht, 1961, S.3, zit. aus H.Jung, a.a.O., S.20.
　　ちなみに，ナチス政権下にあっては，教員体罰は教育という営為の本質上，不可欠なものと解されていた（G.Utabel, Erziehung und Körperliche Züchtigung, In:Zentralblatt für Jugendrecht und Jugendwohlfahrt〈1935〉, S.241）。

第3節　教員体罰規制法制

　以上のように，ドイツにおいては，教員の体罰権は慣習法上の権利として伝統的に容認されてきたのであるが，しかし近代以降における基本的人権思想の普及・浸透を背景として，またより直接的には19世紀中葉に刑罰としての鞭打ち刑（Prügelstrafe）が廃棄されたことなどとも相俟って[10]，ワイマール憲法下においては，教員体罰の問題性が各方面から厳しく指弾されるところとなった。

　こうして，1922年にはザクセン州学校法が「学校懲戒を行うに際しては，教育の目的に反するいかなる手段も，これを避けなくてはならない。児童・生徒に対する体罰は認められない」（28条1項）と書いて[11]，ドイツ学校法制史上初めて教員体罰を明文上禁止するに至った。

　また従来，教員体罰＝教員の教育的裁量事項と解してきた判例においても，教員体罰に対する規制強化の観点から，「教員による体罰は学校懲戒の範囲内に止まらなければならず，些かなりとも子どもの健康に害を及ぼすものであってはならない。学校懲戒権の行使に際しては，子どもの身体に対する結果だけではなく，精神的な（seelische）影響も考慮しなくてはならない」とするライヒ裁判所の判決（1923年）も見られ始めた[12]。

　そして基本的人権の尊重を旨とし，自由で民主的な社会的法治国家を標榜するドイツ基本法施行後の1950年代には，有力な学校法学説によって教員体罰の違憲・違法性が鋭く指摘されることとなる。

　すなわち，ドイツにおける学校法学の始祖であり，その後長年に亘って学校法学研究をリードしたH.ヘッケルは，不朽の名著「学校法学」の初版（1957年）において，従来，刑法学によって違法性阻却事由とされてきた「体罰の教育的価値」は学校法学の立場からはとうてい容認できるものではなく，それどころか何よりもいうところの教員体罰は児童・生徒の基本権を侵害し憲法上許

---

(10)　ドイツにおいては，1849年のフランクフルト憲法139条によって刑罰としての鞭打ち刑が禁止され，1871年の刑法典によってそれが法律上に具体化された（H.J.Albrecht, Die Entwicklung des Züchtigungsrechts, In:RdJB（1994），S.200～S.201）。

(11)　H.J.Albrecht, a.a.O., S.202.
　　なお20世紀初頭における教員の体罰権に関する理論状況について，詳しくは参照：G. Havenstein, Das Züchtigungsrecht der Lehrer, In: Goltdammer's Archiv für Strafrecht（1904），S.241～S.259.

(12)　W.Kühn, Schulrecht in Preußen, 1926, S.282.

第Ⅴ部　第5章　教員の体罰権と体罰禁止法制

されないとして，大要，以下のように述べたのであった[13]。

「教員による体罰は教育的貧困（pädagogische Armut）と知恵不足の表徴であり，たとえ例外的な場合であっても，決してそれは足らざる権威を根拠づける正当な手段たりえない」。

「子どももまた基本法2条2項が保障する『身体を害されない権利』（Recht auf körperliche Unversehrtheit）を享有しており，したがって，学校は生徒のこの権利に介入できる法的根拠を主張することはできない。また親の体罰権の学校への委託は認められておらず，またそうした事実も存していないから，あらゆる体罰が身体への侵害に該当する」。

また判例においても，連邦通常裁判所が1954年，慣習法上の教員体罰の廃棄を促して，下記のような画期的な判断を示すに至っている[14]。
「教員の体罰権は慣習法に根拠をもつと解されているが，しかしそこにいう慣習法は時の経過とともにかなりの変化を遂げてきている。

こうして，今日の見解ならびに教育上の原理に照らすと，学校教育において体罰が必要であるかどうか甚だ疑問である。体罰は決して適切な教育手段ではない。軍隊や刑務所においてさえ鞭打ち刑は廃止された。生徒に対しても体罰はもはや時代にそぐうものではない」。

ところで，上述のような教員体罰違憲説ないし廃棄説に先立って，実は第2次大戦直後から，たとえば，1946年のハンブルク州教員服務規程や翌1947年のシュレスビッヒ・ホルシュタイン州文部大臣布告などがその例であるが，各州の教育行政レベルでは教員体罰に対して様々な規制が加えられてきた。そしてこうした教員体罰規制法制が後に言及する教員体罰の全面禁止法制を準備することとなるのであるが，ここで1950年代末の段階における教員体罰に対する規制の骨子を摘記すると，以下のようであった[15]。

①　女児・女子生徒に対しては，いかなる場合においても，体罰を加えてはならない。

②　第1学年と第2学年の児童に対しても，同様である。

③　14歳以上ないしは15歳以上の生徒に対する体罰は禁止される。

④　教員が子どもに対する体罰権を行使できるのは，強度の粗暴や反抗など

---

(13)　H.Hekel, Schulrechtskunde, 1 Aufl.1957, S.317.

(14)　G.Friebe, Die strafrechtliche Verantwortlichkeit des Lehrers, 1958, S.143.

(15)　G.Friebe, a.a.O., S.219～S.222.

518

の特別な例外的ケースに限られる。

⑤　頭部の殴打，小突く・抓る・耳を引っ張るなどの行為は禁止される。

⑥　子どもの名誉心や羞恥心を害するような体罰は許されない。

⑦　体罰を行った教員は校長に届け出ると同時に，学校罰リストにそれに関して記載しなくてはならない。

⑧非常勤教員は体罰権をもたない。

第4節　教員体罰禁止法制

先に触れたように，ドイツ学校法学の泰斗 H.ヘッケルは 1957 年に著した「学校法学」の初版で，ドイツでは初めて基本法が保障する子どもの「身体を害されない権利」との関係で，教員体罰の違憲性を指摘したのであるが，しかしその後もこれに関する判例は変更されることはなかった。

そこでヘッケルはこの法域における判例変更への期待を捨て，1967 年の著書「学校法と学校政策」において，旧来の法制状況を転換するためには教員体罰の禁止を法律上明記する以外にないとして，次のように唱導した[16]。

「連邦通常裁判所によって肯定されてきた慣習法上の体罰権は，基本法 2 条 2 項〈身体を害されない権利・筆者〉と決して相容れないから，従来の判例は改めて検証されなくてはならない。今後も同様の見解が維持されるようであれば，学校における体罰の禁止を法律上明記することによってしか，このような慣習法を廃棄することはできない」。

H.ヘッケルの上記のような見解は 1970 年代に入って有力な刑法学説によって支持されるところとなったのであるが，とりわけ権威ある基本法コンメンタールが教員体罰を憲法レベルで正面から取り上げ，子どもの「身体を害されない権利」保障の観点からその違憲性を鋭く衝いたことなどもあって[17]，この法域は大きな展開を見せることになる。

すなわち，1970 年にバイエルン州とシュレスビッヒ・ホルシュタイン州が教員体罰を学校法上明文でもって禁止したのを皮切りに，1976 年までに旧西ドイツのすべての州が教員体罰禁止法制を確立するに至ったのであった[18]。

こうして，今日においては，旧東ドイツの諸州を含めて，16 州のうちの 13

---

(16)　H.Heckel, Schulrecht und Schulpolitik, 1967, S.228.

(17)　T.Maunz/G.Dürig（Hrsg.）, Grundgesetz‑Kommentar, 2 Aufl.1972, Rdnr.43 und 47 zu Art2（2）.

第Ⅴ部　第5章　教員の体罰権と体罰禁止法制

州においては「学校法律」（Schulgesetz）で，残りの3州では文部省令などの行政規則で教員体罰は禁止されているという法制状況にある[19]。

　なお付言すれば，ドイツにおいても，教員による体罰事件は依然として発生しているようで，教育判例集を紐解くと，これに関する損害賠償請求訴訟や国家補償に関するティピカルな裁判例が，1970年代以降分として9件収載されている[20]。

---

(18)　H.Yung, a.a.O., S.36-38.
　　　なおフリーベによれば，ヘッセン（1946年），ザールランド（1948年），ベルリン（同前）の3州は基本法の制定以前にすでに行政規則で教員体罰を禁止していたとされる（G. Friebe, a.a.O., S.220.）。
(19)　H.Avenarius/H-P.Füssel, Schulrecht, 2010, S.501.
(20)　In, H.Knudsen（Hrsg.):In:SPE（Dritte Folge）, 2007, S.360ff.

第6章　教員の評価法制

第1節　憲法上の原則としての「公務における業績主義の原則」

ドイツ基本法33条2項は「すべてドイツ人は，その適性，能力および専門的業績に応じて，等しく公務に就くことができる」と規定している。

憲法学の支配的な見解によれば[1]，この条項は第1次的には公務員志願者に対して，公務就任に関する平等権を憲法上の基本権として保障したものであるが，同時に公務員の任用に際しての「最優秀者選抜の原則」（Prinzip der Bestenauslese）を憲法上表明したものである。

もとより，この原則は公務員の任用に際してだけではなく，任用後の職員の配置，昇進・昇格，特定の職務の委託や指導的な職位への登用等に際しても当然に妥当し，こうして，この原則は具体的には「業績主義の原則」（Leistungsprinzip）として，公務員の人事行政全般を貫いて規律することとなる。

上記のような憲法上の原則は連邦公務員法〈Bundesbeamtengesetz v. 5. Febr. 2009〉によって法律レベルでも確認的に規定され（9条[2]），そしてこれを受けて各州公務員法で具体的に制度化されるところとなっている（たとえば，ノルトライン・ウエストファーレン州公務員法7条など）。

第2節　州の教育主権と教員の人事行政

1　州の文化高権

ドイツは16の州から成る連邦国家であるが，教育主権は伝統的に各州に留保されている。これを「州の文化高権」という。この文化高権にもとづいて，各州はそれぞれ文部省をもち，独自の教育制度を敷き，教育行政制度を擁している。したがって，教員の人事行政の制度的構造や教員評価の仕組みも州によって一様ではないが，既述した憲法上の原則からの要請もあり，現行学校法制下では，その基本構造にさほどの差異は見られない。

---

(1)　さしあたり，H.v.Mangoldt/F.Klein/C.Starck（Hrsg.），Kommentar zum Grundgesetz, 2010, S.814. I. v. Münch/P.Kunig（Hrsg.），Grundgesetz-Kommenntar Bd.l, 2012, S.2056. H. D.Jarass/B.Pieroth, Grundgesetz für die Bundesrepublik Deutschland-Kommentar, 2007, S.6198. M.Sachs（Hrsg.），Grundgesetz-Kommentar, 2007, S.1084.

(2)　詳しくは参照：U.Battis, Bundesbeamtengesetz, 2009, S.141.

521

第Ⅴ部　第6章　教員の評価法制

2　教員の身分と人事高権

　ドイツにおける公立学校教員の身分は州の公務員（Landesbeamte）と地方自治体のそれに分かれるが，大部分の教員は前者に属している。地方自治体が設置する学校の教員の場合でも，そうである。州立学校であれ，地方自治体立学校であれ，州公務員としての身分をもつ教員の「勤務主体」（Dienstherr）は州であり，かかる教員の任免・昇進など勤務法上の措置についての権限・人事行政権は州に帰属している。

　ただ地方自治体立の学校教員の場合，設置者である地方自治体には，校長や教員の選任過程への各種の参加権が認められている。州による重大な人事政策上の措置・決定に先立って，地方自治体は法律または行政上の慣行により，聴聞される権利を保障されているのが，その例である。しかし，地方自治体の人事行政参加権は教員の法的地位に触れる事項には及びえない。「人事高権」（Personalhoheit）はあくまで州の専管するところだからである。

　一方，バイエルン州とブレーメン州においては，学校の設置主体と教員の勤務主体とは同一であり，したがって，これらの州では，地方自治体立学校の教員は例外なく当該地方自治体の公務員であり，州立学校の教員にあってはその身分は州公務員となっている[3]。前者の「勤務上の上司」（Deinstvorgesetzter）は州の自治体組織構造法の定めるところであるが，ただこのような地方自治体の公務員である教員についても，州の学校監督権・内的学校事項に関する州の規律権が留保されている。

　こうして州の学校監督庁は，その身分が地方自治体に所属する教員についても，①専門性や教育者としての適格性に関する審査権をもち，②教員定数・生徒数に対する教員数の割合・週当たりの授業時間数などを決定することができ，さらには，③学校監督庁（勤務監督権者）が定める教員服務規程や各種の会議規程なども，学校設置者と当該教員を拘束する仕組みになっている。

第3節　教員評価制度の趣旨と法的仕組み

1　勤務監督権の一環としての教員評価

　上述した教員に対する勤務監督権の一環として，ドイツにおいてはすべての州で教員の「勤務評価制度」（dienstliche Beurteilung）が導入されている[4]。た

---

(3)　D.Falckenberg, Grundriß des Schulrechts in Bayern, 1995, S.115.

第3節 教員評価制度の趣旨と法的仕組み

とえば，ドイツ最大の州であるノルトライン・ウエストファーレン州では，州公務員法が下記のように書いて，公務員に対する勤務評価制度を法制化している。

「公務員の適性，能力，職務上の業績は遅くとも試用期間が経過する前に評価されるものとする。それはさらに定期的に，あるいは昇任に際しても評価されるものとし，勤務評価を実施する間隔は上級勤務官庁がこれを定める。

評価は総合評価とし，今後の職務上の配置に関する提案を含むものとする。評価は人事記録に記載される。公務員には，自己の評価が人事記録に記載される前に，その内容について，開示され，かつ上司と話し合う機会が保障される」(104条)。

これをうけて同州では，教員の勤務評価に関する規程（1992年）が制定されており，そこにおいて評価の一般原則，評価権者，評価の時期，評価の基準と形態，評価の開示義務と取り扱いなど，教員評価制度の具体的な仕組みが規定されている。

2 教員評価制度の趣旨

教員評価は教員の人事計画の基礎をなすものであり，その目的ないし制度の趣旨は，端的に言えば，教員の適正配置を可能にし，教員に職能成長を促し，もって学校の教育責任の遂行＝公教育制度の機能の維持・向上を期することにある，と説明される[5]。これには，法的には児童・生徒の「教育をうける権利」ないし「自己の人格を自由に発達させる権利」（基本法2条1項）が対応している。

3 教員評価の種類

いうところの教員評価には，つぎの3種がある。

① 試補教員評価

ドイツでは教職志願者に，第1次国家試験終了後，2年前後の試補勤務（Vorbereitungsdienst）が課せられているが，試補に任用されて9ヵ月後と試補勤務が終了する3ヵ月前の2度，勤務評価が行われることになっている。

② 定期評価

---

(4) 詳しくは参照：R.Bessoth, Lehrerberatung-Lehrerbeurteilung, 1994, S.39ff.

(5) H.Gampe u. a., Leitung und Verwaltung einer Schule, 1997, S.489.

523

第Ⅴ部　第6章　教員の評価法制

州によって違いはあるが，原則としてすべての教員を対象に5年ごとに実施される。満50歳に達した教員や1年以上他の機関に出向していた教員は対象外としている州もある。

③　特別評価

昇格や昇進に際して，あるいは教員に職責のより重い高位の職務を委託する場合など，職務遂行上，特別な必要が認められる場合に実施されるものである。

なお関連して，バイエルン州憲法裁判所によれば「昇進人事における候補者の選抜に際しては，定期評価と特別評価は，その価値において同等である」との判断が示されている[6]。

4　教員の評価権者

教員に対する勤務評価の権限は法制上，ほとんどの州で教員の直接の勤務上の上司，つまり直接的な学校監督を行う行政機関の長に属している。ただ現実には，この権限は多くの州で学校監督官（視学官）に委任されている。学校監督官は，主要には，校長にその作成義務が課されている教員の実績報告書（Leistungsbericht）と，自分自身の授業査察などを基に教員の評価を行う。

なおバイエルン州においては，実科学校，職業学校およびギムナジウムの校長は教員の職務上の上司（Fachvorgesetzter）だけに止まらず，勤務上の上司でもあり，こうして教員に対する勤務評価権を有するところとなっている。

ちなみに，この点，バイエルン州立学校教員服務規程（1984年）は，「勤務上の上司としての校長の任務」（28条）と題して，こう書いている。「校長は勤務上の上司として，その学校の公務員，被用者および労務者の人事事項に関して人事法上の決定権を有する」。

またヘッセン州ではすべての学校種で校長に教員評価権が委任されており，さらにラインラント・プファルツ州では1974年以来，すべての学校種で評価権者は校長と法定されている。

5　教員評価の方式・形態

評価は通常，後述の評価指標に照らし，記述による総合評価として，「特優」から「不可」までの6段階で行われる。ただバイエルン州においては「平均をかなり超える」から「平均以下」の4段階の記述評価もしくは「1」から

---

(6)　VerfGH Bayern Ent. v. 25. 7. 2006, In:SPE（2007），S.198-7

「16」までの16段階点数評価制が採られている。

6 教員評価の指標・対象

評価は大きく，教員としての業績（勤務成績）評価と資質・能力評価に区別される[7]。

業績評価の第1次的な対象とされるのはもちろん教育活動である。具体的には，授業計画と授業の準備状況，教育方法，教材の取り扱い，教育目的を踏まえているか，学習指導要領を遵守しているか，などがその際の指標となる。その他に，勤務態度，教育相談や生徒指導，研修の状況，校務分掌の種類，とくに指導的な職位に就いているか，さらには校長や同僚との協同なども評価の対象とされる。

一方，資質・能力評価は教員としての資質や専門的な知識に係わるもので，つぎのようなメルクマールが重視される。専門知識，精神的活力，判断力，表現力，研修意欲，組織力，実行力，責任感，イニシアティブ，決断力，協調性，指導力がそれである。

第4節 教員評価の手続法制

教員評価に関わる手続として，すべての州において下記のような手続上の権利ないし義務が法定されるところとなっている。

〈1〉 教員に対する聴聞権と評価の開示請求権の保障

評価の結果は，人事記録に記載される前に，本人に開示され，記載内容について説明されなくてはならない。換言すると，教員は自己の評価について開示請求権と聴聞権（Anhörungsrecht）をもつということである。教員は評価結果について，自らの見解を文書でもって表明できる。評価に納得できない者は，その削除や訂正を求めて，学校監督庁に異議を申し立てることができる。それが却下された場合は，後述のように，行政裁判で争う途が保障されている。

〈2〉 評価者と教員との評価結果についての話し合い

ドイツにおいては，教員評価におけるユニークな手続として，各州の教員評

---

(7) W. Hahn/J. Wenzelburger, Dienstrecht für Lehrer in Baden-Württemberg, 1996, S. 227ff.

第Ⅴ部　第6章　教員の評価法制

価規程の定めるところにより，教員の評価が確定する前に，評価者（学校監督官ないしは校長）と教員が評価結果について話し合う機会（Beurteilungsbesprechung）を設けなければならないとされている[8]。したがって，このような手続を経ないで実施された教員評価はそれ自体が，手続法上，違法となる。

　この点，ノルトライン・ウエストファーレン州高等行政裁判所も，こう判じている（2001年）。

　「学校監督官が教員の勤務評価を行うに際して，所定の話し合いを持たなかった場合には，その勤務評価自体が違法・無効である[9]」。

　このような教員評価に際しての話し合い制度の意義について，連邦行政裁判所の判例によれば（1980年），次のように捉えられている[10]。

　「勤務評価に際しての話し合いは，評価者に対して評価結果や個々の価値判断およびその根拠について，公務員に対しより詳しく説明する機会を与えるものである。公務員が評価結果や個々の価値判断を客観的に妥当と思わない場合は，当該公務員は異議申し立てによって評価の取消しや変更さらには新たな評価の実施を求めることができる。

　この手続において，評価者は自らの価値判断をより詳細かつ具体的に説明し，それによって当該公務員を納得させなくてはならない。……

　重要なのは，評価者の価値判断が形式的なものに止まることなく，当該公務員にとって納得のいくものであること，そして評価者の判断が導かれた根拠と筋道が当該公務員にとって明白であるということである。

　かくして上記話し合いの意義は，評価者の不利益な価値評価に関し，裁判上の権利保護を求めることができるかどうかを，公務員に対し検証する機会を与えることにある」。

　なお教員は上記にいう話し合いの場に信頼できる第三者の同席を求めることができることになっており，その選任は当該教員自身に委ねられている。

第5節　教員評価に対する行政裁判上の救済

　学校法学の通説および連邦行政裁判所の確定判例によれば[11]，いうところ

---

(8)　R.Neubert, Dienstliche Beurteilung, 2004, S.53ff.

(9)　OVG NW, Beschl.v. 5. 4.2001, In:SPE（2007）, 198-4.

(10)　BverwG, Urt. v. 26. 6.1980, In:ZBR（1981）, S.195.

(11)　さしあたり，H.Avenarius／H-P, Füssel, Shulrecht, 2010, S.646. BVerwGE 28（191）, 49（351）.

第 5 節　教員評価に対する行政裁判上の救済

の教員評価は対外的な法的効力をもつものではないから，取消し訴訟の対象と
なる行政行為（Verwaltungsakt）ではないと解されている。

　しかし教員の権利侵害を伴う違法な教員評価は基本法 19 条 4 項＝「何人も，
公権力によってその権利を侵害されたときは，出訴することができる」により，
一般的な給付の訴え（allgemeine Leistungsklage）という形態で，行政裁判上の
権利保護が保障されることになる。

　ただいうところの教員評価は「価値評価的認識行為」（Akte wertender Er-
kenntnis）であり，したがって，判例・通説によれば，行政裁判上の審査は下
記の点だけに限定されるとされている[12]。すなわち，当該教員評価が，①手
続規定に抵触していないか，②事実誤認にもとづいていないか，③一般的に妥
当している評価基準を無視していないか，④事項外的考量をしていないか，が
それである。

---

(12)　D.Margies/H.Gampe/G.Rieger, Allgemeine Dienstordnun für Lehrer und Lehrerin-
　　　nen, Schulleiter und Schulleiterinnen an öffenlichen Schulen inNordrhein-Westfalen, 2000,
　　　S.196. BVerwG, Beschl. v. 17. 3.1993, In:SchulRecht（1999），S.22.
　　　　なお，この点について，シュレスビッヒ・ホルシュタイン州高等行政裁判所も「教員評
　　　価は人格に制約された価値判断（persönlichkeitsbedingte Werturteile）であり，これに
　　　対する裁判上のコントロールは制約される」と述べる（OVG SH, Urt.v.16. 1.1992, In:SPE
　　　（2007），S.198-1.

第 VI 部

学校における生徒の法的地位と学校参加法制

第1章　公法上の学校特別権力関係論と「学校の法化」

第1節　公法上の特別権力関係論

　ドイツにおいては 19 世紀後半以降，「公法上の特別権力関係論」(Die Lehre vom öffentlich-rechtlichen besonderen Gewaltverhältnis) なる公法理論が学説上展開され，教育行政・学校法域では，公立学校教員の勤務関係と学校営造物利用関係（児童・生徒の在学関係）が，この特別権力関係に当たると解された。

　いうところの公法上の特別権力関係論は，19 世紀後半，ドイツ立憲君主制下において生成し，P. ラーバントや O. マイヤーなどによって全体的法秩序の下で体系的に構築された。この理論は，ドイツ公法学に伝統的な行政の内部・外部二分論を前提とするもので，立憲国家・法治国家的諸要請に対して，絶対主義的君主・行政部の命令権力を法治主義の範囲外に維持するために擬制された学説の産物である[1]。

　つまり，この理論は絶対主義的要請に応える法解釈論として，別言すれば，「法治国家における警察国家的孤島[2]」として，E. ホルストホフもいうように，「法治国家の間隙」(Lücke des Rechtsstaats) における「侵害行政としての高権行政」(Hoheitsverwaltu-ng als Eingriffsverwaltung) と深く結合し，歴史的に，反法治主義的性格を強く担ってきた[3]。

　具体的には，大きく以下の 3 点にこの理論の基本的メルクマールないし実益があった。

　すなわち，特別権力関係における特別権力の発動・行使は一般に一種の公権力の発動・行使と見なされ，一般権力関係におけるのとは異なり，

　① 特別権力関係の内部においては「法律の留保の原則」(Grundsatz des Gesetzesvorbehalts) が妥当しない。つまり，特別権力主体は特別権力（命令権・強制権・懲戒権）の具体的な発動・行使に際して，法律上の根拠がなくても，必要に応じて，行政内部規則等により，特別権力服従者の権利を制限したり，義務を課すことができる。

---

(1)　この理論について，詳しくは参照：室井力「特別権力関係論」勁草書房，1968 年，239 頁以下。

(2)　F.Rehmert, Verwaltungsgerichtliche Probleme des Schulrechts, In:DÖV（1958），S.437.

(3)　E.Forsthoff, Lehrbuch des Verwaltungsrechts, 9 Aufl.1966, S.123-124.

第Ⅵ部　第1章　公法上の学校特別権力関係論と「学校の法化」

②　特別権力主体は「特別に高められた権力主体」として，権力服従者に対して包括的支配権を有する。特別権力関係内部においては，特別権力服従者は原則として基本的人権を主張しえないか，これに対する広範なコントロールを受忍しなくてはならない。

つまり，特別権力主体は当該特別権力関係の設定目的を達成するために必要な範囲と程度において，各個の場合に具体的な法律の根拠なしに，権力服従者の基本的人権を制約することができる。

③　特別権力関係内における措置・決定や処分などの権力行為は，たとえそれが重大な法的効果や権利侵害を伴うものであっても，特別権力関係内部規律行為として，原則として（特別権力関係からの排除処分である学生・生徒の退学処分や官吏の免職処分などは別として），これに対しては裁判上の救済が及ばない。

ドイツにおいては，このような反民主主義的・反法治主義的な公法上の特別権力関係論がその後，ワイマール憲法下においてはもとより，ボン（ドイツ）基本法施行後もかなり長い間教育界を風靡し，そして1970年代に入って漸く克服されることになるのであるが（後述），以下では主として学校営造物利用関係（学校関係）＝児童・生徒の在学関係に絞って，これに関する法制・学説・判例を見ていくこととする。

第2節　学校営造物理論と学校特別権力関係論

1794年に制定されたプロイセン一般ラント法はドイツ学校法制史上初めて，学校を「国家の施設」（Veranstaltungen des Staats）として位置づけたのであるが，関連して警察などの「営造物」（Anstalt）についての条項も擁していた（第2編17章10条）。そこにいう「Veranstaltungen」や「Anstalt」は，同法においては未だおよそ技術的確定的概念としての営造物ではなかったが[4]，その後，これらの概念をめぐる法解釈や法理論として打ち出されたのが，いわゆる営造物理論である。

---

(4)　H.Jecht, Die Öffentliche Anstalt, 1963, によれば，「プロイセン一般ラント法12章1項の目的は学校・大学法の領域において国家の権能を拘束的に確定することにあった。したがって，そこにおいては特定の組織形態（Organisationsform）はまったく考慮されてはいなかった」とされる（S.12）。

また H.J.Wolff も，プロイセン一般ラント法にいう Veranstaltungen や Anstalt には，法律用語としては，特別な意味はなかったとしている（ders., Verwaltungsrecht Ⅱ, 1962, S.255）。

532

第2節　学校営造物理論と学校特別権力関係論

　この理論は本格的には 19 世紀末から 20 世紀前半にかけて，ドイツ行政法学の始祖・O.マイヤーによって展開されたものである[5]。マイヤーは当時の各種行政分野における営造物関係が権力関係であるという点では共通しているとの認識のもとに，いうところの営造物を「公行政主体により，公の目的に継続的に供用される人的手段および物的施設の総合体」と定義し[6]，その法理を構築した。そしてマイヤーの理論はワイマール憲法下の学説や判例によっても基本的に承認され，こうしてドイツ行政法学の伝統的理論となったのである。

　この理論は当然ながら，学校にも援用された。ちなみに，この点，W.ランデは端的にこう書いている[7]。

　「公立学校は，公の営造物に関し特別な法規を発展させてきた，行政法学説の意味においては，公法上の営造物である。……学校が固有の法人格を有すると否とに拘らず，学校と学校設置者との関係ならびに学校とその利用者の関係については，……営造物法が妥当する」。

　かくして，いうところの学校営造物理論は，下記のような基本構造をもつこととなった。

　①　営造物理論が説くところによれば，営造物は権利能力の存否，つまりは営造物主体に対する法的独立性を基準として，「全的に権利能力を有する営造物（vollrechtsfähige öffentliche Anstalt）」，「部分的に権利能力を有する（teilrechtsfähige）営造物」，それに「権利能力を有さない（nichtrechtsfähige）営造物」の 3 類型に区分されるが[8]，学校は，上級学校を除いて－プロイセン一般ラント法 54 条以来，ギムナジウムなどの中等教育諸学校は社団としての対外的権利を享有するとされ，「権利能力を有する営造物」として位置づけられてきた[9]－，後者として位置づけられた。

　すなわち，学校は権利能力を有さない非独立的な営造物として，教育行政・

（5）　O.Mayer がこの問題について初めて言及したのは，Deutsches Verwaltungsrecht Bd. 2, 1896, S.318 においてである（zit. aus H. Jecht, a.a.O., S.12）。

（6）　O.Mayer, Deutsches Verwaltungsrecht, Bd.2, 3Aufl. 1924, S.268. マイヤーによれば，学校や監獄は「営造物ノ役務ノ享受者カ公法上ノ権力及ヒ懲治関係（Gewalt－und Zuchtverhältnis）」に立つ営造物なのであった（ders., ditto. 1Aufl, 1898, S.335. 美濃部達吉訳「独逸行政法」第 4 巻，245 頁）。同旨：A, Eisenhuth, Die Entwicklung der Schulgewalt und ihre Stellung im Verwaltungsrecht in Deutschland, 1931, S.44-S.45.

（7）　W.Landé, Preußisches Schulrecht, 1933, S.14.

（8）　H.J.Wolff, Verwaltungsrecht Ⅱ, 1962, S.258-S.260.

（9）　W.Landé, a.a.O., S.92. W.Kühn, Schulrecht in Preußen, 1926, S.8.

第Ⅵ部　第1章　公法上の学校特別権力関係論と「学校の法化」

学校組織権限関係上，学校監督庁の包括的な規律権ないし支配権に服するとされた。

　敷衍して書けば，「学校は公行政の一部分をなしており，非独立的な営造物（unselbständige öffentliche Anstalt）である。学校は法人格を有してはおらず，それ自体，国家行政の一部に止まっているからである」とされたのであった[10]。

　②　先に垣間見たとおり，営造物理論は公法上の特別権力関係論と強く結合して展開され，学校営造物の利用関係は，特別に強められ，高められた「営造物権力としての学校権力（Schulgewalt als Anstaltsgewalt）が働く「公法上の特別権力関係」だと解された[11]。U.K.プロイスの表現を借用すれば，「学校特別権力関係の行政上の容器である，権利能力を有さない公法上の営造物としての学校」という法的位置づけである[12]。

　また学校は軍隊や刑務所と同じく「権力および懲治を行う営造物」（公権力的営造物・倫理的営造物）であり，そこにおける教育活動は国家の権力作用そのものと見なされた。

　すなわち，「公の営造物の作用は公の行政の発動」であって，「公立学校は官庁であり，……公権力を行使する」。学校における「教育活動は公権力の行使」に他ならず，それどころか「学校のすべての活動およびその機関としての校長と教員のあらゆる活動」がそうである。

　かくして「学校の活動は刑法113条の意味における公務執行であり，教員に対する抵抗は国家権力に対する抵抗である」。「学校の命令に対する不服従は刑法110条によって有罪である[13]」とされた。

　さて，以上のような伝統的学校営造物理論・法制といわゆる学校特別権力関係論は，基本法施行（1949年）後においても，基本的には維持・継承されることになる。

　すなわち，まず学校の法的地位・性格については，たとえば，ノルトライ

（10）　A.Eisenhuth, a.a.O., S.68.

（11）　さしあたり，S. Lang, Das Schulverhältnis als Anstaltsverhältnis, 1969, S. 29. V. Weinfurtner, Das Anstaltsverhältnis im Schulrecht, In:RWS（1961）S.377ff など。
　　ちなみに，A.Podlech は「学校は特別権力関係が表出する典型的な組織である」と論結している（ders., Das Grundrecht der Gewissensfreiheit und die besonderen Gewaltverhältnisse, 1969, S.48）。

（12）　U.K.Preuß, Demokratie und Autonomie, In:RdJB（1993），S.163.

（13）　W.Landé, a.a.O., S.13-S.15.

534

ン・ウエストファーレン州学校法（1958年）6条やバイエルン州教育制度法（1960年）5条など，すべての州学校法が学校を従前どおり「権利能力を有さない営造物」として位置づけた。そして，これらの条項の解釈においても，「学校は非独立的営造物，すなわち，行政主体の掌中にあって，特別の目的に継続的に供用される人的・物的手段の総合体である[14]」というような捉え方のもと，伝統的な学校営造物理論が依然として圧倒的な多数説を占めた。

また，たとえば，ドイツにおける指導的な学校法学書であるH.ヘッケル著「学校法学」初版（1957年）の39章Aが「特別権力関係としての学校権力」と銘打って，「学校の特別権力関係」（Das besondere Gewaltverhältnis der Schule）について解説しているところからも窺えるように[15]，公法上の学校特別権力関係論もなお根強く支配的であった。

さらに公法上の勤務関係に立つ教員には，特別権力関係論と相俟って，伝統的な官吏法理が厳格に適用されたのであった。

第3節　公法上の学校特別権力関係論の克服

1　基本法の民主的法治国家の原理と公法上の特別権力関係論

1949年5月に制定を見たドイツ基本法は民主的および社会的法治国家の原理を憲法上明記するとともに（28条1項），「立法は憲法的秩序に拘束され，執行権および司法は法律および法に拘束される」（20条3項）と規定した。併せて，「何人も，公権力によってその権利を侵害されたときは，出訴することができる」〈19条4項・行政訴訟事項における一般条項の導入〉ことも確認した。

本来，このような憲法体制下においては，既述したような反民主主義的・反法治主義的な公法上の特別権力関係論は妥当する余地はない筈である。果たせる哉，1950年代後半から上記のような憲法上の原則に基づいて学説上，特別権力関係論一般に対する批判が強まることになる。「特別権力関係においても，相異なる法主体の権利範囲が互いに限界づけられ，一定の秩序をなしてその限界づけが強制されている限り，そこにも法は存在しうるし，それは法的に秩序づけられた生活関係である」という認識が見られ始めたのである[16]。「法律関

---

(14)　H.A.Berkenhoff, Schulaufsicht und Kommunalaufsicht in Nordrhein Westfalen, In: DVBl.（1959）, S.118.

(15)　H.Heckel/P.Seipp, Schulrechtskunde, 1957, 1Aufl., S.272.

(16)　室井　力，前出書，279頁。

第Ⅵ部　第1章　公法上の学校特別権力関係論と「学校の法化」

係としての特別権力関係」(besonderes Gewaltverhältnis als Rechtsverhältnis) という把握である。

　たとえば，行政法学者・C.H.ウーレは1957年の論文「特別権力関係」において，いうところの特別権力関係を「基本関係」(Grundverhältnis) と「経営関係」(Betriebsverhältnis) に区別し，このうち基本関係における措置や決定に対しては，基本法19条4項に基づいて，行政裁判上の権利救済が当然に及ばなくてはならないとして，特別権力関係における権利保護拡大の必要性を強く説いた[17]。

　また，たとえば，1965年のヘッセン州憲法裁判所判決がその例であるが[18]，学校法域における係争事件に関し，当事者の基本権の侵害の存否という観点からアプローチする判例も見られ始めた。

　そして，こうした行政法学説・判例に呼応する形で1960年代後半以降，有力な学校法学説も学校関係を法律関係として構成し，教育行政庁・学校による生徒や親の法的地位や権利領域への介入は法律による授権を必要とする〈学校法域における「法律の留保の原則」の妥当〉，という見解を採ることとなる。E.W.フース「行政と学校」(1966年)，H.U.エファース「行政と学校」(1966年)，R.ビンマー「ドイツの教育行政は法治国家的か」(1966年)，W.パーシェル「学校の民主化に際しての法の役割」(1969年) などの論稿における見解や[19]，次に言及する H.ヘッケルの所説がそれである。

2　H.ヘッケルによる学校特別権力関係論批判

　かつてドイツにおいて長年に亘って学校法学研究をリードした H.ヘッケルは，1968年に公にした論文「行政政策の課題としての学校と学校行政」において，当時のドイツにおける学校法制・理論状況の欠陥を厳しく指弾して，下

---

(17)　C.H.Ule, Das besondere Gewaltverhältnis, In:VVDStRL (1957), S.133ff. 特別権力関係論に批判的なこの時期の代表的な論稿として，参照：H.Krüger, Das besondere Gewaltverhältnisse, In:VVDStRL (1957), S.109ff.

(18)　Hess. StGH, Urt. v. 27, 10, 1965, zit.aus Deutscher Juristentag (Hrsg.), Schule im Rechtsstaat, Bd1, Entwurf für ein Landesschulgesetz, 1981, S.27.

(19)　H.U.Evers, Verwaltung und Schule, VVDStRL (1966), S.147ff.
　　　E.W.Fuß, Verwaltung und Schule, VVDStRL (1966), S.199ff. R.Wimmer, Sind die deutschen Unterrichtsverwaltungen rechtsstaatlich, In:DVBl (1966), 864ff.
　　　W.Perschel, Die Rolle des Rechts bei der Demokratisierung der Schule, In:RdJB (1969), S. 33ff.

第3節　公法上の学校特別権力関係論の克服

記のように唱導した[20]。

　「学校法の今日的中心課題は，憲法にいう社会的法治国家の原理を学校においても浸透・定着させることにある。とくに生徒および親の法的地位を学校に対して確立することによってである。こうして，従来，法律から自由な学校行政の領域（gesetzesfreie Raum der Schulverwaltung）に委ねられてきた学校関係に，法秩序の内部において，それにふさわしい場を保障することが肝要となる」。

　そして翌，1969年に刊行した「学校法学」第4版においては，上述したような憲法上の原理と学校との関係について次のような基本原則が存していることを，改めて確認する。「全体主義的・絶対主義的な国家においては学校もまた全体主義的，絶対主義的で国家的である。民主的で自由な国家においては，学校もまた民主的で自由である。ドイツは，基本法28条1項によれば，民主的な社会的法治国家である。……このことは法治国家の原理，社会国家の原理および民主制の原理が，個々の学校および総体としての学校制度に対して拘束力をもつ，ということを意味する」〈自由で民主的な社会的法治国家秩序への学校の編入[21]〉。

　そして，この基本原則を踏まえて同書第4版では，「学校法学」第1版（1957年）から第3版（1965年）までの「特別権力関係としての学校権力」（Die Schulgewalt als besonderes Gewaltverhältnis）という章を削除し，これに代えて37章「学校関係」の章を設け，「法治国家における学校関係」（Das Schulverhältnis im Rechtsstaat）と題して，伝統的な学校特別権力関係論を厳しく批判することとなる[22]。それは端的に，下記のように概括できよう。

　「いうところの『学校権力』という概念は学校の本質や役割，生徒と親の権

---

(20)　H.Heckel, Schule und Schulverwaltung als Aufgabe der Verwaltungspolitik, In:DÖV (1968), S.372。

(21)　H.Heckel, Schulrechtskunde, 4Aufl.1969, S.5.

(22)　H.Heckel, a.a.O., S.364〜S.376.
　　なおヘッケルはすでに「学校法学」第2版（1960年）において，こう述べていた。「学校と生徒および親の相互的な法的地位をその基本について明記し，かつ学校や教員に何が容認され，何が禁止されているかを明確化する，学校法を制定することが緊要である。文部省令による教育活動や学校生活に関する規律は，法的基盤としては不十分である」(S.277)。また1967年の著書「学校法と学校政策」においても，学校特別権力関係論を批判する文脈で「法治国家における学校関係」について言及している（ders., Schulrecht und Schulpolitik, 1967,S .156ff.）。

第Ⅵ部　第1章　公法上の学校特別権力関係論と「学校の法化」

利との緊張，そしてとりわけ法治国家原理からの要請により，もはやこれを維持することはできず，廃棄する必要がある。つまり，この概念が依拠してきた特別権力関係という法的形象（Rechtsfigur）は，法治国家的な秩序にあってはもはや存在の余地はない。長い間，『法律の留保の原則から自由な学校権力』の規律下におかれ，その形成が広範に学校行政に委ねられてきた学校関係を，法律と行政との法治国家的な関係に適合させなければならない。国民の自由な領域への行政の介入は，その年齢に関係なく，常に法律上の根拠を必要とする，という法律の留保の原則は，学校関係に対してもまた適用されなくてはならない。

　こうして，学校関係は法律関係として把握されなければならないことになる〈法律関係としての学校関係・Schulverhältnis als Rechtsverhältnis〉。ここで学校関係とは，学校と生徒および親との間の法的関係の総体をいう。学校関係は生徒や親，場合によっては他の教育主体の法的地位や権利領域に触れるものであるから，法治国家においては，それは行政の命令や措置によって一方的に規律されてはならず，相互的な法的関係として，法律によって規定されなくてはならない。

　生徒は学校においても基本権を全的に享有しているのであり，親の教育権についても語られることがない。これらの基本権への学校の介入は法律上の根拠を必要とする。生徒が基本権を有しているということは，学校関係の法律による規律を，つまりは学校における，ないし学校に対する生徒と親（教育権者）の法的地位についての法律上の規律を求めることになる〈学校の法化・Verrechtlichung der Schule〉」。

3　連邦憲法裁判所の特別権力関係論否定判決

　さて上述したような公法上の学校特別権力関係批判論も含めて，1960年代後半の段階で学説上，この理論に対する否定論が優位に立つに至ったこともあって，1970年代初頭，この法域は判例によって画期的な展開を見せることになる。

　すなわち1972年，連邦憲法裁判所は伝統的に公法上の特別権力関係とされてきた刑務所収容関係について，「囚人の基本的人権もまた法律によってのみ，もしくは法律に基づいてのみ（nur durch Gesetz oder aufgrund eines Gesetzes）制約されうる」と判示して，刑務所収容関係への「法律の留保の原則」の適用を認め，この理論に対して最終的に「死刑判決」を言い渡したのである[23]。

第4節　「法律の留保の原則」と連邦憲法裁判所の「本質性理論」

そしてこの判決をうけて，1974 年，今度は連邦行政裁判所が公立学校への性教育の導入と親の教育権との関係が争われた事件で，以下のように判示して[24]，学校関係における特別権力関係論を全面的に否定し，今日に至っているという状況にある[25]。

「基本法 20 条 3 項が定める法治国家原理および 20 条 2 項が謳う民主制原理は，立法者に，基本権が重要な意味をもつ領域（grundrechtsrelevante Bereich）においては，本質的な決定（wesentliche Entscheidungen）」は立法者自らがなし，行政権に委ねてはならないことを義務づける。

法治国家原理は，公権力をそのあらゆる発現において，明確な権限規定と機能分化によって法的に拘束することを要請する。民主制原理は，あらゆる生活領域の秩序が，国民によって選任された立法機関の意思決定に基づかなければならないことを求める。基本権行使の領域においては，立法者は，国家の形成の自由に委ねられた法領域を自ら画さなければならない。……

……このことは学校制度の規律についても妥当し，立法者は学校制度の本質的なメルクマールはこれを自らが確定しなくてはならない。…学校関係は教育行政によって充足されうる法律から自由な領域であるとする，学校関係の特別権力関係への伝統的編入ならびに慣習法は，基本法の効力下においては，もはや容認するわけにはいかない」。

第4節　「法律の留保の原則」と連邦憲法裁判所の「本質性理論」

1　連邦憲法裁判所の「本質性理論」

上述したように，連邦憲法裁判所は 1972 年，刑務所収容関係への「法律の留保の原則」の適用を認めて，伝統的な公法上の特別権力関係論をフォーマルに否定したのであるが，この「法律の留保の原則」と係わって理論的に重要な

---

(23)　BVerfG, Ent. v. 14. 3. 1972, In:JZ（1972），S.357.この決定の判例評釈として参照：室井力「受刑者の基本権の制限と法律の留保」，ドイツ憲法判例研究会編「ドイツの憲法判例」信山社，1996 年，217 頁以下。なおこの決定について「余りにも早すぎた特別権力関係からの決別」であるとする見方もあるという（M.Ronellenfitsch, Das besondere Gewaltverhältnis im Verwaltungsrecht, In:DÖV〈1984〉, S.781）。

(24)　BVerwG. Urt. v. 15. 11.1974, In:SPE IAI, S.61d.

(25)　ドイツにおける特別権力関係論をめぐる今日的理論状況については，参照：H. Maurer, Allgemeines Verwaltungsrecht, 2000, S.115ff. H.U.Erichsen（Hrsg）, Allgemeines Verwaltungsrecht 1998, S.121ff. I.v.Münch, Staatsrecht, 2002, S.274ff.

第Ⅵ部　第1章　公法上の学校特別権力関係論と「学校の法化」

役割を果たしてきているのが，連邦憲法裁判所の理論的創造に係る「本質性理論」（Wesentlichkeitstheorie）である。

　連邦憲法裁判所は，上記「刑務所収容関係判決」と同じ1972年の「大学入学者制限制判決[26]」と「促進段階判決[27]」において，いわゆる「本質性理論」を初めて提示した。この点と係わって重要なのは，F.オッセンビュールの次のような指摘である[28]。「本質性理論がまずもって学校法の領域で初めて採用されたということは決して偶然ではない。学校は1970年代に至るまで絶対主義の孤島（Inseln des Absolutismus）に止まっていた。教育政策上の第一級の決定が教育行政の秘密の薄暗がりの中で，すなわち，文部省令よってなされてきたからである」。

　この理論はその後，1970年代後半から80年代前半にかけての憲法・行政裁判においてもしばしば援用され，すでに連邦憲法裁判所と連邦行政裁判所の確定判例となっているのであるが[29]，学校法域に引きつけて，これまで各種の判例で提示されたこの理論の具体的内容を概括すると，以下のようになろう[30]。

　基本法7条1項は国家に教育主権を帰属せしめているが，しかし，いかなる国家権力が教育主権上の個々の任務を担う権限を有するか，については規定していない。従前の見解によれば，いうところの教育主権は行政の事項に属していたが，基本法の下にあっては，法治国家原理と民主制原理にもとづいて，国家的権能の整序がなされなくてはならない。

---

(26)　Numerus-clausus-Urteil〈BVerfG, Urt. v. 18. 7. 1972, In:SPE 3Folge, 328-Nr7〉

(27)　Förderstufen-Urteil〈BVerfG, Urt. v.6. 12. 1972, In:SPE 3Folge, 260-Nr3〉.

(28)　F. Ossenbühl, Vorrang und Vorbehalt des Gesetzes, In: Isensee/Kirchhof（Hrsg.）, Handbuch des Staatsrechts Ⅲ, 1988, S.338.

(29)　連邦憲法裁判所の判例としては：
　　　BVerfG. Urt. v. 27. 1. 1976, BVerfGE41, S.259ff
　　　BVerfG. Urt. v. 22. 6. 1977, BVerfGE45, S.417ff.
　　　BVerfG. Urt. v. 21.12. 1977, BVerfGE47, S.78ff.
　　　BVerfG. Beschl. v. 8. 8. 1978, BVerfGE49, S.89ff.
　　　BVerfG. Urt. v. 20.10. 1981, BVerfGE58, S.268.
　　　連邦行政裁判所の判例としては：
　　　BVerwG. Urt. v. 15. 11. 1974, BVerwGE47, S.197ff.
　　　BVerwG. Urt. v. 14. 7. 1978, BVerwGE56, S.157.
　　　BVerwG. Urt. v. 22. 3. 1979, BVerwGE57, S.363.
　　　BVerwG. Urt. v. 29. 5. 1981, BVerwGE64, S.310ff.

第4節 「法律の留保の原則」と連邦憲法裁判所の「本質性理論」

　学校教育が国家や国民に対してもつ重要な意味に鑑み，自由の保障を旨とする法治国家的な「行政の法律適合性の原則」が学校関係にもまた推し及ぼされなければならない。また民主制の原理は学校制度のような重要な生活領域の規律は，少なくともその基本に関しては，民主的かつ直接的な正当性を有する立法者自身が責任をもち，公の意思形成の過程においては，様々な相対立する利害を考慮して，確定されなくてはならないことを要請する。

　それ故，基本法にいう法治国家原理と民主制原理が立法者に対して，学校制度における本質的な決定（wesentliche Entscheidungen im Schulwesen）は立法者自らがこれをなし，教育行政に委任してはならないということを義務づける〈議会への留保・Parlamentsvorbehalt〉。このことは，とりわけ基本権と係わる領域で，国家の形成に委ねられた法領域に妥当する。

　どのような措置・決定が「本質的」であるか，したがって，議会に留保されなければならないか，もしくは議会によって内容的に規律された授権にもとづいて行われなければならないかは，基本法に照らして決定されることになるが，その際，基本権の保護という視点が重要となる。

　基本権が重要な意味をもつ領域においては，「本質的」（wesentlich）とは，一般に基本権の実現にとって本質的（wesentlich für die Verwirklichung der Grundrechte）ということを意味する。かくして，自由権的基本権が相互に競合しそれぞれの限界を画するのが困難な場合には，立法者はこのような生活領域に必要とされる基本的な事項を自ら決定する義務を負う。ただこの場合，自由と平等領域に本質的に係わる措置・決定だけが法律の根拠を必要とする，ということに留意を要する。

（30）　H.Heckel/H.Avenarius, Schulrechtskunde, 6Aufl.1986.S.166ff.

　　　H.Avenarius/H.Heckel, Schulrechtskunde, 7Aufl.2000, S.235ff.

　　　H.Avenarius/H.P.Füssel, Schulrecht, 8Aufl.2010, S.33ff.

　　　H. Heußner, Vorbehalt des Gesetzes und Wesentlichkeitstheorie, In: Festschrift für Erwin Stein zum 80.Geburtstag, 1983, S.120ff

　　　J.Rux/N.Niehues, Schulrecht, 5Aufl., 2013, S.8ff.

　　　F.Ossenbühl, a.a.O., S.337ff.

　　　L.Reuter, Gesetzesvorbehalt und Migration, In:RdJB（2003）, S.23ff.

　　　J.Staupe, Parlamentsvorbehalt und Delegationsbefugnis.- Zur Wesentlichkeitstheorie und zur Reichweite legislativer Regerungskompetenz, insbesondere im Schulrecht, 1986, S.103ff.

　　　R.Wimmer, Ein halbes Jahrhundert Gesetzesvorbehalt im Schulwesen, In:RdJB（1997）, S.15ff.

第Ⅵ部　第1章　公法上の学校特別権力関係論と「学校の法化」

　それでは，具体的にどのような事項に関する決定が「本質的な決定」として，議会に留保されなければならないかであるが，たとえば，下記のような事項がこれに属する。

　すなわち，基本的な教育目的の決定，各種の学校種・学校形態の性格や教育内容の基本的メルクマール（促進段階や総合制学校の導入など），教科目や教育領域（性教育や倫理教育の導入など），学校による教育提供の拡大（終日学校の導入など），学校の設置・廃止・移転・統合に関する一般的基準，教育スタンダードの導入，教科書検定手続き，学校の組織構造，国と地方自治体の責任関係，教育財政，就学義務の設定と形成，法律関係としての学校関係，上級学校への入学条件，成績不良による退学に関する基本的要件，受験者の将来を左右するような学校の試験，退学処分のような生徒の自由領域を強度に制限する秩序措置の要件と手続，生徒の意見表明の自由，とくに生徒新聞の発行に際しての制限，などがそれである。

　立法者が法律事項の具体的な規律を執行権に委ねる場合には，立法者は授権の目的・内容・範囲・程度を法律で規定しなければならない。またこの場合，執行権による規律が法規命令によるか，行政規則によるかは重要である。これに関して執行権の側に法規の形態を選択する自由は存せず，国家と国民との関係における権利・義務の設定・変更・廃棄に関する規律は，法規命令によらなければならない。

2　「本質性理論」と学校法における法律の留保

　以上が，1970年代初頭以降，今日までに連邦憲法裁判所（と連邦行政裁判所）によって示された，学校法域における「本質性理論」の概要であるが，この理論の意義として，現在ドイツの指導的な学校法学者・H.アベナリウスは大きくつぎの2点を挙げている[31]。

　一つは，「法律の留保の原則」を学校関係にも妥当せしめ，それでもって伝統的な公法上の学校特別権力関係論を克服したことである。他は，従来，国民の自由と財産に対する侵害に限定されていた「法律の留保の原則」の妥当範囲を，侵害行為だけではなく，学校制度における国家のすべての組織的・計画

---

(31)　H.Avenarius/H.Heckel, Schulrechtskunde, 7Aufl.2000, S.236～S.237.
　　　なお，以上と係わって，R.ビンマーは「法律の留保」の問題は憲法の永遠の課題であり，このことはとりわけ学校制度について妥当する」との見解を示している（R.Wimmer, a.a.O., S.15）。

第4節　「法律の留保の原則」と連邦憲法裁判所の「本質性理論」

的・管理運営的行為にまで拡大したことである。

　なお上述した「本質性理論」と係わって，H.ヘッケル著「学校法学」において「学校法域における法律の留保」という問題がどのように位置づけられてきたか，について付言しておく必要があろう。

　「学校法学」の初版は1957年に刊行され，以後，第2版（1960年），第3版（1965年），第4版（1969年），第5版（1976年），第6版（1986年），第7版（2000年），第8版（2010年）と版を重ね，今日に至っているのであるが，初版から第3版まではこの問題についてまったく言及していない。しかし第4版においては，既述した通り，当時なお根強く支配的であった学校特別権力関係論を厳しく指弾して「基本法にいう法治国家原理・民主制原理への学校の編入」を強く唱導するに至る。そして連邦憲法裁判所が「本質性理論」を初めて提示した1972年の4年後に出版された第5版においては，ヘッケルは基本法7条1項が規定する国家の学校監督権から「教育主権」（Schulhoheit）という概念を導出し，「法律の留保の原則」との関係で下記のような理論を提示している[32]。ここには，その理論構成の基本において，既述した「本質性理論」が色濃く反映していることが知られよう。

　すなわち，ヘッケルによれば，いうところの教育主権上の決定は「基本的決定」（Grundentscheidung）と，これを具体化するための「副次的決定」（Sekundärentscheidung）とからなる。たとえば，教育目的の決定は前者に属し，教科書検定や教授要綱の制定は後者に属する。このうち基本的決定は，法治国家・民主制原理に基づき，議会がこれを法律上確定することを要し，行政権への委任は許されない。副次的決定は権力分立の原則によって行政庁の権限とされるが，かかる決定も当然に法治主義的・民主主義的統制に服せしめられなければならない。すなわち，従前のような伝統的学校監督概念に依拠した，教育行政庁の包括的な規律権はもはや容認されうる余地はない。教育行政庁の法定立的命令制定権は法律による明示的授権に基づいてのみ許容される。しかもこの場合，包括的授権は禁止され，議会は法律によって授権の内容・目的・程度をできるだけ精確に規定しなければならない。社会科や政治教育などの世界観に関わる教科については，特にそうである。

　その後，H.アベナリウスが共著者となった第6版からは，第5版の内容構成を大幅に変更して「法律の留保」という章を立て，「連邦憲法裁判所の本質

（32）　H.Heckel, Schulrechtskunde, 5.Aufl.1976, S.159～S.163.

第Ⅵ部　第1章　公法上の学校特別権力関係論と「学校の法化」

性理論」のタイトルを付して，学校法域に引き付け，この理論について本格的
に言及している。H.アベナリウスによって大幅に改訂された第7版と，H.ア
ベナリウスとH.P.フュッセルの共著となった第8版においても，基本的には
同様である。

第2章　学校における生徒の法的地位

第1節　憲法上の基本権の主体としての生徒

先に言及したように，いわゆる公法上の学校特別権力関係論の基本的なメルクマールは，つぎの3点にあった。①特別権力関係としての学校関係には「法律の留保の原則」は妥当せず，学校は法律上の根拠がなくても，生徒の権利を制限したり，義務を課すことができる。②学校は「特別に高められた権力主体」として，生徒に対して包括的支配権を有し，生徒は学校において原則として基本的人権を主張しえないか，これに対する広範なコントロールを受忍しなくてはならない。③生徒に対する学校の措置・決定は，特別権力関係内部規律行為として，これに対しては原則として裁判上の救済が及ばない。

このような反民主主義的・反法治主義的な学校特別権力関係論が，連邦憲法裁判所（1972年）と連邦行政裁判所（1974年）によってそれぞれ「死刑判決」を受けたことにより，以後，ドイツにおける生徒法制は画期的な展開を見せるのであるが，それを準備したのは1960年代の学校法学説と，子どもの人権主体性を判例上初めて確認した，1968年の連邦憲法裁判所の判決であった。

ドイツにおいて，学校における生徒の基本的人権の問題を最初に本格的に論究したのは，W.パーシェルである。パーシェルは1962年に刊行したモノグラフィー「生徒の意見表明の自由」において，いまだ公法上の特別権力関係という法概念を否定するまでには至っていないが，しかし生徒の基本権を重視する観点から「特別権力関係における基本権」という章を立て（2章），果たして，いうところの特別権力関係は全般的に基本権に優位するのか，を鋭く問うたのであった。そして彼は，この問題は特別権力関係とされてきている当該団体・関係の存在理由や目的によって異なると捉え，学校の目的は「精神的成熟への教育」（Erziehung zur geistigen Mündigkeit）にあるから，そのためには学校特別権力関係においても原則として，生徒に対する意見表明の自由保障が必然的に求められるとの見解を示したのであった[1]。

---

(1)　W.Perschel, Die Meinungsfreiheit des Schülers, 1962, S.19ff. S.53. S.65ff.
　　なおパーシェルはこの著書をうけて，1964年には，「生徒の表現の自由」および「学校における民主主義」（Demokratie in der Schule）の制度的現実化を旨として，「生徒の共同管理の法的状況」（Die Rechtslage der Schülermitverwaltung）を著している。

545

第Ⅵ部　第2章　学校における生徒の法的地位

　また1950年代後半以降，一貫して公法上の学校特別権力関係論を厳しく指弾してきた H.ヘッケルは，1967年の著書「学校法と学校政策」において，「親の教育権力」との関係においてであるが，子どもの基本権主体性について，こう述べている[2]。「子どもは決して親の掌中にある無権利客体（rechtloses Objekt）ではない。子どもは全的な法的人格（volle Rechtspersönlichkeit）を有しており，固有の権利および義務の主体である。わけても彼らはすでに憲法上の基本権を原則として享有している」。

　そして2年後の1969年に刊行された「学校法学」第4版では，第3版（1965年）まではなかった「年少者の固有の権利と義務」という節を新たに設け，そこにおいて大要，下記のように説いたのであった[3]。

　「年少者はその年齢に関係なく，家庭，学校，職場において，すでに原則としてすべての憲法上の基本権を享有している。年少者がいまだ自分自身でこれらの基本権を担うことができないということ，また年少者がその未熟さのゆえに基本権の行使に当たって一定の制約に服するということは，基本権が年少者に帰属するということに何ら変更をもたらすものではない。それどころか，その法定代理人に対する加重的な要求権を年少者に保障することになる。

　年少者は教育主体の掌中にある無権利客体ではないのであり，固有の独立した権利を有する人格として尊重されなければならない。とりわけ年少者の『人間としての尊厳』（基本法1条1項）もまた不可侵であり，年少者が『自己の人格を自由に発達させる権利』（2条1項）と『教育をうける権利』を有しているということが重要である」。

　さらにリベラルな国法学者として知られる E.シュタインは，1967年に著した「学校における子どもの自己発達権」において，書名が示す通り，学校における子どもの自己発達権について本格的な理論を展開したのであるが，その要点を端的に摘記すると，以下のようである[4]。

　①　基本法2条1項が保障している「自己の人格を自由に発達させる権利」（Recht auf die freie Entfaltung seiner Persönlichkeit）は，その本質上，子どもにも当然に帰属する。それどころか，この権利は子どもにとっては格別に重要な基本権であり，教育を任とする学校においては，その目的に鑑みて特別に尊重

---

(2)　H.Heckel, Schulrecht und Schulpolitik, 1967, S.177.

(3)　ders., Schulrechtskunde, 4 Aufl, 1969, S.262〜S.263.

(4)　Ekkehart Stein, Das Recht des Kindes auf Selbstentfaltung in der Schule, 1967, S.33ff., S.37ff., S.49ff.

546

第1節　憲法上の基本権の主体としての生徒

されなくてはならない。

②　子どもが有する人格の自由な発達権には二つの要素が含まれている。一つは，発達権（Entfaltungsrecht）で，子どもが自己の人格を発達させる可能性を法的に保護する権利である。他は，自律権（Autonomierecht）で，子どもが自己の人格をどのように発達させるかを，子ども自身が自律的に決定できる可能性を保護する権利である。前者の権利は出生とともに発生するが，後者は一定程度の成熟度を前提とし，成熟度が増すにつれて拡大・強化する。

③　子どもが有する人格の自由な発達権は，つぎのような二様の法的効果を伴う。一つは，学校における子どもの法的地位に対する効果で，この権利にもとづいて子どもは，たとえば，公立学校への入学を請求したり，必要な教育施設の設置を求めることができる。二つは，この権利の教育内容に関する効果で，この権利から，たとえば，イデオロギー的に中立な教育を求める権利や個々人の発達に応じた教育をうける権利が導かれる[5]。

上述のような学説はその後，連邦憲法裁判所の判例上に結実することとなる。すなわち，1968年，連邦憲法裁判所はドイツの教育判例史上初めて子どもの基本権主体性を確認して，こう宣明したのであった（再掲）。

「子どもは基本権の主体（Grundrechtsträger）として，自ら国家の保護を求める権利を有する。子どもは基本法1条1項と2条1項の意味における，固有の人間としての尊厳ならびに固有の人格の自由な発達権をもつ存在なのである[6]」。

このようにドイツにおいては，1960年代末には，子どもの基本権主体性と学校におけるその妥当性が有力な憲法・学校法学説と連邦憲法裁判所によって確認されていたのであるが，この法域においてその後，重要な役割を果たしたのは，つぎに言及する常設文部大臣会議の決議である。

---

(5)　なお以上の他に，未成年者の基本権に関するこの時期の本格的なモノグラフィーとして，下記が挙げられる。

　　G.Kuhn, Grundrechte und Minderjährigkeit-Die Einwirkung der Verfassung auf die Rechtsstellung des jungen Menschen, 1965.

　　U.Fehnemann, Über die Ausübung von Grundrechten durch Minderjährige, In:RdJ (1967), S.281ff.

(6)　BVerfG, Ent. v. 29. 6. 1968, In:RdJB（1994）, S.491.

第Ⅵ部　第2章　学校における生徒の法的地位

第2節　常設文部大臣会議の「学校における生徒の地位」に関する決議（1973年）

　先に触れた連邦憲法裁判所による公法上の特別権力関係論否定判決の翌1973年，常設文部大臣会議は「学校における生徒の地位」と題する決議をした（以下，「決議」）。第Ⅱ部第1章ですでに垣間見たように，この「決議」は学校法制上，長い間，無権利客体として位置づけられてきた生徒を，学校においても基本的人権の主体として認め，生徒に対して知る権利や意見表明の自由など各種の基本的人権保障を確認するなど，1960年代後半から1970年代初頭までのこの法域における学説・判例の成果をおおむね集約したものであった。

　「決議」はまず「学校の任務」は何かを確認したうえで，「学校関係と行政の法律適合性」と題して，原理的に次のように述べている。

　「生徒の学校に対する法的関係は従来，官憲国家に由来する特別権力関係という法概念の下で捉えられてきた。それによれば，学校は生徒に対して広範な"法から自由な領域"（rechtsfreier Raum）を認容されたのであった。

　しかしこのような特別権力関係論は，民主的で社会的な法治国家においてはもはや認められる余地はない。基本法がそれを求めているのである。生徒の学校に対する関係が法律関係（Rechtsverhältnis）である，ということは自明のことである。学校の決定を行政上および裁判上の審査に服させる権利が，生徒に対して保障されなくてはならない」。

　つづいて「決議」は，生徒の義務として「就学義務と授業への出席義務」について言及し，これをうけて学校における生徒の権利と係わって，「個々の生徒の権利」，「生徒代表制の権利」，「生徒の意見表明の自由」，「生徒新聞」の4事項に分節して具体的に述べているのであるが，それぞれの骨子を記すと，つぎのようである[7]。

　（1）個々の生徒の権利

　学校に適用される法原則および学校の目的は，学校が教育活動を行うに際して個々の生徒の利益と権利を尊重し，生徒に対して直接個人として，あるいは選出された代表を通して，学校の生活と活動に参加できるようにすることを要請する。生徒がこの権利を担えるようにすることは学校の任務に属する。

（7）　KMK, Zur Stellung des Schülers in der Schule, Beschl. v. 25. 5. 1973.　KMK-Beschluß-Sammlung-824

第 2 節　常設文部大臣会議の「学校における生徒の地位」に関する決議（1973 年）

　すべての生徒に知る権利（Informationsrecht）と参加権（Mitwirkungsrecht）
が保障される。生徒はこの権利を単独で，あるいは生徒集団の成員として行使
することができる。ただこれらの権利は，学校目的を達成するために制定され
る拘束力ある規程（たとえば，教授要綱など）および他の生徒，親，教員などの
学校関係者の権利によって制約される。

　①　知る権利

　実りある授業を展開するためには，生徒の授業への積極的参加が求められる。
そのためには，たとえば，教材の選択やそのグループ化など，授業計画に関す
る様々な情報を生徒に提供しなくてはならない。情報の提供は生徒の年齢に応
じたものでなければならず，その際，生徒の関心が考慮されなくてはならない。
成績評価の基準や各教員による評価は，問い合わせがあれば，生徒に説明され
なくてならない。

　②　参加権

　生徒はその成熟度，知識の状態および関心に応じて，教材の選択や授業にお
ける重点の設定などに際し，教員との対話や教員に対する提案などを通して参
加できるものとする。生徒からの提案が考慮されない場合，教員はその理由を
生徒に説明しなくてはならない。

　③　異議申し立て権

　すべて生徒は年齢に関係なく，その権利を侵害された場合は「異議を申し立
てる権利」（Bechwerderecht）を有する。学校は，生徒に対して異議を申し立
てる機会を保障しなければならず，生徒の異議申し立てに正当な理由がある場
合は，これに応えなくてはならない。

（2）生徒代表制の権利

　個々の生徒による利益の確保とは別に，生徒の利益は「生徒代表制」（Schü-
lervertretung）によって確保される。生徒を社会において自律的に協働できる
主体に徐々に育成する，という教育思想が，生徒代表制の基礎をなしている。
生徒代表制の役割は，生徒に対して学校における意思決定過程に参加する機会
を創出することにある。

　このための方途として，たとえば，教科会議・学年会議・教員全体会議への
生徒代表の参加，学校規程の草案を準備したり，学校におけるコンフリクトを
調整することを任とする，教員と生徒の合同委員会の設置が挙げられる。この
ような合同委員会の任務と生徒参加の種類の決定に当たっては，生徒の年齢，
関心および客観的な能力が考慮されなくてはならない。

第Ⅵ部　第2章　学校における生徒の法的地位

　生徒の権利は常に教員および親のそれとの関係で，また学校行政の任務との
関係で見定められなくてはならない。生徒，親，教員の協同に係わる規律は，
学校関係者の利益衡量を旨とするものでなければならない。学校の任務遂行を
危うくする場合に，生徒参加の限界が画されることになる。

　（3）生徒の意見表明の自由

　生徒は学校においてもまた「自由な意見表明の基本権」（Grundrecht auf freie
Meinungsäußerung）を保障される。

　学校は委託された教育責務の範囲内で，生徒の自由な意見表明を奨励しなけ
ればならない。なぜなら，自由な意見表明は，知識の獲得とその活用および責
任ある市民への教育のために不可欠であるからである。獲得した知識の活用お
よび自律的な判断への教育は，討論による批判的な議論を要請する。

　同様に，生徒の自由な意見表明は生徒の人格の発達，とくに創造力の発達に
不可欠である。「自由と民主主義への教育」（Erziehung zu Freiheit und Demok-
ratie），「責任ある市民への教育」（Erziehung zum verantwortlichen Bürger），
「寛容への教育」（Erziehung zu Toleranz）は，生徒が自己の意見を自由かつ批
判的に，しかし同時に，他者の尊厳や信念を尊重しながら表明することを学ば
なければ不可能である。

　生徒は徐々に，自制と授業の客観的な正当性や他者の権利から生じる限界を
守ることを学習しなければならない。生徒が意見表明の自由権を適切に行使で
きるようになるまでの成長過程の間は，生徒は寛容を求める特別な権利を有す
る。

　（4）生徒新聞

　生徒新聞（Schülerzeitung）とは「生徒によって生徒のために」（von Schülern
für Schüler）編集・発行される定期的な印刷物をいう。生徒新聞は基本法5条
1項で保障された「自由な意見表明の基本権」を，学校において行使する特別
な可能性を提供するものである。生徒新聞は意見交換，報告と批判を通して学
校生活を豊かにし，すべての関係者に協働を促し，こうして学校に付託された
任務の遂行に貢献する。生徒新聞は様々な価値に対する開放性と多様な見解に
対する寛容を旨としなければならない。

　生徒新聞は学校の責任外に位置する。生徒新聞の編集責任者が単独でプレス
法上，刑法上および不法行為法上の責任を負う。学校は生徒新聞を検閲しては
ならない。未成年の生徒による生徒新聞の編集・発行に当たって，助言をして
もらうために，編集部員は信頼できる教員を「調整・助言教員」（beratender

Lehrer）に選任することができる。調整・助言教員は生徒新聞について共同責任を負うものではない。

　生徒新聞を学校内において販売することが原則として保障されなければならない。ただその内容が，自由で民主的な基本秩序に抵触する場合，または学校の任務の遂行を著しく妨げるような場合には，校長は学校内における生徒新聞の販売を禁止することができる。この場合，校長は当該決定の前に，教員・親・生徒代表から構成される学校の内部機関の見解を聴聞することが望ましい。

第3節　法律関係としての学校関係
── 学校における生徒の権利と義務

　既述したように，1972 年，連邦憲法裁判所は伝統的な公法上の特別権力関係論を全面的に否定する判決を下したのであるが，その後も 1980 年代初頭に至るまで，「法律の留保の原則」は学校教育関係にも当然に推し及ばされなくてはならない，との見解を重ねて表明したのであった[8]。

　つまり，連邦憲法裁判所によれば，学校や教育行政機関の教育上の措置・決定は従来のように「法律から自由な領域」でなされてはならず，とくにそれが生徒（親）の法的地位や権利領域に触れる場合は，当然に法律の根拠を必要とするとされてきているのであるが〈学校関係における「法律の留保の原則」の妥当〉，このことは，学校関係は「法律上秩序づけられた公法上の法律関係」（gesetzlich geordnetes öffentlich-rechtliches Rechtsverhältnis）として構成されなければならないということに他ならない〈法律関係としての学校関係[9]〉。

　ちなみに，この点，H.ヘッケルも既述した通り「生徒が学校においても基本権を享有しているということは，学校関係の法律による規律を，つまりは学校における，ないし学校に対する生徒と親の法的地位についての法律上の規律を求めることになる」と述べており[10]，また J.シュタウペも次のように書いているところである[11]。「学校関係は，そこにおける生徒と親の基本権がもつ

（8）　たとえば，BVerfG, Urt.v. 27.1.1976, BVerfGE 41, 251（259ff）. BVerfG, Urt.v. 22. 6.
　　　1977，BVerfGE45, 400（417ff）.BVerfG, Urt.v.21.12.1977, BVerfGE47, 46（78ff）. BVerfG,
　　　Urt.v.20.10.1981, BVerfGE 58, 257（268ff）., zit. aus H.Heckel/H.Avenarius, Schulrecht-
　　　skunde, 6Aufl.1986, S.296.

（9）　H.Avenarius/H.P.Füssel, Schulrecht, 8Aufl.2010, S.325.

（10）　H.Heckel/H.Avenarius, Schulrechtskunde, 6Aufl.1986, S.295ff.

（11）　J.Staupe, Schulrecht von A－Z, 2001, S.244.

第Ⅵ部　第2章　学校における生徒の法的地位

意味の重要性（Grundrechtsrelevanz）のゆえに，および学校関係が有する一般的な政治的意味のゆえに，十分な法律上の根拠を必要とする」。

　こうして今日においては，学校関係が公法上の法律関係であるということについては学説・判例上自明視されており，また現行法制上もすべての州の学校法がこのことを確認的に明記するところとなっている。たとえば，シュレスビッヒ・ホルシュタイン学校法（1990年）は「学校関係の始期と内容」と題して，こう規定している（31条）。

　1項＝「生徒の公立学校への入学でもって，公法上の学校関係が設定される」。

　2項＝「学校関係にもとづいて，生徒は下記のような権利を有し，義務を負う。……」。

　なおここで学校関係（Schulverhältnis）とは，通説によれば「一方における学校（学校監督庁・校長・教員）と，他方における生徒・親との相互的な権利・義務関係の総体をいう」とされている[12]。

　ところで，ドイツにおいては，上述したような法治主義原理の学校への適用要請にもとづく「学校の法化」動向の中で，また1973年のドイツ教育審議会の「学校の自律性と学校参加の強化」勧告をうけて，各州において学校法制改革が敢行されたこともあって，さらには1981年にドイツ法律家協会の手になる「法治国家における学校―州学校法案」が公にされたこととも相俟って[13]，1970年代前半から1980年代にかけて各州において生徒の権利の法制化が急速に進展し，今日ではすべての州が学校法制上―憲法上の権利や各種の法律上の権利とは別に―，これに関する特別な条項を擁している[14]。各州における法制状況にはさほどの差異は見られないが，範例として，ノルトライン・ウエストファーレン州における生徒の権利法制の概要を記すと，下記のようである。

　すなわち，同州においては，州憲法（1950年）による「子どもの教育請求権」（Anspruch auf Erziehung und Bildung）の保障（8条1項）および学校行政法と学校参加法による生徒の表現の自由や学校参加権などの保障をうけて[15]，

───────────

(12)　E.Stein/R.Monika, Handbuch des Schulrechts, 1992, S.268. J.Staupe, ditto.

(13)　Deutscher Juristentag, Schule im Rechtsstaat, Bd Ⅰ, Entwurf für ein Landesschulgesetz, 1981

(14)　ドイツにおいては，生徒向けの生徒の権利に関する概説書が数多く発行されている。たとえば，K.Nevermann/I.Richter (Hrsg.), Rechte der Lehrer, Rechte der Schüler, Rechte der Eltern, 1977., F.Sembdner, Deine Rechte als Schüler, 1969., H.Weis, Meine Grundrechte, 1995., M.Brenner/B.Töpper, Meine Rechte in der Schule, 1997.など枚挙に暇がない。

552

第3節　法律関係としての学校関係 —— 学校における生徒の権利と義務

一般学校規程（2002 年）が「学校関係の基盤」（Grundlagen des Schulverhält-nisses）というタイトルのもと，「学校関係は憲法上の子どもの教育請求権，学校における子どもの教育に参加する親の権利，および生徒の発達と協同を促進する学校の義務によって規定される」（3条1項），「このような学校関係から，すべての当事者の権利と義務が発生する」と定め（同2項），続いて「生徒はとりわけつぎのような権利を有する」と書いて，以下のような権利を具体的に明記している（同3項）。

　①　授業および学校行事に参加する権利，②授業内容の選択に際して参加する権利，③自己に関する基本的な事柄について知る権利，④自分の成績状況について報告をうける権利，⑤進路の問題で指導・助言をうける権利，⑥学校において自己の見解を自由に表明する権利，⑦生徒新聞を編集・発行する権利，⑧自己の権利が侵害されたと思われる場合，校長に異議申立てをする権利，⑨生徒事項の調整を教員会議に申し出る権利，⑩懲戒措置の発動の前に聴聞される権利，⑪生徒証を保持する権利，⑫学校参加法にもとづく生徒の参加権[16]。

　一方，上記規程は引き続き「生徒の義務」について，「生徒は，学校の任務が遂行され，そして教育目的が達成されるように協力する義務を負う」と書いたうえで，具体的に，生徒はとりわけ下記のような義務を負うと規定するところとなっている（3条4項）。

　すなわち，授業に出席する義務，校長，教員，その他権限を有する職員の命令を順守し，学校の秩序を維持する義務，秩序ある教育活動を妨げたり，他人の権利を侵害するような，いかなる行動もしない義務，学校の施設・設備や物件を丁寧に取り扱う義務，学校保健上の検査をうける義務，がそれである[17]。

---

(15)　同州では 2005 年2月に学校法制改革があり，従前の学校行政法，学校参加法，学校規律法，一般学校規程は廃止され，新たに制定された学校法（Schulgesetz für das Land Nordrhein-Westfalen v. Feb. 2005）に統合された。したがって，現行法制下においても本文の記述は内容的には変わらない。一般学校規程における「生徒の権利と義務」に関する規定が，法構成上よく整序されているので敢えてこれに依った。

(16)　D. Margies/H. Gampe/U. Gelsing/G. Rieger, Allgemeine Schulordnung für Nordrhein-Westfalen, 5Aufl. 2001, S.28～S.29.

(17)　D.Margies/H.Gampe/U.Gelsing/G.Rieger, a.a.O., S.29.

第3章　学校における生徒の政治的基本権と政治活動

第1節　生徒の政治的基本権

　ドイツにおいては，① 1960 年代後半の段階で，有力な学校法学説と連邦憲法裁判所の判例によって，生徒は学校において無権利客体ではなく，「自己の人格を自由に発達させる権利」（基本法2条1項）や「意見表明の自由」（5条1項）など各種の憲法上の基本権を当然に享有しているということ，つまり，基本法の人権条項は学校と生徒にも原則として直接的に適用される，ということが確認されたということ，②そこには，学校教育の領域はその本質上，基本権が格別に重要な意味をもつとの認識があったこと，③いわゆる公法上の特別権力関係論が連邦憲法裁判所 (1972 年) と連邦行政裁判所 (1974 年) によって「死刑判決」を受けたことにより，またドイツ法律家協会が「法治国家における学校－州学校法案」(1981 年) を提示したことなどもあって，ドイツにおいては，1970 年代から 1980 年代前半にかけて法治国家原理の学校への適用＝「学校の法化」が進展し，今日では学校法制上，学校関係は生徒・親と学校・教育行政機関との間の相互的な権利・義務関係として，つまりは「公法上の法律関係」として構成され，位置づけられていること，④「法律関係としての学校関係」から，学校における生徒の各種の権利や義務が発生することになるが，これらについて，その基本は原則として学校法（法律）で明記することを要し，教育行政機関や学校の任意な処理に委ねられてはならないこと，⑤各州における現行の生徒法制・学校法制はおおむね上記の要請を踏まえたものとなっている，ことなどについては既述した。

　こうして，現行法制上，生徒は学校においても憲法上の基本権として[1]，また学校法制上の権利として各種の権利や自由を享有しているのであるが，これらの諸権利や自由のうち，本書のテーマである「生徒の政治活動」と係わっては，人間の尊厳（基本法1条1項），自己の人格を自由に発達させる権利（2条1項），人身の自由（2条2項），法律の前の平等（3条1項），男女平等（3条2項），知る権利（5条1項）などの基礎的権利・包括的権利および信仰の自由・良心の自由・世界観告白の自由（4条1項）を前提としたうえで，なかでも下記の基本権が重要である。意見表明の自由（5条1項），プレスの自由（同前），集会の自由（8条1項），デモンストレーションの自由（同前），結社の自

第1節　生徒の政治的基本権

由（9条1項）および陳情権（17条），がそれである。

　これらの基本権は，生徒の政治活動との関係においては，今日，「生徒の政治的基本権」（politisches Grundrecht des Schülers）と観念され[2]，独自の学校法域を形成するに至っているのであるが，この概念はJ.ベルケマンが1974年に公にした論文「生徒の政治的権利」に由来する[3]。ドイツにおいては，1960年代末から1970年代初頭にかけての学生・生徒による「大学・学校の民主化」要求運動の中で，学校における生徒の政治活動をめぐって，生徒の政治的意見表明の自由，生徒新聞を編集・発行する自由，学校内でビラを配布する自由，政治的な生徒団体を結成する自由，生徒集会を開催する自由，デモンストレーションの自由，さらには生徒による授業ボイコット・ストライキ権などの存否とその限界が学説・判例上に深刻な論議を呼んだ[4]。

---

(1)　ちなみに，C.H.クルツは学校法域においてとくに重要な基本権として，下記を挙げている（C.H.Kurz, Grundrechte in der Schule, 1998, S.162ff.）。人間の尊厳（基本法1条1項），自己の人格を自由に発達させる権利（2条1項），身体の不可侵（2条2項），人身の自由（2条2項），信仰の自由・良心の自由・信仰告白の自由（4条1項），意見表明の自由（5条1項），プレスの自由（同前），集会の自由・デモンストレーションの自由（8条），結社の自由（9条）。

　　また二ーフエスは「学校関係における生徒の基本権の保護」と題して，下記の基本権について言及している（J.Rux/N.Niehues, Schulrecht, 5Aufl., 2013.S.145ff.）。一般的な行動の自由，情報に関する自己決定権，自由な意見表明権，集会の自由，デモンストレーションの自由，結社の自由（生徒によるストライキを含む），信仰の自由・信仰告白の自由。

(2)　さしあたり，D.Margies/H.Gampe/U.Gelsing/G.Rieger, Allgemeine Schulordnung für Nordrhein-Westfalen, 2001, S.349. M.Sachs（Hrsg.）, Grundgesetz-Kommentar, 2007, S.1185.

(3)　J.Berkemann, Die politischen Rechte des Schülers, In:RWS（1974）, S.8ff.

(4)　この時期，上記一連のテーマと関連して数多くの論稿が公にされたが，その代表的なものを掲記すると，つぎのようである。

　　W.Perschel, Demonstrationsrecht und Schulbesuchspflicht, In:RdJB（1968）, S.289ff.

　　H.Hartmann, Schüler rütteln an Tabus-Versuch einer umfassenden Information über die Aktivitäten politischer Schülergruppen in der Bundesrepublik, In:RdJB（1968）, S.295ff.

　　H.Heckel, Schulrechtskunde, 4.Aufl.1969.

　　R.Fischer, Recht auf freie Demonstration auch für Schüler?, In:Wir machen mit（1969）, S.1ff.

　　H.Hartmann, Schülerpresse contra Zensur, In:RdJB（1969）, S.362ff.

　　L.Dietze, Zur rechtlichen Zulässigkeit von Schülerstreiks, In:RdJB（1970）, S.336ff.

　　H.Czymek, Die Schülerzeitschrift, In:RdJB（1971）, S.10ff.

第Ⅵ部　第3章　学校における生徒の政治的基本権と政治活動

　こうした状況下において，ベルケマンは上記論文で生徒の意見表明の自由，プレスの自由＝生徒新聞を編集・発行する自由，デモンストレーションの自由，結社の自由＝政治的な生徒団体を結成する自由および陳情権を一括して「政治的基本権」という概念で捉え，この基本権の内容と限界を，学校の役割や学校教育の目的との関係で具体的に究明しようとしたのであった。その後，1980年代における各州の学校法制改革に大きな影響を与えたドイツ法律家協会編「法治国家における学校—州学校法案」(1981年) が，学校における生徒の意見表明の自由，生徒新聞の編集・発行の自由，生徒団体を結成し活動する自由を「生徒の政治的基本権」と称して法案化し（63条・64条），学校関係におけるこれらの基本権の原則的妥当性を確認したこともあって[5]，以後，この概念は法的概念として定着したという経緯がある。

　以下，いうところの生徒の政治的基本権のうち，その主要なものについて，これに関する現行学校法制と学説・判例状況を見ていくこととしよう。

第2節　生徒の意見表明の自由

1　一般的原則

　基本法5条1項は「何人も言語，文書，図画によって自己の意見を自由に表明し，流布する権利……を有する」と規定して，「意見表明の自由」(Meinungsfreiheit) を保障している。この「自由な意見表明の基本権」(Grundrecht der freien Meinungsäußerung) が学校教育関係にも妥当し，こうして生徒が学校においてもこの権利を享有しているということについては，今日，学説・判例上，異論は見られない[6]。

　ちなみに，判例を一つ引くと，たとえば，ギムナジウムの生徒が教室の黒板に共産党の壁新聞を掲示したために懲戒処分を科されたケースで，カールスルーエ行政裁判所はこう判じている[7]。「基本法5条1項は，当該意見表明が学校の任務の遂行，とくに学校に付託された教育責務の遂行を妨げるものでな

---

(5)　Deutscher Juristentag, Schule im Rechtsstaat, Bd1, Entwurf für ein Landesschulgesetz, 1981, 63条・64条, S.96.

(6)　学説では，さしあたり，E.Stein/R.Monika, Handbuch des Schulrechts, 1992, S.230. H. Avenarius/H.P.Füssel, Schulrecht, 8Aufl.2010, S.478. J.Rux/N.Niehues, a.a.O., S.158. T, Böhm, Grundriß des Schulrechts in Deutschland, 1995 , S.12.など。

(7)　VG Karlsruhe Urt. v. 29. 8. 1978, In:RdJB（1978), S.471.

第2節　生徒の意見表明の自由

い限り，生徒に対してもまた学校において意見表明の自由を保障している」。

現行学校法制も7州の学校法が「生徒の意見表明の自由」を明記しており[8]，たとえば，ノルトライン・ウエストファーレン州学校法（2005年）はこう書いている（45条1項）。「生徒は学校において，自己の見解を言語，文書，図画によって自由に表明する権利を有する。生徒はまた授業においても，その授業と客観的な関係がある範囲内で，自己の意見を自由に表明することができる」。

そしてここで学校法制上格別に重要なのは，生徒に対する「意見表明の自由」保障は学校の役割や学校教育の目的から必然的に要請される，と捉えられているということである。この点について，既に引いたところであるが，常設文部大臣会議の決議「学校における生徒の地位」（1973年）は，大要，以下のように述べている（再掲[9]）。

「生徒は学校においてもまた自由な意見表明の基本権を保障される。

学校は委託された教育責務の範囲内で，生徒の自由な意見表明を奨励しなければならない。なぜなら，自由な意見表明は，知識の獲得とその活用および責任ある市民への教育のために不可欠であるからである。獲得した知識の活用および自律的な判断への教育は，討論による批判的な議論を要請する。

同様に，生徒の自由な意見表明は生徒の人格の発達，とくに創造力の発達に不可欠である。自由と民主主義への教育，責任ある市民への教育，寛容への教育は，生徒が自己の意見を自由かつ批判的に，しかし同時に，他者の尊厳や信念を尊重しながら表明することを学ばなければ不可能である。

生徒は徐々に，自制と授業の客観的な正当性や他者の権利から生じる限界を守ることを学習しなければならない。生徒が意見表明の自由権を適切に行使できるようになるまでの成長過程の間は，生徒は寛容を求める特別な権利を有する」。

また学説では，たとえば，M.フランンケも直截にこう述べる[10]。「学校教育に関していえば，『責任への教育』（Erziehung zur Verantwortung）はただ自

---

(8)　BA州教育制度法56条3項，BE州学校法48条1項，BB州学校法47条1項，HE州学校法126条1項，NW州学校法45条1項，RP州学校規律法4条1項，TH州学校法26条1項がそれである。

(9)　KMK, Zur Stellung des Schülers in der Schule, Beschl. 824. v. 25. 5. 1973.

(10)　M.Franke, Grundrechte des Schülers und Schulverhältnis, 1974, S.47. 同旨，BVerfG, Beschl. v. 13. 5. 1980, In:NJW（1980），S.2069.J.Rux/N.Niehues, a.a.O., S.159. W.Perschel, Die Meinungsfreiheit des Schülers, 1962, S.53.

　　J.Staupe, Schulrecht von A－Z, 2001, S.145.

由な議論が可能な場合にだけなされうる，ということに留意しなくてはならない。自由な思考と自由な意見表明は責任への教育の前提なのである。それゆえ，『精神的な成熟への教育』（Erziehung zur geistigen Mündigkeit）は必然的に生徒の意見表明に耳を傾け，これを奨励し，決して禁止してはならないことを要請する」。

　こうして，学校法学の通説によれば，学校が生徒の自由な意見表明を妨げることは，生徒の人格の発達を阻害することであり，当然のことながら，学校に付託された教育責務に抵触することになる。また学校が世界観や政治に係わる事柄に関して，生徒に対して教化ないし見解の強制を行うことも同様である。

　一方，生徒は間違った不快で思慮に欠ける意見でも，授業の内外で，それを表明する権利を有するとされている[11]。

2　生徒の意見表明の自由に対する制約

　生徒の意見表明の自由は，基本法5条2項が明記しているところであるが，「一般法律の規定，少年保護のための法律の規定および個人の名誉権によって制限される」。ここで「一般法律」（allgemeine Gesetze）とは，意見表明の自由それ自体もしくは特定の意見に向けられたものではなく，意見表明の自由に優位する他の法益の保護に資する法規範をいう[12]。

　そして，この点と係わって重要なのは，現行法制上，すべての州の学校法が擁している「学校に委託された教育責務」（Erziehungs-und Bildungsauftrag der Schule）ないし学校教育の目的や目標に関する規定も，上記にいう一般法律に含まれると解されているということである[13]。

　具体的に，たとえば，ハンブルク州の学校法制に引きつけて言えば，同州学校法は「学校に委託された教育責務」と題して，下記のように規定しているが（2条1項），いうところの「生徒の意見表明の自由」は，こうした規定によっても制約を受けるということである。

　「教育は基本法およびハンブルク州憲法の価値を実現するものである。学校の役割は生徒を下記に向けて，その能力を育成し準備を強化することにある。すなわち，

---

(11)　H.Avenarius/H.P.Füssel, a.a.O., S.478.

(12)　M.Sachs（Hrsg.）, a.a.O., S.319. J.Rux/N.Niehues, a.a.O., S.158.

(13)　H.Avenarius/H.P.Füssel, a.a.O., S.478.

第2節　生徒の意見表明の自由

- 尊重と寛容，正義と連帯および両性の同権の原則にもとづき，他者との関係を構築し，自己と他者に対する責任を引き受けること。
- 民主的な社会の形成に参加し，文化の平和的な共生およびすべての人の平等と生活権を擁護すること。
- 自己の身体的・精神的健康と共に，仲間のそれを維持するように努めること。
- 自然環境の保全に対して，共同責任を引き受けること」。

こうして，たとえば，生徒が学校においてナチスを賛美するようなビラを配布したり，ハーケン・クロイツを着用することは，自由で民主的な基本秩序という基本法の価値とは相容れず，「憲法に敵対的な行為」（verfassungsfeindliche Verhalten）として，意見表明の自由によってはカバーされない。学校は生徒のこうした行動を禁止することができる，というよりは，禁止する義務を負っているということになる[14]。

ところで，学校は所定の目的を達成し教育責任を遂行するために，教育条理上，生徒に対して教育上，一定範囲の規律権を有しているが〈生徒の「学校目的に沿った行動義務」〉，この理を確認して，たとえば，バイエルン州学校制度法は以下のように規定している。「すべて生徒は学校の任務が遂行され，教育目的が達成されるように行動しなければならない。（中略）生徒は学校運営や学校の規律を乱すいかなることもしてはならない」（56条4項）。

そこで現実に，生徒のどのような行為が学校の任務遂行を妨げ，また学校運営や学校の規律を乱すことになるかが問題となるが，これについては，後述するように，各個のケースに即して各種の法益を衡量しながら具体的に見定めていく他ない。ただここで授業中における生徒の意見表明の自由に対する制限についてだけ言及すると，通説・判例によれば，この面では下記のような制約が存し，そしてこれに関しては，担当教員が「教員の教育上の自由」（Pädagogische Freiheit des Lehrers）にもとづいて決定することができると解されている[15]。すなわち，

- 時間に関して―たとえば，教員は授業中における生徒の意見表明を他の時間帯に延期することができる。

---

(14)　M.E.Geis, Meinungsfreiheit und das Verbot rechtsradikaler Äußerungen, In:RdJB（1994），S.227.

(15)　さしあたり，J.Staupe, a.a.O., S.145. T, Böhm, a.a.O., S.13. VG Karlsruhe, Urt. v. 29.8.1978, In:RdJB（1978），S.471.

第Ⅵ部　第3章　学校における生徒の政治的基本権と政治活動

・範囲に関して－教員は授業中における他の生徒の権利を犠牲にしての，長い発言や頻度の高い意見表明を制限することができる。

・テーマに関して－教員は授業で取り扱っているテーマと関係のない生徒の意見表明を禁止できる。

そして実際，上述したところを確認的に明記している学校法も見られている。テューリンゲン州学校法は「自由な意見表明の権利」との見出しで，こう書いている（26条）。

「すべて生徒は学校において，自己の見解を言語，文書，図画によって自由に表明し，流布する権利を有する。ただこの権利は，他者の権利および学校の教育責務遂行の確保によって制約される。とくに授業その他の学校活動においては，意見表明の時間帯・範囲・対象に関して制約をうける」。

3　校外における生徒の意見表明の自由

一方，校外における生徒の意見表明については，教育行政機関ないし学校は原則として，これに介入できないとするのが判例・通説の一致した立場である〈学校教育権の空間的限界[16]〉。それは，生徒の一市民としての基本権＝市民的自由の行使に他ならないからである。ただ例外的に学校の教育活動に直接的な影響を与え，「学校に委託された教育責務」の遂行を妨げるような生徒の意見表明については，これを規制できるとされている。たとえば，「授業ボイコット」（Unterrichtsboykott）を呼びかけるビラを校外で配布するなどの行為が，これに当たるとされる。

関連して，今日の高度情報化社会において，インターネット上での生徒の意見表明の有りようが問題となるが，これに関しては，以下のような判例が見えている。すなわち，生徒がインターネット上で行った当該校の教員に対する評価が名誉棄損に当たらないかが争われた事件で，ケルン高等行政裁判所は次のように判じている。

「インターネットフォーラムでの教員の名前を挙げての評価は，それが匿名で行われた場合は，基本法5条1項にもとづく意見表明の基本権によって保護される。職業関係評価だけでなく人物関係評価も，それが人間の尊厳に対する攻撃を含んでいない場合は認容される[17]」。

---

(16)　さしあたり，H.Avenarius/H.P.Füssel, a.a.O., S.479.

(17)　OLG Köln, Urt. v. 27. 11. 2007, In:SPE 420 Nr.8.

第2節　生徒の意見表明の自由

4　生徒の意見表明の自由に対する規制と「法律の留保の原則」

ところで，生徒の意見表明の自由に対する制限は，「法律の留保の原則」により，学説・判例上，法律に基づかなければならないとされていることに留意を要する。とりわけ，従前のような公法上の学校特別権力関係論に依拠しての，ないし国家の学校監督権（基本法7条1項）の拡大解釈にもとづいての，学校監督庁・学校の包括的支配権による生徒の意見表明の自由に対する制限は，もはや到底認容される余地はないとされているところである[18]。

判例を一つ引いておこう。

ギムナジウム11学年の生徒が，教員や校長の警告にもかかわらず，「ストップ・シュトラウス（当時のバイエルン州首相・筆者）」と記したバッジを着用したまま授業を受けたために懲戒処分（2週間の授業からの排除）を受けた事件で，1980年，レーゲンスブルク行政裁判所は下記のように述べて，当該処分の取り消しを命じている[19]。

「自由な意見表明の基本権はもっとも重要な人権の一つである。それゆえ，学校関係においても，この基本権を制限するためには一般的な法律による根拠が必要であり，教育行政機関が法律による授権なしに，生徒の意見表明の自由を制限することは許されない。授業中に生徒が『ストップ・シュトラウス』のバッジを着用することは憲法にも，現行の法律にも抵触するものではない」。

関連して敷衍すると，バイエルン州憲法裁判所判決〈DÖV（1982），S.692〉も「教育における法治主義」の観点から，1980年代初頭までのバイエルン州における伝統的な「法律から自由な学校行政」（gesetzesfreie Schulverwaltung）運用を厳しく指弾し，そしてこの判決を受けて，下記のような現行（2000年制定）のバイエルン州教育制度法84条3項が創設されたという経緯がある。

「生徒はそれによって学校の平和，秩序ある学校経営，学校の教育責務の遂行，個人の名誉権，寛容への教育を危うくしない場合には，紀章，ブローチ，バッジ，ステッカーその他の標識を着用することができる。疑義のある場合は，校長がこれについて決定する。当事者は学校フォーラム〈Schulforum＝教員・親・生徒代表で構成される学校のフォーマルな組織で，学校における各種の問題について原則として勧告権限をもつが，事柄により，決定権も有する・筆者

---

(18)　J.Staupe, Parlamentsvorbehalt und Delegationsbefugnis.1986, S.375.

　　　H.J.Faller, Die Meinungsfreiheit der Schüler und Studenten, In:RdJB（1985），S.479.

(19)　VG Regensburg, Urt. v. 15. 10. 1980, In:RdJB（1981），S.66.

561

第Ⅵ部　第3章　学校における生徒の政治的基本権と政治活動

注〉における審議を要求することができる」。

　なおノルトライン・ウエストファーレン州学校法45条2項＝「(生徒の」自由な意見表明権は一般法律の規定，少年保護のための法律の規定および個人の名誉権によって制約される。この権利の行使によって学校の教育責務，特に授業や学校行事の実施および他人の権利が侵害されてはならない」も同様の文脈において，2005年に新たに設けられた条項である。

5　生徒の意見表明の自由と政治活動 —— 政治的意見表明の自由

　生徒は学校において，政治的な主張を記したバッジやメダルを着用したり，ビラを配布するなどして，自らの政治的な意見を表明することができるか。肯定の場合は，その限界はどこにあるのか。

　この問題は1980年代初頭に激しく争われたのであるが，今日では，原則として，これを肯定に解するのが学校法学の通説・判例の立場である。通説を今日ドイツの指導的な学校法学者・H.アベナリウスとN.ニーフエスの所説に代表させよう。それぞれこう述べている。

　「今日では生徒が政治的に争いのある問題について，バッジ，メダル，ブローチなどによって自分の立場を表明するのが一般的になっている。このようなシンボルないしスローガンに集約された意見表明も，原則として基本法によって保護される。

　この場合，公務員および教育者として，その政治活動において節度と抑制を求められている教員とは異なり，生徒のそれに対して画される限界は広い。生徒は「若さにあふれる権利」(Recht auf jugendlichen Überschwang) を有しているのであり，そこで彼らは政治的，社会批判的，社会倫理的な見解を攻撃的かつ辛辣に表明することができる。

　もとよりそれは，学校の教育責務の遂行や「学校の平和」(Schulfrieden) を妨げるものであってはならない。単にバッジを着用することは，こうした生徒の意見表明の自由の限界を超えるものではない[20]」。

　「学校における生徒の意見表明の自由に一般的な限界を画する場合，生徒の意見表明が—広義の意味で—政治的な性格をもっているかどうかは関係がない。なぜなら，『民主主義の精神における』生徒の教育は一般的，政治的事項について，しっかりとした意見形成へと導くべきものであり，それは政治的な意見

---

(20)　H.Avenarius/H.P.Füssel, a.a.O., S.480.

第2節　生徒の意見表明の自由

表明を通しての政治的な活動なしには達成されえない。政治的な意見表明は，自己の意見の正当性によって他者を説得するのに資するものであるから，その意見表明が宣伝的な性格をもつものであっても，原則としてこれに対しては異議を唱えることはできない。当該意見表明が党派的な政治目的で行われ，そしてそれによって，中立性を求められている学校の教育責務が損なわれる場合に，許容される限界を超えたということになる[21]」。

　一方，判例もこの法域でかなりの蓄積を見せているが，ティピカルなそれを掲記すると，下記のようである。

①　マンハイム上級行政裁判所判決（1976年）

「生徒は学校においてもまた，政治問題に関する自分の意見を原則として自由に表明し，流布することができる。しかし生徒の政治的意見表明は，それが学校の教育責務の遂行を妨げる場合にあっては，そしてその限りにおいて，基本権としての保護を享有することはできない[22]」。

②　バイエルン州憲法裁判所判決（1981年）

「バイエルン州憲法131条3項が要請している民主主義の精神における教育とは，党派的に中立な教育（parteipolitisch neutrale Erziehung）と解される。立法者は憲法上，一方において政治教育および生徒の政治的な意見表明の自由（Freiheit der politischen Meinungsaüßerung）を可能な限り広範に認容するとともに，他方では生徒の政治活動が学校の党派的中立性，秩序ある学校経営さらには『学校の平和』を深刻に脅かす程度にまで及んだ場合には，そうした行為を学校から排除する義務を負っている。

　学校領域においては，生徒の政治的な意見表明の自由は，親および他の生徒の政治的な影響を拒否する権利と対峙している。立法者はこれらの基本権の衡量によって，憲法上，授業中ないし学校における生徒の特定の政治活動は，部分的にはこれを禁止する義務を負っている[23]」。

③　ミュンヘン行政裁判所判決（1986年）

「学校における政治的な宣伝活動（politische Werbung）の禁止は，自由な意見表明の基本権との緊張で，ただ党派的な宣伝活動の禁止と解される。ここにいう党派には既成政党だけではなく，市民運動やその他の団体も含まれる。

---

(21)　N.Niehues/J.Rux, a.a.O., S.160. Deutscher Juristentag, a.a.O., S.286.

(22)　VGH Mannheim, Beschl. v. 10. 5.1976, In:SPE 420, Nr.2.

(23)　Bay. VerfGH, Urt. v. 27. 5. 1981, In: SPE 420, Nr4.

第Ⅵ部　第3章　学校における生徒の政治的基本権と政治活動

生徒が校庭において事前に校長の許可を得ることなく，おそらく内容的にも許容されるビラを配布しただけで，数日間の『授業からの排除』という秩序罰を科すことは，不相当なものとして認められない[24]」。

④　ハノーバー行政裁判所決定（1991年）

「ニーダーザクセン州学校法67条は校内におけるビラの販売を，学校の教育責務の遂行に深刻な影響を与えるものとして禁止しているが，学校の教育目的と内容的に相容れない生徒の行為や授業ボイコットの呼びかけも，こうした行為に当たる。

しかし授業の中止を目的とするものではなく，単に間接的な結果として，そのような事態を招来するデモへの参加呼びかけのビラの配布は，この要件を充足しない。

授業への参加義務と集会の自由との衝突に際しては，いずれかが優位するのではなく，個々の場合に法益衡量が行われる。法益衡量に際しての重要な観点は，集団的な意見表明の関心事が学校の教育責務に照応しているかどうかである[25]」。

以上，学校における生徒の政治的な意見表明ないし政治活動についての通説および判例の立場を見たのであるが，今日，ドイツにおいては，この問題について学説・判例上，以下の点に関しては，基本的な合意が成立していると言える。

①　生徒に対する「意見表明の自由」保障は，「自由と民主主義への教育」，「自律への教育」，「成熟した責任ある市民への教育」，「精神的な成熟への教育」，「寛容への教育」といった，学校の役割や学校教育の目的から必然的に要請される。この自由は，生徒の人間形成・人格の自由な発達に不可欠であり，学校はこの自由を積極的に奨励しなくてはならない。学校が生徒の自由な意見表明を妨げることは，生徒の人格の発達を阻害することであり，学校に付託された教育責務に抵触する。このことを基本的な前提としたうえで，

②　基本法5条1項が保障する「自由な意見表明の基本権」はもっとも重要な人権の一つであり，生徒は学校においても，当然にこの基本権を享有している〈基本法の人権条項の学校・生徒への直接適用〉。そして生徒のこの基本権には，その保護法益として「政治的な見解を自由に表明する権利」＝「政治的意

---

(24)　VG, München, Urt. v. 27. 10. 1986, In:SPE 420, Nr.5.

(25)　VG Hannover, Beschl., v. 24. 1. 1991, In:SPE 420, Nr6.

見表明の自由」および「政治活動の自由」が含まれている。

③　生徒の「自由な意見表明の基本権」を制限するためには，法律による根拠が必要であり，これに関する規制を教育行政機関ないし学校に包括的に委ねることはできない〈法治国家原理の学校への適用〉。

④　学校における生徒の意見表明の自由に限界を画する場合，その内容が「政治的なもの」か否かは判断基準とはなりえない。政治的な意見表明に対してだけ特別な制約を課すことは許されない。

⑤　生徒は学校内においても，原則として「政治活動の自由」を享有している。しかしそれは，基本法の価値原理・基本秩序や学校の教育目的に照応するものでなければならず，党派的な政治目的をもつものであってはならない。

⑥　学校が校内における生徒の政治活動を禁止ないし制限できるのは，それが学校の教育責務の遂行，秩序ある学校経営ないし「学校の平和」に深刻な影響を与える場合に限られる。

⑦　生徒の政治活動に対して限界を画する場合，生徒は「若さにあふれる権利」を有しているということを考慮する必要がある。

⑧　学校外における生徒の政治的な意見表明や政治活動については，教育行政機関や学校は原則として，これに介入することはできない。ただ例外的に，その影響が直接学校の教育活動に及び，学校の教育責務の遂行を妨げるような行為は，これを規制することができる。

第3節　生徒新聞の編集・発行

1　経　　緯

ドイツにおける生徒新聞の歴史は古く，1850年に発行されたマクデブルクのドームギムナジウムの生徒新聞にまで遡るが[26]，全国的に普及したのは第2次大戦後のことである。とくに1960年代に入って本格的な発展を見せたのであるが，その画期をなしたのは，1964年のヘッセン州の回章〈RdErl. v. 13. 8. 1964〉であった。この回章は「生徒新聞」（Schülerzeitung）と「学校新聞」（Schulzeitung）を概念上明確に区別し，学校や学校監督庁に対する前者の自律

---

(26)　G.Rieger, Schülerpresserecht in Nordrhein-Westfalen, In:RdJB（1982), S.460.

　　なお H.Czymek によれば，Schülerzeitschrift という概念を最初に使用したのは，W. Warstat, Die Schulzeitschrift und ihre Bedeutung für Erziehung, Unterricht und Jugendkunde, 1915. だとされる（ders., Die Schülerzeitschrift, In:RdJB（1971), S.11）

第Ⅵ部 第3章 学校における生徒の政治的基本権と政治活動

性を保障するなど，以後における生徒新聞の基本的な性格を確定させたものであるが，そこでは以下のように述べられていた[27]。

「生徒新聞は学校の影響および責任の下には置かれない」。「生徒新聞に対する検閲を行ってはならない。生徒新聞の編集・発行には，校長ないし学校監督庁の許可は必要でない」。「生徒新聞の内容と形式に対するプレス法上の責任は，編集責任者が単独で負う」。「生徒新聞は学校において販売してもよい。これについて，校長による特別な許可は必要ではない」。

また1968年に出されたシュレスビッヒ・ホルシュタイン州の回章〈RdErl. v. 19. 9. 1968〉も「生徒新聞は生徒によって生徒のために編集・発行され，学校の責任の下には置かれない」ことを確認していた。

そして前記の常設文部大臣会議の決議「学校における生徒の地位」（1973年）において「生徒新聞は基本法5条1項で保障された自由な意見表明の基本権を，学校において行使する特別な可能性を提供するもの」と位置づけられて[28]，その地位を確たるものとし，今日に至っている[29]。

2 生徒の「意見表明の自由」・「プレスの自由」と生徒新聞

「生徒新聞」とは，その内容が"生徒によって，生徒のために"（von Schülern für Schüler）自律的に決定され，生徒自身の固有責任において編集・発行される定期的な印刷物をいう[30]。生徒新聞はその目的，編集者や協力者，読者が学校と密接に関係しているが，しかし学校外の制度であり，したがって，それは各州のプレス法の規律下におかれることになる[31]。

ちなみに，この点，学校の制度として校長の責任において編集・発行され，場合によっては学校監督庁の規制にも服する「学校新聞」とはその性格を大き

---

(27) H.Czymek, a.a.O., S.10

(28) KMK, a.a.O., Beschl. 824. v. 25. 5. 1973.

(29) A.ティーマンによれば，今日，ドイツにおいてはおよそ1000種類の生徒新聞が発行されているという（A.Tiemann, Der Vertrieb von Schülerzeitungen auf dem Schulgelände, In:H.J.Birk/A.Dittmann/M.Erhardt（Hrsg.）, Kulturverwaltungsrecht im Wandel, 1981, S.143）。

(30) H.D.Jarass, Rechtliche Grundlagen der Schülerpresse und der Schulpresse, In:DÖV（1983）, S.609.

(31) ただバイエルン州においては，生徒新聞の編集者は生徒新聞を学校の制度として生徒代表制の範囲内で発行するか，州プレス法の適用を受ける印刷物として発行するか，の選択権を認められている（教育制度法63条1項）。

566

第3節 生徒新聞の編集・発行

く異にしている。両者の区別は，後述するところから知られるように，憲法上重要な意味をもつ[32]。

　生徒は，基本法5条1項が保障する「意見表明の自由」ないしその特別な保障形態である「プレスの自由」（Pressefreiheit）にもとづいて，生徒新聞を編集・発行し，学校において流布する権利を有する。この場合，法的には，生徒新聞それ自体の編集・発行・流布は「プレスの自由」によって保障され，生徒新聞に記載された個々の記事・論稿は「意見表明の自由」の保護のもとに置かれることになる。いうところの生徒新聞は一定の人的範囲だけを対象とするものではあるが，「プレスの自由」よって憲法上保護され，それには情報の収集・創造から，ニュースや意見の自由な流布までが含まれる[33]。

　生徒の「生徒新聞を発行する権利」は現行法制上，各州の学校法で明示的に保障されており，たとえば，ベルリン州学校法（2004年）は次のように規定している（48条1項）。

　「生徒は基本法によって保障された意見表明の自由・プレスの自由の範囲内で，学校においても生徒新聞を編集・発行し，販売する権利を有する。検閲は行われない」。

　なお関連して，バイエルン州教育制度法が「生徒新聞はバイエルン州プレス法6条1項の意味での印刷物ではない」と規定して（63条1項），「プレスの自由」保障の生徒新聞への妥当を排除しているが，上述したところにより，この条項は明らかに憲法違反だということになる[34]。

　このように，生徒は「意見表明の自由」ないし「プレスの自由」にもとづいて，憲法上，「生徒新聞を発行する権利」を享有しており，そしてこの権利はバイエルン州を除くすべての州の学校法で確認的に明記されているのであるが，果たして，その教育上の意義は何処にあるのか。

　この点について，たとえば，前記常設文部大臣会議の決議は，先に触れたように，「生徒新聞は基本法5条1項で保障された自由な意見表明の基本権を，学校において行使する特別な可能性を提供するもの」と位置づけたうえで，こう述べている。「生徒新聞は意見交換，報告と批判を通して学校生活を豊かにし，すべての関係者に協働を促し，こうして学校に付託された任務の遂行に貢

---

(32)　E.Gehrhardt, Schulzeitungen – Schülerzeitungen, In:RdJB（1976），S.222.

(33)　H.Avenarius/H.P.Füssel, a.a.O., S.484. B.Pieroth/U.Schürmann, Rechte und Pflichten des Schülers, In:VR（1981）379. A.Tiemann, a.a.O., S.146.

(34)　E.Stein/R.Monika, a.a.O., S.305.

第Ⅵ部　第3章　学校における生徒の政治的基本権と政治活動

献する[35]」。

　また教員・親・生徒向けの入門的な学校法事典にも，次のような記述が見えている[36]。「意見表明の自由は生徒自身の発達および自由民主主義にとって不可欠な要素であり，学校の目的がその保障を必要とする。ここから，学校は生徒新聞に積極的に対応しなければならない義務が発生する。生徒新聞は生徒の様々な意見のフォーラムとして，学校の価値ある構成要素をなしており，その存在自体が学校目的の実現に資するものである」。

　一方，判例では，連邦憲法裁判所（1992年決定）が「生徒新聞は生徒によって，生徒のために作られるメディアである。それは公の意見形成へ参加するための訓練の場をなす。生徒は自分の意見を述べ，考えを異にする人と議論をすることを学ばなくてはならない。この過程において生徒新聞は重要な役割を果たす」と判じており[37]，さらに現行学校法制も，たとえば，ノルトライン・ウエストファーレン州一般学校規程（2002年）は生徒新聞の役割・性格について，つぎのように書いている（37条2項）。

　「生徒新聞は学校の問題，文化的，学問的，社会的，さらには政治的な諸問題（politische Probleme）についての意見交換と論議に資すべきものである。それは情報誌であるだけでなく，討論のフォーラムである」。

　ここでは，「プレスは自由で民主的な国家の基盤をなす，自由な意見形成に決定的に貢献する。自由な，公権力によって統制されない，検閲に服さないプレスは，自由国家の本質的なメルクマールである。基本法は，公の意見の担い手ないし流布者としてのプレスに制度的な自律性を保障している[38]。」ということを確認しておく必要があろう。

　なお生徒新聞が有する上述のような教育上の意義に対応して，学校はその委託された教育責務により，生徒が「生徒新聞を発行する権利」を現実に行使できるように，その能力を育成し，この面での生徒の活動を促進する義務を負うことになるとされる[39]。

---

(35)　KMK, a.a.O., Beschl. 824. v. 25. 5. 1973.

(36)　L.Dietze/K.Hess/H.G.Noack, Rechtslexikon für Schüler, Lehrer, Eltern, 1975.S.194.

(37)　BVerfG, Beschl. v. 19. 5. 1992, In:SPE 3F 420 Nr7.

(38)　D.Margies/H.Gampe/U.Gelsing/G.Rieger, a.a.O., S.356.

(39)　D.Margies/H.Gampe/U.Gelsing/G.Rieger, a.a.O., S.354.

第3節　生徒新聞の編集・発行

3　生徒新聞に対する学校の規制権と「検閲の禁止」

上述のように，生徒新聞は基本法5条1項が保障する「意見表明の自由」・「プレスの自由」を根拠としているから，これに対する制約は「生徒の意見表明の自由に対する制約」として既述したところと基本的には変わらない。すなわち，生徒新聞は一般法律の規定，少年保護のための法律の規定および個人の名誉権によって制約されるとともに，「学校に付託された教育責務」や学校教育の目的・目標に関する規定によっても制約をうける。

以上を前提としたうえで，問題は，学校（校長）はいうところの生徒新聞について，いかなる範囲において，どのような規制権限を有するかということであるが，これについて学校法学の通説はまず一般的に次のことを確認している[40]。

「学校は生徒新聞の内容を学校と同一化（identifizieren）させてはならない。学校は不適切だと思われる意見表明でも，可能なかぎり，これを受忍しなければならない。生徒はただ意見表明の自由を行使することによってだけ，精神的な成熟に達することができるからである。したがって，生徒新聞に対する規制は生徒による意見表明の自由の行使が過度な不利益をもたらす場合にだけ，そしてその限りにおいてだけ認められる」。

こうして，具体的には，たとえば，ベルリン州学校法も明記しているところであるが，「校長は個々の場合に，生徒新聞の内容が法規に違反し，もしくは学校の平和をかなりの程度に乱し，かつ学校会議がこの事態を調整できない場合には，校内における生徒新聞の販売を禁止することができる」（48条3項）ということになる。

このコンテクストにおいて格別に重要なのは，基本法5条1項が規定する「検閲の禁止」（Zensurverbot）は生徒新聞にも妥当する，とされていることである〈生徒新聞の「検閲からの自由」〉。この検閲の禁止条項は絶対的な保障であり，したがって，各州の学校法を含む一般的な法律によっても制限されてはならないとされる－現実には，たとえば，ノルトライン・ウエストファーレン州学校法45条3項など，学校法で生徒新聞に対する「検閲の禁止」を明記している州が多い－。端的に言えば，「生徒新聞に対する検閲は，精神的な成熟への教育という学校の目的と相容れない」というのが，その理由である[41]。

---

(40)　J.Rux/N.Niehues, a.a.O., S.161～S.162.

(41)　J.Rux/N.Niehues, a.a.O., S.161. J.Staupe, Schulrecht von A－Z, 2001, S.213.

第Ⅵ部　第3章　学校における生徒の政治的基本権と政治活動

　こうして，生徒新聞の発行は校長の許可を必要とせず，また校長は生徒新聞の内容について事前規制的な介入権をもたない，ということが帰結される。

　とすれば，印刷前の生徒新聞に対する校長の介入権を認容している，バイエルン州教育制度法の下記のような規定は，上記「検閲の禁止」に抵触し，当然に違憲だとの誹りをうけることになる[42]。こう書いているのである（63条4項）。「校長は，生徒新聞が校内において配布される場合，印刷される前にそのサンプルの提出を求め，異議を述べることができる。編集者がこの異議を考慮しない場合，校長は学校フォーラムで自分の意見を表明できる。学校フォーラムが両者の合意成立に努めても，それに至らなかった場合，学校フォーラムは校内における生徒新聞の配布を禁止することができる」。

　ただ生徒新聞に対する「検閲の禁止」は，生徒新聞の創刊に際して校長への届け出を義務づけたり，またいわゆる「調整・助言教員」（Beratungslehrer, Verbindungslehrer, Vertrauenslehrer）を設置して，生徒新聞全般に対して教育上の援助・助言をすることまで禁止するものではないとされている[43]。ちなみに，この点，後者について，先に引いた常設文部大臣会議の決議も次のように記しているところである。「生徒新聞の編集・発行に際して，生徒が助言を求めることができるように，編集責任者は調整・助言教員を選任するものとする。ただ教員による助言は，生徒新聞に対する共同責任を根拠づけるものではない[44]」。

　なお，いうところの調整・助言教員の設置については各州の学校法に定めがあるが（たとえば，テューリンゲン州学校法26条2項），コブレンツ高等行政裁判所（1981年判決）によれば，その任務は生徒新聞に含まれた記事の違法性を指摘したり，生徒の自治・固有責任を尊重したうえで，生徒新聞全般に係わっての控え目な指導・助言をすることにあり，決して検閲に当たるような性格を帯びてはならないとされている[45]。

　なお生徒が享有する「プレスの自由」には生徒新聞を配布ないし販売する権利が包含されているから，校長は校内における生徒新聞の配布・販売を許可制にすることはできない。これについて許可制を敷くことは，憲法違反とな

---

(42)　E.Stein/R.Monika, a.a.O., S.305. H.Avenarius/H.P.Füssel, a.a.O., S.485.

(43)　VG Koblenz, Urt. v. 30. 4. 1980, In:RdJB（1980）, S.377ff.

(44)　KMK, a.a.O., Beschl. 824. v. 25. 5. 1973.

(45)　OVG Koblenz Urt. v. 20. 5. 1981, SPE Ⅱ EX 1. 同旨：W.Perschel, Die Meinungsfreiheit des Schülers, 1962, S.72.

る[46]。ただ，たとえば，法規に違反したり，学校の任務遂行を著しく妨げるなど，「プレスの自由」の限界を明らかに超えていると見られる生徒新聞については，校長は校内におけるその配布・販売を禁止することができると解されている〈生徒新聞発行後の校長の規制権〉。現行学校法制もこの点を確認して，たとえば，ザクセン州学校法（2004年）は次のように規定している。「校内において生徒新聞を販売してもよい。ただ校長は，学校の教育責務が要請する場合には，調整・助言教員と協議のうえ，校内におけるその販売を制限ないし禁止することができる」（56条2項）。

　なお校長が校内における生徒新聞の配布・販売を禁止しようとする場合，校長は「それによって保護される法益とプレスの自由の衡量に当たり，プレスの自由は民主主義にとって特別な意味をもつ基本権であることを考慮し，併せて『相当性の原則』（Grundsatz der Verhältnismäßigkeit）を踏まえなくてはならない」とされる[47]。後者の原則からの要請により，校長がこのような決定をなしうるのは，比較的寛大な措置（次版での修正や短期販売禁止の警告など）によっては効果が期待できない場合，ないしは違法性の強い内容（授業ボイコットの呼びかけなど）が含まれている場合に限られることになる。

　関連して，校長は生徒新聞における編集責任者の違法行為に対しては，秩序措置（懲戒処分）を科すことができることになっている。

4　生徒新聞と政治的テーマ

　ところで，生徒は生徒新聞で政治的なテーマを取り上げてもよいのか。

　学校法学の支配的見解によれば，「学校は政治的なテーマをタブー視しなければならない場所ではない」との基本的な認識に立って，「生徒は生徒新聞で現実の政治テーマを取り上げ，憲法に敵対的な意見表明（verfassungsfeindliche Meinungsäußerung）はともかく，これについて一面的で辛辣な見解を表明しても構わない」とされており，また政治テーマについて風刺や皮肉といった芸術的手法を用いることも，「芸術の自由」（Kunstfreiheit・基本法5条3項）によって保障される[48]，と解されていることは重要である。

　ちなみに，この点，ノルトライン・ウエストファーレン州一般学校規程の権

---

(46)　J.Rux/N.Niehues, a.a.O., S.162. H.Avenarius/H.P.Füssel, a.a.O., S.485.

(47)　E.Stein/R.Monika, a.a.O., S.305. J.Staupe, a.a.O., S.213.

(48)　J.Berkemann, a.a.O., S.14. H.Avenarius/H.P.Füssel, a.a.O., S.485.

第Ⅵ部　第3章　学校における生徒の政治的基本権と政治活動

威あるコンメンタールも，次のように述べているところである[49]。「生徒は学校関係においても自由な意見表明の権利を有する。生徒は学校において，その意見を－政治的な問題についてもまた－言語，文書，図画で自由に表明し，流布する権利を有する」。

すでに言及したように，学校の役割・学校教育の目的が，端的に言えば，「民主主義への教育」，「自律的で成熟した責任ある市民・主権主体への教育」にあるとすれば，このことは蓋し自明であろう。

5　生徒新聞に対する規制と「法律の留保の原則」

これまで述べてきたところからも知られるように，生徒の「意見表明の自由」・「プレスの自由」という憲法上の基本権に対する制約，したがってまた，生徒新聞に対する規制については当然に「法律の留保の原則」が妥当する。こうして，生徒新聞に対する規制は法律にもとづいてのみ，また法律によってのみ可能とされ，これに関する規律を教育行政機関や学校に一般的かつ包括的に授権することはできない，とするのが学校法学の支配的な見解である[50]。

6　生徒新聞への州プレス法の適用

既述したように，バイエルン州を例外として，生徒新聞には各州のプレス法が適用されるが，その法的効果として重要なのはつぎの2点である。①生徒新聞に記載の事実関係については，当事者に反論権が保障されなくてはならない，②行政機関は生徒新聞の編集責任者に対して必要な情報を提供しなければならない，がそれである。

なお生徒新聞に係わる法律行為上の責任は編集責任者が単独で負うこととされており，編集責任者が未成年の場合は，未成年者の法律行為に関する民法の一般原則（民法106条以下）が適用される[51]。

第4節　校内におけるビラの配布

校内におけるビラその他の印刷物の配布や電子メディアでの意見表明についても，生徒新聞について上述した原則が基本的には妥当する[52]。現行学校法

---

(49)　D.Margies/H.Gampe/U.Gelsing/G.Rieger, a.a.O., S.350。
(50)　さしあたり，J.Staupe, Parlamentsvorbehalt und Delegationsbefugnis, 1986, S.377.
　　　D.Margies/H.Gampe/U.Gelsing/G.Rieger, a.a.O., S.350.
(51)　H.Avenarius/H.P.Füssel, a.a.O., S.486.

572

制もこの点を確認して，たとえば，ノルトライン・ウエストファーレン州一般学校規程はこう規定している（37条6項）。「生徒新聞とは別に，現実的な契機から，一つないし複数の学校の生徒によって，生徒のために編集されたビラその他の印刷物についても，（生徒新聞に関する・筆者）上記の条項が適用される。ただ校内における配布の前に，校長にサンプル1部を届けなくてはならない」。

ただ校内におけるビラの配布については，生徒新聞に場合とは異なり，校長は許可制を採ることができるとされている。そしてこの場合の許可制は基本法が禁止する検閲には当たらない，とするのが通説である[53]。ビラの作成責任者は当該校の生徒でない場合や匿名の場合も多く，当該校の生徒だけに保障されたプレスの自由が学校外の人物によって濫用され，学校の教育責務の遂行が妨げられるのを防止するためだと説明される。

それでは，具体的に，どのようなケースが学校の教育責務の遂行を阻害することになるかであるが，授業時間中に行われる反戦デモへの参加を呼びかけるビラの，校内での配布を許可するように生徒が校長に求めたところ，校長がこれを拒否がした事件で，ハノーバー行政裁判所（1991年決定）は下記のように判じて，校長による決定は違法だとしている[54]。

「ニーダーザクセン州学校法67条によれば，内容が学校の教育目的と衝突する，もしくは授業のボイコットを呼びかけるビラは，学校の教育責務の遂行を深刻に危うくするものとして，校内におけるその配布は禁止されている。

しかし授業の中止（Unterrichtsausfall）を目的とするのではなく，ただ間接的な結果として，そのような事態を伴うデモへの参加呼びかけは，上記の要件を充足しない」。

第5節　生徒のデモンストレーションの権利

基本法8条1項は「すべてドイツ人は，届出または許可なしに，平穏かつ武器を持たないで集会する権利を有する。」と規定して，「集会の自由」（Versammlungsfreiheit），したがってまた「デモンストレーションの権利」（Demonstrationsrecht）を憲法上の基本権として保障している[55]。果たして，生徒はこ

---

(52)　J.Rux/N.Niehues, a.a.O., S.163. G.Rieger, Schülerpresserecht in Nordrhein-Westfalen, In:RdJB（1982），S.464ff. J.Schaller, Anm. Zu VG Hannover, Beschl. v. 24. 1.1991, In:RdJB（1991），S.229.
(53)　さしあたり，H.Avenarius/H.P.Füssel, a.a.O., S.487.
(54)　VG Hannover, Beschl. v. 24. 1.1991, In:SPE, Dritte Folge, 420Nr.6.

第Ⅵ部　第3章　学校における生徒の政治的基本権と政治活動

の条項に依拠して自らデモを組織したり〈生徒によるデモ＝Schülerdemonstration〉，公に行われるデモ（öffentliche Demonstration）に参加する権利を有しているのか。

　この問題について，学説・判例は通常，授業時間（学校）の内外に区別してアプローチしている。

　すなわち，当該デモが授業時間外に，しかも校外で行われる場合は，上記憲法条項が保障する「デモンストレーションの権利」の行使として，それは当然に憲法による保護のもとにおかれる。この場合は，生徒は憲法上の権利として，政治集会やデモに参加する権利を有しているということであり，学校は原則として生徒のこの権利を規制することはできない。授業時間外における政治集会やデモへの参加について，学校への届け出や学校の許可は必要ではなく，参加したことを理由に，学校は生徒に秩序措置（Ordnungsmaßnahme・従前は学校罰〈Schulstrafe〉と称した）を科したり，不利益な取り扱いをしてはならない。

　デモが暴力行為や可罰行為を伴うに至った場合は，他の参加者と同じく，生徒も一般法上の規律（たとえば，民法・刑法の適用による民事・刑事上の責任の発生）に服することになるが，この場合，原則として学校秩序法に固有な構成要件に該当することはない。したがって，学校は原則として当該行為を理由に生徒に対して秩序措置を講じることはできず，教育上の措置によってこれに対応することになる。

　以上については，学説・判例上，一般的な合意が成立している状況にある[56]。

　問題は，授業時間中に行われるデモへの参加の法的評価であるが，これについて先に触れた常設文部大臣会議の決議（1973年）はこう述べている[57]。「デモへの参加は授業の欠席ないし授業に対するその他の侵害を正当化するものではない。デモをする権利は授業時間外においてだけ行使されうるものである」。つまり，常設文部大臣会議の見解によれば，授業時間中におけるデモへの参加

――――――――――

(55)　ドイツにおいては学説・判例上，基本法8条1項が保障する「集会の自由」の保護法益に「デモンストレーションの自由」（Demonstrationsfreiheit）が含まれていることは自明視されている（さしあたり，K.Stern/F.Becker, Grundrechte-Kommentar, 2010, S.797.）。

(56)　J.Staupe, Schulrecht von A－Z, 2001, S.55. J.Rux/N.Niehues, a.a.O.S., 164.
　　　W.Perschel, Demonstrationsrecht und Schulbesuchspflicht, RdJB（1968), S.289.
　　　M.Franke, a.a.O., S.51.

(57)　KMK, a.a.O., Beschl. 824. v. 25. 5. 1973.

574

第5節 生徒のデモンストレーションの権利

は無条件に認められない。

しかし学校法学の支配的見解はこうした見方を排し，これについては，一方における国家の教育主権（基本法7条1項）にもとづく「生徒の就学義務ないし授業に出席する義務」と，他方における「生徒のデモの自由」（基本法8条1項）という生徒に係わる憲法上の基本的義務と基本的権利を，各個の場合に法益衡量をして，個別・具体的に決していくというアプローチを採っている。そしてこの場合，学校の役割や学校教育の目的と係わって，「学校が生徒を『成熟した市民』（mündige Staatsbürger）に教育しようとするのであれば，学校は生徒に対して適当な範囲内で政治活動も認めなくてはならない」という，学校条理法上の基本的テーゼを踏まえなくてはならないとされる[58]。

このような立場からは，現行法制上，すべての州の学校法が，たとえば，礼拝への出席など「重要な理由」にもとづく「短時間の授業欠席」（kurzfristige Beurlaubung vom Unterricht）を認めているが，デモへの参加も原則としてここにいう「重要な理由」に該当すると解されることになる。

ただこの場合，その認定に際して，デモの性格や目的が考慮の対象となるか否かについては学説上，争いがある。これについて「社会において本質的に関心のある問題，とくに教育政策上の意見の対立が問題になっている場合，その度合いが強ければ強いほど，秩序ある学校経営の維持に関する国家の利益は後退しなければならない」とする有力な見解がある[59]。デモの目的・対象が社会的・政治的に重要な事柄，とくに教育問題である場合には，授業時間中であっても生徒のデモへの参加に違法性はなく，それどころか，この場合，生徒はデモに参加するために「授業を欠席する権利」（Rechtsanspruch auf Beurlaubung vom Unterricht）を有するとされる〈生徒の「デモの自由」の「授業への出席義務」に対する優位[60]〉。

これに対して，生徒からの授業欠席の申請を認めるかどうかの決定に際して，学校はデモの目的や性格は考慮してならないとする見解がある。学校がデモの目的や性格を考慮することは，取りも直さず，学校が特定の政治的見解や立場を支持ないし斥けることに他ならず，このことは「学校の政治的中立性」の憲

---

(58) H.Avenarius/H.P.Füssel, a.a.O., S.482.同旨：VG Hannover Beschl. v. 24. 1. 1991, In: RdJB（1991），S.227. J.Berkemann, a.a.O., S.15.

(59) E.Stein/R.Monika, a.a.O., 1992, S.259.

(60) J.Staupe, Schulrecht von A–Z, S.56. H.Avenarius/H.P.Füssel, a.a.O., S.482. M.Franke, a. a.O., S.51. W.Perschel, a.a.O., S.289.

第Ⅵ部　第3章　学校における生徒の政治的基本権と政治活動

法上の原則に違背することになるからだとされる[61]。デモのテーマの如何による授業欠席の申請に係わる決定は，学校（教育行政機関）による検閲措置に他ならないというのである。

ただこの立場にあっても，明らかに「憲法に敵対的な目的」（verfassungsfeindliche Ziele）を掲げるデモについては，そのことを理由に学校は授業欠席の申請を却下できるとされる。

なお生徒からの授業欠席の申請を認めるかどうかに当たって，学校は授業の具体的な状況（たとえば，当日の授業計画など），クラス全体の成績の状態，とくにデモ参加予定者のそれ，参加生徒数，デモ参加予定者のこれまでの欠席回数など，諸般の事情を考慮することができるとされている[62]。

参考までに，この点と係わって，午後に実施することが可能であったにも拘わらず，午前の授業時間中に行われた親・教員・州生徒代表制共同主催のデモについては，生徒はこれに参加するための授業の欠席要求権はもたない，とした判例が見られている[63]。

第6節　生徒による政治的な団体の結成

1　「結社の自由」と生徒団体

学校法学の支配的見解によれば，基本法9条1項＝「すべてのドイツ人は，団体および組合を結成する権利を有する」により，生徒は学校においても当然に「結社の自由」（Vereinigungsfreiheit）を享有しており，そしてこの自由にもとづいて各種の生徒団体を結成し，活動することができると解されている。

生徒のこの権利は現行学校法制によっても確認されており，たとえば，ノルトライン・ウエストファーレン州学校法は「生徒団体」（Schülergruppe）と題して，つぎのように規定している（45条4項）。

「生徒は学校において，生徒団体を結成することができる。校長は，学校に委託された教育責務の遂行を確保するうえで必要な場合には，この権利を制限することができる。

学校会議は生徒団体の活動と学校施設の利用に関する原則を定めるものとす

---

(61)　T, Böhm, a.a.O., S.15.

(62)　H. Avenarius/H. P. Füssel, a. a. O., S. 482. T. Böhm, Beurlaubung von Schülern zu Demonstrationszwecken, In:PädF（1998), S.247.

(63)　VG Berlin, In:SchulR（1998), S.122, zit.aus H.Avenarius/H.P.Füssel, a.a.O., S.482.

576

る。生徒団体には，教室その他の学校施設が無償で貸与される」。

またブランデンブルク州学校法にもこうある。「生徒は学校において，生徒団体を結成し活動することができる。学校は，生徒団体の活動が包括的な陶冶に対してもつその意味に鑑み，これを支援するものとする。……ただ学校に委託された教育責務の遂行を確保するために必要がある場合には，校長は，この権利を制限することができる」(49条)。

上記2州の他に，ベルリン，ブレーメン，ハンブルク，ヘッセン，メクレンブルク・フォアポンメルン，ニーダーザクセン，ラインラント・プファルツ，シュレスビッヒ・ホルシュタイン，それにテューリンゲンの9州でも学校法制上，概ね類似の定めがなされている[64]。

こうして，上記諸州においては，生徒は権利として学校において専門的，文化的，宗教的，スポーツ関係などの各種の団体やサークルを結成することができ，学校は，そのもつ教育的意義に鑑み，これを支援する義務を負うこととされている〈生徒の生徒団体を結成する権利と学校の支援義務〉。

2　学校における政治的生徒団体の結成

問題は，ここにいう生徒団体に「政治的な生徒団体」(politische Schüler-gruppe) が含まれるかどうかである。この問題は1960年代後半以降，1970年代前半にかけて学説・判例上に深刻な論議を呼んだテーマであるが，今日においては，学説はほぼ一致してこれを肯定に解している[65]。今日における学校法学の通説的見解をE.シュタインに代表させよう。こう述べている[66]。

---

(64)　この点に関する各州の現行学校法規定は，そのほとんどが1981年にドイツ法律家協会が提示した学校法案64条に依拠しており，したがって，法文もきわめて類似している。ちなみに，同学校法案はつぎのようであった (Deutscher Juristentag, a.a.O., S.96)。
　　◎64条（生徒団体）
　　1項＝「生徒は学校において，生徒団体を結成し活動する権利を有する。ただ校長は，学校に付託された教育責務の遂行を確保するために必要な場合には，学校内における生徒の活動を制限ないし禁止することができる」。
　　2項＝「生徒団体に対しては，それによって学校教育運営が妨げられない限り，教室その他の学校施設の利用が認められなくてならない」。
　　3項＝「学校会議は生徒団体の活動と教室その他の学校施設の利用に関する原則を定めるものとする」。
(65)　H.Avenarius/H.P.Füssel, a.a.O., S.483. J.Staupe, Schulrecht von A–Z, S.211. T, Böhm, Grundriß des Schulrechts, S.19. J.Rux/N.Niehues, a.a.O., S.165.
(66)　E.Stein/R.Monika, a.a.O., S.259.

第Ⅵ部　第3章　学校における生徒の政治的基本権と政治活動

　「学校領域においてもまた，一般の市民に妥当する限界の範囲内で，生徒は意見表明の自由（基本法5条1項1文），プレスの自由（基本法5条1項2文），集会の自由（基本法8条1項）および結社の自由（基本法9条1項）を享有している。生徒によるこれらの基本権の行使の限界は，……国家の教育主権（基本法7条1項）から生じる。それによって学校の教育運営が強度に阻害される場合はともかく，学校における生徒の政治活動を一般的に禁止（generelles Verbot politischer Betätigung）することは憲法上許されない。

　政治的な生徒団体の結成は一般的に容認される。校長による許可は必要ではない。基本法9条1項により憲法上保障された結社の自由は……学校において政治的な生徒団体を結成し活動することを，一般的に禁止することを許容しない。個々の生徒の政治活動について妥当するのと同じ制約が，生徒団体の政治的な活動にも妥当する。したがって，生徒団体の政治活動によって学校の教育運営が著しく妨げられ，しかもこの妨害が他の手段によっては効果的に対応できない場合に限り，個別のケースに即して，生徒団体の政治活動を禁止することは認められよう」。

　また各州の学校法においても，たとえば，ハンブルク州学校組織構造法（1973年）やニーダーザクセン州学校法（1974年）がその例であるが，1970年代前半の学校法制改革によって，生徒のこの権利を保障する立法が見られ始め[67]，こうして現行法制下においては，これらの2州を含め，ドイツ16州のうち上記11州の学校法が同様の保障条項を擁するところとなっている。

　ちなみに，これに関する規定例を引くと，たとえば，シュレスビッヒ・ホルシュタイン州学校法（1990年）は学校における各種の生徒団体やグループを同列に見て，こう書いている（117条1項）。

　「生徒は，校長に文書ないし電子機器によって，当該団体の目的と責任者を届け出，かつその団体の目的と学校における活動が法秩序に違反しない限り，学校において専門的，スポーツ関係，文化的，宗教的ないしは政治的な目的（politische Ziele）をもつ団体を結成することができる。団体の責任者は満14歳以上でなければならない」。

---

(67)　1970年代前半にかなり大幅な学校法制改革を敢行したのは，HH，BA，SL，NS，
　　BEおよびRPの5州である。このうちBA州は「一面的な政治的ないしは世界観的目的」
　　（einseitige politische oder weltanschauliche Ziele）を追求する生徒団体の結成を禁止して
　　いる（BA州一般学校規程58条3項）。なお1970年代前半の学校法制改革について，詳
　　しくは参照：K.Nevermann, Reform der Schulverfassung, In:RdJB（1975），S.207ff.

578

第6節　生徒による政治的な団体の結成

　しかし一方で，ザクセン州とザクセン・アンハルト州ではこれに関する法的規律は存在しておらず，またバーデン・ビュルテンベルク州とザールラント州の２州においては，学校法制上，学校における政治的な生徒団体の結成とその活動は禁止されるところとなっている〈ザールラント州学校規律法33条2項13号＝学校監督庁が法規命令で定める学校規程で禁止することを授権，バーデン・ビュルテンベルク州生徒の共同責任に関する規程2条1項〉。

　けれども，これら2州の禁止規定は基本法9条1項の「結社の自由」保障とは相容れず，違憲だとするのが，学校法学の支配的見解である[68]。したがって，規範統制（Normenkontrolle）訴訟が提起されるようなことがあれば，憲法裁判所によって同様の判断が示され，当該規定は無効となる可能性が強いと言える。

　関連して，ザールラント州では学校規律法が「生徒代表制は政治的な委任（politisches Mandat）を有さない。生徒代表制内部での政治的な生徒団体の結成は認められない」（34条1項）と規定して，生徒代表制の一環としての政治的生徒団体の結成を禁止しているが，これには憲法上の疑義は生じないとされる。いうところの生徒代表制はすべての生徒の強制加入組織であるから，政治問題については中立性を保持しなければならない，というのがその理由である〈生徒代表制の政治的中立性の原則〉。

　またバイエルン州では，学校内における生徒の政治活動のうち，政治的な宣伝活動だけに限って禁止しているが（教育制度法84条2項＝「学校の教育活動での，ないし校内における政治的宣伝活動は認められない」。），ミュンヘン上級行政裁判所によれば，それは「党派的な宣伝活動の禁止」（Verbot parteipolitischer Werbung）を意味すると解されている[69]。

　また州によっては，政治的な団体を結成できる生徒の年齢を満14歳以上と明記している規定例も見られている。たとえば，ニーダーザクセン州学校法（1998年）には「メンバーが満14歳以上の生徒団体は，学校において，特定の政治的，宗教的ないし世界観的な方向性を打ち出すことができる」（86条2項）とある。この条項は，ドイツにおいては1921年の「子どもの宗教教育に関する法律」〈Gesetz über die religiöse Kindererziehung v. 15. Juli 1921〉以来，満

---

(68)　さしあたり，H.Avenarius/H.P.Füssel, a.a.O., S.483. E.Stein/R.Monika, a.a.O., S.259. J. Staupe, Schulrecht von A-Z , S.211. T. Böhm, Grundriß des Schulrechts, S.19. J.Rux/N. Niehues, a.a.O., S.165.

(69)　VGH München Beschl. v. 15. 4. 1994, In:NVwZ（1994）, S.922.

第Ⅵ部　第3章　学校における生徒の政治的基本権と政治活動

14歳をもって「宗教上の成熟」（Religionsmündigkeit）年齢とされているのとパラレルに，いうなれば生徒の「政治上の成熟」年齢を満14歳と画している点で注目に値する。

　ところで，上述したように，生徒は憲法上の権利として学校において政治的な生徒団体を結成し，活動する権利を有しているのであるから，これを学校の許可制とすることは憲法上認められない[70]。先に引いたシュレスビッヒ・ホルシュタイン州学校法も明記しているところであるが，学校への届け出を義務づけることは学校の管理運営権の一環として当然に認容される。

　学校は授業時間外であれば原則として，各種の生徒団体の活動のために，教室その他の学校施設を無償で貸与するなどの便宜を図るものとされているが（たとえば，上記ノルトライン・ウエストファーレン州学校法45条4項），その際，政治的な生徒団体を他の団体より不利にも，また有利にも取り扱ってはならないとされる。このことは基本法3条1項が定める「平等原則」（Gleichheitssatz）からの当然の要請である[71]。

　もとより学校は，委託された教育責務の遂行を確保するうえで必要な場合には，上記のような生徒の権利を制限することができる。生徒の政治活動は秩序ある学校教育運営を妨げたり，「学校の平和」を脅かすものであってはならない，との基本的な前提がある。この場合の判断は学校の羈束裁量に属するとされ，したがって，これに係わる学校の決定は当然に司法審査の対象となる〈行政裁判上取り消しうべき行政行為〉。

第7節　生徒によるストライキ・授業ボイコット

　いわゆる「生徒のストライキ」（sog. Schülerstreik）ないし「授業ボイコット」（Unterrichtsboykott）は学校法学上，どのような評価を受けることになるのか。

　旧西ドイツにおいては，1960年代後半から1970年代を通して生徒によるストライキが多発し，大きな社会問題となった。これらのストは，たとえば，学校統廃合，学校の改築要求拒否，教員不足，評判のよい教員の配転人事，いわゆる問題教員の配転要求拒否，校長の職務遂行の現実，生徒の学校参加要求な

---

(70)　H.Avenarius/H.P.Füssel, a.a.O., S.483. J.Rux/N.Niehues, a.a.O., S.165. M.Franke, a.a.O., S.52.

(71)　C.H.Kurz, a.a.O., S.187. T, Böhm, a.a.O., S.15. J.Staupe, a.a.O., S.211. H.Avenarius/H.P. Füssel, a.a.O., S.483.

第7節　生徒によるストライキ・授業ボイコット

どに対する教育行政機関や学校の対応に抗議してのことであった[72]。

このような生徒の抗議ストに対して，学校（学校監督庁）は退学処分を含む懲戒処分でもって厳しく対応した。ちなみに，1972年に制定されたラインラント・プファルツ州の公立ギムナジウム学校規程は，下記のように定めていたのであった[73]。

「組織的な授業ボイコットを呼びかけ，それを推進ないし支援した生徒，または授業に出席するようにとの督促に応じなかった生徒は，退学処分に処すことができる」。

このような状況下にあって，学説においては，もとより条件付きではあるが，基本法9条3項の労働者のストライキ権保障条項を根拠に，生徒のストライキを容認する見解が多数説を占めた。たとえば，L.ディェツェは「生徒のストライキの法的許容性について」という論文で，こう述べている[74]。「文化政策上の貧困によって生徒の教育をうける権利が継続的に著しく侵害され，しかもこれに対する必要な教育行政上の措置が講じられない場合は，例外的に，いわゆる生徒のストライキは認められる」。

またJ.ベルケマンも1974年に著した論文「生徒の政治的権利」で生徒のストライキ権に言及し，つぎのように書いている[75]。

「生徒のストライキは政治的なデモの特別な表出（besonderer Ausdruck politischer Demonstration）である。それは労働争議と同じく，潜在的な紛争状態を一方的に先鋭化させることによって，もはや容認できない状況を政治的に解決するための手段である。……学校の組織構造に関する新たな改革モデルにおいて，平時維持の義務（Friedenspflicht）の意味での生徒のストライキ権が規定されていることは看過できない」。

敷衍して書くと，上記でベルケマンが引いている「新たな改革モデル」とは，マインツ大学の研究グループが1969年に公表した「上級学校の民主的な学校

---

(72)　H.Ihlenfeld, Pflicht und Recht zum Besuch öffentlicher Schulen nach deutschem Bundes-und Landesrecht, 1971.S.179.

(73)　zit. aus L.Dietze/K.Hess/H.G.Noack, Rechtslexikon für Schüler, Lehrer, Eltern, 1975, S.231.

(74)　L.Dietze, Zur rechtlichen Zulässigkeit von Schülerstreiks, In:RdJB（1970）, S.341.

(75)　J.Berkemann, a.a.O., S.16.
　　同旨の学説としてさらに以下が挙げられる。W.Perschel, Demonstrationsrecht und Schulbesuchspflicht, RdJB（1968）, S.289ff. H.Ihlenfeld, a.a.O., S.177ff. G.Stuby, Zulässigkeit von Schülerstreiks, 1972.

581

第Ⅵ部　第3章　学校における生徒の政治的基本権と政治活動

の組織構造モデル」のことである(76)。同モデルは「生徒の法的地位」の章で
教育の機会均等，教材教具の無償性，生徒の共同決定，結社の自由，生徒代表
制などについて規定したうえで，「ストライキ権」(Streikrecht) と題してこう
書いていた（17条）。

「1項―「（中等学校の）上級段階の生徒はストライキをすることができる。
　　　ストを権を確立するためには，80％以上の生徒が出席し，少なくとも
　　　過半数の生徒の賛成が必要である。

　2項―「スト権確立投票およびストライキは，当該校の生徒代表制もしく
　　　は州の生徒代表制によって行われる」。

ところで，すでに言及したように，常設文部大臣会議は1973年に「学校に
おける生徒の地位」と銘打った決議をしているのであるが，そこにおいて生徒
によるストの問題も取り上げ，下記のように述べている。

「基本法9条3項は労働協約締結能力を有する当事者間の労働争議に関する
条項であって，学校関係には適用されない。労働者のストライキ権は労働・経
済条件を自由に協議し，労働協約を締結できるとする，労働協約の自律性
(Tarifautonomie) にもとづいている。学校関係はこれに匹敵するものではない。

生徒によるストライキは単に組織化された授業の無断欠席に他ならない。生
徒は，授業およびその他の義務的な学校活動に規則的に参加する義務を負って
いる。集団的にもまたこの義務に違反してはならない。それゆえ，授業にスト
をかける権利 (Recht, den Unterricht zu bestreiken) は存在しない」。

今日における学校法学の支配的見解は，基本的には上記常設文部大臣会議の
決議を踏まえたものとなっている(77)。それを端的に概括すれば，下記のように
になろう。

① 罵言，授業妨害，授業ボイコットの呼びかけなど学校に対する直接行動
の性格をもつ意見表明は，「意見表明の自由」（基本法5条1項）によっては保
護されない。この基本権の保護法益には議論によらない圧力手段は含まれない。

---

(76) Studium generale der Universität Mainz, Arbeitsgruppe Schulverfassung: Modell
einer demokratischen Schulverfassung für die weiterführenden Schulen (1969), In: A.
Kell, Schulverfassung-Thesen, Konzeptionen, Entwürfe, 1973.S.131ff.

(77) F.Hennecke, Ordnungsrecht und Schülerstreik, in: K.Nevermann/I.Richter（Hrsg.),
Rechte der Lehrer, Rechte der Schüler, Rechte der Eltern, 1977, S.127.H.Avenarius/H.P.
Füssel, a.a.O., S.480ff. J.Rux/N.Niehues, a.a.O., S.165. E.Stein/R.Monika, a.a.O., S.260. T,
Böhm, a.a.O., S.16. C.H.Kurz, a.a.O., S.187.

582

第7節　生徒によるストライキ・授業ボイコット

②　「集会の自由」保障（基本法8条1項）は平和的な集会についてだけ妥当する。消極的な抵抗手段である座り込みは，それが平和的に行われる限り，基本法8条1項によって保護される。ただ生徒の「集会の自由」は「学校に付託された教育責務」，とくに生徒に課されている「授業に出席する義務」によって制約される（基本法8条2項）。

③　いわゆる生徒のストライキは集団的な授業の欠席による教育の給付拒否（kollektive Leistungsverweigerung）であり，学校関係から発生する生徒の授業に出席する義務に違反する。

④　学校関係は労働関係ではない。基本法9条3項によって保障されている労働者のストライキ権は，生徒には妥当しない。

⑤　生徒のストライキは基本法20条4項が保障する抵抗権（Widerstandsrecht）にも依拠することはできない。この基本権は，自由で民主的な基本秩序を防衛するための最終的な手段として予定されている権利だからである。違法な学校措置に対しては，生徒には裁判所による権利保護が保障されているところである。

⑥　生徒のストライキは，デモンストレーションの場合とは異なり，たとえそれが生徒にとって重要な意味をもつ教育問題に向けられたものであっても認められない。

⑦　ただ生徒の生命，健康ないし精神的・道徳的発達にとって明白な危険が存するなどの緊急事態にあっては，例外的に集団的な授業欠席が認められる。

583

第4章　生徒の学校参加の法的構造

第1節　ワイマール憲法下までの法制状況

1　生徒自治・生徒の学校参加と改革教育学

　ドイツにおいてワイマール革命期以降,「生徒の自治」(Schülerselbstverwal-tung),「生徒の共同管理」(Schülermitverwaltung),「生徒の共同責任」(Schü-lermitverantwortung),「生徒参加」(Schülermitwirkung),さらには「生徒代表制」(Schülervertretung) などのターミノロジーで表記[1]されてきている思想と理論は,20 世紀初頭,改革教育学によって創出されたものである。ここで「改革教育学」(Reformpädagogik) とは 1900 年から 1932 年にかけてドイツを中心にヨーロッパ諸国で展開された,子どもを基軸に据えた教育理論で〈いわゆる「子どもからを第一義とする教育」(Erziehung primär vom Kinde aus)〉,それは J.J.ルソー (1712-1778),J.H.ペスタロッチ (1746-1827),F.フレーベル (1782-1852) などの教育理論を源流とし[2],より直接的には,E.ケイの『児童の世紀』(1900 年) において本格的に理論化されたのを嚆矢とする[3]。

　ドイツにおける生徒自治ないし生徒の学校参加の思想と理論は,W.シャイベによれば[4],本格的には二人の改革教育学者,G.ケルシェンシュタイナー (1854 年 - 1927 年) と F.W.フォエルスター (1869 年 - 1965 年) によって創造され,体系化されたとされる。そこで,以下にまず両者のこれに係わる基本的理論を,W.シャイベによって概括しておくこととしたい[5]。

---

(1)　いうところの「生徒の学校参加」の表記としては,1970 年代初頭までは,主として Schülermitverwaltung ないしは Schülermitverantwortung のタームが用いられてきた。現行学校法制はこれらの用語を廃棄し,Schülervertretung または Schülermitwirkung という語を使用している。なおタイトルとして Schülervertretung の用語を最初に使用したのは 1961 年のヘッセン州学校行政法である (参照：注 66)。

(2)　H.Heiland, Wegbereiter der Reformpädagogik: Rousseau, Pestalozzi, Fröbel, In:H.S. Stubenrauch/E.Skiera (Hrsg.), Reformpädagogik und Schulreform in Europa, Bd.1, 1996, S.36ff.

(3)　W.S.Nicklis (Hrsg.), Handwörterbuch der Schulpädagogik, 1975, S.126.
　　　H.E.Tenorth/R.Tippelt (Hrsg.), Lexikon Pädagogik, 2007, S.599.

(4)　W.Scheibe, Schülermitverantwortung, 1966, S.9.

第1節　ワイマール憲法下までの法制状況

1 - 1　ケルシェンシュタイナーの生徒自治論

　ケルシェンシュタイナーはその著『学校組織の基本的な問題』（1907 年）と
『公民教育の概念』（1910 年）において，旧来の学校とは異なる新しい学校像を
提示しているのであるが[6]，それは端的に「生活のため，労働のため，職業と
経済活動のための学校」と特徴づけられる。

　この学校の重要なメルクマールは，そこにおける生徒の自律的な地位の承認
にある。そこで彼はイギリスの学校のように，学校における「生徒の自治」
（Selbstregierung der Schüler）を認め，それを学校組織上に位置づける必要があ
ると強く説いた。そしてこの場合，いうところの「生徒の自治」とは生徒や学
校にとって重要な一定範囲の役割や課題を，生徒が自らの権利と責任において
組織的に引きうけることを意味した。この場合，もとより生徒は全的な自律性
を享有するものではなく，教員と密接に協同し，最終的な責任は教員に留保さ
れるとした。

　ケルシェンシュタイナーによれば，生徒自治の意義は，生徒が学校における
各種の役割や課題を担うことで，生徒の自己教育に資し，生徒間の協同的規律
を促し，生徒相互の仲間としての協力を呼び起こすことにあるという。そこで，
生徒自治がもっとも発展する可能性があるのは寄宿学校においてであるとされ
る。

　この制度は注意深く段階を踏んで組織化されるべきもので，教育行政機関の
命令にもとづいて上から俄かに導入されてはならないという。生徒自治が有効
に機能するためには，学校の組織構造，校長と教員および教員相互間の協働，
教員と生徒との関係における教育上および組織上の条件を具体的に踏まえる必
要がある，というのがその理由である。

　ケルシェンシュタイナーにとっては生徒自治と授業の有りようとの関係は特
別な意味をもつ。彼は旧来の「教科書中心・学習学校」（Buch-und Lernschule）
に抗して，生徒の主体的行為と能動性を呼び起こす「労作教授」（Arbeitsun-
terricht）という新たな授業形態を唱導した。それは個々の生徒の自律性の育
成を旨とするだけではなく，生徒の労作グループ間の協同も包含するものであ
る。労作グループにおいては，個々の生徒の自律性の育成という契機と他の生

---

(5)　ditto. S.9～S.11. S.11～S.12.

(6)　G.Kerschensteiner, Grundfragen der Schulorganisation, 1907
　　ders, Begriff der staatsbürgerlichen Erziehung, 1910

585

第Ⅵ部　第4章　生徒の学校参加の法的構造

徒との協同という思想が結合する。詰まるところ，全体としての学校は，労作
グループからなる「労作共同体」（Arbeitsgemeinschaft）に他ならない。

　かくして，生徒自治の教育的意味は労作共同体のそれに対応する。両者とも
に他の生徒や学校全体との関係において，生徒の主体的活動と自律性を促すも
のだからである。ケルシェンシュタイナーによれば，生徒には，それを達成す
れば生徒自身に役立つだけではなく，共同体にも資する役割や課題が委ねられ
ている。つまり，労作共同体におけるのと同様，生徒自治においても社会的な
教育が行われているのである。ケルシェンシュタイナーはこれを「公民教育」
（staatsbürgerliche Erziehung）と呼称しているが，これこそが彼の教育理論の
究極的な目的なのである。彼によれば，労作共同体と生徒自治は公民的な徳性
を覚醒させ育成する組織形態に他ならない。学校，つまり小規模な国家で育成
される徳性は，国家社会において求められるそれに符合するものなのである。

　かくして，ケルシェンシュタイナーにとっては生徒自治と「政治教育」（po-
litische Erziehung）はその目的を一にすることとなる。

1－2　フォエルスターの生徒自治論

　フォエルスターは1907年の著書『学校と性格』において，道徳教育と性格
教育の重要性を強く指摘している[7]。彼によれば，今日，学校において懲罰シ
ステムが有効に機能しておらず，規律の喪失が支配しており，その結果として，
生徒の不正行為が蔓延しているとされる。そこで学校の規律を回復し，また生
徒に対して「性格教育」（Charaktererziehung）を行うためには，生徒自治を保
障することが有効であるとし，アメリカ，スイス，オーストリアなどにおける
先例や経験を踏まえて，その任務や組織などについて具体的な提案を行った。
それは，たとえば，クラスにおける掃除係や集金係などの日常的な役割分担か
ら，生徒委員会の任務と組織，さらには「生徒裁判所」（Schülergericht）の設
置の提案まで含むものであった。

　生徒自治の目的・意義は，ケルシェンシュタイナーの場合と同じく，最終的
にはそれが公民教育に資するということにあった。この点は，1914年に刊行
した『公民教育－政治倫理と政治教育学の原理的諸問題』において詳細に論及
しているが[8]，そこにおいてフォエルスターが特に強調しているのは，生徒の
自治活動における生徒の責任と共に，民主的な生活秩序をなしているより大き

---

(7)　F.W.Foerster, Schule und Charakter, 1907.

第1節　ワイマール憲法下までの法制状況

な全体，すなわち，国家に対する生徒の責任感の醸成という点である。

　端的に言えば，フォエルスターによれば，生徒自治は学校共同体における教員の職務上の負担を軽減し，教員と生徒間の関係を促進し，生徒の性格教育と学校における規律の保持に本質的に貢献するものなのである。

2　生徒の学校参加の法制史

2－1　ジューフェルンの教育法案と生徒参加

　ドイツにおいて学校法制史上，いわゆる「生徒の学校参加」について初めて触れたのは1819年のジューフェルンの教育法案〈Süvernscher Entwurf eines Unterrichtsgesetzes v. 27. Juni, 1819〉である。この法案は「イエナ敗戦（1807年）以来の上からの民主主義的教育改革の総決算ともいうべきもの」であるが[9]，その第1部Ⅱ「公立一般学校の組織構造」において，「学校における規律の保持」と係わって，次のように規定していた[10]。

　「年齢による成熟度に応じて，多かれ少なかれ教員の関与のもとで，学校における規律の保持や学校の活動への生徒の参加を拡大することによって，学校は生徒が早い時期から，より大きな全体の利他的で有能な成員とみなされることに慣れることができるような，組織構造を擁するものとする」。

　この法案は頓挫し実定法化を見るには至らなかったのであるが，上記の法文から知られるように，この法案は先に言及した改革教育学の基本思想を1世紀近くも前に先取りしており，このことはとりわけ刮目に値しよう。「公民教育の一環としての生徒自治ないし生徒の学校参加」という教育思想の制度化である。

　ちなみに，かつてドイツにおける「生徒の学校参加」研究をリードしたW.シャイベも，この法案について次のように書いている[11]。「すでに当時，生徒に対して学校組織を通しての全体への利他的な参加の可能性が規定され，そしてそれによって教育的な効果が期待されていた，ということは注目に値する。そこにいう全体とは先ずもって学級であり，学校であり，また国家や国民でもあり，さらには人類を意味していると理解される」。

---

(8)　ders., Staatsbürgerlichen Erziehung－Prinzipienfragen politischer Ethik und politischer Pädagogik, 1914.

(9)　梅根悟「近代国家と民衆教育」誠文堂新光社，1967年，200頁。

(10)　L.Froese/W.Krawietz, Deutsche Schulgesetzgebung, 1968, S.150.

(11)　W.Scheibe, a.a.O., S.8.

第Ⅵ部　第4章　生徒の学校参加の法的構造

　ドイツにおいて「生徒自治」ないし「生徒の学校参加」が実定法上初めて
フォーマルに語られたのは，上記ジューフェルンの教育法案から実に91年後
の「男子上級学校の校長および教員の勤務規程」〈Dienstanweisung für die
Direktoren und Lehrer an den Höheren Lehranstalten für die männliche
Jugend v. 12. Dez. 1910〉においてである。同規程は学校による「生徒に対す
る配慮」の一つとして，こう定めた[12]。

　「学級担任は信頼できる生徒を，そのクラスの級長に指名することができる。
中級および上級学年においては，生徒もまたその選出に参加できる。選出され
た生徒は，学級における規律の保持に関して学級担任に協力しなくてはならな
い。但し，その際，学級担任への報告が密告のようなものであってはならない。

　一方，級長はクラスの生徒の要望を学級担任に伝えることができる」。

　2-2　ドイツ11月革命と生徒の学校参加
　2-2-1　プロイセンにおける生徒の学校参加
　いうところの「生徒の自治」ないし「生徒の学校参加」は1918年に勃発し
たドイツ11月革命を機に飛躍的な展開を見せることになる。すなわち，革命
の勃発（11月9日）直後の11月27日にプロイセンでは文部大臣ヘーニッシュ
名で「プロイセンの上級学校の生徒への呼びかけ」〈Anruf vom 27. Nov. 1918
An die Schüler und Schülerinnen der Höheren Schulen Preußens〉と題する訓
令が発せられたのであるが[13]，この訓令は冒頭で，その趣旨についてこう述
べたのであった。

　「青少年のまどろみ，束縛された能力を解放するための端緒とするために，
内面的な真実に基づきかつ自己の責任において，青少年に自分たちの生活の形
成に参加する初めての可能性を開くために，……下記のことを決定する」。

　これをうけて，同令は上記にいう「参加」と係わって具体的に述べているの
であるが，その骨子を摘記すると，以下のようである。

　①　すべての上級学校において，2週間に1回，授業時間中に「学校共同
体」（Schulgemeinde）を開催する。これは学校生活，教科，学校における規律
などについて教員と生徒がまったく自由に話し合う場である。この会合は，生

───────────
（12）　W.Landé, Preußisches Schulrecht, 1933, S.773.
　　　なお女子上級学校についても2年後の1912年に同様の規程が制定されている。
（13）　W.Scheibe, a.a.O., S.167～S.157, 所収。

588

徒が秘密投票で選出した教員が主催する。学校共同体には校長とすべての教員，そしてすべての生徒が参加する。学校共同体はその要望や見解を決議し，表明することができる。学校共同体においては，生徒と教員はともに各1票の議決権を有する。議決は単純多数決で行う。学校共同体の活動規則は，学校共同体自らが自律的に決定できる。

　②　学校共同体は生徒の中から「生徒評議員」（Schülerrat）を選出する。生徒評議員は生徒の利益を恒常的に代表し，校長や教員の許可を得て，学校の秩序に関して配慮する。

　③　学校共同体は文部大臣に対して，この新たな学校組織上の制度の在り方について見解を表明したり，その更なる拡充について提案する権利をもつ。また新たな国家における青少年の新たな役割についての見解を，文部大臣に届ける権利を有する。

　④　生徒は，たとえば，ワンダーフォーゲル，スポーツクラブ，精神的・芸術的・文化的クラブなど，各種の非政治的な団体を結成する全的な自由を有する。生徒はまた学校相互間で連携することができる。

　⑤　学校による生徒規律によって，生徒のいかなる公民としての権利（staatsbürgerliche Rechte）も侵害されてはならない。

　この訓令は別名「学校共同体訓令」（Schulgemeideerlaß）と称されていることからも知られるように，19世紀後半にF.W.デルプフェルトが唱導した「学校共同体」という概念を基軸に据えて，学校法制史上初めて「生徒参加」の目的・組織・手続・権限などについて具体的に言及している。ここには，ドイツにおける以後の生徒参加法制の原型とその方向性の基本が提示されていると言ってよい。

　なお訓令が，学校は「生徒のいかなる公民としての権利も侵害してはならない」と述べていることは，生徒に対する市民的権利の保障が生徒参加の基本的な前提をなすと捉えているのであり，殊更に重要である。

　上記の訓令を受けて，それを具体的に制度化するために，プロイセンでは1920年に「生徒自治のための規程および指針」〈Bestimmungen und Richtlinien für die Schüler - Selbstverwaltung v. 21. April 1920〉が定められた。この指針はⅠ「狭義の自治」，Ⅱ「学級共同体と学校共同体」，Ⅲ「一般規程」の3部からなっているが，それぞれの要点を記すと以下のようである[14]。

（14）　W.Kühn, Schulrecht in Preußen, 1926, S.289.

第Ⅵ部　第4章　生徒の学校参加の法的構造

Ⅰ 狭義の自治

①すべての学年の生徒は，学期始めに学級代表（Sprecher）を秘密投票で選出する。学級代表の数と任期は，教員会議が決定する。その他の学級役員も選挙によって決定する。②学級代表とその他の学級役員とで学級委員会（Klassenausschuß）を設置する。

Ⅱ 学級共同体と学校共同体

A「学級共同体」─①学級担任は少なくとも毎月一回，授業時間を用いて，学級の事柄や生徒から提案された問題について話し合うものとする。②学級委員会の要望によって，学級共同体を自主的に開催することもできるし，複数の学級の共同によるそれも可能である。

B「学校共同体」─①上級学校の各学級でもって，学校共同体を構成する。②学校共同体は生徒に，自分が置かれているより大きな社会について理解させ，その充実と発展に参加できる機会を提供するものである。したがって，そこでは学校と生活の問題が自由に討議されるものとする。③学校共同体は生徒委員会（Schülerauschuß）の議長が主催し，その活動計画は学校共同体自らが策定する。④教員は学校共同体に助言者として，参加する権利を有する。⑤学校共同体は少なくとも毎月1回，授業時間中に開催される。⑥学校共同体は生徒委員会を通して，教員会議に提議する権利を有する。⑦生徒委員会は学校共同体に対して責任を負い，その活動について学校共同体に報告しなければならない。

Ⅲ 一般規定

①上級視学官は学校視察の際に，生徒委員会や学校共同体との協議を通して，生徒自治の状況について報告をうける。②州学務委員会は毎年7月，生徒自治の状況について報告書を作成しなければならない。

この「規程および指針」においては，教員集団の強い反対もあって[15]，上記1918年の訓令で示された学校共同体の役割や権限が縮小され，また生徒の市民的権利についても言及されていないが，以下の点は注目されてよい。

---

(15) A.Holtmann/S.Reinhardt, Schülermitverantwortung（SMV）- Geschichte und Ende einer Ideologie, 1971, S.16.

なお，この点について，ヒルデブラントは概括的にこう述べている。「生徒自治が教員にとって敵対的なものと見られている限り，それは現実に開花することはできない。いうところの生徒自治は政治的な契機によって強調されたのであった」

（P.Hildebrandt, Das Wesen der Schülerselbstverwaltung, In:Monatsschrift für höhere Schulen, 1931, Jg.30, S.274. zit, aus A.Holtmann/S.Reinhardt, a.a.O., S.17.）。

590

第1節　ワイマール憲法下までの法制状況

①学級代表，学級委員会，学級共同体について規定し，これらを生徒参加の基礎組織として位置づけている。②学校共同体の権限として，学校における諸問題について教員会議に提議する権利を保障し，学校の意思決定過程への生徒の参加を認容している。③教育行政機関に対して生徒自治の状況を把握し，それについて報告書の作成義務を課すなど，いうところの生徒参加を教育行政との関係で位置づけている。

この「規程および指針」は上級学校を対象として，その後10年を超えて効力を有したのであるが，後述するように，ナチス政権下，1934年10月に発出された学校共同体の創設と青少年統括者の配置に関する指針によって失効した。

なお A.ザクセは1933年に著した論文「ドイツにおける教育組織の発展とその今日的状況」で，上記1920年の生徒自治規程にも言及し，「プロイセンにおいては確かに生徒自治は組織化された。しかし，いうところの生徒自治は決して生命を与えられることはなかった」と総括している[16]。

2－2－2　バイエルンにおける生徒の学校参加

一方，バイエルンにおいても，プロイセンと同じく，1918年12月9日に文部大臣ホフマン名で格調の高い「教員と生徒に対する呼びかけ」が発せられた。この呼びかけは教員も対象としている点で，プロイセンのそれと異なるが，基本的な内容には両者の間に差異はなく，生徒自治ないし生徒参加の制度的現実化を促すものとなっている。些か長くなるが，その概要を記すと以下のようである[17]。

「大きな，これまで活かされることのなかった国民の力が革命によって解放された。諸君はわが国民社会と文化の精神的，経済的復興に喜んで取り組んでいる。民主主義，自治および協同統治（Mitregierung）の思想が国民全体を覆っている。それは青少年をも感激させている。青少年もまた，これまで束縛されてきた力が解放されたのである。従来，軍隊のような暴力支配の精神と方法が生徒自治の思想を抑圧してきた。この状態は変革されなくてはならない。生徒自治の思想は本来，我々の学校のなかに故郷を見出すべきなのである。

---

(16)　A.Sachse, Die Entwicklung der Bildungsorganisation und ihr gegenwärtiger Zustnd in Deutschland, In:H.Nohl/L.Pallat（Hrsg.）, Handbuch der Pädagogik, 1933, S.410. zit, aus K. Nevermann, Ausdifferenzierung der Schulverfassung am Beispiel Preußens, In: Enzyklopädie, S.184.

(17)　W.Scheibe, a.a.O., S.156～S.157.

第Ⅵ部　第4章　生徒の学校参加の法的構造

新たなものと古いものとの間に激しい闘争が起きることになろう。少なからずの衝突が発生し，若干の新しい試みは失敗し，失望も起きよう。しかし新たなものが間違いなく勝利するだろう。

私は青少年を信頼している。彼らは節度をもって，その願望を提示するであろう。自己訓練なしには自治はありえないからである。彼らは蒔かれた種を着実に根づかせ，成長させるであろう。たゆまぬ課業と厳格な義務の履行は，青少年に対してもまた時代の要請なのである。

私は教員を信頼している。新たなものが気に入らない教員もいることだろう。しかしそれは克服しなければならない。なぜなら，新たな時代にふさわしい人間性を備えた新たな世代を教育するのが，教員にとっての重要事だからである。

生徒委員会の経験はバイエルンの教員の教育的な質を計る試金石となる。生徒との関係において，教員が総体として上下の関係（Vorgesetztenverhältnis）を超えて同志の関係（Kameradschaftsverhältnis）になれるかどうか，証明されることになろう。私はそれを望み，期待し，そして信じている。

新生の国民国家バイエルの繁栄を願って協同して進もう」。

この「呼びかけ」からは革命の高揚感がひしひしと伝わってくるが，生徒自治と係わっては次の指摘が重要である。①生徒自治は民主主義・自治・協同統治の思想に基づくものであり，生徒自治の思想を学校に根づかせなければならない。②生徒自治を現実化するためには教員と生徒との関係を，従来の「上下関係」から「同志ないし仲間関係」に変革しなければならない。③生徒は，生徒自治の主体たりうるように自己訓練を重ねなければならない。

1918年12月9日，バイエルンでは上記「呼びかけ」と合わせて「生徒委員会および生徒集会の設置に関する訓令」〈Erlaß über die Errichtung von Schülerausschüssen und Schülerversammlung v. 9. Dez. 1918〉が制定された。この訓令は，その名称の通り生徒委員会と生徒集会だけについて定めたものであるが，その骨子は以下のようであった[18]。

①　すべての上級学校に直ちに生徒委員会を設置する。

②　生徒委員会の委員は毎年度，生徒による秘密投票で選出される。その数は9年制学校の場合，6学年1名，7学年2名，8学年・9学年は各3人とする。

③　生徒委員会は委員の中から秘密投票で議長，副議長，書記，副書記を選

───────────

(18)　ditto. S.158〜S.159.

592

第1節　ワイマール憲法下までの法制状況

出する。

④　生徒委員会は生徒の常設の代表組織であり，会合する権利を有する。

⑤　生徒委員会は活動計画を自ら策定する権利，生徒の要望を校長に提案する権利，校長に対して異議申し立てをする権利，学校祭などの準備に参加する権利，さらには各種の生徒団体（スポーツクラブや音楽クラブなど）を設立する権利を有する。

⑥　生徒委員会はすべての活動を賢明に，かつ忍耐をもって行わなければならない。とくに生徒に仲間として呼びかけることによって，学校内外における規律の保持に努めることは，生徒委員会の特別な義務に属する。

⑦　各学校に校長と教員2名から構成される「教員−信頼評議会」(Lehrer-Vertrauensrat) を設置する。評議会は生徒委員会からの要望や提案，異議申し立てについて決定する。重要事項に関しては，教員評議会の意見を徴さなくてはならない。

⑧　各学校は生徒集会を許可するだけではなく，それを積極的に推奨しなければならない。生徒集会を招集し主宰するのは当面は「教員−信頼評議会」の義務であるが，後にそれは生徒委員会の議長に委ねるものとする。学級担任，可能であれば教科担当教員も生徒集会に参加しなければならない。生徒集会の目的は学校生活における諸問題について，教員と生徒との間の自由で開かれた話し合いを可能にすることにある。

⑨　各学校はそれぞれの事項を自ら規律する。したがって，生徒委員会が他校の事項に介入することは許されない。

⑩　以上の諸規定はあくまで暫定的な効力をもつに過ぎない。生徒委員会はその改正案を提出する自由を有する。改正案が「教員−信頼評議会」によって認められ，文部大臣によって承認されると，新年度から当該校において効力をもつことになる。

この訓令を上述した1918年のプロイセンの訓令と比較すると，下記の点は注目されてよいであろう。

①生徒自治の中核的な担い手として生徒委員会を創設して必置機関とし，常設の生徒代表機関として位置づけている。②たとえば，生徒の要望を校長に提案する権利や校長に対して異議を申し立てる権利など，生徒委員会の権限を個別・具体的に明記している。③「教員−信頼評議会」と文部大臣による承認が留保されてはいるものの，生徒委員会は自ら本訓令を改正することができるとされている。④学校における諸問題について，生徒と教員が自由に話し合う場

第Ⅵ部　第4章　生徒の学校参加の法的構造

としての生徒集会の設置を積極的に推奨している。⑤生徒の自治活動を促進し，またそれに対応するために，「教員－信頼評議会」という学校内部組織を創設している。⑥学校内外における規律の保持を生徒自治の重要な課題の一つとしている。⑦各学校における自治との関係で生徒自治の限界を画定している。

2－3　ナチス政権による生徒の学校参加制度の解体

　1933年1月に成立したナチス政権は，同年8月に「ヒトラーユーゲントに対する学校の関係促進に関する訓令」〈Erlaß betr. die Pflege der Beziehung der Schule zur Hitlerjugend v. 26, Aug.1933〉を発出し，下記のように規定して，ヒトラーユーゲントの設置と学校制度に対するヒトラーユーゲントの優位を明記した[19]。

　「新たな国家においては家庭と学校の他に，第一義的にはヒトラーユーゲントが，青少年をナチス国家の意識の高い成員に向けて教育するという重要な課題を担う。……学校生活において，生徒は校長と教員に無条件に服従しなければならない」。

　ちなみに，ヒトラーユーゲントとはナチスの設けた学校外の青少年組織で，ドイツ少年団（10〜14歳の男子），ヒトラーユーゲント（14〜18歳の男子），少女団（10〜14歳の女子），ドイツ女子青年団（14〜21歳の女子）の四つの組織からなっていた。法的にはヒトラーユーゲントへの参加強制は存しなかったが，強大な権力組織であったため，事実上，子どもや親はそれへの加入を余儀なくされたのであった[20]。

　また翌1934年12月に出された「学校の規律に関する根本的思想」〈Leitge-

――――――――――――

(19)　L.Froese/W.Krawietz, a.a.O., S.220.

　　なお学校制度に対するヒトラーユーゲントの優越性（Primat der Hitlerjugend gegenüber dem Schulsystem）は1936年に制定を見た「ヒトラーユーゲントに関する法律」（Gesetz über die Hitler-Jugend v. 1. Dez. 1936）によって法律上確立された（M.Klöcker, Die Schule im NS-Staat: Ihre Rechtsgrundlagen am Beispiel der Voksschule, In: RdJB〈2013〉, S.383.）。

(20)　第2次大戦後，長年にわたってドイツの学校法学界をリードしたH.ヘッケルも，若き日のヒトラーユーゲントに関する論文（1935年）で威嚇的にこう書いている。「ヒトラーユーゲントに参加するかどうかは親が決定できる。しかしかかる権力的組織の道徳上の圧力（moralische Druck）を過小評価してはならない。親は，その子がヒトラーユーゲントに所属した場合とそうでない場合の，その子の将来に及ぼす影響を明確に認識すべきである（H.Heckel, Elternrecht, Schulrecht, Recht der Hitlerjugend, In: Reichsverwaltungsblatt〈1935〉, S.313.）。

594

第1節　ワイマール憲法下までの法制状況

danken zur Schulordnung v. 18. Dez. 1934〉においては[21]，ナチス国家におけ
る学校の役割が端的にこう宣言された。

「学校の最高の任務は青少年を国家社会主義の精神において，民族と国家に
対する奉仕に向けて教育することにある。……学校の内的および外的なあらゆ
る生活はこの任務の実現に資すべきものである。校長，教員，生徒はそれに対
して義務を負う。上司たる行政機関がこれを監視する」。

つまるところ，ナチス支配下の学校はその目的においてヒトラーユーゲント
と同列に位置づけられ，「国家社会主義ドイツ労働者党による支配を執行する
道具」に堕したのであった[22]。上記「学校の規律に関する根本的思想」が教
員と生徒に対して次のように命じているのが象徴的である。

「教員と生徒は学校の内外においてお互いにヒトラー式敬礼（Hitlergruß）を
しなければならない。教員はすべての授業の始めにクラスで右手を挙げてハイ
ル・ヒトラーと敬礼しなければならない。生徒もそれを受けて右手を挙げハイ
ル・ヒトラーと応えなければならない。授業の終わりに際しても同様である」。

くわえて，極度の中央集権的・権力的な教育行政体制の確立と相俟って
〈1934年1月＝各州の学校主権を剥奪，同年3月＝ライヒ文部省設置[23]〉，い
わゆる「指導者原理」（Führerprinzip）が学校にも援用され，「学校の指導者」
（Führer der Schule）として位置づけられた校長が，学校経営の全権を掌握し
た[24]。こうして，ワイマール革命期の所産である参加民主主義は原理的に否
定され，労働者の経営参加を保障した労使共同決定制をはじめ，教員を中核的
担い手とする学校の自治＝合議制学校経営，「親の教育権」にもとづく親の公
教育運営参加などとともに，生徒の学校参加も1934年10月の「学校共同体の
創設と青少年統括者の配置に関する文部省訓令」〈Richtlinien über die Schaf-
fung von Schulgemeinde und die Berufung von Jugendwaltern v. 24. Okt.1934〉
によって潰滅せしめられたのであった[25]。

---

(21)　In: L.Froese/W.Krawietz, a.a.O., S.222.

(22)　K.I.Flessau, Schule der Diktatur, 1979, S.14.

(23)　D.Langewiesche/H.E.Tenorth（Hrsg.）, Handbuch der deutschen Bildungsgeschichte,
Bd.V, 1918-1945, S.191.

(24)　A.Dumke, Die Schulleitung, In: Handbuch für Lehrer, 1960, S.272. W.Seufert, Die
Lehrerkonferenz, eine neue Form der Schulleitung, In: Blätter für Lehrerbildung., 1968, S.
168.

(25)　Erwin Stein, Elterliche Mitbeteiligung im deutschen Schulwesen, In:JZ（1957）, S.12.

595

第Ⅵ部　第4章　生徒の学校参加の法的構造

第2節　ドイツ基本法下における法制状況

1　生徒の学校参加制度の復活

　上述のように，ワイマール革命期に制度化を見た生徒の学校参加はナチス政権によって全面的に解体されたのであるが，第2次大戦後，ドイツ（ボン）基本法の制定（1949年5月24日施行）と前後して，ドイツ各州で復活することになる。

　戦後の西ドイツで生徒の学校参加を法律上最初に制度化したのは1948年6月のベルリン州学校法で，「生徒の自治」（Schülerselbstverwaltung）と題して，つぎのように規定した（17条）。「生徒の自治は共同生活と自治意識の向上に資すものであり，すべての学校に導入されるものとする」。

　翌1949年4月にはブレーメン州の学校制度法が「民主的な志向と民主的な生活形態を促進するために，すべての学校において，生徒は学校生活の形成に参加させられるものとする」と規定して（5条2項），民主主義の要請としての生徒の学校参加を復活させた。

　上記2州の学校法は基本法の施行前に制定されたものであるが，基本法施行後は「学校はその内部的な規律において，基本法の民主主義原則に照応しなければならない」との要請もあって[26]，生徒参加の法制化はニーダーザクセン州（1954年），ハンブルク州（1956年），バイエルン州（1957年），ノルトライン・ウエストファーレン州（1958年），ラインラント・プファル州（同前），ヘッセン州（1961年），バーデン・ビュルテンベルク州（1964年），さらにはザールラント州（1965年）と続き，こうして1960年代半ばまでにシュレスビッヒ・ホルシュタインを除くすべての州において，学校法制上に再び確立を見たのであった[27]。

　ただこの時期までの生徒の学校参加は，H.ヘッケルの記述を借用すれば[28]，「学校の措置や決定への生徒の参加は，それが憲法ないし法律上に根拠をもつにも拘わらず，（西ドイツ）建国後20年間における発展は貧弱で，その権限は少なく，質的にはほとんど些細な機能を果たしたにすぎなかった」。

　なお敷衍すると，上述のように，H.ヘッケルはいうところの生徒の学校参

（26）　H.Avenarius/H.Heckel, Schulrechtskunde, 7Aufl.2000, S.116.

（27）　以上，W.Perschel, Die Rechtslage der Schülermitverwaltung, 1966, S.4～S.6.

596

加は憲法上に根拠を有する制度と解しているが，それは大きく以下のような二つ理由によると見られる。一つは，基本法の民主主義原理が学校においてこのような制度の現実化を要請している，ということであり[26]，他は，この制度は「政治的な責任への教育」(Erziehung zu politischer Verantwortlichkeit) ないし「自由で民主的な志向への教育」(Erziehung zu freiheitlicher demokratischer Gesinnung) といった，各州の憲法が設定している教育目的によっても根拠づけられている，ということである[29]。

　ちなみに，この点に関する規定例を引くと，たとえば，バーデン・ビュルテンベルク州憲法（1953年）は「青少年は道徳的及び政治的な責任，職業上および社会的な有能さ，さらには自由で民主的な志向に向けて教育される」(12条1項) と規定しており，またノルトライン・ウエストファーレン州憲法（1950年）は，端的にこう書いている（7条2項）。「青少年は民主主義と自由の精神において教育されるものとする」。

2　1960年代末～1970年代前半の生徒の学校参加に関する改革案

　ところで，上述したような生徒の学校参加をめぐる法制状況は，1960年代末から1970年代の前半にかけて「学校の民主化」(Demokratisierung der Schule) のスローガンのもと，「参加型学校組織構造」(partizipatorische Schulverfassung) がすべての州で法制化されるに至り，ドラスティックな変貌を遂げることになる[30]。その直接的な契機をなしたのは1960年代末に激しく闘われた学生運動であるが，常設文部大臣会議の2度に亘る決議（1968年・1973年[31]）とドイツ教育審議会の勧告（1973年）が教育政策上，決定的に重要な影

---

(28)　H.Heckel/H.Avenarius, Schulrechtskunde, 6Aufl.1986, S.84.

　　ヘッケルは不朽の名著「学校法学」の初版（1957年）で第43章「学校の民主化」に続いて，第44章「生徒の共同形成」(Schülermitgestaltung) の章を起こし，その任務や組織形態について記述している。そこにおいてヘッケルは「生徒の共同形成は，学校生活や学校の教育活動への生徒の参加を可能にし，また学校における政治教育（politische Erziehung）や法教育（Rechtserziehung）に資するものであるが，その役割は内部的な仲間同士の領域と学校の秩序維持に限られており，現行の法的関係に影響を与えるものではない」とし，そこで「問題は生徒の発言権（Mitspracherecht）をいかなる範囲において，どのような形態で実現すべきかということである」と問題提起している（H.Heckel, Schurechtskunde, 1Aufl. 1957, S.323.)。

(29)　W.Perschel, a.a.O., S.6.

(30)　詳しくは参照：I.Richter, Schule, Schulverfassung und Demokratie, In:RdJB（1987), S.254ff.

第Ⅵ部　第4章　生徒の学校参加の法的構造

響を与えた[32]。

2－1　常設文部大臣会議の「生徒の共同責任」に関する決議（1968年）

1968年10月，常設文部大臣会議は「生徒の共同責任」（Schülermitverant-wortung）と題する決議（以下，決議）をした[33]。この決議はⅠ「原則」，Ⅱ「役割」，Ⅲ「組織」の3部から成っているが，その内容は，以下に見るとおり，従来のいわゆる「生徒の学校参加」の域をはるかに超えた画期的なものであった。

「決議」はまずⅠ「原則」において，いうところの「生徒の共同責任」の根拠および学校における法的性格・地位を確認して，下記のように述べている。

「学校は，生徒が早い時期から自分の責任において課題を設定し，権利を行使し，義務を履行することを学習する場合においてだけ，青少年を民主主義社会における生活に向けて準備するという，その目的を達成することができる。

それゆえに，生徒の共同責任は学校の基幹的な原則をなしているのであり，したがって，この原則は生徒，教員，校長，学校監督官，さらには親をもまた同じように拘束するものである」。

---

(31)　なお常設文部大臣会議は1963年にも「生徒の共同責任に関する決議」〈KMK, Schü-lermitverantwortung, Beschl. v. 8. 9, 1963, In:RWS（1964），S.29〉をしているが，その内容は，その後の学校政策や学校立法にほとんど影響を与えるものではなかったので，ここでは取り上げない。

(32)　なお連邦政治教育センターが1969年に「学校の民主化，学校における生徒の地位および生徒の共同責任の役割」と銘打った提言書を公刊していることも注目される（Bun-deszentrale für politische Bildung〈Hrsg.〉, Demokratisierung der Schule, Die Stellung des Schülers in der Schule und die Rolle der Schülermitverantwortung, 1969.）。そこには生徒代表制と係わって，下記のような提言が見えている。

　「民主主義国家の学校においては，生徒と親に対して学校の生活と活動への参加権が保障されなくてはならない。従来，生徒の参加はあまりにも脆弱であった。生徒代表の組織をあらゆる段階で拡充し，それは州学校評議会にまで及ばなくてはならない。生徒代表制の内的な価値を高めることが求められている」。

　「学校の教育計画を策定する前に，また教科書を採択するに際して，生徒代表制は聴聞されなくてはならない」。

　「学校の措置・決定に際して，生徒代表制には聴聞権が保障されなくてはならない。とくに生徒からの異議申し立てのケースではそうである」。

　「生徒代表制に対して，規律違反行為をする生徒を注意し，必要な場合は一定の制裁を加える権限を委譲すべきである」。

(33)　KMK, Schülermitverantwortung, Beschl. v. 3. 10, 1968, Beschl. Sammlung Nr.849.

598

第2節　ドイツ基本法下における法制状況

これをうけて，「決議」は「生徒の共同責任」の意義や機能などについて具体的に言及しているのであるが，その要点を摘記すると，以下のようである。

①　生徒の共同責任の内容と形態は，学校に付託された教育責務から導かれる。学校においては多様な人的，社会的，文化的な関係が働いており，このような社会的な制度としての学校はコンフリクトの存在しない社会ではありえない。

②　コンフリクトは学校生活に伴う現象であり，それは公平かつ合理的に調整されなくてはならない。こうして，すべての関係当事者が尊重しうるような手続と解決を見出すことが求められる。

③　生徒が年齢に応じて自ら課題を設定し，生徒に委ねられた学校の課題に参加し，生徒の利益を代表する機会をもつことによって，批判と協同に向けた能力，したがってまた，社会的および政治的な責任に向けた能力（Fähigkeit zu sozialen und politischen Verantwortung）が強化される。

④　生徒の共同責任は学校における民主主義の構成要素として，生徒の自己教育の手段であり，民主主義社会における生活を準備するものである。

つづくⅡ「役割」において「決議」は「生徒の共同責任」の役割として，大きく，〈A〉自らが設定した役割，〈B〉秩序・組織上の役割，〈C〉生徒の利益代表の3領域を挙げている。

〈A〉では，とくに政治的，学問的，芸術的，スポーツおよび社会的な企画や同好会の設置が考えられるとしており，そしてこれらはすべての生徒に開かれたものでなければならず，特定の政治的，宗教的ないし世界観的なグループに奉仕するものであってはならないとしている。

〈B〉の例としては，学校祭やスポーツ大会の開催，生徒旅行の実施，交通安全当番などが挙げられている。

〈C〉の「生徒の利益代表」はこの法域において画期をなすもので，以下のような権限ないし役割が列挙されている。①一定の条件下での生徒代表の教員会議への参加，②個々の生徒の権利行使，とくに懲戒処分や異議申し立てに際しての生徒代表による支援，③生徒にとって重要な意味をもつ，学校監督庁のすべての訓令や処分の閲覧，④学校の現実的な問題についての校長と生徒代表との定期的な会談，⑤授業の計画と形成への，年齢に応じた生徒代表の参加，がそれである。

最後に「決議」はⅢ「組織」において「生徒の共同責任」に係わる組織原則を提示しているのであるが，重要事項を摘記すると下記のようである。

599

第Ⅵ部　第4章　生徒の学校参加の法的構造

①生徒代表制は各学校で選出され，その活動は各学校でのそれが中心となる。

②生徒代表制の主催に係る活動・催しは，原則として学校の活動・催しである。

③生徒代表制は学級代表と学校代表から構成される。それぞれの代表の選出は，生徒の秘密投票による。

④生徒代表制は生徒の全体集会を開催することができる。

⑤生徒代表制の組織や手続きに関する具体的事項は，州法の範囲内で，各学校が定めることができる。

⑥生徒代表制は「調整・助言教員」を選出することができる。「調整・助言教員」の任務は生徒代表制に助言すること，および生徒代表制と全教職員との関係について配慮することにある。

⑦学校における様々な問題を話し合うために，各学校に教員と生徒代表からなる委員会を設置することができる。

2－2　常設文部大臣会議の「学校における生徒の地位」に関する決議
　　　　（1973年）

すでに触れたように，1973年5月，常設文部大臣会議は「学校における生徒の地位」と銘打った決議をした[34]。この決議は生徒代表制についても改めて言及しているのであるが，その内容は前出の1968年決議を前提とし，それを補強するものであり，大きく，以下のように集約できる。

（1）個々の生徒による利益の確保とは別に，生徒の利益は生徒代表制によって確保される。生徒を社会において自律的に協働できる主体に徐々に育成する，という教育思想が，生徒代表制の基礎をなしている。生徒代表制の役割は，生徒に対して学校における意思決定過程に参加する機会を創出することにある。

（2）このための方途として，たとえば，教科会議・学年会議・教員全体会議への生徒代表の参加，学校規程の草案を準備したり，学校におけるコンフリクトを調整することを任とする，教員と生徒の合同委員会の設置が挙げられる。このような委員会の任務と生徒参加の種類の決定に当たっては，生徒の年齢，関心および客観的な能力が考慮されなくてはならない。

---

(34)　KMK, Zur Stellung des Schülers in der Schule, Beschl. v. 25.5. 1973, Beschl.Sammlung Nr.824.

第2節　ドイツ基本法下における法制状況

（3）生徒の権利は常に教員および親のそれとの関係で，また学校行政の任務との関係で見定められなくてはならない。

（4）生徒，親，教員の協同に関するすべての規律は，学校関係者の利益衡量を目的とするものでなければならない。学校の任務遂行が危うくなる場合に，かかる規律の限界が求められる。

2-3　ドイツ教育審議会の「学校の自律性」「学校参加」強化勧告（1973年）と生徒参加

ドイツ教育審議会（Deutscher Bildungsrat）は1970年勧告「教育制度のための構造計画」の具体化として，1973年5月に「教育制度における組織および管理運営の改革－第1部『強化された学校の自律性（Verstärkte Selbständigkeit der Schule）と教員，生徒および親の参加』」なる勧告を行った[35]。その主要なモティーフは学校の自律性の強化と学校教育における教員・生徒・親の参加拡大にあった。以下に，その基本的なテーゼと生徒の学校参加に関する勧告内容を端的に概括しておこう[36]。

2-3-1　基本的テーゼ－「自律化」と「参加」

「強化された学校の自律性」と参加は不可分な関係にある。前者は，国による枠組の範囲内で個々の学校に決定権を委譲することを意味するが，その目的は，教育制度における集権と分権，統一性と多様性という問題を，議会制民主主義に係留された学校に実質的な決定権を保障することによって解決しようとするところにある。

「参加」とは，学校の審議・決定過程への教員・親・生徒の制度化された関与をいう。この概念は，学校におけるコンフリクトの調整と合意形成に資するコミュニケーション・決定過程を創出することによって，権限と当事者性，正当性と利益代表，責任と決定という問題を解決することを目指している。

固有責任の委譲と参加は組織改革の不可欠な構成要素である。「強化された自律性を伴わない参加」は，学校内部の複雑で形式的かつ無権限な意思形成をもたらすにすぎない。「参加を伴わない強化された自律性」は，学校の内部構

---

(35)　Deutscher Bildungsrat, Empfehlungen der Bildungskommission, Zur Reform von Organisation und Verwaltung im Bildungswesen, Teil 1, Verstärkte Selbständigkeit der Schule und Partizipation der Lehrer, Schüler und Eltern, 1973

(36)　Deutscher Bildungsrat, a.a.O., S.27. S.A19～A28. S.A90～A100, u.a.

601

第Ⅵ部　第4章　生徒の学校参加の法的構造

造を管理的な命令関係に転化させてしまう。強化された自律性と参加が構造的に連関して始めて，新たな学校像に見合う活動形態と意思決定構造が創造される。その際，参加の重点は学校の中心的な任務，つまり，学習過程の組織にかかわる領域に置かれなければならない。

2 - 3 - 2　基本的テーゼの根拠

（1）学校のような複雑な社会制度は，中央によって集権的に管理運営することはできない。常に変化する学校の現実に即応するためには，学校は，自らが弾力的かつ状況適合的に活動し，決定できる状態に置かれなくてはならない。

（2）学校の重要な任務は学習過程の組織化にある。教員と生徒との間の教育活動や相互作用の形態が変革された場合にだけ，改革を語ることができる。文部省による伝統的な官治に代えて，専門的な計画上の権威が必要であり，教員は教育行政に対して第一次的な当事者たる地位に立たなくてはならない。

（3）学習過程は外部から統御されてはならない。学習は教育者と学習者それぞれの努力，学習目的との個人的な一体化，内的な動機づけを要請する。

（4）議会による意思形成は必然的に一般化されざるをえず，社会の部分領域からの各種の要求を反映することには限界がある。議会制民主主義の限界を参加民主主義（partizipatorische Demokratie）によって補充することが，教育制度においてはとりわけ重要である。自己決定のような民主的な教育目的は，他律的な組織形態によっては本質的に実現することはできない。

2 - 3 - 3　生徒代表制

「自律的で参加型の学校」（verselbständigte und partizipatorische Schule）においては生徒代表制の機能も変化する。生徒代表制は学校内部の意思形成に参加するとともに，自らが組織した活動によって学校生活に独自の貢献をする。このような生徒参加と独自の活動の拡大は，従来の生徒の学校参加の重要な欠陥を克服することになる。1950年代および1960年代の「生徒の共同管理」はギムナジウムの上級段階は別として，多くの生徒にとっては無意味なもので学校政策上，影のような存在であった。伝統的な生徒の共同管理に対する批判から，

602

第2節 ドイツ基本法下における法制状況

次の3点が帰結される。

①生徒代表制の組織モデルは，学校や社会における利益の対立やコンフリクトの存在を前提とし，生徒代表制を生徒の利益代表として形成しなくてはならない。

②生徒代表制は，学校および授業にとって重要な意味をもつ，学校の決定過程に制度的に参加できるものとする。

③生徒代表制はできるだけ多くの生徒が参加できるような組織形態でなければならない。

2-3-4 カリキュラム編成における学校の自律性と学習過程での生徒参加

学校の日常は会議活動ではなく，教育活動とその計画・実施である。教育活動の目標・
内容・方法および成果のコントロールが学校の内部で自ら決定することができて始めて，学校の自律性が語られうることになる。プラグマティックなカリキュラム開発と，伝統的な教授要綱の枠組規定への縮減が必要である。

生徒の参加はマージナルな援助機能に限定されてはならず，学校の中心的な任務である学習過程の組織にまで及ばなくてはならない。その制度形態としては授業計画フォーラムへの参加，授業批判，選択教科・学校行事・部活動の創設計画に際しての生徒への留保，などが挙げられる。

3 1970年代の学校法制改革と生徒参加

3-1 学校組織構造の法制改革

上述のようなドイツ教育審議会の勧告を直接の契機として，1973年のハンブルク州における「学校組織構造法」〈Schulverfassungsgesetz〉の制定を皮切りに，1970年代，旧西ドイツ各州ではかなり大幅な学校組織構造法制改革が敢行された。

その結果，たとえば，上記ハンブルクとベルリン（1974年）の学校組織構造法，ザールラント州の「学校共同決定法」〈Schulmitbestimmungsgesetz・1975年〉やノルトライン・ウエストファーレン州の「学校参加法」〈Schulmitwirkungsgesetz・1977年〉などの改革立法の名称が端的に示しているように，国の学校監督権との関係で学校の自律的権限が拡大・強化されるとともに，教員会議・学校会議・父母評議会・生徒代表組織などの各種会議権や教育行政・学

603

第Ⅵ部　第4章　生徒の学校参加の法的構造

校経営への参加権は，総体としては，そうとう強化・補強された。

　改革後，この時期の学校法制状況を生徒参加に引きつけて概括すると，以下のようである[37]。

3-2　カリキュラム編成における学校の自律性と生徒参加

　たとえば，ザールラント州学校共同決定法（66条）やニーダーザクセン州学校法（100条）がその例であるが，ほとんどの州学校法で学習指導要領の枠組規程性が確認され，明記された。

　くわえて，教育課程編成過程への教員・親・生徒の各種の参加権が法認された。学校における教育課程編成に際しての親や生徒に対する聴聞権の保障（ハンブルク学校組織構造法47条など），州段階での「州父母協議会」（Landeselternbeirat）や「州生徒代表制」（Landesshülervertretung）に対する聴聞権や提議権の保障（バーデン・ビュルテンベルク州学校法〈1976年・60条〉など），さらには州父母協議会に対する共同決定権の保障（ラインラント・プファルツ州学校法37条）などが，その規定例である。

3-3　授業の計画や形成への生徒参加の保障

　ドイツ教育審議会が勧告した，授業に関わっての上記3様の生徒参加制度を全的に採用した州は存しなかったものの，ベルリン州とザールラント州においては，この領域における生徒の知る権利と提案権を確認して，学校法制上，つぎのように明記された。

　「生徒は，その年齢に応じて，授業計画について教員から説明をうけ，また現行規定の範囲内で授業や学校行事の形成に参加することができる。教材の選択，授業における重点や個々のテーマの設定，特別な授業形態の採用などに関しては，生徒にこれについて提案したり，発言する機会が与えられなければならない。

　生徒の提案が考慮されない場合は，その理由が説明されなくてはならない」

---

(37)　K.Nevermann, Reform der Schulverfassung, In:RdJB（1975), S.211ff.

　　　ders., Grundzüge des Schulverfassungsrechts, In:ders./I.Richter（Hrsg.), Rechte der Lehrer, Rechte der Schüler, Rechte der Eltern, 1977, S. 191ff.. I. Richter, Schule, Schulverfassung und Demokratie, In:RdJB（1987), S.254ff. M.Stock, Schulverfassungsreform-Demokratisierung der Schule?, In:ZfPäd.（1973), S.1001ff. E.Stein/M.Roell, Handbuch des Schulrechts, 1992, S.58ff.

604

第2節　ドイツ基本法下における法制状況

（ベルリン州学校組織構造法26条，同旨・ザールラント州学校共同決定法21条）

　くわえて，ベルリン州学校組織構造法は「授業におけるコースの設定やクラブ活動・同好会の創設に当たっては，関係生徒は事前に聴聞をうけ，学校の教育計画や組織的な可能性を留保して，その提案は努めて考慮されなければならない」（27条）と規定するに至った。

　またニーダーザクセン州でも学校法上，下記のような条項が新設された。

　「授業の計画・内容・形成については，クラスの生徒に説明されなくてはならない。生徒評議会（Schülerrat）は，学校の組織や成績評価に関する基本的な決定がなされる前に，校長ないしは教員会議による聴聞を要求することができる」（同州学校法61条3項）。

　「校長および教員は，生徒評議会や個々の生徒に対して，必要な情報を提供しなければならない」（同条4項）

4　ドイツ統一と州憲法による生徒の学校参加権の保障

　1990年10月3日，ドイツは宿願の再統一を果たし，16の州からなる連邦国家として装いを新たにした。ドイツ連邦共和国に新たに加わった旧東ドイツ地域の5州（ブランデンブルク，メクレンブルク・フォアポンメルン，ザクセン，ザクセン・アンハルトおよびテューリンゲン）においては，1992年から翌93年にかけて州憲法が制定され，また旧西ドイツの学校法制をモデルとして，ドラスティックな学校法制改革が断行された[38]。

　そしてここで殊更に注目されるのは，旧東ドイツ5州のうち，メクレンブルク・フォアポンメルン州を除くすべての州において，いうところの「生徒の学校参加」がドイツの憲法史上初めて[39]，憲法によって明記されるに至ったという法現実である。「憲法上の制度としての生徒の学校参加」「憲法上の基本権としての生徒の学校参加権」という位置づけである。生徒法制史上まさに画期的だと評されよう。

---

(38)　新州における学校法制改革について，詳しくは参照：S.Anders, Die Schulgesetzgebung der neuen Bundesländer, 1995, S.169ff.

(39)　親の公教育運営への参加権については，第2次大戦直後の1946年に制定されたヘッセン州憲法が，ドイツの憲法史上，初めてこれを明示的に保障した。こう規定したのであった（56条6項）。「教育権者（Erziehungsberechtigte・親を指す・筆者）は教育制度の形成に参加する権利を有する」。

　またバーデン・ビュルテンベルク州憲法（1953年・17条4項）とノルトライン・ウエストファーレン州憲法（1950年・10条2項）も同様の保障条項を擁している。

605

第Ⅵ部　第4章　生徒の学校参加の法的構造

　たとえば，ザクセン州憲法（1992年）は「親および生徒は，選出された代表者を通して，学校における生活と活動の形成に参加する権利を有する」（104条1項）と規定しているし，またテューリンゲン州憲法も下記のように定めている（23条3項）。「親，その他の配慮権者，教員および生徒は，学校制度の形成ならびに学校における生活と活動の形成に際して参加する[40]」。

　そして，こうした憲法による生徒の学校参加権ないし学校参加制度の保障をうけて，これを具体化するために，たとえば，ザクセン州においては学校法が第3章「生徒の参加」（Mitwirkung der Schüler）の章を設けて，生徒参加の役割・権限・組織などについて具体的に規定するところとなっている（51条～55条）。他の州においても同様である。

5　1990年代以降の「学校の自律性」の強化と生徒参加

　ドイツにおいては1990年代に入って，ブレーメン，ハンブルクおよびヘッセンの3州に端を発したいわゆる「学校の自律性」（Schulautonomie）をめぐる問題が，学校法政策上の重要なテーマとなった。「Schulautonomie」というターム自体は，多くの学校法学者が批判している通り[41]，法学上の概念としては適切ではないが，要するに，いうところの自律性論の目指すところは「個々の学校の責任の拡大ないし自律性の強化」という点にあった[42]。

　具体的には，旧来の国家の学校監督権や学校設置者の行政権限を縮減し，とくに教育課程の編成と教育活動，教職員人事および学校財務の面において，学校の権限と責任をよりいっそう強化する必要がある，と唱えられた[43]。

　そして，このような学校の自律性論議に呼応するかのように，1990年代半ばから後半にかけて，ブランデンブルク，ブレーメン，ハンブルク，ヘッセンなど8州で「学校の自律性の強化」を旨とした法制改革が行われた。こうして，たとえば，各学校が独自に「学校プログラム」（Schulprogramm）を策定するようになったり，学校財務および教員の人事行政の面で学校に一定範囲の自律

---

(40)　上記2州の憲法の他，生徒の学校参加権を明記しているのは，ブランデンブルク州憲法30条2項とザクセン・アンハルト州憲法29条2項である。

(41)　さしあたり，H.Avenarius/H.Heckel, Schulrechtskunde, 7Aufl.2000, S.113.

(42)　H.Döbert, Schulen in erweiter Verantwortung-Projekte und Modelversuche in Berlin und Brandenburg, In:RdJB（1997），S.406.

(43)　さしあたり，参照：K.J.Tillmann, Autonomie für die Schule und ihre Lehrer, In:RdJB（1997），S.331.

第2節　ドイツ基本法下における法制状況

的な権限が法認されるに至るなど，学校の組織構造法域においても新たな展開が見られたのであった[44]。

　このコンテクストにおいて，いうところの生徒の学校参加と係わって重要なのは，学校会議の権限が拡大・強化されたことである。学校会議は現行法制上，生徒代表制と並ぶ生徒の学校参加の重要な組織となっているのであるが，これについては第V部第1章5節で詳述したので，ここでは立ち入らない。

6　成人年齢の引き下げと生徒参加

　ドイツにおいては「成人年齢に関する新規制法」〈Gesetz zur Neuregelung des Volljährigkeitsalters v. 31. Juli 1974〉により，1975年1月1日に成人年齢が従来の満21歳から満18歳に引き下げられた（民法2条）。これに伴い，18歳以上の生徒は全的な法律行為能力と不法行為能力，全的な刑事責任能力，連邦議会議員の選挙権と被選挙権（基本法38条2項）など，成人として各種の権利を有し，義務を負うこととなった[45]。

　既述したところから知られるように，ドイツにおける生徒参加はとくに1970年代以降にいっそうの拡大・強化を見たのであるが，このコンテクストにおいて，成人年齢が引き下げられた翌年の1976年に公刊された『学校法学』（第5版）において，H.ヘッケルがつぎのように述べているのは[46]，わが国における選挙権年齢満18歳への引き下げ（2016年6月19日以降）とも関連して，注目されてよかろう。

　「（1970年代以降・筆者）生徒参加をめぐる状況は根本的に変化した。学校の諸活動への生徒の参加はすべての州で拡大・強化され，それは親の地位を超えるまでに至っている。成人年齢の満18歳への引き下げが，中等段階IIにおける生徒代表制の役割をさらに一段と強化した」。

---

(44)　学校の自律性強化に関する各州の法制状況については，下記に詳しい：H.Avenarius/T.Kimmig/M.Rürup, Die rechtlichen Regelungen der Länder in der Bundesrepublik Deutschland zur erweiterten Selbständigkeit der Schule, 2003

(45)　M. Jaensch, Grundzüge des Bürgerlichen Rechts, 2012, S. 58ff. H. Avenarius, Die Rechtsordnung der Bundesrepublik Deutschland, 1995, S.167ff.

(46)　H.Hekel/ H.Avenarius, Schulrechtskunde, 5Aufl.1976, S.80.
　　なお1986年に刊行された第6版改訂版においてもほぼ同じ記述が見えている（diese., Schulrechtskunde, 6Aufl.1986, S.85.）。

第Ⅵ部　第4章　生徒の学校参加の法的構造

第3節　現行法制下における法制状況

1　生徒代表制の法的地位・性格

　既述したように，常設文部大臣会議は1968年の「生徒の共同責任制」に関する決議で「生徒の共同責任制は学校の基幹的な原則をなしている」ことを確認した。そこでこれを踏まえて，現行学校法制上，すべての州において生徒代表制の組織は学校のフォーマルな組織として位置づけられている。こうして生徒代表制の活動や行事は学校の活動ないし行事とみなされ，したがって，それは学校の責任領域に属するとされている。

　ちなみに，この点に関する規定例を引くと，たとえば，ザールラント州学校参加法は「生徒代表制の活動や行事」と題して，つぎのように規定している。

　「校長の許可を得て校内で行われる生徒代表制の活動や行事は，学校のそれと見なされる。生徒代表制の活動や行事は法規に抵触してはならず，また学校の教育責務や生徒に対する学校の配慮義務を危くするものであってはならない。

　学校外で行われる生徒代表制の活動や行事であっても，校長は学校会議の同意を得て，例外的にこれを学校のそれとして認定することができる」。

　生徒代表制の活動や行事は原則として，授業時間外に行われる。ただ，たとえば，ザールラント州学校参加法が「生徒代表制の機関は1か月に2授業時間まで，授業時間内に会合することができる」（26条3項）と明記しているように，事情によっては，授業時間中においても活動することができるとされている。もとよりこの場合，欠席扱いなどの不利益扱いを受けることはない。生徒代表制の活動や行事が校外で行われる場合でも，それは事前に校長の許可を受けていれば[47]，学校の活動ないし行事と見なされる。

　このような生徒代表制の法的地位・性格から，その活動や主催する行事をめぐっては，具体的に以下のことが導かれることになる。

　①　上記ザールラント州学校参加法も明記しているように，生徒代表制の活動や行事は法規に違反してはならないばかりか，学校の教育責務や教育目的と一致するものでなければならない。したがって，たとえば，基本法の基本的な理念や価値体系と相容れない生徒団体や同好会を創設することはできない。

---

(47)　ただニーダーザクセン州にあっては，校長の許可制は採られておらず，届け出制になっている（学校法81条2項）。

第3節　現行法制下における法制状況

②　生徒代表制の活動や行事で学校の施設・設備が利用される場合には，校長は許可制を敷くことができる。

③　生徒代表制の活動や行事が所定の要件を充足していない場合は，校長はこれを禁止することができる。

④　生徒代表制の活動や行事は学校の責任領域に属するから，これについては学校の監督義務が発生する[48]。ただこの場合，「自己の責任に基づく行動への教育」（Erziehung zu eigenverantwortlichem Handeln）という学校教育の目的に照らし，生徒の年齢や成熟度に応じて，生徒代表制には可能な限り広範な自由領域が保障されなければならないとされている。実際，たとえば，ヘッセン州では校長は16歳以上の生徒には監督権を委譲できることになっている[49]。

⑤　生徒代表制がその任務を遂行するために必要な経費は，学校段階の生徒代表制の場合は学校設置者が，市・郡段階のそれについては市・郡が，州段階の生徒代表制については州がそれぞれ支弁する義務を負う。

ところで，生徒代表制をめぐってはつぎのような法的問題も重要である。

第1に，生徒代表の有責な義務違反から生じた損害については，「生徒等の災害保険に関する法律」（1971年）の適用がない限り，民法839条により，州が賠償責任を負うということである。学校の委託をうけて活動中の生徒の不法行為についても同様である。

第2として，生徒は生徒代表をその義務違反を理由に解任できるかという問題がある。これについて学校法学の通説は，解任は被選挙人と選挙人の権利に係わる措置であるから当然に法律上の根拠が必要であるとする[50]。しかし現行学校法制上，このような根拠法を擁している州はなく，立法政策上の課題とされている。

敷衍すると，かつてノルトライン・ウエストファーレン州ではこのような根拠法が存在した。すなわち，同州の「学校制度における参加に関する法律」〈Gesetz über die Mitwirkung im Schulwesen v. 13. Dez.1977年，2005年廃止〉によれば，学校参加機関の成員が，したがってまた，生徒代表がその義務の履行を著しく怠った場合には，下級学校監督庁はこの生徒代表を解任することができると規定していた。

---

(48)　詳しくは，参照：T.Böhm, Aufsicht und Haftung in der Schule, 2008.

(49)　Art.26 (5), Hess.Verordnumg über die Schülervertretungen und die Studierenden-vertretungen v. 15. Juli 1993.

(50)　H.Avenarius/H.P.Füssel, Schulrecht, 8Aufl.2010, S.167.

第Ⅵ部　第4章　生徒の学校参加の法的構造

　第3。基本法3条1項が規定する平等原則からの要請にもとづき，多くの州の学校法が生徒が生徒代表制に係わる活動のゆえに，学校関係において優遇されたり，あるいは不利益な取扱いを受けることがあってはならないと明記している。ただし生徒代表として教員会議に参加する権利をもったり，一定事項について黙秘義務を負うことは，これには当たらない。

　なお学校が生徒の人物評価に際して，生徒代表制における活動を考慮することは差し支えないとされている[51]。

　第4として，生徒代表制はいわゆる一般的な政治的委任を受けてはおらず，したがって，その組織の一環として，政治的な生徒団体を結成することは認められないということが挙げられる。この問題については，後に改めて取り上げる。

2　生徒代表制の役割と権限

2-1　生徒の利益代表

　既述したように，いうところの生徒代表制の役割ないし権限はとくに1970年代以降に拡大・強化されて，今日においてはきわめて広範かつ多岐に亘っているのであるが，それは大きく，次の3領域に区分することができる。学校の教育活動の促進，学校の教育目的の実現に際しての参加および校長・教員・教育行政機関などに対する生徒の利益代表，がそれである[52]。

　このうち歴史的にも，今日においても，生徒代表制としてもっとも重要な役割は，校長・教員・教育行政機関との関係において生徒の権利や利益を確保し，それを代表することにある〈生徒の利益代表組織としての生徒代表制〉。

　具体的には，たとえば，下記のような事項に関する役割や権限がこれに属する。

　生徒の校長・教員・教育行政機関などに対する各種の要望・要求の提出，教育行政機関に対する情報請求や校長に対する異議の申し立て，授業の計画・内容・形成や教材・教具の選定に際しての参加，学校規程や校則の制定への参加，

---

(51)　この点，BW，NW，SN の3州では，生徒の申請により，生徒代表制での活動を成績表に記載できるとされている。

(52)　H.Avenarius/H.P.Füssel, a.a.O., S.164.
　　　なお常設文部大臣会議の1968年決議は生徒代表制の役割を，自らが設定した役割や課題，学校の規律や組織に係わる役割，生徒の利益代表の3領域に区分している（KMK, Schülermitverantwortung, Beschl. v. 3. 10, 1968, KMK-Beschluß-Sammlung Nr.849.）。

610

第3節　現行法制下における法制状況

学校における日常生活の規律保持，特別な行事の実施などに際して生徒を代表しての権利行使，生徒と学校との間でコンフリクトが生じた場合や生徒が秩序措置（懲戒処分）を受けた場合に，当該生徒の権利の擁護，さらには知る権利やプレスの自由に依拠しての，生徒の対社会的な利益の確保，等々。

　生徒代表制の権限については各州の学校法がそれぞれの事柄に即して個別・具体的に定めているが，州によって一様ではなく，ヘッセン州においてもっとも広範かつ強度なものとなっている。同州における法制状況については後に改めて取り上げるので，ここでは立ち入らない。

2－2　生徒代表制自らが設定する役割や活動

　生徒代表制は上述したような法定された役割や権限に加えて，自らが独自の役割や課題を設定し，これを遂行することができるとされている。この点は，既述したように，先に触れた常設文部大臣会議の1968年決議も確認しているところである。

　このような生徒の利益代表制の独自設定に係る活動としては，通常，つぎのようなことが実施されるところとなっている[53]。各種行事の実施，生徒団体や同好グループの設立，生徒新聞の編集と発行，生徒に対する支援活動，交換留学生などによる国際交流の促進，社会的な支援活動の促進，環境保護活動への参加，発展途上国への支援活動などである。

2－3　生徒代表制と政治的役割

　既に言及したように，ドイツにおいては，生徒は学校においても「結社の自由」（基本法9条1項）を当然に享有しており，そこでこの自由にもとづいて，一定の条件下ではあるが，学校において「政治的な生徒団体」（politische Schülergruppe）を結成し，活動することができることとされている。

　それではすべての生徒の強制加入組織・利益代表組織である生徒代表制の場合はどうか。

　ここで注目されるのは，シュレスビッヒ・ホルシュタイン州学校法が「生徒代表制の本質と任務」と題して，「生徒代表制は学校の一部をなしており，生徒に対して学校に係わる事項に協同的に参加する可能性を与える」と書いたうえで，「生徒代表制の活動は政治教育（politische Bildung）にもまた資するもの

---

(53)　H.Heckel/H.Avenarius, Schulrechtskunde, 6Aufl.1986, S.87.

611

第Ⅵ部　第4章　生徒の学校参加の法的構造

である」と明記していることである（109条1項）。生徒代表制に対する「政治
的な教育活動を行う権利」（Recht, politische Bildungsarbeit zu betreiben）の保障
である[54]。

　そして生徒代表制のこのような権限は，学校法による明示的な保障を欠く州
においては，生徒代表制のつぎのような二様の役割から導かれるとするのが，
学校法学の支配的見解である[55]。一つは，生徒の専門的，文化的，スポーツ
面での関心などとともに，生徒の政治的な関心を助長・促進し，また学校政策
上の関心事を担うという役割である。他は，「自律的で成熟した責任ある市民
への教育」という学校の教育目的の実現に向けて，生徒代表制自らも自己教育
的にこれに参画するという役割である。

　ただ生徒代表制が「政治的な教育活動を行う権利」を有するとはいっても，
その行使に際しては，つぎのような制約が伴うとされる。

　上記シュレスビッヒ・ホルシュタイン州学校法も書いているように，生徒代
表制は「学校の一部」を構成しているのであり，したがって，政治的な問題に
関しては，学校と同じく，中立性を保持しなくてはならず〈生徒代表制の政治
的中立性の原則〉，またすべての生徒の強制加入組織として，その活動は学校
の教育責務の範囲内に止まらなければならない。また見解が対立する争論的な
政治テーマについては，生徒代表制は生徒総体の名において自らの見解を表明
してはならない。そうすることは，異なる見解をもつ生徒の個人的自由領域に
不当に介入することになるからだとされる。

　詰まるところ，生徒代表制はいわゆる「一般的な政治的委任」（allgemeinpo-
litisches Mandat）は受けていないということであり，たとえば，バーデン・
ビュルテンベルク州学校法63条3項やザールラント州学校参加法24条がその
例であるが，この点を確認的に明記している学校法も見られている。

　なおこの問題は先に言及したドイツ教育審議会の1973年勧告「教育制度に
おける組織および管理運営の改革」の審議過程においても深刻な論議を呼
び[56]，また1970年代を通して学説上争論的なテーマであったが[57]，連邦行政

───────────

(54)　H.Avenarius/H.P.Füssel, a.a.O., S.164.

(55)　ditto, S.164～165.

(56)　Deutscher Bildungsrat, a.a.O., S.27, S.98ff., S.142ff.

(57)　肯定説としては，さしあたり，J.Berkemann, Die politischen Rechte des Schülers, In:
　　　RWS, 1974, S.11。否定説としては，さしあたり，F.Hase/K.H.Ladeur, Zum Verhältnis von
　　　SMV und politischer Bildung als Schulfach, In:RdJB（1975), S.295ff.

612

第3節　現行法制下における法制状況

裁判所の 1979 年の判決によって一応の決着を見るに至った[58]。この判決は学生自治会について「一般的な政治的委任」を否定したものであるが，H.ヘッケルなど有力な学校法学説によれば，そこで提示された基本的な法理は生徒代表制にも妥当すると解されたのであった[59]。

このように今日においては，学説・判例上，生徒代表制に対する「一般的な政治的委任」は否定されているのであるが，しかし学校法学の通説によれば，生徒とより直接的に関係する「学校政策上の事柄」については，生徒代表制は生徒総体の名においてその対応を委任されており，したがって，この領域の事柄については生徒代表制としての見解を表明することができる，つまりは，「学校政策上の委任」(schulpolitisches Mandat) は受けていると解されており[60]，また現行法制上もこの点を明記している学校法も見られている〈「一般的な政治的委任」と「学校政策上の委任」の区別〉。たとえば，ノルトライン・ウエストファーレン州学校法は「生徒代表制は……学校の教育責務の範囲内で，学校政策上の関心事を担うことができる」(74 条 1 項) と書いている。

つまり，生徒代表制は個々の学校における各種の措置・決定はもとより，ひろく学校制度の有りようや学校政策一般について批判的見解を表明したり，各種の提案を行う権利を有しているということである。

もとより，「一般的な政治的委任」と「学校政策上の委任」を峻別することはできない。そこで教育的な見地からは，後者の領域においては厳格な要件を付すべきではないとされている[61]。

3　生徒の学校参加の態様 ── 生徒の学校参加権の種類

生徒の学校参加の態様は，表現を代えると，生徒の学校参加権の種類は，大きく以下の二つのカテゴリーに分かれている。一つは，協同的参加ないしは諮問的参加とでも称すべきもので（協同権＝Mitwirkungsrecht・Beteiligungsrecht)，他は，共同決定的参加（共同決定権＝Mitbestimmungsrecht・Mitentscheidungsrecht) である。

前者の協同的参加は，具体的な権利の種類に即していえば，「知る権利」，「聴聞権」，「説明を求める権利」，「提案権」および「異議申し立て権」に区別

---

(58)　BVerwG, Urt. v. 13. 12. 1979. BVerwGE (59), S.231.

(59)　H.Heckel/H.Avenarius, a.a.O., S.88.

(60)　さしあたり，J.Staupe, Schulrecht von A－Z, 2001, S.177.

(61)　H.Avenarius/H.P.Füssel, a.a.O., S.165.

第Ⅵ部　第4章　生徒の学校参加の法的構造

できる[62]。

「知る権利」（Informationsrecht）は他のすべての生徒の権利ないし学校参加権行使の前提をなしており〈情報なければ、参加なし〉、通説・判例によれば、この権利は基本法2条1項が謳う「自己の人格を自由に発達させる権利」ないし「教育をうける権利」から導出される具体的権利であると解されている[63]。したがって、教育行政機関・学校・教員が黙秘し、この権利に応えないことは、生徒の自己の人格を自由に発達させる権利ないし教育をうける権利の侵害として違憲となる。

学校における生徒の知る権利の根拠について、有力な学校法学説は下記のように説いている。些か長くなるが引いておこう[64]。

「教員および学校当局に向けられた子どもの知る権利は、最適な教育をうける子どもの基本権の本質的構成要素をなしていると把握される。なぜなら、教育は一方的な権力行使の過程ではなく、人間的な触れ合いと絶えざるコミュニケーションの過程であり、それはただ相互的な信頼基盤があってのみ成果が期待できるもので、そのためには、生徒の発達段階と教育目的に照らしての、相互の情報が不可欠だからである。生徒は教育過程における客体ではなく、等価値のパートナーなのである。そうしたものとして、成熟した、あるいは成熟しつつある生徒は、彼の成績の状態や発達に関しての教員の見解を知らされずにおかれてはならない。

教育の目的は、取りも直さず自律的に行為する人格にある。この目的に向かって、生徒もまた学校の教育過程において、学習方法を自ら決定し、学習の重点を自分で設定し、時間を有効に配分することなどを、徐々に学ばなくてはならない。これらのすべては、それに対応した情報がなければ不可能である。かくして生徒の知る権利は、親のそれと同じように、憲法上の要請として定礎されていることは自明だと言えよう」。

現行法制上、生徒の「知る権利」ないし「報告を受ける権利」の対象は広範囲に及んでおり、たとえば、ハンブルク州学校法は「教育権者と生徒の知る権利」と題して、「生徒および教育権者は、すべての重要な学校事項（alle wich-

---

(62)　H.Avenarius/H.P.Füssel, a.a.O., S.145～S.146.　　B.Pieroth/U.Schürmann, Rechte und Pflichten des Schülers, In:VR（1981）, S.378.

(63)　J.Staupe, a.a.O., S.116.

(64)　F.Ossenbühl, Rechtliche Grundlagen der Erteilung von Schulzeugnissen, 1978, S. 23～24.

第3節　現行法制下における法制状況

tige Schulangelegenheiten）について報告を受けるものとする」（32条1項）と
書き，その例として，具体的に下記のような事項を摘記している。

　教育制度の構造と編成，学校種間の移動，入職を含む卒業と資格制度，授業
の計画と形成に関する原則，授業内容・授業目的および進級を含む成績評価の
原則，自分の成績や学校における行動に関する評価，生徒の参加の可能性など
である。

　また生徒の知る権利はさらに積極的に，生徒個人の試験・成績・評価に関す
る書類その他の，生徒の権利領域や法的地位に触れる文書を閲読する権利・記
載内容について訂正を求める権利なども導くと解されている。

　以上述べたことは，個々の生徒の「個人的な知る権利」（individuelles Infor-
mationsrecht）についてであるが，この生徒の個人的な知る権利を前提とした
うえで，集団的な学校事項に関しては生徒代表制に「集団的な知る権利」（kol-
lektives Informationsrecht）ないし情報請求権が保障されている。

　たとえば，ヘッセン州の生徒代表制に関する規程は「校長に対する情報請求
権」と銘打って，「校長は学校生活におけるすべての本質的な事項について，
生徒評議会に報告するものとする」（25条1項）と規定しており，そして通説
によれば，たとえば，教育制度の構造と編成，学校種間の移動，入職を含む卒
業と資格制度，授業の計画と形成に関する原則，授業内容・授業目的および進
級を含む成績評価の原則などがこれに属するとされている[65]。

　つぎに「聴聞権」（Anhörungsrecht）としては，上は州レベルの教育政策か
ら下は学校・学級段階での，生徒の法的地位や権利領域に触れる重要な諸決定
に際しての聴聞される権利や「説明を求める権利」（Recht auf Erörterung），生
徒懲戒に際しての聴聞権が重要な位置を占めている。

　現行の規定例を引くと，たとえば，ヘッセン州学校法は文部省が教育目的や
教育課程，上級学校への入学，教材・教具の選定などに関する一般的規程，さ
らには一般学校規程を定立する場合には，州生徒評議会（Landesschülerrat）
は聴聞されなくてはならないと書いており（124条4項），またハンブルク州学
校法にも「生徒ないし教育権者は懲戒措置が決定される前に，聴聞されるもの
とする」（49条5項）とある。

　また「提案権」（Vorschlagsrecht）は学校や教育行政機関に意見や要望・要
求を提出する権利，それらの決定に対して「態度表明をする権利」（Recht auf

---

(65)　J.Staupe, a.a.O., S.117.

第VI部　第4章　生徒の学校参加の法的構造

Stellungnahme）を内容としている。

　たとえば，ヘッセン州の前記生徒代表制に関する規程は，学校会議と教員全体会議の権限事項のうち，生徒評議会の同意ないし聴聞を要する事項については，生徒評議会に校長に対する提案権を容認するところとなっている。

　さらに「異議を申し立てる権利」（Beschwerderecht）は基本法17条が保障する請願権ないし訴願権に基づく権利で，教育行政機関や学校の措置・決定によって権利を侵害された場合に，当該機関や校長に対して，当該措置・決定の取り消しを求めることができる権利である。

　この権利は個々の生徒だけではなく，生徒代表制も有しており，たとえば，ヘッセン州においては生徒評議会に対して，校長への意思表示が不調に終わった場合，州の学務局への異議申し立て権を明示的に保障するところとなっている（生徒代表制に関する規程25条2項）。

　以上のような協同的参加（協同権）は，学校教育事項により，また州により，その範囲や強度において多少の違いは見られてはいるが，今日，すべての州で法的保障を受け制度化されている。

　他方，後者の共同決定的参加（共同決定権）―生徒代表制の同意がなければ，教育行政機関や学校の決定は法的には成立しえないということ―であるが，ドイツにおいて生徒の学校参加制度がきわめてよく整備されているとはいっても，このような強力な権利が保障されているのは，現在のところ，ヘッセン州においてだけである。

　同州では州憲法（1946年）によって親の公教育運営への参加権が憲法上の基本権として保障されており（56条6項），これをうけて父母協議会は各種の学校事項について共同決定権を擁しているのであるが（学校法110条），生徒の参加制度も，憲法上の明示的な保障は欠くものの，親の参加制度とほぼパラレルに法制化されている状況にある[66]。

　すなわち，同州では以下に掲記する学校会議および教員全体会議の決定は，学校父母協議会だけではなく，生徒評議会（Schülerrat）の同意が必要であるとして，生徒評議会に，これらの事項に関する共同決定権を保障しているのである（学校法122条5項）。表現を代えれば，生徒評議会は下記の事項の決定に際して「拒否権」（Vetorecht）を有しているということである。

　つまり，同州学校法は学校会議の権限事項として11項目を列挙しているのであるが（129条），そのうちの学校プログラムの策定，自由参加の授業や看護サービスの実施とその範囲および終日教育への参加義務に関する原則の決定，

616

第3節　現行法制下における法制状況

基幹学校と実科学校ないしは協同型総合制学校と接続した促進段階の設置ないし補充，宿題と学級活動に関する原則，学校実験の実施または当該校の実験校への転換および強化された学校の自律性モデルへの検証の申請，さらには授業およびその他の教育活動への親その他の人の参加に関する原則などについての決定がそれに属する。

また教員全体会議の権限とされている 17 事項のうち，下記の事項に関する決定に際しては，生徒評議会の同意が必要とされている。(133 条 1 項 3 号〜5 号)。教科の学習領域への統合と課題領域への転換，基礎学校で導入する外国語の選定，さらには促進段階，統合型総合制学校と協同型総合制学校および基幹学校・実科学校と接続した学校岐を超えた授業における習熟度別編制の種類・範囲・始期に関する決定，がそれである。

かなり重要な学校教育事項，それも生徒と直接関係する事項が生徒評議会の共同決定権事項とされていることが知られる。

4　生徒代表制の組織

4－1　生徒代表組織の種類

生徒代表制の組織は州により，また学校種や学校段階によっても異なり一様ではないが，現行法制上，その基本的な構造はおおむね以下のようになっている[67]。

改めて書くまでもなく，生徒の学校参加は一定の成熟度・判断能力を前提と

---

(66)　第 2 次大戦後，ドイツにおいて生徒の学校参加を最初に法制化したのは 1948 年 6 月のベルリン州学校法であるが，その 3 ヵ月後にはヘッセン州でも法制化を見ている。ただそれは法律ではなく，訓令によってであった〈Erlaß v. 14. 9. 1948〉。

生徒の学校参加について法律で規定したのは 1961 年に制定された学校行政法（Schulverwaltungsgesetz v 2 8. Juni 1961）で，同法は「生徒代表制」（Schülervertretung）のタイトルで下記のように規定して，この時期すでに生徒代表制に対して共同決定権を認容していたことは刮目に値しよう（K.Hess, Das Recht der hessischen Schülervertretung, 1981, S.3〜5. なおこの時期のヘッセン州の生徒代表制について，詳しくは参照：H. Tschampa, Demokratisierung im Schulwesen, 1972, S.13ff.）。

49 条 1 項＝「ヘッセン州憲法 56 条 4 項が規定する学校の教育目的の実現に際して，生徒は生徒代表制によって，固有責任にもとづいて参加する」。

同条 2 項＝「生徒代表制は学校における生徒の利益，学校監督庁に対する生徒の利益および社会における生徒の利益を確保する。その際，生徒代表制は学校における生徒の協同権（Mitwirkungsrecht）と共同決定権（Mitbestimmungsrecht）を行使する。生徒代表制は学校の教育責務の範囲内で，自らが設定した課題を固有責任で遂行する」。

617

第Ⅵ部　第4章　生徒の学校参加の法的構造

するから，「参加」の範囲および強度は年齢段階に即して構築されており，ま
た促進学校（Förderschule・わが国の特別支援学校に当たる・筆者）にあっては障
害の種類によって，通常学校におけるのとは異なる仕組みになっている。

　生徒代表制が学校の組織として制度化されるのは，もっとも早いベルリン州
では基礎学校の3学年（8歳）からで（学校法84条），ブランデンブルク州が
4学年でこれに次ぎ，ヘッセン州やバイエルン州など7州が5学年からとなっ
ている。それ以前の段階では，学級担任が若干名の児童をクラスの係として指
名する。

　生徒代表制の組織的・制度的な基礎単位は各学級で，まず各学級における秘
密投票で学級代表（Klassensprecher）を選出する。任期は1年間で，ベルリン，
ブランデンブルク，ブレーメンおよびハンブルクの4州では学級代表は2人と
なっている。ただ，ギムナジウム上級段階のようにクラス別に編制されていな
い場合は，各学年の生徒数に応じて（たとえば，生徒20人につき1人），学年代
表（Jahrgangsstufensprecher）を選出する。

　生徒代表を選任するに際しては，男女平等の原則を踏まえなければならず，
またニーダーザクセン州とノルトライン・ウエストファーレン州では外国人生
徒のために一定数が確保されなければならいと法定されている。

　こうして選出された学級代表ないし学年代表の全員で各学校の全体生徒代表
制（Gesamtschülervertretung・州により名称は各様）を構成する。そして全体生
徒代表制はその成員の中から秘密投票で学校代表（Schulsprecher）を選出する。
ただ州によっては，学校代表の選出は当該校の生徒全員による直接投票として
いるところもある。

　以上のような学校レベルの組織を基礎として，その上部組織として行政レベ
ルごとに，「地区生徒評議会」（Bezirksschülerrat），「郡・市生徒評議会」
（Kreis-und Stadtschülerräte）および「州生徒評議会」（Landesschülerrat）が制
度化されている。これら上部組織の役割は各学校の生徒代表制の活動を支援し，
生徒の利益を確保することにある。そこで各段階の教育行政上の重要な決定に
際して，それぞれ聴聞権が保障されるところとなっている。

　なお上記のような法定の生徒代表制の他に，連邦レベルの組織として「連邦

───────────

(67)　H.Avenarius/H.P.Füssel, a.a.O., S.162ff. H.Gampe/R.Knapp/G.Rieger, Schülermitwir-
　　kung in Nordrhein-Westfalen, 1981, S. 51ff. F. Zubke, Schülermitbestimmung in Nie-
　　derszchsen, 1982, S.14ff. T, Böhm, a.a.O., S.102ff.

618

第3節　現行法制下における法制状況

生徒会議」（Bundesschülerkonferenz）が存在しているが，これは任意団体であり，現在のところ，ヘッセンやザクセンなど9州の州生徒評議会によって構成されている。

4－2　生徒代表と選挙人の関係

生徒代表制は生徒の自律的組織であるから，選出されたいずれの段階の生徒代表も，その就任につき校長の承認は必要ではない。また選挙人である生徒の委任や指示にも拘束されない。つまり，生徒代表と選挙人である生徒との間には「命令的委任」（Imperatives Mandat）は存在しないということであり[68]，生徒代表は，その任務を自律的に遂行する権限を有している。

ちなみに，この点について，たとえば，ザールラント州学校参加法は「生徒代表はその任務の遂行に際して，ただ現行規定にだけ拘束され，委任や指図には拘束されない」（25条2項）と明記しており，またヘッセン州の生徒代表制に関する規程もこう書いている。「生徒代表は，その決定に際して自由であるが，しかし生徒全体に対して責任を負う。生徒代表はその活動に関して，生徒に報告する義務を負う。学校生徒代表は生徒集会で報告するものとする」（11条1項）。

他方，生徒代表が多数の生徒の信頼を失うに至った場合，生徒は，自らが選出した生徒代表を解任することができる。これには二つの方法が見られている。一つは，選挙人の3分の2の多数決によるもので，ニーダーザクセン州など3州でこの方法が採用されている。他は，いわゆる「建設的不信任投票」によるもので，選挙人が新たに後任を選出することによって，前任者を解任する方法である。ヘッセン州やブレーメン州など，この手続を採っている州の方が多くなっている。

ただ生徒代表に重大な義務違反があった場合には，たとえば，ノルトライン・ウエストファーレン州がその例であるが，下級学校監督庁が当該生徒代表を解任できるとしている州も見られている。

なお一般の生徒は代表を選出するだけではなく，各人が直接参加できる組織として，学級，学年，学校の各段階の生徒集会（Schülerversammlung）が，バイエルンやザクセンなど5州を除いて設けられている。

---

(68)　基本法は「議員は全国民の代表者であって，委任や指図に拘束されることなく，自己の良心にのみ従う」（38条1項）と規定して，命令的委任を認めていない。

第Ⅵ部　第4章　生徒の学校参加の法的構造

4－3　調整・助言教員の配置

ところで，生徒代表制の組織や活動と係わって留意を要するのは，すべての州で「調整・助言教員」（Verbindungslehrer, Beratungslehrer, Vertrauenslehrer）という制度が設けられていることである。調整・助言教員は各学校の生徒代表制が当該校の教員の中から直接選任する職制で，その任務は生徒代表制に対して助言や支援を行い，また生徒，教員，校長間における意見の相違やコンフリクトを調整することにある。生徒代表制の組織上の自律性に鑑み，これに対する監督権や命令権はもたないとされていることは重要である。調整・助言教員は助言権を擁して生徒代表制の各種の会議に出席できるし，生徒代表制・教員会議・校長の協同を旨として，三者の合同委員会を立ち上げることもできるとされている。

なおこれまで述べてきたことと関連して付言すると，近年，「学校における民主的参加」「学校における代議制民主主義」の拡大・強化を旨として，従来の生徒代表制に対する新たな組織モデルとして「生徒議会」（Schülerparlament）を設置する学校も見え始めているが，その動向は現在のところ定かではない[69]。

5　学校会議への生徒代表の参加

ドイツにおいては，①1960年代末の学生・生徒による「大学・学校の民主化」要求を背景に，1969年にブレーメン州で，既存の教員全体会議，父母協議会および生徒代表制に加えて，学校におけるすべての当事者の同等・同権的参加の確保・保障を旨として，教員代表，親代表，生徒代表の三者同数からなる共同委員会が設置されたこと，②この共同委員会をモデルとして，1970年代に入って，各州において学校における教員・親・生徒の同権的な責任機関として，学校会議が法制化され，そして現行法制上，ザクセン・アンハルト州を除くすべての州で，校長，教員会議とならぶ学校の重要な管理運営機関・意思決定機関として設置されており，それどころか，ハンブルク州やブレーメン州のように，学校会議を学校の最高審議・議決機関として位置づけている州も見られていること，③学校会議は教員代表，親代表，生徒代表によって構成され

---

(69)　詳しくは参照：T. Diemer, Das Schülerparlament－ein Modell der Erweiterung innerschulischer Partizipation, In:A.Eikel/G.Haan（Hrsg.）, Demokratische Partizipation in der Schule, 2007, S.93ff.

ているが，三者の構成比は現行法制上，三者同数代表制の学校会議が 10 州を占め，もっとも多くなっていること，④教員・生徒・親の三者同数代表制の学校会議については，その合憲性に関し争いがあるが，憲法学・学校法学の支配的見解および憲法裁判例はその合憲性を確認していること，⑤こうして学校会議は現行法制上，生徒代制とともに，生徒の学校教育運営への重要な参加組織となっていること，等については，第Ⅴ部第 1 章第 5 節「『学校の自律性』の基幹主体としての学校会議」で詳しく言及したところである。

6　教員会議への生徒代表の参加

　ドイツにおいては現行法制上，教員会議〈Lehrerkonferenz＝教員全体会議（Gesamtlehrerkonferenz）と教科会議，学年会議，進級会議などの部分会議（Teilkonferenz）の種別がある〉はほとんどの州で学校の意思決定過程においてかなり強力な権限を有しているが，この教員会議への生徒代表の参加を制度化している州が存している。ベルリン，ブレーメン，ヘッセン，ニーダーザクセン，ノルトライン・ウエストファーレン，シュレスビッヒ・ホルシュタインなどの各州がその例である[70]。ちなみに，この点について，たとえば，ヘッセン州学校法は下記のように定めている（122 条 5 項）。

　「学校生徒代表と副代表および生徒評議会のメンバー 3 人は，審議権をもって教員全体会議に参加することができる。成績評価会議と進級会議および教員の人事事項が審議される会議を除く，その他の教員会議にも，生徒評議会のメンバー 3 人までが参加することができる」。

　上記ヘッセン州学校法にもあるように，教員会議において生徒代表はたいてい審議への参加権＝審議権（Beratungsrecht）をもつにすぎないが，ニーダーザクセン州では生徒代表に教員と同等な表決権（Stimmrecht）を与えていることは注目される。

　すなわち，同州学校法はいわゆる「学校の自律性」の法理を確認したうえで（32 条），「学校の決定は，教員会議もしくは校長によってなされる」（33 条）と規定し，続いて「教員会議は，学校のすべての本質的な事項について決定する」（34 条 1 項）との定めをおいている。そしてこれらの規定を受けて，教員会議の構成と手続について規定しているのであるが，校長や教員に加えて，教育権者（親）の代表と生徒代表も，教員全体会議の表決権をもつ正規のメン

（70）　J.Staupe, a.a.O., S.132.

第Ⅵ部　第4章　生徒の学校参加の法的構造

バーとして法定しているのである（36条1項）。

このように，ニーダーザクセン州では生徒は表決権をもって教員全体会議に参加できることになっているのであるが，この条文は成績評価会議にも準用されうるかが争われた事件で，ニーダーザクセン州憲法裁判所は1997年，下記のように判じて，これを否定している[71]。

「立法者は学校の諸機関への親代表と生徒代表の参加権の規律に関して，広範な形成の自由を有している。しかし成績評価，進級，卒業資格，学校種間の移行などの決定に際して，生徒代表に表決権を認める学校法条項は，基本法7条1項が規定する学校教育に対する国家の責任を侵害し，憲法上許されない」。

なお，教員会議に参加する生徒代表には，教員と同じく，会議の内容について黙秘義務が課されるところとなっている（ヘッセン州学校法122条5項など）。

7　州と地方自治体の教育行政機関への生徒代表の参加

ブレーメン，ノルトライン・ウエストファーレン，ラインラント・プファルツの3州を除く13州において，各種の団体の代表によって構成される州レベルの教育行政機関として，「州学校評議会」（Landesschulbeirat）－ザールラント州では「州学校会議」（Landesschulkonferenz），ザクセン州では「州教育審議会」（Landesbildungsrat）と称されている－が設置されている。その任務は，教育行政上の基本的な措置や決定ないし学校立法の準備に際して，文部省に助言したり提案することにある。そのために州学校評議会は，文部省に対する十分な情報請求権を保障されるところとなっている。

州学校評議会は様々な社会的グループの代表によって構成されているが，その中に教員代表や親代表などとともに，生徒代表が含まれている。具体的に，州学校評議会に関する規定例をバーデン・ビュルテンベルク州について見ると，以下のようである。

すなわち，同州学校法はまず州学校評議会の権限について「州学校評議会は学校制度の領域における基本的な措置の準備に当たって，文部省に助言する。評議会は文部省に対して提案を行う権利を有する」（71条1項）と規定する。そこで何がいうところの「学校制度の領域における基本的な措置」に当たるかであるが，同法の権威あるコンメンタールによれば，たとえば，学校制度の構成や組織，新しいタイプの学校の導入や既存の学校の廃止，実験学校の導入な

(71)　Nds StGH, in, NVwZ（1997），zit, aus H.Avenarius/H.P.Füssel, a.a.O., S.146.S.163

622

第3節　現行法制下における法制状況

どがこれに属するとされている[72]。

　続いて同法は州学校評議会の構成について「州学校評議会は親，教員，職業教育責任者，生徒，地域団体，教会および承認を受けた宗教団体，使用者団体と労働者団体の代表およびその教育上の経験が評議会の活動に大いに資する個人によって構成される」と規定し，さらに評議会の委員は文部大臣が任命し，任期は3年であること，評議会の議長は委員の互選によること等について定めている（71条2項・3項）。

　以上のような州レベルの教育行政機関への生徒代表の参加にくわえて，多くの州で地方自治体レベルの生徒の参加機関が設けられている。地方自治体の行政区域の段階（地区・市・ゲマインデ・郡など）や州により，名称と権限は各様であるが，たとえば，バーデン・ビュルテンベルク州では「すべての重要な学校事項」について学校設置者に対して聴聞権をもつ「学校評議会」(Schulbeirat) が置かれており，そのメンバーに校長，教員，親，宗教団体，職業教育責任者などの代表とともに，生徒代表が含まれるところとなっている（同州学校法49条）。

---

(72)　H.Hochstetter/E.Muser, Schulgesetz für Baden-Württemberg, 2005, S.136.

623

第5章　少年法制の概要と特徴

第1節　少年法制の理念・性格と刑事責任年齢

1　福祉型モデルと司法型モデル

　ドイツにおける少年法学の権威F・デュンケルも指摘しているように，少年の刑事責任年齢の問題は，その国の少年法制の理念や基本的な性格と密接な関係を有していると言える。そしてヨーロッパ諸国の場合，少年法制は学説上，理念型としては，福祉〈少年援助法〉型システムと司法志向〈少年刑法〉型システムに区別されるのが一般的であるという[1]。

　ここに「福祉型モデル」（Wohlfahrtsmodell）とは，つぎのようなメルクマールによって特徴づけられる少年法制をいう。

　すなわち，①少年事件の処理や決定に際して，少年裁判官ないし他の決定主体（社会福祉関係者など）が広範な裁量権を有し，②犯罪ないし非行を犯した少年に対する反作用は，制裁（科罰）ではなく，教育援助措置を旨とし，そしてその期間は当該措置の効果の如何に掛っており（不定期），③少年司法（少年事件の処理手続）は特別の手続法によらない非公式的なもので，さらに，④少年に対する公的ないし教育的介入は犯罪や非行の危険性が認められれば開始される，というものである。

　一方，「司法型モデル」（Justizmodell）は，①少年に対しても原則として成人刑法が適用されることを前提に，②少年犯罪者に対する制裁としての刑罰は，犯罪行為の重要性や罪質により，定期刑として科され，③少年司法は成人の刑事訴訟手続と基本的には変わるところはなく，④事案に関する決定（判決）は公式の手続に基づいて法律専門家によってなされる，という点を特徴としている。

　ただ現実には，こうした理念型モデルが純粋型で存在していることは稀で，多くの国の少年法制が両者の混合型だとされる。

　たとえば，ドイツの少年刑法（Jugendstrafrecht）は，後述のように，手続法上は成人の刑事手続に関する原則を採用しながらも〈刑事訴訟法の適用〉，「児

---

(1)　F.Dünkel, Strafmündigkeitsalter im internationalen Vergleich, In:RdJB（1999），S.292.

624

童・少年援助法」と相俟って,「教育思想」を指導理念としており〈教育刑法としての少年刑法〉,そこで少年の処遇面においては教育援助措置が重きをなし,制裁としての少年刑はただ例外的な場合にだけ科されてよいこととされている。

　それはともかく,このような少年法制の性格区分と係わって,少年の刑事責任年齢は,いうところの福祉型モデルにおいては,司法型モデルにおけるよりも相対的には概して高く設定されている,ということをここで押さえておきたいと思う。

2　ヨーロッパ諸国における少年の刑事責任年齢の概況

　F. デュンケルの論文「刑事責任年齢の国際比較」によれば,ヨーロッパ諸国の現行法制における少年の刑事責任年齢,成人刑法の適用(可能)年齢および民法上の成人年齢(成年制度)は下記のようである[2]。

　少年の刑事責任年齢を最も高く設定しているのは,ベルギーとルーマニアである。民法上の成人年齢と同じ18歳とされている(ただ交通犯罪についてはベルギーは16歳)。これに次ぐのがスペインとポルトガルで,少年法改正以前におけるわが国と同じく,16歳となっている――参考:ラテンアメリカ諸国のほとんども18歳ないし16歳である――。なおロシア,ウクライナ,リトアニア,ラトビアなどの旧ソ連邦諸国にあっても,一般的な刑事責任年齢は16歳と規定されているが,しかし特別な重要犯罪については,14歳から刑法上の責任が追及される仕組みとなっている。

　つづいて刑事責任年齢を15歳と定めているのがスウェーデン,ノルウェー,フィンランドのスカンジナビア3ヵ国とデンマーク,それに社会主義体制崩壊以前は単一国家であったチェコとスロバキアである。

　改めて書くまでもなく,わが国においては,先般の少年法改正(2001〈平成13〉年4月1日施行)によって少年の刑事責任年齢は14歳に引き下げられたが,同じく14歳としているのは,ドイツ(旧東ドイツも同様),オーストリア,イタリアと旧社会主義国のハンガリーとブルガリアである。

　一方,現行法制上,少年の刑事責任年齢がわが国よりも低い国に目を転じると,かなり低く設定しているのは,コモン・ロー法制を擁している諸国とスイスである。前者に属するアイルランド,スコットランド,それにイングランド

────────────

(2)　ditto. S.294.

第Ⅵ部　第5章　少年法制の概要と特徴

／ウェールズにおいてはそれぞれ 7 歳，8 歳，10 歳となっており——同じコモン・ロー法系のアメリカ各州の少年法制においても概して同様の傾向が認められる。ミズーリー州＝12 歳，ニューヨーク州＝13 歳など——，またスイスでは 7 歳と法定されている[3]。

もっとも，スイスとアイルランドでは実際に科罰できる年齢＝少年刑の執行可能年齢はいずれも 15 歳とされており，14 歳以下の少年は，少年刑法の対象とはなるものの，その処遇はもっぱら教育援助措置によることとされている。ちなみに，この点，旧ユーゴスラビア諸国でも刑事責任年齢は刑法上 14 歳と規定されてはいるが，少年に対して実際に刑罰を科すことができるのは 16 歳以上とされている。

つぎにわが国の小学校高学年に相当する年齢段階に刑事責任年齢を設けているのが，トルコとオランダで，前者では 11 歳，後者では 12 歳となっている。またフランス，ギリシャ，ポーランドにおいては，わが国よりも 1 歳低い 13 歳とされている[4]。

ところで，この 20 年間のグローバルな少年刑事政策の動向としては，いわゆる福祉型モデルであると司法型モデルであるとを問わず，大勢としては，刑事責任年齢は引き上げられる傾向にある。

ちなみに，1977 年にルーマニアが 14 歳から 18 歳へ引き上げたのを皮切りに，それ以降，下記の諸国においても同様の少年法制改革が実施されるところとなっている[5]。

イスラエル＝9 歳→13 歳（1977 年），キューバ＝12 歳→16 歳（1979 年），カナダ＝7 歳→12 歳（1983 年・ただし科罰年齢は 14 歳），アルゼンチン＝14 歳→16 歳（1983 年），ノルウェー＝14 歳→15 歳（1987 年）。

なお，以上と関連して，ここで次のことを付言しておかなくてはならない。

① ヨーロッパ諸国における民法上の成人年齢は，すべて満 18 歳である。

② 少年刑法が適用される上限年齢（少年裁判所の管轄年齢）は，ドイツ（21

---

(3) なおスイスでは，その後 2003 年に刑事責任年齢は 7 歳から 10 歳に引き上げられて，今日に至っているとされる（B.R.Sonnen, Im Papierkorb der Politik:Die Vorschläge für eine Reform des Jugendstrafrechts der 2. Jugendstrafrechtsreform-Kommission der DVJJ oder Wie Kriminologie-resistent sind unsere Politikerinnen und Politiker?, In: RdJB 〈2003〉, S.313.）

(4) 以上，F.Dünkel, a.a.O. S.292 – 295.

(5) F. Dünkel, Freiheitsentzug für junge Rechtsbrecher, 1990, S.513.

626

歳）など一部の国は別として，多くのヨーロッパ諸国では民法上の成年に対応して，18歳未満とされている。

③　重要犯罪を犯した少年に対しては，例外的に14歳（ロシアなど），15歳（デンマークなど），16歳（スペインなど）から成人刑法の適用を認めている国も見られているが，成人刑法の適用（可能）年齢を民法上の成年に合わせている国がマジョリティーを形成している。

第2節　少年援助法と少年刑法

ドイツの少年法制は，大きく，「少年援助法」（Jugendhilferecht）と「少年刑法」（Jugendstrafrecht）の二本建ての制度になっている。

少年援助法制の基幹をなしているのは，1990年に制定され，社会法典第8篇に組み込まれた「児童・少年援助法」〈Kinder－und Jugendhilfegesetz v. 26. Juni 1990〉である。この法律は，端的に言えば，「少年福祉法」〈Jugend-wohlfahrtsgesetz v. 9. Juli 1922〉が有していた権力介入的・秩序法的性格を払拭し，親や家庭の教育力を強化することを目的として制定された。

少年援助制度は，法原理的には，子どもの「発達の促進を求める権利」（Recht auf Förderung seiner Entwicklung）および「自己責任的で社会的に有為な人格への教育をうける権利」（Recht auf Erziehung zu einer eigenverantwortlichen und gemeinschaftsfähigen Persönlichkeit）に対応している。これらの権利の保障責任は第1次的には親にある。このことを前提に，（非行ないしは犯罪を犯した）少年の個人的・社会的な発達を促進し，子どもの教育に際して親に助言と援助を行い，少年を危険から保護し，かくして子どもと家庭に適切な環境の実現に資すること，これが少年援助の制度理念をなしている[6]。少年援助の原則や具体的な仕組み・内容等については，児童・少年援助法で定められている。

一方，少年刑法は犯罪を犯した少年だけを対象とするが，以下に述べる通り，その理念は少年援助法と重畳しており，したがって法規定上も両者の間には交錯領域が存している。

第3節　少年刑法の指導理念と性格

少年刑法とは，少年の特性を考慮した，犯罪を犯した少年に固有の刑法をい

---

(6)　W.Schellhorn（Hrsg.）, Sozialgesetzbuch Achtes Buch Kinder- und Jugendhilfe 2000, S. 45ff. H.Avenarius, Die Rechtsordnung der Bundesrepublik Deutschland, 2001, S.236.

第Ⅵ部　第5章　少年法制の概要と特徴

う。少年に対する，成人刑法・刑事訴訟法・行刑法の特別法という性格をもつ。

　ドイツにおける少年刑法の歴史は，1923年の少年裁判所法に遡る。それ以前は，少年は「小さな大人（kleiner Erwachsener）」・「半分大人（halber Erwachsener）」と見なされ，少年犯罪は成人刑法によって処罰された。1871年のドイツ刑法典は，刑事責任年齢を12歳と定め，ただ12歳〜18歳の少年については，刑の軽減がある旨を規定していたに止まる。

　第2次世界大戦後，1953年に本格的な少年裁判所法が制定され，その後数回の改正を経て，1990年に施行された少年裁判所法第1次改正法〈Erste Gesetz zur Änderung des Jugendgerichtsgesetzes v. 30.Aug.1990〉が現行少年刑法の主要な法源をなしている。

　少年刑法はいわゆる「教育的思想」（Erziehungsgedanke）を指導理念としている。少年の犯罪は第一義的には「教育の欠損ないし欠陥」によるものと見るべきであり，また少年は可塑期にあるが故に，その処分は個々の少年の人格や境遇を考慮し，教育的観点からなされなければならない，との立場である〈刑罰に対する教育の優位〉。少年刑法が別名「教育刑法」（Erziehungsstrafrecht）ないし「行為者刑法」（Täter−Strafrecht）と呼称される所以である[7]。

　そして，この指導理念のもと，少年刑法は実体法および手続法の両面において，成人刑法とは異なる固有の定めを擁するところとなっている。

第4節　少年刑法の適用対象

　ドイツの少年法制においては，いうところの「少年」には，年齢段階により，「児童」（Kinder・14歳未満），「少年」（Jugendlicher・14歳〜18歳未満）および「青年」（Heranwachsender・18歳〜21歳未満）の区別がある−1974年に成人年齢が21歳から18歳に引き下げられたが，青年に対する少年法制上の取り扱いにはほとんど変更はない−。

　このうち少年刑法が適用されるのは少年と青年であって，児童には適用がない。児童は刑法上，責任無能力者（Strafunmündig・刑事未成年）とされており，かくして，現行法制上，少年の刑事責任年齢は満14歳となっている。

　犯罪行為を犯した児童に対しては，刑法上の制裁はなく，児童・少年援助法ないし民法に所定の教育・援助措置が講じられる。

　少年は，その道徳的・精神的発達に照らし，行為時，当該行為の不法性を認

---

(7)　A.Böhm, Einführung in das Jugendstrafrecht, 1996, S.11.

識し，かつそれにもとづいて行動することが可能であったと見られる場合には，刑事責任を追及されることになる〈限定的責任能力・bedingte Strafmündigkeit〉。この責任要件はたいてい形式的に根拠づけられ，かくして，少年司法の実際においては，犯罪少年の大半は刑事責任能力を認定されてきているというのが現実である。

　一方，青年については，行為の時点で，その道徳的・精神的発達が少年と同程度であると評価される場合，あるいは当該行為を少年犯罪として処理するのが適当だと判断される場合に限り，少年刑法の適用がある。

第5節　少年の犯罪行為に対する法的効果

　少年裁判所法によれば，少年の犯罪行為に対しては，第1次的には教育処分でもって対応し，それで十分でない場合には懲戒処分，さらには少年刑が科せられることとされている〈教育処分優先主義〉。

①　教育処分（Erziehungsmaßregeln）

　少年裁判所は，少年の犯罪行為が「教育の欠陥」に起因すると目される場合には，教育処分を命じる。教育処分としては，〈a〉.生活の規律に関しての指示の賦与，〈b〉.教育援助受容の義務，の2種類がある。

　たとえば，特定の人物との交際や盛り場への立ち入りを禁止することなどが前者に属する。また後者の例としては，少年に対する教育補佐や施設での教育などが挙げられる。

②　懲戒処分（Zuchtmittel）

　少年刑を科す必要はないが，少年に対して自らが犯した罪・不法行為の責任を自覚させるために科せられる処分である。刑罰としての法的効果は有さない。〈a〉.戒告，〈b〉.義務の賦課（損害賠償・労働など），〈c〉.少年拘禁の3種類がある。懲戒処分性がもっとも強い少年拘禁には，休日拘禁（1週末ないし2週末の拘禁），短期拘禁（最長4日），継続拘禁（最短1週間，最長4週間）の種別がある。

③　少年刑（Jugendstrafe）

　〈a〉.犯罪行為のなかに現れた少年の危険かつ有害な性向の故に，教育処分や懲戒処分では十分に対処しえない場合や，〈b〉.責任の重大性の故に刑罰が必要とされる場合に科せられる。少年刑は自由剥奪処分（自由刑・Freiheitsstrafe）として少年刑務所において執行される。少年刑の刑期は，最短で6ヵ月，最長で5年とされている。

第Ⅵ部　第5章　少年法制の概要と特徴

少年刑の執行に係って重要なのは，努めて「刑事手続からの離脱」（ダイヴァージョン）が企図されていることである。具体的には，以下のような制度がある。

（ア）・少年刑の執行猶予

1年以下の少年刑の言い渡しに際し，保護観察によって所期の教育効果が期待しうる場合は，裁判官は少年刑の執行を猶予し，保護観察に付すことができる。期間は最短2年から最長3年の間で定められ，事後に1年に短縮したり，4年に延長することも可能である。

（イ）・少年刑の宣告猶予

裁判官は少年に対し刑罰を科すことが必要かどうか確信をもてない場合には，少年の有責性（有罪）だけを認定し，保護観察に付すため，少年刑の言い渡しを猶予できる。保護観察期間（1〜2年）終了後，有罪の認定は抹消される。

（ウ）・残余刑の猶予

一定期間（最短6ヵ月）少年刑に服した後，将来，少年が誠実に生活することが見込まれる場合，執行指揮官は残りの刑を猶予し，保護観察に付すことができる。

以上の場合，少年は保護観察官の監督と指導のもとに置かれる。

なお少年刑を言い渡された少年について，裁判官は，品行方正な生活態度によって誠実な人間であるとの確信をもつに至った場合，刑の執行（猶予）後2年を経ていれば，前科の除去を宣告できる。

第6節　少年犯罪に対する厳罰化をめぐる論議

ドイツ連邦刑事局の犯罪統計によれば，2002年のドイツにおける犯罪認知件数は650万7394件となっている―旧西ドイツの11州で534万9422件，旧東ドイツの5州で115万7971件。犯罪率〈人口10万人当たりの犯罪認知件数〉はそれぞれ7785と8434―1992年の犯罪認知件数は629万1519件（犯罪率＝7838）であったから，この10年間で3.4％の増加を見たことになる。

こうした犯罪一般の増加もさることながら，深刻なのは，近年，とくに1990年代の初頭以降，ドイツにおいては少年犯罪が目立って増加しているということである。しかも「少年犯罪の低年齢化と凶悪化（重要犯罪の多発）」という顕著な傾向も見られている。

実際，刑事犯検挙者数の推移を年齢層別に，1993年と1998年について見ると，21歳以上の場合は5.2％の増であるのに対し，14歳〜18歳未満（少年）

630

第6節 少年犯罪に対する厳罰化をめぐる論議

では45.4%増えており，さらに14歳未満（児童）にあっては実に73.1%増という激増ぶりなのである。少年刑法犯検挙者数は1998年をピークに，それ以降若干の減少を見せてはいるが，しかし今日においても依然としてかなりの高水準にあり，とくに旧東ドイツ諸州においてそうである[8]。少年刑法犯検挙者数は1998年をピークに，それ以降若干の減少を見せてはいるが，しかし今日においても依然としてかなりの高水準にあり，とくに旧東ドイツ諸州においてそうである。

ちなみに，2002年の刑法犯検挙者総数は232万6149人で，うち少年は29万7881人〈全体の12.8%〉，青年は24万5761人〈全体の10.6%〉となっている。また2000年に少年刑を科された少年および青年の数は，同世代の人口10万人当たり，ドイツ全体の平均は94.3人で（最低はハンブルク州の52.4人），旧東ドイツのメックレンブルク・フォアポンメルン州では148.4人，同じくザクセン州では145人となっている[9]。

このような少年犯罪，とくに14歳未満の児童犯罪（Kinderkriminalität）の増加や極右少年による排外暴力事件の多発という深刻な現実を背景に，1990年代以降，ドイツにおいても少年事件に対して厳罰化を求める声が強くなっている。

たとえば，1993年にはCDU/CSUの連邦会派が，少年刑の上限の引き上げなど制裁の強化を求めて，「暴力と過激主義に反対する立法案」を公にした。また1996年にはブレーメン州のCDU/CSU連邦議員が，刑事責任年齢の12歳への引き下げを提案し，連邦議会で論議を呼んだ。そして2000年になると，少年刑法の改正論議は一段と本格化することになる。

すなわち，同年4月に同じくCDU/CSUの連邦会派が「青少年犯罪者に対する法律上の措置の改善のための法案」を連邦議会に提出したのを皮切りに，2003年5月までの間に相次いで7度も，もっぱらCDU/CSUのイニシアティブによる改正法案が連邦議会ないし連邦参議院に提出されるに至った。社会民主党と連合90/緑の党の連立政権のもと，これらの法案はいずれも否決されたのであるが，法案の内容が概して，現行の少年刑法の指導理念である「教育的思想」に対して根本的な疑念を呈するものとなっている，という事実は重要で

---

(8) W.Steffe/E.Elsner, Kriminalitätsprobleme junger Ausländer, In:RdJB（1999），S.332.

(9) I.Hotter/H.J.Albrecht, Jüngste Vorschläge zu Reformen im Bereich des Jugendstrafrechts—ein Überblick, In: RdJB（2003），S. 283. F. Dünkel, Situation und Reform des Jugendstrafvollzugs in Deutschland, In:RdJB（2003），S.336.

第Ⅵ部　第5章　少年法制の概要と特徴

ある[10]。

　一方，学会においても，2001 年の 5 月に刑法学会が，また 10 月にはドイツ少年裁判所学会が，さらに 2002 年 9 月にはドイツ法律家学会がいずれもこの問題をメインテーマとして開催され，少年刑法の改正をめぐって，激しい論議が展開された。

　ちなみに，ドイツ法律家学会が少年法域をテーマに設定したのは，その 142 年に及ぶ歴史の中で，1904 年大会以来，今回が 2 度目であった。この事実からも，この問題が今日，学会においてもいかに重視されているかが知られよう[11]。

　少年法学の権威によれば，「少年の刑事責任年齢や少年刑法の若年成人への適用などについては，ドイツ社会において既に一般的なコンセンサスが成立している[12]」とされてはいるが，しかし今後，とくに政権交代の如何によっては，事態は大きく展開することも予想される。

　いずれにしても，少年犯罪の抑止・克服が，今日，ドイツにおける最重要な政策課題に属していることは間違いなく，かくして，政府は，「全社会的な現象としての少年犯罪」との認識のもとに，目下，つぎのような政策を推進するところとなっている[13]。

　①暴力から自由な教育，②少年裁判所や少年援助機関による家族法上の支援措置の強化，③少年援助機関と学校との協同の促進，④少年失業の克服，⑤過激主義と暴力に反対する，民主主義と寛容の同盟。

　なお敷衍すれば，ドイツにおいては，1923 年の少年裁判所法によって，少年の刑事責任年齢が 12 歳から 14 歳に引き上げられ，今日に至っている。当時，その有力な根拠とされたのは，義務教育段階の児童・生徒は少年刑に曝されるべきではない，ということであった。このような筋道からは，就学義務期間の延長に伴い，今日では刑事責任年齢の 16 歳への引き上げが求められることになる。実際，1970 年代には，そうした見解が強く唱導されたという[14]。

---

(10)　I.Hotter/H.J.Albrecht, a.a.O., S.285〜S.298

(11)　H.Schöch, Ist das deutsche Jugendstrafrecht noch zeitgemäß?, In: RdJB（2003）, S.299.

(12)　F.Dünkel, Strafmündigkeitsalter im internationalen Vergleich, In: RdJB（1999）, S.298 − S.299.

(13)　H. D. Gmelin, Bekämpfung der Kinder−und Jugendkriminalität: Vorhaben der Bundesregierung, In: RdJB（1999）, S.269ff.

(14)　F.Dünkel, a.a.O., S.305.

第Ⅶ部

学校におけるデータの保護法制と開示法制

第1章　学力保証政策とデータ保護の学校法制

第1節　情報に関する自己決定権の憲法上の保障

　ドイツ連邦共和国基本法2条1項は,「各人は……自己の人格を自由に発達させる権利を有する」と謳っているが,ドイツの憲法学の通説および判例がほぼ一致して説くところによれば,ここにいわゆる一般的人格権 (allgemeines Persönlichkeitsrecht) にはその重要な内容として,「情報に関する自己決定権」 (Recht auf informationelle Selbstbestimmung) が当然に包含されているとされる[1]。そもそも人格権とは,氏名・名誉・信用・秘密・私的領域など,個人の人格に関わる利益について保護を求める権利,ないしこの面での個人の自己決定と自己責任を保障するものだからである[2]。

　詰まるところ,「人間の尊厳の保障の帰結としての,ないしは人格権の流出としてのデータの保護[3]」もしくは「自己表現の権利の特別な形態としてのデータ保護[4]」という把握である。

　この点に関する指導的な見解を,いわゆる「国勢調査」に関するドイツ連邦憲法裁判所の判決〈Volkszählungsurteil・1983年〉に代表させよう。下記のように判じている[5]。

---

(1)　さしあたり,H.Jarass/B.Pieroth, Grundgesetz für die Bundesrepublik Deutschland, 2007, S.71. I.v.Münch/P.Kunig (Hrsg.), Grundgesetz-Kommenntar Bd.l, 2012, S.151. M. Sachs, Verfassungsrecht II , 2003, S.192. B.Pieroth/B.Schlink, Grundrechte Staatsrecht II, 2010, S.93.

　　なおドイツにおける「情報に関する自己決定権」の学説および判例の発展過程については,参照：K. Vogelgesang, Grundrecht auf informationelle Selbstbestimmung?, 1987, S.39. ちなみに,Vogelgesang によれば,ドイツにおいて情報に関する自己決定権が一般的に承認されるに至ったのは,後述の国勢調査に関する連邦憲法裁判所の判決以降のことである (ders.a.a.O., S.51)。

(2)　H. Avenarius, Kleines Rechtswörterbuch, 1992, S.363.

(3)　H.v.Mangoldt/F.Klein/C.Starck (Hrsg.), Kommentar zum Grundgesetz Bd.1, 2005, S.244.

(4)　W.S.Glaeser, Schutz der Privatsphäre, In: J.Isensee/P.Kirchhof (Hrsg.), Handbuch des Staatsrechts, Bd VI, 1989, S.84.

(5)　BVerfG Urt v. 15. 12.1983, In: J.Schwabe (Hrsg.), Entscheidungen des Bundesverfassungsgerichts, 1994, S.39～S.50.

第Ⅶ部　第1章　学力保証政策とデータ保護の学校法制

「個人の生活実相が，いつ，またいかなる範囲まで公開されるかについては，自己決定の思想に基づいて，原則として，各人自らが，これを決定する権利を有するということが導かれる。―略―

この情報に関する自己決定権は，その人格権的な基盤のゆえに，国家による個人情報の収集と処理に際して各人を一般的に保護する。―略―

人格の自由な発達は，現代のデータ処理の条件下においては，個人情報の無制限な収集・貯蔵・利用・提供から，各人を保護することを前提としている。それゆえ，この保護は基本法1条1項（人間の尊厳の保障）に関係づけられた，2条1項（自己の人格を自由に発達させる権利）の基本権によって包摂される。かくしてこの基本権は，個人情報の提供と利用については，原則として各人自らがこれを決定できるという，個人の権利を保障するものである。―略―

もとよりこの権利は無制限なものではないが，これに対する制約は，この権利を凌駕する一般的な利益（Allgemeininteresse）によってだけ，しかも法律に基づいてのみ認められる。―略―

くわえて，データの収集と処理のためには，その法域に固有な規律が必要とされる」。

このように，ドイツにおいては，通説・判例上，情報に関する自己決定権は人格権に包蔵された基本権として〈包括的基本権としての一般的人格権[6]〉，憲法上の保障をえていると解されているのであるが，こうした解釈論の域を出て，州憲法のレベルではこの権利を明記している規定例が見られている[7]。

たとえば，ノルトライン・ウェストファーレン州憲法は，直截に「各人は自己の個人関係データについて保護を求める権利（Anspruch auf Schutz seiner personenbezogenen Daten）を有する」（4条2項）と書いている。

またドイツ統一（1990年）後に制定されたブランデンブルク州憲法（1992年制定）は，秘密警察（Stasi＝Staatssicherheitspolizei）が暗躍した旧東ドイツ時代の歴史的反省もあって，「データ保護」（11条）と銘打って，より本格的かつ具体的に下記のように規定している。

「①各人は，自己の個人情報の開示と利用については自らが決定する権利，各人の個人情報が貯蔵されているか否かについて知る権利および……文書その

---

(6)　E.Höfelmann, Das Grundrecht auf informationelle Selbstbestimmung , 1996, S.36.

(7)　現行法制上，この権利を憲法上明記しているのは，本文で引いた2州の他に，下記6州の州憲法である。SL州憲法2条，BE州憲法33条，SN州憲法33条，SA州憲法6条1項，MV州憲法6条，TH州憲法6条2項。

636

他行政機関の書類を閲読する権利を有する。

　個人データは，ただ当事者の自由意思に基づいての明示的な同意がある場合に限り，収集，貯蔵，処理，提供ないし利用することが許される。

　②　この権利を凌駕する社会一般の利益においてのみ，しかも法律により，もしくは法律に基づいてのみ，さらにはそこに規定された目的の範囲内においてだけ，この権利に対する制約が認められる。個人データの収集はすべて……当事者に知られるものとする」。

　なおここで留意を要するのは，この情報に関する自己決定権は自動式の情報処理に際して尊重されるだけではない，ということである。

　この権利は，その人格権的な基盤のゆえに，各人を全般的に，したがってまた旧来の手続においても，国家による個人データの収集と処理に際して，各人を保護するものである，ということを押さえておきたい[8]。

第2節　個人データ保護法制とその構造

　先に言及した「憲法上の基本権としての情報に関する自己決定権」は，法律による法制度化をまって権利としての具体的効力をもつことになるが，連邦段階と州レベルの双方でこのような個人データの保護法制が整備されている。

　ドイツにおけるこの法域の最初の個別立法は1970年に制定されたヘッセン州データ保護法であるが，その後，1977年には「連邦データ保護法」〈Bundesdatenschutzgesetz v. 27. Jan. 1977〉が制定され，またこれと前後して旧西ドイツ各州においても漸次，法制度の整備が進み（1981年のハンブルク州が最後），さらにはドイツ統一後，旧東ドイツ5州もこれに倣い，こうして，今日においてはすべての州でデータ保護法が制定を見ている状況にある[9]。

　これらデータ保護法の第一義的な目的は，既述したところからも窺えるように，各人の「情報に関する自己決定権」を保障することにある〈情報に関する自己決定権の保障法としてのデータ保護法〉。

　ちなみに，この点を確認して，たとえば，ブランデンブルク州データ保護法（1992年制定）は，端的にこう書いている。

　「この法律の任務は，公の機関による個人関係データの処理によって，各人

---

(8)　K.Vogelgesang, a.a.O., S.55.
(9)　この間の経緯については，参照：P.Gola/C.Klug, Grundzüge des Datenschutzrechts, 2003, S.10ff。なお各州のデータ保護法の間には，その規定内容に関して，ほとんど差異は認められないとされる（H.Avenarius/H-P.Füssel, Schulrecht, 2010, S.526).

第Ⅶ部　第1章　学力保証政策とデータ保護の学校法制

が自己のデータの提供と利用に関して自らが決定する権利（情報に関する自己決定権）を侵害されないように，各人を保護することにある」（1条）。

ここで敷衍して書けば，1970年代までに制定されたデータ保護法においては，学説・判例上，未だ「情報に関する自己決定権」という権利が確立していなかったということもあって，これに代えて，市民の「保護されるべき利益」（schutzwürdige Belange）という概念が用いられていた（ニーダーザクセン州データ保護法1条・1978年制定など）。

そして，この場合，いうところの「保護されるべき利益」とは，通説によれば，人格領域，私的領域，人間の尊厳，一般的人格権といった概念に含意される権利領域をその基本的な内容としている，と解されていたのであった[10]。

ところで，個人関係データの処理について規律するデータ保護法にあっては，さしあたり，下記の二つのタームについて，予めその概念を明確にしておくことが入用とされる。

実際，連邦データ保護法をはじめ（3条），すべての州のデータ保護法がこのような概念規定に関わる条項を擁するところとなっている。

すなわち，まず「個人関係データ」（personenbezogene Daten）とは，たとえば，先に引いたブランデンブルク州データ保護法によれば，「特定の，あるいは特定しうる自然人（当事者）の個人的ないしは客観的な関係についての個別的な記載」をいうと定義されている（同法3条1項）。個人に係わるあらゆる情報がこれに含まれるということであり，いわゆる「自由な情報」（freie Daten）は存在しないという建前に立つ[11]。

学校法域に引きつけて具体的に言えば，たとえば，生徒の名前，住所，生年月日・場所，成績，所属宗派，学校医の診断書，家族関係，親の職業，収入，財産，キャリア…等々がこれに含まれる。

ただ，たとえば，ブレーメン州の学校データ保護法も確認的に書いているように（1条2項），児童・生徒についての教員による個人的メモや日々の教育活動における指導上の記載事項などは，ここにいう個人関係データには含まれない[12]。

また「データ処理」（Datenverarbeitung）とは，通常，「個人関係データの収

---

(10)　さしあたり，H.Geiger, Überblick über das Datenschutzrecht, In: RdJB（1984），S.15.

(11)　J.Nungesser, Hessisches Datenschutzgesetz, 2001, S.32.

(12)　J.Staupe, Schulrecht von A-Z, 2001, S.53.

638

集，貯蔵，変更，提供，封鎖，消去および利用をいう」（ノルトライン・ウェストファーレン州データ保護法3条2項など）と概念規定されている。

ただ，たとえば，バイエル州データ保護法がその例であるが（4条6項），データの収集と利用は，これをデータ処理には含めていない立法例も見られている。

以上を前提として，これらの法律は具体的には，データ保護の対象，適用をうける機関，個人データ処理が許容される条件，データ処理の濫用防止のための措置，当事者の権利，データ保護の統制，監視機関などについての定めを置いている。

公立学校は州データ保護法の適用をうけ，私立学校には連邦データ保護法が直接適用されるが，内容的にはさしたる差異は存しない[13]。

第3節　データ保護の学校法制

1　学校法による規律

上述のように，連邦と各州のデータ保護法は一般法として学校にも当然に適用されるのであるが，先に引いた連邦憲法裁判所の判示によれば，個人情報の収集や処理については，さらに「その法域に固有な規律」（bereichsspezifische Regelungen），すなわち，学校におけるそれに関しては学校法，より正確には「学校法律」（Schulgesetz）による独自の規律が求められることになる。

現行法制上，こうした要請に応えて，バーデン・ビュルテンベルク州とザクセン州を除く（この2州では行政規則で規律）14州の学校法が「学校におけるデータ保護」条項を擁している状況にある。

たとえば，ヘッセン州においては学校法第6部が「データ保護」と題して3ヵ条に亘って基本的な定めを置き（83条～85条），そしてこれを受けて「学校における個人関係データの処理に関する行政規則」（1993年）が制定されるところとなっている。

なかでもブレーメン州では，この法域に固有な単独法として「学校制度におけるデータの保護に関する法律」〈Gesetz zum Datenschutz im Schulwesen・

---

(13)　公立学校に関するデータ保護法制が例外的に私学にも適用されるケースも見られている。ヘッセン州学校法が学校や学校監督庁の文書を閲読する権利を明文でもって私学の生徒・親に対しても保障しているのが（72条5項），その例である。

第Ⅶ部　第1章　学力保証政策とデータ保護の学校法制

1987年〉の制定を見ているという法現実は，刮目に値しよう。

　さて，以上を踏まえたうえで，学校におけるデータ保護に関わる現行法制の概要とこれに関する通説的解釈を概述すると，以下のようである。

2　教育行政機関・学校による生徒・親に関するデータの収集

2-1　一 般 原 則

　連邦データ保護法13条1項および各州のデータ保護法が定める一般原則規定を受けて（ノルトライン・ウェストファーレン州データ保護法12条1項など），現行法制上，すべての州の学校法が明記しているところであるが，学校はその任務ないし教育責務を履行するために必要な場合に限り〈「必要性の原則」の妥当〉，しかも収集目的に照らして妥当な範囲内においてだけ〈「相当性の原則」の妥当〉，生徒や親の個人データを収集することができる。

　くわえて，この場合，前記連邦憲法裁判所の「国勢調査判決」を俟つまでもなく，「法律の留保の原則」が当然に妥当し，法律がこれを明示的に授権している場合に限られる。学校による生徒・親データの収集は，生徒・親の情報に関する自己決定権に触れる法的行為だからである。

　ちなみに，以上を確認して，たとえば，ベルリン州学校法もつぎのように明記している（5a条）。

　「学校は，その教育責務（Erziehungsauftrag）を履行するために必要な場合に限り，この法律およびその他の法規の定めるところにより，生徒ないし教育権者の個人関係データを収集し，処理することが許される。同様のことが，教育行政機関，カウンセラー，学校医にも妥当する」。

　上記のような要件を具備している場合，生徒や親は学校に対し原則としてデータの提供義務を負うことになる（ヘッセン州学校法83条3項など）。

　ただその際，学校は生徒・親にそのための根拠法を明示しなくてはならず，法的根拠が存在しない場合には，データを提供するか否かは生徒や親の任意に委ねられなくてはならないとされている―ドイツにおいても長らく生徒情報の収集や利用は単に行政上の行為と見なされ，生徒や親の法的地位・権利領域に触れるものではない，とする理解が一般的であったという[14]―。

　学校の目的や任務は学校種によって異なるから，学校が収集可能な個人情報

---

(14)　R.Leuze, Datenschutz―eine Schwierige, aber wichtige Aufgabe der Schule, In: RdJB (1984), S.7.

第3節　データ保護の学校法制

も学校の種類によって異なることになる。この点，たとえば，障害児の教育を任とする促進学校（特別学校）と大学進学希望者がマジョリティーを占めるギムナジウムとでは，教育上，必要な情報が異なるのは判然としていよう。

　しかし，いずれにしても，学校の個人データ収集権限は「生徒および家族の私的な領域の保護」という要請によって制約されることとなり，この結果，たとえば，「学校の任務遂行上」とか，「教育上の必要性」といった類のいわゆる不確定法概念は，各個のケースに即して，できるだけ厳格に解釈されなければならないとされる[15]。学校は原則として生徒や家族の私的領域ないし狭義の人格権に触れるデータは収集できず，また当該データがかかるデータに当たるか否か一義的に明白でない場合は，それを提供するかどうかは親（生徒）の自由意思による，とするのが通説・判例の立場なのである[16]—ただこのことは，教員が具体的な契機から生徒をより深く理解し，教育的に対応するために，生徒の家庭状況について知ることまでを排除するものではない，と解されている[17]—。

　この点，現行法制上も，たとえば，シュレスビッヒ・ホルシュタイン州学校法（50条1項）によれば，学校が収集できる生徒・親に関するデータは下掲のようにかなり限られたものとなっている。

　すなわち，生徒については，氏名，誕生日，住所（電話番号を含む），国籍，母国語，宗派，健康保険，成績・学校履歴に関するデータ，学習態度や学校における行動についての記録，障害に係わるデータ，学校医による診断結果，学校心理学上ないし障害児教育学上の調査結果，職業学校の生徒にあっては更に，準備教育，職業上の教育訓練，実習および職業活動についてのデータ。

　親については，氏名，住所（電話番号を含む）がそれである。

2-2　特にセンシブルな個人データの収集

　学校法制上，生徒は特定の場合，学校医による診断や心理学的な検査をうけることを義務づけられている。そこで前者について言えば，たとえば，ブレーメン州の学校データ保護法は，生徒の健康に関するデータは学校医の守秘義務

---

(15)　M.Schwarz, Die Datenerhebungen im Schulwesen, In: RdJB（1990），S.287.

(16)　さしあたり，J.Rux/N.Niehues, Schulrecht, 5Aufl., 2013, S.152. M.Oeznhausen, Rechtshandbuch Schule Nordrhein-Westfalen, 1994, S. 200. W. Wedler, Datenschutz im Schulwesen, In:RdJB（1985），S.389.

(17)　H.Avenarius/H-P.Füssel, a.a.O., S.527.

641

第Ⅶ部　第1章　学力保証政策とデータ保護の学校法制

事項に属し，教育上とくに必要な場合に限り，学校医はかかるデータを学校に
提供してもよいと書いている（14条）。

2－3　生徒を対象とした学術上の調査研究

　これは，生徒（親）の「情報に関する自己決定権」と研究者の「学問・研究
の自由」（基本法5条3項）との法益衡量の問題であるが，現行法制上，概ね以
下のように法定されており（ザールラント学校法20条など），そしてそれは，取
りも直さず通説の立場と軌を一にするところとなっている[18]。

　すなわち，学校において生徒を対象とした学術上の調査研究を行う場合は，
①その実施につき学校会議の意向を踏まえての，学校監督庁の許可を要し，②
調査研究の目的や趣旨を事前に生徒・親に十分に説明しなければならず，③生
徒の個人データを収集するに当っては，原則として，生徒・親の同意が必要で
あり，④調査に協力するか否かは生徒・親の任意を原則とし，さらに，⑤匿名
回答と秘密の厳守が保障されなければならない。ただし，⑥当該調査研究を実
施することについての「公の利益」（öffentliche Interesse）が当事者の「保護さ
れるべき利益」をかなりの程度に凌駕し，しかも当該の研究目的が他の方法に
よっては達成されえない場合には，生徒・親の同意は必要ではない（ブランデ
ンブルク州学校法66条2項など）。

2－4　教育統計

　なお，教育統計のための生徒情報の収集に際しても，①法的根拠がある場合
に限り，生徒や親に対するデータ提供の義務づけが可能であり，②調査内容は
学校教育事項に限定され，③立法者には，調査対象者が「単なる情報客体」
（bloße Informationsobjekt）に堕さないようにするための措置を講じる義務があ
り，くわえて，④厳格な秘密厳守と匿名回答の保障，などが法定要件とされて
いる（ラインラント・プファルツ学校法88条など）。

2－5　学力調査

　先に書いた学術上の調査研究と類似したコンテクストに位置づく事柄として，
教育行政機関や学校が実施する「学力調査」（Schulleistungsuntersuchung）が

（18）　さしあたり，A.Müller u.a., Leitung und Verwaltung einer Schule.1997, S.414ff. H.
　Garstka, Datenschutzprobleme bei Forschung in Schulen, In:RdJB（1984），S.24ff.

第3節　データ保護の学校法制

ある。後に言及するように，2001 年のいわゆる「ピザ・ショック」以降
〈OECD による「生徒の学習到達度国際調査」の実施は 2000 年〉，ドイツにお
いては，従来の教育政策と学校教育の有りようが厳しく検証され，今日，すべ
ての州で「学校制度における質保証（Qualitätssicherung）政策」ないし学力保
証政策が推進されているのであるが，その前提ないし有力な手段の一つとして
位置づけられ，実施されているのが，この学力調査である。

　現行法制上，いうところの学力調査については，多くの州の学校法が明文で
規定しており，たとえば，ハンブルク州学校法は「評価を目的としたデータの
収集・処理」というタイトルで，主要には，下記のようなことを定めている
（100 条）。

　①　学校の教育活動の成果を，各学校を超えて比較的に検証するために，所
轄教育行政機関は学力テストを実施し，必要なデータを収集・評価することが
できる。

　②　所轄教育行政機関は，学力テストを実施する前に，対象となる生徒の範
囲，テストの実施と結果の報告時期，テストの種類，設問の目的・種類・範囲，
データの分離と消去，テスト実施の責任者などについて，文書で確定しなけれ
ばならない。

　③　児童・生徒はかかる学力テストをうける義務を負う。

　④　上記②および③については，学力テストの実施前に，所轄教育行政機関
は親に対して文書で説明しなくてはならない。

　⑤　収集されたデータは，直ちに匿名化されなければならない。

　⑥　他の目的に利用されることはなく，また秘密が保持されるかぎり，所轄
教育行政機関は学力テストの実施と評価を第三者機関に委託することができる。

　⑦　各学校が自らの教育活動の成果を検証するために実施する学力テストに
ついても，上記と同様のことが妥当する。

　またラインラント・プファルツ州学校法はこのコンテクストにおいて先ず
「学校の自律性」（Selbständigkeit der Schule）と題して，次のように規定する
（23 条）。

　「①　学校は，この法律の定めるところにより，その事項を自ら計画し決定
して実施する権利を有し義務を負う。学校はこの範囲内において，学校の改善
と質の保証に対して責任を負う。

　②　学校は教育活動の質を改善し保証するために，教育上の目標と重点を設
定するものとする。学校はこの目標の到達度を定期的に検証し（内部評価・in-

643

terne Evaluation），また学校監督庁が行う外部評価にかかる措置，とくに国際的な，もしくは州を超えての，さらには州内の比較調査（Vergleichsuntersuchung）に参加するものとする」。

そして，この条項をうけて，第3章「データの収集・統計処理」において，具体的に次のように規定するところとなっている（67条2項）。

「23条2項が定める学校評価の目的のために，学校監督庁は適切な手続を設け，設問や授業観察によってデータを収集することができる。当事者は，そうした企画の目的，それに参加する方法およびデータがどのように処理されるかにについて，説明を受けるものとする。このような目的のための個人関係データは，文部省の許可を受けて実施される調査に，当事者の保護されるべき利益（schutzwürdige Belange der Betroffenen）をそうとう程度凌駕する公益が認められる場合には，……当事者の同意を得ないで，これを収集することができる。

このような要件下においてだけ，個人関係データは，……公の領域に属さない第三者に提供することが許される」。

3 生徒に関するデータの第三者（機関）への提供

教育行政機関や学校は，その保有に係る生徒に関するデータを外部に漏洩してはならない法的義務を負っているが，一定の要件下にあっては，例外的に，当事者の同意がなくても，これらの個人データを第三者（機関）に提供することが許されるとされている。その要件は，情報の提供先が公の機関か，それとも私人・民間機関かによって異なる。

すなわち，前者の場合は，①学校ないし当該機関が法律上規定された任務を遂行するためには，当該生徒情報の提供が不可欠であること（ブランデンブルク州学校法65条6項など），あるいは，②当該生徒情報の提供につき，当該機関が法的請求権を有していることが要件となる。

この点，たとえば，バイエルン州教育制度法はこう書いている（85条2項）。「生徒ないし教育権者のデータや基礎資料を学校外の機関に提供することは，データの引渡しを求める法的請求権が証明されない場合には，拒否されるものとする」。

ただこうしたケースであっても，たとえば，ザールランド州学校規律法も明記しているように（20b条2項），生徒情報を提供すれば，学校・教員と生徒との信頼関係が破壊され，教育上重大な支障が生じると判断される場合は，教育行政機関ないし学校は情報の提供を拒否できると解されている[19]。

第3節　データ保護の学校法制

　生徒情報の当該機関への提供に関し，法的根拠が存在しない場合には，生徒ないし親の書面による同意が必要とされる。法的根拠がある場合でも，たとえば，ノルトライン・ウェストファーレン州の教育相談部局がその例であるが，特定の機関への情報提供については，生徒・親の同意を要件としている州も見られている（同州学校行政法19条5項）。

　以上の文脈において，下記の2点にも留意を要しよう。

　①　教育行政機関は，その監督権の範囲内で，学校に対して児童・生徒に関する個人データの提供を求めることができる。

　②　教育行政機関・学校は，大学や公共の研究機関に対して，当事者が同意するか，もしくは当事者の「保護されるべき利益」が侵害される恐れがない場合は，その研究活動に資するために，児童・生徒の個人データを提供してもよい[20]。

　つぎに私人・民間機関に対しては，下記の場合に限り，教育行政機関・学校は生徒に関するデータを提供することができるとされている。すなわち，①学校がその目的・任務を達成するために不可欠な場合，②当該私人・民間機関が情報の提供を受けるについて「正当な権益」（berechtigtes Interesse）を有し，かつそれによって生徒や親の「保護されるべき利益」が侵害されない場合，がそれである。

　ただこの場合，その要件に関しては州によって差異が見られ，たとえば，メックレンブルク・フォアポンメルン州など3州においては，常に当事者の同意が必要とされている。

　なお，ベルリン州学校法も明記しているところであるが（5a条5項），いかなる場合にあっても，教育行政機関や学校が生徒に関する個人情報を公表するためには当事者の同意を得なくてはならない，との原則が存している。くわえて，この場合，バイエルン州など若干の州では，公表可能な生徒（親）の個人情報の種類を学校法上明文でもって，限定列挙するところとなっている。

　ちなみに，バイエルン州教育制度法によれば，学校が公表できる個人情報は，生徒の氏名・生年月日・学年と学級，教員の氏名と担当教科，生徒・教員・教育権者（親）の学校での特別な活動ないし役割だけに限られている（85条3

---

(19)　H.Avenarius/H-P.Füssel, a.a.O., S.532.
(20)　この点と関連して，SH州など3州では，研究目的で収集した個人情報の第三者への提供を，学校法上，明文で禁止している（SH州学校法51条2項など）。

第Ⅶ部　第1章　学力保証政策とデータ保護の学校法制

項)。

　一方，このコンテクストにおいて殊更に重要なのは，教育権者である親に対しては，教育行政機関・学校は子どもに関する教育（行政）上の情報を提供する義務を負う，とされていることである〈教育行政機関・学校の親に対する教育（行政）情報提供義務〉。これは，憲法上の自然権的基本権である「親の教育権」（基本法6条2項）の基礎をなしている，「親の知る権利」（Informationsrecht der Eltern）からの要請によるものである[21]。

　こうして，教育権者の組織体である，学級段階から州レベルまでの「父母協議会」（Elternbeirat）に対してもまた，事柄の性質により，教育行政機関・学校は同様の義務を負うところとなっている[22]。

4　生徒・親の権利

　先に引いたブランブルク州憲法11条に見られるように，情報に関する自己決定権の具体化として，連邦・州データ保護法は当事者に対して，自己の個人情報に関し，貯蔵されているか否かについて「知る権利」（Recht auf Auskunft），「閲読する権利」（Recht auf Einsicht），「訂正を求める権利，封鎖を求める権利および消去を求める権利」（Recht auf Berichtigung, Sperrung und Löschung）などの各種の権利を保障している[23]。

　これらの権利は学校教育の領域においても当然妥当するが，自己情報に関する「生徒ないし親の権利」として，学校法によっても改めて確認的に保障されており，たとえば，ブレーメン州学校データ保護法は生徒・親の上記閲読する権利について，こう書いている（21条）。

　「生徒および教育権者は，自己に係わって貯蔵されたデータないし書類を閲読する権利を有する。」

　なお未成年の生徒にあっては（ドイツは18歳成人制），これらの権利は親によって行使されると定めている州もあれば（ザクセン・アンハルト州など），14

---

(21)　ドイツにおいては，たとえば，指導的な教育法学者 I.リヒターも指摘しているように（I.Richter, Bildungsverfassungsrecht, 1973, S.47.），親の教育権の「基礎をなす権利」（Basisrecht）として，学校教育についての親の「知る権利」ないし「情報への権利」が含まれていると解するのが，通説・判例である〈憲法上の権利としての親の知る権利〉。

(22)　H.Avenarius/H-P.Füssel, a.a.O., S.340.

(23)　詳しくは参照:E.Höfelmann, Das Grundrecht auf informationelle Selbstbestimmung. 1996, S.142ff.

646

歳以上の生徒については，生徒自身にこれらの権利を保障している州も存して
いる（ベルリン州など）。

　一方，学校や教育行政機関による違法な個人情報の収集や第三者への提供等
によって，一般的人格権を侵害されたと思う生徒・親は，州のデータ保護委員
（Datenschtzbeauftragter）に異議申立てを行うことができるとされており，さ
らに行政裁判所に給付訴訟を提起できることとなっている。

　なお，以上と係わって付言すると，生徒・親は生徒間の不法行為に基づく損
害賠償請求裁判において，請求対象となる生徒については，その氏名と住所を
知らされる権利をもつ，とするのが判例・通説である[24]。

第4節　学力調査と情報に関する自己決定権

1　ピザ・ショックと学校の質保証政策

　K.アダム著「ドイツ教育の悲惨－ピザとその結果」（Die deutsche Bildungs-
misere－PISA und die Folgen）。R.ハイデリッヒ/G.ロール著「今日の教育－ピ
ザの悲劇的結末からの道程」（Bildung heute－Wege aus der PISA-Katastrope）。

　これらの書物はいずれも 2002 年に刊行されたものであるが[25]，書名が端的
に物語っているように，2000 年に実施された（結果の公表は 2001 年）OECD
の「生徒の学習到達度国際調査」〈Programme for International Student As-
sessment・略称＝PISA〉の結果は，ドイツにとってはきわめて深刻かつ衝撃
的なものであった。調査に参加した 32 カ国のなかで（15 歳の生徒が対象），ド
イツは読解力，数学および理科のすべてが下位 3 分の 1 グループに位置し，い
ずれにおいても OECD 加盟国の平均を下回る成績であった[26]。

　この調査結果をうけて，ドイツにおいては，従来の教育政策と学校教育の有
りようが厳しく検証され，いうなればパラダイムの転換を余儀なくされること
になる。それは，端的には，「教育スタンダード」（Bildungsstandards）を基軸

---

(24)　さしあたり，判例では，VG Gelsenkirchen, Urt. v. 27.2.1991, In: SPE 3. Folge/17
　　（2004），S. 193. 学説では，T. Böhm, Datenschutz und Schadenersatzansprüche gegen
　　Schüler, In: Pädagogische Führung（1994），S. 173.

(25)　I. Richter, Nach dem Schock－über die Verarbeitung von PISA in jüngsten
　　bildungspolitischen Publikationen, In:RdJB（2003），S.256.

(26)　P.Daschner/U.Vieluf, PISA im pädagogischen Verwendungszusammenhang, In:RdJB
　　（2003），S.212.

647

第Ⅶ部　第1章　学力保証政策とデータ保護の学校法制

に据えた「学校制度における質保証政策」への転換と捉えられる[27]。

　すなわち，各州常設文部大臣会議（以下，KMK と略称）は 2003 年 12 月，第
10 学年（中等教育段階）修了時におけるドイツ語，数学および第 1 外国語の連
邦レベルでの教育スタンダードの導入を決議した。

　続いて，2004 年 10 月には第 4 学年（初等段階）と第 9 学年（基幹学校）修了
時での教育スタンダードの導入を決議した。前者はドイツ語と算数，後者に
あっては前記第 10 学年と同じ教科においてである。また 2004 年 12 月には，
上記第 10 学年修了時におけるスタンダードの設定に生物，化学および物理の
3 教科を加えることを決議し[28]，さらに 2007 年 10 月にはギムナジウム上級
段階のドイツ語，数学および第 1 外国語についても教育スタンダードの導入を
決議した。

　併せて KMK は 2004 年に「教育制度における質改善研究所」（Institut für
Qualitätsentwicklung im Bildungswesen）をベルリンのフンボルト大学に設置し，
この研究所が上記に言う教育スタンダードを開発し検証する任務を担うところ
となっている。

　上記のような一連の KMK の決議は，学校における教育活動の質を保証し発
展させるためには，その重要かつ不可欠の手段として，教育スタンダードを導
入することが必要である，とする支配的な学説や調査研究報告書をうけてのこ
とであった[29]。

　いうところの教育スタンダードは生徒が一定の学年段階までにどのようなコ
ンピテンシー（Kompetenzen・能力）を獲得しなければならないかを定めたも
ので，各教科の中核領域に限定して，期待される学習成果を提示している。そ
れは学校教育全体のスペクトルを測定するものではなく，検証可能で，かつ教
科に関係した能力を測定することを旨としている。教育スタンダードは教員に
対しては，教員が自らの教育活動を計画・分析・検証するに際してこれを支援
し，生徒に対しては期待される学習成果に関して指向性を与え，くわえて，こ
れに準拠した学校の内部・外部評価によって，体系的な学校改善を可能にする

---

(27)　H.Avenarius, Bildungsstandards auf dem rechtlichen Prüfstand, In:RdJB（2005），S.
　　　423.

(28)　KMK-Beschuluß-Sammlung.Nr.103.Nr.131.Nr.132.

(29)　たとえば，R.Bessoth, Bildungsstandards:Chance für eine umfassende Bidungsreform,
　　　In:Pädagogische Führung（2004），S.155.H.Avenarius u.a., Bildungsbericht für Deutsch-
　　　land-Erste Befunde, 2003, S.108ff.

第4節　学力調査と情報に関する自己決定権

ことを目的としている[30]。KMK は学習目的が精確性を欠き，したがってまた学習成果の検証が不十分な従来の制御手続に代えて，教育スタンダードを導入することにより，学校教育における質の改善と保証の面で，パラダイムの転換を企図したのであった。

詰まるところ，「学校法制上の制度としての教育スタンダード」の導入は，学校における教育活動の質を改善し保証するための，包括的な教育改革の一部をなすものであった[31]。

ところで，上記 KMK の決議は法的にはあくまで単なる「勧告」(Empfehlung) でしかなく，州の法令によって法認されて始めて，拘束力をもつ州法となるのであるが[32]，2004 年以降，KMK の上記決議は各州において実定法制上に具体化を見ることとなる。

たとえば，ヘッセン州においては，ヘッセン州の「学校における質の保証のための第 3 次法律」によって，ヘッセン州学校法が改正され（2004 年 11 月），この法域において，主要には，下記のような定めがなされるに至った。

①　学校は授業において，教育目的から導かれる生徒のコンピテンシー（能力・Kompetenzen）の育成を任とするものである。これについて，より詳しくは，スタンダードによって規定される。その際，それぞれの学校が独自の教育上のコンセプトや特別な目標・重点を設定できるように，各学校には自律的な決定領域が保障されなくてはならない。

スタンダードは学校の内部評価および外部評価に際してその基盤をなすものである（4 条 1 項）。

②　授業は学習指導要領にもとづいて行われるが，学習指導要領はスタンダード所定の目的が達成されることを保障するものでなくてはならない。教員には，スタンダードが定める目的を自らの責任で達成する自由が保障されるものとする（4 a 条 1 項）。

③　学校は内部評価によって定期的に，学校プログラム（Schulprogramm）の具体化と学校の教育活動の質を検証しなければならない（127b 条 3 項）。

④　個々の学校の評価および学校相互の比較のための外部評価は，スタン

(30)　この点については，参照：Konzeption der KMK zur Nutzung der Bildungsstandards für die Unterrichtsentwicklung, KMK-Beschl.v. 10. 12. 2009. Beschl. Samml. Nr.29.

(31)　H.Avenarius/H.P.Füssel, a.a.O., S.272.

(32)　KMK の法的位置や組織構造について詳しくは参照：拙稿「ドイツにおける教育行政の組織と構造（1）」，季刊『教育法』142 号（2004 年 9 月），エイデル研究所，51 頁以下。

649

第Ⅶ部　第1章　学力保証政策とデータ保護の学校法制

ダードに準拠しての授業の質の改善と学校の組織改善を目的とするものであり，そこで各学校は学校監督庁が定めるこうした手続に参加する義務を負う。

これには，とりわけ州内と州を超えての，さらには国際的な学力の比較調査が含まれる。匿名化された評価結果はこれを公表することができる。学校の外部評価が第三者機関に委託される場合は，学校監督庁が専門監督の一環として，その手続に関与することが保障されなくてはならない（98条2項）。

⑤　学校の質的な開発を支援し，また学校制度の更なる開発のための措置について，文部省に助言することを任とする「学校の質改善研究所」（Institut für Qualitätsentwicklung）を設置するものとする（99b条）。研究所の組織と任務については，法規命令でこれを定める。

またベルリン州においても，先に触れたKMKの決議をうけて，2004年1月に学校法が改正され，新たに以下のような規定が盛り込まれるところとなった。

①　学校の教育責務は学習指導要領にもとづいて達成される。学習指導要領は学習の基本原則および修得すべき一般的・専門的コンピテンシーについて規定するものとする（10条1項）。またそれは教科や学習領域の指導理念とスタンダードおよび必修の教育内容についても定めるものとする。

②　学習指導要領は拘束力をもつ成績スタンダード（Leistungsstandards）と成績評価原則および学校種を超えた最低スタンダード（Mindeststandards[33]）を保障するための基盤である（10条4項）。

③　学校の教育責務がクラス，学年および学校でどのように履行されているか，その程度・態様・方法は，評価措置によって検証されなくてはならない。

このような措置としては，とりわけ学校の内部評価と外部評価，学校間および学校種を超えた比較ならびに州による学力調査が挙げられる（6条1項）。

各学校の外部評価はとりわけ，当該校に妥当しているスタンダードの保障に資すべきものである（9条3項）。

④　スタンダードは，各学校が独自の学校プログラムを積極的に策定できるようなものでなければならず，また生徒の多様な能力・成績・性向ならびに教員の教育上の固有責任に対応できるようなものでなければならない（10条2

───────────

(33)　ちなみに，KMK決議にいう教育スタンダードは「標準的スタンダード」（Regelstandards）であるのに対し，ベルリン州学校法が規定するそれは学校種を超えての「最低スタンダード」（Mindeststandards）であるという点において，その性質を異にしている（H. Avenarius, a.a.O., S.423）。

650

項）。

　さらに旧東ドイツのザクセン州においても，2004年7月に学校法が改正されて，この法域で次のことが確認された（1条・40条2項・59a条）。

　①　現行法制上，「学校の自律性」と「教員の教育上の自由」が保障されているが，これらの法理は学校の質の改善と保証を旨とするものである。その実現に向けて，学校と学校監督庁は共同でこれに対して責任を負う。

　②　教育スタンダードは教員の教育活動の枠組条件をなすとともに，生徒の学力と教育活動の質を検証するための本質的な基準を成すものである。

2　学力調査の在り方 ── 生徒・親の情報に関する自己決定権による制約

　上述したように，ドイツにおいては，2001年のいわゆるピザ・ショック以降，「学校の質保証」（Qualitätsicherung der Schule）というテーゼが教育政策上の最重要課題の一つになっているのであるが，それではこうした政策，とくにその前提ないし有力な手段として位置づけられている学力調査は，その在り方において，既述した生徒・親の情報に関する自己決定権といかなる関係に立ち，この権利によってどのような制約を受けることになるのか。

　改めて書くまでもなく，いうところの学力調査の目的は，個々の生徒の成績それ自体に関するデータを得ることではなく，これらのデータを基に，学校の教育活動の質ないし成果を学級や学校レベルで，さらには各州の間や国際的な比較において分析・検証し，もって生徒の学力保証のための教育（行政）上の措置・決定の策定や実施に資する資料を得ることにある。

　しかし，学力調査が個人関係データの収集と処理に係わるものである以上，当然にそれは基本法2条1項が保障する一般的人格権，したがってまたこの権利に包摂されている生徒や親の情報に関する自己決定権に触れることとなるのである[34]。

　この問題については，既述した情報に関する自己決定権の理論と法制度および個人データ保護の学校法制を踏まえて，学説・判例上，基本的には以下のような法的帰結が導かれるところとなっている[35]。

---

(34)　いうところのテストには，被験者の権利領域に触れる度合いにより，成績テスト（Leistungstest），能力テスト（Fähigkeitstest）および人格テスト（Persönlichkeitstest）の種別が認められるという（U.Fehnemann, Schultests im Schulrecht, In:RdJB（1979）, S. 84.）。

651

第Ⅶ部　第1章　学力保証政策とデータ保護の学校法制

①　教育行政機関および学校は，教育活動の成果を検証しその質の保証を旨として，学力テストを実施することができる。この場合，学力テストの実施は生徒や親の情報に関する自己決定権を制約することになるが，それを正当化する「より優位な公益」(überwiegende allgemeininteresse) が，基本法7条1項が規定する「国家の教育責務」から導出される〈国家の教育責務の一内容としての学校教育における質の保証〉。

②　学力調査は生徒や親の情報に関する自己決定権への介入を伴うものであるから，それを実施するためには法律上の根拠が必要である。

つまり，「法規範の明瞭性」(Normenklarheit) という法治国家的な要請にもとづき，生徒や親の情報に関する自己決定権に対する制約の要件と範囲が，彼等が一義的に認識できるように法律上規定されなくてはならない。

③　学力テストの実施に当たっては，「行き過ぎの禁止」(Übermaßverbot) ないし「相当性の原則」(Verhältnismäßigkeitsgrundsatz) が遵守されなければならない。

すなわち，いうところの学力テストは，（a）教育行政機関や学校が教育（行政）上の措置や決定を行うに際して，その実証的な補助資料として適当なものであり〈適当性の要請〉，（b）所定の目的を達成するために必要な場合に限り，しかもその目的に照らして妥当な範囲内においてだけ，これを実施することができ〈必要性の要請〉，さらに，（c）児童・生徒にとって当該調査に参加することが期待可能なものでなくてはならない〈期待可能性の要請〉。

④　学力テストは生徒の一般的人格権に対する制約を伴うものであるから，学力テストへの生徒の参加義務づけは，収集するデータの利用目的が学校法律上，精確に規定されている場合においてだけ認められる[36]。

⑤　学力テストの所管機関および担当者は，学力テストのデータを上記の「目的による拘束」(Zweckbindung) の範囲内においてだけ利用できる。すなわち，当該所管機関・担当者は学校や教育行政機関が教育（行政）上の措置や決定のために必要とする場合に限り，生徒・親の同意なしに，学力テストに関するデータをこれらの機関に提供することが許される。

⑥　以上にくわえて，生徒・親の情報に関する自己決定権の保障の実を挙げるために，学力テストの実施に係わって手続規程の整備が必要とされる。もと

---

(35)　以下の記述は，主として，H.Avenarius/H-P.Füssel, a.a.O., S.415 以下によった。

(36)　BVerfG.Volkszählungsurteil, 参照：注（5）。

第4節　学力調査と情報に関する自己決定権

よりこの手続は立法者自らが個別に規定する必要はなく，その規律は教育行政権に委ねられてよい。

⑦　当該学力テストの実施について法的な根拠が存しない場合は，テストはただ親の書面による同意に基づいてのみ実施することができる。また14歳以上の生徒については，同じく書面による同意が必要である。これらの生徒は既に情報に関する自己決定権の行使能力＝基本権の行使能力（Grundrechtsmündigkeit）を有していると見られるからである〈参照：ドイツにおける宗教上の成熟年齢（Religionsmündigkeit）＝14歳・筆者〉。

したがって，たとえば，TIMSS（国際数学・理科教育調査）やPISAのような学習到達度調査は，自由参加の原則により，しかもデータの匿名化の下で実施されなければならない[37]。

⑧　教育行政機関・学校が親や生徒に上記の同意を求めるに際しては，下記について，書面で説明しなくてはならない。データ収集のための法的要件としての同意の意味，収集データの利用目的，収集したデータの第三者への提供，同意の任意性と取消の可能性，がそれである。

⑨　以上の場合，親はその有する「知る権利」（Informationsrecht）にもとづいて，学力テストに関する資料やテストの結果について「閲覧する権利」（Anspruch auf Einsichtnahme）を有する。

---

(37)　M.Weiz, PISA unter datenschutzrechtlichen Aspekten, In:RdJB（2003），S.228.

653

第2章　教育個人情報の開示法制

第1節　学校教育における「生徒の知る権利」

1　憲法上の基本権としての「生徒の知る権利」

ドイツ基本法は「教育をうける権利」を明記していないが，連邦行政裁判所の判例によれば，基本法2条1項が謳う「自己の人格を自由に発達させる権利」（Recht auf die freie Entfaltung seiner Persönlichkeit）には，その重要な保護法益として，「教育をうける権利」が包含されていると解されている[1]。ただ州レベルにあっては，ハンブルクを除くすべての州憲法がこの権利を明示的に保障しており―ハンブルク州では学校法で規定―，しかも通説・判例によれば，この権利は単なる「プログラム規定」（Programmsatz）ではなく，具体的な請求権を伴う主体的権利・法的権利（subjektives und justitiables Recht）だと捉えられている[2]。

ちなみに，たとえば，バーデン・ビュルテンベルク州憲法（1953年）はこう書いている（11条1項）。「すべての青少年は，門地や経済的な状態に関係なく，その能力に応じて，教育および教育訓練をうける権利を有する」。またドイツ統一後の1993年に改正されたニーダーザクセン州憲法には，端的に「すべて人は教育をうける権利を有する」（4条1項）との規定が見えている

ところで，ここで重要なのは，有力な学説が説くところによれば，生徒が憲法上享有している「教育をうける権利」には，その本質的な内容として，「知る権利」が包蔵されていると把握されていることである。そして，この場合，「生徒の知る権利」は学校教育の目的や学校の役割・責務それ自体によって基礎づけられ，そこから導出される，すぐれて「教育法的な権利」であると捉えられているということにも留意を要する。

---

(1)　R.Poscher/J.Rux/T.Lannger, Das Recht auf Bildung, 2009, S.86. BVerwG. Urt. v. 18. 12. 1981. BVerwGE 56, 155（158）. なお連邦憲法裁判所は現在までのところこの問題について明確な見解を示していない。

(2)　さしあたり，L.R.Reuter, Das Recht auf Bildung in der deutschen Bildungsgeschichte seit 1945, In:F.R.Jach/S.Jenkner（Hrsg.）, 50 Jahre Grundgesetz und Schulverfassung, 2000, S.34〜35. J.Rux/N.Niehues, Schulrecht, 5Aufl, 2013, S.54.

第1節　学校教育における「生徒の知る権利」

　基本法が標榜する自由で民主的な法治国家における学校の目的は，端的に言えば，生徒を「自律的で成熟した責任ある市民」に向けて育成することにあると言える。この，いうなれば「自律への教育」（Erziehung zur Selbständigkeit）という学校の教育課題は，その目的上必然的に，生徒を学校による一方的な「教育・指導の客体」ではなく，より積極的に人格の自由な発達権をもつ「学習の主体」として措定することを求めることになるが，この場合，自律的な人間形成にとって「知ること」は必須不可欠の基本的要件をなしているとの把握である。

　些か長くなるが，この点に関するドイツの指導的な学校法学説を以下に引いておこう[3]。

　「教員および学校当局に向けられた子どもの知る権利（Informationsrecht）は，最適な教育をうける子どもの基本権の本質的構成要素をなしていると把握される。なぜなら，教育は一方的な権力行使の過程ではなく，人間的な触れ合いと絶えざるコミュニケーションの過程であり，それはただ相互的な信頼基盤があってのみ成果が期待できるもので，そのためには，生徒の発達段階と教育目的に照らしての，相互の情報が不可欠だからである。生徒は教育過程における客体ではなく，等価値のパートナーなのである。そうしたものとして，成熟した，あるいは成熟しつつある生徒は，彼の成績の状態や発達に関しての教員の見解を知らされずにおかれてはならない。

　教育の目的は，取りも直さず自律的に行為する人格にある。この目的に向かって，生徒もまた学校の教育過程において，学習方法を自ら決定し，学習の重点を自分で設定し，時間を有効に配分することなどを，徐々に学ばなくてはならない。これらのすべては，それに対応した情報がなければ不可能である。かくして生徒の知る権利は，親のそれと同じように，憲法上の要請として定礎されていることは自明だと言えよう」（傍点・筆者）。

2　各州学校法による「生徒の知る権利」の保障

　上述のように，ドイツにおいては，生徒は「教育をうける権利」から導出される憲法上の基本権として「知る権利」を有していると解されているのであるが，そこでこれに対応する形で，実定法制上も，各州の学校法が生徒のこの権

---

(3)　F.Ossenbühl, Rechtliche Grundfragen der Erteilung von Schulzeugnissen, 1978, S. 23-24.

第Ⅶ部　第2章　教育個人情報の開示法制

利を確認的に法認している状況にある。たとえば，ヘッセン州学校法（1997年）は「親および生徒の知る権利」（Informationsrechte der Eltern und der Schülerinnen und Schüler）と銘打って，こう明記している（72条）。

「生徒およびその親はすべての重要な学校事項（alle wichtige Schulangelegenheiten）について知らされ，また助言をうけるものとする。とりわけ以下の事項がこれに属する。

①　学校制度の構造や学校の組織編制

②　学校間の移行

③　入職を含む学校修了資格や各種の資格

④　授業の計画と形成の概要，教育内容，教育目的および進級を含む成績評価の概要」。

またノルトライン・ウエストファーレン州の一般学校規程（1978年）も「生徒はとりわけ自分に関係する本質的な事項（wesentliche Angelegenheiten）について知らされる権利……を有する」（3条3項）と規定しているところである。

この場合，いうところの「生徒自身に関係する本質的な事柄」を個別的に列挙することは不可能であるが，その主要な事項として，ほとんどの州学校法で「生徒の成績」が挙げられている。たとえば，ベルリン州学校組織構造法27条，ハンブルク州学校法32条，ヘッセン州学校法72条，バイエルン州教育制度法56条2項，ブランデンブルク州学校法46条1項・3項などがその規定例である。

なお「生徒の知る権利」の具体的な態様を，たとえば，「授業の計画や形成，教材の選択」について見ると，この権利には大きくつぎの三様の権利が含まれていると解されている[4]。教員による授業の計画や形成・教材の選択について，事前に報告をうける権利。これらについて自らの意見や要望，批判を表明する権利。これらに関する教員の決定が承諾し難い場合には，校長ないし学校監督庁に異議を申し立てる権利，がそれである。

いずれにしてもドイツにおいては，生徒は，基本法5条1項＝「何人も，……一般に近づくことのできる情報源から妨げられることなく知る権利（Recht, sich zu unterrichten）を有する」に根拠をもつ「国民の知る権利[5]」とは別に，生徒としての固有の権利として，第一義的には教育をうける権利の本質的内容として，さらには一般的人格権（基本法2条1項）の一環をなす「情

――――――――――

(4)　H.Avenarius/H.Heckel, Schulrechtskunde, 7Aufl. 2000, S.522.

656

報に関する自己決定権」にも基礎づけられて，憲法上，「学校教育における知る権利」を享有している，と学校法制上位置づけられていることは刮目に値しよう。

第2節　学校教育における「親の知る権利」

1　憲法上の基本権としての「親の知る権利」

ドイツにおける学校法学の権威・H.アベナリウスは「知る権利としての親権」（Elternrecht als Informationsrecht）と題して，つぎのように述べている[6]。

「家庭と学校の共通の教育課題はただ両者の意義ある協同（sinnvolle Zusammenwirken）によってのみ達成することができる。そのためには，両者の相互理解が必要である。学校は，その子の教育全般に関する親の責任について知っている場合だけ，これを尊重することができる。一方で親は，学校における重要な出来事について知らされていなければならない。そうした場合においてだけ，親は学校に対して各種の提案をしたり，批判を加えるなどして，その有する教育権を有効に行使できる。それ故，基本法6条2項（親の教育権の保障条項・筆者）から，学校における状況について知る親の権利が導かれ，学校がそれについて黙秘することは，親の個人的教育権の行使を侵害することになる」。

ちなみに，この点については，連邦憲法裁判所（1982年）も下記のように判じているところである[7]。

「子どもの人格の形成を目的とする親と学校の共通の教育課題は，個々の権限には分けられない。それは相互の意義ある協同においてのみ達成されうる。

---

(5)　ドイツでは「知る権利」を別名「情報の自由」（Informationsfreiheit）と称し，学説・判例上，これには消極的に情報を受け取る自由だけではなく，自ら積極的に情報を収集したり創造する権利が包含されている，と解されている（I. v. Münch/P.Kunig（Hrsg.），Grundgesetz-Kommentar, Bd. 1, 5Aufl. 2000, S. 401. B. Pieroth/B. Schilink, Grundrechte Staatsrecht Ⅱ, 2010, S.146.）。

(6)　H.Avenarius/H.P.Füssel, Schulrecht, 8Aufl.2010, S.340～341.
　　この点について，F.オッセンビュールもこう述べている。「親はその義務である教育上の課題を全うするために必要な場合は，学校から情報を求めることができる。親の請求にも拘わらず，学校がこれに応えず，教育上重要な情報を提供しなかったり，秘匿することは，違憲に当ることは疑いを容れない」（F.Ossenbühl, Das elterliche Erziehungsrecht im Sinne des Grundgesetzes, 1984, S.151ff.）。なお同旨：U.Fehnemann, Die Bedeutung des grundgesetzlichen Elternrechts, In:AöR（1980），S.543. J.Rux/N.Niehues, a.a.O., S.145ff.

(7)　BVerfG. Urt. v. 9. 2.1982, In:SPE S.Ⅱ E1/16.

657

第Ⅶ部　第2章　教育個人情報の開示法制

……そのためには相互に十分な情報が不可欠であり，こうして親は基本法6条2項に基づき，学校領域における様々な事柄や事象について情報請求権を有する。それを秘匿することは，子どもに対する親の個人的教育責任を侵害することになる」。

このようにドイツにおいては学説・判例上，親は「親の教育権」の重要な内容として，というよりはむしろ，I.リヒターがいみじくも指摘しているところであるが[8]，親の教育権の「基礎をなす権利」（Basisrecht）として，学校教育について「知る権利」ないし「情報への権利」を有していると解されているのであるが〈憲法上の基本権としての親の知る権利〉，この権利は今日，すべての州の学校法で具体的に明記されるところとなっている[9]。たとえば，テューリンゲン州学校法（1993年）は「親の知る権利と助言をうける権利」（Recht der Eltern auf Information und Beratung）と題して，つぎのように定めている（31条2項）。

「親は学校に対して，学校の活動状況や生徒の成績について情報を請求する権利（Recht auf Auskunfut über die schulische Entwicklung und den Leistungsstand des Schülers）を有する。とりわけ生徒の進路に関する決定の前には，親は詳しく助言を受けることができるものとする。学校は親に対して，その他の本質的な，生徒に係る事柄について適切な方法で報告しなければならない」。

なおこの場合，学校・教員がその情報提供義務をどのような方法によって履行するかは，各個のケースについて，個別的に判断し決定していくことになるが，これに関して学校法上に規定を設けている州も存している。規定例を引けば，たとえば，ヘッセン州学校法によれば「親に対する情報提供と助言は通常，父母集会（Elternversammlung）において，また生徒の場合は通常，授業の枠内で行われるものとする」（72条2項）とされている。

教育における「国民の知る権利」（基本法5条1項）が国民主権・民主主義の原理および「表現の自由」保障に根拠をおき，これには「情報の公共性の原則」がセットになっているのとは異なり，「親の知る権利」は，子どもの教育をうける権利や一般的人格権とも対応して，第一次的には，「親の教育権」それ自体から導出されるのであり，さし当たりは，国民主権や民主主義といった

---

(8)　I.Richter, Bildungsverfassungsrecht, 1973, S.47.

(9)　たとえば，BW州学校法55条，BA州教育制度法74条，BE州学校法4条1項，HE州学校法72条，SA州学校法30条2項など。

658

第2節　学校教育における「親の知る権利」

一般的な政治＝憲法原則とは無関係であると解されているということを，ここでは押さえておかなくてはならない。

　敷衍すると，「国民の知る権利」に対応した公共的教育情報の一般「公開・非公開」と，「生徒・親の知る権利」にもとづく教育個人情報の生徒本人ないし親に対する「開示・不開示」とは，似て非なる事柄であるということである。

2　「親の知る権利」の対象・範囲

　親の知る権利は学校教育事項の如何なる範囲において，どの程度にまで及びうるのか。

　これについて，連邦憲法裁判所判決〈1982年・前出〉および有力な学校法学説によれば，「親は，親の教育権の行使にとって重要な意味をもつ，ないしは本質的な（wesentliche）すべての事実について知る権利を有している」と解されている(10)。そしてこの場合，親の知る権利とそれに対応する学校・教員の情報提供義務の範囲および強度は，当該教育事項が親の教育権や子どもの人格権に触れる度合いが強くなればなるほど拡大し，強くなるとされている。このことは，とりわけ世界観や宗教ないし倫理に係わる領域，さらには性教育の領域も含めて，親の教育権がその性質上きわめて「敏感な領域」（sensibele Sphäre）について妥当し，そしてこうした領域においては親の知る権利は情報請求権の域を超えて，「意見を聴かれ，共同討議を求める権利」（Recht auf Anhörung und Mitsprache）といった，親の手続上の参加権を呼び起こすことになると捉えられている(11)。

　実際，ニーダーザクセン州学校法はこのことを確認して，「親の知る権利」

---

(10)　この見解はその基本において，1970年代に連邦憲法裁判所が創造したいわゆる「本質性論」（Wesentlichkeitstheorie）に依拠している。同理論の骨子を端的に摘出すれば，以下のようである（参照：H.Avenarius/H.P.Füssel, a.a.O., S.33～34.）

　　基本法にいう法治国家・民主制原理は，立法者に対して，学校制度における基本的な決定は立法者自らがこれをなし，教育行政機関に委任してはならないということを義務づける〈議会留保・Parlamentsvorbehalt〉。このことはとりわけ基本権の領域における，国家の形成に委ねられた法域に妥当する。基本権が重要な意味をもつ領域（grundrechtsrelevante Bereich）にあっては，「本質的」とは，基本権の実現にとって本質的（wesentlich für die Verwirklichung der Grundrechte）であることを意味する〈BVerfG Urt. v. 21. 12. 1977, BVerfGE 47, 46〔79ff〕〉。

(11)　E.W.Böckenförde, Elternrecht－Recht des Kindes－Recht des Staates, In:Essener Gespräche zum Thema Staat und Kirche, 1980, S.90. H.Avenarius/H.P.Füssel, a.a.O., S.341.

659

第Ⅶ部　第2章　教育個人情報の開示法制

保障の一環として,「教員は授業の内容・計画・形成について, クラスの親と協議しなければならない。このことは, とりわけ親の教育権に特段触れる教科について妥当する」(96条4項) との定めを置いているところである。

　ここで敷衍して書くと, 公立学校への性教育の導入をめぐって, 親の教育権と国家の学校教育権との関係が争われた事件で, 連邦憲法裁判所は下記のように判じて, 公立学校において性教育を実施することを認めながらも, その内容や方法について, 親は適時の情報請求権をもつとの判断を示している[12]。

　①　個々人の性教育は, 第一次的には, 基本法6条2項の意味における親の自然的教育権に属する。しかしながら, 国家はその教育責務 (基本法7条1項) にもとづいて, 学校において性教育を実施する権能を有する。

　②　学校での性教育は, この領域における種々の価値観に対して中立でなければならず, また親の自然的教育権や宗教的ないし世界観的信念が性の領域において意義をもつ場合には, これらに一般的な配慮をして行われなければならない。とりわけ学校は, 青少年の教化 (Indoktrinierung) に当たるいかなる試みもしてはならない。

　③　これらの原則の確保に当たって, 複数教科にまたがる授業としての性教育は, その実施を親の同意に係らしめる必要はない。

　④　しかし親は, 学校における性教育の内容や方法について,「適時の情報請求権 (Anspruch auf rechtzeitige Information) をもつ。

　⑤　「法律の留保の原則」は, 立法者に, 性教育の学校への導入に関する決定は, 立法者自身が行うことを義務づける。

3　「親の知る権利」の種類

　親の知る権利の種類や態様は, 個人的権利か共同的権利かにより, また学校教育事項の種類や性格によっても異なり, 一概にカテゴライズできないが, ドイツにおいては学説・現行法制上, 一般的な権利形態としては, 学校教育における親の知る権利として, つぎのような各種の権利が含まれているとされている[13]

①　学校教育に一般的にアクセスする権利。

---

(12)　BVerfG Beschl. v. 21. 12. 1977, In:DÖV (1978), S.244.

(13)　詳しくは参照：P.Stelkens / H.J.Bonk/M.Sachs, Verwaltungsverfahrensgesetz, 4Aufl. 1993, S.573ff. T.Böhm, Einsicht in Protokolle, In:Schulrecht (2008), S.29ff.

660

② 学校の教育現実や子どもの学習状況など先に掲記した事項について「報告をうける権利」（知らされる権利）。

③ 親の教育権や子どもの権利＝親・子どもの法的地位に強く触れる学校の措置・決定および学校の懲戒権の発動に際して，事実関係・その根拠・妥当性などについて，事前に聴聞をうける権利。

④ 親の教育権や子どもの権利＝親・子どもの法的地位と強く係わる学校の公文書について，（a）それを閲読する権利，（b）そこに記載された内容について説明をうける権利，（c）記載内容の当否を争う手続を求める権利，（d）記載内容の訂正ないし取消を求める権利。

なお付言すると，ドイツにおいては現行学校法制上ほとんどの州において，上記の①ないし②の権利の一態様として，「授業の妨げにならない範囲内」など，一定の要件下ではあるが，親は「授業を参観する権利」（Hospitationsrecht）を明文上法認されるところとなっている。

たとえば，ブレーメン州学校法（1994年）は「教育権者の授業参観権」と題して，こう明記している。「教育権者は，秩序ある授業運営の範囲内で，授業参観の権利（Recht auf Unterrichtsbesuch）を有する。すなわち，①その子の学級においては，教育権者として，②その学校の各学年・学級においては，学校父母協議会の構成員として，③市の他の学校の学級においては，中央父母協議会の構成員として，かかる権利を有する」

それどころか，上述した親の知る権利の域を超えて，ハンブルク州とブランデンブルク州においては，教育的に適格な親は授業の形成に積極的に参加できるとされるに至っている。ハンブルク州学校法はこう書いている（88条5項）。「特別な教育上の養成・訓練をうけていなくても，適格な人物（geeignete Personen），とりわけ生徒の教育権者は，学校における教育活動や授業に参加することができる」。

第3節　教育個人情報の原則開示と開示の限界

1　開示の対象となる教育個人情報

「生徒の知る権利」と「親の知る権利」が上述のように位置づけられ，把握されていることもあって，ドイツにおいては，通説・判例はもとより，現行の学校法制も「教育個人情報については開示を原則」とする，との建前に立っている。

第Ⅶ部　第2章　教育個人情報の開示法制

　また連邦行政手続法が「公文書を閲読する権利」（Recht auf Akteneinsicht）
を保障していることとも相俟って（29条1項[14]），教育個人情報の開示に関し
ては，学校法制上，主要には，つぎのような規定例や確定判例が見られている。
　まず生徒の学校履歴書類（Schullaufbahnakte）について，たとえば，ブレー
メン州学校法（1981年）は「教育権者（親を指す・筆者）には，その子に関す
る学校履歴書類を閲読することが保障される。成年に達した生徒は自分の学校
履歴書類について，同様の権利を有する」（31条a）との定めを置いている。
　またシュレスビッヒ・ホルスタイン州などにおいては，初等学校から中等学
校への進学に際しての「学校の勧告的意見書」（Schulgutachten）に関して，親
に対し，それを閲読する権利を法令によって明示的に保障している。
　たとえば，同州のオリエンテーション段階に関する規程（1980年）にはこう
ある。「学級担任は親を招いて個別に面談を行い，基礎学校の意見書ならびに
学校種の勧告について話し合うものとする。学級担任は親に対し意見書の閲読
を保障しなければならず，また親が希望すれば，その正本を交付しなければな
らない」（2条3項）。
　成績評価やその基準・根拠についても，たとえば，ブランデンブルク州学校
法（2002年）がその例であるように，生徒は自分の成績とその評価基準や根拠
に関し，教員から随時，報告ないし説明をうける権利をもつとされている（46
条3項）。
　さらに試験の成績や試験関係文書についても，かつて連邦行政裁判所は「試
験官の不偏性を確保する必要性から，生徒ないし親の試験の不合格理由を知る
権利の制限が導かれる」（1964年）として，学校側の不開示を支持したのであ
るが，今日の通説・判例によれば，こうした見解は訴訟当事者の機会均等なら
びに法律上の審問を請求する権利（基本法103条）を侵害するものとして斥け
られている[15]。
　その他，学校医の診断書，教育上ないし心理学的な検査，障害児学校への指
定や懲戒権の発動に際しての，専門的な調査・鑑定書などの記載内容について
も，生徒・親の側に開示請求権が認容されている。

───────────────

(14)　さしあたり，H.Avenarius/H.Heckel, a.a.O., S.117.

(15)　E.Stein / M.Roell, Handbuch des Schulrechts, 1992, S.269.

第3節　教育個人情報の原則開示と開示の限界

2　開示の限界

既述したように，ドイツの学校法制は「教育個人情報の原則開示」に立脚しているとは言っても，当然のことながら，あらゆる個人情報を開示すべしというのでは勿論ない。教育行政機関・学校は，①開示することによって任務の遂行が著しく妨げられる場合，ないしは，②事柄の本質上，秘密を要する事項については，学校文書の開示を拒否できることになっている（連邦行政手続法29条2項）。

けれども，この要件は厳格に解釈されることを要し，しかも拒否理由は実体的に根拠づけられなければならないとされる。学校の教育上の措置・決定は，その中核部分において，裁判上のコントロールを免れるからである。

なお，以上とかかわって，教員は公務員として職務上，守秘義務（Verschwiegenheitspflicht）を負っているが〈公務員身分法37条・Beamtenstatusgesetz・2008年[16]〉，これによっては「生徒の知る権利」・「親の知る権利」には原則として対抗できない。ただ親に告知することで子どもの精神ないし身体を損なう，直接かつ現在の危険が発生する虞があるなど，特定の例外的場合には，親に対する報告義務を免除されると解されている[17]。

---

(16)　公務員の守秘義務について，詳しくは参照：A. Reich, Beamtenstatusgesetz, 2.Aufl. 2012, S.296ff.

(17)　H.Avenarius/H.P.Füssel, a.a.O., S.341.

663

第Ⅷ部
学校の教育措置・決定に対する行政
裁判上の救済と学校事故補償法制

第1章　学校の教育措置・決定に対する行政裁判上の救済

第1節　ワイマール憲法下における法制状況

　ドイツにおいては伝統的に学校営造物利用関係＝児童・生徒の在学関係は「組織化された高権領域」（organisierte Hoheitsbereich）として，特別に強められ，高められた権力が働く「公法上の特別権力関係」とされ，多くのラントが行政訴訟事項において個別的列記主義を採用していた結果，学校権力にもとづく教育上の措置・決定は「法律から自由な教育行政領域」（gesetzesfreie Raum der Schulverwaltung）におけるものとして，抗告訴訟の対象とはならなかった。

　すなわち，学校営造物権力の発動により定立された校則は自律的な営造物規則として，法規としての性質を欠く行政規則と見なされ[1]，また学校権力にもとづく教育上の措置・決定は「行政行為」（Verwaltungsakt）の性質を有さない非法律的措置とされていたから，生徒および親は，これに対して何らの防禦権も有していなかった。法律にもとづく行政＝行政の法律適合性原則および裁判所による権利救済を基軸とする法治国家原理は，行政内部関係として特別権力の発動する学校在学関係には妥当せず，生徒および親は絶対的な学校権力の前にほとんど「無権利客体」（rechtloses Objekt）でしかなかった。

　A.アイゼンフートの「若い公民の民族的教育をできるだけ広範に推進する必要性に比べると，法治国家的配慮はほとんど問題ではない[2]」や，W.ランデの「公立学校は公権力を行使する（Die öffentliche Schule übt öffentliche Gewalt）。公権力の行使は学校のすべての活動を包含する。公立学校における教育活動は刑法113条の意味における公務執行であり，教員に対する抵抗は国家権力に対する抵抗である。学校の命令に対する不服従は，刑法110条によって有罪である[3]」等の記述からも窺えるように，ワイマール憲法下の教育行政・学校法規解説書は，学校内部関係における生徒・親の法的地位やこれに対する

---

(1)　たとえば，1931年のハンブルク高等行政裁判所判決は生徒の政治活動を禁止した校則は営造物規則であり，法規には属さないと判じている（F.J.Rehmert, Verwaltungsgerichtliche Probleme des Schülerrechts, In:DÖV〈1958〉, S.436.）。
(2)　A.Eisenhuth, Die Entwicklung der Schulgewalt und ihre Stellung im Verwaltungsrecht in Deutschland, 1932, S.103.
(3)　W.Landè, Preußisches Schulrecht, 1933, S.114～S.116.

第Ⅷ部　第1章　学校の教育措置・決定に対する行政裁判上の救済

権利保護についてはまったく言及していなかった。

O.マイヤーやF.フライナーに代表される行政法学説においても，基本的には同様であった。ただW.イエリネックが1925年に著した「通常裁判所および行政裁判所による権利保護」〈VVDStRL.Heft2.1925〉という論文で，上級学校への入学を拒否された生徒の親が起こした抗告訴訟を，現行法上，入学請求権は認められていないとの理由で却下した，1924年のハンブルク行政裁判所の判決を例にとりながら，学校の教育上の措置・決定に対する行政裁判所による権利保護の必要性を強調していたのが，ほとんど唯一の例外であった。

また判例においても，プロイセン高等行政裁判所判例集の学校法の部には138の判例が収載されているが，そのほとんどは，ラントとゲマインデとの間の行政組織・作用上の権限関係に関するもので，学校内部関係における権力的諸行為に対する行政裁判上の救済に関するものはまったくなかった。ただ教員の懲戒権の違法行使に関する刑事判例，学校事故に対する教員ないしラントの損害賠償義務に関する民事判例が若干含まれていただけであった[4]。

ワイマール憲法下における以上のような法制状況は，抗告訴訟における権利保護は行政行為に対するものであり，当時の行政法学の通説によれば，特別権力関係における「指示」（Anweisung）は行政裁判上取消しうべき行政行為ではないとされていたから，当然といえば当然であった。

ただし，このことが妥当するのは，プロイセンなどの行政訴訟事項における一般条項（Generalklausel）を欠く州においてであって，それを擁していた州には妥当しない[5]。つまり，ビュルテンベルク，ザクセン，テューリンゲン，ハンブルク，リューベックなどの諸州においては既に1933年以前から行政裁判において一般条項が採用され[6]，官吏の勤務関係において行政裁判上取消しうべき行政行為と，内部的職務遂行ないし勤務監督において発せられる「処分」（Verfügung）とは明確に区別され，官吏の非財産権的請求権に関して出訴が認められていた。

たとえば，1926年6月に制定されたテューリンゲン州行政法は「内部的職務遂行ないし勤務監督において発せられる処分は，行政裁判所による取消しを免れる」（113条2項）と規定していたし，1929年1月のビュルテンベルク官

---

(4)　H.Heckel, Die Bedeutung der Verwaltungsrechtsprechung für die Entwicklung des deutschen Schulrechts（以下，Die Bedeutung と略），In:DÖV（1963），S.443.

(5)　室井力「特別権力関係論」勁草書房，1968年，281頁。

(6)　C.H.Ule, Das besondere Gewaltverhältnis, 1957, S.135.

第1節　ワイマール憲法下における法制状況

吏法 34 条も同旨の規定であった[7]。

　それにも拘わらず，これらの州においてもまた，停学処分，試験決定，進級決定などが一般条項の対象要件である行政行為なのかどうかに関して，学説・判例はまったくと言ってよいほど触れていないし，E.フリッツェの指摘するところによれば，当時，ほとんどの親はこれらに関して行政訴訟を提起できるとは考えてもいなかったのである[8]。H.ヘッケルが指摘しているように，学校営造物の利用者である生徒（親）と学校営造物の権力主体との間の法的な関係，具体的には，学校はどのような教育・秩序措置，命令，学校罰，法形成的行為に対して権限を有するのか，「学校権力」（Schulgewalt）の目的的・時間的・空間的限界はどこにあるのか，学校権力服従者はそれに如何なる範囲でどの程度まで服することになるのか，等に関する法的な分析は一切なされていなかったし[9]，当然のことながら，学校法制上，学校権力による権利侵害に対する救済ないし保護としての内部的な争訟手続に関する規定も欠落していた。

　詰まるところ，ワイマール憲法下にあっては，先に言及した教員の懲戒権の発動や学校事故に係わっての刑法上および民法上の若干の規律はともかく，「学校内部法」（inneres Schulrecht）の領域における学校権力の発動行為に対しては，行政裁判所はもとより，学校監督庁による権利保護もほとんど存在していなかったのである。ワイマール憲法下の教育行政はまさに，E.ホルシュトホフのいう「法治国家の間隙」（Lücke des Rectsstaats）における「侵害行政としての高権行政」（Hoheitsverwaltung als Eingriffsverwaltung[10]）であったと評してよい。E.フリツェはその理由として，当時，学校は権威を有し，学校の教育上の措置・決定は生徒および親に基本的に承認されていたこと，親と学校との間に強度の信頼関係が存在していたこと，を挙げているが[11]，H.ヘッケルはさらに，学校や教育行政当局の措置・決定への服従を余儀なくさせた学校権力の絶大さと，これに対する国民の権利意識の低さにもその原因を求めている[12]。

---

(7)　ditto. S.155.

(8)　E.Fritze, Gerichtliche Nachprüfung pädagogischer Wertungen, In:RWS（1960）, S.53.

(9)　H.Heckel, Gegenwartsprobleme des Schulrechts und der Schulverwaltung, In:DVBl（1957）, S.486.

(10)　E.Forsthoff, Lehrbuch des Verwaltungsrechts, 9Aufl., 1966, S.123.

(11)　E.Fritze, a.a.O., S.53.

(12)　H.Heckel, Die Bedeutung, S.444.

第Ⅷ部　第1章　学校の教育措置・決定に対する行政裁判上の救済

ドイツは 1848 年 12 月 5 日のプロイセン憲法で「プロイセンの少年は，十分な公の施設によって，一般的な民衆教育をうける権利を保障される」（18 条）と規定し⁽¹³⁾，一国の憲法としては世界で最初に「教育をうける権利」を憲法上の基本権として保障した国であったが，ワイマール憲法下の基本権＝「ただ法律の範囲内での基本権」（Grundrecht nur im Rahmen des Gesetzes）さえも学校法域では確認されていなかったのである。

第2節　ドイツ基本下における法制状況

1　特別権力関係論の法治主義的修正 —— 法律関係としての特別権力関係

　1949 年 5 月に制定を見たドイツ基本法は「何人も，公権力によって自己の権利を侵害されたときは，裁判で争う途が開かれている」（19 条 4 項）と規定し，併せて民主的・社会的法治国家の原理を憲法上明記した（20 条 1 項・28 条 1 項）。このような憲法体制の転換は，上述したような伝統的特別権力関係論に深刻な反省をもたらし，特別権力関係内部における権力行為に対する権利保護の拡大を要請することとなる。行政法学説や判例においても，「特別権力関係においても，相異なる法主体の権利範囲が互いに限界づけられ，一定の秩序をなしてその限界づけが強制されている限り，そこにも法は存在しうるし，それは法的に秩序づけられた生活関係である⁽¹⁴⁾」ということが認識されるに至り，こうして伝統的特別権力関係論は「法律関係としての特別権力関係」（besonderes Gewaltverhältnis als Rechtsverhältnis）として法治主義的な修正を余儀なくされるに至る。

　学校の特別権力関係領域，とくに学校内部関係においてもまた法治主義原理の適用が当然要請されることとなり，ここに至って漸く，学説・判例による学校関係の法的分析がなされることとなり，生徒や親の基本権や学校法制上の法的地位に法学的な照明が当てられることとなったのである。

　その結果，従来，行政内部関係として伝統的に特別権力関係とされ，学校の権力行為に対する権利救済がほとんど閉ざされたままであった学校営造物利用関係＝生徒の在学関係においても，生徒・親の法的地位や権利領域に触れる教育上の措置・決定，すなわち，学校の「法的行為」（Rechtsakt）＝行政行為が

---

(13)　L.Clausnitzer, Geschichte des Preußschen Unterrichtsgesetzes, 1891, S.162.

(14)　室井力，前出，279 頁。

670

第2節　ドイツ基本下における法制状況

存在することが確認され，これに対しては行政裁判上の救済が保障されることとなった。こうして基本法の施行以降，この法域において教育裁判が多発し，1958年までだけでその数は200件に達し，これに関する行政裁判例はその後のドイツにおける学校法の発展に重要な役割を果たしたとされる[15]。

　しかし基本法施行直後にあってはなおも伝統的特別権力関係論が支配的で，たとえば，1949年8月18日のバイエルン行政裁判所判決は，R.ネビンガーの特別権力関係論に依拠して，「教育営造物に子どもを就学させている親およびその子は，営造物の秩序権力に服する。その限りにおいて，他の国民が国家当局との関係において受けることのない制限を受ける。営造物の利用において生じる個々の法的関係に対しては，……抗告訴訟を提起する権利が保障されるものではない[16]」と判じ，学校営造物利用関係を依然として伝統的な意味での公法上の特別権力関係だと捉えていた。

　しかし，このような見解は，生徒の進級拒否決定に関する1951年7月6日のミュンスター行政裁判所判決で克服されることになる。すなわち，その判決主文は「生徒の進級に関する学年会議の決定は，学校と生徒との間の特別権力関係にも拘わらず，取消し得べき行政行為である」と判じ，判決理由で以下のように述べるところとなっている[17]。

　「公法上の営造物としての学校とその利用者である生徒との間の，法律関係としての特別権力関係において発動される行政行為もまた，行政裁判所による審査に服する。……基本法19条4項の一般条項の目的は，行政の違法な侵害から個々人の権利を保護するために，公行政の全活動領域を行政裁判所の統制に服させることにある。

　したがって，国家と国民との一般関係において生じる公権力の措置に対してだけ行政訴訟を認めることは，この目的と一致しない。なぜなら，特別権力関係だとされている相当範囲の公行政の重要な部分が，裁判上の審査を免れることになるからである。行政行為という概念は一般権力関係だけに限定されるものではない。特別権力関係への自由意思による編入の場合の『同意は権利侵害を阻却する』（volunti non fit injuria）という法理は，今日ではもはや行政訴訟手続上効力を有さない。特別権力関係内における行政行為に対しては行政訴訟が

---

(15)　F.G.Rehmert, a.a.O., S.445.

(16)　A.Reuter, Schulordnung und Verwaltungsgerichtsbarkeit, In:DÖV（1954），S.305.

(17)　LVG Münster Urt. v. 6. 7. 1951, In:DVBl（1953），S.27.

671

第Ⅷ部 第1章 学校の教育措置・決定に対する行政裁判上の救済

閉ざされる，とするR.ネビンガーの見解は，基本法に抵触し，否定されなければならない」。

また連邦行政裁判所も上記見解を基本的に支持し，1954年12月10日の進級拒否決定に対する抗告訴訟で「特別権力関係も法律関係であり，したがって，そこにおいては当然に法的行為，つまり行政行為が存在しうる」と判示していたし[18]，その後，生徒の表現の自由に関する判決〈1964年12月11日〉においても上記法理を確認したのであった。こうして，1960年代半ばの時点においては，学説・判例上，以上のことに関しては異論はほとんど見られないという状況であった。

そこで，つぎに，①学校特別権力関係ないし学校関係におけるいかなる教育上の措置・決定が行政行為たる性質を有し，行政裁判上のコントロールに服することになるのか〈行政裁判上の権利保護の範囲・限界〉，②行政裁判上のコントロールはどの程度にまで及びうるか〈行政裁判上の権利保護の強度〉が問題となる。

2　学校の教育措置・決定に対する行政裁判上の権利保護の範囲・限界

2-1　公法上の特別権力関係論支配下における法制状況

1950年代半ばまでの学説・判例は，いうところの特別権力関係を法律関係として捉えながらも，特別権力関係の設定および終了に係わる措置以外はすべてこれを特別権力関係内部規律行為と見て，これに対する行政裁判上の救済を否定していた。

しかし，C.H.ウーレが1957年に発表したモノグラフィー「特別権力関係」がこの法域におけるアプローチに画期をもたらすことになる。すなわち，ウーレは「基本法19条4項が特別権力関係における裁判所の権利保護を無制限に保障している，とすることには疑義がある」と述べ[19]，法治国家思想は特別権力関係における裁判所の無制限な権利保護によって促進されるのか，それとも限定的権利保護によって促進されるのか，が基本法19条4項の目的論的解釈にとって重要であること，そしてこの場合，一般権力関係に対する特別権力関係の特性および両者の差異に留意しなければならない，こと等を指摘したうえで，次のように説いた。

---

(18)　BVerwG Urt. v. 10. 12. 1954, In: NJW（1955），S.765.

(19)　C.H.Ule, a.a.O., S.150.

第2節　ドイツ基本下における法制状況

「特別権力関係の特色は，個人が特別権力関係の基礎づけによって『経営』（Betrieb）に編入されることにある。この経営への編入は，被用者の私法上の権力関係および官吏，軍人，生徒，囚人などの公法上の権力関係においても生じる。……勤務関係の場合は権力服従者が経営に奉仕するのに対して，営造物利用関係にあっては経営は権力服従者のために存在する〈学校は生徒のために〉。……営造物の経営がその課題を達成しようとすれば，経営が奉仕する人によって経営秩序が遵守されなければならない。特別権力関係の特徴が，個々人がそれに従わなければならない秩序をもつ経営への編入にあるとすれば，特別権力関係そのものの設定，変更，終了に係わる法関係と，経営秩序の妥当から生じる法関係との区別が導かれる。これらの法関係を『基本関係』（Grundverhältnis）と『経営関係』（Betriebsverhältnis）と呼ぶことができる[20]」。

　このような見地からウーレは，官吏関係と営造物利用関係における権利保護の妥当とその限界を基本関係に求め，教育法域における基本関係として，下記を挙げたのであった。入学許可，学校指定，試験の許可，大学進学許可，博士号の授与決定，教授資格の賦与，放学ないし停学処分，卒業証明書の授与拒否，除籍，学位の剥奪，飛び級決定，生徒の他学年への編入，がそれである[21]。

　ウーレのこの見解は1956年の国法学教員学会で発表されたものであるが，一部の有力な憲法学説や行政法学説による批判はあったものの[22]，この時期以降の判例・学説は基本的にはほとんどこの理論に依拠していると言ってよい。とくにウーレのこの理論が行政裁判例によって広範な支持を受けた意義は大きく，この法域の判例がドイツの学校法の発展と学校の法治主義化に相応の貢献をしたことは，ヘッケルの指摘するところである[23]。

---

(20)　ditto. S.151〜S.152.

(21)　ditto. S.154.

(22)　当時の権威ある基本法コンメンタールは「この区分はア・プリオリに権利保護から自由な領域（rechtsschutzfreier Raum）を画定するものである」と批判している（T. Maunz/G.Dürig〈Hrsg.〉, Grundgesetz-Kommentar, Art.19. Abs. 4 Rd.Nr.25.）。

　　またF.J.リンシェもこう批判する。「基本法19条4項は権利保護を基本関係だけに限定するものではなく，特別権力関係においても権力服従者には無制限な権利保護が保障されなければならない。経営関係における措置・決定が行政行為ではないとしても，当事者はこれに対して給付訴訟（Leistungsklage）または確認訴訟（Feststellungsklage）を提起することができる」（F.J.Rinsche, Anm. zu VG Karlsruhe Urt. v. 15. 12. 1964, In:NJW〈1965〉.S.1933.）。

(23)　H.Heckel, Schulrecht und Schulpolitik, 1967, S.160ff.

第Ⅷ部　第1章　学校の教育措置・決定に対する行政裁判上の救済

　また学説においても，たとえば，「学校の措置はただそれが外部的効果をも
つ場合だけ，すなわち，学校と生徒との基本関係に触れる場合にだけ，行政行
為として行政裁判上取り消されうる。これに対して，営造物秩序から生じる営
造物措置は行政裁判上のコントロールには服さない[24]」，「生徒ないし親の法
的地位を直接侵害する学校の行為は基本関係に触れる，行政裁判上取り消しう
べき行政行為である[25]」，「基本関係においてだけ学校措置は行政行為性を有
し，学校の内部的事項の円滑な遂行に向けられた措置は，これを有さない[26]」，
といった所論が通説化することになるのであるが，1960年代末までのこの問
題に関する学説をヘッケルの所説に代表させると，大要，以下のように概括で
きる[27]。

　「基本法19条4項の一般条項は，特別権力関係の内部においても，権利保護
の拡大を要請する。学校関係は特別権力関係ではあるが，『法律関係』（Re-
chtsverhältnis）である。生徒は学校においても基本権を全的に享有しており，
この生徒の基本権は学校の秩序権力・教育権力に制約を加えることになる。親
についても同様のことが妥当する。親は憲法上の基本権として「親の教育権」
を保障されているからである。こうして公立学校においてもまた，圧倒的な学
校権力に対する生徒と親の権利保護が問題となる。

　しかし一方で，学校の効果的な機能とその教育上の任務の遂行が確保されな
ければならない。そこで学校のいかなる教育上の措置・決定が生徒や親の法的
地位や権利領域に触れるのか，を検討する必要がある。

　C.H.ウーレはすべての特別権力関係について『基本関係』と『経営関係』
の区分を採用したが，このアプローチは学校関係の法治国家的把握を大いに促
進した。行政裁判例がこの区分を支持し採用したことは，学校関係における権
利保護の明確化に大いに貢献した。

　学校における日常的な過程は，いわゆる経営関係における事象として，法的
規律にはなじまず権利保護も必要ではない。それは生徒や親の法的地位や権利

---

(24)　H.Wiethaup, Zur Rechtslage bei der Anfechtung schulischer Entscheidungen, In:RdJB
　　　（1970），S.309.

(25)　E.Schäck, Zur Bedeutung der Rechtsprechung für die Entwicklung des Schulrechts,
　　　In:RWS（1960），S.76.

(26)　H.J.Becker, Schule und Verwaltungsgerichtsbarkeit, In:ZBR（1960），S.176.

(27)　H.Heckel, a.a.O., S.221〜S.223.
　　　ders., Schulrechtskunde, 4Aufl.1969, S.447〜S.452.

674

第2節　ドイツ基本下における法制状況

領域に触れるものではないからである。

しかし各個の場合に生徒や親の「基本関係」，つまりは法的地位や権利領域に触れ，したがって行政行為と見られる一連の措置・決定が存在する。入学決定，進級決定，試験の合否，退学処分，ギムナジウムへの入学拒否，試験からの排除，放学，就学予定者の就学留置き，特殊学校への指定などがその例である。これらの措置・決定は公法上の効果を伴う行政行為であり，したがって，行政裁判上の審査に服し，取り消されうる。法的コントロールを免れる自律的な学校権力は存在しえない」。

それではこの時期，判例・学説上，いかなる学校の教育上の措置・決定が生徒や親の法的地位や権利領域に触れ，行政裁判上「取り消しうべき行政行為」（anfechtbarer Verwaltungsakt）とされたのか。以下，個別・具体的に見ていくこととしよう。

〈1〉退学・放学処分

特別権力関係における地位・身分の喪失をもたらす排除処分として，判例・学説は一致して，これを行政裁判上取り消しうべき行政行為としてきた。ここでは，この問題を判例上確定させた1954年12月20日の連邦行政裁判所判決を引いておこう[28]。

本件は13歳の女子生徒が窃盗を理由に退学処分を受けたケースであるが，被告・学校側の「退学処分は裁判所から自由な特別権力関係内部措置として行政行為性を欠く学校罰である。したがって，これに対する行政訴訟は認められない」との主張に対して，連邦行政裁判所は次のように判じて，原告・生徒の訴えを認めたのであった。

「1. 退学処分は行政裁判上取り消しうべき行政行為である。2. 行政裁判所は学校罰（Schulstrafe）の賦課について，裁量の濫用が有ったかどうかについては審査することができる。相当性の原則（Grundsatz der Verhältnismäßigkeit）が守られていない場合は瑕疵ある裁量に当たる。3. 教育行政庁は未成年者に対する学校の教育目的に鑑み，まず本人に警告しその効果がなかった場合にだけ，退学のような重大な学校罰を課すことができる」。

---

(28)　BVerwG Urt. v. 10. 12. 1954, In: H. Hochstetter/P. Seipp/E. Muser, Schüler-Richter-Lehrer, 1963, S. 76.

675

第Ⅷ部　第1章　学校の教育措置・決定に対する行政裁判上の救済

〈2〉進級拒否決定

　1950年代初期の段階にあっては，これに関する判例・学説の評価は割れていた。たとえば，1953年11月26日のデュッセルドルフ行政裁判所判決は学年会議による進級拒否決定に行政行為性を認定したのであるが，その根拠を次のように述べている[29]。

　「進級拒否決定によって卒業が1年遅れることになり，それが2回に及べば退学という不利益な法的効果を伴う。この措置は生徒の人格の発達に相当の影響を及ぼし，基本法2条1項が保障する人格権に触れるものである。即時に直接的な法的効果を伴わないということは，法的効果を有さないということではない。進級拒否決定は純然たる学校経営の内部的事象ではなく，生徒と教育権者の外部的・一般的権利領域を侵害する措置なのである」。

　これに対して，1953年12月18日のラインラント・プファルツ高等行政裁判所判決は「進級に関する学年会議の決定は，直接的な法的効力を生じない教育上の措置（pädagogische Maßnahme）であり，行政裁判上取り消しうべき行政行為性を有さない」と判示し，その根拠を，進級決定は学校の教育計画の実施および学校経営の規律のための措置であるという点に求めていた[30]。

　学説にあっては，たとえば，H.クリューガーは前者の判旨を強く支持したが[31]，H.ハーマンは進級決定は学校の自律的な固有の権利（autonome Eigenrecht der Schule）に基づく決定であるという理由で，これに対する行政裁判上の審査を否定したのであった[32]。

　またH.ヘッケルは「進級拒否決定が退学処分と直接結びつく限りにおいてだけ，それは行政裁判上審査されうる行政行為たりうる」とし，上記2説の折衷的立場を採っていた[33]。

　以上のような判例・学説状況にあって，この問題に決着をつけたのは先に引いた1954年の連邦行政裁判所の判決である。同判決は判決理由で大要，つぎのように述べて，進級拒否決定の行政行為性を認定したのであった[34]。

---

(29)　LVG Düsseldorf, Urt. v. 26. 11. 1953, In:DVBl（1954），S.584.

(30)　OVG Rheinland-Pfalz, Urt. v. 18. 12. 1953, In:DVBl（1954），S.579.

(31)　H.Krüger, Der Verwaltungsrechtsschutz im besonderen Gewaltverhältnis, In:NJW（1953），S.1371.

(32)　H.Hamann, Anm. zu OVG Rheinland-Pfalz, Urt. v. 18. 12. 1953, In:DVBl（1954），S.583.

(33)　H.Heckel, Die Grenzen der Schulgewalt, In:RdJ.（1954），S.54.

(34)　G. Mampe, Rechtsprobleme im Schulwesen-Schulentscheidungen als Rechtsakte, 1965, S.108.

第2節　ドイツ基本下における法制状況

「生徒の入学によって公法上の入学関係が設定され，かかる法律関係における権利侵害に対しては，たとえ特別権力関係であっても，行政訴訟を提起することができる。生徒の目的は卒業証書を得て卒業することにあり，この卒業証書は学校での成果ある就学を証明し，上級学校や大学への進学，さらには一定の職業に就く可能性を開くものであり，法的な意味をもつ。進級を拒否された生徒は1年遅れて卒業することになる。進級拒否決定は営造物規程にもとづく学校経営の内部的措置ではなく，生徒の権利領域を侵害するものである。ある措置が行政行為であるか否かは，その法的根拠によってではなく，その法的効果によって決せられなければならない」。

　ここにおいて，進級拒否決定は行政裁判上「取り消しうべき行政行為」であるということが確定したと見てよく，この判決以降の判例・学説はほとんどこの線に沿っていると言ってよい。たとえば，E.シェックは「生徒は営造物規則と学校目的に基づいて授業に参加する権利を有し，かつ上級学年の授業に必要な条件を充足した場合は，上級学年に進級する権利を有する」と述べ[35]，生徒の授業参加権と進級権との関係で進級拒否決定の行政行為性を認めている。

〈3〉退学の威嚇処分

　この時期の判例は例外なく退学の威嚇処分（Androhung der Verweisung）を学校の内部的秩序措置と見て，これに対する行政裁判上の救済を否定している。たとえば，1961年1月18日のカッセル行政裁判所判決は，退学の威嚇処分を受けても生徒は依然として学校に留まっており，教員による授業中の学級帳への注意の記入と同じく，単に学校内部の秩序措置が問題となっているに過ぎないとして，「退学の威嚇は生徒の法的地位には触れない学校経営の内部的秩序措置であり，取り消しうべき行政行為には該当しない」との判断を示している[36]。

　また1964年12月15日のカールスルーエ行政裁判所判決も「退学の威嚇は，生徒の権利領域への直接的な侵害ではないから，行政行為ではない」と判じ，その理由をこう述べている[37]。

　「特別権力関係における措置は権力服従者の基本関係に触れる場合にだけ，

---

(35)　E.Schäck, a.a.O., S.77.

(36)　VG Kassel Urt. v.18. 1. 1961, In:DVBl（1961），S.856.

(37)　VG Karlsruhe Urt. v. 15.12.1964, In:NJW（1965），S.1933.

第Ⅷ部　第1章　学校の教育措置・決定に対する行政裁判上の救済

直接的な法的効果を有し，基本法19条4項による権利保護が妥当する。たし
かに当該措置は，学校に対する原告生徒の関係を他の生徒の場合よりも危険な
ものとする。しかし退学処分は再度の学校規程違反行為があった場合に課され
るのであり，退学の威嚇は生徒の地位に変更をもたらすものではないから，行
政行為には当たらない」。

　これに対して，学説においては，退学の威嚇に行政行為性を認める見解が主
流を占める。たとえば，D.ゼルプは「退学の威嚇によって退学が当事者に迫
る。それは当事者に"常に身に迫る危険"（Damoklesschwert）を感じさせる。
この場合，通常，軽微な規律違反行為で退学処分にまで及ぶことはないが，当
事者は絶えざる警急準備状態におかれる」とし，この措置は生徒としての地
位・身分と係わるものであり，抗告訴訟の対象となるとの見方を示してい
る(38)。

　またF.J.リンシェは，退学の威嚇は特別権力関係内部における経営関係領
域の措置ではあるが，この領域にも基本法19条4項は妥当するとの立場か
ら(39)，さらにR.ホラントは，当該措置は基本関係に属するという理由で(40)，
それぞれ退学の威嚇処分に行政行為性を認めている。

〈4〉特殊学校への指定

　教育行政庁による子どもの特殊学校〈Sonderschule－現行制度上は促進学
校・Förderschule と称されている・筆者〉への指定決定が行政行為であるこ
とは，判例・学説によって広く承認されており，異説は見られない。たとえば，
ヘッケルによれば，かかる決定は上級学校への進学を事実上閉ざすこととなり，
生徒の法的地位および将来に決定的な影響を与える措置として当然に行政行為
性を有する，とされている(41)。判例では1958年12月29日の連邦行政裁判所
決定以来，このことは自明視されている状況にある(42)。

---

(38)　D.Selb, Schulstrafe, Androhung der Ausweisung und Zulässigkeit der verwaltungs-
　　　gerichtlichen Anfechtungsklage, In:DÖV（1965）, S.805.

(39)　F.J.Rinsche, a.a.O., S.1933.

(40)　R.Holland, Verwaltungsrechtsschutz im Schulverhältnis, In:DVBl（1968）, S.245.

(41)　H.Heckel, Schulrechtskunde, 4Aufl.1969, S.451.

(42)　BVerwG Beschl. v. 29. 12. 1958, In: H.Hochstetter/P.Seipp/E.Muser, a.a.O., S.55.

678

第2節　ドイツ基本下における法制状況

〈5〉試験決定

試験決定（Prüfungsentscheidungen）の行政行為性は、「入学試験に関する試験委員会の決定は行政訴訟で取り消しうべき行政行為である」とした1952年11月20日のベルリン高等行政裁判所判決を始めとして[43]、1950年代初期の一連の判例によって早くから確認されていた。試験決定は目的校への入学やその後の就職を左右するものであり、生徒の公法上の地位に触れるというのが、その理由であった。

こうした判例に対して、一部の学説から「固有の試験権力を擁する試験制度の本質に照らし、試験決定には行政行為性は認められない」との批判が出たが[44]、1955年1月21日の連邦行政裁判所の判決は「裁判所から自由な学校権力や試験権力を認めることは、基本法にいう3権分立の原則に抵触する」と判じて、かかる見解を排した[45]。以後、これに関する争いはほとんど見当たらない。

〈6〉上級学校への入学拒否決定

たとえば、1957年6月29日の連邦行政裁判所判決が「ギムナジウムへの子どもの入学に関する教育行政庁の決定は、行政訴訟手続において取り消しうべき行政行為である」と述べているように、入学拒否決定は1950年代の早い時期から判例上、その行政行為性が確認されており、学説にあっても異論は見られない。その根拠について、上記の連邦行政裁判所判決は判決理由で次のように記している[46]。

「ギムナジウムへの入学は、その成果ある就学の後、高等学校卒業資格試験（Abitur）をうけて大学に進学し、一定の職業に就く可能性へと連なる。またそれは基本法6条2項が保障する親の自然的教育権とも関係する。親の教育権には、子どもをどのような種類の学校に入学させるかの選択権が含まれているからである。かくして当該決定は、基本関係における措置として外部的な法的効果を有する」。

---

(43)　OVG Berlin Urt. v. 20. 11. 1952, In:DVBl（1953）, S.579.

(44)　W.Thieme, Anm. zu VGH BA Urt. v. 12. 10. 1951, In:DVBl（1952）, S.342.

(45)　BVerwG Urt. v. 21. 1. 1955, In:NJW（1955）, S.1609.

(46)　BVerwG Urt. v. 29. 6. 1957, In:H.Hochstetter/P.Seipp/E.Muser, a.a.O., S.27.

第Ⅷ部　第1章　学校の教育措置・決定に対する行政裁判上の救済

〈7〉成績評価

　判例，通説とも原則として「成績評価」（Zeugnisnoten）の行政行為性を否定している。判例では，たとえば，1963年6月20日のビィエスバーデン行政裁判所判決が「個々の教科の成績評価は，それ自体としては直接的な法的効果を有さない。したがって，それは行政行為ではなく，抗告訴訟ないし義務づけ訴訟で争うことはできない」と判じているし[47]，同年4月18日のベルリン高等行政裁判所判決も，まったく同旨の判断を示している。

　これらの判決はともに，個々の成績評価まで裁判所が審査することは，教員や学年会議に留保された「教育上の学問的判定活動領域」（pädagogisch-wissenschaftliche Beurteilungsspielraum）を侵害することになるという点に，その根拠を求めている。

　学説では，たとえば，ウーレが「特定科目の成績評価については行政行為は問題とはならず，その取消しを求める行政訴訟は認められない。ただそれが大学入学に決定的な影響を与えるような場合には，例外的に行政行為たりうる」としているし[48]，またヘッケルも同じ趣旨からこう述べている[49]。「個々の成績評価は基本関係には触れない学校の内部的教育措置であるが，しかしそれが大学への入学や特定の専門科目の選択にとって直接的な効果をもつ場合には，これに対して行政訴訟が認容される」。

　さらにレーメルトも「成績評価が行政行為の一部あるいはその基礎をなしているということは，それ自体を行政行為たらしめるものではない。そうでなければ，行政裁判所の審査に服さない学校の評価はいっさい存在しないことになる」と述べ，成績評価が後の行政行為の基礎となるという理由で，これに行政行為性を認めることは，刑法の条件説と同じ過ちを犯すことになると指摘している[50]。

　これに対して，ツェルマークは生徒の「正当な成績評価をうける権利」（Rechtsanspruch auf Erteilung der richtigen Zensuren）から個々の成績評価に対する司法審査が導かれるとしているが[51]，このような見解は例外に属する。

---

(47)　VG Wiesbaden Urt. v. 20. 6. 1963, In:NJW（1964），S.939.

(48)　C.H.Ule, Anm. Zu VG Wiesbaden Urt. v. 20. 6. 1963, In:NJW（1964），S.939.

(49)　H.Heckel, Schulrechtskunde, 4Aufl.1969, S.452.

(50)　F.G.Rehmert, a.a.O., S.444〜S.445.

(51)　F.Czermak, Schul-und Prüfungsentscheidungen vor den Verwaltungsgerichten, In: DÖV（1962），S.922.

680

第2節　ドイツ基本下における法制状況

〈8〉授業からの排除

判例・通説ともに生徒に一定期間授業を受けさせない懲戒処分としての「授業からの排除」（Ausschluß vom Unterricht）は，生徒の法的地位・権利領域に触れる行政行為だと見ている。たとえば，1966年4月29日のフライブルク行政裁判所判決は「特別権力関係内部にあっても，生徒を2週間継続して授業から排除することは，抗告訴訟で取り消しうべき行政行為である」とし，その理由をこう述べている。

「バーデン・ビュルテンベルク州憲法11条が保障する教育をうける権利から直ちに訴権を伴う教育上の請求権は導かれないが，同州学校行政法は上記憲法条項を具体化する法律であり，生徒の授業に参加する権利（Recht auf Teilnahme am Unterricht）を保障している。生徒に授業を受けさせない学校罰は生徒のこの権利を侵害するものであり，叱正のような経営上の秩序措置とは異なる[52]」。

また通説をホラントに代表させると，「授業からの排除処分は生徒と学校との基本関係に係わるものであり，行政裁判上取り消しうべき学校罰である」との見解を示している[53]。

〈9〉教授要綱の規定内容

バーデン・ビュルテンベルク州のギムナジウムの生徒が，同州のギムナジウム用教授要綱（Lehrplan）の規定内容は，生徒の教育をうける権利を侵害するとして提訴した事件で，マンハイム上級行政裁判所は，大要，次のように述べて，教授要綱の規定内容の如何は規範統制訴訟の対象になるとの判断を示している[54]。

「公の営造物の利用に係わる一般的な規程は，それが営造物利用者の権利領域に触れる場合には，法規たる性質を有する。教授要綱は生徒の人格を自由に発達させる権利（基本法2条1項）および親の教育権（基本法6条2項）に触れる法規であるから，裁判所による規範統制に服する。この場合，学校と生徒がいわゆる特別権力関係にあるということは関係ない。また当該特別権力関係の設定が生徒の自由意思に基づいているということも同様である。ただし高等学

(52)　VG Freiburg Urt. v. 29. 4. 1966, In:DVBl（1966），S.870.

(53)　R.Holland, Verwaltungsrechtsschutz im Schulverhältnis, In:DVBl（1968），S.245.

(54)　VGH Mannheim Beschl. v. 5. 5. 1961, In:P.Seipp/E.Muser, a.a.O., S.92～S.93.

681

校卒業資格（Hochschulreife）を獲得するためにどのような知識領域が，いかなる範囲において必要とされるかは，教育主権の担い手の裁量に属する。したがって，理性的な裁量の範囲を明らかに踰越しているかどうかについてだけ，裁判上の審査に服することになる」。

　以上，どのような学校措置・決定が 1960 年代までの判例や学説によって，生徒や親の法的地位や権利領域に触れ，裁判上取り消しうべき行政行為と解されたかについて，主要なものを概括的に摘記したのであるが，その他にもこの時期，判例は教育法域における以下のような措置・決定にも，行政行為性を認定するところとなっている。

　特定の学校への入学請求，就学の留置き，学級閉鎖，飛び級，高等学校卒業資格試験の許可，他学年への編入，学校行事への参加禁止，学校区の変更，教授資格の授与，学位論文の受理，修了証書の交付拒否，卒業証書の内容，卒業証書の交付拒否，学位の剥奪，博士号の授与，受講許可証の授与等である。

2－2　公法上の特別権力関係論否定後の法制状況

　上述のように，いわゆる公法上の特別権力関係論は人権保障や民主的法治国家原理など基本法の諸原理との緊張で，法治国家的修正を余儀なくされ，この結果，1960 年代までに学校の教育上の措置・決定に対する行政裁判上の権利保護は，相当程度に拡大を見せるに至った。そして，すでに言及したように，この理論は 1972 年の連邦憲法裁判所の判決と 1974 年の連邦行政裁判所の判決によって「死刑判決」を受け，フォーマルにその存在を否定されるに至ったのであるが，それではいうところの学校特別権力関係論が否定されて以降，この法域はどのような展開を見せることになるのか。現行法制下における状況をとりわけ重要だと目されている「学校法域における行政行為」に引きつけて，主要には，現在ドイツにおける権威ある学校法学書：H. アベナリウス/H.P. フュッセル共著「学校法」（2010 年）に依拠して端的に概括・摘記すると，下記のようである[55]。

　①　まず基本的な前提として，学校法域における「行政行為」といわゆる「事実行為」（sog. Realakt）を区別する必要がある。ここで行政行為とは学校監督機関・学校が公法の分野における個々の問題を決定するための高権的措置・決定（hoheitliche Maßnahme und Entscheidung）であって，外部に対して法的効

---

(55)　H.Avenarius/H.P.Füssel, Schulrecht, 8Aufl.2010, S.562ff.

力を生ずることを目的とするものをいう（行政手続法 35 条）。この「行政行為
としての学校の教育上の措置・決定」は，生徒ないし親の法的地位や権利領域
に触れる法的行為として，行政裁判所による権利保護の対象となる。

これに対して，事実行為とは特定の法律効果の発生を目的とせず，ただ事実
上の効果を伴う学校監督機関・学校の措置・決定をさす。「事実行為としての
学校の教育上の措置・決定」は，その適否について，学校監督上の専門監督権
の対象にはなるが，行政裁判上の規制権の対象とはならない。

学校法域におけるもっとも重要な行政行為は，下記の通りである。

②　就学義務と係わっては，就学義務年齢に達していない子どもの早期入学
の拒否，未だ就学上の成熟（Schulreife）に達しない子どもの就学拒否，基幹学
校および促進学校の修了資格を取得できない生徒に対する就学義務期間の延長，

③　促進学校への指定，

④　上級学校への入学拒否，希望する学校種への入学拒否，

⑤　成績評価と係わっては，進級拒否，進級ないし修了資格証明書の交付，
試験決定。しかし学校で行うペーパーテストの評価，個々の教科の成績評価，
通知表に記載する生徒の社会的な振る舞いに関する評価，さらには通知表に記
載の個々の成績評価などは事実行為であって，行政行為性は有さない。ただし
通知表の個々の成績評価は，たとえば，それが大学入学資格の取得と直接，法
的に連動する場合は，行政行為である。

ちなみに，以上と係わって，判例では，たとえば，1983 年 4 月 25 日の連邦
行政裁判所決定は「通知表記載の個々の成績評価の変更を求める訴えは，その
変更が原告生徒の今後の学校キャリアにとって意味をもたない場合には，権利
保護の利益を欠くものであり認められない」と判じているし[56]，また 1973 年
11 月 26 日のカッセル高等行政裁判所判決はこう述べている[57]。「高等学校卒
業資格証明書の教科ドイツ語の落第（mangelhaft）という評価の記載は，行政
裁判上，取り消しうべき行政行為である」。

⑥　教育活動の内容的形成に係わる学校の措置・決定は，教育過程上のもの
として法的効果は伴わず，行政行為のメルクマールを欠く。質の劣った授業，
寛容の要請に反する授業，授業時間の不足などは別の法的アプローチが必要で，
行政行為という概念ではとらえられない[58]。

---

(56)　BVerwG, Beschl. v. 25. 4. 1983, In:SPE 912-Nr.13

(57)　VGH Kassel, Urt. v. 26. 11. 1973, In:SPE 912-Nr3.

第Ⅷ部　第1章　学校の教育措置・決定に対する行政裁判上の救済

これに対して，教科書検定における不合格処分の決定は出版社に対する行政行為である。

⑦　公式の「秩序措置」（Ordnungsmaßnahme）は生徒ないし親の法的地位や権利領域に触れる行政行為である。これに対して，「教育措置」（Erziehungs-maßnahme）は行政行為ではなく，行政裁判上の権利保護の対象とはならない。

⑧　学校の組織に係わる措置は，それが当事者に広範な影響を与える場合には行政行為である。学校の閉鎖，学校の統廃合，学校の設置場所の決定，学校6日制から5日制への移行などがこれに属する。一方，並行学級の解消，特定の学級への生徒の割り振り，学級編制の変更などは学校の内部措置である。

関連した判例を引くと次のようである。

◎ミュンヘン高等行政裁判所決定（1981年11月10日）＝「ギムナジウムの学級編制および学級規模に関して，当該生徒の親には原則として行政裁判上訴求しうる請求権は存しない。これらは学校ないし教育行政機関の組織裁量（Organisationsermessen）に属する[59]」。

◎カッセル高等行政裁判所判決（1975年6月16日）＝「学校の開設ないし学校閉鎖は行政行為には該当しない。したがって，これらに対しては取消訴訟ないし義務づけ訴訟を提起することはできないが，一般的な給付訴訟は提起できる[60]」。

◎リューネブルク高等行政裁判所判決（1980年11月6日）＝「学級の解消および生徒の並行学級への指定は行政行為ではない。ただかかる場合は，行政裁判所規程123条により，暫定的な権利保護が考慮される[61]」。

◎ブレーメン高等行政裁判所判決（1987年6月2日）＝「ギムナジウムの段階的閉鎖は行政行為である。当該生徒および親は，その権利侵害を理由として，学校閉鎖の取り消しを訴求することができる[62]」。

⑨　私立学校の設置認可申請の拒否

⑩　学校までの交通費の支給，職業教育訓練費の支給，教材・教具の無償給付などの生徒に対する財政上の支援措置は行政行為である。学校事故保険によ

---

(58)　H. Wißmann, Pädagogische Freiheit als Rechtsbegriff—Personales Handeln in der öffentlichen Verwaltung, 2002, S.46.

(59)　VGH München Beschl. v.10. 11.1981, In:SPE 348-Nr.13.

(60)　VGH Kassel Urt. v. 16. 6. 1975, In:SPE916-Nr5.

(61)　OVG Lüneburg Urt. v. 6. 11. 1980, In:SPE916-Nr12.

(62)　OVG Bremen, Urt. v.2. 6. 1987, In:SPE 132- Nr.32

る給付決定についても同様である。

⑪　基礎学校から上級学校への進学に際しての「学校による勧告」（Schulempfehlung）は行政行為には該当しない。ただこれに対しては，有力な反対説が見られている[63]。

3　学校の教育措置・決定に対する行政裁判上の権利保護の強度
3-1　自由裁量としての学校の教育措置・決定

これは，いうところの学校の教育上の措置や決定に対して，行政裁判所の審査権がどの程度にまで及びうるかという問題であるが，1950年代前半の判例・学説は，たとえば，進級決定や試験のような「専門的な教育的・学問的価値判断」（fachlich pädagogisch-wissenschaftliche Werturteil）を伴う教育措置・決定は学校や試験委員会の自由裁量事項と解していた。その結果，これらの措置・決定は，一般的な法原則および手続規定を遵守しているか，事実誤認はないか，裁量権の行使に当たって他事考慮（sachfremde Erwägung）をしていないかどうか，に関してだけ行政裁判上のコントロールに服するとされた。

判例では，たとえば，1952年11月20日のベルリン高等行政裁判所判決は「試験結果に関する試験委員会の決定は裁量決定である。したがって，試験に関する専門的な事柄は行政裁判所によっては審査されえず，ただ試験委員会がその決定に際して，不当な考量をしていないか，あるいは自由裁量権を濫用していないか，どうかに関してだけ審査されうる」との見解を採っていたし[64]，1953年11月26日のデュッセルドルフ行政裁判所判決もこう述べている[65]。

「進級決定は学校の裁量決定に属する。したがって，行政裁判所は学校の専門的評価を個別的に審査することはできず，ただ学校側に裁量の踰越があるかどうか，だけを審査しうるにすぎない」。

学説にあっても，たとえば，W.ティエーメは試験決定は教育の専門知識を前提とする専門的決定であり，裁判所がそれを審査することは不可能であることを理由として，試験決定は試験委員会の裁量事項に属するとし，これに対する司法審査を否定した[66]。また H.クリューガーも法治国家における行政の効率性の保持という観点から，「司法の裁量が行政の裁量に代置されてはならな

---

(63)　G.Beaucamp, Neues zum Rechtsschutz gegen die verbindliche Schulwahlempfehlung, In:NVwZ（2009）, S.280.

(64)　VG Berlin Urt. v. 20. 11.1952, In:DVBl（1953）, S.579.

(65)　VG Düsseldorf Urt. v. 26. 11. 1953, In:DVBl（1954）, S.583.

第Ⅷ部　第1章　学校の教育措置・決定に対する行政裁判上の救済

いという要請により，試験決定は試験委員会の自由裁量事項である」としてい
た[67]。

3－2　高度に人格的な専門的判断と判定活動領域──連邦行政裁判所の確定判例

　しかし，E.ホルストホフが指摘しているように[68]，「裁量とは，複数の法的
に同価値の決定の中からの選択の自由」を意味するのであり，だとすれば，上
記の進級決定や試験決定などはこの裁量に固有なメルクマールを欠くことにな
る。つまり，これらの決定に際しては「唯一の正当かつ妥当な評価」（die ein-
zig richtige und gerechte Bewertung）だけが求められるのであり，自由裁量の
余地は存しない。この結果，学校措置・決定の自由裁量性から，これに対する
行政裁判上の審査を排除する上記のような所説は，その根拠を失うことになる。
　こうして，1950年代半ば以降，従来の学校措置・決定＝学校の自由裁量事
項と見る所説に代わって，とりわけ生徒の成績評価や試験決定のような「高度
に人格的な専門的判断」（höchstpersönliches Fachurteil）に際しては，教員や試
験官に判定活動領域が認容されていると解する見解が支配的になる。H.ヘッ
ケルの文章を借用すれば，「法秩序は教員や試験官に対して，その有する専門
的な知識のゆえに生徒の成績評価を委ねており，教員や試験官がその固有の責
任において担う判定活動領域を認容している[69]」ということである。
　ちなみに，この点，C.H.ウーレも「裁判所がある専門的な判断を審査しう
るためには，裁判所自身の判断を当該専門機関の判断に代置できることが前提
となる」としたうえで，生徒の成績に関する学年会議の専門的判断は「高度に
人格的で不代替的な行為」であり，したがって，行政裁判上の審査には服さな
いとの見解を示している[70]。
　また連邦行政裁判所も1960年10月19日の判決で「試験決定はその本質上，
一定の見地から構成された試験委員会の高度に人格的で専門的な判断であるか
ら，行政裁判所は委員会が決定した試験の成績を変更することはできない」と

---

(66)　W.Thieme, Die verwaltungsgerichtliche Überprüfung von Entscheidungen in Schul-,
　　　Ausbildungs-und Prüfungssachen, In:NJW（1954），S.744.

(67)　H.Krüger, a.a.O., S.1371.

(68)　E.Forsthoff, a.a.O., S.397.

(69)　H.Heckel, Schulrechtskunde, 4Aufl.1969, S.344.

(70)　C.H.Ule, a.a.O., S.169.

第2節　ドイツ基本下における法制状況

判示しているところである[71]。

　ところで，いうところの判定活動領域という概念はO.バッホフの理論的創造にかかる「行為裁量」（Handlungsermessen）と「判定裁量」（Beurteilungsermessen）との区別を論拠とするもので，バッホフによれば，教育専門的な価値判断ないし高度に人格的な専門的判断に際しては，事柄の本質上，教員や試験官に「裁判所から自由な判定活動領域」（gerichtsfreie Beurteilungsspielraum）が認容されているとされる[72]。

　この点，1957年6月29日の連邦行政裁判所判決も「一定の条件下において，学年会議に裁判所から自由な判定活動領域を認容することは合目的的であり，基本法19条4項の趣旨に反するものではない。このことは，生徒の能力や適性といった不確定法概念の判断に際しても妥当する。このような判定活動領域の余地が存するかどうかは，それぞれの法域ごとに決定されなければならない」と判じ，かかる判定活動領域の学校法域への妥当を認めているところである[73]。

　このように1950年代半ば以降，教育専門的な価値判断ないし高度に人格的な専門的判断を伴う学校の措置・決定に際しては，学校や教員に判定活動領域が認容され，このような学校措置・決定に対する行政裁判上の審査権は，当該措置・決定がいうところの判定活動領域の限界を踰越していないかどうかだけに限定される，とする見解が判例・学説上ひろく支持されるに至った。そしてこうした状況はその後1980年代末まで続くのであるが，上記のような見解が連邦行政裁判所の確定判例となる嚆矢をなしたのは，1959年4月24日の進級不認定事件に関する連邦行政裁判所の判決であった[74]。

　この事件は，ギムナジウムの女子生徒が英語とフランス語の成績を「落第」

---

(71)　G.Sofsky, Schule und Rechtsprechung, In:RWS（1962），S.164.

(72)　O. Bachof, Beurteilungsspielraum, Ermessen und umbestimmter Rechtsbegriff im Verwaltungsrecht, In:JZ（1955），S.97. なおこの概念について，詳しくは参照：B.O.Bryde, Die Kontrolle von Schulnoten in verwaltungsrechtlicher Dogmatik und Praxis, In:DÖV（1981），S.193ff.

　　　H.J.Wolff/O.Bachof/R.Stober/W.Kluth, Verwaltungsrecht Ⅰ, 2007, S.308〜S.313.

(73)　G.Mampe, a.a.O., S.76.

(74)　H.Heckel/H.Avenarius, Schulrechtskunde, 6Aufl.1986, S.345.

　　　連邦行政裁判所のその後の同旨の判例としては，たとえば，以下を挙げることができる。

　　　BVerwG Urt. v. 20.12.1963, In:DVBl（1964），S.825ff. BVerwG Urt. v. 16.14.1980, In:DÖV（1981），S.62ff. BVerwG Urt. v. 9.12.1984, In:DÖV（1984），S.804ff.

第Ⅷ部　第1章　学校の教育措置・決定に対する行政裁判上の救済

と評価され，ギムナジウム上級段階への進級を認められなかったケースである
が，連邦行政裁判所は大要，下記のように判じて原告の訴えを斥けた[75]。

　「裁判官は，成績評価の法的性質に照らし，固有の教育的・学問的評価（ei-
gentliche pädagogisch-wissenschaftliche Wertung）については，下記のことにつ
いてだけ審査することができる。すなわち，当該評価が，①事実誤認に基づい
ていないか，②一般的に妥当している評価原則を遵守しているか，③他事考慮
をしていないか，についてだけである。

　このように裁判上の審査を限定することは，基本法19条4項の権利保護保
障に違反しない。

　高等行政裁判所が疑義を呈している通り，裁量は複数の解決策の中からの選
択を意味するから，この問題は判定活動領域という概念で捉えるのが妥当であ
る」。

　なお連邦行政裁判所はその後の1980年代末までの判例において，学校・教
員の判定活動領域に対する行政裁判上の審査対象として，上記1959年判決が
挙げている3項目の他に，次の2項目を加えている。当該学校措置・決定は，
①手続規程に違反していないか，②適用法を誤っていないか，がそれであ
る[76]。

3－3　連邦憲法裁判所の新判例（1991年）

　1991年4月17日，連邦憲法裁判所は試験法（Prüfungsrecht）の法域におい
て二つの画期的な決定を下した。司法試験に関する決定[77]と医師国家試験に
関する決定[78]がそれである。これらの決定において，連邦憲法裁判所は従来
の連邦行政裁判所の判例におけるような，判定活動領域に対する行政裁判上の
コントロールの広範な抑制は，司法試験や医師国家試験のような「職業と直結
する試験」の場合は，基本法19条4項が定める権利保護の保障とは相容れな
い，との判断を示したのであった。このうち，司法試験に関する連邦憲法裁判
所の決定要旨を掲記すると，つぎのようである[77]。

---

(75)　BVerwG Urt. v. 24. 4. 1959, In: H. Hochstetter/P. Seipp/E. Muser, Schüler-Richter-
　　　Lehrer, 1963, S.55～S.56.

(76)　S. Muckel, Die Kontrolle von Prüfungsentscheidungen in der Rechtsprechung des
　　　Bundesverwaltungsgerichts, In:RdJB（1995），S.398.

(77)　BVerfG, Beschluß v. 17. 4. 1991, In:RdJB（1992），S.102ff.

(78)　BVerfG, Beschluß v. 17. 4. 1991, In:RdJB（1992），S.98ff.

第2節　ドイツ基本下における法制状況

「基本法 12 条 1 項の要請するところにより，職業と直結する試験の手続は，職業の自由の基本権が効果的に保護されるように形成されなければならない。それゆえに，受験者は自分の最終成績に対して異議を申し立てる権利を有さなくてはならない。

試験当局の『評価活動領域』（Bewertungsspielraum）に関する行政裁判所の判例は，『試験に特有な評価』（prüfungsspezifische Wertungen）についてだけ，基本法 19 条 4 項に適合する。

これに対して，試験官と受験者との間の専門的な見解の相違は裁判上のコントロールを全般的に免れることはできない。

基本法 12 条 1 項から，職業と直結する試験の場合は，適切な，かつ重要な論拠によって根拠づけられた解答は誤りと評価されてはならない，という一般的な評価原則が導かれる」。

上記の決定要旨を決定理由まで含めて具体的な内容に即してに整理すると，次のようになる[79]。

①　連邦憲法裁判所も，従来の連邦行政裁判所の判例と同様，試験官に判定活動領域を認容しているのであるが，その根拠は，試験の成績評価（評点）は試験官の個人的な経験や観念によって影響された連関システムにおいてなされるという点に求められている。ここから，個々の受験者が比較の枠組から独立して評価されるのであれば，機会均等の原則（基本法 3 条 1 項）に抵触することになる，との結論を導いている。

②　連邦憲法裁判所は判定活動領域の限界を連邦行政裁判所よりも狭く限定している。すなわち，いうところの試験の成績評価を「試験に特有な評価」と「専門的な問題」（Fachfragen）に関する評価に区分し[80]，前者は試験当局の最終的な決定権に委ねられるが，後者は裁判所によるコントロールを免れえないとする。

③　専門的な試験問題に様々な解答の余地が存している以上，試験官には当

---

(79)　H.Avenarius/H.Heckel, a.a.O., S.499ff.

　　　N.Niehues, Schul-und Prüfungsrecht, Bd.2 Prüfungsrecht, 3Aufl.1994, S.220ff.

　　　S. Muckel, Die Kontrolle von Prüfungsentscheidungen in der Rechtsprechung des Bundesverwaltungsgerichts, In:RdJB（1995), S.398.

(80)　こうした区分に対しては批判もある。参照：W.Stiebeler, Das Verfassungsgericht und die Entwicklung des Beurteilungsspielraums in Prüfungsangelegenheiten, In:RdJB（1992), S.404ff.

第Ⅷ部　第1章　学校の教育措置・決定に対する行政裁判上の救済

然に評価活動領域が認容される。しかし同時に受験者の側にも「妥当な解答活動領域」（angemessene Antwortspielraum）が認められなくてはならない。こうして，適切かつ重要な論拠によって根拠づけられた解答は誤りと評価されてはならない，ということになる。

④　そしてこの場合，試験官の側に誤った評価が有るかどうかを確認するために，裁判所は必要により，専門家の協力を求めなくてはならないとされる。連邦憲法裁判所によれば，事実上の困難が存在するということは，基本法19条4項で保障された権利保護を制限する根拠とはなりえない。

⑤　試験官に留保された判定活動領域と受験者が有する妥当な解答活動領域を調整するために，連邦憲法裁判所は基本法12条1項が保障する「職業の自由」のもつ意義に注目する。そしてこの基本権の保障要請から，「職業と直結する試験」においては，成績評価に関する手続的保障が求められているとする。つまり，受験者は誤った評価や法的な誤謬を適時にかつ有効に指摘し，そしてそれが当該決定の再検証をもたらすような手続が整備されなければならない，と論結しているのである。

以上が，1991年4月に示された司法試験および医師国家試験に関する連邦憲法裁判所決定の骨子であるが，以後，連邦憲法裁判所法31条1項＝「行政裁判所は連邦憲法裁判所によって定立された原則を尊重し，これを具体化する義務を負う」にもとづき，多くの連邦行政裁判所の判例がこれに倣い[81]，また支配的な学説も連邦憲法裁判所の新判例を支持するところとなっている[82]。

ところで，以上と係わって重要な問題が残されている。それは，上述した「職業と直結する試験」に関する連邦憲法裁判所の判例法理は，たとえば，進級決定や卒業資格試験の合否判定のような，学校法域における成績評価行為にも妥当するかということである。

これについて，有力な学説はほぼ一致してこれを肯定に解している[83]。連邦憲法裁判所の定立に係る上記法理は，基本権が重要な意味をもつ領域におけ

---

(81)　連邦憲法裁判所の上記決定以降の連邦行政裁判所の判例については，下記に詳しい。S.Muckel, a.a.O., S.401ff.

(82)　さしあたり，H.Avenarius/H.Heckel, a.a.O., S.499ff.
　　　N. Niehues, Stärkere gerichtliche Kontrolle von Prüfungsentscheidungen, In: NJW (1991), S.3001ff.

(83)　さしあたり，H.Avenarius/H.Heckel, a.a.O., S.500. N.Niehues, Schul-und Prüfungs-recht, Bd.2 Prüfungsrecht, 3Aufl.1994, S.220.

第2節　ドイツ基本下における法制状況

る裁判上のコントロールの強度〈gerichtliche Kontrolldichte・基本法 19 条 4
項〉に関するものである。したがって，学校法域においては，「職業の自由」
（基本法 12 条 1 項）に代わって，基本法 2 条 1 項が保障する生徒の「自己の人
格を自由に発達させる権利」が同様の法理を求めることになる，というのがそ
の理由である。

　事実，連邦行政裁判所は 1996 年の判決でこう述べている[84]。「専門的な試
験問題に対する行政裁判上の審査に関して，近年の連邦憲法裁判所および連邦
行政裁判所の判例において形成された法理は，高等学校卒業資格試験（Abitur-
prüfung）にも同様に妥当する」。

---

(84)　BVerwG, In:DVBl（1996）, S.1382, zit aus H.Avenarius/H.Heckel, a.a.O., S.501.

691

第2章　学校事故補償法制の構造

　今日，学校事故は日本とドイツのいずれにおいてもきわめて深刻な事態にあるが，学校事故が発生した場合の被害者救済の法制度に関しては，両国の間にはかなり大きな差異が存している。一言でいえば，歴史的にも，現行制度においても，ドイツはこの面でわが国を大きくリードしていると言えよう。

　すなわち，わが国においては，明治憲法下では，官公吏の不法行為に対する国・地方公共団体の損害賠償責任に関する一般的立法はなかったし，通説・判例によれば，一般に権力的公行政作用－学校教育はこれに該当するとされた－に関しては民法上の不法行為責任は成立しえないとされた〈国家無責任の法理(1)〉。

　また公権力国家賠償原則を確立した日本国憲法下（第17条）にあっても，学校事故の被害者救済制度は，法律上の制度自体が相当に不備であり，しかも学校事故損害賠償法制においては，原則的には依然として，一般不法行為法上の主観的過失責任主義が採られている（国家賠償法1条1項・民法709条）。

　しかし，この「学校事故責任における主観的過失主義」には法原理的に重大な難点があることは，既に判然としていよう。主要には，①被害者救済の拡大要請と教職員の身分保障要請とが矛盾すること，②違法無過失による学校事故（災害）は法的救済の対象外におかれること，③子ども・親－教師間の教育的信頼関係の破綻や教育活動の消極化をもたらし易いこと，などが挙げられる。

　くわえて，わが国においては，今日，学校事故賠償は漫然と国家賠償法または民法という一般法に依拠しており，その結果，同種の事故についても，国・公立学校と私立学校とで被害者救済および教員個人の責任に関して，かなりのアンバランスが生じることとなっている。

　他方，ドイツは国家補償制度の発展については，フランスとともに，最先進国に位置していると言える。

　歴史的には，すでに1870年代の後半に従来の公権力無責任原則を部分的に廃棄し，20世紀の初頭からは公権力国家賠償法制を擁している(2)。しかもワイマール憲法下においては，様々な法技術構成や公法上の損失補償に関する判

---

(1)　雄川一郎「行政上の損害賠償」，「行政法講座（第3巻）」有斐閣，1968年，8頁。西埜章「国家賠償法」青林書院，1997年，4頁。

例法理の形成によって，違法無過失による損害に対しても国家に賠償義務が課されるなど，被害者救済の拡大が積極的にはかられた。そして，ドイツ基本法34条を経て，1981年，在来の職務責任制度（Amtshaftung）に代えて，国家の第一次的な直接責任を定める「国家責任法」の制定を見るに至っている[3]。

さて特記すべきは，学校事故（災害）に固有な救済立法として，1971年からは「生徒，学生および園児のための災害保険に関する法律」をもっていることである。これは世界で最初の学校災害補償保険法で，この無過失保障の法制によって，伝統的な過失責任主義に伴う欠陥は，既にいちおう立法的に克服されている法制状況にある。

さて本章は，直接には，ドイツにおける学校事故救済（国家補償）の法制分析を行なうことを課題としている。しかしこの課題にアプローチすることは，同時に，わが国における学校事故補償法制・国家責任法制に関する解釈論，立法論にも資するところがあるのではないか，と考える。

それは，第1に，わが国家賠償法1条はドイツの国家賠償法を母型としており，したがって，その解釈論においても，これまでドイツの学説・判例がかなり大きな影響を与えてきた，ということである。

第2に，国家責任の理念的類型としては，大きく，無責任型，官吏の個人責任型，国家の代位責任型，国家の自己責任型が存するが[4]，ドイツは歴史的にそのすべてを法制上経験している，ということが挙げられよう。

たしかに，国家補償法制には，国によって，それぞれの国法としての特殊性が見られることは否めない。しかし「その根底には，人間社会の歴史的発展の所産たる，近代国家の法意識に支えられた共通の流れが存在し，個々の制度は，いずれも，そのヴァリエーションに外ならないといってよい」からである[5]。

---

(2)　ドイツにおいても，教員の職務責任をめぐっては古くから，しかも数多くの裁判上の争いがあったようである。それは，①教員の監督義務違反，②体罰権の濫用に関するものの2種に大別される（W.Vorbrodt/ K.Herrmann, Handwörterbuch des gesamten Schulrechts und der Schul－und Unterrichtsverwaltung in Preußen, 1930, S.214）。

　　なお，G.Freibe, Die Haftpflicht des Lehrers und Schulträgers, 1957, S.76.には既に1902年の判決例〈OVG Preußen, Urt.v. 5. 27.1902〉が見えている。

(3)　ただしこの法律は，後述のように，連邦憲法裁判所による違憲判決（1982年10月19日）をうけて既に失効している（F.Ossenbühl, Staatshaftungsrecht, 1991, S.373-S.374.）。

(4)　これはあくまで理念型であって，実際には各類型が混合していることが多い。行政庁の事前の許可を出訴の条件とするような制限的官吏責任型の存在が，その例である。参照，宇賀克也「ドイツ国家責任法の理論史的分析」（1），『法学協会雑誌』99巻4号，544頁。

第Ⅷ部　第2章　学校事故補償法制の構造

　以下，ドイツにおける学校事故救済法制・国家補償法制を，国家責任の類型
に即して見ていきたいと思う。

第1節　国家責任（職務責任）の法制史

1　官吏の個人責任と国家無責任の法制

　18世紀の後期絶対主義的警察国家の時代において，ドイツの国法学説は，
行政に対する個々人の有効な権利保護を創出するために，国家と臣民との公法
関係に，それが財産的な価値や利益を対象とする限り，私法上の関係を導入し
ようとした。いわゆる「国庫説」（Fiskustheorie）がそれである。

　この説は法実践に対して現実に強い影響力をもつに至り，こうして国家は，
①高権（Hoheitsrecht）の主体としての国家と，②財産権（Vermögensrecht）の
主体としての国家，すなわち国庫（Fiskus）とに区別されることになる。その
結果，たとえば，土地収用は強制売買として，また軍隊演習場の強制確保は強
制使用賃貸借として法構成されるなど，国家もまた国庫としてこのような私経
済的活動を営む場合には，通常裁判所の管轄に服せしめられた[6]。

　しかし，公権力の行使にあたる官吏の不法行為にもとづく国の賠償責任につ
いては，実定法上の規定はなく（ただし民法例外法89条2項によってフランス民
法典1384条の適用を受けたプロイセン州法域の一部は例外），学説においては否定
説が圧倒的に有力であった〈国家無責任の原則〉。このような国家無責任の法
理は，国家は官吏の合法的な行為だけを保証すべきである，との近代的な法治
国家理論によってジャスティファイされたのであった。

　ちなみに，その主導者E.レーニングはいう。「（公権力の行使に当たる官吏の）
法に違反し，従って国家の最高意思に直接相反する行為を，どうして，国みず
からの行為と認め得ようか[7]」。

　そこで，違法行為をした官吏は，不法行為法の一般原則に従って，被害者に
対して個人的に賠償責任を負った。こうした官吏の個人的不法行為責任は，16
世紀の半ば以降，慣習法上認められていたところであるが，1794年の「プロ
イセン一般ラント法」〈Allgemeines Landrecht für die Preußischen Staaten v.

---

(5)　今村成和「国家補償法」有斐閣，1957年，5頁。

(6)　E.Forsthoff, Lehrbuch des Verwaltungsrecht, 9.Aufl.1966, S.106.

(7)　E.Löning, Die Haftung des Staates aus rechtswidrigen Handlungen seiner Beam-ten
　　nach deutschem Privat-und Staatsrecht, 1879, S.107。今村成和，前掲書，18頁より引用。

第1節 国家責任（職務責任）の法制史

5. Feb.1794〉がこのことを最初に実定法化したのであった（第10章第2節89条[8]）。

　とはいっても，19世紀のドイツ諸邦においては，官吏の違法行為に関して，いわゆる制限的官吏責任制度が採られていた。違法官吏に対する裁判上の訴追に先立ち，先行手続として，行政庁の決定が必要とされたのである。しかも，この制度は公務員の利益を図ってしばしば濫用されるに及び，そこで1850年の改正プロイセン憲法は，こう書くことになる。「官吏の裁判上の訴追は，行政庁の決定に係らしめられてはならない」（97条）。ただ，この憲法条項によって行政庁の先行手続は廃止されたものの，行政裁判所や権限裁判所の先行手続がこれに代わり，こうして「違法官吏の訴追に際しての先行手続」という制度自体は，ワイマール憲法の制定（1919年）まで存続したのであった。

　1896年に制定されたドイツ民法〈Bürgerliches Gesetzbuch・1900年施行〉においても，国家責任の規定はなく，官吏の個人的・直接的な不法行為責任の原則が依然として維持された。しかも，これにより，この原則はライヒ全体に統一的に適用されることとなった。民法839条1項は，こう規定したのである。

　「官吏が故意または過失によって，第三者に対して負担する職務上の義務に違反したときは，第三者に対し，これによって生じた損害を賠償することを要する。官吏に過失の責任だけしかないときには，被害者が他の方法によって賠償を受けることができない場合にだけ，賠償の請求をすることができる」。

　官吏の不法行為が私法関係において生じた場合はもちろん，それが公法関係において生じた場合でも，本条が同じように適用されたのであった。

　なお，ドイツ民法は国家責任の導入を排除したわけではなく，施行法77条によって，各ラントが独自にそうした立法ができる可能性を開いてはいた[9]。

2　官吏の過失責任と国家の代位責任法制

2－1　国家責任の法定

　上述のように，19世紀までのドイツにおいては，官吏の不法行為に関して，法制上，国家無責任の原則が一般的には支配的であった。しかし一方では，19

---

(8)　H-U.Erichsen（Hrsg.），Allgemeines Verwaltungsrecht, 11.Aufl.1998, S.671.
(9)　民法施行法77条はいう。「官吏に委託された公権力の行使において，官吏よりくわえられた損害に対する国家…の責任に関する法律の規定ならびに国家…が責任を負うかぎりにおいて，被害者が官吏に対し，その損害賠償を要求する権利を除外するラントの法律の規定は，変更をうけない」。

第Ⅷ部　第2章　学校事故補償法制の構造

世紀の後半以降，この問題は既に社会的に提起されていたのであり，国家責任
の法的確立を求める動きの胎動を見ていたのであった。

　すなわち，ドイツ法律家協会は 1865 年の第 6 回大会における決議を皮切り
に官吏の不法行為に対して，「国家の直接的ないしは第二次的な保障責任」
(unmittelbare od. subsidiäre Garantiehaftung des Staates) を認めるように要求し
続けた[10]。その過程において主導的な役割を果たしたのは，O. ギールケ
(Otto Friedrich von Gierke) であった。ギールケはドイツ民法第 1 草案（1887
年）のときに，国家法人論の立場からそれを厳しく批判し，民法典中に国家の
賠償責任規定を設けることを強く主張したが，その後も機会あるごとに国家責
任の確立を唱導し続けたのであった[11]。

　さて，こうした立法要求は 1872 年，まずプロイセンにおいて一部法制上に
結実することになる。すなわち，違法な土地登記行政や土地登記官吏の違法行
為に関しては，第二次的ではあるが，国家責任の導入が図られたのである。

　さらにそれは，1897 年にはライヒ土地登記規程 12 条に継受され，こうして
土地登記行政に関してだけではあるが，国家責任はライヒ法によっても確認さ
れるに及んだ。しかもこのライヒ法においては，第一次的な国家責任 (pri-
märe Staatshaftung) が創造されたのであった[12]。

　このような法政策の漸進的な転換のなかで，1909 年，プロイセンで待望の
国家責任法が誕生することになる。「公権力の行使に際しての官吏の職務義務
違反に対する国およびその他の団体の責任に関する法律」〈Gesetz über die
Haftung des Staates und anderer Verbände für Amtspflichtverletzungen von
Beamten bei Ausübung öffentlicher Gewalt v. 1 .Aug.1909〉がそれである。そ
の第 1 条は，こう宣明したのである。

　「国の官吏が，自己に委託された公権力を行使するに際して，故意または過
失により，第三者に対して負担する職務上の義務に違反した場合には，民法
839 条に規定された責任は，官吏に代わり (an Stelle des Beamten)，国がこれ

---

(10)　G. Jänicke, Haftung des Staates für rechtswidriges Verhalten seiner Organe
　　　Bundesrepublik Deutschland, In:H.Moster (Hrsg.), Haftung des Staates für rechtswidrig-
　　　es Verhalten seiner Organe, 1967, S.75.

(11)　参照，下山瑛二，「国家賠償」，「日本国憲法体系」第 6 巻，1976 年，所収，209−210
　　　頁。なお，ギールケがドイツ民法第 1 草案批判を展開したのは，Der Entwurf eines bür-
　　　gerlichen Gesetzbuches und das deutsche Recht, 1889, においてである。

(12)　E.Forsthoff, a.a.O., S.294.

696

第1節　国家責任（職務責任）の法制史

を負担する[13]」

　また翌 1910 年には，プロイセン法を模して[14]，ライヒも「官吏に代わるライヒの責任に関する法律」〈Gesetz über die Haftung des Reichs für seine Beamten v. 22. Mai 1910〉を制定し，さらに多くのラントもこれらの先例に倣った。こうして，ここにおいて，国家責任はドイツ法上に一般的な法原則として定着を見るに至ったわけである。

2-2　憲法上の制度としての国家責任

　以上のように法律上に確立された「国家責任の法理」を，憲法制度として保障し，国家補償を憲法上の権利にまで高めたのが，1919 年に制定を見たワイマール憲法である。ワイマール憲法は，131 条でこう書いた。

　「官吏が，委託された公権力を行使するにあたり，第三者に対して負う職務上の義務（Amtspflicht）に違反した場合には，その責任は原則として，その官吏を使用する国家または公共団体に属する。ただし，その官吏に対する求償権はこれを留保する」。

　法条から窺えるように，本条は，内容的には前述のプロイセンやライヒの国家責任法において既に採用を見ていた，官吏の不法行為に関する官吏の私法的個人責任・国家の代位責任の原則を継承したものであるが，上述のように，国家責任を憲法上の原則として確認したところに画期的な意義があった。しかも本条は，当初，ラント裁判所によって「プログラム規定」（Programmsatz）ないしは「立法者に対する憲法上の委任」（Verfassungsauftrag an den Gesetzgeber）にすぎないと解釈されていたが，1921 年 4 月 29 日のライヒ裁判所の判決によって判例変更され[15]，「直接的に適用される，実体的な法」（unmittelbar anwendbares, aktuelles Recht）だと解されるに至った[16]。

　この結果，在来の各ラントの国家責任法は，この憲法条文に反しない限り存続しえたが，これに抵触するものは失効し，また国家責任法をもたないラントにおいては，ワイマール憲法 131 条の規定が直接適用されることとなった。こうして，ライヒ，ラント，ゲマインデおよびその他の行政主体の，しかもすべ

---

(13)　W.Kühn, Schulrecht in Preußen, 1926, S.397.

(14)　プロイセンの国家責任法 1 条とライヒの国家責任法 1 条の法文はまったく同一である。

(15)　G.Friebe, a.a.O., S.179.

(16)　G.Anschütz, Die Verfassung des Deutschen Reichs vom 11.August 1919, 1933, S.608. G. Jänicke, a.a.O., S.76〜S.77.

697

第Ⅷ部　第2章　学校事故補償法制の構造

てのカテゴリーの官吏について，その不法行為に関して国家責任が創造される
に至ったのである。ここにおいて，前世紀からの積年の努力が結実し，ドイツ
全土における統一的国家責任の実定法化が達成されたのであった。

　なお，ワイマール憲法のこの規定は，ナチス政権下においてもその有効性を
維持した。

2-3　ワイマール憲法131条の拡大解釈

　ところで，ワイマール憲法下においては，裁判所の解釈努力・解釈論的操作
によって，被害者救済の大幅な拡大が図られたということは重要であろう。裁
判所はワイマール憲法131条を，以下の3点において極度の拡張解釈を行い，
国の責任を大幅に強化したのである。

　一つは，「官吏」（Beamter）概念の拡大解釈である。「国家が公権力の行使を
委託したすべての者」が，これに含まれると解釈された[17]。しかもその委託
が官吏法の意味での任用や職務委託であれ，その他の公法上の行為であれ，さ
らには民法上の契約によるものであっても問わないとされたのである。

　その結果，たとえば，革命的労働者・軍人評議会のメンバーも官吏と見なさ
れ，また学校にあっては，民法上の契約にもとづく被傭者もこれに含められ
た[18]。

　ちなみに，以上について，連邦通常裁判所の判決は端的にこう述べる。

　「ワイマール憲法131条の意味における官吏とは，国法上，官吏としての資
格を有するか否かに関係なく，国家が公権力の行使に任じたすべての者をいう。
公の役務に従事する非官吏たる被傭者も，国家責任法上は，官吏と見なされ
る[19]」。

　二つは，「公権力の行使」（Ausübung öffentlicher Gewalt）についての拡大解
釈である。国家的な強制権の発動という狭義の権力作用だけではなく，非権力
的な公的保護・配慮活動（öffentliche Fürsorge）も，これに含まれると解され
た。別言すれば，国庫的な活動を除くすべての公行政作用が公権力の行使に当た
ると解釈されたのである[20]。

---

(17)　G.Anschütz, a.a.O., S.609. なお，1937年の Deutsches Beamtengesetz 23条4項はこの
　　ことを明記するに及んだ。

(18)　Reichsgericht, Urt. v. 10. 1. 1941. In: G. Friebe, a. a. O., S. 180. Urt. v. 15. 10. 1937, In:
　　Juristische Wochenschrift（1938），S.233.

(19)　Bundesgerichtshof, Urt.v. 21. 6.1951, In:NJW（1951），S.919.

第 1 節　国家責任（職務責任）の法制史

こうして，ライヒ裁判所の判決によれば，たとえば，ライヒ青少年陸上競技会の開催，公立学校における生徒に対する監督活動，大学教授が行う講義なども当然に「公権力の行使」に他ならなかった[21]。

三つは，「第三者に対する職務上の義務」（einem Dritten gegenüber obliegende Amtspflicht）についての解釈である。職務上の注意義務は職務活動と内的関連をもつ全領域に及ぶとして，注意義務の範囲が拡大されただけではない。その程度に関しても，官吏の職務上の注意義務は高度の一般的なそれを意味するものと解釈されたのであった[22]。

なお，以上のような被害者救済の拡大と係わって，他方における官吏保護ないしは国家と官吏との内部的法関係について，ワイマール憲法の立場を付言しておく必要があろう。

既述したように，ワイマール憲法 131 条は官吏の不法行為に関する国家の代位責任を定めたものである。したがって，官吏は，被害者から，民法 839 条によって直接その責任を追及されることはない。しかし，損害を賠償した国または公共団体は官吏に対して求償権（Rückgriffsrecht）を行使できる。このような官吏の賠償責任は，上述したプロイセンやライヒの国家責任法にも既に見えていたが，ワイマール憲法 131 条はそれを憲法上確認したわけである。

問題は求償責任の範囲であるが，これについてワイマール憲法には規定はなく，1937 年の「ドイツ官吏法」〈Deutsches Beamtengesetz v. 26. Jan.1937〉は，それを故意または重大な過失が存する場合だけに限定した。

2 - 4　ドイツ基本法と国家賠償責任

1949 年に制定されたドイツ基本法も，34 条でつぎのように書いて，「公の職務の執行」（Ausübung eines öffentlichen Amtes）に関する国家賠償責任を規定した[23]。

「ある人が，自己に委託された公の職務の執行において，第三者に対して負

---

(20)　E.Forsthoff, a.a.O., S.297.

(21)　G.Anschütz, a.a.O., S.608.

(22)　以上について，参照，G.Jänicke, a.a.O.S.77.

(23)　国家責任については，NS 州憲法 41 条，HE 州憲法 136 条，BA 州憲法 97 条，RP 州憲法 128 条などの州憲法でも規定された。規定内容はドイツ基本法 34 条と概ね類似しているが，たとえば，求償権に関しては，後三者の州憲法においてはこれを無制限に認めるなど，若干の差異が見られる。基本法と州法の規定内容が異なる場合には，「連邦法は州法を破棄する」〈Bundesrecht bricht Landesrecht・基本法 31 条〉の原則が妥当する。

699

担する職務上の義務に違反したときは，原則として，この者を使用する国または団体が責任を負う。故意または重過失があるときは，求償を妨げない」。

ところで，ワイマール憲法131条とドイツ基本法34条を比較すると，法文上は，かなり大きな差異が見られている。すなわち，前者においては「公権力の行使」とされていたのだが，後者にあっては「公の職務の執行」となっており，また後者においては，官吏に対する求償権が故意あるいは重過失の場合に限定されている。

しかし，既に触れたように，ワイマール憲法下の判例は，国の責任を強化する立場から，「公権力の行使」，「官吏」，「第三者に対する職務上の義務」などに関して著しい拡大解釈を施していた。そこでドイツ基本法34条は，それら判例上に確立されていた法内容を斟酌し，明確化したものであり，したがって，両者の間には実質的にはほとんど変更はないとするのが通説である[24]。

また官吏に対する求償権の制限についても，同様の原則は1937年のドイツ官吏法において既に明記されていたことは，既述したところである。

第2節　ドイツ国家責任法（職務責任法）の基本構造

以上，ドイツにおける国家責任の法制史をドイツ基本法までについて概観したのであるが，そこから，ドイツの国家責任法（職務責任法）は，法構成上，大きく，以下の2点を基本的なメルクマールとしていることが知られるであろう。

第1．1909年のプロイセン国家責任法1条が明記していたように，官吏の不法行為に関する国家の責任は，民法839条にもとづく官吏の私法上の個人責任を，国家が，「官吏に代って」（an Stelle des Beamten）負担することによるものである。つまり，法構成上は，官吏個人の民事責任の国家による肩代り，すなわち，国家の代位責任にすぎない。

この官吏の私法的責任の国家による免責的債務引受は，国家自身に違法行為責任が直接帰属することを否定しながら〈国家無責任の法理〉，かつ，被害者たる私人の国家に対する賠償請求権を認めるための技巧的な法的構成であった。それは，1910年のライヒ責任法の立法趣旨が端的に説いているように[25]，被害者のために，支払い能力のある国家が債務者（zahlungsfähige Schuldner）と

---

(24)　さしあたり，E.Forsthoff, a.a.O., S.294－295. H-U.Erichsen, a.a.O., S.672.

(25)　E.Forsthoff, a.a.O., S.295.

第2節　ドイツ国家責任法（職務責任法）の基本構造

なって，その支払いを保障しなければならない，という政策上の要請にもとづくものであった。

しかしこの場合，国家の責任範囲は公権力の行使における官吏の職務義務違反に限られる。官吏の違法行為が私法上，つまり，官吏が国家権力の機関としてではなく，私法上の主体ないし国庫としての国家の代理人としての立場においてなした違法行為には，依然として，民法839条による官吏の個人的不法行為責任が存続することになる[26]。

第2．国家の代位責任の前提として，官吏の主観的な過失の存在が要件とされており，いわゆる主観的過失責任主義が採られていることである。すなわち，被害者が国家から賠償を受けるためには，官吏に故意または過失による職務上の義務違反（vorsätzliche oder fahrlässige Amtspflichtverletzung）がなければならない〈プロイセン国家責任法1条・民法839条1項〉。しかもこの場合，その挙証責任は民事の不法行為損害賠償請求事件と同じく，被害者側に課されている。

以上，要するに，ドイツ国家責任法の基本的な構造特性は，これを一言にして言えば，「主観的過失責任主義および代位責任主義に立脚した職務責任制度」ということになる[27]。

ところで，国家責任の法的構成にあたって，公務員の個人的責任を前提としなければならないということは，明らかに矛盾していよう。国家が国民に対して負う法的義務と，公務員個人が私人に対して負う外部的職務義務とは必ずしも一致はせず，またその性質も大きく異なるからである。

こうして，ドイツの在来の国家責任法・職務責任法は法構造的に重大な欠陥を内包しているといえ，その結果，後述のように，学説・判例はそれを是正するための多大な努力を強いられ－Enteignung や Aufopferung の法理による補償の実現など－，さらには立法的な解決〈1981年の国家責任法の制定〉を迫られることになるのである。

---

(26)　G.Anschütz, a.a.O., S.609.

(27)　H.Maurer, Allgemeines Verwaltungsrecht, 2000, S.631ff.

第Ⅷ部　第2章　学校事故補償法制の構造

第3節　職務責任法制と学校事故の被害者救済

1　職務責任法理の学校事故への適用

　すでに書いたように，ドイツの国家責任法は，基本的には「主観的過失責任主義および代位責任主義に立脚した職務責任制度」であることを特質としているが，この法理が学校事故に適用されると，つぎのような法的構造をとることになる。

　すなわち，学校事故に関して国家の使用者責任・代位責任が生じるのは，別言すれば，学校事故の被害者が国家から損害賠償を受けることができるのは，当該事故が教員（学校）の職務上の義務違反－故意による場合は稀で，通常は過失－に起因する場合に限られる。しかもこの場合，職務上の義務違反の存在は，被害者の側において，これを立証しなくてはならない。

　こうして，①被害者が学校側の職務義務違反を立証できない場合，および②学校事故が違法無過失に基づく場合には，被害者は法的救済の範囲外に置かれることになる。この結果，こうした法制状況においては，H.ヘッケルのいわゆる「過失問題（Verschuldensfrage）をめぐる最も不愉快な争い[28]」が不可避となる。

　さて冒頭で触れたように，今日，ドイツにおいては夥しい数の学校事故が発生しているが，歴史的にも古くから学校事故は発生しており，そしてそれをめぐっては，既にドイツ民法の施行（1900年）直後から数多くの裁判上の争いが見られている[29]。学校事故の態様は，判例上，多岐に亘っているが[30]，職務責任法（Amtshaftungsrecht）の見地からは，それは，①教員の監督義務ないし安全保持義務違反に起因する事故，②教員の体罰権（Züchtigungsrecht）の濫用ないしは踰越による事故[31]，の2種に大別される。

（28）　H.Heckel / P.Seipp, Schulrechtskunde, 4Aufl. 1969, S.439, 5Aufl. 1976, S.343.

（29）　これに対応して学校事故法制に関する理論研究も本格的に開始されたようで，民法の施行直後には既に，Schiller, Zur Amtspflicht der Lehrer, 1901 や Külz, Die Haftbarkeit des Lehrers, 1902 などのモノグラフィーが公刊されている。

（30）　W・ウェーバーは連邦通常裁判所の学校事故判例を，以下の6種類に類型化している。①校舎の欠陥によるもの，②学校設備の欠陥によるもの，③生徒に対する監督不十分によるもの，④体育の際の配慮義務違反，⑤学校懲戒措置に際しての肉体的損傷，⑥学校行事の際の事故（W.Weber, Schulunfälle in der Rechtsprechung des Bundesgerichtshofs, In: Deutsche Richterzeitung（1965），S.122-S.125.

702

第3節　職務責任法制と学校事故の被害者救済

　ただ，後者は固有の意味での学校事故には属さず，また理論的にも裁判上も
もっぱら刑法上の責任問題として争われてきたので[32]，以下では，前者に焦
点を絞り，その法的構造について考察を進めていきたいと思う。

2　学校事故における職務責任の構成要件

　プロイセンやライヒの国家責任法が明記していたように，国家が国家責任法
（条項）によって負う第三者に対する損害賠償義務は，官吏が民法839条によ
り負う民事不法行為責任を引き受けるところにあるから，国家の賠償責任の要
件は，民法839条が定めるそれと一致する。民法839条によれば，官吏の不法
行為責任の要件は，①国または地方公共団体の官吏が，②その公権力を行使す
るに当り，③故意または過失により，④第三者に対して負う職務義務に違反し，
⑤第三者に損害を与えたこと，である[33]。

　これらの要件のうち，①，②，④について，ワイマール憲法下の判例が著し
い拡張解釈をなし，ドイツ基本法がそれを明文上確認したことは既述したとこ
ろであるが，以下では，学校事故に引きつけて，これら①，②，④の要件に関
する判例・学説をより具体的に見ていくこととしたい。

　なお，それに先立ち，学校事故に関する民法上の不法行為責任・国家の代位
責任と係わって，つぎのような法的仕組みを踏まえておかなくてはならない。

　①　私立学校教員の不法行為責任と使用者責任——私立学校教員の不法行為
による学校事故については，民法823条1項—「故意または過失により，他人
の生命・身体・健康・自由，所有権またはその他の権利を違法に侵害した者は，
その他人に対し，それにより生じた損害を賠償する義務を負う」—により，教
員個人が賠償義務を負う。被害者は教員個人を直接訴追できる。ただ使用者に，
教員の選任や監督に際して注意義務違反があった場合には，使用者責任が生じ
ることになる（民法831条）。

　②　監督義務者・代理監督義務者の責任——生徒の親など未成年者を監督す

---

(31)　ドイツでは慣習法上，長らく一定範囲の体罰（Die Körperliche Züchtigung）は法認
　　されてきた。法制上，教員による体罰が全面的に禁止されたのは，ベルリン（1948年）
　　を除き，1970年代以降のことである（H.Jung, Das Züchtigungsrecht des Lehrers, 1977, S.
　　36- S.38. H-J.Albrecht, Die Entwicklung des Züchtigungsrechts, In: RdJB（1994），S.198ff.）。

(32)　たとえば，参照:G.Friebe, Die Strafrechtliche Verantwortlichkeit des Lehrers unter
　　besonderer Berücksichtigung des Züchtigungsrechts, 1958.

(33)　O. Palandt, Bürgerliches Gesetzbuch, 55Aufl. 1996, S.1005.

703

第Ⅷ部　第2章　学校事故補償法制の構造

る義務を負う者は，被監督者が違法に他人にくわえた損害を賠償する義務を負う。ただし，監督義務者はその義務を怠らなかったこと，または相当の監督をしても損害が生じたであろうことを立証すれば，責めを免れる。また私立学校教員など，契約により監督義務者に代わって監督する者も，同様の責任を負う（民法 832 条）。

　③　未成年者の責任能力－7 歳未満の子どもには不法行為能力（Deliktsfähigkeit）はないが（民法 828 条 1 項），7 歳以上 18 歳未満の者は，加害行為のさい責任を認識するに足りる弁識力を有していれば，本人が不法行為責任を負わなくてはならない（民法 828 条 2 項）。

　④　国家責任の副次性－民法を土台とした国家責任は二次的なものであり，官吏の職務義務違反が過失の場合には，被害者が他の方法で賠償を受けることができない場合だけ発生する（民法 839 条 1 項）。

　⑤　責任無能力者の不法行為と国家責任——教員の心神喪失中の学校事故については，教員個人は責任無能力者として免責されるが（民法 827 条），平衡上，損害賠償が必要とされる限り，これに対しては国家が責任を負う[34]。

　2-1　学校における官吏

　「国家が公権力の行使を委託したすべての者」という学説・判例上に確立した一般的な官吏概念をうけて，公権力ないしは公の職務（öffentliches Amt）を行使する限り，すべての学校教員が官吏（Beamte）だと見なされてきた。

　すなわち，官吏関係に立つ公立学校教員は勿論のこと，私法上の契約に基づく者であっても，公立学校で教育に従事している者はすべて，国家責任法上，官吏だと解された。要は，公権力の行使に任じているか，別言すれば，公の職務遂行者（Amtstäger）であるか否かであって，こうして，たとえば，ブレスラウ上級裁判所は次のように判示して，学生の不法行為についてまで，「官吏の不法行為に対する国家の代位責任」を肯認するに至っている。

　「水泳の授業を計画に即して担当している試補や学生は，国法上，官吏ではないが，その職務遂行に際しての過失は国家に賠償義務を生ぜしめる。彼等は公権力の行使に任じているからである[35]」。

――――――――――――

(34)　以上について参照:山田晟「ドイツ法概論Ⅱ」有斐閣，1987 年，164-167 頁。山田晟・村上淳一編「ドイツ法講義」青林書院新社，1974 年，162-168 頁。H.Heckel/P.Seipp, Schulrechtskunde, 4Aufl. 1969, S.440.

704

第3節　職務責任法制と学校事故の被害者救済

2－2　「公権力の行使」と学校教育

　公立学校における教育活動が，それ自体，権力作用＝公権力の行使であるか否かについて，学説・判例上，見解の分かれが存してきているが，プロイセン・ドイツ法制にあっては肯定説〈学校教育権力作用説〉が圧倒的に有力であった。ちなみに，当時の代表的な学校法の注釈書は，この点についてつぎのように書いている[36]。

　「公立学校は公権力を行使する〈Die öffentliche Schule übt öffentliche Gewalt〉。教育は……国家あるいは公共団体の専管事項ではないが，それが公立学校において実施される場合は，プロイセン・ドイツ法の伝統的理解によれば，国家の名において行なわれる活動であり，公権力の行使に他ならない。……公権力の行使は，学校それ自体およびその機関としての校長および教員のすべての活動を包括する。……公立学校の教育活動は刑法113条の意味での公務執行であり，教員に対する抵抗は国家権力に対する抵抗である」。

　他方，学校教育活動を非権力作用と見る見解によっても，学校教育が国家ないし地方公共団体の手によって実施されている限り，懲戒権・監督権・命令権の行使など学校側の優越的な支配権の行使はもとより，教育活動自体も「公権力の行使」に当たると解釈される〈公権力広義説〉。当該行為が就学義務に基づくものであれ，たとえば，学校行事への任意参加など被害者の自由意思によるものであれ，異なるところはない。教育担当者が官吏であれ，私法上の被庸者であれ，同様である。さらに当該教育活動が学校の直接的管理・監督下にあるかも問わない。

　要するに，「国家的な強制権や官憲的権力の発動という狭義の権力作用だけではなく，官吏の行為が公の目的の実現に直接むけられている限り，非権力的な公的保護・配慮・文化活動も公権力の行使に当たる[37]」とのワイマール時代以来の一般原則により，「学校の教育目的の実現に向けられたあらゆる活動」が「公権力の行使」だとされる。こうして，たとえば，公法契約により私的な父母団体の運用に委ねられている田舎教育舎（Schullandheim）における教育活

（35）　OLG Breslau, Urt. v. 9. 2 1937, In: G. Friebe, Die Haftpflicht des Lehrers und Schulträgers, 1957, S.180.

（36）　W.Landé, Preußisches Schulrecht, 1933, S.14. また A.Eisenhuth, Die Entwicklung der Schulgewalt und Ihre Stellung im Verwaltungsrecht in Deutschland, 1932, においても，学校は「国家行政の一部」として位置づけられている（S.68）。

（37）　G.Delius, Die Beamtenhaftpflichtgesetze, 1929, S.13.

第Ⅷ部　第2章　学校事故補償法制の構造

動も，「公権力の行使」に含まれることになる[38]。

2－3　教員の職務上の義務（監督義務）違反

2－3－1　教員の監督義務の根拠

　判例および通説によれば，教員の児童・生徒に対する監督義務（Aufsichtsp-flicht）ないし一般的な配慮義務は，特別な保護と監督を必要とする子どもの教育を委託されているという事実，今日的な学校法制用語でいわゆる「国家に委託された教育責務」（staatlicher Erziehungsauftrag）に基づく[39]。この義務は子どもの福祉にむけられた「教職に必然的に内在する義務」（ dem Amt des Lehrers notwendig innewohnende Pflicht）であり，したがって，これに関する法規定の存否とは関わりなく教員に課されているものだとされる[40]。

　ただ通常，教員のこの義務は実定法上に明記されており，たとえば，ヘッセン州の生徒の監督に関する規程〈Verordnung über die Aufsicht über Schüler v. 14. Sep. 1998〉はこれに関して次のように書いている。「自己の責任において授業をなし，あるいは学校行事を実施する教員ないしその他の職員は，監督遂行義務を負う」（3条）。

2－3－2　教員の監督義務の範囲・程度

　教員はいかなる範囲で，どの程度まで監督義務を負わなくてはならないか。これについて，通説・判例は一般抽象的には，こう述べる[41]。「教員は，事故を防止するために必要なすべての措置や予防手段を講じ，指示をし，そしてそれらが遵守されているかどうかを継続的に監視しなければならない」。また監督義務の程度に関しては，ライヒ裁判所の確定判例によれば，「注意義務の程度は，危険の度合いに対応しなければならない」とされる[42]。

　こうして教員の監督義務の内容や程度は，児童・生徒の年齢，判断力や肉体的能力，教育活動の目的・種類・水準，当該行為の時間・場所・態様などによって異なることとなり，たとえば，小学校や障害児学校[43]，体育[44]や技術・

---

(38)　以上，G.Friebe, a.a.O., S.168-171.

(39)　T.Böhm, Aufsicht und Haftung in der Schule, 1998, S.1.

(40)　H.Hochstetter/ P.Seipp/E.Muser, Schüler－Richter－Lehrer, 1963, S.98.

(41)　さしあたり，C.Jülich, Rechtsprobleme bei Schulfahrten, In:RdJB（1986），S.76.
　　　H.Avenarius/H.Heckel, Schulrechtskunde, 7Aufl. 2000, S.386 など。

(42)　W.Kühn, Schulrecht in Preußen, 1926, S.391.

第3節　職務責任法制と学校事故の被害者救済

化学などの自然科学系の教科，遠足・学校旅行[45]などでは，教員の監督義務は加重されることになる，というのが，判例・通説，さらには実定学校法制の立場である。

ちなみに，この点について，たとえば，ノルトライン・ウェストファーレン州の一般学校規程〈Allgemeine Schulordnung v. 8. Nov. 1978〉もこう書いている。

「学校の監督措置は，起こりうる危険を考慮して，生徒の年齢，発達段階，責任意識，障害児の場合は障害の種類に応じて講じられなければならない」（12条13項）。

ただ，ワイマール憲法下における被害者救済の拡大という現実的要請および近年における「自律と自己責任への教育」（Erziehung zu Selbständigkeit und Selbstverantwortung）という教育目的などと係わって，以上のような一般原則の個別ケースへの適用＝教員の監督義務・職務上の過失の存否の認定に関しては，判例・学説上，かなり顕著な推移が見られているのであるが，以下では，取り敢えずワイマール憲法下までの判例についてだけ，それを確認しておきたいと思う。

G. フリーベによれば，教員の監督義務の範囲や程度に関して，ワイマール憲法下までの判例から以下のような4原則が摘出できるとされる[46]。

①「監督は，原則として，不断に（ununterbrochen）なされなければならない。

　この原則は，具体的にはつぎのようなことを意味する。

〈a〉教員は監督場所を片時も離れてはならない。教員が当該場所にいることは生徒の危険防止に有効なのであり，したがって，不在中の事故についても教員の責任は発生する。たとえば，生徒に騎馬戦を許可し，教員が校庭を離れたケース〈プロイセン高等行政裁判所判決・1920年2月19日〉などがこれにあたる。

〈b〉職務上ないし健康上の理由により，ほんの短時間だけクラスを離れることは許容されるが，私的な理由に基づいて，他の学級担任教員に自分のクラスの監督を合わせて依頼した場合には，責任は免れえない〈ケルン

---

(43)　たとえば，LG Lübeck, Urt. v.17.12. 1975, In:SPE V1 FV S.61.

(44)　たとえば，VGH Mannheim, Urt. v.7.6. 1984, In: NJW（1985），S.2603.

(45)　たとえば，OLG Köln Urt. v.29.10. 1985, In:NJW（1986），S.1947ff.

(46)　G.Friebe, a.a.O., S.58-S.80.

707

第Ⅷ部　第2章　学校事故補償法制の構造

高等裁判所判決・1926年3月11日〉。

〈c〉職務上危急の理由でクラスを離れる場合は，生徒の中から代理監督者を指名しなければならない。この場合，教員は自分の不在時における危険から生徒を守るために，考えられうるすべての措置を予め講じておかなくれはならない〈ケーニッヒスベルク高等裁判所判決・1909年2月11日〉。

〈d〉教員が監督場所を離れるに際し，どのような場合に同僚教員に監督を依頼することが必要か，生徒自身に代理監督を委ねてよいか，あるいは生徒に指示を与えるだけで十分かは，その時々の状況による。ハサミを使用する作業の監督を13歳の生徒に委ねたケース〈ライヒ裁判所判決・1937年4月30日〉，同年齢の生徒を代理監督者に選定したような場合には，教員は事故に対して責任を負わなくてはならない〈ミュンヘン高等裁判所判決・1937年12月30日〉。

〈e〉監督場所にいる場合でも，教員は片時も生徒から目を離してはならない〈ライヒ裁判所判決・1916年1月28日〉。したがって，たとえば，遠足において，生徒に対し同時に二つの遊具の使用を許可して起きた事故責任は教員にある〈ハレ高等裁判所判決・1932年7月5日〉。

② 「教員による監督は，起こりうる危険から生徒を保護するような効果的（wirksam）なものでなくてはならない」。

すなわち，生徒に対する監督は慎重かつ持続的で，しかも予見的なものでなくてはならない。教員は考えられうる危険の源を予め認知するなどして，生徒に害をもたらすあらゆる事態を回避する義務を負う〈プロイセンの行政規則・1921年〉。

こうして，たとえば，教員は滑降路を使用する場合は，その安全性を事前に確認する義務〈ケーニヒスベルク高等裁判所判決・1929年6月11日〉，こうした確認をするまでは生徒にその使用を禁止する義務〈カッセル高等裁判所判決・1929年4月23日〉，校庭での雪合戦は危険を伴うということを予見する義務〈ブレスラウ高等裁判所判決・1927年6月30日〉等を負うことになる。

③ 「教員の生徒に対する監督は消極的であってはならず，積極的なもの（aktiv）でなければならない。」

具体的には，教員は事故を防止するために指示や警告を発するだけでは免責されえず，自らその危険を除去しなくてはならない〈ライヒ裁判所判

708

決・1916年1月28日〉。禁止令を出しても違反行為がありうることを考慮し，そのための予防措置を講じる義務がある〈ライヒ裁判所判決・1926年11月30日〉。

この結果，たとえば，体育館にある器具を使用してはならないとの一般的禁止だけではな不十分で，体育教員は生徒がそれを使用するのを自ら直接阻止しなくてはならない〈アルンスベルク地方裁判所判決・1927年6月21日〉。休憩中の生徒の遊びが危険だと思われる場合には，教員は実際にそれを止めさせる義務を負う〈キール高等裁判所・1935年4月18日〉。

④「生徒の自治的な活動（Schülerselbstverwaltung）の場合でも，教員は監督義務を免除されない」。

教員は合目的的で適切な場合には，学校における補助的な仕事を生徒に委ねてもよい〈ライヒ裁判所判決・1916年11月3日〉。その際，生徒に委託するのが妥当であるか，受託者たる生徒はその任にふさわしいか等，当該生徒の選定や当該行為の実施に当たり必要な注意義務を怠らなかったときは，原則として，教員は事故責任を問われない。しかしこの場合，教員にはなおも上級監督（Oberaufsicht）の義務が存しており，これを生徒に委ねてはならない。年長の生徒にあっても同様である〈ロストック高等裁判所判決・1907年7月8日〉。それどころか，必要な場合には，教員自身が直接監督するか，あるいは実際に当該行為を行う義務がある〈プロイセン高等行政裁判所判決・1912年3月29日〉。

したがって，たとえば，校庭に危険物がないか，ある場合にはそれを除去するよう教員が生徒に指示するだけでは足りず，教員自身が直接監督するか，あるいはその任に当たらなくてはならない〈ライヒ裁判所判決・1932年6月17日〉。また生徒自治の一環として，休憩時間中の生徒監督が生徒自身によって行われている場合でも，教員は休憩時の生徒監督という職務上の義務を免除される訳ではない〈プロイセン文部省令・1919年10月31日〉。

要するに，教員はいかなる場合においても決して生徒の注意力を信用してはならないのであって，彼等は常に思慮分別に欠け，性急で熱し易く，我儘であるということを肝に銘ずべきなのである〈ライヒ裁判所判決・1928年6月8日〉。

第Ⅷ部　第2章　学校事故補償法制の構造

第4節　学校事故に対する無過失責任法制

1　特別犠牲補償制度と学校事故

　ところで，ドイツにおいては，上述したような国家責任法・職務責任法の構造的な欠陥を是正するため，違法無過失の国家活動による損害について，国家に補償義務を課す「特別犠牲補償」という法制度が併存してきている。

1－1　「特別犠牲補償」の法理

　特別犠牲補償という思想（Aufopferungsgedanke）は近代ドイツ自然法学に由来するもので，それによれば，国家は国家高権の行使に際して，公共の福祉にもとづいて国民の既得権を侵害した場合には，その損失を補償しなければならないと説かれた[47]。

　この法理を実定法上に最初に確認したのが，1794 年に制定されたプロイセン一般ラント法で，そこにおいてこう明記された。

　「国民の個々の権利ないし利益と共同体の福祉増進のための権利および義務との間に，現実の衝突が生じたときには，前者は後者に劣位する」（序章・74条）。

　「共同体の福祉のために，その特別な権利や利益を犠牲に供せしめられた（aufopfern）者に対しては，国家がこれを補償するものとする」（同・75 条）。

　この規定は，警察国家時代において，公権力が私法上の既得権を侵害し，「特別な物質的犠牲」（besonderes materielles Opfer）を強いた場合に，権利主体に対して損失補償請求権－Aufopferungsanspruch という－を認めたもので，その後ライヒ裁判所の判例により，プロイセンの州域を超え，慣習法としてドイツ全土に適用され[48]，さらに第2次大戦後，ドイツ基本法下においても同様の効力を維持した。しかもワイマール憲法下以降にあっては，不文の憲法規範としの位置を占めた。

　ちなみに，この点，1957 年の連邦通常裁判所判決もつぎのように述べている[49]。「一般ラント法序章 74 条・75 条は……連邦の全領域において，慣習法

---

(47)　G.Jänicke, a.a.O., S.73.

(48)　H.J.Wolff, Verwaltungsrecht I, 1971, S.459. G.Jänicke, a.a.O., S.73. K.O.Konow, Zur Frage der Subsidiarität der Aufopferungsansprüche, In: DVBl（1968）, S.205.

(49)　Bundesgerichtshof（以下，BGH と略）, Urt. v. 6. 5. 1957, In: DÖV（1957）, S.671.

710

第4節　学校事故に対する無過失責任法制

上，現行法をなしている（gewohnheitsrechtlich geltendes Recht）」。

　ところで，プロイセン一般ラント法の上記条項をめぐっては，ワイマール憲法下において，そこにいわゆる特別犠牲補償の制度がなおも妥当する余地があるか否かについて争いが生じた。ワイマール憲法153条が公用収用（Enteignung）の場合の損失補償を認めたためであるが，判例および学説は，これを肯定に解した[50]。そしてその後，ドイツ基本法下の判例や学説もかかる法制度を基本的に承認し，今日に至っているという経緯がある。

　しかもワイマール憲法下においては，判例・学説上，特別犠牲補償は財産権の侵害，それも適法な侵害に対してだけ認められたのであったが[51]，ドイツ基本法下，1953年の連邦通常裁判所の判決を画期として[52]，非財産的な権利や利益−たとえば，生命，健康，自由など−の侵害に対してもかかる補償が認められるところとなり，かくして，従来，「国家補償の谷間」にあった違法無過失の国家行為に対しても，国民の権利保護が図られることとなったのである。「特別犠牲補償請求権があらゆる種類の違法な侵害に対して拡大された結果，今日それは，国家機関の違法行為に対する個人の保護において，職務責任請求権（Amtshaftungsanspruch）と同じような価値をもつものとなっている[53]」と評されるゆえんである。

　具体的には，この法制度は，①公共の福祉（Wohle der Allgemeinheit）を理由として，②国家の権力作用ないし高権的強制（hoheitliche Zwang）によって，③国民の非財産的な権利ないし法益が，④通常の犠牲の域を超え，特別な負担を伴う程度において侵害された場合には，それは「特別な犠牲」（Sonderopfer）と見なされ，これに対しては国家がその補償に任ずるというものである[54]。

---

(50)　さしあたり，G.Anschütz, a.a.O., S.720。
　　　なお，E.Forsthoff によれば，判例では，1921年のライヒ裁判所の判決が特別犠牲補償を一般的な法原理（allgemeine Rechtsgrundsatz）として承認した最初だとされる（ders., a.a.O., S.327）。

(51)　1933年4月11日のライヒ裁判所の判決までは，違法な侵害による損害については特別犠牲補償の法理は適用されることはなかった（G.Jänicke, a.a.O., S.74）。

(52)　BGH, Urt v.16. 2. 1953［Impfschäden−Fall］, In:BGHZ 9, S.83, zit. aus G.Jänicke, a.a.O．, S.78.

(53)　G.Jänicke, a.a.O., S.79.

(54)　H.Maurer, Allgemeines Verwaltungsrecht, 2000, S.750-S.753. H.U.Erichsen（Hrsg.）, Allgemeines Verwaltungsrecht, 1998, S.735-S.738.

第Ⅷ部　第2章　学校事故補償法制の構造

1－2　特別犠牲補償の法理の学校事故への適用

ここで重要なのは，1960年代の半ば頃から，判例がこの法理を特定の場合，学校事故にも適用し始め，この法域において，国家の無過失責任を導いてきたということである。

換言すれば，通常の程度を超えて生徒ないし親に過酷な負担をもたらすような学校事故については，教員に過失ある職務義務違反が存しなくても，判例上，特別犠牲補償の観点からの損失補償が保障されてきたのである[55]。

その画期をなしたのは，1964年のニュルンベルク上級地方裁判所の判決である。

この事案は，同市が主催するスポーツ大会において，サッカーの試合中に相手チームのプレーヤーと衝突して腎臓が破裂し，その切除手術をうけた14才の生徒が，特別犠牲補償の観点から，バイエルン州を相手どって提訴したものである。

この件について，上記裁判所は下記のように判じて，原告の請求を認容したのである[56]。

「生徒が学校のスポーツ大会への参加中に，通常のスポーツ事故の程度を超えて傷害をうけた場合は（本件にあっては腎臓の切除），それは，特別犠牲補償請求権を呼び起こす特別な犠牲に該当する」。

この判旨は，翌年の生徒の体育授業中の事故に関するツェレ上級地方裁判所の判決によっても踏襲されることになる。そこでは，こう判示された[57]。

「体操で負傷した生徒は，種痘による傷害や兵役中の負傷について発展してきた原則により，特別犠牲補償の観点から補償を請求できる。この特別犠牲補償請求権は，職務義務違反にもとづく損害賠償請求権と併存して行使できる」。

さらにフランクフルト上級地方裁判所も1966年，つぎのように述べて，特別犠牲補償の法理の学校事故への援用を認めた[58]。

「典型的ではない方法による授業において，回復しがたい傷害が発生した場合，つまり通例の，合理的に甘受できる域を超えた結果をもたらした場合，そこには特別な犠牲が存在することになる。網膜剥離によって視力を4分の1に低下させた事故の場合は，まさにこのような特別な犠牲だと認められる」。

---

(55)　H.Heckel/P.Seipp, Schulrechtskunde, 4Aufl, 1969, S.440.

(56)　OLG Nürnberg, Urt. v. 6. 3. 1964, In: RdJ（1966），S.303.

(57)　OLG Celle, Urt. v. 7. 4. 1965, In:DVBl（1966），S.43.

(58)　OLG Frankfurt, Urt. v. 27. 10. 1966, In:NJW（1967），S.632.

第4節　学校事故に対する無過失責任法制

そして，こうした判例の態度は，端的には，下記のような理由により，学説によっても積極的に支持されたのであった[59]。

①　学校事故は生徒の非財産的な法益，すなわち，基本法2条2項が保障する「身体を害されない基本権（Grundrecht auf körperliche Unversehrtheit）に対する高権的な侵害に当たる。

②　一連の事件の場合，生徒が受けた損傷は発達の可能性を著しく阻害するもので，特別な犠牲に該当する。

③　学校教育は国家の主権作用の一環として，公共の利益に資すべきものである。

④　職務法上の過失責任の原則によっては，学校事故に対する責任問題は適切には解決できない。

2　公法上の学校危険責任論

「危険責任」（Gefährdungshaftung）とは，危険状態をつくり出した者が，そこから生じた損害について，過失がなくても負わなければならない責任（無過失賠償責任）をいう[60]。ドイツにおいては，1871年の「鉄道・電気・ガス事業の運営に際しての人的損害に対するライヒの補償義務に関する法律[61]」を嚆矢として，第2次大戦後，とくに1950年代以降，それぞれ特別法の定めるところにより，鉄道・電気・ガス・航空・自動車・原子力事業などについて，このような危険責任ないしは結果責任（Verursachungshaftung）が認められてきているところである[62]。

ここにいう私法上の危険責任を，国家責任法体系の独立の柱として，公法関係において構成し，その制度化をめざすのがいわゆる「公法上の危険責任」（öffenlich-rechtliche Gefährdungshaftung）の理論である。この理論は E.ホルシュトホフがその著「行政法教科書」の初版（1950年）で初めて展開したもの

---

(59)　さしあたり，H.Mohnhaupt/N.Reich, Aufopferungsansprüche bei Schulunfällen, In:NJW（1967），S.759-S.763.
　　　とはいっても，上記の一連の判例が確定判例となったわけではなく，その後，否定判例も見られている。たとえば，BGH Urt. v. 16. 1. 1967, In:RWS（1967），S.102.

(60)　H.Mauer, Allgemeines Verwaltungsrecht, 13Aufl. 2000, S.764～S.765.

(61)　Reichshaftpflichtgesetz für Personenschäden beim Betrieb von Eisen−und Straßenbahnen, Elektrizitäts−und Gasanlagen v.7.Juni. 1871.

(62)　G.Jänicke, a.a.O., S.88. J.Esser, Grundlagen und Entwicklung der Gefährdungshaftung, 1969, S.2～S.3.

713

第Ⅷ部　第2章　学校事故補償法制の構造

であるが，それによれば，「行政によってつくられた特別の危険状態（beson-
dere Gefahrenlage）に基づいて生じた損害については，国家が被害者に対して
賠償責任を負わなくてはならない」こととなる[63]。すでに垣間見たように，
従来，ドイツにおいては，「適法行為に基づく損失補償と不法行為に基づく損
害賠償の両制度によっては把握し難いような加害形態に直面して，学説はその
損害に対する補償を如何なる法理によって理論構成するかに腐心」してきたの
であるが[64]，この公法上の危険責任論も，こうした国家補償法制における
「間隙」（Lücke）を埋めるための解釈論として主張されてきているものである。

　ところで，1950年代の後半，上述のような危険責任の妥当領域を拡張し，
学校にも適用すべきだとする，いわゆる「学校危険責任論」が有力な学校法学
者によって強く唱導されるところとなった。ドイツにおける学校法学の権威・
H.ヘッケルは不朽の名著「学校法学」（Schulrechskunde）の初版（1957年）で，
こう提唱したのであった[65][66]。

　「学校が特別な危険を伴う施設（eine mit besonderen Gefährdungen belastete
Einrichtung）として認識されていない，という欠陥をしばしば痛感させられる。
たとえば，動物保有者，自動車所有者，交通事業者などに妥当しているような
危険責任，すなわち，過失がなくても，また過失を立証しなくても生じる責任
は，学校には存していない。……こうした法制状況から，過失問題をめぐる最
も不愉快な争いが繰り返し起っている。……裁判所は被害者に対して一定の補
償をするために，学校の過失を無意識に認定する傾向にある。

　公の生活福祉施設としての学校の意味と独占的な地位とを考慮すれば，一般
的な危険責任（allgemeine Gefährdungshaftung）を法律上，学校にも拡大する
ことが求められる。教育行政は，……生徒の学校事故保険を強制的に締約する
ことによって，親と生徒を保護すべく決断すべきである」。

----

(63)　E.Forsthoff, Lehrbuch des Verwaltungsrechts, 10Aufl. 1973, S.359. H.Maurer, a.a.O., S.
　　764-S.765. 浦川道太郎「ドイツにおける危険責任の発展（1）」，『民商法雑誌』70巻3号
　　460頁。

(64)　西埜章「西ドイツ国家責任法体系における公法上の危険責任について」，日本公法学
　　会編「公法研究」42号（1980年），170頁。参照：浦川道太郎「ドイツ危険責任法の新展
　　開」，『ジュリスト』（672号），1978年，117頁以下。

(65)　H.Heckel/P.Seipp, Schulrechtskunde, 1Aufl. 1957, S.332.

(66)　公法上の危険責任の主唱者フォルストホフに批判的なボルフによっても「さらなる危
　　険源（Gefahrenquelle）に対して，立法者が無過失責任を根拠づけることが望まれる」と
　　される（H.J.Wolff, Verwaltungsrecht I, 8Aufl. 1971, S.494）。

第4節　学校事故に対する無過失責任法制

　この学校危険責任論は，連邦通常裁判所の判旨にもあるように，「学校は多数の少年が狭い空間で共同生活をする場所であるから，生徒にとって一定の危険はその性質上必然であり（naturnotwendig），全的にこれを除去することはできない。とくに体育は，身体を鍛練するための教科であるから，本質的に危険を内在させている[67]」との認識に基づいている。

　そして，ここで刮目に値するのは，奇しくもヘッケルが上記のような提言をした同じ年に，ハンブルク州において，「学校の危険責任」が学校法上，実定化を見るに至ったという事実である。

　すなわち，1957 年に制定されたハンブルク州学校制度法は，授業料および教材・教具の無償性を確認したうえで，高らかにこう謳いあげたのである（7条2項）。

　「ハンブルク州は，公立学校のすべての就学義務年齢の生徒に対して，授業時間中の校内，通学路，学校行事，さらには学校行事への参加や帰宅途中において発生した事故による損害については，これに対して公法上の補償（öffentlich−rechtliche Entschädigung）を保障する[68]」。

3　新国家責任法の制定と失効

3−1　制定の経緯

　既述した通り，ドイツの在来の国家責任法は「主観的過失責任主義および代位責任主義に立脚した職務責任法（Amtshaftungsrecht）」であり，法構造的に重大な欠陥を内包している。そこで，判例・学説はそれを是正するために多大な理論的努力を払ってきたのであるが，しかし判例法による救済の拡大には自ずから限界があり，早くから立法的な解決が求められていた。

　その直接の契機をなしたのは，ドイツ法律家協会の勧告である。同協会はすでに 1955 年の大会で，国家の補償義務に関する現行の規律（基本法 34 条・民法 839 条）は見直しが必要であるとの勧告を採択していたのであるが，1968 年の第 47 回大会において，「国家の不法行為に対する責任（Haftung für staatliches Unrecht）の基本思想は，責任が，違法性それ自体と結合したものであるべきである」との立場から，国家の直接責任を基軸に据えて，旧来の錯綜した法制を整序し，これに関しては連邦法によって包括的に規律するよう決議した。

---

(67)　BGH, VersR 57, S.532, zit. aus H.Mohnhaupt/N.Reich, a.a.O., S.762.

(68)　A.v.Campenhausen/P.Lerche, Deutsches Schulrecht, 1972, S.510.

第Ⅷ部　第2章　学校事故補償法制の構造

これに呼応する形で，連邦政府は1970年，独立の専門委員会を設置し，国家責任法の改正作業に着手した。同委員会は1973年に成案を得て連邦司法大臣と連邦内務大臣に提出したが，しかし，これに対しては各方面から批判があり，そこでこれらを踏まえて，1977年に参事官草案が公表された。

連邦政府はその後も検討を重ね，1978年5月に基本法と国家責任法の改正案を決定したが，基本法改正に必要な3分の2の多数は確保できず，連邦議会で可決されるには至らなかった。そこでSPD（社会民主党）とFDP（自由民主党）の連立政権は基本法の改正を断念し，その限りでの新国家責任法の制定を目ざし，かくして1980年6月12日の連邦議会において同法案は可決されることになる。

ただ連邦参議院は，この法案が定める国家責任の導入には賛成したが，しかしこの法域における連邦の立法管轄権に疑問を呈し，同意を拒否した。法案が規定する公法的国家責任は，基本法74条1号にいう「民法」との関連を欠き，したがって，これについては連邦の立法権限は及ばないとの見解をとったのである。

これに対して，連邦議会は，同法案にいう国家責任が公法的な性質をもつことを認めたうえで，国家責任法は歴史的に民法839条と密接な関係があり，立法形式の如何に拘らず，それは基本法74条1号（競合的立法権）にいう民法の領域に属し，したがって，これに関する立法権限は連邦にあると主張した。

結局，この問題については，両院協議会でも合意が成立せず，連邦議会は1981年2月12日，連邦参議院の同意なしに法案を可決し，同年6月，連邦大統領もこれを認証した。

ただ連邦大統領は連邦首相および連邦議会と連邦参議院の議長に書簡で，同法案には，連邦の立法権限の存否および連邦参議院の同意の必要性の有無という点で，憲法上重大な疑義がある旨を伝えたが，しかしこれらの問題は本来，連邦憲法裁判所によって判断されるべき事柄である，との立場をとったのであった。

こうして成立した新国家責任法は1981年7月2日に公布され，1982年1月1日から施行された[69]。

3-2　新国家責任法の主要な内容

新国家責任法は5章38ヵ条からなるが，そのうちとくに重要なのは第1章「公権力の違法行為に対する責任」で，その冒頭でこう宣言された（1条1項）。

716

第4節　学校事故に対する無過失責任法制

「公権力が，他者に対して負う公法上の義務に違反した場合は，公権力主体は，そこから生じる損害に対して，本法により責任を負う」。

この国家責任に関する根本規範を旧来の職務責任法と比較すると，新法の画期的なメルクマールとして，下記のような基本原則が摘出できる[70]。

① 国家の直接（unmittelbar）責任

すでに詳しく言及したところであるが，従来の職務責任は，民法839条にもとづく私法的不法行為責任を，国家が代位するという構成をとっていた〈国家による免責的債務引受・国家の代位責任〉。つまり，そこにおいては，不法行為責任は第一次的には公務担当者個人に帰属するものと見なされた〈国家無責任の法理〉。

これに対して本法にあっては，不法行為責任は直接，国家に帰属するのであり，国家は自己の不法行為（eigenes Unrecht）に対して責任を負うものとされている。

② 国家の第一次的（primär）責任

被害者が他の方法で賠償を受けることができない場合だけ，国家責任が発生するという，民法839条1項の補充性条項〈Subsidiaritätsklausel・国家責任の副次性〉は，公務担当者を損害賠償責任に対する不安から保護し，公務の円滑な遂行を期すことを旨とするものである。今回の法改正によって，この補充性条項は失効し，国家は第一次的責任を負うことになる。

③ 国家の排他的（ausschließlich）責任

職務上の義務違反のあった公務担当者は，公法的活動においてだけでなく，私法的活動の場合でも，被害者に対して責任を負わない旨規定された（1条3項・17条4項）。これにより，公務担当者は外部法関係から完全に切断され，国家だけが排他的に責任を負うこととなった。もっとも，内部関係においては，公務担当者に故意または重大な過失がある場合には，求償責任が問われる（27

---

(69)　以上については，F.Ossenbühl, Staatshaftungsrecht, 1991, S.357-S.373。H.Maurer, Allgemeines Verwaltungsrecht, 2000, S.804-S.809. P.Badura u.a.Allgemeines Verwaltungsrecht, 1998, S.764-S.766.

　　　国立国会図書館調査立法考査局「外国の立法」（21巻6号），247-248頁。芝池義一「西ドイツにおける国家責任法の改革」，『公法研究』42号，181-183頁。

(70)　M.Mauer, a.a.O., S.810～S.811. P.Badura u.a. a.a.O., S.766. H-J.Papier, Staatshaftung, In: J.Isensee/P.Kirchhof（Hrsg.）, Handbuch des Staatsrechts der Bundesrepublik Deutschland（Bd.6），1989, S.1389-S.1390. 宇賀克也「西ドイツにおける新国家責任法について」，『ジュリスト』（763号），114頁以下。

第Ⅷ部　第2章　学校事故補償法制の構造

条1項)。

④　過失から独立した (verschuldensunabhängig) 客観的義務違反としての
国家責任

従来の国家責任は，公務担当者の過失という内部法上の職務義務違反を基準
としていたが，新法は「他者に対して負う公法上の義務違反」(1条1項) と
いう，外部法関係における客観的義務違反を要件としている。

とくに基本権の侵害に対しては，財産権的法益たると，人格権的法益たると
を問わず，すべての基本権について無過失責任主義が採られている (2条2
項)。「基本権に高次の保護価値を認めるとともに，全ての基本権を原則として
同列のものとして取り扱うこととした」のである[71]。

3-3　連邦憲法裁判所の無効判決

先に触れたように，連邦大統領は本法を認証するに際して，基本法に照らし，
本法には重大な疑義がある旨を表明したのであるが，1981年11月，バイエル
ン州など5州が共同で，本法の憲法適合性を問うて，連邦憲法裁判所に抽象的
規範統制 (abstrakte Normenkontrolle) を申し立てることになる。

この件について，連邦憲法裁判所は下記のように判じて〈1982年10月19
日判決〉，新国家責任法は基本法70条に抵触して無効であるとの判断を示し，
かくして同法は施行後，僅か10ヵ月で失効するという運命を辿ったのであっ
た。判決は，こう述べている[72]。

「国家責任法に対する連邦の立法権は，民法の領域に対する競合的権能 (基
本法74条1号) からは導かれえない。国家責任法に規定された，高権的な違法
行為 (hoheitliches Unrecht) にもとづく損害に対する国または地方自治体の責
任は，今日的な観点においても，また伝統によっても，権限法上 (kompetenz-
rechtlich)，これを民法と把握することはできない。

連邦はまた，国家責任法に関する包括的な規律権を，基本法のその他の権限
規定に求めることもできない」。

3-4　今日における法制状況

このように新国家責任法は連邦憲法裁判所によって無効判決をうけ，失効し

---

(71)　宇賀克也，前出，116頁。

(72)　BVerfG Urt.v. 19. 10. 1982, In:DÖV (1982), S.982.

718

第4節　学校事故に対する無過失責任法制

たのであるが，しかしそれは国家責任法制改革の終焉を意味するものではない。ただ現行法制下における連邦の，この法域での立法管轄権が問題とされただけだからである。

　事実，無効判決が出された翌年の1983年，各州司法大臣会議は新国家責任法の制定は連邦と各州の共通の努力目標であると言明し，1984年，連邦・各州作業委員会が設置された。そして同委員会は1987年に各様の法案モデルを提示するのであるが，これらを踏まえて同年，各州司法大臣会議は「国家責任法における法的統一性は優先的な法政策目標でなければならない」として，連邦の立法権限の拡大による連邦国家責任法の制定を決議するに至る[73]。

　また1989年にはバイエルン州が，民法839条の改正〈拳証責任の転換〉と結果除去請求権の行政手続法への導入を骨子とする，改正法案を連邦参議院に提出した。さらに1990年には，ハンブルク州が基本法34条の改正案を提出したが，しかし両案ともに連邦参議院で積極的な支持を獲得することはできず，連邦議会に提出されるまでには至らなかった[74]。

　こうした動向の中で，1994年，一つの大きなエポックを迎えることになる。基本法74条が改正され[75]，連邦に対して国家責任に関して競合的立法権が付与されたのである（基本法74条1項25号）。かくして，いわゆる「管轄障害」（Zuständigkeitsbarriere）は除去され，連邦は今や，連邦参議院の同意が必要とされてはいるものの，先に見たような国家責任法を制定できるという法状況にある。もとより，国家責任法の制定は大規模な財政支出を伴うものであり，だからこそ従来，各州の財務大臣から強い抵抗をうけ頓挫してきたのであるが[76]，「今日の財政危機が，近い将来，気前のいい国家責任法の制定を許すかどうかは，予断を許さない[77]」というのが現状である。

---

(73)　H.マウレルによれば，この問題に対する立法的アプローチとしては，理論的には，つぎのような3様の方途がありうる（H.Maurer, a.a.O., S.805）。①基本法を改正して，連邦の立法権限を創設し，包括的な国家責任法を連邦法として制定する。②連邦と各州で同一内容の国家責任法を制定する。③現行の連邦法の規律，とくに職務責任の構成要件を改正する。

(74)　F.Ossenbühl, a.a.O., S.374-S.376.

(75)　Gesetz zur Änderung des Grundgesetzes v.27.10. 1994.

(76)　F.Ossenbühl, Anmerkung zu Urt. des BVerfG v.19.10. 1982, In:DÖV（1982）, S.988.

(77)　P.Badura u.a. a.a.O., S.769.

719

第Ⅷ部　第2章　学校事故補償法制の構造

第5節　学校災害保険法の制定とその法的構造

1　学校事故保険の法制史

　よく知られているように，ドイツは社会保障法の先進国で，社会保険法は
1880年代，ドイツにおいて創設された。労働者疾病保険法〈Arbeiterkran-
kenversicherungsgesetz・1883年〉，災害保険法〈Unfallversicherungsge-
setz・1884年〉，廃疾・養老保険法〈Inval- iditäts-und Altersversicherungs-
gesetz・1889年〉などが，それである。

　そして1911年には，これら三法を総括したライヒ保険法〈Reichsversicher-
ungsordnung v.19 Juli 1911〉が制定され，以来，この法律は，諸種の改正をう
けながら，ドイツにおける基幹的な社会保険法として，今日に至るまで，とり
わけ労働保険の分野において格別に重要な意味をもってきている。

　けれども，学校事故の領域においては，歴史的に，社会保険法の発達にはほ
とんど見るべきものがなかった。

　ドイツにおいて，学校事故について保険制度〈傷害保険〉が初めて導入され
たのはワイマール期の1924年で，プロイセン国民福祉大臣とフランクフル
ター・アルゲマイネ保険株式会社との間で契約が締結されている。学校や青少
年団体に所属する9歳から21歳までの未成年者を被保険者とし，親の意思に
もとづく任意加入制で，国からの財政支援は一切なかった[78]。

　その後，この種の生徒保険（Schülerversicherung）は次第に普及していった
ようであるが，したがってまた，その実際の制度運用をめぐっては少なからぬ
裁判例が見られているのであるが[79]，しかし保険制度としては傷害団体保険
の域を出るものではなかった。

　この点，教員については，1926年に職業上の賠償責任保険（Berufshaftp-
flichtversicherung）が創設されているのと大きく異なっている。

---

(78)　W.Kühn, a.a.O., S.308. W.Vorbrodt / K.Herrmann, a.a.O., S.692.

(79)　たとえば，以下のような裁判例が見えている（G.Friebe, Die Haftpflicht des Lehrers
　　und Schulträgers, 1957, S.7. S.120）。
　　・ベルリン上級地方裁判所判決（1932年9月19日）＝「生徒保険を締結する学校の法的
　　義務は，国家の配慮義務（staatliche Fürsorgepflicht）からこれを導くことはできない」。
　　・ライヒ裁判所判決（1940年5月3日）＝「教員は生徒のための団体保険が適時，更改
　　されるようにする責任がある」。

720

ちなみに，この制度は公立中等教育学校の校長，教員，用務員を被保険者とし，これらの者が第三者に対して損害賠償義務を負うに至った場合，人的損害たると，物的損害たるとを問わず，すべての請求を対象とするものであった。被保険者に過失があったかどうかは，関係がない[80]。

　生徒事故についても当時，このような賠償責任保険の必要性は認識されていたようで，1926年に刊行された学校法規書にも，つぎのような記述が見えている[81]。「公立学校のすべての生徒も，早急に，教職員と同じような方法で，保険によって保証されなければならない」。

　第2次大戦後，他分野の社会保険法は全般的に更なる拡充・整備を見たのであるが，学校事故法域においては，先に言及したハンブルク州の無過失責任法制は例外として，責任保険制度が導入されることはなかった。せいぜいのところ，「最上級学校監督庁は，拘束力をもって，教育権者を生徒のための事故保険に加入させることができる。各年の保険料は，教育権者がこれを負担するものとする」（バーデン・ビュルテンベルク州学校制度法59条・1964年）といった，強制加入方式の傷害団体保険制度が見られたにすぎない。

　かくして，1960年代の後半に著された学校事故補償法制に関するモノグラフィーも，「学校事故の領域に対して責任保険を導入することは，今日，目下の急務だと言えよう」と唱えるところとなっている[82]。

2　学校災害保険法の制定

　上述のような法制状況にあって，1968年11月，連邦議会は同議会社会政策委員会の提言を基に，連邦政府に対して学校災害保険法の立法化作業に着手するよう求めた。この法域における現行の規律が州によって各様であり，また保険給付が補充的なものに止まっているというのが，その主要な理由であった。

　ちなみに，この点，前年の1967年に出された連邦通常裁判所の判決も，社会的法治国家の原理に依拠しながら，またハンブルク州の立法例を引いたうえ

---

(80)　W.Kühn, a.a.O., S.400.

(81)　W.Kühn, a.a.O., S.310.ただ例外的に職業学校の生徒の教育訓練中の事故についてだけは，1942年以来，ライヒ保険法が適用されることとなった（O.E.Krasney, Rechtliche Entwicklung der Schüler-Unfallversicherung, 1981, S.5）。

(82)　H.Kötz, Zum Haftung bei Schulunfällen, In:JZ（1968），S.288.
　　なお，ケッツェによれば，1930年代以降，法学界においては，H.Möller, Die Überwindung der Haftpflichtversicherung, In:JW（1934），S.1076ff.を始め，このような主張がくり返されてきたという（ditto）。

第Ⅷ部　第2章　学校事故補償法制の構造

で，学校事故に対しては公法上の補償が必要であるとし，「かかる規律をなすことは立法者の課題である」として，この面での立法化を強く促していたところである[83]。

その後，連邦議会における法案の審議は順調に進み，1970年，連邦参議院の発議で保険対象が幼稚園児にまで拡大されるなどの修正を受け，連邦議会と連邦政府がこれを受け入れたことによって成案を得，かくして，1971年3月，「生徒および学生ならびに幼稚園児のための災害保険に関する法律」（学校災害保険法）〈Gesetz über Unfallversicherung für Schüler und Studenten sowie Kinder in Kindergärten v. 18. März 1971－Schulunfallversicherungsgesetz〉として公布されたのであった[84]。

3　本法の趣旨・性格と適用範囲

この法律は，先に触れたライヒ保険法の学校事故への適用を可能にしたもので，いうところの学校事故を社会保険法上，同法にいう「労働災害」（Arbeitsunfall）と見なし，社会保険の制度と技術によって，それに対する補償を図らんとするものである。

具体的には，ライヒ保険法の災害補償の対象者に関する規定が改正されて，園児・生徒・学生が同法の適用を受けることとなり（539条1項14号），また学校事故に対する補償請求の要件等についても，同法が労働災害について規定しているところに依ることとなった（636条，637条1項・4項）。この結果，従来の学校設置者と保険会社との契約による生徒事故保険は，すべてその対象を失うこととなり，解約に及んだ。

なお本法はその後，1997年1月に施行された「社会法典」〈Sozialgesetzbuch〉の第7篇（以下，SGB Ⅶと略記）に編入されて法典化され，これに伴って，ライヒ保険法の当該関係規定は削除された。

この法律－現行法制上，正確には社会法典第7篇－は，学校事故（学校災害）に固有な特別法で，国・公・私立を問わず，幼稚園から大学に至るすべての学校事故に適用される（SGB Ⅶ 2条1項）。もとより，学校・教員の側に過失があったか否かは関係ない。先に本法は「世界で最初の学校災害補償保険法

---

(83)　BGH Urt. v. 16. 1. 1967. In:RdJ（1967），S.103.

(84)　K. Vollmar, Unfallversicherung für Schüler und Studierende sowie für Kinder in Tageseinrichtungen, 1998, S.11.

722

で，この無過失補償の法制によって，伝統的な過失責任主義に伴う欠陥は，既ににいちおう立法的に克服されている法状況にある」と書いた所以である。

　本法が適用されるのは，換言すると，本法による災害補償の対象となるのは，大きく，①授業・休憩時などの校内事故，②クラス旅行・林間学校などの校外学校行事中の事故や企業での教育・訓練中の事故，③通学路・校外学校行事への参加途上の事故である（SGB Ⅶ 2 条 1 項・8 条 2 項）。

　問題は，どのような事故が補償の対象となるかであるが，この点をめぐっては，本法施行以降，今日に至るまで夥しい数の裁判例が見られており，絶えるところがない。そこでこれに関して，学説・判例上，これまでに確認された主要な点を端的に摘記すると，以下のようである。

　①　校外学校行事が学校監督庁の許可をうけないで実施された場合でも，それが「学校の教育責務」（Schulische Bildungsauftrag）と内的な関連を有する場合には，保険によって保護される。

　この点について，たとえば，連邦社会裁判所もこう判じている（1977 年）。「学校の休暇中に，しかも学校監督庁の許可をうけないで実施されたスキー講習であっても，それへの参加が一般教育学校への就学と事実上の関連がある場合には，保険によって保護される[85]」。

　②　教育活動への参加途上の事故が補償給付の対象となると言っても，それは，生徒が学校の監督義務に服している場合に限られる。したがって，たとえば，教員に頼まれて生物の授業の準備のために校外に出かけた生徒が，その途上で事故にあった場合は，当然に補償請求権が発生する[86]。

　これに対し，たとえば，下記のようなケースは原則として保険による保護の対象とはならない。私的な補習教育への出席途上の事故[87]，私的な目的で学校を離れた場合の事故[88]，家庭における宿題中の事故[89]，などがその例であ

---

(85)　BSG, Urt. v. 23. 6. 1977, In:RdJB（1984），S.373.

(86)　BSG, Urt. v. 31. 3. 1981, In:SPE, a.a.O., S.9.

(87)　BSG, Urt. v. 27. 1. 1976, In:SPE Ⅱ J Ⅱ S.6.
　　一方で判例は，学校父母協議会のメンバーが組織した宿題に対する援助活動は，学校行事であり，したがって，生徒がそれに出席した後の帰宅途中の事故は補償の対象となるとの判断を示している（BSG, Urt. v. 4. 12. 1991, In:SPE 3. Folge, S.14）。

(88)　しかし一方で，校外に出ることが禁止されていたにも拘らず，休憩時間中に食べ物を買うため 250 m 離れたキオスクに行く途上での事故には，補償が認められている（BSG, Urt. v. 19. 5. 1983 , In:SPE 3. Folge, S.12）。

(89)　BSG, Urt. v. 1. 2. 1979, In:SPE Neue Folge 4, S.878－6.

第Ⅷ部　第2章　学校事故補償法制の構造

る。

③　「生徒代表制」（Schülervertretung）や「学校会議」（Schulkonferenz）などの生徒の参加組織における活動中の事故は，災害保険によって保護される[90]。

一方，生徒新聞の発行など，生徒団体の活動中の事故は，これに含まれない。学校は，この種の活動に対しては何ら責任を負う立場にないからである[91]。

ただシュレスビッヒ・ホルシュタイン州においてだけは，生徒団体の活動は学校の行事として位置づけられており（学校法117条2項），したがって，その際に起きた事故も補償の対象とされている。

④　生徒は，通学路ないし校外学校行事への参加途上の事故（Wegunfall）については，原則として，保険によって保護される（SGB Ⅶ 8条2項）。自宅から学校ないし目的地に至るあらゆる路上事故が含まれ，徒歩であれ，交通機関を利用してであれ，通学手段とは関係がない。しかしこの場合，基本的な要件として，就学との内的な関連が存しなくてはならない[92]。

したがって，たとえば，「放課後，親の同意を得て，学校から直接友人の家に遊びに行く途中に事故にあった場合，それが友人が日頃利用している通学路であれば，保険の対象となる[93]」が，同じく放課後，友人と校庭でサッカーをするために学校に行く途中での事故の場合は，そうではない[94]。

また一方で，通学途中に教材を購入するために寄り道をした際の事故は補償対象となるが[95]，しかし余暇に利用する列車の乗車券を買うための場合は，そうはならない[96]。

⑤　事故が被害者自身の過失にもとづく場合でも，学校との関係があれば（schulbezogen），これに対しては補償請求権が発生する。一例を引けば，明らかに自分の方が悪い，同級生との喧嘩で負傷した場合でも，それが休憩時間中の校庭であれば，本法が適用される[97]。

---

(90)　BSG, Urt. v. 12. 7. 1979 , In:RdJB（1984），S.373.
　　　なお，この点は，社会法典第7篇2条1項10号で明記されるに至った。
(91)　ただ学校新聞（Schulzeitung）は，生徒新聞とは異なり，学校の刊行物であるから，これに係わっての事故は保険によって保護される（H.Avenarius / H.Heckel, a.a.O., S.613）.
(92)　BSG, Urt. v. 5. 5. 1994, In:NJW（1995），S.214.
(93)　BSG, Urt. v. 4. 6. 1981, In:SPE（Dritte Folge），2000, 878－10.
(94)　LSG Celle, Urt. v. 4. 6. 1981, In:SPE 3. Folge, S.877－14.
(95)　BSG, Urt. v. 27. 6. 1978 , In:RdJB（1984），S.373.
(96)　BSG, Urt. v. 29. 4. 1982, In:SPE Neue Folge 4, S.878－8.

けれども，帰宅途中のバスの中でのこうしたケースの場合は，学校との関係性を欠き，補償の対象とはならないとされる[98]。

⑥　たとえば，教員の指示に従わないなど，禁止された行為によって事故を惹起した場合でも，保険によって保護される（SGB Ⅶ 7条2項）。とはいっても，事故の発生が相当程度に予測可能であった場合，または故意による場合は，この限りではないとされている。

4　保険者と補償内容

生徒災害保険の保険者は，市町村立学校については市町村保険組合，州立学校の場合は各州の州災害公庫となっている[99]。ただ州と市町村は共同で災害公庫を設立できることとされており，この場合には，この共同災害公庫がすべての公立学校の保険者となる。実際，ブランデンブルク州など6州がこのようなシステムを採用している。

一方，私立学校の場合は，州法の定めるところにより，州災害公庫もしくは共同災害公庫となっている。

災害補償に必要な資金は，保険料代償金手続にもとづいて，学校設置者がこれを負担する（SGB Ⅶ 150条）。被保険者である生徒自身（親）は掛け金を支払う必要はない。

補償給付としては，治療費，リハビリテーションのための援助および傷害金・障害者年金・遺族年金のような金銭給付による事故保障がある。ただし，被害者に慰謝料請求権は認められておらず，また物的損害に対しては本法の適用はない（SGB Ⅶ 26条以下）。したがって，在来の国家責任法はこの限りにおいては依然として意味をもつ。

なお，学校事故が生徒ないし教員の故意または重過失による場合は，保険者は当該生徒ないし教員の任命権者に対して求償権を有している（SGB Ⅶ 110条[100]）。

---

(97)　BGH, Urt. v. 12. 10. 1976, In:SPE 3. Folge, S.878−5.

(98)　BGH, Urt. v. 28. 4. 1992, In:NJW（1992），S.2032.

(99)　ただ職業学校の生徒の企業での教育訓練中の事故については，保険者は同業組合（Berufsgenossenschaft）である。

(100)　詳しくは，参照：K.Vollmar, a.a.O. S.103 ff. H.Avenarius / H.Heckel, a.a.O., S.611 ff. T. Böhm, Aufsicht und Haftung in der Schule, 1998, S.137ff.

第Ⅷ部　第2章　学校事故補償法制の構造

第6節　学校事故の防止法制と安全教育

1　学校事故の防止法制

1−1　学校設置者の条件整備義務

すでに言及した学校災害保険法によって，学校事故の保険者である学校設置者には，あらゆる手段を講じて事故を防止すべき法律上の義務が課されている（14条〜25条）。その内容はかなり広範に及んでいるが，もっとも重要なのは，学校の施設・設備の安全性を確保することである。具体的には，これに関する安全基準を定めると同時に，専門職員として技術監督官を擁し，定期的に学校の安全点検をさせなければならないことになっている[101]。

また児童・生徒の監督規程など各種の学校事故防止規程を整備し，それを学校現場に周知徹底させることも，学校設置者や教育行政機関の主要な任務とされている[102]。ちなみに，ノルトライン・ウェストファーレン州の場合，休憩時間中の生徒の監督に関する規程など，このような安全法規は現在12を数えている。

1−2　学校・教員の安全保持義務

学校が児童・生徒の安全を図ることは，法律上の義務（安全保持義務）であると同時に，教育上の課題だとされている。いうところの安全保持義務の根拠および範囲・程度についてはすでに言及したが，それを踏まえて，さらに以下のような仕組みが採られている。

1−2−1　校長の責務

校長は学校災害保険法にいう事業主と見なされ，事故防止のために多くの義務を負っている。

たとえば，学校施設・設備の不備を速やかに教育行政当局に報告すること，教員や児童・生徒に事故防止規程の周知を図り，その遵守も監督すること，授

---

(101)　K.Vollmar, a.a.O., S.99〜S.102.

(102)　この点について，連邦通常裁判もつぎのように判示している〈BGH, Urt. v. 27. 4. 19 81, In:NJW（1982），S.37〉。
　　　「教育行政機関は，学校が生徒に対する監督義務を遵守しているかどうかを監督し，安全措置が不十分な場合には，学校を援助する義務を負っている」。

726

業での安全を保ち，また児童・生徒の安全意識を高めるために教員に助言すること，教員に安全教育を担当させること，教員のなかから安全確保員を指名すること（後述），事故が発生した場合には応急措置と再発防止措置を講ずること，などである。

この点，たとえば，ノルトライン・ウェストファーレン州一般学校規程にも，つぎのような規定が見えている。

「学校の内部において事故を防止することは校長の義務である。校長は，安全な授業の実施を妨げるような学校の施設・設備の欠陥は，これを直ちに学校設置者に報告しなければならない。また教員や生徒に対して事故防止規程や安全規程を周知させ，それを遵守させなければならない。校長は，ライヒ保険法719条により，安全確保員を指名する」（46条2項）。

1-2-2 安全確保員の配置

学校災害保険法に基づいて，すべての学校に「安全確保員」（Sicherheitsbeauftragter）が置かれている。その数は学校規模・被保険者生徒数によって異なり，たとえば，ノルトライン・ウェストファーレン州の場合は，次のようになっている[103]。生徒数が250人以下は1人，251～500人は2人，501～1000人は3人，1000人以上の場合は生徒500人ごとに1名増員。

安全確保員は当該校の教員の中から，校長が事故防止について豊富な見識や経験をもっている者を任命する。ふつう技術科教員や体育科教員が選ばれる。その職務は事故の防止に係わるすべてに及ぶ。それは教員としての正規の職務活動と見なされ，したがって，教員はこの職務の委託を拒否することはできないが，安全確保員に対しては，授業時数を軽減するなどの適当な措置がとられている。ただその職務の性格はあくまで支援的・助言的なもので，同僚教員に対する監督機能や命令権はもたないとされる[104]。

なお，教育行政当局は安全確保員を養成しなければならないとされており，各州の教員研修所が現職教育の一環としてその任に当たっている。

---

(103) D. Margies / G. Rieger, Aufsichtspflicht der Schule－Organisationsverantwortung der Schulleitung, In: A.Müller / H. Gampe / G.Rieger / E.Risse, Leitung und Verwaltung einer Schule, 1997, S.386.

(104) H.Gampe / K.Janssen / R.Krämer / H.Lohrmann / G.Rieger, Sichere Schule von A bis Z, 1999, S.197～S.199.

第Ⅷ部　第2章　学校事故補償法制の構造

1－2－3　親・生徒との協同

学校事故の防止は学校と親や生徒との共同課題だとされ，父母協議会や生徒代表制を通じてさまざまな協同態勢が組まれている。たとえば，バイエルン州では毎年，「安全に学校へ－安全に家へ」行動が実施され，大きな成果を収めてきているが，その際に主要な役割を果たしているのは，生徒自身による「生徒の交通整理員」(Schülerlotse) と親からなる「通学路補助者」(Schulweghelfer) である。

生徒交通整理員は，学校近くの交通量の多い道路での事故防止を旨として，各州の行政規則により，ほとんどすべての州で設置を見ている。13歳以上の生徒が担当し，その要件は，生徒の任意にもとづくこと，適性が認められること，および親の文書による同意があることとされている。

生徒による交通整理は，教育主権上の学校の任務の生徒への委託であるから，交通整理員の命令は他の生徒に対して拘束力をもつ。また交通整理員の過失による事故については，たとえば，ケルン上級地方裁判所も判じているように[105]，民法839条により，州が賠償の責に任じ，当該事故によって他の生徒が被害をうけた場合には学校災害保険法が適用される。

さらに生徒交通整理員自身も，その活動中に事故に遭遇した場合は同様である (SGB Ⅶ 2条1項)。

1－2－4　交通警察との協同

学校における交通教育への協力，生徒を対象としたオートバイやバイクの教習コースの開設，児童・生徒の通学路訓練，通学路の安全確保，スクールバス運転手や親のための交通セミナーの開催，スクールバスその他の交通手段のチェックなど，協同活動は多岐に亘っている。

2　学校における安全教育

1972年に常設文部大臣会議によって，「学校における交通教育に関する勧告」〈Empfehlung zur Verkehrserziehung in der Schule v. 7. Juli 1972〉が決議

---

(105)　13歳の生徒交通整理員の過失により，12歳の生徒が重傷を負った事件で，ケルン上級地方裁判所は，こう判じている (OLG Köln, Ent. v. 19. 1. 1968, In: SPE Ⅱ H Ⅲ, S.1)。
　　「生徒による交通整理活動は学校の任意にもとづく配慮制度である。州または地方自治体がかかる任務を未成年者に委ねた場合，受任者の年齢に関係なく，基本法34条にもとづいて，国家の代位責任が発生する」。

第6節　学校事故の防止法制と安全教育

されたのを機に，その後，すべての州で交通教育が学校の新しい教育課題として位置づけられ，実施されてきている。

しかし近年，交通教育を含めての安全教育の一層の充実・強化を求める声が，とりわけ災害保険者団体の側から強く出ている。既述したように，学校事故の増加傾向に歯止めがかからず，保険金給付が相当な額に達しているからである。

こうした背景もあって，常設文部大臣会議は 1994 年，再度同名の勧告を行い，1972 年勧告を大幅に修正するとともに，交通教育にさらに力を注ぐよう強く促すところとなっている。

この 1994 年勧告は，「交通教育は学校の教育責任の一部に属する」としたうえで，「交通教育の任務と目的」と題して，下記のように述べている。

「生徒は年齢とともにますます交通事象に参画する。それ故，学校は生徒に対し交通に特化した知識を教え，交通の現実において共同責任者たりうるに必要な，能力と態度を育成することを課題としなければならない。

交通教育は，生徒の行動を現存の交通関係へ適応させることに限定されるものではない。それは現在の交通の現象，条件，結果や将来における有りようについての批判的な論議を含むものである。

かくして学校における交通教育は安全教育，社会教育，環境教育および健康教育にも資することとなる[106]」。

交通教育は初等段階においては「事実教授」（Sachunterricht）の一環として行われ，学年によって年間 10 時間ないし 20 時間がこれに当てられている。また中等段階では社会科・政治教育ないし自然科学・技術教育の一部として，複数の教科にまたがって実施されており，同じく年間 10 時間ないし 20 時間の配分である。いずれにおいても，通常，集中授業方式がとられている。

具体的には，たとえば，ノルトライン・ウェストファーレン州の場合，基礎学校における交通教育の重点は通学路訓練と自転車訓練とされており，また中等段階では，必修としての自転車訓練の他に，バイク・コースが設けられている。そしてこのコースへの参加は免許取得条件とされており，15 歳以上の生徒がその資格をもつ。コースは 18 時間で，理論と実践が同じ比重をなしている[107]。

（106）　KMK, Empfehlung zur Verkehrserziehung in der Schule v. 17. 6. 1994, In:Kultusminister－Konferenz Beschlußsammlung, 2001, S.666－1.

（107）　Runderlaß des Kultusministers v .10. 7. 1995, Verkehrserziehung in der Schule, In: Schulrecht Nordrhein－Westfalen 2, S.3.5.6.

第Ⅷ部　第2章　学校事故補償法制の構造

　なお交通教育は教員の養成課程や現職教育においてもかなり重視されており，たとえば，それは第2次国家試験の内容に含まれている，という事実を付記しておこう。

第Ⅸ部

親の教育権と学校教育・教育行政

第1章　親の教育権の法的構造

第1節　親権の変遷史

　ヨーロッパにおける家族法制史を紐解けばクリアーに知られるように，親権は歴史的にその性格を大きく変貌させてきた。それは，一言でいえば，「子に対する権力的な人的支配権としての親権（家父長権）」から「子のための後見ないし監護・配慮権としての親権・親義務」への発展史だと言えよう。「親権の歴史は子の地位の上進史だと云ってよい[1]」，と言い換えてもよい。親権の変遷史をドイツ法に引きつけて端的に例証しておくと，以下のようである[2]。

1　古代ローマ法における親権
　古代ローマ法においては，家を統率する家父（paterfamilias）は家子に対して絶大な「家父権」（patria potestas）を有していた。それは，権利という概念をはるかに超えて，いわば家子に対する無制限かつ絶対的な支配権力ないしは処分権とでもいうべきものであった[3]。
　具体的には，家父は家子を第三者に譲渡したり，売買することができた。また遺棄することも，奴隷にすることもできた。それどころか，懲戒権の一環として，家父は家子の「生殺与奪の権利」（ius vitae necisque）を把持していたのであった。そしてこの場合，家子には異議申立て権は認められていなかった。
　しかも家父権は終身にわたる権力で，家子の年齢に係わりなく，家父が死亡するまで存続した。くわえて，母もまた家父権に準じた権力―この支配権は「manus」と称された―に服し，母にはその子についての固有の権利はいっさい認められていなかった[4]。

---

(1)　穂積重遠「親族法」岩波書店，1934年，550頁。
(2)　参照：F.Hill, Das Elternrecht aus geschichtlich-vergleichender Sicht, In:RdJB（1971）,S.60〜S.64. M.Maurer, Das Elternrecht und die Schule, 1962, S. 6 〜S.13. M.Lieberich, Deutsche Rechtsgeschichte, 1992, S.19ff. 山田晟「ドイツ法概論Ⅱ」有斐閣，1987年，3頁以下。
(3)　今日のファミリーの起源である，ラテン語の「ファミリア」（familia）という用語は，もともと「従属者」を意味し，家を統率する家父の権力に服していた人や財産（奴隷は物）の全体を指していた（参照：加藤一郎「子どもの権利」東大出版会，1981年，10頁）。

733

第Ⅸ部　第1章　親の教育権の法的構造

2　中世ドイツ法における親権

中世ドイツにおいては，ラント法，都市法，封建法，さらには各種団体の自治法規などが重畳的に併存し，法制状況はきわめて複雑であったが，13世紀に私人が法書を編纂するに至った。そのうち最も有名な法書は，ザクセンのラント法と封建法を集成した「ザクセン・シュピーゲル」（Sachsenspiegel）―1220～1235年の間にレプガウが編纂―であるが，そこにおける親権は端的には次のようなものであった。

家父は家子の身上監護・教育および財産管理などについて包括的な権力を有するとされた。そしてこの権力には，食糧不足や困窮という条件つきではあるが，古代ローマ法におけると同じく，子どもを殺す権利や子どもを売買する権利が含まれていた。ただ家子には一定範囲ではあるが，自己の財産を取得する権利が認められ，また家父の家子に対する権力は家子の経済的な独立でもって消滅した。

また古代ローマ法とは異なり，家父だけではなく，一定範囲・程度において，「母の権力」（materna potestas）も容認され，そして家父の死後は母が単独で子に対する支配権を行使することができた。

3　ドイツ普通法における親権

ドイツは919年以来，神聖ローマ帝国と称され，ローマ帝国の継続と考えられていたこともあって，ローマ法を本格的に継受した。それは16世紀末頃までに完了した。継受されたローマ法はドイツ普通法（Das gemeine deutsche Recht）として，ドイツ全域に適用されたのであるが，そこにおける親権の基本的な特質は以下のようであった。

古代ローマ法における家父権を直接的には継受しなかったが，父による後見制を採用し，子どもの身上監護・教育および財産管理上の包括的な支配権力を父に認めた。ただ父の権力は終身に亘るものではなく，息子についてはその経済的な独立によって，娘の場合は結婚によってそれぞれ消滅した。

---

(4)　K.Kaser, Römisches Privatrecht, 12Aufl. 1981, S.244～S.251.
　　ただ共和制時代以降，家父権の絶対的支配権性は相対的に弱まり，たとえば，子どもを殺す権利は原則として否認され，また子どもを遺棄したり，譲渡する権利も大幅に制限されるに至った。そしてアウグスティン大帝の時代にはごく限られた範囲ではあるが，「家子の権利」が認容され，たとえば，家子は自己の財産を所有することができるようになったとされる（F.Hill, a.a.O., S.61.）。

734

第1節　親権の変遷史

また多くの地方特別法（Die Partikularrechte）が母に対しても父権とほぼ同等の権力を認め，父の死後は母が単独で子どもに対する権力を行使できた。

4　プロイセン一般ラント法における親権

1794年に制定公布された「プロイセン一般ラント法」〈Das Preußische Allgemeine Landrecht v. 5. Febr. 1794〉は各種の法域を包摂する大法典で，規定内容も，たとえば，「信教の自由」や「拷問の禁止」などの基本的人権の保障規定や近代的な契約条項を擁するなど，ドイツ法制史上に一大エポックを画した法律であるが，その第2部第2章で親権に関して規定した。

それによると，子の財産管理に関しては父が包括的な権力を有するが，身上監護・教育については，夫婦が協力してこれに当たらなければならないとしており，「親権の共同行使」を原則とした。ただ子の身上監護・教育に係る費用は父が負担しなければならないとしており，こうして身上監護・教育権は第一次的には父に属した。

しかし一方で，父は，4歳未満の子は母の意思に反して母から引き離してはならないと規定しており，この年齢段階の子については，母に固有の監護・教育権を認めている。また子どもに対する懲戒権・体罰権も父の単独権ではなく，両親の共同の権利だとされた。ちなみに，同法は親の懲戒権について，「親は，子どもの教育のために，子どもの健康を害さない限り，あらゆる強制的な手段（Zwangsmittel）を使用することができる」（86条）と規定していた。父が子どもを虐待するなど親権を濫用した場合は，後見裁判所が規制的に介入することができるとし，また子が職業や配偶者を選択する場合は，父は子の意思を考慮しなければならないとするなど，「父の権力」（Väterlicher Gewalt）は「子の権利」との関係で，一定範囲・程度において制約を受けるところとなっている。子どもに対する「父の権力」は，ドイツ普通法におけると同様，子の経済的独立ないしは婚姻でもって消滅した。

なおプロイセン一般ラント法は学校法域において次のように規定して，「親の家庭教育の自由」を法認し，義務教育の類型として「教育義務制」（家庭義務教育）を採用している[5]。

「自宅においてその子のために必要な教育をすることができない者，またはそれを望まない者は，その子が満5歳に達したる以後，就学させる義務を負

(5)　W.Landè, Preußisches Schulrecht, 1933, S.78.

735

第Ⅸ部　第1章　親の教育権の法的構造

う」。

5　ドイツ民法典における親権

　1873年にいわゆるビスマルク憲法〈1871年制定〉が改正されて，従来の刑法や裁判手続法などに加えて，民法の立法権がライヒ（帝国）に与えられたのを受けて，民法典の編纂作業が開始され，1886年8月に「民法典」〈Das bürgerliche Gesetzbuch〉が公布を見るに至った〈1900年1月施行〉。

　同法は従前の「父の権力」という概念を放棄し，「両親の権力」（Elterliche Gewalt）と題して，こう書いた。「子は，未成年の間は両親の権力に服する」（1627条）。この条文はその後，「父および母は……両親の権力により，その子の身上および財産に対して配慮する（sorgen）権利を有し，義務を負う」と改正された。

　ただ「両親の権力」とはいっても，この権力は第一次的には父に属した。母は子の身上監護および教育についてだけ，この権力を父権と併存してだけ享有し〈母の権力は副次的権力（Nebengewalt）〉，両者の意見が一致しない場合は，父のそれが優位した[6]。父の権力が停止ないし事実上支障をきたした場合，および父が死亡した場合にだけ，母は単独でこの権力を行使することができた。子どもの法定代理権は父だけに帰属した。

　子の身上に対する配慮（Personensorge）には子どもの養育，教育，監督，居所の指定などが含まれるとされた。そして関連して，「父は，その有する教育権にもとづいて，子に対して適当な懲戒手段（angemessene Zuchtmittel）を行使することができる」（1631条2項）と規定し，子に対する父の体罰権をなお容認していた。

　ただ上述のように，ドイツ民法は子の身上監護・教育および財産に対する「両親の権力」は権利であるとともに義務でもあると規定し，また「配慮」（Sorge）というタームを使用していることからも窺えるように，ここにおいては，「親の権力」の子に対する支配権性は相対的には一定程度弱められるに至っている。

6　男女同権法制定以前の法制状況と親権

　1949年5月に制定されたドイツ基本法は「男性と女性は同権である」（3条

───────────

(6)　W.Kühn, Schulrecht in Preußen, 1926, S.30.

第1節　親権の変遷史

2項）と規定し，くわえて，この趣旨に反する法令は，所要の改正がなされない場合，1953年3月31日をもって失効すると定めた（117条1項）。

家族法の領域においては，①子どもの身上監護・教育面における父権の優位性＝母の権利の副次性を定めた条項，および，②子どもの法定代理権を父の専権としている条項が，上記基本法違反条項に該当した。

基本法の立憲者は上記の期限までには男女同権法が制定されると考えていたのであるが，しかし同法の制定が遅れ，上記の民法条項は1953年3月31日をもって失効した。そこでこの法的空白を補うために，この時期の判例は下記の原則を確認したのであった。①親権の行使は父と母の共同行使によること，②子の身上監護・教育と財産管理を問わず，両親は同等の権利を有すること，③子の法定代理権は父と同様，母にも帰属する，がそれである[7]。

7　男女同権法の制定と親権

1957年6月，上記基本法3条2項の趣旨をうけて，「男女同権法」〈Gesetz über die Gleichberechtigung von Mann und Frau auf dem Gebiete des bürgerlichen Rechts v. 18. Juni 1957〉が制定され，この法律により，家族法域においても，母の法的地位は原則として父のそれと同等とされることになる。具体的には，民法の親権条項が「子は，未成年の間は，父母の親権に服する」と改正され，母の親権・親権の共同行使の原則が明記された。これを受けて，判例によってすでに確認されていた，子に対する身上監護・教育と財産管理における父と母の同権も民法上規定された。

しかし民法はなおも，親権の共同行使に際して両親の意見が一致しない場合は，父のそれが優先する（1628条）との規定をもっていた。この条項は基本法3条2項と相容れる筈はなく，そこで1959年，連邦憲法裁判所の判決によって違憲・無効とされたのであった[8]。

8　親の配慮権に関する新規制法における親権

1979年，「親の配慮権に関する新規制法」〈Gesetz zur Neuregelung des Rechts der elterlichen Sorge v. 18. Juli 1979〉が制定され，ドイツ家族法における親権は画期的な展開を見せることになる。同法により，民法1626条（旧

---

[7]　F.Hill, a.a.O., S.64.

[8]　BVerfG, Urt. v. 29. 7. 1959, In: NJW（1959）, S.1483.

737

第IX部　第1章　親の教育権の法的構造

1627条）は下記のように改正されたのである。

> 1項＝「親は未成年の子に対して，配慮する権利を有し，義務を負う。親の配慮には，子の身上に関する配慮と子の財産に関する配慮が含まれる」。
>
> 2項＝「親は，子を育成し教育するに当たって，子の自律的で責任ある行為への伸張する能力と増大する欲求（die wachsende Fähigkeit und das wachsende Bedürfnis des Kindes zu selbständigem, verantwortungsbewußtem Handeln）を考慮するものとする。親は子の成長の程度に応じて，親による配慮の問題を子と話し合い，子と合意するよう努めるものとする」。

　新規制法は親の子に対する支配権を含意する「親の権力」という用語を廃棄し，それに代えて，新たに「親の配慮権」（Das elterliche Sorgerecht）という概念を創出した。この権利には，その内容として子の法定代理権，子の身上に対する配慮，子の財産に対する配慮が含まれることは従前と同様であるが，しかし子に対する権利の強度の面においては，従前の親権とは決定的な違いを見せるに至っている。

　上記のように，親は配慮権の行使に際して，子の成熟度に応じて，その人格的自律権を尊重し，子との合意のうえで，この権利を行使することが義務づけられているのである。ここにおいては親権の子に対する義務性と社会的な権利性＝子を自律的で責任ある市民に育成する責任が強調されており，子に対する支配権性は本質的に払拭されるに至っている。

　なお新規制法により，子に対する「屈辱的教育措置（entwürdige Erziehungsmaßnahmen）は許されない」との条項が民法に追加され（1631条2項），その後，これを受けて2000年に「教育における暴力追放に関する法律」が制定されて，親の体罰権は全面的に否定されるところとなっている[9]。

---

(9)　G.Beitzke, Familienrecht, 25 Aufl.1988, S.258ff.　J.Bauer/H.J.Schimke/W.Dohmel, Recht und Familie-Rechtliche Grundlagen der Sozialisation, 2001, S.188ff. 参照：荒川麻里「ドイツ民法典における子どもの自立性への親の配慮の明文化過程」，『ドイツ研究』47号（2013年），152頁以下.

第2節　親の教育権の法的特質と属性

第2節　親の教育権の法的特質と属性

1　自然権としての親の教育権

1-1　親の教育権の自然権性

　基本法6条2項は，ワイマール憲法120条を継受して，親の教育権について下記のように規定している。「子どもの育成および教育は，親の自然的権利（das natürliche Recht der Eltern）であり，かつ何よりもまず親に課せられている義務である。その実行に対しては，国家共同社会がこれを監視する」。

　ドイツの学説・判例が説くところによれば，この親の教育権はその起源を家族という生物的・道徳的・宗教的秩序〈自然的な生活共同体〉に発し，親子という自然的血縁関係に基づくオリジナルなもので，いわば「親族上の原権」（familiäres Urrecht[10]）ないしは「人間の根元的権利」（menschliches Elementarrecht）に属する[11]。そしてこの場合，「教育における第一義的かつ不可欠な力としての親の子に対する自然の愛情が，道徳上および自然法上，親の教育権を根拠づける」と説明される[12]。

　ちなみに，この点について，連邦憲法裁判所も次のように判じている[13]。

　「基本法6条2項にいう親の教育権は，自然に基礎をおく生物的な親子関係に基づく。立憲者は，子どもに生命を与えたものが，条理上（von Natur aus），その監護および教育の責任を引き受ける資格があり，またそれに最も相応しいということから出発している」。

　そして家族は人類の発生と同時に存在し，それは国家に先行する社会の基礎単位であるところから，一般に，この権利は「始源的・前国家的・不可譲かつ

---

(10)　Erwin Stein, Die rechtsphilosophischen und positive-rechtlichen Grundlagen des Elternrechts, In:E.Stein/W.Joest/H.Dombois, Elternrecht, 1958, S.10.

(11)　M.Maurer, a.a.O., S.43.

(12)　I.Messner, Das Naturrecht, 1950, S.297.
　　なおフィヒテによれば，「親と子どもとの間の始源的な関係は，単なる法概念によってではなく，自然（Natur）と道義（Sittlichkeit）によって規定されている」という（Fichte, Angewandtes Naturrecht, 1797, Abs.39, zit. aus Erwin Stein, a, a, O., S.10）。また H.ヘッケルは，親の教育権は自然と道理と血統に基づくとする（H.Heckel, Schulrechtskunde, 4 Aufl, 1969, S.345.）。

(13)　BVerfGE 24, 119（150）, zit. aus H.U.Erichsen, Elternrecht - Kindeswohl - Staaatsgewalt, 1985, S.27.

739

第Ⅸ部　第1章　親の教育権の法的構造

放棄することのできない人間の権利」（Das ursprüngliche, vorstaatliche, unveräu-ßerliche und unverzichtbare Menschenrecht），すなわち「自然権」（natürliches Recht）だと解されている[14][15]。

　この親の教育権の自然権性は，ドイツにおいては[16]，ワイマール憲法120条によって憲法上明文をもって確認された。こう規定されたのであった。「子を教育して，肉体的，精神的および社会的に有能にすることは，親の至高の義務かつ自然的権利（oberste Pflicht und natürliches Recht der Eltern）であ（る）」。

　また現行法制においても，先に引いた基本法6条2項の他に，たとえば，バイエルン州憲法126条やノルトライン・ウエストファーレン州憲法8条などの州憲法によっても明記されているところである。

1－2　親の自然権的教育権の法的性質

　ところで，上記にいわゆる「親の自然権的教育権」とは果たしていかなる法的性質のものであるか。

　これについては歴史的に深刻な争いがあるが，カトリック自然法の立場〈形

---

(14)　さしあたり，T.Maunz/G.Dürig（Hrsg.），Grundgesetz-Kommentar, 2011, Art.6.S.62. I.v.Münch/P.Kunig（Hrsg.），Grundgesetz-Kommentar, Bd.1, 2000, S.507. H.v.Mangoldt/F. Klein/C.Starck（Hrsg.），Kommentar zum Grundgesetz, 2005, S.710. M.Abelein, Historische Überlegungen zum Elternrecht, In:RdJ（1967），S.36.

　　ちなみに，たとえば，親の教育権の不可侵性について，ブレーメン州憲法は端的にこう書いている。「法律の基準に基づく判決によってだけ，親から教育権を剥奪することができる」（23条）。

(15)　以上と係わって，F.ヒルは親の教育権は「始源的教育権」（Das primäre Erziehungsrecht）であるのに対し，国家・教会・学校のそれは「副次的教育権」（Das subsidiäre Erziehungsrecht）だと捉えている（F.Hill, Das natürliche Elternrecht aus verfassungs-und zivilrechtlicher Sicht, In:RdJ（1972），S.137.）。

(16)　参考までに，親の教育権の自然権性を確認しているヨーロッパ諸国の憲法規定例を見ると，たとえば，スペイン憲法は親の教育権は「すべての実定法以前の，かつそれに優位する権利」（22条1項）だと規定しており，またアイルランド憲法も「あらゆる実定法に先行し，譲渡不可能かつ消滅せざる権利」（41条）と書いている。

　　また英米においても，親はコモン・ローに基づく'natural right'として「子どもの知的および道徳的な育成を指導する，始源的かつ不可譲の権利」（primary and inalienable right）を有するとされ〈J.S.Moskowitz, Parental Rights and State Education, In:50 Washington Law Review（1975），p.623〉，そしてこの権利は，学説・判例上，通常の憲法上の権利ではなく，「基礎的な憲法上の権利（fundamental constitutional right）」だと見なされている〈J.W.Whitehead/W.R.Bird, Home Education and constitutional Liberties, 1987, p.31〉。

第2節　親の教育権の法的特質と属性

式的自然法の思想〉からは，大要，つぎのように説かれる[17]。

　教育の目的は，人々を人倫と社会共同生活の基礎にある神の秩序に導くことにある。創造主の至近者としての「親[18]」こそが，このような教育を進めていくための最上の教育者である。「自然の条理により，親は子どもを教育する権利を有するが，同時に親はその教育を，子どもは神の賜物であるという目的に一致させる義務を負う」〈ローマ教皇回勅・1890年1月10日〉。

　この場合，親は神の委託によって子どもの教育に当たる。つまり，親の教育権は「神から賦与された自然権」（gottgegebenes Naturrecht）ないし「神から欲せられた自然権」（gottgewolltes Naturrecht）に他ならない。「教育はなかんずく，何にもましてかつ第一義的に，教会と家庭に帰属する。それは自然法および神法（göttliches Recht）によってであり，しかも取消しえない不代替的な形態においてである」（ローマ教皇回勅「青少年のキリスト教教育について」〈1929年12月31日〉。

　神法に由来する親の教育権は「始源的・超実体法的自然権」（primäres, über-positives Naturrecht）として，いかなる人間社会の法・国家法にも優先する。世俗のどのような権力によっても侵害されえない。ただ教育には宗教教育・道徳教育だけでなく，市民教育（bürgerliche Erziehung）も含まれるから，この教育領域においては，国家も一定範囲の権能をもつ。しかしこの場合でも，国家は親の代理人として，親の名において機能し，親の教育権に拘束される。「教育上の優位権」（Erziehungsprimat）は親の側にあり，国家は親が行う教育に対しては，ただ支援的・促進的に係わることができるだけである〈いわゆる学校制度における国家的機能の副次性性原則・Subsidiäritätsprinzip〉。

　要するに，「親権は国法を破棄する」（Elternrecht bricht Staatsrecht[19]）。

　ところで，親が子どもを教育するのは，親の権利であるとともに，創造主に対する無条件の良心上の義務である。「あらゆる力を尽くして子どもの宗教的・道徳的・肉体的・市民的教育を行うのは，親に課せられた厳格な義務である」（カノン法1113条）。

---

(17)　F.Hill, Das Elternrecht aus gechichtlich-vergleichender und konfessioneller Sicht, In:RdJB（1978), S.65. E.Stein, a.a.O., S.28. M.Maurer, a.a.O., S.59～S.61. I.Röbbeln, Zum Problem des Elternrechts, 1966, S.211～S.213.

(18)　カトリック自然法（思想）によれば，親とはいっても，父親が子どもの出生・教育・懲治の根原（Ursprung）である。ローマ教皇回勅〈1891年5月15日〉にも，「子どもは父親の人格の拡大である」とある（F.Hill, a.a.O., S.65）。

第Ⅸ部　第1章　親の教育権の法的構造

　ただ「最高位の教育権」（Das oberste Erziehungsrecht）は教会に属しており，そこで親の教育権は教会の命令と決定に従って行使されなくてはならない。つまり，「子どもや信者の教育を監督することは，それが公私いずれの施設で行れるかを問わず，教会の不可譲の権利であり，かつ同時に回避できない義務である」〈前出・ローマ教皇回勅・1929年12月31日〉。

　こうして，親の教育権は内容的にも教会の教育権によって規定され，「すべての信者は幼児から，真の宗教とキリスト教道徳において教育されなくてはならない。それ故，無宗教教育（religionslose Erziehung）は全面的に拒否されなくてはならない」（カノン法1372条）。「カトリックの子弟は，カトリックの学校に就学しなければならない」（カノン法1374条[20][21]）。

　以上が「親の自然権的教育権」に関するカトリック自然法的見解の概要であるが，しかし現代の立憲制法治国家においては，このような親の教育権の排他的絶対性＝学校制度における国家機能の副次性原則はとうてい肯認されえない，とするのが，ワイマール憲法下から今日に至るまでの，ドイツにおける国法学・憲法学の通説および判例の立場である。

---

(19)　この法諺は，1919年1月29日付けのFaulhaber司教の教書に由来するという（I. Richter, Elternrecht-Wandlung eines Verfassungsbegriff, In:Neue Sammlung（1972），S. 338-S.339）。

　　なお1919年9月のバイエルン司教会議の教書にも，「親権は学校法を破棄する」（Elternrecht bricht Schulrecht），「良心の権利は国法を破棄する」（Gewissensrecht bricht Staatsrecht）などの法諺が見えている（G.Holstein, Elternrecht, Reichsverfassung und Schulverwaltungssystem, In:AöR（1927），S.191.）。

(20)　ちなみに，J.マウスバッハは，ワイマール憲法120条にいう親の自然権的教育権は「親権は国権を破棄する」との自然法原則の実定法的承認だと見て，以下のように述べている。

　　「ここにおいて，自然法の真理がわが憲法によって法規範として明文上承認された。……それはまず家族という道徳的・法的秩序にとって重要な意味をもつ。……またそれは，学校制度の領域において，親が自然的な権利・義務の主体たる明白かつ取り消しえない基盤をなす。……こうして国家は親権に対するすべての権力的な介入を回避する義務を負う」（J.Mausbach, Kulturfragen in der Deutschen Verfassung, 1920, S.44）。

(21)　なおドイツにおいては，プロテスタント教会はいわゆる「公の委託」（sog.Öffentlich-keitsauftrag）に依拠し，カトリック教会のような教育特権を求めていない。また「宗派上の親権」（Das konfessionelle Elternrecht）よりも「教育上の親権」（Das pädagogische Elternrecht），つまり公教育運営における親の参加権や決定権をより重視しているとされる（K.Schwitzke, Verfassungsrechtliche Probleme des Elternrechts im Schulwesen, In: RdJB（1974），S.98.）。

742

第2節　親の教育権の法的特質と属性

　すなわち，通説・判例によれば，親の教育権の「自然権」たる所以は，それが国家によって賦与されたものではなく，自然的共同体たる家族・親子関係の本質に由来する権利だということにある。「自然権」というタームは，第一義的には，この親の教育権のオリジナリティーないし始源性を表徴したものに他ならない。連邦憲法裁判所も判じているように，「この自然権は，国家によって親に賦与されたものではなく，所与の権利（vorgegebenes Recht）として，国家によって承認されたものなのである[22]」。

　なるほど，親の教育権は国家に先行する自然的所与の権利ではあるが，しかしそれは，あくまで法的概念なのであり，カトリック自然法論が説くような形式的自然法＝「自然法は実定法を破る」の意味での超実定法的自然権とは解されえない。したがって，当然のことながら，この権利は国法的規律の範囲内にあり，「私教育・家庭教育の自由」を留保して，公教育運営の領域においては「国家の学校教育権」（Das staatliche Schulerziehungsrecht）ないし「教育主権」（Schulhoheit）と緊張関係に立つ。一言でいえば，「親の教育権は法治国家的な全体秩序に編入され，……社会的拘束性によって拘束される[23]」。

　この問題は，ドイツにおいてはワイマール憲法120条およびこれを継受したドイツ基本法6条2項の解釈をめぐって活発に論議されたところであるが，国法学・憲法学の支配的見解および判例の立場は，大要，上述のようであった。

　ちなみに，この点，たとえば，ワイマール憲法の名高い註釈家・G. アンシュッツは，同憲法120条にいう「自然権」についてこうコメントしている。

　「自然権としての親権という表現を誤解してはならない。この文言は親権を超国家的な領域に高めること，つまり，国の立法権が侵すことのできない自然権の承認を意味しない。いわんや，それは決してカトリック教義の意味における自然権ではない。自然権という表示は，立憲者意思によれば，親権は国家によって賦与されたものではないということを言わんとするところにあり，それを国家の立法権から免れさせようとするものではない[24]」。

　またドイツ基本法下におけるこれに関する学説をE. シュタインに代表させると，以下のようである[25]。

　「憲法上保障されている親の自然権は，その成立史が示しているように，カトリック教義の意味における自然権ではない。自然的教育権という表現は，そ

---

(22)　BVerfGE 59, 360（376），zit. aus H.U.Erichsen, a.a.O., S.27.

(23)　OVG Münster, Urt v. 17. 1. 1966, In:DÖV〈1967〉, S.312.

743

第Ⅸ部　第1章　親の教育権の法的構造

れが家族という生物的・道徳的・宗教的秩序に基づくということだけを意味する。……それ故，親権は国家の教育権に絶対的に優位するものではない」。

1-3　親の自然権的教育権の法的効果

さて，それでは親の教育権が「自然権」であるということは，具体的には何を意味し，またそこから，どのような法的効果がもたらされることになるのか。指導的な憲法学者・F.オッセンビュールも指摘しているところであるが[26]，「自然権」である以上，通常の権利と異なり，「特別な重みと強固さ」が予定されていると解するのが，通説および判例の立場である。以下の点において，そうだと解されている。

第1に，子どもの教育に対する第一次的な権利と責任は親にあるということである。ちなみに，この点を確認して，世界人権宣言が「親は，子どもに与えられる教育の種類を選択する優先的権利（prior right）を有する」（26条3項）と謳い，また子どもの権利条約も「親は……子どもの養育および発達に対する第一次的な責任を有する」（18条1項）と書いていることは，既によく知られている。

F.オッセンビュールの親の教育権解釈によれば，親は子どもの教育に際して，何が子どもの福祉や最善の利益に最もよく叶うかの「解釈優先権」（Interpretationsprimat）をもっている，ということに他ならない[27]。その根拠について，W.ガイガーは次のように述べている。「子どもは血統により，親と始源的かつ最も親密な関係にある。それ故，そこから生じる親の子どもに対する責任は，子どもと社会総体との間接的な関係から生じる国家の権利・義務よりも強

---

(24)　G.Anschütz, Die Verfassung des Deutschen Reichs, 14Aufl.1933, S.562.

　　なお同じ趣旨から，G.ホルシュタインはワイマール憲法下における親権と国法の関係を「国法は親権を凌駕する」（Staatsrecht überhöht Elternrecht）と定式化している（G. Holstein, a.a.O., S.215.）。

　　また Poetsch＝Heffter, Handkommentar der Reichsverfassung, 1928, によっても「（親の教育権は）自然法に由来する権利ではあるが，固有の意味での権利に対立する自然的権能（natürliche Befugnis）は考えられてはいない」とされている（S.422.）。

(25)　Erwin Stein, a.a.O., S.37.

(26)　F.Ossenbühl, Das elterliche Erziehungsrecht im Sinne des Grundgesetzes（以下，Das elterliche Erziehungsrecht），1981, S.47.

(27)　F. Ossenbühl, Elternrecht in Familie und Schule, 1978, S.27. 同旨：C.Starck, Staatliche Schulhoheit, Pädagogische Freiheit und Erternrecht, In:DÖV（1979），S.274.

第2節　親の教育権の法的特質と属性

くなくてはならない」からである[28]。

この点，連邦憲法裁判所の判旨にも，「この親の第一次的な決定権は，子ども
の利益は親によってこそ最もよく担われるとの考慮に基づいている」とあ
る[29]。

こうして，国・地方自治体・学校は親の教育権を尊重する義務を負い，学校
教育は可能な限りの程度において，できるだけ多数の親意思を反映して運営さ
れなければならず，さらにすぐれて価値的・高度に人格的・個人的な教育事項
については，その決定権は親－成熟度により子ども自身－に留保されている，
ということが帰結されることになるが，現行法制上も，つぎのような州憲法の
条項が見えている。

◎ラインラント・プファルツ州憲法27条＝「その子の教育について決定する
　　親の自然権は，学校制度形成の基盤（Grundlage für die Gestaltung des
　　Schulwesens）をなす。国および地方自治体は，親意思を尊重して，秩序
　　ある子どもの教育を保障する公の諸条件および諸制度を整備する権利を有
　　し，義務を負う」。

◎バイエルン州憲法126条1項＝「個人的な教育問題においては，親意思こ
　　そが決定的である」。

第2に，親の教育権は始源的な国家に先行する権利であるから，実定法上，
明文の根拠規定がない場合でも，「親としての自明の権利」（selbstverständ-
liches Recht）として[30]，すでに条理法上保障されている，ということが導かれ
ることになる。基本法6条2項の親の教育権条項はいわばその実定法的反映に
他ならない，と捉えられることになる。

第3に，親の教育権は実質的意味における「自然権」として，「実定法に対
する規制原理としての法の価値理念」を包蔵していると解されることになる。
F.オッセンビュールの定式化によれば，「価値決定的根本規範（wertentschei-
dende Grundsatznorm）としての親の教育権」という位相である[31]。

つまり，親の教育権は基本的人権としての防御的機能にくわえて，そのもつ
法価値から，実定法の実質的な内容規定＝法の実質的実定性を導き出すと把握

---

(28)　W.Geiger, Die verfassungsrechtlichen Grundlagen des Verhätnisses von Schule und
　　　Staat, In:W.Geiger/A.Arndt/F.Pöggeler, Schule und Staat, 1959, S.40.

(29)　BVerfG. Urt. v. 6. 12. 1972 In:SRE（Dritte Folge），2000, S.260-1.

(30)　H.Heckel, a.a.O., S.263.

(31)　F.Ossenbühl, Das elterliche Erziehungsrecht , S.44.

第Ⅸ部　第1章　親の教育権の法的構造

されることになる。

　第4に，親の教育権には通常の基本権よりも憲法上優先的な保障が与えられているということである。基本法は各種の基本的人権を保障しているが，「自然権」として位置づけているのは，この親の教育権だけである。このことは，P.フライクによれば，立憲者がすべての基本権のなかでもとりわけ親の教育権には「もっとも鋭い基本権としての性格づけ」（die schärfste grundrechtliche Charakterisierung）を与えたことを意味するという[32]。

　第5に，「自然法」上の存在としての家族制度と係わって，国・地方自治体は，濫用や懈怠がない限り，親から教育権を剥奪したり，その本質的な内容に破壊的な介入をしてはならない義務を負っている，ということが帰結される。

　ちなみに，この点を確認して，基本法も「婚姻および家族は，国家秩序の特別な保護を受ける」（6条1項）と書き，これを受けて「子どもは，教育権者（Erziehungsberechtigter・親を指す・筆者）に故障がある場合，または子どもがその他の理由で放置される虞のある場合に，法律の根拠に基づいてのみ，教育権者の意思に反して家族から引き離すことが許される」（同条3項）と明記しているところである。

2　憲法上の基本権としての親の教育権

　先に引いたように，基本法6条2項は親の自然的教育権を明文でもって保障している。「憲法上の基本権としての親の教育権」という位置づけである。

　憲法学の支配的な見解や判例が説くところによれば，基本法6条2項の親の教育権条項は単なる客観法上のプログラム規定（Programmsatz）や原則規範さらには制度的保障ないしは解釈基準ではない。それは，「主観的公権」（subjektives öffentliches Recht）の意味における基本権を根拠づける[33]。この点は，ワイマール憲法120条（親の教育権条項）が，当時の通説によれば[34]，もっぱら

---

(32)　P.Fleig, Das Elternrecht im Bonner Grundgesetz, 1953, S.12～S.13

(33)　さしあたり，K.Stern/F.Becker（Hrsg.）, Grundrechte-Kommentar, 2010, S.695. H.v. Mangoldt/F.Klein/C.Starck（Hrsg）, a.a.O., S.703.

　　これに対して M.Sachs（Hrsg.）, Grundgesetz-Kommentar, 2007, S.368.は，基本法6条2項の親の教育権条項は制度的保障であり，原則規範（Grundsatznorm）だと解している。

(34)　憲法史上，世界で最初に親の自然権的教育権を明記したワイマール憲法120条は，当時の通説・判例によれば，単に制度的保障にすぎないと見られていた（G.Anschütz, a.a. O., S.563. P.Westhoff, Verfassungsrecht der deutschen Schule, 1932, S.65.）。

746

第2節　親の教育権の法的特質と属性

制度的保障（Institutionelle Garantie）だと解されていたのとは決定的に異なる。

　こうして，基本法6条2項にいう親の教育権は，「国家にむけられた真正基本権」（echtes, staatsgerichtetes Grundrecht）ないしは「直接的に妥当する客観的権利」（unmittelbar geltendes objektives Recht）として，具体的内容をもった法的権利であると解されている[35]。

　言葉を換えると，親の教育権は具体的権利として基本法自らが確定しており，こうしてこの権利は，R.トーマのいわゆる「憲法の力をもつ基本権」として，立法・司法・行政を拘束するとともに，裁判所に対して，その保護・救済を求め，法的強制措置の発動を請求しうる権利だということである。既述したように，親の教育権は自然法的な人間の根元的権利・憲法上の根元的基本権として，憲法秩序の基底に位置しており，そこで，この権利には憲法上優先的な保障が与えられている，と解されているからである。

　くわえて，親の教育権は前国家的な憲法以前の権利であるから，立法・司法・行政権を拘束するだけでなく，憲法制定権をも拘束する，と把握されていることも重要である。こうして，憲法上，親の教育権について一定の制限を定めることはもとより可能であるが，親の教育権それ自体を基本的に否認するような憲法改正は許されない，ということが帰結されることになる。

　ちなみに，連邦憲法裁判所も裸体主義文化運動事件で，親の教育権と立法権との関係について，つぎのように判じている。

　「立法者は，親の自然的教育権の内容を恣意的に制限してはならない。……教育に関する正当な公の利益（legitimes öffentliches Interesse an der Erzirhung）が存する場合に限り，……それに介入できるだけである。立法者は，個々の措置では不十分であり，一般的措置が危険防止のための必要かつ正当な手段である場合にのみ，親の教育権に一般的禁止をもって干渉することが許される[36]」。

　以上からも知られるように，基本法6条2項は「私学の自由」条項（基本法

（35）　さしあたり，E.W.Böckenförde, Elternrecht-Recht des Kindes-Recht des Staates（Essener Gespräche 14），1980, S.59. H. Peters, Elternrecht, Erziehung, Bildung und Schule, In:K.A.Bettermann/H.C.Nipperdey/U.Scheuner（Hrsg.）, Die Grundrechte-Handbuch der Theorie und Praxis der Grundrecht, Bd.4, 1972, S.374〜375.

（36）　BVerfG, Beschl. v. 10. 3. 1958, zit. aus H.J.Becker, Das Elternrecht im Spiegel der verfassungs-und verwaltungsgerichtlichen Rechtsprechung, 1961, S.105.
　なお本件の評釈として，山田晟「親の教育権に対する国家の干渉の限度」，『ドイツ判例百選』（別冊ジュリスト23号，80頁以下）がある。

第Ⅸ部　第1章　親の教育権の法的構造

7条4項）や「（教育における）地方自治」条項（基本法28条2項）などと共に，「国家の教育独占」に対する保護条項としての機能を担っている。また基本法の価値秩序や基本権の保障体系はワイマール憲法とは大きく異なっており，こうして同条は，ワイマール憲法120条と法条はほとんど同じではあるが，そのもつ意義には決定的な差異があるということが重要である[37]。

　ところで，上述のように，いうところの親の教育権は現行法制上，基本法6条2項によって憲法上の基本権として明示的に保障されているのであるが，それはより根元的には，私的領域としての家庭＝人間的自然としての家族制度，教育の私事性，教育における価値多元主義＝寛容の原則の尊重，市民の思想・信条の多元性などの保障要請と係わって，自由・民主主義的憲法体制自体〈基本法の価値秩序〉によって根拠づけられている，ということが重要である。

　これについては，ナチス独裁政権下における「親の教育権」の位相を想起すれば十分であろう。

　すなわち，そこにおいては，唯一かつ全的な「新たな教育権」（Das neue Erziehungsrecht）が統一的な民族秩序から導出され，親の教育権の始源性や固有性は根底から否定された。それどころか，親権は民族共同体に対する無制限な公法上の義務に転化せしめられ，国家の厳格なコントロールに服した[38]。ライヒ青少年法は端的にこう言い切っている。

　「国家は，すべての青少年を，国家社会主義（Nationalsozialismus）の意味におけるドイツ人に教育する責任を担う」。

　また「すべてのドイツの青少年は，家庭や学校の他に，ヒトラー・ユーゲント（Hitlerjugend）において，……国家社会主義の精神によって教育されるものとする」（ヒトラー・ユーゲントに関するライヒ法2条・1936年）とされ，学校はその目的においてヒトラー・ユーゲント[39]と同列に位置づけられた。私学制度の根幹は解体され，宗教教育は禁止された。一言でいえば，子どもは「公法上の教育権力」（öffentlich-rechtliche Erziehungsgewalt）の絶対的支配下に置かれ，親の教育権は学校教育領域で全面的に剥奪されただけでなく―たとえば，

---

(37)　Erwin Stein, Elterliche Mitbeteiligung im deutschen Schulwesen, In:JZ（1957），S.12.

(38)　若き日のH.ヘッケルは民法上の親の監護・教育権（民法1627条以下）を一応認めながらも，親権の濫用条項を極度に拡大解釈することによって，親の教育権の個人権性を否定し，それを「共同の利益」（Gemeininteresse）に全的に従属させている（H.Heckel, Elternrecht, Schulrecht, Recht der Hitlerjugend, In:Reichsverwaltungsblatt〈1935〉，S. 313.）。

748

第2節　親の教育権の法的特質と属性

ワイマール革命期以来の親の学校教育への参加制度は，1934年10月24日の文部省令によって潰滅せしめられた[40]—家庭教育の領域においても極端に制限されたのであった。ナチス親族法学のイデオローグは，直截に以下のように書いて，国家社会主義的な親の「教育権」の特質を浮き彫りにさせている[41]。既述したところと多少重複するが，訳出しておきたいと思う。

「国家社会主義の法政策は，明白かつ意図的な目的設定に基づき，新たな教育権を唯一かつ全的に民族の関心事から導出する。……子ども，親，国家は権利主体として個々に対峙するものではない。すべての権利がそこから流出する，統一的な民族秩序が存在するだけである。諸権利の整合や限界づけから秩序がもたらされるのではない。それは，全体に対するすべての成員の犠牲に満ちた献身によってである。子どもの養育に関する親の権利は，民族の委託に基づいている。つまり，それは無制限な責任を伴う義務なのであり，国家の監督下に置かれる。固有の，始源的でかつ原則として不可侵の親の権利を，……民族国家は認めるわけにはいかない。民族共同体のもっとも本質的な基礎組織としての，血縁による家族共同体の遂行能力に鑑みて，国家は家族に民族の子を委ねているだけなのである」。

3　特殊な包括的基本権としての親の教育権

現在ドイツの指導的な教育法学者・I.リヒターが指摘するところによれば[42]，親の教育権は基本的人権のカタログのなかできわめてユニークな地位を占めて

---

(39)　ナチスの設けた学校外の青少年組織で，ドイツ少年団（10-14歳の男子），ヒトラー・ユーゲント（14-18歳の男子），少女団（10-14歳の女子），ドイツ女子青年団（14-21歳の女子）の四つの組織から成っていた。法的にはヒトラー・ユーゲントへの参加強制は存しなかったが，強大な権力組織であったため，事実上，子どもや親はそれへの加入を余儀なくされた。H.ヘッケルも威嚇的に書いている。
　　「ヒトラー・ユーゲントに参加するかどうかは，親が決定できる。しかしかかる権力的組織の道徳上の圧力（moralische Druck）を過小評価してはならない。親は，その子がヒトラー・ユーゲントに所属した場合とそうでない場合の，その子の将来に及ぼす効果を明確に認識すべきである」（H.Heckel, a.a.O., S.314）。
(40)　Erwin Stein, Elterliche Mitbeteiligung im deutschen Schulwesen, In:JZ（1957），S.12. なおナチス独裁政権下の学校政策については，下記に詳しい。M.Kloecker, Die Schule im NS-Staat:Ihre Rechtsgrundlagen am Beispiel der Volksschule, In:RdJB（2013），S.376ff.
(41)　H.Webler, Nationalsozialistisches Familienrecht, In:Zentralblatt für Jugendrecht und Jugendwohlfahrt（1935），S.17.
(42)　I.Richter, Bildungsverfassungsrecht, 1973, S.47.

749

第Ⅸ部　第1章　親の教育権の法的構造

いる。自由権，社会権，受益権，参政権といった基本的人権の伝統的なカテゴリーによっては把握できない，複合的な性格を併せもつ特殊な基本権であり，またその対象法益も，各個別基本権のそれをはるかに超えて，実に広範かつ多岐に亘っている。ドイツの憲法学・学校法学の通説および判例が述べるところによって，その基本的な属性ないし特徴的メルクマールを摘出すると，以下のようである。

3－1　親の個人的な教育の自由権

　有力な学校法学説が，いうところの「親の教育権」を「国家による影響から自由に，その子の教育を自己の固有の観念に従って（nach ihren eigenen Vorstellungen）形成する権利」と観念し[43]，この権利には「他者による規制的な影響を排して，自己の固有責任において，子どもの福祉を個人的かつ具体的に決定する権利が含まれる[44]」としていることからも知られるように，親の教育権は，基本権の類型としては，第一次的には，教育主体としての親個人の，しかも自分の子についてだけ働く自由権的基本権に属する。自由権的基本権として，それは，消極的には，国家・公権力や第三者による親の教育権領域への不当な介入に対する防禦権として，また積極的には防害排除請求権として機能する[45]。この点，連邦憲法裁判所の判決にも「親は自分の考えに基づいて，その子の監護と教育を自由に，……他の教育主体に優先して行う権利を有し，義務を負う。これに関する親の自由な決定は，国家的な介入に対する基本権によって保護される」とある[46]。

　別言すると，国家の介入権は，基本法7条1項〈国家の学校監督権〉を留保して，親権行使の監視当局としての権限に限定されるということである。

　なお通説・判例によれば，基本法6条2項にいう親の教育権は，同条1項が保障する「生活共同体としての家族の保護」の保障内容の一つをなしている。

---

(43)　H.Avenarius/H.P.Füssel, Schulrecht, 2010, S.33.

(44)　F.Ossenbühl, Das elterliche Erziehungsrecht, S.50.
　　この点と関連して，エーリッヒゼンは親の教育権は「全体システムとしての家族」および「サブシステムとしての親子関係」の両面において多角的に機能しており，したがって，一面的に利他的（fremdnützig）でもなければ，また利己的（eigennützig）でもないという（H.U.Erichsen, Elternrecht-Kindeswohl-Staatsgewalt, 1985, S.33.）。

(45)　さしあたり，B.Pieroth/B.Schlink, Grundrechte Staatsrecht Ⅱ, 2012, S.159.
　　M.Sachs, Verfassungsrecht Ⅱ, Grundrechte, 2003, S.332.

(46)　BVerfGE, 47, 46（70）, zit. aus F.Ossenbühl, Elterliche Erziehungsrecht, S.43.

750

第2節　親の教育権の法的特質と属性

つまり，6条1項は国家を名宛人とする一般規範で，つぎのような憲法上の意味をもつとされている。①憲法上の制度としての家族制度の保障，②国家の権力的介入に対して保護を求める基本権の保障，③婚姻・家族関係法に対する価値決定的基本規範。こうして，これら三つのメルクマールは，同時に6条2項の親権条項にも妥当することになる⁽⁴⁷⁾。

以上のような親の教育権の法的属性からは，具体的には，たとえば，「家庭教育の自由」などの各種の教育上の自由，親や子どもの私的領域（プライバシー権）への介入禁止，学校・教員の親による教育上の決定の尊重義務，子どもに対するインドクトリネーションの禁止・イデオロギー的に寛容な学校を求める権利（Grundrecht auf eine ideologisch tolerante Schule⁽⁴⁸⁾）などが導かれるとされている。

3-2　子どもの利益に向けられた承役的基本権

このように親の教育権は，第一次的には，自由権的基本権に属しているのであるが，他の自由権とは法構造的にその性格を大きく異にしていると解されている。というのは，一般に自由権は対国家・公権力との関係において，権利主体の自己決定権（人格的自律権）の保障を確保することを本旨とするが，親の「教育の自由権」にあっては，その自由は，親の自己実現の自由＝親の自己決定権ではなく，「子どもの利益や福祉の実現に向けられた自由」に他ならないからである⁽⁴⁹⁾。

言い換えると，親の教育権は，その本質において，親自身の利益のために保障された「自利をはかる基本権」（eigennütziges Grundrecht）ではなく，子どもの利益・福祉に向けられた「他者の利益をはかる基本権」（fremdnütziges Grundrecht）ないしは「承役的基本権」（dienendes Grundrecht）だという特質を有している⁽⁵⁰⁾。

---

(47)　F.Ossenbühl, Das elterliche Erziehungsrecht, S.42～S.43.
　　　ちなみに，連邦憲法裁判所の判決もいう。「憲法は国家に対して家族という単位とその自己責任を尊重し，かつ促進することを義務づけている」〈BVerfGE, 24, 119 (135)〉。
(48)　たとえば，G.Eiselt, Sicherung des Rechts auf eine ideologisch tolerante Schule, In: DÖV（1978），S.866.
(49)　F.Ossenbühl, Schule im Rechtsstaat, In:DÖV（1977），S.806.
(50)　U.Fehnemann, Die Bedeutung des grundgesetzlichen Elternrechts für die elterliche Mitwirkung in der Schule, In:AöR（1980），S.534. F.Ossenbühl, Das Elterliche Erziehungsrecht, S.50～S.51.

第Ⅸ部　第1章　親の教育権の法的構造

　より具体的には，「子どもの発達を援助するための基本権」（Grundrecht zur Entfaltungshilfe der Kinder[51]）ないし「子どもの利益をはかっての保護権としての親権」（Elternrecht als Schutzrecht zugunsten des Kindes[52]）たることを，親の教育権はその本質的な属性としているのである。

　この点について，現在ドイツにおける親の教育権研究の権威・F.オッセンビュールも的確に，次のように概括している[53]。

　「その子の教育に際して親に保障されている自由は，他の基本権の場合がそうであるような，自己決定という意味での自由ではない。ましてや恣意への自由ではない。それは『子どもへの奉仕における，子どもの利益をはかっての，そしてまた子どもを保護するための自由』，つまり，真の意味においては，『委託され，信託された自由』なのである。自由という表徴はただ国家に向けられたもので，国家に対してだけ効力をもつ。子どもとの内部関係においては，子どもの福祉こそが親による教育や行為の支配的な主体原理をなしている」。

　こうして，今日における通説的親権解釈によれば，親の教育権は基本的権利（Grundrecht）であると同時に，子どもに対する「基本的義務」（Grundpflicht[54]）である，という特質をもつ。そこにあっては権利と義務が不可分に結合しており〈権利と義務の複合体[55]〉，しかも重要なことは，「この義務は

---

(51)　F.Ossenbühl, Das elterliche Erziehungsrecht, S.51.

(52)　L.Dietze, Zur Mitbestimmung in der Schule, 1970, S.36.
　　なお E.シュタインも親の教育権のこの属性を「子どもの人格の発達のための成人の援助としての親権」と捉えている（Eckehart Stein, Das Recht des Kindes auf Selbstentfaltung in der Schule, 1967, S.37ff.）。

(53)　F. Ossenbühl, a.a.O., S.51.

(54)　H.v.Mangoldt/F.Klein/C.Starck（Hrsg）, a.a.O., S.714.
　　なお，ここでいう「基本的な義務」とは，基本的人権と対をなす概念で，憲法レベルでの義務のことをいう。ドイツにおいては，通説によれば，「基本的な義務とは国家に対する個々人の憲法上の義務をいう。かかる基本的な義務は，憲法自らが特定の義務を確定した場合，あるいは価値決定を認識させる場合に限り，存在する」と説かれている（S.F. Bischoff, Probleme ausländischer Schüler im deutschen Bildungssystem, In:RdJB（1986）, S.303. なおこの問題について詳しくは参照：A.Randelzhofer, Grundrechte und Grundpflichten, In:D.Merten/H.J.Papier（Hrsg.）, Handbuch der Grundrechte in Deutschland und Europa, 2006, S.595ff.）。

(55)　E.シュタインも書いている。「親の教育権は，他の基本権とは異なり，権利と義務がその内部において不可分に結合している（unlöslich verknüpft）ことによって特徴づけられる（Erwin Stein, Elterliches Erziehungsrecht und Religinsfreiheit, In: D.Merten/H.J. Papier（Hrsg.）, Handbuch des Staatskirchenrechts, 2004, S.459）。

第2節　親の教育権の法的特質と属性

権利を制限する限界ではなく，……親権の本質を規定する構成要素をなしている」ということである[56]。

　くわえて，親はこの権利を行使するか否かの自由を有していない。権利の内容においても，行使形態においても，親の教育権はまさに「義務に拘束された権利」(pflichtgebundenes Recht) なのである[57]。前掲のように，基本法6条2項がその子の教育を親の自然的権利としながらも，「何よりもまず両親に課せられた義務」(die zuvörderst ihnen obliegende Pflicht) と明記しているのも，こうした親権認識に基づいていると言ってよい。このような権利は基本的人権のカタログにおいて他にまったく類例を見ず[58]，そこでドイツにおいて，今日，親の教育権がしばしば「委託された権利」(fiduziarisches Recht) と本質規定され，また「親の教育責任」と呼称した方が適切である，と唱導されている所以である[59]。

　なお，この親権の義務性は「子どもの教育される権利」に対応しており，したがって，ここからは親の教育権に対する国家のコントロール権は帰結されえない，とするのが通説・判例である。

3-3　子どもの教育についての包括的な教育基本権

　通説・判例によれば，親の教育権は，本質上，子の教育についての「包括

---

(56)　E.Stein/W.Joest/H.Dombois, Elternrecht, 1958, S.10.

　　C.シュタークも，こう指摘する。「親の教育権は，親の自己発展のための自利をはかる基本権ではなく，子どもの利益のための，高度な義務を伴う，他者の利益をはかる基本権 (ein in hohem Maße verpflichtendes fremdnütziges Grundrecht) である」(C.Starck, Staatliche Schulhoheit, Pädagogische Freiheit und Elternrecht, I.:DÖV (1979), S.274)。

(57)　U.Fehnemann, Bemerkungen zum Elternrecht in der Schule, In:DÖV (1978), S.489.

　　この点，J.ミュンダーが親の教育権の本質的属性を「義務権」(Pflichtrecht) と把捉しているのが，特徴的である (J.Münder, Familien-und Jugendrecht, 1980, S.89.)。

　　なお「親の教育権の権利性」について，F.オッセンビュールは「他者に対する規制権として，親の教育権は憲法上特別なディメンションをもつ」としている (F.Ossenbühl, a.a.O., S.50～S.51.)。またJ.ミュンダーによれば，親の教育権は「人間の人間に対する規制権の最後の残余」であり，「親子関係は，法学的な基本構造においては，子どもの依存性と他者による規律 (Fremdbestimmung) によって特徴づけられる」とされる (J.Münder, a.a.O., S.89)。

(58)　H.アベナリウスも「親権は義務に拘束されている (pflichtgebunden) という点で，他のすべての基本権と区別される」と指摘する (H.Heckel/H.Avenarius, Schulrechtskunde, 6 Aufl.1986, S.302.)。

(59)　I.v. Münch/P.Kunig (Hrsg.), Grundgesetz-Kommentar, Bd.1, 2000, S.510.

第Ⅸ部　第1章　親の教育権の法的構造

的・全体的教育権」(allumfassendes-und Gesamterziehungsrecht) だという本質的属性をもつ[60]。その対象や内容は，子どもの成長・発達に係わるすべての事項ないし子どもの福祉の実現に資するあらゆる事柄に及ぶのであり，「信教の自由」，「思想・良心の自由」，「表現の自由」といった在来の特定の市民的自由ないし個別的基本権によってだけではカバーしきれない。この権利は各種の消極的権利，積極的権利および能動的権利を包摂すると同時に，それ独自の存在理由と内実をもつ包括的教育基本権たる性質を有しているとの認識である。

この親の教育権の包括的保障としての機能は，憲法上，個別的保障を受けていない法益にも及ぶことにあるとされる。したがって，事柄の性質によっては，各個の場合に，親が憲法上列挙されている個別的権利を選択的に動員することは，もちろん可能である。

なお，U.フェーネマンも指摘しているように[61]，親の教育権の包括性は親子関係の包括性に対応しており，この点，教員の「教育権」が「部分的・技術的教育権」にすぎないのと決定的に異なる。この点，権威ある学校法ハンドブックもこう書いている[62]。「親権から，子どもの教育の全体計画に対する親の単独的権利が導かれる。この全体計画にあっては，学校はただ部分領域を占めるにすぎない」。

したがって，親の教育権の内容や法的効果は，各個の場合に個別・具体的に見定めていく以外にない。歴史的には，たとえば，家庭教育の自由，宗教教育の自由，私立学校の設置・経営の自由，さらには私学選択の自由などが，親の教育権の主要な内容をなしてきたことはよく知られている。

3-4　社会国家的および社会的な基本権

上述の3-2とも関連するが，支配的な学説が説くところによれば，親の教育権は第一次的には親の個人的自由権であるが，しかしこの権利は通常の自由権とは異なり，社会権的基本権たる性格を併有しているという特質をもつ。既述したように，親の教育権は子どもの利益の実現を旨とする承役的基本権なの

---

(60)　さしあたり，H.Heckel, Schulrecht und Schulpolitik, 1967, S.176.

(61)　U.Fehnemann, Bemerkungen zum Elternrecht in der Schule, In:DÖV (1978), S.490. なお連邦憲法裁判所は，親の教育権のこのアスペクトを「あらゆる点における，子どもの教育に関する権利」(Recht zur Erziehung ihrer Kinder in jeder Hinsicht) と表現している〈BVerfGE 44 (44)〉。

(62)　E.Stein/M.Roell, Handbuch des Schulrechts, 1988, S.44.

754

第2節　親の教育権の法的特質と属性

であり，そこでこの権利の主たる実質は，第一次的には社会権的基本権である子どもの「自己の人格を自由に発達させる権利」・「教育をうける権利」によって強く規定されているからである[63]。

　この「社会権的基本権としての親の教育権」は，子どもの「自己の人格を自由に発達させる権利」・「教育をうける権利」を有意なものとするための手段的権利として，具体的には，たとえば，教育の機会均等の請求権や教育の条件整備請求権といった，教育における一連の積極的権利を根拠づけると解されている。

　つぎに，法的な視点はやや異なるが，教育という営為の本質と係わって，親の教育権は「社会的な権利」だというアスペクトをより強く帯有している，ということが指摘されている。教育はほんらい市民個人の私事であることを基本としながらも，同時にそれは「社会的な営為」なのであり，したがって，子どもの教育についての親の権利も「社会的」に捉えられなくてはならないからだとされる。この点，M.マウレルが親の教育権を端的に「社会的な関連をもつ基本権」（gemeinschaftsbezogenes Grundrecht）として措定しているのが象徴的である[64]。

3－5　親集団としての集団的基本権

　ドイツにおいては，親は，前述した個人的自由としての教育権にくわえて，親集団としても教育上の権利を有しているとされている。それは，「共同的権利としての親権」（Elternrecht als gemeinschaftliches Recht[65]）ないし「集団的親権」（Das kollektive Elternrecht[66]）と称されている。教育行政機関や学校・教員に対する教育要求権や公教育運営への参加権などがこれに当たる。

　もちろん，これらの積極的な権利や能動的権利は，たとえば，教育個人情報の開示請求権のように，その法益が自分の子だけに係わる場合は，個々の親の個人的権利としても存しているが，集団性をもつ学校教育事項については，こ

---

(63)　L.R.Reuter, Das Recht auf chancengleiche Bildung, 1975, S.27ff.

(64)　M.Maurer, Das Elternrecht und Schule, 1962, S.64.

(65)　U.Fehnemann, Die Bedeutung des grundgesetzlichen Elternrecht, In:AöR（1980）, S. 545.

(66)　L.Dietze, Pädagogisches Elternrecht oder staatliches Erziehungsrecht?, In:K.Nevermann/I.Richter（Hrsg.）, Rechte der Lehrer, Rechte der Schüler, Rechte der Eltern, 1977, S.147.

第Ⅸ部　第1章　親の教育権の法的構造

れに関する要求権や参加権の実質的主体は親集団とされる。個々の親の個人的
教育権は集団化されることによって補強され，より強固・実効的になると考え
られているのである。L.ディェツェによれば，「親の集団的教育権の保障なし
には個人的な親の教育権は実効的たりえない。前者は後者にもとづくものであ
るとともに，それを効果的に保障するものでもある[67]」。

　そしてこの場合，重要なことは，親の集団的教育権もまた，個人的教育権と
同じく，憲法上の保障を得ているということである。「集団的基本権（Grup-
pengrundrecht）としての親の教育権」の憲法上の保障である。親集団の教育
権は個々の親の教育基本権によって根拠づけられ，そこから導出される集合的
権利だからである。

　実際，ドイツにおいては，ヘッセン州憲法56条6項＝「教育権者は教育制度
の形成に参加する権利を有する」など7州の憲法が親の学校教育への参加権を
憲法上明示的に保障しているが，有力な教育法学説によれば，「それは，集団
的親権の表出であり，その意味で集団的基本権と解釈される[68]」とされてい
る。

　なお親の個人的教育権と集団的教育権との関係であるが，これについては学
説上，さしあたり，以下の2点が留意を要するとされている。

　一つは，親の教育権の対象法益には，その本質上，集団化にはなじまない事
柄や領域が少なくないということである。思想・良心・信仰など，すぐれて価
値的・高度に人格的な領域における親の教育権について，特にこのことが妥当
する。C.シュタルクの指摘するところによれば，「基本的人権保障のケルンは
個人の自己決定（individuelle Eigenbestimmung）を確保することにあるが，集
団化ないし代表制はこの属性を他者による決定（Fremdbestimmung）に転化さ
せてしまう」からである[69]。ドイツにおいて，親の個人的教育権と集団的教
育権の区別は，「宗教上の親権」（Das konfessionelle Elternrecht）と教育要求権
や教育参加権を内実とする，「教育上の親権」（Das pädagogische Elternrecht）
との区別に対応しているとされているのが[70]，このことを端的に示している。

───────────────

(67)　L.Dietze, ditto.

(68)　F.Ossenbühl, Das elterliche Erziehungsrecht, S.97.

(69)　C.Starck, Organisation des öffentlichen Schulwesens, In:NJW（1976），S.1379.

(70)　Erwin Stein, Elterliche Erziehungsrecht und Religionsfreiheit, In: Handbuch des
　　　Staatskirchenrechts, 1975, S.461ff. R.Wimmer, Das pädagogische Elternrecht, In:DVBl
　　　(1967), S.809ff.

第2節　親の教育権の法的特質と属性

二つは，親の集団的教育権は，原則として，親の個人的教育権を強制的に廃棄したり，これに代替したり，さらにはその内容を変更したりすることはできない，とされていることである[71]。親の教育権の本質はあくまでその個人権性にあるからである。こうして，たとえ民主的な手続にもとづいて親集団の教育意思が形成され，それが親の集団的教育権として行使される場合でも，これを拒否する自由（消極的自由）が個々の親に留保されていなくてはならない，とされている[72]。

3－6　公教育運営への参加基本権

ドイツにおいては，後に章を改めて詳しく論及するように，現行法制上，親は公教育運営に参加したり，学校教育を共同で形成していく権利を有しているのであるが，この権利は，親の教育権に内包される権利として，憲法上保障されているものであって，公教育運営への「参加基本権」（Grundrecht auf Mitbestimmung）という実質を有している[73]。

事実，すでに触れたように，ドイツにおいては，親の公教育運営への参加権は7州で憲法上の基本権として明示的な保障をうけている状況にある。ただこの「基本権としての親の公教育運営参加権」が基本法6条2項（親の教育権条項）から直接導かれるかどうかに関しては，後に言及するように，学説上，争いがある[74]。

---

(71)　J.A.Frowein, Zur verfassungsrechtlichen Lage der Privatschulen unter besonderer Berücksichtigung der kirchlichen Schulen, 1979, S.29. しかし一方でF.ヘネッケは「親の個人的教育権は，集団的行使に際して集団的・身分的なグループ代表制に転化し，その防御権を失う」との見解を採っている（F.Hennecke, Grundriß des Schulrechts in Rheinland-Pfalz, 1979, S.64～S.65）。

(72)　F.Ossenbühl, Schule im Rechtsstaat, In: DÖV（1977）, S.806～807. T.Oppermann, Elterliches Erziehungsrecht und staatliche Schulerziehung, In:K.Aurin u.a.（Hrsg.）, Die Schule und ihr Auftrag, 1979, S.71～S.72.

(73)　「参加基本権」というタームは，たとえば，W.Däubler, Das Grundrecht auf Mitbestimmung und seine Realisierung durch tarifvertragliche Begründung von Beteiligungsrechten, 1976，との書名にも見えている。ただこの書物は労働者の経営参加権に関するものである。

第Ⅸ部　第1章　親の教育権の法的構造

第3節　親の教育権と国家の学校教育権

1　親の教育権と国家の学校教育権の等位テーゼ

さてそれでは，以上みてきた「親の教育権」というところの「国家の学校教育権」（staatliches Schulerziehungsrecht）は，子どもの教育をめぐって，どのような関係に立つことのなるのか。

これについて，たとえば，先に触れた連邦憲法裁判所の促進段階判決（1972年）に「学校における国家の教育責務は……親の教育権に劣位するのではなく，等位する」とあるように[75]，通説・判例は「等位テーゼ」（Gleichordnungsthese）を採用する。

すなわち，上述したように，親の教育権は第一次的には国家に向けられた憲法上の基本権であり，したがって，両者は教育権としては等位し，同権的な緊張関係ないしは相互規制関係に立つ。

こうして両者の関係は「位階問題」ではなく，「制約問題」として措定される。その場合，相互規制の度合いは教育事項の種類や性質によって一様ではない。これについては一般妥当的な基準を定立することは不可能で，ケース・バイ・ケースの利益衡量によって個別的に確定していく以外にない。ただその際に「子どもの福祉」（Wohl des Kindes）に叶うかどうかというメルクマールが，価値衡量のケルンに位置するとされる[76]。

しかし，同じように学校教育権独立説に立ちながらも，上記のような支配的見解に対しては有力な異説がある。F.オッセンビュールに代表される見解がそれである。それは，一言でいえば，「国権は親権に奉仕する」（Staatsrecht dient Elternrecht）という定式に集約されよう。大要，以下のように述べる[77]。

「親の教育権は国家の学校教育権に対して，憲法上より重い比重とより高い

---

(74)　肯定説としては，さしあたり，T.Maunz, Die Schule aus der Sicht der Rechtsprechung, In:Festschrift zum hundertjährigen Bestehen des Bayerischen Verwaltungsgerichtshofes, 1979, S.243. I.v.Münch/P.Kunig（Hrsg.），a.a.O., S.517.

　否定説としては，さしあたり，H.Avenarius/H.P.Füssel, a.a.O., S.344. J.Rux/N.Niehues, Schulrecht, 2013, S.272.

　なお，この点に関して，詳しくは参照：B.Meier, Elternrecht und Elternmitwirkung in der Schule, 2005, S.122ff.

(75)　BverfG. Urt. v. 6. 12. 1972, In:NJW（1973），S.134.

(76)　M.Maurer, a.a.O., S.72. H.Heckel, Schulrechtskunde, 4 Aufl.1969, S.346.

第3節　親の教育権と国家の学校教育権

意義をもつ。それは，二重の意味においてそうである。

第1に親の教育権の質的優越性。基本法自身も書いているように，親の教育権は『自然的権利』であって，『何よりもまず』親に属している。それは自然法ではないが，自然的所与と強く結合しており，人間的自然に対応した超国家的な核をもつ。これに対して，公立学校教育は『法令に基づく強制教育』であり，その法的性質において両者は決定的に異なる。この差異に起因して，親の子に対する責任は，子どもと社会総体との間接的な関係から生じる国家の権利・義務より強くなくてはならない。子どもの福祉に関する『解釈優先権』(Interpretationsprimat) は親にある。

こうして，国家は学校教育において親の全体教育計画を尊重する義務を負い，学校教育は可能な限りの程度において，できるだけ多数の親意思に即して運営されなければならない。ここにおいては，教育主権上の民主制多数決原理は個人法上の教育法原理・親の教育基本権によって凌駕される。ちなみに，ラインラント・プファルツ州憲法もこう書いている。

「その子の教育について決定する親の自然的権利は，学校制度形成の基盤をなす。国および地方自治体は，親意思を尊重して，秩序ある子どもの教育を保障する公の諸条件および諸制度を整備する権能を有し，義務を負う」(27条)。

第2に親の教育権の量的優勢。上述のように，親の教育権は包括的教育権であるが，学校教育権は，その範囲および内容においてかなりの限界を伴う〈部分的教育権〉。国家は親の全体教育計画を尊重すべき憲法上の義務を負っており，また教育問題における価値の多様性に対してはオープンでなければならず，さらに公立学校教育は強制教育だからである。

つまり，公立学校教育の範囲および内容は，価値多元社会においては，国民国家として放棄できない基本的な共有価値および原則に限られなくてはならない。換言すれば，学校の任務は第一次的には知識と技能の伝達にあり，それに一般的コンセンサスが存在する価値原則，行動公準などに限局される」。

以上と関連して，連邦憲法裁判所の促進段階判決は「協同モデル」(Kooperationsmodell) を採用して，こう判示する。「子どもの人格の陶冶を目的とする

---

(77)　F.Ossenbühl, a.a.O., In:DÖV (1977), S.808. ders., Das elterliche Erziehungsrecht, S. 111～S.112. ders., Elternrecht in Familie und Schule, 1978, S.27.

　　なお連邦憲法裁判所の判決 (BVerfGE34, 199) もいう。「争いのある学校改革は，自由国家においては国家的な強制手段によって貫徹するのではなく，当事者の自由意思を可能な限り尊重して行われなければならない」。

第Ⅸ部　第1章　親の教育権の法的構造

親と学校の共通の教育課題は個々の権限には分けられない。それは相互の意義ある協同においてだけ達成されうる」〈BVerfGE, 34, 165（183））。

そして判旨によれば，この「相互の意義ある協同」への義務づけから，一連の手続法上の権利・義務が導かれる。学校の親に対する情報提供義務や助言義務，親の側の聴聞権などがその例である。

しかし，法的には，両者が対立・競合する場合こそが問題であろう。そこで，オッセンビュールによれば，相対立する法益の実質的な限界基準の定立が不可欠であり，したがって，相互調整の成立を前提とする「手続法上の協同」は，教育責任に関する「実体法上の整合」によって代置されなければならない。そして，この整合原則は憲法解釈や憲法適用に際して解釈学上すでに定着しているとされる[78]。

2　親の教育権と国家の学校教育権の一般的関係に関する理論

さて以上を踏まえたうえで，親の教育権と国家の学校教育権はより具体的にはどのような関係に立つのか。これに関しては，次のような学説や判例が見られている。

①　「分離原則」(Separationsprinzip)

親の教育権と国家の学校教育権は相互に独立しており，「内的事項の主人としての国家」は，そこにおける形成の自由を親権によっては制限されえないとする論である。1950年代から1960年代にかけての判例および支配的憲法学説の立場であり[79]，今日でも有力な学説の支持がある。その代表者I.リヒターによれば，学校の教育領域において親の影響力を容認することは，親の教育上のエゴを助長し，教育上の諸改革を妨げ，子ども自身および社会的利益に即した子どもの発達を阻害することになるからだという[80]。

だがH.U.エファースも指摘するように，こうした所説はワイマール憲法下の親権解釈を踏襲しており，基本法が親の教育権を基本権として承認したことによって，憲法状況が根本的に変化したことを看過している，との批判をうけている[81]。

②　「3区分論」(Dreiteilungstheorie)

---

(78)　F. Ossenbühl, Das elterliche Erziehungsrecht, S. 118. K. Hesse, Grundzüge des Verfassungsrechts in der Bundesrepublik Deutschland, 1998, S.28.

(79)　たとえば，Hess. StGH Urt. v. 19. 12. 1957, In:DÖV（1958), S.464.

(80)　I.Richter, Bildungsverfassungsrecht, 1973, S.62〜64.

760

第3節　親の教育権と国家の学校教育権

　T.マウンツによって唱導され，今日，学説・判例上ひろく承認されている見解で，その骨子はつぎのようである[82]。

　基本法6条2項は7条1項に対して「憲法上の留保」（Verfassungsvorbehalt）をなしており，そこで両者の法的関係においては，以下のような3領域が存する。〈a〉親が介入できない，純然たる学校の教育領域，〈b〉学校の影響から自由な，純然たる親の教育権領域，〈c〉親の教育権と国家の学校教育権が重畳し，競合する領域。こうして，〈c〉の領域では両者の法益衡量の問題が生じるが，その際に連邦憲法裁判所のいう「段階論」（Stufentheorie）が妥当し，〈a〉に接近するにつれて国家の学校教育権が増幅し，逆に，〈b〉に近づくほど親の教育権が強化する[83]。

　具体的には，たとえば，教育制度の構造，学校の組織編制，教育目的および学習過程上の内容的・方法的プログラム，入学要件，進級，教育評価などに関することが〈a〉に属し，〈b〉に属するものとしては，子どもの教育についての全体計画，宗教教育，政治的生活への準備，基礎学校以降の進路，学校・コース・教科の選択等があげられる。

　以上のような3区分論は，ワイマール時代に支配的であった「国権は親権を破棄する」というテーゼと，前述の「分離原則」を否定するという積極的な効果をもっているが，しかしそれ自体としては実質的な基準をなしてはいない。

③　教育領域区分論

　教育の領域ないしはその重点を理念的に区分し，それぞれの性質に応じて，親と学校の教育権関係を見定めようとする手法である。

　たとえば，E.W.ベッケンフェルデによれば，教育領域は大きく，〈a〉形成教育（Bildungserziehung），〈b〉人生教育（Lebenswegerziehung），〈c〉人格・世界観教育（persönlich-weltanschauliche Erziehung）に区分される。

　〈a〉は，市民としての一般的な生活・職業上の能力の育成を目ざすもので，これは主要には学校の課題に属する。〈b〉は，人生や職業生活の目的と係わ

---

(81)　H.U.Evers, a.a.O., S.68～S.69. また Maurer によれば，親の教育権を家庭領域に限局し，学校から排除するのは基本法の立法者意思にそぐわないという。憲法制定議会は基本法6条と7条を分離することによって，ただ「学校の自律性」を強調しようとしただけだとされる〈ders, a.a.O., S.64.〉。

(82)　T.Maunz/G.Dürig（Hrsg.）, a.a.O., Art7, S.34ff.

(83)　H.Peters もほぼ同じ立場からいう。「特定の領域において，親の教育権がより自然的より根元的（natürlicher und elementarer）になればなるほど，国家の規定権は弱化する」〈ders., a.a.O., S.378〉

第Ⅸ部　第1章　親の教育権の法的構造

り，ここでは親と国家はその果たす機能を異にする。教育主権の主体としての国家は，教育政策上の観点から一般的な教育目的や内容，学校形態などを決定できる。だが生徒の人間形成や職業選択とストレートに係わる領域では，親の自由な決定が可能なように，学校制度は組織的にも内容的にも十分に多様でなくてはならない。〈c〉については，高度に人格的な基本権である「信仰の自由」保障があり，これはまさしく親の専権事項である[84]。

　またH.U.エファースもほぼ同じような視角から，大要，こう述べる。

　「国家による組織上の措置や教育目的・内容の確定が，子どもの人格の発展や親子関係の核領域に触れる度合いが強くなるにつれて，国家は親の教育責任をより尊重することが要求される。他方，それらが知識や技能の伝達，一般的な社会化機能の度を強めるに従って，この面での親の影響力はより減退せざるをえない[85]」。

　以上，親の教育権と国家の学校教育権の一般的関係に関するドイツの学説・判例状況を見たのであるが，それでは具体的に，たとえば，公立学校における性教育の実施をめぐっては，両者はどのような関係に立つことになるのか。これについては次節で取り挙げるような連邦憲法裁判所の判例が見られている。

第4節　性教育をめぐる親の教育権と国家の学校教育権
── 連邦憲法裁判所決定（1977年）

1　事件の概要

　1968年10月，常設文部大臣会議は「学校における性教育に関する勧告」を決議した。その主たる内容は凡そつぎのようであった。

　「人間の性について，生徒は，学校において専門的に根拠づけられた知識を得るべきである。6学年までは生殖の生物的基本事実，青年期における肉体的・精神的変化などについて教えられるべきである。また9学年の終りまでには，授業でつぎのことが取り扱われるべきである。出産，妊娠，誕生，成人の性的諸問題，性生活および家族生活の社会的・法的基盤，人間の性に関する社

---

(84)　E.W.Böckenförde, a.a.O., S.86～S.87.

(85)　H.U.Evers, a.a.O., S.72. これと関連して，連邦憲法裁判所の次のような判例がある。「義務教育学校の宗教的・世界観的形成に関する決定は，原則として，民主制多数決によってなされてはならない。少数派の信教の自由が多数派による侵害から保護されなければならないからである」（BVerfGE41, 48）

762

第 4 節　性教育をめぐる親の教育権と国家の学校教育権 —— 連邦憲法裁判所決定 (1977 年)

会的・倫理的問題」。

　この勧告を受けて各州で教育課程改革が行なわれ，性教育が正規の学校教育内容として導入されることになる。すなわち，1968 年 11 月のシュレスビッヒ，ホルシュタイン州を皮切りに，1969 年 9 月までには，旧西ドイツのすべての州が性教育の実施に踏みきったのである。

　本件はハンブルク州における性教育の実施をめぐって発生した。すなわち，同州で 3 人の子どもを公立学校に就学させている親が，文部省に対して，学校での性教育は生殖の性的事実について適切な情報を与えることだけに限定するよう要求した。しかし文部省はこれを拒否した。そこで原告は，同州の性教育規程は親の教育権と子どもの人格権を侵害し違憲であること，性教育の導入に関する決定を文部省に包括的に委任している同州学校行政法は，法治国家原理に違背し，同じく違憲であること，等を主張してハンブルク行政裁判所に提訴した。

2　下級審の判断

　第 1 審のハンブルク行政裁判所は「法律の留保」の問題についてだけ言及し，次のように判示して，原告の訴えを認めた〈1972 年 4 月 25 日判決〉。「公立学校に性教育を導入する場合，形式的法律の留保の原則は，そのための議会による決定を要請する」。

　第 2 審のハンブルク高等行政裁判所は被告の措置を適法とした。その要旨を摘記すると，以下のようになる〈1973 年 1 月 3 日判決〉。

　（1）基本法 7 条は国家の学校監督権を規定することによって，学校制度に関する国家の包括的規定権を確立すると共に，この領域において，国家に親の教育権と併存する固有の教育権能を留保している。

　（2）文部省令によって性教育を導入する場合，現行規定以外の法律上の根拠は必要ではない。

　（3）上記文部省令が定める性教育は生徒および親の基本権に抵触しない。ただ国家は基本法 7 条の憲法上の留保の行使に当たって，親権には考慮を払わなければならない。教育内容が世界観ないし個人の生活信条に触れる場合には，とりわけそうである。

　第 3 審の連邦行政裁判所は主要には下記のように判じて，ハンブルク州の公立学校における性教育は違憲であるとの見解を示した〈1974 年 1 月 15 日決定〉。

763

第Ⅸ部　第1章　親の教育権の法的構造

　「基本法にいう法治国家原理・民主制原理は，立法者に，学校制度における
本質的な決定は立法者自らがこれをなし，教育行政に委ねてはならないことを
義務づける。学校制度の運用を教育行政庁に一般的に委任しているハンブルク
州法は，性教育を導入するための法的根拠としては不十分である」。

　なお本件憲法訴訟は，原告が連邦憲法裁判所に憲法異議の訴え（Verfas-
sungsbeschwerde）を行なったことと，3審の連邦行政裁判所がハンブルク州
学校行政法の合憲性について，連邦憲法裁判所の判断を求めたことによる[86]。

3　決 定 要 旨

　（1）個々人の性教育は，第一次的には，基本法6条2項の意味における
「親の自然的教育権」（Das natürliche Erziehungsrecht der Eltern）属する。しか
しながら，国家はその教育責務〈Erziehungs-und Bildungsauftrag・基本法7
条1項〉に基づいて，学校において性教育を実施する権能を有する。

　（2）学校での性教育は，この領域における種々の価値観に対して中立でな
ければならず，また親の自然的教育権や宗教的ないしは世界観的信念が性の領
域において意義をもつ場合には，これらに一般的な配慮をして行なわれなけれ
ばならない。とりわけ学校は青少年の教化に当たるいかなる試みもなしてはな
らない。

　（3）これらの原則の確保に当たって，複数教科にまたがる授業としての性
教育は，その実施を親の同意に係らしめる必要はない。

　（4）しかし親は，学校における性教育の内容や方法について，適時の情報
請求権（Anspruch auf rechtzeitige Information）をもつ。

　（5）「法律の留保の原則」は，立法者に，性教育の学校への導入に関する決
定は立法者自身が行なうことを義務づける。ただしこのことは，生物学上ない
しその他の事実についての知識だけが伝達される場合には妥当しない。

（86）　BVerfG. Beschluß v. 21. 12. 1977, In:DÖV（1978），S.244.
　　　ドイツにおいては，この連邦憲法裁判所の判決以降も学校における性教育をめぐっては
　　多くの争訟事件が発生している。それらに関する判決例は SPE（Dritte Folge, 2006 年），
　　S.709-1 に収載されている。
　　　なお連邦憲法裁判所は 2009 年にも学校における性教育に関して判決を下しているが
　　（BVerfG. Urt. v.21. 7. 2009），判旨は本文にある 1977 年のそれと基本的には同様である
　　（H.Avenarius/H.P.Füssel, a.a.O., S.399.）。

764

第4節　性教育をめぐる親の教育権と国家の学校教育権 —— 連邦憲法裁判所決定（1977年）

4　学説の評価

　判旨も言うように，子どもに対する性教育が第一次的には親の自然的教育権に属しているということについては，学説・判例上ほとんど異論はない。それは，より直接的には親の監護・教育権の一内容として，また私的・家族生活の尊重を求める権利にも支援されて，原則的には，国家の直接的介入から保護される。性教育は，家族という憲法上保護された親密な私的領域で行われるのが最も自然だからだとされる。

　問題は，これとの関連で公立学校もまた性教育を実施できるか，可とした場合は，その範囲や態様はどうかであり，本件はまさにこの点を問うているわけである。

　判旨は通説・判例を受けて，学校における性教育を肯認する。しかしこうした見解に対しては親―とくにカトリック教徒―の側から根強い反対があり，またそれを支持する学説も見られ[87]，その根拠が問題になる。

　ところで，先に触れた常設文部大臣会議の勧告にもあるように，性教育の目的は，一般に，〈a〉性に関する知識を与えること，〈b〉性に伴う危険から青少年を保護すること，〈c〉性について助言したり，責任ある性行動がとれるように導くことにある，とされている。そして，通説によれば，とりわけ〈b〉の要請から，学校もまた性教育に関与することができ，それどころか，そうすることが憲法上義務づけられているとされる。社会国家原理，青少年に対する国家の公的配慮義務，青少年は道徳的・精神的・肉体的危険から保護されなければならないとの原則などによってである。

　この点，たとえば，前記KMK勧告は端的にいう。「学校は……性教育に関与する義務を負う」。

　こうして，子どもの福祉・道徳犯防止という公の利益の確保要請から，性教育は親の独占的事項というわけにはいかず，親の教育権と国家の学校教育権との緊張領域に位置することになる[88]。判旨が「性教育の実施を親の同意に係らしめる必要はない」と述べているのは，こうした通説の線上にある。

　なお以上の文脈において，性教育は，今日では基本的には親よりもむしろ学

---

(87)　たとえば，M. Maurer は「国家には学校に性教育を導入する権能はない。このような本質的な教育問題は親と子の人格関係においてなされるべきものである」という（ders., a.a.O., S.127)。

(88)　R.Stober, Sexualkunde in den Schulen-Über die Grenzen des staatlichen Erziehungsauftrag, In:DÖV（1973), S.559.

第IX部　第1章　親の教育権の法的構造

校の課題だとする見解がある[89]。性科学の発達は著しく，親は科学的な性教育ができないという理由に基づく。「専門家は素人に優る」との思想による，親の教育権の学校教育権への従属化である。しかし，通説によれば，このような所説は基本法6条2項の趣旨に反する。

それでは学校における性教育はどのようであるべきか。通説・判例によれば，この場合，二つの基本的な前提がある。①性教育に関しては親の方が原則的に優位すること，②学校での性教育は，親によるそれとは異質なものでなければならないこと，がそれである。だがこうした前提に立っても，親の教育権の評価如何によってなおも見解が割れてくる。

すなわち，一般に性教育は性の領域における生物学的な事実の伝達と固有の性教育とに区別されるが[90]，親の教育権をより尊重する立場は，学校での性教育は前者だけに限定されるべきだと説く。性についての基本的な価値や態度の決定は，親に留保されなければならないからである。このような立場においては性情報の過多な提供も親の教育権侵害として違憲であり，親は基本法6条2項により，これに対しては防御権をもつ[91]。

しかし通説はこの類の見解を採らない。通説においても性教育の広狭二分論は有用であり，まず価値から自由な事実の伝達については学校教育権が全的に優位し，親の影響力は原則として排除される。ここにおいて法益衡量の問題が生じ，親の教育権と国家の学校教育権との法的性質の違いから，より個人的，より直接的な性に関する事項は前者に接近し，学校での性教育は親によるそれを補充するものとして，「専門的な，学問的に根拠づけられたインフォーメーション」であることが求められる，というのである[92]。

判旨も基本的にはこのような立場に与している。判旨はさらに学校での性教育について，なおも現実に親の影響力を確保するために，国家に対しては親の全体教育計画の尊重義務を課し，親には性教育の内容や方法に関する情報請求権を容認しているが，これまで見てきた学校法制・判例状況からすれば当然の帰結であろう。

---

(89)　たとえば，J.Wolff, Der strafrechtliche Rahmen des Sexualkundeunterricht, In:RdJB (1970), S.163.

(90)　H.Kentler, Bedingungen der Sexualaufklärung in der Schule, In:RdJB (1975), S. 301 など。

(91)　R.Stober, a.a.O., S.558～S.560.

(92)　さしあたり，H.Scholzen, Staatliche Sexualerziehungsrecht, In:RdJB (1974), S.217.

第4節　性教育をめぐる親の教育権と国家の学校教育権 —— 連邦憲法裁判所決定（1977年）

なお親は学校における性教育を拒否できるか否かについては〈性教育への出席義務の存否〉，判旨は言及していない。

これに関して，親の教育権の優位性から性教育への参加拒否権をストレートに導く所説があり，また宗教と性とのアナロジーから，基本法7条2項＝「教育権者は，その子の宗教教育への参加について決定するする権利を有する」は性教育にも適用があるとする学説も見られる[93]。

しかし連邦憲法裁判所と連邦行政裁判所の判例および支配的な学校法学説のいずれも，性教育のもつ意義と重要性に照らし，国家は「国家の教育責務」（基本法7条1項）にもとづいて，学校において性教育を実施する権能を有すると解している。ただこの場合，学校における性教育の有りようについては，基本法にもとづいて一定の制約が生じることになるが，しかし親および生徒はそのもつ基本権に依拠して，学校における性教育を拒否することはできない，との立場にたつ。それどころか，性教育への出席義務はドイツ人に限らず，外国人の生徒にも及ぶとするのが判例・通説の立場である[94]。

なお付言すれば，学校における性教育をめぐっては，アメリカやデンマークでも裁判が起きているが，デンマークでの事件について，ヨーロッパ人権裁判所はつぎのように判じて，親の訴えを斥けている[95]。

「性についての情報や知識が……客観的，批判的かつ多元的に伝達される限り，親はこれに対して異議を申し立てる権利をもたない」。

5　学校における性教育と「法律の留保の原則」

公教育内容をめぐる親の教育権と国家の学校教育権との関係において，「法律の留保の原則」との関係もまた重要である。本件第1審と第3審の判断が専らこの点に集中していることからも，それが知られよう。

この問題は，学校法の領域においては，いわゆる「公法上の学校特別権力関係論」を克服するための理論的努力の一環として，1960年代半ばから本格的

---

(93)　R.Stober, a.a.O., S.558. M.Mauer, a.a.O., S.127.

(94)　判例としては，BVerfG. Urt. v. 21. 7. 2009, zit aus H.Avenarius/H.P.Füssel, a.a.O., S. 399. StGH Hessen, Beschl. v. 28. 2. 1985, In:DVBl（1985），S.682 など．学説としては，J. Rux/N.Niehues, a.a.O., S.96. H.U.Evers, a.a.O., S.115.など。

(95)　デンマークのケース：Europäischer Gerichtshof für Menschenrechte, Urt.v. 7. 12. 1976, In:RdJB（1977），S.144ff. アメリカのケース：D.Schimmel/L.Fischer, The Rights of Parents in the Education of their Children, 1977, S.87.

767

第Ⅸ部　第1章　親の教育権の法的構造

に論じられてきた。そして今日，学説・判例上，以下の点については，ほぼ合意が成立している状況にある。

すなわち，教育主権上の決定は「本質的決定」(wesentliche Entscheidung)と，これを具体化するための「副次的決定」(Sekundärentscheidung)とからなるが，このうち前者は，法治国家原理・民主制原理にもとづき議会が法律上確定することを要し，行政権への委任は許されない。このことは，とりわけ基本権行使の領域における国家形成の自由な法域について妥当する。

副次的決定は行政庁の権限とされるが，かかる決定も当然に法治主義的・民主主義的統制に服せしめられなければならない。つまり，従前のような伝統的学校監督概念および特別権力関係論に依拠した，教育行政庁の包括的規律権はもはや容認されうる余地はない。教育行政庁の法定立的命令権は，法律による明示的授権に基づいてのみ許容される。しかもこの場合，包括的授権は禁止され，議会は法律によって授権の目的・内容・程度をできるだけ精確に規定しなければならない[96]。

こうして問題は，学校教育の領域においてはどのような決定が「本質的」であり，したがって「法律の留保の原則」の適用を受けるかということに移るが，連邦憲法裁判所によれば[97]，それは親や生徒などの「基本権の実現にとって本質的 (wesentlich für die Verwirklichung der Grundrechte) な決定」という意味に解されている〈本質性理論・Wesentlichkeitstheorie〉。いわゆる内的事項・外的事項の如何に関係はない。

性教育に引きつけて言えば，H.アベナリウスが述べているように，「学校における性教育は親の教育権（基本法6条2項）と生徒の人格権（基本法2条1項）に格別な程度に触れるものであるから，法律の留保の原則の要請するところにより，これに関する基本的な決定は立法者自らがこれを行う義務を負う」ということになる[98]。

そして実際，今日においては，すべての州で学校における性教育に関する基本的な事項は「学校法律」(Schulgesetz)で規定されるところとなっている。規定例を引けば，たとえば，ブランデンブルク州学校法（2002年）はこれにつ

---

(96)　T.Maunz/G.Dürig (Hrsg.), Grundgesetz －Kommentar, 2010, Art.20, S.66.
　　　H. v.Mangoldt/F.Klein/C.Starck (Hrsg.), Kommentar zum Grundgesetz, Bd.2, 2010, S. 118. M.Sachs (Hrsg.), Grundgesetz Kommentar, 2007, S.803. J.Rux/N.Niehues, a.a.O., S.13.
(97)　たとえば，BVerfG, Beschluß v. 22. 7. 1977, In:RdJB (1978), S.76.
(98)　H.Avenarius/H.P.Füssel, a.a.O., S.400.

768

いて，下記のように書いている（12条3項）。

　「学校における性教育は，親による性教育を補充するものである。その目的
は，生徒に対し，その年齢に応じて，生物学的，倫理的，宗教的，文化的，社
会的な事実関係と人間の性に関することを教えることにある。それは生徒を，
責任意識と道徳的に根拠づけられた決定と行動および人間的かつ社会的なパー
トナーに向けて育成すべきものである。性教育に際しては，生徒の私的領域に
対する感性と抑制ならびにこの領域における様々な価値観と生活様式に対する
開放性と寛容が考慮されなくてはならない。

　親は性教育の目的，内容および形態について適時，報告を受けるものとす
る」。

第5節　親の教育権と子どもの人格的自律権

1　子どもと基本的人権
1－1　子どもの人権主体性
　基本的人権とは「人間がただ人間であるということにのみもとづいて，当然
に，もっていると考えられる権利」をいう[99]。とすれば，子どももまた法的
人格を有し，憲法が保障する人権享有主体であり，決して大人の掌中にある
「無権利客体」（rechtlose Objekt）ではない，ということが論理必然的に導かれ
る筈である。しかし，ドイツにおいても長い間，子どもは一律に憲法の人権保
障から遮断され，「憲法から自由な，民主制原理・法治主義原理の及びえない
空間」に追いやられてきた。

　ドイツにおいて，子どもの人権主体性がそれ自体として正面から取り上げら
れ，学説・判例上確認されたのは，1960年代の終わり頃になってからのこと
である。ちなみに，ドイツにおいて子どもの人権主体性を初めてフォーマルに
確認し，この法域でエポックをなした1968年の連邦憲法裁判所の決定は，こ
の点について，以下のように宣明している[100][101]。

　「子どもは基本的人権の主体（Grundrechtsträger）として，自ら国家の保護
を求める権利を有する。子どもは基本法1条1項と2項1項の意味における，
固有の人間としての尊厳ならびに自己の人格を自由に発達させる固有の権利

（99）　宮沢俊義「憲法Ⅱ」有斐閣，1976年，77頁。

（100）　BVerfG, Ent. v. 29. 6. 1968, BVerfGE 24, 119（144）, In:RdJB（1994）, S.491.

第IX部　第1章　親の教育権の法的構造

（eigenes Recht auf Entfaltung seiner Persönlichkeit）をもつ存在なのである」。

　またこの時期の学説を，1950年代初頭から1970年代の後半にかけてドイツにおける学校法学研究をリードしたH.ヘッケルに代表させよう。ヘッケルは1967年の著作「学校法と学校政策」において，親権との関係で次のように述べている[102]。

　「子どもは決して親の掌中にある無権利客体ではない。全的な法的人格（volle Rechtspersönlichkeit）を享有しており，固有の権利および義務の主体である。わけても彼らは既に憲法上の基本権を原則として享有している」。

1-2　子どもの人権へのアプローチ

　子どもは人格的にも身体的にも発達段階にある存在である。したがって，その権利の有りようが，人格的に独立し身体的にも成熟をみた成人と異なる面があるのは当然である。

　くわえて，ひとくちに子どもと言っても様々な発達段階があり，また人権保障の受益者および有りようは，すべての基本的人権について一様ではなく，人権の種類や性質によって異なるべきものと解される。この点，ドイツの権威ある憲法コンメンタールも書いているように[103]，「基本権の主体が誰であるかは，基本権一般についてではなく，具体的なケースにおいて，ただ個々の基本権についてだけ確定されうる」ということである。

　それでは具体的に子どもの人権はどのようなディメンションに位置し，いかなる法的構造をもつことになるのか。この課題に接近するために，ドイツにおいては，近年，以下のような多面的かつ多角的なアプローチが採られてきている。

（101）　参考までに，アメリカにおいて子ども（生徒）の人権主体性を初めて確認したのは，1969年のティンカー事件に関する連邦最高裁判所の判決である。こう判じている。
　　　「合衆国憲法第1修正上の権利は……教員および生徒にも妥当する。生徒もしくは教員は言論ないしは表現の自由という彼らの憲法上の権利を校門の所で放棄するとの論は，ほとんど説得力をもちえない。……生徒は学校においても，学校外におけると同様，わが憲法の保障下に置かれている人間（persons under our constitution）なのである。彼らは州が尊重しなければならない，基本的人権を享有している」（Tinker v. Des Moines Independent Community School District, 1969, In:S.M.Davis/M.D.Schwarz, Childrens Rights and the Law, 1987, p.57.）。

（102）　H.Heckel, Schulrecht und Schulpolitik, 1967, S.177.

（103）　I.v. Münch/P.Kunig（Hrsg.）, Grundgesetz-Kommentar, 5 Aufl.Bd.1, 2000, S.26.

770

第5節　親の教育権と子どもの人格的自律権

1－2－1　基本的人権の享有能力と行使能力

ドイツにおいて今日，学説上有力な支持をえているアプローチである[104]。子どもの人権を語る場合，「基本的人権の主体たりうる能力」〈基本権享有能力（Grundrechtsfähigkeit）〉にくわえて，「基本的人権を自ら行使しうる（してもよい）能力」〈基本権行使能力（Grundrechtsmündigkrit）〉という概念を措定し－この概念はさらに，原則として自己決定と自己責任においてその基本権の行使を可能ならしめる「全的な基本権行使能力（volle Grundrechtsmündigkeit）」と，基本権の行使に際してなお親の教育権などによる一定の制約を伴う「限定的な基本権行使能力」（beschränkte Grundrechtsmündigkeit）に区分される－この能力の存否と強度を，後述するような様々な角度から，個別かつ具体的に見定めていくという手法である。

この基本権行使能力という概念はH.クリューガーが1956年の論文で初めて用いたものであるが，「親の権力」と「学校における特別権力関係（論）」によって，子どもの法的地位が強く規定されていた当時のドイツにおいて，クリューガーはこの概念に依拠して，子どもの自己決定権（Selbstbestimmungsrecht）を導出し，定礎しようとしたのであった。こう書いている[105]。

「基本的人権のうちのあるものは，明らかに，民法上の成人とは無関係に子ども自身によって行使されうる。場合によっては，教育権者の意思に反しても

---

(104)　E.Stein, Staatsrecht, 14Aufl., 1993, S.217.　I.v.Münch/P.Kunig（Hrsg.）a.a.O., S.22. S. 25. M.Roell, Die Geltung der Grundrechte für Minderjährige, 1984, S.23ff. H.Avenarius, Kleines Rechtswörterbuch, 1992, S.216.など。

　　ちなみに，I. v. Münch/P.Kunig（Hrsg.）, a.a.O., によれば，「Grundrechtsfähigkeit」とは，「基本権の主体たりうる自然人ないしは法人の能力」，Grundrechtsfähigkeit「Grundrechtsmündigkeit」とは「基本権を自律的に行使してもよい自然人の能力」とそれぞれ定義され，両者の区別は民法上の権利能力と法律行為能力の区別にパラレルではあるが，同一ではないとされる。

　　しかし一方でこうした区分に批判的な見解も見られる。たとえば，K.ヘッセは「未成年者は基本権の享有と行使において一般的に制約されるのであり，基本権享有能力と基本権行使能力の区別は憲法上根拠づけられない」と述べる（K.Hesse, Grundzüge des Verfassungsrechts der Bundesrepublik Deutschland, 1995, S.130.）。

(105)　H. Krüger, Rechtsausübung durch Jugendliche（Grundrechtsmündigkeit）und elterliche Gewalt, In:FamRZ（1956）, S.331.

　　なお参考：U.Fehnemann, Über die Ausübung von Grundrechten durch Minderjährige, In:RdJ（1967）, S.281ff.　M.Roell, Grundrechtsmündigkeit-eine überflüssige Konstruktion, In:RdJB（1988）, S.381ff.

771

第Ⅸ部　第1章　親の教育権の法的構造

である」。

1-2-2　基本的人権の種類・性質の如何

　M.フランケや E.シュタインも指摘しているように[106]，ほんらい人権保障の受益者および有りようは，基本的人権の種類や性質によって異なるべきものと解される。そうだとすれば，子どもについて，いうところの基本権行使能力の存否および強度を，それぞれの基本的人権について個別に検討するという作業が求められる筈である。その際，この脈略においては，当該人権が，①人間としての存在それ自体に係わる人権か，②選択の自由を内実とする人権か，③それ自体として法律効果の発生を目的とする権利か，などが重要な指標ないし基準となるとされている[107]。

1-2-3　子ども年齢・成熟度の如何

　H.ヘッケルも書いているところであるが[108]，「人格がより成熟し，より発展するにつれて，……基本権行使能力も発達する。未成年者がより年長になり，より成熟すればするほど，彼らは自己の基本権を自ら行使できる自由領域をより広範に要求することができる」との一般原則が存していると解されている。

　それでは具体的に子どもは何歳くらいから基本権行使能力を取得するかであるが，ドイツにおいては一般的に，14歳前後の年齢段階がその目安とされている。

　ちなみに，ドイツにおいては，公立学校での宗教教育への参加やその宗派の決定に関し，「子どもの宗教教育に関する法律」〈Gesetz über die religiöse Kindererziehung v. 15. Juli 1921.〉が，次のような定めを置いている（2条・5条）。

　すなわち，子どもが，①10歳未満の場合は，これに関する決定権は親にある。②10歳以上12歳未満の間で，宗派を変更する場合には，親は子どもの意見を聴かなければならない。③12歳以上14歳未満にあっては，親は子どもの意思に反して従前とは異なる宗教教育を指定してはならない。④14歳以降は，

---

(106)　M.Franke, Grundrechte des Schülers und Schulverhältnis, 1974, S.16.　Ekkehart Stein, Das Recht des Kindes auf Selbstentfaltung in der Schule, 1967, S.28.

(107)　U.Fehnemann, Die Innehabung und Wahrnehmung von Grundrechten im Kindesalter, 1983, S.35.　I. v. Münch/P.Kunig（Hrsg.）, a.a.O., S.27.

(108)　H.Heckel, Schulrechtskunde, 5 Aufl. 1976, S.259.

第5節　親の教育権と子どもの人格的自律権

親の意思に反してでも，子ども自身が単独で決定できる－これを「宗教上の成熟」（Religionsmündigkeit）と称する[109]。

1－2－4　対象となる事柄や権益の如何

上述した宗教教育への参加決定をめぐる仕組みがこの範例に属するが，たとえば，「信仰・良心・宗教の自由」といった，いわゆる「高度に人格的な事柄」（sog. höchstpersönliche Angelegenheiten）を保護法益とする基本的人権については，事の本質上，そうではない人権の場合よりも，子ども自身の意思や要望ないし自律的な決定がより尊重されなくてはならない，とするのが，ドイツの通説・判例および現行法制の立場である[110]。

また子どもの家族法上の身分・地位に触れ，もしくはこれらに重大な影響を及ぼす事柄についても，原則として同じことが妥当するとされている。

1－2－5　生活領域・法域の如何

そもそも基本的人権のもつ意味や重要度は，当該生活領域・社会関係ないし団体の目的や性格，さらには機能などの如何によって違いがあると解される。

この点，ドイツにおいては，学校教育関係は基本的人権が格別に重要な意味をもつ生活領域・法域だと目されている[111]，ということが重要である。教育は高度に人格的な，またすぐれて価値にかかわる営為であること，学校教育の目的は，直截に言えば，子どもを「自律的で成熟した責任ある市民」へと育成することにあること〈自律への教育（Erziehung zur Selbständigkeit）〉，学校教育関係においては，子どもは児童・生徒としてより強化された義務関係に立つ

---

(109)　詳しくは参照：T.Kipp, Die religiöse Kindererziehung nach Reichsrecht, In:Festgabe der Berliner Juristischen Fakultät für Wilhelm Kahl, 1923, S.3 ff. W.Raack/R.Dotting/M. Raack, Recht der religiösen Kindererziehung, 2003, S.165. 法令原文は，S.220 以下に所収。
　　なおドイツにおいては14歳未満を「Kind」と称し，満14歳から満18歳の成年に至るまでを「Jugendlicher」と呼称して，用語上も14歳が区切りをなしている。

(110)　なお Ekkehart.シュタインによれば，本文で言及した子どもの宗教教育に関する法律5条から，宗教に関してだけではなく，「これと類似した，あらゆる個人的な性質（persönliche Charakter）の事柄については，満12歳以降は子どもの意思に反して現存の関係が変更されてはならない，との一般原則が導かれる」という（E.Stein, a.a.O., S.32).

(111)　H.Heckel/H.Avenarius, Schulrechtskunde, 6 Aufl. 1986, S.21. T.Ramm, Bildung, Erziehung und Ausbildung als Gegenstand von Grundrechten, In:Festschrift für Erwin Stein, 1983, S.239.

第Ⅸ部　第1章　親の教育権の法的構造

こと[112]，などがその理由とされる。

1-2-6　家族の連帯と自律性・親の教育権との関係

すでに言及したように，自然的な生活共同体である家族は国家に先行する社会の基礎単位であり，そこにあって親は，親子という自然的血縁関係にもとづく「親族上の原権」ないし「親としての自明の権利」として，その子に対して始源的な教育権を有している。この自然の所与と親の教育権の自然法的な権利性から，子どもの教育に対する第一次的な権利と責任は親にあり，国，地方自治体，学校（教員）などは親のこの権利および「家族の連帯と自律性」を尊重しなくてならない，ということが帰結される。

ちなみに，この点，ドイツ民法も「親と子どもは相互に協力して尊重する義務を負う」(1618a条) と書いて，「家族における連帯」(Solidarität in der Familie) の法理を明記しているところである。

こうして子どもの人権は，公権力など第三者との関係〈対外部関係〉と親との関係〈家族内部関係〉においては，その強度が異なることになる。具体的には，子どもがすでに基本権行使能力を有している場合，当該人権の行使に際して，公権力など第三者による規制的介入は原則として認められないが，「子どもの利益」(Interesse des Kindes) を旨として，同時にまた親の教育責任の重さと親の教育権の発現要請に根拠づけられて，親によるそれはなお許されることもありうると解されている。

2　憲法の人権保障規定と親子関係

そもそも憲法の人権保障規定は親と子どもの関係，つまりは，私人相互間にも適用があるのか。換言すると，憲法が保障する基本的人権の効力は，国家との間の「高権的関係」(Hoheitlichesverhältnis) だけに限定されるのか，それとも私人相互の関係を規律する効力－いわゆる「第三者効力」(Drittwirkung) －をも有するのか。

この問題は，ドイツにおいてはワイマール時代以来，基本的人権の第三者効力の問題として，学説・判例上に活発な論議を呼んできていることは，既によ

---

(112)　たとえば，クリューガーは「未成年者が特別な義務領域に位置しているかぎり，そこにおいては基本権行使能力をもつ」と述べ，その例として，学校関係と労働関係を挙げている (H.Krüger, a.a.O., S.18.)。また同じ趣旨からフランケも，学校領域における子どもの基本権行使能力を肯定する (M.Franke, a.a.O., S.18.)。

774

第5節　親の教育権と子どもの人格的自律権

く知られている。

　これについて，ドイツにおいては，基本権の間接効力説の立場を採る通説・判例，とりわけこの領域で画期をなした連邦憲法裁判所の「リュート判決」〈Lüth-Urteil・1958 年 1 月 15 日〉に依拠して[113]，親子関係についても基本権の間接的効力－ただしこの場合は親子相互間ではなく，子どもの基本的人権の親に対する効力－を認める有力な学説が見られている。こう述べている[114]。

　「親－子ども関係は公法上組織化されたものではなく，私法に属するものではあるが，ここにおいてもまた基本権はともかく間接的には妥当する。かくして，一方における親の教育権と，他方における子どもの権利との緊張関係が存在している。個々の場合において，両者の権利領域を比較衡量しなければならない。いずれにしても子どもが満 18 歳（成人・筆者）に至るまで，子どものあらゆる権利に優位する，絶対的な親権が認められることはありえない」。

　さらに，それに止まらず，基本権の直接的第三者効力説に立脚している所説も見受けられる。先に触れたように，子どもについて，「基本権享有能力」とは区別された，「基本権行使能力〈基本権上の成熟〉」という概念を創出し，これに依拠して子どもの自己決定権を定礎しようとした H. クリュ―ガーは，そのコンテクストにおいて，当然のことながら，「親に対して直接的な効力をもつ子どもの権利」を措定しており，かくして，「子どもの権利と親の権利との衝突は，法益・利益衡量の原則に従って解決されるべきものである」という[115]。

　すでに垣間見たように，基本的人権の私人間における効力の存否に関しては，ドイツにおいては，学説・判例上，①無効力説－〈憲法の人権保障規定はもっ

---

(113)　連邦憲法裁判所のいわゆる「リュート判決」は言論の自由が問題となった事案で，以下のように判示している（J. Schwabe〈Hrsg.〉, Entscheidungen des Bundesverfassungsgerichts, 1994, S.130.）。

　　①基本権は，第一次的には，国家に対する市民の防禦権である。しかし憲法上の根本的決定としてあらゆる法の領域に妥当している客観的価値秩序が，基本法の基本権条項に具体化される。②基本権の権利内容は，私法規定によって民法において間接的に発展させられる。それはとりわけ強行規定のなかに侵入し，そして裁判官はとくに一般条項によって基本権の内容を具体化することになる。

　　なお，この判決の評釈として，木村敏夫「言論の自由と基本権の第三者効力－リュート判決，所収：ドイツ憲法判例研究会編「ドイツの憲法判例」信山社，1996 年，126 頁以下，がある。

(114)　I. v. Münch/P. Kunig（Hrsg.）, Grundgesetz-Kommentar, Bd.1, 4 Aufl., 1992, S.470～S.471.

775

第Ⅸ部　第1章　親の教育権の法的構造

ぱら国家と国民との間の関係のみに関するものであって，私人相互間には適用
されない〉，②直接効力説─〈憲法の人権規定は国家権力に対する公権のみな
らず私人間における私権をも成立せしめ，したがって，それは私人相互間にお
いても直接効力をもつ〉，③間接効力説─〈基本的人権はほんらい国家権力に
対する国民の防禦権であり，その保障は私人間には直接には妥当しない。しか
し私法の一般条項を基本的人権の価値内容で「意味充填」（Sinnerfüllung）する
ことによって，私人間の行為に間接的に憲法の適用を認める〉，の3説が存し
ている。そして判例・通説は間接効力説の立場に立っているのであるが，しか
し，ドイツにおいては，いわゆる基本権の第三者効力に関する論議は親子関係
について具体的な法的実益をもたらすまでには至っていない，と評されている
状況にある[116]。

3 「縮減・弱化する親の権利 ── 伸張・強化する子どもの権利」の原則

3-1 親の教育権の権原と子どもの人格的自律権

世界人権宣言（26条3項）や子どもの権利条約（18条1項）も確的的に書い
ているように，親は子どもの教育について第一次的な権利を有し，責任を負っ
ているが〈親の始源的教育権・Das primäre Erziehungsrecht〉，その根拠ない
し権原は，子どもは肉体的・精神的未熟さのゆえに，親による保護と援助がな
ければ生命を維持することも，人間として成長・発達することもできない，と
いう自然的所与にある。

ちなみに，連邦憲法裁判所の判旨にもこうある[117]。「親の教育責任ならびに
それと一体をなす権利が認められる権原は，子どもが社会共同体において自己
責任的な人格へと発達するためには，……親による保護と援助を必要とすると
いうことにある」

親の教育権（教育責任）は子どもの生存権と人間としての成長・発達権を確

---

(115)　H.Krüger, a.a.O., , S.331. 同旨：Ekkehart Stein, a.a.O., S.29.
　　　しかし一方で，こうした見解に対しては厳しい批判がある。たとえば，T.Maunz/G.
　　Dürig（Hrsg.）, a.a.O., Art.19, Rdnr.20 など。

(116)　J.Münder, Familien-und Jugendrecht, 1993, S.100. なおドイツにおいては，親子間に
　　おける基本権の第三者効力の問題は，今日においてもなお争論的なテーマとなっていると
　　いう（J.Bauer/H.J.Schimke/W.Dohmel, Recht und Familie-Rechtliche Grundlagen der
　　Sozialisation, 1995, S.222.）。

(117)　BVerfGE 24, S.144, zit aus L.M.P.Gutzeit, Die Aufnahme von Kinderrechten in das
　　Grundgesetz, In:RdJB（1994）, S.492.

776

第5節　親の教育権と子どもの人格的自律権

保し，それを有意なものとするための自然法的な与件をなしているということ
であり，この点，E.W.ベッケンフェルデも，以下のように書いているところ
である[118]。

　「親の権利の根拠と権原は，子どもの権利および必要性に基づく。子どもは，
自分自身を自由と自己責任に導くものとして，教育およびそれに随伴する規制
力を必要とする。その限りにおいて，子どものためのこうした教育上の支配権
能は，将来における子どもの自己決定のための不可欠な前提条件なのである。
そしてこれには，子どもの教育をうける権利が対応している」。

　つまり，先に触れたように，親の教育権は本質上，親自身の利益ために保障
された権利ではなく，「子どもの利益における権利」（Recht im Interesse des
Kindes）なのであり，だとすれば，子どもが成長し，保護・援助・教導する必
要性が減少するにつれて，また子ども自身の自律的な判断力が増すにつれて，
親のこの権利はそれに反比例するかたちで縮減し，そして子どもの成人ととも
に消滅する，という筋道を辿ることになる。

　ドイツの学説に沿って，敷衍して言えば，「子どもがより年長になり，より
成熟すればするほど，彼らの個人的な自由に対する要求権も拡大する」という
こと[119]，あるいは「子どもの判断力と成熟度が増すにつれて，親の教育権は
子どもの『自己の人格を自由に発達させる権利』によって制約を受け，親によ
る他者教育は，子ども自身による自己教育と自己規制によって次第に取って代
わられる[120]」ということであり，かくして，親の教育権と子どもの人格的自
律権の関係について，W.ベッカーによれば，「縮減・弱化する親の権利－伸
張・強化する子どもの権利」（weichendes Elternrecht －wachsendes Kindes-
recht）という一般的な法的テーゼが導出されることになるとされる[121]。

　ちなみに，親による子どもの教育の第一義的な目的ないし課題は，一言でい
えば，子どもを「自律的で責任ある市民」に育成することにあるから，上記の
命題はこうした教育の目的に適い，同時にそれが要請するところでもあると言
える。

---

(118)　E.W.Böckenförde, a.a.O., S.63.

(119)　I.v.Münch/P.Kunig（Hrsg.）, a.a.O., S.471.

(120)　OLG Karlsruhe, In: Der Amtsvormund（1989）, S.700, zit, aus J.Münder, a.a.O., S.100.

(121)　W.Becker, Weichendes Elternrecht-wachsendes Kindesrecht, In:RdJ（1970）, S.364.
　　ベッカーによれば，この命題は「子どもが成人に向けて成長するにつれて，親の権利は後
　　退する」ことを意味している（S.367.）。

777

第Ⅸ部　第1章　親の教育権の法的構造

　以上，要するに，連邦憲法裁判所の判決を借用すれば，「子どもが生活関係について自律的に判断し，また法的関係において自己責任で行動するのに熟した年齢に至るにつれて，親の権利は，その本質および目的に鑑み，後退しなければならない」ということである[122]。

3－2　親の「子どもの自律性の尊重義務」と子どもの意見表明権

　さて上記の命題は，これを親の義務という観点から捉えると，いみじくも現行のドイツ民法1626条2項が明記しているところであるが，親は子どもの監護・教育に際して，①子どもの自律・自己責任的な行動への，伸張し増大しつつある能力と欲求を考慮しなければならず，また，②子どもに直接かかわる事柄に関しては，できるだけ子どもと話し合い，合意を得るように努めなければならない，ということを意味する。

　そこで，ドイツ民法の権威ある註釈書も「親による配慮・子どもの成長しつつある自律性の考慮」と銘打った同条は，子どもに一般的な共同決定権を保障した一般条項ではないが，親に対して，パートナーシップによる教育（part-nerschaftliche Erziehung）を課したものであると述べているところである[123]。

　そしてこの場合，重要なことは，上記にいう親の「伸張しつつある子どもの自律性の尊重義務」および「子どもとの相談・合意義務」には，子どもの権利条約上の象徴的な権利である子どもの「意見表明権」（12条1項）が実体法上も，手続法的にも，これに対応しているということである。「自己の意見を形成する能力のある子ども」は，「その子どもに影響を及ぼすすべての事項について，自由に自己の意見を表明する権利」を有し，その意見は「子どもの年齢および成熟度にしたがって，相応に考慮される」との規定がそれである。

4　いわゆる「意思能力のある未成年者の法理」と子どもの自己決定権

　今日，ドイツの学説・判例によれば，親の教育権と子どもの人格的自律権との間には，一般的には上述したような法原則が妥当していると解されているが，基本的人権の種類や性質ないし対象となる事柄や権益の如何によっては，さらに「いわゆる意思能力のある未成年者の法理」（Rechtsfigur des sog. einsichtsfä-higen Minderjährigen）の適用を視野に入れてアプローチすることが，入用かつ

---

(122)　BVerfGE 59, S.387, zit aus Ekkehart Stein, Staatsrecht, 14 Aufl. 1993, S.294.

(123)　O.Palandt, Bürgerliches Gesetzbuch, 55Aufl. 1996, S.1650.

第5節　親の教育権と子どもの人格的自律権

有益であるとされている。

　この法理は近年，ドイツにおいて学説・判例上に有力な支持を獲得しつつあるようであるが，それは，端的に言えば，いわゆる「高度に人格的な事柄」ないしは自己の人格権に深く触れ，強く係わる事柄については，当該事項に関し，子どもが相応な判断力・弁識力を具えていると見られる場合には，他者による規制を排して，子ども自らが自律的にこれを決定することができ，したがって，ここにおいては，子どもの自己決定権が親の教育権を原則的に凌駕する[124]，というものである。

　こうして，この理論によれば，対象となる事柄が子どもの人格権に触れ，その核に近いものであればあるほど〈いわゆる人格に近い権利・sog. Persönlichkeitsnaherecht〉，これに関する決定に際して子ども自身の意思や意見表明権は法的重みを加え〈親の単独決定権の制限・親による決定に際しての子どもの参加権の保障〉，そしてまさしく子どもの「人格権の核」（Kern des Persönlichkeitsrechts）に触れる事柄については，子どもがそれに要する判断力を有していれば，これに関しては子どもの意思こそが決定的である，ということが帰結されることになる[125]。

　それでは具体的に，どのような事柄について上記法理の原則的適用が考えられるかであるが，通説・判例によれば，①自己の生命・身体の処分に係わる事柄，②家族の形成・維持に係わる事柄，③リプロダクションに係わる事柄，がこれに含まれることは疑いを容れないとされている。

　またこれらと比較すると子どもの自律的決定権＝親による子どもの意見の尊重義務の強度はやや弱まるとしても，④精神的自由権，とくに「信仰・良心・宗教の自由」に係わる事柄，⑤教育・職業の選択に係わる事柄，なども概ね同列に位置すると見られている。

　ちなみに，上記①の例を引くと，ドイツにおいては，学説・判例上，手術な

---

(124)　J.Münder, a.a.O., S.104〜S.105. ders. , Beratung, Erziehung und Recht, 1991, .34〜S.35.
　　　なおドイツにおいてこの法理を採用した判例としては，さしあたり，OLG Hamburg, In:FamRZ（1983），S.310. またこの法理に関する本格的な研究としては，S.Jäger, Mitspracherechte Jugendlicher bei persönlichkeitsrechtlichen Entscheidungen, 1988, がある。

(125)　スイスにおいても同様のアプローチが通説化しているようである。たとえば，エックシュタインは子どもの自己決定権を論ずるに当たり，「人格に近い権利」という概念を措定し，「基本権行使能力にとって一定の年齢に達するということは重要ではない。決定的なのは当該基本権の人格近接性（Persönlichkeitsnahe）にある」と論断している（K. Eckstein, Schulrecht, Elternrecht, Schülerrecht, 1982, S.64〜S.65.）。

第Ⅸ部　第1章　親の教育権の法的構造

どの治療行為をうけるか否かに関し，判断力のある子どもは親の同意なしに単独で決定することができ，親の指示による子どもの意思に反した治療行為は，生命に対する危険や健康への害が明白であるなど，特段の事情が存する場合にだけ許される，とされている[126]。

---

(126)　J.Bauer/H.J.Schimke/W.Dohmel, Recht und Familie – Rechtsgrundlagen der Soziali-sation, 2 Aufl. 1995, S.219.

　　　なお1980年の親の配慮権法案においては，満14歳に達した子どもは治療行為に関し自己決定権をもつ，と明記されていた（ditto）。この問題について詳しくは参照：D.W.Bel-ling u.a., Das Selbstbestimmungsrecht Minderjähriger bei medizinischen Eingriffen, 1994.

780

第2章　親の学校教育・教育行政への参加法制

第1節　親の学校教育参加の法制史

1　「協同的自治」の思想と父母協議会

　ドイツにおける親の学校教育参加は，歴史的には，教育権者〈Erziehungs-berechtigter・ドイツでは親だけを指す〉の組織である「父母協議会」（Elternbeirat）の創設によって実現した。その歴史は古く，すでにワイマール革命期には制度的な保障を見ている。

　すなわち，19世紀中葉以降における「教育の自律性」（Eigengesetzlichkeit der Bildung・Autonomie der Erziehung）や「学校教育・教育行政における民主制」確保を旨とする思想や理論，とりわけF. W. デルプフェルトによって唱導された「自由な学校共同体」（freie Schulgemeinde）構想や[1]，教育学はもとより国法学・行政法学・行政学や自然法学における「協同的自治」（genossenschaftliche Selbstverwaltung）の理論ないし「協同的な学校を求める運動」（genossenschaftliche Schulbewegung）などを背景とし[2]，より直接にはドイツ教員組合による「学校の自治」要求運動[3]とワイマール革命期の民主主義思想や自由主義的教育思潮（とくに改革教育学）などの影響を強く受けて，1918年にプロイセン州で法制化されたのを最初として，1920年代末までには多くの州でこのような法制度が確立した。

　ちなみに，この間の推移を時系列で記すと下記のようである。

1918年－プロイセン，1919年－ザクセン　1920年－ハンブルク，バーデン

---

(1)　F.W.Dörpfeld は下記のモノグラフィーにおいて，もっぱら親の権利を基軸に据え，学校を自由な共同体として創造することを構想したのであった。ders., Die Freie Schulgemeinde und ihre Anstalten auf dem Boden einer freien Kirche im freien Staate, 1863.

　　ders., Das Fundamentstück einer gerechten, gesunden, freien und friedlichen Schulverfassung, 1892, In: K. Kloss, Lehrer, Eltern, Schulgemeide-Der Gedanke der genossenschaftlichen Selbstverwaltung im Schulwesen, 1949, S.108.

　　なおドイツにおけるデルプフェルトの学校組織構造論に関する本格的研究としては，さしあたり，以下が挙げられる。W. auf der Haar, Dörpfelds Theorie der Schulverfassug, 1917. E.Schmidt, F.W.Dörpfelds Schulverfassung in ihrer Bedeutung für die Gegenwart, 1920.

第IX部　第2章　親の学校教育・教育行政への参加法制

1923年－バイエルン　1926年－テューリンゲン，ヘッセン，リューベック
1927年－ビュルテンベルク。

　なおここで付言しておくと，今日，ドイツの民間企業における労使共同決定
制は世界的に有名であるが，この制度が法制上確立されたのは1920年の経営
協議会法〈Betriebsverfassungsgesetz v. 4. Feb. 1920〉によってである。法制
史的には「学校制度における親の参加」の方が先行しているという事実は，注
目されてよいであろう。

　さて「父母協議会」は学校教育に対して親の影響力や発言権を確保するため
に組織されたものであるが，その法的構造を，この法域で指導的な役割を果た
したプロイセン州とハンブルク州におけるそれについて概括すると，以下のよ
うであった。

1－1　プロイセン州の父母協議会

　プロイセン州においては，1918年以前にあっては，学校法域における親の

---

(2)　たとえば，19世紀ドイツにおける行政学の泰斗・L.v.Stein は大著, Die Verwaltung-
　slehre, Fünfter Teil, Das Bildungswesen, 1868, で教育行政における市町村の自治にくわ
　えて，教員による学校自治の理論を提示しているし，憲法・行政学者・R.Gneist もその著
　「国民学校の自治」(Die Selbstverwaltung der Volksschule, 1869) において，市町村学校
　委員会のもとでの学校自治の制度を構想している。また自然法学者 H.Ahrens も，Natur-
　recht, 1839, でこう説いている。「大学の自治を範として，国民学校や上級学校においても
　教員による全的な自治が保障されなければならない。国家は教育の理念や内容・方法を決
　定してはならない。国家の役割は一般的な学校組織構造を定めることと，一定範囲の学校
　監督に限局されなくてはならない」。さらに1860代に刊行された教育学辞典 (K.v.Stoy,
　Enzyklopädie der Pädagogik, 1861, S.262) にも，次のような記述が見えている。「学校は
　国家や教会ではなく，ただ家庭と市町村にこそ基盤を置くべきものである」。以上につい
　ては，K.Kloss, a.a.O., S.35-S.44.
　　なお E. シュタインによれば，このような思想は J.H.Pestalozzi, Lienhard und Gertrud,
　1781 や W.v.Humboldt, Ideen zu einem Versuch, die Grenzen der Wirksamkeit des Staates
　zu bestimmen, 1792, などにまで遡るとされる (Erwin Stein, Elterliche Mitbeteiligung im
　deutschen Schulwesen, In:JZ (1957), S.11ff.
　ders., Das pädagogische Elternrecht im deutschen Schulwesen, In: Eltern und Schule
　(1958), S.4.)。
(3)　1848年に結成されたドイツ教員組合は，結成当初から，独任的学校管理体制・「学校
　における官僚主義」(H・ウォルガスト) に抗して，「教職の自由」(Freiheit der Lehrer-
　beruf) を強く要求していたが，その後も一貫して「教員集団による学校自治のための闘
　争」(Der Kampf um die schulische Selbstverwaltung durch Lehrkörper) を根強く展開し
　たのであった (R.Rissmann, Geschichte des Deutschen Lehrervereins, 1908, S.39-40.)。

782

第1節　親の学校教育参加の法制史

権利は学校の不法行為に対する異議申立て権だけに限られていたのであるが，1918年の文部省令〈Ministerialerlaß v. 5. Okt. 1918〉は，ドイツで初めて学校法制上の必置機関として父母協議会制度を導入した。

　この文部省令は上級学校についてだけ父母協議会の設置を定め，その構成員は学校監督庁が任命し，父母協議会は校長の主宰の下で運営されるとするものであったが，翌1919年の改正省令「学校父母協議会に関する規程」〈Satzungen für die Elternbeiräte an Schulen v. 5. Nov. 1919〉は全学校種を対象として「各学校に父母協議会を設置するものとする」と規定したうえで，その目的をこう書いた。「父母協議会は学校と家庭との関係を促進し，その深化に資すべきもので，親と学校の双方にそれぞれの活動に関し相互の影響を保障するものである」。

　これを受けて，父母協議会の構成とメンバーの選出について，以下のような定めを置いた。①父母協議会はただ親代表によってだけから構成される。②校長と教員は審議権を擁して父母協議会の会議に参加できる。③親代表は父母協議会において秘密投票によって選出される。④子ども50人につき1人の親代表が選出され，親代表の最低数は5人とする。⑤親代表の選出は2年毎に行われ，自分の子どもが卒業すると父母協議会メンバーの資格を喪失する。

　問題は，学校組織・権限関係における父母協議会の法的位置づけであるが，これについては，「父母協議会の活動は諮問的な性格（beratender Natur）のものである。その活動は学校の管理運営，学校懲戒および子どもの肉体的・精神的・道徳的教育に及び，また一般的な意味をもつ学校事項に関しての，親の要望や提案を含むものである」と規定したのであった[4]。

1－2　ハンブルク州の父母協議会

先に垣間見たように，ドイツ教員組合は19世紀中葉以降，官治的・独任的

---

(4)　以上については，下記による。W. Kühn, Schulrecht in Preußen, 1926, S. 256ff. G. Holstein, Elternrecht, Reichsverfassung und Schulverwaltungssystem, In: AöR, Bd. 12, 1927, S. 229ff. F. Blättner, Das Elternrecht und die Schule, 1927, S. 67.

R. Maury, Elterliche Erziehungsgewalt und öffentliche Schulgewalt nach deutschem Recht, 1931, S. 93ff.

W. Landé, Preußisches Schulrecht, 1933, S. 184.

L. W. Winterhager, Schule und Eltern in der Weimarer Repulik, 1979, S. 102ff.

Erwin Stein, Das pädagogische Elternrecht im deutschen Schulwesen, In: Eltern und Schule (1958), S. 4.

第Ⅸ部　第2章　親の学校教育・教育行政への参加法制

な学校管理体制に抗して「教員による学校自治」の確立を一貫して要求してきたのであるが，この要求運動は，ハンブルク州においては1920年，「学校の自治に関する法律」〈Gesetz über die Selbstverwaltung der Schulen v. 12. April 1920〉の制定によって法制上に結実することになる[5]。

　この法律は，総則，教員会議，父母協議会（Elternrat），校長，学校評議会（Schulbeirat）および特則の6章47カ条から成っているが，ここで格別に重要なのは，まず第1条で「各学校の直接的管理（unmittelbare Verwaltung einer jeden Schule）は教員会議と父母協議会によって行われる」と宣明し，父母協議会を教員会議とともに学校自治の重要な担い手として位置づけていることである。ただ「父母協議会は，その決定の実施に当たって教員会議の同意を得なければならない」（13条）とされ，また「教員会議の決定は，校長およびすべての成員を拘束する」（4条）とされており，したがって，あくまで教員会議が学校内部管理運営の最高議決機関として位置している。

　そこでいうところの「学校の自治権」の具体的内容の如何が問題となるが，それには大きく，教育活動上の権限と教員人事上の権限の2種の権限が含まれている。これらの権限はいずれも第一次的には原則として教員会議に属しているが，ただ教員会議は「教員の採用や転任に際して父母協議会や関係者の意見を聞いたうえで，これについて，学校監督庁に提議することができる」（2条2項）と定め，父母協議会に教員人事に際しての聴聞権を与えていることは注目に値しよう。また校長の選出（任期3年）も教員会議の権限事項とされているが，父母協議会の代表は当該教員会議に参加できるとされている（19条）。

　父母協議会は「学校と家庭との協同により，青少年の肉体的・精神的・道徳的福祉を増進すること」（5条）を目的とする組織で，校長，教員2名，親代表9名によって構成され，学校生活に関連するすべての問題について審議・決定権を有するとされている。また，その代表は適時，学校経営を視察することができ，これに対応して，校長には学校状況についての報告義務が課されている（13条1項）。

　校長の職務は「法規定，学校監督庁の命令および教員会議と父母協議会の決定に従って学校を経営する」（18条）ことにある。ただ教員会議や父母協議会の決定が，現行法に抵触もしくはそれを責任をもって実施できないと考える場

---

(5)　法令原文は下記によった。Schulbehörde der Hansestadt Hamburg（Hrsg.），Selbstverwaltung der Schule in der Demokratie, 1948, S.12 所収.

第1節　親の学校教育参加の法制史

合には，校長は学校監督庁に異議申立てをすることができるとされている（同条2項）。

　なお学校評議会〈親代表100名・教員代表100名の計200名で構成される州レベルの組織〉は学校制度に関するすべての問題について学校行政庁への提議権を有するとされ，また学校行政庁は法令立案過程でその意見を聴取しなければならないとして，教育立法・教育行政過程への親の参加を制度的に保障するところとなっている（28条〜33条）。

　ちなみに，このような教育立法・教育行政過程への親の参加制度を擁していたのは，この時期，ハンブルクとテューリンゲンの2州だけであった[6]。

2　ナチス政権による親の学校参加制度の解体

　1933年以降のナチス政権下においては，いわゆる「指導者原理」（Führerprinzip）が学校にも援用され，「学校の唯一・権威的指導者」として位置づけられた校長が，学校経営の全権を掌握した[7]。1934年4月3日の「国民学校および中間学校に関する改正規程」は，直截にこう書いている[8]。

　「①校長は……学校経営の外的・内的秩序に関し，学校監督庁に対して責任を負う。とくに監督庁の命令が遵守されているか，学校の教育活動がナチスの国家思想の精神に基づいて行なわれているか，に対して責任を負う。

　②校長は教員の職務上の上司（Vorgesetzter）である。教員は校長の職務命令に忠実に従わなければならない。

　③学校経営のあらゆる事柄は校長の単独決定権に属する。……」。

　また「職業官吏制度再建法」の制定（1933年4月）を機に教員に対する統制が著しく強化され，教員組合・教育運動は壊滅的な打撃を受けた。ワイマール革命期の所産である参加民主主義は原理的に否定され，労使共同決定制を始めとする各種の参加制度は解体された。

　そしてここで重要なのは，統一的な民族秩序から唯一かつ全的な「新たな教育権」（Das neue Erziehungsrecht）が導出され[9]，ワイマール憲法によって自

---

(6)　テューリンゲン州では学校行政法〈Schulverwaltungsgesetz v. 9. Mai 1923〉により，父母協議会の教育行政過程への参加権が法認されていた（B.Meier, Elternrecht und Elternmitwirkung in der Schule, 2005, S.42）。

(7)　W.Seufert, Die Lehrerkonferenz, In:Blätter für Lehrerbildung, 1968, S.168.

(8)　K.Nevermann, Der Schulleiter, 1982, S.217.

第IX部　第2章　親の学校教育・教育行政への参加法制

然法的な基本権として保障されていた「親の教育権」がほぼ全面的に剥奪されたということである。

　こうして，上述したような親の学校教育・教育行政への参加制度は根底から破壊されたのであった。

第2節　ドイツ基本法下における法制状況

1　親の学校教育参加権の憲法による保障

　1949年に制定されたドイツ基本法は，憲法史上，初めて「親の教育権」を明記したワイマール憲法の親権条項（120条）をほぼそのまま継受して[10]，こう書いた。「子どもの育成および教育は，親の自然的権利（das natürliche Recht der Eltern）であり，かつ，何よりもまず親に課されている義務である」（6条2項）。いわゆる親の自然権的教育権の憲法による保障である。

　これを受けて，親の学校教育への参加制度も各州で復活することになる。しかもヘッセン（1946年・基本法の制定以前），ノルトライン・ウェストファーレン（1950年）およびバーデン・ビュルテンベルク（1953年）の旧西ドイツ3州では，1950年代前半までに親の学校教育へ参加権が憲法によって保障され〈憲法上の基本権としての親の学校教育参加権〉，またその後，ドイツ再統一（1990年10月）後に制定された旧東ドイツ諸州の憲法にあっても，ブランデンブルク（1992年），ザクセン（同年），ザクセン・アンハルト（同年），テューリンゲン（1993年）の4州で，この権利は同じく憲法上明示的な保障を受けるに至っている[11]。

---

(9)　H.Webler, Nationalsozialistisches Familienrecht, In:Zentralblatt für Jugendrecht und Jugendwohlfahrt（1935），S.17.

(10)　ワイマール憲法以前に制定されたドイツの憲法においては，たとえば，1849年のドイツ帝国憲法〈いわゆるフランクフルト憲法〉や1850年の改正プロイセン憲法がその例であるが，親の就学義務だけが憲法上規定され，親の教育権の保障条項は存しなかった。北ドイツ連邦憲法（1867年）と1871年のドイツ帝国憲法〈いわゆるビスマルク憲法〉は，憲法とは称しても，基本権の保障条項さえ擁していなかった（B.Meier, a.a.O., S.29-S.33）。

(11)　各州憲法における当該条項は下記の通りである。HE州憲法56条6項，NW州憲法10条2項，BW州憲法17条4項，BB州憲法30条2項，SN州憲法104条1項，SA州憲法29条2項，TH州憲法23条3項。

　　なおSN州憲法104条1項は親の学校教育への参加権だけではなく，「生徒の学校参加権」も憲法上保障して，こう書いている。「親および生徒は，選出された代表者を通して，学校生活と学校教育活動の形成に参与する（mitwirken）権利を有する」。

第2節　ドイツ基本法下における法制状況

　こうして今日では，上記以外の州も含めて，すべての州で親の学校教育への
参加制度は学校法制上のフォーマルな制度として確立しているのであるが，現
行法制上，この法域においてもっとも本格的な制度を擁しているヘッセン州に
ついて，その法的基本構造を見ると，以下のようである。

　すなわち，同州ではまず州憲法が親の学校教育への参加権が憲法上の基本権
であることを確認して，こう謳っている（56条6項）。「教育権者は教育制度の
形成に参加する権利（das Recht, die Gestaltung des Unterrichtswesens mitzubes-
timmen）を有する[12]」。そしてこの憲法条項を受けて，州学校法（1992年）が
「親の参加権」（Mitbestimmungsrecht der Eltern）と題して，以下のような定め
を置いている（101条）。「子どもや青少年の教育に際して，学校，家庭および
職業訓練施設を支援するために，ならびにヘッセン州憲法56条6項にもとづ
く親の参加権を保障するために，……父母協議会を設置する」。

　また上記の憲法条項を具体化するために同州では，特別法として「教育権者
の参加および州学校評議会に関する法律」〈Gesetz über die Mitbestimmung
der Erziehungsberechtigten und den Landesschulbeirat v. 13. Nov. 1958〉が制
定されており，「父母協議会」を通しての親の学校教育・教育行政参加につい
て，その種類，組織と構成，任務と権限，議事手続，文部大臣・学校監督庁や
学校の権限との関係，役員の選出方法・手続・任期，父母会に係わる経費の負
担などについて，具体的に定めるところとなっている[13]。

　このように，ドイツにおいては，親は憲法上の基本的人権として教育行政や
学校教育運営への参加権を保障されており，そしてそれは，個々の親の個人的
な権利であると同時に，親集団の「集団的な権利」（kollektives Elternrecht）な
いし「集団的基本権」（Gruppengrundrecht）でもあるとされている〈個人的基
本権および集団的基本権としての親の公教育運営参加権〉。言い換えると，教
育行政機関や学校は父母協議会などによる親の学校教育参加を容認し，保障し
なければならない憲法上の義務を負っているということになる。このような制

────────────
（12）　ヘッセン州憲法の有力なコンメンタールによれば，ここでいう教育制度（Unter-
　　　richtswesen）は学校・教育制度（Schul-und Erziehungswesen）の領域におけるすべて
　　　の活動を含むとされている（K.Hinkel, Verfassung des Landes Hessen-Kommentar, 1999,
　　　S.147）。
　　　　ただ一方で「Unterrichtswesen」という概念を狭義に捉え，教員事項を含めて，いわ
　　　ゆる外的学校事項はこれに含まれないとする判例も見られている〈Hess. StGH Urt. v. 18.
　　　2.1958〉。
（13）　詳しくは参照：D.J.Klein, Elternmitbestimmung in Hessen, 1980, S.9ff.

第Ⅸ部　第2章　親の学校教育・教育行政への参加法制

度は，おそらく世界にほとんど類例を見ないであろう。

　ちなみに，ドイツにおいては，上述のような親の学校教育への参加権は別名「親の教育上の権利」（Das pädagogische Elternrecht）と称され[14]，それは「個々の学校や教育行政の領域において，特定の制度形態で親に参加権を保障する学校における権利」と概念規定されるところとなっている[15]。

　なお，親の学校教育参加の理論的ないし条理的な根拠に関してはさまざまな見解があるが，ここではドイツ連邦憲法裁判所の促進段階判決〈Förderstufe-nurteil・1972 年〉の判旨を引いておこう。ヘッセン州における促進段階の導入が親の教育権を侵害するかどうかが争われた事案で，連邦憲法裁判所はこう判じている[16]。

　「子どもの人格の形成を目ざすという，親と学校の共通の教育上の任務は，個々の権限に分解できるものではない。それは，両者が相互にかかわり合いをもつ有意味な協同（sinnvolles Zusammenwirken）においてだけ達成されうる。すでに教育的な理由から，教員のいかなる教育活動も親の中核的な観念や見解を無視しては，あるいはそれに反しては行われえない」。

2　親の学校教育への参加権と基本法の親権条項

　上述のように，ドイツにおいては，親は憲法上の基本権として学校教育への参加権を有しているとされているのであるが，ただこの権利が親の個人的な権利としてはともかく，親集団の集団的権利としても，基本法6条2項の親権条項から直接導かれるか否かについては[17]，学説上，見解の対立が見られている。

---

(14)　「Das pädagogische Elternrecht」というタームは Erwin Stein の創造にかかるもので，シュタインは論稿，Das pädagogische Elternrecht im deutschen Schulwesen, In:Eltern und Schule（1958），S.3ff，において，Das konfessionelle Elternrecht　との対比において，この権利の法的構成を試みたのであった〈参照：R.Wimmer, Das pädagogische Elternrecht, In:DVBl（1967），S.809.〉。

(15)　Erwin Stein, Elterliche Erziehungsrecht und Religionsfreiheit, In: E.Friesenhahn/U. Scheuner（Hrsg.），Handbuch des Staatskirchenrechts der Bundesrepublik Deutschland, 2Aufl, 1995, S.461.

(16)　BVerfG, Urt.v. 6. 12.1972, In:SPE 3 Folge（2013），S.260-S.261. RdJB（1973），S.175ff.

(17)　すでに 1926 年，H.Hickmann はワイマール憲法の親権条項から学校における親の直接的な参加権を導いている（ders., Das Elternrecht der neuen Schulverfassung, 1926, S. 32）。

788

第2節　ドイツ基本法下における法制状況

　肯定説としては先ず，長年に亘ってドイツにおける学校法学研究をリードした H.ヘッケルの所説が挙げられる。これについて，以下のように述べている[18]。「親は学校生活と学校教育活動の形成に参加的に協同する。さらに親には，その州の教育制度の形成に際して参加権，少なくとも聴聞権が保障される。この集団的な権利は個人的な権利と相俟って，親の教育上の権利（pädagogisches Elternrecht）と表徴される」。

　また権威ある基本法のコンメンタールも，こう述べる[19]。「基本法6条2項が保障する親権は，学校における親の参加権・共同形成権（Recht auf Mitbestimmung und Mitgestaltung）を包含している。この権利はもっぱら代表組織を通して行使され，その対象は学校の内的および外的関係に及びうる」。

　さらに T.オッパーマンも親の教育権の核はその個人権性にあるとしながらも，基本法6条2項の親権条項から親の協同的参加権を導出しており[20]，R.ビンマーもまた「基本法6条2項の法益に含まれる教育上の親の権利は，学校における親の参加を保障するものである。この権利は，親の個人的な権利が実際に機能し難い場合に，それを現実化するものである」との見解を示している[21]。

　これに対して，現在ドイツにおける親の教育権研究の第一人者・F.オッセンビュールは，上記のような所説を排して，つぎのような見解を採っている[22]。

　「個人の地位としての基本権は，親代表には委託されえない。個人的な基本権は代表することができない。代表制は基本権保障の核としての個人の自己決定（individuelle Eigenbestimmung als Kern der Grundrechtsgewährleistung）を，他者による決定（Fremdbestimmung）に転化するものだからである。親は，その個人的な教育権を共同で行使することはできる。しかし個人の基本権を独自の集団的な親の教育基本権へ変質させるために束ねる（bündeln）ことはできない。それは基本権の本質と相容れない。基本権は個人の権利として，少数者

---

(18)　H.Heckel, Schulrechtskunde, 5 Aufl.1976, S.265.

(19)　T.Maunz/G.Dürig/R.Herzog（Hrsg.）, Grundgesetz-Kommentar, Art.6, 1980, Rn.27ff.

(20)　T.Oppermann, Gutachten C zum 51. Deutschen Juristentag, 1976, S.C39ff.

(21)　R.Wimmer, a.a.O., S.813.

(22)　F.Ossenbühl, Das elterliche Erziehungsrecht im Sinne des Grundgsetzes, 1981, S.98.
　　　同旨： ders., Die Interpretation der Grundrechte in der Rechtsprechung des Bundesverfassungsgerichts, NJW（1976）, S.2106. ders., Schule im Rechtsstaat, DÖV（1977）, S.806ff.

第Ⅸ部　第2章　親の学校教育・教育行政への参加法制

保護の表徴であり，それ故，多数決にはなじまない。基本権保障の機能は，まさに多数による決定に対して自らを貫徹するところにある。このことは，基本法6条2項についても妥当する。基本法6条2項にもとづく基本権は，個々の親に帰属する個人的な基本権である。この権利は，多数決によっては行使されえない」。

　また指導的な学校法学者・H.アベナリウスも「個人的な権利としての親の権利」と題して，次のように述べている[23]。

　「基本法6条2項にもとづく親の権利は，個々の子どもに係わる親の個人的な基本権（Individualgrundrecht）である。たとえば，子どもの成績状況についての情報請求のように，この個人的な権利は同一方向かつ同時の権利行使を排除されるものではない。しかしその場合でも，基本権の個人権性は不可侵のままである。この権利は多数決によっては行使されえない。それ故，基本法が保障する親の権利は，学校における親の集団的な参加の法的基盤を与えるものではない」。

　その他に同旨の立場に立つ学説として，たとえば，U.フェーネマン[24]，E.W.ベッケンフェルデ[25]，N.ニーフエス[26]などが挙げられる。

3　親の学校教育参加の態様＝学校教育参加権の種類

　親の学校教育参加の態様は，別言すると，親の学校教育参加権の種類は，大きく，以下の二つのカテゴリーに分かれている。一つは，協同的参加ないしは諮問的参加とでも称すべきもので〈協同権・Mitwirkungsrecht〉，他は共同決定的参加〈共同決定権・Mitbestimmungsrecht・Mitentscheidungsrecht〉である[27]。

　前者の協同的参加は，具体的な権利の種類に即していえば，「知る権利」，「聴聞権」および「提案権」に区別できる。

　「知る権利」（Informationsrecht）は他のすべての親の教育権ないし教育参加

---

(23)　H.Avenarius/H.P.Füssel, Schulrecht, 8 Aufl., 2010, S.343〜S.344.

(24)　U.Fehnemann, Die Bedeutung des grundgesetzlichen Elternrechts für die elterliche Mitwirkung in der Schule, In:AöR, S.558.

(25)　E. W. Bökenförde, Elternrecht-Recht des Kindes-Recht des Staates, In: Essener Gespräche zum Thema Staat und Kirche.Bd 14, 1980, S.90.

(26)　J.Rux/N.Niehues, Schulrecht, 5 Aufl., 2013, S.272.

(27)　H.Avenarius/H.P.Füssel, a.a.O., S.145-S.146.

790

第2節　ドイツ基本法下における法制状況

権行使の前提をなしており，通説・判例によれば，この権利は基本法6条2項
の親の教育権保障に当然に包含されていると解されている。したがって，学
校・教員が黙秘しこの権利に応えないことは，親の教育権の侵害として違憲と
なる[28]。

　具体的には，たとえば，教育制度の構造，卒業・資格制度，学校の教育方針
や授業計画，教育内容や方法，子どもの成績や学校での様子などについて報告
をうける権利・知る権利などが，この権利の対象法益に含まれる。この親の知
る権利はさらに積極的に，生徒個人の試験・成績・評価に関する書類その他の，
生徒の法的地位や権利領域に触れる文書を閲読する権利・記載内容について訂
正を求める権利なども導くと解されている。

　ちなみに，この点，ハンブルク州学校法（1997年）は「教育権者と生徒の知
る権利」と題して，「生徒とその教育権者は，すべての重要な学校事項（alle
wichtige Schulangelegenheiten）について報告をうけるものとする」（32条1項）
と書き，その具体例として上記のような事項を摘記している。

　さらにこの親の知る権利の具体化として，たとえば，ブレーメン州やノルト
ライン・ウェストファーレン州などにおいては，親の「授業参観をする権利」
（Unterrichtsbesuchsrecht）が学校法上明記されている。

　なおこの親の知る権利は，宗教的・世界観的ないし倫理的領域，つまり親の
教育権が「敏感な領域」（sensible Bereiche）においては，知る権利の域を超え
て，以下に述べる「聴聞権」ないし「提案権」へと強化される，とするのが通
説である[29]。一例を挙げると，たとえば，性教育の領域がこれに属する。

　つぎに「聴聞権」（Anhörungsrecht）としては，上は州レベルの教育立法か
ら，下は学校・学級段階での，生徒や親の法的地位や権利領域に触れる重要な
諸決定に際しての聴聞される権利や説明を求める権利，生徒懲戒に際しての聴
聞権が重要な位置を占めている。

　現行の規定例を引くと，たとえば，ハンブルク州学校法にも「生徒ないし教
育権者は懲戒措置の前に聴聞されるものとする」（49条5項）とある。

　さらに「提案権」（Vorschlagsrecht）は学校や教育行政機関に意見や要望・
要求を提出する権利，それらの決定に対して態度表明したり，異議を申し立て
る権利，などを内容としている。

---

(28)　F.Ossenbühl, Das elterliche Erziehungsrecht im Sinne des Grundgsetzes, S.150.

(29)　E.W.Bökenförde, a.a.O., S.92.

第IX部　第2章　親の学校教育・教育行政への参加法制

　なお，以上のような協同的参加（権）は，学校教育事項により，また州により，その強度において多少の違いはあるが，今日，すべての州で法的な保障をうけている。

　参考までに，たとえば，ヘッセン州学校法（1997年）は州父母協議会の権限の一つとして，こう規定している。「州父母協議会は教育制度の形成に係わる措置を提案する権利を有する」（120条2項）。

　他方，後者の共同決定的参加（権）－父母協議会の同意がなければ，教育行政機関・学校側の決定は法的には成立しえないということ－であるが，ドイツにおいて親の教育権が強いとはいっても，このような権利が保障されているのは，現在のところ，ヘッセン州，ラインラント・プファルツ州，シュレスビィヒ・ホルシュタイン州の3州においてだけである。とくにヘッセン州でその度合いが強くなっている。

　ちなみに，先に引いた同州学校法は「子どもや青少年の教育に際して，学校，家庭，職業訓練施設を援助するために，ならびにヘッセン州憲法56条6項に従って，親の共同決定権を保障するために，公立学校には父母協議会が設置されるものとする」（101条）と書いた上で，下記のように定めている。

　①　教育目的や教育過程（特に学習指導要領と試験規程），上級学校への入学や転学，教材・教具の選定，学校規程などについて，文部省が一般的基準を定立する場合には「州父母協議会」の同意が必要であり（118条），

　②　文部大臣と州父母協議会との間の合意が成立せず，州父母協議会が3分の2の多数決で再度文部省側の案を拒否した場合には，文部省は州政府の承認を受けた場合に限り，州父母協議会の意に反する決定を実施することができ，また各学校レベルでは，

　③　学校プログラムの定立，法律で一般的に規定されたものとは異なる授業の実施，外国語の選択や基礎学校への外国語の導入時期，宿題の範囲や与え方に関する原則，実験校への指定と試行の実施等，10項目に関しては，学校会議（後述）は学校父母協議会の同意を得ることを義務づけられている（110条2項）。換言すれば，父母協議会はこれらの事柄について第一次的な拒否権を有しているということである。

4　親の学校教育参加の組織

4－1　父母協議会

父母協議会の組織は州により，また学校種や学校段階によっても異なり，一

792

第 2 節　ドイツ基本法下における法制状況

様ではないが，現行法制上，その基本的な構造は概ね以下のようになっている。

　まず各学級の父母集団で「学級父母協議会」(Klassenelternbeirat) を構成する。これがあらゆる組織的・制度的な親の学校教育参加の基礎単位となる－父母協議会のメンバーになるか否かは親の任意である。自動加入制ではない。筆者がドイツ滞在中に各地の父母協議会役員から聞いた話では，加入率は大体90 パーセント前後ということであった－。各「学級父母協議会」はその代表を選出し，これによって「学年父母協議会」が構成される。さらにその代表者が母体となって「学校父母協議会」(Schulelternbeirat) を形成する。またこのような学校レベルの組織を基礎として，その上部組織として，「郡・市父母協議会」(Kreis-und Stadtelternbeirat) および「州父母協議会」(Landeselternbeirat) が制度化されている。さらに法制上のフォーマルな組織ではないが，1952年以来，「連邦父母評議会」(Bundeselternrat) が設置されている。

　父母協議会の構成や役員の選出手続は州により，また父母協議会の種類によっても異なる。これについては各州の学校法ないし父母協議会に関する法令で具体的に規定されているが，たとえば，ヘッセン州の州父母協議会の場合は次のようになっている。

　役員は郡父母協議会ないし市父母協議会の代表を母体として，その地域の生徒数を考慮して，3 年間の任期で選出される。その数は 15 名で，学校の種別ごとに定数が定められている。基礎学校，基幹学校，実科学校およびギムナジウムの代表が各 2 名，促進学校，総合制学校および私立学校の代表が各 1 名，それに職業学校の代表が 3 名という構成である。この 15 人の役員の中から議長と副議長が選ばれ，父母協議会は議長により招集，主宰される[30]。

　改めて書くまでもなく，父母協議会は教育権者である親の代表組織であるが，ただ校長や教員の代表も審議権をもって学校父母協議会や父母全体集会 (Gesamtelternversammlung) などに参加できることになっている。くわえて，生徒代表や学校設置者の代表なども父母協議会の会議に招待できるとされている。

　ところで，今日，ドイツにおいては「移民背景をもつ生徒」(Schüler mit Migrationshintergrund) の占める割合が高くなっているが〈基幹学校＝18.7％，実科学校＝8.0％，基礎学校＝6.6％，ギムナジウム＝4.3％・2011 年現在[31]〉，

---

(30)　D.J.Klein, a.a.O., S.33ff.

(31)　Bundesministerium für Bildung und Forschung (Hrsg.), Bildung und Forschung in Zahlen 2013, S.38.

793

第Ⅸ部　第2章　親の学校教育・教育行政への参加法制

ヘッセン州やニーダーザクセン州など5州においては，父母協議会はこうした現実を踏まえて組織されている。たとえば，ヘッセン州では当該校における移民背景をもつ生徒の割合が10%〜50%の場合，移民背景をもつ生徒25人につき1人の親代表が学校父母協議会に審議権を擁して参加できるとされている（同州学校法109条）。

　他方，以上のような各段階の父母協議会の他に，下記のような組織もまた，現行法制上，親の学校教育・教育行政参加の重要なルートをなしている。

4−2　学校会議

　学校経営への参加・共同決定機関として，ザクセン・アンハルト州を除くすべての州で，「学校会議」（Schulkonferenz）が設置されている。ただ名称は州によって一様ではなく，バイエルン州では「学校フォーラム」（Schulforum），ニーダーザクセン州では「学校理事会」（Schulvorstand），ラインラント・プファルツ州では「学校委員会」（Schulausschuß）と称されている。

　いうところの学校会議は1969年に創設されたブレーメン州の「共同委員会」（Gemeinsame Ausschuß）に端を発するフォーマルな学校組織で[32]，学校の教育活動に対する教員・親・生徒の共同責任機関としての性格を有し，原則として，これら三者の代表によって構成されている。

三者の構成比は州によって各様であるが，現行法制上，以下の3類型に分かれている[33]。①教員代表が「親代表＋生徒代表」よりも多い州（2州）—バーデン・ヴュルテンベルク州，ヘッセン州。

　②　教員代表と「親代表＋生徒代表」が同数の州（Halbparität・3州）—ブレーメン州，ニーダーザクセン州，ノルトライン・ウエストファーレン州。

　③　教員代表，親代表，生徒代表の三者の代表が同数の州（Drittelparität・10州）—バイエルン州，ベルリン州，ブランデンブルク州，ハンブルク州，メ

---

(32)　ドイツの学校法制史上，いうところの学校会議について最初に規定したのは，1960年代末の学生・生徒による「教育の民主化」要求を背景に制定されたブレーメン州の共同委員会に関する命令〈Erlaß über Gemeinsame Ausschüsse v. 10. Sept. 1969〉である。ここにいう共同委員会は「学校の自治」を担うべく教員全体会議，父母協議会，生徒代表制にくわえて，これらの組織の機能的な統合機関として構想されたもので，教員・親・生徒代表の三者同数代表制を採っていた。ただこの場合，教員全体会議は3分の2の多数決によって，共同委員会の決定を廃棄できるとされていた（L.R.Reuter, Partizipation als Prinzip demokratischer Schulverfassung, In:Aus Politik und Zeitgeschichte, 1975, S.21）。

(33)　H.Avenarius/H.P.Füssel, a.a.O., S.157.

クレンブルク・フォアポンメルン州，ラインラント・プファルツ州，ザールラント州，ザクセン州，シュレスビッヒ・ホルシュタイン州，テューリンゲン州。

上記③にあるように教員・親・生徒代表の三者同数制が16州中の10州を占めているのが特徴的である。学校会議の議長は原則として校長が務める。

学校会議の法的性質・学校組織権限関係上の位置づけは州によってかなり異なっている。たとえば，バイエルン州のように，意見表明・聴聞・勧告の権利をもつにすぎないとしている州もあれば，ハンブルク州のように学校の最高審議・決定機関として位置づけている州も見られている。

ちなみに，ハンブルク州学校法（52条）はこう明記している。

「①学校会議は学校自治の最高審議・決定機関（das oberste Beratungs-und Beschlußgremium der schulischen Selbstverwaltung）である。学校会議は生徒，親，教員……の協同を促進するものとする。

②学校会議は，学校のすべての重要事項について審議し，この法律の定める基準に従い，それらについて決定する」。

そしてこれを受けて同州においては，議決手続に若干の違いはあるが，下記の事項が学校会議の決定権限事項と法定されるところとなっている（同法53条）。学校プログラムの策定，学校教育活動の評価，統合学級の設置，実験校や特別な学校経営形態の導入，終日学校の導入，学校名の決定，校則の制定，課外活動の原則，授業やその他の学校活動への親の参加に関する原則，クラス旅行や学校の特別な行事に関する原則，学校内における生徒団体の活動に関する原則，学校の目的外使用に関する原則，生徒や親が行う集金の実施，校長候補者に対する支援，がそれである。

4－3　教員会議への親の参加

ドイツにおいては現行法制上，「教員会議」（Lehrerkonferenz）はほとんどの州で学校の意思決定過程においてかなり強力な権限を有しているが，この教員会議への親・生徒代表の参加を制度化している州が少なくない。親・生徒代表はたいてい審議権をもつにすぎないが，ニーダーザクセン州では親・生徒代表に表決権が与えられている。

すなわち，同州学校法はいわゆる「学校の自律性」（Autonomie der Schule）の法理を確認したうえで（32条），「学校の決定は，教員会議もしくは校長によってなされる」（33条）と規定し，続いて「教員会議は，学校のすべての本質的な事項について決定する」（34条1項）との定めを置いている。そしてこ

第IX部　第2章　親の学校教育・教育行政への参加法制

れらを受けて，教員会議の構成と手続について規定しているのであるが，校長
や教員に加えて，教育権者（親）の代表と生徒代表も教員全体会議の表決権を
もつ正規のメンバーとして法定しているのである（36条1項）。

4－4　地方自治体の教育行政機関への親の参加

　多くの州において，親代表の教育行政への参加が制度的に保障されている。
たとえば，バーデン・ビュルテンベルク州では，学校の設置・廃止・学校財政
など重要な学校事項について，学校設置者に対して聴聞権をもつ「学校評議
会」（Schulbeirat）が設置されているが，そのメンバーに，校長・教員の代表，
宗教団体の代表，職業教育関係者の代表（職業学校の場合）などとともに，
親・生徒代表が含まれている（同州学校法49条）。

5　親の学校教育参加の範囲と限界

　親の参加は学校教育のさまざまな領域に及んでいる。それを事項・領域別に
整理すると，教育目的の実現や教育活動の実施に関すること，学校における子
どもの利益の保護に関すること，親自身の権利に関すること，それに学校と父
母協議会との協力関係の維持・促進に関すること，などとなっている。

　このうち，教育目的や教育内容・方法などいわゆる「内的学校事項」（in-
nere Schulangelegenheit），したがってまた，いわゆる「教育の専門的事項」の
領域においても親の参加が法認されていることは，注目に値しよう。

　具体例としては，すでに触れたヘッセン州のケースの他に，たとえば，ベル
リンでは親は授業計画の立案に際して参加権をもっているし，またザールラン
ト州では成績評価基準について，教員に対し親に対する報告義務を課している。
州父母協議会に教科書検定に関して文部大臣に提議する権利を認めている州も
ある（バーデン・ヴュルテンベルク州）。それどころか，ハンブルク州において
は，教育的に適格な親は授業の形成に参加できる，とまでされている。

　このように，親の学校教育参加は広範な領域に及んでいるが，教育行政機関
や学校・教員の権限との関係で，その程度においては，一定の制約に服してい
ることは勿論である。たとえば，父母協議会は教員の人事行政過程に原則とし
て参加することはできない―ただし，シュレスビッヒ・ホルシュタイン州では，
校長選出機関である「校長選任委員会」（Schulleiterwahlausschuß）に父母代表
の参加〈教員代表と同数〉が保障されている。また上述した学校会議にはほと
んどの州で校長選任過程への一定範囲・程度の参加権が保障されている[34]―。

796

第2節　ドイツ基本法下における法制状況

　また父母協議会には，当然のことながら，校長や教員に対する職務上の監督権や命令権はない。これとの関係で重要なのは，父母協議会は「学校経営」（Schulbetrieb）に直接的な介入をしてはならない，とされていることであろう。

　ちなみに，この点と係わって，ニーダーザクセン州憲法裁判所は次のように判じている[35]。「成績，進級，卒業，コースの移行などの決定に際して，教育権者の代表が表決権をもって参加することになれば，国の学校監督の機能はもはや保障されないことになる」。

─────────────

(34)　J.Staupe, Schulrecht von A－Z, 2001, S.231ff.

(35)　zit. aus H.Avenarius/H.P.Füssel, a.a.O., S.173.

第Ⅹ部

「私学の自由」と私学に対する公費助成法制

第1章 「私学の自由」の法的構造

第1節 ワイマール憲法下までの法制状況

1 プロイセン一般ラント法と私学

　学校法学の泰斗・H.ヘッケルも指摘しているように[1]，ドイツにおける私学の歴史はドイツにおける学校制度の歴史と同義である。「私立学校」(Privatschule) という概念は「公立学校」(öffentliche Schule) という対照概念を前提とするものだからである[2]。

　こうして，ドイツの教育制度は8世紀のカール大帝時代の宮廷学校 (Hofschule) にまで遡るのであるが，私立学校という概念が生成したのは18世紀の絶対主義時代においてであって，それ以前は「学校法制上の制度としての私立学校」は存在しなかった。様々な形態の私的な教育施設が事実上存在していたにすぎない[3]。

　ドイツにおける私学法制は，1794年に制定された「プロイセン一般ラント法」〈Allgemeines Landrecht für die Preußischen Staaten v. 5. Feb. 1794〉に始まる。

　すなわち，同法は「学校および大学は国の施設 (Veranstaltungen des Staats) であって……」(1条) と規定し，ドイツの学校法制史上初めて，学校を国の施設として位置づけた〈国の施設としての学校・Schule als Staatsanstalt[4]〉。

---

(1)　H.Heckel, Privatschulrecht, 1955, S.13.

(2)　「Privatschule」という用語からも知られるように，本章は初等・中等教育段階の「私学の自由」(Privatschulfreiheit) を考察の対象としている。今日，ドイツにおいては私立の高等教育機関も少なからず存在しており〈2011年現在の私立大学数（総合大学＋専門大学）＝176, Bundesministerium für Bildung und Forschung (Hrsg.), Bildung in Deutschland 2012, S.31〉，そこで「私立大学の自由」(Privathochschulfreiheit) に関する研究も散見されるが（たとえば，J.Heidtmann, Grundlagen der Privathochschulfreiheit, 1980など），ここでは視野に含めていない。次章の私学助成に関する考察においても同様である。

(3)　ドイツにおける私学法制の形成と歴史的展開について，参照：遠藤孝夫「ドイツにおける私立学校法制の歴史的展開」，帝京大学理工学部「研究年報人文編」（第6号），1996年，27頁以下。

(4)　L.Clausnitzer, Geschichte des Preußischen Unterrichtsgesetzes, 1891, S.36.

801

第Ⅹ部　第1章　「私学の自由」の法的構造

そしてこれを受けて，私学の設置・教育課程や私学に対する監督などに関して，下掲のような定めを置いた[5]。

　まず「かかる施設は，国の承認と認可によってのみ設置することができる」（2条）とし，そこで「私立の教育施設（Privaterziehungsanstalt）……を設置しようとする者は，当該地域の学校および教育施設の監督を課せられている当局によって，その適格性を確認され，その教育・教授計画を提出して，承認を受けなければならない」（3条）とされた。

　くわえて，「私立の教育施設は前記当局の監督に服する。この当局は子どもがいかに訓練されているか，その身体的ならびに道徳的教育はいかに配慮されているか，必要な授業がどのように行われているかについて，情報を聴取する権限を有し，義務を負う」（4条）とされ，さらに「農村および小都市において公立学校施設がある場合は，副校（Nebenschule）やいわゆる隅校（Winkelschule）は，特別な許可なしには，これを設置することはできない」（6条）と法定された。

　また一方で，公立学校・教育施設に対する国家の監督権について，こう書いた。「すべての公立学校および公的教育施設は，国家の監督（Aufsicht des Staats）の下に置かれ，常時，国家の監査と査察を受けなければならない」（9条）。

　ここに学校法制（学校法原理）上は，いわゆる「学校制度の国家化」（Verstaatlichung des Schulwesens）が確立されたのであり[6]，それまで歴史的に長い間，「教会の付属物」（annexum der Kirche）という性格を濃厚に帯びてきた学校は[7]，教会権力から国家権力の手に移管され，「国家の施設」として位置づけられて，その監督下に置かれることとなったのである。「プロイセン一般ラント法以降，国家は学校の主人（Herr der Schule）と見なされてきた[8]」と捉えられる所以である。

　上記にいう学校には，既述したところから知られるように，私学も当然に含まれているから，ここにおいて「国家の学校独占」ならびに「公立学校の私学

（5）　プロイセン一般ラント法の法令原文は，L.Froese/W.Krawietz, Deutsche Schulgesetzgebung, Bd.1, 1968, S.27以下所収によった。

（6）　A.Eisenhuth, Die Entwicklung der Schulgewalt und ihre Stellung im Verwaltungsrecht in Deutschland, 1931, S.15.

（7）　C.F.Koch, Allgemeines Landrecht für die Preußischen Staaten, 1886, S.691.

（8）　L.Clausnitzer, a.a.O., S.266.

802

第1節　ワイマール憲法下までの法制状況

に対する一義的な優位」が法制上確立を見たのであった[9]。

　ただプロイセン一般ラント法は同時に「その子の教育を……家庭において行うことは，親の自由である」（7条）と書いて，「親の家庭教育の自由」を保障するとともに，1717年の就学義務令以来の「就学義務」（Schulpflicht）に代えて，下記のように規定して，「教育義務」（Unterrichtspflicht）制度を導入した。「家庭において，その子のために必要な教育をすることができない者は，その子が満5歳に達したる以後，学校に通わせなければならない」（43条）。

　そしてこの「教育義務」は家庭においてはもとより，私立の学校その他の教育施設においてもこれを履行することが可能とされた[10]。

　かくして，上記にいわゆる「国家の学校独占」は絶対主義的警察国家における「国家の絶対的学校独占」ではなく，「国家の弱められた学校独占」（abgeschwächtes staatliches Schulmonopol）を意味したのであった[11]。

　なお，18世紀の「警察・福祉国家」から，19世紀における「文化・立憲国家」への転換にも拘らず，上記プロイセン一般ラント法の学校条項はワイマール憲法（1919年）が制定されるまで，プロイセンだけではなくその他のラントにおいても，学校法制（私学法制）の基盤をなしたことは，後述する通りである[12]。

2　19世紀私学法制と「私学の自由」

　ところで，先に言及した私学に対する国家の監督権は，プロイセンにおいては営業警察によって行使されたのであるが，1810年代のプロイセン改革期に制定された「営業警察法」〈Gewerbepolizeigesetz v. 7. Sept. 1811〉が（83条～86条），「営業の自由」（Gewerbefreiheit）の一部として，私学設置に際しての規制の除去など，「全的な教育の自由」（völlige Unterrichtsfreiheit）を保障していたという事実は，ドイツにおける私学法制史上特筆に値する[13]。

---

(9)　W.Landè, Preußisches Schulrecht, 1933, S.993.

(10)　ders, a.a.O., S.217. A.Eisenhuth, a.a.O., S.15.

(11)　H.Heckel, a.a.O., S.38. E.Plümer, Verfassungsrechtliche Grundlagen und Rechtsnatur der Privatschulverhältnisse, 1970, S.37. T.Maunz/G.Dürig（Hrsg.）, Grundgesetz-Kommentar, 2010, Art.7, S.30.

　　ちなみに，I.リヒターによれば，この「国家の弱められた学校独占」体制はその後19世紀を通して，すべてのラントにおいて妥当したとされる（I.Richter, Bildungsverfassungsrecht, 1973, S.78.）。

(12)　E.Plümer, a.a.O., S.38. L.T.Lemper, Privatschulfreiheit, 1989, S.75.

803

第Ⅹ部　第1章　「私学の自由」の法的構造

このような「私学の自由」法制は「プロイセン一般ラント法1条は……宣言的な効力を有するにすぎなかった」から[14]，現実化を見るに至ったのであるが，しかし20年有余の短命に終わることになる。

プロイセン政府は，上記営業警察法の保障に係る「私学の自由」は「濫用され，教育制度に対して多大な不利益をもたらした」との認識から[15]，1834年6月に「私的教育施設等に対する国家の監督に関する閣令」発し[16]，学校制度を営業法による規律から分離した〈私学法制と営業法制の分離〉。そして5年後の1839年には上記閣令を施行するための大臣訓令を発布し，そこにおいて，主要には，下記のように規定したのであった[17]。

①　私立学校および私的な教育施設は，「現実の必要」（wirkliche Bedürfnis）に応える場合においてだけ，すなわち，就学義務年齢の子どもの教育が公立学校によっては十分に配慮されない地域においてだけ，これを設置することが許される（1条）。

②　私立学校の教員は，公立学校の教員と同様の養成をうけ，試験に合格した者でなければならない（2条）。

③　国家による監督は，教授計画の策定，補助教員の選任，教科書と教材，教育方法，学校規則，生徒数さらには学校の設置場所にまで及ぶ（7条）。

④　私立学校の責任者は，当該地域の公立学校に適用されている法令を厳守する義務を負う（9条）。

このように，この訓令は，私学の設置に際していわゆる「必要性の有無の審査」（Bedürfnisprüfung）の原則を確立し，併せて，設置後も私学を国家の厳格な規制下に置くものであるが[18]，「1839年の大臣訓令は閣令に基づいて発せられているから，法律と見なされる」〈プロイセン上級裁判所判決・1865年〉と

---

(13)　I.Richter, a.a.O., S.78. K.Becker, Aufsicht über Privatschulen, 1969, S.7. J.P.Vogel, Verfassungswille und Verwaltungswirklichkeit im Privatschulwesen, In:RdJB（1983）, S. 171.

(14)　A.Eisenhuth, a.a.O., S.15. ドイチャーも同法1条は「宣言的なもの（programmatisch）」であったと指摘する（E.K.Deutscher, Privatschulen in der deutschen Bildungsgeshichte, 1976, S.125.）。

(15)　I.Richter, a.a.O., S.78.

(16)　閣令の正式名は下記の通りである。Kabinettsorder betr. die Aufsicht des Staates über Privatanstalten und Privatpersonen, die sich mit dem Unterricht und der Erziehung der Jugend beschäftigen v.10.Juni 1834 In:W.Landè, a.a.O., S.1004.

(17)　W.Landè, a.a.O., S.1005ff.

804

第1節　ワイマール憲法下までの法制状況

の判例などにも補強されて[19]，その後，プロイセン憲法やワイマール憲法を経て，ドイツ基本法下に至るまで実に約120年に亘って法的効力をもつことになるのである[20]。

ちなみに，上記訓令にいう「必要性の有無の審査」と係わって，1863年の省令も次のように記している[21]。

「公立学校によって，就学義務年齢の子どもの教育が十分に配慮できない地域においては，私立学校を設置することが認められる。しかしそれは無限定に許されてはならない。許可された私立学校は，公立学校と連携して，教育に十分配慮しなくてはならないという限界が存する」。

なおこの訓令は他のラントにも強い影響を及ぼし，たとえば，バイエルンにおいては1861年の「警察刑法典」が私学の自由な設置を禁止し（108条），これを受けて翌1862年の「教育施設の設置と管理に関する規程」が，私学設置の要件・認可手続や私学の教育運営などについてきわめて厳格な規律を設けたのであった[22]。

3　プロイセン憲法と「私学の自由」

すでに言及したように，「教育の自由」・「私学の自由」という教育法理はフランス革命期の憲法・教育法に淵源をもち，1831年のベルギー憲法によって憲法上の法原理として確立を見たのであるが[23]，このベルギー憲法の影響を強くうけて生まれた1848年のプロイセン欽定憲法〈Oktroyierte Verfassung v. 5. Dez.1848〉は，一国の憲法としては世界で最初に「教育をうける権利」を憲法上保障するとともに，「教育の自由」・「私学の自由」の保障条項を擁していた[24]。「教育を行い，また教育施設を設置経営することは，……各人の自由である（Unterricht zu ertheilen und Unterrichtsanstalten zu gründen und zu leiten,

---

(18)　プロイセンにおいて私学に固有な学校監督が制度化されたのは，この訓令によってであって，かかる制度は1872年の学校監督法〈Gesetz betr. die Beaufsichtigung des Unterrichts＝und Erziehungswesens v.11.März 1872〉によっても維持された（H.Heckel, a.a.O., S.38）。

(19)　Preußische Kammergericht, Urt. v. 18. 8. 1865, zit.aus P.Westhoff（Hrsg.）, Verfassungsrecht der deutschen Schule, 1932, S.170.

(20)　J.P.Vogel, a.a.O., S.170.

(21)　W.G.Schuwerack, Die Privatschule in der Reichsverfassung vom August 1919, 1928, S. 6.

(22)　H.Heckel, a.a.O., S.38.E.Plümer, a.a.O., S.43.

805

第Ⅹ部　第1章　「私学の自由」の法的構造

steht Jedem frei) ……」（19条）と明記していた。「教育の自由」・「私学の自由」の憲法上の基本権としての保障である。

この条項は，翌1849年のいわゆるフランクフルト憲法にもほぼ同文のまま継受され（154条），また1850年の改正プロイセン憲法もこの自由を明示的に保障した（22条）。

ただこれらの憲法はその一方で，たとえば，1850年の改正憲法が「すべての公立および私立の教授＝教育施設は，国によって任命された当局の監督に服する」（23条）と書いていたように，私学に対する国家の監督権を法定していた。

それどころか，「青少年の教育は，公立学校によって十分に配慮されるものとする」〈1850年憲法21条・ほぼ同文：1848年憲法18条・フランクフルト憲法155条〉と規定して，学校教育，とくに義務教育は原則としてこれを国家が行い，それが不可能な場合に限り，例外的に，私学における教育が認容されるとの原則に立脚していた。

つまり，この時期のドイツの憲法は[25]，①国民の教育は第一義的には国家によってなされるべきものであるとの，絶対主義的福祉国家の基本観念をなおも原則的に維持しており〈国民教育施設（nationale Bildungsanstalt）としての公立学校・公立学校の私学に対する絶対的優位[26]〉，そこで，②いうところの「私学の自由」はベルギー憲法におけるような「純正な私学の自由」ではなく，既述した「国家の弱められた学校独占」の範囲内での「制約された私学の自由」（begrenzte Privatschulfreiheit）として，憲法上，これを措定していたのであった[27]。

---

(23)　この点について，W.ランデも大要こう述べている（W.Landè, Die Schule in der Reichsverfassung, 1929〈以下，Die Schule と略〉, S.17.）。「1791年から1830年にかけて制定されたフランスの憲法は，学校制度について規律はしているが，しかしそれは，市民の自由権（Freiheitsrecht des Bürgers）としてではなく，国家の市民に対する配慮対象としてである。学校制度を自由権の対象として位置づけたのは，ベルギー憲法が最初である」。また E.プリューマーもフランス革命期の憲法との比較で，ベルギー憲法における「真正基本権としての教育の自由」（Freiheit des Unterrichts als echtes Grundrecht）について言及している（E.Plümer, a.a.O., S.45.）。

(24)　L.Clausnitzer, a.a.O., S.162.

(25)　ちなみに，1810年代から1830年代にかけて制定されたドイツ各ラントの憲法〈バイエルン公国1818年憲法，ザクセン公国1831年憲法など〉は，学校制度を憲法の規律対象としてさえしていなかった（W.Landè, Die Schule , S.17.）。

(26)　G.Anschütz, Die Verfassungs＝Urkunde für den Preußischen Staat, 1912, S.365.

第1節　ワイマール憲法下までの法制状況

　くわえて，1850年の改正プロイセン憲法は，学校条項を具体化するための学校法の制定を予定して，「特別法がすべての教育制度について定める」（26条）と規定していたのであるが，「私学の自由」条項（22条）については，そのような法律はついぞ制定されることはなかった，という事実は格別に重要である。1850年代から1890年代に至るまで，たとえば，1862年のR.ホルベークの教育法案や1867年のV.ミュラーの教育法案など，教育法制定の試みはあったのであるが，いずれも成案を見るまでには至らなかったのである[28]。

　かくして，改正プロイセン憲法112条＝「26条にいう法律が制定されるまでは，学校・教育制度に関して現在妥当している法規定が適用される」により，プロイセンにおいては，憲法による「私学の自由」の明示的保障にも拘らず，法律レベルでは「絶対主義国家の学校法がなおも従前通り効力をもち続けた[29]」のであった。G.アンシュッツの文章を借用すると，「私学制度に関する法律による規律は，この方向での試みがすべて頓挫したために－とくに注目されるのはG.ツェドリッツ文相が1892年に提出した国民学校法案－（私学の自由を保障した・筆者）憲法22条は効力を停止したままの憲法規定として止まっており，旧法がそれに代わってなお妥当している[30]」という法制状況にあった。

　なお1871年のドイツ帝国憲法（いわゆるビスマルク憲法）は，教育は各ラントの専管事項に属するとして，学校条項をもたなかったから，上述したような法制状況はワイマール憲法が制定されるまで存続することとなるのである。

　ちなみに，この点，現在ドイツの指導的な私学法研究者J.P.フォーゲルが「私学法における憲法の意思と行政の現実」（1983年）という論稿を著し，そこにおいて，改正プロイセン憲法が「私学の自由」を明記していたにも拘らず，それが法律によって具体化されることはなく，それどころか，既述した1834年の閣令がおよそ120年の長きに亘って効力をもち続けたことを，厳しく指弾しているところである[31]。

----

(27)　I.Richter, a.a.O., S.78.

(28)　梅根悟「近代国家と民衆教育」誠文堂新光社，1967年，302頁以下。E.Plümer, a.a.O., S.39.

(29)　G.Anschütz, a.a.O., S.495.

(30)　ders., a.a.O., S.393.

第Ⅹ部　第1章　「私学の自由」の法的構造

4　ワイマール憲法と「私学の自由」

1918年のいわゆる11月革命の所産として制定を見たワイマール憲法〈Verfassung des Deutschen Reichs v. 11. Aug. 1919〉は「ドイツ人の基本権と基本的義務」と題した第2編に「教育および学校」の章を擁し（第4章），しかもそれは10ヵ条にも及ぶものであった。

このようにワイマール憲法が学校制度を基本権の一部として規定したことは，ドイツ憲法史上重要な意味をもつが，しかしこのことによって，学校制度が「真正かつ固有の基本権の内容」（echter und eigentlicher Grundrechtsinhalt）として位置づけられたのではなかったことは[32]，後の考察から知られるところである。

ワイマール憲法の教育条項はまず「学問・教授の自由」を謳っている（142条）。しかし学校制度については，18世紀以来の伝統的な国家の学校監督法制を継受して，「すべての学校制度は国家の監督に服する」（144条）と規定した。

そしてここにいう国家の学校監督権は，学説・判例によって著しく拡大解釈され，法的意味での監督概念をはるかに超えて，「国家に独占的に帰属する，学校に対する行政上の規定権」と観念され[33]，「学校に対する国家の全的かつ唯一の直接的規定権力，組織権力，勤務監督権力の総体」として構成されたのであった[34]。

こうして，このような内実をもつ国家の学校監督権が，ラント法上の概念と効力の域を超えて，ライヒ（Reich・ドイツ帝国）の法制度上に，しかも憲法上直接的な法的効力をもつ法原則として確立を見ることとなるのである。

ワイマール憲法はまた，プロイセン憲法と同じく「公立学校優位の原則」（Primat der öffentliche Schule）を採用し，「青少年の教育は公の施設によって配

---

(31)　J.P.Vogel, a.a.O., In:RdJB（1983）, S.170ff.

　　　またこの点と係わって，T.オッパーマンも「ドイツにおける基本権の形成に際して，教育の自由の発展は，西ヨーロッパ諸国と比較してほとんど100年近く遅れたことは，19世紀におけるドイツ憲法史の特異な発展に属する」と述べている（T.Oppermann, Kulturverwaltungsrecht, 1969, S.60.）。

(32)　W.Landè, Die Schule, S.24.

(33)　G.Anschütz, Die Verfassung des Deutschen Reichs vom 11.August 1919, 1933,（以下，Die Verfassung と略），S672.

(34)　W.Landè, Die staatsrechtlichen Grundlagen des deutschen Unterrichtswesens, In:G. Anschütz/R.Thoma（Hrsg.）, Handbuch des Deutschen Staatsrechts, Bd.2.1932（以下，Die staatsrechtlichen Grundlagen と略），S.703.

第1節　ワイマール憲法下までの法制状況

慮されるものとする」（143条1項）と書いた。「青少年の文化政策的な目的は第一次的には……本来的かつ原則として，公立学校によって追求される[35]」との原則の憲法上の確認である。

　ちなみに，この点に関しては，ワイマール憲法の制定過程においても別段の異論はなく，たとえば，1919年7月の第60回憲法制定国民議会でダービッド（David）内務大臣（社会民主党）は直截に，こう言明している[36]。

　「学校は，原則として国家の事項（Sache des Staates）に属する。国家がこの公的な要請をあらゆる方面で充足すれば，私学制度はその存在基盤を奪われることになる」。

　このようにワイマール憲法の学校条項は，プロイセン一般ラント法以来の「学校制度の国家化」というテーゼを基本的に維持しているのであるが，しかし同時に私学制度についても，「私学の自由」の明示的な保障は欠くものの，私学に固有な条項を創設し（147条），下記のような私学法制を憲法上確立したのであった。

〈1〉憲法上の制度としての私学制度

　先に触れたように，私学制度それ自体を憲法の規律対象とし，ドイツ憲法史上初めて私学に固有な憲法条項を創設し，私学を憲法上の制度として位置づけた。「憲法上の制度的保障（Institutionelle Garantie）としての私学」という位置づけである。

　この私学条項をめぐっては，憲法制定国民議会において厳しい見解の対立が見られた。「私学に敵対的」（Privatschulfeindlich）な社会民主党は私学の廃止—とくに国民学校段階—を主張し，これに対して，私学教育の推進を図らんとする中央党は，とくに「親の宗教教育権」（Das konfessionelle Elternrecht）を踏まえた学校制度の形成を強く要求して譲らず，結局，両者の妥協の産物として，私学条項が生まれたという経緯がある[37]。

〈2〉私学設置権の憲法上の保障

　ワイマール憲法147条1項は「公立学校の代替（Ersatz）としての私学は，

────────────

(35)　G.Anschütz, Die Verfassung, S.667.

(36)　zit. aus L.T.Lemper, a.a.O., S.76.
　この点，私学教育の推進を標榜する中央党（Zentrum）にあっても，私学に対する国家の監督と公立学校の優位性は原則として容認されたとされる（ditto）。

第Ｘ部　第1章　「私学の自由」の法的構造

国の認可を必要とする」としたうえで，設置認可の要件として，下記の3点を明記した。①教育目的，施設・設備および教員の学問的養成において，公立学校に劣っていないこと，②親の資産状態によって生徒の選別（Sonderung）が助長されないこと，③教員の経済的および法的地位が十分に保障されていること，がそれである。

　このように，代替学校について設置認可の要件が法定されたことにより，これらの要件を充足している場合は，私学設置者は当然に「設置認可の請求権」（Rechtsanspruch auf Genehmigung）を有することとなった。私学の設置認可請求権の憲法上の保障である。これを受けて，代替学校については，旧来の教育行政庁の裁量に委ねられた「必要性の有無の審査」は廃棄されるに至る[38]。

　ちなみに，1928年1月，「ワイマール憲法147条1項の施行に関する各州の教育行政による協定」が締結され，そこにおいてこう明記されたのであった[39]。

　「（ワイマール憲法・筆者）147条1項の要件を充足している場合は，……私学の認可は拒否されてはならず，とくに必要性の立証に掛らしめてはならない」（4条）。

　なお上記認可要件①にいう教育目的・施設設備・教員の学問的要請に関して，私学に求められているのは公立学校との「同種性」（Gleichartigkeit）ではなく，「等価性」（Gleichwertigkeit）であるということは重要である[40]。「制約された私学の自由」保障からの当然の帰結である。

〈3〉私学の種別化と公共性－代替学校と補充学校

　上述のように「公立学校の代替としての私学」＝代替学校（Ersatzschule）については，私学設置権が憲法上保障されるなど，「制約された私学の自由」が原則的に妥当したのであるが，しかしそれ以外の私学〈いわゆる補充学校・

---

(37)　L.T.Lemper, a.a.O., S.80-81.
　　I.リヒターによれば，この対立は「国家の弱められた学校独占」の立場と「制約された私学の自由」の立場との対立であった（I.Richter, a.a.O., S.79.）。
　　なお社会民主党が私学制度に反対した主要な理由は，学校制度の教権化（Klerikalisierung）と私学の特権身分学校化（Standesschulen）に対する危惧にあったとされる（L.T. Lemper, a.a.O., S.81.）。

(38)　H.Heckel, a.a.O., S.39. G.Anschütz, a.a.O., S.684.

(39)　W.Landè, Preußisches Schulrecht, S.998.

(40)　P.Westhoff（Hrsg.）, a.a.O., S.164. W.Landè, Die Schule, S.155.

第1節　ワイマール憲法下までの法制状況

Ergänzungsschule〉に対しては，行政による裁量認可＝「必要性の有無の審査」を定める旧来のラント法が従前通りそのまま適用された[41]。

　私学のこのような種別化は，学校法制における私学の法的地位に係わる重要な区分として，その後，今日に至るまで，ドイツにおける私学法制の基本範疇をなしているところである[42]。

　ところで，ここで重要なのは，上述のような私学の種別化の文脈において，学説・判例上，私学の「共益性」（Gemeinnützigkeit），私学教育の「公益性」（öffentliches Interesse）さらには「公共的な教育」（öffentlicher Unterricht）としての私学などの概念が語られ始め〈私学の公共性の確認〉，そしてこれらの概念によって，私学に対する公費助成や公権の付与（証明書・資格授与権など）が根拠づけられたということである[43]。W. ランデはこのような私学を「半公立学校」（halböffentliche Schule）と捉えているが[44]，この点と係わって，1927 年 10 月，プロイセン高等行政裁判所も下記のように判じている[45]。

　「公共的な教育という概念は，公立学校と一致するものではない。私立学校もまた公共的な教育を行うことができる。公立学校の代替としての私立学校は，ワイマール憲法 147 条 1 項により国の認可を必要とするが，同条により認可請求権を有している。認可を受けることによって，私立学校は教育目的，施設設備，教員の状態および入学に関して，公立学校に代位するものとなる。かくして，私立学校において公の利益を旨として行われる教育は，公共的な教育たる性格をもつことは明らかである」。

---

(41)　H.Heckel, a.a.O., S.39.

(42)　代替学校とは，その組織目的が全体として公立学校の代替として資すべき学校を言う。設置に際しては学校監督庁の認可を必要とし，教育目的や教育内容，教員の学術的養成，組織編制などにおいて，公立学校に質的に劣位しないことが要件とされる〈公立学校との等価性〉。
　　一方，補充学校とは，その役割・教育の対象・組織形態は学校としての性格を有するものの，学校制度の外に位置し，公立学校の代替としての機能を果たしていない学校をいう。語学学校や体育学校などがこれに属する（H.Avenaruis/H.P.Füssel, Schulrecht, 8Aufl. 2010, S.298.S.314.）。

(43)　P.Westhoff（Hrsg.）, a.a.O., S.172.

(44)　W.Landè, Die staatsrechtlichen Grundlagen, S.707.

(45)　Preß.OVG, Ent. v. 4. 10.1927, In:L.Frege/W.Elsner（Hrsg）, Entscheidungen des Preußischen Oberverwaltungsgerichts, 1956, S.422～S.423.

811

第X部　第1章　「私学の自由」の法的構造

〈4〉私立国民学校の原則的禁止

ワイマール憲法142条2項は私立国民学校の設置をつぎの場合だけに限定した。すなわち，①「教育権者の申請にもとづいて，……その信仰または世界観の学校が設置されなければならない」（同146条2項）との規定をうけて，「市町村内にそのような信仰ないし世界観の学校が存在しない場合」，または②「教育行政庁が特別な教育的利益（besonderes pädagogisches Interesse）を認める場合」である〈私立宗派・世界観学校と私立実験学校設置の例外的認容〉。

こうして，国民学校段階においては，先に言及したような私学設置の認可請求権は存せず，なお依然として「国家の学校独占の原則」が支配したのであった[46]。

なおこの場合，私立国民学校への就学は，ワイマール憲法145条1項が規定する就学義務の履行に該当すると解された[47]。

5　ナチス政権による私学制度の解体

1933年1月に権力を奪取したナチスは，唯一かつ全的な「新たな教育権」（Das neue Erziehungsrecht）を統一的な民族秩序から導出し[48]，「国家は，すべての青少年を国家社会主義（Nationalsozialismus）の意味におけるドイツ人に教育する責任を担う」（ライヒ青少年法1条）と宣明した。これを受けて，「学校の規律のための根本思想」（1934年）において，「学校の至高の任務は，国家社会主義の精神において民族と国家に奉仕するよう，青少年を教育することにある」（1条）と書かれることになる。

また「すべてのドイツの青少年は，家庭や学校の他に，ヒトラー・ユーゲント（Hitlerjugend」において，……国家社会主義の精神によって教育されるものとする」（ヒトラー・ユーゲントに関するライヒ法2条・1936年）とされ，学校はその目的においてヒトラー・ユーゲントと同列に位置づけられた。

私学制度に関しては，「ナチス国家の原則および政治目的に即したワイマール憲法147条の解釈」〈ビュルテンベルク行政裁判所判決・1937年〉によって，「私学の不健康な膨張」を阻止し，「私学制度の国家化」（Verstaatlichung des Privatschulwesens）を図るための措置が講じられた。1938年から1939年にか

---

(46)　W.Landè, Preußisches Schulrecht, S.994.

(47)　P.Westhoff（Hrsg.）, a.a.O., S.166.

(48)　H.Webler, Nationalsozialistisches Familienrecht, In:Zentralblatt für Jugendrecht und Jugendwohlfahrt（1935）, S.17.

けて発せられた布告によって，私学の設置認可に際しての「必要性の有無の審査」が復活し[49]，自由ヴァルドルフ学校（Freie Waldorfschule）や田園教育舎（Landerziehungsheim）を含む，私立の一般陶冶学校はその必要性を否認され，制度上，全面的に解体された。当該市町村に公立の同種の学校が存在しない場合に限り，私立の職業学校と特殊学校が例外的に設置を認められただけであった[50]。

第2節　ドイツ基本法の制定と「私学の自由」

1　基本法制定議会と私学条項 ── 「私学の自由」の憲法上の保障

第2次大戦後，西ドイツにおいて基本法制定議会評議会（Parlamentarischer Rat）が設置されたのは 1948 年 9 月 1 日であるが，私学制度に関しては主に同評議会に設けられた中央委員会で審議が進められた。委員長を務めたのは SPD 党首の C. シュミットであった。

私学問題が間接的ではあるが初めて取り上げられたのは，1948 年 12 月 4 日の基本原則委員会においてである。CDU のウェーバー議員が私学の問題と密接不可分の関係にある「親の教育権」について，次のように主張した[51]。

「学校の世界観に係わる形態を決定する親の権利は，自然権（natürliches Recht）に属している。『良心の自由』の保障を旨として，すべての親のこの権利が防禦されなくてはならない」。

以後，この問題が私学に関する中核的な論点となるのであるが，1948 年 12 月 7 日，中央委員会第 21 回会議で FDP のフォイス議員が，上記にいう親の教育権を踏まえて，より直截にこう提案することになる[52]。「私学を設置する権利を基本法で規定すべきである」。

文化や教育に関する事項は伝統的に各州の権能に属しており，このような権利を基本法で規定することは望ましくないとの意見もあったが，ドイツ党（Deutsche Partei）のゼーボーム議員が大要，以下のように述べて，上記フォイス提案に支持を表明した[53]。

---

(49)　Erlaß v. 22. 1. 1938. Erlaß v. 5. 4. 1939. Erlaß v. 27. 6. 1939.

(50)　H.Heckel, a.a.O., S.17.S.39〜S.40. K.I.Flessau, Schule der Diktatur, 1979, S.21.

(51)　L.T.Lemper, a.a.O., S.38.

(52)　ditto

(53)　ders., a.a.O., S.39.

第Ⅹ部　第1章　「私学の自由」の法的構造

「親の教育権が憲法上保障されることになれば,『私学の自由』は憲法の構成要素となる。私学は親の教育権の具体化に他ならないからである」。「各州の憲法は『私学の自由』について全く規定していないか,不十分な規定しかもっていない。『私学の自由』は連邦の憲法でもって保障されるべき権利なのである」。「私学は基本法によって,その生存の可能性（Lebensmöglichkeit）を保障されなくてはならない。私学は教育における発展を常に促進しているのである。さらに私学は,国家の財政負担を相当程度に軽減しているという現実もある」。

　CDU は,この問題の審議に当たっては,学校の宗教的・世界観的性格を決定する親の教育権を格別に強調し,「親の宗教教育権」の基本法による保障と公立学校を含むすべての学校における「正課としての宗教教育」の実施を求めた。

　これに対して,本来,私学に敵対的な SPD は「私学の自由」の憲法条項化に強く異を唱えた。親の社会的地位や資産状態によって,子どもが社会的に選別されることになる,私学がその有する自由により「学校制度の宗派化」（Konfessionalisierung des Schulwesens）をもたらすことになる,というのがその理由であった。

　KPD は親の教育権および私立学校のいずれについても,基本法で規定すべきではないとの立場を採った。

　このような論議を経て,先に触れた FDP のフォイス議員が次のような私学に関する具体的な法条を提案するに至る。「私学を設置する権利は保障される。詳細は,州法によってこれを定める」。提案の理由説明においては,私学は学校制度を全体として豊かなものにしていること,多くの教育上の改革はまず私学によってなされ,その後,公立学校に推及したのであり,私学は教育改革のパイオニアとしての役割を果たしてきている,ということが強調されたのであった。

　この提案に対して,SPD は上述したような理由で強く反対したのであるが,1949 年 1 月 18 日の中央委員会第 43 回会議において,まず私学制度について基本法で規定することが決定され,次いで上記フォイス議員の提案が可決された（賛成＝12, 反対＝7）。そしてその後の審議においてさらに,ワイマール憲法の私学条項におけると同文の,私学設置の認可条件と私学に対する州法の規律,私立の国民学校および私立の予備学校に関する規定が追加提案され,こうして 1949 年 5 月 5 日,中央委員会第 57 会議において現行の私学条項と同じ法文が可決されたのであった。私学設置権を保障するとともに,その認可条件と

814

第2節　ドイツ基本法の制定と「私学の自由」

私学に対する州法による規律を基本法で規定したのは，「私学の自由」の憲法
上の保障と各州の文化主権との妥協を図るためであった。

1949年5月6日，基本法7条の学校条項案は基本法制定議会評議会の審議
に付されたのであるが，そこにおいてはもはや私学問題が個別に審議されるこ
とはなく，基本法7条全体が一括して採決され，CDU/CSU，FDP，DP，Zen-
trumの賛成多数で可決成立したのであった[54]。

なお上述した基本法の私学条項の成立過程を詳細に検証したL.T.レンパー
によれば，同条項の立法者意思は次のように概括されている[55]。

「基本法は自由で価値多元主義的な学校景観（Schullandschaft）から出発して
いる。そこにおいては，州の文化主権と立法の範囲内において，公立学校と
『私的主体による自由で公共的な学校』（frei-gemeinnützige Schule in privater
Trägerschaft）は同等な権利と義務を擁して，共存すべきものとされている。
基本法のこの立場は，親の教育権を尊重することによって，また自由で価値多
元的な社会制度の多様性を学校教育の領域においても保障しようとする意思に
よって担われている。それは，個々人や社会的なグループの発意や遂行力を信
頼する高度に分化された，自由で価値多元主義的な民主主義概念に対応するも
のである」。

2　「私学の自由」の法的性質と私学の制度的保障

先に引いたように，基本法7条4項は「私立学校を設置する権利は保障され
る」と規定しているが，憲法学の支配的見解によれば，この条項は「私学の自
由」（Privatschulfreiheit）を憲法上の基本権として保障すると同時に〈憲法上
の基本権としての私学の自由〉，私学制度を憲法上の制度として保障したもの
である〈憲法上の制度的保障としての私学[56]〉。

上記にいう「私学の自由」は主体的公権（subjektives öffentliches Recht）と
しての基本権であり，「直接的に妥当する法」（unmittelbar geltendes Recht）と

---

(54)　ders., a.a.O., S.38〜S.49.

(55)　ders., a.a.O., S.49〜S.50.

(56)　I.v. Münch/P.Kunig（Hrsg.）, Grundgesetz-Kommentar, 2000, S.560ff. H.D.Jarass/B.
Pieroth, Grundgesetz für die Bundesrepulik Deutschland, 2007, S.255ff. T.Maunz/G.Dürig
（Hrsg.）, Grundgesetz-Kommentar, 2011, S. Art. 7-S. 61ff. M. Sachs（Hrsg.）, Grundge-
setz-Kommentar, 2007, S.408ff. H.Avenarius/H.P.Füssel, a.a.O., S.295. B.Pieroth/B.Schlink,
Grundrechte-Staatsrecht Ⅱ, 2010, S.181.

815

第Ⅹ部　第1章　「私学の自由」の法的構造

して，立法，司法，行政を拘束する（基本法1条3項）。またその侵害に対して
は具体的な訴権を伴う真正基本権でもある（同法19条4項[57]）。この権利は第
一次的には自由権的基本権として国家・公権力による不当な介入に対する防禦
権（Abwehrrecht）として機能するが，この権利ないしは私学の制度的保障か
ら，私学の国家に対する「保護・助成を求める権利」，具体的には私学の「公
費助成請求権」（Anspruch auf staatliche Förderung）が憲法上の直接かつ具体的
な権利として導かれる，とするのが連邦行政裁判所の確定判例および支配的な
憲法学説の立場である[58]。

　ちなみに，この点，連邦行政裁判所は1966年，下記のように判じて，基本
法7条4項の「私学の制度的保障」から私学助成請求権を憲法上の具体的権利
として導出しているところである[59]。「自由権の法益は，一般的には給付行政
に対する給付の請求権までは含まない。しかし，これには例外がある。公的な
助成がなければ，立法者の意思に反して，当該制度が維持できないような場合
にあっては，当該制度の憲法上の保障から給付請求権（Leistungsanspruch）が
導出される。私学の制度としての憲法上の保障はまさにこれに該当する」。

　また学説においても，たとえば，権威ある基本法のコンメンタールはこの点
について，次のように述べている[60]。

　「私学を設置する権利が，基本法が定める認可条件によって現実化されえな
い場合には，基本法7条4項から，国家による保護と助成を求める私学の権利
が導かれるのであり，それは基本法の社会国家性（Sozialstaatlichkeit）と文化
国家性（Kulturstaatlichkeit）の表徴にほかならない」。

　私学に対する憲法上の制度的保障という構成は，既述したようにワイマール
憲法下の学説の理論的創造に係るものであるが，基本法下における憲法学説に
よっても基本的に支持されているということは重要である。その意義は，いわ

---

(57)　H.Heckel, a.a.O., S.206. H.Avenarius/H.P.Füssel, a.a.O., S.204. I.v.Münch/P.Kunig
　　　（Hrsg.）, a.a.O., S.560.

(58)　さしあたり，H.v.Mangoldt/F.Klein/C.Starck（Hrsg.）, Kommentar zum Grundge-
　　　setz, 2005, S.781. M.Sachs（Hrsg.）, a.a.O., S.403.

(59)　J.P.Vogel, Rechtsprechung und Gesetzgebung zur Finanzhilfe für Ersatzschulen, in:F.
　　　Hufen/J.P.Vogel, Keine Zukunftsperspektiven für Schulen in freier Trägerschaft?, 2006, S.
　　　18.

(60)　H.v.Mangoldt/F.Klein/C.Starck（Hrsg.）, a.a.O., S.787. 同旨：I.v.Münch/P.Kunig, a.a.
　　　O., S.565. H.Dreier（Hrsg.）, Grundgesetz Kommentar, 2004, S.876. M.Sachs（Hrsg.）, a.a.O.,
　　　S.410.

第2節　ドイツ基本法の制定と「私学の自由」

ゆる「国家の学校独占」の否定の下，私学の制度としての存在と私学教育の独自性を憲法上保障し，私学制度の核心ないし本質的な内容に触れるような制度変更は，法律以下の法令によって行うことはできず，憲法の改正を必要とするというところにある。またこの制度的保障は私学法域における「法律の欠缺」（Lücke des Gesetzes）を補い，立法や法律の解釈を原理的に拘束するものでもある[61]。

3　「私学の自由」の主体 ── 私学の設置主体

学校の設置主体（Schulträger）とは学校を設置し，維持・管理・経営するものをいう[62]。ここでいう「学校」は法的意味におけるそれをいい，したがって，私立の高等教育機関や各種の私的な教育施設は含まれない。

私学の設置主体は自然人と法人とに大きく分かれる。自然人が私学設置権の享有主体たりうることは，「私学の自由」の憲法上の基本権としての保障の当然の帰結であり，また内国法人の基本権享有主体性については，基本法がこれを明記しているところである（19条3項）。

ここにいう自然人にはドイツ人だけでなく，外国人や無国籍者も含まれる。基本法の基本権保障条項のうち，いわゆる「ドイツ人条項」（Deutschenrechte）は8条（集会の自由），9条（結社の自由），11条（移転の自由），12条（職業選択の自由）の4ヵ条だけであり，「私学を設置する権利」（7条4項）は「何人も条項」（Jedermannsrechte）として位置づけられているからである[63]。自然人立私学はその大部分が非宗教的な補充学校で，一部の州を除いて私学助成の対象とされていない。「税法上の公益性」を欠くというのがその理由である[64]。

私学の設置主体としての法人は民法上の法人と公法上の法人に大別される。前者には社団法人（Eingetragene Verein），財団法人，有限責任協会，それに協同組合の種別が認められるが，非宗教系私学の多くは社団法人によって設置されている。自由ヴァルドルフ学校がその例である。その実益は「公益社団法人」（gemeinnützige Verein）として公益性を認定され，私学助成の対象となることにある。

---

(61)　H.Heckel/H.Avenarius, Schulrechtskunde, 6.Aufl.1986, S.145. M.Sachs, Verfassungs-recht Ⅱ, Grundrechte, 2003, S.355.

(62)　H.Heckel, a.a.O., S.211.

(63)　ders., a.a.O.,S.211〜S.212.

(64)　J.P.Vogel, Das Recht der Schulen und Heime in freier Trägerschaft, 1997, S.179.

第Ｘ部　第1章　「私学の自由」の法的構造

　一方，公法上の法人（社団）である教会や修道会は学校の設置を第一次的な
目的とするものではないが，基本法7条4項が保障する私学設置権の主体たり
うることには憲法上の疑義はなく[65]，こうして今日，その設置に係る宗教系
私学が私学のマジョリティーを占めている状況にある。

第3節　現行法制下における「私学の自由」の法的構造

1　私学の設置認可と私学の自由

1－1　私学の設置認可

　既述したように，基本法7条4項は私学設置権を憲法上明示的に保障してい
るのであるが，併せて「公立学校の代替としての私立学校は国の認可を必要」
とすると規定して，私学設置の可否を国の認可に係らしめている。国による認
可が留保された私学設置権の条件付き保障である。その目的は，欠陥のある教
育施設から国民を保護すると同時に，私学が特権層のための身分学校（Stand-
esschule）ないしは富裕層学校（Plutokraten Schule）と化すのを防ぎ，学校制
度に期待されている国民的・社会的な統合機能を確保することにある，と説明
される[66]。

　基本法7条4項は私学設置認可の要件として，ワイマール憲法147条1項に
おけると同一の要件を法定している。すなわち，①教育目的，施設・設備・組
織編制および教員の学問的養成において公立学校に劣っていないこと，②親の
資産状態によって生徒の選別が助長されないこと，③教員の経済的および法的
地位が十分に保障されていること，がそれである。これら所定の要件を満たし
ている場合は，私学の設置が認可されなければならないのであり，かくして監
督庁の私学認可行為の法的性質は「裁量の余地のない覊束された決定」（ge-
bundene Entscheidung ohne Ermessensspielraum）と捉えられている[67]。

　表現を代えれば，基本法7条4項に所定の要件を充足している場合は，論理
必然的に学校設置者の「認可請求権」（Anspruch auf Genehmigung）が憲法上の
権利として導かれるということである[68]。そしてこの場合，基本法7条4項

---

(65)　I.v.Münch/P.Kunig（Hrsg.）, a.a.O., S.560.

(66)　H.Avenarius/H.P.Füssel, a.a.O., S.301. H.Dreier（Hrsg.）, a.a.O., S.876. K.Stern/F.
　　Becker, Grundrechte-Kommentar, 2010, S.752. H.v.Mangoldt/F.Klein/C.Stark（Hrsg.）, a.
　　a.O., S.785.

(67)　H.Dreier（Hrsg.）, a.a.O., S.876。

818

第3節　現行法制下における「私学の自由」の法的構造

に所定の要件を超えて，州が学校法により独自に追加要件を課すことは憲法上許されない，と解するのが学説・判例の立場である[69]。

なお基本法は補充学校の認可については何ら語るところがない。そこで補充学校に対しても認可義務を課すことができるか，単に届出義務をもって足りるかについて，学説上争いが見られている。

1-2　私立学校と公立学校の等価性の原則

ところで，上述のように，基本法7条4項は私学設置認可の要件として，私学に対して教育目的，施設・設備・組織編制，教員の学問的養成に関して「公立学校に劣っていないこと」を要求しているのであるが，そこにいう「公立学校に劣っていないこと」（Nichtzurückstehen）の意味内容はどう解されているのか。これについて，憲法・学校法学の支配的見解および判例は，私学の存在意義・目的や「私学の自由」の憲法による保障に照らし，憲法上，私学に求められているのは公立学校との「等価性」（Gleichwertigkeit）であって，「同種性」（Gleichartigkeit）ではないと解している[70]。既述したように，「私学の自由」の明示的保障を欠いたワイマール憲法下の学説においてさえ，同様の見解がすでに採られていたのであるが，この自由を憲法上の基本権として明記したドイツ基本法下における解釈としては，けだし当然だと言えよう。

ちなみに，いうところの「私立学校と公立学校の等価性」の要請は，国民教育の水準を確保するという「国家の教育責務」（Erziehungsauftrag des Staates）から導出される憲法上の教育法原理である[71]。

かくして，権威ある基本法のコンメンタールによれば「私学を公立学校と同種化（Homogenisierung）することは，基本法に抵触し違憲である」と論結されるに至っているところである[72]。

なおこの場合，教育目的，施設・設備・組織編制，教員の学問的養成に関し

---

(68)　M.Sachs（Hrsg.），a.a.O., S.411.

(69)　さしあたり，I.v.Münch/P.Kunig（Hrsg.），a.a.O., S.562. BVerwGE 17,（236）.

(70)　さしあたり，H.v.Mangoldt/F.Klein/C.Stark（Hrsg.），a.a.O., S.784.
　　　A.M.Kösling, Die private Schule gemäß Art.7 Abs.4, 5 GG, 2004, S.180. J.Rux/N.Niehues, Schulrecht, 2013, S.298

(71)　T.Maunz/G.Dürig（Hrsg.），a.a.O., Art.7, S.74. I.Richter, Die Freiheit der privaten Schulen, In:RdJB（1983），S.222ff.

(72)　R.Wassermann（Gesamtherausgeber），Kommentar zum Grundgesetz für die Bundesrepublik Deutschland, 1989, S.691.

819

第Ⅹ部　第1章　「私学の自由」の法的構造

て，当該私学が公立学校に劣っているとの立証責任は，当然のことながら，学校監督庁が負うこととなる[73]。またこれに関する学校監督庁の決定は行政裁判上，取消しうべき行政行為として抗告訴訟の対象となる[74]。

2 「私学の自由」の法的内容

憲法・学校法学の支配的な見解および判例によれば，基本法7条4項が保障する「私学の自由」の保護法益には，下記のような権利が含まれていると解されている。

2-1　私学を設置する権利

すでに言及したように，ワイマール憲法とは異なり，基本法は7条4項で「私学を設置する権利」（Recht zur Errichtung von privaten Schulen）を明示的に保障している。この条項は，ナチス政権下において私学設置の可否が学校監督庁による「必要性の有無の審査」に係らしめられ，その結果，私学制度が全面的に解体されたという深刻な歴史的反省にもとづいて創設されたもので，本条による私学設置権の憲法上の保障によって，「国家の学校独占」は原理的に否定され，上記「必要性の有無の審査」も憲法上排除されるに至った[75]。

このように現行法制上，私学設置権が憲法上の基本権として保障されているとはいっても，初等教育段階においては，基本法7条5項および6項によって，この権利はかなり広範な制約を受けるところとなっている。

すなわち，基本法7条5項によれば，私立の国民学校（基礎学校および基幹学校）の設置が認められるのは，基本法7条4項に所定の認可条件を充足したうえで，さらに学校監督庁が「特別な教育上の利益」を認定した場合，または教育権者が宗派共同学校（Gemeinschaftsschule）として，あるいは宗派学校（Bekenntnisschule）もしくは世界観学校（Weltanschauungsschule）として設置を申請し，しかも当該市町村にこの種の国民学校が存在しない場合だけに限ら

---

(73)　F.Müller, Das Recht der Freien Schule nach dem Grundgesetz, 1982, S.118. BVerwG, Urt. v. 19. 2. 1992, In:RdJB（1993）, S.360.

(74)　J.Rux/N.Niehues, a.a.O., S.298.

(75)　H.Heckel, a.a.O., S.231. なお現行の州憲法においても，たとえば，BB 州憲法 30 条 6 項や NW 州憲法 8 条 4 項など，5 州の州憲法が私学設置権を明記している。
　　なお本文で記したように，ワイマール憲法下においても，法定された認可条件を充足すれば，私学設置者は当然に「設置認可の請求権」を有するとの解釈が支配的であった（参照：G.Anschütz, a.a.O., S.684）。

第3節　現行法制下における「私学の自由」の法的構造

れている。

　ちなみに，ここで「特別な教育上の利益」を有する学校とは，たとえば，障害児や病弱児のための学校や改革的な教育を実践する実験学校などが，これに該当するとされている[76]。

　くわえて，基本法7条6項は引き続き私立の予備学校（Vorschulen）を禁止しており，この段階でも私学設置権は制約されるところとなっている。

　これらの条項はワイマール憲法147条2項および3項を継受したものであるが，通説および判例によれば，その趣旨は次のように解されている[77]。「国民の間の様々な社会的グループの統合を，少なくとも学校教育の初期の段階においては保障するために，国民学校領域において公立学校の優位を確保することにある」。

　なお上記にいう私学設置権は広義に解され，その法益は私学の設置保障（Errichtungsgarantie）だけではなく，学校としての存続保障（Bestandsgarantie）および学校を廃止する自由を含む，とするのが通説・判例である[78]。

2－2　私学における教育の自由

　いうところの「私学の自由」には，その中核かつ基幹的内容として，私学の「学校の内部経営を自由に形成する権利」（Recht auf freie Gestaltung des inneren Schulbetriebs），つまり「私学における教育の自由」が含まれているとするのが，憲法・学校法学の通説および判例の立場である[79]。

　すなわち，私学はその独自の教育理念や宗教観ないし世界観にもとづいて，そこにおける教育目的や教育内容，教材・教具，教育方法や授業形態を，自己の責任において自由に決定できる権利を有している。

　ちなみに，この点に関して，連邦憲法裁判所も以下のように判じているところである[80]。

　「基本法7条4項は私学に対して，その特性に対応した教育を行うことを保

---

(76)　I.v.Münch/P.Kunig（Hrsg.），a.a.O., S.522.

(77)　J.P.Vogel, a.a.O., S.22. BVerwG, Urt. v.19. 2. 1992, In:RdJB（1993），S.346ff. S.352ff.

(78)　H.Heckel, a.a.O., S.229.H.Heckel/H.Avenarius, a.a.O., S.145.

(79)　F.Müller, a.a.O., S.50. E.Stein/M.Roell, Handbuch des Schulrechts, 1992, S.106. H. Avenarius/H.P.Füssel, a.a.O., S.295.

(80)　BVerfGE, 27, 195（200ff.），zit. aus M.Sachs（Hrsg.），Grundgesetz-Kommentar, 2007, S.408.

821

第Ｘ部　第1章　「私学の自由」の法的構造

障している。それは国家の影響から自由な領域を保障するもので，具体的には，私学は教育目的，世界観的な基盤，教育内容や教育方法に関して，自己責任で刻印され形成される授業を行うことができる」。

　また現行法制上，上記の点について，確認的に明記している学校法も見られている。たとえば，ベルリン州学校法（2004年）は第7部「自由な主体による学校」において，「学校の形成」（Schulgestaltung）と題して，こう書いている（95条1項）。

　「私学設置者は学校の形成，とりわけ教育的，宗教的ないし世界観的な特性，教育内容と教育方法および教授組織に関しては，公立学校に適用されている法令とは別様に，これらについて決定する義務を負う」。

　上記にいう「私学における教育の自由」の憲法上の保障は，「国家の学校教育独占」を原理的に否定するものであるが，それは自由で民主的な根本秩序の確立を旨とする基本法の価値秩序，とくに「学校制度における価値多元主義と自由性の原則」（Grundsatz der Pluralität und Freiheitlichkeit im Schulwesen）に対応するものである[81]。

　ところで，上述のように，基本法は「教育目的における私立学校と公立学校の等価性」を求めており，したがって，私学もまた当然に基本法の価値秩序（Werteordnung），とりわけ，寛容の要請，人間の尊厳と基本的人権の尊重，民主的・社会的法治国家といった憲法上の諸原理に拘束される。

　こうして，私学は基本法の価値秩序の範囲内においてであれば，公立学校とは別様の教育目的を追求することが可能なのであり，そしてそれを実現するために，教科・カリキュラム，教材・教具，教育方法や授業形態等に関して広範な自律権を保障されることなる。

　具体的には，たとえば，公立学校用の「学習指導要領」（Lehrplan・Rahmenrichtrinien）は私学に対しては法的拘束力をもたないと解されており，また私学は検定教科書以外の教科書を採択し使用することができるとされている[82]。

　なお，学校法学の通説的見解によれば，私学教育における質の確保要請により，私学もまた2004年以降，各州で導入された「教育スタンダード」（Bil-

---

(81)　R.Wassermann (Gesamtherausgeber), a.a.O., S.691.

(82)　I.v.Münch/P.Kunig (Hrsg.), a.a.O., S.562. F.Müller, a.a.O., S.376. R.Wassermann (Gesamtherausgeber), ditto. T.Oppermann, a.a.O., S.239.

　　T.Böhm, Grundriß des Schulrechts in Deutschland, 1995, S.32.

　　判例では，たとえば，VGH Kassel, RdJB (1983), S.235, OVGBerlin, RdJB (1985), S.149.

第3節　現行法制下における「私学の自由」の法的構造

dungsstandard）を尊重しなければならないとされているが，しかし公立学校の「学校プログラム」（Schulprogramm）や学校の内部評価・外部評価に関する学校法上の規律は，私学には及ばないと解されている[83]。

2-3　私学における組織編制の自由

上述した私学の「学校を自由に形成する権利」には，いわゆる内的学校事項に関する領域に加えて，「学校の外部経営を自由に形成する権利」（Recht auf freie Gestaltung des äußeren Schulbetriebs），すなわち，学校経営の組織構造や教授組織の面での編制の自由が含まれている，とするのが憲法・学校法学の通説である[84]。

こうして実際，改革教育学にもとづく私学として世界的に名高い自由ヴァルドルフ学校においては，R.シュタイナーの唱導に係る「共和制的で民主的な（republikanisch-demokratische）学校組織の原理」に立脚して，合議制的学校組織構造（Kollegiale Schulverfassung）が組織原則の基本とされており，そこで各学校に教育会議，管理運営会議および学校経営会議が設置され，そこにおいては教員集団が中核的な役割を担うとともに，学校理事会には親代表も教員代表と同数で加わり，学校の意思決定に参加し協同するところとなっている[85]。

ただ上述したように，基本法7条4項は施設・設備および組織編制に関する「私立学校と公立学校の等価性」を要求しており，こうして私学は，たとえば，学級やコースの編制基準や規模，教員一人当たりの児童・生徒数などについて，上記等価性原則によって制約を受けることになる。

親の教育運営への参加や生徒代表制に関する学校法上の規定が，公立学校と同様に私学にも直接適用されるかどうかに関しては，学説は分かれているが[86]，指導的な学校法学者H.アベナリウスは次のように述べて，これを肯定に解している[87]。「学校法上に規定されている参加の組織構造は，公立学校の

---

(83)　F.R.Jach, Das Recht der Bildung und Erziehung in freier Trägerschaft, 2008, S.98ff. 教育スタンダードについて，詳しくは参照：拙稿「ドイツにおける学力保障政策とデータ保護の学校法制（1）～（4）」，『教職研修』2009年1月号～4月号。H.Avenarius/H.P. Füssel, a.a.O., S.303.

(84)　B.Pieroth/B.Schlink, a.a.O., S.181, H.Avenarius/H.P.Füssel, a.a.O., S.295.

(85)　A.Robert, Schulautonomie und-selbstverwaltung am Beispiel der Waldorfschulen in Europa, 1999, S.149-S.153. C.Lindenberg, Waldorfschulen, 1983, S.122～S.137.

(86)　肯定説としては，たとえば，Deutscher Juristentag, Schule im Rechtsstaat, Bd I, 1981, S.395. 否定説としては，たとえば，F.Müller, a.a.O., S.231 が挙げられる。

823

第Ⅹ部　第1章　「私学の自由」の法的構造

組織原理の本質的な要素をなしており，またそれは代替学校にとっても重要な，市民の育成という教育責務の遂行に資するものであるから，代替学校もまた原則として適切な形態の参加制度を擁さなくてはならない」。

　ちなみに，現行法制上もこの点を明記している学校法が見られており，たとえば，ノルトライン・ウエストファーレン州学校法はこう規定しているところである（100条5項）。

　「代替学校は，本法が規定しているのと等価形態の生徒および親の参加を保障しなければならない」。

　2－4　教員を選択する自由

　私学は当該私学の存在意義・役割とも係わって，「私学の自由」の保護法益として，「教員を自由に選択する権利」（Recht der freien Lehrerwahl）を有する[88]。つまり，私学は，自校の教員として相応しいと見られる人物を自由に採用することができる。

　この私学の教員選択権はいわゆる「傾向経営」（Tendenzbetrieb）の労働法理論によっても強く支援され補強されている。すでに言及したように，ドイツにおいては，私学が傾向経営に属することは学説・判例上はもとより，実定法上も既定視されており〈傾向経営としての私学〉，かくして私学は，その教育的な傾向性に照らして教員を選択することが可能であり，また当該私学の傾向に反する教員は，傾向違反を理由に，これを適法に解雇できるとされるところとなっている〈経営組織構造法118条・Betriebsverfassungsgesetz v.15. Jan. 1972.〉。

　しかし，この法域においても「私立学校と公立学校との等価性の原則」が妥当し，私学の「教員を選択する自由」は憲法上の制約に服している。すなわち，基本法7条4項は私学設置の認可条件として「教員の学問的養成において，公立学校に劣位しないこと」を要求しており，かくして，私学の教員もまた大学やゼミナールにおける専門的・実践的な養成課程を修了し，当該学校種の教員免許状を取得しなければならないこととされている。

　ただこの場合，正規の教員養成課程以外でも，それと等価性を擁するような養成課程を修了した場合には，教員としての職業上の適格性を有するとするの

---

(87)　H.Avenarius/H.P.Füssel, a.a.O., S.303.

(88)　J.P.Vogel, a.a.O., S.191. R.Wassermann（Gesamtherausgeber）, a.a.O., S.709.

第3節　現行法制下における「私学の自由」の法的構造

が，学校法学の通説および判例の立場である[89]。こうして，連邦行政裁判所
〈1993 年 6 月 24 日判決〉によれば，ヴァルドルフ・ゼミナール（Wal-
dorf-Seminar Stuttgart）において学級担任養成課程を修了した自由ヴァルドル
フ学校の教員は，大学での教員養成課程を終えていないとの誇りを受けるもの
ではないとされている[90]。なお関連して，連邦行政裁判所の見解によれば，
私学教員としての職務遂行の可否を学校監督庁の認可に係らしめることは，
「私学の自由」の侵害には当たらず，合憲とされている[91]。

2−5　生徒を選択する自由

　学説・判例上，「私学の自由」の保護法益に「生徒を自由に選択する権利」
（Recht der freien Schülerwahl）が当然に含まれているということには異論はな
い[92]。つまり，私学は，たとえば，平等原則・機会均等原則など公立学校領
域で妥当している選抜・進級に関する原則に厳格に拘束されることなく，当該
私学の存在理由や特性に照らして，生徒を選抜することができる。

　ただ私学のこの権利も「私立学校と公立学校の等価性の原則」による制約を
受け，こうして，たとえば，キリスト教系私学が非キリスト教徒の生徒の入学
をいっさい認めないといった，当該私学の特性を根拠としての生徒の私学選択
権の全面的な否定は，上記原則に違背して認められないと解されている[93]。

　くわえて，憲法上の私学認可条件である「親の資産状態による子どもの選別
の禁止の原則」（7 条 4 項）からの制約もあり，私学が高額な授業料を設定す
るなどして，所得階層の高い家庭の子どもが優先的にアクセスできるようにす
ることも，違憲として許されない。

　なお連邦憲法裁判所によれば〈BVerfGE 27, 195（209）〉，「承認をうけた代
替学校」（Anerkannte Ersatzschule）については，その学校種に対応する公立学
校に適用されている入学規程を尊重するように，州学校法で義務づけることが
可能だとされおり，実際，たとえば，ヘッセン州学校法は次のように書いてい

---

(89)　H.Heckel, a.a.O., S.281. J.Rux/N.Niehues, a.a.O., S.303. F.Müller, a.a.O., S.143. J.P.Vogel, a.
　　a.O., S.101〜S.102.
(90)　J.P.Vogel, a.a.O., S.102. 自由ヴァルドルフ学校の自律性の具体的な領域や事項について，
　　詳しくは参照：A.Robert, a.a.O., S.139ff.
(91)　H.Avenarius/H.P.Füssel, a.a.O., S.211. BVerwG, NVwZ, 1990, 864. B.Petermann, Die
　　Genehmigung für Lehrkräfte im Privatschulwesen, NVwZ 1987, S.205.
(92)　B.Pieroth/B.Schlink, a.a.O., S.181 R.Wassermann（Gesamtherausgeber）, a.a.O., S.709.
(93)　H.Avenarius/H.Heckel, Schulrechtskunde, 7Aufl.2000, S.206.

第Ⅹ部　第1章　「私学の自由」の法的構造

る（173条2項）。

「承認をうけることによって，代替学校は公立学校に適用されている規程に
もとづいて，試験を実施し成績書を授与する権利を享受する。承認をうけた代
替学校は生徒の入学に際して，公立学校に適用されている規程を尊重しなけれ
ばならない」。

2−6　「私学の自由」のその他の法益

有力な憲法学説が説くところによれば，いうところの「私学の自由」の憲法
上の保障から，子どもを私学に就学させる「親の私学選択権」と，子ども自身
の私学選択権が導出されるとされている。前者は「親の教育権」（基本法6条2
項）を，後者は子どもの「自己の人格を自由に発達させる権利」（同2条1項）
をそれぞれ補強し強化することになる[94]。

一方，同じく「私学の自由」保障から，教員の教育基本権＝「教育上の自由」
が導かれるか否かに関しては学説上争いがあるが，上記憲法学説は「基本法7
条4項は教員のこのような権利を明記してはいないが，教員はかかる自由を享
有しており，授業において特別な教育上のコンセプトを展開したり，措置を講
じることができる」と解している[95]。

3　外国人の「私学を設置する自由」

すでに言及したように，現行法制上，外国人もまた「私学を設置する自由」
を享有しているのであるが，それはいかなる要件の下で認容されうるのか。

これについて，学校法学の通説は大要，つぎのように述べている[96]。

すなわち，当該私学が義務教育段階の児童・生徒を対象とする場合は，学校
法制上，ドイツの学校制度として位置づけられ，したがって，基本法7条4項
が定める代替学校としての認可要件を満たさなければならない。かかる私学は
児童・生徒をドイツ社会に統合する教育責務を負い，そこで学校生活はそれぞ
れの国に特有な文化的・宗教的色彩を帯有することは可能であるが，そこにお
ける教育活動は，基本法が措定する価値秩序に抵触・違背するものであっては
ならず，ドイツの公立学校におけるそれを規準として実施されなければならな

---

(94)　H.v.Mangoldt/F.Klein/C.Starck（Hrsg.）, a.a.O., S.780.

(95)　ditto., S.781.

(96)　H.Avenarius/H.P.Füssel, a.a.O., S.305. C.Langenfeld, a.a.O., S.561.

826

第3節　現行法制下における「私学の自由」の法的構造

い。かくして，授業は原則としてドイツ語で行われることを要し，くわえて，たとえば，イスラム教宗派学校（islamische Bekenntnisschule）のような特定の宗派学校であっても，宗派・無宗教の如何を問わず，すべての子どもが入学可能なものでなければならない。

4　私学に対する国家の学校監督

基本法7条1項は「全学校制度は国家の監督に服する」と規定しており，したがって，私学もまた当然に国家の監督下に置かれている。いわゆる「教育主権」（Schulhoheit）による私学に対する社会公共的な規律である。

敷衍すると，連邦憲法裁判所も判じているように，「私学の自由」の憲法上の保障は私学に対して「憲法からの自由」を保障するものではなく，また私学に「国家から自由な学校」（staatsfreie Schule）としての法的地位を与えるものではない，ということである[97]。

しかし私学に対する国家の学校監督は「私学の自由」の憲法上の基本権としての保障，「憲法上の制度としての私学制度」，さらには「私立学校と公立学校の同種化の禁止」という憲法の要請などによって制約をうけ，公立学校に対するそれとはその法的実質が大きく異なることになる，ということが重要である。この点について，学校法学の通説および連邦行政裁判例は次のような見解を採っている[98]。

すなわち，私学に対する国家の監督は，私学に関して一般の法律および警察法上の要請を確保し，併せて，私学が設置認可後も基本法7条4項に所定の認可条件を充足しているかどうかを継続的に監視することを任とするものである。したがって，それは原則として法監督（Rechtsaufsicht）＝合法性に関するコントロール（Rechtmäßigkeitskontrolle）に限定され，教育目的・教育内容や教育方法に対する専門監督（Fachaufsicht）は含まれない。

また現行法制上もこの点を確認的に明記している学校法も見られている。たとえば，シュレスビッヒ・ホルシュタイン州学校法は「学校監督の範囲」と題

---

(97)　BVerfGE 27, 195 (200), zit. aus H.Dreier (Hrsg.), a.a.O., S.876.

(98)　T.Maunz/G.Dürig (Hrsg.), a.a.O.S.105. H.Dreier (Hrsg.), a.a.O., S.875. J.P.Vogel, a.a. O., S.40. H.Avenarius/H.P.Füssel, a.a.O., S.317. J.A.Frowein, Zur verfassungsrechtlichen Lage der Privatschulen, 1979, S.23. B.Pieroth/B.Schlink, a.a.O., S.191. T.Oppermann, Schule und berufliche Ausbildung, In:J.Isensee/P.Kirchhof (Hrsg.), Handbuch des Staatsrechts der BRD, 1989, S.339.

827

第Ⅹ部　第1章　「私学の自由」の法的構造

し，学校監督には専門監督，勤務監督および法監督が含まれるとしたうえで，こう規定している。「自由な主体による学校（Schulen in freier Trägerschaft）は法監督だけに服する。……これらの学校の設置者は，公立学校に適用されている規程とは別様に学校を形成する義務を負う」（120条6項）。

　ただ代替学校が国の承認をうけて学校法上の高権を賦与された場合は，成績評価や試験の実施などに関して公立学校と同様の試験・進級規程が適用され，かくしてこの場合は，国家の監督は単なる法監督を超えて，試験の内容やその運用などにも及ぶとされている[99]。

　なお私学に対する国家の監督は学校設置者に対するものであって，個々の学校や教員に対するものではない。所定の認可条件は学校設置者において確保しなければならないものだからである〈私学監督の名宛人としての私学設置者〉。ただ各州における私学に対する学校監督の実際にあっては，必ずしもそうはなっておらず，各学校の校長を対象とした監督も行われているという[100]。そしてこうした教育行政現実を積極的に評価する学説も見られているところである[101]。

---

(99)　F.Müller, a.a.O., S.112. H.Avenarius/H.P.Füssel a.a.O., S.317. J.Rux/N.Niehues, a.a.O., S. 319.

(100)　J.P.Vogel, a.a.O., S.40

(101)　D. Falkenberg, Bayerisches Gesetz über das Erziehungs-und Unterrichtswesen, Kommentar, 1989, Art78.Anm.7.

828

第2章 私学に対する公費助成の法的構造

第1節 ワイマール憲法下までの法制状況

1 私学助成の法制史

ドイツにおいては，19世紀末から20世紀初頭にかけて，私学は女子中等教育や職業教育の領域を中心に量的にかなりの拡大を見たのであるが，プロイセン一般ラント法（1794年）以降の「国家の学校独占」（Staatliches Schulmonopol）と「公立学校の私立学校に対する優位の原則」の法制下にあって，教育行政の運用実態は必ずしもそうした法制に対応しておらず，実際の教育行政はほとんど全ての州（ラント）で「私学に好意的」（privatschulfreundlich）であったとされる[1]。

たとえば，1907年に制定されたビュルテンベルク州の「女子中等学校に関する法律」〈Gesetz betr. die höheren Mädchenschulen v. 8. Aug. 1907〉は，下記のように規定して，女子中等学校教員に対し公立学校教員と同様の恩給権を保障するとともに，公費助成により同額の給与を保障したのであった[2]。

「私立の女子中等学校教員は，公立学校勤務のための任用要件を充足している場合は，官吏がもつ恩給権（Pensionsberechtigung）を賦与される」（2条）。「女子中等学校教員は，常勤であれ非常勤であれ，国の俸給規程にもとづいて給与を支給される」（17条）。

またプロイセン州においては，当該私学の存在が公益上要請されること，教授要綱が公立学校のそれに対応していること等を要件として，私立の女子中等学校，中間学校および国民学校に対し，公立学校教員給与の80％までの教員給与が公費により助成された[3]。さらにバイエルン州もこれら2州とほぼ同様の私学助成制度を擁していた[4]。

---

(1) H.Heckel, Deutsches Privatschulrecht, 1955, S.38.

(2) H, Heckel, a.a.O., S.132. W.Grewe, Die Rechtsstellung der Privatschulen nach dem Grundgesetz, in:DÖV（1950), S.33.

(3) W.Kühn, Schulrecht in Preußen, 1926, S.429. たとえば，中間学校に対する私学助成の根拠法：Regelung der Staatsbeihilfen für private mittlere Schulen v. 9.Apr. 1926.

(4) P.Westhoff（Hrsg.), Verfassungsrecht der Deutschen Schule, 1932, S.174.

第Ⅹ部　第2章　私学助成の法的構造

2　ワイマール憲法と私学助成

以上のような州レベルでの私学に対する助成制度を背景に，ワイマール憲法の制定議会においても，いわゆる「私学問題」（Privatschulfrage）の一つとして，私学助成問題が審議の俎上にのぼった。すなわち，1919 年 3 月，憲法制定国民議会の憲法委員会において中央党のグレーバー議員が「私学の自由と私学助成」と係わって，つぎのような提案をした[5]。

「個人，協会および財団は私的な教育施設（Privatunterrichtsanstalten）を設置することができる。かかる施設を経営し，そこにおいて教育を行うことは，道徳的，学問的および技術的な事柄に関する法定の要件を充足しておれば，各人の自由である。教員が国家試験に合格しており，教授要綱が公立学校のそれに対応しておれば，かかる私的な教育施設への就学でもって公立学校への就学は免除される。

このような教育施設は，そこにおける教育がすべての国民階層の子どもに無償で開かれている限り，それによる公立学校の経費節減（Entlastung）に相当する助成を公的資金から受けるものとする」。

しかしこの提案は，「学校制度の世俗化と統一化」を主張し，ほんらい「私学に敵対的」（privatschulfeindlich）な，議会第 1 党・社会民主党の強い反対で成案を見るには至らなかった。

1919 年 8 月 11 日に公布されたワイマール憲法は，私学に固有な条項を創設し（147 条），私学制度を憲法上の制度として保障したのであるが，私学に対する公費助成については結局のところ何ら触れるところはなかった。この私学条項は社会民主党と保守派の中央党およびドイツ民主党とのいわゆる「ワイマールの学校妥協」（Das Waimarer Schulkompromiß）の所産であるが，その際，3党間で次のような合意がなされた。「公立学校の新設や拡張によって私立学校が深刻な経済的損害を被った場合には，国はかかる私立学校に対して，適切な補償を行う旨を定めたライヒ（Reich・ドイツ帝国）の法律を制定する」との合意がそれである。しかし，このような法律はついぞ制定されることはなかった[6]。

---

(5)　W.Schuwerack, Die Privatschule in der Reichsverfassung vom 11. August 1919, 1928, S. 9. W.Landè, Die Schule in der Reichsverfassung, 1929, S.145.

(6)　W.Landè, a.a.O., S.149. 詳しくは参照：U.v.Schlichting, Die Waimarer Schulartikel - Ihre Entstehung und Bedeutung, in: Internationales Jahrbuch für Geschichts-und Geographieuntericht, 1972, S.51ff.

第2節　ドイツ基本法下における法制状況

1　基本法の制定と私学法制の転換

　1949年5月に制定を見たドイツ連邦共和国基本法は，ナチス時代の反省も
あって，「各州の文化高権」（Kulturhoheit der Länder）を全的に復活させたので
あるが，これに伴い，学校制度に関しては第7条（学校制度）1ヵ条だけで規
定するに止まった。こうして，ワイマール憲法下におけるのとは異なり，連邦
は学校制度の領域において各種の原則を定立したり，枠組規程を制定する権限
を有さないこととなった。基本法7条には拘束されるものの〈連邦法は州法を
破棄する・Bundesrecht bricht Landesrecht〉，学校法域の立法権限は独占的に
各州に留保されるに至った。

　ところで，基本法7条の学校条項はドイツ教育法制史上，私立学校と私学法
域に重要なエポックをもたらした。すなわち，同条4項は「私立学校を設置す
る権利は保障する」と規定して，「私学を設置する権利」を憲法上の基本権と
して保障することによって，18世紀末以来の「公立学校の私立学校に対する
優位の原則」を破棄した。私学を固有の存在意義と独自の役割をもつ教育施設
として，学校法制上，公立学校と対等に位置づけたのであり，かくして私学に
関する法制度は従来のような「欠陥のある私学からの国民の保護」といった消
極的な観点からではなく，より積極的に「自由な学校としての私学の独自性」
（Eigenständigkeit als Freie Schule）という観点から形成され，規律されること
が要請されることとなった[7]。

　このような私学法制の根本的な転換をうけて，1951年8月，常設文部大臣
会議（KMK）は「私立学校制度に関するドイツ連邦共和国各州の教育行政協
定」〈Vereinbarung der Unterrichtsverwaltungen der Länder in der Bundesre-
publik Deutschland über das Privatschulwesen v. 10./11. 8. 1951〉を締結する
運びとなるが，この協定は，ワイマール憲法147条の施行に関する各州の教育
行政協定（1928年・1930年）と同じく，基本法7条の私学条項についての各州
合意の公式な解釈見解をなすもので，各州は本協定に所定の原則にもとづいて
各種の手続きを進める義務を負うこととなった。

---

(7)　H.Heckel, a.a.O., S.41.

831

第Ⅹ部　第2章　私学助成の法的構造

2　基本法制定議会と私学助成

　上述のように，ドイツ基本法はワイマール憲法を継受して私学に固有な条項を擁し，また新たに私学設置権を憲法上の基本権として明示的に保障したのであるが，私学に対する公費助成については何ら語るところがない。この問題についての立憲者意思はどうであったのか。

　ワイマール憲法制定議会におけると同様，基本法制定議会評議会（Parlamentarischer Rat・1948年9月～1949年5月）においても，私学助成について，憲法である基本法で規定すべきであるとの意見が出された。1948年12月，ドイツ党のゼーボーム議員は学校制度に関し基本権条項を追加し，そこにおいて私学助成について明記すべきである，との提案をした。提案理由は，大要，こう述べている[8]。

　「教育における発展の発意者かつ促進者としての私立学校が，その基本的な役割を遂行し教育上の成果を挙げることができるように，そのための諸条件について，この基本法で規定しなければならない。近年，私学は広範囲にわたって公立学校に係る国の経費を節減しており，したがって国は，節減された経費相当額を私学に助成することによって，私学の生存の可能性（Lebensmöglichkeit）を確保しなくてはならない」。

　しかしドイツ党のこの提案は社会民主党を中心とする勢力の反対で否決されることとなる。社会民主党のベルクシュトレーサー議員の主張するところによれば，このような事柄はすべて「各州の事項」（Sache der Länder）に属しており，連邦の憲法で規律されるべき事柄ではないとされた。また自由民主党のフォイス議員も，私学に対してその活動に相応した財政上の支援をうける権利を保障する条項を，この基本法に設けることは全く不可能であるとの見解を示し，さらにドイツ共産党のレンナー議員も「共産党としての原理的な理由から」，私学助成条項の創設に反対を表明したのであった。こうした経緯を経て，その後，自由民主党によって私学条項の修正案が提出されたのであるが，それは単に「私学を設置する権利は保障される。詳細は，州法によって定める。」とするもので，私学助成に関しては全く触れてはいなかった。

　以後，基本法制定議会評議会における「私学の自由」に関する論議はもっぱ

---

(8)　Dokumentation:Das Finanzhilfe-Urteil des Bundesverfassunngsgerichts vom 8.April 1987（以下，Dokumentation），In:F.Müller/B.J.Heur（Hrsg.），Zukunftsperspektiven der Freien Schule, 1996, S.33. L.T.Lemper, Privatschulfreiheit, 1989, S.39.

第2節　ドイツ基本法下における法制状況

ら親の教育権，宗教教育および宗派学校・宗派共同学校に関する事柄に集中し，私学助成がテーマとして取り上げられることはなかった。

　かくして，1949年5月8日に基本法制定議会評議会において可決された基本法草案7条4項の私学条項は，第1文は上記自由民主党の提案を採用したものであり，また第2文から第4文まではワイマール憲法147条1項の1文から3文までの法文をそのまま継受したものであった[9]。

　以上のような基本法私学条項の成立史を踏まえて，先に触れた1951年に締結された常設文部大臣会議の行政協定は，私学助成問題に関して，つぎのような合意を含むこととなる[10]。

　「基本法7条およびこの協定からは，公費からの私学助成請求権は導かれない。法的ないし財政的に可能な範囲内で，私立学校を直接ないし間接に支援し，私立学校に対して公立学校と同様の処遇を保障するかどうかは，各州の判断に委ねられる」（10項）。

　なお敷衍すると，上述のような基本法成立の経緯から，連邦憲法裁判所も1987年のいわゆる「私学助成判決」〈Finanzhilfe-Urteil v. 8.8.1987〉において，基本法7条4項1文の「私学の自由」条項と私学助成との関係について，下記のような見解を示すところとなっている[11]。

　「基本法の成立史から，次のことは明白であると言えよう。すなわち，基本法の立法者は基本法7条4項1文を親の教育権（6条）および特定の宗教教育をうける権利（4条1項・2項，7条2項）との関連において規定してはいるが，しかしそれとは文脈を異にして，この条文は，国家の学校独占の否定の下での特別な自由権（besonderes Freiheitsrecht）を規定したものであるということである。したがって，私学の自由の憲法上の保障は，基本法に明記されていない私学助成請求権（Subventionsanspruch）を包含するものではない」。

3　1950年代までの各州における法制状況 ── 州憲法による「私学助成請求権」の保障

　第2次大戦後，イギリス，フランス，アメリカ占領地域の各州においては，基本法の制定に先立って，州憲法が制定されたのであるが，それらの州憲法は

---

(9)　Dokumentation, a.a.O., S.33～S.34. L.T.Lemper, a.a.O., S.44～S.45.

(10)　H.Heckel, a.a.O., S.86～S.87.所収.

(11)　Dokumentation, a.a.O., S.34～S.35.

第X部　第2章　私学助成の法的構造

すべて私学条項を擁していた。バイエルン州憲法134条（1946年），ブレーメン州憲法29条（1947年），ヘッセン州憲法61条（1946年）ラインラント・プファルツ州憲法30条（1947年），ザールラント州憲法28条（1947年）がそれである[12]。

　そしてここで特記に値するのは，ラインラント・プファルツ州憲法とザールラント州憲法が，それぞれ以下のように書いて，私学の「公費助成請求権」（Anspruch auf öffentliche Zuschüsse）という新しい権利を創設し，それを憲法上保障するに至っているという法現実である。

　　◎ラインラント・プファルツ州憲法30条―「公立学校の代替としての私立学校は，申請にもとづき，公費による適切な財政援助（angemessene öffentliche Finanzhilfe）を受ける。公費による財政援助の条件および助成額に関する詳細は，法律でこれを定める」。

　　◎ザールラント州憲法28条3項―「公立学校の代替としての私立学校は，その任務を遂行しその義務を履行するために，公費助成請求権を有する。詳細は法律で定める」。

　　・同28条4項―「公益に立脚した教育を行い（auf gemeinnütziger Grundlage wirken），その構成と編制が公立学校に適用されている法規定に対応している私立の基礎学校，基幹学校および特別学校に対して，学校設置者の申請に基づき，州は経常的な人件費および物件費のための必要な経費を，公立学校の場合の基準に準拠して支給するものとする」。

　また基本法の制定後になるが，1950年に制定を見たノルトライン・ウエストファーレン州憲法と1953年のバーデン・ビュルテンベルク州憲法も，上記ラインラント・プファルツ州憲法とザールラント州憲法をうける形で，それぞれ次のように規定して，私学助成請求権を憲法上の基本権として保障したのであった。

　　◎ノルトライン・ウエストファーレン州憲法8条4項―「認可された私立学校は公立学校と同様の権利を有する。かかる私学は，その任務を遂行し義務を履行するために，必要な公費助成をうける権利を有する[13]」。

　　・同9条2項―「8条4項にいう私立学校は，州の負担において，授業料

───────────────

(12)　各州の憲法条文は下記に依った。Sonderausgabe unter redaktioneller Verantwortung des Verlages C. H.Beck, Verfassunngen der deutschen Bundesländer, 5 Aufl.出版年不詳。

の徴収を放棄することができる。かかる私立学校が教材・教具の無償制を実施する場合は，かかる私立学校に対しては，公立学校と同様の方法で教材・教具が支給されるものとする」。

◎バーデン・ビュルテンベルク州憲法14条2項－「公の需要（öffentliche Bedürfnis）に応え，教育的に価値が有るものとして認められ，かつ公益に立脚した教育をしている私立学校は……財政的な負担の均等を求める権利（Anspruch auf Ausgleich der finanziellen Belastung）を有する」。

　これらの州憲法の私学助成条項は，基本法142条＝「州の憲法条項は，この基本法の1条から18条までの規定に適合して基本権を保障する限り，効力を有する」により，基本法7条の私学条項に抵触しない限り効力を有するのであり，そしてこの場合，当時の有力な憲法学説によれば，各州が州憲法によって，基本法7条が保障する権利よりもさらに広範かつ強度な権利を保障することは，つまりは，「私学の自由」保障を超えて，私学助成請求権を保障することは憲法上可能だと解されたのであった[14]。

　以上のような経緯を経て，1950年代の前半から半ばにかけて，各州はそれぞれ独自の私立学校法を制定する運びとなるが，その目的は，基本法7条および各州憲法の私学条項を受けて，法律レベルでそれを具体化し，私学法制を独自の法域として形成することにあった。そして，こうして生まれた1950年のバーデン州私立学校法〈Landesgesetz über das Privatschulwesen und den Privatunterricht v.14.Nov.1950〉と1951年のハンブルク州私立学校法〈Gesetz über die Rechtsverhältnisse der privaten Unterrichts-und Erziehungseinrichtungen in Hamburg v.25.Mai 1951〉は，H.ヘッケルの評によれば，「ドイツにおける最初の現代的な私立学校法」としての位置を占めたのであった[15]。ちなみに，たとえば，ハンブルク州私立学校法は全文15ヵ条からなり，その規定内容は下記のようであった。1条（私学の設置），2条（認可義務の存す

---

(13)　ノルトライン・ウエストファーレン州では州憲法8条4項をうけて，1952年に学校制度規律法（Gesetz zur Ordnung des Schulwesens im Lande Nordrhein-Westfalen vom 8. 4.1952）が制定され，そこにおいてこう明記された（42条）。

　　　「代替学校は，その任務を遂行しその義務を履行するために，必要な公的助成をうける権利を有する。この助成金は，教員の給与と年金ならびにその学校の教育活動を保障するために使用されるものとする」。

(14)　H.v.Mangoldt, Das Bonner Grundgesetz, 1953, Art.142 Anm. II 4. G.A.Zinn/E.Stein, Die Verfassung des Landes Hessen, 1954, S.102.

(15)　H.Heckel, a.a.O., S.42

第Ⅹ部　第2章　私学助成の法的構造

る私学），3条（認可の申請と賦与），4条（承認を受けた私学），5条（届出義務の存する私学），6条（州による監督），7条（認可の取消と私学存続の拒否），8条（名称），9条（その他の教育施設），10条（私教育），11条（強制手段），12条（罰則規定），13条（経過規定），14条（学校法の改正），15条（施行）。

　一方，旧東ドイツにおいては，1949年に制定されたドイツ民主共和国憲法（Verfassung der Deutschen Demokratischen Republik v. 7. Okt. 1949）が，ワイマール憲法の影響を受けて，「子どもを民主主義の精神に従って，精神的および肉体的に有能な人間に教育することは，親の自然的権利であ（る）」（31条）と規定して，親の自然的教育権を憲法上の基本権として認めながらも，親の教育権に対応している筈の私学の存在や私学教育の自由については，「公立学校の代用としての私立学校は認められない」（38条1項）と規定して，これを全面的に否定したのであった。これを受けて，就学義務法（1950年）により，「就学義務は公立学校で履行されるものとする」（2条）とされたのであった。

4　1950年代〜1960年代の学説状況 —— 私学助成請求権の法理論

　第2次大戦後，旧西ドイツにおいては通貨制度改革が行われたのであるが，それに伴っての貨幣価値の下落と賃金の上昇および物価の高騰などで，私学を取り巻く経営環境は一段と厳しさを増した。こうして，私学に対する公費助成問題が教育政策上の重要課題の一つとして位置づくことになる。

　このような状況下にあって，学校法学の観点からこの問題に最初に本格的に取り組んだのは，ドイツにおける学校法学の始祖・H. ヘッケルであった。ヘッケルはまず1950年の論文「基本法と学校」と翌1951年の論文「1945年以降のドイツ学校法の発展」において，基本法7条の私学条項は「私学の自由」を憲法上の基本権として保障するとともに，私学制度を憲法上の制度として保障したものであることを確認したうえで[16]，1951年から1957年にかけて公にしたモノグラフィー「私立学校法の基本概念と基本的問題」（1951年），「民主的な学校制度構築に際しての私学の意義」（1952年），「私立学校法の発展動向」（1964年）および不朽の名著「ドイツ私立学校法」（Deutsches Privatschulrecht・1955年），「学校法学（初版）」（Schulrechtskunde・1957年），「学校

---

(16)　H.Heckel, Grundgesetz und Schule, In:DÖV（1950），S.1ff. ders., Die Entwicklung des deutschen Schulrechts seit 1945, In:DVBl（1951），S.205ff.

836

第 2 節　ドイツ基本法下における法制状況

法と学校政策」（Schulrecht und Schulpolitik・1967 年）などにおいて，私学に対する公費助成の必要性と重要性を力説し，そしてそれを制度的に担保するために，私学法制上の固有の権利として「私学助成請求権」を定位し，その理論化と深化に努めたのであるが，その骨子を摘記すれば，以下のようである[17]。

「今日の各州の私立学校法制は基本法 7 条 4 項の意義と本質的内容に見合うものとなっているであろうか。この場合，『公益の追求を旨とする私学』（gemeinnützige Privatschule）と『自益追求型の営利的私学』（erwerbswirtschaftliche Privatschule）を区別することが肝要である。前者は公費による助成がなければ存続できないし，公益に資する教育活動を行うこともできない。基本法 7 条 4 項が保障する基本権が，財政的な理由から，自益追求型の営利的私学においてしか現実化されないのであれば，同条項は空虚で無意味なものになってしまう」。

「基本法 7 条 4 項の欠陥は，同条項が規定している私学の制度としての保障が財政的な裏づけを欠いているということである。私学が自由な教育活動を遂行し，その教育上の任務を履行すべきであるのなら，それを可能にするために，私学は公費助成請求権（Anspruch auf öffentliche Finanzhilfe）を享有しなくてはならない。

そうでなければ，私学はその私経済的な経営形態のゆえに，いわゆる『富裕層のための学校』（Plutokratenschule）と化し，親の資産状態による子どもの選別を禁止した基本法 7 条 4 項に違反することになる。私学は教育活動上の諸条件に関して，基本的に，公立学校のそれに匹敵する場合にだけ，存在が可能なのであり，教育上の任務を遂行することができる。私学を法的に保障するということは必然的に，私学を財政的にも保障するということを帰結することとなる」。

---

(17)　ders., Grundbegriffe und Grundfragen des Privatschulrechts, In:DVBl（1951），S.495ff. ders., Die Bedeutung der Privatschule beim Aufbau eines demokratischen Schulwesens, In: Privatschule und Privatunterricht（1952），S.7ff. ders., Deutsches Privatschulrecht, 1955, S.253ff, u.a. ders., Schulrechtskunde, 1 Aufl.1957, S.133ff.ders., Schulverwaltung, In:H. Peters（Hrsg.），Handbuch der kommunalen Wissenschaft und Praxis, Bd.2, 1957, S.110ff. ders., Entwicklungslinien im Privatschulrecht, In:DÖV（1964），S.595ff. ders., Schulrecht und Schulpolitik, 1967, S.120ff.
　　なおヘッケルはその後も私学法域のモノグラフィーとして，たとえば，Die deutschen Privatschulen nach dem Kriege, In:Freie Bildung und Erziehung（1970），S.212ff.などの論稿を著している。

第Ｘ部　第2章　私学助成の法的構造

「基本法7条4項は，親の資産状態によって生徒の選別が助長されないこと，教員の経済的および法的地位が十分に確保されること，を私学設置の認可条件としているが，これらの条件は公費による助成がある場合にだけ充足されうる。私学が法定の認可条件を充足しうる範囲内にあるのに，国家がこれを助成しないのであれば，理論的にはこのような私学は認可されてはならないことになる。その結果はあらゆる論理に矛盾する。

このことから，ノルトライン・ウエストファーレン州が法的に現実化しているような，公益追求型私学の必要な範囲内における公費助成請求権が導かれる。このような請求権が承認されて始めて，基本法7条4項の意義が現実化されることになる。それは，法的に保障されたものを財政的に可能にし，保障するということなのである。こうして私学は，その制度的保障の本質的内容をなす，公立学校との対等の地位を確保できることになる。私学は公立学校と共に，公の需要に応えているのである」。

「基本法7条の私学条項が国の私学に対する助成義務を明記していないのは，『私学に好意的で，したがってまた，学校の自由にも好意的な』（privatschulfreundliche und damit schulfreiheitsfreundliche）基本法としては大きな欠陥だといえる。

基本法は7条1項で私学設置権を保障し，そしてそれでもって制度としての私学制度を保障している。しかしその財政的現実化については沈黙しており，私学に対する保障思想が貫徹されていない。私学が自由な教育活動を展開すべきであるなら，営利追求を志向すべきでないなら，私学は公費助成請求権を享有しなければならない。ただこの請求権は『公益の追求を旨とする私学』だけが根拠づけられる。

かくして，かかる私学は先駆的で創造的な教育活動を行い，公立学校の鏡や規準となり，公立学校を鼓舞する存在となることができる」。

「固有な教育的特性を擁する私学（Privatschule besonnderer pädagogischer Prägung）に対しては，その特別な目的や課題が達成できるように公費助成が確保され，助成額が増額される必要がある」。

「私学の生徒の親は，公立学校財政のための税負担をしたうえで，その子を私学に就学させるという憲法上の権利を行使しようとすれば，さらに高額な授業料を負担しなければならないのは不条理である」。

上記のようなＨ.ヘッケルの所論は当時の有力な学説によって積極的な評価をうけることになる。たとえば，Ａ.ズスターヘンはヘッケルとほぼ同旨の理

第2節　ドイツ基本法下における法制状況

論的立場から私学の公費助成請求権を根拠づけ，その法制化を強く主張している[18]，A．ケットゲン，A．ハーマン，W．ガイガー，H．ペータース，A．F．v．カンペンハウゼンなども上記私学助成請求権説を基本的に支持したのであった[19][20]。

　しかし一方で，いうところの私学助成請求権説に対しては，著名な憲法学者や行政法学者からの厳しい批判が見られた。私学助成違憲説の立場からの批判である。たとえば，R．トーマは大要，こう述べている[21]。

　「私学が公費による助成請求権をもつことは自由な学校としての私学の特性を阻害することになる。私学助成請求権をもつ私学はすでに私学ではなく，公立学校に近いものとなる。公費によって経費を賄われた私学（Die öffentlich finanzierte Privatschule）はそれ自体が矛盾した存在である。私学助成請求権を認めることは，私学の自由と独立性を保障した基本法に違背し，無効である」。

---

(18)　H.Susterhenn, Zur Frage der Subventionierung von Privatschulen, In:JZ (1952), S. 474 ff.

(19)　A.Köttgen, Subvention als Mittel der Verwaltung, In:DVBl (1953), S.485ff.

　　A.Hamann, Die Schulaufsicht über Privatschulen, insbesondere Ersatzschulen, In:Rdj (1955), S.7ff. W.Geiger, Privatschulsubvention und Grundgesetz, In:RWS (1961), S.80ff. H. Peters, Elternrecht, Erziehung, Bildung und Schule, In: Bettermann u.a. (Hrsg.), Die Grundrechte, Band.IV 1960, S.440ff. A.F.v.Campenhausen, Erziehungsauftrag und staatliche Schulträgerschaft, 1967, S.73ff.

　　なおJ.P.フォーゲルの概括によれば，1950年代から1960年代にかけての私学助成請求権説の根拠は，大きく，次の3点に求められた。①高額な学校経費と授業料に対する基本法上の制約によって，公費助成を伴わない私学制度の基本法上の保障は，単なる紙上案でしかない。②私学は現実に公の教育課題を担っており，それによって教育上ならびに財政上国の負担を軽減している。③私学の生徒の親は公立学校財政のための税を負担すると同時に，当該私学へ「2回目の授業料」（zweitesmal Schulgeld）を支払っている（J.P. Vogel, Die Gesetzgebung der Länder und der Stand der Debatte in Wissenschaft und höchstrichterlicher Rechtsprechung, In: F.Müller/B.J.Heur (Hrsg.), Zukunftsperspektiven der Freien Schule, 1996, S.24.）。

(20)　T.マウンツによれば，ヘッケルを始めとするこれらの所論は，「私学の自由」の憲法上の保障から，単に国家による自由侵害に対する保護機能を超えて，私学設置者や親の法益の保護を旨として，より積極的に国家による自由保障のための給付機能を導出しようとするものである（T.Maunz, Die staatliche Subventionierung freier Schulen, In:Essener Gespräche (9), 1975, S.65.）。

(21)　R.Thoma, Die Subventionierung der Privatschulen im Rahmen des Art.7GG, In:JZ (1951), S.777ff. 同旨：H.v.Mangoldt, Das Bonner Grundgesetz-Kommentar, 1953, Art.7 Anm.IV 8.

第Ⅹ部　第2章　私学助成の法的構造

　このように私学助成違憲説は，詰まるところ，「私学の自由」ないし「私学の独自性」と私学に対する公費助成は矛盾・対立し，憲法上，相容れないと論結しているのであるが，くわえて，「私学の自由」のような自由権的基本権からは国家に対する「給付請求権」（Leistungsrecht）は導かれない，とするのが当時の憲法学の通説でもあった[22]。

　このような私学助成違憲論に対して，ヘッケルは「ノルトライン・ウエストファーレン州憲法8条4項は効力を有するか」（1952年）という論文で，大要，以下のような反駁を加えたのであった[23]。

　「私学の特質は経費の自己負担（Selbstfinanzierung）にではなく，自由と独立性の確保にこそ存する。国は補助金によって不当な影響力を行使する危険性が常に存在する。しかし国の補助金政策は憲法秩序に拘束され，基本法19条2項＝「いかなる場合においても，基本権はその本質的内容を侵害されてはならない」（筆者）によっても制約される。私学に引きつけて言えば，私学助成は決して国に直接的であれ，間接的であれ，私学に対して事実上の影響を及ぼす権能を与えるものでなない，ということを意味する。国はその財政上の権能でもって私学の内的活動領域に介入してはならない。私学は助成を要求し，助成をうけることで，私学にとって放棄することのできない自由権を買い取って貰う必要はない。私学の自由と私学助成との関係について，以上のような原則に立脚することは，基本法に抵触するものではなく，それどころか，基本法の意義を現実化するものなのである」。

　また当時，リベラルで民主的な教育行政・学校法学説の双璧として，ヘッケルと並び称されたH.ベッカーも，1953年の論文「誰が文化的自由を財政的に裏づけるのか」（Wer finanziert die kulturelle Freiheit）において，この問題と係わって，より根元的に下記のような見解を表明したのであった[24]。

---

(22)　G.Eiselt, Der Ersatzschulbegriff des Grundgesetzes und die Subventionierung und Privilegierung von Ersatzschulen nach Landesrecht, In:RWS (1961), S.297. W.Weber, Subventionierungspflicht des Staates zugunsten privater Schulen, In:NJW (1966), S.1978ff.

(23)　H.Heckel, Ist Art.8.Abs.4 der Verfassung des Landes Nordrhein-Westfalen rechtsgültig?, In:DVBl (1952), S.207ff.

(24)　H.Becker, Wer finanziert die kulturelle Freiheit, In:Merkur (1953), S.1164ff.
　ベッカーはその後この問題についてより直接に，「自由な学校の助成と保障」（Subvention und Garantie der freien Schule, 1956）という論文を公にしている（H.Becker, Quantität und Qualität−Grundfragen der Bildungspolitik, 1968, S.107ff.所収）

840

第3節　連邦行政裁判所と連邦憲法裁判所の「私学助成判決」

　「国家は文化的自由に財政的な裏づけを与える。しかし国家がその財政支援を自由の制限へと濫用すれば，国家は，それによって自らの存在を危うくすることになる」。

　以上のような理論状況下において，1954 年，ドイツ教育制度委員会は「私立学校制度の諸問題に関して」と銘打った勧告を公にした。この勧告は 7 項目から成っているが，その第 6 項は下記のように書いて，私学助成政策の推進を促すとともに，「私学の自由」への介入を厳に戒めたのであった[25]。

　「特別な程度に固有の教育上の特色をもつ私学の教育を，国は助成金を出すことによって促進することを勧告する。私学に対する大規模な公費助成によってだけ，基本法が求める親の所得による生徒の選別を回避し，教員の法的・経済的地位が十分に保障されうることになる。助成額は同規模の公立学校教員の平均的給与を考慮して，合目的的に決定されなくてはならない。国による財政上の支援は，法的に保障された『私学の自由』への介入を伴うものであってはならない」。

第3節　連邦行政裁判所と連邦憲法裁判所の「私学助成判決」

1　1960 年代後半以降の連邦行政裁判所「私学助成判決」── 私学助成請求権の承認

　シュレスビッヒ・ホルシュタイン州の私立の体操・ダンス学校に対する公費助成事件に関する判決（1966 年）を皮切りに，1960 年代後半から 1980 年代の半ばにかけて，連邦行政裁判所は私学助成をめぐる一連の争訟事件において，上述したような学説を踏まえ，独自の判例理論を展開し蓄積してきた[26]。これらの事件は，州法がいうところの私学助成請求権を法認していない州の私学設置者が提訴したものであるが，連邦行政裁判所は基本法 7 条 4 項の「私学の制度的保障」から，私学助成請求権を連邦憲法上の権利として導出し，この権

---

(25)　Empfehlung des Deutschen Ausschusses für das Erziehungs-und Bildungswesen v. 3. 12.1954.「Zu Fragen des Privatschulwesens」, In:H.Heckel, Deutsches Privatschulrecht, S.89ff.

(26)　BVerwG. Urt. v. 11. 3. 1966. Urt. v. 22. 9. 1967. Urt. v 30. 8. 1968. Urt. v. 4. 7.1969. Urt.v. 30. 3. 973. Urt. v. 13. 11. 1973. Urt. v. 14. 3. 1975. Urt. v. 11. 4. 1986. Urt. v. 17. 3. 1988.これらの行政判例はすべて，J.P.Vogel/H.Knudsen（Hrsg.）, Bildung und Erziehung in freier Trägerschaft，2008, S147ff.に収載されている.

841

第Ⅹ部　第2章　私学助成の法的構造

利をこれらの州の私学設置者に対しても肯認したのであった。この間に展開された私学助成に関する判例理論は多岐に亘っているが，その中核部分を摘記すれば，以下のようである[27]。

①　基本法は私学制度を保障することによって，「国家の学校教育独占」を否定している。私学は国家（公立学校）と共に，ないし国家（公立学校）に代わって，公の教育課題（öffentliche Bildungsaufgabe）を担っている〈公立学校と私立学校の等位性（Gleichrangigkeit）の原則〉。

②　基本法7条4項は私学に対する公費助成について規定していない。また自由権の法益は，一般的には給付行政に対する給付の請求権までは含まない。しかし，これには例外がある。公的な助成がなければ，立法者の意思に反して，当該制度が維持できないような場合にあっては，当該制度の憲法上の保障から給付請求権（Leistungsanspruch）が導出される。私学の制度としての憲法上の保障は，まさにこれに該当する〈基本権実効化（Grundrechtseffektivität）の原則〉。

③　私学は教育上ならびに財政上，国の負担を軽減しており，このことも私学に対する公費助成を根拠づける。

④　基本法上，私学は公立学校に劣らない教育レベルを維持し，教員の経済的地位を確保することが求められていると同時に，親の資産状態によって子どもを選別してはならないとされている。ここから，私学の公費助成請求権が導かれる。その権原は，私学の存在とその必要性に対する憲法上の要請およびこれに対応した国家の義務に求められる。

⑤　国家は，基本法20条1項が要請するところにより，学校制度の領域においても，社会国家の理念が実現されるように配慮しなくてはならない。

⑥　私学助成請求権が導かれるのは，つまりは，国家の私学に対する助成義務が発生するのは，制度としての私学総体の存続保障（Bestandgarantie）のために必要な場合であって，個々の私学のそれではない。

⑦　私学助成制度を具体的にどのように形成するかはそれぞれの州に委ねられており，様々な態様が有りうる。基本法上の要請としては，私学助成の下限

---

(27)　参照：J.P.Vogel, a.a.O., In: F.Müller/B.J.Heur（Hrsg.）, a.a.O., S.18ff. ders., Zwischenstruktureller Unmöglichkeit und Gefährdung der Institution Ersatzschulwesen. Die Rechtsprechung zur verfassungsrechtlichen Leistungspflicht des Staates gegenüber Ersatzschulen, In:F.Fufen/J.P.Vogel, Keine Zukunftsperspektiven für Schulen in freier Trägerschaft?, 2006, S.17ff. H.Knudsen（Hrsg.）, SPE（DritteFolge）, 2007, S.236-1ff.

842

第3節　連邦行政裁判所と連邦憲法裁判所の「私学助成判決」

が設定されているだけである。

⑧　私学のうち，代替学校だけに私学助成請求権が保障される。補充学校は助成対象とはならない。前者は公的な学校制度（öffentliche Schulwesen）に参画しているからである。

⑨　私学の側に公費助成を受ける必要性が存在することを前提に，不足資金の相当部分は設置者自身が調達しなくてはならない〈私学に対する公費助成の副次性の原則〉。

⑩　私学に対する公費助成の条件は，基本法7条4項が規定する認可条件の充足と助成の必要性（Hilfsbedürftigkeit）の存在である。たとえば，税法上の公益性などの条件を追加することは許されない。

⑪　私学助成は客観的に正当な理由が存する場合においてだけ認められ，それは，私学の経営破綻を回避するために効果的なものでなくてはならない〈私学助成の有効性（Effektivität）の原則〉。

⑫　私学助成は学校設置後の学校の維持のためのものであり，学校の設置に係る経費は対象とならない。

2　連邦憲法裁判所「私学助成判決」（1987年）—— 私学に対する国の保護義務の確認

上述のように，連邦行政裁判所は1966年の私学助成に関する最初の判決以来，私学設置者の国に対する私学助成請求権を憲法上の権利として承認し，これに関する判例法理を構築し発展させてきたのであるが，連邦憲法裁判所がこの問題について初めて判断を示したのは，1987年のいわゆる「私学助成判決」〈Finanzhilfe-Urteil〉においてである。

この事件は，私学助成の対象を就学義務年齢段階の児童・生徒だけに限定し，また助成額について宗派学校とその他の私学とで異なる取扱いを定めた，ハンブルク州私立学校法（1977年）の合憲性が争われたケースであるが[28]，この件に関して，連邦憲法裁判所は上記のようなハンブルク州私立学校法は基本法3条1項の平等原則および7条4項に抵触し，違憲・無効であるとしたうえで，

---

(28)　ハンブルク州私立学校法（1977年）は「私立学校は特別な形態と内容の教育によって，公的な学校制度を補充している」（1条）と確認したうえで，「国による財政援助」（18条）と題して，こう規定していた。「財政的に困窮した代替学校の設置者は，申請により，就学義務段階の生徒につき，学校の経費に対する財政援助を州から受けることができる」〈Schutzpflicht des Staates gegenüber Ersatzschulen, In:RdJB（1987），S.386〉。

第Ｘ部　第2章　私学助成の法的構造

下記のように判じたのであった[29]。

①　基本法7条4項は国に対して私立の代替学校制度を保護する義務を課している。

②　国のこの一般的な保護義務（Schutzpflicht）から導かれる具体的な行為義務（Handlungspflicht）は，代替学校制度がその存続を脅威に曝された場合に発生する。

③　国のこの保護義務がどのような方法で履行されるかについて，立法者は決定する義務を負う。代替学校を財政的に援助するという国の保護義務の範囲内において，立法者が決定するに際して，立法者は基本法3条1項にもとづく制約に服する。

連邦憲法裁判所のこの判決は，1960年代半ば以降，連邦行政裁判所が一連の私学助成判決において蓄積し確立した上述のような判例法理を踏まえたうえで，新たに国の私学に対する「保護・促進義務」（Schutz-und Förderungspflicht）という基本概念を創出し，この概念を基軸に据えて私学に対する公費助成を憲法上に位置づけているのであるが，その具体的な内容の骨子を摘記すると，下記のようである[29]。

①　基本法7条4項による「私学の設置・経営権」の保障は，「国家の学校教育独占」の否定と「学校の多様性」（Schulvielfalt）という憲法上の原則の表明に他ならない。

②　基本法7条4項の「私学の自由」保障の歴史的な解釈から，この条項からは，国の私学に対する助成義務も，私学の国に対する助成請求権も導かれない。

③　しかし各州は，基本法7条4項にもとづいて，私学の制度的保障を超えて，私立学校制度を公立学校制度と共に促進し，その存続を保護する義務を負う。この義務は代替学校についてだけ存し，補充学校には及ばない。

④　国は私学を認可することだけにその役割を限局してはならない。基本法7条4項が保障する基本権が，同条所定の認可要件によって，現実にはほとんど行使されえないということを，国は考慮しなくてはならない。国は私学に対して，その特性に応じて，自らを実現できる可能性を保障しなければならない。

---

(29)　BVerfG, Urt. v. 8. 4. 1987, In:F.Müller/B.J.Heur（Hrsg.）, a.a.O., S.29ff. In:RdJB（1987）, S.386ff. mit Anmerkung vom J.Berkemann. なおこの憲法裁判に関する一連の資料は下記に所収：B.Pieroth/G.F.Schuppert（Hrsg.）, Die staatliche Privatschulfinanzierung vor dem Bundesverfassungsgericht-Eine Dokumentation, 1988.

844

第3節　連邦行政裁判所と連邦憲法裁判所の「私学助成判決」

⑤　重要なのは，親の資産状態と関係なく，私学が誰でも入学可能でなければならないということである。どの程度の授業料までが憲法上許されるかは一義的に画定できないが，高すぎる授業料は基本法7条4項が保障する「私学の自由」の憲法上の保障に抵触する。

⑥　基本法7条4項が，存続が不可能な代替学校を設立するという，無価値な個人的権利の保障条項ないし私学にとって無益な制度的保障条項に堕すべきでないのであれば，この憲法条項は，私立の代替学校を援助し促進することを立法者に義務づけたもの，と解されなくてはならない。この義務は，客観法上の義務（objektiv-rechtliche Verpflichtung）である。

⑦　制度としての代替学校の存続が明らかに危殆に瀕した場合に，国の一般的な保護義務から，具体的な行為義務が発生することになる。それは個々の私学の困窮を除去するためではなく，私学全体の制度としての維持のために必要とされるものである〈私学助成請求権の限界〉。

⑧　国が負う助成義務は，私学が基本法7条4項に所定の認可条件を充足するための，学校として存続が可能な最低限度額（bis zur Höhe des Existenzminimus）についてまでである。

⑨　国の保護義務の根拠は私学制度の憲法上の保障，つまり個人の自由の促進にあるから，国は私学設置者に対して相応な自己負担（angemessene Eigenleistung）を求めることができる[30]。学校設立のための当初資金と施設設備費は設置者の自己負担に属する。学校設置のための費用については，助成請求権は存しない。州による助成は私学の維持のためのものである[31]。

⑩　たとえば，直接的な財政補助によるか，物的給付をするかなど，どのような方法で立法者が私学に対する促進義務を履行するかは，立法者の権限に属している。

---

(30)　この点に関して，ピーロートは授業料を規制する基本法上の選別の禁止（Sonderungsverbot）と自己負担は可能な限り低く設定しなければならないとの原則から，私学設置者の自己負担は支出総額の20%が憲法上の限度だとしている（B.Pieroth, Die staatliche Ersatzschulfinanzierung und der Schulhausbau, In:DÖV（1992）, S.593）。またヤーハによれば，「私学の自由」保障の原則とともに，教育の機会均等を旨とする社会国家的な要請から，私学設置者の自己負担は，デンマーク，ノルウェー，フィンランド，スウェーデンなどと同じく，最大で支出総額の15〜20%が限度だとされる（F.R.Jach, Die Existenzsicherung der Institution Ersatzschulwesen in Zeitens knapper Haushaltsmittel, In:F.R. Jach/S.Jenkner（Hrsg.）Autonomie der staatlichen Schule und freies Schulwesen, 1998, S.89）。同旨：E.Stein/M.Roell, Handbuch des Schulrechts, 1992, S.111.）。

第Ⅹ部　第2章　私学助成の法的構造

⑪　国の私学に対する促進義務は，社会によって理性的に期待されうる範囲内に限られる〈いわゆる可能性の留保・Möglichkeitsvorbehalt〉。立法者がその範囲を決定するに際しては，他の社会制度および平等原則（基本法3条）を考慮しなくてはならない。

⑫　私学設置者の公費助成請求権は，基本法7条4項にもとづく「直接的な憲法上の権利」（verfassungsunmittelbare Anspruch）ではなく，法律で規定されて始めて具体的な請求権となる[32]。

第4節　現行私学助成法制の概要

1987年の上記連邦憲法裁判所「私学助成判決」の後，旧西ドイツの11州すべてにおいて私立学校法ないし学校法の私学助成関係条項が改正された。また1990年のドイツ統一によってドイツ連邦共和国の新州となった旧東ドイツ地域の5州においても，基本法の適用をうけて私学の設置が可能となり，州憲法による「私学の自由」と私学助成請求権の保障を基軸とした私学法制の形成を見るに至った[33]。

ところで近年，ドイツにおいては私学が俄かに勢いを増して「私学ブーム」（Privatschul-Boom）の様相を呈しており[34]，私学助成問題は教育政策上，一段とその重要度を増しているのであるが，各州の現行私学助成法制は，上記連邦憲法裁判所の判決に照らすと，トータルとして見ればなお不十分な法状況にあ

---

(31)　ただこの点については後に判例変更があった。1994年，連邦憲法裁判所は学校建築費を原則として私学助成の対象から削除したバーデン・ビュルテンベルク州法について，下記のように述べて，違憲であるとの判断を示している。「私学に対する州の助成に際して，必要な教室の建築費用をまったく考慮しないことは，基本法7条4項に抵触する」（BVerfG. Beschl. v. 9. 3.1994, In:SPE, a.a.O., 236-10）。なおこの判例に対する注釈として参照：P.Theuersbacher, Die neueste Rechtsprechung des Bundesverfassungsgerichts zur Privatschulfinanzierung, In:RdJB（1994），S.497ff.

(32)　この判決と係わって，近年，「国家の介入保障」（Interventionsgarantie des Staates）という概念を基軸に据えて，基本権に対応した国家の客観法上の義務を，個人の公法上の具体的な給付請求権（subjektiv-öffentlicher Anspruch auf eine konkrete Leistung）に転化させる理論的努力がなされている（F.Müller/B.Pieroth/L.Fohmann, Leistungsrechte im Normbereich einer Freiheitsgarantie, 1982, S.127ff.）。

(33)　新州の私学助成の法制状況について，詳しくは参照：J.P.Vogel, Etwas außerhalb der Verfassung－Die Finanzhilferegelungen für Ersatzschulen in den neuen Bundesländern, In:RdJB（1993），S.443ff.

(34)　H.Ullrich/S.Strunck, Private Schulen in Deutschland, 2012, S.7.

ると評されている[35]。私学助成の対象を「承認された代替学校」だけに限定している州法などがその例であるが，現行の私学助成法制についてその概要を記すと，下記のようである[36]。

なお州の名称は下記のような略称を使用する。

バイエルン＝BA　ベルリン＝BE　ブランデンブルク＝BB　ブレーメン＝HB　バーデン・ビュルテンベルク＝BW　ハンブルク＝HH　ヘッセン＝HE　ノルトライン・ウエストファーレン＝NW　ニーダーザクセン＝NS　メックレンブルク・フォアポンメルン＝MV　ラインラント・プファルツ＝RP　ザールラント＝SL　ザクセン＝SN　ザクセン・アンハルト＝SA　シュレスビッヒ・ホルシュタイン＝SH　テューリンゲン＝TH

1　私学助成の法的根拠 ── 私学助成請求権の州憲法による保障

ドイツ16州のうち，12州の州憲法において「私学の自由」が明示的に保障されているのであるが，これと併せて，BB，BW，NS，NW，RP，SL，SN，SA，TH の9州の州憲法が，私学設置者の公費助成請求権を憲法上の権利として明記している。

新州についてだけ規定例を引けば，たとえば，TH 州憲法は「認可をうけた代替学校は公費助成請求権（Anspruch auf öffentliche Zuschüsse）を有する」と規定しているし（26条），また SA 州憲法も「代替学校は，その任務を遂行するために必要な公費助成の請求権を有する」（28条2項）と書いている。

州憲法が私学助成条項を擁していない州においては，一般法である学校法（Schulgesetz）ないし私学に固有な特別法としての私立学校法（Privatschulgesetz）の私学助成関係条項でこれについて規定している州もあれば（BE, HH など），私立学校財政法（Privatschulfinanzierungsgesetz）を単独法として制定し，これに関する定めを置いている州も見られている（BA, HE など）。

---

(35)　この点を厳しく指弾した学説として，さしあたり，F.Müller, Die verfassungsrechtlichen Anforderungen an die Schulgesetzgebung zur Regelungen des Privatschulbereichs, 1991, S.3ff. B.Pieroth, a.a.O., In:DÖV（1992), S.593.

(36)　以下の記述は，主要には，下記に依った。J.P.Vogel, Das Recht der Schulen und Heime in freier Trägerschaft（以下，Das Recht と略），1997, S.138ff. ders., Die Gesetzgebung der Länder und der Stand der Debatte in Wissenschaft und höchstrichterlicher Rechtsprechung, In:F.Müller/B.J.Heur（Hrsg.), a.a.O., 13ff. ders., die Landesgesetzgebung zur Finanzhilfe an Erastzschulen, In:F.Fufen/J.P.Vogel（Hrsg), a.a.O., S.141ff.J.Staupe, Schulrecht von A-Z, 2001, S.179ff.

第Ⅹ部　第2章　私学助成の法的構造

2　私学助成請求権をもつ私学の種類

ドイツの私学は法制上，大きく「代替学校」と「補充学校」に区分されるが，前者にも「認可をうけた代替学校」(genehmigte Ersatzschule)，「特別な教育的特性をもつ認可をうけた代替学校」(genehmigte Ersatzscuhle besonderer pädagogishe Prägung)，「承認をうけた代替学校」(anerkannte Ersatzschule) の法的区分が存する。

私学助成の対象とされているのは原則として代替学校であるが，すべての種類の代替学校に私学助成請求権を保障している州がもっとも多く，HH，HE，SH，TH 州など 10 州に及んでいる。これに対して，BA，NS など 4 州においては承認をうけた代替学校と，自由ヴァルドルフ学校など特別な教育的特性をもつ代替学校だけにこの権利を認めており，BW では助成対象となる代替学校のカタログを限定列挙している。助成対象私学をかなり厳しく制限しているのは RP で，同州では承認をうけた代替学校だけが助成対象とされている。

このように，私学助成の対象となる代替学校の種類を限定している州が 6 州見られているが，ただこの点については，上述した連邦憲法裁判所の判例とは相容れないとするのが学校法学の通説である[37]。

一方，補充学校は原則として助成対象から除外されているのであるが，BW，TH，SL など 4 州では例外的に，一定の条件下で補充学校にも助成請求権を容認するところとなっている。

3　私学助成の要件としての私学法上の公益性

私学に対する公費助成の要件として，基本法 7 条 4 項が定める設置認可要件の充足にくわえて，HH 州など 8 州で当該私学に対し「私学法上の公益性」(privatschulrechtliche Gemeinnützigkeit) が求められている。ここで「私学法上の公益性」とは，利潤の追求ではなく，宗教的，世界観的，教育的な目的の追求を専らとすることをいう[38]。

4　私学助成の要件としての税法上の公益性

上記の「私学法上の公益性」に加えて，BA，HE，SA，TH の 4 州におい

---

(37)　さしあたり，H.Avenarius/H.P.Füssel, Schulrecht, 2010, S.219. J.P.Vogel, a.a.O., In: RdJB (1993), S.443.

(38)　H.Avenarius/H.P.Füssel, a.a.O., S.294.

848

ては「税法上の公益性」(steuerrechtliche Gemeinnützigkeit) を有することが私
学助成の要件とされている。規定例を引けば，たとえば，BA 州学校財政法
(2000 年) はこう規定している。「公法上ないし私法上の法人によって設置・経
営され，公益上の基盤にもとづいて活動している学校だけが，州からの助成を
受けることができる」(29 条 2 項)。

　この結果，法人立の学校だけに助成請求権が認められ，自然人立の代替学校
は助成対象から除外されることになるので，この要件を違憲視する有力な学説
も見られている[39]。

5　助成対象費目

　助成対象の費目は HE，BW，SA など 12 州で人件費および経常的物件費と
されているが〈通常補助・Regelfinanzhilfe〉，BE，BB，HH の 3 州にあって
は人件費だけに限定されている。建築費助成が義務づけられているのは RP と
SL の 2 州だけで，それ以外の州では「任意」もしくは「財政状況により」と
されている。

　なお BW 州では従来，建築費は私学助成の対象とされてきたが，1990 年の
私立学校法改正で建築費助成条項が削除された。しかしこの私立学校法改正は
1994 年，連邦憲法裁判所によって違憲・無効とされた〈BVerfG Ent. v. 9. 3.
1994 (Baukosten-Entscheidung)〉。

　その他に教育権者に対して授業料補助を実施している州もあれば (BA)，生
徒に対する奨励金を給付している州もある (BW，SL など)。さらに教員の老
齢年金に対して補助をしている州もあれば (NS，RP など)，私学における教
材・教具の無償制を補助している州もある (HE，NW など)。

6　助成額の割合

　経常費に対する助成額の割合は州により，また学校種によっても各様である。
たとえば，TH 州では経常費助成は人件費助成と物件費助成から成っているが，
一般陶冶学校と上級職業学校の場合，人件費は 100％の助成を受けているが，
その他の学校種では，その割合は 70％となっている。

　BE 州においては，人件費助成の割合は 1987 年の 75％から段階的に引き上
げられ，1993 年以降は対応する公立学校教員の平均給与額までの助成となっ

---

　(39)　J.P.Vogel, a.a.O., In:F.Fufen/J.P.Vogel (Hrsg.), S.146。

849

第Ⅹ部　第2章　私学助成の法的構造

ている。HB 州では生徒数に応じた人頭割が 1982 年に公立学校比で 85％から 75％に引き下げられ，また NW 州においては従来，経常費の 94％助成が行われていたが，今日ではその割合は 85％となっている。さらに BB 州では，上記 BE 州の規定が同州にも適用されて 100％の人件費助成を受けているのであるが，促進学校（Förderschule）については例外的に，その割合は 125％に及んでいる[40]。

7　助成方式

　助成方式としては，大別して 2 種類がある。

　一つは，必要額ないし不足額補填方式（Bedarfs-oder Defizitdeckungsverfahren）で，対応する段階の公立学校の標準経費を基準とし，授業料等による学校設置者の収入によって賄えない不足額の一定割合を州が助成するという方式である。SL 州と SH 州がこの方式を採用している。

　他は，包括方式（Pauschalverfahren）ないし人頭割方式（Kopfsatzverfahren）と称されるもので，生徒数・教員数・学級数などを基に当該私学の経常費を算出し，その一定割合を州が補助するもので，ほとんどの州がこの方式を採用している。

8　待 ち 期 間

　SL 州を除くすべての州において，学校の設置認可をうけて一定期間後に私学助成請求権が発生するという，いわゆる「待ち期間」（Wartefrist）が設定されている。その目的は，当該私学の財政的な確実性と教育責任の遂行を見定めたうえで公費を投入し，その効果的な使用を期すことにある。

　「待ち期間」は 3 年の州がもっとも多く，BW や TH など 7 州がそうである。2 年の州もあれば（BB, MV），4 年の州も見られている（SN, SH）。

ちなみに，連邦憲法裁判所は待ち期間を 3 年と定めた BW 州法は合憲であるとの見解を示しているが〈BVerGE90, 107ff.〉，しかし，この制度に対しては有力な違憲説も見られている[41]。

---

(40)　ders., Das Recht, S.153。

(41)　F.Müller, a.a.O., S.69.J.P.Vogel, Entwicklung des Finanzhilferechts der Schulen in freier Trägerschaft vom Urteil des Bundesverfassungsgerichts vom 8.4.1987 bis zu den Entscheidungen des Bundesverfassungsgerichtes vom 9.3.1994. In:F.Müller/B.J.Heur (Hrsg.), a.a.O., S.180。

第4節　現行私学助成法制の概要

9　当該州の子ども条項

その州に住所をもつ生徒もしくは当該の州と助成協約を締結している州の生徒だけを助成対象とするもので－これを「当該州の子ども条項」(Landeskinderklausel) と称する－，HB 州や SH 州などでこのような方式が採用されている。この結果，たとえば，SH 州の寄宿学校 (Internatschule) は本来の助成額から 25％削減された状況にあるとされる[42]。このような子ども条項を規定した HB 州の私立学校法の合憲性が争われたケースで，連邦憲法裁判所はこの制度に憲法上の疑義はないとの見解を示している[43]。

10　私学助成における信頼関係保護の原則

この原則は NW 州憲法裁判所の理論的創造に係るもので，私学助成を削減する場合には当然に考慮されなくてはならないとされる。以下のように判じている。「数十年以上に亘って実施されてきた私学助成規程は確たる信頼関係を創造している。したがって，この規定を変更し私学助成を削減する場合は，信頼関係保護の原則 (Grundsatz des Vertrauenschutzes) が考慮されなくてはならず，削減はただ逐次的にしか行うことはできない[44]」。

---

(42)　V J.P.Vogel, a.a.O., In:F.Fufen/J.P.Vogel (Hrsg.), S.147.

(43)　BVerfG Beschl.v. 23. 11. 2004, In:H.Knudsen (Hrsg.), SPE (3Folge), 2007, S.236-90. 連邦憲法裁判所のこの決定に対する批判的見解として，参照：F.R.Jach, Die Zulässigkeit von Landeskinderklauseln im Privatschulrecht, In:DÖV (1995), S.925ff.

(44)　VerfGH NW Urt. v. 3. 1. 1983, In:F. Müller/B.J. Heur (Hrsg.), a.a.O., S.22. この判決については下記に詳しい：P.Bernhard, Zu den verfassungsrechtlichen Grenzen staatlicher Sparmaßnahmen bei der Privatschulfinanzierung, In:DVBl (1983), S.299ff.

851

初 出 一 覧

本書を編むにあたって大幅な加筆・修正を施したり，新たに書き加えた章もあるが，所収論稿の初出は下記のようである。

第Ⅰ部　国家の教育主権と教育課程法制
　　第1章……ドイツにおける教育主権と国家の学校監督権（1）（2）（3）〈季刊『教育法』135号・136号・137号，エイデル研究所，2002年・2003年〉
　　第2章……ドイツにおける教育行政の組織と法的構造（1）（2）〈季刊『教育法』142号・144号，エイデル研究所，2004年・2005年〉
　　第3章……ドイツの教科書制度〈季刊『教育法』130号，エイデル研究所，2001年〉を大幅に加筆・修正
　　第4章……アメリカとドイツの国旗・国歌法制〈季刊『教育法』121号，エイデル研究所，1999年〉

第Ⅱ部　国家・宗教・学校をめぐる法制
　　第1章……書下ろし
　　第2章……書下ろし
　　第3章……書下ろし
　　第4章……書下ろし
　　第5章……書下ろし
　　第6章……書下ろし

第Ⅲ部　教育をうける権利と公教育制度
　　第1章……書下ろし
　　第2章……書下ろし
　　第3章……ドイツにおける外国人生徒の教育法制（1）（2）〈季刊『教育法』144号・145号，エイデル研究所，2005年〉を大幅に加筆・修正

第Ⅳ部　障害児教育法制の構造転換
　　第1章……書下ろし
　　第2章……書下ろし
　　第3章……書下ろし

第Ⅴ部　学校経営法制と教員法制の原理
　　第1章……ドイツにおける学校の自律性（Schulautonomie）の法的構造（1）〈『白鷗大学論集』第26巻第2号，2012年〉を大幅に加筆・修正
　　第2章……ドイツにおける校長の法的地位〈季刊『教育法』134号，エイデル研

853

究所，2002 年〉

第 3 章……書下ろし

第 4 章……書下ろし

第 5 章……「日本国憲法と義務教育」（青山社，2012 年）第 7 章第 4 節

第 6 章……ドイツの教員評価制度〈『学校運営研究』，2000 年 4 月号，明治図書〉

第Ⅵ部　学校における生徒の法的地位と学校参加法制

第 1 章……『高校生の法的地位と政治活動－日本とドイツ』（エイデル研究所，2017 年）第Ⅱ部第 2 章

第 2 章……同　第 3 章

第 3 章……同　第 4 章

第 4 章……同　第 5 章

第 5 章……ドイツの少年法制と少年犯罪〈『教職研修』2001 年 5 月号，教育開発研究所〉

第Ⅶ部　学校におけるデータの保護法制と開示法制

第 1 章……ドイツにおける学力保証政策とデータ保護の学校法制（1）（2）（3）（4）〈『教職研修』2009 年 1 月号・2 月号・3 月号・4 月号，教育開発研究所〉

第 2 章……ドイツの学校におけるプライバシー保護法制〈季刊『教育法』147 号，エイデル研究所，2005 年〉

第Ⅷ部　学校の教育措置・決定に対する行政裁判上の救済と学校事故補償法制

第 1 章……西ドイツにおける学校管理と特別権力関係論－学校措置・決定に対する裁判所の救済〈日本教育学会編『教育学研究』第 39 巻第 1 号，1972 年〉を大幅に加筆・修正

第 2 章……ドイツにおける学校事故補償法制の構造（1）（2）（3）（4）〈季刊『教育法』138 号・139 号・140 号・141 号，2003 年・2004 年〉

第Ⅸ部　親の教育権と学校教育・教育行政

第 1 章……ドイツにおける親の教育権の法的構造〈『白鷗大学論集』第 29 巻第 1・2 合併号，2015 年〉

第 2 章……「教育の自治・分権と学校法制」（東信堂，2009 年）第 12 章 6 節

第Ⅹ部　『私学の自由』と私学に対する公費助成法制

第 1 章……ドイツにおける『私学の自由』の法的構造〈『白鷗大学論集』第 28 巻第 2 号，2014 年〉

第 2 章……ドイツにおける私学助成の法的構造〈『白鷗大学教育学部論集』第 7 巻第 2 号，2013 年〉

事 項 索 引

EU 基本権憲章 ……………………………… 231
EU 憲法条約 ………………………………… 231
EU 市民 ……………………………………… 230
KMK 報告書「移住」 ……………………… 282
New Public Management …………… 362, 433
PISA ………………………………………… 45, 297

あ 行

アウシュヴィッツの嘘 …………………… 502
新たな教育権 ……………………………… 785, 812
安全確保員 ………………………………… 727
安全教育 …………………………………… 728
安楽死処分 ………………………………… 321
異議申立て権 ……………………………… 453, 616
意見表明の自由 …………………………… 83
医師国家試験 ……………………………… 688
意思能力のある未成年者の法理 ………… 778
イスラム教の宗教教育 …………………… 137
イスラム教の宗教教育法制 ……………… 141
イスラムの服装規程 ……………………… 165
一般地方学事通則 ………………………… 63
一般的人格権 ……………………………… 635
一般的な政治的委任 ……………………… 613
異文化間教育 ……………………………… 286
移民国家 …………………………………… 273
移民政策 …………………………………… 298
移民背景をもつ子ども …………………… 273
移民背景をもつ生徒の学力問題 ………… 297
営業警察法 ………………………………… 803
営造物権力としての学校権力 …………… 18
親としての自明の権利 …………………… 745
親の学校教育参加権 ……………………… 786
親の教育権 ………………………………… 23, 733, 758
親の教育権力 ……………………………… 546
親の教育責任 ……………………………… 753
親の権力 …………………………………… 738
親の公教育運営参加権 …………………… 757
親の子に対する体罰権 …………………… 514
親の自然的教育権 ………………………… 214, 740
親の宗教教育権 …………………………… 131, 168
親の知る権利 ……………………………… 657
親の体罰権 ………………………………… 738
親の配慮権 ………………………………… 267
親の配慮権に関する新規制法 …………… 737

か 行

改革教育学 ………………………………… 67, 584
外国人教育政策 …………………………… 275
外国人の「私学を設置する自由」 ……… 826
外国人の就学義務 ………………………… 276, 295
外国人労働者 ……………………………… 273
解釈優先権 ………………………………… 744, 759
改正プロイセン憲法 ……………………… 7, 210
外的学校事項 ……………………………… 12
解放教育学 ………………………………… 91
学習過程での生徒参加 …………………… 603
学習指導要領 ……………………………… 95, 483
　　――の法的拘束力 …………………… 483
　　――の枠組規定性 …………………… 485
各州司法大臣会議 ………………………… 719
学習障害児学校 …………………………… 326
学習の自由権 ……………………………… 245
各州文部大臣常設会議 …………………… 48
学術審議会 ………………………………… 143
学童保育 …………………………………… 257
学年代表 …………………………………… 618
学年父母協議会 …………………………… 793
学問・教授の自由 ………………………… 469
学問・研究の自由 ………………………… 75
過失問題 …………………………………… 702, 714
家族の連帯と自律性 ……………………… 774
価値決定的根本規範 ……………………… 243, 745
価値多元主義社会 ………………………… 32
学級共同体 ………………………………… 590
学級代表 …………………………………… 618
学級父母協議会 …………………………… 793
学校・教員の安全保持義務 ……………… 726
学校営造物利用関係 ……………………… 667
学校営造物理論 …………………………… 17, 532
学校会議 …………………………………… 101, 401, 408
　　――の役割と権限 …………………… 414
　　――への生徒代表の参加 …………… 620
学校関係 …………………………………… 552
学校監督概念 ……………………………… 460

855

事項索引

学校監督行政…………………………50
学校監督庁の専門監督権……………479
学校監督庁の役割変容………………391
学校監督法……………………………7, 66
学校教育における国旗・国歌の取扱い……108
学校行政………………………………53
学校行政機関…………………………57
学校共同決定法………………………378
学校共同体……………………………588
学校共同体訓令………………………589
学校権力………………………………669
学校権力服従者………………………669
学校災害保険法………………………721
学校財務運営上の自律性……………395
学校査察庁……………………………432
学校参加法……………………………378
学校事項の内的・外的事項区分論…364
学校事故責任における主観的過失主義……692
学校事故の防止法制…………………726
学校事故保険…………………………720
学校自治の最高審議・決定機関……414
学校新聞………………………………565
学校生活における多言語の原則……284
学校政策上の委任……………………613
学校制度における価値多元主義と自由性の
　　原則………………………………822
学校制度における質保証……………362
学校制度における質保証政策………424
学校制度におけるデータの保護に関する法律
　　……………………………………639
学校制度の国家化……………………5, 802
学校制度の宗派化……………………814
学校組織構造法………………………378
学校代表………………………………618
学校懲戒………………………………514
学校でのお祈り………………………181
学校特別権力関係論…………………532
学校内部法……………………………669
学校におけるスポンサリング………397
学校における性教育…………………767
学校における生徒の権利と義務……551
学校における生徒の地位……………600
学校における代議制民主主義………620
学校における民主主義………………435
学校における民主的参加……………620
学校に代わる私教育の自由…………194
学校の外部評価………………………430

学校の勧告的意見書…………………662
学校の基本法…………………………407
学校の教育自治………………………33, 457
学校の教育責務………388, 399, 562, 723
学校の教育目的………………………38
学校の公共性…………………………398
学校の自治……………………………361
学校の自治・教育上の固有責任……98
学校の自治に関する法律……………784
学校の自由……………………385, 459, 473
学校の自律性…………99, 362, 382, 442
学校の人事上の自律性………………401
学校の多様性…………………92, 390, 844
学校の統合機能………………………163
学校の内部評価………………………429
学校の平和……………………………167, 562
学校の法化……………………………538
学校の民主化…………………………371, 597
学校の役割・学校教育の目的………572
学校費の無償…………………………256
学校評価………………………………428
学校評議会……………………57, 623, 796
学校フォーラム………………………420
学校父母協議会………………………100, 793
学校プログラム………………………363, 388
学校法…………………………………474
学校法域における行政行為…………682
学校法学………………………24, 371, 458
学校法上の条理………………………391
学校法制改革…………………………441
学校目的および子どもの利益に向けられた
　　自由………………………………468
学校幼稚園……………………………257
課程主義………………………………192
家庭での無償授業の給付請求権……333
カトリック自然法……………………740
家父権…………………………………733
カリキュラム編成における学校の自律性と
　　生徒参加…………………………604
官憲国家………………………………548
　　──の遺物…………………………75
慣習法上の権利………………………515
「寛容な学校」の原則…………………116, 504
寛容な学校を求める基本権…………37
寛容の原則……………………………167
寛容の要請……………………………175
寛容への教育…………………………550

事項索引

官　吏……………………………704
　　――の過失責任……………695
　　――の不法行為責任………703
管理された学校………19, 370, 457
議会選挙への立候補・議員としての職務行
　使の自由………………………513
議会留保の原則…………………423
危険責任…………………………713
寄宿学校…………………………851
寄宿制特殊学校…………………332
規範統制訴訟……………………170
基本関係…………………………673
基本権享有能力…………………771
基本権行使能力…………………771
基本権同等の権利………………488
基本的義務………………………752
基本的決定………………………543
基本的人権の第三者効力………136
基本法……………………………739
　　――の人権条項の学校・生徒への直接適用
　　………………………………564
基本法制定議会評議会…………813
義務教育制度……………………191
義務付け訴訟……………………155
義務的自治事項……………………54
義務に拘束された権利…………753
義務に拘束された自由…………475
客人労働者………………………273
客観的かつ専門的に適切な教育をうける権利
　…………………………………475
宮廷学校…………………………801
給与グループ……………………445
教育過程の自律性………………468
教育基本権………………………247
教育義務…………………………193
教育行政・学校教育運営への参加権………361
教育行政機関への親の参加……796
教育行政機関への生徒の参加…………………622
教育行政における法治主義の原則………373
教育訓練施設を選択する自由…………………173
教育計画のための連邦・各州委員会………42
教育刑法…………………………628
教育権者……………………746, 781
　　――の授業参観権……………661
教育権者の参加および州学校評議会に関する
　法律……………………………787
教育校長…………………………435

教育個人情報……………………659
教育困難校………………………327
教育主権……………………………77
教育主権上の決定………………543
教育上の親権……………………756
教育条理…………………………472
教育処分優先主義………………629
教育スタンダード…………363, 424
教育制度における差別禁止条約………233
教育制度における質改善研究所………424
教育措置…………………………684
教育における価値多元主義と寛容の要請……244
教育における規制緩和…………435
教育における国家の中立性と寛容の原則……90
教育における法治主義…………561
教育における暴力追放に関する法律………738
教育の市場化・民間化…………435
教育の自由……………………8, 65
教育の自由権……………………750
教育の自律性………………21, 67
教育評価条項……………………427
教育不能…………………………321
教育へのアクセス権……………249
教育への権利……………………232
教育法的な権利…………………654
教育方法の自由…………………467
教育目的法定主義…………………35
教育をうける権利……194, 201, 205
教員・生徒・親の三者同数代表制学校会議
　の合憲性………………………411
教員会議権…………………361, 366
教員会議への親の参加…………795
教員会議への生徒の参加………621
教員参加…………………………379
教員全体会議……………………101
教員体罰規制法制………………517
教員体罰禁止法制………………519
教員体罰の違法性阻却事由……516
教員という地位に内在する義務………506
教員の監督義務…………………706
教員の教育上の自由………33, 98, 361, 457
教員の憲法上の基本権…………496
教員の「職務上の上司」………407
教員の「積極的信仰の自由」…168
教員の選任過程への学校の参加………404
教員の体罰権……………………514
教員の評価権者…………………524

857

事項索引

教員の「身分上の上司」……………………407
教員評価制度………………………………451
教員評価の手続法制………………………525
教員を選択する自由………………………824
教会条約……………………………………115
教科会議……………………………………101
強化された学校の自律性…………………375
教科書検定過程への親と生徒の参加………96
教科書検定基準………………………………95
教科書検定権…………………………………70
教科書検定制度………………………………63
教科書検定制度違憲訴訟……………………74
教科書検定不合格処分………………………88
教科書検定法制………………………………70
教科書採択権………………………………100
教科書調査委員会……………………………93
教科書調査官……………………………74, 93
　　──の匿名性……………………………94
教科書の検定手続……………………………92
教科書採択法制………………………………98
教科書の使用………………………………478
教科書の無償貸与制………………………102
教化の禁止…………………………………507
競合的立法…………………………………… 41
教授要綱……………………………………… 78
教職に必然的に内在する義務……………706
行政規則……………………………………484
強制教育……………………………………191
行政行為…………………………………667, 682
行政裁判上の権利保護の強度……………672
行政裁判上の権利保護の範囲・限界………672
強制就学……………………………………191
強制就学令…………………………………192
行政訴訟事項………………………………668
行政内部関係としての学校教育関係………86
行政の法律適合性の原則…………………541
業績主義の原則…………………………453, 521
教　頭………………………………………444
共同教育における「特別な教育上の促進」… 327
共同決定権……………………………381, 613, 790
共同決定的参加…………………………613, 790
協同権……………………………………613, 790
協同的参加………………………………613, 790
協同的自治…………………………………781
拒否権………………………………………453
キリスト教社会同盟（CSU）………………43
キリスト教的・西欧的な教育・文化価値… 170

キリスト教的共同学校………………117, 119, 176
キリスト教民主同盟（CDU）………………43
均等な教育機会を保障される権利………244
勤務監督……………………………………… 30
勤務給付義務………………………………494
勤務主体……………………………………522
勤務上の上司………………………………… 58
勤務評価制度………………………………522
郡・市生徒評議会…………………………618
経営関係……………………………………673
経営協議会法………………………………782
経営組織構造法……………………………824
傾向経営……………………………………824
　　──としての私学……………………824
形式的検閲概念……………………………… 81
刑事未成年…………………………………628
芸術の自由…………………………………571
刑務所収容関係判決………………………540
ゲオルク・エッカート国際教科書研究所…… 62
結社の自由…………………………………576
検閲の禁止………………………………75, 569
原級留置……………………………………325
現実的整合の原則…………………………161, 176
検定行政の可視化…………………………… 96
憲法異議の訴え……………………………152, 764
憲法上の基本権としての親の教育権………746
憲法上の基本権としての私学の自由………815
憲法上の基本権としての生徒の学校参加権
　　　　……………………………………605
憲法上の基本的価値………………………170
憲法訴訟……………………………………764
憲法忠誠義務………………………………491
憲法に敵対的な行為……………………501, 559
憲法に敵対的な政党………………………512
憲法の意思と行政の現実…………………807
憲法の力をもつ基本権……………………747
権利としての教育上の自由………………466
権利能力を有さない営造物……………18, 365
権利能力を有さない非独立的営造物………370
行為裁量……………………………………687
公益社団法人………………………………817
公益追求型私学……………………………838
合議制学校経営…………………………367, 437
合議制的学校組織構造……………………823
公教育運営への参加権……………………249
公共の教育情報……………………………659
高権的関係…………………………………774

858

事項索引

高権的権能‥‥‥‥‥‥‥‥‥‥‥‥489
高権的措置・決定‥‥‥‥‥‥‥‥‥682
公権力的営造物・倫理的営造物‥‥‥‥18
公権力の行使‥‥‥‥‥‥‥‥‥‥‥705
抗告訴訟‥‥‥‥‥‥‥‥‥‥‥‥‥667
校　則‥‥‥‥‥‥‥‥‥‥‥‥‥‥667
校　長‥‥‥‥‥‥‥‥‥‥‥‥‥‥444
　　──の教員評価権‥‥‥‥‥‥‥451
　　──の資格要件‥‥‥‥‥‥‥‥446
　　──の授業査察権‥‥‥‥‥‥‥451
　　──の授業担当‥‥‥‥‥‥‥‥447
　　──の職務内容と権限‥‥‥‥‥448
　　──の職務命令権‥‥‥‥‥‥‥450
　　──の選任過程への学校の参加‥401
　　──の選任手続‥‥‥‥‥‥‥‥452
校長会‥‥‥‥‥‥‥‥‥‥‥‥‥‥447
校長推挙委員会‥‥‥‥‥‥‥‥‥‥402
校長選任委員会‥‥‥‥‥‥‥‥‥‥401
交通教育‥‥‥‥‥‥‥‥‥‥‥‥‥729
高等学校卒業資格試験‥‥‥‥‥‥‥679
合同憲法委員会‥‥‥‥‥‥‥‥‥‥264
高度に人格的な事柄‥‥‥‥‥‥‥‥773
高度に人格的な専門的判断‥‥‥90, 481, 686
公文書を閲読する権利‥‥‥‥‥‥‥662
公法上の学校危険責任論‥‥‥‥‥‥713
公法上の危険責任‥‥‥‥‥‥‥‥‥713
公法上の勤務関係・忠誠関係‥‥‥‥490
公法上の社団‥‥‥‥‥‥‥‥‥‥‥115
公法上の特別権力関係‥‥‥16, 365, 498, 531
公法上の法人‥‥‥‥‥‥‥‥‥‥‥382
公民教育‥‥‥‥‥‥‥‥‥‥‥‥‥586
公務員制度の伝統的諸原則‥‥‥‥‥180
公務員の基本的義務‥‥‥‥‥‥‥‥491
公務員法上の服従・忠誠義務‥‥‥‥180
公務員法大綱法‥‥‥‥‥‥‥‥‥‥46
公務員身分法‥‥‥‥‥‥‥‥‥‥‥47
公立学校でのイスラムの礼拝‥‥‥‥185
公立学校と私立学校の同権の原則‥‥258
公立学校の私学に対する優位の原則‥216, 808
公立学校用の学習指導要領の私学に対する
　　法的効力‥‥‥‥‥‥‥‥‥‥‥822
公立の国民学校の維持に関する法律‥13
国法は親権を凌駕する‥‥‥‥‥‥‥744
国民の知る権利‥‥‥‥‥‥‥‥‥‥656
個人データ保護法制‥‥‥‥‥‥‥‥637
個人的な知る権利‥‥‥‥‥‥‥‥‥615
古代ローマ法‥‥‥‥‥‥‥‥‥‥‥733

ゴータ学校法‥‥‥‥‥‥‥‥‥‥‥191
国家から自由な学校‥‥‥‥‥‥‥‥827
国家教会法‥‥‥‥‥‥‥‥‥‥‥‥113
国家社会主義‥‥‥‥‥‥‥‥‥‥‥748
国家社会主義教員連盟‥‥‥‥‥‥‥319
国家社会主義ドイツ労働者党‥‥‥‥595
国家責任の副次性‥‥‥‥‥‥‥‥‥704
国家責任の法理‥‥‥‥‥‥‥‥‥‥697
国家責任法‥‥‥‥‥‥‥‥‥‥‥‥693
国家にむけられた真正基本権‥‥‥‥747
国家の学校監督権‥‥‥‥‥‥‥‥5, 417
国家の学校教育権‥‥‥‥‥‥‥743, 758
国家の学校独占‥‥‥‥‥‥‥‥12, 364
国家の教育主権‥‥‥‥‥‥‥‥‥31, 85
国家の教育責務‥‥‥‥‥‥‥91, 162, 492
国家の公教育目的・内容決定権‥‥‥33
国家の絶対的学校独占‥‥‥‥‥‥‥803
国家の第一次的責任‥‥‥‥‥‥‥‥717
国家の代位責任‥‥‥‥‥‥‥‥‥‥695
国家の直接責任‥‥‥‥‥‥‥‥‥‥717
国家の排他的責任‥‥‥‥‥‥‥‥‥717
国家の非宗教性（ライシテ）の原則‥114
国家の目的規定‥‥‥‥‥‥‥‥‥‥246
国家の弱められた学校独占‥‥‥‥‥803
国歌法制‥‥‥‥‥‥‥‥‥‥‥‥‥108
国家無責任の原則‥‥‥‥‥‥‥‥‥694
国旗法制‥‥‥‥‥‥‥‥‥‥‥‥‥104
国旗を掲揚する義務‥‥‥‥‥‥‥‥105
国旗を掲揚する権利‥‥‥‥‥‥‥‥105
国権は親権に奉仕する‥‥‥‥‥‥‥758
国庫説‥‥‥‥‥‥‥‥‥‥‥‥‥‥694
子ども・少年援助法‥‥‥‥‥‥‥‥266
子どもの意見表明権‥‥‥‥‥‥‥‥778
子どもの基本権主体性‥‥‥‥‥‥‥547
子どもの権利条約‥‥‥‥‥‥‥‥‥237
子どもの権利宣言‥‥‥‥‥‥‥‥‥233
子どもの権利の憲法条項化‥‥‥‥‥265
子どもの自己決定権‥‥‥‥‥‥‥‥771
子どもの宗教教育に関する法律‥132, 217, 772
子どもの人格的自律権‥‥‥‥‥‥‥776
子どもの人権主体性‥‥‥‥‥‥‥‥769
個別的な発達を求める権利‥‥‥‥‥245
コンピテンシー‥‥‥‥‥‥‥‥‥‥425

◆　さ　行　◆

財政調整‥‥‥‥‥‥‥‥‥‥‥‥‥59
財政的な負担の均等を求める権利‥‥‥835

859

事 項 索 引

裁判所から自由な判定活動領域‥‥‥‥‥687
最優秀者選抜の原則‥‥‥‥‥‥‥‥‥521
ザクセン・アンハルト州憲法‥‥‥‥‥‥157
ザクセン・シュピーゲル‥‥‥‥‥‥‥‥734
ザクセン州憲法‥‥‥‥‥35, 149, 157, 606
ザールラント州学校参加法‥‥‥‥‥‥‥608
ザールラント州憲法‥‥‥‥‥‥‥‥‥‥834
ザールラント州憲法裁判所‥‥‥‥‥‥‥306
参　加‥‥‥‥‥‥‥‥‥‥‥‥‥‥‥‥375
参加型学校組織構造‥‥‥‥‥‥‥385, 597
参加基本権‥‥‥‥‥‥‥‥‥‥‥‥‥‥757
参加民主主義‥‥‥‥‥‥‥‥‥‥‥‥‥376
三者同数代表制学校会議‥‥‥‥‥‥‥‥379
三分岐制学校制度‥‥‥‥‥‥‥‥‥‥‥260
自益追求型の営利的私学‥‥‥‥‥‥‥‥837
私学助成違憲説‥‥‥‥‥‥‥‥‥‥‥‥839
私学助成における信頼関係保護の原則‥‥‥851
私学助成の法的根拠‥‥‥‥‥‥‥‥‥‥847
私学助成の要件‥‥‥‥‥‥‥‥‥‥‥‥848
私学助成法制‥‥‥‥‥‥‥‥‥‥‥‥‥846
私学制度の国家化‥‥‥‥‥‥‥‥‥‥‥812
私学における教育の自由‥‥‥‥‥‥‥‥821
私学における組織編制の自由‥‥‥‥‥‥823
私学に対する国家の学校監督‥‥‥‥‥‥827
私学の共益性‥‥‥‥‥‥‥‥‥‥‥‥‥811
私学の公費助成請求権‥‥‥‥‥‥‥‥‥834
私学の自由‥‥‥‥‥‥‥‥‥‥‥‥23, 803
　　──の主体‥‥‥‥‥‥‥‥‥‥‥‥817
　　──の法的性質‥‥‥‥‥‥‥‥‥‥815
　　──の法的内容‥‥‥‥‥‥‥‥‥‥820
私学の制度的保障‥‥‥‥‥‥‥‥‥‥‥815
私学の設置認可‥‥‥‥‥‥‥‥‥‥‥‥818
私学の独自性‥‥‥‥‥‥‥‥‥‥‥‥‥831
私学ブーム‥‥‥‥‥‥‥‥‥‥‥‥‥‥846
私学法上の公益性‥‥‥‥‥‥‥‥‥‥‥848
私学問題‥‥‥‥‥‥‥‥‥‥‥‥‥‥‥830
私学を設置する権利‥‥‥‥‥‥‥‥‥‥820
試験決定‥‥‥‥‥‥‥‥‥‥‥‥‥‥‥679
始源的教育権‥‥‥‥‥‥‥‥‥‥‥‥‥740
始源的分有権‥‥‥‥‥‥‥‥‥‥‥‥‥223
試験法‥‥‥‥‥‥‥‥‥‥‥‥‥‥‥‥688
自己責任的で社会的に有為な人格への教育
　をうける権利‥‥‥‥‥‥‥‥‥‥‥‥627
自己の人格を自由に発達させる権利‥‥23, 220
事実教授‥‥‥‥‥‥‥‥‥‥‥‥‥‥‥729
事実行為‥‥‥‥‥‥‥‥‥‥‥‥‥‥‥682
自然権‥‥‥‥‥‥‥‥‥‥‥‥‥‥‥‥740

自然法は実定法を破る‥‥‥‥‥‥‥‥‥743
実質的検閲概念‥‥‥‥‥‥‥‥‥‥‥‥81
児童・少年援助法‥‥‥‥‥‥‥‥‥‥‥627
指導者原理‥‥‥‥‥‥‥‥‥‥‥369, 439
児童の世紀‥‥‥‥‥‥‥‥‥‥‥‥‥‥584
司法試験‥‥‥‥‥‥‥‥‥‥‥‥‥‥‥688
試補教員‥‥‥‥‥‥‥‥‥‥‥‥‥‥‥173
試補教員評価‥‥‥‥‥‥‥‥‥‥‥‥‥523
社会権規約‥‥‥‥‥‥‥‥‥‥‥‥‥‥235
社会国家原理‥‥‥‥‥‥‥‥‥‥253, 537
社会主義的人格権‥‥‥‥‥‥‥‥‥‥‥225
社会主義的な教育をうける権利‥‥‥‥‥225
社会的基本権‥‥‥‥‥‥‥‥‥‥‥‥‥242
社会的正義に適った教育制度‥‥‥‥‥‥254
社会的な基本権‥‥‥‥‥‥‥‥‥‥‥‥754
社会法典第Ⅶ篇‥‥‥‥‥‥‥‥‥‥‥‥722
社会法典第Ⅷ篇‥‥‥‥‥‥‥‥‥‥‥‥301
社会保険法‥‥‥‥‥‥‥‥‥‥‥‥‥‥720
社会民主党（SPD）‥‥‥‥‥‥‥‥‥‥43
自由ヴァルドルフ学校‥‥‥‥‥‥‥‥‥813
集会の自由‥‥‥‥‥‥‥‥‥‥‥‥‥‥573
就学義務‥‥‥‥‥‥‥‥‥‥‥‥‥‥‥193
　　──の免除‥‥‥‥‥‥‥‥‥‥‥‥321
　　──の免除事由‥‥‥‥‥‥‥‥‥‥160
州学校評議会‥‥‥‥‥‥‥‥‥‥‥‥‥622
宗教・世界観告白の自由‥‥‥‥‥‥‥‥113
宗教教育の学習指導要領‥‥‥‥‥‥‥‥128
宗教教育の宗派的拘束性‥‥‥‥‥‥‥‥128
宗教教育への参加決定権‥‥‥‥‥‥‥‥131
宗教教育への参加に関する任意性の原則‥‥148
宗教教育をうける権利‥‥‥‥‥‥‥‥‥131
宗教上の親権‥‥‥‥‥‥‥‥‥‥‥‥‥756
宗教上の成熟‥‥‥‥‥‥‥‥132, 165, 773
宗教シンボル禁止法‥‥‥‥‥‥‥‥‥‥167
宗教団体の同権の原則‥‥‥‥‥‥‥‥‥137
宗教担当教員‥‥‥‥‥‥‥‥‥‥‥‥‥134
宗教的少数者に対する宗教教育‥‥‥‥‥146
宗教の自由‥‥‥‥‥‥‥‥‥‥‥‥‥‥113
州憲法による生徒の学校参加権の保障‥‥‥605
州公務員法‥‥‥‥‥‥‥‥‥‥‥‥‥‥487
自由裁量‥‥‥‥‥‥‥‥‥‥‥‥‥‥‥685
終日学校‥‥‥‥‥‥‥‥‥‥‥‥‥‥‥303
州生徒評議会‥‥‥‥‥‥‥‥‥‥‥‥‥618
集団の基本権‥‥‥‥‥‥‥‥‥‥‥‥‥755
集団の教育権‥‥‥‥‥‥‥‥‥‥‥‥‥756
集団の親権‥‥‥‥‥‥‥‥‥‥‥‥‥‥755
集団的大学‥‥‥‥‥‥‥‥‥‥‥‥‥‥413

860

事 項 索 引

集団的な知る権利……………………………615
自由で民主的な基本秩序……………………491
自由で民主的な志向への教育………………597
自由と民主主義への教育……………………550
自由な学校…………………………20, 831
　　──としての私学……………………839
自由な学校共同体……………………………781
自由な教育をうける権利……………………472
自由な教育を求める権利…………221, 244
州の文化主権…………………………………39
宗派学校………………………………………122
宗派同権の原則………………………………115
州父母協議会……………………381, 793
自由への教育…………………………………372
住民投票………………………………………156
主観的過失責任主義……………701, 715
授業からの排除………………………………681
授業査察権……………………………………407
授業参観権……………………………………380
授業に出席する義務……………575, 681
授業の計画や形成への生徒参加……………604
授業ボイコット………………511, 560, 580
授業料の無償性………………………………255
授業を欠席する権利…………………………575
「縮減・弱化する親の権利 ── 伸張・強化する
　子どもの権利」の原則……………………776
主体的公権………………140, 465, 746
主体的公権としての教育をうける権利……207
シュタイン都市条例…………………………12
出席免除請求権………………………………160
出版の自由…………………………75, 83
シュピーゲル判決……………………………80
守秘義務………………………………………663
ジューフェルンの教育法案…………………587
シュレスビッヒ・ホルシュタイン州学校法
　……………………………………………578
承役的基本権…………………………………751
障害児の教育をうける権利…………………322
障害者と非障害者との共同教育……………330
障害者の権利に関する条約…………………240
上級学校への入学拒否決定…………………679
消極的宗教の自由………………135, 166
消極的信仰の自由………120, 175, 180
試用校長制……………………………………455
常設文部大臣会議………37, 48, 548, 598
少年援助法……………………………………627
少年刑………………………………………629

少年刑法………………………………………627
少年刑法犯検挙者数…………………………631
少年裁判官……………………………………624
少年裁判所法…………………………………628
少年の刑事責任年齢…………………………625
少年の犯罪行為………………………………629
少年犯罪の低年齢化と凶悪化………………630
少年法制………………………………………624
情報に関する自己決定権……………………635
初期立憲主義…………………………………199
職業官吏制度再建法…………………………785
職業官吏制度の伝統的諸原則………………487
職務責任法………………………702, 715
職務責任法理…………………………………702
職務命令からの自由…………………………473
助成額…………………………………………849
助成対象費目…………………………………849
助成方式………………………………………850
私立学校………………………………………801
　　──と公立学校の等価性の原則………819
　　──と公立学校の同種化の禁止………827
私立学校教員の不法行為責任………………703
私立学校授業料の無償性……………………259
自律権……………………………221, 547
私立国民学校…………………………………812
自律的で参加型の学校………………………602
自利をはかる基本権…………………………751
知る権利………………………………………790
ジロンド憲法…………………………………199
侵害行政としての教育行政…………………21
侵害行政としての高権行政…………………669
人格に近い権利………………………………779
進級拒否決定…………………………………676
人権と基本的自由の保護のためのヨーロッ
　パ協定……………………………………493
親権は国法を破棄する………………………741
人件費…………………………………………58
人件費州負担の原則…………………………59
信仰の自由……………………………………113
新国家責任法…………………………………715
人事高権……………………58, 404, 522
神聖ローマ帝国………………………………734
身体を害されない基本権……………………713
スカーフ等の着用……………………………164
ストライキの禁止……………………………497
生活形成 - 倫理 - 宗教科（LER）…………157
正課としての宗教教育………………………127

861

事項索引

正規の学校……………………………261
性教育………………………………762
政教条約……………………………115
政治活動の自由…………………494, 565
政治教育…………………………505, 611
「政治上の成熟」年齢…………………580
政治的意見表明の自由…………………500
政治的中立性………………………505
政治的テーマ………………………571
政治的な委任………………………579
政治的な教育活動を行う権利…………612
政治的な成熟への教育…………………506
政治的な生徒団体………………577, 611
政治的な責任への教育…………………597
政治的な中庸・抑制義務………………494
政治的なビラの配布・バッジの着用……508
精神障害児学校……………………327
精神的な成熟への教育…………………558
成人年齢に関する新規制法……………607
成績主義的な学校…………………314
成績評価…………………………478, 680
生存権………………………………240
生徒・親の情報に関する自己決定権……651
生徒委員会および生徒集会の設置に関する
　訓令………………………………592
正当な成績評価をうける権利…………680
政党への加入の自由…………………512
生徒議会……………………………620
生徒協議会…………………………382
生徒裁判所…………………………586
生徒自治……………………………584
生徒集会……………………………619
生徒新聞…………………………550, 565
　——の「検閲からの自由」……………569
　——を発行する権利…………………568
生徒代表制………………………549, 602
　——の政治的中立性の原則……………579
　——の法的地位・性格………………608
　——の役割と権限……………………610
生徒団体……………………………576
制度的保障……………………127, 746, 809
生徒によって，生徒のために……………566
生徒の意見表明の自由…………550, 556
生徒の学習到達度国際調査……………424
生徒の「学習の自由」…………………473
生徒の学校参加……………………584
生徒の基本的人権…………………545

生徒の共同責任……………………598
生徒の権利…………………………548
　——の法制化………………………552
生徒の「自己の人格を自由に発達させる基
　本権」………………………………471
生徒の就学義務……………………575
生徒の「消極的信仰の自由」……………168
生徒の知る権利…………………614, 654
生徒のストライキ…………………580
生徒の政治活動……………………554
生徒の政治的基本権…………………555
生徒の政治的権利…………………581
生徒の政治的な意見表明の自由…………563
生徒のデモの自由…………………575
生徒評議員…………………………589
生徒を選択する自由…………………825
税法上の公益性……………………849
制約された私学の自由…………………806
世界観学校…………………………125
世界人権宣言………………………232
世界に冠たるドイツ…………………107
責任ある市民への教育…………………550
積極的信仰の自由…………………120, 175
絶対主義国家における行政庁の全能……22
絶対主義的警察国家…………………694, 803
「全員参加義務づけ型」終日学校の合憲性
　……………………………………307
専門監督……………………………30
　——の「法監督」への制限論…………481
専門的・教育的・学問的な価値判断……88, 685
占領教育政策………………………218
総合制学校…………………………259
相当性の原則………………………571
ソ連占領地域………………………219
尊敬と信頼に値する行為をなす義務……495

◆ た　行 ◆

大学・学校の民主化…………………408
退学・放学処分……………………675
大学大綱法…………………………44
大学入学者制限制判決…………………540
退学の威嚇処分……………………677
大学の自律性………………………382
代位責任主義……………………701, 715
大綱的立法…………………………41
第三者効力…………………………774
代替学校……………………………810

事項索引

態度表明をする権利……………………615
体罰の教育的価値………………………516
他者の利益をはかる基本権……………751
闘う民主主義の原則……………………492
脱公務員化………………………………490
団結の自由………………………………497
男女共修の水泳の授業…………………160
男女同権法………………………………737
地区生徒評議会…………………………618
父の権力…………………………………735
秩序措置…………………………………684
地方自治体の自治権………………………23
中世ドイツ法……………………………734
中立性保持義務…………………………493
調整・助言教員…………………………570
聴聞権…………………………453, 615, 790
直接的に妥当する客観的権利…………747
直接的に妥当する法……………36, 241, 487
沈黙する権利……………………………182
提案権…………………………………615, 790
抵抗権……………………………………583
帝国学術・教育・国民教育省……………47
適時の情報請求権………………………660
デモンストレーションの自由………510, 573
テューリンゲン州学校法………………560
テューリンゲン州憲法……………224, 606
デュッセルドルフ協定……………49, 197
田園教育舎………………………………813
伝統的な学校法制・行政法理論………456
ドイツ・ポーランド教科書合同委員会……62
ドイツ11月革命……………………67, 588
ドイツ3月革命……………………65, 200
ドイツ家族法……………………………737
ドイツ型政教分離の原則………………113
ドイツ官吏法……………………………699
ドイツ基本法………………………220, 699
ドイツ教育審議会……20, 72, 329, 374, 440, 601
ドイツ教育制度委員会…………………325
ドイツ教員組合………………65, 366, 437
ドイツ共産党……………………………492
ドイツ憲法制定国民議会………………208
ドイツ国法学教員学会…………………469
ドイツ国民の基本権に関する法律…… 6, 195, 208
ドイツ国民の再教育……………………322
ドイツ語促進コース……………………299
ドイツ語促進授業………………………281
ドイツ国家責任法………………………701

ドイツ語能力確認検査……………284, 299
ドイツ社会主義統一党…………………219
ドイツ私立学校法………………………836
ドイツ人権教育研究所…………………240
ドイツ人条項……………………………817
ドイツ人の権利…………………………293
ドイツ統一………………………………263
ドイツ統一条約……………………158, 264
ドイツ普通法……………………………734
ドイツ法律家協会…………………72, 392
ドイツ民主共和国憲法…………………224
ドイツ民法……………………………695, 774
ドイツ民法典………………………514, 736
ドイツ連邦共和国基本法…………………14
ドイツ連邦刑事局………………………630
ドイツ連邦憲法裁判所「国勢調査」判決…635
統一学校……………………………214, 314
同意は権利侵害を阻却する……………671
等価性………………………………810, 819
同化政策…………………………………289
統合型総合制学校………………………260
統合原則……………………………283, 287
統合政策…………………………………289
同種性………………………………810, 819
同等・同権的参加………………………408
同輩中の首席………………………366, 437
党派的な宣伝活動の禁止………………563
党派的に中立な教育……………………563
特殊学校…………………………………311
　　──への指定………………326, 678
　　──への指定手続…………………316
特殊学校観………………………………317
独任的学校管理……………………366, 436
「特別犠牲補償」の法理…………………710
特別権力主体……………………………532
取り消しうべき行政行為…………326, 675

◆　な　行　◆

内的学校事項………………………………12
ナチス支配下の学校……………………595
ナチス親族法学…………………………749
ナチス政権………………………………438
何人にも保障される権利………………293
何人も条項………………………………817
難　民……………………………………295
ニース条約………………………………231
ニーダーザクセン州学校法………481, 485

863

事 項 索 引

ニーダーザクセン州憲法裁判所‥‥‥‥‥ 413

西側占領地域‥‥‥‥‥‥‥‥‥‥‥‥‥ 219

人間の根元的権利‥‥‥‥‥‥‥‥‥‥‥ 739

ノルトライン・ウエストファーレン州「教育
の未来——未来の学校」委員会報告書‥‥‥99

ノルトライン・ウエストファーレン州憲法
‥‥‥‥‥‥‥‥‥‥‥‥‥‥‥‥‥14, 834

◆ は 行 ◆

ハーケン・クロイツ‥‥‥‥‥‥‥‥‥‥ 104

バーデン・ビュルテンベルク州憲法‥‥‥‥ 835

バイエルン・モデル‥‥‥‥‥‥‥‥‥‥ 287

バイエルン州教育制度法‥‥‥‥‥‥‥‥ 570

バイエルン州憲法‥‥‥‥‥‥‥‥‥‥‥ 149

バイエルン州憲法裁判所‥‥‥‥ 170, 179, 420

派生的分有権‥‥‥‥‥‥‥‥‥‥‥‥‥ 223

発議権‥‥‥‥‥‥‥‥‥‥‥‥‥‥‥‥ 453

発達権‥‥‥‥‥‥‥‥‥‥‥ 221, 248, 547

発達の促進を求める権利‥‥‥‥‥‥‥‥ 627

判定裁量‥‥‥‥‥‥‥‥‥‥‥‥‥‥‥ 687

半日学校‥‥‥‥‥‥‥‥‥‥‥‥‥‥‥ 303

ハンブルク協定‥‥‥‥‥‥‥‥‥‥ 49, 197

ハンブルク州学校行政法‥‥‥‥‥‥‥‥ 372

ハンブルク州の「学校の自治に関する法律」
‥‥‥‥‥‥‥‥‥‥‥‥‥‥‥‥‥‥‥ 368

庇護申請者‥‥‥‥‥‥‥‥‥‥‥‥‥‥ 295

ピザ・ショック‥‥‥‥‥‥‥‥‥‥ 303, 362

ビスマルク憲法‥‥‥‥‥‥‥‥‥‥ 103, 211

「必要性の有無」の審査‥‥‥‥‥‥‥‥ 804

非独立的・権利能力を有さない公の施設
（営造物）‥‥‥‥‥‥‥‥‥‥‥‥‥‥ 383

ヒトラー式敬礼‥‥‥‥‥‥‥‥‥‥‥‥ 595

ヒトラーユーゲント‥‥‥‥‥‥‥‥‥‥ 594

ヒトラー・ユーゲントに関するライヒ法‥‥ 812

秘密警察‥‥‥‥‥‥‥‥‥‥‥‥‥‥‥ 636

表現の自由‥‥‥‥‥‥‥‥‥‥‥‥‥‥‥75

平等な分有を求める請求権‥‥‥‥‥‥‥ 242

複合的人権‥‥‥‥‥‥‥‥‥‥‥‥‥‥ 244

副次的教育権‥‥‥‥‥‥‥‥‥‥‥‥‥ 740

副次的決定‥‥‥‥‥‥‥‥‥‥‥‥ 543, 768

服従義務‥‥‥‥‥‥‥‥‥‥‥‥‥‥‥ 494

物件費‥‥‥‥‥‥‥‥‥‥‥‥‥‥‥‥‥59

物件費設置者負担の原則‥‥‥‥‥‥‥‥‥59

部分的に権利能力を有する営造物‥‥‥ 385, 474

部分的に自律的な学校‥‥‥‥‥‥‥ 384, 443

不文の憲法規範‥‥‥‥‥‥‥‥‥‥‥‥ 710

不法滞在者‥‥‥‥‥‥‥‥‥‥‥‥‥‥ 296

父母協議会‥‥‥‥‥‥‥‥‥‥‥‥ 781, 792

富裕層のための学校‥‥‥‥‥‥‥‥‥‥ 837

フランクフルト憲法‥‥‥‥‥‥‥‥‥ 8, 209

ブランデンブルク州憲法‥‥‥‥‥‥‥‥ 224

プレスの自由‥‥‥‥‥‥‥‥‥‥‥‥‥ 567

ブレーメン条項‥‥‥‥‥‥‥ 40, 144, 154, 156

プロイセン一般ラント法‥‥‥ 5, 193, 364, 694, 735

プロイセン憲法‥‥‥‥‥‥‥ 6, 194, 200, 205

プロイセン高等行政裁判所‥‥‥‥‥‥‥ 707

プロイセン国家責任法‥‥‥‥‥‥‥‥‥ 700

プログラム規定‥‥‥‥‥‥‥‥ 36, 216, 241

文化的アイデンティティー‥‥‥‥‥‥‥ 279

文化連邦主義‥‥‥‥‥‥‥‥‥‥‥‥‥‥39

分権的な財政責任の原則‥‥‥‥‥‥‥‥ 395

分断社会‥‥‥‥‥‥‥‥‥‥‥‥‥‥‥ 299

フンボルト大学‥‥‥‥‥‥‥‥‥‥‥‥ 424

分有権‥‥‥‥‥‥‥‥‥‥‥‥‥‥‥‥ 223

分離の制度化‥‥‥‥‥‥‥‥‥‥‥‥‥ 292

ヘッセン州学校行政法‥‥‥‥‥‥‥‥‥ 372

ヘッセン州憲法‥‥‥‥‥‥‥‥‥‥‥ 14, 36

ヘッセン州憲法裁判所‥‥‥ 171, 181, 241, 256, 412

ヘッセン州データ保護法‥‥‥‥‥‥‥‥ 637

ベルギー憲法‥‥‥‥‥‥‥‥‥‥‥‥‥‥‥8

ベルリン・モデル‥‥‥‥‥‥‥‥‥‥‥ 287

ベルリン州学校法‥‥‥‥‥‥‥‥‥ 567, 596

包括的基本権‥‥‥‥‥‥‥‥‥‥‥‥‥ 749

包括的な教育基本権‥‥‥‥‥‥‥‥‥‥ 753

法から自由な領域‥‥‥‥‥‥‥‥‥‥‥ 548

法監督‥‥‥‥‥‥‥‥‥‥‥‥‥‥‥‥‥30

法規命令‥‥‥‥‥‥‥‥‥‥‥‥‥‥‥ 484

報告をうける権利‥‥‥‥‥‥‥‥‥‥‥ 453

法治国家原理‥‥‥‥‥‥‥‥‥‥‥ 87, 537

――の学校への適用‥‥‥‥‥‥‥‥‥ 565

法治国家における学校‥‥‥‥‥‥‥‥‥‥72

法治国家の間隙‥‥‥‥‥‥‥‥‥‥‥‥ 669

法的行為‥‥‥‥‥‥‥‥‥‥‥‥‥‥‥ 670

法律から自由な学校‥‥‥‥‥‥‥‥ 16, 365

法律から自由な教育行政領域‥‥‥‥‥‥ 667

法律関係としての学校関係‥‥‥‥‥‥‥ 538

法律の範囲内での基本権‥‥‥‥‥‥‥‥ 670

法律の留保の原則‥‥‥‥‥ 16, 153, 365, 539

暴力から自由な教育‥‥‥‥‥‥‥‥‥‥ 271

母国語学級‥‥‥‥‥‥‥‥‥‥‥‥‥‥ 291

母国語教育‥‥‥‥‥‥‥‥‥‥‥‥‥‥ 279

母国語による外国人の子どもの教育‥‥‥ 277

母国語の補習授業‥‥‥‥‥‥‥‥‥‥‥ 281

補充学校‥‥‥‥‥‥‥‥‥‥‥‥‥‥‥ 810

事項索引

ポツダム協定……………………………… 218
本質性理論……………… 87, 418, 540, 768
本質的決定…………………………… 539, 768

❖ ま 行 ❖

未成年者の責任能力……………………… 704
ミニマムな教育保障を求める基本権……… 248
民衆訴訟…………………………………… 179
民主主義・自治・協同統治の思想……… 592
民主制原理…………………………… 418, 537
民主的正当性……………………………… 419
民主的法治国家の原理…………………… 535
民族学級…………………………………… 290
無過失責任法制…………………………… 710
無過失賠償責任…………………………… 713
無権利客体………………………… 546, 667, 769
無宗派共同学校…………………………… 121
目標・成果協定…………………… 363, 432

❖ や 行 ❖

優生裁判所………………………………… 318
優生思想…………………………………… 317
優生保護法………………………………… 317
ユダヤ人大量虐殺………………………… 502
幼稚園就園義務…………………………… 301
予備学年…………………………………… 257
ヨーロッパ議会…………………………… 227
ヨーロッパ共同体における教育の自由に関
　する決議………………………………… 229
ヨーロッパ社会憲章……………………… 229
ヨーロッパ人権裁判所…………… 228, 767
ヨーロッパ人権条約……………………… 227
　――第1付属議定書…………………… 228

❖ ら 行 ❖

ライヒ基礎学校法………………… 196, 217, 314
ライヒ裁判所……………………… 697, 709
ライヒ就学義務法………………… 197, 320
ライヒ少年福祉法………………………… 217
ライヒ保険法……………………………… 720
ラインラント・プファルツ州憲法……… 834
リスボン条約……………………………… 231

領事館教育………………………………… 288
良心の権利は国法を破棄する…………… 742
両親の権力………………………………… 736
良心の衝突………………………………… 161
倫理科……………………………………… 151
倫理教育…………………………………… 148
　――の合憲性…………………………… 150
倫理教育違憲説…………………………… 150
礼拝をする権利…………………………… 186
劣等人種…………………………………… 318
連合国管理委員会………………………… 218
連邦教育研究省……………………………… 47
連邦行政裁判所…………… 16, 27, 140, 151, 186
　――「私学助成判決」………………… 841
連邦憲法裁判所……… 27, 163, 177, 179, 307, 538
　――「私学助成判決」………………… 843
　――「促進段階判決」………………… 34, 79
　――「大学判決」……………………… 413
　――「司法試験に関する決定」……… 688
　――「十字架判決」…………………… 174
　――「リュート判決」………………… 775
連邦公務員法……………………… 46, 488
連邦制改革…………………………………… 42
連邦政治教育センター…………………… 598
連邦通常裁判所…………………………… 515
　――の判例……………………………… 399
連邦データ保護法………………………… 637
連邦法は州法を破る……………… 40, 488
労作教授…………………………………… 585
労使共同決定制…………………… 377, 782
労働者のストライキ権…………………… 582
ローテーション原則……………… 273, 287

❖ わ 行 ❖

ワイマール学校規程……………………… 191
ワイマール憲法…… 10, 67, 103, 114, 195, 697, 740
　――の教育条項………………………… 212
ワイマールの学校妥協…………………… 214
若さにあふれる権利……………… 562, 565
枠組規定…………………………… 376, 466
枠組的指針………………………………… 485

865

人名索引

◆ ア 行 ◆

アイゼンフート，A. ………… 6, 207, 216, 667
アデナウアー首相 ……………………… 107
アベナリウス，H. …… 43, 92, 186, 222, 300, 389
アンシュッツ，G. ………… 7, 9, 196, 743
イエリネック，W. …………………… 668
イーレンフェルト，H. ………………… 196
ウォルガスト，H. …………………… 366
ウーレ，C.H. ………………… 536, 672
エファース，H-U. ………………… 28, 467
オッセンビュール，F. …… 540, 744, 752, 758
オッパーマン，T. …………………… 789

◆ カ 行 ◆

ガイガー，W. ………………………… 744
カンペンハウゼン，A.F.v. …………… 839
ギーゼ，F. ……………………………… 11
ギールケ，O. ………………………… 696
クリューガー，H. …………………… 771
ケイ，E. ……………………………… 584
ケルシェンシュタイナー，G. ………… 584

◆ サ 行 ◆

シュタイナー，R. …………………… 174
シュタイン，E. ………… 23, 33, 78, 219, 221,
　　　　　　　　　　471, 546, 577, 743
シュタウペ，J. …………………… 551
シュタッフ，I. …………………… 470
シュトック，M. ………… 385, 392, 473
シュトループ，G. …………………… 200
シュプランガー，E. ……………… 21, 467
シュミット，C. …………………… 813
ジューフェルン，J.W. ………………… 64

◆ タ 行 ◆

ツェドリッツ，G. …………………… 807
ディェツェ，L. ………… 470, 581, 756
ディーステルベーク，F.A.W. ……… 204
テウス，J. …………………… 445
デュンケル，F. …………………… 625
デルプフェルト，F.W. ………… 98, 781

トーマ，R. …………………… 747, 839

◆ ナ 行 ◆

ニーフエス，N. ………………… 163, 562
ネーパーマン，K. ……………… 392, 479

◆ ハ 行 ◆

パーシェル，W. ………… 469, 536, 545
バッホフ，O. …………………… 687
ピィエロート，B. …………… 28, 183
ビスマン，H. …………………… 464
ビトロック，A. …………………… 94
ヒンデンブルク大統領 ………………… 107
ビンマー，R. ………… 422, 536, 789
フェーネマン，U. ………… 754, 790
フォエルスター，F.W. …………… 584
フォーゲル，J.P. …………………… 807
フュッセル，H.P. ………… 320, 474
フース，E.W. …………………… 469
フース，E-W. …………………… 16
フーフェン，F. …………………… 412
フライク，P. …………………… 746
フランンケ，M. …………………… 557
フリッツェ，E. …………………… 669
ブリーデ，B.O. …………………… 89
フリーベ，G. …………………… 707
フレーベル，F. …………………… 584
プロイス，H. …………………… 214
フンボルト，K.W.v. …………………… 64
ヘーゲル，G.W.F. …………………… 200
ペーゲラー，F. ………… 372, 459
ペスタロッチ，J.H. …………… 584
ペータース，H. …………………… 839
ベッカー，H. ………… 19, 370, 457, 840
ベッカー，W. …………………… 777
ヘッケル，H. ……… 24, 150, 371, 457, 465, 536,
　　　　　　　596, 669, 702, 714, 801
ベッケンフェールデ，E.W. …… 173, 185, 761
ヘネッケ，F. …………………… 15
ベーム，T. …………………… 413
ベルケマン，J. ………… 555, 581
ホラーバッハ，A. …………………… 113

人名索引

ホルシュタイン，G. ······························ 744
ホルシュトホフ，E. ·························· 669, 713

◈ マ 行 ◈

マイヤー，O. ······················ 17, 365, 531
マウンツ，T. ···························· 27, 761
マーレンホルツ，E.G. ······················· 167
ミュラー，W. ································· 67
ミュンヒ，I.v. ···························· 82, 468

◈ ヤ 行 ◈

ヤーハ，F.R. ···························· 32, 92

◈ ラ 行 ◈

ラウターバッハ，H. ························· 479
ランデ，W. ··················· 17, 369, 533, 667
リヒター，I. ········· 92, 153, 243, 385, 658, 749
ルクス，J. ·································· 163
ルソー，J.J. ······························ 584
レーニング，E. ···························· 694
レンバー，L.T. ···························· 815
ロイター，L.R. ····················· 222, 246, 274
ロエレッケ，G. ···························· 470

◈ ワ 行 ◈

ワイツゼッカー大統領························· 108

〈著者紹介〉

結城　忠（ゆうき　まこと）
　　1944（昭和19）年，広島市に生まれる。広島大学政経学部卒業。大阪市立大学法学部を経て，広島大学大学院教育学研究科博士課程単位取得退学。国立教育研究所研究員・主任研究官・室長，ドイツ国際教育研究所客員研究員，国立教育政策研究所総括研究官，上越教育大学教職大学院教授，白鷗大学教授を経て，現在，国立教育政策研究所名誉所員。この間，国際基督教大学，広島大学大学院，京都大学大学院，東京大学大学院，筑波大学大学院，慶応義塾大学大学院などに非常勤講師として出講。教育学博士。第14期日本教育行政学会会長。

〈主要著書・訳書〉
　　『高校生の法的地位と政治活動 ── 日本とドイツ』（エイデル研究所，2017年），『憲法と私学教育 ── 私学の自由と私学助成』（協同出版，2014年），『日本国憲法と義務教育』（青山社，2012年），『教育制度と学校法制』（尚文堂，2011年），『教育の自治・分権と学校法制』（東信堂，2009年），『生徒の法的地位』（教育開発研究所，2007年），『学校教育における親の権利』（海鳴社，1994年），『教育法制の理論 ── 日本と西ドイツ』（教育家庭新聞社，1988年），『ドイツの教育』（共編著）（東信堂，1998年），『ドイツの学校と教育法制』（監訳，教育開発研究所，2004年），『教育法規重要用語300の基礎知識』（編著，明治図書，2004年），Die rechtliche Struktur der Bildungsverwaltung in Japan, In: Festschrift für Wolfgang Mitter zum 70. Geburtstag, Böhlau Verlag, 1997.

学術選書
202
教育法

❦ ❊ ❦

ドイツの学校法制と学校法学

2019（令和元）年11月25日　第1版第1刷発行

5486-0：P912　¥18000E-012：035-005

著　者　　結　城　　忠
発行者　　今井　貴・稲葉文子
発行所　　株式会社　信　山　社
〒113-0033　東京都文京区本郷6-2-9-102
Tel 03-3818-1019　Fax 03-3818-0344
info@shinzansha.co.jp
笠間才木支店　〒309-1611　茨城県笠間市笠間515-3
Tel 0296-71-9081　Fax 0296-71-9082
笠間来栖支店　〒309-1625　茨城県笠間市来栖2345-1
Tel 0296-71-0215　Fax 0296-72-5410
出版契約 No.2019-5486-0-01011 Printed in Japan

©結城忠, 2019　印刷・製本／亜細亜印刷・渋谷文泉閣
ISBN978-4-7972-5486-0 C3331　分類370.000 教育法

JCOPY　〈㈳出版者著作権管理機構　委託出版物〉
本書の無断複写は著作権法上での例外を除き禁じられています。複写される場合は，そのつど事前に，㈳出版者著作権管理機構（電話 03-5244-5088，FAX03-5244-5089，e-mail:info@jcopy.or.jp）の許諾を得てください。

◆ ドイツの憲法判例〔第2版〕
　　ドイツ憲法判例研究会 編　栗城壽夫・戸波江二・根森健 編集代表
・ドイツ憲法判例研究会による、1990年頃までのドイツ憲法判例の研究成果94選を収録。
　ドイツの主要憲法判例の分析・解説、現代ドイツ公法学者系譜図などの参考資料を付し、
　ドイツ憲法を概観する。

◆ ドイツの憲法判例Ⅱ〔第2版〕
　　ドイツ憲法判例研究会 編　栗城壽夫・戸波江二・石村修 編集代表
・1985〜1995年の75にのぼるドイツ憲法重要判決の解説。好評を博した『ドイツの最新憲
　法判例』を加筆補正し、新規判例を多数追加。

◆ ドイツの憲法判例Ⅲ
　　ドイツ憲法判例研究会 編　栗城壽夫・戸波江二・嶋崎健太郎 編集代表
・1996〜2005年の重要判例86判例を取り上げ、ドイツ憲法解釈と憲法実務を学ぶ。新たに、
　基本用語集、連邦憲法裁判所関係文献、1〜3通巻目次を掲載。

◆ ドイツの憲法判例Ⅳ　2018.10新刊
　　ドイツ憲法判例研究会 編　鈴木秀美・畑尻剛・宮地基 編集代表
・主に2006〜2012年までのドイツ連邦憲法裁判所の重要判例84件を収録。資料等も充実、
　更に使い易くなった憲法学の基本文献。

ドイツ憲法判例研究会 編
◆ 講座 憲法の規範力 ◆
〔全5巻〕

第1巻　規範力の観念と条件
　　　　編集代表　古野豊秋・三宅雄彦
第2巻　憲法の規範力と憲法裁判
　　　　編集代表　戸波江二・畑尻剛
第3巻　憲法の規範力と市民法　[続刊]
　　　　編集代表　小山剛・棟居快行
第4巻　憲法の規範力とメディア法
　　　　編集代表　鈴木秀美
第5巻　憲法の規範力と行政
　　　　編集代表　嶋崎健太郎

信山社

子ども法の基本構造
　横田光平 著

解説 学校安全基準
　喜多明人・橋本恭宏・舟木正文・森浩寿 編

〈提言〉学校安全法
　喜多明人・橋本恭宏 編著

児童虐待防止と学校の役割
　ジャネット・ケイ 著/桑原洋子・藤田弘之 訳

子どもの危機にどう向き合うか
　―今、学校ができること、教師ができること
　安藤　博 著

学校ビオトープの展開
　―その理念と方法論的考察
　杉山恵一・赤尾整志 監修

待機児童ゼロ
　―保育利用の権利
　田村和之・伊藤周平・木下秀雄／保育研究所 著

信山社

学校はイジメにどう対応するか
　宇井治郎　著

イジメは社会問題である
　佐藤順一　編

イジメはなぜ起きるのか
　神保信一　著

イジメと家族関係
　中田洋二郎　編

イジメと子どもの人権
　中川　明　編

世界のイジメ
　清永賢二　編

保育六法（第3版）
　田村和之　編集代表

子ども・子育て支援ハンドブック
　田村和之・古畑淳　編

社会保障法研究　1〜10号
　岩村正彦・菊池馨実　責任編集

信山社